Knaur.

Wichtige Hinweise an alle Leser:

Dieses Werk soll allen Steuerzahlern helfen, ihre Abgabenlast in dem unvermeidbaren, von den Steuergesetzen abgesteckten Rahmen zu halten. Zu diesem Zweck wurde die vorliegende Ausgabe wieder sorgfältig bearbeitet und an die aktuellen Änderungen angepasst. Berücksichtigt wurde das Einkommensteuergesetz 2010. Ferner wurden Schreiben des Bundesministeriums der Finanzen, die Rechtsprechung des Bundesfinanzhofs und der Finanzgerichte nach dem Stand bis zum 31. 5. 2010 einbezogen.

Die Tricks und Tipps sind durch eine Vielzahl von Quellenhinweisen belegt, vorzugsweise wird dabei auf Veröffentlichungen im »Bundessteuerblatt« und den »Entscheidungen der Finanzgerichte« verwiesen. Gleichwohl kann eine Garantie für die Ratschläge nicht übernommen werden, zumal es in der Natur der Sache liegt, dass sich nach einiger Zeit Widerstand des Fiskus regt, wenn er seine Felle davonschwimmen sieht. Eine Haftung des Autors oder des Verlags ist ausgeschlossen.

Tipps, die auch Gewerbetreibenden und selbständig Tätigen helfen können, sind durch ein **S** besonders gekennzeichnet.

Steuersparende Hinweise zum geschickten Ausfüllen der Formulare für die Steuererklärung 2010 gibt ***KONZ Das Arbeitsbuch zur Steuererklärung*** (Knaur TB 78401).

Konz Steuertipps – clever Steuern sparen!

Allen ratsuchenden Lesern steht das Konz Steuerforum auf der Internetseite **www.konz-steuertipps.de** rund um die Uhr offen. Wichtige Neuigkeiten werden fortlaufend in das Steuerforum eingestellt, denn *»nichts kann so teuer werden wie das Wissen von gestern«*. Also, reinschauen lohnt sich!

Knaur.

»Aber der Staat lügt in allen Zungen des Guten und Bösen; und was er auch redet, er lügt – und was er auch hat, gestohlen hat er's. Ach, auch in euch, ihr großen Seelen, raunt er seine düsteren Lügen!«

Friedrich Nietzsche

Über den Autor:
Kaum hat der Fiskus wieder eine von Franz Konz aufgetane Lücke in seinem dichten Steuernetz geschlossen, schon hat Franz Konz für seine Leser wieder neue Tricks ausgetüftelt, mit denen er Finanzämter und Finanzgerichte seit mehr als 20 Jahren zur Verzweiflung treibt. Wie es einmal ein Leser seiner über 7 Millionen großen Anhängerschar formuliert hat: **»Franz Konz ist der einzige Fachbuchautor, bei dem man bis ins Innerste spürt, dass er seinen Lesern unbedingt helfen und beistehen will. Was er uns jedes Jahr aufs Neue beweist.«**
Franz Konz war Steuerinspektor, Steuerberater und Revisor bei Wirtschaftsprüfungsgesellschaften und Verbänden, als solcher bestens vertraut mit allen Steuerfragen. Heute ist er ein kompetenter Ratgeber und Kämpfer für den gebeutelten Steuerzahler.

Franz Konz

KONZ
2011

1000 ganz legale Steuertricks

Der erfolgreichste Steuerratgeber Deutschlands
im 27. Jahr

Knaur Taschenbuch Verlag

Dieses Werk entspricht dem ehemaligen *Großen Konz*.

Besuchen Sie uns im Internet:
www.knaur.de

Völlig überarbeitete Neuausgabe 2011 für das Jahr 2010
und die zurückliegende Steuererklärung

Ein Unternehmen der Droemerschen Verlagsanstalt
Th. Knaur Nachf. GmbH & Co. KG, München.

Umschlaggestaltung: fpm factor product münchen
Satz: Vornehm Mediengestaltung GmbH, München
Druck und Bindung: CPI – Ebner & Spiegel, Ulm
Printed in Germany

ISBN 978-3-426-78400-6

5 4 3 2 1

Vorwort

Hartnäckigkeit zahlt sich doch aus

Wer sich gegen Ungerechtigkeiten nicht zur Wehr setzt, darf sich nicht wundern, wenn es statt besser immer ungerechter zugeht. Es gibt kaum einen Lebensbereich, in dem das auf so viele Mitbürgerinnen und Mitbürger zutrifft wie im Steuerrecht.
Allein schon die Kompliziertheit des Steuerrechts verhindert, dass Otto Normalverbraucher eine reelle Chance hat, allen Fallstricken zu entgehen. Inzwischen ist es so weit gekommen, dass sogar der Fiskus es nicht mehr schafft, die eigenen Gesetze in richtige Steuerbescheide umzusetzen. Erstmalig 2010 mussten die Finanzämter in den Steuerbescheiden für 2009 die neuen Regelungen zur Abgeltungsteuer umsetzen. Das ist, wie man bis in den Spätsommer immer wieder lesen konnte, gründlich schiefgegangen. Noch im August war der Fiskus nicht in der Lage, für bestimmte Fälle die Abgeltungsteuer korrekt abzurechnen. Kann man da noch von einer verfassungsgerechten Besteuerung sprechen? Diese Erkenntnis scheint sich inzwischen auch bei den höchsten deutschen Gerichten durchzusetzen. Bundesfinanzhof und Bundesverfassungsgericht schlagen sich immer häufiger auf die Seite der gebeutelten Steuerzahler. Zunächst einmal kassierte das Verfassungsgericht die Kappung der Entfernungspauschale – und der Fiskus musste Millionen von Steuerbescheiden zugunsten der Steuerzahler korrigieren. Dann entschied der BFH, dass bei sog. gemischten Kosten der berufliche Anteil abgezogen werden kann. Hier wurde der jahrzehntelangen Verweigerungshaltung des Fiskus ebenfalls eine herbe Abfuhr erteilt. Die nächste grandiose Pleite erlebte der Fiskus mit dem teilweisen Verbot des Abzugs von Arbeitszimmerkosten. Auch in diesem Fall heißt es mit Unterstützung des Bundesverfassungsgerichts: 1:0 für Steuerzahler und Steuergerechtigkeit. Bleibt abzuwarten, wie die Entscheidungen bei den nächsten steuerlichen Großbaustellen – der Abschaffung des Solidaritätszuschlags und der Wiedereinführung des Sonderausgabenabzugs von Steuerberatungskosten – ausgeht. Gar so schlecht, dass der Fiskus hier ebenfalls zweiter Sieger bleibt, stehen die Chancen nicht.
Wie Sie sehen, meine lieben Leserinnen und Leser, man darf nicht alles, was einem die Steuergesetzgebung so zumutet widerspruchslos schlucken. Natürlich wird auch in Zukunft nicht jede Rechtsfrage zugunsten der Steuerzahler entschieden werden. Aber noch nie war das Klima so günstig, mit berechtigten Anträgen gegen ungerechte Steuergesetze und Verwaltungsvorschriften siegreich aus einem Streit mit dem Fiskus hervorzugehen. Geschenkt werden Sie aber auch in Zukunft nichts bekommen. Also bleibt als Fazit: Lesen Sie aufmerksam dieses Buch, und verfolgen Sie Ihr Recht mit einer gehörigen Portion Hartnäckigkeit. Es wird sich oft für Sie auszahlen.

Ihr

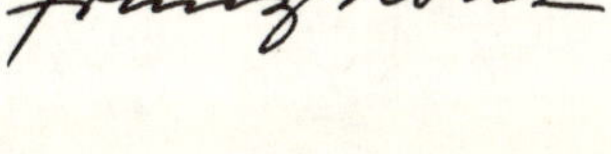

Steuervorschau und wichtige Nachrichten vorab

Jahressteuergesetz 2010

Der Entwurf des Jahressteuergesetz 2010 sieht folgende Änderungen vor:

- **Einschränkungen beim Teileinkünfteverfahren**
  Bei der Auflösung einer GmbH kann es zu Verlusten kommen. Diese sind nach dem Teileinkünfteverfahren nur zu 60 % abzugsfähig. Der Bundesfinanzhof hat entschieden, dass Verluste zu 100 % abgezogen werden können, wenn Sie aus der Beteiligung keine Einnahmen bezogen haben. Dieser positive Effekt wird durch eine Gesetzesänderung ab 2011 wieder aufgehoben. Dann sind Verluste generell wieder nur zu 60 % abzugsfähig.

- **Übungsleiterfreibetrag**
  Den Übungsleiterfreibetrag von 2100 € sollen Sie ab 2010 anders als bisher auch für Aufwandsentschädigungen erhalten, die Sie als **ehrenamtliche Betreuerin oder Betreuer** erhalten.

- **Nutzung von Firmenwagen**
  Die Vorschriften für die Versteuerung der Nutzung von Firmenwagen soll vereinfacht werden. **Für Fahrten zwischen Wohnung und Arbeitsstätte** soll künftig kein pauschaler Nutzungswert mehr angesetzt werden. Im Gegenzug entfällt der Abzug der Entfernungspauschale.

- **Korrektur von Fehlern beim Kapitalertragsteuerabzug**
  Macht die Bank beim Abzug der Abgeltungsteuer einen Fehler, kann sie diesen später korrigieren. Die vorgesehene Rechtsänderung soll verhindern, dass wegen einer solchen nachträglichen Korrektur komplizierte rückwirkende Änderungen schon vorliegender Steuerbescheide erfolgen müssen. Nachträglich zu besteuernde Einkünfte werden nämlich erst in dem Jahr besteuert, in dem der Steuerabzug tatsächlich erfolgt. Eine Anrechnung der einbehaltenen Abgeltungsteuer kommt daher auch nur in dem Jahr in Betracht, in dem der Steuerabzug vorgenommen wurde.
  Wollen Sie nicht auf die Korrektur durch die Bank warten, können Sie die von der Bank falsch besteuerten Erträge in Ihrer Einkommensteuererklärung (Anlage KAP) angeben. Hierzu müssen Sie sich dann allerdings eine Bescheinigung Ihrer Bank ausstellen lassen, in der diese bestätigt, dass sie die Korrektur im Rahmen des Kapitalertragsteuerverfahrens (bisher) nicht vorgenommen hat und auch nicht vornehmen wird.

- **Schenkung von Wertpapieren**
  Wenn Sie Wertpapiere oder ganze Depots unentgeltlich übertragen, z. B. an Ihre Kinder verschenken, muss die Bank künftig bei der Meldung an den Fis-

kus sowohl Ihre Steuer-Identifikationsnummer, also die des Schenkers, als auch die des Beschenkten angeben und diese Meldungen spätestens ab 2012 elektronisch vornehmen. So bekommt der Fiskus lückenlose Informationen über Schenkungen.

- **Freistellungsaufträge**
  Wenn Sie ab 2011 einen Freistellungsauftrag erteilen, ist dieser nur noch dann wirksam, wenn Sie der Bank darin auch Ihre Steuer-Identifikationsnummer angeben. Bei gemeinsamen Freistellungsaufträgen von Ehepaaren müssen Sie die Identifikationsnummer des Ehepartners ebenfalls mitteilen.
  Für vor 2011 erteilte Freistellungsaufträge gilt eine Bestandsschutzregelung. Sie bleiben zunächst bis Ende 2015 wirksam. Spätestens ab dem 1.1.2016 muss dann auch hierfür der Bank eine Identifikationsnummer vorliegen.
- **Spekulationseinkünfte mit Gebrauchsgütern**
  Der BFH hatte entgegen der Auffassung der Finanzverwaltung entschieden, dass auch die Veräußerung von Gegenständen des täglichen Gebrauchs innerhalb eines Jahres nach Anschaffung ein steuerpflichtiges privates Veräußerungsgeschäft darstellt. Das führte dazu, dass beim Verkauf z. B. von Jahreswagen rechnerisch Verluste entstanden, die plötzlich steuerlich relevant wurden.
  Diese positive Rechtsprechung wird durch das Jahressteuergesetz 2010 wieder zurückgenommen. Die Veräußerung von Gegenständen des täglichen Gebrauchs innerhalb der Haltefrist von einem Jahr soll ab Inkrafttreten des JStG 2010 nicht mehr »steuerbar« sein, das bedeutet, Verluste sind dann nicht mehr abzugsfähig.
- **Haushaltsnahe Dienstleistungen, keine Steuerermäßigung bei öffentlicher Förderung**
  Die Steuerermäßigung für Handwerkerleistungen bei Renovierungs-, Erhaltungs- und Modernisierungsmaßnahmen gilt bereits zurzeit nicht für Maßnahmen, die nach dem CO_2-Gebäudesanierungsprogramm der KfW Förderbank durch zinsverbilligte Darlehen oder steuerfreie Zuschüsse gefördert werden.
  Der Ausschluss der Steuerermäßigung soll durch das JStG 2010 auf **weitere Förderprogramme** wie z. B.
  - »altersgerecht umbauen«,
  - energetische Renovierung, Erhaltung und Modernisierung sowie
  - vergleichbare Förderprogramme der Länder, wie z. B. in Hamburg für Wärmeschutzmaßnahmen,

  ausgeweitet werden.

Steuervorschau und wichtige Nachrichten vorab

Letzte Steuernachrichten

Elektronische Lohnsteuerkarte

Die Gemeinden (Meldebehörden) haben letztmals für das Kalenderjahr 2010 Lohnsteuerkarten ausgestellt. Das bisherige Lohnsteuerkartenverfahren wird – zumindest de jure – 2011 durch die Einführung der ELStAM (Verfahren »ElsterLohn II«) abgelöst. ELStAM steht für **E**lektronische **L**ohn**St**euer**A**bzugs**M**erkmale.

Die Einführung des ELStAM-Verfahrens erfolgt stufenweise. Da die Datenbank noch nicht flächendeckend ab 2011 nutzbar ist, die Gemeinden aber bereits für das Jahr 2011 keine Papiersteuerkarten mehr ausstellen, gilt die Lohnsteuerkarte 2010 ausnahmsweise noch für das Jahr 2011 (also praktisch zwei Jahre lang).

Aus diesem Grund darf der Arbeitgeber die Steuerkarte 2010 nach Ablauf des Jahres 2010 **nicht vernichten**. Er muss sie vielmehr auch für das Jahr 2011 dem Steuerabzug zugrunde legen.

Bei einem Arbeitsplatzwechsel im Jahr 2011 bekommen Sie Ihre Papiersteuerkarte (2010) vom bisherigen Arbeitgeber ausgehändigt und legen sie dem neuen Arbeitgeber vor.

Alle Eintragungen auf der Steuerkarte 2010 inkl. Kinder und evtl. Freibeträge gelten für 2011 automatisch weiter. Haben sich also Ihre Familienverhältnisse geändert, müssen Sie mit Ihrer Steuerkarte 2010 zum Finanzamt gehen und die Eintragungen an die veränderten Verhältnisse für 2011 anpassen lassen.

Alle, die erstmalig im Jahr 2011 eine Steuerkarte benötigen, bekommen statt einer Papiersteuerkarte von ihrem Finanzamt – **nicht** der Gemeinde – eine Ersatzbescheinigung über die Lohnsteuermerkmale, die sie an ihren Arbeitgeber weiterleiten.

Bei ledigen Berufseinsteigern, die 2011 eine Ausbildung beginnen, kann der Arbeitgeber auch ohne besondere Bescheinigung die Steuerklasse I unterstellen.

Für alle Änderungen und Eintragungen von Lohnsteuermerkmalen mit Wirkung ab 2011 ist ohne Einschränkungen nur noch das Finanzamt zuständig. Das gilt vor allem auch für die Eintragung minderjähriger Kinder oder die Änderung bzw. den Wechsel der Steuerklasse.

Einschränkungen bei der Selbstanzeige

Nach vorliegenden Gesetzesvorschlägen soll es zu gravierenden **Einschränkungen der Straffreiheit durch Selbstanzeige** kommen. Demnach kann es zur Straffreiheit nur noch kommen, wenn die Selbstanzeige vollständig und richtig ist. Sie können also vor allem keine wirksame Selbstanzeige mehr für Teilbeträge erstatten. Außerdem soll eine Selbstanzeige künftig schon mit Absenden der Prüfungsanordnung nicht mehr möglich sein. Bislang hat dieser Ausschluss erst

Steuervorschau und wichtige Nachrichten vorab

gegriffen, wenn der Finanzbeamte bei Ihnen im Betrieb oder zu Hause erschienen ist. Ist eine Betriebsprüfung erst einmal abgeschlossen, soll für den geprüften Zeitraum keine strafbefreiende Selbstanzeige mehr möglich sein.
Aber auch bei wirksamen Selbstanzeigen weht künftig ein schärferer Wind. Zusätzlich zur normalen Verzinsung der Steuernachzahlungen soll ein Zuschlag von 5 % des Hinterziehungsbetrags erhoben werden.
Geplant war, dass die Verschärfungen zur Selbstanzeige bereits ab Verkündung des JStG 2010 gelten sollten.

Rentenbesteuerung 2005–2008
Schon im Lauf des Jahres 2010 haben die ersten Rentner Post vom Finanzamt bekommen. In der ersten Auswertungsstufe hatten die Finanzämter die Rentenbezugsmitteilungen 2005–2008 ausgewertet und wo nötig korrigierte Steuerbescheide für Rentner erlassen, die noch regelmäßig eine Steuererklärung abgegeben haben.
Ab 2011 erfolgt dann die Auswertung für all diejenigen Rentner, die in den letzten Jahren keine Steuererklärungen mehr abgegeben haben. Wer also in den letzten Jahren seine Steuerpflicht als Rentner hartnäckig ignoriert hat, muss mit Ungemach und Steuernachzahlungen rechnen.

Arbeitszimmer
Das seit 2007 geltende Abzugsverbot für Arbeitszimmeraufwendungen in Fällen, in denen **kein** anderer Arbeitsplatz zur Verfügung steht, wurde vom Bundesverfassungsgericht für verfassungswidrig erklärt (Beschluss v. 6. 7. 2010 – BVerfG 2, BvL 13/09). Das Gericht sah in dem Abzugsverbot einen Verstoß gegen das objektive Nettoprinzip und gegen den Gleichheitsgrundsatz des Art. 3 Abs. 1 GG, wenn dem Steuerzahler wie gesagt für die Arbeiten, die er im häuslichen Arbeitszimmer verrichtet, kein anderer Arbeitsplatz zur Verfügung steht. Vor allem für Lehrer und für Steuerzahler, die für ihren Nebenberuf auf ein Arbeitszimmer angewiesen sind, bedeutet das, dass ihre Kosten zumindest teilweise wieder abzugsfähig sind. Ob es bei der Abzugsbeschränkung auf 1 250 € bleibt oder diese nunmehr seit über zehn Jahren geltende Grenze bei der Korrektur des Gesetzes nach oben angepasst wird, stand bei Redaktionsschluss noch nicht fest. Der Gesetzgeber muss nun rückwirkend ab 1. 1. 2007 eine verfassungskonforme Regelung schaffen. Ob es dabei auch wieder eine 50-%-Regelung geben wird, ist allerdings zweifelhaft. In Fällen, in denen ein anderer Arbeitsplatz zur Verfügung steht, aber das Arbeitszimmer zeitlich zu mehr als 50 % der Gesamttätigkeit genutzt wird, hatte das Bundesverfassungsgericht keine Bedenken gegen das Abzugsverbot von Arbeitszimmerkosten.
Weitere Einzelheiten dazu finden Sie unter ➤ Rz 278.

Inhalt

Die mit **S** markierten Textpassagen gelten auch für Selbständige **Seite**

Randziffer Tabellen, die in diesem Buch zu finden sind

Abkürzungen

S	=	Abschnitt gilt auch für Selbständige
AfA	=	Absetzung für Abnutzung (Abschreibung)
ABL	=	Alte Bundesländer
AFG	=	Arbeitsförderungsgesetz
AO	=	Abgabenordnung
BdF	=	Bundesfinanzminister
BewG	=	Bewertungsgesetz
BFH	=	Bundesfinanzhof
BGB	=	Bürgerliches Gesetzbuch
BMF	=	Bundesministerium der Finanzen
BStBl	=	Bundessteuerblatt
BVerfG	=	Bundesverfassungsgericht
DB	=	Der Betrieb
DStZ	=	Deutsche Steuer-Zeitung
EB-FAGO	=	Ergänzende Bestimmungen zur Finanzgeschäftsordnung
EFG	=	Entscheidungen der Finanzgerichte
EStDV	=	Einkommensteuer-Durchführungsverordnung
EStG	=	Einkommensteuergesetz
EStH	=	amtliches Einkommensteuerhandbuch
EStR	=	Einkommensteuerrichtlinien
FA	=	Finanzamt
FAGO	=	Finanzgeschäftsordnung
FG	=	Finanzgericht
FGG	=	Fördergebietsgesetz
HFR	=	Höchstrichterliche Finanzrechtsprechung
LStDV	=	Lohnsteuerdurchführungs-Verordnung
LStR	=	Lohnsteuerrichtlinien
NBL	=	Neue Bundesländer
nrk	=	nicht rechtskräftig
nv	=	nicht veröffentlicht
NWB	=	Verlag Neue Wirtschafts-Briefe
Rz	=	Randziffer
rk	=	rechtskräftiges Urteil
RStBl	=	Reichssteuerblatt
SGB	=	Sozialgesetzbuch
UStG	=	Umsatzsteuergesetz
VermBG	=	Vermögensbildungsgesetz
VStG	=	Vermögensteuergesetz
WK	=	Werbungskosten (berufliche Ausgaben)
WoPG	=	Wohnbauprämiengesetz
ZPO	=	Zivilprozessordnung

Wehe dem Staat, der dem Volk durch zu hohe Steuern
die Lust am Arbeiten nimmt.
(Steuerprofessor Eugen Schmalenbach, Universität Köln)

I. Allgemeine Steuertipps

1. Steuervergünstigungen

S Neben der Verpflichtung zum Zahlen haben Sie das Recht, ich meine sogar geradezu die Pflicht, Steuervergünstigungen in Anspruch zu nehmen. Die Steuervergünstigungen werden nicht aus Gnade und Barmherzigkeit gewährt, sondern stehen Ihnen gesetzmäßig zu. Steuervergünstigungen holen Sie dadurch heraus, dass Sie sie in der Steuererklärung geltend machen. Es sind im Groben: 1

- Zulagen und Zuschüsse (z. B. Arbeitnehmersparzulage, Riester-Zulage für die private Altersversorgung),
- steuerfreie Einnahmen,
- berufliche Ausgaben (Werbungskosten bzw. Betriebsausgaben),
- persönliche, aber durch Gesetz begünstigte Aufwendungen in Form von Sonderausgaben oder
- außergewöhnliche Kosten der privaten Lebensführung (außergewöhnliche Belastung),
- Inanspruchnahme von Sonderfreibeträgen. Das sind hauptsächlich: Kinderfreibeträge, Ausbildungsfreibetrag, Freibetrag für Alleinerziehende, Körperbehindertenpauschbetrag, Pflegepauschbetrag,
- Inanspruchnahme von Kürzungen beim Steuertarif, wie z. B. der Steuerermäßigung für außerordentliche Einkünfte, für hauswirtschaftliche Beschäftigungsverhältnisse, Dienstleistungen und Handwerkerleistungen, für die Belastung von Einkünften mit Gewerbesteuer, des Steuerabzugs für Parteispenden,
- Abzug aller betrieblichen Ausgaben,
- Inanspruchnahme von steuersparenden Rücklagen und Investitionsabzugsbeträgen,
- Verlagerung von Einnahmen (bei Überschussrechnung z. B. einfach die Rechnung später oder früher ausstellen),
- Einbeziehung von Kapitaleinkünften in die Steuererklärung, wenn der persönliche Steuersatz unter 25 % liegt, um einen Teil der Abgeltungsteuer auf Kapitaleinkünfte erstattet zu bekommen,
- vertragliche Abmachungen, z. B. Arbeitsverträge, Mietverträge oder Darlehensverträge mit Angehörigen,
- Rechtsformänderungen des Unternehmens,
- Auswerten der wichtigsten diesbezüglichen Gesetzeslücken (die Ihnen der Verfasser hier auftut)

Das Steuerrecht ist der sich ständig wiederholende Versuch,
manisch-depressives Irresein
als Ausfluss höchster Vernunft darzustellen.
(Der Verfasser)

2. Die Jahres-(Abschnitts-)Besteuerung, die Einkommensteuerprogression und das Existenzminimum

2 **S** Die Jahresabschnittsbesteuerung ist eines der grundlegenden Prinzipien der Einkommensteuer. Dahinter verbirgt sich die Regelung des §25 EStG, nach der die Einkommensteuer im Jahresrhythmus nach dem Einkommen berechnet und erhoben wird, das Sie in dem jeweiligen Kalenderjahr bezogen haben. Für die Höhe der Steuer ist es also unter Umständen entscheidend, in welchem Jahr Ihr Einkommen anfällt. Wegen der Finanzkrise unternimmt der Fiskus den etwas halbherzigen Versuch, durch geringfügige Steuersenkungen das Nettoeinkommen der Bürger zu erhöhen. Dieses zusätzliche Einkommen soll der Steuerzahler möglichst für private Ausgaben nutzen und so helfen, den stotternden Wirtschaftsmotor wieder auf Touren zu bringen.
Der Steuersatz in Deutschland ist seit Jahren nicht fest geregelt. Die prozentuale Belastung wächst vielmehr mit steigendem Einkommen. Man spricht deshalb von Steuerprogression. Die Progression trifft vor allem mittlere Einkommen und wirkt sich besonders bei schwankenden Einkünften nachteilig aus.
Zur Zeit ist der Steuertarif mit folgenden Eckwerten geregelt:

2010

Steuersatz	0 %	14 %	progressiv steigend	42 %	45 %
Einkommens-grenzen	0 – 8 004 €	8 005 € – 13 469 €	13 470 € – 52 881 €	52 882 € – 250 730 €	ab 250 731 €

Wie sehr Ihnen der Fiskus durch die Steuerprogression in die Tasche langt, will ich Ihnen an einem Beispiel zeigen: Angenommen, Sie sind ledig. Bei einem Einkommen von 25 000 € zahlen Sie 2010 an Steuern 4 106 €. Das sind 16,42 %. Verdoppelt sich Ihr Einkommen auf 50 000 €, sind schon 12 847 € fällig. Ihr Steuersatz beträgt nun bereits 25,69 %. Die ganze Misere wird erst so richtig deutlich, wenn Sie sich die Steuerbelastung für die zweiten 25 000 € ansehen. Dafür bittet Sie der Fiskus mit sage und schreibe 8 741 € zur Kasse. Das ist mehr als doppelt so viel wie für die ersten 25 000 € und entspricht einem Steuersatz von 34,69 %. Wichtig ist also, der Steuerprogression die Schärfe zu nehmen – ihr ganz ausweichen können Sie nicht.

3 **Steuerfreistellung des Existenzminimums**
Die Steuerfreistellung des Existenzminimums erfolgt bei der Einkommensteuer im Wesentlichen über den Grundfreibetrag, bis zu dem keine Einkommensteuer anfällt. Der Grundfreibetrag bei der Einkommensteuer beträgt zurzeit:

Jahr	Alleinstehende	zusammen veranlagte Ehegatten
2009	7 834 €	15 668 €
2010	8 004 €	16 008 €

Durch den Grundfreibetrag und weitere in die Lohnsteuertabellen eingearbeitete Freibeträge bleibt 2010 Arbeitslohn in folgender Höhe steuerfrei:

Steuerklasse	I/IV	II	III	V	VI
Monatslohn	889,49 €	1 019,24 €	1 684,16 €	95,66 €	0,83 €
Jahreslohn	10 673,99 €	12 230,99 €	20 209,99 €	1 147,99 €	9,99 €

3. Wie hoch ist meine Steuerersparnis?

S »Wie überschlage ich schnellstens, ob das Finanzamt mir genug erstattet hat?«, fragen Sie. 4

Ich gebe Ihnen dazu ganz einfache Steuerbelastungstabellen (➤ Rz 5f.) an die Hand, mit denen sich leicht nachprüfen lässt, ob das Finanzamt richtig erstattet oder nicht. Mit anderen Worten, ob es die von Ihnen geltend gemachten Aufwendungen auch voll anerkannt hat.

Um die Steuerbelastung für Sie als Arbeitnehmer herauszufinden, wenn Sie ausschließlich Arbeitseinkünfte beziehen, verwenden Sie die Steuerbelastungstabelle so, dass Sie zunächst von Ihrem Jahresbruttolohn folgende Beträge abziehen:

1. **Berufliche Aufwendungen (Werbungskosten), bei aktiven Arbeitnehmern mindestens Arbeitnehmerpauschbetrag von 920 €. Sind Sie Pensionär, reduziert sich dieser Freibetrag auf 102 €.**
2. **Sonderausgabenpauschbetrag; wenn Sie allein veranlagt werden von 36 €, bei Zusammenveranlagung und Witwensplitting von 72 €.**
3. **70 % der Rentenversicherungsbeiträge abzgl. des Arbeitgeberanteils, 7,96 % des Bruttolohns für Krankenversicherung und 0,975 % des Bruttolohns für Pflegeversicherung (ggf. zzgl. 0,25 % bei kinderlosen Arbeitnehmern). Als privat Krankenversicherter ziehen Sie die von der Krankenversicherung bescheinigten Basiskranken- und Pflegeversicherungsbeiträge ab.**

Der verbleibende Betrag ist das zu versteuernde Einkommen (erste Spalte der Steuerbelastungstabellen). Die Steuerbelastung ergibt sich für Arbeitnehmer mit der Steuerklasse I aus der Grundtabelle (➤ Rz 5) und für Arbeitnehmer mit der Steuerklasse III aus der Splittingtabelle (➤ Rz 6). Sie müssen jetzt nur noch die Kosten, die Sie absetzen können, mit dem Prozentsatz multiplizieren, der der Belastung der letzten 1 000 € entspricht. Das Ergebnis ist in etwa Ihre Steuerersparnis.

S 4. Steuerbelastungstabellen

5 a) Steuerbelastung nach der Grundtabelle 2010

Zu versteuerndes Einkommen	Einkommensteuer insgesamt nach Grundtabelle		Belastung der letzten 1 000 €	Zu versteuerndes Einkommen	Einkommensteuer insgesamt nach Grundtabelle		Belastung der letzten 1 000 €
€	€	%	%	€	€	%	%
8 000	0	0	0	**36 000**	7 599	21,1	34,3
9 000	148	1,6	15,8	**38 000**	8 294	21,8	35,2
10 000	315	3,2	17,6	**40 000**	9 007	22,5	36,1
11 000	501	4,6	19,5	**42 000**	9 738	23,2	37,0
12 000	705	5,9	21,3	**44 000**	10 488	23,8	37,9
13 000	927	7,1	23,1	**46 000**	11 256	24,5	38,9
14 000	1 165	8,3	24,2	**48 000**	12 042	25,1	39,8
15 000	1 410	9,4	24,7	**50 000**	12 847	25,7	40,7
16 000	1 659	10,4	25,1	**55 000**	14 928	27,1	42,0
17 000	1 912	11,2	25,6	**60 000**	17 028	28,4	42,0
18 000	2 171	12,1	26,0	**65 000**	19 128	29,4	42,0
19 000	2 433	12,8	26,5	**70 000**	21 228	30,3	42,0
20 000	2 701	13,5	27,0	**75 000**	23 328	31,1	42,0
22 000	3 249	14,8	27,9	**80 000**	25 428	31,8	42,0
24 000	3 815	15,9	28,8	**85 000**	27 528	32,4	42,0
26 000	4 400	16,9	29,7	**90 000**	29 628	32,9	42,0
28 000	5 004	17,9	30,6	**95 000**	31 728	33,4	42,0
30 000	5 625	18,8	31,5	**100 000**	33 828	33,8	42,0
32 000	6 265	19,6	32,4	**110 000**	38 028	34,6	42,0
34 000	6 923	20,4	33,4	**120 000**	42 228	35,2	42,0

Liegt Ihr Einkommen als Alleinstehender **über 250 731 €**, so liegt die Belastung des darüber hinausgehenden Einkommens durchgehend bei 45 %.

6 b) Steuerbelastung nach der Splittingtabelle (nur für Verheiratete!) 2010

Zu versteuerndes Einkommen	Einkommensteuer insgesamt nach Grundtabelle		Belastung der letzten 1 000 €	Zu versteuerndes Einkommen	Einkommensteuer insgesamt nach Grundtabelle		Belastung der letzten 1 000 €
€	€	%	%	€	€	%	%
16 000	0	0	0	**48 000**	7 630	15,9	28,8
17 000	142	0,8	14,9	**50 000**	8 212	16,4	29,2
18 000	296	1,6	15,8	**55 000**	9 702	17,6	30,4
19 000	458	2,4	16,7	**60 000**	11 250	18,8	31,5
20 000	630	3,2	17,6	**65 000**	12 856	19,8	32,7
22 000	1 002	4,6	19,5	**70 000**	14 518	20,7	33,8
24 000	1 410	5,9	21,3	**75 000**	16 238	21,7	35,0
26 000	1 854	7,1	23,1	**80 000**	18 014	22,5	36,1

Zu versteuerndes Einkommen	Einkommensteuer insgesamt nach Grundtabelle		Belastung der letzten 1 000 €
€	€	%	%
28 000	2 330	8,3	24,2
30 000	2 820	9,4	24,7
32 000	3 318	10,4	25,1
34 000	3 824	11,2	25,6
36 000	4 342	12,1	26,0
38 000	4 866	12,8	26,5
40 000	5 402	13,5	27,0
42 000	5 944	14,2	27,4
44 000	6 498	14,8	27,9
46 000	7 060	15,3	28,3

Zu versteuerndes Einkommen	Einkommensteuer insgesamt nach Grundtabelle		Belastung der letzten 1 000 €
€	€	%	%
85 000	19 848	23,4	37,3
90 000	21 740	24,2	38,4
95 000	23 688	24,9	39,5
100 000	25 694	25,7	40,7
110 000	29 856	27,1	42,0
120 000	34 056	28,4	42,0
130 000	38 256	29,4	42,0
140 000	42 456	30,3	42,0
150 000	46 656	31,1	42,0
160 000	50 856	31,8	42,0

Liegt Ihr Einkommen als Verheirateter **über 501 462 €**, so liegt die Belastung des darüber hinausgehenden Einkommens durchweg bei 45 %.

Was ärgern Sie sich groß über die Steuer!
Ihr Geld ist doch nicht weg – es hat nur ein anderer!
(Unbekannt)

5. Arbeitnehmersparzulagen – Bausparbeiträge – Wohn-Riester

Legen Sie Teile Ihres Arbeitslohns als vermögenswirksame Leistungen (VL) an! Sie sichern sich die Arbeitnehmersparzulage bei Anlagen in Sparverträge über Wertpapiere, Vermögensbeteiligungen und Beteiligungen am Arbeitgeberunternehmen, wenn Ihr zu versteuerndes Einkommen max. 20 000 €/40 000 € (Alleinstehende/Ehegatten) beträgt. Bei einer Anlage in Wohnungsbauanlagen, wie z. B. Bausparverträge, liegt die Einkommensgrenze mit 17 900 €/ 35 800 € (Alleinstehende/Ehegatten) etwas niedriger. 7

Die Höhe der Arbeitnehmersparzulage ist von der Anlageform abhängig. Sie beträgt bei Anlage in Sparverträge über Wertpapiere, Vermögensbeteiligungen und Beteiligungen am Arbeitgeberunternehmen seit 2009 20 % von max. 400 €. Andere Anlagen – in erster Linie Bausparbeiträge – werden nur mit 9 % von höchstens 470 € gefördert. In den meisten Fällen müssen Sie nicht den ganzen Betrag aus der eigenen Tasche zahlen; viele Arbeitgeber übernehmen die Zahlung der vermögenswirksamen Leistungen in voller Höhe oder zahlen zumindest einen Zuschuss. Die Arbeitnehmersparzulage wird jährlich mit Ihrem Einkommensteuerbescheid zusammen festgesetzt. Eine Auszahlung, die nicht die bisher festgesetzten Prämien gefährdet, kann in aller Regel erst nach Ablauf einer Sperrfrist von sieben Jahren erfolgen. Sie warten also im Zweifel bis zu sieben Jahre auf die Auszahlung der Sparzulage.

8 **Im Einzelnen ist die Sparzulagenbegünstigung wie folgt geregelt:** Die AN-Sparzulage beträgt 20 % für VL von max. 400 € jährlich, die angelegt werden in:

- Sparverträge über Wertpapiere oder andere Vermögensbeteiligungen,
- Wertpapierkaufverträge,
- Beteiligungsverträge oder Beteiligungskaufverträge,
- Aktien, die zum Börsenhandel oder zum Handel im Inland zugelassen sind,
- Gewinnschuldverschreibungen und Wandelschuldverschreibungen des Arbeitgebers oder von inländischen Unternehmen, die keine Kreditinstitute sind,
- Anteilscheine an Aktienfonds inländischer Kapitalgesellschaften (Wertpapiersondervermögen, Wertpapierbestand zu mindestens 60 % Aktien und stille Beteiligungen),
- Anteilscheine an Beteiligungssondervermögen inländischer Kapitalgesellschaften (Bestand an Wertpapieren und stillen Beteiligungen muss mindestens 60 % Aktien und stille Beteiligungen enthalten),
- Genussscheine, die vom Arbeitgeber ausgegeben werden und zum Börsenhandel bzw. zum Handel im Inland zugelassen sind,
- Genossenschaftsguthaben an inländischen Kreditgenossenschaften (z. B. Volksbanken),
- GmbH-Anteile am Unternehmen des Arbeitgebers,
- stille Beteiligungen am Unternehmen des inländischen Arbeitgebers oder an einem inländischen am arbeitgebenden Unternehmen durch Vertrag gesellschaftsrechtlich beherrschend beteiligten Unternehmen,
- Anteilsscheine an speziellen Mitarbeiterbeteiligungs-Investmentfonds, bei denen mindestens 60 % des Kapitals wieder in die Unternehmen investiert werden, die ihren Mitarbeitern entsprechende Fondsanteile als Mitarbeiterbeteiligung überlassen,
- eine Darlehensforderung gegen den in- oder ausländischen Arbeitgeber;

eine Förderung in Höhe von 9 % erhalten Sie für Anlagen bis 470 € in

- Bausparverträgen und
- Verträgen nach dem WoPG und zum Wohnungsbau.

Unter Anlage zum Wohnungsbau ist zu verstehen: Erwerb oder Entschuldung von Wohnungseigentum, Bezahlung von Handwerkerrechnungen für Wohnungsbauarbeiten. Das gilt auch für Ferien- und Wochenendwohnungen!

zur Anlage Vermögenswirksame Leistungen

Zum Nachweis Ihrer vermögenswirksamen Leistungen stellt Ihnen das Anlageinstitut eine »Anlage VL« aus, die Sie Ihrer Steuererklärung beifügen müssen.

Bausparen 9

Die Vorteile gegenüber anderen Sparformen liegen auf der Hand; Bausparen ist eine der wenigen vom Staat durch Prämien geförderten Anlageformen. Zudem gibt es für Bausparbeiträge, die nach dem Vermögensbildungsgesetz eingezahlt werden, eine Arbeitnehmersparzulage.

Für Ihre Bausparbeiträge haben Sie zunächst Anspruch auf eine Wohnungsbauprämie. Die beträgt grundsätzlich 8,8 % von max. 512 €/1 024 € Beiträgen (Alleinstehende/Verheiratete). Eine Wohnungsbauprämie können allerdings nur diejenigen beanspruchen, deren Einkommen unter 25 600 € bzw. bei Verheirateten unter 51 200 € liegt.

Einschränkungen für Bausparverträge

Mit dem Eigenheimrentengesetz wurde dem Bausparvertrag als reine Geldanlagemöglichkeit weitgehend der Garaus gemacht. Für Bausparverträge, die nach dem 31. 12. 2008 abgeschlossen wurden (Neuvertrag), gibt es eine Bausparprämie nur noch, wenn entweder der Bausparer selbst die Mittel aus dem Vertrag unmittelbar für den Wohnungsbau einsetzt oder er den Vertrag abtritt und der neue Vertragsinhaber die Mittel unmittelbar für Wohnungsbauzwecke verwendet.

Bei allen Verträgen, die ab 2009 abgeschlossen wurden bzw. werden oder bei denen die erste Sparrate erst nach dem 31. 12. 2008 floss, muss die Bausparprämie zurückgezahlt werden, falls das Geld nicht wohnungswirtschaftlich verwendet wird. Allerdings soll das nur für die Bausparprämie gelten. Fließen vermögenswirksame Leistungen in den Bausparvertrag, bleibt die Arbeitnehmersparzulage erhalten.

Ausnahme für junge Bausparer!

Für Bausparer, die bei Vertragsabschluss das 25. Lebensjahr noch nicht vollendet haben, gilt weiterhin – also auch für Neuverträge ab 2009 –, dass nach Ablauf der Sperrfrist von sieben Jahren über das Bausparguthaben frei verfügt werden kann. Dies kann jedoch nur einmal in Anspruch genommen werden. Die Wohnungsbauprämie gibt es dann für Einzahlungen der letzten sieben Sparjahre bis zur Verfügung über das vorhandene Sparkapital. Zu Ausnahmen bei vorzeitiger Verfügung wegen sozialer Härtefälle siehe ➤ Rz 14.

GUTER RAT

Als neuer Vertrag gilt auch, wenn bei einem Bausparvertrag nach dem 31.12.2008 die Bausparsumme erhöht wird. Hatten Sie z.B. 2007 einen Bausparvertrag mit einer Bausparsumme von 10 000 € abgeschlossen und stocken diesen 2011 auf 30 000 € auf, gilt der Vertrag nur zu einem Drittel als uneingeschränkt begünstigter Altvertrag.

10 **Achtung! Fangeisen: Abschlussgebühren für Bausparvertrag**

Abschlussgebühren können Sie als Werbungskosten bei den Einkünften aus Vermietung und Verpachtung absetzen, wenn der Bausparvertrag in engem zeitlichem und wirtschaftlichem Zusammenhang mit einem Bauvorhaben steht, aus dem Sie Mieteinkünfte erzielen wollen (BFH-Urt. v. 24.7.1990 – BStBl 1990 II S. 975) oder wenn Sie mit dem Bausparvertrag die Hypothek ablösen wollen (BFH-Urt. v. 1.10.2002 – II R 12/00).

Prämientabelle

Personenkreis	begünstigte Sparleistung je Kalenderjahr max.	Wohnungsbauprämie		Vermögenswirksames Sparen			staatlich geförderte Gesamtsparleistung	Wohnungsbauprämie + Arbeitnehmer-Sparzulage
		%-Satz	€	Zusätzliche Sparleistung	Sparzulage %-Satz	Sparzulage €		
Alleinstehende	512	8,8	45,05	470	9	42,30	982	87,35
Verheiratete* (1 AN)	1 024	8,8	90,10	470	9	42,30	1 494	132,40
Verheiratete* (2 AN)	1 024	8,8	90,10	940	9	84,60	1 964	174,70

* Die Ehe muss während des ganzen Kalenderjahres, für das Wohnungsbauprämie beansprucht wird, bestanden haben, und die Ehegatten dürfen während des Kalenderjahres nicht dauernd getrennt gelebt haben. **Die Einkommensgrenzen sind unterschiedlich hoch; sie betragen für die Wohnungsbauprämie 25 600 €/51 200 €, für die Arbeitnehmersparzulage dagegen nur 17 900 €/35 800 € (Alleinstehende/Verheiratete).**

SUPER TRICK

Mit der richtigen Strategie schnell zu Baugeld kommen!

Anmerkung: Wohnungsbauprämie + Arbeitnehmersparzulage = Ihr Gewinn 11

Größten Gewinn bei kleinstem Risiko bringen Ihnen Verträge, die sich schnell umschlagen. Denn als Bausparer brauchen Sie praktisch keine Mindestvertragsdauer einzuhalten. Die im Gesetz genannte Sperrfrist von sieben Jahren steht nur auf dem Papier. Stets darf nach Zuteilung des Bausparvertrags über die Mittel ohne Sperrfristen verfügen, wer das Geld für ein Bauvorhaben verwendet. Dabei geht es großzügig zu. Der Kauf bestimmter Immobilienzertifikate (geschlossener Immobilienfonds) gilt ebenso als Bauvorhaben wie Ausgaben für kleinere Umbauten oder Energiesparmaßnahmen. Auch Mieter können den Bausparvertrag zur Finanzierung von Renovierungs- und Umbaukosten in ihrer Mietwohnung einsetzen.
Überdies lassen sich Hypotheken mit Bausparverträgen ablösen – ohne Rücksicht auf Mindestfristen.
Wenn Sie schlau sind, machen Sie Folgendes:
Schließen Sie als Verheirateter einen Vertrag über 6 000 € ab und zahlen unmittelbar vor Ende des Jahres 1 000 € bei der Bausparkasse ein. Am Ende des folgenden und des dritten Jahres und dann sofort zu Beginn des vierten Jahres nochmals je 1 000 €, insgesamt also 4 000 €. Prämien und Zinsen erhöhen dann Ihr Guthaben auf ca. 4 500 €. Der Clou: Die tatsächliche Vertragsdauer beträgt etwas mehr als zwei Jahre – Sie bekommen aber Prämien für vier Jahre!
Wegen der hohen Ansparsumme können Sie schnell mit der Zuteilung und einem zinsgünstigen Darlehen rechnen.

Einkommensgrenzen 25 600/51 200 € 12

Sie sollten wissen, bis zu welchem Bruttoarbeitslohn Ihnen auf jeden Fall noch Arbeitnehmersparzulage und Bausparprämie zustehen, wenn keine anderen Einkünfte hinzukommen.

Übersicht zu Einkommensgrenzen 2010		
Alleinstehende	Verheiratete*	Verheiratete
Einkommensgrenze	25 600 €	51 200 €
+ Arbeitnehmerpauschbetrag	920 €	1 840 €
+ Sonderausgabenpauschbetrag	36 €	72 €
+ Vorsorgepauschale	4 007 €	8 014 €
Bruttoarbeitslohn (Grenze)	30 563 €	61 126 €

* beide Ehegatten beziehen Arbeitslohn

Werden Verluste aus anderen Quellen, z.B. vermieteten Immobilien, höhere Werbungskosten oder Sonderausgaben oder außergewöhnliche Belastungen geltend gemacht, erhöht sich die Bruttoarbeitslohngrenze natürlich um diese Mehrbeträge. Auch Kinder erhöhen die Bruttoarbeitslohngrenzen.

GUTER RAT

13 Selbst wenn Ihr Bausparvertrag noch nicht abgelaufen ist, können Sie sich mit dem Bauspargeld Einbaumöbel kaufen. Denn Einbaumöbel gehören zum wesentlichen Bestandteil eines Hauses, und deshalb sind Bauspargelder auch innerhalb der Sperrfrist »wohnungswirtschaftlich« einsetzbar, ohne auf Prämien oder Steuervorteile verzichten zu müssen. Will das Finanzamt nicht mitmachen, verweisen Sie es auf das BFH-Urteil vom 29.10.1976 (BStBl 1977 II S.152).
Auch der Mieter kann für eine Renovierung seiner Mietwohnung ein Bauspardarlehen prämienbegünstigt einsetzen (§2 Abs.2 S.8 WoPG). Die Beiträge müssen auf sieben Jahre festgelegt werden, wenn die Prämie erhalten bleiben soll. Bei vorzeitiger Kündigung des Vertrags (vielleicht infolge Geldmangels) muss man gutgeschriebene Prämien natürlich zurückzahlen.

14 Wird vor Ablauf der Sperrfrist von sieben Jahren bei Inanspruchnahme der Wohnungsbauprämie die Bausparsumme ausgezahlt, abgetreten oder beliehen, handelt es sich um eine sog. *schädliche Rückzahlung, die den Verlust der Prämien nach sich zieht.* Das gilt übrigens unabhängig davon, ob der Bausparvertrag vor 2009 oder später abgeschlossen wurde.
Werden allerdings die innerhalb der Sperrfrist empfangenen Beträge für den Bau oder Erwerb eines ausschließlich Wohnzwecken dienenden Gebäudes verwendet, ist die vorzeitige Auszahlung, Abtretung oder Beleihung unschädlich, soweit die empfangenen Beträge nicht höher sind als die Baukosten.
Das gilt auch bei der Verwendung für den Bau eines Gebäudes, das nur zum Teil Wohnzwecken dient, sofern die empfangenen Beträge nicht höher sind als die auf diesen Teil entfallenden Baukosten (BFH-Urt. v. 27.11.1964 – BStBl 1965 III S.214).
Die Prämien brauchen – egal ob Alt- oder Neuvertrag – trotz Verfügung über die Bausparsumme vor Ablauf der Sperrfrist in folgenden Fällen nicht zurückgezahlt zu werden:

- Der Bausparer oder sein Ehegatte verstirbt oder wird völlig erwerbsunfähig. Stirbt der Prämiensparer, können die Erben den Vertrag fortsetzen.
- Der Bausparer ist seit mindestens einem Jahr ununterbrochen arbeitslos.

15 **Achtung! Es können nur die Bausparkassenbeiträge berücksichtigt werden, die bis zur vollen oder teilweisen Erlangung (Auszahlung) des Bauspardarlehens entrichtet werden. Dazu gehören nicht nur die vertraglich bestimmten Beiträge,**

sondern auch darüber hinaus geleistete freiwillige Beiträge, die auf das Bausparguthaben gutgeschriebenen Zinsen, die man zur Beitragszahlung verwendet, sowie die beim Abschluss eines Bausparvertrags anfallenden Abschlussgebühren (Umschreibegebühren).

TRICK

Finanzierungsmöglichkeiten, an die kaum jemand denkt

S Wie, Sie können die Wohnungsbauprämie nicht bekommen, weil Ihr Ein- 16
kommen zu hoch ist? Dann lassen Sie doch Ihren Vater oder eines Ihrer Kinder den Vertrag schließen! Das spätere Baudarlehen können sie Ihnen dann für den Bau oder die Renovierung von Wohnraum abtreten.

Denn: Bei einer Abtretung von Bausparvertragsansprüchen ist im Fall der Auszahlung der Bausparsumme innerhalb der Sperrfrist die Nachversteuerung auszusetzen, wenn der Erstsparer (Vater, Kind) eine Erklärung des Eingetretenen (Sie selbst) beibringt, dass dieser die Bausparsumme unverzüglich und unmittelbar zum Wohnungsbau für sich oder Angehörige verwendet (Nachweis: § 2 Abs. 2 WoPG). Das funktioniert übrigens auch noch prima bei Neuverträgen ab 2009.

SUPER TRICK

Treten Sie Ihren Bausparvertrag an einen nahen Verwandten ab!

S Bauspargelder können also unter nahen Verwandten weitergegeben werden, ohne dass Prämien- oder Steuervorteile verlorengehen. So kann man Bausparmittel, die man bei Auszahlung der Bausparsumme, bei Rückzahlung der Bausparverträge oder bei Beleihung oder Abtretung von Bausparvertragsansprüchen vor Ablauf der Sperrfrist (sieben Jahre) erhält, Angehörigen überlassen. Voraussetzung ist lediglich, dass die Gelder für Ihre wohnwirtschaftlichen Zwecke oder die Ihrer Angehörigen (§ 15 AO) verwendet werden, auch nach Ablauf der Sperrfrist. Sparen Verwandte mit, indem sie ebenfalls Bausparverträge abschließen, bekommt grundsätzlich jeder von ihnen zunächst einmal die Bausparprämie. Indem sie dann später die Anspüche aus ihren Verträgen an Sie abtreten, lässt sich so ein mehrfacher Prämienbezug bei nur einem einzigen Bauvorhaben erreichen.

17 Verwandte sind:

- Verwandte in gerader Linie (Kinder, Eltern, Großeltern) sowie zweiten und dritten Grades in der Seitenlinie (Geschwister, Onkel, Tanten, Nichten, Neffen),
- Verschwägerte in gerader Linie (z. B. Schwiegersöhne) und Verschwägerte zweiten Grades in der Seitenlinie (z. B. Ehemann der Schwester),
- Verlobte,
- durch Annahme an Kindes statt in gerader Linie Verbundene (Adoptivkinder und -eltern), Pflegeeltern und Pflegekinder,
- der Ehegatte, auch wenn die Ehe nicht mehr besteht.

Achtung! Ehegatten bilden zusammen mit ihren unter 16 Jahre alten Kindern eine Höchstbetragsgemeinschaft. Alle Sparleistungen der Familienmitglieder werden zusammengerechnet.

Für die Übertragung von Bauspargeldern auf andere Konten nach Zuteilung des Vertrags benötigen die Bausparkassen in der Regel folgende Unterlagen:

1. eine Willenserklärung des Bausparers, dass ein Sparguthaben aus dem zugeteilten bzw. beliehenen Vertrag an einen Verwandten überwiesen werden soll,
2. einen Darlehensantrag, wenn der Verwandte auch das Bauspardarlehen in Anspruch nehmen möchte und nicht nur die Ansparsumme,
3. vom Verwandten den Nachweis über die eigene wohnwirtschaftliche Verwendung.

In folgenden Fällen ist eine formelle Vertragsübertragung erforderlich:

- Der Bausparer, also der helfende Verwandte, will eine Mithaftung für weitergehende Bauspardarlehen ausschließen.
- Der begünstigte Verwandte, also der Bauherr, will die Schuldzinsen als Werbungskosten geltend machen.

Anmerkung: Sie brauchen jedes Jahr die neueste Ausgabe dieses Steuerratgebers. Manchmal ist es nur ein einziger neuer oder geänderter Trick, der Ihnen wieder einen großen Steuervorteil bringt.

18 **Das Eigenheimrentengesetz – Wohn-Riester**

Um nach Wegfall der Eigenheimzulage die Schaffung selbstgenutzten Wohneigentums weiterhin zu fördern, wurde mit dem »Eigenheimrentengesetz« die Riester-Förderung auf den Kauf oder den Bau einer Wohnung oder eines Hauses ausgedehnt. Gleichzeitig wurden vor allem Bausparverträge in die Riester-Förderung mit einbezogen.

Wie bei der Eigenheimzulage ist bei der Wohn-Riester-Förderung Voraussetzung, dass die geförderte Immobilie **ausschließlich selbst bewohnt** wird.

Begünstigte Investitionen

- Kauf einer Wohnung bzw. eines Einfamilienhauses,
- Bau einer Wohnung bzw. eines Einfamilienhauses,
- Erwerb von Genossenschaftsanteilen an Wohnungsgenossenschaften, wenn später eine Wohnung dieser Genossenschaft bezogen wird,
- Erwerb von Dauerwohnrechten, etwa in einem Seniorenheim,
- Tilgung von Darlehen, die für die Finanzierung einer selbstgenutzten Wohnimmobilie eingesetzt werden.

TIPP

Förderung gibt es nur für den Hauptwohnsitz!

Die geförderte Immobilie muss Ihr Hauptwohnsitz sein. Damit sind Ferien- und Wochenendhäuser von der Eigenheimrentenförderung ausgeschlossen. Zudem wird nur der Bau, der Erwerb oder die Entschuldung einer Immobilie gefördert, nicht jedoch Reparaturen oder Instandhaltungsarbeiten.
Gefördert werden also auch künftig vor allem die Entschuldung einer selbstgenutzten Immobilie und Sparverträge, die auf einen Immobilienerwerb abzielen. Da kommt dann wieder der gute alte Bausparvertrag ins Spiel. Förderfähig sind demnach

- Bausparverträge, aber auch andere Sparverträge, wenn diese eine Darlehensoption beinhalten. Zuerst werden also wie bisher eigene (Bau-)Sparbeiträge angesammelt und als Altersvorsorgebeiträge mit Riester-Zulage bzw. Sonderausgabenabzug gefördert. Nach der Ansparphase können Sie die geförderten Eigenmittel für eine begünstigte Investition verwenden. Zusätzlich ist eine Darlehensaufnahme möglich, bei der die entsprechenden Tilgungsleistungen auf das Darlehen weiter gefördert werden.
- Zertifizierte reine Darlehensverträge; hier nehmen Sie ohne vorherige Ansparung von Eigenmitteln ein Darlehen zum Erwerb der selbstgenutzten Immobilie auf. Die Riester-Förderung erhalten Sie dann für die Tilgungsleistungen auf das Darlehen.
- Vorfinanzierungsdarlehen; ein zertifizierungsfähiges Vorfinanzierungsdarlehen besteht aus einem tilgungsfreien Darlehen in Kombination mit einem Sparvertrag, bei dem bei Vertragsabschluss unwiderruflich vereinbart wird, dass das Sparkapital zur Darlehenstilgung eingesetzt wird.

Die Riester-Zulagen werden dem Darlehensvertrag gutgeschrieben und dienen somit als Tilgung. Die vollständige Darlehenstilgung muss allerdings bis zum 68. Lebensjahr erfolgen.

WICHTIGER HINWEIS

Bei allen Varianten, bei denen die Darlehenstilgung aus Riester-geförderten Verträgen erfolgen soll, ist Voraussetzung, dass Sie persönlich oder Ihr Ehegatte zum durch Riester begünstigten Personenkreis gehören und das Darlehen für eine selbstgenutzte Wohnimmobilie verwenden, die nach dem 31. 12. 2007 gekauft oder gebaut wird. Die Riester-Zulagen werden in diesem Fall unmittelbar und zu 100 % für die Darlehenstilgung eingesetzt.

19 **Wer kann »wohn-riestern«?**

Die Wohn-Riester-Förderung können Sie in Anspruch nehmen, wenn Sie in Deutschland wohnen oder hier zumindest Ihren gewöhnlichen Aufenthalt haben und zu folgendem Personenkreis gehören:

- Pflichtversicherte in der gesetzlichen Rentenversicherung,
- Pflichtversicherte in der Alterssicherung der Landwirte,
- Beamte und Empfänger von Amtsbezügen,
- Arbeitssuchende ohne Leistungsbezug wegen mangelnder Bedürftigkeit,
- Kindererziehende während der rentenrechtlich zu berücksichtigenden Zeiten,
- Bezieher von Erwerbsminderungs- oder Erwerbsunfähigkeitsrenten,
- Pensionäre, die eine Versorgung wegen Dienstunfähigkeit erhalten.

TRICK

Auch als Selbständiger können Sie von der Wohn-Riester-Förderung profitieren!

S Wie Sie sehen, sind Sie als Selbständiger von den Möglichkeiten der Wohn-Riester-Förderung ausgeschlossen. Mit einem einfachen Kniff lässt sich dieses Problem umgehen: Mit einem Ehegattenarbeitsverhältnis schaffen Sie sich eine mittelbare Vergünstigung – und profitieren gleichzeitig davon, dass durch den Arbeitslohn und die Abgaben aus dem Arbeitsverhältnis Betriebsausgaben für Sie anfallen. Wichtig ist hier allerdings, dass der Arbeitslohn des Ehegatten sozialversicherungspflichtig ist, also über einen Minijob hinausgeht. Die Abgaben an die Sozialversicherung werden zum großen Teil schon dadurch kompensiert, dass sich aus den Rentenbeiträgen später ein Rentenversicherungsanspruch für den Ehegatten ergibt und dieser zudem nun für kleines Geld in der gesetzlichen Krankenversicherung versichert ist.

Als zusätzliches Bonbon gibt es darüber hinaus nun wie gesagt auch für Sie die Riester-Förderung, was sich vor allem dann lohnt, wenn Sie Kinder haben.

Wie hoch ist die Förderung? 20

Für entsprechende Beiträge, z. B. Bausparbeiträge, bestehen pro Jahr folgende Ansprüche auf Riester-Zulage:

- für jeden rentenversicherungspflichtigen Erwachsenen **154 €**,
- für jedes Kind, das vor 2008 geboren ist, **185 €**,
- für jedes Kind, das ab 2008 geboren wurde, sogar **300 €** jährlich;
- einmaliger Berufseinsteigerbonus von **200 €** im ersten Jahr für Sparer, die bei Vertragsabschluss noch keine 25 Jahre alt waren.

Alternativ können Beiträge bis zu **2 100 €** auch als Sonderausgaben abgezogen werden. Auf die sich daraus ergebende Einkommensteuerersparnis wird allerdings der Anspruch auf Zulagen angerechnet.

Das Problem der nachgelagerten Besteuerung 21

Wie normale Riester-Verträge folgt auch das »Wohn-Riestern« dem Prinzip der Förderung von Ansparleistungen und der späteren nachgelagerten Besteuerung. Nur wird beim Wohn-Riestern im Alter nicht eine tatsächlich gezahlte Rente besteuert, sondern ein fiktiver Betrag. Im Prinzip besteuert der Fiskus die durch die frühere Förderung eingesparten Kosten für das Wohnen im Alter. Das in die Finanzierung der selbstgenutzten Immobilie eingeflossene steuerlich geförderte Altersvorsorgekapital wird dazu in einem speziellen Verrechnungsposten – dem sog. *Wohnförderkonto* – erfasst. Auf diesem *Wohnförderkonto* werden die durch Zulagen oder Sonderausgabenabzug geförderten Beiträge, die Zulagen selbst und die eventuellen darüber hinausgehenden Steuervorteile durch den Sonderausgabenabzug aufgezeichnet. Zusätzlich wird dieses Konto pro Jahr um eine fiktive Verzinsung von 2 % erhöht.

Dieser fiktive Betrag wird ab einem im Wohn-Riester-Vertrag vereinbarten Zeitpunkt – zwischen Vollendung des 60. und spätestens des 68. Lebensjahres – in monatlichen Raten als fiktives Einkommen angerechnet.

Bis dahin ist das Kapital gebunden. Wird es vor Erwerb einer Immobilie für nicht geförderte Zwecke entnommen, müssen alle Zulagen und Steuervorteile zurückgezahlt werden. Das eingezahlte Kapital und die bis dahin tatsächlich erwirtschafteten Zinsen können allerdings beliebig verwendet werden. Wird dagegen eine gefördert erworbene Immobilie z. B. durch Verkauf, Vermietung oder aus anderen Gründen aufgegeben, wird der Betrag des Wohnförderkontos sofort und in voller Höhe als Einkommen besteuert.

TIPP

Sie können die Versteuerung vermeiden!

Eine Rückzahlung der Zulagen und Steuervorteile bzw. eine vorzeitige Versteuerung des *Wohnförderkontos* lässt sich allerdings vermeiden. Sie haben dazu folgende Möglichkeiten:

- Bei einem Verkauf der Immobilie zahlen Sie einen Betrag in Höhe des Wohnförderkontostandes in einen anderen riester-zertifizierten Altersvorsorgevertrag ein (z. B. Riester-Rentenversicherung) oder reinvestieren ihn innerhalb von vier Jahren nach Verkauf in eine andere förderfähige Wohnung.

- Bei einer Vermietung der Immobilie wegen beruflich bedingten Umzugs schließen Sie einen befristeten Mietvertrag ab und erklären darin, dass Sie die Wohnung später wieder selbst nutzen wollen. Dies muss spätestens bei Vollendung des 67. Lebensjahres der Fall sein.

- Wird die Selbstnutzung infolge einer Ehescheidung beendet, ist dies unschädlich, wenn die eheliche Wohnung aufgrund richterlicher Entscheidung dem Ehegatten des Riester-Sparers zugewiesen wird.

- Verstirbt der Wohn-Riester-Sparer, führt dies nicht zu einer schädlichen Beendigung der Selbstnutzung, wenn die Wohnung vom Ehepartner weiter selbst genutzt wird.

Besteuerung nach Eintritt in den Ruhestand
Für die Besteuerung können Sie zwischen zwei Alternativen wählen.

1. Verrentung
Der Betrag aus dem Wohnförderkonto wird dazu gleichmäßig auf den Zeitraum zwischen dem vertragsgemäßen Besteuerungsbeginn und der Vollendung des 85. Lebensjahres aufgeteilt, also auf 17 bis max. 25 Jahre. In jedem Jahr wird dann ein entsprechender Teilbetrag vom Wohnförderkonto abgezogen und als sonstige Einkünfte im Rahmen der Einkommensteuerveranlagung versteuert. Ob sich daraus eine Steuer ergibt und wie hoch diese letztlich ist, hängt vom individuellen Steuersatz im Ruhestand ab.

Beispiel
Auf Ihrem Wohnförderkonto ist ein Betrag von 72 000 € erfasst. Sie gehen mit 67 Jahren in Rente, bis zur Vollendung Ihres 85. Lebensjahres vergehen also 18 Jahre. Der jährlich zu versteuernde Betrag beläuft sich demnach auf 72 000 € ÷ 18 Jahre = **3 000 €**

2. Sofortversteuerung

In diesem Fall werden bei Eintritt in den Ruhestand 70 % des auf dem Wohnförderkonto erfassten Betrags auf einen Schlag als »sonstige Einkünfte« mit dem persönlichen Steuersatz ohne weitere Steuerermäßigung besteuert. Die restlichen 30 % bleiben unversteuert.

Beispiel

Auf Ihrem Wohnförderkonto ist ein Betrag von 72 000 € erfasst. Sie gehen mit 67 Jahren in Rente und wählen die Sofortversteuerung. Im Jahr des Rentenbeginns müssen demnach 72 000 € × 70 % = **50 400 €** versteuert werden.

Auch nach Beginn der Besteuerung – ob nun als Verrentung oder als Sofortversteuerung – bleibt die Nutzungsbindung der Immobilie erhalten. Wird die Immobilie in der »Auszahlungsphase«, zu dessen Beginn die Sofortversteuerung gewählt wurde, verkauft oder vermietet, muss bis zum zehnten Jahr nach Beginn der Auszahlungsphase das Doppelte der noch nicht besteuerten 30 % des Wohnförderkontos versteuert werden und vom elften bis zum 20. Jahr das Einfache dieses Betrags.

Wird die geförderte Immobilie in der Versteuerungsphase veräußert, bevor der Betrag lt. *Wohnförderkonto* vollständig versteuert ist, muss der Restbetrag grundsätzlich voll versteuert werden. Dies lässt sich allerdings z. B. dadurch vermeiden, dass Sie einen entsprechenden Betrag in eine andere selbstgenutzte Immobilie investieren, etwa Ihr selbstgenutztes Haus verkaufen und mit dem Erlös einen Platz in einem Seniorenwohnheim erwerben.

Tod des Anspruchsberechtigten

Verstirbt der Wohn-Riester-Berechtigte, kann grundsätzlich sein Ehegatte die Wohnung unschädlich weiter nutzen. Der Ehepartner muss dann allerdings auch die Versteuerung fortführen.

In allen anderen Fällen gilt der Restbetrag des *Wohnförderkontos* mit dem Tod als schädlich verwendet. Die Erben müssen diesen Betrag in der letzten Einkommensteuererklärung für den Verstorbenen in voller Höhe nachgelagert versteuern.

Das Steuersystem der Bundesrepublik hat den Charakter gesetzlichen Unfugs.
(Wirtschaftsprofessor Spitaler)

II. Lohn – Gehalt steuerfrei oder steuerpflichtig!?

1. Wie vermeide ich steuerpflichtigen Lohn?

Dies ist die wichtigste Frage für den Nichtselbständigen, wenn er Steuern sparen will.

Als Arbeitnehmer zahlen Sie auf Ihren Arbeitslohn oder Ihr Gehalt genauso 22
Einkommensteuer wie Selbständige auf die Einkünfte aus ihrem Betrieb oder ihrer Praxis. Und wer seinen Lebensunterhalt aus der Vermietung von Immobilien erzielt oder schlicht nur sein Geld für sich arbeiten lässt und von den Erträgen und Zinsen seines Kapitals lebt, zahlt ebenfalls.
Zwar legt die Bezeichnung Lohnsteuer den Schluss nahe, diese sei eine eigene Steuerart, doch wird mit »Lohnsteuer« lediglich die besondere Besteuerungsform umschrieben, mit der der Fiskus Sie als Arbeitnehmer schon im Lauf des Jahres bei jeder Lohn- und Gehaltszahlung zur Kasse bittet. Die Lohnsteuer ist letztlich nichts anderes als eine besondere Erhebungsform der Einkommensteuer. Man könnte sie auch als Quellensteuer für Lohneinkünfte bezeichnen, da sie bereits an der »Quelle«, vom Arbeitgeber, einbehalten und an das Finanzamt für Ihre Rechnung gezahlt wird. Sie zahlen mit Ihrer Lohnsteuer also laufend Abschläge auf Ihre Einkommensteuer. Wenn die dann bei der Gesamtabrechnung nach Ablauf des Jahres aufgrund Ihrer Einkommensteuererklärung niedriger ausfällt als die Lohnsteuer, bekommen Sie den zu viel gezahlten Betrag erstattet.
Der Fiskus macht also Ihren Brötchengeber zum Gehilfen beim Kassieren Ihrer Steuern. Ihr Arbeitgeber berechnet nach festgelegten Formeln die auf Ihren Lohn entfallende Lohnsteuer. Damit Ihre wichtigsten persönlichen Verhältnisse und Besonderheiten in die Besteuerung einfließen können, benötigt Ihr Arbeitgeber von Ihnen eine Lohnsteuerkarte, auf der neben Ihrer Steuerklasse die Zahl Ihrer Kinderfreibeträge, Ihre Konfession und eventuelle Freibeträge für erhöhte Werbungskosten, Sonderausgaben oder außergewöhnliche Belastungen eingetragen sind, die schon während des Jahres für eine gewisse Steuerentlastung sorgen.
Abgesehen davon gibt es viele große und kleine Kniffe, wie Sie Teile Ihrer Vergütungen aus dem Arbeitsverhältnis steuerfrei kassieren oder die Steuerbelastung auf Ihren Lohn zumindest drücken können.

23 *Übungsleiterfreibetrag*

Vielleicht sind Sie nebenberuflich in einem gemeinnützigen Verein oder bei einer öffentlich-rechtlichen Institution als Übungsleiter, Ausbilder, Erzieher, Kranken- oder Altenpfleger, Musiker oder Trainer tätig. Dann veranlassen Sie, dass von der Vergütung, die Sie dafür erhalten, ein Betrag von bis zu 2 100 € jährlich als *Aufwandsentschädigung* steuer- und sozialabgabenfrei bleibt. Sagen Sie im Lohnbüro einfach, Sie seien nebenberuflich tätig. Quelle: § 3 Nr. 26 EStG. Wenn Sie weniger als 2 100 € im Jahr erhalten, kann natürlich nur der geringere Betrag steuerfrei bleiben.

24 *Steuerermäßigung für ehrenamtlich Tätige, die nicht unter den Übungsleiterfreibetrag fallen*

Das Problem beim Übungsleiterfreibetrag ist, dass Sie ausbildend, erziehend oder im Rahmen der Pflege tätig sein müssen, um von der Steuerfreiheit profitieren zu können. Hier bringt der neu eingeführte § 3 Nr. 26 a EStG Abhilfe. Wenn Sie für einen gemeinnützigen Verein oder eine Körperschaft öffentlichen Rechts nebenberuflich tätig sind, ohne dass die Voraussetzungen für die steuerfreie Aufwandsentschädigung für Ausbilder und Übungsleiter von 2 100 € gemäß ➤ Rz 23 gegeben sind, können zumindest Ihre Vergütungen bis zu 500 € im Jahr steuerfrei bleiben. Damit sind Aufwandsentschädigungen und andere Vergütungen für praktisch jede gemeinnützige Arbeit mind. bis zu dieser Höhe steuerfrei.

Diese Steuerbefreiung gilt aber nur dann, wenn die Zahlungen an Sie nicht schon aus anderen Gründen steuerfrei sind. Sind Sie also z. B. als Übungsleiter, Ausbilder, Erzieher, Kranken- oder Altenpfleger, Musiker oder Trainer tätig, können Sie selbstverständlich von der mit 2 100 € mehr als viermal so hohen Steuerbefreiung profitieren.

Unter die 500-€-Steuerermäßigung fallen – die Zahlung einer entsprechenden Vergütung vorausgesetzt – z. B.

- Vereinsvorstände,
- Kassierer,
- Platz-, Zeugwarte,
- Schreibkräfte in der Geschäftsstelle,
- Reinigungskräfte,
- Fahrer.

Außer dass Sie gemeinnützige, mildtätige oder kirchliche Arbeit leisten müssen, ist die Steuerfreiheit nur noch davon abhängig, dass Sie nebenberuflich und nicht hauptberuflich für die jeweilige Organisation tätig sind. Eine solche Nebenberuflichkeit liegt immer unzweifelhaft vor, wenn der Umfang Ihrer Arbeiten nicht mehr als etwa ein Drittel einer Vollzeitbeschäftigung beträgt. Das sind zurzeit etwa 13 bis 14 Wochenstunden.

Nicht von der Steuerermäßigung erfasst werden Personen, die in sog. wirtschaftlichen Geschäftsbetrieben von gemeinnützigen Organisationen arbeiten. So kann etwa die Bedienung im Vereinslokal die Steuerbefreiung ebenso wenig beanspruchen wie derjenige, der die Aufgabe hat, dem Verein Werbekunden zu beschaffen und diese zu betreuen.

Der Steuerfreibetrag von 500 € ist ein Jahresbetrag. Er steht Ihnen deshalb auch dann in voller Höhe zu, wenn Sie nicht das ganze Jahr, sondern nur einige Monate gemeinnützig tätig waren. Haben Sie z. B. am 1. 11. 2010 eine gemeinnützige Tätigkeit aufgenommen und erhalten dafür jeden Monat eine Aufwandsentschädigung von 350 €, bleiben von den im Jahr 2010 gezahlten 700 € volle 500 € steuerfrei.

TRICK

Aufwandsentschädigung kassieren und zurückspenden!

Wenn Sie als Vorstand oder Kassierer Ihres Vereins jährlich eine Aufwandsent- 25
schädigung von 500 € kassieren, bleibt diese Zahlung für Sie also steuerfrei. Selbstverständlich ist es schön, einen kleinen Obolus für die Mühen zu erhalten, die Sie im Dienst Ihres Vereins auf sich nehmen. Andererseits ist Ihr Verein finanziell vielleicht nicht gerade auf Rosen gebettet und könnte dieses Geld anderweitig sinnvoll einsetzen.

Wer sagt denn eigentlich, dass Sie die Aufwandsentschädigung nicht einfach als Spende an den Verein zurückzahlen können? Der Vorteil für alle liegt auf der Hand.

- Der Verein ist unter dem Strich durch die Aufwandsentschädigung nicht belastet, da er sie von Ihnen als Spende zurückbekommt.
- Die Einnahmen aus der Aufwandsentschädigung belasten Sie finanziell nicht, da sie ja steuerfrei sind.
- Die an den Verein geleistete Spende von z. B. 500 € können Sie von der Steuer absetzen und sparen so je nach Einkommen und Steuersatz zwischen 80 € und 240 €.

Wie unklug sind jene Gesetze,
die die Häufung von Reichtum
unter den Reichen fördern!
(Goldsmith)

WICHTIGER HINWEIS

Vergütungen an Vereinsvorstände müssen in der Satzung geregelt sein!

Damit es mit der Gemeinnützigkeit des Vereins keine Schwierigkeiten gibt, müssen die Vergütungen an den Vorstand unbedingt in der Vereinssatzung geregelt sein. Werden Aufwandsentschädigungen ohne eine solche Satzungsregelung gezahlt, droht die Aberkennung der Gemeinnützigkeit durch das Finanzamt. Allerdings hat der Fiskus hier für alle Vergütungen, die nach dem 10. 10. 2007 gezahlt wurden, eine mehrfach verlängerte Übergangsregelung geschaffen. Von der Aberkennung der Gemeinnützigkeit wird nämlich dann abgesehen, wenn die Zahlungen nicht unangemessen hoch waren und die Mitgliederversammlung bis zum **31. 12. 2010** eine entsprechende Änderung der Vereinssatzung zur Bezahlung der Vorstandsmitglieder beschließt (BMF v. 14. 10. 2009 IV C 4 – S 2121/07/0010).
Die Bezahlung der Vergütungen sollte dabei natürlich nicht an die Verpflichtung geknüpft werden, sie als Spende zurückfließen zu lassen. Denn dann wäre die Spende nicht mehr freiwillig und könnte nicht von der Steuer abgesetzt werden.

TRICK

Als Ehrenamtlicher Freibeträge von 2 600 € kassieren!

26 Nach dem Willen des Gesetzgebers sollen Sie den *Übungsleiterfreibetrag* von 2 100 € und den *Freibetrag für ehrenamtliche Tätigkeiten* von 500 € nicht nebeneinander für **dieselbe** Tätigkeit in Anspruch nehmen können. Wenn Sie also z. B. in Ihrem Sportverein als Übungsleiter 2 700 € Vergütungen erhalten, bleiben davon nur 2 100 € steuerfrei. Dasselbe Problem haben Sie, wenn Sie in zwei Vereinen als Trainer tätig sind. Für die Vergütungen aus beiden Trainerjobs gibt es insgesamt nur einmal den Übungsleiterfreibetrag von 2 100 €.
Günstiger sieht das Ganze aus, wenn Sie neben dem Übungsleiter- oder Trainer-Job noch in anderer Funktion für Ihren Verein tätig sind, etwa als Vorstand, Kassierer oder Platzwart. Sie werden also Ihre Vereinsführung auf folgende pfiffige Idee bringen: Für die Tätigkeit als Übungsleiter bekommen Sie künftig nur noch 2 200 € im Jahr. Dafür zahlt Ihnen der Verein aber für die bisher unentgeltlich geleistete ehrenamtliche Tätigkeit als Platzwart oder Kassierer eine jährliche Aufwandsentschädigung von 500 €.

Damit erhalten Sie jetzt Vergütungen für zwei eindeutig voneinander abgrenzbare Tätigkeiten – mit der Folge, dass von der Übungsleitervergütung nur 100 € steuerpflichtig sind und die Aufwandsentschädigung ganz steuerfrei ist.

Der *Übungsleiterfreibetrag* gilt nicht nur für Trainer bei Sportvereinen, sondern 27
auch für Chorleiter und Dirigenten in Gesangvereinen, Lehrer an Volkshochschulen (auch der Leiter einer Volkshochschule kann Ausbilder sein, wenn er das Unterrichtsgeschehen durch seine eigene Persönlichkeit mitgestaltet [BFH v. 23. 1. 1986 – BStBl 1986 II S. 398]. Wer eine ähnliche Tätigkeit ausübt: beantragen!), Betreuer bei der Mütterberatung, der Seelsorge, bei den Anonymen Alkoholikern oder anderen Selbsthilfegruppen, bei Erste-Hilfe-Kursen usw., für Lehrpersonen und Vortragende im Rahmen der beruflichen Aus- und Weiterbildung, wie etwa bei Industrie-, Handels-, Handwerker-, Ärzte- oder Steuerberaterkammer oder in Finanz-, Justiz- und Kreisverwaltung. Artverwandte und eng damit zusammenhängende Tätigkeiten, wie etwa die eines Prüfers bei Abschlussprüfungen, sind ebenfalls begünstigt. Auch Umweltschutzunterweiser und Gesundheitsberater von kleinen Vereinen können diese Vergünstigung beanspruchen. Durch einen entsprechenden Vertrag mit dem Verein sorge man auch hier vor.

Der Freibetrag steht Ihnen auch zu für die nebenberufliche Pflege alter, kranker oder behinderter Menschen. Sie können deshalb bis 2 100 € steuerfrei kassieren, wenn Sie sich im Nebenberuf oder in Ihrer Freizeit als Sanitäter, z. B. für das Rote Kreuz, um Unfallopfer kümmern.

Der Freibetrag gilt außerdem für sog. Betreuer. Nach dem Willen des Steuergesetzgebers soll dabei der Begriff des Betreuers nicht eng ausgelegt werden. Wenn Ihnen ein Finanzer etwa mit dem Ansinnen kommt, damit seien nur Personen im Sinn des Betreuungsgesetzes gemeint, die z. B. in der Betreuung körperlich und geistig gebrechlicher Personen tätig sind, klopfen Sie ihm gehörig auf seine raffgierigen Finger. Von dieser Steuerbefreiung sind vielmehr alle begünstigt, die durch direkten pädagogisch ausgerichteten Kontakt zu den von ihnen betreuten Menschen im ehrenamtlichen Bereich aktiv sind. Über diese positive Nachricht können Sie sich also freuen, wenn Sie z. B. im Jugendbereich als Gruppenleiter, Leiter einer Pfadfindergruppe, Betreuer bei Sommerlagern oder nebenberuflich in der Kinderbetreuung tätig sind. Die Ausbildung und Betreuung von Tieren (Pferden, Hunden) zählt jedoch nicht zu den begünstigten Tätigkeiten.

Nicht begünstigt soll auch nach wie vor die Aufwandsentschädigung sein, die ein ehrenamtlicher Vormund gem. § 1835 a BGB kassiert.

Sind Sie ehrenamtlich in einer Bahnhofsmission tätig, trifft für Sie ebenfalls § 3 28
Nr. 26 EStG zu. Von Ihren Vergütungen ist dann zumindest der Teil steuerfrei, der auf Pflege und Betreuung entfällt.

Sie können diesen Anteil im Zweifel mit 60 %, höchstens jedoch mit 2 100 € im Jahr ansetzen. Berufen Sie sich auf den im Einvernehmen mit dem BMF und den anderen Bundesländern herausgegebenen Erlass des Finanzministeriums Sachsen-Anhalt vom 7. 4. 1992 (432 – S 2121 – 15 – DStR 1992 S. 913).

29 Auch die Kunst und die Kultur werden in Deutschland steuerlich gefördert. Deshalb sind Vergütungen, die nebenberuflich tätige Künstler (insbesondere Musiker) erhalten, als Aufwandsentschädigung bis zu 2 100 € steuerfrei. Quelle: § 3 Nr. 26 EStG.

30 Gute Nachrichten für alle gemeinnützigen Organisationen: Für die steuerfrei gezahlten Beträge – egal ob es sich hier um den *Übungsleiterfreibetrag* oder den *Freibetrag für nebenberufliche Tätigkeiten* handelt – müssen keine Sozialversicherungsbeiträge abgeführt werden (§ 14 Abs. 1 S. 2 SGB IV). Dabei spielt es keine Rolle, ob Sie im Rahmen eines 400-€-Arbeitsverhältnisses für Ihren Verein tätig sind oder dort neben Ihrem Hauptberuf z. B. als Sporttrainer oder Reinigungskraft einen Nebenjob haben. Ja, Sie lesen ganz richtig! Angenommen, Sie sind für Ihren Verein, die öffentliche Hand oder eine Wohlfahrtsorganisation auf 400-€-Basis tätig. Dieser Job ist entweder Ihre einzige Beschäftigung oder zumindest der einzige Nebenjob, dem Sie zusätzlich zu Ihrem normalen Beruf nachgehen. In diesem Fall ist die Besteuerung mit max. 2 % erledigt. Ihr Brötchengeber kann die Steuer auf den 400-€-Job nämlich mit 2 % pauschal berechnen und an die Bundesknappschaft abführen. Für Sie bleibt der Job damit steuerfrei. Auch Sozialversicherungsbeiträge fallen für Sie nicht an. Lediglich Ihr Brötchengeber muss 28 % pauschale Sozialversicherungsbeiträge und 1,08 % an Umlagen für Ihren Lohn abdrücken.
Sind Sie z. B. als Trainer auf 400-€-Basis tätig, kann der Verein bei der Berechnung der Abgaben monatlich $\frac{1}{12}$ des Übungsleiterfreibetrags = 175 € abziehen. Pauschale Steuern und Sozialabgaben fallen dann nur noch auf den Restbetrag von 225 € an. Dasselbe gilt für den *Freibetrag für nebenberufliche Tätigkeiten*: So erfolgt z. B. bei der Reinigungskraft, die die Vereinsräume auf 400-€-Basis putzt, eine monatliche Kürzung um $\frac{1}{12}$ von 500 €. Statt auf die vollen 400 € Lohn im Monat muss der Verein nur noch auf 359 € Steuern und Sozialabgaben abführen.

TRICK

Kassieren Sie 575 € im Nebenjob abgabenfrei!

Statt die Freibeträge von dem Lohn aus dem Minijob abzuziehen, besteht auch die Möglichkeit, den regelmäßigen monatlichen Lohn von 400 € abgabenbegünstigt um den steuerfreien Betrag von 2 100 €/175 € (Jahr/Monat) bzw.

500 €/41,66 € (Jahr/Monat) aufzubessern, ohne dass Sie oder Ihr Arbeitgeber dafür einen Cent an Abgaben zahlen müssten.

So sieht die Rechnung im günstigsten Fall für Sie und Ihren Arbeitgeber aus:

Monatslohn	575 €
./. steuer- und sozialversicherungsfreier Betrag nach § 3 Nr. 26 EStG	– 175 €
verbleibender Arbeitslohn	400 €

Nur dieser Restbetrag ist für die pauschale Steuer und Sozialversicherung interessant. Ihr Arbeitgeber wird dafür pauschal mit insgesamt 31,08 % (2 % Steuern, 15 % Rentenversicherung, 13 % Krankenversicherung und 1,08 % Umlagen) = 124,32 € zur Kasse gebeten.

TIPP zur Pauschalsteuer

Ist Ihr Nebenjob Ihre einzige Erwerbsquelle und können Sie deshalb eine Steuerkarte mit der Steuerklasse I, II, III oder IV vorlegen, erspart das Ihrem Arbeitgeber zusätzlich die pauschale Steuer von 2 %, und er muss lediglich die Sozialversicherungspauschalen von 30,27 % abdrücken. Sobald bei Ihnen oder Ihrem Ehepartner aber noch andere Einkünfte anfallen, sollten Sie tunlichst auf die Steuerkarte verzichten. In diesem Fall fahren Sie mit der pauschalen Steuer von 2 % in jedem Fall besser. 31

TIPP für weniger Sozialversicherung bei Übungsleitern

Auf die richtige Verteilung der Freibeträge von 2 100 € bzw. 500 € kommt es an. Steuerlich haben Sie grundsätzlich zwei Möglichkeiten. Unter dem Strich fahren Sie und Ihr Arbeitgeber am besten, wenn Sie und Ihr Arbeitgeber die Freibeträge gleichmäßig aufs Jahr verteilen und jeden Monat nur einen Teilbetrag von 175 € bzw. 41,66 € berücksichtigen. 32

Nur in diesem Fall akzeptiert die Sozialversicherung durchgehend Ihren Minijob und damit, dass übers Jahr lediglich pauschale Arbeitgeberbeiträge gezahlt werden. Wird der Freibetrag dagegen so schnell wie möglich aufgezehrt, liegen Sie mit Ihrem maßgebenden Arbeitslohn bald über der 400-€-Grenze. Angenommen, Sie bekommen im Monat 500 €. Dann könnte Ihr Arbeitgeber zwar die gesamten Abgaben für Januar bis April sparen, und für Mai ergäbe sich gerade noch ein 400-€-Job (500 € – Restfreibetrag von 100 €). Spätestens ab Juni laufen Sie und Ihr Arbeitgeber aber in die volle Sozialversicherungs- und Steuerpflicht. Sie selbst werden also mit ca. 20,5 % Sozialversicherung zur Kasse gebeten, und Ihr Arbeitgeber darf auch noch seinen Arbeitgeberanteil von ca. 19,3 % zahlen. Außerdem kann Ihr Arbeitgeber die Lohnsteuer nicht mehr pauschal erheben, so dass Sie eine Steuerkarte vorlegen müssen. Als Nebenberufler, der noch einen Hauptjob hat, würde das bedeuten: Lohnsteuer zahlen nach Steuerklasse VI!

Sie sehen also, ein bisschen Geduld bei der Ausschöpfung von Steuerbefreiungen zahlt sich manchmal in barer Münze aus.

33 Außerdem sollten Sie Folgendes wissen:

- Die Freibeträge gibt es nur für nebenberufliche Tätigkeiten. Dazu müssen Sie aber nicht unbedingt einen Haupt- und einen Nebenberuf haben. Wichtig ist vielmehr, dass Sie nicht mehr als **ein Drittel** der Stunden einer Vollzeitarbeitskraft leisten, also z. B. nicht mehr als ca. 13 Stunden in der Woche arbeiten (BFH v. 30. 3. 1990 – BStBl 1990 II S. 854).
- Die Freibeträge von 2 100 € und 500 € sollen alle Ausgaben im Zusammenhang mit der nebenberuflichen Tätigkeit abgelten. Übersteigen Ihre Ausgaben den jeweiligen Freibetrag, setzen Sie stattdessen die höheren tatsächlichen Kosten an, versteht sich.

34
- Üben Sie Ihren Nebenjob für eine öffentlich-rechtliche Institution aus, wie z. B. für eine Behörde, Sparkasse, Industrie- und Handels-, Handwerks-, Ärztekammer etc., bleiben zusätzlich zu den 2 100 €/500 € auch noch die ersetzten **Reisekosten** steuerfrei (§ 3 Nr. 13 EStG). Denken Sie daran, wenn Sie Ihren Vertrag abschließen, und vereinbaren Sie, dass Ihnen die Reisekosten gesondert erstattet werden.

Tragen Sie die Kosten dagegen selbst, können Sie sie nur absetzen, wenn sie zusammen mit Ihren anderen beruflichen Ausgaben höher sind als der jeweilige Freibetrag (2 100 €/500 €) und wenn Ihre Einnahmen ebenfalls höher sind. So jedenfalls der Fiskus in R 3.26 Abs. 9 LStR. Mit diesem unschönen Kniff versuchen die Fiskalritter, Ihnen das Absetzen von Verlusten aus Ihrer nebenberuflichen Tätigkeit zu erschweren.

- Nebenjobs als Lehrer, Übungsleiter, Musiker usw. werden oft selbständig (freiberuflich) ausgeübt, also nicht in einem Arbeitsverhältnis. Der *Übungsleiterfreibetrag* gilt aber selbstverständlich auch für Freiberufler. Also sind auch hier bis zu 2 100 € steuerfrei.

35
- Ist der Veranstalter, für den Sie nebenberuflich tätig sind, kein gemeinnütziger Verein oder kein öffentlich-rechtliches Institut, sondern z. B. ein gewerb-

liches Unternehmen, wird Ihnen kein Freibetrag zuerkannt. Machen Sie stattdessen eine Ausgabenpauschale von 25 % Ihrer Einnahmen, höchstens 614 € jährlich, geltend (H 18.2 EStH, Betriebsausgabenpauschale).

- Der *Übungsleiterfreibetrag* von 2 100 € steht auch allen nebenberuflich selb- **36**
ständig tätigen Volksmusikern zu. Mit der Pauschale sind dann allerdings die Kosten für Instrumente, Uniformen, Fahrten und Verpflegung abgegolten (OFD Münster v. 4. 10. 1990 – S 2143).

Weitere Fälle für den Übungsleiterfreibetrag nennt die OFD Hannover in ihrer **37**
Verfügung vom 15. 12. 2009 (S 2121 – 55 – StO 215, EStB 2010 S. 103):

- **Ärzte**

Vergütungen an Ärzte, die nebenberuflich im Behinderten- oder Coronarsport betreuend tätig sind, sofern die übrigen Voraussetzungen stimmen: öffentlicher oder gemeinnütziger Auftraggeber.

- **Aufsichtsvergütung für die juristische Staatsprüfung**

Vergütungen an Richter, Staatsanwälte und Verwaltungsbeamte des höheren Dienstes, die nebenamtlich als Leiter von Arbeitsgemeinschaften für Referendarinnen und Referendare tätig sind.

- **Behinderten- und Krankentransport**

Es ist sachgerecht, den *Übungsleiterfreibetrag* für 50 % der Vergütung zu gewähren. Damit ist auch die Tätigkeit im Bereitschaftsdienst abgegolten.

- **Diakon**

Begünstigt sind bei einem nebenberuflich tätigen Diakon die ausbildenden und betreuenden Tätigkeiten mit pädagogischer Ausrichtung sowie Arbeiten im sozialen Bereich, die als Pflege alter, kranker oder behinderter Menschen gewertet werden können. Die Tätigkeiten im Zusammenhang mit Taufen, Krankenkommunion, Trauungen, Predigtdienst sind dagegen nicht begünstigt.

- **Essen auf Rädern**

Vergütungen an Helfer des Mahlzeitendienstes sind nicht begünstigt, da die Lieferung einer Mahlzeit keine Pflegeleistung darstellt. Allerdings kommt die Inanspruchnahme des Freibetrags von 500 € in Betracht, wenn die Tätigkeit nebenberuflich ausgeübt wird.

- **Ferienbetreuer**

Ehrenamtliche Ferienbetreuer, die zeitlich begrenzt zur Durchführung von Ferienmaßnahmen eingesetzt werden, sind nebenberuflich tätig. Ihre Vergütungen sind deshalb begünstigt, wenn sie von einer gemeinnützigen Organisation oder einer Körperschaft öffentlichen Rechts gezahlt werden.

- **Hausnotrufdienst**

Bei Hausnotrufdiensten inkl. sog. Hintergrunddienste sind nur die Vergütungen für tatsächliche Rettungseinsätze und die Bereitschaftszeiten hierfür begünstigt, nicht hingegen die Vergütungen, die auf die Einweisung, Einrichtung, Wartung und Überprüfung der Hausnotrufgeräte entfallen. Werden nur Notrufe entgegengenommen und weitergeleitet, ist weder die Tätigkeit noch die Bereitschaftszeit begünstigt.

- **Lehrbeauftragte an Schulen**

Vergütungen an ehrenamtliche Lehrbeauftragte, die von den Schulen für einen ergänzenden Unterricht eingesetzt werden, sind begünstigt. In der Regel stellen Sie Einkünfte aus selbständiger Arbeit (§ 18 EStG) dar.

- **Organisten**

In Kirchengemeinden eingesetzte nebenberufliche Organisten haben Anspruch auf den *Übungsleiterfreibetrag*.

- **Rettungsschwimmer**

Rettungsschwimmer üben eine im Sinne des *Übungsleiterfreibetrags* begünstigte Tätigkeit aus.

- **Rettungssanitäter**

Die Vergütungen für die Tätigkeit von Rettungssanitätern und Ersthelfern im Rettungsdienst, bei Sportveranstaltungen, kulturellen Veranstaltungen, Festumzügen etc. sind begünstigt. Eine Aufteilung der Vergütung nach Rettungseinsätzen und Bereitschaftszeiten ist nicht erforderlich.

- **Schulweghelfer und Schulbusbegleiter**

Die von den Gemeinden an Schulweghelfer und Schulbusbegleiter gezahlten Aufwandsentschädigungen können begünstigt sein, wenn die Tätigkeit nebenberuflich ausgeübt wird. Gleichzeitig kommt aber auch eine Steuerbefreiung für Aufwandsentschädigungen (§ 3 Nr. 12 EStG) in Betracht. Die Steuerbefreiungen müssen in der für Sie jeweils günstigsten Reihenfolge berücksichtigt werden.

- **Stadtführer**

Die Tätigkeit von Stadtführern ist mit einer unterrichtenden Tätigkeit an einer Volkshochschule und der Tätigkeit eines Museumsführers vergleichbar und fällt damit grundsätzlich unter den *Übungsleiterfreibetrag*, wenn der Auftraggeber z. B. eine Stadt, Gemeinde, Kirchenkörperschaft oder eine andere gemeinnützige Organisation ist.

38 **Heirats- und Geburtsbeihilfe**

Auch wenn die ursprüngliche Steuerbefreiung vor einigen Jahren gestrichen wurde, können Sie zumindest kleine Geschenke Ihres Arbeitgebers steuerfrei kassieren. Weil die Geburt oder die Hochzeit ein besonderes persönliches Ereignis ist, kann Ihnen Ihr Arbeitgeber mit einem Sachgeschenk im Wert von bis zu 40 € eine Freude machen, ohne dass der Fiskus gleich die Hand aufhält. Er kann dazu die Regelung zu *Aufmerksamkeiten* in R 19.6 LStR ausnutzen. So bleibt Ihre Freude über den Strampler oder die Spieluhr für den Nachwuchs ungetrübt.

Jubiläumsgeschenke 39

Jubiläumsgeschenke an Arbeitnehmer sind sowohl bei Arbeitnehmer- als auch bei Firmenjubiläen in voller Höhe steuerpflichtig. Da sie aber in aller Regel Arbeitslohn für mehrere Jahre darstellen, unterliegen sie der etwas günstigeren ermäßigten Besteuerung (§ 34 EStG).

Beispiel

Bei einem zu versteuernden Einkommen von 30 000 € erhalten Sie für jahrelange Betriebstreue ein Jubiläumsgeld von 10 000 €.

Im Jubiläumsjahr 2010 ergibt sich für Sie damit folgende Steuerersparnisrechnung:

Steuer lt. Grundtabelle auf	30 000 €	>	5 625 €	>	5 625 €
Jubiläumsgeschenk 10 000 €					
Davon $\frac{1}{5}$	2 000 €				
Steuer lt. Grundtabelle auf	32 000 €	>	6 265 €		
Differenz			640 €		
			× 5		
Steuer auf Jubiläumsgeschenk			3 200 €	>	3 200 €
Steuer insgesamt					8 625 €
Einkommensteuer ohne »Fünftel-Regelung« auf 40 000 € lt. Grundtabelle					9 007 €
Steuerermäßigung					382 €

GUTER RAT

Regen Sie bei gutem Betriebsklima an, dass der Chef zum Jubiläum oder zu Ihrem runden Geburtstag eine (kleine) Feier steigen lässt. Tritt die Firma formal als Gastgeber auf und werden hauptsächlich Geschäftsfreunde und Kollegen eingeladen, sind die Kosten steuerfrei (BFH-Urt. v. 28. 1. 2003 – BStBl 2003 II S 724; R 19.3 Abs. 2 Nr. 3 LStR). Das gilt aber nur dann uneingeschränkt, wenn die Kosten der Feier pro Teilnehmer nicht über 110 € liegen. 40

War der Spaß teurer, müssen Sie sich zumindest den Anteil der Kosten als Arbeitslohn zurechnen lassen, der auf Sie selbst und Ihre privaten Gäste, wie Familienangehörige und enge Freunde, entfällt.

TRICK

Zuschüsse zur Kinderbetreuung

41 Obwohl Sie Ihre Kinderbetreuungskosten von der Steuer absetzen können, sind entsprechende Zuschüsse vom Arbeitgeber die bessere Alternative. Neben Steuern sparen Sie nämlich auch Sozialversicherung auf die Zuschüsse – vorausgesetzt, Ihr Chef spielt mit. Vereinbaren Sie einen steuerfreien Kostenzuschuss für die Unterbringung Ihrer Kinder im Kindergarten oder ähnlichen Einrichtungen. Die Kleinen dürfen allerdings noch nicht schulpflichtig sein. Die Schulpflicht richtet sich dabei nach den im jeweiligen Bundesland geltenden Regelungen. Sie wird aber in aller Regel nicht geprüft, wenn das Kind das sechste Lebensjahr bis zur Jahresmitte noch nicht vollendet hat. Am besten fahren Sie natürlich, wenn der Chef den Zuschuss zusätzlich zu Ihrem Arbeitslohn zahlt.

TIPP

zum Kostennachweis und für Lebenspartner

Wenn Ihnen Ihr Brötchengeber die Betreuungskosten überweist oder direkt an die Betreuungseinrichtung zahlt, müssen Sie Ihrem Boss die Originalbelege geben, z. B. den Bescheid über die Kindergartengebühren, Rechnungen der Betreuungseinrichtung und die Zahlungsquittungen bzw. die Überweisungsträger. Damit will der Fiskus verhindern, dass Sie die Kosten möglicherweise zweimal geltend machen.

Bei der Erstattung durch den Arbeitgeber sind übrigens – anders als beim Absetzen der Kinderbetreuungskosten in der Steuererklärung – auch die Verpflegungskosten für Ihr Kind begünstigt.

Gute Nachricht für nichteheliche Partner mit Kind: Bei nicht verheirateten Eltern muss meist die Mutter das Kind im Kindergarten anmelden. Die Belege über die Kinderbetreuung lauten also auf ihren Namen. Wenn nun ihr Lebensgefährte einen großzügigeren Chef hat, ist das kein Problem. Auch wenn der Nachweis der Kindergartenkosten nicht auf seinen Namen lautet, erhält er die

Zuschüsse seines Arbeitgebers steuerfrei. Dazu muss er allerdings der Vater des Kindes sein. Berufen Sie sich, wenn es beim Finanzamt Probleme gibt, auf R 3.33 Abs. 1 S. 2 LStR.

TIPP

zur Gehaltsumwandlung

Leider lässt der Fiskus eine Gehaltsumwandlung von z. B. Weihnachtsgeld oder 42
Gratifikationen in Kindergartenzuschüsse nicht zu. Diese Einschränkung können Sie umgehen, wenn Sie schon bei Ihrer Einstellung oder bei einem Gespräch über eine Gehaltserhöhung geschickt mit Ihrem Chef verhandeln. Gehen Sie mit Ihrer Forderung nach Gehalt bzw. Gehaltserhöhung etwas herunter und **schlagen Sie vor, er möge stattdessen Ihre Kindergartenbeiträge übernehmen.** Statt sich also um den letzten Euro die Köpfe heißzureden, treffen beide sich in der Mitte und machen trotzdem beide ein gutes Geschäft. Sie kassieren nämlich einen dicken Batzen Ihres Gehalts steuerfrei, und Ihr Arbeitgeber spart sich die Sozialversicherungsbeiträge auf diesen Gehaltsteil.

SUPER TRICK

Wie Sie mit einer Tagesmutter 750 € im Jahr verdienen können

Der Kniff bei der Tagesmutter ist, dass das Finanzamt sie zwar als »ähnliche 43
Einrichtung« – wie einen Kindergarten – akzeptiert, aber nur, wenn Ihre Kleinen *außerhalb* Ihrer Wohnung betreut werden.
Ihrem Chef legen Sie also folgende Bescheinigung Ihrer Tagesmutter vor:

Bescheinigung

Ich, ..., bestätige hiermit Herrn/Frau ...., dass ich die Kinder .... und .... (usw.) in meiner Wohnung betreue. Für die Kinderbetreuung zahlt mir Herr/Frau .... monatlich 250 €.

. . . .
Ort und Datum (Unterschrift)

Übrigens: Diese Kinderbetreuerin kann Ihre erwachsene Tochter, Schwiegertochter, Mutter, Schwiegermutter, Oma oder Opa sein.
Zahlt Ihnen Ihr Chef jetzt 12 × 250 € = 3 000 € unter der Bezeichnung »Zuschuss zur Kinderbetreuung«, beträgt Ihre Steuerersparnis schon bei einem Steuersatz von 25 % 750 € im Jahr. Wichtig ist: Sie müssen diesen Zuschuss zusätzlich zum Arbeitslohn erhalten. Eine einfache Gehaltsumwandlung funktioniert nicht.

TIPP

für Tages- und Wochenmütter

44 **Vergessen Sie nicht die Steuern der Tagesmutter.** Kümmert sich die Tagesmutter nur um ein Kind und betreut es darüber hinaus im Haushalt der Eltern, nimmt der Fiskus sehr schnell ein Arbeitsverhältnis an. Dann kostet die Tagesmutter zusätzlich Sozialversicherungsbeiträge, und Sie müssen als Arbeitgeber Lohnsteuer einbehalten und abführen. Betreut sie dagegen ein oder gar mehrere Kinder in ihrem eigenen Haushalt, ist sie in aller Regel selbständig tätig und muss selbst für die Versteuerung ihrer Einkünfte sorgen.
Seit 2009 gelten neue Spielregeln für Tagesmütter. Egal ob die Tagesmutter unmittelbar von den Eltern der Kinder oder vom Jugendamt bzw. der Gemeinde bezahlt wird: Die kassierten Pflegegelder sind steuerpflichtige Betriebseinnahmen. Steuerfrei bleiben allerdings Beitragserstattungen für eine Unfallversicherung (zu 100 %) und für die Alterssicherung sowie eine angemessene Kranken- und Pflegeversicherung (zu je 50 %) (Kinderförderungsgesetz v. 10. 12. 2008 – BGBl. I S. 2403). Da die Tagesmutter selbständig tätig ist, kann sie natürlich alle in Zusammenhang mit der Betreuung entstandenen Betriebsausgaben absetzen. Dazu gehören vor allem Kosten für

- Ausstattungsgegenstände (Mobiliar),
- Spielzeug,
- Beschäftigungsmaterialien,
- Fachliteratur,
- Hygieneartikel,
- Miete und Betriebskosten der zur Kinderbetreuung genutzten Räume,
- Verpflegung des Kindes,
- Telefonkosten,
- Weiterbildungsmaßnahmen,
- Versicherungen, z. B. Unfall- und Berufshaftpflichtversicherung,
- Fahrten im Zusammenhang mit der Kinderbetreuung,
- Freizeitgestaltung.

Damit die Tagesmutter keine umfangreiche Buchhaltung einrichten muss, kann sie für die Kinder, die sie in ihrem eigenen Haushalt betreut, statt der tatsächlichen Kosten pauschal **300 € je Kind und Monat** als Betriebsausgaben abziehen. Diese Pauschale bezieht sich allerdings auf eine Betreuungszeit von acht Stunden und mehr pro Kind und Tag. Bei kürzerer Betreuung wird sie anteilig gekürzt. Sie beträgt somit bei einer Betreuungszeit von z. B. vier Stunden nur noch 150 €. Die Pauschale kann außerdem nicht abgezogen werden, wenn das Kind im Haushalt seiner Eltern betreut wird. In diesem Fall bleibt der Tagesmutter nur der Einzelnachweis ihrer Kosten. Die Betriebsausgabenpauschale darf zudem nur bis zur Höhe der gezahlten Vergütungen abgezogen werden. Durch Ihre Anwendung kann also anders als beim Einzelnachweis der Kosten kein Verlust entstehen.

Beachten Sie: Erhält die Tagesmutter trotz Urlaubs, Krankheit oder Fortbildung das Entgelt weitergezahlt, hat sie auch weiter Anspruch auf die Pauschale. Fallen dagegen in einem vollen Monat keine Einnahmen an, bleibt der Tagesmutter für diesen Monat nur die Möglichkeit, Kosten einzeln nachzuweisen bzw. glaubhaft zu machen (Quelle: BMF v. 20. 5. 2009 – BStBl 2009 I S. 642).

Betriebsausgabenpauschalen

Betreuung des Kindes	1 Kind	2 Kinder
4 Std./Tag	150 €/Monat	300 €/Monat
6 Std./Tag	200 €/Monat	400 €/Monat
ab 8 Std./Tag	300 €/Monat	600 €/Monat

TRICK

Vergessen Sie bei der Berechnung der Betriebsausgabenpauschale die Fahrzeiten nicht!

Zur Betreuung des Kindes gehören selbstverständlich auch die Fahrten, um das Kind von den Eltern abzuholen und zurückzubringen. Mit Umziehen, Abliefern des Kindes, kurzer Besprechung des Tagesablaufs mit den Eltern kommt schnell eine zusätzliche Stunde zusammen. Statt $4/8$ = 150 € steigt die Pauschale damit auf $5/8$ = 187,50 €. Das macht im Jahr 450 € mehr an Betriebsausgabenpauschale.

Leistungen des Arbeitgebers zur Gesundheitsförderung 45

Leistungen des Arbeitgebers zur Verbesserung des allgemeinen Gesundheitszustandes und der betrieblichen Gesundheitsförderung können je Arbeitnehmer bis zu 500 € im Jahr steuerfrei bleiben (Quelle: § 3 Nr. 34 EStG). Unter die Steuerbefreiung fallen neben innerbetrieblich angebotenen Kursen und Maßnahmen auch zweckgebundene Barzuschüsse zu extern durchgeführten Maßnahmen. Begünstigt sind vor allem folgende Programme:

- Verhaltens- und gesundheitsorientierte Bewegungsprogramme zur allgemeinen Reduzierung von Bewegungsmangel und zur Vorbeugung gegen spezielle Risiken, z. B. Rückengymnastik,
- Vorbeugemaßnahmen gegen arbeitsbedingte Belastungen des Bewegungsapparates, z. B. Massagen,
- Vorträge und Ernährungskurse zur Vermeidung von Mangel- und Fehlernährung sowie zur Vermeidung und Reduzierung von Übergewicht,
- Maßnahmen und Kurse zur Stressbewältigung,
- Suchtprävention und -bekämpfung, z. B. Nichtraucherprogramme, Umgang mit Alkohol.

Die Leistungen muss Ihr Brötchengeber allerdings zusätzlich zum übrigen Arbeitslohn erbringen. Eine Umwandlung von Arbeitslohn, z. B. des Weihnachtsgelds oder anderer Sonderzahlungen, ist grundsätzlich nicht möglich.

WICHTIGER HINWEIS

500 € sind nicht unbedingt das letzte Wort!

Maßnahmen des Arbeitgebers zur Gesundheitsförderung, die nach einer gutachterlichen Stellungnahme des medizinischen Dienstes oder der Berufsgenossenschaft in ganz überwiegend eigenbetrieblichem Interesse des Arbeitgebers durchgeführt werden, sind auch dann steuerfrei, wenn sie mehr als 500 € im Jahr kosten. Die Kosten für solche Maßnahmen werden auch nicht auf die 500-€-Grenze des § 3 Nr. 34 EStG angerechnet. Der Arbeitgeber kann also ohne weiteres noch andere Gesundheitsfördermaßnahmen steuerfrei bezuschussen. Als ausgesprochener Spaßverderber hat sich der Gesetzgeber gezeigt, indem er die Übernahme von Beiträgen für einen **Sportverein** oder ein **Fitnessstudio** ausdrücklich nicht in die Steuerfreiheit einbezogen hat.

TIPP

Einzelkurse beim Verein oder im Studio bleiben begünstigt!

Der Ausschluss der Steuerfreiheit betrifft aber nur die Bezuschussung der laufenden Vereins- und Studiobeiträge. Nicht betroffen sind dagegen Einzelkurse, die der Sportverein oder ein Fitnessstudio unabhängig von einer Mitgliedschaft anbietet.

Beispiel
Ihr Arbeitgeber bezahlt Ihnen einen Zuschuss von 400 € für den Besuch eines Kursus »Rückengymnastik«, der vom örtlichen Sportverein an 20 Abenden angeboten wird.

TRICK

Abnehmen mit staatlich subventioniertem Zuschuss!

Plagen Sie sich schon seit Jahren mit Ihrem Gewicht? Nach jeder Diät mit ein paar Pfund Gewichtsverlust schlägt unbarmherzig der Jojo-Effekt zu, und nach kurzer Zeit sind mehr Pfunde auf den Rippen als vor der Diät. Hier hilft nur eine dauerhafte Umstellung der Gewohnheiten, und das gilt vor allem für die Essgewohnheiten. Es gibt genügend Kurse zu diesem Thema von der Volkshochschule bis zu professionellen Vereinen, die entsprechende Ernährungsprogramme vermitteln. All diese Maßnahmen kosten aber nicht nur Zeit, sondern auch mehr oder weniger viel Geld. Dank der neuen Steuerbefeiung hat jetzt Ihr Brötchengeber die Möglichkeit, Ihnen als verdientem Mitarbeiter einen Bonus zu zahlen, ohne dass dabei der Fiskus und die Sozialversicherung wieder kräftig die Hand aufhalten. Lassen Sie sich doch einfach den Ernährungsberatungskurs von Ihrem Arbeitgeber mit bis zu 500 € im Jahr steuer- und abgabenfrei sponsern.

44-€-Freigrenze für Sachbezüge 46
Sachzuwendungen Ihres Arbeitgebers, z.B. die verbilligte Überlassung einer Wohnung, kostenloses Telefonieren, kostenlose Dienstleistungen und Warenlieferungen bleiben steuerfrei, wenn die Differenz zwischen ihrem Wert und Ihrer Gegenleistung im Monat nicht höher als 44 € liegt.

TIPP

zur Bagatellgrenze

Einen zusätzlichen Steuerbonus über die Freigrenze von 44 € hinaus streichen Sie ein, wenn als Wert Ihres Sachbezugs nicht der tatsächliche Wert angesetzt wird.
Um übliche Rabatte oder Preisunterschiede auszugleichen, muss der Fiskus zunächst immer einen Preisabschlag von 4 % vom tatsächlichen Wert Ihres Sachbezugs vornehmen (Quelle: R 8.1 Abs. 2 S. 9 LStR). Für die Frage, ob die steuer-

freie Grenze von 44 € überschritten ist, kommt es also auf die Differenz zwischen 96 % des tatsächlichen Wertes und Ihrer Zahlung an.
Ihr Chef kann Ihnen als steuerfreien Sachbezug auch einfach einen **Benzingutschein** geben, den Sie bei der nächsten Tankstelle einlösen. Wichtig ist nach einem Bund-Länder-Erlass, dass darauf die Benzinsorte steht, also etwa: »Gutschein für 20 Liter Super«. Die Tankstelle rechnet dann direkt mit Ihrem Chef ab. Auf keinen Fall sollte auf dem Gutschein ein konkreter Euro-Betrag stehen.

Der Betrag von 44 € ist eine **Freigrenze**, achten Sie also darauf, ihn nicht zu überschreiten, denn dann wird der volle Betrag für Sie steuerpflichtig. Dazu müssen Sie wissen, dass die 44-€-Freigrenze nicht für eine einzelne Sachzuwendung gilt. Es muss vielmehr sichergestellt sein, dass sämtliche kleinen Vorteile eines Monats zusammengerechnet die Grenze nicht überschreiten.

Sehen Sie sich also vor, dass Ihnen nicht folgendes Malheur passiert: Ihr Chef schenkt Ihnen einen Tankgutschein über 30 Liter Superbenzin (Preis/l zzt. 1,40 €). Da Sie nur einen Gegenwert von 42 € erhalten haben, sind Sie noch auf der sicheren Seite. Erlaubt Ihnen aber Ihr Boss im selben Monat, ein Paket Kopierpapier im Wert von 3 € mit nach Hause zu nehmen, weil Sie vergessen hatten, rechtzeitig welches einzukaufen, schauen Sie schön blöd aus der Wäsche. Nun sind nämlich die kompletten 45 € (Tankgutschein und Kopierpapier) steuerpflichtig.

Nicht unter diese Bagatellgrenze fallen:

- Tank- und Warengutscheine, die auf einen konkreten Euro-Betrag lauten (FG München v. 6. 11. 2007 – 8 V 3556/07);
- Warengutscheine, die nicht auf eine konkrete Sache lauten, sondern allgemein zum Einkauf von Waren bis zu 44 € bei einem Händler oder einer Tankstelle berechtigen (Niedersächsisches Finanzgericht v. 12. 4. 2007 – 11 V 65/07);
- die Nutzung Ihres Firmenwagens, für die die 1-%-Regelung gilt;
- Mahlzeiten im Betrieb sowie Kost und Logis, für die bereits die besonders günstigen Sachbezugswerte nach der Sachbezugsverordnung gelten, und
- Personalrabatte, für die Sie den viel günstigeren Rabattfreibetrag in Anspruch nehmen;
- Bezüge, für die die Lohnsteuer mit 25 % pauschal angesetzt wird:
  - Mahlzeiten im Betrieb, Essenmarken,
  - Betriebsveranstaltungen,
  - Erholungsbeihilfen,
  - Verpflegungszuschüsse bei Dienstreisen, Fahrtätigkeit etc.,
  - Computerschenkung oder Übernahme Ihrer privaten Internetkosten durch den Arbeitgeber,
- verbilligte Überlassung von Vermögensbeteiligungen;
- verbilligter Versicherungsschutz durch den Arbeitgeber.

SUPER TRICK

So bekommen Sie trotz gestrichener Steuerbefreiung Ihr Jobticket weiter steuerfrei

Eigentlich sollen Sie nach dem Willen des Fiskus für Ihr verbilligtes Jobticket 47
Steuern zahlen. Flugs nachgedacht, fällt aber auf, dass das Jobticket ja schließlich eine Fahrkarte ist, also eine Sache, die Sie verbilligt oder kostenlos von Ihrem Arbeitgeber beziehen. Also haben wir einen glasklaren Sachbezug, für den natürlich die 44-€-Freigrenze gilt.

Sie müssen gemeinsam mit Ihrem Arbeitgeber nur noch dafür sorgen, dass der steuerliche Vorteil aus Ihren verbilligten Fahrkarten nicht höher ist als 44 € im Monat. Wenn Ihr Arbeitgeber auf die Jobtickets einen Rabatt bekommt und diesen an Sie weitergibt, ist diese Verbilligung für Sie von vornherein kein Arbeitslohn.

Kostet das Jobticket Ihren Arbeitgeber also weniger als 44 €/Monat und bekommen Sie die Monatskarte kostenlos, ist der ganze Spaß für Sie nach wie vor steuerfrei.

Sind die Tickets teurer und Sie müssen einen Teil zuzahlen, können Sie den steuerfreien Teil des Jobtickets nach folgendem Schema selbst berechnen.

Regulärer Preis für eine Monatskarte	75,00 €
./. Preisnachlass des Verkehrsbetriebs für den Arbeitgeber	– 15,00 €
Vom Arbeitgeber bezahlt	50,00 €
Steuerlich maßgebend davon 96 % (4 % Unsicherheitsabschlag)	48,00 €
./. 44-€-Freigrenze	– 44,00 €
Zuzahlung zum Jobticket, die Sie mindestens leisten müssen	4,00 €

Wenn Sie in diesem Fall also mindestens 4 € zuzahlen, bleibt der restliche Vorteil von 71 € aus dem Jobticket steuer- und auch sozialversicherungsfrei. Auf so elegante Art und Weise dem Fiskus ein Schnippchen zu schlagen wird auch Ihrem Chef gefallen.

Dabei müssen Sie unbedingt einige Fallstricke vermeiden:

1. Die 44-€-Freigrenze gibt es nur einmal im Monat, Sie können sie beim Jobticket nur dann voll ausschöpfen, wenn Sie nicht noch andere verbilligte Sachbezüge bekommen.
2. Sorgen Sie dafür, dass das Jobticket aus Monatskarten oder monatlichen Wertmarken besteht. Bei Jahreskarten will der Fiskus die Freigrenze nämlich nur in dem Monat zulassen, in dem Sie die Jahreskarte bekommen, damit ist der schöne Vorteil aus der Freigrenze zum Teufel.

TIPP

Was für Jobtickets recht ist, ist für andere Fahrkarten und Flugtickets nur billig!

48 Wenn Sie mit dem Auto zur Arbeit fahren, profitieren Sie natürlich nicht von den Jobtickets. Wie wäre es dann mit einer schönen Städtereise per Bahn oder Flugzeug nach Berlin, Hamburg oder München? Ihre Fahrkarte lassen Sie sich vom Arbeitgeber besorgen. So kann er Ihnen die Kosten mit bis zu 44 € im Monat sponsern.

49 **Rabattfreibetrag 1 080 €**

Gibt's in Ihrem Betrieb Personalrabatt? Wenn nicht, schlagen Sie Ihrem Chef vor, er möchte bei guter Gelegenheit Personalrabatte als geldwerte Vorteile einräumen. Warum? Den Rabatt hält der Fiskus für einen Teil des Arbeitslohns, lässt aber einen Vorwegabschlag von 4 % des Listenpreises und zusätzlich bis zu 1 080 € (Jahresbetrag) steuerfrei. Das sind ca. 173 bis 519 € jährlich an Lohnsteuer eingespart!

Beispiel

Endpreis der Ware im Einzelhandel z. B.	6 250 €
./. Abschlag, 4 % von 6 250 €	– 250 €
Vergleichswert	6 000 €
./. Personalpreis bei 25 % Rabatt	– 4 688 €
Geldwerter Vorteil	1 312 €
./. Rabattfreibetrag (§ 8 Abs. 3 EStG)	– 1 080 €
Steuerpflichtiger Arbeitslohn	232 €

Bis zu welchem Warenwert Einkäufe mit Rabatt steuerfrei bleiben, zeigt die folgende Übersicht:

Bis 4 % Rabatt: steuerfreier Einkauf	unbegrenzt
5 % Rabatt: steuerfreier Einkauf bis	108 400 €
10 % Rabatt: steuerfreier Einkauf bis	18 000 €
15 % Rabatt: steuerfreier Einkauf bis	9 818 €
20 % Rabatt: steuerfreier Einkauf bis	6 750 €
25 % Rabatt: steuerfreier Einkauf bis	5 143 €

Den Rabattfreibetrag gibt es insbesondere für

- alle Sachen (Lebensmittel, Kleidung, Autos etc.),
- Strom, Gas, Wasser, Fernwärme,
- Beförderungsleistungen,

- Beratungen,
- Kontoführung,
- Vermittlungsleistungen,
- Reiseleistungen,
- Versicherung,
- Vermietung von Immobilien,
- Vermietung/Gebrauchsüberlassung von beweglichen Sachen (z.B. Pkw, Segelboot, Wohnmobil),
- Darlehen.

TRICK

Speziell für Krankenschwestern, Altenpfleger, Köche, Kellner, Bedienungen

Sie alle stehen vor dem Problem, dass der Fiskus Ihnen einen steuerpflichtigen **50**
Sachbezug ans Bein binden will, wenn Sie im Betrieb kostenlos oder verbilligt essen können.

Variante 1
Sie versteuern jeweils den amtlichen Sachbezugswert, also pro Mittag- oder Abendessen je 2,80 € (2010) ohne weitere Abzüge.

Variante 2
Sie versteuern den tatsächlichen Preis, den das Essen normalerweise kosten würde, allerdings unter Berücksichtigung des Rabattfreibetrags von 1 080 € und des Bewertungsabschlags von 4 %.

Wenn Sie in der Arbeit speziell zubereitete Mahlzeiten erhalten, die den Patienten oder Gästen nicht serviert werden, ist die Sache eindeutig. In diesem Fall muss Ihr Brötchengeber bei der Versteuerung zwingend von der Differenz zwischen amtlichem Sachbezugswert und Ihrer eventuellen Zuzahlung ausgehen. Demgegenüber haben Sie die Art und Höhe der Versteuerung in der Hand, wenn Ihnen dieselbe Verpflegung aufgetischt wird. Grundsätzlich ist in einem solchen Fall die Rabattregelung anzuwenden, die dann allerdings von den hohen Preisen ausgeht, die den Patienten bzw. Gästen abverlangt werden.

Angenommen, Sie arbeiten als Kellner an 240 Tagen im Jahr im Restaurant »Zur goldenen Gans« und bekommen als Abendessen jeweils kostenlos ein Gericht Ihrer Wahl aus dem Speisenangebot. Im Durchschnitt liegt der Preis des Gerichts, für das Sie sich entscheiden, bei etwa 10 €. Ihr Chef rechnet dann beim Lohnsteuerabzug wie folgt:

Üblicher Preis 240 Tage à 10 €	2 400 €
./. Bewirtungsabschlag 4 %	– 96 €
	2 304 €
./. Rabattfreibetrag	– 1 080 €
Steuerpflichtiger Teil der kostenlosen Verpflegung	1 224 €

Die Versteuerung können Sie in diesem Fall deutlich günstiger gestalten, wenn Ihr Brötchengeber sich entschließt, die eventuelle Steuer auf Mahlzeiten pauschal mit 25 % zu tragen. Durch die Pauschalierung fliegen Sie nämlich automatisch aus der Rabattregelung. Die Folge ist, dass die Bewertung der Verpflegung mit dem amtlichen Sachbezugswert vorgenommen wird. Die Rechnung sieht dann so aus:

240 Mahlzeiten à 2,80 €	672 €

Wie Sie sehen, ist schon die Bemessungsgrundlage bei Pauschalierung der Lohnsteuer um ca. 552 € günstiger. Hinzu kommt für Sie der Vorteil, dass die Pauschalsteuer von lediglich 25 % grundsätzlich vom Arbeitgeber getragen wird und keine Sozialversicherungsbeiträge anfallen.

TIPP

Rabattregelung statt Pauschalsteuer

Nicht immer ist die Variante Pauschalierung und Ansatz der Sachbezüge für Sie und Ihren Brötchengeber günstiger. Liegen Ihre geldwerten Vorteile aus der Gewährung der Mahlzeiten unter oder nur geringfügig über dem Rabattfreibetrag, **bringt die Rabattregelung für Sie Vorteile,** weil sie dazu führt, dass bis zu 1 080 € Ihres Vorteils unversteuert bleiben. Hätten Sie im obigen Beispiel nur 100 Mahlzeiten erhalten, hätte sich folgende Rechnung ergeben:

Üblicher Preis 100 Tage à 10 €	1 000 €
./. Bewirtungsabschlag 4 %	– 40 €
	960 €
./. Rabattfreibetrag	– 1 080 €
Steuerpflichtiger Teil der kostenlosen Verpflegung	0 €

Bei Pauschalierung und Ansatz der Sachbezugswerte hätte sich dagegen ein steuerpflichtiger Arbeitslohn in Höhe von 100 Mahlzeiten à 2,80 € = 280 € ergeben.

SUPER TRICK

Lassen Sie sich vom Finanzamt die Miete bezahlen!

Pochen Sie auf Ihr Recht und verlangen, dass Sie mit allen anderen Arbeitneh- 51
mern, die Personalrabatte erhalten, gleich behandelt werden. Ist Ihr Arbeitgeber z. B. in der Wohnungsbranche tätig und überlässt Ihnen verbilligt eine seiner Wohnungen? Sie versteuern keine Preisvorteile mehr, die nicht höher als 1 080 € liegen.

Für Ihre monatliche Mietverbilligung um 150 € auf 350 € ergibt sich für Sie z. B. folgende Rechnung:

Übliche Monatsmiete	500 €	× 12 =	6 000 €
./. Abschlag 4 %			– 240 €
			5 760 €
./. tatsächlich gezahlte Miete	350 €	× 12 =	– 4 200 €
Geldwerter Vorteil			1 560 €
./. Rabattfreibetrag			– 1 080 €
Steuerpflichtiger Arbeitslohn			480 €

Von dem tatsächlichen Vorteil aus der Mietverbilligung von 1 800 € (150 € × 12) versteuern Sie also nur 480 €. Ihre Steuerersparnis (inkl. Kirchensteuer und Solidaritätszuschlag) darauf beträgt je nach Einkommen zwischen 212 € und 680 €. Wie Sie sehen, bezahlt Ihnen der Fiskus im günstigsten Fall fast zwei Monate lang Ihre Wohnung.

TRICK

Kassieren Sie den Rabattfreibetrag zweimal!

Wenn Sie im laufenden Jahr Ihren Arbeitgeber wechseln, sollten Sie beim ver- 52
billigten Personaleinkauf in der alten Firma noch einmal richtig zuschlagen und den Rabattfreibetrag ausschöpfen. Den gibt es nämlich nicht pro Jahr, sondern für jedes Arbeitsverhältnis, auch für einen Minijob, den Sie nebenher machen. Statt 1 080 € bleiben dann 2 160 € (oder je nach Anzahl der Arbeitsverhältnisse noch mehr) steuerfrei. Den doppelten Rabattfreibetrag können Sie auch kassieren, wenn Sie mit Ihrem Ehegatten in derselben Firma arbeiten. Sie müssen

dazu bei größeren Anschaffungen den Kaufvertrag nur gemeinsam mit Ihrer besseren Hälfte abschließen. Auf diese Weise bleiben vom Rabatt für jeden 1 080 € steuerfrei. Dieser Trick funktioniert ebenfalls mit anderen Angehörigen. Angenommen, Sie arbeiten mit Ihrem Ehepartner zusammen bei einem Autohändler. Sie kaufen ein Auto und schließen den Kaufvertrag zusammen ab. Die Rechnung für das Finanzamt sieht dann bei einem Rabatt von 20 % z. B. so aus:

Listenpreis des Autos	15 000 €
./. 4 % Abschlag	– 600 €
	14 400 €
./. Kaufpreis (15 000 € – 3 000 € Rabatt)	– 12 000 €
Vorteil	2 400 €
./. Ihr Rabattfreibetrag	– 1 080 €
./. Rabattfreibetrag Ihres Ehepartners	– 1 080 €
steuerpflichtig	240 €

SUPER TRICK

Mit dem richtigen Preisschild saftig Steuern sparen!

53 Gehören Sie zu dem Kreis der Begünstigten, die vom Arbeitgeber Personalrabatte gewährt bekommen, müssen Sie unbedingt wissen, dass die Fiskalritter bei der Berechnung der Steuer zunächst einmal von dem »Endpreis« ausgehen, den Ihr Brötchengeber von seinen Kunden verlangt. Rabatte und Preisnachlässe dürfen nicht abgezogen werden. Dafür gibt es den Abschlag von 4 % und den Rabattfreibetrag. Endpreis ist danach immer der Preis, der auf dem Preisschild oder in der Preisliste steht und mit dem Ihr Boss in die Verkaufsverhandlungen mit seinen Kunden startet.

Indem die Preisschilder vernünftig ausgezeichnet werden, können Ihr Arbeitgeber und Sie erhebliche Beträge an Steuern und Sozialversicherung einsparen. Will Ihr Arbeitgeber bei seinen Kunden mit tollen Preisnachlässen renommieren, kann beiden geholfen werden. Es kommt nur auf die richtige Formulierung an. Er möge einfach auf das Preisschild z. B. Folgendes schreiben:

1-a-Spitzen-Einbauküche »Kochprofi«	
Katalog-/Listenpreis	10 000 €
unser Spezialhauspreis nur	7 500 €

Und schon wird bei der Berechnung Ihres Arbeitslohns aus dem Rabatt für die von Ihnen gekaufte Küche von 7 500 € ausgegangen statt von 10 000 €.

TRICK

Mit Hilfe des Betriebsrats steuerfreie Rabatte ergattern

Vorsicht ist geboten, wenn Sie bei Kunden oder befreundeten Unternehmen 54
Ihres Brötchengebers zu Sonderkonditionen einkaufen können. Hat Ihr Arbeitgeber beim Aushandeln dieser Preisvorteile die Hände im Spiel, werden Ihnen die Fiskalakrobaten den Rabatt als Arbeitslohn anhängen mit der Begründung, es liege ein »Beziehungskauf« und damit eine Arbeitslohnzahlung von dritter Seite vor (BMF-Schreiben v. 27. 9. 1993 – BStBl 1993 I S. 814). Den Rabattfreibetrag sollen Sie aber nicht bekommen, da der Rabatt nicht unmittelbar von Ihrem Arbeitgeber eingeräumt wurde. Wenn man so etwas liest, bleibt einem glatt die Spucke weg.

Um die Rabatte dennoch steuerfrei zu kassieren, bleibt die Hintertür über den Betriebsrat. Bringen Sie ihn dazu, mit der Leitung Ihres Betriebs eine Vereinbarung zu treffen, nach der der Betriebsrat in eigenem Namen mit Kunden, Lieferanten etc. über Preisnachlässe für die Betriebsangehörigen verhandelt. Solcherart ausgehandelte Rabatte sind für Sie steuerfrei.

Ihr Brötchengeber selbst soll sich schön im Hintergrund halten und seine Mithilfe darauf beschränken, Angebote an seine Arbeitnehmer zu dulden, sie z. B. selbst am Schwarzen Brett bekanntzumachen oder Ihnen eine Bescheinigung über die Betriebszugehörigkeit auszustellen.

TIPP

Ein Abschlag von 4 % ist immer drin!

Falls aus irgendeinem Grund der Kniff mit dem Betriebsrat nicht klappt und man Ihnen den Rabattfreibetrag nicht zugestehen will, haben Sie zumindest **Anspruch auf einen Abschlag von 4 % des Ladenpreises**.

Die Rechnung sieht dann z. B. beim Kauf eines Fernsehers mit 10 % Rabatt bei einem befreundeten Unternehmen so aus:

Ladenpreis des Fernsehers	1 250 €
./. 4 %	– 50 €
	1 200 €
./. Ihr Kaufpreis	– 1 125 €
steuerpflichtiger Rabatt	75 €

Statt Ihres tatsächlichen Rabatts von 125 € versteuern Sie also nur 75 €.

SUPER TRICK

Lassen Sie sich als Teilzeitkraft mit verbilligten Waren bezahlen!

55 Beim Lohn für Teilzeitkräfte fallen in der Regel bis zu 31,08 % pauschale Beiträge zu Sozialversicherungen, Umlagen und pauschale Steuern an. Aber da Arbeitslohn alles ist, was Sie für Ihre Tätigkeit im Dienst der Firma erhalten, kann niemand etwas dagegen haben, wenn der Lohn in verbilligter Firmenware statt in bar ausgezahlt wird. Es können sogar Preisnachlässe von 100 % eingeräumt werden. Wenn also beim Personaleinkauf nichts zugezahlt wird, bleibt der Lohn bis zu 1 125 € zusätzlich steuerfrei (§ 8 Abs. 3 EStG).

Ladenendpreis an erhaltenen Waren	1 125 €
./. 4 % Abschlag	– 45 €
./. Rabattfreibetrag	– 1 080 €
steuerpflichtig	0 €

Und Ihre Firma spart pauschale Steuern und Sozialversicherung inkl. Umlagen von 31,08 % auf 1 125 € = 349,65 €.

Wichtiger Hinweis:
Damit der Rabattfreibetrag problemlos greift, müssen Sie eine Gehaltsumwandlung vermeiden. Haben Sie nämlich laut Arbeitsvertrag Anspruch auf Lohn in Geld und bekommen stattdessen Waren, soll nach dem Willen des BFH der Rabattfreibetrag nicht anwendbar sein (BFH-Urt. v. 6. 3. 2008 – BStBl 2008 II S. 530). Das Problem umgehen Sie aber ganz einfach, indem Sie neben dem Barlohn als Vergütung in Ihrem Arbeitsvertrag den Warenbezug bei Ihrem Arbeitgeber festlegen.

56 Ihre Firma oder Ihr Chef kann einem Arbeitnehmer auch günstiger ein *Kraftfahrzeug verkaufen*. Doch aufgepasst, denn dem Lohnsteuerprüfer läuft gleich das Kinnwasser, wenn er auf solche Geschäfte stößt. Argwöhnt er doch, dass dem Arbeitnehmer klammheimlich Vorteile aus dem Arbeitsverhältnis eingeräumt worden sein könnten, die steuerpflichtigen Lohn darstellen. Damit bei einem Gebrauchtwagenverkauf diesbezügliche Erörterungen mit dem Fiskalvertreter gar nicht erst aufkommen, sollten Sie z. B. den Preis lt. Marktspiegel der DAT oder lt. Schwacke-Liste zugrunde legen. Der Fiskus akzeptiert aber nicht den niedrigeren Händlereinkaufspreis, sondern nur den höheren Händlerverkaufspreis inkl. Umsatzsteuer (BFH v. 17. 6. 2005 – BStBl II 2005 S. 795).

SUPER TRICK

Schlagen Sie dem Finanzamt mit einer Delle im Kotflügel ein Schnippchen!

Gut, dass Sie Ihren künftigen fahrbaren Untersatz zusammen mit Ihrem Chef 57 genauer unter die Lupe genommen haben, sonst wären Ihnen die Dellen in der Stoßstange und im Kotflügel sicher entgangen. Im Kaufvertrag notieren Sie diesen leichten Unfallschaden und nehmen so dem eifrigen Lohnsteuerprüfer den Wind aus den Segeln, wenn er Ihnen mit einem angeblichen Vorteil wegen zu niedrigen Kaufpreises kommt.

Den Rabattfreibetrag von 1 080 € bekommen Sie nur für den Bezug von Waren 58 und Dienstleistungen, mit denen Ihr Arbeitgeber regelmäßig handelt. Es muss sich dabei nicht um das Kerngeschäft Ihres Brötchengebers handeln. Deshalb bekommen Sie z. B. als Krankenhausangestellte den Rabattfreibetrag, wenn Sie Medikamente aus der Krankenhausapotheke kostenlos oder verbilligt erhalten (BFH-Urt. v. 27. 8. 2002 – BStBl 2003 II S. 95).
Allerdings darf Ihr Arbeitgeber vergleichbare Geschäfte nicht nur überwiegend mit seiner Belegschaft machen (BFH – BStBl II 1995 S. 338 und BStBl II 1997 S. 363). So meinen die Richter beim BFH, dass es bei einem Arbeitgeberdarlehen keinen Rabattfreibetrag geben darf, wenn der Arbeitgeber nur gelegentlich Kredite auch an Nichtarbeitnehmer vergibt, z. B. an Tochterunternehmen oder an Banken (Urt. v. 18. 9. 2002 – BStBl 2003 II S. 371). Ihr Arbeitgeber muss die betreffenden Geschäfte also schon mehr als nur gelegentlich auch mit Kunden oder anderen nicht bei ihm beschäftigten Personen machen.
Steuerfrei sind außerdem:

TRICK

Kassieren Sie den Mietrabatt von Ihrem Arbeitgeber steuerfrei!

Ist Ihr Brötchengeber ein Wohnungsunternehmen und überlässt Ihnen eine 59 Wohnung für weniger als die übliche Miete, ist der Abzug des Rabattfreibetrags selbstverständlich. Aber auch bei anderen Arbeitgebern kommt der Rabattfreibetrag für eine verbilligte Vermietung zur Anwendung, wenn entsprechende Wohnungen auch an Fremde vermietet werden. So hat der BFH einem Hausmeister den Rabattfreibetrag zuerkannt, weil sein Arbeitgeber andere Hausmeisterwohnungen an Nichtarbeitnehmer vemietet hatte (BFH v. 16. 2. 2005 – BStBl 2005 II S. 529).

60 **Mitgliedsbeiträge**, wenn Sie im betrieblichen Interesse einem Verein oder Club (etwa Industrieclub) beigetreten sind (BFH v. 20. 9. 1985 – BStBl 1985 II S. 718) oder einem Wirtschaftsclub (Niedersächsisches Finanzgericht v. 6. 7. 2007 – 11 K 192/04). Das gilt leider nicht für Beiträge an Sportvereine, die z. B. Kreditinstitute für ihre Angestellten übernehmen (BFH-Urt. v. 15. 5. 1992 – HFR S. 720), Kammerbeiträge für den angestellten Geschäftsführer einer Wirtschaftsprüfungs- und Steuerberatungsgesellschaft (BFH v. 17. 1. 2008 – BStBl 2008 II S. 378) oder die vom Arbeitgeber getragenen Beiträge zur Berufshaftpflichtversicherung einer Rechtsanwältin (BFH v. 26. 7. 2007 – BStBl 2007 II S. 892).

61 Unter der Überschrift Betriebssport unter gleichzeitiger Förderung des Betriebsklimas kann der Arbeitgeber seiner Belegschaft betriebseigene **Tennis-** oder **Squashplätze** zur Verfügung stellen, ohne dass daraus steuerpflichtige geldwerte Vorteile entstehen. Bei solchen Vorteilen spricht man nämlich von Zuwendungen im überwiegend eigenbetrieblichen Interesse des Arbeitgebers. Anders sieht die Sache allerdings aus, wenn der Arbeitgeber nicht über eigene Anlagen verfügt, sondern die Plätze angemietet hat. In diesem Fall stellt die Überlassung steuerpflichtigen Arbeitslohn dar (BFH v. 27. 9. 1996, BStBl 1997 II S. 146).

Werfen Sie die Flinte aber nicht gleich ins Korn. Wenn Sie nur zwei- bis dreimal im Monat den Platz nutzen und die gesparte Platzmiete für Sie nicht über 44 € liegt, bleiben Sie aufgrund der **44-€-Freigrenze** des § 8 Abs. 2 EStG doch steuerfrei ➤ Rz 46.

62 **Unterstützungen in Notfällen**

Ein Notfall liegt regelmäßig vor bei Krankheit, Tod oder einem Unglücksfall und wenn der Arbeitnehmer keine Erstattungen von Dritten, z. B. einer Versicherung, zu erwarten hat. Für die Frage, ob und in welchem Umfang solche Unterstützungen Ihres Brötchengebers steuerfrei bleiben können, kommt es entscheidend darauf an, wie groß Ihr Betrieb ist und ob es dort eine Personalvertretung gibt.

Bei Betrieben mit mehr als fünf Arbeitnehmern gibt es drei Möglichkeiten, steuerfreie Zahlungen zu organisieren:

1. Der Arbeitgeber gründet eine selbständig rechtsfähige Unterstützungskasse (meistens in der Rechtsform eines e. V.) und stattet sie mit entsprechenden Mitteln aus. Die Beihilfen werden dann von der Unterstützungskasse entsprechend ihrer Satzung gezahlt.
2. Der Arbeitgeber stellt der Personalvertretung entsprechende Mittel zur Verfügung, aus denen diese Beihilfen und Unterstützungen zahlt.
3. Der Arbeitgeber zahlt selbst nach einheitlichen, allgemeinen Grundsätzen, die verbindlich mit der Personalvertretung abgestimmt wurden. In diesem Fall ist allerdings bei jeder Beihilfezahlung die ausdrückliche Zustimmung der Personalvertretung erforderlich. Ein Tipp: Die Zustimmung sollte je-

weils kurz schriftlich festgehalten und zu den Lohnunterlagen genommen werden für den Fall, dass der Lohnsteueraußenprüfer des Finanzamts die Zahlungen kritisch unter die Lupe nehmen will.

Sind diese Anforderungen erfüllt, bleiben Unterstützungen in Krankheits-, Todes- und Unglücksfällen bis zu 600 € ohne weitere Voraussetzungen steuerfrei. Bis zu dieser Höhe spielt das Einkommen des Unterstützten keine Rolle. Liegt hingegen eine besondere Notlage vor, die vom Arbeitnehmer ohne finanzielle Zuwendung des Arbeitgebers nicht zu bewältigen wäre, sind auch höhere Beihilfen, praktisch ohne betragsmäßige Begrenzung, steuerfrei. In diesem Fall kommt es aber ganz entscheidend darauf an, wie viel der Arbeitnehmer verdient und ob es ihm nicht doch zuzumuten wäre, die Kosten aus dem eigenen Einkommen zu tragen. Im Klartext bedeutet das, dass die gleiche Beihilfe beim Fließbandarbeiter anders zu beurteilen ist als bei einem wesentlich besser verdienenden leitenden Angestellten.

Bei Umweltkatastrophen, z. B. Hochwasserschäden, wird die max. Höhe der steuerfrei möglichen Unterstützungen in einem sog. Katastrophenerlass des BMF und der Länderfinanzministerien verbindlich festgelegt.

SUPER TRICK

So kommen Sie an eine besonders billige private Krankenversicherung!

Als Besserverdienender sind Sie nicht mehr krankenversicherungspflichtig. Angenommen, Sie entschließen sich deshalb für eine private Krankenversicherung, so kann Sie das eine ganze Stange Geld kosten, obwohl der Arbeitgeber in der Regel bis zu 50 % des gesetzlichen Höchstbeitrags zur Krankenversicherung beisteuert. Doch können Sie sich die Möglichkeit steuerfreier Beihilfen zunutze machen. Viele Krankenkassen bieten nämlich erheblich billigere Sondertarife an, wenn die ersten 600 € Krankheitskosten im Jahr von der Erstattung ausgeschlossen werden. Diesen Eigenanteil, auf dem Sie sitzenbleiben, soll Ihnen Ihr Brötchengeber als Beihilfe steuerfrei erstatten. Durch diesen Kniff sparen nicht nur Sie ganz enorm an Krankenversicherungsbeiträgen, meistens ist auch für Ihren Arbeitgeber die Ersparnis bei seinem Pflichtzuschuss so groß, dass er trotzdem noch ein gutes Geschäft macht. 63

Mahlzeiten vom Betrieb 64

Gibt es in Ihrem Betrieb eine Kantine, wird Ihnen für jede Mahlzeit, die Sie kostenlos erhalten, pauschal der Wert der Mahlzeit aus der Sachbezugsverordnung als Arbeitslohn zugerechnet. Müssen Sie Ihr Essen dagegen bezahlen, entfällt die Versteuerung, wenn der Preis der Mahlzeit mindestens den Sachbezugswerten entspricht.

Um Sie ganz von dieser Steuer zu verschonen, kann Ihr Arbeitgeber die Vorteile aus den Mahlzeiten mit 25 % pauschal versteuern (§ 40 Abs. 2 EStG). 2010 sind für Mahlzeiten folgende Beträge anzusetzen:

	Mahlzeit	Sachbezugswert	Pauschalsteuer (25 %)
Arbeitnehmer inkl. Jugendliche / Azubis	Frühstück	1,57 €	0,40 €
	Mittagessen	2,80 €	0,70 €
	Abendessen	2,80 €	0,70 €

65 **Betriebsveranstaltungen**

Steuerfrei sind auch *Aufwendungen für Betriebsveranstaltungen*, d. h. für Betriebsausflüge, Betriebsfeste oder Weihnachtsfeiern. Wäre ja auch hirnrissig, hieraus Arbeitslohn herzuleiten, denn schließlich ist in erster Linie die Firma selbst an solchen Veranstaltungen interessiert, die das Betriebsklima verbessern sollen. Nun kommt allerdings der Fiskus und schränkt ein, nur übliche Betriebsveranstaltungen seien steuerfrei. Und was üblich ist, das misst er an zwei Kriterien: nicht zu oft – höchstens zweimal im Jahr (BFH v. 16. 11. 2005 – VI R 68/00); nicht zu teuer – bis 110 € pro Teilnehmer, das wäre angemessen (BFH v. 16. 11. 2005 – BStBl II 2006 S. 439 und BStBl II 2006 S. 442). Die Dauer der Veranstaltung spielt keine Rolle. Auch mehrtägige Veranstaltungen mit Übernachtung können steuerfrei sein, sofern die Kosten nicht über 110 € je Teilnehmer liegen (BFH v. 16. 11. 2005 – BStBl II 2006 S. 439). (Quelle: R 19.5 LStR)

Aufgepasst: Hier lauert eine böse Steuerfalle, wenn an der Betriebsveranstaltung auch Angehörige teilnehmen. Jeder Arbeitnehmer muss sich nämlich den Kostenanteil für seine Begleiter wie Ehegatten, Freund / Freundin, Lebenspartner etc. mit ans Bein binden lassen! Kommt er dadurch über die 110-€-Grenze, ist der Betriebsausflug für ihn steuerpflichtig.

TRICK

Vom Arbeitgeber gesponserter Wochenendtrip an die See!

66

Auch **Barzuschüsse** des Arbeitgebers zu einer von der Belegschaft selbst oder der Personalvertretung organisierten Betriebsveranstaltung bleiben steuerfrei. Wichtig ist auch hier nur, dass die bezuschusste Veranstaltung allen Betriebsangehörigen oder bei abteilungsweisen Veranstaltungen allen Angehörigen der jeweiligen Abteilung offensteht. Außerdem darf der Zuschuss pro Teilnehmer die Grenze von 110 € nicht übersteigen (BFH v. 16. 11. 2005 – BStBl II 2006 S. 437). Wenn die Veranstaltung übers Wochenende geht und mehrere Tage dauert, spielt das keine Rolle. Wenn Sie und Ihre Kollegen also einmal einen größeren Ausflug, z. B. an die Nordsee oder zum Skilaufen in die Berge, machen wollen, kann Ihr Arbeitgeber die ganze Sache durch einen saftigen Zuschuss in die Kasse sponsern.

TIPP

für teure Betriebsveranstaltungen

Ausweg in diesem Fall: Der Arbeitgeber kann diesen Teil des Arbeitslohns mit 67
25 % pauschal versteuern. Vorteil für Sie: Mit der Pauschalsteuer ist alles abgegolten, und Sie werden nicht zur Kasse gebeten. Ihrem Arbeitgeber tut das übrigens nicht sehr weh, er spart sich dadurch die Sozialversicherungsbeiträge von immerhin auch gut 20 %.

WICHTIGER HINWEIS

Keine Pauschalierung der Steuer bei begrenztem Personenkreis!

Den Vorteil der Pauschalierung der Steuer mit 25 % gibt es nur, wenn an der Betriebsveranstaltung grundsätzlich alle Arbeitnehmer des Betriebs oder zumindest der Filiale oder Abteilung teilnehmen dürfen. Eine z. B. nur den Führungskräften vorbehaltene Veranstaltung ist nach dem Willen des Fiskus mangels Offenheit des Teilnehmerkreises keine Betriebsveranstaltung. In einem solchen Fall bleibt nur die Möglichkeit, den Vorteil für die Arbeitnehmer mit dem viel höheren individuell für den Teilnehmerkreis berechneten Nettosteuersatz pauschal zu versteuern (§ 40 Abs. 1 EStG) oder jedem Arbeitnehmer seinen Anteil zuzurechnen und über die Steuerkarte zu versteuern. In beiden Fällen kostet die ganze Angelegenheit erheblich mehr Steuern und entfällt zudem die Sozialversicherungsfreiheit (BFH v. 15. 1. 2009 – VI R 22/06).

SUPER TRICK

Organisationstalente, Personalchefs und Betriebsratsmitglieder feiern steuerfrei!

Geraten Sie in Gefahr, dass für Sie der Ausflug steuerpflichtig wird, z. B., weil 68
Sie unbedingt Ihren Partner mitnehmen wollen, greifen Sie zu einem Kniff. Melden Sie sich freiwillig zum Organisieren des Betriebsausflugs oder als Be-

gleitperson an. Für Sie ist damit die ganze Veranstaltung kein steuerpflichtiges Vergnügen mehr, sondern harte Arbeit. Das bedeutet jedoch nicht, dass Sie sich nicht zwischendurch einmal einen genehmigen können oder nicht etwa das Tanzbein schwingen dürften. Schließlich sind Sie als Mitorganisator dafür verantwortlich, dass die Getränketemperatur und der Zustand der Tanzfläche einer regelmäßigen Kontrolle unterzogen werden. Oder sind Sie da anderer Meinung? Scherz beiseite! Einen perfekten beruflichen Anstrich Ihrer Teilnahme am Betriebsausflug haben Sie, wenn es Ihnen darzulegen gelingt, dass Sie unter erheblichem Zeitaufwand für die organisatorische Durchführung der Reise verantwortlich waren. Es genügt aber auch, wenn Sie ganz konkrete Aufgaben übernommen haben, z. B. die offizielle Verleihung von Auszeichnungen an verdiente Mitarbeiter oder die Gewinner von betrieblichen Wettbewerben (BFH v. 18. 2. 1994 – BFH-NV 1994 S. 708). Ein zusätzlicher Vorteil ist, dass Sie als Mitorganisator in offizieller betrieblicher Mission eine Dienstreise machen. Dauert die ganze Aktion über 14 Stunden, müssen Sie für Ihr Mittag- und Abendessen zwar jeweils den Sachbezugswert für Mahlzeiten (➤ Rz 64) versteuern, können im Gegenzug aber 12 € als Verpflegungspauschale absetzen. Im Endeffekt setzen Sie also zusätzlich zur Steuerfreiheit Ihrer Teilnahme auch noch rund 5 € als Werbungskosten ab.

Ab der dritten und für jede weitere Betriebsveranstaltung im Jahr kassiert der Fiskus Lohnsteuer. Allerdings gilt das auch wiederum nicht für den Teil der Kosten, der auf die Organisatoren entfällt oder auf andere Teilnehmer, die in offizieller Mission als Personalchef oder Betriebsratsmitglied an der Veranstaltung teilnehmen müssen (BFH v. 16. 11. 2005 – BStBl II 2006 S. 440).

SUPER TRICK

Jubilare feiern steuerfrei!

69 Haben Sie nach zehn, 20, 25, 30, 40, 50 oder gar 60 Berufsjahren Ihr Arbeitnehmerjubiläum, soll Ihr Chef eine schöne Feier organisieren. Diese wird nicht als Betriebsveranstaltung gewertet, kommt also dem Betriebsausflug und der Weihnachtsfeier nicht in die Quere. Aufwendungen bis zu 110 € pro Teilnehmer sind nach R 19.5 Abs. 2 Nr. 3 LStR steuerfrei, darin darf sogar noch ein Geschenk im Wert von bis zu 40 € enthalten sein.

GUTER RAT

Schwierigkeiten mit der Kostengrenze von 110 €? Wenn Ihre Firma beim Be- 70
triebsausflug den angenehmen Teil mit dem nützlichen verbindet, kann sie den Kostenbeitrag, der auf den eigentlichen Ausflug entfällt, unter die magische Steuerfreigrenze von 110 € je Teilnehmer drücken. Der Kniff ist ganz einfach. Am ersten Tag des Ausflugs wird ein buntes Programm mit Musik und Tanz veranstaltet; am zweiten Tag geht es zu einem Kunden der Firma, und Sie besichtigen dessen Betrieb. Schon wird aus dem schönen Betriebsausflug eine teilweise dienstlich veranlasste Reise. Der Kostenteil, der auf die Betriebsbesichtigung entfällt, zählt nicht mit zum Betriebsausflug und wird damit auch nicht bei der Berechnung der 110-€-Grenze einbezogen. Die Aufteilung ist ganz einfach. Alles, was direkt dem gemütlichen Teil zugeordnet werden kann, wie Saalmiete, Abendessen, Musik, zählt zum Betriebsausflug. Alles, was für die Betriebsbesichtigung anfällt, wie Transport zur Besichtigung, Imbiss etc., ist im Interesse des Brötchengebers und fällt unter die allgemeinen steuerfreien Reisekosten. Der Clou ist aber, dass die größten Anteile an den Betriebsausflugskosten, wie z. B. für Übernachtung, Hin- und Rückreise, ebenfalls aufgeteilt werden – und zwar im Verhältnis. Angenommen, Sie haben am ersten Tag zehn Stunden lang gefeiert und am zweiten Tag inkl. Anreise zum Betrieb des Kunden fünf Stunden in die Betriebsbesichtigung investiert, dann sind ein Drittel der Kosten allgemeine Reisekosten und fallen aus der Berechnung der 110-€-Grenze heraus. Ihr Brötchengeber bekommt hier gleich mit zwei Urteilen Schützenhilfe vom BFH (Urt. v. 18. 8. 2005 – BStBl 2006 II S. 30 und Urt. v. 16. 11. 2005 – BStBl 2006 II S. 444).

SUPER TRICK

Kassieren Sie beim Betriebsausflug Bares steuerfrei!

Ich sehe schon, wie Sie jetzt die Stirn runzeln. Geldgeschenke vom Arbeitgeber 71
sind doch eigentlich immer steuerpflichtig, und da soll das Finanzamt nicht zuschlagen? Das ist ja kaum zu glauben!

Wie so oft ist es nur eine Frage der geschickten Begründung. So kann der Arbeitgeber durchaus einen zweckgebundenen Zuschuss an seine Arbeitnehmer zahlen, z. B., damit diese sich während des freien Nachmittags verpflegen können und nicht bis zum Beginn der Tanzveranstaltung mit Buffet am Abend bereits verhungert sind, oder für Eintrittskarten, Bus-, Bahn- oder Taxikosten während des Ausflugs.

Wenn Sie als besonders sparsame Seele von Ihrem Zuschuss von z. B. 50 € nur 10 € ausgeben, streichen Sie also 40 € steuerfrei ein. Bei zwei Betriebsveranstaltungen im Jahr sind das schon 80 €. Also, worauf warten Sie noch? Kleinvieh macht schließlich auch Mist.

72 **Arbeitgeberdarlehen**

Interessante Vorteile können sich aus zinslosen oder zinsgünstigen Arbeitgeberdarlehen ergeben. Bankkredite wie Verbraucherdarlehen, Ratenkredite oder gar die Überziehung des Girokontos sind recht teuer – unter 8 bis 10 % Zinsen läuft da nichts. Somit liegt es auf der Hand, beim nächsten Lohngespräch – vielleicht unter dem Vorwand der Steuerersparnis – zusätzlich um ein zinsloses Darlehen zu ersuchen. Allerdings will der Fiskus die dabei gesparten Zinsen vom ersten Euro an versteuern. Bei der Berechnung des Zinsvorteils kommt es auf die Differenz zwischen dem Zins an, den Sie Ihrem Brötchengeber zahlen müssen, und dem Zins, den Ihnen üblicherweise die Bank abknöpft.

Lassen Sie sich aber davon nicht schrecken. Mit einem zinsgünstigen Darlehen Ihres Chefs fahren Sie trotz Steuerpflicht immer noch besser als bei der Bank. Und so rechnet der Fiskus:

Nehmen wir an, Ihr Arbeitgeberdarlehen beträgt:

	Beispiel A	Beispiel B
Darlehenssumme	10 000 €	10 000 €
Vereinbarter Zinssatz	2,5 %	8,0 %
Marktzins der Hausbank Ihres Arbeitgebers	8,0 %	8,0 %
Marktzins in €	800 €	800 €
./. Pauschalabschlag 4 % von 800 €	– 32 €	– 32 €
./. tatsächlich gezahlte Zinsen	– 250 €	– 800 €
Steuerpflichtiger Vorteil	518 €	0 €

Im Beispiel A entstehen Ihnen zu Ihren Schuldzinsen von 2,5 % von 10 000 € = 250 € zusätzliche Zinskosten in Form von Lohnsteuer, deren Höhe von Ihrer Steuerbelastung abhängt. Die zusätzlichen Zinskosten betragen bei einem Steuersatz von z. B. 30 % ca. 178 € (30 % von 518 € zzgl. Kirchensteuer und Soli) und 20 % Sozialversicherung = 104 €. Ihnen entstehen also insgesamt Zinskosten in Höhe von 532 €, was einem Effektivzins von 5,3 % entspricht. Zahlen Sie den üblichen Bankzins, sind Sie immerhin mit 800 € belastet und somit um nahezu 300 € ärmer.

TIPP

Drücken Sie das Restdarlehen auf 2 600 €!

Bei kleineren Arbeitgeberdarlehen bis max. 2 600 € und sobald die restliche, noch nicht getilgte Schuld eines größeren Arbeitgeberdarlehens unter diese Summe sinkt, entgehen Sie der Versteuerung des Zinsvorteils. Sobald diese Grenze erreicht wird, stellt die Zinsverbilligung ab dem folgenden Monat aus Vereinfachungsgründen keinen Arbeitslohn mehr dar, ist also faktisch steuerfrei. Auf die Höhe der Vergleichszinsen kommt es in diesem Fall nicht an. Wenn Sie also statt eines Anschaffungsdarlehens vom Arbeitgeber von 3 000 € lediglich eines von 2 600 € in Anspruch nehmen, entgehen Sie und Ihr Brötchengeber der Steuer und auch der Sozialversicherung (Quelle: BMF v. 1. 10. 2008 – BStBl 2008 I S. 892).

Mit einer gestaffelten Tilgungsvereinbarung holen Sie auch aus einem höheren Darlehen ganz einfach ein optimales steuerliches Ergebnis heraus. Bei einem Darlehen über z. B. 4 000 € vereinbaren Sie eine Laufzeit von 42 Monaten. In den ersten sieben Monaten werden jeweils 200 € getilgt. Der Restbetrag muss erst am Ende der Darlehenslaufzeit in einem Betrag zurückgezahlt werden. So haben Sie nur für gut ein halbes Jahr die Steuer auf den Zinsvorteil zu verschmerzen. Ab dem achten Monat ist das Darlehen dann für fast drei Jahre steuerfrei.

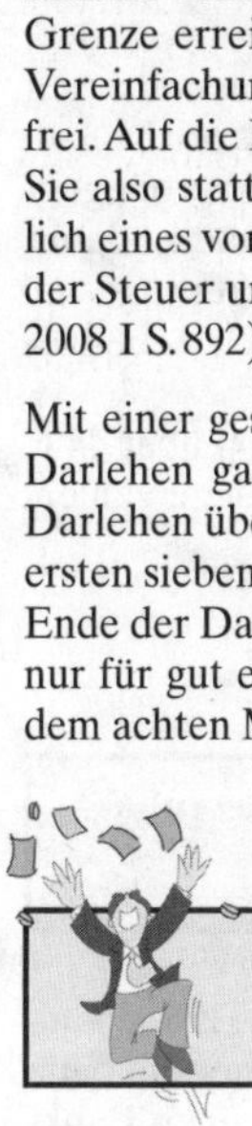

TRICK

Suchen Sie sich möglichst günstige Vergleichsangebote!

Sie werden zusammen mit Ihrem Brötchengeber natürlich nicht den erstbesten Kreditzins als Berechnungsgrundlage akzeptieren. Sie müssen auch nicht die Zinsen zugrunde legen, die die Hausbank Ihres Arbeitgebers oder Ihre eigene Bank nimmt. Erkundigen Sie sich über Angebote der Banken vor Ort, alternativ auch über das Internet bei einer Direktbank, die in der Regel erheblich günstigere Zinskonditionen anbieten. Mit jedem Zehntelprozent, um den die Vergleichsangebote günstiger sind, sparen Sie bares Geld, weil Ihr steuer- und sozialversicherungspflichtiger Zinsvorteil sinkt. Aus Vereinfachungsgründen kann Ihr Arbeitgeber auch auf die Zinsstatistiken der Bundesbank zurückgreifen, die für alle denkbaren Darlehensvarianten die Durchschnittszinssätze ausweisen. Sind diese Bundesbankzinssätze niedriger als die der Hausbank oder einer Internetbank, kann Ihr Arbeitgeber selbstverständlich auch diese als Berechnungsgrundlage nehmen (Quelle: BMF v. 1. 10. 2008 – BStBl 2008 I S. 892).

TIPP

Monatliche Zinszahlungen verhelfen Ihnen zu satten Steuervorteilen

Die Zinsvorteile eines verzinslichen Arbeitgeberdarlehens fließen Ihnen zum jeweils mit dem Arbeitgeber vereinbarten Fälligkeitstermin der Zinsen zu. Bei zinslosen Darlehen gelten die Zinsvorteile am jeweiligen Tilgungstermin als zugeflossen (BMF v. 1. 10. 2008 – BStBl 2008 I S. 892).
Wenn Sie im obigen Beispiel mit Ihrem Arbeitgeber monatliche Zinszahlungen vereinbaren, beträgt Ihr bei der Steuer zu erfassender Vorteil 43,16 € pro Monat. Na, merken Sie was? Genau, der monatliche Sachbezug aus dem verbilligten Arbeitgeberdarlehen liegt jetzt unter der Bagatellgrenze von 44 € und ist damit komplett steuerfrei. Obendrein fallen keine Sozialversicherungsbeiträge an. Wie Sie sehen, bleibt damit die gesamte Zinsverbilligung durch Ihren Arbeitgeber unversteuert.
Liegen Ihre Vorteile aus einem Arbeitgeberdarlehen also nur knapp über 44 €, lohnt es sich, dem Arbeitgeber ein halbes Prozent mehr an Zinsen zu zahlen, statt dem Fiskus ein Vielfaches davon in den Rachen zu werfen.

TRICK

Nehmen Sie bei Baudarlehen den Arbeitgeber ins Grundbuch!

Bei der Ermittlung des steuerlichen Referenzzinssatzes achtet der Fiskus penibel darauf, dass die Darlehenskonditionen wie Laufzeit und Absicherung beim Arbeitgeber genau so sind wie bei den zum Vergleich herangezogenen Bankdarlehen. Bekommen Sie also von Ihrem Arbeitgeber ein Darlehen zum Bau oder Kauf einer Immobilie, kommen die günstigen Hypothekenzinssätze von teilweise unter 4 % natürlich nur dann als Vergleichsgröße in Betracht, wenn das Darlehen durch eine entsprechende Grundschuld im Grundbuch abgesichert ist. Daher sollten Sie in einem solchen Fall eine Grundschuld zugunsten des Arbeitgebers bestellen.

Weiter sind steuerfrei:

73 **Lehrgangs- und Tagungsbeihilfen,** inkl. Fahrtkosten, Gebühren und zulässiger Spesensätze.

74 **Sachgeschenke (Annehmlichkeiten)** bis zu 40 €, wenn sie nicht über den üblichen Rahmen hinausgehen, z. B. Theaterkarten, Tabakwaren, Speisen und Ge-

tränke, wenn Sie sie als Gelegenheitsgeschenk zu besonderen persönlichen Ereignissen, z. B. Geburtstag, Hochzeit, Ehejubiläum, bestandene Prüfungen von Auszubildenden (BFH, BStBl 1962 III S. 281) etc., bekommen haben. Aber: *Geldgeschenke*, auch kleiner Art, sind stets voll zu versteuern.

Betriebsratsvergütungen, wenn sie als Ersatz von Auslagen gegen Einzelnach- 75
weis gezahlt werden.

Trinkgelder, wenn es sich um freiwillige Gaben handelt (§ 3 Nr. 51 EStG, H 19.3 76
LStR). Vertraglich feststehende oder tarifvertraglich vereinbarte »Trinkgelder« wie z. B. das feste Bedienungsgeld im Gaststättengewerbe oder das Metergeld in der Möbeltransportbranche sind dagegen ab dem ersten Euro steuerpflichtig.

Unfallkostenersatz für Schäden am Pkw, wenn der Unfall während einer Aus- 77
wärtstätigkeit geschah, bleibt als Reisenebenkosten steuerfrei (R 9.8 Abs. 1 Nr. 3 LStR). Dazu müssen Sie wissen: Zur Auswärtstätigkeit zählt z. B. auch die Umwegstrecke, die Sie morgens vor Arbeitsbeginn abweichend von Ihrer direkten Fahrtroute zurücklegen, weil Sie zunächst die Post abholen oder einen Kunden besuchen. Wegen der Fahrtkosten vgl. ➤ Rz 110.
Im Grunde genommen lässt sich die Abzugsmöglichkeit der Unfallkosten auf eine einfache Formel reduzieren: Wenn Sie für die jeweilige Fahrt entweder die tatsächlichen Kosten oder die Fahrtkostenpauschale von 0,30 € je gefahrenen Kilometer von Ihrem Arbeitgeber steuerfrei erstattet bekommen können, kann er Ihnen auch die Kosten eines Unfalls auf einer solchen Fahrt als Reisenebenkosten steuerfrei zahlen.

Unfallversicherung 78

Zunächst einmal gilt der Grundsatz, dass immer steuerpflichtiger Arbeitslohn vorliegt, wenn der Arbeitgeber Ihnen Ihre Unfallversicherungsbeiträge erstattet oder selbst zu Ihren Gunsten eine Unfallversicherung abschließt. Das gilt nicht nur bei Unfallversicherungen, die sowohl Freizeit- als auch berufliche Unfälle abdecken, sondern tatsächlich auch dann, wenn sie ausschließlich das berufliche Unfallrisiko decken. Doch wie so oft im Leben keine Regel ohne Ausnahme: Eine reine Dienstreiseunfallversicherung kann Ihr Arbeitgeber steuerfrei übernehmen.
Aber auch bei einer Unfallversicherung, die private und berufliche Unfälle abdeckt, gibt es zumindest teilweise steuerfreie Zuschüsse zu den Versicherungsprämien. Wenn nicht schon die Versicherung die Prämien aufteilt, können Sie von einer Pauschalregelung profitieren. Auf private Unfälle entfallen danach 50 % der Prämien, die sind per se Arbeitslohn. Die restlichen 50 % entfallen auf allgemeine berufliche Unfälle und Unfälle bei Dienstreisen. Davon sind 40 %, also im Ergebnis 20 % der Gesamtprämie, steuerfrei. Die restlichen 60 % (30 % der Gesamtprämie) werden Ihnen als Arbeitslohn zugerechnet. Die können Sie aber als Werbungskosten von der Steuer absetzen.

79 Manchmal hilft schon ein kleiner Kniff, und schon haben Sie die schönste steuersparende Gestaltung gezaubert. Die laufenden Prämien zur Unfallversicherung bleiben nämlich als Arbeitslohn in voller Höhe außer Betracht, wenn Sie zwar aus dem von Ihrem Arbeitgeber gefütterten Vertrag begünstigt sind, aber im Versicherungsfall nicht ohne seine Zustimmung über die Versicherungssumme verfügen können (FG Münster v. 30. 5. 1996, EFG 1996 S. 1102).
Dasselbe gilt für Beiträge Ihres Arbeitgebers zu einer Gruppenunfallversicherung. Kann nach den Versicherungsbedingungen – unabhängig davon, ob er zivilrechtlich verpflichtet ist, die Versicherungsleistung an Sie weiterzuleiten – zunächst nur Ihr Arbeitgeber die Rechte aus dem Versicherungsverhältnis gegenüber der Versicherung geltend machen, liegt im Zeitpunkt der Beitragszahlung kein Lohnzufluss bei Ihnen als Arbeitnehmer vor. Die Beiträge Ihres Arbeitgebers sind daher noch nicht lohnsteuerpflichtig (BFH-Urteil v. 16. 4. 1999 – VI R 66/97 – BStBl 2000 II S. 408).
Der Pferdefuß kommt allerdings, wenn Ihr Arbeitgeber bei einem privaten Unfall eventuelle Versicherungsleistungen an Sie auszahlt. In diesem Moment werden die von der Versicherung über Ihren Brötchengeber an Sie gezahlten Beträge in voller Höhe als steuerpflichtiger Arbeitslohn behandelt.

80 **Erfrischungen und Stärkungsmittel,**
die während der Arbeitszeit gewährt werden, wie Tee, Kaffee, Cola, Gebäck, Genussmittel, sind steuerfrei. Aber auch Speisen, die der Betrieb während einer außerplanmäßigen Besprechung, einer Betriebsstörung oder während einer Großaktion spendiert (R 19.6 Abs. 2 LStR), sind steuerfrei, wenn ihr Wert 40 €/ Arbeitnehmer nicht übersteigt.

TIPP

Steuerfreies Pizzaessen beim Italiener um die Ecke!

Die Verpflegung während eines außergewöhnlichen Arbeitseinsatzes muss nicht zwingend im Betrieb erfolgen. Steuerfrei bleibt auch der Besuch eines in der Nähe gelegenen Restaurants, wenn das Essen die 40-€-Grenze nicht überschreitet – allerdings nur, wenn Ihnen der Arbeitgeber das Essen noch am selben Tag spendiert. Bezahlt er Ihnen stattdessen die Rechnung für ein Essen am Wochenende, ist das eine steuerpflichtige Belohnung.
Für die Mitarbeiter einer Werbeagentur hat das Finanzgericht Hamburg entschieden, dass Mahlzeiten in einem Restaurant während oder nach Ende des Arbeitstags leistungsbeschleunigend wirken und deshalb steuerfrei bleiben (FG Hamburg v. 24. 7. 2002, EFG 2003 S. 89).
Problematisch sind dagegen regelmäßige Arbeitsessen in einer ortsansässigen Gaststätte. Gerade wegen der Regelmäßigkeit soll nach dem Willen der obers-

ten Finanzrichter der Wert der Mahlzeit als Arbeitslohn zu versteuern sein (BFH v. 5. 5. 1994 – BStBl 1995 II S. 59).

Führerschein 81

Kosten für einen *Lkw-Führerschein*, die für den Arbeitnehmer übernommen werden, weil es im betrieblichen Interesse liegt, unterliegen nicht der Steuer (BFH v. 26. 6. 1968, BStBl II S. 773 und FG Brandenburg, EFG 1996 S. 310).

Betriebspensionen 82

bleiben zumindest bei Beginn der Pensionszahlungen vor 2040 teilweise steuerfrei. Der Versorgungsfreibetrag von 3 276 € (Pensionsbeginn 2009) wird aber in den kommenden Jahren für neu hinzukommende Pensionäre Jahr für Jahr niedriger.

Wenn Sie die Wahl haben zwischen monatlich 200 € mehr brutto oder einer betrieblichen Altersversorgung, greifen Sie lieber zur Altersversorgung.

TRICK

Lieber eine Pensionskasse oder eine Direktversicherung füttern!

Mit Hilfe der betrieblichen Altersversorgung können Sie bis zu 4 % der Beitragsbemessungsgrenze in der Rentenversicherung von Ihrem Lohn steuerfrei kassieren. Für 2010 sind das immerhin 2 640 €. Wenn der Vertrag über die Altersversorgung nach dem 31. 12. 2004 abgeschlossen wurde, erhöht sich dieser Betrag sogar noch um weitere 1 800 €, auf insgesamt also max. 4 440 € im Jahr. Einzelheiten finden Sie unter ➤ Rz 168 ff.

Achtung: Fußangel Sozialversicherung: Leider sind nur die ersten 4 % (= max. 2 640 €) sozialversicherungsfrei, der zusätzliche Höchstbetrag von 1 800 € unterliegt dagegen der Sozialversicherungspflicht.

Fehlgeldentschädigungen bis zu 16 € im Monat für Arbeitnehmer mit Kassierertätigkeit (R 19.3 Abs. 1 Nr. 4 LStR). 83

Jobticket 84

Wie Sie trotz eigentlich gestrichener Steuerbefreiung einen großen Teil Ihres Jobtickets mit Hilfe der 44-€-Freigrenze für Sachbezüge steuerfrei kassieren können, finden Sie unter ➤ Rz 47.

Vermögensbeteiligung 85

Der Arbeitgeber kann seinen Arbeitnehmern eine Vermögensbeteiligung, seit 2002 auch ohne Wiederverkaufssperre, zum Vorzugskurs überlassen. Der Vorteil, d.h. die Differenz zwischen dem gemeinen Wert (je nach Art der Vermögensbeteiligung ist das der Börsenkurs, Ausgabepreis oder Nennbetrag) und dem Überlassungspreis, ist bis zur Hälfte des gemeinen Wertes, max. aber 135 € im Jahr steuerfrei (§ 19a EStG).

Begünstigt sind insbesondere folgende Anlageformen:

- Sparverträge über Wertpapiere oder andere Vermögensbeteiligungen,
- Wertpapierkaufverträge,
- Beteiligungsverträge oder Beteiligungskaufverträge,
- Aktien, die zum Börsenhandel oder zum Handel im Inland zugelassen sind,
- Gewinnschuld- und Wandelschuldverschreibungen des Arbeitgebers oder von inländischen Unternehmen, die keine Kreditinstitute sind,
- Anteilscheine an Aktienfonds inländischer Kapitalgesellschaften (Wertpapiersondervermögen, Wertpapierbestand zu mindestens 60 % Aktien und stille Beteiligungen),
- Anteilscheine an Beteiligungssondervermögen inländischer Kapitalgesellschaften (Bestand an Wertpapieren und stillen Beteiligungen muss mindestens 60 % Aktien und stille Beteiligungen enthalten),
- Genussscheine, die vom Arbeitgeber ausgegeben werden und zum Börsenhandel bzw. zum Handel im Inland zugelassen sind,
- Genossenschaftsguthaben an inländischen Kreditgenossenschaften (z.B. Volksbanken),
- GmbH-Anteile am Unternehmen des Arbeitgebers,
- stille Beteiligungen am Unternehmen des inländischen Arbeitgebers oder an einem inländischen am arbeitgebenden Unternehmen durch Vertrag gesellschaftsrechtlich beherrschend beteiligten Unternehmen,
- eine Darlehensforderung gegen den in- oder ausländischen Arbeitgeber.

§ 19a EStG ist grundsätzlich zum 1. 1. 2009 ausgelaufen. An seine Stelle trat § 3 Nr. 39 EStG (s. dazu ➤ Rz 86). Aus Gründen des Bestandsschutzes bleibt die Steuerfreiheit des § 19a EStG für eine Übergangszeit bis einschließlich 2015 aber weiter in Kraft. In allen Fälle, in denen

- die Vermögensbeteiligung zwischen dem 1.1. und dem 1. 4. 2009 überlassen wurde oder
- vor dem 1. 4. 2009 die Überlassung einer Vermögensbeteiligung vereinbart wurde, bleibt es bei der bisherigen Steuerfreiheit.

86 **Mitarbeiterkapitalbeteiligungen**

An die Stelle der Steuerfreiheit nach § 19a EStG trat 2009 eine neue Befreiung speziell für Mitarbeiterkapitalbeteiligungen (§ 3 Nr. 39 EStG). Der steuer- und sozialversicherungsfreie Höchstbetrag beträgt nun 360 €. Das ist mehr als das

2,5-Fache der bisherigen Steuerfreiheit. Auch gilt die unnötig komplizierte Begrenzung der Steuerfreiheit auf 50 % des Wertes der Beteiligung für die Neuregelung nicht mehr.

Der Wermutstropfen der Neuregelung liegt darin, dass nur noch

- direkte Beteiligungen am Unternehmen des Arbeitgebers,
- Beteiligungen an einem Unternehmen desselben Konzerns (§ 18des AktG),
- Beteiligungen an einem Mitarbeiterbeteiligungs-Sondervermögen (das sind spezielle Fondsmodelle, bei denen der Arbeitgeber den Mitarbeitern Fondsanteile überträgt und der Fonds sein Kapital überwiegend in die Unternehmen investiert, die für ihre Mitarbeiterkapitalbeteiligung diesen Fonds nutzen)

gefördert werden.

Damit es mit der Steuerfreiheit keine Probleme gibt, müssen die Beteiligungen

- freiwillig durch den Arbeitgeber eingeräumt werden,
- zusätzlich zum ohnehin geschuldeten Arbeitslohn übertragen werden,
- allen Beschäftigten des Unternehmens offenstehen. Bei einem Konzern gilt dies aber nicht auch für die Beschäftigten der übrigen Konzernunternehmen.

TIPP

Schöpfen Sie die Steuerfreiheit mehrfach im Jahr aus!

Die Steuerbefreiung von 300 € ist arbeitsverhältnisbezogen. Sie kann also bei einem Arbeitgeberwechsel im laufenden Jahr oder bei parallelen Arbeitsverhältnissen für jedes Arbeitsverhältnis – unter dem Strich also mehrfach – in Anspruch genommen werden.

WICHTIGER HINWEIS

Während der Übergangszeit bis 2015 können die Steuerbefreiungen für Vermögensbeteiligungen nach § 19a EStG (➤ Rz 85) und die für eine Mitarbeiterkapitalbeteiligung nicht gleichzeitig bei demselben Arbeitgeber berücksichtigt werden. Kommen beide Steuerbefreiungen in Betracht, geht die für Mitarbeiterkapitalbeteiligungen vor. Haben Sie im Lauf des Jahres den Arbeitgeber gewechselt, spielt die steuerliche Behandlung beim bisherigen Arbeitgeber allerdings keine Rolle.

87 **Erholungsbeihilfen**

Für *Erholungsbeihilfen* wird, wenn sich der Arbeitgeber verpflichtet, die Lohnsteuer zu übernehmen, die Lohnsteuer auf Antrag des Arbeitgebers nach einem festen Pauschsteuersatz von der Summe der Aufwendungen des Arbeitgebers erhoben (§ 40 Abs. 2 EStG) (➤ Rz 146).

88 **Berufskleidungsersatz**

Hat man als Arbeitnehmer ständig einen etwa gleich hohen Aufwand an typischer Berufskleidung, so bleibt eine ausdrücklich dafür gezahlte Barablösung völlig steuerfrei. Hier ist also eine besonders leichte Umwandlungsmöglichkeit von steuerpflichtigen Bezügen in steuerfreie möglich (R 3.31 LStR).

GUTER RAT

Die Steuerfreiheit der Barablösung hängt davon ab, dass Sie nach Gesetz, Tarifvertrag, Unfallverhütungsvorschriften oder Betriebsvereinbarung einen Anspruch darauf haben, dass Ihnen der Betrieb Arbeitskleidung zur Verfügung stellt. Klemmen Sie sich also hinter den Betriebsrat, damit er mit Ihrem Chef eine solche Vereinbarung aushandelt, oder sprechen Sie direkt mit Ihrem Chef.

TIPP

zur Berufskleidung

89 Berufskleidung muss nicht immer nur der vielzitierte Blaumann oder der Laborkittel sein. So entschieden jedenfalls die Richter am Hessischen Finanzgericht (EFG 1993 S. 648), die die schicken dunkelblauen Anzüge und Kostüme der Mitarbeiter einer Fluglinie als steuerfreie Berufskleidung einstuften, weil der Arbeitgeber in einer betrieblichen Kleiderordnung seine Angestellten zum Tragen dieser Kleidung verpflichtet hatte und ihnen zudem das Firmenlogo an die Jacketts heftete. Also aufgemerkt im Bank-, Einzelhandel-, Restaurant-, Friseurgewerbe etc., wo man betrieblich zum Tragen gleichartiger Kleidung verdonnert ist: Was einem Fluggesellschaftsmitarbeiter recht ist, sollte Ihnen doch billig sein!

Gute Karten haben unter Umständen auch Filialleiter sowie angestellte Metzger und Verkäufer von Lebensmittelketten. Die ihnen vom Arbeitgeber zur Vefügung gestellten einheitlichen Pullunder, Strickjacken, Hemden, Blusen, Krawatten und Tücher werden als im betrieblichen Interesse überlassene Berufskleidung anerkannt. Ihr Arbeitgeber muss nur argumentieren, er habe die Kleidung gestellt, weil er ein einheitliches Erscheinungsbild wünsche und weil sie durch die einheitliche Beschaffenheit besser zu reinigen sei, was die Hygiene fördere (BFH v. 22. 6. 2006 – BStBl 2006 II S. 782).

Anders sieht das der BFH allerdings, wenn der Arbeitgeber besonders hochwertige Bekleidung zur Verfügung stellt. Neben dem Repräsentationszweck für die Firma sieht der BFH auch ein erhebliches Interesse der Arbeitnehmer an der Kleidung. Deren Wert muss daher als Arbeitslohn versteuert werdem (BFH v. 11. 4. 2006 – BStBl 2006 II S. 691).

Zu Berufskleidung mehr unter ➤ Rz 293 ff.

Brillen 90
Ja, Sie lesen richtig, Ihr Arbeitgeber kann Ihnen steuerfrei eine Brille spendieren. Allerdings gilt das nur für sog. Bildschirmarbeitsplatzbrillen. Wappnen Sie sich also in Absprache mit Ihrem Arbeitgeber mit einer entsprechenden Bescheinigung einer in Augenuntersuchungen fachkundigen Person, dass Ihre normale Brille für Ihren Bildschirmarbeitsplatz nicht ausreicht. Dass Sie sich dann für ein einigermaßen modisches Gestell entscheiden, ist nur recht und billig, schließlich wollen Sie bei Ihren Arbeitskollegen weder Horror noch Lachkrämpfe auslösen (R 19.3 Abs. 2 Nr. 1 LStR).

Werkzeuggeld, 91
das Sie für die Abnutzung und die übrigen Kosten für selbstgekauftes Werkzeug erhalten (§ 3 Nr. 30 EStG). Ein leider wahrer Treppenwitz: Werkzeug sind nach Meinung der Steuerbürokraten nur Hammer, Zange, Säge und Ähnliches. Alle Handwerker können sich also beruhigt zurücklehnen. Schreibmaschinen oder Musikinstrumente seien dagegen kein Werkzeug.

Garagengeld, 92
wenn Ihnen Ihr Brötchengeber dafür, dass Sie Ihren Firmenwagen in Ihrer Garage unterstellen, einen Obolus zahlt (BFH-Urt. v. 7. 6. 2002, BStBl 2002 II S. 829).

TRICK

Machen Sie ein optimales Geschäft mit der Garage für den Firmenwagen!

Sie haben zwei Möglichkeiten, dem Fiskus ein Schnippchen zu schlagen. 93

Variante 1: Wie oben beschrieben, zahlt Ihr Arbeitgeber ein Garagengeld. Haben Sie die Garage gemietet, bleibt das Garagengeld in Höhe der Garagenmiete und der auf die Garage entfallenden Nebenkosten steuerfrei. Also ab mit

Ihrem Mietvertrag und der Nebenkostenabrechnung zum Kopierer und die Kopien beim Chef eingereicht.

Haben Sie dagegen ein eigenes Häuschen, müssen Sie sich die Mühe machen und die anteiligen Kosten, die auf Ihre Garage entfallen, zusammenrechnen. Dazu gehören z. B. Zinsen für Hypotheken, Abschreibung, Grundsteuer, Grundbesitzabgaben, Strom, Wasser etc. Auch hier kann Ihr Chef die anteilig auf die Garage entfallenden Kosten steuerfrei zahlen.

Variante 2: Nun ist nicht jeder Boss so großzügig und erstattet Ihnen tatsächlich alle Garagenkosten. Häufig ist die Schmerzgrenze bei dem Betrag erreicht, der üblicherweise als Miete für eine »normale Garage« verlangt wird. Was also tun, wenn Sie gerade neu gebaut haben und Ihre anteiligen Kosten für die Garage wegen der hohen Zinsen und Abschreibung 150 €/Monat betragen, Ihr Chef aber nur 40 € herausrücken will?

Natürlich können Sie die 40 € steuerfrei einstreichen, aber dann verschenken Sie einen dicken Batzen Geld. Bitten Sie lieber den Fiskus mit einem Mietvertrag über die Garage zusätzlich zur Kasse:
Statt sich vom Chef Garagengeld zahlen zu lassen, schließen Sie einen astreinen Garagenmietvertrag mit einer Monatsmiete von 40 €. Jetzt dürfen Sie nämlich die Differenz aus Miete und Garagenkosten als Mieteinkünfte in Ihrer Steuererklärung angeben.

Ihre Abrechnung für das Finanzamt sieht dann so aus:

Einnahmen aus Garagenvermietung 12 × 40 €	480 €
./. Kosten für die Garage 12 × 150 €	– 1 800 €
Verlust aus Vermietung und Verpachtung	1 320 €

Damit haben Sie nicht nur Ihre 40 € Garagengeld pro Monat steuerfrei, sondern können auch noch den Verlust von 1 320 € von der Steuer absetzen. Das füllt Ihnen Ihren Geldbeutel je nach Steuersatz zusätzlich mit 231 bis 634 € im Jahr. Bei einem mittleren Steuersatz verdoppelt Ihnen der Fiskus damit praktisch Ihr steuerfreies Garagengeld.

94 **Kaufkraftausgleich**
Ihn kann der Betrieb für einen begrenzten Zeitraum allen Leuten gewähren, die im Ausland tätig sind. Er bleibt bis zu bestimmten Höhen steuerfrei (siehe www.bundesfinanzministerium.de).

95 **Fernsprechgebühren**
Die Vorteile des Arbeitnehmers aus der privaten Nutzung von betrieblichen Personalcomputern und Telekommunikationsgeräten sind steuerfrei (§ 3 Nr. 45 EStG). Diese Steuerbefreiung umfasst alle Kosten des Telefons, des Computers, des Faxgeräts und auch der Online-Verbindung zum Internet.

Für die Steuerbefreiung gibt es keine betragsmäßigen Grenzen. Sie könen also – das Einverständnis Ihres Chefs vorausgesetzt – unbelastet von Lohnsteuer und Sozialversicherung praktisch unbegrenzt hohe Vorteile aus der Privatnutzung ziehen.

TIPP

für Handy und Home-Office

Die Steuerfreiheit ist nicht auf die private Nutzung von Geräten Ihres Brötchengebers im Betrieb beschränkt. Sie gilt selbstverständlich auch für Geräte, die sich zwar in Ihrem Besitz befinden, aber weiter Eigentum Ihrer Firma sind. Steuerfrei bleiben somit die privaten Telefonate mit dem Ihnen zur Verfügung gestellten betrieblichen Handy. Zudem greift die Steuerbefreiung, wenn Sie in Ihrer Wohnung über einen vom Arbeitgeber eingerichteten Telearbeitsplatz verfügen und die betrieblichen Geräte wie Telefon, PC, Fax etc. auch für private Zwecke benutzen. 96

Zum Abzug von Telefonkosten als Werbungskosten finden Sie mehr unter ➤ Rz 380ff.

Vorsorgeuntersuchung 97

Die Kostenübernahme durch den Arbeitgeber kann steuerfrei sein, wenn sie im überwiegend eigenbetrieblichen Interesse erfolgt (BFH v. 17.9.1982, BStBl 1983 S. 39).

Von einem eigenbetrieblichen Interesse spricht der Fiskus in der Regel, wenn

- der Arbeitgeber den untersuchten Personenkreis, den Untersuchungsrhythmus und das Untersuchungsprogramm bestimmt;
- sichergestellt ist, dass dabei festgestellte Erkrankungen behandelt werden. Dazu muss der Arbeitgeber nicht unbedingt vom Untersuchungsergebnis unterrichtet werden. Es genügt, dass z.B. ein Werksarzt die Ergebnisse kennt und den Untersuchten hinsichtlich der Behandlung beraten kann;
- sichergestellt ist, dass alle Untersuchungen von Ärzten vorgenommen werden, die über die notwendige Kompetenz und technische Ausstattung für derartige Untersuchungen verfügen.

Verwarnungsgelder 98

Der Arbeitgeber kann Verwarnungsgelder steuerfrei erstatten, wenn die Zahlung im überwiegenden betrieblichen Interesse des Arbeitgebers erfolgt. Das ist z.B. der Fall, wenn ein Paketzustellerbetrieb oder Kurierdienst die Verwarnungsgelder wegen Falschparkens für seine Belegschaft übernimmt (BFH v. 7.7.2004 – BStBl 2005 II S. 367).

2. Abfindungen aus dem Dienstverhältnis

99 Abfindungen können nicht mehr steuerfrei ausgezahlt werden. Arbeitnehmer, die Abfindungen für den Verlust des Arbeitsplatzes aushandeln, sollten daher unbedingt berücksichtigen, dass Steuern die Abfindung ganz erheblich mindern.

Für Abfindungen, die wegen Beendigung des Arbeitsverhältnisses für den Wegfall der Verdienstmöglichkeiten gezahlt werden, fallen **keine Sozialversicherungsbeiträge** an.

Sozialversicherungspflichtig sind dagegen Abfindungen, die nach einer einvernehmlichen Änderung des Arbeitsvertrags als Gegenleistung für die Verschlechterung von Arbeitsbedingungen gezahlt werden.
Achten Sie darauf, dass der Arbeitgeber auf die Ihnen zugedachte Abfindung die darauf anfallenden Steuern und evtl. Sozialversicherungen aufschlägt. Am besten fahren Sie, wenn Ihre Abfindung als Nettobetrag festgesetzt wird und Ihr (Ex-)Arbeitgeber alle Abzüge tragen muss.

100 Auch wenn die Steuerfreiheit entfallen ist, können Abfindungen weiterhin nach der sog. **Fünftel-Regelung** ermäßigt besteuert werden.

Das heißt, die Abfindung wird bei der Besteuerung nur mit einem Fünftel angesetzt und die Steuer, die auf diesen Abfindungsteil entfällt, anschließend verfünffacht. Dadurch ergibt sich in der Regel eine Abmilderung der Progression, die allerdings bei Spitzenverdienern nicht mehr zu Buche schlägt.

Damit Sie in den Genuss dieser ermäßigten Besteuerung kommen, müssen Sie einige wichtige Grundregeln beachten.

Ihre Abfindung muss in einer Summe gezahlt werden, oder zumindest müssen alle Raten der Abfindung in demselben Kalenderjahr fließen.

Ihre Einkünfte im Entlassungsjahr müssen inkl. Abfindung höher sein, als wenn Sie weiterbeschäftigt worden wären.

Die Zahlung einer Abfindung darf nicht schon von vornherein in Ihrem Arbeitsvertrag vereinbart gewesen sein (FG München v. 16. 9. 1999 – EFG 2000 S. 67).

Außer der Abfindung dürfen Ihnen in späteren Jahren keine weiteren wesentlichen Leistungen Ihres Arbeitgebers zufließen.

Allerdings gilt auch hier: Keine Regel ohne Ausnahme. Folgende Zahlungen und Sachleistungen sollen die ermäßigte Besteuerung Ihrer Abfindung nicht beeinflussen:

101 • **Outplacement-Beratungen**, um schneller einen neuen Job zu finden (BFH v. 14. 8. 2001 – BFH/NV 2002 S. 402).

102 • Kurzzeitige Weiterbenutzung des **Firmenwagens** (BFH v. 14. 8. 2002 – BStBl II 2004 S. 447).

- Spätere **Aufstockung der Abfindung** aus einem Sozialplan oder aus sozialer Fürsorge bis zu 50 % (BFH v. 21. 1. 2004 – BStBl 2004 II S 715, BMF v. 24. 5. 2004 – BStBl I 2004 S. 505).
- Weitere Nutzung einer **Werkswohnung** zu einer günstigen Miete (BMF v. 103
18. 12. 1998 I S. 1512, TZ 19).
- **Nachzahlung von Abfindungen** in späteren Jahren. Hier können Sie beantra- 104
gen, dass die Nachzahlung dem Jahr zugeschlagen wird, in dem die Abfindung ursprünglich fällig gewesen wäre, und so die ermäßigte Besteuerung retten (BMF v. 24. 5. 2004 – BStBl 2004 I S. 505 Tzn 17–20).

TRICK

Verlagern Sie Ihre Abfindungen in das Jahr nach der Kündigung!

Ganz erhebliche Steuervorteile können Sie herausholen, wenn Sie die Abfindung in das Jahr nach der Auflösung des Arbeitsverhältnisses verlagern. Das lohnt sich vor allem, wenn Sie im Folgejahr keine oder nur geringe Einkünfte haben, z. B. weil von vornherein klar ist, dass Sie nicht sofort wieder einen neuen Arbeitsplatz finden. Durch die Verlagerung der Abfindung kann die Progressionswirkung der Einkommensteuer im günstigsten Fall so weit gemildert werden, dass gar keine Steuer auf die Abfindung anfällt.

Vereinbaren Sie also mit Ihrem Abeitgeber, dass die Abfindung in dem für Sie günstigsten Jahr gezahlt wird. Gegen eine solche Zahlungsvereinbarung kann der Fiskus selbst dann nichts einwenden, wenn sie von einer ursprünglich getroffenen Fälligkeitsvereinbarung abweicht. Entscheidend ist lediglich, dass Sie die Verschiebung der Fälligkeit vor dem ursprünglich vereinbarten Zahlungstag vereinbaren (BFH v. 11. 11. 2009 – IX R 1/09, Der Betrieb 2010 S. 148).

Beispiel
Angenommen, Sie sind ledig und werden zum 1. 12. 2010 entlassen. Ihr Arbeitslohn bis zur Entlassung beträgt 40 000 €. Sie erhalten eine Abfindung von 50 000 €, die vereinbarungsgemäß zum 1. 12. 2010 fällig sein soll. Im Jahr 2011 haben Sie keine weiteren Einkünfte. Sie vereinbaren mit Ihrem Arbeitgeber, dass die Abfindung erst zum 1. 2. 2011 gezahlt wird.

»Denen habe ich es aber richtig gegeben!« –
meinte ein Steuerzahler händereibend,
als er das Finanzamt verließ.

Zahlung der Abfindung 2010	*Bruttolohn*	*Steuer*		*Steuer insgesamt*
Bruttolohn ohne Abfindung	40 000 €	6 930 €		6 930 €
⅕ von 50 000 €	10 000 €			
	50 000 €			
Steuer darauf lt. Jahrestabelle		10 184 €		
Differenz		3 254 €	× 5	16 270 €
Steuer 2010 inkl. Abfindung				23 200 €

Zahlung der Abfindung 2011	*Bruttolohn*	*Steuer*		*Steuer insgesamt*
Bruttolohn 2011	0 €	0 €		0 €
⅕ von 50 000 €	10 000 €			
	10 000 €			
Steuer darauf lt. Jahrestabelle 2011		0 €		
Differenz		0 €	× 5	0 €
Steuer 2011 inkl. Abfindung				0 €
Steuer 2010 ohne Abfindung				6 930 €
Steuer insgesamt bei Verlagerung				6 930 €

Dadurch dass die Abfindung zwei Monate später erfolgt, sparen Sie 16 270 € Lohnsteuer zzgl. Solidaritätszuschlag und Kirchensteuer.

3. Reisekostenersatz

105 Ihr Arbeitgeber kann Ihnen unter der Überschrift »Reisekosten« steuerfreie Leistungen zahlen für

- Verpflegungskosten,
- Fahrtkosten,
- Übernachtungskosten,
- Reisenebenkosten,

wenn Sie eine sog. **Auswärtstätigkeit** durchführen. Gemeint ist damit, dass Sie als Arbeitnehmer Dienstreisen machen, im Rahmen einer Einsatzwechseltätigkeit beschäftigt sind oder als Berufskraftfahrer eine Fahrtätigkeit auf einem Fahrzeug ausüben. Die Höhe der steuerfreien Zahlungen entspricht den Beträgen, die Sie für dieselben Aufwendungen als Werbungskosten absetzen könnten. Zu Einzelheiten vgl. ➤ Rz 183ff.

4. Fahrten zwischen Wohnung und Arbeitsstätte – Fahrgelder

Fahrgelder Ihres Arbeitgebers für die tägliche Fahrt zur Arbeit sind zunächst einmal steuer- und sozialversicherungspflichtig. Deshalb habe ich ein paar Kniffe für Sie ausgeknobelt, wie Sie dem Fiskus hier ein Schnäppchen schlagen können. 106

TRICK

Kassieren Sie Rabatte auf Ihre Fahrkarten / Benzingutscheine bis 44 € steuerfrei!

Statt Fahrgeld zu kassieren, lassen Sie sich lieber vom Arbeitgeber ein Jobticket oder Monatskarten mit einem Preisnachlass von bis zu 44 € im Monat besorgen. Der Vorteil bleibt dann nämlich komplett steuerfrei. Wenn Sie mit dem Auto fahren, kann Ihnen Ihr Chef statt Fahrgeld besser einen steuerfreien Benzingutschein im Wert von bis zu 44 € im Monat geben. Zu Einzelheiten vgl. ➤ Rz 47 ff. 107

TRICK

Pauschalsteuer für Fahrtkostenzuschüsse als billigere Variante!

Haben Sie die Freigrenze von 44 € für Sachzuwendungen Ihres Arbeitgebers schon ausgeschöpft, liegt der Wert der Fahrkarte, die Sie kostenlos bekommen, über diesem Betrag, oder scheut Ihr Brötchengeber schlicht den Aufwand mit dem Fahrkartenkauf oder dem Benzingutschein und will Ihnen nur Bares zahlen, hilft Ihnen die Pauschalsteuer für Fahrtkostenzuschüsse zumindest teilweise aus der Bredouille. Ihr Arbeitgeber kann nämlich Fahrgelder oder Sachleistungen für Fahrten zur Arbeit, wie Fahrkarten, ja sogar den Vorteil aus der Überlassung eines Firmenwagens, mit 15 % pauschal versteuern. Daraus ergibt sich gleich ein doppelter Vorteil. Für Sie ist der Fahrtkostenzuschuss damit steuerfrei, und zudem fällt darauf keine Sozialversicherung an. Das ist sogar für Ihren Brötchengeber ein gutes Geschäft. Entschließt er sich, die Lohnsteuer mit 15 % pauschal zu tragen, belastet ihn das inkl. Kirchensteuer und Solidaritätszuschlag mit insgesamt ca. 17 %. Im Gegenzug spart er aber den Arbeitgeberanteil zur Sozialversicherung von etwa 21 % ein. 108

Will Ihr Arbeitgeber von der pauschalen Lohnbesteuerung der Zuschüsse nichts wissen, können Sie sie aus der eigenen Tasche finanzieren und Ihrem Brötchengeber erstatten. Unter dem Strich ist das für Sie oft immer noch ein gutes Geschäft.

Beispiel
Sie bekommen als Lediger in Steuerklasse I einen Monatslohn von 3 000 €. Zusätzlich zahlt Ihr Chef einen monatlichen Fahrtkostenzuschuss von 200 €. Die einfache Entfernung von Ihrer Wohnung bis zur Arbeit beträgt 50 km.
Entfernungspauschale (es kann von 15 Tagen pro Monat ausgegangen werden) monatlich 50 km × 0,30 € × 15 Tage = 225 €.

Der Fahrtkostenzuschuss von 200 € kann also in voller Höhe mit 15 % pauschal besteuert werden.

Bruttolohn	3 200,00 €		
./. Steuer und Sozialversicherung (20,575 %) auf 3 200 €	– 1 275,55 €		
Nettolohn	1 924,45 €	>	1 924,45 €
Mit Übernahme der Pauschalsteuer:			
Bruttolohn	3 000,00 €		
./. Steuer und Sozialversicherung (20,575 %) darauf	– 1 169,80 €		
Fahrtkostenzuschuss	200,00 €		
./. pauschale Lohnsteuer 15 % von 200,00 €	– 30,00 €		
./. Pauschale Kirchensteuer 7 % von 30,00 €	– 2,10 €		
./. Solidaritätszuschlag 5,5 % von 30,00 €	– 1,65 €		
Nettolohn bei Pauschalierung des Zuschusses	1 996,45 €	>	1 996,45 €
Mehrbetrag pro Monat			72,00 €
Im gesamten Jahr			864,00 €

Wie Sie sehen, machen Sie trotz Übernahme der pauschalen Steuern auf den Fahrtkostenzuschuss im Jahr ein sattes Plus von knapp 1 000 €.

Wenn Sie noch andere Werbungskosten haben, mit denen Sie schon über dem Werbungskostenpauschbetrag von 920 € liegen, können Sie zusätzlich die Entfernungspauschale absetzen:

Arbeitstage 230 × 50 km × 0,30 € =	3 450 €
./. pauschal besteuerte Fahrtkosten	– 2 400 €
Verbleibende Werbungskosten	1 050 €

TIPP

Wandeln Sie freiwillige Lohnzahlungen in Fahrtkostenzuschüsse um!

Fahrtkostenzuschüsse müssen an sich zusätzlich zum ohnehin geschuldeten Arbeitslohn gezahlt werden. Ist das der Fall, können sie mit 15 % pauschal besteuert werden. Anders als der Fiskus ist der BFH der Meinung, dass andere freiwillige Sonderzahlungen in Fahrtkostenzuschüsse umgewandelt werden können. Entscheidend ist nicht, ob Ihr Arbeitgeber die Sonderzahlung auch ohne Fahrtkostenzuschuss zahlen würde, sondern ob Sie aufgrund Ihres Arbeitsvertrags oder aufgrund betrieblicher Übung einen Rechtsanspruch auf die Sonderzahlung haben (BFH v. 1.10.2009 – VI R 41/07; BStBl 2010 II S.487). Will Ihr Arbeitgeber nicht so recht anbeißen, können Sie sich z.B. ein freiwilliges Weihnachtsgeld, das vom Betrieb immer unter Vorbehalt gezahlt worden ist, ganz oder zum Teil als Fahrtkostenzuschuss auszahlen lassen.

Sammelbeförderung 109

Nach wie vor steuerfrei ist die Sammelbeförderung von Arbeitnehmern zwischen Wohnung und Arbeitsstätte mit einem vom Arbeitgeber gestellten Fahrzeug (§3 Nr.32 EStG). Leider hat der Gesetzgeber diese Steuerbefreiung auf Fälle beschränkt, in denen die Sammelbeförderung für den betrieblichen Einsatz des Arbeitnehmers notwendig ist. Das wird z.B. in folgenden Fällen unterstellt:

1. Die Beförderung mit öffentlichen Verkehrsmitteln ist entweder gar nicht oder nur mit ganz erheblichem Zeitaufwand möglich.
2. Die Arbeitnehmer arbeiten, wie z.B. Bau- und Montagearbeiter, an ständig wechselnden Einsatzstellen.
3. Die Arbeitnehmer werden, wie z.B. Waldarbeiter, an verschiedenen Stellen eines weiträumigen Arbeitsgebiets eingesetzt.
4. Der Arbeitsablauf im Betrieb macht es erforderlich, dass die beförderten Arbeitnehmer gleichzeitig ihre Arbeit aufnehmen.

Ihr Arbeitgeber muss nicht unbedingt selbst ein Fahrzeug für den Sammeltransport anschaffen, es genügt vollkommen, wenn er damit ein Bus- oder Taxiunternehmen beauftragt.

Hinweis: Wenn Sie per Sammelbeförderung zu Ihrer Arbeitsstelle fahren, können Sie keine Entfernungspauschale absetzen.

TRICK

Steuerfreies Fahrgeld für den Heimweg

110 Die Idee, mit einem schnellen Abstecher zur Post oder zur Bank zu fahren, um durch diesen kleinen dienstlichen Auftrag morgens und abends aus Ihrer Fahrt zwischen Wohnung und Arbeitsstätte eine steuerlich viel lukrativere Dienstreise zu machen, fand leider vor den Augen der obersten Steuerrichter keine Gnade (BFH, BStBl 1991 S. 134).

Ungeachtet dessen steht Ihnen aber steuerfreies Fahrgeld oder die erhöhte Kilometerpauschale für Dienstreisen für die Mehrkilometer zu, die durch den Umweg zur Bank oder Post angefallen sind. Wie Sie sehen gilt auch hier die gute alte Devise: »Und ist der Berg auch noch so steil, a' bisserl was geht allerweil!«

111 **Also seien Sie clever. Kurz zur Post reicht nicht. Wenn Sie aber z. B. häufiger im Auftrag Ihres Chefs Kunden besuchen müssen, sollten Sie Ihre Termine so planen, dass Sie nach dem Kundenbesuch direkt nach Hause fahren können. Jetzt kann Ihnen das Finanzamt ja wohl kaum noch mit »kurzfristigen Erledigungen« kommen.**

Und schon kann Ihnen Ihr Chef wieder für die ganze Fahrt von der Firma zum Kunden und von da bis nach Hause das Fahrgeld steuerfrei zahlen. Bekommen Sie kein Fahrgeld, setzen Sie stattdessen bei Ihrer Steuererklärung jeden Kilometer mit 0,30 € als Werbungskosten ab.

112 Gehören Sie zu denen, bei denen der Arbeitgeber die Fahrtkostenzuschüsse pauschal besteuern lässt? Dann muss Ihr Arbeitgeber in diesem Fall durch die Eintragung des steuerfreien oder pauschal besteuerten Betrags auf der Steuerkarte das Finanzamt mit der Nase darauf stoßen, dass Ihnen die Beträge von Ihren Entfernungskilometern abgezogen werden.

Profitieren Sie von einer Sammelbeförderung, ist als Hinweis für das Finanzamt in Ihrer Lohnsteuerbescheinigung ein »F« aufgedruckt.

TRICK

Zahlen Sie weniger Lohnsteuer bei steuerpflichtigem Fahrgeld!

Die Werbungskosten aus Ihrer Entfernungspauschale für den täglichen Weg zur 113
Arbeit können Sie sich als Freibetrag auf der Lohnsteuerkarte eintragen lassen und so schon im Lauf des Jahres einen hübschen Betrag an Steuern sparen. Warten Sie damit nicht erst bis zu Ihrer Einkommensteuererklärung.

Zahlt Ihnen Ihr Brötchengeber Fahrgeld oder dürfen Sie mit einem Firmenwagen zur Arbeit fahren, rechnet man Ihnen daraus steuerpflichtige Einnahmen zu, für die Sie Steuern zahlen müssen. (Natürlich können Sie auch hier Ihre laufende Steuerlast mit einem Freibetrag auf der Steuerkarte drücken.)

Bei einer Entfernung zur Arbeit von 60 km zahlt Ihnen Ihr Chef monatlich ein Fahrgeld von 200 €. Bei einem Gehalt von 2 500 € zahlen Sie also 2010

an Steuern für monatlich 2 700 € (2 500 € + 200 €)	459,23 €
Allein für Ihre Fahrtkosten stünde Ihnen bei 230 Arbeitstagen ein Freibetrag von ca. 270 € im Monat zu.	
Damit liegt die Steuer auf Ihr steuerpflichtiges Gehalt von 2 700 € – 270 € = 2 430 € nur noch bei	378,99 €
Monatliche Ersparnis an Lohnsteuer, Kirchensteuer, Soli	80,24 €
Gesamtersparnis im Jahr ca.	963,00 €

Parkplätze, Stellplätze 114

Nach Meinung des FG Köln (Urt. v. 15. 3. 2006 – 11 K 5680/04, EFG 2006, 1516) führt die kostenlose Überlassung von Parkplätzen durch den Arbeitgeber grundsätzlich zu steuerpflichtigem Arbeitslohn. Lediglich die Parkplatzgestellung an Mitarbeiter mit Firmenwagen und an schwerbehinderte Arbeitnehmer will das Finanzgericht wegen der arbeitsrechtlichen Fürsorgepflicht des Arbeitgebers steuerfrei lassen. Gleichwohl geschehen gelegentlich noch Zeichen und Wunder. Der Fiskus folgt dieser restriktiven Rechtsprechung nicht. Der Arbeitgeber kann seinen Arbeitnehmern nach wie vor Park- bzw. Stellplätze steuerfrei zur Verfügung stellen.

Der Vorteil aus den gesparten Parkgebühren ist generell nicht zu besteuern (FM Nordrhein-Westfalen v. 28. 9. 2006 – S 2334 – 61 – VB 3; NWB Steuer-Telex 2006 S. 703).

5. Firmenwagen

115 Stellt die Firma ihrem Arbeitnehmer ein Fahrzeug zur Verfügung, das er auch für Privatfahrten und Fahrten zwischen Wohnung und Arbeitsstätte verwenden darf, dann ist der darin liegende geldwerte Vorteil vom Arbeitnehmer zu versteuern, das ist klar. Für Privatfahrten ist pro Monat aber nur 1 % des Listen(neu-)preises des Fahrzeugs (inkl. Umsatzsteuer) dem Monatslohn hinzuzurechnen. Für Fahrten zwischen Wohnung und Arbeitsstätte beträgt der geldwerte Vorteil zusätzlich 0,03 % des Listenpreises je Entfernungskilometer für jeden Monat. Davon werden bei der Einkommensteuerveranlagung die Werbungskosten für Fahrten zwischen Wohnung und Arbeitsstätte mit der Entfernungspauschale von 0,30 € für jeden Entfernungskilometer abgezogen.

Beispiel

Ein Arbeitnehmer fährt arbeitstäglich mit einem Firmenwagen zu seiner 30 km entfernt liegenden Arbeitsstätte. Für die private Nutzung des Firmenwagens leistet der Arbeitnehmer eine Zuzahlung von mtl. 150 €. Der Arbeitnehmer hat als geldwerten Vorteil zu versteuern:

Für Privatfahrten	
Listenpreis des Dienstwagens z. B.	30 000 €
Davon 12 % = geldwerter Vorteil (Jahresbetrag)	3 600 €
Für Fahrten zwischen Wohnung und Arbeitsstätte	
Geldwerter Vorteil	
monatlich 0,03 % v. 30 000 € = 9 € je Entfernungskilometer	
Zu versteuernder Jahresbetrag:	
9 € × 30 km × 12 Monate =	3 240 €
Insgesamt zu versteuern (3 600 € + 3 240 €)	6 840 €
./. Zuzahlung (150 € × 12 Monate)	– 1 800 €
Vom Arbeitgeber über die LSt-Karte zu versteuernder Jahresbetrag	5 040 €
Monatsbetrag 1/12	420 €

In der Einkommensteuererklärung kann der Arbeitnehmer seine tatsächlichen Fahrten als Werbungskosten geltend machen:

30 km × 0,30 € = 9,00 € × 230 Tage = 2 070 €

116 Die 1-%-Regelung kommt übrigens auch zur Anwendung, wenn es sich bei Ihrem Firmenwagen um ein Wohnmobil, einen Pick-up oder um einen Geländewagen handelt. Es ist also nicht entscheidend, ob das Gefährt kraftfahrtechnisch als Pkw oder als sonstiges Fahrzeug zugelassen wurde und bei der Kraftfahrzeugsteuer etwa wie ein Lkw besteuert wird. Allerdings legt der Fiskus als Listenpreis bei solchen **Sonderfahrzeugen** höchstens 80 000 € zugrunde (FM Saarland v. 29. 1. 2003 – B/2 – 4 – S 2334).

TIPP

Zur Privatnutzung ungeeignete Dienstwagen unterliegen nicht der 1-%-Regelung!

Endlich ist Schluss mit der Unsitte, dass Ihnen der Fiskus für das Werkstattfahr- 117
zeug oder den Pritschenwagen Ihrer Firma, mit dem Sie abends nach Hause fahren, eine Privatnutzung ans Bein bindet, denn: Firmenwagen, die aufgrund ihrer objektiven Beschaffenheit und Einrichtung typischerweise nur zur Beförderung von Waren, Gütern oder Material und Werkzeug bestimmt sind, fallen nicht mehr unter die pauschale 1-%-Regelung. Der Bundesfinanzhof hat hier wieder einmal dem Fiskus auf die Finger geklopft und den allzu unverschämten Griff in die Geldbörse der Steuerzahler unterbunden (BFH v. 18.12.2008 – BFH/NV 2009 S.481).
Der BFH geht davon aus, dass Fahrzeuge dieser Art allenfalls gelegentlich und nur ausnahmsweise für private Zwecke eingesetzt werden, weil sie dafür denkbar ungeeignet sind. Das Finanzamt darf deshalb **nicht mehr einfach unterstellen,** dass sie Ihren Werkstattwagen auch für private Zwecke eingesetzt haben, sondern muss es **beweisen.**
Selbst wenn eine tatsächliche Privatnutzung gelegentlich der Fall sein sollte, darf das Finanzamt immer noch nicht pauschal die 1-%-Regelung ansetzen. Der Nutzungsvorteil muss nach Auffassung des BFH für jede einzelne Fahrt mit dem dafür üblichen Preis bewertet werden. Er dürfte sich somit auf die anteiligen Kilometerkosten für die privat gefahrenen Kilometer zzgl. der Gewinnmarge der Firma beschränken.
Von dieser günstigen Rechtsprechung leider nicht betroffen ist der Ansatz für Fahrten zwischen Wohnung und Arbeitsstätte, die auch für Werkstattwagen und Transportfahrzeuge weiterhin nach der sog. 0,03-%-Regelung zu bewerten sind.

Ärgerlich ist neben der Anwendung der 1-%-Regelung für reine Privatfahrten 118
vor allem die Versteuerung der Fahrten zwischen Wohnung und Arbeitsstätte. Der pauschale Ansatz des Monatswerts von 0,03 % wird vom Finanzamt nämlich völlig unabhängig davon vorgenommen, in welchem Umfang Sie das Fahrzeug tatsächlich für Fahrten zwischen Wohnung und Arbeitsstätte nutzen und ob es Ihnen überhaupt während des ganzen Monats zur Verfügung steht.
Besonders teuer kann die ganze Sache für Sie werden, wenn Sie mit dem Firmenwagen das »park and ride«-Verfahren praktizieren: Fahren Sie mit dem Firmenwagen nur bis zum Bahnhof und legen die restliche Strecke mit öffentlichen Verkehrsmitteln zurück, soll gleichwohl die gesamte Entfernung zwischen Wohnung und Arbeitsstätte der Berechnung des Nutzungsvorteils zugrunde gelegt werden. Im Klartext bedeutet das: Fahren Sie 3 km mit dem Wagen zum Bahnhof und dann 47 km mit der Bahn, bindet Ihnen der Fiskus den geldwerten Vorteil für die gesamten 50 km ans Bein.

TRICK

Drücken Sie mit Fahrkarten den Nutzungsvorteil!

Dieser Auffassung ist der BFH entschieden entgegengetreten (BFH v. 4.4.2008 – BStBl 2008 II S.890 – und v. 28.08.2008 – BStBl 2009 II S.280). Für den »park and ride«-Fall wird demnach die 0,03-%-Regelung nur für die Teilstrecke angesetzt, für die der Pkw tatsächlich genutzt wird.

Lösung für einen Firmenwagen mit 40 000 € Listenpreis

Nutzungsvorteil lt. Finanzamt	
0,03 % v. 40 000 € = 12,00 € × 50 km	600 €
Nutzungsvorteil lt. BFH	
0,03 % v. 40 000 € = 12,00 € × 3 km	36 €
Differenz pro Monat	564 €
Differenz pro Jahr	564 € × 12 = 6768 €

Das Finanzamt muss die günstigere Berechnung mit der Strecke Bahnhof bis Betrieb zumindest aus Billigkeitsgründen anwenden, wenn Sie Ihrem Arbeitgeber eine Jahresfahrkarte oder schlicht Ihre gesammelten Monatskarten für öffentliche Verkehrsmittel vorlegen oder er Ihnen ein entsprechendes Job-Ticket zur Verfügung gestellt hat (BMF v. 23.10.2008 – BStBl 2008 I Seite 961).

TRICK

Mit einem Nutzungsverbot entgehen Sie der Steuerfalle!

Wenn Sie es geschickt anstellen, können Sie auch auf andere Weise eine Begrenzung des völlig überhöhten Nutzungsvorteils erreichen: Ihr Arbeitgeber stellt Ihnen das Fahrzeug ausdrücklich nur für die Fahrt zum Bahnhof zur Verfügung. Das Ganze wird schriftlich festgelegt. Außerdem kontrolliert er gelegentlich am Abend und am anderen Morgen den Kilometerstand und protokolliert dies für sein Lohnkonto – und schon versteuern Sie statt 50 km nur 3 km. Vgl. zum Nutzungsverbot auch ➤ Rz 136.

Ganz übel spielt man Ihnen mit, wenn Sie als Kundendienstmonteur, Bau-, Montagearbeiter oder als Mitarbeiter eines Pflegedienstes nur einmal pro Woche kurz den Betrieb anfahren, um Aufträge oder Material abzuholen, Ihre Berichte abzuliefern oder gar nur eben einen Kollegen aufzugabeln, den Sie im Firmenwagen mitnehmen. In diesen Fällen setzt der Fiskus tatsächlich einen Vorteil mit 0,03 % des Listenpreises pro Monat und Entfernungskilometer an. Auch hier ist der BFH dem Fiskus entgegengetreten (BFH v. 4. 4. 2008 – BStBl 2008 II S. 887). Die obersten Steuerrichter haben entschieden, dass nur der tatsächlich entstandene Vorteil versteuert werden darf. Bei nur einer Fahrt wöchentlich zwischen Wohnung und Arbeitsstätte bewerten sie den Vorteil hieraus für jede tatsächlich durchgeführte Fahrt – in Anlehnung an die Regelung zu Familienheimfahrten – je Entfernungskilometer mit 0,002 % des Listenpreis.

Bei einem Firmenwagen mit einem Listenpreis von 30 000 € und einer Entfernung zum Betrieb des Arbeitgebers von 20 km setzt das Finanzamt den Vorteil mit 0,03 % von 30 000 € = 9 € × 20 km = 180 € monatlich an. Nach der viel günstigeren Rechnung des Bundesfinanzhofs ergeben sich lediglich 30 000 € × 0,002 % = 0,60 € × 20 km × 4 Fahrten = 48 €. Auf das Jahr gerechnet macht das einen Unterschied von 1 548 €.

Trotz der klaren Entscheidung des Bundesfinanzhofs stellt sich der Fiskus hier sehr bockbeinig an. Er greift wieder einmal auf das rechtlich sehr zweifelhafte Mittel des Nichtanwendungserlasses zurück. Mit einem BMF-Schreiben vom 23. 10. 2008 (BStBl 2008 I S. 961) erklärt er, dass die steuerzahlerfreundliche Rechtsprechung schlicht nicht anzuwenden sei. Sie müssen Ihr Recht also im Zweifel vor dem Finanzgericht durchfechten. Da Sie aber schon den BFH auf Ihrer Seite haben, dürften die Chancen, siegreich aus einem solchen Verfahren hervorzugehen, sehr groß sein.

TRICK

Mit einer geschickten Routenplanung die Versteuerung umgehen!

Wenn Sie es gar nicht erst auf einen Rechtsstreit mit dem Finanzamt ankommen lassen wollen, können sie diesen überzogenen Besteuerungsgelüsten des Fiskus auch begegnen, indem Sie Ihre Fahrtrouten anpassen. Sie werden es in Zukunft tunlichst vermeiden, morgens von zu Hause aus oder abends vor der Heimfahrt im Betrieb vorbeizufahren. Stattdessen suchen Sie morgens immer erst einen Kunden auf und fahren abends vom Kunden direkt nach Hause. Zum Betrieb fahren Sie im Lauf des Tages zwischen Ihren Terminen. So ist diese Fahrt nämlich eine Fahrt zwischen Kunde und Betrieb und nicht zwischen Wohnung und Betrieb und löst somit keine Steuerpflicht aus.

Denselben Effekt erzielen Sie, wenn Sie nur alle 14 Tage oder vielleicht nur einmal im Monat im Betrieb auftauchen. Dann ist der nämlich im Amts-

deutsch nicht mehr Ihre regelmäßige Arbeitsstätte, und Sie machen keine Fahrten zwischen Wohnung und Arbeitsstätte, sondern Dienstfahrten – und die müssen nicht versteuert werden. Mit ein bisschen gutem Willen und Kreativität können Arbeitsauftäge auch per E-Mail oder telefonisch erteilt werden. Arbeitsberichte lassen sich ebenfalls wunderbar per E-Mail oder über eine Portallösung über das Internet übermitteln.
Vor allem wenn der Arbeitgeber seinen Sitz relativ weit entfernt hat, vermeiden Sie so auf jeden Fall die horrenden geldwerten Vorteile.

Beispiel
Muss der Arbeitnehmer mit seinem Firmenwagen (Listenpreis 30 000 €) einmal in der Woche zu seinem 200 km entfernten Arbeitgeber, um dort Bericht zu erstatten, ergibt sich für diese Fahrten ein als Arbeitslohn zu versteuernder pauschaler Vorteil pro Monat von 30 000 € × 0,03 % = 9 € × 200 km = 1 800 €. Auf das Jahr gerechnet beträgt der geldwerte Vorteil 21 600 €. Rechnet man noch einmal 3 600 € für die privaten Fahrten hinzu, versteuert unser Arbeitnehmer allein für die Nutzung des Autos mehr als 25 000 € im Jahr! Läge der Berichtsrhythmus dagegen bei 14 Tagen, bliebe als steuerlicher Vorteil nur die Privatnutzung von 3 600 € im Jahr. Hier wäre es allerhöchste Zeit, die Betriebsabläufe steuerlich günstiger zu regeln.
Wenn denn gar nichts anderes mehr hilft, können Sie als letzten Ausweg immer noch ein Fahrtenbuch führen.

TRICK

Nehmen Sie die Pauschalregelung bei Firmenwagen in Anspruch!

119 Wie Sie gesehen haben, will der Fiskus sogar Lohnsteuer dafür haben, dass Sie den Firmenwagen für Fahrten zwischen Wohnung und Arbeitsstätte benutzen. Denn wer für diese Fahrten das Fahrgeld ersetzt bekommt, muss den Fahrtkostenersatz ja auch versteuern. Um den Betrieben entgegenzukommen, besteht indessen die Möglichkeit, dass sie den Fahrtkostenersatz pauschal versteuern. (Quelle: § 40 Abs. 2 EStG) Bei Benutzung eines Firmenwagens für Fahrten zwischen Wohnung und Arbeitsstätte führt das zu Wirkungen, die selbst für Steuerfachleute kaum zu überblicken sind. Von den 0,03 % des Listenpreises, die für Fahrten zwischen Wohnung und Arbeitsstätte pro Entfernungskilometer zu versteuern sind, kann der Betrieb einen Betrag in Höhe der Entfernungspauschale von 0,30 € je Entfernungskilometer pauschal mit 15 % versteuern. Für die Pauschalierung kann von 180 Fahrten im Jahr (15 Fahrten im Monat) ausgegangen werden. Bei Pauschalversteuerung ergibt sich also z. B. folgender Arbeitslohn:

Für Privatfahrten 12 % vom Listenpreis	3 600,00 €
Für Fahrten zwischen Wohnung und Arbeitsstätte	3 240,00 €
30 km × 0,30 € = 9,00 € × 180 Tage	– 1 620,00 €
Verbleiben	5 220,00 €
./. monatliche Zuzahlung für die private Nutzung 150 €	– 1 800,00 €
Als Rest zu versteuern (Jahresbetrag) über Lohnsteuerkarte	3 420,00 €

Der Betrieb zahlt an Pauschalsteuern	
Pauschale Lohnsteuer 15 % von 1 620,00 €	243,00 €
Pauschale Kirchensteuer 9 % von 243,00 €	21,87 €
Solidaritätszuschlag 5,5 % von 243,00 €	13,36 €

Wie Sie sehen, ist die Pauschalregelung günstig, zumal auch keine Sozialversicherungsbeiträge für den pauschal versteuerten Lohn anfallen.

TRICK

Geteiltes Leid ist halbes Leid!

Eine ganz wichtige Entscheidung für die Firmenwagennutzung ist inzwischen 120
gefällt: Die 1-%-Regelung gilt fahrzeug-, nicht personenbezogen. Teilen Sie sich also den Firmenwagen mit einem Arbeitskollegen, müssen Sie nicht beide 1 % vom Listenpreis pro Monat versteuern, sondern beide jeweils die Hälfte davon. Das Finanzamt darf für die gesamte Privatnutzung eines Firmenwagens, egal, ob er nun von einem oder von 20 Arbeitnehmern genutzt wird, insgesamt nur einmal die 1-%-Regelung anwenden. Der als Arbeitslohn steuerpflichtige Vorteil wird im Zweifel gleichmäßig auf alle Arbeitnehmer verteilt, die den Wagen nutzen (BFH-Urteil v. 15. 5. 2002 – BStBl 2003 II S. 311).

Profitieren können Sie von dem Urteil auch, wenn es in Ihrer Firma einen Fahr- 121
zeugpool gibt, bei dem Ihnen und Ihren Kollegen nicht ein einzelnes Auto fest zugewiesen wird, sondern je nach Bedarf auf eines der Fahrzeuge auch für private Zwecke zurückgegriffen werden kann.

Angenommen, in der Firma sind fünf Angestellte beschäftigt, und es stehen zwei Autos zur Verfügung, Listenpreis Auto 1 = 20 000 € und Listenpreis Auto 2 = 30 000 €. Ihr Arbeitgeber berechnet den Arbeitslohn dann nach H 8.1 Abs. 9–10 LStH wie folgt:

Nutzungsvorteil Auto 1:	1 % von 20 000 € =	200 €
Nutzungsvorteil Auto 2:	1 % von 30 000 € =	300 €
Monatlicher Gesamtarbeitslohn		500 €
Verteilt auf 5 Arbeitnehmer macht pro Kopf monatlich		100 €
statt bisher 1 % = 300 € für das teuerste Auto im Pool		
weniger Arbeitslohn für Sie pro Monat		200 €
Aufs Jahr gerechnet		2 400 €

Zu empfehlen ist eine solche Durchschnittsberechnung aber nur in Fällen, in denen die Zahl der im Pool befindlichen Fahrzeuge geringer ist als die Zahl der Arbeitnehmer, die diese Fahrzeuge auch tatsächlich für private Zwecke nutzen. Sind dagegen weniger Arbeitnehmer als Fahrzeuge im Pool, kommt man unter dem Strich billiger davon, wenn jeder 1 % des durchschnittlichen Listenpreises versteuert.

TRICK

Verdienen Sie mit einem Fahrtenbuch schnell 800 €!

122 Die meisten Arbeitgeber setzen aus Bequemlichkeit 1 % vom Listenpreis pro Monat an und schlagen die Fahrten zwischen Wohnung und Arbeitsstätte drauf. Diese Methode ist zwar die einfachste und macht am wenigsten Arbeit, ist aber nicht immer die billigste für Sie.

Wenn Sie mit dem Firmenwagen nur wenig privat fahren, lohnt es sich, ein Fahrtenbuch für das Auto zu führen. Als Arbeitslohn brauchen Sie dann nur die Privatkilometer, die Sie in Ihr Fahrtenbuch eingetragen haben, mit den anteiligen Autokosten zu versteuern. Nehmen wir einmal an, aus Ihren Eintragungen ergeben sich folgende Daten für die Privatnutzung:

52 Wochen à 50 Privat-km	2 600 km
Für Urlaub und sonstige Fahrten	1 400 km
Insgesamt	4 000 km
Tatsächliche Kosten je km ca.	× 0,35 €
Arbeitslohn =	1 400 €

Nach der 1-%-Regelung versteuern Sie dagegen bei einem Auto mit einem Listenpreis von 25 000 €

für reine Privatfahrten 12 % von 25 000 € =	3 000 €	
und für Fahrten Wohnung/Arbeitsstätte zusätzlich noch 0,03 % von 25 000 € = 7,50 € × 8 km × 12 Monate =	720 €	
insgesamt	3 720 €	3 720 €
Durch das Fahrtenbuch sparen Sie also die Steuer auf		2 320 €

Das sind bei einem Steuersatz von 30 % zzgl. Kirchensteuer und Solidaritätszuschlag immerhin 797 €. Dafür lohnt sich das bisschen Schreibarbeit. Meinen Sie nicht auch?

Beharrt Ihr Arbeitgeber auf der 1-%-Regelung, geht Ihnen bei der Steuer trotz- 123
dem nichts endgültig verloren. Legen Sie Fahrtenbuch und die Kostenaufzeichnungen für das Auto zusammen mit Ihrer Steuererklärung vor. Das Finanzamt muss dann nämlich den Arbeitslohn neu berechnen und den für Sie günstigeren Betrag laut Fahrtenbuch ansetzen. Was Sie zu viel an Steuern für Ihre Autonutzung geblecht haben, bekommen Sie auf diese Weise über Ihren Einkommensteuerbescheid mit etwas Verzögerung zurück.

Will Ihr Fiskalvertreter dabei mit fadenscheinigen Argumenten nicht mitmachen, weisen Sie ihn auf R 8.1 Abs. 9 Nr. 3 S. 4 LStR hin. Dort steht ausdrücklich, dass die vom Arbeitgeber gewählte Methode bei der Einkommensteuererklärung nicht bindend ist.

Als Arbeitnehmer, der gar nicht der Sozialversicherung unterliegt, oder als Spitzenverdiener mit einem Gehalt über der Beitragsbemessungsgrenze zur Rentenversicherung können Sie völlig beruhigt so vorgehen.

Achtung, Sozialversicherung!
Leider klappt der Kniff mit der nachträglichen Vorlage des Fahrtenbuchs nur bei der Einkommensteuer. Bei Arbeitnehmern, die mit ihrem Nutzungsvorteil der Sozialversicherung unterliegen, funktioniert das nicht ganz so reibungslos. Wendet Ihr Arbeitgeber die für Sie ungünstigere Pauschalregelung im laufenden Jahr an, bleiben Sie trotz Fahrtenbuch auf den zu viel gezahlten Sozialversicherungsbeiträgen sitzen. Einen vergleichbaren Ausgleich nach Ablauf des Jahres, wie bei der Steuer die Abgabe einer Einkommensteuererklärung, gibt es bei der Sozialversicherung nicht. Deshalb sollten Sie als Sozialversicherungspflichtiger mit Nachdruck darauf bestehen, dass Ihr Brötchengeber schon im laufenden Jahr nach der Fahrtenbuchmethode abrechnet.

GUTER RAT

124 Wenn Sie Ihrem Finanzamt mit einem Fahrtenbuch kommen, müssen Sie mit besonderer Pingeligkeit rechnen. Nach dem Motto »Hoch lebe der Formalismus« verlangt man von Ihnen haarkleine Aufzeichnungen über jeden Meter, den Sie mit der Firmenkutsche gefahren sind. Damit Ihre mühevoll geführten Aufzeichnungen nicht für null und nichtig erklärt werden, müssen Sie wissen, was mindestens an Eintragungen in Ihrem Fahrtenbuch auftauchen muss. Und zwar sind das

für Ihre dienstlichen Fahrten

- Datum und Kilometerstand am Anfang und am Ende jeder einzelnen Dienstfahrt
- Ziel und Fahrtroute
- Zweck der Fahrt
- Name und Adresse des Geschäftspartners / Kunden

für Ihre Privatfahrten

- die gefahrenen Kilometer und der Vermerk »privat«
- für die Fahrten zwischen Wohnung und Arbeitsstätte die gefahrenen Kilometer und der Vermerk »Wohnung / Arbeitsstätte«.

Nehmen Sie an einem Tag nacheinander mehrere berufliche Termine wahr, genügt die Eintragung des Kilometerstands am Anfang und am Ende der Dienstfahrt. Allerdings müssen alle aufgesuchten Kunden oder Geschäftspartner in der zeitlich richtigen Reihenfolge im Fahrtenbuch vermerkt werden.

Sobald zwischendurch eine private Fahrt anfällt, müssen Sie eine neue Eintragung machen und den jeweils aktuellen Kilometerstand eintragen.

Um Ärger mit der Anerkennung Ihres Fahrtenbuchs zu vermeiden, sollten sämtliche Angaben im Fahrtenbuch eingetragen werden. Wenn Sie zusätzlich andere Aufzeichnungen wie Terminkalender oder Reisekostenabrechnungen heranziehen müssen, ist die Ordnungsmäßigkeit Ihres Fahrtenbuchs nur dann nicht in Gefahr, wenn auch diese Aufzeichnungen lückenlos vorhanden, leicht greifbar, übersichtlich, vollständig und nicht nachträglich veränderbar sind (BFH v. 16. 3. 2006 – BStBl II 2006 S. 625). Was z. B. bei elektronischen Terminkalendern in aller Regel nicht der Fall ist.

Also: Wenn Sie sich schon die Mühe machen, ein Fahrtenbuch zu führen, dann sollten Sie darin auch alle erforderlichen Angaben machen. Alles andere bringt nur Probleme und wirkt auf den Fiskus wie eine Einladung, Fehler im Fahrtenbuch zu finden und es deswegen als nicht ordnungsgemäß anzuerkennen.

Ein Fahrtenbuch muss nach Meinung des obersten Steuergerichts in aller Regel 125
in Buchform geführt werden. Loseblatt- und Zettelsammlungen reichen nicht (BFH v. 9.11.2005 – BStBl II 2006 S. 408). Genauso wenig genügt es, wenn das Fahrtenbuch am Computer mit einem Textverarbeitungs- oder Tabellenkalkulationsprogramm erstellt wird: Die pure theoretische Möglichkeit der nachträglichen Veränderung der Eintragungen verhindert, dass es als ordnungsgemäß anerkannt wird. Auch nachschreiben sollten Sie Ihr Fahrtenbuch nicht. Wenn Sie z. B. Ihre Fahrten auf losen Zetteln notieren und sie am Monatsende fein säuberlich in Ihr Fahrtenbuch übertragen, dreht man Ihnen schon daraus einen Strick, dass die Eintragungen nicht zeitnah erfolgt sind (BFH v. 16.11.2005 – BStBl II 2006 S. 410).

TIPP

Elektronisches Fahrtenbuch nutzen!

Computerfahrtenbücher können allerdings dann anerkannt werden, wenn Sie einmal vorgenommene Eintragungen nicht nachträglich verändern können, ohne dass die Änderungen, Streichungen und Ergänzungen dokumentiert werden. Mit so einem handelsüblichen und von manchen Automobilunternehmen angebotenen »elektronischen Fahrtenbuch« sind Sie auf der sicheren Seite.

TIPP

So wird das Fahrtenbuch geführt

Wenn Sie ein wirklich ordnungsgemäßes Fahrtenbuch führen wollen, kommen Sie in der Regel mit den Mini-Fahrtenbüchern, die es z. B. an Tankstellen zu kaufen gibt, nicht aus. Für mehrere Fahrten an einem Tag fehlen da meist die Eintragungsmöglichkeiten. Viel besser ist da ein DIN-A5-Schulheft, in das Sie Ihre Fahrten fortlaufend nach folgendem Muster eintragen:

Datum	Kilometerstand		Fahrtziel, Kunden	gefahrene km		Kraftstoff	
	Beginn	Ende		Beruf	privat	Liter	Preis

Nicht jeder Fehler im Fahrtenbuch führt automatisch dazu, dass das Finanzamt 126
es als nicht ordnungsgemäß zurückweisen kann. Dies sei dem Fiskus nach dem Grundsatz der Verhältnismäßigkeit zumindest dann verboten, wenn es sich um vereinzelte **kleinere Mängel** handelt. So hat das FG Köln entschieden, dass eine

einzelne nicht aufgezeichnete Tankfahrt in einem Zeitraum von über drei Monaten oder einmalige geringe Abweichungen zwischen Fahrtenbuch und Werkstattrechnungen allein dazu nicht ausreichen (BFH v. 10. 04. 2008 – BStBl 2008 II Seite 768). In Jahren, in denen derartige Fehler mehrfach aufgetreten sind, waren aber auch die Richter beim BFH unerbittlich und haben statt des Fahrtenbuchs die viel teurere 1-%-Regelung angewendet.
Um allem Ärger aus dem Weg zu gehen, sollten Sie sich also besser etwas Mühe geben! Und denken Sie daran, dass auf den **Tankbelegen** nicht nur das Datum, sondern in der Regel auch die Uhrzeit ausgewiesen wird, zu der Sie getankt haben. Diese Zeitangaben müssen natürlich mit denen in Ihrem Fahrtenbuch korrespondieren, sonst droht steuerliches Ungemach.

127 Erleichterungen gibt es u. a. für Personen, die besonderen Verschwiegenheitspflichten unterliegen, z. B. Ärzte, Rechtsanwälte, Geistliche etc. Bei ihnen muss nicht zwingend Name und Adresse des Geschäftspartners bzw. Kunden aufgeführt werden. Führen Sie ein gesondertes Verzeichnis (Kunden-, Mandanten- oder Patientendatei), genügt es, wenn in dieser Datei die Kunden, Mandanten oder Patienten unter einer Nummer oder Buchstabenkombination mit Namen und Adresse aufgeführt sind und so leicht und einwandfrei identifiziert werden können. Sie können diese Verschlüsselung für Ihr Fahrtenbuch nutzen, es reicht dann die Angabe Kundenbesuch/Mandantenbesuch, verbunden mit der entsprechenden Kunden- oder Mandantennummer. Bei der Prüfung des Fahrtenbuchs verlangt der Fiskus allerdings, dass Sie das Verzeichnis mit den Verschlüsselungsnummern und den Klarnamen und Adressen ebenfalls beifügen.

128 Als Angehöriger der o. g. Berufsgruppen haben Sie somit zwei Alternativen, ein vor den gestrengen Augen des Fiskus wasserdichtes (ordnungsgemäßes) Fahrtenbuch zu führen:

1. Sie können ein umfassendes Fahrtenbuch führen, in dem Sie alle laufenden Eintragungen zu Datum und Kilometerstand zu Beginn und Ende jeder einzelnen beruflichen Fahrt vornehmen, ferner Reiseziel und -zweck und Namen der aufgesuchten Personen eintragen.
2. Sie machen im Fahrtenbuch, ergänzend zu der Angabe von Datum und Kilometerständen, lediglich Pauschalangaben zu Reisezweck, -ziel, -route und Mandant und führen ein Zusatzverzeichnis, aus dem sich die Details zu Ihren Pauschalangaben nachvollziehen lassen.

Berufen Sie sich auf das Schreiben des BMF vom 21. 1. 2002 (BStBl I 2002 S. 148).
Auch in anderen Berufen können Sie sich auf Vereinfachungen für Ihr Fahrtenbuch berufen:

129 • **Kundendienstmonteure, Kurierdienstfahrer und Handelsvertreter**

Sind Sie Kundendienstmonteur, Kurierdienstfahrer oder Handelsvertreter, der an ständig wechselnden Orten seiner Arbeit nachgeht, muss sich der Fiskus damit begnügen, dass Sie aufschreiben, welche Kunden Sie an welchem Ort besucht haben. Ergänzende Angaben über Ihre Reiseroute oder zu den Entfernungen zwischen an einem Tag aufgesuchten Kunden müssen Sie nur machen, wenn sich größere Differenzen zwischen der direkten Entfernung und der von Ihnen zurückgelegten tatsächlichen Fahrtstrecke ergeben.

- **Taxifahrer** 130

Soweit Sie Fahrten in Ihrem sog. Pflichtfahrgebiet absolvieren, genügt es vollkommen, wenn Sie für jeden Tag den Kilometerstand zu Beginn und am Ende Ihrer Schicht eintragen. Wenn Sie allerdings ausnahmsweise eine Tour außerhalb Ihres Pflichtfahrgebiets bekommen haben, verlangt der Fiskus genaue Angaben zu Fahrtziel und Fahrtroute.

- **Fahrlehrer** 131

Wenn Sie pflichtgemäß einen Tagesnachweis führen, ist es vollkommen ausreichend, bei aufeinanderfolgenden Fahrstunden nur den Kilometerstand zu Beginn und am Ende der jeweiligen Fahrstunde oder bei zusammenhängenden Fahrschulfahrten den Kilometerstand zu Beginn und am Ende der Gesamtlehrzeiten aufzuschreiben.

- **Sicherheitsgefährdete Personen** 132

Wenn Sie als Prominenter oder in besonderer Stellung exponierter Mitbürger zu den sog. sicherheitsgefährdeten Personen gehören, denen missliebige Zeitgenossen nicht gewogen sind, liegt es nahe, dass Ihre Fahrtroute häufig aus Sicherheitsgründen wechselt. Selbstverständlich können Sie in diesem Fall auf die Angabe der genauen Reiseroute auch dann verzichten, wenn sich größere Differenzen zwischen der direkten Entfernung und der tatsächlichen Fahrtstrecke ergeben (BMF v. 28. 5. 1996 – BStBl I 1996 S. 654).

TRICK

Wechseln Sie im richtigen Moment die Methode!

Sie als Steuerfuchs werden den Teufel tun und für Ihre Privatfahrten nach der 1-%-Regelung viel zu viel versteuern, wenn Sie die Kosten für den Firmenwagen auch einzeln nachweisen können. Ihr Arbeitslohn wird dann z. B. so berechnet: 133

Gesamtkosten des Autos im Jahr	8 000 €
Privat-km lt. Fahrtenbuch	5 000 km
Gesamtfahrleistung des Autos im Jahr	40 000 km

$$\text{Arbeitslohn} = \frac{8\,000\,€ \times 5\,000\,\text{km}}{40\,000\,\text{km}} = \underline{\underline{1\,000\,€}}$$

Zu dieser Methode rate ich Ihnen, wenn die Abschreibung für Ihren Firmenwagen wegfällt. In der Regel ist das spätestens nach acht Jahren der Fall. Dann brauchen Sie nämlich bei der Ermittlung der Pkw-Kosten den dicksten Batzen, die Abschreibung, nicht mehr mitzurechnen. Sie versteuern dann statt 1 % vom Listenpreis nur noch die niedrigeren tatsächlichen Kosten.

TRICK

Das ist die richtige Strategie für Sie und Ihren Chef bei der Ermittlung der Abschreibung!

134 Führen Sie ein Fahrtenbuch, dann sind für die Berechnung Ihres geldwerten Vorteils zunächst einmal die tat-säch-lichen Autokosten maßgebend, wie sie Ihre Firma gebucht hat. Das gilt allerdings nicht für die **Abschreibung**. Diese wird regelmäßig pro Jahr mit ⅛ des tatsächlichen Kaufpreises inkl. Umsatzsteuer berechnet und weicht daher von der durch Ihre Firma gebuchten Abschreibung ab. Sie müssen sich auch bei der Fahrtenbuch- und Nachweismethode nicht etwaige Sonderabschreibungen ans Bein binden, die Ihr Arbeitgeber für das Auto in Anspruch nimmt. Die Finanzämter versuchen oft, die Abschreibung statt mit nur ⅛ pro Jahr mit der Abschreibung nach den amtlichen Abschreibungstabellen von ⅙ pro Jahr anzusetzen. Mit dieser für Sie ungünstigeren Regelung müssen Sie sich aber nicht zufriedengeben. Beharren Sie auf der für Sie günstigeren Nutzungsdauer von acht Jahren (BFH v. 29. 3. 2005 – BStBl II 2006 S. 368; H 8.1 [9–10] LStH »Gesamtkosten«).
Wie Sie sehen, können beide, Ihr Chef und Sie, die jeweils günstigste Regelung in Anspruch nehmen, ohne dass man sich dabei ins Gehege kommt.

Beispiel
Ihr Firmenwagen hat 30 000 € + 5 700 € Mehrwertsteuer = 35 700 € gekostet.
Ihr Chef schreibt im ersten Jahr davon ab: (lineare Abschreibung 20 % + Sonderabschreibung 20 %) = 40 % von 30 000 € = 12 000 €.
Bei der Berechnung Ihres geldwerten Vorteils wird aber nur folgende Abschreibung zugrunde gelegt: 35 700 € × 12,5 % (= ⅛) = 4 462,50 €.

TIPP

Achtung Fallstrick Unfallkosten!

Unfallkosten werden nicht mehr in die Berechnung der Gesamtkosten einbezogen und somit nicht nach dem Verhältnis der privaten und beruflichen Fahrten lt. Fahrtenbuch verteilt. Das heißt: Die Kosten eines Unfalls während einer privaten Tour werden in voller Höhe auf den Nutzungsvorteil für Privatfahrten aufgeschlagen. Hatten Sie den Crash dagegen bei einer Dienstfahrt, gehen die Unfallkosten voll zu Lasten des Arbeitgebers. Um diesem Ungemach und der Versteuerung von einigen tausend Euro Unfallkosten zu entgehen, sollten Sie unbedingt darauf bestehen, dass Ihr Firmenwagen vollkaskoversichert wird. Für eine Besteuerung steht dann allenfalls die Selbstbeteiligung im Raum.

Aber auch wenn der Arbeitgeber für den Wagen keine Vollkaskoversicherung abgeschlossen hat, wird ein Unfall auf einer privaten Fahrt nicht ohne weiteres zum finanziellen Mega-Gau. Für die Besteuerung eines Vorteils aus der Übernahme der Unfallkosten durch Ihren Arbeitgeber kann fiktiv eine Versicherung mit 1 000 € Eigenanteil unterstellt werden. Wenn Sie also nicht gerade volltrunken am Steuer gesessen haben, müssen Sie von den privaten Unfallkosten max. 1 000 € versteuern (R 8.1 Abs. 9 Nr. 2 S. 15 LStR).

SUPER TRICK

Nehmen Sie einen ganzen Monat Urlaub, und in Ihrer Kasse klingelt's zusätzlich!

135 Mein guter Rat für perfekte Erholung: Nehmen Sie einen kompletten Monat Urlaub statt nur drei Wochen. So tun Sie nicht nur Leib und Seele etwas Gutes, weil Sie richtig ausspannen können und den täglichen Berufsstress weit hinter sich lassen. Nein, auch Ihr Portemonnaie erholt sich. »Wie kann das denn sein?«, fragen Sie. Ganz einfach: Egal, ob Sie Ihren fahrbaren Untersatz einmal oder hundertmal im Monat privat nutzen, ist 1 % vom Listenpreis fällig. Bei einem 40 000-€-Auto und 40 % Steuersatz kostet Sie das allein an Lohnsteuer ca. 160 € im Monat.

Für Ihren Urlaubsmonat drehen Sie dem Finanzamt aber eine lange Nase. In dieser Zeit konnten Sie das Firmenauto nicht benutzen, hatten also keinen Nutzungsvorteil und versteuern es daher nur elf Monate.

Selbstverständlich klappt das nur, wenn Sie nicht ausgerechnet mit der Firmenkutsche in Urlaub fahren. Um besonders argwöhnischen Finanzern den Wind aus den Segeln zu nehmen, stellen Sie den Wagen während des Urlaubs bei Ihrer Firma ab. Dann kann später keiner behaupten, der Wagen habe Ihnen oder Ihren daheimgebliebenen Kindern zur Verfügung gestanden. Ein weiterer netter Nebeneffekt dabei ist, dass Sie so auch vor unliebsamen Überraschungen wie zerstochenen Reifen, abgebrochenen Spiegeln oder zerkratztem Lack sicher sind.

TRICK

Entkommen Sie mit einem Nutzungsverbot elegant der Versteuerung!

136 Der einfachste Weg, die Versteuerung der Dienstwagennutzung zu vermeiden, ohne dass Sie sich den lästigen Papierkram mit einem Fahrtenbuch ans Bein binden müssen, ist ein vom Chef ausgesprochenes Nutzungsverbot für private Zwecke.

Die Geschichte ist an sich ganz einfach. In Ihren Arbeitsvertrag oder die Nutzungsvereinbarung für Ihren Firmenwagen wird eine Klausel aufgenommen, nach der Sie das Auto nur für dienstliche Fahrten benutzen dürfen und die Benutzung für irgendwelche privaten Angelegenheiten ausdrücklich untersagt ist.

Seien Sie aber auf der Hut, denn das Finanzamt kommt gern mit dem fadenscheinigen Argument: »Papier ist ja bekanntlich geduldig! Das Nutzungsverbot ist null und nichtig, weil der Arbeitgeber es nicht regelmäßig kontrolliert hat und deswegen wohl auch nicht richtig ernst gemeint hat.«

Sie werden daher Ihr Firmenauto auf Anforderung, z. B. nach Inspektionen, nach dem Wochenende oder einmal im Monat, Ihrem Chef vorführen, damit der anhand des Kilometerstands prüft, ob Sie tatsächlich nur für die Firma gefahren sind. Um dem gestrengen Blick der Herren vom Fiskus eines der ach so gerngesehenen Nachweispapierchen vorlegen zu können, wird jedes Mal ein kleines Kontrollprotokoll geschrieben:

Der Firmenwagen (amtl. Kennzeichen ....) von Herrn/Frau .... wurde am .... vorgeführt. Die Kontrolle des Kilometerstandes mit den aktuellen Inspektions- und Reparaturrechnungen und ein stichprobenhafter Abgleich mit den Auftragszetteln und Reisekostenabrechnungen ergaben, dass das Verbot der Nutzung des Fahrzeugs für private Zwecke eingehalten wurde.
Herr/Frau .... wird ausdrücklich darauf hingewiesen, dass ihm/ihr auch weiterhin eine Nutzung des Firmenfahrzeugs für private Zwecke untersagt ist.
X-Stadt, den ....

....
Geschäftsführer Arbeitnehmer

Sie bekommen eine Kopie, das Original wandert als Beleg zum Lohnkonto, und schon kann Ihnen der Fiskus den Buckel runterrutschen. Wenn Sie an einen besonders hartnäckigen Fiskusjünger geraten, helfen Sie ihm mit den Urteilen des FG Münster vom 14. 11. 2002 (5 K 5433/00) und vom 10. 5. 2007 (6K 4203/04) auf die Sprünge.

Zahlungen an den Arbeitgeber für die Firmenwagennutzung 137

Wie bei allen anderen Sachbezügen auch, müssen Sie natürlich nur den Teil des Vorteils aus der Nutzung des Firmenwagens versteuern, für den Sie Ihrem Arbeitgeber nichts bezahlt haben. Im Ergebnis werden also die von Ihnen an Ihren Brötchengeber geleisteten Zahlungen von den steuerlichen Vorteilen abgezogen.

Für eine optimale Gestaltung der Zuzahlung haben Sie folgende Möglichkeiten:

- pauschale monatliche Zuzahlungen, z. B. 250 €/Monat,
- kilometerabhängige Zahlung, z. B. 0,20 € je privat gefahrenen Kilometer,
- Übernahme eines Teils vom Kaufpreis des Firmenwagens.

Beispiel

Sie nutzen einen Firmenwagen mit einem Listenpreis von 30 000 € privat. Dafür behält Ihr Arbeitgeber von Ihrem Nettogehalt jeden Monat 100 € ein.

Geldwerter Vorteil 30 000 € × 1 %	300 €
./. Zuzahlung	– 100 €
monatlicher Arbeitslohn	200 €

Aufs Jahr gesehen ist der Arbeitslohn um 1 200 € geringer. Bei einem Steuersatz von 35 % sparen Sie dadurch etwa 480 € an Steuern und zusätzlich ca. 250 € an Sozialversicherung. Unter dem Strich trägt Vater Staat also über 60 % Ihrer Zahlungen an den Arbeitgeber.

Nicht zu empfehlen sind dagegen Zuzahlungsregelungen, bei denen Sie einen bestimmten Teil der Kosten für das Fahrzeug übernehmen, z. B. die Tankkosten während der Privatfahrten oder die Versicherungskosten. Wird der Nutzungsvorteil nach der 1-%-Regelung ermittelt, fallen die von Ihnen übernommenen Kosten schlicht unter den Tisch. Lediglich bei Anwendung der Fahrtenbuchmethode lässt der BFH zu, dass Sie die übernommenen Kosten als Werbungskosten abziehen, bezieht aber auf der anderen Seite die von Ihnen getragenen Kosten in die Berechnung des Nutzungsvorteils mit ein (BFH v. 18. 10. 2007 – BStBl 2009 II S. 199).

TIPP

Rechnen Sie die Teilkosten in ein pauschales Entgelt um!

Allen Problemen mit der Kürzung des Vorteils aus der Firmenwagennutzung entgehen Sie wie folgt: Ermitteln Sie grob, wie viel Sie pro Jahr z. B. an Treibstoffkosten selbst bezahlen. Angenommen, Sie kommen dabei auf etwa 1 800 € im Jahr. Nun vereinbaren Sie mit Ihrem Arbeitgeber, dass er sämtliche Bezinkosten übernimmt – auch die für Ihre Privatfahrten. Im Gegenzug zahlen Sie Ihrem Brötchengeber ein monatliches Pauschalentgelt für die Autonutzung von 150 €. Dadurch sparen Sie sich die Steuer und die Sozialversicherung auf diese 150 €. Auch für Ihren Arbeitgeber lohnt sich diese Vereinbarung, da er den Arbeitgeberanteil zur Sozialversicherung auf die 150 € Zuzahlung spart, ohne dass er im Endeffekt höhere Kosten zu tragen hat.

TIPP

Sparen Sie mit Sonderzubehör auf eigene Kosten!

Viele Unternehmen haben Dienstwagenverordnungen, die den Preis des Dienstwagens auf eine bestimmte Obergrenze beschränken. Angenommen, Ihr Arbeitgeber limitiert den Dienstwagenpreis auf 30 000 €. Mit dem Sonderzubehör, das Sie gern hätten, kommt der Preis aber auf 33 000 €. Bestimmt lässt Ihr Boss zu, dass Sie das Auto bekommen, wenn sie die Differenz von 3 000 € aus der eigenen Tasche bezahlen.

Für den im Oktober 2010 ausgelieferten Wagen ergibt sich nun folgende Rechnung:

Geldwerter Vorteil 2010	
30 000 € × 1 % = 300 € × 3 Monate	900 €
./. Zuzahlung 3 000 € (max. geldwerter Vorteil)	– 900 €
Arbeitslohn 2009	0 €
Geldwerter Vorteil 2010	
30 000 € × 1 % = 300 € × 12 Monate	3 600 €
./. restliche Zuzahlung (3 000 € – 900 € Anteil 2009)	– 2 100 €
Arbeitslohn 2010	1 500 €

Wie Sie sehen, kommt es nicht mehr darauf an, wann Sie den Kaufpreisanteil zahlen. Können Sie die Zuzahlung im ersten Jahr nicht voll verrechnen, lässt das Finanzamt zu, dass Sie den Rest in den nächsten Jahren abziehen, und zwar bis die Zuzahlung voll verrechnet ist (BMF v. 6. 2. 2009 – BStBl 2009 I Seite 413).

6. Zuschläge für Sonntags-, Feiertags- und Nachtarbeit

An die Steuerfreiheit von Sonntags-, Feiertags- und Nachtarbeitszuschlägen hat sich die hohe Politik entgegen anderen Plänen zunächst doch nicht herangetraut. Es bleibt hier im Wesentlichen erst einmal beim Alten.

S Den größten Reibach mit steuerfreien Zahlungen können Sie machen, 138
wenn Ihnen ein Teil Ihres Arbeitslohns als Zuschlag für Arbeit zu ungünstigen Zeiten gezahlt wird. Diese Zuschläge sind nämlich nach § 3b EStG in großem Umfang steuerfrei, wenn sie Ihnen für

- Sonntagsarbeit,
- Feiertagsarbeit,
- Nachtarbeit

zufließen. Profitieren können Sie von dieser Steuerbefreiung aber nur, wenn Sie Arbeitnehmer im steuerlichen Sinne sind. Diese Regelung gilt im Grunde also auch für

- Teilzeitkräfte, und zwar unabhängig davon, ob deren übriger Arbeitslohn als 400-€-Job pauschal besteuert wird,
- Ehegatte, Sohn, Tochter etc., die (am besten mit schriftlichem Arbeitsvertrag) bei Ihnen im Betrieb mitarbeiten.

Auch wenn die Sonntags-, Feiertags- oder Nachtarbeit gegen das Arbeitszeitgesetz verstößt, weil Sie nicht genügend Ruhezeiten eingehalten haben, muss das Finanzamt die steuerfreien Zuschläge akzeptieren.

In vielen Berufen sind solche Lohnzuschläge heute an der Tagesordnung, z. B. bei Druckern, Krankenpflegern etc. Aber wer sagt denn, dass das für Sie nicht auch gelten soll? Schauen Sie zunächst einmal in der folgenden Übersicht nach, ob ein Teil Ihrer Arbeitszeit als »ungünstig« durchgeht:

Nachtarbeit:	20.00 Uhr bis 6.00 Uhr
Sonntags-, Feiertagsarbeit:	0.00 Uhr bis 24.00 Uhr
Zusätzlich des Folgetags, wenn Ihr Arbeitsbeginn vor 24.00 Uhr lag:	0.00 Uhr bis 4.00 Uhr

Na, wie ist es, Sie aufstrebende Führungskraft, Außendienstler, Versicherungsfachmann, Angestellter im Gastronomiegewerbe? Fallen nicht tatsächlich viele Ihrer Arbeitsstunden in die begünstigten Zeiten? Oder als Selbständiger: Brütet Ihr Ehegatte nicht oft noch abends und am Wochenende über der Buchführung, den Abrechnungen oder den Erklärungen für das liebe Finanzamt oder die Krankenkasse?

Nehmen Sie doch einmal die Politiker ernst, die immer wieder laut hinausposaunen, dass sich Fleiß und Leistung lohnen müssen, und lassen Sie sich Ihren Fleiß und Ihre Leistungen mit einem saftigen steuerfreien Zuschuss versüßen.

TRAURIGE NACHRICHT

139 für alle Geschäftsführer und Vorstände, die Sie in Ihrer Firma das Sagen haben. Dabei ist es egal, ob Sie Angestellte sind oder ob Ihnen als Gesellschafter-Geschäftsführer ein Teil des Unternehmens gehört. Die Richter beim BFH waren der Meinung, in solch herausgehobener Stellung bekomme man ein so klotziges Gehalt, dass Überstunden und Arbeit zu ungünstigen Zeiten eine Selbstverständlichkeit seien. Also haben sie die steuerliche Anerkennung von Überstundenvergütungen an Sonn- und Feiertagen sowie bei Nachtarbeit für Spitzenangestellte dieser Art abgelehnt. Bei der Zahlung von Überstundenvergütungen und Zuschlägen an Geschäftsführer, Gesellschafter-Geschäftsführer bzw. Vorsitzende lägen regelmäßig verdeckte Gewinnausschüttungen vor (BFH 19. 3. 1997 – I R 75/96; BStBl 1997 S. 577).

TRICK

Gegentrick für GmbH-Gesellschafter

140 Mit etwas Überlegung schlagen Sie als GmbH-Gesellschafter dem Fiskus aber doch ein Schnippchen. Der BFH hat sich mit seiner Entscheidung zu Sonntags-, Feiertags- und Nachtarbeitszuschlägen ausdrücklich nur auf geschäftsführende Arbeitnehmer bezogen. Also machen Sie aus der Not eine Tugend: Wer sagt denn, dass Sie in Ihrer Firma unbedingt als Geschäftsführer fungieren müssen? Überlassen Sie diesen Posten einfach Ihrer besseren Hälfte! Sie selbst können sich dann als normaler Arbeitnehmer auf den Standpunkt stellen, dass das BFH-Urteil für Sie nicht gilt. Natürlich müssen Sie eine astreine Gehaltsvereinbarung vorweisen können, in der auch die Zahlung der Zuschläge – diesmal entsprechend steuersparend – geregelt wird. Völlig auf der sicheren Seite sind Sie, wenn in Ihrer GmbH noch ein angestellter Geschäftsführer arbeitet, der nicht an der Firma eteiligt ist und ebenfalls Zuschläge bekommt. Dann können Sie die ganze restriktive Rechtsprechung vom Tisch wischen und sich selbst dieselben Zuschläge genehmigen (BFH v. 14. 7. 2004 – BStBl II 2005 S. 307; BFH v. 3. 8. 2005 – BFH/NV 2006 S. 131). Allerdings verlangen die obersten Steuerrichter, dass Ihr Vergleichsangestellter in der Firma hinsichtlich der Art der Tätigkeit und der Höhe und Struktur des Gehalts mit Ihnen als Gesellschafter-Geschäftsführer vergleichbar ist (BFH v. 19. 7. 2006 – BFH/NV 2006 S. 2131).

Bezogen auf Ihren rechnerischen Stundengrundlohn – höchstens aber 50 € –, bleiben die von Ihrem Arbeitgeber gezahlten Zuschläge bis zu folgenden Prozentsätzen steuerfrei:

Nachtarbeit

- 25 %,
- 40 % von 0.00 bis 4.00 Uhr, wenn Ihr Arbeitsbeginn vor 0.00 Uhr lag.

Sonntagsarbeit

- 50 %,
- Ist Ihre Sonntagsarbeit zugleich Nachtarbeit,
  - regelmäßig 50 % + 25 % = 75 %
  - Montag 0 bis 4 Uhr 50 % + 40 % = 90 %

Feiertagsarbeit

- allgemeine Feiertage 125 %
- Silvester (von 14.00 bis 0.00 Uhr) 125 %
- Heiligabend (von 14.00 bis 0.00 Uhr) 150 %
- Weihnachten (25. 12. und 26. 12.) 150 %
- 1. Mai 150 %

Auch zum Feiertagszuschlag können Sie zusätzlich Nachtzuschläge kassieren. Dass für Sie dabei zusätzliche steuerfreie Sonderzahlungen von nahezu 200 % Ihres normalen Arbeitslohns herausspringen können, sehen Sie an der folgenden Zuschlagstabelle.

Arbeitszeit	0.00 bis 4.00	0.00 bis 4.00	4.00 bis 6.00	6.00 bis 14.00	14.00 bis 20.00	20.00 bis 24.00
	Arbeitsbeginn am Vortag	Arbeitsbeginn nach 0.00 Uhr				
Nachtzuschlag	40 %	25 %	25 %	–	–	25 %
Sonntagszuschlag	90 %	75 %	75 %	50 %	50 %	75 %
Feiertagszuschlag	165 %	150 %	150 %	125 %	125 %	150 %
Silvesterzuschlag (Werktag)	40 %	25 %	25 %	–	125 %	150 %
Silvesterzuschlag (Sonntag)	90 %	75 %	75 %	50 %	125 %	150 %
Zuschlag 1. Mai	190 %	175 %	175 %	150 %	150 %	175 %
Weihnachtszuschlag	190 %	175 %	175 %	150 %	150 %	175 %
Heiligabendzuschlag (Werktag)	40 %	25 %	25 %	–	150 %	175 %
Heiligabendzuschlag (Sonntag)	90 %	75 %	75 %	50 %	150 %	175 %

TIPP

für Zuschläge

Hier noch einige wichtige Hinweise, die Sie beachten sollten, damit Ihnen das Finanzamt nicht wegen formaler Fehler einen Strich durch die Steuerfreiheit macht:

- Ihre Zuschläge müssen **zusätzlich** zu Ihrem übrigen Arbeitslohn gezahlt werden. Die Finanzämter erkennen es nicht an, wenn Sie aus Ihrem Gehalt von 4 000 € einfach 20 % als Sonntags-, Feiertags- oder Nachtzuschlag herausrechnen, weil Sie häufig in den begünstigten Zeiten gearbeitet haben.
- Der steuerfreie Betrag muss nicht jeden Monat spitz abgerechnet werden. Ihre Firma kann **zunächst den Betrag steuerfrei lassen**, der sich über den Daumen gerechnet ergibt. Spätestens nach Ablauf des Jahres muss die genaue Abrechnung aber nachgeholt und müssen eventuell zu viel oder zu wenig steuerfrei belassene Beträge ausgeglichen werden (BFH v. 23. 10. 1992 – BStBl 1993 I S. 314).
- Steuerfreie Zuschläge können Sie nur beanspruchen, wenn Sie auch tatsächlich gearbeitet haben. Vereinbarungsgemäß weitergezahlte Zuschläge während Ihres Urlaubs oder einer Krankheit sind von der Steuerbefreiung ausgenommen.

TIPP

Sehen Sie zu, dass Sie abrufbereit sind!

141 Wenn Sie häufiger Rufbereitschaft haben, können Sie sich für die Bereitschaftsvergütung auch steuerfreie Zuschläge zahlen lassen.

Möglich wird das, weil der BFH (Urt. v. 27. 8. 2002 – BStBl 2002 II S. 883) in einem Anfall von Großzügigkeit eingesehen hat, dass Rufbereitschaft auch dann tatsächlich geleistete Arbeit darstellt, wenn Sie nicht zum Einsatz kommen. Schließlich können Sie bei Rufbereitschaft nicht uneingeschränkt Ihren Freizeitaktivitäten frönen oder zum Länderspiel ein paar Bierchen zischen. Also kann man da wohl kaum von Freizeit sprechen. So, nun gilt es nur noch, Ihren Chef zu überzeugen, dass er statt einer pauschalen Bereitschaftsvergütung besser zusätzlich die steuerlich zulässigen Sonntags-, Feiertags- und Nachtzuschläge zahlt. Das dürfte ihm schon deshalb nicht allzu schwerfallen, weil er durch die Steuerfreiheit der Zuschläge nicht nur einen glücklicheren und zufriedeneren Mitarbeiter hat, sondern überdies einen schönen Batzen Sozialversicherungsbeiträge einspart.

TRICK

Über 2 200 € vom Finanzamt für ein paar Stundenzettel

Vorsicht, Fußangel! Auch bei den steuerfreien Zuschlägen will das Finanzamt Nachweise sehen. So verlangt es von Ihnen regelmäßig einen schriftlichen Nachweis darüber, wann und wie lange Sie am Sonntag oder nachts gearbeitet haben. Natürlich ist das lästig, aber wollen Sie wirklich bares Geld in den Wind schreiben, nur weil Sie zu bequem waren, ein paar Stundenzettel auszufüllen? 142

Wie Sie den Nachweis führen sollen, wird Ihnen nirgendwo vorgeschrieben! Sie können z.B. Stundenzettel verwenden und darauf Ihre Eintragungen machen. Einfacher und bequemer ist natürlich – wenn vorhanden – die elektronische Zeiterfassung, also das klassische »Stempeln«. Wenn in Ihrer Firma nach festen Schichtplänen gearbeitet wird, reichen auch diese. Gesondert aufzeichnen müssen Sie dann nur eventuelle Abweichungen. Und wenn alle Stricke reißen und Sie z.B. einmal Ihre Stundenaufzeichnungen nicht gemacht oder verschlampt haben, genügen mit höchstrichterlicher Genehmigung auch Zeugenaussagen Ihrer Kollegen (BFH, BStBl 1991 II S.298).

S Ich empfehle Ihnen die Stundenzettel, denn Papier ist ja bekanntlich geduldig. Aber nicht, dass Sie jetzt auf krumme Gedanken kommen! Ich meine natürlich nur, dass Sie die Stundenzettel bequemer überallhin mitnehmen können und so sicherstellen, dass Ihre Aufzeichnungen immer zeitnah erfolgen, auch wenn Sie sich einmal am Sonntag auf der Messe in Hannover umsehen.
Was für Sie dabei herausspringen kann, sehen Sie am folgenden Beispiel:
Ihr Monatsgehalt beträgt als besonders qualifizierter Arbeitnehmer 5 000 €. Dazu kommen 1 000 € für Pkw-Nutzung, Direktversicherung und Zuschuss zur Krankenversicherung. Nach Ihrem Arbeitsvertrag beträgt Ihre monatliche Arbeitszeit 180 Stunden. Davon entfallen lt. von Ihnen geführten Stundenzetteln nachweislich pro Monat 15 Stunden auf Nachtarbeit (vor 0.00 Uhr) und 16 Stunden auf Sonntagsarbeit.

Stundengrundlohn 143

Monatslohn	5 000,00 €
Sonstige laufende Zahlungen	1 000,00 €
Grundlohn	6 000,00 €

$$\text{Stundengrundlohn} = \frac{6\,000\ €}{180\ \text{Stunden}} = 33{,}33\ €$$

Steuerfreie Zuschläge:

Nachtarbeit:	15 Stunden × 33,33 € × 25 %	124,99 €
Sonntagsarbeit:	16 Stunden × 33,33 € × 50 %	266,64 €
Monatlich		391,63 €
Jährlich 391,63 € × 12		4 699,56 €

Ihre Steuerersparnis beträgt ca. 2 260 €.

TRICK

Weniger arbeiten spart Steuern

Damit die Bäume bei der Steuerfreiheit von Zuschlägen vor allem für gutverdienende Arbeitnehmer nicht zu sehr in den Himmel wachsen, ist der max. Stundengrundlohn, auf den die Zuschlagsätze angewendet werden, auf höchstens 50 € begrenzt. Die Sozialversicherung ist da noch kleinlicher, dort beträgt der max. Stundengrundlohn nämlich nur 25 €.

S Wie Sie oben in meinem Beispiel gesehen haben, richtet sich die Berechnung Ihrer steuerfreien Sonntags-, Feiertags- und Nachtzuschläge nach Ihrem rechnerischen Stundenlohn. In seine Ermittlung werden nur die vereinbarten regelmäßigen Lohnzahlungen einbezogen.

Überstundenvergütungen, Gratifikationen und Weihnachtsgelder bleiben dagegen unberücksichtigt. Genauso fließt in die Berechnung nur die vertraglich fest vereinbarte Arbeitszeit ein. Fehlt eine solche Vereinbarung, richtet sich die Berechnung nach den tatsächlich geleisteten Arbeitsstunden, was natürlich Ihren rechnerischen Stundenlohn unnötig nach unten drückt.

Als leitender Angestellter haben Sie es oft selbst in der Hand, sich einen höheren Stundenlohn zu verschaffen, indem Sie in Ihrem Arbeitsvertrag eine möglichst kurze Regelarbeitszeit festlegen, z. B. 38 Stunden in der Woche, was etwa 152 Stunden im Monat entspricht. Auch wenn Sie tatsächlich häufig Überstunden machen, die bei Ihrer Position erwartet werden, kommt es für die Berechnung der steuerfreien Zuschläge nur auf die vertraglich vereinbarte Regelarbeitszeit an.

In Ihren Arbeitsvertrag können Sie z. B. folgende Formulierung aufnehmen:

Zusätzlich zum übrigen Arbeitslohn erhält der Arbeitnehmer für Sonntags-, Feiertags- und Nachtarbeit Lohnzuschläge in dem Umfang, wie sie in § 3b EStG festgelegt sind.

Die monatliche (wöchentliche) Arbeitszeit wird mit 152 Stunden (38 Stunden) festgelegt. Überstunden sind entsprechend den betrieblichen Erfordernissen zusätzlich zu leisten und werden mit einem Stundensatz von … € vergütet.

Der Vorteil für Sie:

1. Sie haben eine wasserdichte, klare schriftliche Vereinbarung.
2. Ihre »Überstunden« wirken sich nicht mehr negativ auf die Höhe der Zuschläge aus. Ihr Stundenlohn beträgt z. B. bei 6 000 € Monatslohn nicht – wie im Beispiel oben – 33,33 €, sondern jetzt schon ca. 39,50 €. Dementsprechend höher fallen natürlich Ihre steuerfreien Zuschläge aus.

7. Pauschalierung der Lohnsteuer

a) Allgemeiner Überblick 144

Bevor wir uns im Detail in die Besonderheiten der Lohnsteuerpauschalierung stürzen, müssen Sie vorab ein paar allgemeine Dinge wissen. Die Pauschalierung der Lohnsteuer ist ein besonderes Verfahren, das sich von der normalen Besteuerung Ihres Arbeitslohns anhand einer Lohnsteuerkarte und der Lohnsteuertabelle vor allem durch folgende Punkte ganz wesentlich unterscheidet:

- Ihr Arbeitslohn wird völlig unabhängig von Ihren individuellen Verhältnissen besteuert. Ihr Arbeitgeber benötigt deshalb auch keine Lohnsteuerkarte.
- Die Steuersätze werden, von einigen Ausnahmen abgesehen, im Gesetz mit festen Prozentsätzen (z. B. 2 %, 15 %, 20 % oder 25 %) geregelt. Die Lohnsteuertabellen kommen daher grundsätzlich nicht zur Anwendung.
- Der besondere Clou ist aber, dass aufgrund einer ausdrücklichen gesetzlichen Bestimmung (§ 40 Abs. 3 EStG) nicht Sie Schuldner der pauschalen Lohnsteuer sind, sondern Ihr Arbeitgeber. Er trägt die Pauschalsteuer, wird sie also nicht wie sonst üblich von Ihrem Bruttolohn einbehalten. Deshalb kann auch nur Ihr Arbeitgeber formal den Antrag auf Pauschalierung der Lohnsteuer stellen und arbeitsrechtlich in aller Regel nicht zur Pauschalierung gezwungen werden.

Arbeitgeber und Arbeitnehmer können zwar zivilrechtlich vereinbaren, dass 145
entgegen der gesetzlichen Normalregelung die pauschale Lohnsteuer vom Arbeitnehmer übernommen wird, allerdings hat so eine Abwälzung der Lohnsteuer steuerlich keine Wirkung. Die Pauschalsteuer wird weiterhin vom vereinbarten Arbeitslohn berechnet, auch wenn der Arbeitnehmer sie seinem Chef erstattet.

Angenommen, Sie haben mit Ihrem Brötchengeber vereinbart, dass er zwar den Arbeitslohn aus Ihrer geringfügigen Beschäftigung pauschal versteuert, Sie ihm die Steuer aber erstatten, weil er schon mit den pauschalen Renten- und Krankenversicherungsbeiträgen belastet ist.

So sieht die Rechnung für Sie dann aus:

Vereinbarter Arbeitslohn				400 €
Pauschale Steuer	400 €	× 2 %	8 €	
Zu übernehmende Steuer insgesamt			8 € >	– 8 €
Auszahlungsbetrag				392 €

- Durch die Pauschalierung ist der Arbeitslohn für Sie praktisch steuerfrei. Denn alle pauschal besteuerten Arbeitslöhne bleiben bei der Einkommensteuerveranlagung außer Betracht. Durch die Pauschalsteuer ist die Einkommensteuer (Lohnsteuer) auf den Arbeitslohn abgegolten. Da zudem noch der Arbeitgeber die Steuer trägt, sind Sie selbst nicht belastet und bekommen den Lohn insoweit netto wie brutto ausgezahlt.

b) Möglichkeiten zur Pauschalierung der Lohnsteuer
Pauschalierung mit besonderen Steuersätzen (§ 40 Abs. 1 EStG)

146
- Der Arbeitgeber zahlt in einer größeren Anzahl von Fällen sonstige Bezüge (Einmalzahlungen), die allerdings je Arbeitnehmer aufs Jahr gesehen 1 000 € nicht übersteigen dürfen. Zahlt er mehr, muss der übersteigende Betrag ganz normal über Ihre Lohnsteuerkarte versteuert werden.
- In einer größeren Anzahl von Fällen muss die Lohnsteuer nacherhoben werden, weil der bisherige Steuerabzug nicht richtig vorgenommen worden ist. Dabei ist egal, worauf der Besteuerungsfehler beruht, ob auf einem Versehen, einem Computerfehler oder einfach einer zunächst anderen rechtlichen Beurteilung der Steuerabzugspflicht durch Ihren Arbeitgeber. Auf die Höhe des nachzuversteuernden Arbeitslohns im Einzelfall kommt es hier nicht an. Anders als bei den sonstigen Bezügen ist die Pauschalierung hier auch dann zulässig, wenn der Betrag bei einem Arbeitnehmer über 1 000 € liegt.

In beiden Fällen wird für alle betroffenen Arbeitnehmer ein einheitlicher durchschnittlicher Pauschalsteuersatz ausgerechnet, der hier ausnahmsweise aus den Lohnsteuerklassen der Betroffenen und der Lohnsteuertabelle abgeleitet wird. Eine große Anzahl von Fällen liegt übrigens immer dann vor, wenn mindestens 20 Arbeitnehmer betroffen sind (R 40.1 Abs. 1 LStR).
Der **Vorteil der Pauschalierung** liegt in diesen beiden Fällen vor allem darin, dass der Arbeitslohn aus der Besteuerung im Rahmen Ihrer Einkommensteuererklärung herausfällt und für Sie damit praktisch steuerfrei bleibt. Eine günstige Methode also, wenn Ihr Arbeitgeber Ihnen und Ihren Kollegen einmal etwas Gutes tun will.

147 **Pauschalierung mit einem festen Pauschalsteuersatz von 25 % (§ 40 Abs. 2 EStG)**

- Verbilligte Kantinenmahlzeiten im Betrieb oder Essenszuschüsse, die er an einen anderen Unternehmer (Gaststätte, Catering-Service) für kostengünstige Essenslieferungen an die Belegschaft zahlt.

- Erholungsbeihilfen von jährlich nicht mehr als
  - 156 € für den Arbeitnehmer selbst,
  - 104 € für dessen Ehegatten,
  - 52 € für jedes steuerlich noch zu berücksichtigende Kind.
- Arbeitslohn aus einer Betriebsveranstaltung. Eine Versteuerung muss z. B. erfolgen, wenn bereits zwei andere Betriebsveranstaltungen stattgefunden hatten oder die durchschnittlichen Kosten je Arbeitnehmer über 110 € lagen.
- Höhere Erstattung von Verpflegungskosten als die steuerfreien Pauschalen für Dienstreisen. Zahlt Ihr Arbeitgeber Ihnen mehr als die steuerfrei möglichen Pauschalen von 24 €, 12 €, 6 €, kann er von dem steuerpflichtigen Teil noch einmal einen Betrag in Höhe der Verpflegungssätze pauschal versteuern. Bekommen Sie bei einer 15-stündigen Dienstreise z. B. 24 € Spesen, bleiben 12 € steuerfrei, für weitere 12 € kann Ihr Arbeitgeber die Pauschalsteuer mit 25 % abführen. Für Sie bleiben die 24 € damit komplett steuerfrei. Weitere Einzelheiten siehe ➤ Rz 190.
- Vorteile aus der kostenlosen oder verbilligten Überlassung von Computern 148
  und Zubehör und der Übernahme privater Internetkosten.

SUPER TRICK

Nutzen Sie den Firmen-PC ruhig mal privat!

Lassen Sie sich vom Chef einen Firmen-PC für zu Hause geben. Solange dieser im Eigentum der Firma bleibt, können Sie damit in aller Ruhe auch privat arbeiten, im Internet surfen etc. (§ 3 Nr. 45 EStG).
Besonders günstig ist die Pauschalierungsmöglichkeit für die Übernahme Ihrer Internetkosten. Darunter fallen insbesondere

- Grundgebühr für den Internetzugang
- laufende Gebühren für die Internetnutzung,
- ISDN-Anschluss, DSL etc.,
- Modem.

An sich setzt die Pauschalierung voraus, dass Sie Ihrer Firma einen Nachweis über die Höhe Ihrer Kosten vorlegen. Wenn Sie sich aber mit einer monatlichen Erstattung von 50 € begnügen, reicht eine Eigenbescheinigung nach dem Motto:

Lieber Chef, hiermit bestätige ich, dass ich über einen privaten Internetzugang verfüge, für den mir im Lauf des Jahres Kosten von mindestens 600 € entstehen.
Mit freundlichen Grüßen Willi Schlaumeier

Wenn Sie so bescheiden bleiben, kommen Sie zudem um das Problem herum, dass Ihnen der pauschalierte Betrag von eventuellen beruflichen Internetkosten, die Sie in Ihrer Steuererklärung als Werbungskosten unterbringen möchten, abgezogen wird. (Siehe dazu R 40.2 Abs. 5 S. 12 LStR.)

149 **Pauschalierung mit einem festen Pauschalsteuersatz von 15 % (§ 40 Abs. 2 EStG)**
Diese Pauschalierungsmöglichkeit besteht, wenn Ihr Arbeitgeber Ihnen Fahrtkostenzuschüsse für die Fahrten zwischen Wohnung und Arbeitsstätte mit Ihrem Auto zahlt oder Ihnen zu diesem Zweck einen Firmenwagen zur Verfügung stellt.
Die Pauschalierung mit 15 % darf insoweit erfolgen, als Sie Fahrtkosten als Werbungskosten absetzen könnten. Mehr zu diesem Thema finden Sie unter ➤ Rz 108.

150 **Pauschalierung bei Teilzeitbeschäftigten (§ 40 a EStG)**
Das Hauptanwendungsgebiet für die Lohnsteuerpauschalierung sind Aushilfen oder Teilzeitkräfte. Dabei werden folgende Fälle unterschieden:

- Aushilfen bzw. kurzfristig Beschäftigte mit 25 %
- geringfügig Beschäftigte / Teilzeitkräfte mit 2 % und mit 20 %
- Aushilfen in der Land- und Forstwirtschaft mit 5 %

151 **Pauschalierung von Zukunftssicherungsleistungen (§ 40 b EStG)**
Der Arbeitgeber kann insbesondere vor 2005 abgeschlossene Direktversicherungen, Zahlungen an Pensionskassen, aber auch Beiträge, die er zugunsten seiner Arbeitnehmer in eine Gruppenunfallversicherung zahlt, in bestimmten Grenzen mit 20 % pauschal versteuern. Zu Einzelheiten vgl. ➤ Rz 168 ff.

152 **Pauschalierung von Sachgeschenken**
Der Arbeitgeber kann Sachgeschenke an Arbeitnehmer mit 30 % zzgl. Kirchensteuer und Solidaritätszuschlag pauschal besteuern (§ 37 b EStG). Die Pauschalierung ist allerdings nur bei solchen Sachgeschenken möglich, die nicht schon dem Grunde nach gem. § 40 Abs. 2 EStG mit 15 % oder 25 % besteuert werden können (➤ Rz 148 f.) oder tatsächlich nach ➤ Rz 146 pauschal besteuert wurden. Ein weiterer Pferdefuß dieser Pauschalierung ist, dass der Arbeitgeber alle Sachgeschenke des gesamten Jahres, die unter § 37 b EStG fallen, dann auch zwingend pauschal besteuern muss. Er kann die Pauschalierung nicht auf einzelne Geschenke oder einzelne Personen beschränken.
Damit die Pauschalierung durch den Arbeitgeber ihre Abgeltungswirkung entfaltet, muss er sie bis zum 28. 2. des folgenden Jahres durchführen. Hat er nämlich erst einmal die elektronische Lohnsteuerbescheinigung an den Fiskus übermittelt, ist ein Antrag auf Pauschalierung nicht mehr möglich.

TRICK

Zu viel gezahlte Steuer gibt es mit der richtigen Arbeitgeberbescheinigung zurück!

Viele Arbeitgeber entschließen sich erst zum Jahreswechsel, die Pauschalierung für Sachgeschenke durchzuführen. Arbeitnehmern, die in der Zwischenzeit gekündigt haben oder aus anderen Gründen aus dem Betrieb ausgeschieden sind, kann deshalb die zunächst zu viel einbehaltene Steuer auf die Sachgeschenke nicht zurückgezahlt werden. Lassen Sie sich in so einem Fall eine Bescheinigung Ihres ehemaligen Brötchengebers ausstellen, in der er bestätigt, dass Ihnen für das Sachgeschenk im Wert von z. B. 700 € bisher Steuern abgezogen wurden, er inzwischen aber eine Pauschalbesteuerung nach § 37 EStG vorgenommen hat. In der Einkommensteuererklärung machen Sie dann die bisher von Ihrem Lohn einbehaltene Steuer geltend.

Bei der Pauschalierung nach § 37b EStG sind noch folgende Dinge zu beachten: 153

1. Nicht nur Sachgeschenke an Arbeitnehmer können pauschal besteuert werden. Auch für Kundengeschenke besteht diese Möglichkeit. Der Unternehmer kann sich letztlich für drei verschiedene Gruppen getrennt entscheiden, ob er von der Pauschalierung der Steuer Gebrauch macht: 1. seine eigenen Mitarbeiter, 2. Mitarbeiter eines Tochter-, Mutter- oder Schwesterunternehmens, 3. Kunden und Geschäftsfreunde. Die Wirkung ist dieselbe: Durch die Pauschalierung ist die Besteuerung beim Empfänger erledigt, er braucht also nicht mehr selbst Steuern auf die Sachgeschenke zu zahlen.
2. Den Antrag auf Pauschalierung der Kundengeschenke muss der Unternehmer bis zum Ende des Jahres bzw. Wirtschaftsjahres stellen.
3. Innerhalb der jeweiligen Gruppe müssen alle Sachgeschenke pauschal besteuert werden. Eine Beschränkung auf einzelne Kunden ist nicht möglich.
4. Ausgenommen von der Pauschalierungspflicht sind allerdings sog. *Streuwerbeartikel:* Kleingeschenke mit einem Wert bis zu 10 €.
5. Berechnungsgrundlage der pauschalen Steuer von 30 % sind die Kosten des Unternehmens für die Sachgeschenke zzgl. Mehrwertsteuer.
6. Sachleistungen an einzelne Arbeitnehmer oder an die Belegschaft im überwiegenden betrieblichen Interesse stellen von vornherein keinen Arbeitslohn dar. Deshalb fällt z. B. auf Bagatellsachbezüge bis zu 44 € im Monat oder Aufmerksamkeiten bis 40 € zu besonderen persönlichen Anlässen keine Pauschalsteuer an.
7. Pro Person und Jahr können max. 10 000 € pauschal besteuert werden. Bekommt ein Arbeitnehmer in einem Jahr also zwei Geschenke zu je 6 000 €,

kann der Arbeitgeber von den insgesamt 12 000 € nur einen Betrag von 10 000 € pauschal besteuern. Die Steuer auf die restlichen 2 000 € muss der Arbeitnehmer selbst tragen. Extrem teure Einzelgeschenke im Wert von über 10 000 € fallen ganz aus der Pauschalierung heraus.

8. Die Pauschalsteuer selbst stellt beim Arbeitgeber eine abzugsfähige Betriebsausgabe dar, soweit sie auf Geschenke an eigene Mitarbeiter und an Kunden im Wert von bis zu 35 € pro Jahr und Person entfällt. Die Pauschalsteuer auf Kundengeschenke im Gesamtwert von über 35 € pro Jahr und Person (§ 4 Abs. 5 S. 1 Nr. 1 EStG) kann dagegen ebenso wenig als Betriebsausgabe abgezogen werden wie das Geschenk selbst.

(Quelle: BMF v. 29. 4. 2008 – IV B 2 – S 2297-b / 07 / 0001)

154 **c) Kirchensteuer bei Pauschalierung der Lohnsteuer**

Auch wenn Ihr Arbeitgeber die Lohnsteuer pauschaliert, fällt grundsätzlich Kirchensteuer an. Weil aber bei der Pauschalierung nicht immer ganz klar ist, ob tatsächlich alle betroffenen Arbeitnehmer einer Kirche angehören, wird der reguläre Kirchensteuersatz gekürzt. Der Steuersatz für die pauschale Kirchenlohnsteuer ist je nach Bundesland unterschiedlich geregelt. Er liegt je nach Bevölkerungsstruktur zwischen 4,5 und 7 %.

Eine Besonderheit stellt die Pauschalierung der Steuer für Aushilfen mit 2 % dar. Hier ist die Kirchensteuer schon mit abgegolten.

TRICK

Vermeiden Sie mit ein paar Federstrichen die Kirchensteuer!

Dank des Bundesverfassungsgerichts wird niemand gezwungen, Kirchensteuer zu zahlen, der keiner kirchensteuerberechtigten Kirche angehört. Weisen Sie Ihrem Arbeitgeber also nach, dass das auf Sie zutrifft, muss er für Ihren Arbeitslohn keine Kirchensteuer abführen. Der Nachweis ist nicht sonderlich schwierig, Sie legen einfach eine Lohnsteuerkarte vor.

Als Aushilfskraft oder geringfügig Beschäftigter reicht auch eine schriftliche Bestätigung Ihrerseits, dass Sie keiner hebeberechtigten Kirche angehören. Für die Bestätigung müssen Sie unbedingt einen besonderen Finanzamtsvordruck verwenden (BMF v. 19. 5. 1999 – BStBl 1999 I S. 509).

Bundesland	Steuersatz der Pauschalkirchensteuer			
	ohne Nachweis	mit Nachweis		
		§ 40	§ 40a	§ 40b
Baden-Württemberg	7,0	8,0	8,0	8,0
Bayern	7,0	8,0	8,0	8,0
Berlin	5,0	9,0	9,0	9,0
Brandenburg	5,0	9,0	9,0	9,0
Bremen	7,0	8,0	8,0	8,0
Hamburg	4,5	8,0	8,0	8,0
Hessen	7,0	9,0	9,0	9,0
Mecklenburg-Vorpommern	5,0	9,0	9,0	9,0
Niedersachsen	6,0	9,0	9,0	9,0
Nordrhein-Westfalen	7,0	9,0	9,0	9,0
Rheinland-Pfalz	7,0	9,0	9,0	9,0
Saarland	7,0	9,0	9,0	9,0
Sachsen	5,0	9,0	9,0	9,0
Sachsen-Anhalt	5,0	9,0	9,0	9,0
Schleswig-Holstein	7,0	9,0	9,0	9,0
Thüringen	5,0	9,0	9,0	9,0

d) Solidaritätszuschlag bei Pauschalierung der Lohnsteuer 155

Genauso wie die Kirchensteuer fällt auch der Solidaritätszuschlag bei der Lohnsteuerpauschalierung an. Er wird ohne Beschränkung mit 5,5 % ab dem ersten Euro der pauschalen Lohnsteuer erhoben. Schuldner des Solidaritätszuschlags ist wie bei der pauschalen Lohnsteuer der Arbeitgeber.
Hier gilt ebenfalls: Bei der Pauschalierung mit 2 % steckt der Solidaritätszuschlag schon drin.

Geringfügige Beschäftigung – Teilzeitkräfte 156

aa) Gesamtüberblick

Mit diesem amtsdeutschen Begriff sind die sog. Mini- oder 400-€-Jobs gemeint. Bevor ich Ihnen die Details vorstelle, zunächst einmal ein schneller Überblick:

- Bei geringfügiger Beschäftigung mit einem durchschnittlichen monatlichen Arbeitslohn von höchstens 400 € fallen ab dem ersten Euro Arbeitslohn pauschale Beiträge zur Krankenversicherung von 13 %, zur Rentenversicherung von 15 % und Umlagen von 1,08 % an. Die Beiträge muss in voller Höhe der Arbeitgeber zahlen.
- Bei geringfügiger Beschäftigung in einem Privathaushalt reduzieren sich diese Beitragspauschalen des Arbeitgebers auf jeweils 5 % für Kranken- und Rentenversicherung, an Umlagen fallen hier 2,27 % an.

- Durch die Rentenversicherungspauschale erwirbt der Arbeitnehmer eingeschränkte Ansprüche aus der Rentenversicherung. Durch den pauschalen Krankenversicherungsbeitrag ergeben sich allerdings keine Ansprüche aus der Krankenversicherung.
- Geringfügig Beschäftigte können freiwillig die vom Arbeitgeber zu zahlende Beitragspauschale von 15 % auf den gesetzlichen Regelbeitrag von 19,9 % aufstocken und damit vollwertige Rentenansprüche erwerben.
- Der Lohn aus einem geringfügigen Beschäftigungsverhältnis kann grundsätzlich vom Arbeitgeber mit 2 % pauschal versteuert werden. Macht der Arbeitgeber von dieser Pauschalierungsmöglichkeit Gebrauch, ist damit die gesamte Besteuerung (Lohnsteuer, Kirchensteuer und Solidaritätszuschlag) für den Lohn aus dem Minijob erledigt. Selbst wenn der Arbeitnehmer aus anderen Gründen eine Einkommensteuererklärung abgibt, wird der pauschal besteuerte Lohn dort nicht mehr mit einbezogen.
- Die Lohngrenze ist sowohl für die Sozialversicherung als auch für das Steuerrecht auf 400 €/Monat festgeschrieben und wird nicht jährlich angehoben.

bb) Sozialversicherung

Die Sozialversicherung unterscheidet bei Teilzeitbeschäftigten weiterhin folgende Kategorien:

1. Kurzfristige Beschäftigung/Saisonbeschäftigung über höchstens zwei Monate bzw. 50 Arbeitstage im Kalenderjahr. Diese Beschäftigungen bleiben komplett sozial-versicherungsfrei.
2. Geringfügige Beschäftigung (geringfügig entlohnte Beschäftigung), bei der der Arbeitslohn in der Regel 400 € im Monat nicht übersteigt und daher nur pauschale Renten- bzw. Krankenversicherungsbeiträge des Arbeitgebers anfallen.

Für die Berechnung der Monatslohngrenze von 400 € und der Wochenstundenzahl werden mehrere Arbeitsverhältnisse generell zusammengerechnet. Haben Sie z.B. zwei geringfügige Arbeitsverhältnisse mit je 250 € Monatslohn, unterliegen beide Arbeitsverhältnisse der vollen Sozialversicherungspflicht. Es fallen somit Regelbeiträge zur Renten-, Kranken-, und Pflegeversicherung an, die teilweise vom Arbeitgeber und teilweise vom Arbeitnehmer gezahlt werden müssen. Besonderheiten gelten bei der Arbeitslosenversicherung. Liegt der Lohn im einzelnen Arbeitsverhältnis unter 400 € – wären also isoliert betrachtet die Minijobkriterien erfüllt –, fällt für keine der Beschäftigungen Arbeitslosenversicherung an. Allerdings haben Sie dann im Fall der Arbeitslosigkeit auch keine Leistungsansprüche aus den Minijobs.

Besonders günstig ist ein 400-€-Job, wenn Sie ihn neben Ihrem Hauptjob ausüben. Dann wird nämlich nicht zusammengerechnet. Für Ihren Minijob bleibt es bei der grundsätzlichen Sozialversicherungsfreiheit. Nur Ihr Arbeitgeber muss die pauschalen Beiträge zahlen. Angenommen, Sie verdienen in Ihrem

Hauptjob 1 400 € im Monat, daneben fahren Sie aushilfsweise Taxi für »Taxi-Krause« und kassieren dafür im Monat 350 €. Die 350 € bekommen Sie völlig ohne Abzüge.
Haben Sie neben Ihrem Hauptjob mehr als einen 400-€-Job, wird die Zusammenrechnung nur für den zeitlich zuerst aufgenommenen Minijob vermieden. Der Lohn aus Ihren anderen Minijobs wird dagegen mit Ihrem Hauptjob zusammengerechnet, und Sie müssen sich dafür normale Sozialversicherungsbeiträge abziehen lassen.

TRICK

Verdienen Sie zweimal im Jahr fast unbegrenzt hinzu!

Eine geringfügige Beschäftigung setzt voraus, dass Ihr regelmäßiger Monats- 157
lohn 400 € durchschnittlich nicht übersteigt. Sind Sie durchgehend beschäftigt und schwankt Ihr Arbeitslohn z. B. saisonbedingt oder wegen unterschiedlicher Arbeitsstunden in den einzelnen Monaten, kommt es darauf an, dass Sie im Jahr insgesamt nicht mehr als 4 800 € verdienen.
Unabhängig von dieser Durchschnittsberechnung können Sie in zwei Monaten im Jahr praktisch unbegenzt hinzuverdienen. Allerdings setzt das voraus, dass Sie sagen können, dass es sich in diesen Fällen um einen nicht vorhersehbaren, nicht geplanten Arbeitseinsatz handelte. Müssen Sie z. B. im Juli und August eine Krankheitsvertretung übernehmen, bleibt Ihr Job auch dann ein versicherungsfreies geringfügiges Beschäftigungsverhältnis, wenn Sie z. B. 30 Stunden in der Woche arbeiten und in den beiden Monaten jeweils auf einen Monatslohn von 1 700 € kommen.

Pauschale Renten- und Krankenversicherungsbeiträge

Auf den ersten Blick etwas unlogisch ist das Gesetz über die 400-€-Jobs ja schon. Wenn Sie als Arbeitnehmer die Voraussetzungen für eine geringfügige Beschäftigung erfüllen, ist Ihr Arbeitslohn sozialversicherungsfrei. Trotzdem fallen für diese sozialversicherungsfreie Tätigkeit pauschale Beiträge an.

Rentenversicherung 158

Der Arbeitgeber muss in jedem Fall den Pauschalbeitrag zur Rentenversicherung von 15 % bei normaler Beschäftigung, von 5 % bei einer Beschäftigung im Privathaushalt zahlen. Die Beiträge werden ab dem ersten Euro Arbeitslohn fällig. Eine Beitragsaufteilung zwischen Ihnen als Arbeitnehmer und Ihrem Arbeitgeber findet nicht statt.
Durch den pauschalen Rentenversicherungsbeitrag erwerben Sie geringe Ansprüche aus der Rentenversicherung. Für ein volles Jahr Minijob werden Ihnen

lediglich 1,4 Monate auf die Wartezeit von 60 Beitragsmonaten angerechnet. Um also einen Grundrentenanspruch nur aus einer geringfügigen Beschäftigung zu bekommen, müssten Sie fast 43 Jahre einen Minijob ausüben.

159 Allerdings bietet man Ihnen die Möglichkeit, den pauschalen Rentenversicherungsbeitrag aus der eigenen Tasche auf den Regelbeitrag von 19,9 % aufzustocken.

Der Vorteil für Sie liegt darin, dass Sie dann aus dem Arbeitslohn von 400 € vollwertige Ansprüche aus der Rentenversicherung beziehen können. Als Faustregel gilt hier lt. Information der Deutschen Rentenversicherung Bund:
Ein Jahr 400-€-Job = ca. 4,25 € Rentenanspruch pro Monat (Quelle: Deutsche Rentenversicherung »Minijobber«).

Neben dem vollwertigen Anspruch auf Rente zählen vor allem pro Jahr zwölf Monate als Wartezeit für Ihren Rentenanspruch. Außerdem können Sie das volle Leistungsspektrum der Rentenversicherung in Anspruch nehmen, z. B. Rehabilitationsleistungen, Rente wegen verminderter Erwerbsfähigkeit, vorgezogene Altersrente.

GUTER RAT

Besonders interessant ist diese Aufstockungsmöglichkeit für Sie, wenn Ihnen nur noch einige Beitragsmonate fehlen, bis Sie die erforderlichen 60 Monate zusammenhaben, z. B., weil Sie nur drei oder vier Jahre rentenversicherungspflichtig beschäftigt waren, als Mutter Anspruch auf Kindererziehungszeiten haben oder nur durch die Pflege von Angehörigen Anrechnungszeiten verdient haben.

Formell müssen Sie gegenüber Ihrem Arbeitgeber schriftlich auf die Rentenversicherungsfreiheit Ihres 400-€-Jobs verzichten. Er trägt dann weiterhin 15 % und Sie die restlichen 4,9 % des Gesamtbeitrags. Allerdings verlangt die Rentenversicherung in Aufstockungsfällen einen Mindestbeitrag von 79,60 € (Stand 2010: 19,9 % von 400 €). Verdienen Sie in Ihrem Minijob also z. B. nur 300 €, trägt Ihr Arbeitgeber weiter 15 % des Arbeitslohns, das sind in diesem Fall 45 €. Diesen Betrag müssen Sie aus eigenen Mitteln auf 79,60 € aufstocken, Sie müssen also 34,60 € dazulegen.

WICHTIGER HINWEIS

Der Verzicht auf die Rentenversicherungsfreiheit kann in demselben Arbeitsverhältnis nicht widerrufen werden. Sie sind also gezwungen, den Aufstockungsbetrag so lange zu zahlen, bis Sie aus dem Arbeitsverhältnis ausscheiden.

TRICK

Verdienen Sie durch einen Rausschmiss mehr

Angenommen, Ihnen fehlen noch 24 Beitragsmonate von Ihrer Wartezeit für den Rentenanspruch. Schlau, wie Sie sind, haben Sie deshalb auf die Rentenversicherungsfreiheit verzichtet. Nach Ablauf der zwei Jahre berappen Sie aber munter weiter jeden Monat 4,9 % von 400 € = 20 €. Na, die würden Sie sich natürlich ganz gern selbst in die Tasche stecken, zumal Sie finanziell sowieso nicht auf Rosen gebettet sind.
»Ja, aber wie denn?«, fragen Sie. »Sie haben mir doch gerade erklärt, dass ich meinen Verzicht nicht widerrufen kann.« Schon richtig! Aber wenn Ihr Chef Sie kurzerhand aus betriebsbedingten Gründen entlässt, ist das Arbeitsverhältnis beendet und damit der Verzicht auf die Rentenversicherungsfreiheit hinfällig. Wenn Sie nach sechs Wochen wieder eingestellt werden, weil sich die Auftragslage verbessert hat, werden die Karten neu gemischt. Sie haben jetzt wieder einen 400-€-Job, für den nur die pauschalen Arbeitgeberbeiträge von 15 % anfallen.

Krankenversicherung 160

Der pauschale Krankenversicherungsbeitrag beträgt 13 % für normale Beschäftigungen, 5 % für eine Beschäftigung im Privathaushalt. Anders als der Rentenversicherungsbeitrag muss die Krankenversicherung aber nur für Personen gezahlt werden, die in der gesetzlichen Krankenversicherung selbst versichert oder über die Familienversicherung mitversichert sind. Damit fallen vor allem bei folgenden Personen keine Beiträge zur Krankenversicherung an:

- privat krankenversicherte Arbeitnehmer und deren Familienangehörige
- Selbständige
- Beamte und deren Familienangehörige, wenn sie nicht ausnahmsweise freiwillig in der gesetzlichen Krankenversicherung versichert sind
- Pensionäre
- nicht sozialversicherungspflichtige Arbeitnehmer und deren Familienangehörige, z. B. Gesellschafter-Geschäftsführer.

Aus den Krankenversicherungsbeiträgen für Ihren Minijob haben Sie keinerlei Ansprüche gegen die Krankenkasse.

Umlagen

Neben der Renten- und Krankenversicherung fallen für Minijobs noch Umlagen an: bei einem regulären Minijob 0,67 % Umlagen zum Ausgleich der

Arbeitgeberaufwendungen bei Krankheit und Mutterschaft sowie ggf. 0,41 % Insolvenzgeldumlage, insgesamt also 1,08 %; bei einer Beschäftigung im Privathaushalt ebenfalls 0,67 % Umlagen zum Ausgleich der Arbeitgeberaufwendungen bei Krankheit und Mutterschaft sowie 1,6 % Umlage zur gesetzlichen Unfallversicherung, insgesamt also 2,27 %.

161 **cc) Steuer für geringfügig Beschäftigte**

Für die Besteuerung von Minijobs ergeben sich folgende Möglichkeiten:
Der Arbeitslohn kann

- unter Vorlage einer Lohnsteuerkarte besteuert werden;
- mit 2 % pauschal versteuert werden, wenn ein geringfügiges Beschäftigungsverhältnis vorliegt, für das Ihr Arbeitgeber pauschale Beiträge zur Rentenversicherung von 15 % bzw. 5 % (bei Beschäftigung im Privathaushalt) abführt; die Pauschalsteuer ist so gering, dass es fast einer Steuerbefreiung gleichkommt;
- mit 20 % pauschal besteuert werden, wenn Ihr Arbeitgeber keine pauschalen Beiträge zur Rentenversicherung zahlt.

Durch die Pauschalierung wird Ihr Arbeitgeber Schuldner der Lohnsteuer. Zudem wird pauschal besteuerter Arbeitslohn nicht in Ihre Einkommensteuerveranlagung einbezogen, was für Sie praktisch Steuerfreiheit des 400-€-Jobs bedeutet.

Pauschalierung der Steuer: 2 % oder 20 %?

Sie können Ihren Arbeitgeber weder zu einer Pauschalierung der Steuer mit 2 % noch mit 20 % zwingen.
Wie Sie schon oben gelesen haben, hängt der Ministeuersatz von 2 % davon ab, dass Ihr Arbeitgeber für Ihren 400-€-Job lediglich pauschale Rentenversicherungsbeiträge von 15 % bzw. 5 % zahlen muss.
Durch den Pauschalsteuersatz von 2 % ist nicht nur die Lohnsteuer, sondern auch gleichzeitig die Kirchensteuer und der Solidaritätszuschlag abgegolten.
Die Pauschalsteuer von 2 % zahlt der Arbeitgeber auch nicht an sein Finanzamt, sondern zusammen mit dem Pauschalbeitrag zur Sozialversicherung an die **Bundesknappschaft – Verwaltungsstelle Cottbus** –, die als bundesweit zentrale Einzugsstelle fungiert.
Es sind insoweit keine besonderen Anmeldungen der Lohnsteuer erforderlich. Die Steueranmeldung ist vielmehr mit der Meldung der Sozialversicherungsbeiträge verbunden.
Der Ministeuersatz von 2 % kommt in folgenden Fällen zur Anwendung:

1. Sie haben nur eine geringfügige Beschäftigung, Ihr Monatslohn liegt nicht über 400 €.
2. Sie haben mehrere geringfügige Beschäftigungen nebeneinander, der monatliche Arbeitslohn aus allen Arbeitsverhältnissen liegt aber nicht über 400 €.

3. Sie haben eine geringfügige Beschäftigung mit einem Monatslohn von normalerweise unter 400 €. Wegen einer überraschenden Krankheitsvertretung verdienen Sie zwei Monate lang aber statt 400 € z. B. jeweils 1 250 €.
4. Sie haben neben Ihrem Hauptjob einen Job auf 400-€-Basis.
5. Sie haben neben Ihrem Hauptjob mehrere Jobs auf 400-€-Basis. Für den zeitlich zuerst aufgenommenen Nebenjob gilt der Steuersatz von 2 %. Für die weiteren »geringfügigen« Beschäftigungen müssen Sie entweder Ihren Chefs eine Steuerkarte VI vorlegen, oder die müssen den Lohn mit 20 % zzgl. Kirchensteuer und Solidaritätszuschlag versteuern.

Die Pauschalierung mit 20 % kann der jeweilige Arbeitgeber in folgenden Fällen durchführen:

1. Sie haben mehrere 400-€-Jobs, die wegen der Zusammenrechnung des Arbeitsentgelts sozialversicherungspflichtig sind und für die deshalb Ihre Arbeitgeber keine pauschalen Rentenbeiträge in Höhe von 15 % bzw. 5 % zahlen müssen.
2. Sie haben neben Ihrem Hauptjob mehrere 400-€-Jobs. Durch die Zusammenrechnung Ihrer Hauptbeschäftigung mit allen außer der ersten geringfügigen Beschäftigung sind alle weiteren 400-€-Jobs sozialversicherungspflichtig. Deshalb muss Ihr Brötchengeber dafür normale Sozialversicherungsbeiträge zahlen und nicht die Pauschalbeiträge.

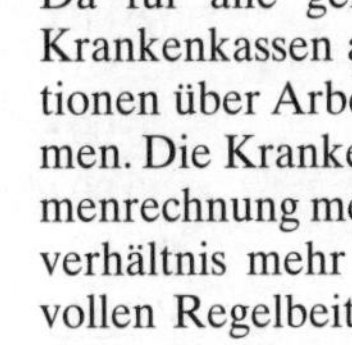

TIPP

Passen Sie auf!

Da für alle geringfügigen Beschäftigungsverhältnisse Pauschalbeiträge an Krankenkassen abgeführt werden müssen, laufen spätestens dort die Informationen über Arbeitslohn und Arbeitszeit aus allen Arbeitsverhältnissen zusammen. Die Krankenkassen informieren die Arbeitgeber, wenn durch die Zusammenrechnung mehrerer Arbeitsverhältnisse kein geringfügiges Beschäftigungsverhältnis mehr vorliegt, und fordern sie auf, statt der Pauschalbeiträge die vollen Regelbeiträge abzuführen. Außerdem müssen die Sozialversicherungsträger die Finanzämter informieren, wenn sich herausstellt, dass ein bisher als geringfügig eingestuftes Arbeitsverhältnis die Kriterien der Geringfügigkeit doch nicht erfüllt. 162

Berechnungsgrundlage für die Pauschalsteuer

Steuerfreie Teile Ihres Einkommens, wie z. B. Reisekosten, Personalrabatte oder Sachleistungen im Rahmen der 44-€-Bagatellgrenze, werden als Einkünfte 163 nicht angesetzt. Genauso bleibt Arbeitslohn außer Betracht, für den die Lohnsteuer vom Arbeitgeber pauschaliert wird. Unter den Tisch fallen demnach z. B.:

- sonstige Bezüge (§ 40 Abs. 1 EStG),
- Mahlzeiten im Betrieb (§ 40 Abs. 2 EStG),
- Zuwendungen bei Betriebsveranstaltungen (§ 40 Abs. 2 EStG),
- Erholungsbeihilfen (§ 40 Abs. 2 EStG),
- Verpflegungsmehraufwendungen bis zur Höhe der steuerlichen Pauschalen (§ 40 Abs. 2 ESt),
- Übernahme privater PC- und Internetkosten (§ 40 Abs. 2 EStG),
- Leistungen des Arbeitgebers für Fahrten zwischen Wohnung und Arbeitsstätte (§ 40 Abs. 2 S. 2 EStG),
- kurzfristige Beschäftigungen (§ 40a Abs. 1 EStG).

164 Ungemach droht, wenn Ihnen Ihr Arbeitgeber zusätzlich zum Lohn aus Ihrem Minijob Fahrgeld zahlt. Dieses zählt zunächst einmal zu Ihrem Arbeitslohn. Liegt Ihr Monatslohn nicht weit weg von der 400-€-Grenze, könnte diese durch die Fahrgeldzahlungen überschritten und aus Ihrem Minijob ein sozialversicherungs- und steuerpflichtiges Regelarbeitsverhältnis werden. Um das zu vermeiden, muss der Fahrtkostenzuschuss von Ihrem Arbeitgeber mit 15 % pauschal versteuert werden (§ 40 Abs. 2 S. 2 EStG). Obergrenze für diese Pauschalversteuerung ist der Betrag, der sich bei Ihnen als Entfernungspauschale ergibt: für jeden Arbeitstag 0,30 € je Entfernungskilometer.

Angenommen, Ihr Arbeitgeber zahlt Ihnen in Ihrem Minijob 380 € im Monat und für die zehnmal im Monat, die Sie die 10 km Entfernung zur Arbeit mit Ihrem Auto fahren, ein Fahrgeld von 60 €. Für Ihren Minijob ergibt sich jetzt folgende Berechnung:

Fahrtkostenzuschuss	60,00 €
Pauschalierungsgrenze monatlich (15 Arbeitstage)	
10 km × 0,30 € × 10 Tage	30,00 €
Verbleibender, normal zu versteuernder Fahrtkostenzuschuss	30,00 €
Laufender Lohn aus dem Minijob	380,00 €
Regelmäßiger Lohn aus dem Minijob	410,00 €

Damit haben Sie keinen Minijob mehr, und es fallen sowohl für Sie als auch für Ihren Arbeitgeber Pflichtbeiträge zur Sozialversicherung an. Außerdem kann Ihr Arbeitgeber den Lohn nicht mehr mit 2 % pauschal versteuern, und Sie müssen wieder selbst die Steuer tragen, was Sie vor allem dann einen Batzen Geld kostet, wenn bei Ihnen oder Ihrem Ehepartner noch andere Einkünfte vorliegen.

TRICK

Nehmen Sie statt Fahrgeld einen Benzingutschein oder ein Jobticket.

Dem oben geschilderten Problem gehen Sie aus dem Weg, wenn Ihnen Ihr Chef statt eines Teils des Fahrgeldes eine Sachleistung in Form eines monatlichen Benzingutscheins oder eines Jobtickets für öffentliche Verkehrsmittel zukommen lässt. Wenn dessen monatlicher Wert unter 44 € liegt, ist diese Leistung des Arbeitgebers steuerfrei und wird auch nicht in die Lohngrenze Ihres Minijobs eingerechnet. Mehr dazu finden Sie unter ➤ Rz 46ff.

TIPP

Keine Steuer für 1-€-Jobs

Mit den durch Hartz IV eingeführten 1-€-Jobs können Sie Ihr Arbeitslosengeld 165
anrechnungsfrei aufstocken. Gehören Sie zu den 1-€-Jobbern, können Sie für Ihre – gemeinnützige – Arbeit 1 bis 2 € pro Stunde bei max. 30 Stunden in der Woche verdienen. Viel ist das ja nicht gerade. Aber jetzt die gute Nachricht. Ihr Zuverdienst ist komplett steuerfrei (§ 3 Nr. 2 b EStG). Weder für Sie noch für Ihren Arbeitgeber fallen Steuern an, auch keine pauschale Lohnsteuer.

GUTER RAT

Bei Rentnern geht es auch ohne Pauschalsteuer.

Als Rentner brauchen Sie sich keine großen Gedanken zu machen, dass man 166
Sie wegen Ihres 400-€-Jobs mit Steuern zur Kasse bittet.

Wenn Sie Ihre kleine Rente mit einem solchen Aushilfsjob aufbessern, können Sie Ihrem Brötchengeber sogar die Pauschalsteuer ersparen, indem Sie ihm eine Steuerkarte, z. B. mit der Steuerklasse I (ledig) oder III (verheiratet), vorlegen. Wenn Ihre monatliche Rente als Lediger nicht deutlich über 1 014 € und als Verheirateter über 2 405 € liegt, fällt trotz der geänderten Rentenbesteuerung keine Steuer an.

So sieht die Rechnung für Sie aus, wenn Sie z. B. 2009 mit 65 Jahren in Rente gegangen sind:

	Ledige		Verheiratete	
Monatslohn 400 € × 12	4 800 €			
./. Arbeitnehmerpauschbetrag	– 920 €			
./. Altersentlastungsbetrag	– 1 596 €			
Arbeitslohn	2 284 €	> 2 284 €		2 284 €
Rente 1 014 € × 12	12 168 €			
Rente 2 405 € × 12			28 860 €	
steuerfreier Rententeil 42 %	– 5 111 €		– 12 121 €	
./. Pauschbetrag für Renten	– 102 €		– 102 €	
Renteneinkünfte	6 955 €	> 6 955 €	16 637 €	> 16 637 €
./. Sonderausgabenpauschbetrag		– 36 €		– 72 €
./. Vorsorgeaufwendungen (Versicherungen)		– 1 199 €		– 2 843 €
Einkommen		8 004 €		16 006 €
./. Grundfreibetrag		– 8 004 €		– 16 008 €
Bleiben zu versteuern		0 €		0 €

Wie Sie sehen, zahlen so weder Sie noch Ihr Arbeitgeber Steuern für Ihren 400-€-Job. Sind Sie schon 2008 oder früher in Rente gegangen, sinkt der Besteuerungsanteil der Rente auf 56 % – 50 %. Dementsprechend höher ist der Rentenbetrag, bis zu dem für den Minijob keine Steuern anfallen.

TIPP

Als »reicher« Rentner fahren Sie mit der Pauschalierung besser.

Gehören Sie zu den Rentnern, die über eine besonders hohe Rente verfügen oder bei denen sich der Fiskus schon wegen anderer Einkünfte, z. B. aus der Vermietung von Immobilien oder wegen hoher Zinsen, bedient, fahren Sie mit der Pauschalsteuer für Ihren 400-€-Job deutlich besser. Sie werden also Ihrem Arbeitgeber keine Steuerkarte vorlegen und ihn bitten, dic Steuer mit 2 % pauschal abzuführen.

GUTER RAT

Wechseln Sie im richtigen Moment die Besteuerungsmethode beim Ehegattenarbeitsverhältnis.

Wenn Sie Ihre bessere Hälfte in Ihrer Firma als 400-€-Kraft beschäftigen, 167
fahren Sie in aller Regel mit der Pauschalierung der Lohnsteuer besser. Doch kann es passieren, dass Sie später merken, dass eine Versteuerung nach Lohnsteuerkarte deutlich günstiger gewesen wäre, z. B., wenn sich herausstellt, dass Sie mit Ihrer Firma Verluste gemacht haben oder das gemeinsame Einkommen so gering ist, dass keine Steuern anfallen.

Dank des BFH können Sie sich jetzt auch noch anders entscheiden, wenn das Kalenderjahr längst abgelaufen ist, und von der Pauschalierung des Arbeitslohns zur Regelbesteuerung wechseln. Sie geben dazu einfach eine geänderte Lohnsteueranmeldung ohne die Pauschalsteuer ab und erklären in Ihrer Steuererklärung den Arbeitslohn Ihres Ehegatten in der Anlage N als normales Arbeitseinkommen (BFH-Urt. v. 26. 11. 2003 – BStBl II 2004 S. 195).

8. Altersversorgung

Zunächst ein Überblick, welche Möglichkeiten der betrieblichen Altersvor- 168
sorge Sie nutzen können und wo die Vorteile und die Fallstricke für Sie liegen:

Wege der steuerlich geförderten betrieblichen Altersvorsorge

Form der betrieblichen Altersvorsorge	*Kurzbeschreibung*	*Steuerliche Förderung in der Ansparphase*	*Besteuerung in der Leistungsphase*
Pensionszusage/ Direktzusage	Der Arbeitgeber verspricht bei Eintritt in den Ruhestand eine regelmäßige monatliche Altersversorgungszahlung (Pension); der Arbeitnehmer muss dafür keine Zahlungen leisten.	Der Aufbau der Altersversorgung ist nicht steuerpflichtig; dadurch entsteht in der Ansparphase keine finanzielle Belastung.	Die späteren Pensionszahlungen stellen Arbeitslohn dar und müssen vom Arbeitnehmer zusammen mit seinen anderen Einkünften voll versteuert werden.
Pensionszusage/ Direktzusage (aus Gehaltsumwandlung)	Der Arbeitgeber verspricht bei Eintritt in den Ruhestand eine regelmäßige monatliche Altersversorgungszahlung (Pension); der Arbeitnehmer finanziert dies durch einen regelmäßigen Gehaltsverzicht.	Der Aufbau der Altersversorgung ist nicht steuerpflichtig; der Besteuerung unterliegt nur noch der Lohn abzgl. Gehaltsverzicht, dadurch ergibt sich ein laufender Steuervorteil.	Die späteren Pensionszahlungen stellen Arbeitslohn dar und müssen vom Arbeitnehmer zusammen mit seinen anderen Einkünften voll versteuert werden.

Form der betrieblichen Altersvorsorge	*Kurzbeschreibung*	*Steuerliche Förderung in der Ansparphase*	*Besteuerung in der Leistungsphase*
Werksrente	Der Arbeitgeber zahlt ohne verbindliche Zusage an ehemalige Arbeitnehmer eine betriebliche Altersversorgung unmittelbar aus Betriebsmitteln oder z. B. über eine Unterstützungskasse.	Der Aufbau der Altersversorgung ist nicht steuerpflichtig; dadurch entsteht in der Ansparphase keine finanzielle Belastung.	Die Werksrente wird behandelt wie eine Pension. Sie stellt Arbeitslohn dar und muss vom Arbeitnehmer zusammen mit seinen anderen Einkünften voll versteuert werden.
Direktversicherung	Der Arbeitgeber zahlt zugunsten des Arbeitnehmers Beiträge in eine durch ihn abgeschlossene Lebensversicherung, die dem Arbeitnehmer als Altersvorsorge eine regelmäßige monatliche Rentenzahlung garantiert.	Die Direktversicherungsbeiträge sind bei Vertragsabschluss nach dem 31. 12. 2004 bis zu 4 % der Beitragsbemessungsgrenze in der Rentenversicherung (2009 = 2 592 €) zzgl. weiterer 1 800 € (2009 insgesamt also 4 392 €) steuerfrei. (Sonderregelungen für Altverträge vor 2005)	Die späteren Zahlungen aus der Direktversicherung müssen vom Arbeitnehmer zusammen mit seinen anderen Einkünften voll versteuert werden (§ 22 Nr. 5 EStG). (Sonderregelungen für Altverträge vor 2005)
Pensionskasse/ Pensionsfonds	Der Arbeitgeber zahlt zugunsten des Arbeitnehmers Beiträge an eine Pensionskasse, die dem Arbeitnehmer als Altersvorsorge eine regelmäßige monatliche Zahlung garantiert.	Wie bei Direkt-versicherungen + wahlweise Förderung durch Riester-Zulage. (Sonderregelungen für Altverträge vor 2005)	Wie bei Direktversicherungen. (Sonderregelungen für Altverträge vor 2005)

169 **Direktversicherung, Pensionskasse, Pensionsfonds**

Wenn die Vereinbarung über die betriebliche Altersversorgung mit dem Arbeitgeber erst nach dem 31. 12. 2004 getroffen wurde, werden Beiträge zu Direktversicherung, Pensionskasse und Pensionsfonds nahezu gleich behandelt. Sie bleiben nach § 3 Nr. 63 EStG unter folgenden Voraussetzungen steuerfrei:

- Durch die Zahlungen wird eine kapitalgedeckte betriebliche Altersversorgung aufgebaut, das bedeutet praktisch, dass das eingezahlte Kapital für Sie individuell angelegt und später mit Zins und Zinseszins ausgezahlt wird.
- Die Auszahlung darf nur als laufende Rente erfolgen, Verträge mit einmaliger Kapitalauszahlung sind nicht steuerbegünstigt.
- Die Auszahlung darf frühestens mit dem 60. Lebensjahr beginnen bzw. mit dem Beginn der Rentenzahlung aus der gesetzlichen Rentenversicherung.

- Umfasst die betriebliche Altersversorgung auch Hinterbliebene, darf die Rente nur an Ehegatten und Kinder bzw. den Lebenspartner geregelt sein. Bezugsrechte für andere Personen wie Eltern oder Geschwister sind dagegen schädlich und verhindern die Steuerfreiheit.

- Steuerfrei bleiben höchstens 4 % der Beitragsbemessungsgrenze zur Rentenversicherung (2010 = 2 640 €).

- Bei Versorgungszusagen (Vertragsabschluss) nach dem 31. 12. 2004 können zusätzliche 1 800 € steuerfrei bleiben.

Wenn Ihre Direktversicherung also z. B. erst 2005 oder später abgeschlossen wurde, können im Jahr 2010 Beiträge zu dieser Versicherung bis zu einer Höhe von 4 440 € steuerfrei bleiben.
Völlig zu Recht fragen Sie sich allerdings: »Was ist denn mit meiner betrieblichen Altersversorgung, wenn die Versorgungszusage und die Verträge schon vor 2005 abgeschlossen wurden?«
Nun, in diesem Fall gelten die bisherigen Regelungen weiter. Für Altverträge kann der Arbeitgeber auch noch die Lohnsteuer pauschal mit 20 % erheben. Im Einzelnen sieht das dann so aus:

Altverträge (= Versorgungszusage 2004 oder früher): 170

1. Pensionsfonds
Beiträge an Pensionsfonds bleiben bis zu 4 % der Beitragsbemessungsgrundlage zur Rentenversicherung (2010 = 2 640 €) steuerfrei. Sind die Beiträge höher, ist der Restbetrag steuerpflichtig, aber Sie können dafür noch die Riester-Zulage erhalten.

TIPP

zur Riester-Zulage

Wenn Ihnen die Steuerfreiheit nichts bringt, z. B. weil Sie wegen Ihres niedrigen Einkommens keine Steuern zahlen, können Sie auf die Steuerfreiheit verzichten und stattdessen für den gesamten Betrag die Riester-Zulage beantragen.

2. Pensionskasse
Beiträge an eine Pensionskasse bleiben ebenfalls zunächst bis zu 4 % der Beitragsbemessungsgrenze zur Rentenversicherung steuerfrei (§ 3 Nr. 63 EStG). Liegen die Beiträge höher (z. B. für 2010 höher als 2 640 €), können weitere 1 752 € nach § 40b EStG mit 20 % pauschal versteuert werden. Und wenn auch dann mit den Beiträgen noch nicht Schluss ist, können Sie dafür die Riester-Zulage beantragen.

3. Direktversicherung

Anders als die Beiträge zu Pensionskassen und Pensionsfonds waren die Beiträge zu Direktversicherungen bis einschließlich 2004 nicht steuerfrei. Sie konnten allenfalls mit 20 % pauschal besteuert werden (§ 40b EStG).

Wurde Ihre Direktversicherung vor dem 1. 1. 2005 abgeschlossen, hatten Sie die Möglichkeit, die Pauschalbesteuerung mit 20 % durch Ihren Arbeitgeber fortzuführen. Sie mussten dazu bis zum 30. 6. 2005 Ihrem Arbeitgeber schriftlich mitgeteilt haben, dass Sie eine Fortführung der Pauschalbesteuerung wünschen.

TIPP

zur Pauschalsteuer für Direktversicherungsverträge

Wenn Sie Ihrem Arbeitgeber wechseln, übernimmt der neue regelmäßig Ihren Direktversicherungsvertrag. Um weiter von der Pauschalbesteuerung zu profitieren, müssen Sie auch bei Ihrem neuen Brötchengeber vor dessen erster Beitragszahlung einen schriftlichen Antrag stellen, dass er die Beiträge pauschal mit 20 % versteuern soll.

TIPP

zur Pauschalsteuer für Altverträge

Auch wenn Sie es auf den ersten Blick ziemlich komisch finden, auf die Steuerfreiheit zu verzichten und stattdessen eine Besteuerungsvariante zu wählen, die 20 % Lohnsteuer zzgl. Kirchensteuer und Solidaritätszuschlag kostet, sollten Sie nicht vorschnell handeln. Die Pauschalierung der Lohnsteuer kann durchaus Vorteile haben:

1. Bei Steuerfreiheit werden später Ihre Erträge aus der Lebensversicherung nachgelagert und damit voll besteuert. Wird dagegen die Lohnsteuer pauschaliert, unterliegt die Rente aus Ihrer Direktversicherung nur mit einem geringen Ertragsanteil der Besteuerung. Sind Sie bei Rentenbeginn z. B. 65 Jahre alt, werden nur 18 % der Rentenzahlung als Einkommen angerechnet, 82 % bleiben steuerfrei.

2. Der Verzicht auf die Steuerfreiheit kann sich auch dann lohnen, wenn Sie sich bei Ablauf der Versicherung keine Rente, sondern einen Kapitalbetrag auszahlen lassen. In diesem Fall erhalten Sie sich durch den formell ausgesprochenen Verzicht die Steuerfreiheit der Kapitalzahlung.

Neuverträge

TRICK

Zahlen Sie im Zweifel die Beiträge selbst!

Nicht jeder Arbeitgeber ist so großzügig und zahlt die Beiträge zu Ihrer Alters- 171
versorgung aus der eigenen Tasche. Damit Sie bei der notwendigen Aufstockung Ihrer gesetzlichen Altersversorgung nicht in die Röhre schauen, hat der Gesetzgeber im Betriebsrentengesetz festgelegt, dass Sie in jedem Fall einen Anspruch auf betriebliche Altersversorgung haben, wenn Sie bereit sind, die erforderlichen Beiträge durch einen Verzicht auf einen Teil Ihres Gehalts zu finanzieren. Im schönen Amtsdeutsch spricht man dann von einer »Gehaltsumwandlung«. Der Vorteil für Sie liegt klar auf der Hand. Den Teil Ihres Gehalts, auf den Sie verzichten, müssen Sie nicht mehr versteuern. Auf diese Weise sparen Sie einen dicken Batzen an Lohnsteuer und können sozusagen indirekt den Fiskus an der Finanzierung Ihrer Altersversorgung beteiligen.

Mit einer betrieblichen Altersversorgung fahren Sie in aller Regel günstiger als mit privaten Verträgen. Zumindest bis zu Beiträgen von jährlich 4 % der Beitragsbemessungsgrenze (2010 = 2 640 €) haben Sie die volle Steuerfreiheit. Bei der privaten Vorsorge bekommen Sie über den Abzug als Vorsorgeaufwendungen nur einen Teil steuerfrei. Hinzu kommt noch, dass für die Beiträge zur betrieblichen Altersversorgung keine Sozialversicherung anfällt.

Was dabei für Sie herausspringt, wenn Ihr Arbeitgeber einen Direktversicherungsvertrag abschließt, dessen Beiträge Sie durch einen Gehaltsverzicht finanzieren, sehen Sie an folgendem Beispiel:

Angenommen, Ihr Monatsgehalt liegt bei 3 500 €. Als Lediger mit der Steuerklasse I können Sie es sich erlauben, im Monat einen größeren Betrag zu investieren, und verzichten daher monatlich auf 350 € zugunsten der Beiträge in die Direktversicherung.

Steuern (StKl I/0) auf den Monatslohn von	3 500,00 €	717,63 €
./. Gehaltsverzicht	– 350,00 €	
Steuer auf den gekürzten Monatslohn von	3 150,00 €	– 600,84 €
Ersparnis an Steuer monatlich		116,79 €
Ersparnis an Sozialversicherung		71,66 €
Gesamtersparnis pro Monat		188,45 €
Jährlich		2 261,40 €

Damit bezahlen Sie von den 4 200 € für Ihre Altersversorgung nur noch etwa 1 939 €, also nur ungefähr 46 %, aus der eigenen Tasche. Die übrigen 54 % steuert freundlicherweise der Fiskus bei.

TRICK

Machen Sie aus Ihrer Abfindung in späteren Jahren steuerfreie Altersvorsorgeleistungen!

172 Haben Sie als gutverdienender leitender Angestellter nicht auch schon ärgerlich die Stirn gerunzelt, dass die Steuerfreiheit für Entlassungsabfindungen gestrichen wurde? Vor allem wenn Sie mit der Abfindung etwas für Ihre spätere Altersversorgung tun wollen, ist es ärgerlich, wenn Ihnen der Fiskus zuvor bis zu 48 % (bei absoluten Spitzenverdienern sogar 51,5 %) an Steuern (inkl. Kirchensteuer und Solidaritätszuschlag) dafür abknöpft.

Nutzen Sie deshalb lieber die Segnungen der betrieblichen Altersversorgung und kassieren weiter einen Teil Ihrer Abfindung steuerfrei.

Das geht ganz einfach. Statt sich die komplette Abfindung auszahlen zu lassen, kassieren Sie nur den Teil, den Sie brauchen, um die Zeit bis zu Ihrem nächsten Job zu überbrücken. Den Rest zahlt Ihr Arbeitgeber in eine Direktversicherung, aus der Ihnen bei Eintritt in das Rentenalter Monat für Monat eine zusätzliche laufende Rente zufließen wird. In diesem Fall bleibt nämlich nicht nur der normale Jahresbetrag von 4 % der Beitragsbemessungsgrenze zur Rentenversicherung zzgl. 1 800 € steuerfrei, sondern für jedes Jahr nach dem 31. 12. 2004, das Sie bei Ihrem Arbeitgeber geschafft haben, weitere 1 800 €.

Wenn Sie allerdings schon vorher steuerfreie Zahlungen in eine Pensionskasse, Direktversicherung oder einen Pensionsfonds kassiert haben, wird der vervielfältigte Höchstbetrag um die steuerfreien Beträge der letzten sieben Jahre gekürzt. In die Kürzung einbezogen werden allerdings auch hier nur steuerfreie Zahlungen ab dem Jahr 2005.

Beispiel
Angenommen, Sie werden im Jahr 2011 von Ihrem Arbeitgeber nach 25 Jahren im Betrieb an die Luft gesetzt. Als langjährigem verdientem Mitarbeiter versüßt Ihnen Ihr Boss die Entlassung mit einer Abfindung von 60 000 €. Eine betriebliche Altersversorgung hatten Sie bisher nicht. Deshalb fällt der Entschluss, einen Teil der Abfindung, nämlich 14 000 €, in eine Direktversicherung einzuzahlen.

Und so sieht es dann steuerlich für Sie aus:

Abfindung		60 000 €
Daraus in eine Direktversicherung gezahlt	14 000 €	
Davon max. steuerfrei für betriebliche Altersversorgung		
(§ 3 Nr. 63 EStG) 1 800 € × 7 Jahre =	12 600 € >	– 12 600 €
Verbleibender steuerpflichtiger Teil der Abfindung 2011		47 400 €

Wie Sie sehen, müssen von Ihrer Abfindung 2011 nun statt 60 000 € nur noch 47 400 € versteuert werden.

S Eine Direktversicherung kann auch im Rahmen eines Ehegattenarbeitsverhältnisses zugunsten des im Betrieb mitarbeitenden Ehegatten abgeschlossen werden. Voraussetzung ist hier allerdings immer, dass das Arbeitsverhältnis dem Grunde nach anerkannt werden kann.

TRICK

Kassieren Sie mit einem zusätzlichen Vertrag 1 800 € steuerfrei!

Zum Ausgleich dafür, dass seit 2005 für neu zugesagte kapitalgedeckte betrieb- 173
liche Altersversorgungen die Lohnsteuer nicht mehr pauschal berechnet werden kann, wurde neben der Steuerfreiheit bis zu 4 % der Beitragsbemessungsgrenze zur Rentenversicherung (2009 = 2 592 €) ein zusätzlicher Steuerfreibetrag bis zu 1 800 € eingeführt.
Wenn Sie bislang schon über Beiträge zu einer Pensionskasse oder einem Pensionsfonds steuerfreie Beiträge in Höhe der 4-%-Grenze kassiert haben, würde es sich doch sicher lohnen, noch etwas mehr in die Altersversorgung zu stecken. Warum die Steuerfreiheit von 1 800 € nutzlos verschenken?
Leider genügt es nicht, wenn Ihr Arbeitgeber weitere 1 800 € aus Ihrem Lohn in den schon bestehenden Vertrag zahlt. Die bloße Anhebung der Beiträge akzeptiert der Fiskus nämlich nicht als neue Versorgungszusage. Damit es mit der zusätzlichen Steuerbefreiung dennoch klappt, haben Sie folgende Möglichkeiten:

- Sie erweitern Ihren bisherigen Vertrag um ein zusätzliches biometrisches Risiko und zahlen dafür höhere Beiträge. Unter biometrischen Risiken versteht der Fiskus die Absicherung für Tod, Invalidität, Unfall, Berufsunfähigkeit oder die Hinterbliebenenversorgung. Interessant ist das für Sie z. B., wenn Ihr Vertrag bisher keine Hinterbliebenenversorgung vorsah, Sie aber inzwischen geheiratet haben und der erste Nachwuchs da ist. Die zusätzlichen Beiträge für die Hinterbliebenenversorgung sind dann bis zu 1 800 € steuerfrei (§ 3 Nr. 63 EStG).

- Noch einfacher ist es, wenn Sie neben dem bestehenden Altersversorgungsvertrag einen weiteren in einer anderen Sparte der betrieblichen Altersversorgung abschließen. Haben Sie z. B. einen Vertrag in einer Pensionskasse oder bei einem Pensionsfonds, können Sie einen Direktversicherungsvertrag mit monatlicher Zahlung von 150 € (= 1 800 €/Jahr) abschließen, den Sie selbst aus einem Gehaltsverzicht finanzieren.

Wichtige Einschränkung:
Die zusätzliche Steuerfreiheit von 1 800 € können Sie in den Wind schreiben, wenn Sie z. B. noch eine vor 2005 abgeschlossene Direktversicherung haben, für die weiterhin die Beiträge mit 20 % pauschal besteuert werden. Dabei ist völlig gleichgültig, wie hoch die pauschal besteuerten Beiträge sind. Auch Miniversicherungen mit nur 200 bis 300 € Jahresbeitrag machen Ihnen die Steuerfreiheit kaputt.

TRICK

Ein kleiner Verzicht bringt Ihnen 1 800 € Steuerbefreiung!

Angenommen, Sie haben seit Jahren eine kleine Direktversicherung und möchten nun gern mehr für die alten Tage auf die Seite legen. Den alten Vertrag zu kündigen und einen neuen abzuschließen ist nicht zu empfehlen, denn wie bei jedem anderen Lebensversicherungsvertrag rückt die Versicherungsgesellschaft bei vorzeitiger Kündigung nur den mickrigen Rückkaufwert heraus, und der ist oft geringer als die bisher eingezahlten Beiträge. Sie machen stattdessen Folgendes:

- **Für Ihre alte Direktversicherung verzichten Sie auf die Pauschalierung der Lohnsteuer. Bitten Sie Ihren Arbeitgeber, er möge die Beiträge nunmehr Ihrem Arbeitslohn zuschlagen und nach der Lohnsteuerkarte versteuern.**
- **Gleichzeitig schließen Sie einen Vertrag mit 1 800 € Jahresbeitrag z. B. bei einer Pensionskasse ab.**

So kommt Ihre alte Direktversicherung der Steuerfreiheit für Beiträge bis zu 1 800 € für Ihren neuen Altersversorgungsvertrag nicht mehr ins Gehege. Bei einem Steuersatz von ca. 35 % sieht Ihre Ersparnisrechnung etwa so aus:

Lohnsteuer auf Direktversicherungsbeiträge von 300 €	105,00 €
Sozialversicherung darauf (ca. 21 %)	62,00 €
Gesparte pauschale Lohnsteuer (20 % von 300 €)	– 60,00 €
Gesparte Lohnsteuer auf 1 800 € Beiträge für den neuen Vertrag	– 630,00 €
Ersparnis	523,00 €

Da Sie außer Lohnsteuer auch noch Kirchensteuer und Solidaritätszuschlag sparen, liegt Ihre tatsächliche Gesamtersparnis sogar noch höher und finanziert Ihnen Vater Staat so etwa ein Drittel der Beiträge aus dem Steuersäckel.

TRICK

Kassieren Sie Ihre Tantieme oder Ihr Weihnachtsgeld steuerfrei!

Als Arbeitnehmer können Sie mit Hilfe von Pensionszusagen die Versteuerung 174
Ihres Gehalts lange aufschieben und in Zeiten verlagern, in denen Sie z. B. als Rentner nicht mehr der horrenden Progression unterliegen. Zudem ist die Steuerfreiheit bei einer Pensionszusage nicht auf einen jährlichen Höchstbetrag begrenzt.

Schlagen Sie Ihrem Chef eine »arbeitnehmerfinanzierte Pensionszusage« vor. Ein Modell, von dem beide profitieren.
Sie verzichten rechtzeitig vor Beginn des Jahres auf einen Teil Ihres Gehalts, z. B. Ihre Jahresgratifikation, Ihre Tantieme oder das Weihnachtsgeld. Im Gegenzug dafür erteilt Ihnen Ihr Brötchengeber eine Pensionszusage. Auf diese Weise bauen Sie Jahr für Jahr einen immer höheren Pensionsanspruch auf, und Ihr Arbeitgeber trägt nicht von vornherein das Risiko, ab dem ersten Tag eine volle Pension zahlen zu müssen.
Ihr Vorteil dabei:

1. Da Ihnen die Tantieme oder das Weihnachtsgeld, auf das Sie zugunsten der Pensionszusage verzichtet haben, nicht zugeflossen ist, zahlen Sie dafür keine Steuern und das auch, wenn der umgewandelte Gehaltsteil 2010 den Betrag von 4 440 € deutlich überschreitet.
2. Sie können sich von Jahr zu Jahr neu entscheiden, ob Sie mit dem Geld, das Sie übrig haben, Ihren Pensionsanspruch aufstocken oder doch lieber eine Urlaubsreise machen oder sich ein neues Auto zulegen.

Damit es mit der steuerlichen Anerkennung Ihrer arbeitnehmerfinanzierten Pensionszusage auch wirklich klappt, müssen Sie einige Dinge beachten, die der Fiskus im BMF-Schreiben vom 4. 2. 2000 (BStBl 2000 I S. 354) festgehalten hat:

- Die Herabsetzung Ihrer Bezüge darf ausschließlich künftige, rechtlich noch nicht entstandene Gehaltsbestandteile betreffen.
- Bei der Ihnen für den Verzicht im Gegenzug zugesagten Versorgungsleistung muss es sich um eine betriebliche Altersversorgung im Sinne des Gesetzes zur Verbesserung der betrieblichen Altersversorgung (BetrAVG) handeln.

- Die Versorgungszusage muss ein sog. biometrisches Risiko (Tod, Invalidität, Krankheit) abdecken. Es genügt nicht, wenn Ihnen lediglich das aus dem Gehaltsverzicht »angesparte« Kapital zzgl. einer Verzinsung ausgezahlt wird.

175 **Leistungen aus einer Unfallversicherung**

Völlig unproblematisch sind Leistungen aus der gesetzlichen Unfallversicherung. Diese Zahlungen sind auf jeden Fall steuerfrei nach § 3 Nr. 1 a EStG.

Anders sieht die Sache aus, wenn Ihr Arbeitgeber eine zusätzliche Unfallversicherung bei einem privaten Versicherungsunternehmen zugunsten seiner Arbeitnehmer abgeschlossen hat.

Entscheidend ist, wer nach den Versicherungsbedingungen den unmittelbaren Zahlungsanspruch aus der Versicherung hat.

Problemlos ist die Geschichte, wenn die laufenden Beiträge bereits als Arbeitslohn entweder über Ihre Gehaltsabrechnung oder vom Arbeitgeber pauschal versteuert wurden. In diesem Fall haben Sie regelmäßig den direkten Anspruch auf die Versicherungsleistung. Erhalten Sie eine Kapitalzahlung, bleibt diese steuerfrei. Falls Sie aus der Unfallversicherung eine Rente bekommen, müssen Sie diese Rente nur mit dem günstigen Ertragsanteil versteuern.

Problematischer sind die Gruppenunfallversicherungen, die Ihnen keinen eigenen unentziehbaren Rechtsanspruch einräumen. Die Versicherung zahlt zunächst an den Arbeitgeber, und dieser entscheidet über die Weiterleitung der Versicherungsleistungen an Sie. Zwar mussten in diesem Fall die laufenden Beiträge nicht als Arbeitslohn versteuert werden, dafür führt aber die Auszahlung der Versicherung an Sie zum Zeitpunkt der Zahlung zu Arbeitslohn – und der Fiskus hat bislang verlangt, dass dann der volle Betrag versteuert wird. Dieser Praxis hat der Bundesfinanzhof nunmehr Einhalt geboten. Er ist der Auffassung, dass nur ein Teil der Versicherungsleistung zu versteuern ist (BFH v. 11. 12. 2008 – BFH/NV 2009 S. 474).

Als Arbeitslohn muss höchstens die Summe der bis zur Auszahlung vom Arbeitgeber für Sie gezahlten Versicherungsbeiträge versteuert werden, nicht hingegen die Überschussanteile und Zinsen, die in der Versicherungssumme stecken. Sollten ausnahmsweise wegen der langen Laufzeit die kumulierten Versicherungsbeiträge höher sein als die Versicherungsleistung, so wird die Versteuerung auf die ausgezahlte Versicherungsleistung begrenzt.

In aller Regel sind mit einer solchen Gruppenunfallversicherung neben privaten auch berufliche Unfälle abgesichert. Ist das der Fall, wird der Beitragsanteil für das Risiko beruflicher Unfälle von der Besteuerung freigestellt. Aus Vereinfachungsgründen kann dieser Anteil mit mindestens 50 % angenommen werden. Im Ergebnis sind damit nur 50 % der Summe der Beiträge bzw. der tatsächlichen Versicherungsleistung zu versteuern.

Beispiel

Nach einem Skiunfall erhalten Sie von Ihrem Arbeitgeber aus einer Gruppenunfallversicherung 18 000 € ausgezahlt. Laut einer Bescheinigung der Versicherung hatte Ihr Arbeitgeber für Sie insgesamt 8 500 € eingezahlt. Die Versicherung galt sowohl für private als auch für berufliche Unfälle.

Versicherungsleistung		18 000 €
Summe der Versicherungsbeiträge	8 500 €	
Anteil für Berufsunfälle 50 %	– 4 250 €	
Steuerpflichtiger Arbeitslohn	4 250 €	>– 4 250 €
Steuerfreie Zahlung der Unfallversicherung		13 750 €

Denk ich an Deutschland in der Nacht,
so bin ich um den Schlaf gebracht.
(Heinrich Heine)

9. Die Riester-Förderung

Um die Lücken zu stopfen, die sich künftig bei der Altersversorgung ergeben 176
werden, wurde mit der »Riester-Rente« ein Modell der staatlich geförderten privaten Altersversorgung aus der Taufe gehoben, deren Beiträge durch Zulagen und einen besonderen Sonderausgabenabzug steuerlich gefördert werden. Um sicherzustellen, dass nur Verträge gefördert werden, die den staatlichen Fördervoraussetzungen entsprechen, erhalten alle begünstigten Riester-Verträge ein besonderes Zertifikat und eine eigene Zertifizierungsnummer. Dieses Zertifikat sagt Ihnen aber nur, dass Sie für den Vertrag die Riester-Förderung erhalten und dass Sie später mindestens Ihre Beiträge ausgezahlt bekommen. Es ist kein staatliches Gütesiegel dafür, dass das jeweilige Anlageinstitut besonders wirtschaftlich arbeitet und eine hohe Rendite erwirtschaftet.

Folgende Personen können die Riester-Förderung unmittelbar in Anspruch nehmen:

- Arbeitnehmer,
- Angestellte,
- Beamte,
- Wehr-, Zivildienstleistende,
- Absolventen eines sozialen Jahres,
- Arbeitslose, auch wenn wegen der Einkünfte des Ehegatten oder eigenen Vermögens keine Ansprüche an die Agentur für Arbeit (= Arbeitsamt) bestehen,
- Bezieher von Vorruhestandsgeld,
- nicht erwerbstätige Pflegepersonen,
- Kindererziehende für Kindererziehungszeit,

- 400-€-Jobber, die auf ihre Versicherungsfreiheit verzichten und den pauschalen Rentenversicherungsbeitrag ihres Arbeitgebers auf den Regelbeitrag aufstocken,
- in die Handwerksrolle eingetragene Handwerker,
- in der Altersversicherung der Landwirte pflichtversicherte Landwirte,
- Empfänger von Berufsunfähigkeitsrenten,
- Empfänger von Versorgungsbezügen (Pensionen) wegen Berufsunfähigkeit.

Dagegen ist keine Förderung möglich, wenn Sie selbständig sind.

Zum mittelbaren Anspruch auf Riester-Zulage, wenn zwar nicht Sie selbst, aber Ihr Ehegatte zum oben beschriebenen Personenkreis gehört, vgl. ➤ Rz 178 Ziffer 2.

177 **Umlagefinanzierte Pensionskassen teilweise steuerfrei**

Beiträge an sog. umlagefinanzierte Pensionskassen sind 2010 in Höhe von 1 % der Beitragsbemessungsgrenze zur Rentenversicherung = 660 € steuerfrei. Solche umlagefinanzierte Pensionskassen erkennen Sie daran, dass der Arbeitgeber für jeden Arbeitnehmer pauschal einen bestimmten Prozentsatz des Arbeitslohnes einzahlt. Liegen die Umlagen über dem steuerfreien Betrag von 660 € (2010), kann entweder der Arbeitgeber den Differenzbetrag pauschal versteuern, dann haben Sie selbst mit der Versteuerung nichts am Hut, oder Sie müssen die Steuer auf die Beiträge selbst tragen.

Zu den hiervon am stärksten betroffenen Steuerzahlern gehören diejenigen, die in der Versorgungskasse des Bundes und der Länder (VBL) oder den Kirchlichen Zusatzversorgungskassen (KZVK) versichert sind, die Ihr Kassensystem noch nicht von der Umlagefinanzierung auf die Kapitaldeckung umgestellt haben. Wenn Sie Zweifel haben, ob Sie zu den Betroffenen gehören, fragen Sie im Lohnbüro Ihres Arbeitgebers nach.

TRICK

Akzeptieren Sie keine Steuer auf Beiträge an eine umlagefinanzierte Pensionskasse!

Als Mitglied in der VBL oder einer ähnlichen umlagefinanzierten Pensionskasse oder Versorgungseinrichtung zahlt Ihr Arbeitgeber einen Teil der Beiträge zusätzlich zu Ihrem Lohn. Dieser Arbeitgeberanteil wird – soweit er nicht in der o. g. Höhe (2010 = 660 €) steuerfrei bleibt – Ihrem Arbeitslohn zugerechnet, und Sie müssen darauf Steuern zahlen.

Gegen diese Versteuerung sollten Sie sich sich in jedem Fall zur Wehr setzen. Legen Sie gegen Ihren Einkommensteuerbescheid Einspruch ein mit der Begründung, dass der Umfang der Besteuerung der Zahlungen Ihres Brötchengebers an die VBL noch nicht abschließend geklärt ist, und bitten Sie das Finanzamt, Ihren Einspruch ruhen zu lassen, bis in dem dazu anhängigen Revisionsverfahren (BFH Az VI R 36/09) endgültig entschieden wurde.

1. Riester-Zulage 178

Für Altersvorsorgeverträge können Sie besondere Zulagen beantragen, die Ihnen neben den Beiträgen auf Ihren Altersvorsorgevertrag gezahlt werden. Die Berechnungsgrößen sind gestaffelt und steigen stufenweise an. Allerdings müssen Sie, um in den Genuss der jeweils vollen Zulage zu kommen, bestimmte Mindestbeiträge aus der eigenen Tasche zahlen.

Übersicht

Jahr	seit 2008
Mindesteigenbeitrag vom Bruttolohn des Vorjahres	4 %
Höchstbeitrag (abzgl. Zulagen)	2 100 €
Grundzulage	154 €
Einmaliger Berufseinsteigerbonus für unter 25-Jährige	200 €
Kinderzulage je Kind	185 €
Kinderzulage für nach dem 31. 12. 2007 geborene Kinder	300 €

Wenn Sie nicht wenigstens einen Betrag in Höhe des Mindesteigenbeitrags abzgl. der Ihnen zustehenden Zulagen einzahlen, werden Ihre Zulagen anteilig gekürzt.

Beispiel

Angenommen, Ihr Bruttolohn betrug im Jahr 2009 umgerechnet 30 000 €. Sie haben zwei Kinder.

Mindesteigenbeitrag 4 %		1 200 €
Ihnen stehen folgende Zulagen zu:		
Grundzulage	154 €	
Kinderzulage 2 × 185 €	370 €	
Zulage insgesamt	524 €	> – 524 €
Verbleiben für Sie 2009 aus der eigenen Tasche zu zahlen		676 €

Bei kinderreichen Familien könnte es dazu kommen, dass die Zulagen insgesamt höher sind als der Mindesteigenbeitrag. Sie müssen deshalb mindestens einen Sockelbetrag von 60 € selbst zahlen.

2. Zulagenanspruch bei Ehegatten

Ehegatten werden bei der Bemessung der Grundzulage getrennt behandelt. Jeder Ehegatte hat somit nur dann einen Zulagenanspruch, wenn er zum begünstigten Personenkreis gehört, er muss auch jeweils den Mindesteigenbeitrag

zahlen. Kinderzulage bekommt man als Ehepaar allerdings nur einmal. Sind beide Ehepartner zulagenberechtigt, erhält vorrangig die Mutter die Kinderzulage. Sie kann die Zulage aber jährlich auf den Vater übertragen.
Eine nette Besonderheit hatten die Erfinder der Riester-Förderung für Eheleute aber dennoch auf Lager. Als nicht begünstigter Ehegatte, z.B., weil Sie selbständig oder gar nicht berufstätig sind, steht Ihnen ein abgeleiteter Zulagenanspruch zu, wenn Ihr Ehegatte dem Grunde nach Riester-begünstigt ist und Sie selbst einen eigenen Altersvorsorgevertrag abschließen.
Der Vorteil: Der Ehegatte mit dem abgeleiteten Zulagenanspruch muss selbst keinen Mindesteigenbeitrag leisten, und zudem wird dessen Zulage auf den Mindesteigenbeitrag des anderen Ehepartners angerechnet.

179 **3. Zusätzlicher Sonderausgabenabzug**

Für Ihre Zahlungen in einen begünstigten – zertifizierten – Altersvorsorgevertrag können Sie nach § 10a EStG einen Sonderausgabenabzug in Anspruch nehmen. Dieser beträgt zusätzlich zu den üblichen Höchstbeträgen 2 100 €.
Von der Steuerersparnis wird allerdings die Zulage, die Ihnen auf Ihren Vertrag gutgeschrieben wurde, abgezogen (Günstigerprüfung).

180 **4. Was blüht mir an Steuern, wenn ich später einmal die Rente aus meinem Riester-geförderten Altersvorsorgevertrag kassiere?**

Der Teil der Riester-Rente, der aus steuerlich geförderten Beiträgen stammt, wird später zu 100 % besteuert (»nachgelagerte Besteuerung«).

181 **Die Wohnriesterförderung**

Zur Wohnriesterförderung vgl. ➤ Rz 18 ff.

Es gibt gute, achtbare und es gibt weniger gute, achtbare Gesetze.
Steuergesetze sind wenig achtbare Gesetze.
Denn sie beruhen nicht auf den Regeln von Tugend, Sitte und Anstand,
sondern auf Geldgier und Ausbeutungsstreben des Staates.
(Der Verfasser)

III. Berufliche Kosten der Arbeitnehmer

1. Werbungskosten – Ihre Berufskosten

Werbungskosten sind die beruflichen Ausgaben oder, wie die Steuergesetze sich 182
ausdrücken, die Aufwendungen zur Erwerbung, Sicherung und Erhaltung Ihres Arbeitseinkommens. Praktisch sind das alle Kosten, die Ihr Beruf mit sich bringt, auch die Vorbereitung darauf. Abzugsfähig sind die tatsächlichen Kosten, mindestens aber 920 € (Arbeitnehmerpauschbetrag).
Daher fallen alle beruflichen Kosten bis 920 € sang- und klanglos unter den Tisch, wirken sich also steuerlich nicht aus.
Stehen Sie nicht mehr im aktiven Arbeitsleben und beziehen als Pensionär oder Werksrentner Versorgungsbezüge, beträgt der Arbeitnehmerpauschbetrg nur 102 €. Mit der Begründung, bei einem nicht mehr im aktiven Arbeitsleben stehenden Versorgungsempfänger würden auch nicht mehr Werbungskosten anfallen als bei einem Rentner, gesteht Ihnen der Fiskus nur noch dieselbe Werbungskostenpauschale zu wie Rentnern.

TRICK

zum Arbeitnehmerpauschbetrag

Bleiben Sie mit Ihren Werbungskosten entweder deutlich unterhalb der Grenze von 920 €, um den Vorteil des Pauschbetrags möglichst optimal auszuschöpfen, oder überschreiten Sie die Grenze von 920 € deutlich. Legen Sie täglich mindestens 14 Kilometer zur Arbeit zurück, ist die Pauschale schon erreicht. Zur Kontrolle: 14 km × 0,30 € × 220 Tage = 924 €. Alles, was Sie zusätzlich an Werbungskosten in petto haben, wirkt sich jetzt steuermindernd aus. Wie können Sie die Werbungskosten geltend machen? Da gibt es zwei Möglichkeiten:

- Schon im Lauf des Jahres sich für die voraussichtlichen Werbungskosten einen Freibetrag auf der Lohnsteuerkarte eintragen lassen. In diesem Fall müssen Sie nach Ablauf des Jahres eine Einkommensteuererklärung abgeben. Mehr dazu unter ➤ Rz 461 ff.
- Nach Ablauf des Jahres die Werbungskosten in der Einkommensteuererklärung (Antragsveranlagung) angeben. Siehe dazu ➤ Rz 465.

2. Reisekosten

183 Unter dem Begriff Reisekosten werden im Steuerrecht die Kosten zusammengefasst, die entweder vom Arbeitgeber steuerfrei erstattet oder von Ihnen als Werbungskosten abgesetzt werden können, wenn Sie außerhalb Ihrer regelmäßigen Arbeitsstätte tätig werden. Dabei sind der Umfang der steuerfreien Arbeitgebererstattungen und der eines möglichen Werbungskostenabzugs nahezu identisch. Lediglich im Bereich der Übernachtungskosten kann der Arbeitgeber Pauschalen erstatten, die es für den Werbungskostenabzug nicht gibt; dazu aber später mehr.

Reisekosten fallen an, wenn Sie eine sog. Auswärtstätigkeit ausüben, d. h. eine

- Dienstreise durchführen,
- Einsatzwechseltätigkeit oder
- Fahrtätigkeit ausüben.

In allen drei Reisekostensparten kommen für einen Werbungskostenabzug oder eine steuerfreie Arbeitgebererstattung folgende Aufwendungen in Betracht:

- Verpflegungsmehraufwendungen,
- Fahrtkosten,
- Übernachtungskosten,
- Nebenkosten.

Bei den Erstattungen durch Ihren Arbeitgeber kommt es für die Steuerfreiheit nicht darauf an, unter welcher Bezeichnung Ihnen die Zahlungen zufließen. Häufig tauchen Begriffe auf wie Aufwandsentschädigungen, Auslösungen, Spesen etc., gemeint sind aber immer die Kosten, die im Verwaltungsdeutsch des Fiskus als Reisekosten bezeichnet werden.

Zunächst einmal gilt immer die Devise: So viel wie nur irgend möglich als steuerfreien Spesen- und Auslagenersatz vom Arbeitgeber kassieren. Jeder Euro steuerfreier Spesensatz ist für Sie auch wirklich 100 Cent wert. Beschränken Sie sich dagegen darauf, Ihre Kosten als Werbungskosten abzusetzen, holen Sie höchstens so viel wieder herein, wie Sie bei Ihrem persönlichen Steuersatz an Steuerersparnis erzielen können. Inklusive Ersparnis bei der Kirchensteuer und beim Solidaritätszuschlag sind das höchstens ca. 0,55 € für jeden Euro Werbungskosten.

Was der Fiskus unter den einzelnen Reisekostensparten versteht (Quelle: R 9.4 LStR):

184 • **Dienstreise** ist jede Außendiensttätigkeit außerhalb Ihrer Wohnung und Ihrer regelmäßigen Arbeitsstätte. Das setzt einen Ortswechsel einschließlich Hin- und Rückfahrt aus Anlass einer vorübergehenden auswärtigen Tätigkeit voraus. Dabei kommt es nicht darauf an, in welcher Entfernung von Ihrer regelmäßigen Arbeitsstätte Sie beruflich tätig werden. Dazu mehr unter

➤ Rz 187. Wenn Sie z. B. als Vertreter an einem Tag mindestens acht Stunden lang Ihre unmittelbaren Nachbarn von den Vorteilen des Bausparens überzeugt haben, machen Sie die Dienstreisepauschalen geltend, selbst wenn die größtmögliche Entfernung zu Ihrer Wohnung nur 125 Meter betragen hat. Allerdings dürfen Sie nicht zwischendurch zu Ihrer Wohnung zurückkehren.

- **Fahrtätigkeit** üben Sie aus, wenn Ihre regelmäßige Arbeitsstätte ein Fahrzeug ist, wenn Sie also Ihre Brötchen z. B. als Flugzeugführer, Brummi-, Linienbus-, Straßenbahn-, Kies- oder Taxifahrer, Lokführer oder Zugbegleiter verdienen. Bei Fahrtätigkeit werden Sie, was Ihre Verpflegungspauschale angeht, wie ein Dienstreisender behandelt. Allerdings müssen Sie sich nicht mit der kleinlichen Zeitbeschränkung auf drei Monate herumärgern, sondern können auch für längere Zeiträume Verpflegungsmehraufwendungen absetzen. Siehe dazu auch ➤ Rz 206. **185**
- Eine **Einsatzwechseltätigkeit** wird angenommen, wenn Sie von Ihrem Arbeitgeber typischerweise an ständig wechselnden Einsatzstellen beschäftigt werden und keine regelmäßige Arbeitsstätte – z. B. im Betrieb des Arbeitgebers – haben. Für die Frage, ob eine Einsatzwechseltätigkeit vorliegt, ist nicht ein abstraktes Berufsbild maßgebend, sondern ob Ihr Arbeitgeber Sie nach den Vereinbarungen in Ihrem Arbeitsvertrag jederzeit an anderen Orten einsetzen kann. Gleichwohl gehören Sie regelmäßig zu dieser Klientel, wenn Sie Ihre Brötchen z. B. als Bau-, Montage- oder Leiharbeiter oder als Springer einer Betriebsreserve verdienen. **186**

Bei Einsatzwechseltätigkeiten werden die Werbungskosten nicht mehr dadurch beeinflusst, wie weit die Einsatzstelle von der Wohnung entfernt liegt, d. h., Sie können die Fahrtkosten ohne »Wenn und Aber« als Reisekosten absetzen. Zu Fahrtkosten bei Einsatzwechseltätigkeit siehe ➤ Rz 257. Mehr zu Fahr- und Einsatzwechseltätigkeit unter ➤ Rz 206 f., Rz 257.

Die Flut an Gesetzen und Verordnungen hat sich wie Mehltau über das Land gelegt.
(Exwirtschaftsminister Rexrodt)
Wie wahr! Nur: Warum hat er es nicht geändert?

3. Als Reisekosten abzugsfähige Aufwendungen

Arbeitnehmer, die aus beruflichen Gründen außerhalb ihrer Wohnung und ihrer regelmäßigen Arbeitsstätte tätig werden, können diese Auswärtstätigkeit gegenüber dem Fiskus als Reisekosten abrechnen. **187**

Als regelmäßige Arbeitsstätte gilt jede dauerhafte betriebliche Einrichtung des Arbeitgebers, an der Sie entweder fest arbeiten oder die Sie nachhaltig, fortdauernd und immer wieder aufsuchen. Ob Sie überhaupt eine regelmäßige Arbeitsstätte haben, richtet sich nicht danach, welche Arbeiten Sie dort im Einzelnen

erledigen bzw. wie wichtig diese Arbeiten im Vergleich zu Ihren übrigen Tätigkeiten sind. Für die Frage, wo Ihr Tätigkeitsmittelpunkt ist, kommt es nicht darauf an, wie viel und wie lange Sie an diesem Ort arbeiten. Es genügt bereits, dass Sie eine arbeitgebereigene Einrichtung wie den Betrieb, die Dienststelle, eine Filiale etc. auf das Jahr gerechnet im Durchschnitt mindestens einmal in der Woche aufsuchen (BFH v. 11.5.2005 – BStBl 2005 S. 789 und 791). Fahren Sie also als Arbeitnehmer mit Einsatzwechsel- oder Fahrtätigkeit morgens immer erst zum Betrieb und von dort weiter zur Baustelle oder übernehmen im Betrieb Ihren Bus oder Lkw, ist der Betrieb Ihre regelmäßige Arbeitsstelle und werden Ihre Fahrten ab Betrieb wie Dienstreisen abgerechnet. Dies gilt auch, wenn Sie z. B. einmal in der Woche für einige Minuten den Betrieb Ihres Arbeitgebers aufsuchen, um Material, Aufträge oder Arbeitskollegen abzuholen oder um Arbeitsnachweise abzuliefern. Ja selbst wenn Sie dort nur von Ihrem Auto in den Firmenbus umsteigen oder Ihr Firmenfahrzeug abholen, begründen Sie im Betrieb des Arbeitgebers eine regelmäßige Arbeitsstätte.
Dasselbe gilt, wenn Sie zwar nicht regelmäßig einmal pro Woche, aber auf das Jahr gesehen mindestens 46-mal in den Betrieb kommen.

TRICK

Vermeiden Sie eine regelmäßige Arbeitsstätte

Nach dem neuen Reisekostenrecht hat eine regelmäßige Arbeitsstätte fast nur Nachteile:

1. Die Fahrtkosten zur regelmäßigen Arbeitsstätte können nur mit der Entfernungspauschale angesetzt werden.
2. Wenn Sie ein Firmenfahrzeug nutzen, müssen Sie den Nutzungsvorteil für Fahrten zwischen Wohnung und Arbeitsstätte selbst dann voll versteuern, wenn Sie nur einmal pro Woche im Betrieb auftauchen.
3. Die Abwesenheitszeit für die Berechnung der Verpflegungspauschalen beginnt anders als bisher erst ab Verlassen der regelmäßigen Arbeitsstätte (Betrieb) zu laufen.

Sie werden also in Absprache mit Ihrem Arbeitgeber eine regelmäßige Arbeitsstätte tunlichst vermeiden. Verlängern Sie dazu schlicht und ergreifend den Rhythmus, in dem Sie im Betrieb auftauchen, auf mind. 14 Tage und vermeiden Sie, dass Sie aufs Jahr gerechnet 46-mal oder öfter in den Betrieb kommen. Fragen Sie Ihren Chef, ob es wirklich sein muss, dass Sie wöchentlich persönlich Bericht erstatten, oder ob Ihnen die Arbeitsaufträge per E-Mail nach Hause geschickt werden können, so dass Sie direkt von Ihrer Wohnung zum Kunden fahren können.

Ohne regelmäßige Arbeitsstätte setzen Sie praktisch zeitlich unbegrenzt alle Fahrten – auch die gelegentlichen zum Betrieb – als Reisekosten mit 0,30 € je gefahrenen Kilometer ab.

TIPP

Gute Nachricht für Leiharbeitnehmer und langfristige Kundeneinsätze!

Die Finanzgerichte bis zu den obersten Richtern des BFH vertreten vehement den Standpunkt, dass die betriebliche Einrichtung eines Kunden oder eine Baustelle keine regelmäßige Arbeitsstätte sein kann. Egal ob sich der Einsatz beim Kunden oder auf einer Baustelle einige Wochen oder gar mehrere Jahre hinzieht: Die Tätigkeit dort bleibt für Sie eine Auswärtstätigkeit. Als Konsequenz gelten durchgehend die für Sie viel günstigeren Reisekostengrundsätze (BFH-Urt. v. 9.7.2009, BStBl 2009 II S. 822). Besonders freuen können Sie sich darüber, wenn Sie z. B. als Leiharbeitnehmer im Auftrag Ihrer Firma mehrere Jahre bei einem Kundenbetrieb eingesetzt werden. So setzen Sie Ihre täglichen Fahrtkosten nicht mit der Entfernungspauschale, sondern mit der doppelt so hohen Verwaltungspauschale für Fahrtkosten von 0,30 € je gefahrenen Kilometer (= 0,60 € je Entfernungskilometer) an.
Verpflegungspauschalen können Sie generell nur für längstens drei Monate als Werbungskosten abziehen, wenn Sie an ein und demselben Ort tätig sind. Fahrt- und evtl. Übernachtungskosten können Sie hingegen ohne zeitliche Beschränkung geltend machen (BFH v. 27.7.2004 – BStBl II 2005 S. 357). Siehe hierzu aber den Trick unter ➤ Rz 198.

Es kann Ihnen passieren, dass man versucht, Ihnen von vornherein Ihre Dienst- **188**
reisen mit der Begründung zu streichen, Sie hätten eine »weiträumige Arbeitsstätte«, und diese sei der Mittelpunkt Ihrer beruflichen Tätigkeit. Damit will man Ihnen einreden, Sie seien nicht außerhalb Ihrer regelmäßigen Arbeitsstätte tätig und hätten keinen Anspruch auf den erhöhten Werbungskostenabzug für Reisekosten. Bei solchen Diskussionen kontern Sie sofort mit den Urteilen des BFH vom 2.2.1994 (BStBl 1994 II S. 422) und vom 5.5.1994 (BStBl 1994 II S. 534). Danach liegt eine »weiträumige Arbeitsstätte« praktisch nur vor, wenn Ihr gesamtes Tätigkeitsgebiet Ihrem Arbeitgeber gehört (wie bei einem größeren Werksgelände oder einem Forstgebiet) oder wenn Ihre Tätigkeitsstätten unmittelbar aneinandergrenzen.

Aus der Tatsache, dass Sie immer in derselben Stadt oder im selben Stadtteil tätig werden, können Ihnen die Fiskalritter keinen Strick drehen, sofern Ihre Arbeitsstellen häufiger wechseln. Sie fallen dann in aller Regel unter die günstigeren Regelungen für Einsatzwechseltätigkeiten.

Der Fiskus ist insoweit recht engstirnig. Seiner Meinung nach haben Sie als Bauarbeiter in einem Neubaugebiet, Schornsteinfeger in Ihrem Kehrbezirk, Zeitungsbote in Ihrem Zustellbezirk oder Hafenarbeiter im Hafengebiet Ihre regelmäßige weiträumige Arbeitsstätte. Wenn Sie gegen diese Auffassungen zu Felde ziehen wollen, wappnen Sie sich mit einigen stichhaltigen Argumenten. So hat der BFH einem Stauer im Hamburger Hafen Einsatzwechseltätigkeit zugestanden (BFH v. 7.2.1997 – BStBl 1997 S. 333), einem Großgerätefahrer in einem Kalibergwerk dagegen nicht (BFH v. 18.6.2009 – BFH/NV 2009 S. 1874). Auch der Kehrbezirk eines Schornsteinfegers soll nicht unbedingt eine weiträumige regelmäßige Arbeitsstätte sein. So zumindest das FG Brandenburg am 9.10.1996 (EFG 1997 S. 100), das dem schwarzen Glücksbringer Einsatzwechseltätigkeit zugestand. Lassen Sie sich als häuslicher Krankenpfleger Ihre Einsatzgemeinde nicht als regelmäßige Arbeitsstätte ans Bein binden. Pochen Sie darauf, Ihre Einsätze seien Auswärtstätigkeiten (OFD Madgeburg v. 1.7.1996, FR 1996 S. 569).

Alle Kosten, die auf einer Auswärtstätigkeit anfallen, sind als Werbungskosten abziehbar, soweit Ihr Arbeitgeber sie Ihnen nicht ersetzt.

189 **a) Verpflegungsmehraufwand bei Dienstreisen**

Sowohl für die steuerfreie Erstattung durch Ihren Arbeitgeber als auch für den Abzug als Werbungskosten oder Betriebsausgaben gelten nur noch drei zeitlich gestaffelte Pauschalen.

S Pauschbeträge für Verpflegungsmehraufwand im Inland

Abwesenheitsdauer mindestens	Pauschale
8 Stunden	6 €
14 Stunden	12 €
24 Stunden	24 €

Diese Tabelle ist auch für Geschäftsreisen und Geschäftsgänge der Selbständigen anzuwenden. Ihr liegen § 4 Abs. 5 EStG und R 9.6 LStR zugrunde. Wir wissen, dass sich alle die ungünstig stellen, denen die Firma zwar Reisespesen zahlt, aber nicht in der Höhe, dass die entstandenen Kosten damit voll abgedeckt werden. Wenn Ihnen Ihre Verpflegungskosten von der Firma mit Spesensätzen ersetzt werden, die nicht an die o. a. Pauschsätze heranreichen, verfahren Sie am besten wie bei den Autokosten und machen den Unterschiedsbetrag als Werbungskosten geltend.

Das Sammeln von Belegen für Ihre Verpflegungsspesen lohnt sich nur, wenn Ihr Chef großzügig ist und Ihnen Ihre Kosten gegen Nachweis ersetzt. Bei der Steuer nutzen Ihnen diese Nachweise nichts. Auch von den Erstattungen Ihrer Firma können höchstens die Pauschbeträge steuerfrei bleiben.

SUPER TRICK

Doppelte Verpflegungspauschalen bleiben steuerfrei!

Wenn Ihnen Ihr Chef Gutes tun will, zahlt er Ihnen den doppelten Betrag der 190
obengenannten Pauschalen. Er kann nämlich, neben der normalen steuerfreien Verpflegungspauschale von 6 €/12 €/24 €, jeweils denselben Betrag noch einmal zusätzlich zahlen und mit 25 % pauschal versteuern. Damit werden die Zahlungen für Sie praktisch steuerfrei, weil pauschal versteuerter Arbeitslohn in Ihrer Steuererklärung nicht erfasst wird (Quelle: § 40 Abs. 2 Nr. 4 EStG).

Beispiel
Angenommen, Sie sind auf einer Dienstreise 15 Stunden von Ihrer Wohnung und Ihrem Betrieb abwesend.

Ihr Arbeitgeber zahlt Ihnen als Verpflegungskosten	davon bleiben steuerfrei	zusätzlich können mit 25 % pauschal versteuert werden	verbleiben als steuerpflichtiger Arbeitslohn
12 €	12 €		
18 €	12 €	6 €	
24 €	12 €	12 €	
35 €	12 €	12 €	11 €

50 000 € Steuergelder verschwendeten Stuttgarter Parlamentarier für eine »Bildungsgruppenfahrt« (Höhlen- und Klosterbesichtigung, Konzert in Kiew) im »Interesse des deutschen Volkes« …

TIPP

Ködern Sie Ihren Chef!

Wenn Ihr Brötchengeber Bauchschmerzen wegen der Übernahme der Pauschalsteuer hat, können Sie ihm die Sache schmackhaft machen: Wenn er nämlich die Steuer gem. § 40 Abs. 2 Nr. 4 EStG pauschal berechnet, löst das für diesen Teil des Arbeitslohns **Sozialversicherungsfreiheit** aus. Damit sparen nicht nur Sie, sondern auch Ihre Firma ca. 20 % an Sozialversicherungsbeiträgen. Die Pauschalbesteuerung geht für Ihre Firma im Ergebnis also nahezu plus/minus null aus.

SUPER TRICK

In der Kürze liegt die Würze

191 Da keine Mindestentfernung für Dienstreisen erforderlich ist, machen Sie bereits eine erstklassige Dienstreise, sobald Sie einen Fuß vor die Tür setzen, um für Ihre Firma außerhalb Ihrer Wohnung und außerhalb des Firmengeländes tätig zu werden. Also werden Sie künftig Kunden in unmittelbarer Nähe Ihrer Arbeitsstelle oder Ihrer Wohnung möglichst selbst besuchen, statt sie in den Betrieb zu bitten. Sie greifen sich also Ihren Aktenkoffer und legen die 50 Meter auf Schusters Rappen zurück. Und schon haben Sie bei entsprechender Abwesenheitszeit Anspruch auf einen Verpflegungspauschbetrag.

SUPER TRICK

Kleinvieh macht auch Mist

192 Gute Nachrichten für alle, die mehrmals am Tag einen dienstlichen Kurztrip unternehmen, z. B. bei einer Außendiensttätigkeit innerhalb einer Großstadt. Angenommen, Ihre Reise morgens dauert mit An- und Abfahrt drei Stunden, nachmittags waren Sie noch einmal sechs Stunden unterwegs. Jede der Dienstreisen für sich verhilft Ihnen noch nicht zu einer Verpflegungspauschale, weil die Abwesenheit jeweils unter acht Stunden liegt. Sie rechnen aber beide Reisen zusammen, und schon waren Sie insgesamt neun Stunden aushäusig tätig und werden mit einem zusätzlichen Bonus in Form einer Verpflegungspauschale von 6 € belohnt.

Zu dumm, dass Sie von der besonders schnellen Truppe sind! Da haben Sie sich doch nachmittags besonders ins Zeug gelegt und Ihren Auftrag in 4,5 Stunden abgewickelt! Prompt kommt der Ärger hinterher. Die Abwesenheitszeit beträgt insgesamt nur noch 7,5 Stunden, und Ihre schöne Verpflegungspauschale wäre zum Teufel, wenn nicht …, ja, wenn Sie nicht besonders klug wären. Natürlich werden Sie nicht auf den einfallslosen und darüber hinaus illegalen Kniff zurückgreifen und Ihre Abwesenheitszeiten in der Reisekostenabrechnung auf mindestens acht Stunden hochmanipulieren.

Da gehen Sie doch viel geschickter vor und hängen einfach abends noch eine Minidienstreise von einer halben Stunde z. B. zur Post oder zur Bank an. Besser ist natürlich, Sie lassen es gar nicht erst so weit kommen. Man kann eine Dienst-

reise auch dadurch steuerschlau ausdehnen, dass man sich vor der Rückkehr eine wohlverdiente Pause gönnt und erst einmal zum Essen geht oder sich in der nächsten Konditorei Kaffee und Kuchen genehmigt. Und laden Sie dazu noch einen Geschäftspartner ein, können Sie mit guter Begründung für Ihr Gespräch auch noch Speisen und Getränke absetzen.

TIPP

Reisen über Mitternacht einfach zusammenrechnen!

Mit der Verpflegungszeitgrenze von acht Stunden kommen Sie auch dann 193
schnell in Konflikt, wenn Ihre Auswärtstätigkeit von spätnachmittags oder abends bis zum nächsten Morgen dauert. Fängt die Tätigkeit nach 16.00 Uhr an und endet vor 8.00 Uhr am anderen Tag, sind Sie an keinem der beiden Tage mindestens acht Stunden abwesend. Bevor Sie sich nun aber verärgert abwenden, weil Sie fiskalisch wieder einmal völlig zu Unrecht den Kürzeren ziehen, sollten Sie einen Blick auf § 4 Abs. 5 S. 2 EStG werfen. Schön versteckt in dieser unübersichtlichen Vorschrift steht nämlich der Rettungsanker für Ihre Verpflegungspauschale. Bei einer »Über-Mitternacht-Tätigkeit« können Sie die Abwesenheit beider Tage schlicht zusammenrechnen und dem Tag zugeschlagen, an dem Sie länger abwesend waren. Und schon liegen Sie über der magischen Acht-Stunden-Grenze.

Beispiel
Sie beginnen am Donnerstag um 17.00 Uhr eine Fahrt mit Ihrem Lkw und kehren am Feitag um 6.30 Uhr in den Betrieb zurück. Die Gesamtabwesenheitszeit beträgt somit 13,5 Stunden, und Sie haben für Donnerstag Anspruch auf eine Verpflegungspauschale von 6 €.

TRICK

Verdoppeln Sie Ihre Verpflegungspauschale!

Und nun zeige ich Ihnen, wie Sie den Fiskus mit seinen eigenen Regelungen so richtig austricksen. Im obigen Beispiel bekommen Sie trotz über 13-stündiger Abwesenheit nur die kleine Verpflegungspauschale von 6 €. Nun mal angenommen, Sie haben von Mittwoch 19.00 Uhr auf Donnerstag 6.00 Uhr ebenfalls eine Fahrt absolviert. In diesem Fall beträgt die zusammengerechnete Abwesenheitszeit elf Stunden. Sie wird dem Donnerstag zugeschlagen und löst ebenfalls eine Verpflegungspauschale von 6 € aus. Zusammen ergibt das für den Donnerstag zweimal 6 € = 12 €.

Aber halt, da war doch noch der Trick aus ➤ Rz 192!

Sie geben sich also nicht mit 12 € zufrieden, sondern rechnen die beiden Auswärtstätigkeiten, die dem Donnerstag zugeschlagen werden – einmal 11 und einmal 13,5 Stunden – zusammen. Schon ergibt sich für Donnerstag eine Abwesenheit von über 24 Stunden, und Ihre Verpflegungspauschale ist mit 24 € ohne zusätzliche Mühen gleich doppelt so hoch.

Das klappt so wunderschön, weil der Fiskus in seiner Regelungswut zulässt, dass ein Tag rechnerisch mehr als 24 Stunden haben kann. In unserem Beispiel 24,5 Stunden. Eine Besonderheit, die Sie sonst nur bei Ihrem Chef kennen, der ja nach eigenen Worten »rund um die Uhr und darüber hinaus auch noch gelegentlich während der Mittagspause arbeitet«.

194 Gute Nachricht für Seeleute und Soldaten der Marine. Jedes Mal, wenn sie mit ihrem »Pott« einen ausländischen Hafen ansteuern, können sie die hohe Auslandsverpflegungspauschale (➤ Rz 943) absetzen (BFH v. 16.11.2005 – BStBl II 2006 S. 267).

Ganz ohne Pferdefuß geht es aber auch hier nicht ab. Verpflegungspauschalen können Seeleute nur für die ersten drei Monate der jeweiligen Fahrt absetzen. Erst wenn Sie wieder ihren Heimathafen angelaufen haben und erneut auslaufen, beginnt einen neue Frist von drei Monaten, und es gibt wieder Verpflegungspauschalen (BFH v. 19.12.2005 – BStBl II 2006 S. 378).

b) Verpflegungsmehraufwand bei vom Arbeitgeber gestellter Verpflegung

195 An Ihren Verpflegungspauschbeträgen darf niemand rütteln. Hier gilt die Devise: entweder die vollen Pauschalen oder gar keine. Kürzungen sind nicht vorgesehen.

Bekommen Sie anlässlich einer Dienstreise kostenlose Verpflegung, stehen Ihnen also zunächst einmal die ungekürzten Pauschalen von 6 €/12 €/24 € zu. Für die Mahlzeiten wird Ihnen als Arbeitnehmer aber ein Vorteil in Höhe der amtlichen Sachbezugswerte für Verpflegung zugerechnet. Das sind 2010 z. B. für ein Mittag- bzw. Abendessen je 2,80 € und für ein Frühstück 1,57 €. Bei Vollverpflegung werden also pro Tag 7,17 € auf Ihren Arbeitslohn aufgeschlagen.

Damit die Bäume nicht in den Himmel wachsen, soll die Bewertung Ihrer Dienstreiseverpflegung aber nur dann mit der Billigpauschale von z. B. 2,80 € möglich sein, wenn der tatsächliche Wert der Mahlzeit – egal ob es nun ein Frühstück oder ein Abendessen ist – nicht über 40 € liegt. Man kann das kalte Grauen kriegen über solche Korinthenkackereien deutscher Ministerialbeamter!

Sobald Sie für Ihre Verpflegung einen Obolus entrichten, muss diese Zahlung natürlich auf den geldwerten Vorteil angerechnet werden. Angenommen, Sie zahlen für ein betrieblich gesponsertes Mittagessen bei der Dienstreise 4 €, so bleibt für Sie von dem amtlichen Sachbezugswert nichts mehr zu versteuern.

TRICK

Kassieren Sie die Verpflegungspauschale zusätzlich oder sparen Sie die Versteuerung von Sachbezugswerten!

Sie müssen zwar bei einer zur Verfügung gestellten Mahlzeit anlässlich Ihrer Dienstreise den Sachbezugswert versteuern, aber trotzdem weder auf den Werbungskostenabzug noch eine steuerfreie Erstattung vom Arbeitgeber verzichten. Ihr Arbeitgeber darf Ihnen trotz der zur Verfügung gestellten Mahlzeiten je nach Reisedauer 6 €/12 €/24 € steuerfrei als Verpflegungspauschale auszahlen.

Zahlt Ihr Betrieb Ihnen die Pauschalen nicht zusätzlich aus, sollten Sie auf eine Vereinbarung drängen, dass bei zur Verfügung gestellten Mahlzeiten Sie zwar grundsätzlich Anspruch auf die Verpflegungspauschale haben, diese aber für jede Mahlzeit gekürzt wird. Damit können Sie sich jetzt auf den Standpunkt stellen, die Kürzung der Pauschale sei quasi das Entgelt für die Mahlzeit. Wenn Sie aber für Mahlzeiten etwas bezahlen, wird der Sachbezugswert um die Zuzahlung gekürzt. Liegt die Kürzung Ihrer Verpflegungspauschale also bei mindestens 2,80 €, muss nichts mehr versteuert werden.

TIPP

44-€-Freigrenze statt Sachbezugswert

Statt der Sachbezugswerte für die vom Arbeitgeber gestellte Verpflegung kann auch deren tatsächlicher Wert angesetzt werden. Selbst wenn Ihnen das auf den ersten Blick nicht besonders lukrativ vorkommt, da ja der tatsächliche Mahlzeitenpreis sicher höher sein wird als 2,80 €, kann sich dieser Kniff für Sie lohnen. Liegt nämlich der tatsächliche Wert nach Abzug der steuerfreien Verpflegungspauschalen unter 44 € pro Monat, können Sie von der 44-€-Freigrenze (➤ Rz 46) profitieren. Die Mahlzeiten bleiben dann nämlich insgesamt steuerfrei (BFH v. 19.11.2008 – BStBl 2009 II S. 547). Wird allerdings die 44-€-Grenze auch nur geringfügig überschritten, ist der Wert, der über die steuerfreien Pauschalen hinausgeht, voll steuerpflichtig. Auch sonst kann sich die Anwendung dieses Urteils eher als Fluch denn als Segen erweisen. Wenn Sie nicht nur gelegentlich während Ihren Auswärtstätigkeiten verpflegt werden, entstehen erheblich höhere Arbeitslöhne als bei Anwendung der Sachbezugswerte. Der Fiskus überlässt Ihnen die Wahl, ob Sie das o.g. Urteil anwenden wollen oder lieber die Sachbezugswerte ansetzen. Sie können also je nach Sachlage das für sie günstigste Verfahren wählen (BMF v. 13.7.2009 – BStBl 2009 I S. 771)

TRICK

Lassen Sie sich auf Dienstreisen vom Chef einmal so richtig verwöhnen!

196 Machen Sie sich eine der aberwitzigen Bestimmungen des Steuerrechts zunutze. Sie müssen nämlich wissen: Bei während der Dienstreise gewährter Verpflegung ist Mahlzeit gleich Mahlzeit. Egal, ob Sie in der Kantine der Zweigniederlassung, in der Sie vorübergehend tätig sind, eine Bockwurst mit Brötchen verdrücken oder in einem guten Restaurant auf Kosten Ihres Arbeitgebers ein Menü für 40 € tafeln. Für beides wird Ihnen nur der Sachbezugswert von 2,80 € als Arbeitslohn zugerechnet.

Wenn Sie also bei Ihrem Chef gut angesehen sind und er Ihnen etwas Gutes tun will, dann können Sie ohne weiteres auf einer Dienstreise einmal ein paar Tage auf Kosten der Firma so richtig schlemmen, ohne dass Sie anschließend Sodbrennen wegen der Steuer bekommen müssen. Wichtig dabei ist allerdings, dass der tatsächliche Preis je Mahlzeit nicht über 40 € liegt und zumindest formal Ihre Firma das Essen gewährt. Sie dürfen also nicht einfach losziehen, kräftig auf den Putz hauen und anschließend Ihrem Chef die Rechnung präsentieren. In diesem Fall könnte der Ihnen nämlich von angenommen 40 € entstandenen Kosten höchstens 24 € steuerfrei erstatten. Der Rest wäre voll steuer- und sozialversicherungspflichtiger Arbeitslohn.

Zum 1.1.2010 wurden die Voraussetzungen für die Arbeitgeberbewirtung bei dienstlichen Reisetätigkeiten deutlich gelockert.Die Buchung von Übernachtung mit Frühstück oder anderen Mahlzeiten muss nicht mehr zwingend durch den Arbeitgeber erfolgen, sondern kann auch von Ihnen selbst vorgenommen werden. Wichtig ist dabei, dass Sie die Buchung vor Beginn der Auswärtstätigkeit vornehmen, z. B. über die Website des Hotels oder ein Hotelreservierungsportal.

Für das Frühstück, das Mittag- oder Abendessen bei dienstlichen Reisen kann Ihr Arbeitgeber dann den amtlichen Sachbezugswert in der Lohnabrechnung ansetzen, wenn

- die Kosten vom Arbeitgeber dienst- oder arbeitsrechtlich ersetzt werden und
- die Rechnung auf den Arbeitgeber ausgestellt ist.

Wie die Rechnung beglichen wird, ob zunächst vom Arbeitnehmer oder durch Bezahlung mit Firmenkreditkarte, ist dabei ohne Belang(R 8.1 Abs. 6 LStR 2011).

Damit aber nicht genug: Neben der komplett vorbestellten Verpflegung können Sie pro vollem Tag noch 24 € und für die angebrochenen Reisetage entsprechend 6 € bzw. 12 € steuerfreie Spesen kassieren.

Spielt Ihr Brötchengeber nicht mit, können Sie diese Beträge in Ihrer Steuererklärung als Verpflegungsmehraufwand unter Werbungskosten absetzen.

TRICK

Der Kunde verhilft Ihnen zu steuerfreien Mahlzeiten.

Wollen Sie ganz heraus aus der Besteuerung Ihrer Mahlzeiten bei Dienstreisen, 197
brauchen Sie nur einen Kunden zum Essen mitzunehmen. Sofern Sie das im Auftrag Ihrer Firma tun, wird aus Ihrem Abendessen eine geschäftlich veranlasste Bewirtung, an der Sie als Arbeitnehmer teilnehmen. Vorteil für Sie: Ihnen entsteht jetzt kein steuerpflichtiger Arbeitslohn. Bei einem solchen Arbeitsessen mit Kunden steht für Sie nämlich nicht Ihre Verpflegung, sondern die Arbeit im Vordergrund. Dass Sie auch etwas essen müssen, ist sozusagen lästige, aber unvermeidbare Pflichterfüllung. (Quelle: R 8.1 Abs. 8 Nr. 1 LStR)

c) Verpflegungskosten bei längerer Auswärtstätigkeit

Führt Sie Ihre Auswärtstätigkeit für längere Zeit an denselben Ort, können Sie 198
zumindest immer dann Reisekosten absetzen, wenn Sie an Ihrem Tätigkeitsort befristet eingesetzt sind. Für den Abzug Ihrer Fahrt- und Übernachtungskosten gibt es daher keine zeitlichen Einschränkungen. Anders sieht es da schon bei den Verpflegungspauschalen aus. Der Fiskus unterstellt, dass Sie sich nach drei Monaten am selben Dienstreiseort dort genauso günstig verpflegen können wie zu Hause. Konsequenz für Sie: Nach drei Monaten stehen Ihnen keine Verpflegungspauschalen mehr zu.

TRICK

So befreien Sie sich aus der Dreimonatsfalle!

Mit der richtigen Begründung sind Sie von der Dreimonatsfrist nicht betroffen. Das Finanzamt darf Ihnen nämlich nicht so ohne weiteres mit der Dreimonatsfrist kommen, wenn Sie sich nicht ständig an Ihrem auswärtigen Tätigkeitsort aufhalten.

Gute Karten haben Sie, wenn Sie sagen können, dass Sie sich an dem jeweiligen auswärtigen Tätigkeitsort pro Woche nicht mehr als ein bis zwei Tage aufhalten. Wenn Sie den Rest der Woche im Betrieb oder bei anderen Kunden sind, greift die Dreimonatsfrist nicht (R 9.6 Abs. 4 LStR). Dann bleibt dem Finanzamt nichts anderes übrig, als Ihnen auch für die Fahrten im vierten, fünften und sechsten Monat die Verpflegungspauschalen zuzugestehen.

Also nichts wie ran ans Werk, Architekten, Bauleiter, beratende Ingenieure, Kundendienstmonteure, Software-Entwickler und alle diejenigen, die trotz längerer Auswärtstätigkeit am selben Ort zwischendurch ständig auch in der Firma wesentliche Dinge zu erledigen haben.

TIPP

zum Neubeginn der Dreimonatsfrist

199 Wenn diese Argumente nicht greifen, z. B., weil Sie sich ständig am auswärtigen Tätigkeitsort aufhalten, können Sie immer noch damit argumentieren, dass aufgrund einer Unterbrechung Ihrer Tätigkeit eine neue Dreimonatsfrist zu laufen beginnt. Dazu muss die Unterbrechung aber mindestens vier Wochen betragen. Leider können Sie zu diesem Zweck nicht einfach mit Ihrem Jahresurlaub argumentieren. Auch eine längere Krankheit reicht nicht aus, um die Frist neu in Gang zu setzen (R 9.6 Abs. 4 LStR).

Wenn Sie allerdings zwischendurch für mindestens vier Wochen an Ihrer regelmäßigen Arbeitsstätte oder einem anderen Tätigkeitsort beschäftigt waren, beginnt danach eine neue Dreimonatsfrist. Besondere Anforderungen werden an diesen zwischenzeitlichen Tätigkeitsort nicht gestellt, er kann ohne weiteres in unmittelbarer Nähe des ersten Reiseorts liegen. So reicht z. B. bei einem Prüfer oder Revisor bei einem längeren Prüfungseinsatz aus, wenn zwischendurch zwei kurze je zweiwöchige Prüfungen in der Nähe erledigt wurden.

TRICK

So hebeln Sie die Dreimonatsfrist aus!

Urlaub oder Krankheit allein helfen Ihnen also grundsätzlich nicht, die Hürde für eine vierwöchige Unterbrechung zu überschreiten. Sie können sich aber mit einem Kombinationsmodell helfen. Der Urlaub rechnet nach Meinung der Fiskalvertreter immer zu dem Tätigkeitsort, an dem Sie beschäftigt waren, als Sie Ihren Urlaub angetreten haben.

Also: Waren Sie vor Ihrem Jahresurlaub für zwei bis drei Tage in Ihrer Firma, um Bericht zu erstatten oder Schreibkram zu erledigen, und dann für vier Wochen in Ferien, haben Sie die mehr als vierwöchige Unterbrechung im Sack.

200 Gute Nachrichten für Sie, unabhängig davon, ob Sie eine feste Arbeitsstätte haben und Dienstreisen zu Kunden unternehmen oder ob Sie an ständig wech-

selnden Einsatzstellen tätig sind: Der Abzug und die steuerfreie Erstattung der übrigen Reisekosten ist nicht auf die ersten drei Monate der Tätigkeit am selben Ort beschränkt. Auch bei längeren Dienstreisen oder Kundenaufträgen gelten die Reisekostengrundsätze für Ihre Fahrt-, Übernachtungs- und Reisenebenkosten.

Haben Sie einen längeren auswärtigen Lehrgang besucht, um in Ihrem Beruf ein Meister zu werden, vielleicht Versicherungs-, Bankfachwirt oder Offizier, können Sie diesen Besuch während der gesamten Zeit als Reisekosten abrechnen. 201

Fahrtkosten für An- und Rückreise und für beliebig viele Zwischenheimfahrten mit je 0,30 € je km,

z. B. für 24 wöchentliche und sechs zusätzliche Heimfahrten à 300 km =	2 700,00 €
Verpflegungsmehraufwand 42 Tage à 24 € und 28 Tage à 12 € =	1 344,00 €
Summe der Werbungskosten	4 044,00 €
Dagegenrechnen müssen Sie den Sachbezug (2010):	
Verpflegung 120 Tage à 7,17 €	– 860,40 €
Verbleibt ein Vorteil von	3 183,60 €

Eine Kreisamtsbauleiterin lässt sich neben ihrem Dienstzimmer eine Dusche einbauen, um sich »frisch machen« zu können. Klar: Als Beamtin schwitzt man ja auch so schrecklich. Der Umbau war schwierig, die Dusche luxuriös. Die Kosten für die Steuerzahler: fast 50 000 €.

TRICK

Holen Sie mehr heraus bei Gemeinschaftsverpflegung!

Lassen Sie sich nicht einen Sachbezugswert für Verpflegung anhängen, wenn Sie bei einer längeren Dienstreise oder bei einem auswärtigen Lehrgang einen Kostenbeitrag für Gemeinschaftsverpflegung entrichtet haben. Müssen Sie z. B. als Soldat, Azubi oder Beamtenanwärter für die Verpflegung in der Mensa oder 202

Kantine etwas berappen, können Sie diesen Betrag von den 7,17 € abziehen, die Ihnen pro Tag dafür als Arbeitslohn zugerechnet werden. Lassen Sie sich für Ihren Brötchengeber eine Bescheinigung über Ihre Zahlungen geben:

> Herr/Frau .... hat während des dienstlichen Aufenthalts in .... täglich 7,50 € für die Gemeinschaftsverpflegung gezahlt.
>
> Datum .... Unterschrift ....

Weil Ihre Zahlungen höher waren als der Sachbezugswert für Verpflegung, wird Ihnen kein steuerpflichtiger Arbeitslohn zugerechnet.

TRICK

Wie Sie als Rechtsreferendar 6 € pro Tag herausholen!

203 Aufgepasst, Rechtsreferendare und alle, die während der Ausbildung ständig den Ausbildungsort wechseln und nicht immer wieder an dieselbe Stammdienststelle zurückkehren. Der BFH hatte ein Einsehen. Sie können Ihre Werbungskosten wie alle anderen Arbeitnehmer an ständig wechselnden Einsatzstellen absetzen (Betriebsberater 1990, S. 2171). Ihnen stehen in den ersten drei Monaten für jeden Tag, an dem Sie mehr als acht Stunden von der Wohnung abwesend sind, 6 € zu.

TRICK

So ist mehr drin für leitende Angestellte, Reisende, Geschäftsführer, Selbständige

204 **S** Wie ist das eigentlich, wenn Sie als leitende Kraft in einem Unternehmen tätig sind? Da sind Sie doch gehalten, stets Ihre Firma zu repräsentieren und sich nobel zu geben. Also werden bei Ihnen auch häufiger Kosten für die Bewirtung von Kunden und Geschäftspartnern anfallen.

Zeigt sich Ihr Fiskalvertreter zugeknöpft, weisen Sie ihn auf die für Sie günstige BFH-Rechtsprechung hin, wonach Aufwendungen eines Arbeitnehmers für ein Essen mit einem Kunden als Werbungskosten abziehbar sind, wenn der Arbeitgeber ihm dafür keinen Ersatz leistet (BFH-Urt. v. 16.3.1984 – BStBl 1984 II S. 433). Der BFH hat sich in der jüngeren Vergangenheit erneut mit dem Abzug von Bewirtungskosten von Arbeitnehmern beschäftigt. Er hat die Bedingungen, unter denen Sie Kosten für die Bewirtung von Geschäftspartnern und Kunden als Werbungskosten absetzen können, wesentlich vereinfacht. Entscheidend ist nach Meinung der Münchener Steuerrichter nur, dass die Bewirtung beruflich veranlasst ist. Im Gegensatz zu früher spielt es keine entscheidende Rolle mehr, ob Ihr Gehalt ganz oder teilweise erfolgsabhängig ist (BFH v. 11.1.2007 – BStBl II 2007 S. 317).

Einen Pferdefuß gibt es allerdings zu beachten. Wenn Sie die Einladung aussprechen, also als Bewirtender auftreten, greifen wie bei einem Selbständigen formale Anforderungen für den Abzug von Bewirtungskosten. Sie müssen sich also mit einer zeitnah zur Bewirtung erstellten Rechnung/Bewirtungsquittung wappnen. Am einfachsten gelingt das mit einer ordentlichen Restaurantrechnung. Auf der Rechnung – die meisten Restaurantquittungen weisen einen entsprechenden Vordruck auf – machen Sie Angaben zum Anlass der Bewirtung und führen die bewirteten Personen auf. Um dem Finanzamt von vornherein den Wind aus den Segeln zu nehmen, müssen Sie sich dabei etwas Mühe geben. Beschränken Sie sich beim Bewirtungsgrund nicht auf Floskeln wie »Verkaufsgespräch«, »Vertragsverhandlung« oder »Acquise«. Allzu allgemeine Angaben lässt der Fiskus nicht gelten. Besser ist da die Angabe »Verhandlung mit Vertretern der Firma xyz wegen Liefervertrag über ABC« oder »Verhandlung über Abschluss Lebensversicherung«. Auch bei den bewirteten Personen sollten Sie auf jeden Fall Name, Vorname und Wohnort sowie ggf. Funktion wie »Prokurist«, »Ehepartner des Kunden« etc. angeben. Damit steht dem Abzug als Werbungskosten dem Grunde nach nichts mehr im Weg. Allerdings können Sie auch in diesen Fällen nur 70 % der Aufwendungen absetzen (§ 4 Abs. 5 Satz 1 Nr. 2 EStG).

TIPP

für die Feier mit Ihren Kollegen

Nicht nur der renommierte Einkommensteuerkommentar Schmidt/Densek 205
(Randnummer 15 zu § 12) hilft Ihnen hier mit Argumenten weiter. Sie bekommen inzwischen auch Rückendeckung vom BFH, wenn Sie als leitender Angestellter Ihren Repräsentationspflichten schon mit anderen Feiern nachgekommen sind und nun Ihre Mitarbeiter z. B. zu einem Gartenfest aus Anlass Ihres Geburtstags oder eines Dienstjubiläums einladen. In diesem Fall können Sie die Kosten als Werbungskosten absetzen, weil die Höhe Ihrer Tantiemen ja von der Motivation Ihrer Mitarbeiter abhängt, die Sie mit dieser Einladung steigern wollen (BFH v. 1.2.2007 – BStBl 2007 II S. 459). Nach Meinung der Richter in

München war die Tatsache, dass der Steuerzahler in diesem Fall erfolgsabhängige Tantiemen bezog, nur ein zusätzliches Argument für den Werbungskostenabzug. Diesen hätte es letztlich aber auch ohne die Tantiemen gegeben. Die Bewirtungskosten können Sie nun auch absetzen, wenn Sie als Abteilungsleiter Ihre Mitarbeiter z.B. zu einem Weihnachtsessen einladen (BFH-Urt. v. 19.6.2008 – BStBl 2009 II S.11), als Behördenleiter mit Ihrer Belegschaft und anderen Personen aus Ihrem beruflichen Umfeld Ihr fünfjähriges Jubiläum feiern (BFH v. 6.3.2008 – VI R 68/06, HFR 2008 S.928) oder als Chefarzt die Krankenschwestern und Ärzte Ihrer Abteilung einladen (BFH v. 10.7.2008 – VI R 26/07, BFH/NV 2008 S.1831).

WICHTIGER HINWEIS

Voller Werbungskostenabzug ohne formale Hürden!

Die Abzugsbeschränkung auf 70 % der Kosten des §4 Abs.5 Satz 1 Nr.2 EStG greift nicht für die Bewirtung von Mitarbeitern. Das gilt vor allem für solche Mitarbeiter, die Ihnen unterstellt sind und die durch ihre Zu- und Mitarbeit unmittelbaren Einfluss auf Ihre Karriere haben. Deshalb sind auch die strengen formalen Anforderungen nicht anwendbar.

Auch eine Feier zu Ihrem Abschied aus der Firma oder von der Dienststelle, an der vor allem Mitarbeiter, Geschäftsfreunde und Personen des öffentlichen Lebens teilnehmen, mit denen Sie beruflich zu tun hatten, können Sie als Werbungskosten absetzen, wenn Sie sie aus der eigenen Tasche gesponsert haben. Was bei einem Bundeswehrgeneral anlässlich seiner Verabschiedung in den Ruhestand recht war (BFH v. 11.1.2007 – BStBl 2007 II S.317), sollte bei Ihnen als leitendem Angestellten, Behördenleiter oder leitendem Mitarbeiter einer Dienststelle billig sein. Auch hier gilt es fein zu unterscheiden. Laden Sie persönlich zu der Feier ein, unterliegen die Kosten den Abzugsbeschränkungen auf 70 %. Wird dagegen die Feier von Ihrem Dienstherrn oder Arbeitgeber veranstaltet und steuern Sie lediglich einen Obolus bei, um die Feier etwas üppiger gestalten zu können, ziehen Sie Ihren Kostenbeitrag zu 100 % als Werbungskosten ab.

d) Verpflegungskosten bei Fahr- oder Einsatzwechseltätigkeit

206 Ist Ihre regelmäßige Arbeitsstätte ein Fahrzeug oder üben Sie typischerweise Ihre Tätigkeit nur an ständig wechselnden Einsatzstellen aus, z.B. als Bau- oder Montagearbeiter oder als Springer einer Betriebsreserve, üben Sie nach der Definition von Reisekosten ebenfalls eine Auswärtstätigkeit aus. In Folge dessen können Sie wie jeder Dienstreisende Verpflegungsmehraufwand geltend machen, wenn Sie einen entsprechend langen Arbeitstag haben.

Ihnen stehen dafür dieselben Pauschalen zu (➤ Rz 189). Entscheidend für die Höhe der Pauschale ist auch bei Ihnen die Dauer der Abwesenheit von Ihrer Wohnung.

Das Problem dabei ist die Dreimonatsfrist. Auch Sie können Verpflegungsmehraufwendungen nur während der ersten drei Monate der Tätigkeit am selben Ort absetzen. Danach entfällt diese Möglichkeit. Für die Berechnung der Dreimonatsfrist – ihren Neubeginn und Ausnahmen, wenn Sie während der Woche nur sporadisch an Ihrer Einsatzstelle tätig werden – gelten dieselben Regelungen wie bei Dienstreisen (➤ Rz 198 ff.).

Was Sie als Kraftfahrer unbedingt wissen müssen! 207

Sind Sie als Kraftfahrer praktisch nur auf einem Fahrzeug tätig, etwa als Bus- oder Straßenbahnfahrer, Fernfahrer, Taxifahrer, Auslieferungsfahrer, Zugführer, Zugbegleiter etc., üben Sie eine Fahrtätigkeit aus. Für Sie ist die Dreimonatsfrist praktisch nicht anwendbar. Immer wenn Sie eine neue Fahrt beginnen, beginnt auch eine neue Dreimonatsfrist zu laufen. Das gilt selbst dann, wenn Sie z. B. als Auslieferungsfahrer Tag für Tag dieselben Filialen ansteuern oder als Fahrer im Personennahverkehr immer auf derselben Linie eingesetzt werden.

Per saldo setzen Sie also – eine mehr als achtstündige Abwesenheit von Ihrer Wohnung unterstellt – für jeden Arbeitstag des Jahres mindestens 6 € ab. Sind Sie über 14 Stunden unterwegs, springen 12 € heraus. Und als Fahrer, der auf Ferntouren mehrere Tage von zu Hause abwesend ist, stehen Ihnen für die vollen Abwesenheitstage sogar 24 € zu.

Führt Sie Ihre Fahrt ins Ausland, können Sie sich über erheblich höhere Verpflegungspauschalen freuen. Mehr dazu finden Sie unter ➤ Rz 942 ff.

TRICK

Ein Tankstopp jenseits der Grenze verdoppelt Ihre Verpflegungspauschale!

Als Kraftfahrer, der seine täglichen Touren im Grenzgebiet macht, können Sie durch einen kurzen Abstecher ins benachbarte Ausland erreichen, dass Ihnen die viel höheren Auslandsverpflegungspauschalen zustehen. Sie profitieren dabei von einer Regelung für Auslandsreisen, nach der bei eintägigen Reisen mit Auslandsberührung immer die Auslandspauschale statt der geringeren Inlandspauschale angesetzt wird. Wie lange Sie sich dabei im Ausland aufhalten, ist völlig ohne Belang. Fahren Sie also kurz einmal zum Tanken in die Niederlande oder nach Luxemburg, steht Ihnen statt 6 €/12 € Inlandspauschale (mind. 8 Std./14 Std. Abwesenheit) 13 €/26 € Auslandspauschale zu.

208 **Was Sie als Arbeitnehmer mit Einsatzwechseltätigkeit unbedingt wissen müssen!**
Bei täglicher Rückkehr an Ihren Wohnort können Sie **Verpflegungskosten** wie bei Dienstreisen absetzen. Das sind 6 € bei einer Abwesenheit von mindestens acht Stunden und 12 € bei mehr als 14 Stunden. Unter Abwesenheitsdauer versteht der Fiskus grundsätzlich die Zeit zwischen Verlassen der Wohnung und Rückkehr. Eine Besonderheit gilt allerdings, wenn Sie regelmäßig (mindestens einmal pro Woche) zunächst zum Betrieb Ihres Brötchengebers fahren und erst von dort weiter zur Baustelle oder zum Kunden. An diesen Tagen beginnt die Zeitrechnung für die Verpflegungspauschale erst mit dem Verlassen des Betriebs und nicht schon, wenn Sie sich morgens auf den Weg zur Firma machen.
Wenn Sie längere Zeit am selben Ort eingesetzt sind, können Sie längstens drei Monate lang Verpflegungspauschalen absetzen (➤ Rz 206).

209 **Sie übernachten an der Einsatzstelle**
Vorbei die Zeiten, als Sie sich mit einem eingeschränkten Kostenabzug zufriedengeben mussten, wenn Sie an Ihrer Einsatzstelle übernachteten. Mit einem ganzen Strauß von Urteilen
hat der BFH den Fiskus gezwungen, diese restriktive Handhabung aufzugeben und sämtliche Kosten wie bei Dienstreisen anzuerkennen. Das gilt – von den Verpflegungspauschalen abgesehen – ohne zeitliche Einschränkungen (BFH-Urteile v. 11.5.2005 – BStBl II 2005 S. 782–793). Dem Fiskus blieb nichts anderes übrig, als diese Kröten zu schlucken und Ihnen zunächst mit dem BMF-Schreiben vom 26.10.2005 (BStBl I S. 960) und nun auch mit den Lohnsteuerrichtlinien den umfangreichen Werbungskostenabzug zuzugestehen.

SUPER TRICK

Fünf Minuten vor zwölf ist optimal.

210 Dummerweise erfüllen Sie an den Tagen, an denen Sie nach Hause fahren, nicht die Voraussetzung für die volle Verpflegungspauschale von 24 €.
Sowohl am Anreise- als auch am Abreisetag sind Sie weniger als 24 Stunden von Ihrer Hauptwohnung abwesend, und schon schrumpft Ihre Pauschale an beiden Tagen auf jeweils 12 € zusammen. Günstiger für Sie wäre es da schon, wenn Sie sagen könnten: »Ich muss montags um 7.00 Uhr taufrisch auf der Baustelle zur Arbeit erscheinen. Damit ich mich noch ein paar Stunden aufs Ohr legen kann, fahre ich immer schon am Sonntag kurz vor Mitternacht zurück.«
Auf diese Weise holen Sie zumindest in den ersten drei Monaten für jeden Montag zusätzlich die volle Pauschale von 24 €.

Beispiel für einen sechsmonatigen Baustelleneinsatz mit Übernachtung:

Unterkunftskosten:			
6 Monate à 200 €			1 200,00 €
Fahrtkosten:			
Erste Hinfahrt 210 km × 0,30 €		63,00 €	
Letzte Rückfahrt 210 km × 0,30 €		63,00 €	
24 Heimfahrten à 420 km × 0,30 €		3 024,00 €	
Fahrten Unterkunft – Baustelle (einfache Entfernung 4 km) 125 Tage × 8 km × 0,30 €		300,00 €	
		3 450,00 €	> 3 450,00 €
Verpflegungskosten:			
1.–3. Monat: Volle Tage:	40 Tage × 24 €	960,00 €	
Heimfahrttage: (Abwesenheit 14 Std.)	26 Tage × 12 €	312,00 €	
		1 272,00 €	> 1 272,00 €
Werbungskosten insgesamt			5 922,00 €

SUPER TRICK

Als Bau- und Montagearbeiter durch Pauschalversteuerung zusätzlich absahnen!

Besser, als die Werbungskosten bei Ihrer Steuererklärung abzusetzen und somit vielleicht 25 bis 30 % der abgesetzten Kosten über die Steuererstattung zu erhalten, ist es immer noch, wenn Ihnen Ihr Arbeitgeber die Kosten ersetzt. Soweit er das steuerfrei tun kann, klingeln dann nämlich volle 100 % in Ihrer Geldbörse. 211

Als Bau- und Montagearbeiter bekommen Sie für Ihre Baustellentätigkeit normalerweise unter der Bezeichnung Auslösungen solche Arbeitgebererstattungen. Der Arbeitgeber rechnet im Prinzip genauso wie Sie und ermittelt zunächst einmal den Betrag, der als Werbungskosten abzugsfähig wäre. Diesen Teil der Auslösung kann er dann steuerfrei zahlen. Liegt die Auslösung höher, wird vom übersteigenden Betrag Lohnsteuer einbehalten.

Reicht der Werbungskostenbetrag nicht, um die Auslösung in voller Höhe steuerfrei zu stellen, darf der Arbeitgeber in bestimmtem Umfang von ihm über die steuerfreien Verpflegungspauschalen hinaus gezahlte Verpflegungskosten pauschal versteuern (§ 40 Abs. 2 Nr. 4 EStG). Und das sind je nach Abwesenheit von Ihrer Unterkunft immerhin 6 € (mindestens acht Stunden) oder 12 € (mindestens 14 Stunden) pro Tag.

Ihr Arbeitgeber kann also in den ersten drei Monaten pro Tag von der Auslösung 24 € als Verpflegungspauschale steuerfrei lassen und zusätzlich weitere 24 € bzw. an den Reisetagen 6 € bzw. 12 € mit 25 % pauschal versteuern und diese Steuer zu Ihren Gunsten übernehmen.

Das sind immerhin ca.

40 Tage à 24 € =	960 €
26 Tage à 12 € =	312 €
	1272 €

die Ihnen Ihr Arbeitgeber zusätzlich zuwenden kann, ohne dass Sie dafür Steuern oder Sozialversicherungsbeiträge zahlen müssen.

212 **e) Fahrtkosten bei Auswärtstätigkeiten**

Sind Fahrtkosten beruflich veranlasst, können Sie sie von den Lohn- und Gehaltsbezügen als Werbungskosten abziehen. Fahrtkosten sind die tatsächlichen Aufwendungen, die Ihnen durch die persönliche Benutzung eines Beförderungsmittels entstehen.

Die meisten Berufstätigen nehmen heute ihr privates Auto für berufliche Fahrten, es können aber auch die Kosten für öffentliche Verkehrsmittel und für Taxen abgezogen werden. Ob angemessen oder nicht: Man muss Ihnen auch hohe Fahrtkosten anerkennen, wenn sie objektiv im Zusammenhang mit dem Dienst stehen und nicht so exorbitant hoch sind, dass man sie als pures Privatvergnügen einstufen muss (§ 9 Abs. 5 und § 4 Abs. 5 Nr. 7 EStG).

Bei den Autokosten ist zu unterscheiden:

- Wenn das private Auto bei *Auswärtstätigkeiten* benutzt wird, lässt das Finanzamt die tatsächlich entstandenen Autokosten zu, die allerdings einzeln nachzuweisen sind. Wenn kein Einzelnachweis erbracht wird, gibt es ohne Rücksicht auf Typ und Größe des Autos nur 0,30 € je gefahrenen Kilometer (H 38 LStH »Pauschale Kilometersätze«), für Mitnahme 0,02 € je Person und Kilometer.
- Wenn das Auto für *Fahrten zwischen Wohnung und Arbeitsstätte* benutzt wird, lässt § 9 EStG eine Entfernungspauschale von 0,30 € je Entfernungskilometer – d. h. für die einfache Entfernung, also nur für die Fahrt von der Wohnung zur Arbeitsstätte, nicht für die Fahrt zurück – zu.

Wenn Sie heute im Beruf etwas werden wollen, müssen Sie möglichst mobil sein. Wenn Ihnen Ihre Firma aus Kostengründen keinen Pkw zur Verfügung stellt, wird von Ihnen meist erwartet, dass Sie Ihren eigenen fahrbaren Untersatz einsetzen. Es macht sich in den Augen Ihres Chefs sicher nicht gut, wenn er von Ihnen dauernd zu hören bekommt: »Den Termin bei Kunden XY oder die außerordentliche Besprechung um 20.00 Uhr kann ich eider nicht wahrnehmen, weil mein Zug/mein Bus zu der Zeit nicht fährt.« Also werden Sie die dienstlichen Fahrten mit Ihrem privaten Pkw absolvieren.

Natürlich können Sie solche Fahrten als Werbungskosten absetzen. Viel besser fahren Sie allerdings, wenn Ihnen Ihr Chef – und das ist ja eigentlich recht und billig – die Fahrtkosten für die Benutzung Ihres Autos erstattet. Bei Dienstreisen hat er da zwei Möglichkeiten. Entweder er zahlt Ihnen eine Kilometerpauschale von 0,30 € je tatsächlich dienstlich gefahrenen Kilometer, oder er erstattet Ihnen die mittels Belegen und Fahrtenbuch nachgewiesenen beruflichen Autokosten (➤ Rz 216). Übrigens: Beide Methoden gelten natürlich auch für Sie, wenn Sie Werbungskosten beim Finanzamt beantragen.
Auch für die Fahrtkosten gilt die Devise, dass Sie am besten abschneiden, wenn Ihnen Ihr Chef so viel wie möglich steuerfrei erstattet. Über den Werbungskostenabzug und die daraus resultierende Steuerersparnis (inkl. Kirchensteuer und Solidaritätszuschlag) bekommen Sie nämlich höchstens ca. 48 % Ihrer Kosten heraus und verlieren zudem den Vorteil aus dem Arbeitnehmerpauschbetrag. Den aber können Sie bei steuerfreien Erstattungen zusätzlich absetzen.

Worauf Sie achten müssen, wenn Sie an ständig wechselnden Einsatzstellen arbeiten! 213

Da es keine kilometerbezogenen Einschränkungen mehr gibt, bedeutet das, dass Sie vom ersten Kilometer an die tatsächlichen Kilometerkosten oder alternativ 0,30 € je gefahrenen Kilometer absetzen können.

Fahren Sie z. B. 220 Tage im Jahr zu Baustellen, die je 25 km von Ihrer Wohnung entfernt liegen, setzen Sie so statt der

- Entfernungspauschale von 25 km × 0,30 € × 220 Tage = 1650 €
- Reisekosten für den Hin- und Rückweg von 50 km × 0,30 € × 220 Tage = 3300 €

und damit den doppelten Betrag ab.

Richtig Freude kommt auf, wenn Sie an Ihrer Einsatzstelle übernachten und Ihre **Fahrtkosten** zusammenrechnen. Ohne zeitliche Begrenzung, also auch, wenn Sie länger als drei Monate an derselben Baustelle arbeiten, setzen Sie für die beruflichen Fahrten mit Ihrem Auto 0,30 € für jeden gefahrenen Kilometer ab. Das gilt nicht nur für die erste Fahrt zur Baustelle und die letzte Fahrt zurück, sondern auch für Ihre Heimfahrten, z. B. am Wochenende. Der Werbungskostenabzug ist zudem nicht auf eine Fahrt pro Woche begrenzt. Wenn Sie die Sehnsucht packt und Sie auch während der Woche gelegentlich Ihre Lieben zu Hause aufsuchen, setzen Sie für diese zusätzlichen Fahrten ebenfalls die Reisekostenpauschale von 0,30 €/km ab.

Vergessen Sie auch nicht die Fahrten von Ihrer Unterkunft zur Baustelle. Egal, wie weit Sie fahren müssen, pro gefahrenen Kilometer sind 0,30 € als Werbungskosten zu holen.

WICHTIGER HINWEIS

Fahrtkosten können Sie natürlich nur absetzen, wenn Sie mit Ihrem eigenen Auto unterwegs sind oder zumindest mit einem, das einem Familienangehörigen oder Ihrem Lebenspartner gehört. Werden Sie dagegen von Ihrer Firma im Kleinbus transportiert oder haben Sie sich bei einem Kollegen eingeklinkt, können Sie keine Fahrtkosten absetzen, leider auch nicht die Entfernungspauschale für Heimfahrten. Damit Ihnen der Fiskus nicht wegen fehlender Nachweise für Ihre Fahrten einen Strich durch die Werbungskosten macht, wappnen Sie sich und bewahren z. B. Inspektionsrechnungen und TÜV-Berichte auf. Gut macht es sich auch, wenn Sie unterwegs tanken. Dann können Sie Ihrem überkritischen Sachbearbeiter mit den Tankquittungen den Wind aus den Segeln nehmen.

WICHTIGER HINWEIS

214 Ihr Arbeitgeber kann aus den Reisekostenzahlungen an Sie keine Vorsteuern mehr abziehen. Damit ist für ihn ein wichtiger Vorteil weggefallen. Neben den Verpflegungspauschalen und pauschalen Übernachtungskosten betrifft diese Einschränkung vor allem die Fahrtkosten für die Benutzung des Pkws des Arbeitnehmers.

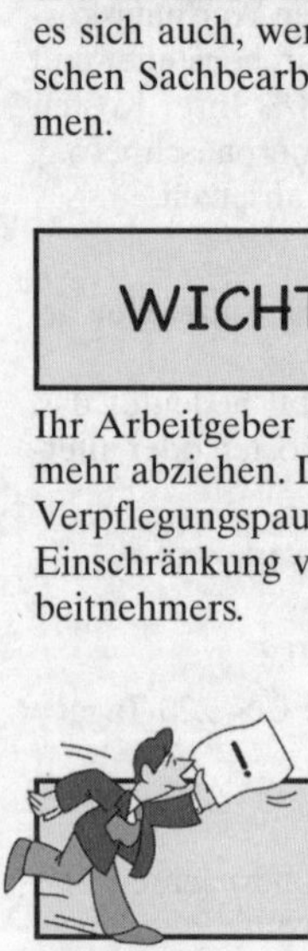

TIPP

Lassen Sie den Wagen mal in der Garage!

Kein Fiskaltrick ohne Gegenkniff. Vorsteuern gibt es für Ihren Brötchengeber weiter, wenn er Ihnen einen **Betriebs-Pkw zur Verfügung stellt** oder Ihnen für Ihre Dienstreise eine **Fahrkarte für die Bahn oder ein Flugticket kauft** oder **das Taxi bezahlt** oder wenn er für Ihre **Übernachtungs- bzw. Verpflegungskosten** eine auf seinen Namen lautende Hotel- oder Restaurantrechnung mit offen ausgewiesener Umsatzsteuer hat.

Für Ihre Dienstreise von Hamburg nach München sollten Sie also lieber auf den Flieger umsteigen, statt sich mit dem eigenen Auto über verstopfte Straßen zu quälen. Unter dem Strich ist das auch nicht viel teurer, und Sie sind statt neun Stunden gerade einmal zwei unterwegs.

SUPER TRICK

Kassieren Sie mehr als die Fahrtkostenpauschale von 0,30 € steuerfrei!

Wenn Ihr Brötchengeber Ihnen für Dienstreisekosten Bares erstattet, ist es zu- 215
nächst einmal egal, unter welcher Überschrift dies läuft. Für die Frage, was von Ihrer Reisekostenerstattung steuerfrei bleiben kann, wird der tatsächlich gezahlte Betrag mit den max. steuerfreien Fahrt-, Verpflegungs-, Übernachtungs- und Nebenkosten verglichen. Bekommen Sie z. B. eine Kilometerpauschale von 0,50 €, dafür aber keine Verpflegungskosten erstattet, können je nach Abwesenheitsdauer zusätzlich zu den 0,30 € je km bis zu 6, 12 oder 24 € pro Tag steuerfrei bleiben.

Aber damit nicht genug. Bleibt trotz dieser Sonderrechnung ein steuerpflichtiger Betrag über, können Sie noch einen Schlag obenauf setzen. Ihr Arbeitgeber kann denselben Betrag, den er steuerfrei als Verpflegungspauschale zahlen könnte, mit 25 % pauschal versteuern. Für Sie wäre dieser Betrag dann ebenfalls abgabenfrei.

Beispiel

Sie bekommen für eine 16-stündige Dienstreise von insgesamt 300 km eine Fahrtkostenerstattung von 0,40 € je Kilometer.

Pauschale Fahrtkostenerstattung 300 km × 0,40 €	120 €
Davon bleiben steuerfrei als Fahrtkosten 300 km × 0,30 €	– 90 €
./. Verpflegungspauschale bei über 14-stündiger Abwesenheit	– 12 €
	18 €
./. pauschal besteuerte zusätzliche Verpflegungspauschale	– 12 €
bleiben für Sie zu versteuern nur noch	6 €

Einzelnachweis der Kraftfahrzeugkosten 216

Und so errechnen Sie Ihre Autokosten, falls Sie nicht die Pauschale von 0,30 € für die dienstlich gefahrenen Kilometer in Anspruch nehmen. Tragen Sie dazu einfach Ihre Kosten für zwölf Monate in die folgende Checkliste ein.

Die Rolle unseres KGB wird im Westen von den gigantischen Steuerbehörden übernommen, mit denen jeder selbständig tätige Mensch dauernd im Krieg liegt.

(Adenauer-Preisträger W. Bukowski)

Checkliste für den Einzelnachweis von Kfz-Kosten

Kosten	€
Versicherungsbeiträge • Kfz-Haftpflichtversicherung • Kfz-Vollkaskoversicherung • Kfz-Teilkaskoversicherung • ./. Prämienrückerstattung	
Kfz-Steuern	
Treibstoffkosten • lt. Belegen • durchschn. Verbrauch × berufliche km × Literpreis	
Öl, Schmierstoffe	
Wartungsarbeiten (Ölwechsel etc.)	
Inspektionen	
Reparaturen (ohne außergewöhnliche Kosten wie Unfallkosten)	
Ersatz- und Verschleißteile, Verbrauchsmaterial, z. B. • Reifen • Beleuchtungslampen • Scheibenwaschanlage • Frostschutz	
Fahrzeugreinigung und -pflege, z. B. • Fahrzeugwäsche (Waschanlage) • Reinigungs- und Poliermittel	
Garagenkosten, Einstellplatz • Miete • Anteil an den Gesamtkosten bei Eigenheimen	
Zinsen für Anschaffungsdarlehen • Agio, Disagio (im Zahlungsjahr) • Zinsen	
Leasing • Leasingsonderzahlung (im Zahlungsjahr) • laufende Leasingraten	
Abschreibung • bei Neufahrzeugen: Nutzung regelmäßig 6 Jahre = 16,67 % • Gebrauchtfahrzeuge: ggf. kürzere Nutzung 2–5 Jahre = 50–20 %	

Gesamtkosten z. B.	12 000 €
Gesamtfahrleistung in km z. B.	25 000 km
Durchschnittlicher Kilometersatz (12 000 € ÷ 25 000 km) =	0,48 €

Als Werbungskosten machen Sie geltend:

Gefahren bei Dienstreisen und Dienstgängen z. B.	9 600 km	
Nachgewiesener Kilometersatz	0,48 €	
Gesamtkosten 9 600 km × 0,48 € =		4 608 €
./. Fahrtkostenersatz der Firma		–2 880 €
Steuerlich abziehbar		1 728 €

Abschreibung für das Auto **217**

Nach dem BMF-Schreiben vom 15.12.2000 – BStBl I 2000 S. 1532 gilt für alle nach dem 31.12.2000 gekauften Autos eine Regelabschreibungsdauer von sechs Jahren. Sie sollten aber tunlichst prüfen, ob nicht bei Ihnen wegen Gebrauchtwagenkauf oder hoher Fahrleistung von vornherein ein Abschlag bei der Abschreibungsdauer angezeigt ist (➤ Rz 220).

GUTER RAT

Bei Einzelnachweis der Autokosten sollen neben den laufenden, normalen Kosten auch außergewöhnliche wie für Reparaturen nach einem Unfall oder sehr frühe Motorschäden in die Kostenaufteilung zwischen privaten und beruflichen Fahrten einbezogen werden. Ist der Schaden auf einer Berufsfahrt passiert, sind die Aufwendungen für seine Behebung also u. U. nicht zu 100 % Werbungskosten. So zumindest H 9.5 LStH »Einzelnachweis«. In diesem Fall rate ich Ihnen, es im Unfalljahr ausnahmsweise einmal mit den Kilometerpauschalen zu versuchen. Die Pauschalen decken nämlich die Unfallkosten nicht ab, so dass Sie sie voll nebenher absetzen können (H 9.5 LStH »Pauschale Kilometersätze«). Dieser Kniff lohnt sich für Sie vor allem dann, wenn der Umfang Ihrer beruflichen Fahrten, gemessen an der Gesamtfahrleistung, nicht besonders hoch ist und/oder die Unfallkosten einen besonders dicken Batzen ausmachen. **218**

Das Armsein darf nicht zum Erwerbsmittel
für faule Menschen werden.
(Kant)

TRICK

Einmal arbeiten, mehrmals kassieren

219 Natürlich ist es recht lästig, für jede Wagenwäsche, jedes Fläschchen Türschlossenteiser etc. Jahr für Jahr die Belege zu sammeln. Sie sollten deshalb einmal zwölf Monate lang sorgfältig jeden Beleg, der irgendwie mit Ihrem Auto zu tun hat, zusammentragen. Aus den so ermittelten Kosten und der Gesamtfahrleistung in diesem Jahr können Sie wie im Beispiel oben einen persönlichen Kilometersatz für Ihr Auto berechnen. Diesen Kilometersatz setzen Sie dann auch für die kommenden Jahre ein. Es genügt dann völlig, wenn Sie dem Finanzamt Ihre beruflich gefahrenen Kilometer in einer schön ordentlich geschriebenen Zusammenstellung präsentieren. Berufen Sie sich dazu notfalls auf R 9.5 Abs. 1 S. 4 LStR, die dieses Verfahren ausdrücklich zulässt.

WICHTIGER HINWEIS

Eine neue Kostenberechnung wird erst fällig, wenn sich die Kostenverhältnisse bei Ihrem Auto wesentlich ändern, z. B. die Abschreibung ausläuft, sich die Leasingkonditionen erheblich ändern oder Sie sich einen neuen Wagen zulegen. Dann steht es Ihnen frei, noch einmal für zwölf Monate die Kosten nachzuweisen oder die Kilometerpauschale von 0,30 € abzusetzen.

Übrigens: Änderungen beim Schadensfreiheitsrabatt in der Autoversicherung sind kein Grund für eine Neuberechnung des Kilometersatzes.

SUPER TRICK

Tricksen Sie mit einem Gebrauchtwagen das Finanzamt aus!

220 Mit der Sechs-Jahres-Regelung für die Abschreibung haben die Finanzer sich selbst reingelegt. Sechs Jahre Nutzungsdauer gelten nämlich nur für Neuwagen. Gebrauchte haben eine entsprechend kürzere Nutzungsdauer. Wenn Sie nicht allzu anspruchsvoll sind und nicht unbedingt immer den neuesten Schlitten vor der Tür stehen haben müssen, können Sie durch den Kauf eines Gebrauchtwagens eine schöne Stange Geld beim Finanzamt lockermachen.

Kaufen Sie sich einfach einen gut erhaltenen, z. B. vier Jahre alten Gebrauchten. Da von dessen Nutzungsdauer nur noch ein Rest von zwei Jahren übrig ist, können Sie den Kaufpreis mit 50 %/Jahr abschreiben. Und wenn Sie den Wagen nach Ablauf der zwei Jahre weiterverkaufen, müssen Sie nicht einmal Ihren Gewinn versteuern, denn Gewinne aus dem Verkauf von Vermögensgegenständen unterliegen bei einem Arbeitnehmer nur dann der Besteuerung, wenn er sie innerhalb von zwölf Monaten nach dem Kauf veräußert. Selbständige, Gewerbetreibende sowie Land- und Forstwirte haben es da leider nicht so gut, können im Gegenzug dafür aber ein eventuelles Verlustgeschäft beim Autoverkauf absetzen.

GUTER RAT

Es kann Ihnen passieren, dass Sie an einen Finanzer geraten, der sich mit dieser einfachen Differenzberechnung der Restnutzungsdauer Ihres Autos nicht anfreunden mag. Er wird Sie möglicherweise auf H 9.5 LStH »Einzelnachweis« verweisen. Dort haben nämlich die ministeriellen Rechenkünstler in Berlin festgelegt, dass sechs minus vier nicht immer unbedingt zwei ist. Wen wundert es bei solchen Hirnakrobaten noch, wenn es bei der Steuer drunter und drüber geht. Bei einem gebrauchten Fahrzeug wollen sie, dass die voraussichtliche Restnutzungsdauer geschätzt wird. Um dem dünnbrettbohrenden Finanzer bei seiner Schätzung auf die Sprünge zu helfen, machen Sie ihm klar, dass die amtlichen Abschreibungstabellen ab 2001 ja extra deshalb neu gefasst worden sind, um die Werte an die tatsächlichen Verhältnisse anzupassen und realistische Nutzungsdauern zu liefern.

SUPER TRICK

Besser Sie schätzen, als sich mit der Pauschale zu begnügen.

Der Bundesfinanzhof hat entschieden, dass das Finanzamt auch geschätzte Kosten für das Auto anerkennen muss, wenn feststeht, dass sie auf jeden Fall anfallen, wie etwa für Benzin oder Versicherung (BFH-Urt. v. 7.4.1992 – BStBl II S. 894). Wenn Sie also beim Sammeln von Einzelnachweisen nicht so ganz sorgfältig waren, schätzen Sie Ihre Benzinkosten und schreiben sie auf einen »Eigenbeleg«, statt dem Finanzamt nur die Hälfte der Belege vorzulegen. 221

TRICK

Bitten Sie das Finanzamt beim Autokosteneinzelnachweis mit einem Leasingvertrag zur Kasse!

222 Sind Sie mit Ihrem Auto viel beruflich unterwegs, lohnt sich ein Einzelnachweis der Kosten. Die echten Kosten liegen nämlich erfahrungsgemäß weit höher als die Pauschale von 0,30 €, die das Finanzamt anerkennt. Aber kleinlich, wie die Beamten und manche Richter nun mal sind, haben sie den Dreh mit der Abschreibung gefunden, um Ihre Kosten künstlich niedrig zu halten.

Wenn Sie allerdings einen Leasingvertrag in der Tasche haben, muss das Finanzamt gem. § 11 EStG die dicke Einmalzahlung im ersten Jahr voll berücksichtigen und Ihnen für Ihre beruflichen Fahrten einen Kilometersatz anerkennen, der weit über der Pauschale liegt.

Und in den nächsten Jahren, wenn nur noch die niedrigeren Raten zu zahlen sind, kann es nichts machen, wenn Sie 0,30 € je km ansetzen.

Bei uneinsichtigen Finanzämtern hilft der Hinweis auf das BFH-Urteil vom 5.5.1994 (BStBl 1994 II S. 643) und H 9.5 LStH »Einzelnachweis«.

GUTER RAT

Passen Sie beim Abschluss Ihres Leasingvertrags auf: Bei sehr kurzen Laufzeiten bis zu zwei Jahren und langen Laufzeiten über vier Jahre laufen Sie Gefahr, dass Sie als »wirtschaftlicher Eigentümer« angesehen werden und statt Leasingraten und Sonderzahlung nur die normale Abschreibung anerkannt bekommen.

SUPER TRICK

Wie Sie als Vielfahrer das Finanzamt bei der 40 000-km-Grenze austricksen können

223 In unseliger Eintracht haben es Fiskus und Bundesfinanzhof geschafft, aus einer so einfachen Sache wie der Kilometerpauschale ein Buch mit sieben Siegeln zu machen.

Die staatlichen Geldeintreiber bekommen immer dann Bauchweh, wenn Sie mit Ihrem Auto mehr als 40000 km im Jahr fahren und für Ihre Dienstreisen 0,30 € absetzen wollen. Wegen angeblich unzutreffender Besteuerung wollen sie Ihnen den Kilometersatz kürzen.

Flattert Ihnen, dem beruflichen Vielfahrer, ein Brief vom Finanzamt ins Haus, etwa mit diesem Inhalt: »... haben wir festgestellt, dass die Gesamtfahrleistung Ihres Pkw über 40000 km im Jahr liegt. Eine überschlägige Schätzung der tatsächlichen Kfz-Kosten hat ergeben, dass der Ansatz der Kilometerpauschale zu einer unzutreffenden Besteuerung führt. Die Pauschale ist daher um ... % zu kürzen«, nehmen Sie das aber nicht widerspruchslos hin. In Ihre gepfefferte Antwort sollten Sie Folgendes aufnehmen:

> Sehr geehrte Damen und Herren,
>
> in den vergangenen Jahren haben Sie immer die Kilometerpauschalen akzeptiert. Nach Treu und Glauben konnte ich mich daher darauf verlassen, dass ich auch in Zukunft Pauschalen absetzen kann. Ihre Schätzung entbehrt außerdem jeder Grundlage. Leider haben Sie mir durch Ihren viel zu späten Hinweis auf eine eventuelle unzutreffende Besteuerung jede Möglichkeit genommen, für einen Gegenbeweis entsprechende Beweisvorsorge zu treffen.
>
> Ich fordere Sie daher auf, es aus Gründen des Vertrauensschutzes für die Vergangenheit bei der Kilometerpauschale zu belassen. Gleichzeitig werde ich von heute an für einen repräsentativen Zeitraum von drei Monaten meine Kfz-Kosten aufzeichnen und Ihnen damit auch für die Zukunft belegen, dass bei mir keine unzutreffende Besteuerung, was immer das heißen mag, eintritt.

Jetzt heißt es für Sie: klotzen. Natürlich sammeln Sie jeden Beleg für Ihr Auto, egal ob für Reparaturen, Benzin oder Wagenwäsche. Außerdem packen Sie natürlich alle größeren und kleineren Reparaturen, die Sie sonst vielleicht noch aufgeschoben hätten, in Ihren Nachweiszeitraum. Auch den Satz Winterreifen, die Schneeketten und das neue Autoradio sollten Sie sich jetzt schon zulegen. Es wäre doch gelacht, wenn Sie auf diese Weise Ihre laufenden Kfz-Kosten nicht so hoch drücken, dass dem Fiskalritter der Dreh mit der unzutreffenden Besteuerung vergeht.

Kommen Sie trotzdem mit Ihren Kosten nicht ganz auf 0,30 € je Kilometer, berufen Sie sich auf eine Verfügung der OFD Köln vom 9.2.1987 (S 2525 – 8 – St 12 A). Danach muss das Finanzamt die Kilometerpauschale akzeptieren, wenn Ihr Vorteil dadurch gegenüber den tatsächlichen Kosten nicht höher als rund 1500 € im Jahr liegt.

TRICK

Setzen Sie die Kosten für die Waschanlage ab!

224 **S** Natürlich ist es lästig, an der Tankstelle für die Wäsche jedes Mal eine Quittung zu verlangen. Aber Sie kennen doch das Spielchen: »Ohne Beleg keine Steuerersparnis.« Und schließlich kostet heute eine normale Wäsche locker 8 €. Wenn Sie Ihr Auto nur einmal pro Woche auf Hochglanz bringen lassen, sind das im Jahr schnell mal 400 €. Ihre Steuerersparnis liegt zwischen 60 € und 190 €.

TRICK

Machen Sie die Kosten für den Führerschein bei der Steuer geltend!

225 Das Finanzamt sagt: Aufwendungen für den Führerschein gehören grundsätzlich zu den Kosten der Lebensführung. Sie sind auch dann keine Berufsunkosten, wenn der Beruf oder der Betrieb die Benutzung eines Autos erforderlich macht.

»Und was ist, wenn ich Taxifahrer werden will?«, fragen Sie. Tja, wenn Sie das glaubhaft machen können, muss das Finanzamt die Führerscheinkosten als berufliche Kosten anerkennen, so der BFH (BStBl 1969 II S. 433).

»Und was ist, wenn ich kein Auto habe, mir auch keins anschaffen will, mein Chef aber erwartet, dass ich die Fahrprüfung ablege? Wenn er sagt, ohne Führerschein könne er mich nicht länger brauchen?« Auch in diesem Fall muss das Finanzamt klein beigeben, weil die Kosten ausschließlich durch den Beruf veranlasst sind. Ich rate Ihnen, in Ihrem Antrag auf Einkommensteuerveranlagung auf das Urteil des FG Köln vom 24.7.1984 (EFG 1985 S. 120) hinzuweisen und eine Bescheinigung Ihres Chefs beizufügen, wonach der Erwerb des Führerscheins für Sie aus beruflichen Gründen unverzichtbar war.

Unsere Steuergesetze seien eine klare Einladung zum Betrug, und die meisten Steuerhinterziehungen würden von den die Kilometerpauschalen für Fahrten zwischen Wohnung und Arbeitsstätte in Anspruch nehmenden Arbeitnehmern begangen. So der ehemalige Präsident des Bundesfinanzhofs Prof. Dr. Franz Klein.

(Kölner Stadtanzeiger 12.3.1993)

TRICK

Wenn der Chef nur einen Teil der Fahrtkosten ersetzt?

Ihr Boss gibt Ihnen nur 0,20 € pro Kilometer? Dann können Sie die restlichen 0,10 € dem Finanzamt präsentieren, weil es die Differenz ohne weiteres anerkennt (H 9.5 LStH »Pauschale Kilometersätze«). Nehmen Sie jemanden mit, gibt's pro Kilometer 0,02 € mehr. 226

Wenn der Arbeitgeber den vom Finanzamt abgesegneten Satz von 0,30 € gibt, Sie aber damit nicht auskommen, weil Ihre jährliche Fahrleistung niedrig liegt, bei Ihnen höhere Reparaturen anfallen, Sie einen teuren Wagen fahren oder einfach deshalb, weil das Finanzamt mal wieder blind vor der Wirklichkeit ist und uns weismachen will, heute läge man mit den Fahrtkosten unter einem Kostensatz von 0,30 €, dann führen Sie halt den Einzelnachweis nach dem Schema unter ➤ Rz 216!

f) Übernachtungskosten und Reisenebenkosten 227

Als berufliche Kosten für Ihre Auswärtstätigkeiten werden nicht nur Verpflegungs- und Fahrtkosten berücksichtigt. Wenn Sie während Ihrer Dienstreise, während Ihrer Einsatzwechseltätigkeit oder als Kraftfahrer während Ihrer Fahrt aus beruflichen Gründen auswärts übernachten müssen, fallen zwangsläufig Hotel- oder Pensionskosten an.

Und haben Sie sich nicht auch schon einmal Gedanken darüber gemacht, wo Sie eigentlich den ganzen Kleinkram wie Parkgebühren, Telefonkosten etc. steuerlich geschickt unterbringen können?

Übernachtungskosten 228

Unter Übernachtungskosten können Sie die Kosten absetzen, die Ihnen dadurch entstanden sind, dass Sie eine Unterkunft in Anspruch genommen haben. Dabei müssen Sie auf jeden Fall in den sauren Apfel beißen und bei Übernachtungen sowohl im Inland als auch im Ausland alle Kosten auf Heller und Pfennig durch Belege nachweisen.

Die für Auslandsdienstreisen länderspezifisch festgelegten Übernachtungspauschalen (➤ Rz 942) gelten nicht für den Werbungskostenabzug, können aber vom Arbeitgeber nach wie vor pauschal steuerfrei erstattet werden. Der Arbeitgeber kann darüberhinaus auch bei Inlandsübernachtungen je Übernachtung 20 € ohne Nachweis steuerfrei zahlen.

TIPP

Vereinbaren Sie mit Ihrem Arbeitgeber den Übernachtungskostenersatz!

229 Wenn Ihnen Ihr Arbeitgeber Übernachtungskosten erstattet, darf er die Inlands- und Auslandspauschalen auch dann nutzen, wenn Sie bei Verwandten oder Freunden unterkommen. Die Einladung abends in die nächste Kneipe ist damit zumindest teilweise abgedeckt. Wenn Sie sich mit Ihrem Chef einig sind, können Sie sich also Belege für Übernachtungen – Hotelrechnungen, Quittungen von Pensionen oder Mietverträge über angemietete Unterkünfte – weiterhin sparen. Das lohnt sich natürlich besonders bei Auslandseinsätzen. Wenn Sie günstig untergekommen sind und Ihr Arbeitgeber trotzdem die hohen Übernachtungspauschalen zahlt, kann er Ihnen so ein nettes steuer- und sozialabgabenfreies Zubrot zukommen lassen.

TIPP

Sammeln Sie als Berufskraftfahrer unbedingt Ihre Übernachtungsquittungen!

230 Wenn Sie als Fernfahrer häufig Touren machen, die Sie ins Ausland führen, sollten Sie auf keinen Fall vergessen, dass Sie die Kosten für Übernachtungen im Ausland als Werbungskosten abrechnen können. Da der Fiskus beim Werbungskostenabzug nur noch durch Belege nachgewiesene Übernachtungskosten akzeptiert, läuft da pauschal gar nichts mehr.

Also bauen Sie im Lauf des Jahres unbedingt vor. Sammeln Sie Ihre Hotel- und Pensionsrechnungen und präsentieren Sie diese dem Fiskalritter zusammen mit Ihrer Steuererklärung.

Von diesen Einschränkungen sind die Auslandsverpflegungspauschalen zum Glück nicht betroffen. Diese können Sie auch ohne Nachweise unbeirrt weiter als Werbungskosten absetzen.

TRICK

Übernachtungskosten auch ohne Dienstreise absetzen!

231 Was einer Stewardess recht ist, kann Ihnen nur billig sein. Einer Flugbegleiterin, die nach einer Fortbildung an ihrem Heimatflughafen nicht nach Hause gefahren ist, sondern sich dort ein Hotel genommen hat, gestand der BFH die Über-

nachtungskosten als allgemeine Werbungskosten zu. Obwohl keine Dienstreise vorlag und auch von einer doppelten Haushaltsführung nicht die Rede sein kann, lagen nach Meinung der Münchener Richter Werbungskosten vor, da die Übernachtung beruflich bedingt war (BFH Urt. v. 5.8.2004 – BStBl II 2004 S.1074).

Wenn es also einmal spät geworden ist, Sie keinen Zug mehr nach Hause bekommen haben und ein Taxi schlichtweg zu teuer geworden wäre, müssen Sie sich nur noch einen hübschen Grund einfallen lassen, der als beruflicher Anlass für Ihre Übernachtung durchgeht, z. B., **dass es nach einer Fortbildung, einer Betriebsversammlung oder einer Besprechung am anderen Tag gleich in aller Herrgottsfrühe beruflich weiterging und Sie die Firmenkunden schon morgens im Hotel betreuen mussten. Im Zweifel kann Ihnen eine Bescheinigung Ihres Brötchengebers helfen.**

Herr/Frau . . . . .hat am . . . . . .im xyz-Hotel in der Nähe unseres Firmensitzes übernachtet. Diese Übernachtung war notwendig, weil . . . . .Wir begrüßen es außerordentlich, dass unser/e Mitarbeiter/in dadurch zu einem reibungslosen Ablauf der Fortbildungsveranstaltung/des Kundenbesuchs beigetragen hat. Angesichts der großzügigen Bemessung des Gehalts unseres/r Mitarbeiter/s/in haben wir die Hotelkosten nicht gesondert erstattet.

GUTER RAT

In den meisten Hotels sind heute Übernachtungen inkl. Frühstück üblich. Ihre 232
Rechnung enthält also neben den Übernachtungskosten regelmäßig einen Teilbetrag für Verpflegung. Da die Verpflegung aber bereits durch die Verpflegungspauschale abgegolten ist, werden Ihre nachgewiesenen Übernachtungskosten um den Frühstücksanteil gekürzt. Lässt sich dieser Anteil aus der Rechnung nicht feststellen, wird er bei Inlandsdienstreisen pauschal mit 20 % der Verpflegungspauschale von 24 € = 4,80 € und bei Auslandsdienstreisen generell mit 20 % der für den jeweiligen Staat maßgebenden Verpflegungspauschale angesetzt. Seit 2010 besteht wegen der geringeren Umsatzsteuer auf Beherbergungsleistungen das Problem, dass die Hotels Ihre Rechnungen nach Unterkunft und anderen Leistungen aufteilen müssen. Das Frühstück wird deshalb oft – zusammen mit anderen Nebenleistungen – in der Rechnung getrennt ausgewiesen. Siehe dazu auch den Trick unter ➤ Rz 234.

TRICK

Werfen Sie die Rechnung weg!!!

Vor allem, wenn in der Rechnung ein teures Frühstück enthalten ist, sollten Sie sich ihrer entledigen. Lassen Sie sich vom Hotel dafür eine normale Quittung über den Gesamtpreis der Übernachtung ausstellen. Aus diesem Beleg ergibt sich der Frühstückspeis nicht, und Sie können ihn mit 4,80 € ansetzen. Gute Karten haben Sie bei Übernachtungen im Ausland. Hier reicht es aus, wenn Sie auf der Hotelrechnung selbst handschriftlich vermerken, dass im Preis kein Frühstück enthalten war. Das Finanzamt nimmt dann keine Kürzung vor. Das geht aus der Verfügung der OFD Erfurt vom 24.10.2001 (S 2353 NWB-Eilnachricht Nr. 1596/2001) hervor, deren Inhalt auch für andere Bundesländer gilt, da sie auf eine Antwort des Bundesfinanzministeriums an den Bundesverband der Arbeitgeberverbände aus dem Jahr 2001 zurückgeht.

TRICK

Passen Sie auf, wenn Sie Ihren Ehepartner auf Reisen mitnehmen!

233 Das Finanzamt sagt dann nämlich gern: Sie machen gar keine Dienstreise, sondern gönnen sich ein paar Tage Privaturlaub. Zunächst einmal müssen Sie nachweisen, dass der eigentliche Grund für die Reise ein dienstlicher ist. Gelingt Ihnen das, kann Ihnen das Finanzamt aus der Begleitung durch Ehe- oder Lebenspartner keinen Strick drehen. Nachdem der BFH eine Aufteilung bei teilweise beruflich und teilweise privat veranlassten Reisekosten zulässt (BFH v. 21.9.2009 – GrS 1/06, BFH/NV 2010 S. 285), können Sie den größten Teil der Hotel-, Verpflegungs- und Fahrtkosten absetzen.
Eventuelle Flug- oder Verpflegungskosten für Ihre bessere Hälfte haben natürlich in Ihren Werbungskosten nichts verloren. Bei den Übernachtungskosten ist die Sache dagegen ganz einfach. Statt der Doppelzimmerkosten können Sie die vergleichbaren Kosten für ein Einzelzimmer absetzen. Lassen Sie sich diese deshalb unbedingt vom Hotel für die Zeit Ihres Aufenthalts bestätigen (R 9.7 Abs. 1 LStR 2011).

234 **Reisenebenkosten**
Reisenebenkosten sind Ihre während einer Dienstreise anfallenden tatsächlichen Ausgaben z. B. für

- Transport und Aufbewahrung Ihres Gepäcks,
- Telefongespräche und Schriftverkehr beruflichen Inhalts mit Ihrem Arbeitgeber oder Kunden, Mitarbeitern bzw. Geschäftspartnern,
- Straßenbenutzungs- und Parkgebühren,
- Unfallkosten und Schadenersatzleistungen infolge von Verkehrsunfällen,
- Trinkgelder,
- Platzkarten,
- Reisegepäckversicherung,
- Dienstreisevollkaskoversicherung.

Reisenebenkosten können Sie ebenfalls nur insoweit als Werbungskosten absetzen, als sie Ihnen nicht vom Arbeitgeber steuerfrei erstattet wurden.

TRICK

Setzen Sie den Sammelposten für übrige Nebenleistungen aus Ihrer Hotelrechnung als Reisenebenkosten ab!

Seit die Übernachtung in Hotels nur noch 7 % Mehrwertsteuer kostet, muss in der Hotelrechnung die Beherbergungsleistung gesondert ausgewiesen werden und daneben ein Sammelposten für übrige Nebenleistungen. Rechnen Sie das Frühstück mit 4,80 € heraus. Den Rest des Sammelpostens können Sie als Reisenebenkosten absetzen. Das geht nur dann nicht, wenn sich aus der Rechnung ergibt, dass in dem Pauschalbetrag eindeutig private Kosten für private Ferngespräche, Massagen, Minibar oder Pay-TV enthalten sind.
Fehlen Ihnen die Belege, beeindrucken Sie Ihr Finanzamt mit einer detaillierten Aufstellung über Datum, Art und Höhe der Kosten.

GUTER RAT

Da Sie als Außendienstler ständig von unterwegs telefonieren müssen, haben 235
Sie sich ein Handy zugelegt. Nun haben Sie zwei Möglichkeiten: Entweder Sie begnügen sich mit 20 % Ihrer Telefonkosten inkl. Anschaffung, max. aber 20 € im Monat, oder Sie weisen mit Hilfe eines Einzelnachweises einen hohen beruflichen Kostenanteil nach. Da Sie natürlich außerdem häufiger von zu Hause aus telefonieren müssen, beziehen Sie selbstverständlich auch die entsprechenden Kosten für Ihren Festnetzanschluss in die Aufteilung mit ein.

Wenn Ihnen Ihr Gepäck bei einer Dienstreise abhandenkommt, können Sie da- 236
durch entstandene Kosten als Reisenebenkosten absetzen (Kopie der Anzeige

bei der Polizei beilegen). Natürlich nur den Betrag, auf dem Sie sitzengeblieben sind, weil ihn Ihr Arbeitgeber oder die Reisegepäckversicherung nicht übernommen hat. Damit Sie nicht in eine Steuerfalle tappen, müssen Sie wissen, dass nach der BFH-Rechtsprechung Ihr Verlust nur anerkannt wird, wenn Sie entsprechende Sicherheitsvorkehrungen zum Schutz vor Diebstahl getroffen haben (BFH v. 30.6.1995 – BStBl 1995 II S. 744).

4. Fahrten zwischen Wohnung und Arbeitsstätte

237 **a) Die Entfernungspauschale**

Mit der Entfernungspauschale wird schon seit Jahren ungeachtet der tatsächlich anfallenden Kosten und steigender Benzinpreise der Werbungskostenabzug für den täglichen Weg zur Arbeit steuerlich berücksichtigt. Besser allerdings wäre es, wenn man sagte: »nicht berücksichtigt«. Denn so nach und nach hat sich die Vorschrift zu einer *Werbungskostenverhinderungsgregelung* entwickelt.

238 So wird die Entfernungspauschale berechnet:
Angenommen, Sie legen den täglichen Weg zur Arbeit von 30 km mit dem Auto zurück, und dies an 220 Tagen im Jahr:
30 km × 0,30 € × 220 Tage = 1980 €
Hier greift ggf. die Kostendeckelung auf 4500 € (vgl. ➤ Rz 242).
Wenn Sie öffentliche Verkehrsmittel benutzen, sieht die Rechnung für Sie im Grunde genommen genauso aus:
Angenommen, Sie fahren an 220 Tagen im Jahr 80 km mit dem Zug zur Arbeit und zahlen für Ihre Fahrkarten erster Klasse 300 € monatlich, macht 3600 € im Jahr. Mit der Entfernungspauschale gerechnet, ergäbe sich folgender Betrag:
80 km × 0,30 € × 220 Arbeitstage = 5280 €
Da die tatsächlichen Kosten für die Fahrkarten mit 3600 € geringer sind als die Kostendeckelung, sind letzlich max. **4500 €** abzugsfähig.
Wären die tatsächlichen Kosten höher als die Entfernungspauschale, könnten Sie die tatsächlichen Kosten absetzen. Deren Abzug wird nämlich nicht durch die Kostendeckelung begrenzt.

TRICK

Die tatsächlichen Kosten absetzen!

239 Die Entfernungspauschale, die Ihnen auch bei Benutzung öffentlicher Verkehrsmittel zusteht, ist völlig unabhängig von der Höhe Ihrer Kosten. Selbst wenn Ihre tatsächlichen Fahrtkosten nur einen Bruchteil dessen ausmachen,

was sich aus der Entfernungspauschale ergibt, dürfen die Fiskalritter deshalb nicht den Rotstift ansetzen.
Statt der Entfernungspauschale können Sie aber auch die tatsächlichen Kosten für öffentliche Verkehrsmittel absetzen, falls diese höher sind als die Entfernungspauschale. Haben Sie z. B. einen weiten Weg zur Arbeit und fahren erster Klasse oder müssen häufiger ein Taxi benutzen? Dann vergleichen Sie die tatsächlichen Kosten und die Entfernungspauschale. Den höheren Betrag setzen Sie als Werbungskosten ab. Kommt der Abzug der tatsächlichen Kosten in Betracht, spielt die Kostendeckelung auf 4500 € keine Rolle.

WICHTIGER HINWEIS

Achtung Bus- und Bahnfahrer mit kurzen Entfernungen zur Arbeit!

Das Sammeln Ihrer Fahrkarten zahlt sich besonders dann aus, wenn Sie nur einen kurzen Weg zur Arbeit haben, diesen mit Bus, Bahn oder Straßenbahn zurücklegen und dafür eine Zeitkarte nutzen. Gerade in diesem Fall sind die tatsächlichen Kosten höher als die Entfernungspauschale. **Übrigens**: Dass Sie Ihre Zeitkarte auch für private Fahrten nutzen, spielt keine Rolle und führt nicht zu einer Kürzung bei den Werbungskosten.
Einige Besonderheiten gelten für **Familienheimfahrten bei doppelter Haushaltsführung.** Zwar greift hier ebenfalls eine vom Verkehrsmittel unabhängige Entfernungspauschale, nicht aber die Deckelung auf 4500 €.

Wirkungsbereich der Entfernungspauschale: **240**

- Fahrten zwischen Wohnung und regelmäßiger Arbeitsstätte,
- Familienheimfahrten bei doppelter Haushaltsführung,
- Fahrten als Busfahrer zum Busdepot, um den Bus für die Tour abzuholen,
- Fahrten zum Betrieb bei Einsatzwechseltätigkeit, wenn sie regelmäßig vorkommen (mindestens einmal pro Woche),
- Berechnung der Grenze für die Pauschalierung der Lohnsteuer mit 15 % auf Fahrtkostenzuschüsse.

Begünstigte Verkehrsmittel **241**

Wie Sie schon oben gelesen haben, ist der Ansatz der Entfernungspauschale unabhängig davon, welches Verkehrsmittel Sie benutzen. Sie gilt einheitlich für:

- Kraftfahrzeug (Pkw, Motorrad),
- Moped oder Mofa,
- Fahrrad,

- öffentliche Verkehrsmittel (Bus, Bahn, Straßenbahn, Fähre etc.),
- Fahrgemeinschaft,
- Fortbewegung zu Fuß.

Aber auch hier gilt natürlich der alte Satz: Keine Regel ohne Ausnahme. Die Ausnahme bilden **Flugkosten**. Bei der Benutzung eines Flugzeugs z. B. für Familienheimfahrten hat der Fiskus den Ansatz der Entfernungspauschale für die reine Flugstrecke ausdrücklich ausgeschlossen. Dasselbe gilt, wenn der Flug ausnahmsweise als Fahrt zwischen Wohnung und Arbeitsstätte zu qualifizieren ist. Da für diese Wegekosten somit nichts abzugsfähig wäre, hat der Fiskus Gnade vor Recht ergehen lassen und erlaubt ausnahmsweise, dass die tatsächlichen Kosten für das Flugticket als Werbungskosten abgezogen werden.
Aber aufgepasst! Sie müssen ja auch irgendwie zum Flughafen kommen. Egal, ob Sie mit dem Taxi, der Bahn oder dem eigenen Auto fahren: Sie können für diesen Teil des Weges die Entfernungspauschale absetzen.

TRICK

Vermeiden Sie die Kostendeckelung!

242 Auch wenn Sie kein eigenes Auto besitzen, müssen Sie nicht in jedem Fall die Deckelungbder Entfernungspauschale auf 4500 € im Jahr hinnehmen. Die »ungedeckelte Entfernungspauschale« steht Ihnen auch dann zu, wenn Sie mit einem Ihnen zur Nutzung überlassenen Auto fahren, z. B. mit einem Firmenwagen, dem Wagen Ihres Ehegatten, Ihrer Eltern, Ihres Bruders oder Ihres Lebenspartners.

Hinweis
Das Einkommensteuergesetz sieht keine besonderen Nachweispflichten vor, dass Sie tatsächlich ein Auto benutzen. Es reicht also auch hier aus, wenn Sie die Nutzung des Autos durch wahrheitsgemäße Angaben in der Steuererklärung glaubhaft machen. Allerdings kann es Ihnen passieren, dass Ihr Finanzamt bei großen Entfernungen einen Nachweis über die Gesamtfahrleistung des Autos verlangt. Wappnen Sie sich also für diesen Fall, indem Sie z. B. die Kilometerstände notieren, TÜV- und ASU-Berichte sowie Ihre Werkstattrechnungen aufbewahren.

243 **Welche Strecke ist bei der Berechnung der Pauschale maßgebend?**
Maßgebend für die Berechnung der Pauschale ist die kürzeste Straßenverbindung zwischen Wohnung und Arbeitsstätte. Aber: Wenn Sie mit dem Auto lieber auf die zeitlich günstigere, etwas längere Strecke ausweichen, sollten Sie sich

nicht scheuen, dem Finanzamt die etwas längere Strecke anzugeben. Schließlich heißt es im Gesetz inzwischen eindeutig, dass Sie eine zwar längere, aber verkehrsgünstigere Strecke ansetzen können, wenn Sie sie regelmäßig benutzen (§ 9 Abs. Abs. 1 Nr. 4 S. 4 EStG).
Interessanterweise wird Ihre Entfernungspauschale auch dann nach der Straßenentfernung berechnet, wenn Sie mit öffentlichen Verkehrsmitteln zur Arbeit fahren. Die sehr wahrscheinlich davon abweichenden Tarifentfernungen z. B. der Bahn spielen keine Rolle. Angenommen, Sie fahren mit der Bahn zur Arbeit. Die Tarifentfernung der Bahn beträgt 38 km; zusätzlich legen Sie am Wohnort und am Arbeitsort noch jeweils 1 km zu Fuß zurück. Die kürzeste Straßenverbindung von Ihrer Wohnung zum Arbeitsplatz beträgt aber 45 km. Für die Berechnung der Entfernungspauschale kommt es einzig und allein auf die Straßenentfernung an. Ihre Werbungskosten belaufen sich also auf:
45 km × 0,30 € × 220 Arbeitstage 2970 €

Was passiert, wenn Ihr Arbeitgeber einen Teil Ihrer Kosten übernimmt? 244
Keine Entfernungspauschale steht Ihnen zu, wenn Sie von einer steuerfreien Sammelbeförderung durch den Arbeitgeber profitieren.
In Fällen, wo Ihr Brötchengeber

- an Sie gezahlte Fahrgelder oder den Vorteil aus der Benutzung eines Firmenwagens mit 15 % pauschal versteuert,
- Ihnen als Beschäftigtem im Personennahverkehr über Personalrabatte steuerfrei die Fahrtmöglichkeit mit öffentlichen Verkehrsmitteln einräumt,
- Ihnen ein Job-Ticket steuerfrei überlässt (vgl. ➤ Rz 47),

wird Ihnen das auf Ihre Entfernungspauschale angerechnet. Damit auch der schläfrigste Finanzbeamte kapiert, dass Sie von solchen steuerbegünstigten Leistungen für Ihre Fahrten zwischen Wohnung und Arbeitsstätte profitieren, muss Ihr Arbeitgeber auf Ihrer Lohnsteuerbescheinigung ein »F« vermerken. Da die Lohnsteuerbescheinigung elektronisch an das Finanzamt übermittelt wird, kann dieser Hinweis auf Kürzung Ihrer Werbungskosten kaum übersehen werden.

Welche Besonderheiten gibt es für Behinderte? 245
Liegt Ihr Grad der Behinderung bei mindestens 70 % oder mindestens 50 bis 65 % und steht in Ihrem Schwerbehindertenausweis zusätzlich ein »G«, »aG« oder »H«, dann müssen Sie sich nicht mit der Entfernungspauschale abspeisen lassen. Sie können nach wie vor pro Entfernungskilometer entweder Ihre tatsächlichen Kosten oder hilfsweise die Pauschalbeträge für Dienstreisen ansetzen.
Zusätzlich machen Sie die Parkgebühren geltend (BMF v. 18.3.1980 – BStBl I 1980 S. 147). Lassen Sie sie sich nicht mit dem Hinweis auf das BFH-Urteil vom 2.2.1979 (BStBl 1979 II S. 372) ausreden, das einem Nichtbehinderten die Parkgebühren verwehrt hat, weil sie durch den gesetzlichen Kilometerpauschbetrag

abgegolten seien. Für Sie gilt vielmehr R 9.5 LStR und R 9.8 Abs. 1 Nr. 3 LStR, die den Abzug der Parkgebühren zusätzlich zu den tatsächlichen Kfz-Kosten bzw. den Dienstreisepauschalen ausdrücklich absegnen.

Können Sie wegen Ihrer Behinderung nicht selbst fahren oder haben Sie deswegen keinen Führerschein und fährt Sie deshalb Ihr Ehe- oder Lebenspartner zur Arbeit und holt Sie auch wieder ab, sind auch dessen Leerfahrten abzugsfähig (H 9.10 LStH »Behinderte«). Sie können für diese Fahrten ebenfalls die Dienstreisepauschalen oder die tatsächlichen Kosten absetzen (BFH v. 2.12.1977 – BStBl 1978 II S. 260).

246 **Berechnung der Arbeitstage**

Man geht aus von			365
die um freie Samstage/Sonntage	104		
Feiertage (12–14)	12		
und Urlaubstage	27		
zu kürzen sind:	143	>	– 143
Es verbleiben			222

Nach diesem Schema können Sie selbst die Werbungskosten aus Ihrer Entfernungspauschale berechnen. Angenommen, die Entfernung zu Ihrer Arbeitsstätte beträgt 40 km und Sie sind an 240 Tagen zur Arbeit gefahren:

40 km × 0,30 € × 240 Arbeitstage = Entfernungspauschale jährlich 2 880,00 €

WICHTIGER HINWEIS

Vermeiden Sie Fahrten zwischen Wohnung und Arbeitsstätte mit einem Firmenwagen!

247 **S** Aufgepasst, Ihr Selbständigen, deren bessere Hälfte als Arbeitnehmer tätig ist. Auch als neben Ihrem Hauptberuf selbständig Tätiger sollten Sie jetzt die Ohren spitzen.

Für einen mehr als zu 50 % freiberuflich oder gewerblich genutzten Pkw, dessen Kosten Sie bei der Gewinnermittlung absetzen, müssen Sie als Privatanteil 1 % des Bruttolistenpreises pro Monat versteuern. Damit sind grundsätzlich sämtliche außerbetrieblichen Nutzungen abgegolten. Und da Sie alle Autokosten über den Betrieb absetzen, können Sie den Privatanteil von 12 % des Listenpreises pro Jahr locker verschmerzen.

In der Vergangenheit ließ der Fiskus zudem den Abzug der Entfernungspauschale zu, wenn dieser Pkw z. B. von Ihnen oder einem Angehörigen im Rahmen eines Arbeitsverhältnisses für Fahrten zwischen Wohnung und Arbeitsstätte genutzt wurde. Ein schöne Gelegenheit, auf legalem Weg künstlich steuersparende Kosten zu generieren. So sah das auch das FG Niedersachsen (27.4.2005 – EFG 2006 S.403). Der BFH war leider anderer Meinung (BFH v. 26.4.2006 – BStBl 2007 II S.445) und verlangte, dass zusätzlich zum privaten Nutzungsvorteil für den Pkw die Kosten, die auf die Fahrten zwischen Wohnung und Arbeitsstätte entfallen, als steuererhöhende Entnahme erfasst werden. So wurde aus dem wunderschönen Steuersparmodell eine ganz üble Steuerfalle.

Beispiel
Meier ist Arbeitnehmer und fährt täglich 40 km zur Arbeit, im Jahr insgesamt also 18400 km. Dazu kommen etwa 5000 km rein private Fahrten. Nebenher ist Meier als selbständiger Versicherungsvertreter tätig, und im Rahmen dieser Tätigkeit nutzt er das Auto überwiegend (26600 km pro Jahr). Deshalb hat er es im Betriebsvermögen aktiviert und versteuert einen Privatanteil von 12 % pro Jahr. Anschaffungskosten für das Auto: 24000 € (Listenpreis 25000 €).
Meier hat zunächst einmal folgende Kfz-Kosten als Betriebsausgaben gebucht:

Abschreibung: 1 % von 24000 €	4000 €
Laufende Kosten (Benzin, Wartung, Steuern, Versicherung etc.)	8000 €
Betriebsausgaben	12000 €
./. Privatanteil 12 % von 25000 €	– 3000 €
./. zusätzlicher Privatanteil 18 400/50 000 × 12000 €	– 4416 €
Steuerwirksame Pkw-Kosten im Betrieb	4584 €
Hinzu kommen Werbungskosten für Fahrten zur Arbeit	
230 Tage × 40 km × 0,30 €	2760 €
Steuerwirksame Kosten insgesamt	7344 €

Wie Sie sehen, ist das nicht wirklich ein lohnendes Geschäft. Besser ist es da schon, wenn man dem Finanzamt sagen kann, man sei den Weg zur Arbeit mit dem Zweitwagen oder öffentlichen Verkehrsmitteln gefahren. Sogar ein völliger Verzicht auf die Entfernungspauschale wäre hier lukrativer.

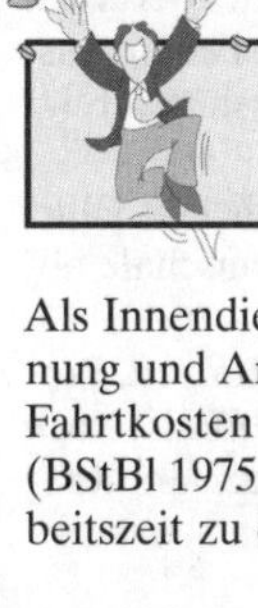

TRICK

Holen Sie mit Wechselgeld und Briefmarken aus Ihrem Mittagessen über 200 € Steuerersparnis heraus!

Als Innendienstler erkennt Ihnen das Finanzamt nur die Fahrt zwischen Wohnung und Arbeitsstätte an. Normalerweise können Sie also keine mittäglichen Fahrtkosten absetzen. Außerdem rechnen nach dem BFH-Urteil vom 4.7.1975 (BStBl 1975 II, S.738) Aufwendungen für Mittagsheimfahrten bei geteilter Arbeitszeit zu den Lebenshaltungskosten, auch bei einer Mittagspause von zwei 248

Stunden oder wenn Sie auf Diätverpflegung angewiesen sind. Wenn Sie also als Banker, Versicherungsangestellter, Verkäuferin usw. mittags in einer nahe gelegenen Gaststätte essen, sollen Sie das zu 100 % auf eigene Kosten tun.
Sie sind aber schlau, schlagen dem Fiskus ein Schnippchen und greifen sich dazu erst einmal Ihren Chef. Erklären Sie ihm, Sie seien bereit, den täglichen Botengang zur Post, zur Bank usw. zu übernehmen, falls Sie im Anschluss daran Ihre Mittagspause einlegen dürften. Auf diese Weise befinden Sie sich jeden Tag um die Mittagszeit auf einer hochoffiziellen Dienstreise mit zu 0,30 € je gefahrenen Kilometer absetzbaren Fahrtkosten. Bei 230 Arbeitstagen ergibt sich daraus für Sie z. B. folgende Rechnung:

Fahrtkosten für tägliche Dienstgänge zu Post, Bank etc.	
230 Tage à 10 km × 0,30 €	690 €
Steuerersparnis bei einem Steuersatz von ca. 30 %	207 €

GUTER RAT

249 Ihre Fahrtkosten sind nur dann auf die Entfernungspauschale begrenzt, wenn es sich um Fahrten zwischen Wohnung und regelmäßiger Arbeitsstätte handelt. Für alle anderen Fahrten können Sie die tatsächlichen Kosten oder stattdessen 0,30 € je gefahrenen Kilometer absetzen. Dies gilt für Fahrten

- zwischen zwei regelmäßigen Arbeitsstätten, wenn Sie z. B. als Filialleiter zwei Filialen betreuen müssen und zwischen beiden hin- und herfahren,
- zwischen zwei Einsatzstellen, wenn Sie z. B. als Bauarbeiter von einer Baustelle zur anderen fahren,
- innerhalb eines weiträumigen Arbeitsgebiets, z. B. für die Kilometer, die Sie als Forst- oder Waldarbeiter in Ihrem Revier oder als Zeitungszusteller oder Prospektverteiler in Ihrem Zustellbezirk unterwegs sind.

250 b) Autodiebstahl oder Unfall

Bei der Berücksichtigung von Kosten durch einen Unfall oder Diebstahl des Autos kommt es entscheidend darauf an, dass die betreffende Fahrt beruflich veranlasst war. Unfall oder Diebstahl müssen sich also entweder bei einer Auswärtstätigkeit oder bei einer Fahrt zwischen Wohnung und Arbeitsstätte ereignet haben.
Unfallkosten und Verluste durch Diebstahl anlässlich einer beruflichen Fahrt können in Höhe der anfallenden Kosten neben der Entfernungspauschale abgesetzt werden.
Zu den beruflichen Kosten gehören dann auch Schadenersatzleistungen, Prozesskosten und alle sonstigen Aufwendungen aus Anlass eines Unfalls. Nach Ansicht einiger Finanzgerichte gilt dies selbst dann, wenn der Unfall fahrlässig verschuldet wurde.

Wer allerdings meint, er könne sich erst kräftig einen hinter die Binde gießen und anschließend ans Steuer setzen, der wird doppelt bestraft – vom Gericht und vom Fiskus. Sie können die Unfallkosten nicht absetzen, wenn Sie blau wie ein Veilchen waren (BFH v. 18.12.1981 – BStBl 1982 II S. 261).
Abzugsfähig sind bei Behinderten auch die Unfallkosten, die während der Leerfahrt zum Abholen des behinderten berufstätigen Ehegatten (BFH – BStBl 1980 II S. 655), zum Betanken des Kfz oder zurück vom Bahnhof entstanden, nachdem der behinderte Ehegatte zum Zug gebracht worden war, mit dem er weiter zur Arbeit fährt (BFH v. 26.6.1987 – BStBl 1987 II S. 818).
Schwierigkeiten macht Ihnen der Fiskus, wenn der Unfall passiert ist, als Sie ein Mitglied Ihrer Fahrgemeinschaft abgeholt haben. War dazu ein Umweg nötig, ist ein Unfall auf dem Umwegstück nicht abzugsfähig. Besser also, wenn es auf dem direkten Weg zur Arbeit gekracht hat.
Beginnt oder endet die Fahrt zur Arbeit nicht an Ihrer Wohnung, erkennt das Finanzamt generell keine Unfallkosten an. Deshalb sehen Sie sich vor: Wenn Sie schon unbedingt Ihre Mühle zu Schrott fahren müssen, dann möglichst nicht, wenn Sie bei Ihrer Freundin übernachtet haben und von dort zur Arbeit fahren (BFH v. 25.3.1988 – BStBl 1988 II S. 706).

Ist der Pkw als berufliches Arbeitsmittel einzustufen – was eine sehr hohe be- 251
rufliche Nutzung von z. B. 90 % voraussetzt –, sind auch Verluste durch Diebstahl im privaten Bereich – z. B. aus dem zur Wohnung gehörenden Garagenhof – abzuziehen (BFH – BStBl 1983 II S. 586) oder Beschädigungen infolge von Vandalismus.

TIPP

Seien Sie hartnäckig!

Unfallkosten können Sie nicht nur absetzen, wenn Sie an Ihre eigene Mühle 252
Beulen fahren. So hat eine hartnäckige Steuerzahlerin, die auf dem Weg zur Arbeit mit dem Auto eines Bekannten in den Graben gerutscht war, sich nicht mit der Ablehnung durch das Finanzamt zufriedengegeben. Vor dem Finanzgericht hat sie den Schadenersatz, **den sie ihrem Bekannten gezahlt hat, als Werbungskosten durchgeboxt** (EFG 1993 S. 647).

Zwei Mücken treffen sich vor dem Finanzamt. Die eine kommt gerade heraus, die andere will hinein. Meint die, die herauskommt, zu der, die hineinwill: »Zwecklos, die saugen selbst!«

SUPER TRICK

Holen Sie Geld vom Finanzamt für das kaputte Auto Ihres Partners!

Wenn Sie sich für den Weg zur Arbeit das Auto Ihres Ehepartners geliehen haben und damit einen Unfall verursachen, können Sie zwar die Fahrtkosten absetzen, den Unfallschaden wollen die Fiskalritter aber mit einer ganz hinterlistigen Argumentation vom Tisch fegen: Sie hätten keinen Aufwand durch den Unfall, da der Wagen nicht Ihnen gehöre und Schäden an einem fremden Auto nur als sog. Drittaufwand abgesetzt werden könnten, wenn die Mühle Ihrem Ehepartner gehöre. Mit anderen Worten: Man strapaziert wieder einmal das amtliche Heiratspapierchen, um Ihnen Ihre wohlverdiente Steuererstattung streitig zu machen (FG Niedersachsen v. 19.1.1994, EFG 1994 S.785).

Aber diesmal haben die Bürokraten die Rechnung ohne den Wirt gemacht. Auf so windige Argumente wie Drittaufwand oder die Begründung, das Auto gehöre wirtschaftlich eigentlich Ihnen, weil Sie ja sämtliche Kosten dafür trügen, lassen Sie sich gar nicht erst ein. Sie schaffen vielmehr sofort klare Verhältnisse und zahlen Ihrem Ehepartner auf Heller und Pfennig Schadenersatz für das kaputte Auto.

Damit sich die Sache auch lohnt, müssen Sie nicht kleinlich Erbsen zählen. Rechnen Sie untereinander genauso ab, wie Sie es mit einer Autoversicherung machen würden. Also nicht nur die Reparaturkosten erstatten, sondern auch einen ordentlichen Teil für Wertminderung des Unfallwagens, Auslagen und Nutzungsausfall für die Zeit der Reparatur. Die Rechnung für das Finanzamt könnte dann z. B. so aussehen:

Aufgrund einer außergerichtlichen Vereinbarung gezahlte Kostenerstattung an Herrn/Frau . . . . . für den von mir auf dem Weg zur Arbeit verursachten Unfallschaden am . . . . .(Datum) mit dem Fahrzeug . . . .(Kennzeichen):

Reparaturkosten lt. Rechnung Autohaus Schnell	2 535,50 €
Pauschaler Auslagenersatz für Telefonate, Porto etc.	50,00 €
Wertminderung für das Unfallfahrzeug lt. außergerichtlicher Vereinbarung	600,00 €
Nutzungsausfall während der Reparatur 8 Tage à 45,00 €	360,00 €
als Werbungskosten abzugsfähiger Unfallkostenersatz	3 545,50 €

Damit später alles wirklich wasserdicht ist, werden Sie den Betrag auf den Cent genau auf das Konto Ihres Herzblatts überweisen. Dass Sie auf diese Weise sogar die Wertminderung absetzen können, die man Ihnen beim Unfall mit dem eigenen Wagen immer streicht, wird die Fiskalritter dabei besonders ärgern … (Schwierigkeiten? Diesmal steht Ihnen das Urteil in den EFG 1993 S. 647 bei.) Was, wenn Sie nach einem Autounfall gesundheitlich so schlecht dran sind, dass Sie deswegen in Kur fahren, durch eine Physiotherapeutin behandelt werden oder zu Gymnastikkursen gehen? Dann können Sie die Kosten dafür dem Finanzamt als Betriebsausgaben/Werbungskosten in Rechnung stellen (BStBl 1960 III S. 511).

TIPP

Nutzen Sie diesen Vorteil bei einem Unfall!

Haben Sie eine **Dienstreise** mit Ihrem **privaten Pkw** durchgeführt und dabei einen Unfall verursacht, so können Sie, wenn Sie das Fahrzeug nicht reparieren lassen, den Wertverlust bei den Einkünften aus nichtselbständiger Tätigkeit als Werbungskosten geltend machen (FG München v. 7.12.2001 – Az 1 K 5272/00). **Seien Sie besonders auf der Hut, wenn Sie handwerklich begabt sind und aus Kostengründen den Unfallschaden selbst reparieren.** Die Wertminderung durch den Unfall sollen Sie dann nämlich nicht absetzen können. Lediglich die Reparaturkosten gestehen Ihnen die Herren Geiz & Co. beim Bundesfinanzhof zu (BFH-Urt. v. 27.8.1993 – BStBl 1994 II S. 235). Sagen Sie dem Finanzamt also: »Das Auto wurde bisher nicht repariert, sondern nur notdürftig fahrtüchtig gemacht.« Nun kann das Finanzamt Ihnen die Wertminderung nicht streichen. 253

Bei einem Totalschaden an Ihrer Kiste können Sie den Restwert vor dem Unfall absetzen. Die Differenz zum Kaufpreis Ihres neuen Autos ist dagegen weder als Werbungskosten noch als außergewöhnliche Belastung abzugsfähig, weil insoweit keine Vermögensminderung eingetreten ist (FG Niedersachsen v. 10.11.1988 – NWB 1989 Fach 1 S. 217). 254

TIPP

Passen Sie bei Totalschaden auf!

Nach Meinung des BFH (BStBl 1995 I S. 318) soll als Restwert nicht der tatsächliche Wert Ihres Autos anerkannt werden, es wird also nicht auf die Schwacke-Liste oder ein Gutachten zurückgegriffen. Der Restwert ergibt sich vielmehr aus den Anschaffungskosten nach Abzug einer fiktiven Abschreibung bis zum Unfall. Fazit: Wenn Ihre Mühle älter als acht Jahre war (FG München v. 7.12.2001 – 1 K 5272/00), schauen Sie ganz schön alt aus. Bei einer steuerlichen Nutzungsdauer für Pkw von acht Jahren beträgt der Restwert nämlich 0 €.

Bei einem älteren Auto sollten Sie sich **einen irreparablen Totalschaden also möglichst verkneifen**, weil zum Ärger über den Unfall auch noch der Frust bei der Steuer kommt. Bei jüngeren Autos rechnet das Finanzamt so:

Anschaffungskosten im Januar 2008	36000 €
Abschreibung bis zum Unfall im April 2010 = 27 Monate: 27/96 × 36000 €	– 10125 €
Restwert zum Zeitpunkt des Unfalls	25878 €

Macht das Finanzamt bei dieser Berechnung nicht mit, weil die Nutzungsdauer für Pkw lt. amtlicher Tabelle nur sechs Jahre beträgt, wehren Sie sich dagegen mit dem BFH-Urteil vom 29.3.2005 (BStBl 2006 II S. 368), das ebenfalls von einer Nutzungsdauer von acht Jahren ausgeht.

Das Steuerrecht ist ja so gerecht: Das Mehr an unfallbedingten Versicherungskosten – der Verlust des Schadensfreiheitsrabatts – kann der Selbständige absetzen, der Nichtselbständige nicht (BFH v. 11.7.1986 – BStBl 1986 II S. 866)!

Natürlich müssen Sie die Unfallkosten selbst getragen haben. Hat sie die Versicherung bezahlt, sollten Sie sie nicht bei der Steuer geltend machen, wenn Sie keinen Ärger haben möchten. Zahlte Ihnen die Versicherung nur einen Teil, können Sie den Rest natürlich sehr wohl geltend machen.

TRICK

Verdienen Sie mit kaputten Scheiben 1000 € und mehr!

255 Diesmal richtet sich mein Trick nicht gegen das Finanzamt. Ich habe nämlich ein Eisen im Feuer, wie Sie sich bei Versicherungen schadlos halten: Wenn Sie schon die Fiskalritter nicht mit dem Unfall zur Kasse bitten können, sollten Sie wenigstens versuchen, bei der Autoversicherung so viel wie möglich zu kassieren.

»Ja, wie denn?«, fragen Sie. »Ich war doch dummerweise mit der alten Karre nicht mehr vollkaskoversichert. Und da ich die Rostlaube selbst gegen den Baum geschmettert habe, zahlen doch die Versicherungsfritzen keinen Cent.«

Dazu müssen Sie wissen, dass bei der Teilkasko Glasbruch mitversichert ist. Auch bei einem selbstverschuldeten Unfall muss die Versicherung Ihnen über die Teilkasko jedes beschädigte Glasteil am Auto ersetzen. Sie werden sich wundern, wie viel Glas an so einem Auto ist. Nicht nur die Scheiben, auch Spiegel, Scheinwerfer, Blinker, Sonnendach sind aus zerbrechlichem Material. Lassen Sie sich bei einem Totalschaden von Ihrer Werkstatt unbedingt eine Aufstellung über die defekten Glasteile und deren Preise geben. Natürlich nur für die, die

beim Unfall zerbrochen sind. Die Scheiben, die Ihre Kinder beim Spielen in dem Wrack nachträglich zerdeppert haben, fallen nicht unter die Kaskoversicherung.
Die Aufstellung reichen Sie dann zusammen mit ein paar Fotos bei der Versicherung ein, und schon kommt ein warmer Geldsegen, der ohne weiteres 500 bis 1000 € betragen kann.

Aufstellung der Unfall- und Berufskosten

1. Reparaturrechnung vom … der Firma … über	2410 €
Weitere Schäden durch Unfall:	
a) vom Sitz geschleuderter Laptop Wiederherstellungskosten lt. Rechnung	40 €
b) von der Ablage gefallene Minolta-Kamera (Wiederherstellungskosten)	225 €
Zerstörung der Brille … Kosten einer neuen	100 €
Ausgelaufenes Benzin	20 €
Bekleidungsschaden (Reinigungskosten, Wertminderung)	150 €
Arztrechnung	100 €
Anwaltskosten und Gerichtsgebühren (BFH v. 2. 3. 1962 – BStBl 1962 III S. 192)	400 €
Sonstige Kosten: Telefonate, Taxifahrten zur Versicherung, Kosten der Korrespondenz	50 €
Unfallkosten	3495 €

c) Gemeinsame Fahrten von Eheleuten 256

So richtig vorteilhaft wirkt sich die Entfernungspauschale für Sie aus, wenn Sie gemeinsam mit Ihrem Ehegatten zur Arbeit fahren. Egal, ob jeder selbst mit dem Auto fährt, ob beide am selben Ort arbeiten und mit dem gemeinsamen Auto fahren oder Sie Ihre bessere Hälfte erst zur Arbeit bringen, dann zur eigenen Arbeitsstätte weiterfahren und Ihr Schätzchen abends wieder abholen – Sie kassieren auf jeden Fall beide die Entfernungspauschale für den jeweiligen Arbeitsweg. Im Idealfall also die doppelte Pauschale.

Beispiel

Sie fahren morgens Ihren Ehegatten nach A (40 km), anschließend fahren Sie weiter zu Ihrer Arbeit nach B (30 km). Abends machen Sie die gleiche Tour in umgekehrter Richtung. Die direkte Entfernung von Ihrer Wohnung nach A beträgt 40 km, nach B 35 km.
Und so rechnen Sie beim Finanzamt die Entfernungspauschalen ab:
Ehemann: 40 km × 0,30 € × 230 Tage = 2760 €
Ehefrau: 35 km × 0,30 € × 230 Tage = 2415 €

257 **d) Fahrtkosten bei Einsatzwechseltätigkeit**

Das Finanzamt stuft Ihren Beruf als Einsatzwechseltätigkeit ein, wenn Sie für dieselbe Firma in ständigem Wechsel an immer wieder neuen Orten arbeiten und nicht zwischendurch regelmäßig an ein und dieselbe feste Arbeitsstelle zurückkehren. Typische Berufe mit Einsatzwechseltätigkeit sind z. B. Bau-, Montagearbeiter, Leiharbeitnehmer, Rohrleitungsbauer, Gleisbauarbeiter, Kundendienstmonteure, Anwärter der Zollverwaltung, Rechtsreferendare und Springer einer Betriebsreserve für Filialbetriebe. Geht Ihr Beruf als Einsatzwechseltätigkeit durch, wirkt sich das günstig auf Ihre Fahrtkosten aus, weil Sie die tatsächlichen Kosten Ihres Autos oder stattdessen 0,30 € je gefahrenen Kilometer absetzen können.

Zu weiteren Einzelheiten vgl. ➤ Rz 186, Rz 208, Rz 210.

WICHTIGER HINWEIS

Wie Sie trotz Sammelbeförderung Fahrtkosten absetzen!

258 Nicht alle Einsatzwechseltätigen, die von ihrer Firma per steuerfreiem Sammeltransport (➤ Rz 244) zur Arbeit gebracht werden, schauen bei der Entfernungspauschale komplett in die Röhre.

Werden Sie z. B. nicht zu Hause abgeholt, sondern fahren morgens erst zu Ihrer Firma oder einem Treffpunkt und steigen dort mit den anderen Kollegen in den Firmenbus, steht Ihnen für diese Fahrt die Entfernungspauschale selbstverständlich zu.

Aufgepasst, wenn Sie Ihr Brötchengeber zwar zur Einsatzstelle transportiert, Ihnen dafür aber einen finanziellen Obolus in Form einer Fahrtkostenbeteiligung abknöpft. Zwar bekommen Sie dann trotzdem keine Entfernungspauschale, aber Sie können den Fahrtkosten-Obolus als Werbungskosten absetzen. Wenn sich der für Sie zuständige Fiskalvertreter damit schwertut, helfen Sie ihm mit einem Hinweis auf § 9 Abs. 2 EStG.

TRICK

Die richtige Tourenplanung bringt bei Kundendienstmonteuren bares Geld!

259 Für alle Kundendienstmonteure, die mindestens einmal pro Woche den Betrieb aufsuchen und deshalb dort eine regelmäßige Arbeitsstätte haben, heißt es richtig planen. Richten Sie Ihre Tour so ein, dass Sie nicht direkt von zu Hause zum

Arbeitgeber – oder umgekehrt – fahren. Schieben Sie stattdessen auf diesen Fahrten immer einen Kundenbesuch ein. Dann haben Sie nämlich keine Fahrten direkt zwischen Wohnung und regelmäßiger Arbeitsstätte und können alle Fahrten, auch die vom Kunden zum Arbeitgeber, mit 0,30 € je gefahrenen Kilometer absetzen.

Klappt das nicht, gilt folgende Regelung:

- Für die Fahrt zum ersten Kunden (nur halbe Pauschale, da ohne Rückfahrt) machen Sie 0,15 € je Entfernungskilometer,
- von Kunde zu Kunde 0,30 € je gefahrenen Kilometer,
- vom letzten Kunden zurück (nur halbe Pauschale, da ohne Hinfahrt) wiederum 0,15 € je Entfernungskilometer geltend.

Also: Seien Sie schlau und legen Sie die Tour so, dass Sie von den beiden nächstgelegenen Kunden den einen am Anfang und den anderen am Ende des Tages besuchen.

TRICK

Sie arbeiten in einer Zweigniederlassung oder Filiale?

Dann seien Sie clever: Fahren Sie nicht gleich frühmorgens zur Filiale, wofür Sie 260
nur den Satz von 0,30 € je Entfernungskilometer geltend machen können. Fahren Sie stattdessen – sofern das einigermaßen praktisch und plausibel ist – zuerst den Hauptsitz Ihres Betriebs an, besprechen dort z. B., was in der Filiale zu tun ist, und setzen sich erst dann zur Niederlassung in Trab.

»Und wieso soll das ein Vorteil sein?«, fragen Sie.

Weil Sie für die anschließende Filialfahrt den Kilometersatz der Dienstreise geltend machen können. Und dafür spendiert Ihnen der Fiskus 0,30 € für jeden gefahrenen Kilometer.

WICHTIGER HINWEIS

für Berufsschüler und Auszubildende

Die Berufsschule, der Lehrgangsort oder das Seminar wird für Sie auch bei län- 261
gerem Aufenthalt nicht mehr zur regelmäßigen Arbeitsstätte. Entscheidend ist nur noch, dass der Aufenthalt dort befristet ist, was er ja in nahezu 100 % aller Fälle sein wird. Damit können Sie Ihre Fahrtkosten statt mit der mickrigen Ent-

fernungspauschale mit den vollen Kosten oder mit 0,30 € je gefahrenen Kilometer absetzen.

Ob Sie nur tageweise Unterricht haben oder in mehr oder weniger langen Blöcken, spielt dabei keine Rolle (BFH-Urt. v. 10.4.2008 VI – BStBl 2008 II S. 825). Dieses für Sie enorm positive Urteil gilt im Übrigen nicht erst ab 2008, sondern auch für die Jahre vorher und löst die viel kleinlicheren Regelungen des Fiskus ab, der nach drei Monaten Lehrgangsdauer nur noch die Entfernungspauschale akzeptieren wollte.

Deshalb werden Sie Ihre Fahrtkosten nachschieben, wenn Ihre Steuerbescheide für 2007 und früher noch nicht bestandskräftig sind, z. B., weil Sie aus irgendeinem Grund Einspruch eingelegt hatten oder der Bescheid noch unter dem Vorbehalt der Nachprüfung steht.

TIPP

Reisekosten für Bauleiter und andere!

262 Als Bauleiter werden Sie Ihre regelmäßige Arbeitsstätte fast immer am Betriebssitz haben. Somit führen Sie bei ihrer Tätigkeit auf der auswärtigen Baustelle Dienstreisen aus und können die tatsächlichen Fahrtkosten – mindestens 0,30 € je gefahrenen Kilometer – geltend machen.

Für eine regelmäßige Arbeitsstätte reicht es ja schon aus, wenn Sie einmal pro Woche kurz in Ihrer Firma auftauchen, um ein paar Sachen zu erledigen oder Unterlagen abzuholen.

Egal, wie lange Sie an derselben Baustelle tätig sind, Ihnen droht nicht länger ein Verlust der Dienstreisepauschale nach dem vierten Monat. Der Dreimonatsfrist entgehen Sie mit der Begründung aus ➤ Rz 261. Sie sollten allerdings darauf achten, dass Sie pro Woche höchstens ein bis zwei Tage auf derselben Baustelle verbringen und die restlichen drei bis vier Tage entweder im Betrieb oder auf anderen Baustellen. So retten Sie zusätzlich den zeitlich unbegrenzten Abzug der Verpflegungspauschalen (➤ Rz 189).

263 **e) Fahrgemeinschaften**

Bei einer einseitigen Fahrgemeinschaft, bei der also lediglich eines der Mitglieder mit dem eigenen Auto fährt, die übrigen lediglich Mitfahrer sind, bekommt jedes Mitglied der Fahrgemeinschaft zunächst einmal die Entfernungspauschale. Allerdings schauen die reinen Mitfahrer bei größeren Entfernungen ein wenig in die Röhre, weil ihre Entfernungspauschale auf max. 4500 € gedeckelt wird.

Beispiel
Sie und Ihr Nachbar Willi arbeiten im selben Betrieb. Da Willi kein Auto hat, nehmen Sie ihn immer mit zur Arbeit. Die einfache Entfernung liegt bei 100 km. Die Entfernungspauschale beträgt zunächst einmal für beide

100 km × 0,30 € = 30,00 € × 230 Tage = 6900 €

Da Sie für die Fahrten Ihr eigenes Auto benutzen, wird Ihre Entfernungspauschale nicht gedeckelt. Sie setzen also für Ihre Fahrten 6900 € als Werbungskosten ab. Ihr Nachbar Willi wird dagegen mit 4500 € abgespeist.

Bei einer wechselseitigen Fahrgemeinschaft wird es ein bisschen komplizierter, die Deckelung gilt nämlich nur für die Fahrten als Mitfahrer. Deshalb wird zunächst einmal für jedes Mitglied der Fahrgemeinschaft die Entfernungspauschale für die Tage ermittelt, an denen es lediglich als Mitfahrer fungierte. Der sich hierfür ergebende Betrag wird evtl. auf höchstens 4500 € begrenzt.

Zusätzlich zu diesem Betrag wird für jedes Mitglied die Entfernungspauschale angesetzt, die sich für die Arbeitstage ergibt, an denen es im Rahmen der Fahrgemeinschaft jeweils selbst mit dem Auto gefahren ist.

Beispiel
Ihr Nachbar Willi aus dem vorhergehenden Beispiel hat selbst ein Auto, und Sie wechseln sich mit dem Fahren ab. Dann kann dem Finanzamt folgende Rechnung aufgemacht werden:

		Sie selbst	**Nachbar Willi**
Entfernungspauschale für reine Mitfahrtage	115 × 30,00 €	3450 €	3450 €
Entfernungspauschale für Fahrten mit eigenem Kfz	115 × 30,00 €	3450 €	3450 €
Entfernungspauschale		6900 €	6900 €

f) Egal, wem das Auto gehört? 264

Jawohl, das ist ganz egal! Sie dürfen die Entfernungspauschale ohne Begrenzung auf 4500 € auch dann ansetzen, wenn Sie mit einem geliehenen oder Ihnen zur Nutzung überlassene Auto zur Arbeit fahren.

Sie fahren in einem Auto zur Arbeit, das auf den Namen Ihres Alten Herrn angemeldet ist, z. B. wegen günstiger Versicherungsprämien? Keine Sorge! Setzen Sie beruhigt die Entfernungspauschale ab. Ob Sie die Kosten für den Wagen tragen, spielt dabei nämlich keine Rolle (R 9.10 Abs. 2 LStR). Übrigens gilt das auch für den Wagen, den Ihnen Ihr Bruder, Onkel, Arbeitskollege, Freund, Ihre Freundin, Herr Hinz oder Frau Kunz leihen.

g) Haben Sie mehr als eine Wohnung? 265

Als Ausgangspunkt für die Fahrten zur Arbeit kommt jede eigene Wohnung in Betracht, die Sie regelmäßig zur Übernachtung nutzen (R 9.10 Abs. 1 LStR).

Besitzen Sie etwa eine Zweitwohnung, weil Sie und Ihr Ehepartner vielleicht eine moderne Ehe führen, bei der Mann und Frau getrennt wohnen, sind die anfallenden Fahrtkosten zur Arbeitsstätte von der weiter entfernt liegenden Wohnung abziehbar, wenn diese (zumindest zeitweise) Mittelpunkt des häuslichen Lebens ist. Theater mit dem Finanzamt gibt es aber, wenn Sie die gemeinsame Wohnung nicht mindestens sechsmal im Jahr aufsuchen.
Wenn Sie als Lediger noch einen zweiten Wohnsitz bei Ihren Eltern haben oder an deren Wohnort gar ein Einfamilienhaus Ihr Eigen nennen, ansonsten aber in der Nähe Ihres Arbeitsorts eine Zweitwohnung unterhalten, können Sie auch die gelegentlichen Fahrten von Ihrem Eigenheim aus beim Finanzamt als Fahrtkosten zwischen Wohnung und Arbeitsstätte geltend machen – egal, wie weit Sie fahren (BStBl 1986 II S.221). Wichtig ist nur: Dort muss der Mittelpunkt Ihrer Lebensinteressen sein. Mittelpunkt der Lebensinteressen ist nach Meinung des Bundesfinanzhofs der Ort, zu dem Sie die größten persönlichen Bindungen haben. Liegt Ihre Zweitwohnung in der Nähe Ihrer Eltern und Angehörigen, berufen Sie sich darauf, und der Fahrtkostenabzug ist gesichert.
Aber auch ein anderer Wohnort lässt sich schnell zum Lebensmittelpunkt umfunktionieren. Treten Sie in einen Verein ein und suchen Sie sich eine nette Frau/einen netten Mann am Ort, von der/dem Sie dem Finanzamt gegenüber als von Ihrer/Ihrem Verlobten sprechen können. Damit haben Sie sichergestellt, dass Ihre Fahrtkosten beim Finanzamt durchgehen. Wenn Sie dann noch mindestens zwei Fahrten im Monat zu dieser Wohnung geltend machen, bleibt auch dem streichwütigsten Fiskalisten nichts anderes übrig, als zu kapitulieren. Verweisen Sie ihn notfalls auf R 9.10 Abs. 1 S. 8 LStR.

TIPP

für Heimfahrten

Gute Nachrichten für alle, die es nicht immer schaffen, mindestens zweimal monatlich oder bei weit entferntem Lebensmittelpunkt mindestens sechsmal im Jahr nach Hause zu fahren. Der BFH meinte nämlich recht großzügig, die Anzahl der Fahrten sei zwar ein Indiz, aber der Lebensmittelpunkt müsse nach den Gesamtumständen festgestellt werden, und der auswärtige Wohnort könne auch dann als Lebensmittelpunkt anerkannt werden, wenn nur drei Fahrten im Jahr dorthin stattgefunden hätten (BFH-Urt. v. 10.2.2000 – VI R 60/98, BFH/NV 2000 S.949). Für entscheidend hielt der BFH, dass der Aufenthalt am Arbeitsort befristet war, die dort bezogene Wohnung gegenüber der Hauptwohnung am Lebensmittelpunkt nach Größe und Ausstattung minderwertig war und der Steuerzahler am Arbeitsort keinen privaten Bekanntenkreis aufgebaut hatte. In die gleiche Kerbe schlug der BFH mit seinem Urteil vom 26.11.2003 (BStBl 2004 II S.233).

Drehen wir denen den Hahn zu. Zahlen wir Steuern auf Sperrkonten. Dann können sie sich die Penunzen anschauen wie Jagdhunde ein Karnickel im Käfig, dass ihnen vor Gier der Geifer aus dem Mund tropft.
(Sybil Gräfin Schönfeldt im ZEIT-Magazin)

GUTER RAT

Sind Sie verheiratet, liegt der Mittelpunkt Ihrer Lebensinteressen immer in der 266
Wohnung, in der Ihre Familie wohnt. Ist das die weiter entfernte Wohnung, gehen Ihre Fahrtkosten in der Regel sowieso als Familienheimfahrten im Rahmen einer doppelten Haushaltsführung durch.

Schwieriger wird die Sache, wenn Sie mit Ihrer Familie zwei Wohnungen unterhalten. Jetzt müssen Sie dem Finanzamt beibringen, dass die weiter entfernte die eigentliche Familienwohnung und damit Ihr Lebensmittelpunkt ist. Steine legt Ihnen dabei das Finanzgericht Köln in den Weg. Dessen Richter meinten nämlich, der Hauptwohnort einer Familie richte sich nicht danach, wo der Steuerzahler mit seiner Familie mehr *Tage* im Jahr verbringt, sondern haben stattdessen die *Wochen* gezählt, in denen sich die Familie jeweils in ihren Wohnungen aufhielt. Die Wochenenden haben sie unfairerweise nicht mitgezählt (EFG 1995 S. 14). Man muss kein Hellseher sein, um zu erkennen, dass sie damit den Lebensmittelpunkt aus der weiter entfernt liegenden Wohnung in die näher gelegene verlegt haben und der Fahrtkostenabzug für die weiten Fahrten zum Teufel war.

Ich meine, solchen Entscheidungen muss Einhalt geboten werden. Es geht doch nicht an, dass der Fiskus seine Regeln mal so und mal anders auslegt. Ständig zählen die Fiskalritter fleißig die Aufenthalts*tage*, wenn es auf den überwiegenden Aufenthalt im Jahr ankommt, so z. B. bei der Frage, ob Sie unter die Steuerbefreiung eines Doppelbesteuerungsabkommens fallen oder bei welchem Finanzamt Sie Ihre Steuererklärung abgeben müssen. Das gilt nach § 19 Abs. 1 AO auch für Familien. Hält sich also Ihre Familie (Wochenenden, Ferien und Feiertage mitgerechnet) mehr als 182 Tage in A-Dorf auf, ist für Ihre Steuererklärung das Finanzamt A-Dorf zuständig. Es muss doch auch dem borniertesten Finanzbeamten einleuchten, dass er dann nicht plötzlich wochenzählenderweise Ihren Lebensmittelpunkt nach B-Stadt verlegen kann.

Das deutsche Steuerrecht ist überkompliziert, undurchsichtig, oft ungerecht. So sehr, dass man es als Hochschullehrer heute nicht mehr ohne Scham unterrichten kann.

(Prof. Klaus Vogel, Staatsrechtler)

5. Häusliches Arbeitszimmer

267 **a) Ganz oder gar nicht, so lautet die Devise**

Auch beim häuslichen Arbeitszimmer geht es um das leidige Thema der gemischten Aufwendungen. Wird das Arbeitszimmer nämlich sowohl beruflich als auch privat genutzt, müsste der beruflich veranlasste Teil der Aufwendungen vom privat veranlassten getrennt werden. Da eine solche Trennung aber bei einem einzelnen Raum nicht leicht und einwandfrei möglich ist, lässt der Fiskus überhaupt nichts zum Abzug zu und rechnet alle Aufwendungen zu den nicht abziehbaren der privaten Lebensführung (§ 12 EStG).

Also lautet die Devise: Das Arbeitszimmer wird so gut wie gar nicht privat (unter 10 %) genutzt. Nur wenn Sie das sagen können, ist der Weg für den Abzug frei.

268 **b) Die Abzugsbeschränkungen beim Arbeitszimmer**

Selbst wenn Sie nachweislich ein steuerlich astreines, 100 % beruflich genutztes Arbeitszimmer Ihr Eigen nennen, lässt der Fiskus seit 2007 die Kosten nur noch dann zum Abzug zu, wenn sich in Ihrem Arbeitszimmer der Mittelpunkt Ihrer gesamten beruflichen und betrieblichen Tätigkeit befindet. In diesem Fall können Sie Ihre Arbeitszimmerkosten zu 100 % von der Steuer absetzen.

Bis 2006 war ein Abzug von Arbeitszimmerkosten bis zu 1250 € im Jahr auch dann möglich, wenn Sie mehr als 50 % Ihrer gesamten betrieblichen und beruflichen Tätigkeit in Ihrem Arbeitszimmer erledigt haben oder wenn Ihnen für Ihre Tätigkeit kein anderer Arbeitsplatz zur Verfügung stand.

Mit der Gesetzesänderung kam es für ganze Heerscharen von Arbeitszimmernutzern und komplette Berufsgruppen zu einem regelrechten Kahlschlag beim Abzug ihrer Arbeitszimmerkosten. Vor allem **Lehrer, Richter, Azubis** schauen seither in die Röhre. Nicht viel besser geht es Ihnen, wenn Sie im **Nebenberuf** auf den Raum angewiesen sind, um sich dort vorzubereiten oder gelegentlich einen Fachaufsatz zu schreiben. Dem hat das Bundesverfassungsgericht am 6.7.2010 (Az 2 BvL 13/09) einen Riegel vorgeschoben. Einzelheiten dazu finden Sie unter ➤ Rz 278.

Unabhängig von dieser Entscheidung des höchsten deutschen Gerichts ergeben sich für Sie aber viele Möglichkeiten, Ihre Arbeitszimmerkosten in voller Höhe abzusetzen. Die Richter des Bundesfinanzhofs sind bereits seit einigen Jahren auf dem Kriegspfad gegen die Beschränkungen beim Kostenabzug für Arbeitszimmer. Ganz feinsinnig haben sie sich am Gesetzeswortlaut entlanggehangelt und entschieden, dass in einer ganzen Reihe von Fällen die steuerlichen Abzugsbeschränkungen nicht greifen, Sie also Ihre Arbeitszimmerkosten in voller Höhe als Werbungskosten oder Betriebsausgaben durchdrücken können. Denn:

1. Die Abzugsbeschränkung gilt nur für **Arbeitszimmer im eigentlichen Wortsinn.** Ist der von Ihnen beruflich genutzte Raum also kein »Arbeitszimmer«, gibt es auch keine Probleme beim Kostenabzug.
2. Der Kostenabzug kann Ihnen zudem nur versagt werden, wenn es sich bei Ihrem Arbeitszimmer um ein **häusliches** Arbeitszimmer handelt. Ein Arbeitszimmer, das nicht zu Ihrem Wohnbereich gehört, unterliegt folglich keinerlei steuerlichen Abzugsbeschränkungen.

TRICK

Lassen Sie es also gar nicht erst zum »Arbeitszimmer« kommen!

Egal, wie die Gesetzgebung den Auftrag des Bundesverfassungsgerichts zur 269
Schaffung eines rückwirkenden verfassungsgerechten Gesetzes zum Abzug der Kosten für ein Arbeitszimmer umsetzen wird, gehen Sie von vornherein sämtlichem Ärger aus dem Weg, wenn Sie Ihre beruflich genutzten Räume gar nicht erst unter der verfänglichen Bezeichnung »häusliches Arbeitszimmer« deklarieren. Um sich den vollen Abzug Ihrer Arbeitszimmerkosten zu sichern, verfahren Sie nach folgender Strategie:

- Machen Sie aus Ihrem beruflich genutzten Raum z. B. eine Werkstatt, ein Studio oder eine Praxis!
- Verfrachten Sie Ihr Arbeitszimmer aus den eigenen vier Wänden heraus!

Räume, die begrifflich kein Arbeitszimmer darstellen: Hier hilft der BFH mit seiner Grundsatzentscheidung vom 16.10.2002 (BStBl II 2003 S. 185). Ein steuerlich anrüchiges Arbeitszimmer sei nur ein Raum in Ihrem häuslichen Privatbereich, der vorwiegend zur Erledigung gedanklicher, schriftlicher, verwaltungstechnischer oder organisatorischer Arbeiten dient oder künstlerisch genutzt wird und deshalb büromäßig eingerichtet ist und auch so genutzt wird, also mit Bücher- und Aktenschränken bzw. -regalen, Aktenbock und ähnlichen »Büromöbeln« sowie mit Büchern, Aktenordnern, Schreibmaschine oder Computer und ähnlichen Arbeitsmitteln ausgestattet ist. Dem hat sich der Fiskus wohl oder übel anschließen müssen (BMF-Schreiben v. 3.4.2007 – BStBl I 2007).

Nennen Sie Ihre Stube Werkstatt, Tonstudio (BFH v. 28.8.2003 – BStBl II 2004 S.55) oder Praxis, wie die Ärztin, die in einem Zimmer ihrer Wohnung eine Notfallpraxis unterhielt (BFH v. 5.12.2002 – BStBl II 2003 S.463), können Sie ohne Einschränkung alle auf das Arbeitszimmer entfallenden Kosten absetzen, egal, ob die nun 100 € oder 13500 € betragen.
Allerdings verlangt der BFH zusätzlich, dass die Räume erkennbar dem Publikumsverkehr gewidmet sind. Sie sollten daher so liegen, dass sie sich von Ihrem übrigen Wohnräumen abheben, also möglichst über einen zumindest optisch getrennten Eingangsbereich verfügen und nicht ausschließlich über andere Räume Ihrer Wohnung erreichbar sind (BFH v. 20.11.2003 – BStBl II 2005 S.203).

TIPP

für die Praxis zu Hause

Sie funktionieren am besten Räume direkt neben der Eingangstür um, damit Ihre Kunden und Patienten nicht erst durch die halbe Wohnung laufen müssen. Idealerweise trennen Sie ihn durch eine zusätzliche Tür im Flur ab.
Die Finanzämter erkennen nach dem BMF-Schreiben vom 3.4.2007 (s. o.) für folgende Räume an, dass es sich nicht um Arbeitszimmer handelt:

- Freiberuflerpraxen, wenn die Räume für einen intensiven und dauerhaften Publikumsverkehr vorgesehen sind.
- Büroräume, die sich zusammen mit anderen angrenzenden Betriebsräumen im Haus des Steuerzahlers befinden.

Ebenfalls gute Karten haben Sie, wenn Sie den Raum nur als Lager für Waren oder Werbemuster etc. nutzen.
Kleinlicher ist der Fiskus mit einem »Archivraum«. Werden darin ausschließlich Gegenstände aufbewahrt, mit denen Sie sich zuvor oder danach im eigentlichen Arbeitszimmer in gedanklicher oder in schriftlicher Form geistig befasst haben (Fachliteratur, bearbeitete Dokumente etc.), so bildet der Archivraum zusammen mit dem Arbeitszimmer eine funktionelle Einheit und unterliegt gemeinsam mit diesem den Abzugsbeschränkungen (FG Berlin-Brandenburg v. 29.4.2008 – 6 K 1567/04). Der BFH sah dazu in einem ähnlichen Fall allerdings noch Aufklärungsbedarf und hat in seinem Urteil vom 26.3.2009 (VI R 15/07) entschieden, dass die Abzugsfähigkeit der Kosten zunächst einmal für jeden Raum getrennt ermittelt werden müsse. Eine Ausnahme gelte nur, wenn verschiedene Räume nahezu identisch genutzt würden. Insoweit könne insbesondere auch ein als Archiv genutzter Raum unter Berücksichtigung seiner Ausstattung, Lage und Funktion als Teil des häuslichen Arbeitszimmers anzusehen sein. Allerdings müsse das nicht zwangsläufig für jedes Archiv gelten. Die Chancen steigen deshalb für Sie, wenn

Sie Ihr Archiv mehr oder weniger nur zur Endlagerung erledigter Arbeiten nutzen, auf die Sie – wenn überhaupt – nur gelegentlich zurückgreifen.

Raus mit Ihrem Arbeitszimmer aus den eigenen vier Wänden! 270

Wenn Ihr Arbeitszimmer nicht mehr »häuslich« ist, d.h. keine Verbindung zu Ihrer Privatwohnung hat, greifen die Einschränkungen ebenfalls nicht. Worauf Sie besonders achten müssen:

- **Arbeitszimmer in der eigenen Wohnung oder im Einfamilienhaus**

Ein Arbeitszimmer im Einfamilienhaus oder in Ihrer Miet- bzw. Eigentumswohnung ist immer ein »häusliches« und fällt unter die Abzugsbeschränkungen (BFH v. 26.2.2003 – BStBl II 2004 S.75). Der steuerliche Abzug bleibt Ihnen immer dann verwehrt, wenn es in unmittelbarer Nähe zu Ihren privaten Wohnräumen liegt und mit diesen als gemeinsame Wohneinheit verbunden ist.

Daher nutzt es Ihnen wenig, es in den Keller, unter das Dach oder in die Mansarde zu verlegen. Auch bei einem Arbeitszimmer in einem separaten Anbau zu Ihrem Häuschen handle es sich um ein »häusliches«, meinte der BFH (Urt. v. 13.11.2002 – BStBl II 2003 S.350). Der gebeutelte Steuerzahler hatte zwar recht geschickt argumentiert, der Anbau habe keine unmittelbare Verbindung zum Wohnhaus. Einen Strick hat man ihm aber daraus gedreht, dass er nur über seinen Garten Zugang zu dem Anbau hatte. Und schon argumentierten die obersten Steuerrichter: »Der Garten gehört mit zum häuslichen Bereich. Wenn das Arbeitszimmer also nur über den Garten zu erreichen ist, ist es ein häusliches!« Aus demselben Grund fällt somit ein Gartenhaus als Arbeitszimmer flach. In dieselbe Richtung geht das FG Berlin-Brandenburg. Ein Arbeitszimmer in einem Bungalow, der auf dem vom Steuerpflichtigen bewohnten Hausgrundstück unmittelbar neben dem Wohnhaus liegt, ist nach Meinung der Finanzrichter in die häusliche Sphäre eingebunden und damit als häusliches Arbeitszimmer anzusehen, selbst wenn der Bungalow über einen separaten Eingang verfügt (FG Berlin-Brandenburg v. 25.9.2008 – 14 K 6286/04 B).

TRICK

Berechnen Sie die Arbeitszimmerkosten für jedes Zimmer getrennt!

Wenn Sie mehrere in Ihrer Wohnung liegende Räume als Arbeitsräume nutzen, muss die Frage des häuslichen Arbeitszimmers für jeden Raum gesondert überprüft werden.

Sind die Räume nicht büromäßig ausgestattet, können sie Kosten für die jeweiligen Zimmer in voller Höhe als Werbungskosten absetzen. Allerdings muss die fast ausschließliche berufliche Nutzung außer Frage stehen.
Angenommen, Sie nutzen im Erdgeschoß Ihres Wohnhauses drei Räume für berufliche Zwecke: ein Büro, einen mit bequemen Sitzmöbeln ausgestatteten Raum zum Empfang von Kunden und Geschäftspartnern und eine Gästetoilette. Die Kosten des Büroraums können Sie derzeit nicht abziehen (vgl. dazu aber ➤ Rz 278). Der Empfangs- und Besprechungsraum sowie die dazu gehörende Gästetoilette unterliegen diesen Beschränkungen nicht. Die auf diese Räume anteilig entfallenden Kosten sind in voller Höhe als Werbungskosten abzugsfähig (BFH v. 26.3.2009 – VI R 15/07, BStBl 2009 II S. 598).

271 • **Gesondert angemietetes Arbeitszimmer**

Wenn Sie sich irgendwo ein separates Büro anmieten, sind Sie natürlich sonnenklar aus der kleinlichen Regelung für »häusliche Arbeitszimmer« heraus. In diesem Fall können Sie Ihre sämtlichen Kosten für das Arbeitszimmer von der Steuer absetzen.
Aufpassen müssen Sie allerdings immer dann, wenn Sie den Raum im selben Haus mieten, in dem Sie Ihre Wohnung haben. Mieten Sie eine Wohnung auf derselben Etage, reicht dem BFH schon die räumliche Nähe zu Ihrer Privatwohnung, um Ihnen die Kosten zu kürzen. Dabei ist es egal, ob die »Bürowohnung« direkt nebenan liegt (BFH-Urt. v. 26.2.2003 – BStBl II 2004 S. 69) oder gegenüber (BFH-Urt. v. 26.2.2003 – BStBl II 2004 S. 72).

272 • **Arbeitszimmer im Mehrfamilienhaus**

Den BFH stört vor allem, wenn Ihr Arbeitszimmer auf derselben Etage liegt wie Ihre Privatwohnung. Darauf sollten Sie sich einrichten. Wenn Sie sich also mit dem Gedanken tragen, sich für Ihr Büro im selben Haus Räume zuzulegen, weichen Sie einfach auf eine andere Etage aus. Hat nämlich das Arbeitszimmer keine Verbindung zu Ihrer Wohnung, gilt es als sog. außerhäusliches Arbeitszimmer, dessen Kosten voll abgezogen werden können (FG Köln v. 29.8.2007 – EFG 2008 S. 205, BFH v. 10.6.2008 – VIII R 52/07, EStB 2009 S. 60, und FG Baden-Württemberg v. 15.5.2009 – 10 K 3583/08).

TRICK

Ab mit Ihrem Arbeitszimmer in den Keller!

273 Wohnen Sie in einem Mietshaus, können Sie steuerlich geschickt in den Keller ausweichen. Aber Vorsicht! Richten Sie sich Ihr Arbeitszimmer ja nicht in dem sowieso zu Ihrer Wohnung gehörenden Kellerraum ein, denn der gehört nach

Meinung des Fiskus zu Ihrem häuslichen Bereich. Stattdessen werden Sie einen anderen Raum im Keller mieten und diesen zu Ihrem Arbeitszimmer umfunktionieren. Schon haben Sie ein nicht »häusliches« und damit erstklassiges und vor allem in vollem Umfang steuerbegünstigtes Arbeitszimmer. Will Ihr Finanzamt nicht mitziehen, bekommen Sie Unterstützung durch das BFH-Urteil vom 26.2.2003 (BStBl II 2003 S.515).

Übrigens: Wenn Sie mit Ihrem Vermieter verhandeln, schließen Sie möglichst einen eigenen Mietvertrag für den Kellerrraum ab. Vielleicht können Sie ihn ja überzeugen, Ihnen bei Ihrer Wohnung einen Mietnachlass zu geben und statt 600 € nur 500 € Miete zu verlangen. Im Gegenzug kommen Sie ihm bei der Miete für den Kellerraum entgegen, denn schließlich mieten Sie ja nun Büroflächen an, und die sind bekanntlich viel teurer als Wohn- oder Kellerräume. 274

TRICK

Im Zweifamilienhaus machen Sie mit dem Arbeitszimmer im Dachausbau ein Riesengeschäft!

Als stolzer Besitzer eines Zweifamilienhauses oder eines Einfamilienhauses mit Einliegerwohnung können Sie mit einem ganz einfachen Trick nicht nur ein Arbeitszimmer absetzen, sondern dem Fiskus auch noch einen ansehnlichen Teil Ihrer Haus- und Finanzierungskosten ans Bein binden. 275

Und so funktioniert's: Sie wohnen im Erdgeschoss. Die darüberliegende Wohnung ist vermietet. Wenn Sie jetzt Ihr Dach ausbauen und sich dort Ihr Arbeitszimmer einrichten, sind Ihr Arbeitszimmer und Ihre Wohnung nicht mehr unmittelbar miteinander verbunden. Sie haben also kein »häusliches« Arbeitszimmer, und einem Kostenabzug steht nichts im Weg. Wichtig ist allerdings, dass die vermietete Wohnung und das Arbeitszimmer über ein separates Treppenhaus bzw. einen Gemeinschaftsflur zu erreichen sind. Außerdem dürfen Sie sich im Dachgeschoss nicht noch andere Wohnräume einrichten. Wenn Sie das beachten, winkt Ihnen mit dem Segen des BFH (BFH v. 10.6.2008 – VIII R 52/07, EStB 2009 S.60 und BFH v. 18.8.2005 – BStBl II 2006 S.428) eine beträchtliche Steuerersparnis.

Angenommen, die beiden Wohnungen sind jeweils 100 qm groß und Sie richten sich unter dem Dach ein 50 qm-Arbeitszimmer ein. In diesem Fall würden 20 % Ihrer gesamten laufenden Gebäudekosten, Zinsen, Abschreibung, Reparaturen etc. auf das Arbeitszimmer entfallen und wären als Werbungskosten abzugsfähig.

GUTER RAT

Damit dieser Trick funktioniert, müssen Sie nicht unbedingt Fremde in Ihr Haus holen. Die Wohnung im Obergeschoss können Sie auch an Ihre Eltern oder eines Ihrer Kinder vermieten (BFH v. 10.6.2008 – VIII R 52/07, EStB 2009 S.60). Mit einem sauberen Mietvertrag und regelmäßigen Mietzahlungen machen Sie unter Umständen sogar ein doppeltes Geschäft: Wenn Sie noch einiges an Zinsen zahlen müssen, ergibt sich aus dem Mietverhältnis vielleicht ein steuerlicher Verlust, den Sie zusätzlich absetzen können. Mit der doppelten Steuerersparnis aus diesem **Abschreibungsmodell des kleinen Mannes**, die Sie so einfahren, kann kein windiger Anlageberater mit seinen Schiffsfonds oder überteuerten Immobilienbeteiligungen mithalten.

276 **Das Arbeitszimmer als Tätigkeitsmittelpunkt**

Gelingt es Ihnen nicht, das Finanzamt davon zu überzeugen, dass der von Ihnen beruflich genutzte Raum kein Arbeitszimmer oder zumindest kein häusliches Arbeitszimmer ist, können Sie dennoch alle Kosten absetzen, wenn es den Mittelpunkt Ihrer gesamten beruflichen und betrieblichen Tätigkeit darstellt. Dabei kommt es darauf an, dass Sie dort die Arbeiten durchführen und die Leistungen erbringen, die für Ihren Job wesentlich und prägend sind.

Wenn Sie als Heimarbeiter oder Schriftsteller Ihre ganze Arbeit in Ihrem Arbeitszimmer erledigen, haben Sie natürlich allerbeste Karten. Allerdings stellt der Fiskus nicht auf die einzelnen Einkunftsquellen ab. Sind Sie z.B. neben Ihrer Tätigkeit als Arbeitnehmer noch selbständig tätig, werden beide Bereiche in die Prüfung einbezogen. Dabei haben die streichwütigen Fiskalritter Rückendeckung durch den BFH: Der Mittelpunkt der gesamten betrieblichen und beruflichen Tätigkeit könne nicht isoliert für jede einzelne Tätigkeit, sondern nur für sämtliche Tätigkeiten des Steuerzahlers zusammen bestimmt werden (BFH v. 23.9.1999 – BStBl II 2000 S.7). Allerdings befand der BFH in einem späteren Urteil, dass Ihr Arbeitszimmer selbst dann Ihr Tätigkeitsmittelpunkt sei, wenn nicht bei allen Jobs Ihr Arbeitsschwerpunkt dort liege (Urt. v. 13.10.2003 – BStBl II 2004 S.771).

Dank des BFH sind Ihre Aussichten auf einen Vollkostenabzug somit deutlich rosiger geworden. Entscheidend ist nämlich nicht die Zeit, die Sie in Ihrem Arbeitszimmer und außerhalb zubringen, sondern ob Sie dort den »qualitativen Schwerpunkt« Ihrer Arbeiten erledigen. Vor allem als Außendienstler, der Sie auf das Büro in Ihren vier Wänden angewiesen sind, müssen Sie sich mit vollmundigen und möglichst hochtrabenden Beschreibungen Ihrer dort verrichteten Tätigkeiten wappnen. Stellen Sie heraus, dass Sie in Ihrem Arbeitszimmer die wesentlichen technischen und kaufmännischen Arbeiten erledigen, die Produktentwicklung betreiben, Konzepte für Ihre Kunden entwickeln oder die gesamten Betriebsabläufe organisieren bzw. die Einsatzpläne für Ihre im Außendienst tätigen Mitarbeiter fertigen etc. pp. Dann spielt es nämlich keine Rolle mehr, wenn Sie auch selbst noch im Außendienst tätig werden. Das Finanzamt kann Ihnen keine lange Nase mehr drehen.

Besonders einfach ist es, wenn zwischen den Arbeiten, die Sie innerhalb und außerhalb Ihres Arbeitszimmers erledigen, kein qualitativer Unterschied besteht. In diesem Fall reicht dem BFH für den Tätigkeitsmittelpunkt schlicht und ergreifend aus, wenn Sie mehr als 50 % Ihrer Gesamtarbeitszeit im Arbeitszimmer erledigen (BFH v. 23.5.2006 – BStBl II 2006 S. 600). Gute Karten haben Sie deshalb vor allem dann, wenn Sie für Ihre Firma – weil die z. B. Raumkosten sparen will oder weil schlicht nicht genügend Platz im Betrieb ist – nur ein oder zwei Tage in der Woche vor Ort im Büro arbeiten und den Rest der Woche dieselben Arbeiten in Ihrem häuslichen Arbeitszimmer erledigen.

Auch mit den folgenden BFH- und Finanzgerichtsentscheidungen können Sie Ihrem unwilligen Finanzamt in Sachen Arbeitszimmer als Tätigkeitsmittelpunkt einmal den Hauch der besseren Erkenntnis zufächeln. Anerkannt wurde das Arbeitszimmer einem:

- **Architekten,** der neben der Planung keine Aufgaben der Bauaufsicht oder -überwachung ausübt (BFH v. 26.6.2003 – BStBl 2004 S. 50).
- **Außendienstmitarbeiter** im Prüfungsdienst der Deutschen Rentenversicherung (Niedersächsisches FG v. 17.11.2009 – 11 K 98/08). Anderer Ansicht war in einem vergleichbaren Fall allerdings das FG Nürnberg (v. 23.4.2009 – 7 K 1954/2007).
- **Fuhrparkmanager,** der ohne Arbeitsraum beim Arbeitgeber den Einsatz von über 30 Fahrern aus seinem Arbeitszimmer koordiniert und nur gelegentlich selbst fährt (FG München v. 19.6.2007 – 13 K 2991/04).
- **Ingenieur,** der dort komplizierte technische Lösungen für die Wartung von Anlagen der Kunden erarbeitet, obwohl zu seinen Tätigkeiten auch die Betreuung der Kunden vor Ort gehört (BFH v. 13.11.2002 – BStBl II 2004 S. 59, 2003 S. 805). Als Bombenargument erwies sich hier, dass der gute Mann alle Konstruktionsunterlagen in seinem Arbeitszimmer hatte und dort für seine Kunden telefonisch zu erreichen war.
- **Key Account Manager,** der in seinem Arbeitszimmer anwenderneutrale Softwareprodukte an spezielle Kundenbedürfnisse anpasst (BFH v. 29.4.2003 – BFH/NV 2003 S. 1175).
- **Key Account Manager,** der in reiner Beratungsfunktion für Fachhandelspartner tätig ist und im Betrieb keinen Arbeitsplatz hat. Das Arbeitszimmer ist selbst bei umfangreichem Außendienst der qualitative Mittelpunkt seiner beruflichen Tätigkeit, so dass die Kosten ohne Einschränkung abgezogen werden können (FG des Saarlandes v. 30.5.2007 – EFG 2007 S. 1421).
- **Praxis-Consultant,** der ärztliche Praxen in betriebswirtschaftlichen Fragen berät, obwohl er einen nicht unerheblichen Teil der Arbeitszeit im Außendienst verbringt (BFH v. 29.4.2003 – BStBl II 2004 S 76).

- **Verkaufsleiter,** der den Einsatz seiner Mitarbeiter im Arbeitszimmer plant, dort ständig für seine Kollegen erreichbar ist, sämtliche Analysen und Planungen dort vornimmt und vielleicht als Sahnehäubchen regelmäßige Meetings mit Mitarbeitern im Arbeitszimmer abhält. Dem BFH ist es in so einem Fall egal, dass im Schnitt an zwei Tagen in der Woche Außendienst anfällt (Urt. v. 13.11.2002 – BStBl II 2004 S. 65).
- **Versicherungsangestellten,** der in seinem Arbeitszimmer spezielle Altersvorsorgekonzepte für seine Kunden entwickelt (FG Köln v. 18.12.2000, EFG 2001 S. 488).

Folgende Berufsgruppen, die den Mittelpunkt ihrer gesamten Tätigkeit nicht im Arbeitszimmer haben, können in aller Regel wieder mit einem zumindest teilweisen Abzug der Kosten rechnen:

- **Architekten,** die neben der Planung mit der Ausführung der Bauwerke und der Bauüberwachung betraut sind (BFH v. 26.6.2003 – BStBl II 2004 S. 50).
- **Außendienstler,** die einen Arbeitsplatz in einem Großraumbüro haben (BFH v. 7.8.2003 – BStBl II 2004 S. 78).
- **Betreuer, hauptamtlicher;** das Arbeitszimmer stellt auch dann nicht den Mittelpunkt der Betreuungstätigkeit dar, wenn der zeitliche Aufwand die Tätigkeiten außerhalb des Arbeitszimmers überwiegt (BFH/NV 2009 S. 161 und FG Köln v. 4.3.2009 – 3 K 3980/05).
- **Diakone,** weil sie regelmäßig auch als Seelsorger außerhalb der vier Wände tätig sind (BFH v. 22.7.2003 – BFH/NV 2004 S. 33).
- **EDV-Dozent,** der im häuslichen Arbeitszimmer vorbereitete Schulungen in MS-Office-Produkten und Spezialprogrammen im Seminarraum seines Arbeitgebers und beim Kunden durchführt, hat seinen Betätigungsmittelpunkt nicht im häuslichen Arbeitszimmer (FG Berlin-Brandenburg v. 25.9.2008 – 14 K 6286/04 B).
- **Fachberater,** wenn der wesentliche Teil ihrer Arbeit in der Beratung und Produktwerbung besteht und sich im Außendienst abspielt (BFH v. 13.11.2002 – BStBl II 2004 S. 62).
- **Geschäftsführer,** weil ein wesentlicher Teil der Arbeit die Leitung und Repräsentanz des Unternehmens außerhalb des Arbeitszimmers ist (FG Rheinland-Pfalz v. 22.3.2004 – 5 K 1234/02). Das ändert sich auch nicht dadurch, dass sie gelegentlich Kunden und Mitarbeiter zu Besprechungen im Arbeitszimmer empfangen (FG München v. 20.11.2007 – 6 K 3122/06).
- **Handelsvertreter,** weil das Arbeitszimmer nicht nur wegen des anfallenden Schriftverkehrs und der Telefonate den Außendienst als weiteren Tätigkeitsmittelpunkt überlagert (BFH v. 23.3.2005 – BFH/NV 2005 S. 1537).
- **Journalisten,** zu deren Aufgaben auch die Recherche gehört (BFH v. 28.8.2003 – BStBl II 2004 S. 53).

- **Konzertmusiker (Solisten),** bei denen neben dem Üben die Auftritte einen wesentlichen Teil ihrer Gesamtbetätigung darstellen (BFH v. 15.12.2005 – XI B 87/05).
- **Lehrer,** weil deren berufsprägende Merkmale im Unterrichten bestehen und diese Tätigkeiten in der Schule und nicht im Arbeitszimmer erbracht werden (BFH v. 26.2.2003 – BStBl II 2004 S. 72; FG Rheinland-Pfalz v. 10.04.2008 – 6 K 1212/06).
- **Professoren** mit üblicher Lehrverpflichtung, weil der Unterricht ein prägendes Element der Tätigkeit ist (BFH v. 22.2.2006 – BFH/NV 2006 S. 1088; BFH v. 22.10.2007 – BFH/NV 2008 S. 47).
- **Unternehmensberater und Dozent,** der Seminare und Workshops abhält, weil die Durchführung der Seminare der wesentliche Tätigkeitsteil ist (FG München v. 10.9.2008 – 10 K 2577/07).

GUTER RAT

Verzichten Sie zugunsten eines ausschließlichen Heimarbeitsplatzes auf den Arbeitsplatz im Großraumbüro. Wenn Ihr Boss mitspielt, haben Sie Ihre kompletten Arbeitszimmerkosten im Sack.

Bis 2006 konnten Sie bis zu 1250 € Ihrer Arbeitszimmerkosten absetzen, wenn 277
Sie in dem Raum mehr als die Hälfte der gesamten Arbeitszeit aller steuerlich bedeutsamen Betätigungen erledigt hatten. Ob diese Begünstigung, von der z. B. Richter, Universitätsprofessoren und andere Arbeitnehmer profitieren konnten, die keiner Anwesenheitspflicht am Arbeitsplatz unterliegen, aufgrund des Verfassungsgerichtsurteils wieder eingeführt ist, ist noch unklar. **Als Betroffener sollten Sie in jedem Fall erst einmal auf dem Kostenabzug bestehen.**

Kein anderer Arbeitsplatz steht zur Verfügung 278

Gehören Sie zu denen, die auf ihr Arbeitszimmer angewiesen sind, weil der Arbeitgeber keinen Arbeitsplatz zur Verfügung stellt, sind Sie also Lehrer (Klassenräume und das Lehrerzimmer sind allgemein anerkannt kein geeigneter Platz), Nebenberufler, Azubi, Bereitschaftsdienstler, Meisterschüler etc.? Oder sind Sie im Hauptberuf Arbeitnehmer und nebenberuflich als Schriftsteller von Kriminalromanen tätig oder erstellen als Krankenhausarzt in Ihrer Freizeit nebenberuflich medizinische Gutachten etc., gehen Sie also einer Nebentätigkeit nach, die vom Brötchengeber Ihres Hauptjobs eigentlich genehmigt werden müsste? Dann benötigen Sie Ihr Arbeitszimmer sicher in erster Linie für Ihre (neben-)beruflichen Aktivitäten.

In all diesen Fällen wird Ihnen der Fiskus rückwirkend ab 2007 den Abzug von Arbeitszimmerkosten – zumindest bis zu 1250 € zugestehen müssen.

GUTER RAT

Stellen Sie keinen Antrag auf Aussetzung der Vollziehung! Wenn Sie später aufgrund der automatischen Korrektur Ihres Steuerbescheids eine Erstattung erhalten, wird diese mit 6 % pro Jahr verzinst. Der Zinslauf begann für 2007 mit 1.4.2009, für 2008 mit 1.4.2009. Angesichts der mageren Zinsen auf dem Kapitalmarkt von nur 1 bis 2 % ist der Verzicht auf die Aussetzung der Vollziehung eine Bombenkapitalanlage. All diejenigen, die unter die 50-%-Klausel fallen, vermeiden damit, dass Sie selbst an den Fiskus Aussetzungszinsen zahlen müssen, weil dieser Teil der ursprünglichen Arbeitszimmerregelung nicht wieder eingeführt werden muss.

279 Ehepaare, die ein Arbeitszimmer gemeinsam nutzen, müssen nach wie vor darauf achten, dass ihnen nicht große Teile der Arbeitszimmerkosten durch die Lappen gehen. Hat nur ein Ehepartner im Arbeitszimmer den Mittelpunkt seiner gesamten Tätigkeit, kann nur der Teil der Kosten abgesetzt werden, der auf ihn entfällt. Angenommen, Sie haben in Ihrem Arbeitszimmer einen Heimarbeitsplatz – also einen astreinen Tätigkeitsmittelpunkt. Ihr als Lehrer tätiger Ehepartner benutzt das Arbeitszimmer ebenfalls. Sie ahnen schon, was jetzt kommt! Richtig, die rechnerisch auf Ihren Ehepartner entfallenden Kosten können Sie evtl. nicht absetzen.

TIPP

Aufteilung der Arbeitszimmerkosten!

Nutzen Ehegatten einen Raum in einer von ihnen bewohnten und gemeinsam angemieteten Wohnung als Arbeitszimmer, müssen sie die Miete und die Nebenkosten jeweils zur Hälfte auf die Ehegatten aufteilen. Gehört die Wohnung oder das Haus beiden Ehepartnern, sind die Kosten im Verhältnis der Eigentumsanteile zuzurechnen (BFH v. 20.4.2010 – VI B 150/09).

SUPER TRICK

Ihr Ehepartner bekommt einen anderen Arbeitsraum!

Das ganze Theater mit der Kostenaufteilung lässt sich vermeiden, indem Ihr 280
Ehepartner das Arbeitszimmer Ihnen allein überlässt und sich z. B. im Wohn- oder Schlafzimmer, in der Diele oder im Bügelzimmer eine Arbeitsecke einrichtet. Begründen lässt sich das prima damit, dass Sie beide bei der Arbeit Ruhe brauchen und Sie mit Ihrem Tätigkeitsmittelpunkt zu Hause viel mehr auf einen abgeschlossenen Arbeitsraum angewiesen sind. Noch überzeugender als blumige Worte ist es natürlich, wenn Sie Ihrer Steuererklärung ein paar Fotos von beiden Räumen und Arbeitsplätzen beifügen.

Mit diesem Kniff setzen Sie wieder die gesamten Arbeitszimmerkosten von der Steuer ab.

TRICK

Ein Mietvertrag mit dem Arbeitgeber erhöht die abzugsfähigen Kosten.

Klappt es bei Ihnen nicht mit dem Arbeitszimmer als Mittelpunkt Ihrer gesam- 281
ten Tätigkeit und benötigen Sie einen Büroraum, können Sie die kleinlichen Abzugsbeschränkungen des Fiskus mit Hilfe Ihres Arbeitgebers unterlaufen. Ein Mietvertrag ist hier der Schlüssel zur Steuerersparnis. Sie vermieten Ihrem Arbeitgeber Ihr Arbeitszimmer, das Sie für berufliche Zwecke benötigen, und er überlässt Ihnen den von ihm angemieteten Raum als betriebliches Büro.

Der Bundesfinanzhof hilft Ihnen dabei: Ihr Chef kann Ihnen die anteiligen Kosten fürs Arbeitszimmer steuerfrei erstatten, wenn die Anmietung des Zimmers bei Ihnen vorrangig in seinem Interesse erfolgt (BFH v. 19.10.2001 – BStBl 2002 II, S. 300). Ihre Chancen auf Anerkennung steigen stark an, wenn Sie zu Hause einen Heim- oder Telearbeitsplatz haben. Das an den Arbeitgeber vermietete, aber von Ihnen genutzte Büro ist danach kein »häusliches Arbeitszimmer«.

Das wiederum hat die erfreuliche Folge, dass die Kosten dafür voll absetzbar sind, auch wenn es nicht die ansonsten erforderlichen Bedingungen (Tätigkeitsmittelpunkt) erfüllt (BFH v. 20.3.2003 – BStBl II 2003 S. 519). Allerdings muss Ihr Arbeitgeber bestätigen, dass er den Raum aus handfesten betrieblichen Interessen angemietet hat (BFH v. 16.9.2004 – BStBl II 2006 S. 10), z. B. aus Kostenersparnisgründen, weil er Ihnen im Gegenzug im Betrieb kein Büro zur Verfügung stellen muss oder weil es Ihnen die extrem weite Entfernung vom Betrieb unmöglich macht, für Ihre regelmäßig anfallenden Büroarbeiten ständig dorthin zu fahren, oder weil Ihr Brötchengeber Ihre Privatadresse als eine den Kunden bekannte Anlaufstelle nutzt.

Die Finanzverwaltung sieht nach einer im Anschluss an die o.g. Urteile ergangenen Anweisung (BMF-Schreiben v. 13.12.2005 – BStBl I 2006 S.4) die Vermietung an den Arbeitgeber vorrangig in dessen Interesse, wenn folgende Punkte vorliegen:

- Für Sie ist im Unternehmen kein geeignetes Büro vorhanden; die Versuche Ihres Arbeitgebers, entsprechende Räume von Dritten anzumieten, sind erfolglos geblieben.
- Ihr Arbeitgeber hat für andere Arbeitnehmer des Betriebs, die über keine für ein Arbeitszimmer geeignete Wohnung verfügen, Zimmer bei betriebsfremden Dritten angemietet.
- Es wurde ein ausdrücklicher, schriftlicher Vertrag über die Nutzung des als Arbeitszimmer angemieteten Raumes abgeschlossen.

Allerdings sind diese Bedingungen nicht der Weisheit letzter Schluss. So sieht zwar auch der BFH in der Tatsache, dass Ihnen im Betrieb noch ein Büro zur Verfügung steht, ein Indiz gegen ein überwiegendes betriebliches Interesse an der Anmietung, sagt aber gleichzeitig, dass die Anerkennung deshalb nicht von vornherein ausgeschlossen ist. Auch wenn Ihr Brötchengeber gar nicht erst bei anderen die Anmietung eines Arbeitszimmers versucht hat, darf Ihnen das Finanzamt nicht allein daraus einen Strick drehen. Das spielt nämlich zumindest dann keine Rolle, wenn damit zu rechnen war, dass er anderswo keinen günstigeren Raum bekommen hätte (BFH v. 11.1.2005 – BFH/NV 2005 S.882).

Schließen Sie mit Ihrem Arbeitgeber aber unbedingt einen astreinen **Mietvertrag** über das Arbeitszimmer und regeln Sie das Ganze nicht über den Arbeitsvertrag oder Zusatzklauseln zum Arbeitsvertrag (BFH v. 8.3.2006 – BFH/NV S.1810). Außerdem macht es sich wesentlich besser, wenn Ihr Arbeitgeber Sie dazu auffordert, zu Hause für ihn tätig zu werden, und er das Ganze nicht etwa nur generös duldet, um Ihnen einen Gefallen zu tun. Nur so vermeiden Sie, dass man es Ihnen als besonders starkes Eigeninteresse ankreidet, dass Sie nun bequem von zu Hause aus arbeiten können.

Vorteil für Sie: Sie müssen zum einen die Mietzahlung Ihres Arbeitgebers nicht als Arbeitslohn versteuern, da Ihnen ja ein dringend benötigter Arbeitsplatz überlassen wird. Andererseits haben Sie Mieteinkünfte aus der Arbeitszimmervermietung und können jetzt alle Kosten, die mit dem Arbeitszimmer zusammenhängen, in voller Höhe als Werbungskosten bei diesen Vermietungseinkünften absetzen.

Beispiel

Sie haben ein Einfamilienhaus mit 150 m² Wohnfläche gebaut. Die Baukosten von 300000 € haben Sie zu 250000 € über eine Hypothek finanziert. Die jährlichen Zinsen belaufen sich auf 18000 €. Ein 25 m^2 großes Zimmer haben Sie für 5 €/m^2 an Ihren Arbeitgeber vermietet, der es Ihnen als Arbeitszimmer zur Verfügung stellt. Die sonstigen Nebenkosten für Ihr Haus belaufen sich auf 2400 €. So sieht Ihre Rechnung fürs Finanzamt aus:

Mieteinnahmen 12 × 25 m^2 × 5 €		1 500 €
Werbungskosten:		
Zinsen 18 000 € × 25 m^2/150 m^2	3 000 €	
Abschreibung 2 % v. 300 000 € = 6 000 € × 25 m^2/150 m^2	1 000 €	
Nebenkosten 2 400 € × 25 m^2/150 m^2	400 €	
	4 400 €	> 4 400 €
Verlust aus Vermietungseinkünften		2 900 €

c) Wie prüft das Finanzamt, ob es bei Ihnen überhaupt ein Arbeitszimmer anerkennt? 282

Am besten reichen Sie eine Wohnungsskizze ein, in der das Arbeitszimmer gekennzeichnet und die Lage und Art der Möbel vermerkt ist (Vorsicht: kein Bett o. Ä. einzeichnen) (➤ Rz 290). Daneben muss genügend Wohn- und Schlafraum für Sie und Ihre Familie vorhanden sein.

Als Single brauchen Sie in Ihrer Wohnung nicht allzu viel Platz. Aber auch bei Ihnen müssen die neben dem Arbeitszimmer als Wohnraum verbleibenden Räume passend möbliert werden. Achten Sie also bei der Einrichtung darauf, dass Ihnen nicht das Gleiche passiert wie einem Steuerzahler aus Trier. Dem hatten die Finanzrichter nämlich einen als Arbeitszimmer eingerichteten Raum seiner Zweizimmerwohnung nur deshalb nicht steuerlich anerkannt, weil er den anderen Raum nicht zum Wohn-/Schlafraum umfunktioniert hatte. Angesichts fehlender Wohnraummöblierung in diesem Zimmer haben sie es nur als Schlafraum akzeptiert. Das Wohnen müsse sich zwangsläufig auch im Arbeitszimmer abspielen, mutmaßten die Richter, und schon waren die Werbungskosten zum Teufel (FG Rheinland-Pfalz v. 1.2.1995, 1 K 2180/94 – NWB-Eilnachrichten 1995 S. 90). Stellen Sie sich deshalb etwas geschickter an und verfrachten Sie Couch, Tisch, Fernseher und Stereoanlage in den Wohn-/Schlafraum, und Sie können das o. g. Urteil für sich ausnutzen.

Weitere unabdingbare Voraussetzung ist, dass das Arbeitszimmer separat liegt, d. h., es muss ein von den übrigen Räumen der Wohnung getrennter, in sich abgeschlossener Raum sein. So wurde einem armen Teufel das Arbeitszimmer im Dachgeschoss seines Hauses, das nur über eine Wendeltreppe zu erreichen war und nicht durch eine Tür abgeschlossen werden konnte, nicht anerkannt (FG Baden-Württemberg v. 22.9.1986 – EFG 1987 S. 70).

Achtung, Fangeisen: Sie haben ganz schlechte Karten, wenn das Arbeitszimmer ein sog. Durchgangszimmer ist. Denn der Durchgang wird als private Nutzung aufgefasst, und damit ist die Sache für Sie schlecht gelaufen. So der BFH in seinem Urteil BStBl 1984 II S.110. Er lenkte aber in seinem Urteil vom 19.8.1988 (BStBl 1988 II S.1000) etwas ein: Das gelegentliche Durchqueren des Arbeitszimmers durch den Ehegatten (um in das Schlafzimmer zu gelangen) hielt er für unbedeutend.

GUTER RAT

Gegenstände im Arbeitszimmer, die keine Arbeitsmittel sind, wie Fernseher, Radio, Klavier, Gästebett usw., können dem Arbeitszimmer den Garaus machen, denn sie deuten auf private Mitbenutzung des Zimmers hin. Auch wenn das eine oder andere Finanzgericht Gnade vor Recht ergehen ließ, sollten Sie nach Möglichkeit von vornherein jedes Risiko vermeiden. Ich würde zumindest nicht die Hand dafür ins Feuer legen, dass die folgenden Urteile jedes Finanzamt überzeugen.

- Eine *Liege* im Arbeitszimmer steht dessen Anerkennung selbst dann nicht entgegen, wenn der Steuerzahler sie während der Arbeitspausen für ein kleines Nickerchen nutzt (FG Hessen v. 27.1.1983 – IV 75/84; BFH v. 18.3.1988 – BFH/NV 1988 S.773).
- Eine ganz sporadische Nutzung des Arbeitszimmers als Gästezimmer, z.B. beim Weihnachtsbesuch von Angehörigen, soll dessen Anerkennung nicht gefährden (FG Berlin v. 16.8.1988 rk – EFG 1989 S.17).
- Auch ein Schaukelstuhl, der während der Arbeitspausen zur Entspannung genutzt wird, soll nicht schädlich für Ihr Arbeitszimmer sein (BFH v. 28.9.1990 – BFH/NV 294/1991).

Achtung, Hausbesuch vom Finanzamt!
Gelegentlich müssen Sie damit rechnen, dass das Finanzamt mal einen Beamten losschickt, der bei besonders suspekten Arbeitszimmerinhabern nachprüfen soll, ob alles so stimmt, wie es angegeben wurde. Kommt er allerdings am Abend, können Sie dem Prüfer den Zutritt zum Arbeitszimmer verweigern, ohne dass er daraus negative Schlüsse ziehen darf (FG Düsseldorf, Urt. v. 14.10.1992 – EFG 1993 S.64). Wenn der Besuch während der üblichen Geschäfts- und Arbeitszeit erfolgt und vorher angemeldet war, müssen Sie ihn einlassen – oder hinnehmen, dass man Ihnen die Arbeitszimmerkosten streicht.
So geschehen mit Billigung der Finanzrichter in Niedersachsen (Urt. v. 9.3.1993 – EFG 1994 S.182) bei einem Lehrer, dem die Arbeitszimmerprüfer des Finanzamts gleich zweimal auf die Bude rücken wollten, wobei sie jedes Mal unverrichteter Dinge abziehen mussten.

TIPP

für drohende Hausbesuche

Zum Glück sind nicht alle Genauigkeitskrämer so dreist und erscheinen unangemeldet. Die meisten sind brav, akzeptieren den guten alten englischen Wahlspruch »My home is my castle« und kündigen ihren Arbeitszimmerkontrollbesuch vorher an. Um sich solch unliebsamen Besuch vom Hals zu halten, machen Sie sich die sprichwörtliche Bequemlichkeit des deutschen Beamten zunutze und kontern Sie auf die Kontrollankündigung etwa wie folgt:

Sehr geehrte Damen und Herren,
selbstverständlich bin ich bereit, Ihnen mein »100 % steuerlich lupenreines Arbeitszimmer« vorzuführen. Leider bringt es mein Beruf aber mit sich, dass ich schon morgens gegen 6.00 Uhr das Haus verlassen muss und für gewöhnlich nicht vor 18.00 Uhr zurückkehre. Ich schlage daher vor, dass Sie die Besichtigung am . . . . . . .um ca. 5.30 Uhr oder alternativ am . . . . um ca. 19.00 Uhr vornehmen.

Datum . . . . . .Unterschrift . . . .

Wetten, dass sich kaum ein Finanzer finden wird, der bereit ist, in den sauren Apfel zu beißen und seine Freizeit für eine Arbeitszimmerbesichtigung zu opfern? Den Rotstift müssen sie dann aber bei Ihren Arbeitszimmerkosten auch eingepackt lassen. Sie sind ja schließlich besichtigungsbereit, und man kann ja wohl nicht von Ihnen verlangen, dass Sie für das Misstrauen anderer Ihren wohlverdienten Urlaub verplempern …

Fertigt der Prüfer über seinen Besuch eine Niederschrift, dann lassen Sie sich einen Durchschlag geben, damit Sie wissen, was in den Akten steht. Und passen Sie auf, was Sie unterschreiben.
Vor allem, wenn es verdächtig nach Amtsdeutsch klingt. Bestehen Sie darauf, dass rechtliche Würdigungen oder Schlussfolgerungen gestrichen werden. Also nicht: »Private Unterlagen waren zu 20 % vorhanden«, sondern: »Es ist ein Ordner Versicherungsangelegenheiten abgestellt.«

Auf diese Weise bleibt Ihnen die Möglichkeit erhalten, später die Bedeutung dieses Ordners herunterzuspielen. Und schreibt der Prüfer: »Die vorgefundenen Verhältnisse lagen im Veranlagungszeitraum unverändert vor«, müssen Sie sofort ausdrücklich widersprechen und notfalls das Gegenteil protokollieren lassen, wenn dieser Satz nicht zutrifft.

283 **d) Arbeitsmittel im häuslichen Arbeitszimmer**

Der BFH hatte ein Einsehen und sich beim Abzug von Arbeitsmitteln, die im Arbeitszimmer beruflich genutzt werden, auf die Seite der Steuerzahler geschlagen. Er hat nämlich geurteilt, dass der Abzug von Arbeitsmitteln im weitesten Sinne Vorrang vor den Abzugsbeschränkungen für die Arbeitszimmerkosten hat (BFH v. 21.11.1997 – BStBl 1998 II S. 351). Im Klartext bedeutet das, dass alle Kosten für Arbeitsmittel, die auch ohne ein Arbeitszimmer durchgehen würden, unabhängig davon, wie die eigentlichen Arbeitszimmerkosten steuerlich behandelt werden, steuerlich absetzbar sind. Dieser Entscheidung hat sich die Finanzverwaltung gebeugt und sie mit dem BMF-Schreiben vom 16.6.1998 (BStBl 1998 I S. 863) für die Finanzämter für verbindlich erklärt. Und hieran hat der Fiskus nicht gerüttelt. Auch wenn Sie ab 2007 Ihr Arbeitszimmer nicht mehr absetzen können, weil es nicht Ihr Tätigkeitsmittelpunkt ist, können Sie Ihre Arbeitsmittel absetzen.

Dazu müssen Sie allerdings unterscheiden zwischen den Kosten für die Raumaustattung des Arbeitszimmers, deren Schicksal davon abhängt, ob die Arbeitszimmerkosten steuerlich abzugsfähig sind, und den Kosten für Arbeitsmittel im engeren Sinne, die ohne Einschränkung absetzbar bleiben.

Unmittelbare Arbeitszimmerkosten/Raumausstattung (nur bei Arbeitszimmern als Tätigkeitsmittelpunkt)

- Miete,
- Heizung, Strom, Wasser,
- Müllabfuhr, Kaminkehrer, Abwasser,
- Grundsteuer, Gebäudeversicherung,
- Hauswart etc.,
- Gebäudeabschreibung,
- Zinsen,
- Reinigung,
- Gebäudereparatur,
- Renovierung,
- Tapeten, Teppichböden, Vorhänge,
- fest eingebaute Lampen.

Zusätzlich ohne Beschränkung absetzbare Arbeitsmittel

- Computer und Zubehör,
- Telefon, Fax, Anrufbeantworter,
- Taschenrechner, Rechenmaschine,

- typische Arbeitsmittel je nach Beruf (z.B. Musikinstrumente, Maschinen etc.),
- Einrichtungsgegenstände
  - Schreibtisch,
  - Stühle,
  - Bücherregale,
  - Schränke,
  - Bürocontainer,
  - sonstige berufliche Einrichtung,
  - Schreibtischlampe,
  - Papierkorb,
  - Wand- oder sonstige Uhr, Pinnwand etc.

Für Einrichtungsgegenstände mit einem Anschaffungspreis von mehr als 410 € (Rechnungsbetrag ohne Umsatzsteuer) setzen Sie die Abschreibung an. Dazu werden die Anschaffungskosten (jetzt mit Umsatzsteuer) auf die Dauer der Nutzung verteilt. Die Nutzungsdauer beträgt für Mobiliar 13 Jahre, für Kopierer sieben Jahre, für PC, Drucker und Scanner drei Jahre.

Bei Anschaffung im Lauf des Jahres ist nur eine zeitanteilige Abschreibung zulässig. Für jeden Monat des Jahres, in dem Ihnen das Arbeitsmittel gehört, also $^{1}/_{12}$ der Jahresabschreibung.

Beträgt der Anschaffungspreis (ohne Umsatzsteuer) nicht mehr als 410 €, können Sie den gesamten Betrag für das »geringwertige Wirtschaftgut« (so das Amtsdeutsch) sofort in voller Höhe absetzen.

Weitere Einzelheiten zur Berechnung der Kosten, insbesondere der Abschreibungen, vgl. ➤ Rz 284, Rz 349.

Liege, Klappcouch und Schaukelstuhl wird das Finanzamt nur widerwillig anerkennen. Allerdings ist ein Abzug auch nicht generell ausgeschlossen. Es sei dem Arbeitnehmer unbenommen, statt am Schreibtisch zu sitzen, sich im Liegen oder im Schaukelstuhl auf seine Arbeit zu konzentrieren oder Fachliteratur zu lesen. So der Bundesfinanzhof zur Arbeitssituation eines Professors (BFH v. 28.9.1990 – BFH/NV 1991 S.294).

Kunstgegenstände wie Bilder und Skulpturen gehören grundsätzlich zur Arbeitszimmerausstattung. Sie werden Ihnen aber nur ausnahmsweise steuerlich anerkannt, wenn Sie glaubhaft machen, dass Sie sie aus Repräsentationsgründen benötigen, weil Sie des Öfteren geschäftlichen Besuch im Arbeitszimmer empfangen. Andernfalls fallen sie dem Rotstift zum Opfer, wie die Aufwendungen für ein Gobelinbild, das ein Steuerzahler als Wandbehang und nicht als

Teppich angegeben hatte (BFH-Urt. v. 30.10.1990 – BStBl 1991 II S. 340). Auch Geweihe und Jagdwaffen als Schmuck hat der BFH nicht mit steuerlicher Wirkung zugelassen (BFH v. 18.3.1988 – BFH/NV 1988 S. 556).

284 **e) Was können Sie für Ihr Arbeitszimmer absetzen?**

Gehören Sie zu den Glücklichen, die ihre Arbeitszimmerkosten voll absetzen können, weil das Arbeitszimmer der Tätigkeitsmittelpunkt ist, der Arbeitsraum nicht als Arbeitszimmer im steuertechnischen Sinne gilt oder sie sich schlichtweg ein Arbeitszimmer gemietet haben, gilt Folgendes:

- Kosten, die dem Arbeitszimmer direkt zugeordnet werden können, können Sie in voller Höhe absetzen, wie z. B. Schönheitsreparaturen, Elektroinstallation, Telefonanschluss, Einrichtung.

Sie können das Arbeitszimmer nach Ihrem Geschmack einrichten, auch wenn der gehoben ist. Ein Kargheitsgebot gibt es nicht. Tatsächlich genutztes antikes Mobiliar können Sie ebenso absetzen wie Bilder, Teppiche oder Wandschmuck (BFH-Urt. v. 31.1.1986 – BStBl 1986 II S. 355). Siehe hierzu aber ➤ Rz 283.

285 Wie flatterhaft Finanzgerichte bei ihren Entscheidungen über Arbeitszimmerkosten sind, können Sie an folgendem Beispiel sehen: Das Finanzgericht des Saarlands hat einem Zahnarzt seinen Orientteppich nicht anerkannt, weil so ein Teppich eine behagliche Atmosphäre schaffe und seinen Besitzer geistig anrege (EFG 1994 S. 235). Das Finanzgericht Niedersachsen hingegen meinte, ein Orientteppich sei als ganz normaler, alltäglicher Ausstattungsgegenstand mit Bezug zur täglichen Arbeit anzusehen (FG Niedersachsen, EFG 1992 S. 65 und 1994 S. 236).

286 • Kosten, die dem Arbeitszimmer nicht direkt zugeordnet werden können, weil sie das ganze Gebäude oder die ganze Wohnung betreffen, sind nur mit demauf das Arbeitszimmer entfallenden Anteil abziehbar. Die Aufteilung erfolgtim Verhältnis der Fläche des Arbeitszimmers zur Fläche des gesamten Gebäudes oder der gesamten Wohnung. Nebenräume wie Keller, Dachböden und Wirtschaftsräume brauchen Sie nicht mitzurechnen.

Beispiel

Gesamtfläche Gebäude/Wohnung	150 m²
Fläche des Arbeitszimmers	30 m²
Anteil des Arbeitszimmers ⅕ =	20 %

Hier sind also 20 % der Kosten des Gebäudes oder der Wohnung absetzbar. Dazu gehören

- bei einer Mietwohnung die Miete einschließlich aller Umlagen, auch für Strom, Heizung, Frischwasser, Abwasser, Straßenreinigung und Müllabfuhr,
- beim eigenen Haus oder bei einer Eigentumswohnung neben Strom, Heizung und den öffentlichen Abgaben die Abschreibung, die Schuldzinsen, die Versicherungen und alle Reparaturen.

Wenn Sie alle Kosten hübsch beisammenhaben, fangen Sie an, eine kleine Aufstellung zu fertigen. Etwa so:

Arbeitszimmerkosten in einer Mietwohnung 287

1. Anteilige Wohnungsmiete		
(5 Zimmer, Miete 600 €)	120 € monatl.	
(Anteil Arbeitszimmer an der gesamten Wohnfläche 20 %)		
2. Anteilige Heizungs- und Lichtkosten 20 %	10 € monatl.	
3. Hausratversicherung (anteilig)	1 € monatl.	
4. Putzkosten, lt. Bescheinigung der Putzhilfe	15 € monatl.	
Summe	146 € × 12 =	1752 €
5. Neuanschaffung von Vorhängen		150 €
6. Neuanschaffung einer Lampe		250 €
Summe der Kosten		2152 €
7. Einrichtungsgegenstände bis 410 € (ohne MwSt.) – also geringwertige Wirtschaftsgüter – sind sofort absetzbar.		
1 Aktenregal, angeschafft für	100 €	
2 Büroschränke à 100 €	200 €	
1 Bürosessel	100 €	
1 Schreibtischlampe	50 €	
1 Leselampe	40 €	
2 Besuchersessel à 375 €	750 €	
1 Besuchertisch	360 €	
1 gr. Vase	50 €	
Kleininventar	350 €	
1 gebrauchter PC	400 €	
Gesamt	2400 €	> 2400 €
		4552 €

Auf diesen Betrag gibt es eine Steuererstattung zwischen 781 und 2345 €.

Arbeitszimmerkosten im eigenen Haus, in eigener Eigentumswohnung (anteilige 20 %) 288

a) Anteilig abziehbare Kosten

Gebäudeabschreibung

Herstellungskosten vor 10 Jahren 150000 €

Davon 2 % Abschreibung =	3000 €
Jährliche Schuldzinsen	6000 €
Kosten für Heizung und Elektrizität	1250 €
Hausratversicherung	150 €
Jährliche Grundsteuer, Gebäudeversicherung	500 €

Jährliche Abgaben für Wasser, Abwasser,		
Müllabfuhr, Straßenreinigung	1200 €	
Reparaturaufwendungen am Dach	1100 €	
Summe	13100 €	
Davon entfallen auf das Arbeitszimmer 20 %		2620 €
Reinigungskosten		150 €
Summe		2770 €

b) Direkte Arbeitszimmerkosten

Für Einrichtungsgegenstände m. Anschaffungskosten u. 410 €	2400 €
Büroschrank antik 2600 €, Abschreibung 7,69 %	200 €
Kosten für das Arbeitszimmer insgesamt	5370 €

TIPP

zur Abschreibung

289 Gehört das Objekt, in dem sich Ihr Arbeitszimmer befindet, z. B. Ihrer besseren Hälfte, kommen Sie nur dann in den Genuss der Abschreibung Ihres Arbeitszimmers, wenn Sie nachweislich einen Teil der Anschaffungs- oder der Herstellungskosten getragen haben, der mindestens dem Anteil des Arbeitszimmers entspricht. Daher macht es sich gegenüber dem Finanzamt gut, wenn Sie bei den Darlehensverträgen als Mitverpflichteter auftauchen und einen Teil der Zins- und Tilgungsleistungen bezahlen (Drittaufwand).

Einfacher ist es, wenn Sie und Ihr Ehepartner gemeinsame Eigentümer sind. Dann wird nämlich auf alle Fälle unterstellt, dass Sie die auf das Arbeitszimmer entfallenden Kosten in voller Höhe selbst getragen haben. Sie bekommen also die volle Abschreibung (BFH v. 23.8.1999 – BStBl II 1999 S. 778 ff).

TRICK

Ein Arbeitszimmer bei Angehörigen mieten?

290 **Haben Sie nichts zu den Anschaffungs- oder den Herstellungskosten des Hauses oder der Eigentumswohnung Ihres Ehepartners beigetragen, schließen Sie einen Mietvertrag fürs Arbeitszimmer.**

Genauso können Sie ein Arbeitszimmer im Haus eines Angehörigen oder Ihres Lebenspartners mieten und kommen so zu Arbeitszimmerkosten. Ihr gemietetes Arbeitszimmer ist in diesem Fall kein »häusliches«. Was bedeutet, dass Sie die vollen Kosten (Miete, Nebenkosten) absetzen können. Das gilt allerdings nur, wenn Sie nicht auch selbst in der Wohnung leben.

Schließen Sie einen schriftlichen Mietvertrag, in dem der gemietete Raum samt Größe und Lage beschrieben wird und die genaue Miethöhe (mindestens 75 % der ortsüblichen Miete) sowie die von Ihnen zu zahlenden Nebenkosten festgelegt sind. Die Zahlung von Miete und Nebenkosten müssen Sie nachweisen können. Am besten überweisen Sie sie monatlich auf ein Konto Ihrer Lieben, und schon klappt der Laden. Mit einem so sauber vereinbarten und tatsächlich durchgeführten Mietvertrag spielt es keine Rolle, dass der Vermieter Ihnen verwandtschaftlich oder freundschaftlich verbunden ist (BFH-Urt. v. 28.8.1991 – BFH/NV 1992 S. 166).

SUPER TRICK

Sparen Sie durch ein kleineres Arbeitszimmer 5000 €!

S Wenn Sie selbständig sind, kann ein zu großes Arbeitszimmer zur Steuer- **291**
falle werden. Liegt seine Größe anteilig über 20 % oder sein anteiliger Grundstückswert über 20 500 €, kann das Finanzamt sagen, es sei notwendiges Betriebsvermögen. Wenn Sie dann irgendwann einmal Ihr Häuschen verkaufen, knöpft Ihnen der Fiskus vom Verkaufserlös nach Abzug des Restbuchwerts (anteilige Herstellungskosten – anteilige Abschreibung) gnadenlos Steuern ab. Bauen Sie also notfalls einen etwas kleineren Raum zum Arbeitszimmer um. Diese Versteuerung nimmt der Fiskus übrigens auch ab 2007 weiterhin vor. Dabei ist einerlei, ob Sie Ihre Arbeitszimmerkosten absetzen können, weil der Raum Ihren Tätigkeitsmittelpunkt darstellt, oder er nicht wie ein Büro eigerichtet ist oder ob man Ihnen den Abzug der Arbeitszimmerkosten wegen der gesetzlichen Beschränkungen vollkommen streitig macht.

Und so könnte sich ein steuerpflichtiger Veräußerungserlös auswirken:

Klemm und Schlau hatten sich je einen Werkstattraum in ihren 150 m² großen Einfamilienhäusern (Erbbaugrundstück) eingerichtet. Nach zehn Jahren verkaufen beide ihr Haus für 250 000 €.

			Klemm		Schlau
Größe des Arbeitszimmers			18 m^2		9 m^2
Anteil an den					
Baukosten v. 200 000 €		$^{18}/_{150}$ = 12 %	24 000 €	$^{9}/_{150}$ = 6 %	12 000 €
Laufende Hauskosten 15 000 €			1 800 €		900 €
AfA 3 % v. 200 000 € = 6 000 €			720 €		360 €
Jährliche Arbeitszimmerkosten			2 520 €		1 260 €
Für 10 Jahre			25 200 €		12 600 €
./. steuerpflichtiger Verkaufserlös					
12 % v. 300 000 €		36 000 €			
./. Buchwert:					
Baukosten alt	24 000 €				
./. AfA 10 × 720 €	– 7 200 €				
	16 800 €	> – 16 800 €			
Steuerpflichtiger Erlös		19 200 €	> – 19 200 €		–
Betriebsausgaben insgesamt			6 000 €		12 600 €

Obwohl Schlau das kleinere Arbeitszimmer hatte, kann er insgesamt 12600 € absetzen, Klemm dagegen per saldo nur 6000 €. Der Vorteil von Schlau beläuft sich damit auf 6600 €. Noch drastischer wird die Rechnung, wenn beide ein »häusliches« Arbeitszimmer gehabt hätten, für das sie aber keine Kosten absetzen konnten. In diesem Fall müsste Klemm den fiktiven Erlös von 19200 € versteuern, während Schlau plus/minus null aus der Sache herauskäme.

292 **Reinigung des Arbeitszimmers**

Bevor Sie überhaupt darüber nachdenken, Reinigungskosten für Ihr Arbeitszimmer zu beantragen, sollten Sie zunächst einmal prüfen, ob sich die bei Ihnen überhaupt noch auswirken. Ist diese Frage dem Grunde nach zu Ihren Gunsten entschieden, können Sie neben den Kosten für Putzmittel etc. natürlich auch Ihre Aufwendungen für eine Reinigungskraft, den Fensterputzer etc. ins Spiel bringen. Engagieren Sie nahe Angehörige als Reinigungskraft, müssen Sie Folgendes beachten: Da die Arbeitszimmerreinigung unter die Verpflichtung der Ehepartner zur Haushaltsführung (§ 1360 BGB) fällt, nutzt ein Arbeitsvertrag mit dem Ehepartner nichts. Für einen eigenen Haushalt führende erwachsene Kinder, Eltern und Geschwister gilt das zumindest dann nicht, wenn sie nicht mit Ihnen zusammen in einem Haushalt leben (BFH v. 27.10.1978 – BStBl II 1979 S. 80). Gegen ein anzuerkennendes Arbeitsverhältnis zwischen Vater und volljähriger Tochter spricht neben der Haushaltsgemeinschaft auch ein besonders geringer Stundenlohn (hier: 1,42 €), freie Arbeitszeit und die Überweisung des Entgelts unter der Bezeichnung »Taschengeld« (FG Niedersachsen v. 30.1.1986 – EFG 1986 S. 484). Also?

… klagen wir nicht, kämpfen wir!
(Clara Zetkin)

Um Ihre Chancen auf Anerkennung eines Vertrags über Reinigungsarbeiten mit Angehörigen zu erhöhen, sollten Sie den Lohn per Überweisung zahlen und **einen schriftlichen Arbeitsvertrag schließen,** in dem genau geregelt ist, wann in welchem Umfang die Reinigung zu erfolgen hat. Auch sollten Sie tunlichst vermeiden, dass laut Arbeitsvertrag nur das Arbeitszimmer gereinigt werden muss. Wesentlich größere Chancen haben Sie, wenn Angehörige als Putz- oder Haushaltshilfe zur Reinigung der gesamten Wohnung angestellt werden.

GUTER RAT

Bei allem Bemühen um Steuerersparnis müssen Sie sich vorsehen, nicht nach der Devise »Gier frisst Hirn« zu verfahren. Bei einem echten Anstellungsverhältnis wird das Finanzamt immer streng darauf schauen, ob Sie das Arbeitsverhältnis bei der Sozialversicherung angemeldet haben. Selbst wenn Ihre Angehörigen-Reinigungskraft als Minijobber durchgeht, kostet das pauschale Sozialversicherung und Steuer. Da die Reinigungskosten nur zum Teil auf Ihr Arbeitszimmer entfallen, könnte sich so ein Arbeitsvertrag schnell als Draufzahlgeschäft entpuppen, wenn es Ihnen nicht gelingt, die Reinigungskosten für die übrigen Räume Ihrer Wohnung z. B. als haushaltsnahe Dienstleistung bei der Steuer unterzubringen und auch hierfür eine Ermäßigung zu kassieren.

6. Das strittige Problem der Berufskleidung

Das Gesetz sagt ganz klar: Berufskosten sind Aufwendungen zur Erhaltung, Si- 293
cherung und Erwerbung von Lohn oder Gehalt. Sie können aber nicht nackt in den Betrieb wandern, das ist doch klar. Um in den allermeisten Fällen die Bekleidungskosten trotzdem nicht anerkennen zu müssen, argumentierte der Fiskus: Bürgerliche Kleidung (gewöhnliche Bekleidungsstücke) werde auch getragen, wenn der Beruf gerade nicht ausgeübt werde, während der Arzt z. B. in seiner Freizeit keinen weißen Kittel anhabe. Deshalb betrifft normale bürgerliche Bekleidung stets die Privatsphäre – selbst wenn sie ausschließlich während der Arbeitszeit getragen wird. Dazu sagt das FG Hamburg in einem geheimen Urteil: »Es würde ein mit der heutigen Stellung des Staatsbürgers nicht zu vereinbarendes Eindringen in die intime Privatsphäre bedeuten, wenn die Finanzverwaltung überprüfen sollte, welche Kleidung ein Steuerpflichtiger privat und welche er ausschließlich während der Berufsausübung trägt. Schon die Möglichkeit der Privatnutzung muss mithin eine Anerkennung der dafür gemachten Aufwendungen ausschließen.«

Als Grundsatz hat sich herauskristallisiert, dass Bekleidung dann eine typische Berufskleidung ist, wenn eine private Verwendung ausgeschlossen oder nur in verschwindend geringem Umfang möglich ist. Abzugsfähig sind somit z.B. Amtstrachten, Uniformen, Kellnerfrack, Tankwartskombination, Asbestanzüge, Berufskleidung der Bäcker, Chauffeure, Köche usw. So lässt man z. B. den typischen Arztkittel – nicht aber die weiße Hose eines Arztes – als abzugsfähig zu (BFH-Urt. v. 6.12.1990 – BStBl 1991 II S. 348), widersprach aber beim Staubkittel des Architekten (BFH – HFR 1964 S. 458; BFH – BStBl 1956 III S. 195), weil angeblich nicht klar getrennt werden könne, wann er den Staubkittel beruflich und wann privat benutze. (Haben Sie schon mal einen Architekten im Staubkittel in der Oper gesehen?) Bürgerliche Kleidung könne nur in Ausnahmefällen als Berufskleidung anerkannt werden, etwa, wenn durch die dienstliche Tätigkeit ein starker Aufwand für Bekleidung notwendig sei (z. B. bei Hoteldirektoren, Leiterinnen von Modeateliers usw.) oder besondere Anlässe es bedingten, wie z. B. der Smoking für einen Journalisten (EFG 1966/12).
Mit rechtskräftigem Urteil vom 30. 5. 68 (VI 3469/66 E – EFG 1969 S. 10) hat das FG Münster allerdings einem Tanzschullehrer einen Gesellschaftsanzug, drei Smokinghemden und drei Cocktailkleider für die Ehefrau als steuerfreien Bekleidungsaufwand anerkannt.

294 Einer Fernsehansagerin, die ja immer ordentlich und adrett gekleidet sein muss, hat der BFH mit einem Federstrich die gesamte Berufskleidung gestrichen, weil ja alles auch privat getragen werden könne (BStBl 1990 II S. 49).
Sagte die Petra Schürmann zu dem Finanzrichter, der ihren Einspruch auf den Tisch bekam: »Die Kleider, die ich trage, sind wahnsinnig teuer. Ich muss sie aber tragen, damit ich Lieschen Müller stets aufs Neue imponiere und ankomme. Ein zweites Mal kann ich die Dinger niemals tragen! Wenn das keine beruflich bedingten Anschaffungen sind! Selbst meine Fernsehchefs erwarten es von mir!« – »Ja«, antwortete ihr der Richter, »Sie *könnten* aber theoretisch Ihre modischen Sächelchen zweimal tragen!«
»Ich tue es aber nicht! Ich verkaufe die Sachen sofort an Secondhandshops!«
»Aber den Gesetzen kommt es nur auf die Möglichkeit an. Und was die Verkäufe an Gebrauchtbekleidungsläden betrifft, wird das Finanzamt zu prüfen haben, ob Sie diese als steuerpflichtige, wiederholte Geschäftstätigkeit gemeldet und sich evtl. bei Nichtangabe strafbar gemacht haben.« Sprach's und urteilte im Namen des Volkes für das Finanzamt. Welches wiederum gegen Petra Schürmann statt eines Erstattungsbescheids einen saftigen Steuernachzahlungsbescheid erließ.

295 Die Krönung ist aber das Urteil, mit dem die obersten Steuerrichter einer Musikerin die extra für Auftritte gekaufte schwarze Hose nicht als Arbeitskleidung anerkannten (BFH v. 18.4.1991 – BStBl 1991 II S. 751).
Wie konfus die Urteile des BFH zur Arbeitskleidung sind, werden Sie feststellen, wenn Sie als Angestellter eines Bestattungsunternehmens Ihren schwarzen

Anzug absetzen wollen. Sind Sie fest angestellt, soll er Arbeitskleidung sein. Betten Sie dagegen als Aushilfe verstorbene Mitmenschen zur letzten Ruhe, ist der Anzug keine Arbeitskleidung (BFH NV 1991 S. 25).

Etwas leichteres Spiel haben Sie mit Uniformen oder uniformähnlicher Kleidung. Abzugsfähig ist z. B. die Uniform von Soldaten, auch der Trainingsanzug mit Bundeswehrwappen oder Rangabzeichen (FG Bremen, EFG 1992 S. 735). Als Postler können Sie selbstgekaufte Dienstkleidung absetzen, wenn sie mit dem Posthorn gekennzeichnet ist (FG Niedersachsen, EFG 1991 S. 8). Farblich und vom Schnitt her einheitliche Kleidung von Flugbegleitern ist ebenfalls Berufskleidung (FG Hessen, EFG 1993 S. 648). Das gilt übrigens auch für entsprechend gestaltete Kleidung des Personals eines Friseurs (FG Hamburg, EFG 1987 S. 172). 296

Gute Karten hatten auch Filialleiter sowie angestellte Metzger und Verkäufer in Berlin. Die vom Arbeitgeber zur Verfügung gestellten Pullunder, Strickjacken, Hemden, Blusen, Krawatten und Tücher wurden als im betrieblichen Interesse überlassene Berufskleidung anerkannt. Als Argumente dienten das vom Arbeitgeber gewünschte einheitliche Erscheinungsbild und hygienische Gesichtspunkte: Aufgrund der Einheitlichkeit sei die Kleidung besser zu reinigen (BFH v. 22.6.2006 – DStR 2006 S. 1795).

Keine Berufskleidung soll dagegen vorliegen bei

- einheitlicher grauer Kleidung von Chauffeuren (Vfg. der OFD München v. 25.3.1987),
- Krawatten und Tüchern von Angestellten einer Bank, wenn das Arbeitgeberlogo klein und nur an einer Stelle angebracht ist (Vfg. OFD Münster v. 29.10.1988, DB 1988 S. 2384),
- Lodenmänteln von Forstbeamten (BFH v. 19.1.1996 – BStBl II 1996 S. 202).

GUTER RAT

Das BFH-Urteil über die Lodenmäntel (s. o.) ging den Fiskalrittern wohl doch etwas zu weit. Jedenfalls regelt ein Bund-Länder-Erlass (z. B. Niedersächsisches Finanzministerium v. 1.11.1996 – S 2354 – 70 – 35), dass Kleidung vom Arbeitgeber weiter steuerfrei überlassen werden kann, wenn sie dauerhaft als Dienstkleidung oder Uniform gekennzeichnet ist, z. B. weil Wappen, Behördenkennzeichen oder Logos gut sichtbar angenäht oder eingewebt sind. 297

Was für Dienstkleidung im öffentlichen Dienst recht ist, sollte für private Unternehmen mehr als billig sein. Wenn die Firma Ihres Chefs ein schönes Logo hat, sollte es deutlich sichtbar auf gleichfarbige T-Shirts, Hosen, Baseballkappen etc. genäht und die Rechnung dem Finanzamt präsentiert werden. Bei normalen Schuhen, Socken und Unterwäsche klappt das aber wohl nicht. Auch winzige, kaum sichtbare Logos, wie bei den Bankerkrawatten und -tüchern (s. o.), oder mit Klettverschluss angebrachte Firmenschilder, die man jederzeit entfernen kann, haben vor den gestrengen Augen des Fiskus keinen Bestand.

298 **Tropenbekleidung**

Besondere Kleidung wegen beruflich veranlassten Klimawechsels, z. B. Dienstreise oder Umzug in die Tropen, ist nicht absetzbar. Nachdem der Bundesfinanzhof hartnäckig in mehreren Urteilen – z. B. vom 20.3.1992 (BStBl 1993 II S. 192) – den Abzug abgelehnt hatte, verfährt nach anfänglichem Zögern und nicht ganz überraschend der Fiskus seit 2001 genauso und lässt Sie auf den Bekleidungskosten sitzen (H 9.9 LStH).

Eine amtliche Vorschrift des Landes Nordrhein-Westfalen schreibt die genauen Richtwerte für das Schultaschengewicht vor. In einer Auflage von 3,5 Millionen Exemplaren wurde sie mit einem Kostenaufwand von 1,7 Millionen Mark versandt.

(BStZ)

TRICK

Besser zerrissen als verschlissen.

299 Gehören Sie, wie z. B. Kellner, Laboranten oder Chemiker, zu denen, deren als privat angesehene sog. bürgerliche Kleidung im Beruf außerordentlich stark strapaziert wird? Nun, für Sie hat der Bundesfinanzhof ein kleines Schlupfloch offen gelassen. Allerdings müssen Sie dazu dem Finanzamt beibringen, dass ein Teil Ihrer Kleiderkosten durch den besonderen beruflichen Verschleiß bedingt ist (BFH-Urt. v. 26.6.1969 – BStBl 1970 II S. N7). Und der muss objektiv leicht nachprüfbar vom normalen Kleidungsverschleiß abgegrenzt werden können (BFH-Urt. v. 24.7.1981 – BStBl 1981 II S. 781). Also kommen Sie mit dem lapidaren Hinweis auf stärkere Verschmutzung, z. B. durch Getränke- und Essensflecken beim Kellnern, und dadurch häufiges Waschen nicht mehr weit. Geradezu grob fahrlässig ist es, wenn Sie beim Finanzamt einfach pauschal 25 bis 30 % Ihrer Kleiderkosten wegen starken Verschleißes als Werbungskosten abzusetzen beantragen. Damit zwingen Sie selbst einen Ihnen wohlgesinnten Sachbearbeiter förmlich dazu, den Rotstift anzusetzen.

Ein Chemiearbeiter hätte fast seine Aufwendungen für bürgerliche Kleidung durchbekommen, weil sie mehr verschleißt als normal. Er hatte in seiner

Rechtsbeschwerde gesagt, dass seine Hosen nach vier Wochen von den Säuren, mit denen er arbeite, zerfressen seien, seine Schuhe bald danach. Doch das hohe Gericht fand nach eingehender Prüfung heraus, dass er nur zwei Hosen und drei Paar Schuhe geltend gemacht hatte, während es doch – wenn seine Angaben zutreffend gewesen wären – zwölf Hosen und zehn Paar Schuhe hätten sein müssen. Seien Sie schlauer und versuchen Sie es in so einem Fall mit mehr Belegen! (BFH v. 24.7.1981 – BStBl 1981 S. 781)

SUPER TRICK

Steuervergünstigung für Ungeschicklichkeit!

Ist es Ihnen nicht auch schon mal passiert, dass Sie sich im Betrieb etwas ver- 300
schandelt haben? An eine frisch gestrichene Wand geraten oder mit dem Rock irgendwo hängengeblieben sind? Sie sich bei einer Autopanne (anlässlich einer dienstlichen Fahrt) Schäden an der Oberbekleidung eingehandelt haben?

Ihre Chancen auf Anerkennung von Werbungskosten steigen, je konkreter Ihre Angaben sind. Besser ist es also, wenn Sie als Chemielehrer sagen können: »… habe ich mir bei einem Unterrichtsexperiment mit Schwefelsäure Löcher in meine drei Wochen alte Hose gebrannt. Üblicherweise trage ich Hosen zwei Jahre. In Höhe des Kaufpreises von 84 € abzgl. Abschreibung für einen Monat (84 € ÷ 24 Monate) = 3,50 € bitte ich Bekleidungskosten wegen außergewöhnlichen Verschleißes anzuerkennen.« Als Kellner teilen Sie dem Finanzamt mit, dass es zu dem Verschleiß gekommen ist, weil Sie sich Ihr Hemd an einer Kerze versengt haben oder die Fruchtsaftflecken trotz Megaperls und Hauptwaschgang nicht mehr zu entfernen waren.

Was Sie arbeiten und welche Kleidung Sie beschädigt haben, ist nicht so entscheidend. Wichtig ist einzig und allein: Der Schaden muss während der Arbeit geschehen sein. Werbungskosten stehen Ihnen also auch zu, wenn Sie Ihre teure Lederjacke in der Firmengarage zerrissen haben. Bei einem solchen Stück setzen Sie beruhigt fünf Jahre Nutzungsdauer an (FG Thüringen 4.11.1999, EFG 2000 S. 211).

Wenn es mit den Reinigungskosten getan war – haben Sie sicher die Rechnung aufgehoben, um sie dem Finanzamt zu präsentieren?

War der Anzug nicht mehr für den Dienst verwendbar, können Sie – auch wenn Sie nicht leitender Angestellter sind – mit folgendem

Eigenbeleg über Bekleidungsschaden

Verlust eines Anzugs infolge von Schäden, die durch den Betrieb veranlasst wurden (hingefallen auf dem Parkplatz infolge Eisglätte am. . . . . . .), Anschaffungskosten ca. 200 €; Abschreibung für bisherige Nutzung (1 Jahr) mit 40 €, verbleiben: 160 €

. . . .
Ort und Datum (Unterschrift)

die Steuer drücken und zwischen 27 und 82 € Erstattung herausholen, falls Sie mit Ihren anderen Werbungskosten über 920 € kommen.

TIPP

zur Berufskleidung

Setzen Sie pauschal an, was anzusetzen geht! Der Satz für Arbeitsmittel, zu denen auch Arbeitskleidung gehört, beträgt jährlich ca. 100 €. Die Finanzämter verzichten aus Zweckmäßigkeitsgründen in der Regel auf die Vorlage von Belegen, wenn dieser Satz nicht überschritten wird. Außer der Arbeitskleidung selbst können Sie natürlich die Kosten für deren Instandsetzung und Reinigung absetzen, z. B. so:
Für die Reparatur der Arbeitskleidung entstandene Kosten für

Garne und Stoffreste	15 €
Knöpfe und Reißverschlüsse	10 €
Nadeln usw.	2 €
	27 €

Wenn Ihre nette Hauswirtin Ihnen die Sachen in Ordnung hält, sollten Sie sich nicht scheuen, den monatlichen Blumenstrauß oder den Likör, den Sie ihr als Dank dafür zukommen lassen, gleichfalls beim Finanzamt geltend zu machen.

301 **Wenn Sie als Sportlehrer z. B. im Schuldienst tätig sind, sind Ihre Aufwendungen für Trainingsanzüge, Sporthosen und -schuhe abzugsfähig.**
Aufwendungen für Sportgeräte und -kleidung können für Diplompädagogen (Erzieher) in vollem Umfang Berufskosten sein, wenn die private Nutzung von ganz untergeordneter Bedeutung ist. Die Aufwendungen fallen jedoch bei einer privaten Nutzung von 15,5 % (wie, um Himmels willen, soll das jemand so genau ermitteln können?) unter das Aufteilungs- und Abzugsverbot des § 12 Nr. 1 Satz 2 EStG (BFH-Urt. v. 21. 11. 86 VI R 137/83) und sind dann gar nicht abzugsfähig.

Stellt sich ein Finanzamt bei Ihrer Sportkleidung quer, reiben Sie ihm den Erlass des Finanzministers Nordrhein-Westfalens vom 10.5.1985 (S.2353 – 45 – VB 3) unter die Nase, der immer noch gültig ist und Ihnen zumindest dann Werbungskosten für Ihre Sportkleidung zugesteht, wenn sie in der Schule aufbewahrt wird. So sah das auch das FG Münster, das einer Sportlehrerin Tasche, Kleidung und Pfeife als Werbungskosten anerkannte. Eine ganz geringe private Mitbenutzung sahen die Richter dabei nicht als schädlich an (FG Münster v. 12.11.1996 – EFG 1997 S.334). Dem Problem mit der privaten Nutzung können Sie wunderbar mit dem Argument entgehen, Sie hätten für Ihre privaten Sportaktivitäten weitere Sportkleidung. Weisen Sie dem Finanzamt per Beleg also nicht nur die Sportkleidung nach, die Sie für die Schule benötigen, sondern auch die privat gekauften Sportsachen. So sind Ihre Chancen, dass Sie wenigstens einen Teil Ihrer Kosten durchbekommen, jedenfalls wesentlich größer, als wenn Sie versuchen, alle Belege als Berufskosten durchzudrücken (FG Düsseldorf v. 16.11.1995 – EFG 1996 S.176).

Ihre Skiausrüstung können Sie als Werbungskosten absetzen, wenn Sie als *Sportlehrer* etwa Kurse für Schulklassen leiten oder hauptberuflich Skilehrer sind (OFD München v. 19. 10. 72 S 2354 – 52/4 – 62137 und Finanzministerium Nordrhein-Westfalen v. 13. 12. 72 S 2330).

Für Lehrer hat der BFH folgende Kriterien für eine Anerkennung von Skiausrüstungen und Fortbildungen im Skilaufen, z.B. zum Erwerb einer Schulskileiter-Lizenz, aufgestellt (BFH v. 26.8.1988 – BStBl 1989 II S.91):

- Sie müssen als Lehrer tatsächlich Sportunterricht erteilen oder entsprechende Arbeitsgemeinschaften leiten;
- Veranstalter des Lehrgangs muss ein anerkannter Verband oder die Schulverwaltung sein;
- der Teilnehmerkreis des Lehrgangs muss im Wesentlichen homogen sein, also vornehmlich aus Lehrern mit vergleichbarem schulischem Hintergrund bestehen;
- Sie haben für die Teilnahme Sonderurlaub erhalten, oder der Lehrgang findet während der Unterrichtszeit statt;
- die Schulverwaltung bescheinigt das dienstliche Interesse an der Lehrgangsteilnahme;
- der Lehrgang muss darauf abzielen, den Teilnehmern Kenntnisse zu vermitteln, die die Beaufsichtigung und Unterrichtung von Schülern beim Skilaufen betreffen;
- das Programm und die Durchführung des Lehrgangs müssen durch eine straffe Organisation gekennzeichnet sein;
- Ihre Teilnahme muss bescheinigt werden;
- der Lehrgang muss mit einer Prüfung abgeschlossen werden, über die ein dem Lehrgangsziel entsprechendes Zertifikat erteilt wird;

- Sie müssen die erworbenen Fähigkeiten anschließend im Lehrberuf verwenden.

WICHTIGER HINWEIS

Zeitnaher Einsatz der Ski-Ausrüstung im Unterricht tut not!

Wollen Sie als Sportlehrer die Aussicht auf Anerkennung der Kosten für Ihre Skiausrüstung erhöhen, müssen Sie sie unbedingt im Unterricht einsetzen. Dabei sollten Sie nicht zu viel Zeit ins Land streichen lassen. Können Sie nämlich dem Finanzamt gegenüber nicht belegen, dass Sie die Skier zeitnah im Unterricht oder in einer Sportfreizeit mit Schülern verwendet haben, scheidet eine steuerliche Berücksichtigung aus. Dasselbe gilt letztendlich auch für Ihre Fortbildung im Skifahren. Ohne konkreten Einsatz für die Schule kann es sogar bei Skikursen zu Schwierigkeiten kommen, die von einem anerkannten Verband oder der Schulverwaltung durchgeführt wurden (FG Saarland v. 9.7.2008 – 2 K 2326/05 – NWB EN Heft 40/2008 S. 3737).

»Und was soll ich jetzt völlig verwirrter Steuerzahler nun tun?«, fragen Sie. Immer nur lächeln. Und steif und fest behaupten: »Die Kinder sind heute alle so steif, dass ich ihnen die Übungen mindestens dreimal vormachen muss! Das schlaucht mich derart, dass ich alle Knochen einzeln spüre und privat keinen Sport mehr betreiben will – und es auch gar nicht mehr *kann*.«

Ein Geschäft ist erst dann ein Geschäft, wenn man dem Finanzamt nachweist, dass es keines war.

TRICK

Tennisspielen auf Kosten des Fiskus!

302 »Wie soll denn das funktionieren?«, fragen Sie. »Ich denke, beim kleinsten Hauch von Privatvergnügen versagt mir das Finanzamt die Anerkennung des Aufwands als Werbungskosten.«

Natürlich haben Sie recht, Sie müssen dazu schon einen Beruf haben wie Polizist oder Soldat, in dem Ihr Dienstherr verlangt, dass Sie Sport treiben. Nur – muss es denn immer Fußball oder ein anderer Mannschaftssport sein? Tennis ist schließlich auch weit verbreitet. Zumindest meinten das die Richter vom FG

Saarland. Sie ließen einen Polizisten alle Aufwendungen für die Ausübung des Tennissports als Werbungskosten absetzen, weil Tennis offiziell als Dienstsport ausgewiesen war und die Spiele während der Dienstzeit stattfanden (FG Saarland v. 19.3.1991 – EFG 1991 S.377). Das Finanzgericht aus dem Münsterland war allerdings nicht so steuerzahlerfreundlich und hat in einem Parallelfall die Werbungskosten abgelehnt (FG Münster v. 5.10.1993 – EFG 1994 S.238). Ähnlich restriktiv wurde über den Fall eines Polizisten entschieden, der sein Fahrrad und seine Sportkleidung für den Dienstsport absetzen wollte. Da er seinen Drahtesel aber nachweislich nur vier Stunden in der Woche beim Dienstsport eingesetzt hatte, wurden ihm die Werbungskosten verwehrt (FG Baden-Württemberg v. 23.11.2005 – EFG 2006 S.811).

Nichtsdestotrotz, Wachtmeister, Kommissare, Offiziere und Unteroffiziere! Nichts wie hin zu den Vorgesetzten. Sie sollen zur Abwechslung mal Tennis auf den Dienstplan setzen. Auf diese Weise können Sie Tenniskleidung, Schläger, Schuhe, Tasche und eventuelle Platzmiete als Werbungskosten für Dienstsport absetzen.

SUPER TRICK

Bei jedem Waschtag klingelt's in der Kasse.

Kosten für die Reinigung Ihrer Arbeitskleidung sind ohne Zweifel Werbungs- **303**
kosten. Das muss sogar der bornierteste Fiskalritter anerkennen. Nur – wer schleppt schon seine ölverschmierten Arbeitsanzüge oder sonstige Arbeitskleidung ständig in die Reinigung? Natürlich landen die Sachen in der eigenen Waschmaschine. Aber die wäscht ja schließlich auch nicht umsonst! Für Waschpulver, Wasser und Strom kommt aufs Jahr gerechnet ein schöner Batzen zusammen.

Man glaubt es kaum, es geschehen noch Zeichen und Wunder. Die obersten Steuerrichter des BFH hatten ein Einsehen mit dem kleinen Steuerzahler und setzten gleich mit zwei Urteilen der Kleinigkeitskrämerei in den Finanzämtern ein Ende. Sie entschieden, dass Sie die Kosten für das Reinigen Ihrer Berufskleidung in der privaten Waschmaschine als Werbungskosten absetzen können. Sollte ein Fiskalritter auf die Idee kommen, Ihnen die Waschkosten als Lebenshaltungskosten oder nicht abzugsfähige gemischte Aufwendungen zu streichen, klopfen Sie ihm mit den Urteilen vom 29.6.1993 – BStBl 1993 II S.837 und S.838 kräftig auf die Finger. Sie dürfen die Waschkosten sogar schätzen und sich dabei an den Erfahrungswerten von Verbraucherverbänden orientieren.

Die Verbraucherverbände haben ihre Erfahrungswerte in einer repräsentativen Vergleichsrechnung dargelegt, vgl. Verbraucherzentrale Bundesverband e. V.

(Quelle: vzbv e.V. »Schätzkosten für die Wäschepflege im privaten Haushalt, Stand: Dezember 2002«).

Danach ergeben sich folgende Reinigungskosten **je Kilogramm** Wäsche:

Zahl der Personen im Haushalt	1	2	3	4
	€	€	€	€
Kochwäsche	0,77	0,50	0,43	0,37
Buntwäsche	0,76	0,48	0,41	0,35
Pflegeleichte Wäsche	0,88	0,60	0,53	0,47
Ablufttrockner	0,41	0,26	0,23	0,19
Kondenstrockner	0,55	0,34	0,29	0,24
Bügeln	0,07	0,05	0,05	0,05

Bei einem Zwei-Personen-Haushalt setzen Sie bei je einem Waschgang Kochwäsche und Buntwäsche pro Woche und 48 Arbeitswochen für die Reinigung, Trocknung und das Bügeln Ihrer Arbeitskleidung folgende Gesamtkosten ab:

Kochwäsche	48 Waschgänge à 3 kg à (0,50 € + 0,26 € + 0,05 € =) 0,81 €	116,64 €
Buntwäsche	48 Waschgänge à 3 kg à (0,48 € + 0,26 € + 0,05 € =) 0,79 €	113,76 €
Gesamtkosten		230,40 €

Mittlerweile orientieren sich die Finanzgerichte zwar grundsätzlich alle an den Werten, die die Verbraucherverbände ermittelt haben, kommen aber dennoch zu zum Teil recht unterschiedlich hohen Waschkosten. Das liegt zum einen am Beruf des betreffenden Steuerzahlers. Zum anderen ist ganz entscheidend, für wie glaubwürdig die Finanzgerichte die Schätzung der wöchentlichen Mengen an beruflicher Wäsche halten. Folgende Urteile geben Ihnen einen Orientierungsrahmen, was an Waschkosten als Werbungskosten für Sie absetzbar ist:

- Bankangestellter; keine Werbungskosten, da Anzüge keine typische Berufskleidung sind (FG Saarland v. 28.1.2008 – 2 K 1497/07).
- Lokführer; 216 € (FG Münster v. 27.8.2002 – EFG 2002 S. 1589).
- Polizist; ca 75 € (Niedersächsisches Finanzgericht v. 12.9.2002 – 16 K 10551/99).
- Polizist; ca. 90 bis 100 € (FG Münster v. 19.2.2002, EFG 2002 S. 670).
- Polizist; ca 250 € (FG Brandenburg v. 7.2.2001 – EFG 2001 S. 812).
- Polizist beim Bundesgrenzschutz; ca. 100 € (FG Münster v. 13.8.2004 – 4 K 4303/02 E).
- Soldat; ca. 240 € (FG München v. 29.4.2005 – INF 2006 S. 209).

- Verkaufsfahrer; keine Werbungskosten, da er keine typische Berufskleidung trägt (FG Hamburg v. 2.8.2001 – II 123/00).
- Waldarbeiter; ca. 100 € (FG Rheinland-Pfalz v. 23.9.2004 – 6 K 2813/01).

Exakt mit den Verbraucherverbandwerten arbeiten offensichtlich auch die Richter in Baden-Württemberg (FG Baden-Württemberg v. 23.11.2005 – EFG 2006 S. 811), die einem Polizisten für die Reinigung seiner Dienstkleidung ca. 260 € Werbungskosten zugestanden. An dem vom Finanzgericht verwendeten Berechnungsschema können Sie sich orientieren:

Uniformteil	**Waschmenge**	**Kosten je kg**	**Gesamtkosten**
Diensthemden (Buntwäsche)	5 × 46 Wochen × 290 g = 66,7 kg	× 0,48 €	32,01 €
Jeanshosen (Buntwäsche)	2 × 46 Wochen × 820 g = 113,16 kg	× 0,48 €	54,32 €
Pullover (Herbst-/Wintermonate) (Pflegeleicht)	2 × 23 Wochen × 950 g = 43,7 kg	× 0,60 €	26,22 €
Schutzwestenhülle (Kochwäsche)	2 × 23 Wochen × 550 g = 25,3 kg	× 0,50 €	12,65 €
Anorak (Herbst-/Wintermonate) (Pflegeleicht)	12 Wochen × 950 g = 11,4 kg	× 0,60 €	6,84 €
Einsatzanzug (Buntwäsche)	6 pro Jahr × 1 250 g = 7,5 kg	× 0,48 €	3,60 €
KSA Tuchjacke (Buntwäsche)	2 pro Jahr × 720 g = 1,44 kg	× 0,48 €	0,69 €
Trainingsanzug (Buntwäsche)	1 × 46 Wochen × 500 g = 23,0 kg	× 0,48 €	11,04 €
Imprägniermittel	Lederkleidung und Schuhe	Jahresbedarf	5,60 €
Zwischensumme			152,97 €
Trocknen	292,96 kg	× 0,34 €	99,61 €
Bügeln (Hemden, Jeans)	179,86 kg	× 0,05 €	9,00 €
Gesamtsumme			261,58 €

* Wie Sie sehen, entscheiden die Gerichte nicht immer einheitlich und gilt auch hier wieder einmal die alte Weisheit: »Auf See und vor Gericht ist man in Gottes Hand!«

TRICK

Die Nachbarin wäscht billiger.

Als Friseurin, Verkäuferin oder Krankenschwester benötigen Sie für die Arbeit jeden Tag einen frischen Kittel. In der Wäscherei kostet Sie die Reinigung pro Stück ca. 2,50 €. Das läppert sich übers Jahr auf 600 bis 700 € zusammen, und das ist Ihnen einfach zu viel. Aber zum Glück ist ja da die nette Nachbarin, die Ihnen die Kittel für die Hälfte wäscht und bügelt. Damit es mit dem Absetzen beim Finanzamt kein Theater gibt, lassen Sie sich von Ihrem Arbeitgeber am besten eine Bescheinigung ausstellen:

... halten wir es sowohl aus hygienischen Gründen als auch aus Verpflichtung dem Ruf unseres Hauses gegenüber für absolut erforderlich, dass Herr/Frau . . . . ihren/seinen Dienst täglich in frisch gereinigter Arbeitskleidung antritt.

. . . .
Ort und Datum (Unterschrift)

Bei einer 5-Tage-Woche machen Sie dann	230 Tage × 1 €	= 230 €
bei einer 6-Tage-Woche sogar	280 Tage × 1 €	= 280 €

als Reinigungskosten für Ihre Arbeitskleidung geltend.
Der Schulausschuss im Düsseldorfer Landtag hat für 50000 € in Japan die »japanische Erziehung von Körper und Geist« ergründet, was die Abgeordneten mit einem Dutzend Straßenbahntickets auch hätten tun können: In Düsseldorf-Oberkassel steht die größte japanische Schule Europas.

7. Die Kosten für Ihre Fortbildung

304 **S** Fortbildungskosten sind Aufwendungen zu dem Zweck, in dem bereits ausgeübten Beruf auf dem Laufenden zu bleiben, um den jeweiligen Anforderungen gerecht zu werden oder sich weiterzuqualifizieren. Auch die Qualifizierung für den Wiedereinstieg in den Beruf nach einer längeren Pause geht als Fortbildung durch. Ebenso Umschulungen, Zweitausbildungen und Zweitstudiengänge. Fortbildungskosten sind wegen des Zusammenhangs mit dem Beruf als Werbungskosten abzugsfähig.

Im Gegensatz dazu werden *Ausbildungskosten* der privaten Lebensführung zugerechnet und sind als Sonderausgaben abzugsfähig, allerdings nur in folgenden Fällen (§ 12 Nr. 5 EStG):

- bei einer erstmaligen Berufsausbildung,
- bei einem erstmaligen Studium,
- beim Besuch einer allgemeinbildenden Schule.

Der Sonderausgabenabzug ist dabei auf 4000 € im Jahr beschränkt. Wenn Sie verheiratet sind und Ihre bessere Hälfte ebenfalls Ausbildungskosten hat, steht ihr ebenfalls der Betrag von 4000 € zu.
Diese Einschränkung kann Sie allerdings nicht treffen, wenn Sie Ihre erstmalige Berufsausbildung in einem normalen Ausbildungsberuf oder als Beamtenanwärter, Soldat etc. absolvieren und schon in der Ausbildung Lohn oder Gehalt beziehen. Dann können Sie mit der Trumpfkarte **Ausbildungsdienstverhältnis** argumentieren und Werbungskosten absetzen.
Mehr zu den Kosten der Berufsausbildung unter ➤ Rz 556 ff.

Gute Nachrichten: Egal, ob Sie sich vor, während oder nach Ihrem Job fortbil- 305
den, eine Umschulung durchlaufen oder ein Zweitstudium hinlegen, Ihre Bildungsaufwendungen stellen bei entsprechendem beruflichen Hintergrund immer Werbungskosten dar (BFH v. 4. 12. 2002 – BStBl 2003 II S. 403). Wie der BFH stellen Sie sich auf den Standpunkt, dass Werbungskosten immer vorgehen. Wenn Ihre Aus- oder Fortbildung mit einer konkret geplanten Berufstätigkeit zusammenhängt, erfüllt sie die Voraussetzungen für vorweggenommene Werbungskosten oder Betriebsausgaben.

Dabei spielt es überhaupt keine Rolle, ob Sie mit Ihrer Fortbildung erst die Qualifikation für einen völlig anderen Beruf schaffen müssen. Sprechen Sie deshalb gegenüber dem Finanzamt ganz hartnäckig immer nur von Fortbildungskosten, wenn Sie z. B. als bisheriger Bilanzbuchhalter zum Heilpraktiker umschulen (BFH v. 13.2.2003 – BStBl II 2003 S. 698) oder nach längerer Berufspause als kaufmännische Angestellte eine Fahrlehrerausbildung absolvieren (BFH v. 4.12.2002 – BStBl 2003 II S. 403). Auch der Erwerb einer höheren Qualifikation in Ihrem Beruf führt zu Fortbildungskosten. Deshalb sind die Aufwendungen für Meisterkurse genauso Werbungskosten wie die Kosten von Steuerfachangestellten beim Abschluss der Steuerberaterprüfung.

Vor allem wenn Sie vor Ihrer Fortbildung arbeitslos waren und damit Ihre Chancen steigern, endlich einen neuen Job zu finden, gehen Ihre Kosten als voll abzugsfähige Werbungskosten durch. Dass Sie einen Beruf in einer vollkommen anderen Branche ergreifen wollen, hat das Finanzamt dabei überhaupt nicht zu interessieren.

Deshalb musste es z. B. zähneknirschend einem Diplomgeographen den Lehrgang zum Abfallwirtschaftsberater anerkennen (BFH v. 18.4.1996 – BStBl II 1996 S. 482).

Sollten Sie die öffentliche Hand vermissen?
Ich kann Ihnen sagen, wo sie ist:
in Ihrer Tasche.

306 **Studienkosten als Werbungskosten**

Auch ein Studium ist keine Tabuzone mehr, wenn es sich um ein Zweitstudium handelt. Hat die Fachrichtung auch nur am Rande etwas mit Ihrer jetzigen Arbeit zu tun, deklarieren Sie sämtliche Studienkosten in der Anlage N als Werbungskosten.

TRICK

Keine Abzugsbeschränkung für ein Erststudium nach abgeschlossener Ausbildung !

Mit einem ganzen Bündel von Urteilen hat der BFH jetzt entschieden, dass Kosten für ein Erststudium nach einer abgeschlossenen Berufsausbildung in voller Höhe als Werbungskosten abgezogen werden können. Die Begrenzung des Abzugs von Ausbildungskosten auf 4000 € als Sonderausgaben erstreckt sich nicht auf Steuerzahler, die ein Studium berufsbegleitend oder in sonstiger Weise als Zweitausbildung absolvieren. So hat der BFH z.B. bei einer Buchhändlerin, die nach ihrer Ausbildung ein Lehramtsstudium absolvierte, die Aufwendungen für das Studium als Werbungskosten anerkannt (BFH v. 18.6.2009 – VI R 14/07, BFH/NV 2009 S. 1875).
Auch nach Abschluss des Bachelor-Studiums absolvierte Master-Studiengänge, die z.B. mit dem akademischen Grad Master of Science, Master of Business Administration oder Master of Laws enden, führen zu Werbungskosten – ebenfalls ohne Abzugsbeschränkung (OFD Frankfurt/M. v. 1.3.2006 – S 2332 A – 63 – St II 3 01)

TIPP

Legen Sie als Student wegen Ihrer Studienkosten Einspruch ein!

Seit der o.g. Entscheidung des BFH ist klar, dass die Kosten eines Erststudiums als Werbungskosten abziehbar sind, wenn vor dem Studium eine Berufsausbildung abgeschlossen wurde. Aber auch, wenn die Aufwendungen für ein Erststudium unmittelbar im Anschluss an Abitur, Bundeswehr oder Zivildienst anfallen, sollten Sie auf dem Werbungskostenabzug beharren. Wenn Sie keine anderen Einkünfte erzielen, können die aus den Werbungskosten resultierenden Verluste als Verlustvortrag festgestellt und in späteren Jahren steuerlich wirksam verrechnet werden. Legen Sie daher Einspruch ein und beantragen Sie, das

Verfahren ruhen zu lassen, bis der BFH in der Sache endgültig entschieden hat. Sie können sich dazu auf das **Revisionsverfahren VI R 7/10** berufen.

TIPP

für vor Beginn Ihres Jobs angefallene Kosten

Wenn Sie in der Zeit, in der Ihre Lehrgangskosten angefallen sind, nicht gear- 307
beitet haben, beantragen Sie beim Finanzamt die Anerkennung Ihrer Kosten als vorweggenommene Werbungskosten. Denken Sie an diese Möglichkeit z. B., wenn Sie im Erziehungsurlaub oder arbeitslos sind (BFH v. 22.7.2003 – BStBl II 2004 S.888) oder während Ihres Vollzeitlehrgangs zum Handwerksmeister keiner anderen bezahlten Arbeit nachgehen. Aufgemerkt auch all diejenigen, die nach einem Erststudium ein Zweitstudium absolvieren und währenddessen nicht berufstätig sind.

Wenn Sie in den Jahren, in denen Ihr Lehrgang läuft, keine anderen Einkünfte haben, gehen die Werbungskosten in dieser Zeit zwar ins Leere, trotzdem sind sie nicht endgültig verloren. Da Sie ja keine Einnahmen hatten, ergibt sich durch die Werbungskosten ein Verlust (BFH v. 4.11.2003 – BFH/NV 2004 S.483), und den können Sie sich als Verlustrücktrag von Ihrem Einkommen im Vorjahr abziehen lassen. Hatten Sie auch da keine Einkünfte, besteht die Möglichkeit, den Verlust so lange in die nächsten Jahre vorzutragen, bis sich eine Verrechnungsmöglichkeit ergibt. Dann drücken Sie durch den Verlustabzug Ihr Einkommen und sparen einen dicken Batzen an Steuern.

Geben Sie zu diesem Zweck einen Einkommensteuererklärungsvordruck bei Ihrem Finanzamt ab und kreuzen Sie auf der ersten Seite des Mantelbogens das Kästchen »Erklärung zur Feststellung des verbleibenden Verlustvortrags« an. Das Finanzamt stellt daraufhin Ihren Verlust verbindlich fest.

TRICK

Retten Sie ein paar Jahre rückwirkend Ihre vorweggenommenen Werbungkosten!

Vermutlich haben Sie bislang nicht im Traum daran gedacht, eine Steuererklä- 308
rung für Ihre Umschulungs-, Zweitstudien- oder Meisterlehrgangskosten abzugeben, da Sie ja keine Einkünfte hatten und keine Steuern gezahlt haben, die Sie sich hätten erstatten lassen können.

Trotzdem ist für Sie noch nicht alles verloren. Steuererklärungen zur Feststellung des Verlustvortrags, der sich aus Ihren vorweggenommenen Werbungskos-

ten ergibt, können Sie auch noch nachträglich einreichen. Da die Verjährungsfrist für solche Steuererklärungen im günstigsten Fall sieben Jahre beträgt, können Sie zumindest die Verluste der letzten Jahre retten. Wollen Sie also im Jahr 2009 rückwirkend entsprechende Steuererklärungen abgeben, klappt das für die Jahre 2002 bis 2008. Sind Sie schnell genug und schaffen die Erklärungen bis zum 31.12.2008 zum Finanzamt, können Sie sogar noch das Jahr 2001 mitnehmen.
Ein kleiner Pferdefuß bei der ganzen Sache ist, dass von Ihren vorgenommenen Werbungskosten in den jeweiligen Jahren andere Einkünfte z.B. aus Zinsen oder Gelegenheitsjobs abgezogen werden. Die Werbungskosten werden zunächst einmal im jeweiligen Jahr genutzt, um diese Einkünfte auf 0 € herunterzurechnen. Was dann übrig bleibt, können Sie später steuermindernd verrechnen.

TIPP

für Auszubildende, Referendare und Seminarteilnehmer

309 Werden im Rahmen der Ausbildung steuerpflichtige Einnahmen bezogen, so sind die Kosten, die mit der Ausbildung in Zusammenhang stehen, in voller Höhe als Werbungskosten abzugsfähig (H 9.2 LStH »Ausbildungsdienstverhältnis«). Die Beschränkung, dass Kosten der erstmaligen Ausbildung keine Werbungskosten sein sollen, gilt nämlich ausdrücklich nicht für Ausbildungsdienstverhältnisse (§ 12 Nr. 5 EStG).
Auszubildende können somit ihre Fahrtkosten zur Berufsschule und zum Ausbildungsbetrieb als Werbungskosten abziehen – zu Einzelheiten vgl. ➤ Rz 261.
Das gilt auch für Referendare und Teilnehmer an Seminaren.
Aus demselben Grund können zum Studium beurlaubte Offiziere oder zum Erwerb von Reifezeugnissen abkommandierte Soldaten auf Zeit ihren gesamten Ausbildungsaufwand als Werbungskosten absetzen (BFH v. 28.9.1984 – BStBl II 1985 S. 87).

310 *Kosten zur Erlangung des Doktortitels* sind regelmäßig Fortbildungskosten und damit als Werbungskosten abzugsfähig. Der BFH hat in diesem Fall sein Herz für den Steuerzahler geöffnet und erkennt Promotionskosten als Werbungskosten an, wenn es für den Doktortitel einen beruflichen Anlass gibt (BFH v. 4.11.2003 – BStBl II 2004 S. 891). Dem hat sich inzwischen auch der Fiskus angeschlossen (BMF v. 4.11.2005 – BStBl I 2005 S. 955). Einen beruflichen Grund finden Sie doch schnell. Im Zweifel reichen die besseren Berufsaussichten und Aufstiegschancen durch einen Doktortitel, oder Sie machen geltend, Sie würden einen Job an der Uni anstreben und möchten irgendwann Professor werden.

Welche Kosten Sie absetzen können

Bei Teilnahme an einem Fortbildungslehrgang sind als Werbungskosten abzugsfähig: 311

- die Teilnahmegebühr,
- Aufwendungen für Fachzeitschriften und Fachbücher,
- die Fahrtkosten in tatsächlicher Höhe, bei Verwendung eines Pkw 0,30 € je gefahrenen Kilometer,
- Unterkunftskosten in tatsächlicher Höhe. Das Finanzamt will von Ihnen immer Belege für Ihre Hotel- oder Pensionskosten sehen, bewahren Sie deshalb die Rechnungen auf.
- Verpflegungsmehraufwand, abgerechnet nach den Reisekostengrundsätzen. Bei einer längeren auswärtigen Fortbildung gilt das zumindest für die ersten drei Monate. Und: Die Verpflegungspauschalen stehen Ihnen auf jeden Fall zu, auch wenn Ihre tatsächlichen Kosten viel niedriger lagen! Zum Verpflegungsmehraufwand siehe ➤ Rz 189.
- Wenn Sie während der Fortbildung oder Ihrer Referendarzeit länger auswärts untergebracht sind und eine Zweitwohnung oder ein Zimmer unterhalten, können Sie Kosten für doppelte Haushaltsführung – auch nach Ablauf der dreimonatigen Dienstreisefrist – absetzen.

Bei einer Fortbildungsveranstaltung unmittelbar im Anschluss an den Dienst kommt oft ein Anspruch auf die Verpflegungspauschale nicht zustande, weil die für Dienstreisen notwendige Mindestdauer von acht Stunden nicht erreicht wird. In diesen Fällen können Sie sich damit helfen, dass Sie an die Fortbildungsveranstaltung eine Arbeitsgemeinschaft mit anderen Teilnehmern anhängen, in der der Lehrstoff ausführlich diskutiert und nachbereitet wird.

GUTER RAT

Nehmen Sie an einem länger dauernden Lehrgang teil, bei dem – weil entsprechend teuer – Ratenzahlung vorgesehen ist, vereinbaren Sie mit dem Veranstalter, die Gebühr in einer Summe zu bezahlen. Auf diese Weise können Sie den Betrag auf einmal ansetzen und überwinden vielleicht locker den Arbeitnehmerpauschbetrag. Gibt es bei einem längeren auswärtigen Lehrgang Gemeinschaftsverpflegung, setzen Sie trotzdem die vollen Verpflegungspauschalen ab. Schließlich wird Ihnen für die Gemeinschaftsverpflegung pro Tag ein Sachbezugswert zugerechnet. Dies bedeutet für die ersten drei Monate, die wie Dienstreisen abgerechnet werden: 312

Angenommen 80 Tage × 24 € = 1920 €

Nach Ablauf von drei Monaten ist es mit dem Abzug von Verpflegungspauschalen vorbei. Dann geht es mit doppelter Haushaltsführung weiter.

Fortbildungskosten bei Lehrern

313 Lehrer, aufgemerkt: Die Kosten für Konzert- oder Theaterbesuche sind grundsätzlich keine Werbungskosten, sie können aber dann als Fortbildungskosten absetzbar sein, wenn die Veranstaltung der Art und Gestaltung nach ausgesprochen auf den Fortbildungszweck ausgerichtet ist (BFH-Urt. v. 8.2.1971 – BStBl 1971 II S.368).

Nicht ersetzte Aufwendungen von Lehrern können u. a. in folgenden Fällen Werbungskosten sein:

- bei Wandertagen oder Klassenausflügen (FG Düsseldorf v. 20.6.1974 – EFG 1974 S.516);
- bei Skifreizeiten mit Schülern oder Ski- und Snowboardlehrgängen für Lehrer, die Skifahren als Schulsport unterrichten. Verlangt wird regelmäßig, dass an den Kursen im Wesentlichen Lehrer teilnehmen, Veranstalter ein anerkannter Verband oder die Schulverwaltung ist, das Programm straff organisiert und auf die Befähigung ausgerichtet ist, Skifahren zu unterrichten. Außerdem sollte der Lehrgang mit einer Prüfung und einem Zertifikat abschließen. Letzteres und die Tatsache, dass der Lehrer zuvor nur geringe Grundkenntnisse im Skifahren besaß, sieht der BFH aber nicht als unabdingbare Voraussetzung an (BFH v. 22.6.2006 – BFH/NV 2006 S.1751);
- wenn ein Jugendseelsorger an Jugendfreizeiten teilnimmt (FG Münster – EFG 1995 S.6);.
- bei Balintgruppen, wenn nur Lehrer teilnehmen und die Gruppe ausschließlich das Thema Lehrer-Schüler-Verhältnis behandelt (Hess. FG – EFG 1985 S.341);
- bei Kursen in Gesprächsführung, wenn sie nicht in erster Linie der Persönlichkeitsentwicklung der Teilnehmer dienen (FG Rhld.-Pflz. – EFG 1995 S.8);
- bei einem Yoga-Lehrgang, wenn der Lehrer an seiner Schule im Rahmen von Arbeitsgemeinschaften Yoga-Kurse gibt (FG Niedersachsen v. 17.2.1999 – EFG 1999 S.543);
- bei der zweiten Lehrerprüfung, weil die Referendare – obwohl noch in Berufsausbildung – bereits steuerpflichtige Einnahmen haben und somit in einem Ausbildungsdienstverhältnis stehen (BFH v. 17.12.1971 – BStBl 1972 II S.259);
- bei Psychotherapiekursen, wenn sie auf eine professionelle Anwendung des Stoffes z. B. als Beratungslehrer vorbereiten und nicht vorrangig der eigenen Persönlichkeitsentfaltung dienen (FG Nürnberg v. 21.9.2005 – III 169/2005);
- bei Supervisionskursen bei Beratungslehrern (FG München v. 17.11.2003 – EFG 2004 S.646);
- bei einer Zusatzausbildung zum analytischen Kinder-Psychotherapeuten (Psychagogen) (BFH v. 26.6.2003 – BFH/NV 2003 S.1415);
- bei einem Auslandssprachkurs für Englischlehrkräfte. Das Finanzgericht gestand sie einer Lehrerin für ihren Sprachkurs in Irland zu. Entscheidend ist,

dass Sie für den Lehrgang von der Schule freigestellt werden, der Lehrgang konsequent z. B. an den Werktagen morgens und an zwei Tagen auch nachmittags durchgeführt wird. Gelegentliche private Aktivitäten in der Freizeit, wie eine Stadtführung, eine Halbtagesexkursion in die nähere Umgebung oder eine Ganztagesfahrt am Wochenende, sind unschädlich (FG München v. 27.10.2009 – 6 K 3043/08).

Demgegenüber wurden einer Sonderschullehrerin die Kosten für einen *Biorelease-Kurs* zur Befreiung von Stress mit einem offenen Teilnehmerkreis ohne speziellen Zuschnitt auf ihre berufliche Situation nicht als Werbungskosten anerkannt (Hess FG v. 24.1.1985 – EFG 1985 S. 342).

Wer an beruflichen Fortbildungslehrgängen teilnimmt, kann überdies noch finanzielle Hilfe aus dem Förderungsprogramm nach dem SGB III erhalten. 314
Erkundigen Sie sich auf jeden Fall bei dem Veranstalter des Lehrgangs, ob der Lehrgang von der zuständigen Agentur für Arbeit als förderungsfähig anerkannt ist. Die Förderung kann aus einem Zuschuss, einem Darlehen oder einer Kombination aus beidem bestehen. Da kommt allerhand zusammen.

TIPP

für vergessliche Kursteilnehmer

315

S Wer nichts abzusetzen vergessen will, muss wissen, was alles abzugsfähig ist. Wer sich fortbildet, besucht meistens Kurse. Und ein Kurs beginnt erst mal mit einer Gebühr, die abzugsfähig ist, sofern der Lehrgang nicht dazu dient, einen neuen Beruf aufzubauen.

Kursgebühr	200 €
Porto und Telefon für die Anmeldung und das Beschaffen von Informationsmaterial	20 €
Für 6 Wochen fahren Sie in die Stadt, um dort den Lehrgang zu besuchen. Bahnfahrtkosten	240 €
Fahrten mit dem eigenen Pkw zum Lehrgang sind in Höhe von 0,30 € pro gefahrenen Kilometer abzugsfähig (H 9.5 LStH »Pauschale Kilometersätze«).	
Gepäckbeförderung	10 €
Unterkunftskosten lt Rechnung des Hotels 42 Übernachtungen à 40 €	1 680 €
Nebenkosten für Stadtplan, Fahrkarten etc.	80 €
Für Verpflegung ziehen Sie die Pauschalen ab 42 Tage × 24 €	1 008 €

Zu den Pauschalen siehe ➤ Rz 189.

316 Kosten für den Meistertitel sind generell als Fortbildungskosten abzugsfähig. Von einer erstmaligen Berufsausbildung kann hier keinesfalls die Rede sein.

Wenn Sie während des Meisterlehrgangs keinen Job ausüben, geben Sie in Ihrer Steuererklärung die Kosten als vorweggenommene Werbungskosten an. Den Verlust, der sich dadurch rechnerisch ergibt, stellt das Finanzamt fest, und Sie können ihn später, wenn Sie wieder eine Beschäftigung gefunden haben, absetzen; vgl. dazu auch ➤ Rz 307 ff. Zum Meisterstück siehe ➤ Rz 377.

SUPER TRICK

Setzen Sie Fortbildungskosten mit internem Fremdvergleich voll ab!

317 **S** Der Fiskus piesackt gerade kleine Familienbetriebe gern mit folgender Taktik: Wollen Eltern die Fortbildungskosten, auch das weiterlaufende Gehalt etc. als Betriebsausgaben absetzen, wenn Sohn oder Tochter etwa die Meisterschule besucht, wird ihnen entgegengehalten: Sie hätten andere Mitarbeiter doch sicher auch nicht gefördert, das Geld für Sohn oder Tochter sei daher der privaten Lebensführung zuzuordnen.

Dem beugen Sie geschickt vor, indem Sie anderen fähigen Mitarbeitern ebenfalls eine Fortbildung anbieten, am besten schriftlich per Aushang im Betrieb. Selbst wenn diese kein Interesse haben, gelingt Ihnen damit der »interne Fremdvergleich« – und der, so das BFH-Urteil vom 11.12.1997 (BFH/NV 1998 S. 952), reiche aus.

Ganz wichtig dabei: Einen schriftlichen Fortbildungsvertrag abschließen, mit Rückzahlungsklausel für den Fall, dass der Mitarbeiter (auch Sohn oder Tochter) nach Abschluss der Fortbildung nicht mindestens zwei bis drei Jahre im Betrieb bleibt.

Bürokratie ist die Vervielfältigung von Problemen durch Einstellung weiterer Beamter.

(N. Parkinson)

TRICK

Fordern Sie die Vorsteuer aus den Rechnungen für die Meisterprüfung zurück!

S Nach der Meisterprüfung machen Sie sich selbständig. Jetzt haben Sie die Möglichkeit, nachträglich die Vorsteuer aus den Rechnungen für die Meisterprüfung zwecks Erstattung vom Finanzamt anzufordern. Denn die Meisterprüfung gehörte umsatzsteuerlich gesehen bereits zu den Vorbereitungshandlungen zur Betriebseröffnung. Das allein rechtfertigt den Vorsteuerabzug, denn die Unternehmereigenschaft, auf die es hier ankommt, beginnt mit den ersten Vorbereitungshandlungen (Quelle: Abschnitt 19 Umsatzsteuer-Richtlinien). 318

Auch Aufwendungen für einen Führerschein können Werbungskosten sein, 319
wenn der Arbeitgeber den Erwerb des Führerscheins nahelegt und der Arbeitnehmer bei einer Weigerung, den Führerschein zu erwerben, Nachteile in seinem beruflichen Fortkommen befürchten muss. Dies gilt insbesondere für ältere Arbeitnehmer, die selbst kein eigenes Kraftfahrzeug besitzen (FG Münster v. 30.6.1965 – EFG 1965 S. 607). Ebenfalls gute Karten haben Sie, wenn Sie als Bauhandwerker, der bisher schon häufig für die Firma Klein-Lkw gefahren hat, den Führerschein Klasse II machen (FG Münster v. 25.2.1998 – EFG 1998 S. 941). Auch die Kosten eines Busführerscheins sind Werbungskosten, wenn ein Steuerzahler damit seine Chance, als Kraftfahrer eine Stelle zu bekommen, vergrößern möchte (FG Baden-Württemberg v. 29.8.2006 – 14 K 46/06).
Dagegen hat der Bundesfinanzhof (Urt. v. 20.2.1969 – IV R 119/66 – BStBl 1969 II S. 433) entschieden, dass Aufwendungen für den Erwerb des Führerscheins in aller Regel auch dann zu den Kosten der Lebensführung gehören, wenn der Beruf oder der Betrieb die Benutzung eines Personenkraftwagens erforderlich macht. Der BFH rechtfertigt diese Auffassung u. a. damit, dass in aller Regel der einmal erworbene Führerschein in nicht unbedeutendem Umfang auch für Privatfahrten benutzt wird. Allein die Tatsache, dass der Steuerzahler für seine Fahrten zwischen Wohnung und Arbeitsstätte auf den Pkw angewiesen ist, rechtfertigt ebenfalls keinen Abzug der Führerscheinkosten als Werbungskosten (BFH v. 15.2.2005 – BFH/NV 2005 S. 890).

Was für den Führerschein gilt, muss für den Flugschein nur recht und billig sein. 320
Wenn Sie als Stewardess oder Angestellter einer Fluggesellschaft den Aufstieg als Pilot schaffen wollen oder Ihnen nach erfolgreich absolvierter erster Ausbildung doch mehr der Sinn nach einem Arbeitsplatz über den Wolken steht und Sie auf Pilot umsatteln und deshalb den Verkehrsflugzeugführerschein machen, sind Ihre Kosten auf jeden Fall Werbungskosten (BFH v. 27.5.2003 – BStBl II

2005 S. 202). Ist Ihre Pilotenausbildung dagegen Ihre erstmalige Berufsausbildung und findet sie nicht ausnahmsweise im Rahmen eines Arbeitsverhältnisses mit der Fluggesellschaft (Ausbildungsdienstverhältnis) statt, sind die von Ihnen getragenen Kosten nur Ausbildungskosten (§ 12 Nr. 5 EStG) und können nur bis zu 4000 € im Jahr als Sonderausgaben abgezogen werden.
Mit einer Privatpilotenlizenz ist es schon ungleich schwieriger, Werbungskosten abzusetzen. Wenn Sie nicht gerade eine Lizenz zum Fluglehrer anstreben, rechnet man die Kosten Ihrem Privatvergnügen zu.

TIPP

zum kostenlosen Führerschein

321 Wenn Sie Ihren Führerschein beruflich brauchen, haben Sie gute Karten, wenn Ihr Arbeitgeber die Führerscheinkosten übernimmt. Die sind nämlich für Sie komplett steuerfrei. So sehen das jedenfalls der BFH für den Führerschein eines Polizisten (BFH-Urt. v. 26.6.2003 – BStBl II 2003 S. 886) und das Bayerische Staatsministerium der Finanzen bei Feuerwehrleuten, die den Führerschein Klasse »C« auf Kosten der Gemeinde machen (Erlass v. 16.6.2004 – S 2337 – 158 – 25617/04).

TIPP

für Sprachkurse

322 In Zeiten der Globalisierung sind Sie ohne Fremdsprachenkenntnisse auf der Karriereleiter ganz schnell abgemeldet. Also entschließen Sie sich vielleicht doch, Sprachkurse zu belegen. Doppelte Freude bringen solche Kurse natürlich dann, wenn Sie sie von der Steuer absetzen können und statt an einer Fach- oder Volkshochschule zu büffeln das Lernprogramm ins Ausland verlegen.
Um die Werbungskosten durchzupauken, müssen Sie Folgendes beachten (BFH v. 13.6.2002 – BStBl II 2003 S. 765):

- Der Sprachkurs sollte auf Ihre beruflichen Belange zugeschnitten sein. Wenn Sie einen Spezialkurs z. B. in Wirtschaftsenglisch belegen, haben Sie an sich immer gute Karten. Aber auch ein allgemeiner Sprachkurs gilt als auf Ihre beruflichen Belange zugeschnitten, wenn Sie für Ihren Job nur grundlegende Sprachkenntnisse, also kein Fachchinesisch benötigen.
- Der Lehrgang muss straff durchorganisiert sein und darf keinen umfangreichen Platz für touristische Aktivitäten lassen. Allerdings müssen Sie auch nicht rund um die Uhr büffeln. Der BFH hat es jedenfalls als ausreichend

angesehen, wenn Sie an fünf Tagen in der Woche jeweils sechs Stunden Unterricht absolvieren und zusätzliche Zeit für das Nacharbeiten des Unterrichtsstoffs anfällt. Dass Sie am Abend und am Wochenende Gelegenheit haben auszuspannen, steht der Anerkennung nicht entgegen. Schließlich müssen Sie ja den Kopf auch mal wieder frei bekommen, und vergleichbare unterrichtsfreie Zeiten wären ja genauso angefallen, wenn der Kurs im Inland stattgefunden hätte.

- Gelegentliche Exkursionen mit der Gruppe am unterrichtsfreien Samstag und ein generell freier Sonntag stehen der Anerkennung der Werbungskosten nicht entgegen.
- Auf keinen Fall darf der Fiskus die berufliche Veranlassung Ihres Sprachkurses mit der Begründung ablehen, dieser habe im Ausland stattgefunden, und ein vergleichbarer Inlandssprachkurs hätte es schließlich auch getan. Diese Argumentation verstößt nämlich, zumindest wenn es um Kurse in einem EU-Staat geht, gegen EU-Recht.

An diesen Kriterien hat sich der BFH auch in späteren Entscheidungen orientiert, wenn es um die Frage ging, ob Sie neben den reinen Kursgebühren auch die übrigen Kosten, wie Verpflegungspauschalen, Unterkunfts- und Fahrtkosten, absetzen können (BFH v. 19.12.2005 – BFH/NV 2006 S. 934).

Um die berufliche Notwendigkeit Ihres Sprachkurses zu untermauern, kann eine entsprechende Bescheinigung des Chefs natürlich nie schaden.

Bescheinigung

Da Herr/Frau . . . . . . in der Funktion als . . . . . . ständig mit unseren internationalen Kunden und Geschäftspartnern verhandeln muss, war es für die weitere Ausübung der bisherigen Funktion in unserem Haus und im Interesse eines Ausbaus der Kundenbeziehungen im Ausland unbedingt erforderlich, dass er/sie zur Verbesserung seiner/ihrer Französischkenntnisse (o. Ä.) einen (Intensiv-)Sprachkurs belegt.

. . . .
Ort und Datum   (Unterschrift)

TIPP

für Auslandssprachkurse

Einen Hinweis sollten Sie unbedingt beachten: **War der Sprachkurs nur die Vor- 323
bereitung für einen längeren Einsatz im Ausland für Ihre Firma, seien Sie auf der Hut.** Die im Anlegen kräftiger Daumenschrauben für Steuerzahler recht

rührigen Bundesfinanzhofrichter – immerhin entscheiden sie 80 % ihrer Fälle für den Fiskus – sind auf den Trichter verfallen, dass Ihre Werbungskosten dann ja mit steuerfreien Auslandseinkünften zusammenhängen, die Sie später beziehen, und deswegen nach § 3 c EStG nicht abzugsfähig sein sollen (BFH v. 24.4.1992 – BStBl II 1992 S. 666). Schreibt Ihre Firma in der Bescheinigung, dass Ihr Französischkurs wegen Ihrer geplanten Versetzung in die Filiale in Paris erforderlich war, haben Sie schlechte Karten.

Sie werden sich stattdessen eine Bescheinigung holen, nach der Sie Ihre neuen Sprachkenntnisse auch bei Ihrer regulären Arbeit in Deutschland gewinnbringend für die Firma einsetzen sollen. Und schon haben Sie das Finanzamt mit seinen Streichgelüsten ausgebremst, es darf den Sprachkurs dann nämlich nicht mehr Ihrem Auslandsaufenthalt zurechnen (BFH v. 10.4.2003 – BStBl 2002 II S. 579).

Was die Fahrtkosten betrifft, können Sie sie nach dem Urteil des FG Düsseldorf vom 19.8.1970 – EFG 1971 S. 18 in gleicher Weise wie Selbständige nebst Mehrverpflegungsaufwand als Werbungskosten für den Besuch auswärtiger Fortbildungsveranstaltungen abziehen. Auch die Finanzverwaltung nimmt inzwischen in derartigen Fällen an, dass eine Auswärtstätigkeit vorliegt (R 9.4 Abs. 2 LStR). Auch wenn Sie am Lehrgangsort wohnen, ansonsten einen eigenen Hausstand haben, können Sie während des gesamten Lehrgangs Ihre Miete sowie Ihre Heimfahrten und die Fahrten von der Unterkunft zum Lehrgangsort als Reisekosten absetzen. Vor allem für die Fahrtkosten bedeutet das: Abzug von mindestens 0,30 € pro gefahrenen Kilometer statt der nur halb so hohen Entfernungspauschale. Lediglich mit dem Abzug von Verpflegungsmehraufwendungen ist nach Ablauf von drei Monaten Schluss.

SUPER TRICK

Profitieren Sie zweimal vom Wissen Ihrer Kollegen!

324 Wie oft treffen Sie sich als Azubi, Geselle in der Meisterausbildung, Referendar oder Beamtenanwärter mit Ihren Kollegen nach Feierabend oder an den Wochenenden, um noch ein wenig zu fachsimpeln, für die nächste Prüfung zu büffeln oder um sich einfach gegenseitig beim Aufarbeiten des Lehrstoffs zu helfen?

Ganz wichtig: Bier- und Weinflaschen und Kartenspiele haben auf solchen Treffen nichts zu suchen, wenn Sie Ihre Kosten unter dem Stichwort *Arbeitsgemeinschaft* absetzen wollen.

Für Ihre Fahrten zu den Arbeitsgemeinschaften machen Sie selbstverständlich Dienstreisekosten geltend, also die Fahrtkosten für Ihr Auto mit 0,30 € je km und Verpflegungspauschalen, wenn Sie mindestens acht Stunden (inkl. Wege-

zeiten) von zu Hause abwesend waren. Dank des FG Köln – EFG 1994 S. 290 kann Ihnen das kein Fiskalritter mehr mit der Begründung kaputtmachen, nach drei Monaten hätten Sie am Ort der Arbeitsgemeinschaft eine regelmäßige Arbeitsstätte und könnten damit höchstens noch Fahrten zwischen Wohnung und Arbeitsstätte absetzen.
Damit Sie dem Finanzamt einen wasserdichten Nachweis vorweisen können, besorgen Sie sich von Ihren Mitstreitern eine schriftliche Teilnahmebestätigung:

Bestätigung

Hiermit bestätigen wir Herrn/Frau . . . ., dass er/sie an folgenden Terminen
Datum . . . . . . ; Datum . . . . . . ; Datum . . . . . . etc.
in . . . . an einer ausschließlich beruflich bedingten Lern- und Arbeitsgemeinschaft teilgenommen hat.
Die Arbeitsgemeinschaften begannen regelmäßig um . . . . . . Uhr und endeten um . . . . . . Uhr.

. . . .
Ort und Datum Stempel Unterschrift

Eine Obergrenze, wie viele Arbeitsgemeinschaften anerkannt werden und wie 325
lange diese dauern dürfen, gibt es nicht. Trotzdem ist Vorsicht geboten. Sie sollten es nicht übertreiben. Bei allzu häufigen Treffen – vor allem, wenn sie auch noch lange dauern – dichtet Ihnen der Fiskalvertreter nur zu gern eine vermeintliche private Mitveranlassung an und hat auch noch Schützenhilfe vom FG Münster (EFG 1995 S. 7). Das strich nämlich einem sich zum Meister fortbildenden Installateur seine Arbeitsgemeinschaften, eben weil »im Hinblick auf die Dauer der Treffen eine private Mitveranlassung nicht ausgeschlossen werden konnte«. Allerdings hat sich unser Installateur auch reichlich dumm angestellt: Statt eine lange Liste über den geübten Lernstoff zusammenzuschreiben, hat er nur steif und fest behauptet, er habe gelernt. Das muss man sich mal vorstellen! Da ackern Sie stunden- und tagelang, um es zu etwas zu bringen, und dann kommt so eine Beamtenseele, der jeden Tag pünktlich der Griffel aus der Hand fällt, und zweifelt den ausschließlich beruflichen Grund Ihrer Aktivitäten an!
Stellen Sie sich also geschickter an und schauen in Ihrem Lehrplan nach, dann fällt Ihnen bestimmt auch im Nachhinein noch ein, was Sie so alles gepaukt haben. Außerdem sollten Sie es mit den Finanzrichtern im Rheinland halten, die offensichtlich manchmal etwas großzügiger gestimmt sind und einer angehenden Bilanzbuchhalterin ohne weiteres 61 Treffen an Samstagen und Sonntagen à sieben Stunden als Werbungskosten anerkannt haben (FG Düsseldorf – EFG 1994 S. 648).

TIPP

zur Verpflegungspauschale

326 **Lassen Sie nicht von der Schummelei mancher Teilnehmer an einer Lehrgemeinschaft anstecken, die dem Finanzamt Fahrten zu den Kollegen aufs Auge drücken, die überhaupt nicht stattgefunden haben.**

Machen Sie besser Folgendes: Statt Ihre 30 Treffen im Jahr mit Gewalt auf je 8,5 Stunden auszudehnen, um in den Genuss von Verpflegungspauschalen zu kommen, und damit dem Fiskus Munition für angeblich private Mitveranlassungen wegen überlanger Dauer zu geben, **treffen Sie und die anderen sich 60-mal für ca. fünf Stunden.** Die schlappen 180 € (30 Tage à 6 € Verpflegungspauschale), die Sie so aufgeben, holen Sie durch die Fahrtkosten doppelt und dreifach herein.

SUPER TRICK

Erfahrungsaustausch mit Steuerspareffekt

Wenn Sie meinen, Sie als alten Berufshasen ginge das alles nichts an: Wer sagt Ihnen denn eigentlich, dass Arbeitsgemeinschaften ein Privileg für Auszubildende, Referendare, Beamtenanwärter und Lehrgangsteilnehmer sind? Wann bleibt Ihnen denn schon einmal die Zeit, sich während Ihrer normalen Arbeitszeit beruflich auf dem Laufenden zu halten? Da Sie trotzdem in Ihrem Job am Ball bleiben wollen, könnten Sie doch mit ein paar Kollegen eine regelmäßige selbstorganisierte Fortbildung nach Feierabend ins Leben rufen. Neben dem Bombeneindruck, den das auf Ihren Chef oder Ihre Vorgesetzten macht, verhilft Ihnen das zusätzlich zu einer hübschen Steuerersparnis.

Abc der Fortbildungskosten

327 Zum Schluss eine kleine Übersicht – vor allem zur persönlichen Auswertung, ob die Situation bei Ihnen ähnlich liegt oder hingebogen werden könnte –, die zeigt, welche Fortbildungskosten anerkannt wurden. Das war z. B. der Fall, als ein (in manchen Fällen eine)
Altenpflegehelfer sich zum Altenpfleger mauserte (EFG 1994 S. 470),
Angestellter ins Beamtenverhältnis übernommen wurde,
Arbeitsloser eine Fortbildung absolvierte, um seine Chancen auf einen Arbeitsplatz zu verbessern (BFH – BStBl 1996 II S. 482),

Arzt sich zu einem Industriechemiker umwandelte, was das Gericht mit der Begründung genehmigte, beide Tätigkeiten seien verwandt (wie wahr, wie wahr!),
Arzt vom Humanmediziner zum Kiefer- und Gesichtschirurgen aufstieg (BFH – BFH/NV 1995 S. 594),
Arzt sich zum Psychotherapeuten fortbildete (EFG 1989 S. 105),
Bauhandwerker eine Technikerschule besuchte (EFG 1973 S. 424),
Bauingenieur Betriebswirtschaft studierte (BFH – BStBl 1998 II S. 239),
Betriebswirt an der Akademie für angewandte Betriebswirtschaft studierte (BFH – BStBl 1979 II S. 675),
Bilanzbuchhalter zum Heilpraktiker umschulte (BFH v. 13.2.2003 – VI R 44/01),
Bundeswehrpilot auf Linienflugzeugpilot umschulte (BFH – BStBl 1979 II S. 337),
Bürokaufmann sich mit einem zweijährigen Vollzeitunterricht zum Fremdsprachenkorrespondenten fortbildete (EFG 1991 S. 603),
Chemielaborant eine Technikerschule besuchte (EFG 1975 S. 277),
Dipl.-Betriebswirt wegen Arbeitslosigkeit auf Immobilienmakler umschulte (BFH v. 17.12.2002 – BFH/NV 2003 S. 476),
Dipl.-Ingenieur ein Führungskräfteseminar und einen Managementkurs belegte (EFG 1994, S. 26),
Dipl.-Ingenieur Wirtschaftsingenieur studierte (BFH – BStBl 1992 II S. 966) oder Dipl.-Betriebswirt werden wollte (EFG 1995 S. 829),
Dipl.-Kaufmann Steuerberater werden wollte (BFH – BStBl 1990 II S. 572),
Dipl.-Pädagogin auf Psychotherapeutin für Kinder und Jugendliche lernte (EFG 1995 S. 615),
Dipl.-Physiker studierte, um den Titel Master of Business Administration zu erwerben (BFH – BFH/NV 1997 S. 648),
Dipl.-Psychologin sich zur Psychotherapeutin fortbildete (BFH – BStBl 1977 II S. 547),
Finanzbeamter einen Steuerberaterkurs belegte,
Flugingenieur eine Fluglizenz erwarb (BFH – BStBl 1992 II S. 963),
Gastarbeiter aus beruflichen Gründen einen Sprachkurs belegte (EFG 1995 S. 19),
Geistlicher Hochschullehrer wurde (BFH 28.6.1963 – BFH E 77 S. 313),
Geistlicher Predigerhandschriften studierte und diese erwarb,
Gerichtsreferendar sich um die Zweite Juristische Staatsprüfung bewarb,
Geselle sich auf die Meisterprüfung vorbereitete,
Handwerksmeister einen Lehrgang »Betriebswirt des Handwerks« belegte (EFG 1995 S. 9),
Heilerzieherin in Shiatsu-Kursen zur Shiatsu-Praktikerin fortgebildet wurde (FG Hamburg v. 1.2.2000, EFG 2000 S. 616),
Industriekaufmann zum praktischen Betriebswirt fortgebildet wurde (BFH – BStBl 1979 II S. 773),
Inspektor eine Wirtschaftsakademie besuchte,

Justizobersekretär sich zur Prüfung als Rechtspfleger aufmachte,
Kaufmann an der Hessischen Verwaltungs- und Wirtschaftsakademie einen Fortbildungsstudiengang zum Betriebswirt (VWA) belegte (EFG 2000 S. 355),
Kaufmannsgehilfe an einer Wirtschaftsoberschule paukte (EFG 1967 S. 903),
Knappschaftsangestellter an einer Verwaltungsakademie studierte,
Krankenpfleger sich zum Heilpraktiker fortbildete (EFG 1992 S. 324),
Laborassistentin (Erziehungsurlaub) den Studiengang »Weiterbildung für Lehrpersonen an Schulen des Gesundheitswesens« (EFG 2000 S. 1063) belegte,
Landwirt wegen Arbeitslosigkeit auf Dachdecker umschulte (BFH v. 17.12.2002 – BFH/NV 2003 S. 477),
Lehrer auf Jugend-Skileiter machte,
Lehrer an Supervisionen teilnahm, auch wenn damit gleichzeitig seine Persönlichkeitsweiterbildung gefördert wurde (EFG 1996 S. 1025),
Lehrer sich vom Grundschullehrer zum Realschullehrer fortbildete (BFH – BStBl 1992 II S. 962),
Lehrer der Sekundarstufe I sich die Lehrbefähigung für die Sekundarstufe II zulegte (BFH – BStBl 1992 II S. 556),
Lehrer sich zum Sonderschullehrer fortbilden ließ (BFH – BStBl 1975 II S. 280),
Lehrerin nach ihrem Auslandsstudium in Deutschland neu studierte (BFH – BFH/NV 1998 S. 844),
Lehrerin an einer Sonderschule sich per Studium zur analytischen Kinder-Psychotherapeutin und Psychagogin weiterbildete (EFG 1997 S. 1105),
Management-Consultant einen psychologischen Coaching-Kurs besuchte (FG Hamburg v. 7.3.2008 – 5 K 30/07),
Musiker mit B-Schein das A-Examen ablegte (BFH – BStBl 1992 II S. 961),
Musiker ein Tonmeisterstudium absolvierte (BFH – BStBl 1996 II S. 449),
Revisor sich auf die Wirtschaftsprüfer- oder Steuerberaterprüfung vorbereitete,
Schiffsbaugeselle eine Schiffsingenieurschule besuchte (BFH – BStBl III 1962 S. 489),
Sozialarbeiter (grad.) ein Anschlussstudium Pädagogik/Erziehungswissenschaften absolvierte (EFG 1989 S. 628),
Sozialarbeiter sich zum Psychagogen fortbildete (EFG 1982 S. 238),
Sportlehrer einen Kursus zur Ausbildung als Surfing-Instruktor besuchte (EFG 1990 S. 55),
Steuerassistent einen Steuerrechtslehrgang mitmachte,
Steuerberater einen Intensivsprachkurs in England absolvierte (EFG 1998 S. 809),
Steuerfachgehilfe sich zum Steuerberater mausern wollte (EFG 1990 S. 172),
Verkäuferin zur Arzthelferin umschulte (BFH v. 17.12.2002 – BFH/NV 2003 S. 474),
Volksschullehrer ein Musikseminar belegte oder auf die Zweite Lehramtsprüfung hinstrebte,
Werkspilot den Berufsflugzeugführerschein erwarb (EFG 1997 S. 1304),

Wissenschaftlicher Assistent sich auf eine Professur vorbereitete (BFH – BStBl III 1967 S. 778),
Yoga-Lehrerin, die Yoga-AGs abhält, einen Yoga-Lehrgang machte (FG Nds v. 17.2.1999 – IX 647/97).

8. Bei Studienreisen heißt es aufpassen!

S Von Studienreisen spricht man oft, wenn man die Welt kennenlernen will. 328
Kein Wunder also, wenn da das Finanzamt nicht immer mitmacht. Viele Fälle dieser Art wurden bereits in der Rechtsprechung entschieden. So zugunsten eines Studienrats, der mit seiner Klasse eine Studienreise machte (BFH-Urt. v. 12.7.1956 – BStBl III S. 291), bei einem Zahnarzt in amerikanischen Diensten für eine Reise in die USA zu dortigen Zahnkliniken und -praxen (BFH-Urt. v. 24.8.1962 – BStBl III S. 487), bei einem Sprachlehrer, der in Englisch seine Fachprüfung betrieb und deshalb an einer internationalen Sommerschule in England teilnahm (BFH-Urt. v. 29.7.1954 – BStBl III S. 264), bei einer Dipl.-Betriebswirtin, die in einem Versandunternehmen arbeitete und an einer Auslandsreisegruppe einer Fachzeitschrift zur Besichtigung von Kaufhäusern in den USA teilnahm (FG Hessen v. 12.10.1989 – EFG 1990 S. 56).

Anders dagegen wurden einer Lehrerin die Kosten für einen Sprachkurs in die 329
Türkei nicht anerkannt, obwohl in den von ihr unterrichteten Klassen ein besonders hoher Anteil türkischer Schüler war (BFH-Urt. v. 24.4.1992 – BFH/NV 1992 S. 730).
Die Richter meinten, dass für einen Lehrer, der in der Bundesrepublik türkische Schüler unterrichte, eine Sprachreise in die Türkei dann nicht beruflich veranlasst sei, wenn dabei zugleich touristische Sehenswürdigkeiten – wie hier – aufgesucht würden.

Die Abgrenzungskriterien der Gerichte und des Fiskus 330
Wie Sie sehen, geht es bei den Gerichtsentscheidungen munter durcheinander. Weder Ihr Beruf noch das Reiseziel oder der Anlass der Reise bieten für sich allein genommen eine Gewähr für die steuerliche Anerkennung. Zunächst einmal müssen Sie also wissen, nach welchen Kriterien die Frage entscheiden wird, ob Ihre Studienreise beruflich veranlasst ist und die Kosten damit als Werbungskosten anerkannt werden –- oder ob man Ihnen wegen einer vermeintlichen privaten Veranlassung die Steuervorteile versagt.

Es spricht dafür, dass eine Reise ins Ausland betrieblich bzw. beruflich veranlasst ist, wenn:

- das Reiseprogramm auf die besonderen betrieblichen/beruflichen Bedürfnisse und Gegebenheiten der Teilnehmer zugeschnitten ist,

- ein konkreter, aktueller betrieblicher bzw. beruflicher Anlass für die Reise besteht sowie ein konkreter Nutzen eintritt oder zumindest zu erwarten sein sollte,
- die Reiseteilnehmer aus einem im Wesentlichen gleichartigen Personenkreis bestehen,
- das Reiseprogramm straff organisiert ist und der Steuerzahler auch tatsächlich an den einzelnen Programmpunkten – am besten durch Teilnahmezertifikate nachgewiesen – teilnimmt,
- die Reise von einem Fachverband organisiert und unter fachkundiger Leitung durchführt wird,
- Zuschüsse des Arbeitgebers gegeben werden,
- der Arbeitgeber für die Teilnahme Dienstbefreiung oder Sonderurlaub gewährt.

Folgendes spricht gegen eine ausschließliche oder zumindest überwiegende betriebliche bzw. berufliche Veranlassung:

- Das Reiseprogramm dient nur allgemeinen Informationen, auch wenn diese von beruflichem Interesse sind.
- Die Reise ist zeitlich und örtlich sehr auseinandergezogen, was für sich allein jedoch noch nicht zur Aberkennung des Werbungskosten- oder Betriebsausgabenabzugs führen muss.
- Die Reise schließt besonders Wochenende und sonstige arbeitsfreie Tage ein, an denen private Interessen verfolgt werden können.
- Die Reise findet während einer typischen Touristensaison statt.
- Besuch von bevorzugten Tourismuszentren.
- Die Mitnahme des Ehegatten, es sei denn, dieser ist im selben Beruf bzw. in derselben Firma tätig und/oder die Mitnahme ist aus betrieblichen/beruflichen Gründen erforderlich.
- Die Reise wird mit einem vorhergehenden oder anschließenden Privaturlaub verbunden.
- Für die Reise wird Jahresurlaub genommen (kein Sonderurlaub vom Arbeitgeber).
- Vergleichbare Informationen hätten auch im Inland oder näher gelegenen Ausland erworben werden können. Das dürfen die Fiskaljünger aber nicht ins Feld führen, wenn Sie Ihr Sprachkurs in einen EU-Staat führt (BFH v. 13.6.2002 – BStBl II 2003 S.765).
- Ein besonders zeitaufwendiges Beförderungsmittel (z.B. Schiff statt Flugzeug, Bahn oder Pkw) wird benutzt.

Wenn Sie für Ihre Reise keinen unmittelbaren beruflichen Anlass haben, also nicht z.B. einen Vortrag halten müssen oder einen Kunden aufsuchen wollen,

sind die Gerichte bisher recht kleinlich mit der Anerkennung. So wurde einer Lehrerin ihre berufliche Englandreise nicht anerkannt, weil am Wochenende ein Ausflug geplant war und von den übrigen zehn Tagen ein Tag sowie drei weitere Nachmittage zur freien Verfügung standen (BFH – BStBl 1995 S. 729).
Wenn Sie als ehrenamtlicher Gewerkschaftler eine Studienreise unternehmen, um sich gewerkschaftlich weiterzubilden, können Sie Werbungskosten geltend machen; das meinten jedenfalls die Finanzrichter in Köln im Urteil vom 13.12.1989 (EFG 1990 S. 299).
Anders dagegen, wenn Sie als Richter zusammen mit anderen Richtern und Staatsanwälten einen Trip durch Japan machen und sich dabei in ausreichender Zahl japanische Gerichte, Behörden und Universitäten ansehen. Dass Sie nebenbei die schönen Seiten Japans besichtigen und die Reise für Ihre Richtertätigkeit eigentlich nicht direkt von Vorteil ist, spielte nach Meinung des FG Hamburg im Urteil vom 11.6.1991 (EFG 1992 S. 254) keine Rolle. Dem Bundesfinanzhof war diese Vergnügungsreise allerdings ein Dorn im Auge. Obwohl ja an sich eine Krähe der anderen kein Auge aushackt, haben sie den Abzug als Reisekosten gestrichen (BFH – BStBl III 1993 S. 612).
Die Ausdehnung einer Reise oder eines Kongresses über ein Wochenende hinweg allein reicht nicht aus, um den Werbungskosten- oder Betriebsausgabenabzug zu streichen; es sei denn, dieses Kriterium wiegt so stark, dass dadurch die Reise insgesamt als überwiegend privat veranlasst zu sehen ist.

TIPP

Teilen Sie gemischte Kosten auf!

S Die Zeiten, in denen der Fiskus und die Gerichte bei Studienreisen nach der Devise »Sekt oder Selters« entschieden, sind vorbei. Auch wenn bei einer Studienreise ein privater Touch vorliegt, schauen Sie mit Ihren Kosten nicht komplett in die Röhre. 331
Der große Senat des BFH hat seine bisherige Rechtsprechung zum Aufteilungs- und Abzugsverbot gemischter Aufwendungen aufgegeben (BFH v. 21.9.2009 – GrS 1/06, BFH/NV 2010 S. 285) und lässt jetzt auch eine Aufteilung von sog. *gemischten Aufwendungen* in einen beruflich/betrieblichen Anteil und einen privaten Anteil zu. Demnach können z. B. die Kosten für die Hin- und Rückfahrt bei einer gemischt veranlassten Reise in Werbungskosten und in private Kosten aufgeteilt werden. Aufteilungsmaßstab ist der berufliche und der private Zeitanteil der Reise. Unverändert bleiben Kosten, die eindeutig der beruflichen Sphäre zugeordnet werden können (Kongressgebühren, Hotelkosten etc.) voll als Werbungskosten/Betriebsausgaben abzugsfähig. Der Vorteil der neuen Rechtsprechung besteht vor allem darin, dass Sie in jedem Fall einen Teil der Fahrt- oder Flugkosten, der Unterbringungskosten und Verpflegungsmehrauf-

wendungen in die Werbungskosten einbeziehen können. Können die Kosten nicht eindeutig voneinander getrennt werden, können Sie den beruflichen Anteil auch sachgerecht schätzen. Unverändert müssen Sie dazu die berufliche Veranlassung darlegen.
Prompt hat der BFH eine kleinliche Entscheidung von Finanzamt und Finanzgericht kassiert. Die hatten einer Gymnasiallehrerin für Englisch und Religion die Kosten für eine achttägige Fortbildungsreise für Englischlehrer nach Dublin komplett gestrichen, obwohl die Reise von der Englischlehrervereinigung angeboten und durchgeführt worden war, die Lehrerin dafür vom Dienst befreit wurde und die Reise nach einem festen Programm ablief. Dass auch kulturelle Vortragsveranstaltungen und Besichtigungstermine sowie ein Tagesausflug nach Belfast anstanden, störte den BFH im Unterschied zu Finanzamt und Finanzgericht nicht. Er verdonnerte das Finanzgericht vielmehr dazu, den beruflichen Anteil zu ermitteln und als Werbungskosten anzuerkennen (Urt. v. 21.4.2010 – VI R 5/07).
Ganz ohne Wermutstropfen geht es aber auch nach der nun viel steuerzahlerfreundlicheren Rechtsprechung nicht ab. Die berufliche Veranlassung darf nicht von völlig untergeordneter Bedeutung sein. Überwiegen bei einer Auslandsreise bei weitem die privaten Gründe, gibt es nach wie vor keinen Werbungskostenabzug. Ein einzelner beruflicher Vortrag bei einer ansonsten touristisch ausgerichteten Reise reicht nicht aus (BFH v. 5.2.2010 – IV B 57/09 und v. 17.12.2009 – X B 115/09).
Die geänderte Rechtsprechung gilt im Übrigen nicht nur für Reisekosten, sondern grundsätzlich auch für andere gemischte Aufwendungen. Allerdings schränkt der BFH hier die Aufteilungsmöglichkeit ein, soweit »unverzichtbare Aufwendungen für die Lebensführung« betroffen sind, die durch das steuerliche Existenzminimum pauschal abgegolten oder als Sonderausgaben bzw. außergewöhnliche Belastungen abzugsfähig sind. Damit sind insbesondere Aufwendungen für bürgerliche Kleidung, Brillen (Ausnahme: sog. Bildschirmarbeitsplatzbrillen und spezielle Schutzbrillen) trotz beruflicher Benutzung weiterhin nicht (anteilig) abzugsfähig.

TRICK

Reisen Sie auf Kosten des Finanzamts zu den Sehenswürdigkeiten dieser Welt

332 Wenn Sie es geschickt anstellen, können Sie sich die Niagarafälle oder den Schiefen Turm von Pisa ansehen und Ihre Reisekosten völlig legal dem Finanzamt als Werbungskosten oder Betriebsausgaben unterjubeln. Was Sie dazu benötigen, ist lediglich ein beruflicher Anlass für Ihre Reise. Besonders leicht

haben Sie es da, wenn Sie Geschäftsfreunde Ihrer Firma im Ausland besuchen müssen oder z. B. im Ausland einen Vortrag halten sollen. Auch wenn Sie einige private Unternehmungen mit der Reise verbinden, sind Ihre Reisekosten absetzbar, denn Sie können dem Finanzamt gegenüber ja mit gutem Gewissen versichern: »Meine Reise habe ich selbstverständlich nur unternommen, weil ich dafür einen konkreten beruflichen Anlass hatte. Die privaten Aktivitäten waren demgegenüber völlig untergeordet.« Wenn Sie dann noch auf das Urteil des BFH vom 21.9.2009 (GrS 1/06, BFH/NV 2010 S. 285) pochen, dürften Sie keine Schwierigkeiten haben, Ihre Reisekosten zumindest zu einem großen Teil durchzudrücken.

TIPP

fürs Praktikum im Ausland

Die Kosten für ein Auslandspraktikum können Sie nur ansetzen, wenn Sie **für** 333
Ihr Praktikum keinen Arbeitslohn beziehen. Andernfalls kommen Ihnen die Fiskalritter mit § 3 c EStG und streichen Ihnen Ihre gesamten Kosten mit der Begründung, sie stünden mit steuerfreien Auslandseinkünften im Zusammenhang. Aus demselben Grund sollten Sie tunlichst nicht ins Feld führen, Sie würden eine Anstellung im Ausland anstreben. Pochen Sie besser darauf, Sie seien ganz wild auf einen Job bei einem deutschen Unternehmen mit internationalen Kontakten. Ihr Praktikum würde die Anstellungschancen erheblich verbessern.

TRICK

Schinden Sie mit hochtrabenden Reisebeschreibungen Eindruck!

Machen Sie es wie der Uni-Professor, sofern Sie einen entsprechenden Beruf 334
haben. Der hat seine Reise nach Indien kurz entschlossen zur Forschungsreise deklariert. Auf die Richter beim Finanzgericht hat wohl am meisten Eindruck gemacht, dass er angab, die Sand-Lücken-Fauna zu erforschen. Vermutlich haben die bei dem ganzen Fachchinesisch nur noch Bahnhof verstanden. Jedenfalls hielten sie die Argumente, dass es sich um eine Forschungsreise handelte und der Professor während der Reise den ein oder anderen Fachkollegen besuchte, für ausreichend, um eine mehr als untergeordnete berufliche Veranlassung zu belegen (FG Niedersachsen – EFG 1992 S. 122). Nach der neueren Rechtsprechung des BFH können Sie nun mindestens den beruflichen Teil der Kosten absetzen.

TRICK

Suchen Sie sich als Sprachlehrer oder Fremdsprachen-korrespondent die richtigen Kurse aus!

335 Wollen Sie als Lehrer für Sprachen Ihre Reise nach England oder Frankreich durch einen Sprachkurs zur steuerlich absetzbaren Bildungsreise machen, müssen Ihre Vorbereitungen stimmen. Achten Sie bei der Auswahl des Sprachkurses darauf, dass es möglichst ein Kurs für Fortgeschrittene oder vielleicht sogar einer speziell für Lehrer ist.
Zu den grundlegenden Voraussetzungen, unter denen Sprachkurse im Ausland anerkannt werden, vgl. ➤ Rz 322 ff.
Ein Wisch mit Stempel und Unterschrift vom Schulrektor könnte allerdings auch hier helfen, die Anerkennung Ihrer Reisekosten zu fördern, wenn er etwa in diesem Sinn abgefasst ist:

```
Der Rektor der Schule . . . . . . . . . . .

Bescheinigung zur Vorlage beim Finanzamt

Hierdurch bestätige ich meiner Lehrerin, Frau Müller, Folgendes: Als
Leiterin künftiger Arbeitsgemeinschaften und Grundkurse in Französisch
muss sie sich die notwendigen Sprachkenntnisse aneignen. Ich halte
daher die beabsichtigte Reise nach Frankreich unter Teilnahme an einem
Fortbildungskurs für dienstlich dringend erforderlich!

. . . . . . . . . . . . . . . . . . . . . . . .
Siegel + Unterschrift
```

Geld allein macht nicht unglücklich.

SUPER TRICK

Lernen Sie mit Hilfe einer Stellenbewerbung auf Staatskosten Spanisch oder Englisch!

336 Mit ein wenig Schreiberei und der Investition von ein paar Briefmarken und Kopien setzen Sie auch einen Grundkurs für eine Fremdsprache ab.

Allerdings müssen Sie es etwas geschickter anstellen als die Sachgebietsleiterin eines Finanzamts, die vor dem BFH ihren Spanischkurs im Inland durchboxen wollte. Dies mit der Begründung, sie habe sich bei einer Bundesbehörde beworben und dabei durch die Spanischkenntnisse ihre Einstellungschancen erhöhen wollen. Dem BFH war der Zusammenhang zum Beruf der Sachgebietsleiterin nicht eng genug, weil der »subjektive Wunsch nach einer beruflichen Veränderung sich nicht durch eine Bewerbung hinreichend konkretisiert hatte« (BFH-Urt. v. 26.11.1993 – BStBl 1994 II S. 248).
Diesen Fehler werden Sie als mein Leser nicht begehen. Vielmehr werden Sie sich mit Ihren neuerworbenen Sprachkenntnissen auf einige Stellen bewerben, bei denen solche Sprachkenntnisse gefordert werden. So schlagen Sie zwei Fliegen mit einer Klappe. Haben Sie mit der Bewerbung Erfolg, springt vielleicht ein lukrativer Job für Sie heraus. Wenn nicht, haben Sie jedenfalls Ihren Wunsch nach beruflicher Veränderung so hinreichend konkretisiert, dass Sie sich bei Ihrem nächsten Urlaub über Ihre vom Finanzamt mitfinanzierten Sprachkenntnisse doppelt freuen können.

S Achtung, Ärzte, die einen Fortbildungskurs in einem bekannten Wintersportort absolvieren: 337

- Besucht eine angestellte Ärztin während ihrer Ausbildung zur Fachärztin für Chirurgie einen Fortbildungskurs, der nur in einem bekannten Wintersportort in der Schweiz angeboten wird, können die Aufwendungen für die Teilnahme als Werbungskosten berücksichtigt werden. Dies gilt nach dem BFH-Urteil vom 5.9.1990 (BStBl 1990 II S. 1059) nicht, wenn der Kurs während der Wintersaison stattfindet und für die Mittagspause die Zeit von 11.30 bis 16.00 Uhr zur Verfügung steht. Die lange Mittagspause sah das Gericht als Anzeichen »für eine nicht unerhebliche private Mitveranlassung« an. Gleichwohl kann die Ärztin einen beruflichen Anteil der Gesamtkosten absetzen.
- Ein Arzt, der an einer Fortbildungsveranstaltung im Fach Skilaufen eines Sportärzteverbands in einem bekannten Wintersportort teilnimmt, kann seine Kosten dafür teilweise absetzen, wenn er damit das Recht erwerben will, sich künftig Sportmediziner zu nennen. Die Kosten für die theoretische Ausbildung sahen die Gerichte als beruflich veranlasst an. Die praktischen Sportübungen wie Skilaufen etc. wurden dagegen der Privatsphäre zugerechnet. Im Verhältnis der Zeitanteile müssen die Kosten daher aufgeteilt werden (BFH v. 21.4.10 – VI R 66/04).

Arbeitgeber oder Firmen, die so etwas veranstalten: Sie wissen jetzt, wie der Tagungsplan auszusehen hat!

Wenn Sie z. B. als Universitätslektor, Hochschullehrer oder Lehrer Ihre Seminare im Ausland vorbereiten müssen, sollten Sie sich wappnen, dass Sie auf Nachfrage für jeden Tag angeben können, welchen beruflichen Aktivitäten Sie nachgegangen sind (FG Baden-Württemberg v. 12.3.1998 – 6 K 394/97). 338

339 Bei Teilnahme an einem Fachkongress dürfen die Anforderungen an den Nachweis durch Testate nicht überzogen werden … Das FG Köln war jedenfalls der Meinung, dass eine Testierung jeder Veranstaltung unzumutbar ist. Auch bei der Anwendung von Beweisvorschriften sei der Verhältnismäßigkeitsgrundsatz zu beachten. Dass der Veranstaltungsort der Steuerzahlerin schon von früheren Besuchen bekannt war und Familienmitglieder oder Freunde nicht mitgereist waren, reichte dem Gericht als Beleg aus, dass der Kongress und damit nur berufliche Motive für die Reise ausschlaggebend waren (FG Köln – EFG 1986 S. 109).

TRICK

Setzen Sie als Organisator oder Reiseführer die tollsten Reisen ab!

340 Den ganzen Nachweiszauber, den der Fiskus bei Studienreisen veranstaltet, können Sie vergessen, wenn Sie selbst mit der Organisation und Durchführung einer solchen Reise betraut sind. Auch wenn auf der Reise neben dem beruflichen Programm Gelegenheit zum Sightseeing, Segeln, Skifahren oder Surfen besteht, sind Sie fein raus, wenn Sie als auserkorener Reiseleiter sozusagen 24 Stunden im Dienst sind. Hilfreich ist, wenn Sie zusätzlich damit aufwarten können, dass Sie vor den Teilnehmern Vorträge gehalten haben und ihnen, wie z. B. die wissenschaftliche Mitarbeiterin eines Geographischen Instituts beim Besichtigen alter Steine etc., das Protokoll geschrieben haben. Dann steigen Ihre Chancen, die gesamten Kosten, die Ihnen durch die Reise entstehen, selbst dann als Werbungskosten abzusetzen, wenn der berufliche Anstrich der Reise für die übrigen Teilnehmer zu dünn ist. Sie haben nämlich anders als sie einen unmittelbaren beruflichen Anlass für die Reise. Helfen Sie einem allzu ungläubigen Fiskalvertreter ruhig mit dem BFH-Urteil vom 27.8.2002 (VI R 22/01) und 6.5.2002 (BFH/NV 2002 S. 1030) auf die Sprünge. Auch wenn Sie von Ihrer Firma als Reiseleiter auf eine Auslandsreise mitgeschickt wurden, um die übrigen Teilnehmer zu betreuen, haben Sie mit der Anerkennung der beruflichen Veranlassung gute Karten. Für Sie ergibt sich aus einer solchen »Incentive-Reise« jedenfalls kein Arbeitslohn (BFH v. 14.6.1993 – BStBl II 1993 S. 640). Kritisch wird es allerdings, wenn Sie Ihren Ehepartner oder Lebensgefährten mitnehmen, ohne dass Sie dafür einen triftigen Grund ins Feld führen können (BFH v. 25.3.1993 – BStBl II 1993 S. 639).

341 **Wenn Sie statt der Sekretärin lieber die Ehefrau mit auf Dienstreise nehmen, können Sie das in bestimmten Fällen »ruhigen steuerlichen Gewissens« tun. Eine Ehefrau, die ihren Mann auf einer Reise nach Moskau begleitete, arbei-**

tete im Betrieb mit, verrichtete dort Büroarbeiten, bediente im Geschäft und leistete Dolmetscherdienste. Durch die besonderen betrieblichen Kenntnisse unterstützte sie den Ehemann bei den Verkaufsverhandlungen in Moskau wesentlich. Das konnten zwar die Finanzbeamten, nicht aber die Finanzrichter ignorieren. Ein erfreuliches Urteil des BFH vom 13.2.1980 (BStBl 1980 II S.386).

TRICK

Mit einer Klassenfahrt Geld sparen

Insbesondere bei einer Klassenfahrt ins Ausland, z.B. einer Studienreise nach Rom, können Sie als Lehrer ein gutes Geschäft machen, denn sie ist für Lehrer immer beruflich veranlasst und damit eine Dienstreise. Daher gelten für Sie die Verpflegungspauschalen für Auslandsreisen, d.h. gegenüber den mickrigen Inlandspauschalen erheblich höhere Beträge. Für Ihre Übernachtungskosten müssen Sie sich aber unbedingt mit einer Rechnung der Herberge im Ausland wappnen, da Sie nur Ihre tatsächlich angefallenen – und nachgewiesenen – Kosten absetzen können. **342**

So eine Reise muss natürlich gründlich vorbereitet werden, und Sie haben sich doch sicherlich vorher am Zielort der Reise umgesehen, Termine abgesprochen und das Besichtigungsprogramm zusammengestellt. Sie benötigen von der Schule keinen besonderen Auftrag, um die dabei entstandenen Kosten als Dienstreisekosten absetzen zu können (FG Schleswig-Holstein v. 18.12.1990 rk – EFG 1991 S.311). Sie sollten allerdings eine ganz konkrete Klassenfahrt vorbereiten. Eine allgemeine Informationsreise, um mögliche Ziele zu erkunden, reicht nach Meinung des BFH nicht aus, der einer Lehrerin die Kosten für eine siebentägige Reise an den Gardasee nicht als Werbungskosten anerkannte, weil der konkrete Anlass fehlte (BFH 27.7.2004 – BFH/NV 2005 S.42).

Das teuerste Klo Sachsens für 110 000 € leistete sich das 6 000-Einwohner-Städtchen Dippoldiswalde am Karl-Marx-Platz: außen Fachwerk, innen Marmor und Stahl, automatische Wasserregulierung und Musik von oben.
(stern 34/1992)

TRICK

Setzen Sie als Berufsschüler, Azubi, Beamtenanwärter den Kurztrip nach London ab!

343 Gute Nachrichten bei Klassenfahrten gibt es nicht nur für Lehrer, sondern auch für Berufsschüler. Alle, die während der Ausbildung noch die Schulbank drücken, können die Kosten für offizielle Klassen- oder Schulfahrten als Werbungskosten absetzen. Wichtig ist nur, dass die Fahrt als offizielle Lehrveranstaltung der Schule oder Fachhochschule ausgewiesen wird. Berufen Sie sich beim Finanzamt auf das BFH-Urteil vom 7.2.1992 (BStBl 1992 II S. 531), das ein hartnäckiger Berufsschüler erstritten hat. Also, auf geht's, London sehen und das Finanzamt (mit)bezahlen lassen!

Man sollte den Gesetzen in
Kleinigkeiten ein Bein stellen.
(Ringelnatz)

9. Hilfe durch Arbeitsmittel

344 Es ist keine Frage: Ausgaben für Gegenstände, die der Berufsausübung dienen, sind als berufliche Kosten abzugsfähig (Arbeitsmittel). Dazu rechnet auch Berufskleidung. Bei vielen Arbeitsmitteln müssen Sie aber damit rechnen, dass das Finanzamt prüft, ob das Arbeitsmittel nicht auch privat genutzt werden kann.

Die besten Karten im Steuerpoker haben Sie, wenn Sie sagen können: Die private Nutzung meines Arbeitsmittels ist völlig unbedeutend, d. h., sie liegt unter 10 % der Gesamtnutzung. Dann ist alles abzugsfähig.
Liegt der private Nutzungsanteil über 10 %, muss der aufgewendete Betrag aufgeteilt werden in einen abzugsfähigen beruflichen und einen nicht abzugsfähigen privaten Kostenanteil. Das hört sich noch alles ganz vernünftig an. Aber jetzt kommt der Haken: Eine Aufteilung will das Finanzamt oft nur zulassen, wenn »objektive Merkmale und Unterlagen eine zutreffende und leicht nachprüfbare Trennung ermöglichen« – ansonsten rechnet der Fiskus den gesamten Betrag zu den nicht abzugsfähigen Kosten der Lebenshaltung (BFH – BStBl 1971 II S. 17). So blieb ein Sportlehrer auf den Kosten für seine Surfausrüstung sitzen – obwohl die private Nutzung nur 15,5 % betrug (BFH – BStBl 1987 II S. 262).

TRICK

Aufteilen statt vollständig streichen

Mit der vollständigen Streichung der Kosten für Ihre Arbeitsmittel müssen Sie 345
sich nicht mehr widerspruchslos zufriedengeben. Trotz gemischter Nutzung verlangen Sie, dass man Ihnen zumindest in Höhe der anteiligen beruflichen Nutzung Ihres Arbeitsmittels die Kosten als Werbungskosten zuerkennt. Im Zweifelsfall beschreiben Sie die berufliche Nutzung und schätzen deren Anteil. Das Aufteilungs- und Abzugsverbot, auf das sich der Fiskus bei seinen Streichorgien so gern stützt, gilt nämlich nicht mehr (BFH v. 21.9.2009 – GrS 1/06, BFH/NV 2010 S. 285). Zu weiteren Einzelheiten vgl. auch ➤ Rz 331.

Die Finanzämter sehen von der Anforderung von Belegen normalerweise ab, 346
wenn als Aufwendungen für Arbeitsmittel nicht mehr als ca. 100 € – 110 € geltend gemacht werden. Auch ohne Belege werden also Arbeitsmittel anerkannt. Leider haben Sie aber keinen gesetzlichen Rechtsanspruch auf Anerkennung dieser »Arbeitsmittelpauschalen«.
Achten Sie beim Kauf auf eine wasserdichte Rechnung. Also nicht »Schuhe«, sondern »Arbeitsschuhe«. Statt »Ledertasche« besser »Aktentasche«, statt »Schreib-« oder »Papierwaren« oder »Buch« lassen Sie »Büromaterial« oder »Fachbuch« (mit Autor und Titel) eintragen.

a) In welcher Höhe sind Ihre Aufwendungen abziehbar?

I. Arbeitsmittel, deren Nettokaufpreis 410 € nicht übersteigt 347
Arbeitsmittel, deren Nettokaufpreis 410 € nicht übersteigt (das entspricht 488 € mit 19 % und 438 € mit 7 % Mehrwertsteuer) setzen Sie in voller Höhe als Werbungskosten ab. Zu diesen Arbeitsmitteln zählen insbesondere: Aktentasche, Arbeitskleidung, kleine Büromöbel (z. B. Stühle, Papierkorb), Diktiergerät, Fachzeitschriften und Fachbücher, Schreibtischlampe, Taschenrechner, kleinere Werkzeuge. Im Beamtendeutsch werden diese Arbeitsmittel als *»geringwertige Wirtschaftsgüter«* bezeichnet.
Lassen Sie sich bloß nicht kirre machen, wenn der Fiskalvertreter mit der Behauptung angetanzt kommen sollte, mehrere Gegenstände, wie z. B. eine Büroeinrichtung (Schreibtisch, Regale, Stühle, Lampen, Papierkorb usw.), seien bei der Frage, ob die 410-€-Grenze überschritten ist, zusammenzufassen und sodann nicht sofort abzugsfähig. Tatsache ist: Jeder Gegenstand, den Sie für sich allein nutzen können, steht auch steuerlich gesehen für sich allein. Nur technisch aufeinander abgestimmte Gegenstände, wie z. B. Rechner, Monitor, Tasta-

tur und Drucker einer Computeranlage, müssen Sie zusammenfassen (BFH v. 19.2.2004 – BStBl II 2004 S. 958).
Allerdings: Gibt etwa Ihr Monitor den Geist auf und Sie kaufen für 488 € brutto einen neuen, können Sie ihn sofort absetzen.

TRICK

Wählen Sie das Zubehör richtig aus!

348 Einen gebrauchten Laptop für 470 € brutto können Sie sofort voll absetzen. Gehört zu dem Laptop eine Tragetasche für z. B. 30 €, die nur zum Transport des Computers genutzt werden kann, sind Laptop und Tragetasche als Einheit anzusehen. Folge: Der Gesamtkaufpreis von 500 € ist auf die Nutzungsdauer zu verteilen. Kaufen Sie für den Transport aber eine Aktentasche, die auch für andere berufliche Zwecke nutzbar ist, gehört sie nicht zum Computer, und Sie setzen beide Beträge sofort voll ab.
Zur Büroeinrichtung müssen Sie wissen: Einzelne Büromöbel sind selbst dann nicht zu einer Einheit zusammenzufassen, wenn sie in einheitlichem Stil gehalten sind (BFH – BStBl 1967 III S. 61).

349 **II. Arbeitsmittel, deren Nettokaufpreis 410 € übersteigt**

Arbeitsmittel, deren Kaufpreis 410 € netto (bzw. 488 € mit 19 % und 438 € mit 7 % Mehrwertsteuer) übersteigt, werden verteilt auf ihre Nutzungsdauer abgeschrieben. Nur den jährlichen Abschreibungsbetrag können Sie als Werbungskosten absetzen. Im Beamtendeutsch heißt das »Absetzung für Abnutzung«, abgekürzt AfA. Natürlich setzt der Fiskus schonendste Behandlung der Arbeitsmittel voraus. Entsprechend lang ist die von ihm angenommene Nutzungsdauer, die für Sie aber nicht maßgebend ist, wenn Sie Ihre Arbeitsmittel stärker als allgemein üblich beanspruchen.

Nutzungsdauer nach der fiskalischen Abschreibungstabelle bei Anschaffung nach dem 31. 12. 2000		
	Nutzungsdauer	**AfA-Satz**
Autotelefon	5 Jahre	20 %
Büromöbel	13 Jahre	7,69 %
Diktiergerät	5 Jahre	20 %
Drucker	3 Jahre	33⅓ %
Fotokopiergerät	7 Jahre	14,28 %
Frankiermaschine	8 Jahre	12,5 %

Nutzungsdauer nach der fiskalischen Abschreibungstabelle bei Anschaffung nach dem 31. 12. 2000		
	Nutzungsdauer	**AfA-Satz**
Funktelefon	5 Jahre	20 %
Panzerschrank	23 Jahre	4,35 %
Perserteppich	15 Jahre	6 ⅔ %
Personalcomputer, Drucker, Scanner	3 Jahre	33 ⅓ %
Pkw	6 Jahre	16 ⅔ %
Telefaxgerät	6 Jahre	16 ⅔ %

Auch Antiquitäten können steuerlich abgeschrieben werden, wenn sie als Ar- **350**
beitsmittel genutzt werden. Durch den Gebrauch fällt selbst dann eine technische Abnutzung an, wenn der Wert der Antiquität steigt. Sie setzen also ohne weiteres Ihren antiken Schreibtisch im Arbeitszimmer oder den zur Aufbewahrung Ihrer wertvollen Fachbücher genutzten 150 Jahre alten Bücherschrank ab (BFH v. 31.1.1986 – BStBl II 1986 S. 355).

Allerdings werden sehr lange Nutzungsdauern zugrunde gelegt. Für ein 260 Jahre altes Cello eines Dozenten einer Musikhochschule hatte das Finanzgericht 50 Jahre und damit eine jährliche AfA von 2 % angesetzt (FG Hamburg v. 15.5.1985 – III 188/82). Das war den Richtern beim BFH zu kurz, sie halten bei historischen Musikinstrumenten, z. B. einer 300 Jahre alten Geige einer Musikerin, einen Abschreibungszeitraum von mindestens 100 Jahren und damit eine jährliche AfA von nur 1 % für angemessen (BFH v. 26.1.2001 – BStBl II 2001 S. 194). Bei einer Meistergeige neueren Datums (Alter deutlich unter 100 Jahre) hält der BFH dagegen eine Abschreibung auf nur 50 Jahre für möglich (BFH v. 1.3.2002 – BFH/NV 2002 S. 787). Stammt die Geige aus dem 19. Jahrhundert oder ist noch älter und wird regelmäßig gespielt, lässt der BFH in diesem Urteil aber auch nur eine Abschreibung von 1 % (100 Jahre Nutzungsdauer) zu.

TIPP

für sehr wertvolle Arbeitsmittel

Die lange Nutzungsdauer ist für Sie positiv, wenn Ihr antiquarisches Arbeitsmit- **351**
tel zerstört oder gestohlen wird. In diesem Fall setzen Sie den Restwert auf einen Schlag als Werbungskosten ab. So machte es die Meistergeigerin, der vom Ehegatten die Stradivari im Wert von 150000 € gestohlen worden war (BFH v. 9.12.2003 – BStBl II 2004 S. 491).

SUPER TRICK

Machen Sie aus der Not eine Tugend!

352 Ist es für Sie günstiger, die Anschaffungskosten auf die Nutzungsdauer abzuschreiben, z. B. wenn wegen Arbeitslosigkeit oder Verlusten nur ein besonders niedriges Einkommen im laufenden Jahr anfällt, kann natürlich auch diese Methode gewählt werden – selbst wenn der Nettokaufpreis unter 410 € lag.

SUPER TRICK

Sparen Sie durch Umwidmung Steuern!

353 Wandert Ihr vor vier Jahren für 6000 € erworbener Perserteppich vom Wohnzimmer in Ihr Arbeitszimmer, wird er fortan beruflich genutzt, das ist klar. Umwidmung heißt das Zauberwort, das beim Fiskalvertreter den Reflex zum Abhaken auslöst. Allerdings müssen Sie sich die Zeit der privaten Nutzung auf die Gesamtnutzungsdauer anrechnen lassen (BFH v. 14.2.1989 – BStBl 1989 II S. 922). Dies bedeutet: Vom Kaufpreis des Perserteppichs ist für die private Nutzung eine sog. fiktive Abschreibung vorzunehmen. Beruflich absetzen können Sie nur noch den Restbetrag.

Seien Sie nicht so dumm, die Gesamtnutzungsdauer zu niedrig anzusetzen. Denn je höher sie ist, umso höher ist der steuerlich interessante Restwert, den Sie in den kommenden Jahren abschreiben können.

Und so wird dann gerechnet:

Kaufpreis für den Perserteppich vor vier Jahren	6 000 €
./. fiktive Abschreibung für die Zeit der privaten Nutzung	
z. B. jährlich 6,66 %	– 1 600 €
Restwert für berufliche Abschreibung	4 400 €
Angenommene Restnutzungsdauer 11 Jahre	
Berufliche Abschreibung jährlich	400 €

SUPER TRICK

Die Masche mit der verlängerten Nutzungsdauer

Sie verwenden in Ihrem Arbeitszimmer einen bisher privat genutzten Schrank, 354
dessen normale Nutzungsdauer von 13 Jahren gerade abgelaufen ist. Nach BFH soll die private Nutzung voll angerechnet werden, so dass für eine berufliche Abschreibung nichts mehr verbleibt (BFH-Urt. v. 14.2.1989 – BStBl 1989 II S. 922). Doch nicht mit Ihnen. Sie sagen zu Recht: Die berufliche Nutzung ist Beweis genug, dass die Gesamtnutzungsdauer noch nicht abgelaufen ist, und verlängern sie deshalb von 13 auf 20 Jahre. Jetzt haben Sie noch eine Restnutzungsdauer von sieben Jahren:

Anschaffungskosten vor 13 Jahren	4000 €
Nutzungsdauer 20 Jahre = Abschreibung 5 %	
Abschreibung als Werbungskosten 7 Jahre lang 5 % von 4000 € je	200 €

TRICK

Machen Sie aus einem Diebstahl steuerlich eine Tugend!

Wenn Sie nicht versichert sind oder die Versicherung nicht bezahlt, ist ein Dieb- 355
stahl besonders ärgerlich. Richtig dramatisch wird es natürlich, wenn Ihnen Gegenstände geklaut werden, die Sie als Arbeitsmittel benutzen, dann kommt zu dem allgemeinen Ärger und dem finanziellen Verlust häufig beruflicher Stress hinzu.

Holen Sie sich deshalb zumindest einen kleinen Ausgleich von Vater Staat, indem Sie den Restwert Ihres gestohlenen Arbeitsmittels als Werbungskosten absetzen und so zumindest einen ordentlichen Batzen als Steuererstattung kassieren. Auch wenn der Diebstahl nicht unmittelbar bei der Ausübung Ihres Berufs geschieht, z. B. während der Arbeit oder auf einer Dienstreise, stehen Ihnen Werbungskosten zu (BFH-Urt. v. 9.12.2003 – BStBl II 2004 S. 491).

Und so könnte Ihre Rechnung aussehen, wenn Ihnen am 10.5.2010 ein Laptop gestohlen wurde:

Kauf des Laptops am 10.1.2010 für	2700 €
./. Abschreibung (3 Jahre) ⅓ von 2700 € = 900 € × $^4/_{12}$ (Jan.-Apr.)	– 300 €
Restwert = außerordentliche Abschreibung	2400 €

Ich hör schon ein paar schwarze Schafe mit der Zunge schnalzen und denken: »Na prima, da werde ich doch schnell meinen alten Rechner, den nun mein Sohn nutzt, als gestohlen deklarieren. Ich wollte mir ja sowieso einen neuen zulegen, und so gibt es noch einen kleinen Zuschuss vom Fiskus. Wer sollte mir da schon auf die Schliche kommen?« Wer so denkt, dem muss ich ganz klar abraten, schließlich würde er damit nicht nur Steuerhinterziehung begehen, sondern auch eine Straftat vortäuschen. Und in meinem Buch geht es nicht ohne Grund um »1 000 ganz **legale** Steuertricks«.

TRICK

Schadensbegrenzung, wenn Ihnen Ihr Auto geklaut wird

356 Trotz Erstattung von Ihrer Versicherung sollten Sie bei Ihrer Steuererklärung an Ihren im Vorjahr geklauten fahrbaren Untersatz denken. Zumindest dann, wenn Sie ihn fast ausschließlich beruflich genutzt haben (ca. 90 % für dienstliche Fahren) oder das Auto bei einer Dienstfahrt abhandenkam, können Sie steuerlich noch ein paar Extra-Euro herausschlagen (BFH v. 25.5.1992 – BStBl II 1993 S. 44). Allerdings müssen Sie hier auf der Hut sein: Wenn Sie während der Dienstreise abends ins Theater oder ins Kino gefahren sind oder den Weihnachtsmarkt besucht haben, droht Ungemach. Hat der Autoklau nämlich bei dieser Gelegenheit stattgefunden, ist das Ganze eine private Angelegenheit und können Sie die Kosten nicht abziehen (BFH v. 18.4.2007 – BStBl 2007 II S. 762). Etwas anderes muss aber wohl gelten, wenn Sie anlässlich Ihrer Dienstreise abends (nur) zum Essen in die Stadt gefahren sind und Ihnen Ihr fahrbarer Untersatz entwendet wurde, während Sie gespeist haben.
Sie machen sich hier den steuerlichen Restwert Ihres Autos zunutze, der durchaus höher liegen kann als der Zeitwert, den die Versicherung zugrunde legt: Der BFH legte die Abschreibungszeit für ein Auto in derartigen Fällen auf acht Jahre fest (BFH v. 26.7.1991 – BStBl II 1992 S. 1000 und FG München v. 27.3.2001 – 6K 4093/00).

Und so sieht dann die Rechnung für Ihr am 10.9.2010 bei einer Dienstfahrt gestohlenes Auto für das Finanzamt aus:

Kaufpreis für den Pkw am 1.7.2008	40000 €
./. Abschreibung bis zum Diebstahl	
jährlich 12,5 % von 40000 € = 5 000 × 2 Jahre und 3 Monate	– 11250 €
Restwert des Autos beim Diebstahl	28750 €
./. Erstattung aus der Teilkaskoversicherung	
wegen hoher Laufleistung nur	– 21500 €
Verbleiben als Werbungskosten abzusetzen	7250 €

b) Welche Arbeitsmittel gehen beim Fiskus durch? 357

Als Fachbücher wurden ***Lehrern*** anerkannt: »Grzimeks Tierleben« bei einem Biologielehrer, »Propyläen Weltgeschichte«, »Encyclopaedia Britannica«, »Wege zum Gedicht«. ***Musiklehrer*** haben es etwas einfacher. Flügel, Orgel und Klavier wurden anerkannt, als sie vor Gericht zogen (EFG 56/222, 1974/310, 1976/178, HFR 1963/57, BStBl 1978 II S. 459). Voraussetzung ist aber, dass sich die Kosten in Grenzen halten. Alles untermauert mit einer entsprechenden Bescheinigung der Schulbehörde. Die Schreibmaschine wurde anerkannt einem ***Gewerbelehrer***, einem Studienrat (EFG 1960/26, EFG 1970/219), einem Richter (BStBl 1971 II S. 17, 21) sowie einem Verbandsprüfer (BStBl 1963 II S. 219). Tonbandgerät wurde anerkannt: ***Musik-, Religions-, Gewerbe- und Hochschullehrern*** (HFR 1963/57 – EFG 1957/66, 1965/491). Ein Teleskop als Arbeitsmittel begründete ein Lehrer erfolgreich mit der Verbesserung seines Astronomieunterrichts (FG Berlin v. 22.3.2004, EFG 2004 S. 1362). ***Sportlehrer:*** Anerkannt wurden Fußballstiefel, Hallenturnschuhe und Badmintonschläger (BFH – BStBl 1987 II S. 262). Bei Skiausrüstung und sonstiger Sportkleidung tun sich die Finanzämter und tut sich mit ihnen die Finanzgerichtsbarkeit noch schwer. Sie wollen nicht einsehen, dass bei einem Sportlehrer Sportkleidung eben eine typische Berufskleidung ist (BFH – BStBl 1975 II S. 407 und FG Rheinland-Pfalz - EFG 1985 S. 173). Wie Sie Ihre Skiausrüstung dennoch als Werbungskosten durchsetzen, vgl. ➤ Rz 301. Der BFH hat allerdings auch ausdrücklich Finanzgerichtsentscheidungen bestätigt, in denen die Kosten für Jacken, Shirts, Trainingsanzüge und Inliner nicht anerkannt wurden (BFH v. 18.6.2007 – BFH/NV 2007 S. 1869). Eine Stereoanlage durfte ein ***Musiker*** absetzen, wenn er zusätzlich eine private hatte (EFG 1971 S. 329). (Tipp: Gebrauchte Anlage für ein paar Euro erwerben und privat verwenden. Fotos davon fertigen und dem Finanzamt einsenden!) Fromme Literatur und Mikrofilme ließ man bei einem *Geistlichen* zu. Ein Jagdhund und eine Büchse waren abzugsfähig bei einem ***Forstbeamten***. Ebenfalls das Cembalo eines ***Kirchenmusikers*** (EFG 1976 S. 178), der Flügel bei einer *Dozentin* am Konservatorium, die anspruchsvollere Aufgaben erfüllt (BFN, BStBl 1989 S. 356), und das Cello eines Dozenten an einer Musikhochschule (FG Hamburg v. 15.5.1985 – III 188/82). Genau entgegengesetzt urteilte der BFH am 10.3.1978 (BStBl 1978 II S. 459) bei einer ***Musiklehrerin***, weil es statt des Flügels auch ein Klavier getan hätte. Ebenfalls zuungunsten eines Musiklehrers hat das FG BW am 18.12.1997 (EFG 1998 S. 643) entschieden, der seinen Flügel für einen fünfstelligen Betrag reparieren ließ. Mit einem Rennrad als Arbeitsmittel hat ein ***Polizist*** beim FG Baden-Würtemberg auf Granit gebissen (Urteil v. 23.11.2005 – EFG 2006 S. 811). Die Aufwendungen eines ***Erdkundelehrers*** für den Bezug der Zeitschrift *GEO* wurden mit folgender durch das Gesetz nicht gerechtfertigten Begründung abgelehnt: Bei Wirtschaftsgütern, bei denen nicht nachprüfbar oder nicht klar erkennbar ist, ob sie nur dem Beruf oder auch den privaten Interessen des Steuerpflichtigen dienen, verbietet § 12 Nr. 1 Satz 2 EStG zur Wahrung der steuerlichen Gerechtigkeit (das Gericht sollte besser von Nichtwahrung sprechen!) die Aufteilung und damit den Abzug von Aufwendungen, die sowohl der Lebensführung dienen als auch den Beruf fördern. Das FG Münster (rk Urt. v. 8.4.1986 – EFG 1986 S.491) vermag aus dem objektiven Charakter der Zeitschrift *GEO* nicht herzuleiten, dass eine nahezu ausschließlich berufliche Verwendung als sicher anzusehen ist. Vielmehr handle es sich um eine Zeitschrift, die sich von Aufmachung und Inhalt her an eine breite Leserschicht auch ohne fachliche Vorkenntnisse wende. Einer ***Oberstudienrätin*** hatte das Finanzamt die Zeitschriften *Kosmos*, *Das Tier* und *Weltatlas des Tierlebens* nicht als Werbungskosten anerkannt. In dem nicht amtlich veröffentlichten Urteil vom 2.2.1990 (VI R 112/87, BFH/NV 1990 S.564) sagte der BFH dazu: Für die Frage, ob Bücher und Zeitschriften mit nicht ausschließlich allgemeinbildendem Inhalt bei einem Lehrer als Arbeitsmittel anzusehen sind, kommt es regelmäßig auf den tatsächlichen Verwendungszweck der Literatur an. Das Finanzamt muss Feststellungen dazu treffen, in welchem Umfang die Literatur für dienstliche und für private Zwecke genutzt wird. Also aufgepasst, Lehrer! Erbringen Sie den Nachweis der beruflichen Nutzung von Fachbüchern, indem Sie für jedes einzelne Buch angeben, in welcher Zeit und in welcher Klasse Sie es zu Unterrichtszwecken benutzt haben. Entsprechendes gilt für Fachzeitschriften und vor allem für Videorekorder und Kassettengeräte (BFH-Urt. v. 27.9.1991 – BStBl 1992 II S.195).

GUTER RAT

Ordentliche Quittungen helfen beim Absetzen der Fachliteratur!

Vor allem wenn Sie größere Beträge in Fachliteratur investieren, sollten Sie sich mit Rechnungen oder zumindest ausführlichen Quittungen des Buchhändlers wappnen. Im Zweifel hängt nämlich die Anerkennung Ihrer Kosten von der Vorlage von Quittungen des Buchhandels ab, die Ihren Namen als Erwerber und den Titel des angeschafften Buches enthalten (BFH v. 4.12.2003 – BFH/NV 2004, 488 und BFH v. 26.5.2006 – IV B 150/05).

TRICK

Steuerermäßigung für Pferde!

358 Gute Nachricht für Sie als Reitlehrer oder Berufsreiter. Kosten für Ihr Pferd können Sie von der Steuer absetzen. Stellen Sie sich dazu dem Finanzamt gegenüber auf den Standpunkt, Sie könnten Ihren Beruf nur dann erfolgreich ausüben, wenn Ihre reiterlichen Fähigkeiten ständig erhalten und verbessert wür-

den. Da das aber nur auf zuverlässigen, qualifizierten und gut ausgebildeten Pferden möglich sei, müssten Sie ein eigenes Pferd halten (eventuell auch zwei oder drei).

Außerdem sei es für Ihre berufliche Reputation unerlässlich, das Können von Pferd und Reiter bei Wettbewerben und Turnieren unter Beweis zu stellen. Um höhere Leistungsklassen mit entsprechend höheren Einnahmemöglichkeiten zu erreichen, seien Sie zwingend auf ein eigenes Pferd angewiesen. Schließlich gewännen auch Ludger Beerbaum oder Hugo Simon ihre Turniere nicht auf einem x-beliebigen Feld-Wald-und-Wiesen-Klepper.

Die Aufwendungen, die Ihnen durch Pferdehaltung, Boxenmiete, Sattelzeug, Tierärzte, Medikamente, Pflegemittel, Hufschmied, Spezialkleidung für Training und Turniere entstehen, sind dann ebenso Werbungskosten oder Betriebsausgaben wie Nenn- und Startgelder für Turniere, Transportkosten (z. B. Abschreibung für einen Pferdehänger, Kilometerpauschalen für das Zugfahrzeug), Übernachtungskosten und Verpflegungspauschalen, Versicherungen, Fortbildungskosten und eventuelle, beruflich bedingte Mitgliedsbeiträge. Nicht zuletzt sollten Sie daran denken, dass Sie Ihre Pferde steuerlich genauso wie ein Auto, einen Computer oder eine Werkzeugmaschine abschreiben können. Die Höhe der Abschreibung richtet sich dabei nach dem Alter des Pferdes. Nach Auskunft der Bundesvereinigung der Berufsreiter kann dabei für drei- bis fünfjährige Pferde von acht Jahren und für sechsjährige oder ältere Pferde von fünf Jahren ausgegangen werden. Unterstützung für Ihre Argumentation liefern Ihnen netterweise das Finanzgericht Düsseldorf (Urt. v. 22.6.1982 – XV 691/78 E, rkr.), das Hessische Finanzgericht (Urt. v. 2.12.1982, EFG 1983 S. 226) und das FG Berlin (Urt. v. 22.6.1982, EFG 1983 S. 65).

TIPP

Was Reitlehrern recht ist, muss für Polizei-Hundeführer billig sein!

Ein Polizei-Hundeführer kann die von ihm getragenen Kosten für seinen Diensthund als Werbungskosten absetzen.
Das Niedersächsische FG hat nämlich mit seinem Urteil vom 29.7.2009 (14 K 20/08, EFG 2009, S. 1924) entschieden, dass der Diensthund eines Polizei-Hundeführers ein Arbeitsmittel ist, unmittelbar der Erledigung der dienstlichen Aufgaben dient und seine Haltung keine private Angelegenheit ist.

Und was, wenn Ihr Personalcomputer vom Tisch gefallen und selbst nach einer 359
Reparatur nicht mehr zuverlässig wäre? Sie zucken die Schultern… vielleicht

wissen Sie nicht, dass Selbständige eine sog. technische Abnutzung bei ihren betrieblichen Wirtschaftsgütern vornehmen können.
Nun – auch bei Ihnen ist ein dienstliches Arbeitsmittel vorzeitig entwertet worden. Das schreiben Sie dem Finanzamt und machen zu der bisherigen Abschreibung von angenommenen 400 € eine zusätzliche von 500 € geltend! Auch eine Zerstörung oder ein vorzeitiges Absinken des Marktwerts eines Arbeitsmittels würde so etwas rechtfertigen (BFH in BStBl 1954 III S. 362).

360 **Steuerfreiheit für Computer und Internet am Arbeitsplatz**
Goldene Zeiten sind für Sie angebrochen, wenn Sie für die Arbeit auf einen Computer angewiesen sind. Was war das bislang für ein Theater. Ständig war die fiskalische Kleinigkeitskrämerei versessen darauf, Ihnen für die kleinste Steuerermäßigung Steine in den Weg zu legen. Doch im Zuge der Diskussion um fehlende EDV-Spezialisten – Sie kennen doch sicherlich noch den unseligen Spruch »Inder statt Kinder« – haben die Politiker in Bonn und Berlin wohl kalte Füße bekommen. Plötzlich ist nämlich bei der steuerlichen Förderung der Benutzung von Computern und Internet die ganz weiche Welle ausgebrochen, und es hat einen ganzen Strauß von Vergünstigungen und Erleichterungen gegeben.

361 Die private Nutzung Ihres Computers in der Firma ist nun komplett steuerfrei gestellt. Die Steuerbefreiung gilt für sämtliche Kosten, die durch Ihre private Mitbenutzung entstehen. Neben den Aufwendungen für die Geräte und das Verbrauchsmaterial betrifft das vor allem Telefon- und Providergebühren. Ihr Arbeitgeber kann Ihnen also völlig unbelastet von Lohnsteuer und Sozialversicherung etwas Gutes tun, wenn er Ihnen die kostenlose private Nutzung betrieblicher Geräte gestattet.
Um betriebliche Geräte, die Sie steuerfrei nutzen können, handelt es sich auch, wenn Ihnen Ihr Arbeitgeber Ihren Heimarbeitsplatz – neudeutsch: Home-Office – damit ausstattet.

TRICK

Erhalten Sie sich geschickt die Steuerfreiheit für den Computer zu Hause!

362 Der Kniff, wenn Ihnen Ihr Arbeitgeber für die Arbeit zu Hause einen Computer zur Verfügung stellt, ist: Sie müssen unbedingt vermeiden, dass Ihnen das **wirtschaftliche Eigentum** an dem Gerät zugerechnet wird. Etwas problematisch wird die Sache, wenn Ihnen der Arbeitgeber den PC ohne weitere Bedingungen für mindestens drei Jahre überlässt. Weil die Überlassung damit für die gewöhn-

liche Nutzungsdauer erfolgt, wittern die Fiskalritter hier praktisch eine Schenkung. Dem können Sie begegnen, indem Sie mit dem Arbeitgeber schriftlich vereinbaren, dass er das Risiko des zufälligen Untergangs des PCs trägt, will meinen, Sie bekommen dann von ihm entsprechenden Ersatz und müssen sich einen eventuellen Schaden nicht selbst ans Bein binden. Auch sollte klargestellt sein, dass nicht Sie, sondern Ihr Arbeitgeber eventuelle Reparaturkosten trägt und für die spätere Entsorgung des Geräts verantwortlich ist.

Werbungskosten für PC und Internet 363

Leider geht die Großzügigkeit des Fiskus nicht so weit, dass er auch Aufwendungen für Ihren privaten PC ohne Einschränkung als Werbungskosten anerkennt. Bislang durften Sie PC- und Internetkosten nur abziehen, wenn Sie eine ausschließliche oder so gut wie ausschließliche berufliche Nutzung glaubhaft darlegen konnten. Eine Aufteilung der Kosten in einen beruflichen und einen privaten Anteil hat Ihnen Ihr Finanzamt bisher immer unter Hinweis auf ein ominöses Aufteilungs- und Abzugsverbot im § 12 EStG abgelehnt. Die obersten Finanzakrobaten von Bund und Ländern haben hier allerdings inzwischen ein Einsehen gehabt und halten an dieser antiquierten Bestimmung zumindest für PC- und Internetkosten nicht mehr fest.

Im Vorgriff auf eine Regelung, mit der die privaten und beruflichen Kosten pauschal aufgeteilt werden können, reicht es zurzeit aus, wenn Sie selbst eine Aufteilung vornehmen. Sie müssen dazu den Umfang der beruflichen und der privaten Nutzung nachweisen oder glaubhaft machen. Im Zweifelsfall müssen die Fiskalritter eine sachgerechte Schätzung hinnehmen. Sie müssen also nur kräftig genug darauf beharren, dass Sie Ihren PC und das Internet teilweise beruflich nutzen, um den Werbungskostenabzug durchzubekommen. Wenn Sie dabei die Kirche im Dorf lassen und nicht gerade darauf pochen, dass 95 % Ihrer Kosten beruflich veranlasst sind, müsste es schon mit dem Teufel zugehen, wenn Sie nicht wenigstens einen erklecklichen Teil Ihrer Kosten durchbringen. Berufen Sie sich dazu z. B. auf den Erlass des FinMin NRW vom 8.12.2000 (S 2354 – 1 – VB 3). Mindestens 50 % sind immer drin (BFH v. 19.2.2004 – BStBl II 2004 S. 958).

Wer jedermann dient,
bekommt keinen Lohn.
(Dänischer Spruch)

364 Ihre Kosten für das Internet, ein Modem und die entsprechenden Anschlusskosten setzen Sie als Werbungskosten ohne Probleme ab, wenn es Ihnen gelingt, die umfangreiche berufliche Nutzung darzulegen und vielleicht mit Arbeitge-

berbescheinigung die berufliche Erforderlichkeit Ihrer Multimediaausstattung und Ihres Modems herauszustellen. Hilfreich ist, wenn Sie mit dem PC im firmeneigenen Netz arbeiten oder vielleicht sogar Ihr Boss einen Kostenzuschuss zahlt. In diesem Fall kann Ihnen das Finanzamt trotz aller Verfügungen und Finanzgerichtsurteile nicht mehr 100 % der Kosten streichen, sondern muss zumindest den glaubhaft gemachten Teil von z. B. 77,5 % anerkennen (FinMin NRW v. 8.12.2000 – S. 2354 – 1 – VB3).

Selbst wenn Sie sich häufiger im Internet aufhalten, müssen Sie nicht mehr befürchten, dass Ihnen Ihre Computerkosten deshalb nicht als Werbungskosten anerkannt werden.

Etwas großherzige Finanzrichter gibt es nämlich auch. Kontern Sie also bei streichwütigen Finanzern z. B. mit dem FG Rheinland-Pfalz, das einem Lehrer mit den Fächern EDV und Kommunikationstechnik den PC trotz Internetanschluss – oder gerade deswegen? – als Werbungskosten anerkannte (Urt. v. 10.5.1999 – 5 K 2776/98, NWB Eil' 2000 S. 84).

365 Bei den nur stationär verwendbaren Personalcomputern (PCs) legen sich unsere eifrigen Finanzbeamten meistens besonders ins Zeug, um Ihnen eine steuerschädliche hohe private Verwendung anzuhängen. Dabei scheuen sie sich nicht, Ihre Familie mit ins Spiel zu bringen und mir nichts, dir nichts zu behaupten, Ihr PC werde in nicht unerheblichem Umfang privat genutzt, wenn Sie noch schulpflichtige Kinder haben.

Lassen Sie sich so etwas nicht gefallen! Schließlich hat das Bundesverfassungsgericht gesagt, dass allein wegen der familiären Verhältnisse keine steuerlich nachteiligen Konsequenzen gezogen werden dürfen (BVerfG – BStBl 1985 II S. 475). Wenn Sie schon beim Kauf Ihres Computers clever sind, können Sie sich das ganze Nachweistheater sparen. Legen Sie sich statt eines PCs einen tragbaren »Aktentaschen-Computer« (Laptop oder Notebook) zu. Die sind genauso leistungsfähig, viel handlicher, und vor allem sagt das Finanzamt, dass sie »aufgrund ihrer technischen Gestaltung regelmäßig nur für eine berufliche Nutzung gedacht und für eine private Nutzung, besonders für Heim- und Videospiele, nicht geeignet sind« (OFD Köln, Verfügung v. 26.7.1985 S. 2354-27 St 121). Es wird Ihnen bei einem solchen Computer viel weniger Schwierigkeiten bei der Anerkennung aller Kosten als Werbungskosten machen.

Und was die Gerissenheit angeht:
Wenn sie nötig ist, muss man sie besitzen.
(Adenauer)

TIPP

zur Nutzungsdauer eines Computers

Nach langem Hin und Her haben die Fiskalbürokraten in Berlin eingesehen, 366
dass Computer eine Nutzungsdauer von max. drei Jahren haben, weil sie danach hoffnungslos überaltert sind, und dies in den amtlichen Abschreibungstabellen (BMF-Schreiben v. 15. 12. 2000 – BStBl I 2000 S. 1532) verbindlich geregelt. Die Nutzungsdauer von drei Jahren gilt übrigens auch für Drucker, Modem, Scanner etc. Mit guter Begründung können Sie aber auch schneller abschreiben, z. B., wenn der Arbeitsspeicher Ihres Rechners für die zu Hause beruflich genutzten Programme, Datenbanken etc. zu klein wurde.

TRICK

Begegnen Sie finanzamtlicher Kleinlichkeitskrämerei!

S Bei größeren Anschaffungen von Arbeitsmitteln sind viele Finanzbeamte 367
wie besessen darauf, sie der Abschreibung zu unterwerfen. Haben Sie sich für berufliche Zwecke einen Schreibtisch für 500 € angeschafft, hören Sie meist: Können wir nicht anerkennen! Dieser Posten ist abzuschreiben! Dann verteilt man den Betrag auf 13 Jahre und setzt Ihnen nur jeweils ca. 39 € ab, mit dem Ergebnis, dass oft genug Ihre gesamten Werbungskosten unter dem Pauschbetrag von 920 € jährlich liegen – und damit ins Wasser fallen. Was den Schreibtisch betrifft, so ist gegen eine Verteilung auf 13 Jahre nichts zu machen, es sei denn, Sie sind so schlau und kaufen sich einen etwas billigeren – für max. 488 € inkl. MwSt (➤ Rz 347). Der kann sofort voll abgesetzt werden. Kaufen Sie sich einen gebrauchten, besonders exklusiven Schreibtisch für 1000 €, können Sie rechnen: normale Abschreibung von Büromöbeln 13 Jahre. Ihr gebraucht gekaufter ist acht Jahre alt, also Restabschreibung in den restlichen fünf Jahren: je 200 €.

Jetzt ist meine größte Plage der Staat.
(Martin Luther)

TRICK

Setzen Sie mit Fachliteratur gleich noch ein Regal ab!

368 **S** Sicher denken Sie daran, Ihre Fachbücher (nebst den teuren Klarsichtfolienumschlägen) und Fachzeitschriften unter Werbungskosten aufzuführen, aber vielleicht vergessen Sie das Bücherbord, auf dem sie alle ihren Platz finden! Sie können es mit seinem jetzigen Wert von sagen wir mal ca. 100 € absetzen. Steuerersparnis zwischen ca. 20 und 54 €. Nicht allzu viel, sagte sich Lehrer H. und dachte an den Rat des Verfassers, nach Ähnlichem zu suchen. Was für das Bücherbord recht ist, sollte für einen Schreibsekretär und einen Arbeitsstuhl billig sein. In dem erfolgreich geführten Einspruch schrieb er: Wenn man Fachbücher und sonstiges Arbeitsmaterial absetzen kann, dann wohl auch das Behältnis zur Unterbringung. Ein Lehrer hat zudem in der Schule keinen Arbeitsplatz (Bescheinigung der Schuldirektorin!).
Man tut gut daran, dem Finanzamt glaubhaft zu machen, dass Bücherregal und Sekretär nur beruflich genutzt werden.

369 In zwei nicht veröffentlichten Urteilen hat der BFH recht großzügig entschieden, dass Fachliteratur eines Lehrers, die dieser nachweislich zur Unterrichtsvorbereitung nutzt, nicht einfach wegen der rein theoretischen Möglichkeit zur Privatnutzung gestrichen werden darf. Wörtlich heißt es da: »Ob dagegen nicht abziehbare Aufwendungen der Lebensführung vorliegen, beurteilt sich dabei im Allgemeinen weniger nach dem objektiven Charakter des Gegenstands als vielmehr nach dessen Funktionen im Einzelfall. Pauschale Feststellungen sind nicht ausreichend. Eine private Mitbenutzung, die unbedeutend ist und nicht ins Gewicht fällt, ist nicht schädlich.« (BFH v. 21.6.1989 – VI R 138/86, und v. 2.2.1990 – VI R 112/87) Andererseits: »Für Bücher der Rubrik Deutsch … ist der Nachweis des Steuerzahlers zu führen, dass er das gleiche Buch zweimal besitzt: einmal zur privaten Lektüre, einmal als Arbeitsmittel im Unterricht.«

370 Zu den Fachzeitschriften gehören alle branchenspezifischen und die Wirtschaftszeitschriften, also auch das *Handelsblatt* (BFH-Urt. v. 12.11.1982 – VI R 193/79, DB 1983 S. 372 und v. 13.6.1996 – BFH/NV 1997 S. 98), obwohl das FG Brandenburg das anders sieht und sogar einem Bankkaufmann den Abzug verweigert hat (FG Brandenburg v. 4.4.2002 – EFG 2002 – 1085 und v. 29.4.2008 – 6 K 1567/04, BBK-KN-Nr. 124/2008). Grundsätzlich nicht abzugsfähig sind lokale oder überregionale Tageszeitungen (BFH-Urt. v. 7.9.1989 – BStBl 1990 II S. 19). Man könne nicht objektiv zwischen privatem und beruflichem Nutzen unterscheiden, sagt der BFH und hat daher die Tageszeitung bei einem Lehrer nicht anerkannt (BFH v. 7.4.2005 – BFH/NV 2005 S. 1300). Ähnlich erging es einem

angestellten Steuerberater mit dem Bezug der *FAZ* (Hessisches FG v. 8.5.2008 – 13 K 3379/07).

TIPP

zu Tageszeitungen

Keine Regel ohne Ausnahme. **Auch Tageszeitungen können Sie absetzen, wenn Sie sie nur zur beruflichen Information beziehen.**
So hat das Finanzgericht Köln (EFG 1994 S. 199) einem Autoverkäufer einen Teil seiner Zeitungskosten als Werbungskosten zugestanden, weil er sich aus den Zeitungen über die Autopreise in anderen Städten informieren wollte.

Auch wenn Sie die Tageszeitung vor allem deshalb beziehen, um die Stellenangebote für einen neuen Job zu studieren, haben Sie gute Karten (FG Münster v. 16.8.2006 – 10K 3390/04E).

Ein guter Rat: Abonnieren Sie mehrere Zeitungen und deklarieren Sie zumindest eine als privat, damit Ihnen die Fiskalvertreter nicht sofort mit dem Rotstiftargument der nicht abzugsfähigen Lebenshaltungskosten und § 12 EStG kommen können.

SUPER TRICK

Wie Sie beim Kauf von Arbeitsmitteln zusätzlich Steuern sparen können

»Wie soll das denn funktionieren?«, fragen Sie. »Sicher weiß ich, dass ich die 371
Kosten z. B. eines Fachbuchs absetzen kann, und was weiter?« Ja, sehen Sie, so schnell kann man etwas ganz Entscheidendes vergessen. Wie sind Sie denn an das Buch gekommen? Wenn Sie es nicht per Internet bestellt haben, mussten Sie in die Buchhandlung fahren, und dabei sind Ihnen Fahrtkosten entstanden! Die Sie selbstverständlich absetzen können! Und so rechnen Sie beim Finanzamt ab: »Da das Fachbuch in der Buchhandlung in unserem Ort bereits vergriffen war, musste ich in die nächste Stadt fahren, um es mir dort zu kaufen.«

Anschaffungskosten	8,90 €
Anschaffungsnebenkosten:	
Fahrtkosten 16 km × 0,30 €	10,80 €
Parkgebühr	0,50 €
Gesamtkosten	20,20 €

Einkommensteuerersparnis ca. 35 %	7,07 €
Solidaritätszuschlag	0,39 €
Kirchensteuer 9 %	0,64 €
Zuzahlung des Finanzamts insgesamt	8,10 €

TIPP

für Fachbücher

372 Denken Sie immer daran, dem Finanzamt Fahrt- und andere Nebenkosten für die Anschaffung mit auf die Rechnung zu setzen. Dabei bleiben Sie natürlich immer streng dienstlich. **Damit Ihnen das Finanzamt nicht mit gemischten Aufwendungen kommt**, werden Sie nicht so unvorsichtig sein und den Abzug der Fahrtkosten gefährden, indem Sie bei der Fahrt noch ein privates Würstchen oder Brot einkaufen.

TRICK

Wie das Finanzamt kräftig zu Ihren Anschaffungen zuschustern muss

373 Wie war das noch mit Ihrer Handschrift? Haben Sie nicht eine Hühnerklaue, wenn Sie schnell schreiben müssen? Die zu entziffern wollen Sie der Stenotypistin im Betrieb nicht zumuten. Sie nehmen sich Geschäftspapier mit nach Hause und schreiben die Briefe gleich fix und fertig auf einem PC, den Sie sich dafür anschaffen. Ihre Ansprüche auf Steuerermäßigung untermauern Sie mit einer entsprechenden Bescheinigung Ihrer Firma. Überhaupt: Immer viele Papiere und Bescheinigungen beifügen, das beeindruckt Beamte ungemein!

Und das verabfolgt Ihnen ein vernünftiger Chef:

Bescheinigung

Herrn/Frau . . . . . . wird hierdurch bescheinigt, dass er/sie nach Dienstschluss unerledigte Schreibarbeiten unserer Firma zu Hause bearbeitet und auf seinem eigenen PC fertigstellt. Für sein berufliches Fortkommen halten wir dies für sehr fördernd.

. . . ., den . . . .

. . . .

Stempel Unterschrift

Da Sie das Gerät so gut wie ausschließlich beruflich nutzen, dürfte es Ihnen nicht schwerfallen, die Kosten durchzubekommen. Sie können darüber hinaus dem Finanzamt plausibel machen, dass wegen Ihrer wenig ausgeprägten Kenntnis im Maschineschreiben der Computer mit Rechtschreibprogramm nahezu unerlässlich ist, um in angemessener Zeit brauchbare und vorzeigbare Arbeitsergebnisse zu erzielen oder dass Sie einen PC zum Üben und Fördern Ihrer Schreibleistung benötigen (vielleicht ist die Betriebsstenotypistin oft krank, und der Betrieb bestätigt das). Legen Sie dem guten Veranlagungsbeamten dann noch zwei dicke Ordner mit Durchschriften Ihrer gesammelten Werke auf den Tisch, die Sie für einen repräsentativen Zeitraum von drei Monaten zum Nachweis der Nutzung zusammengestellt haben, möchte ich mal sehen, mit welcher stichhaltigen Begründung er Ihnen die Kosten streichen will.

Was für den PC gilt, trifft auch für ein *Diktiergerät* zu, falls es dienstlich (oder zu **374**
Hause für den Dienst) benötigt wird, wenn Sie z.B.

- als Pastor zu Hause Ihre Predigten vorbereiten und sie dazu auf Band sprechen,
- als Lehrer Themen vorzubereiten haben oder Wissenswertes Ihren Schülern auf Band vermitteln,
- als Forscher Sprachübungen auf Band durchführen,
- als Verkäufer verkaufsfördernde Gespräche vorbereiten,
- oder als Musikus sich selbst abhören wollen.

Wegen der vielseitigen Inanspruchnahme des Geräts wird es voraussichtlich **375**
eine Nutzungsdauer von drei Jahren haben. In diesem Fall können bei einem Kaufpreis von 500 € jährlich rund 167 € als Werbungskosten abgesetzt werden (FG Düsseldorf v. 19.10.1953 – EFG 1954, S.41 und BFH v. 25.1.1971 – BStBl 71 II S.459).

Ein schlagendes Argument, mit dem Sie z.B. ein Tonband, einen CD-Spieler oder einen MP3-Recorder als Werbungskosten durchdrücken, ist ein gleichwertiges Zweitgerät für die Privatnutzung.

Es ist auch meine Ansicht,
dass man die Bürokratie mit allen Mitteln
bekämpfen muss.
(Adenauer)

TRICK

Warum Sie wissen sollten, was man Ihnen zum Geburtstag schenkt.

376 **S** Alles, was dem Zweck des beruflichen Fortkommens dient, ist abzugsfähig. Das gilt selbst dann, wenn Sie sich das Arbeitsmittel nicht selbst gekauft haben, sondern Ihre Lieben Ihnen mit dem teuren Aktenkoffer für 650 € zum Geburtstag oder zu Weihnachten eine Freude machen wollten.
Auch wenn Sie den Koffer nicht selbst bezahlt haben: Tragen Sie ihn beruhigt und ohne schlechtes Gewissen unter Werbungskosten in Ihre Steuererklärung ein. Und wenn das Finanzamt auf die Idee kommt, an Ihren Kosten herumzustreichen, berufen Sie sich auf das BFH-Urteil vom 16.2.1990 (BStBl 1990 II S. 883). Darin hat der BFH nämlich ganz in Ihrem Sinn entschieden, dass geschenkte Arbeitsmittel abgesetzt werden können. Das gilt natürlich nicht nur für den Aktenkoffer, sondern auch für den schicken Füllfederhalter, die Schreibtischunterlage oder das witzige Mousepad.
Die Abschreibung für den Koffer macht bei einer Nutzungsdauer von zwei Jahren – wegen der besonders starken Beanspruchung – 50 % von 650 € = 325 € pro Jahr. Ihre Steuerersparnis liegt je nach Steuersatz zwischen 55 € und 167 €.

TRICK

Auf die Wahl des richtigen Standorts kommt es an.

377 Werden Meisterstücke nach der Meisterprüfung nicht mehr ausschließlich für berufliche Zwecke genutzt, können nur die Abschreibungen bis zur Meisterprüfung abgesetzt werden, so lautet das BFH-Urteil vom 15.12.1989 (BStBl 1990 II S. 692). Sie schlagen dem Fiskus ein Schnippchen, wenn Sie sagen können: »Mein Meisterstück ist ein reines Schauobjekt, das für eine private Nutzung völlig ungeeignet ist. Ich habe es ausschließlich und allein für meine Prüfung erstellt.« Da in diesem Fall eine private Verwendung nicht angenommen werden kann, werden Sie Ihre Kosten sofort und in voller Höhe abschreiben.

Trifft das bei Ihnen nicht zu, dann überlegen Sie doch einmal, wie wichtig es für Sie und Ihren Betrieb ist, wenn die Kunden sehen, welch ein fähiger Mitarbeiter Sie sind. Wie wäre es, wenn Sie Ihr Meisterstück im Betrieb ausstellten? Lassen Sie das von Ihrem Chef schriftlich bestätigen, und schon kann Ihnen das Finanzamt nicht mehr damit kommen, Sie würden das gute Stück privat nutzen.

Statt im Betrieb können Sie es natürlich genauso gut in Ihrem Arbeitszimmer unterbringen. Auch in diesem Fall muss das Finanzamt die weitere berufliche Verwendung akzeptieren und Ihre Kosten für das Meisterstück als Werbungskosten anerkennen.

TRICK

Wie treibe ich die Kosten für Arbeitsmittel auf die Spitze?

Wenn Auslagen schon einmal Werbungskosten sind, d.h. Aufwendungen, die 378
Ihnen helfen, Ihren Lohn oder Ihr Gehalt zu sichern, zu erwerben oder zu erhalten, dann können sie so hoch sein, wie sie wollen: Das Finanzamt muss sie anerkennen!
Wenn Sie sich statt einer billigen Aktentasche aus Rindsleder eine aus feinstem Saffianleder mit so und so vielen Innentaschen leisten wollen, um Ihre Butterbrote und Papiere mit zur Arbeit zu nehmen, ist das Ihre Sache. Nur sind es dann nicht 30 € Werbungskosten, sondern stolze 310 €! Glauben Sie, es sich schuldig zu sein, mit eigenem und besonders verchromtem Werkzeug zu arbeiten, dann ist das wahrscheinlich ein teurer Spaß, aber das Finanzamt muss Ihnen die Kosten trotzdem in voller Höhe anerkennen. Sind Sie der Meinung, Sie könnten die Briefe für Ihren Chef besser entwerfen und überarbeiten, wenn Sie sie vorher auf ein eigens angeschafftes Diktiergerät sprechen und dann aufs Papier übertragen, stellt der Aufwand dafür eben Werbungskosten dar. Immerhin sind es rund 250 €, die sofort in voller Höhe abzugsfähig sind, weil die Anschaffungskosten unter 410 € (ohne Mehrwertsteuer) liegen.
Fürchten Sie als Verkäufer, keine so guten Verkaufserfolge zu erzielen, wenn Sie mit einem gewöhnlichen Kuli statt mit einem vergoldeten Füller mit Platinfeder schreiben, so ist das Entgelt für das recht teure Stück gleichwohl als Werbungskosten anzusehen. Und wenn Sie in Ihrem Betriebszimmer keine Uhr haben – aus dienstlichen und aus Gründen der Arbeitseinteilung aber wissen müssen, wie spät es jeweils ist –, können Sie die von Ihnen gekaufte teure Schreibtischuhr absetzen, müssen sie allerdings im Betrieb lassen.

Abc der Arbeitsmittel 379

Aktentasche ist z.B. Arbeitsmittel bei einem Betriebsprüfer (FG Berlin v. 2.6.1978 – EFG 1979 S. 225).

Bücher sind Arbeitsmittel, wenn es sich um Fachliteratur handelt. Einzelheiten unter ➤ Rz 357.

Bücherregal zur ausschließlichen Unterbringung von Fachliteratur ist Arbeitsmittel. Dazu mehr unter ➤ Rz 368.

Cello ist Arbeitsmittel bei Dozenten an der Musikhochschule (FG Hamburg v. 15.5.1985 – III 188/82). *Cembalo* ist Arbeitsmittel beim hauptberuflichen Musiker (FG Münster v. 19.11.1975 – EFG 1976 S. 178).

Dias, die ein Lehrer während einer steuerlich anerkannten Studienreise gemacht hat, sind keine Arbeitsmittel, denn es handle sich um persönliche Erinnerungsstücke (BFH-Urt. v. 25.8.1961 – BStBl 1961 III S. 486).

Diktiergerät ist Arbeitsmittel (BFH v. 29.1.1971 – BStBl 1971 II S. 327 betr. Richter).

Elektroorgel ist Arbeitsmittel für Lehrer im Fach Musik (FG Berlin v. 13. 11. 1973 – EFG 1974 S. 311).

Fernseh- und Rundfunkgerät sind keine Arbeitsmittel, auch nicht für einen Schriftsteller, der für Fernsehen und Rundfunk schreibt (BFH – BStBl 1964 III S. 455 und 528; BStBl 1971 II S. 17). Dagegen kann das Gerät eines Professors für Medienpolitik, das in seinem Dienstzimmer steht, abgesetzt werden (FG Münster v. 20.1.1987 – FR 1987 S. 458).

Flügel ist Arbeitsmittel bei einem Pianisten, der öffentlich Konzerte gibt; bei einem Musiklehrer in einer Schule ist ein neuer Flügel kein Arbeitsmittel, wohl aber ein gebrauchter, preiswerter (BFH v. 10.3.1978 – BStBl 1978 II S. 459). Auch bei einer Musikpädagogin macht der BFH Schwierigkeiten (BFH v. 21. 10. 1988 – BStBl 1989 II S. 356).

Fußballschuhe sind Arbeitsmittel bei einem Sportlehrer (BFH v. 21.11.1986 – BStBl 1987 II S. 262).

Geige ist Arbeitsmittel bei einer Orchestermusikerin. Auch wenn es sich um ein sehr teures antikes Stück handelt (BFH v. 9.12.2003 – VI R 185/97).

Gitarre ist Arbeitsmittel bei einem Musiklehrer (anderer Ansicht: FG im Urt. v. 21.5.1982 – EFG 1982 S. 562).

Heimcomputer ist Arbeitsmittel bei einem Lehrer für Mathematik (FG Rheinland-Pf. v. 6.5.1985 – EFG 1985 S. 605). Einzelheiten unter ➤ Rz 360.

Hund kann bei Wachmännern, Hundeführern bei Polizei, Zoll, Bundesgrenzschutz und bei Forstbediensteten Arbeitsmittel sein (BFH v. 29.1.1960 – BStBl 1960 III S. 163; Niedersächsisches FG v. 29.7.2009 – EFG 2009, S. 1924). Auch bei einem Hausmeister können die Kosten für das Halten eines Wachhundes Werbungskosten sein (FG Hamburg v. 22.1.1988 – EFG 1989 S. 228).

Kleidung in Form der typischen Berufskleidung ist Arbeitsmittel (§ 9 Abs. 1 Nr. 6 EStG). Typische Berufskleidung wird getragen von Bergleuten und Schornsteinfegern, ferner von Richtern und Anwälten (weißer Schlips und Robe), Geistlichen (Amtstracht), von Monteuren, Architekten und technischen Zeichnern (Schutzkleidung), Ärzten (weißer Kittel), Oberkellnern (Kellnerfrack), Leichenbestattern (schwarzer Anzug) (BFH-Urt. v. 30.9.1970 – BStBl 1971 II S. 50). Bürgerliche Kleidung dagegen ist auch dann kein Arbeitsmittel, wenn feststeht, dass sie im Beruf einem erhöhten Verschleiß unterliegt. Ausnahmen bestätigen die Regel: Weiße Blusen und Hemden bei Metzgereiangestellten gingen beim FG Berlin durch (Urteil v. 22.2.2005 – 7 K 4312/01.

Koffer bei einem Piloten (Hess. FG, EFG 1989 S. 173).

Kunstgegenstände im Arbeitszimmer wie z. B. Bilder sind Arbeitsmittel, wenn der Steuerzahler in seinem Arbeitszimmer auch Repräsentationsaufgaben wahrzunehmen hat (BFH-Urt. v. 30.10.1990 – BStBl 1991 II S. 340).

Lexikon ist kein Arbeitsmittel, auch nicht bei Lehrern (BFH-Urt. v. 29. 4. 1977 – BStBl 1977 II S. 716).

Lichtschutzbrille ist Arbeitsmittel bei Cockpitpersonal (FG Hamburg v. 17.1.1972 – EFG 1972 S. 329), nicht aber eine gewöhnliche Sonnenbrille.

Meisterstücke, die nach der Meisterprüfung nicht ausschließlich für berufliche Zwecke verwendet werden, erkennen die Finanzämter nicht als Arbeitsmittel an. Nach dem BFH-Urteil vom 15.12.1989 (BStBl 1990 II S. 692) ist in diesem Fall nur die Abschreibung bis zur Meisterprüfung abziehbar; ➤ Rz 377.

Motorrad ist Arbeitsmittel beim Revierförster (Hess. FG v. 15.9.1958 – EFG 1958 S. 414).

Motorsäge, die einem Waldarbeiter selbst gehört, ist Arbeitsmittel.

Reisekoffer, den ein Flugkapitän nur auf Kurzstreckenflügen benutzt, auch wenn darin zugleich private Gegenstände transportiert werden, ist Arbeitsmittel (Hess. FG v. 3.8.1988 – EFG 1989 S. 173).

Reitpferd ist Arbeitsmittel bei einem Reitlehrer (Hess. FG v. 2.12.1982 – EFG 1983 S. 226). Weitere Einzelheiten vgl. ➤ Rz 358.

***Schreibtisch**, Schreibtischlampe, Schreibtischstuhl* sind Arbeitsmittel in einem anerkannten Arbeitszimmer (BFH-Urt. v. 21.1.1966 – BStBl 1966 III S. 219). Bei einem Lehrer auch dann, wenn sie nicht in einem Arbeitszimmer stehen, aber beruflich genutzt werden (BFH-Urt. v. 18.2.1977 – BStBl 1977 II S. 464).

Schusswaffe ist Arbeitsmittel bei Forstbeamten (BFH v. 10.7.1964 – StRK § 9 R 275).

Skiausrüstung ist Arbeitsmittel bei hauptberuflichen Skilehrern, nicht dagegen bei nebenberuflichen (BFH-Urt. v. 24.10.1974 – BStBl 1975 II S. 407), desgleichen nicht bei einem Sportlehrer, der sie mitunter auch beruflich verwendet (BFH-Urt. v. 21.11.1986 – BStBl 1987 II S. 262). Wie die Chancen auf Anerkennung steigen, siehe ➤ Rz 301.

Stereoanlage kann bei einem Berufsmusiker Arbeitsmittel sein, wenn sie in einem Arbeitszimmer installiert ist (Hess. FG, Urt. v. 9.3.1972 – EFG 1972 S. 329).

Tageszeitung ist kein Arbeitsmittel (BFH-Urt. v. 5.7.1957 – BStBl 1957 III S. 328). Ausnahme *Handelsblatt* (BFH v. 13.6.1996 – BFH/NV 1997 S. 98).

Taschenrechner ist Arbeitsmittel bei Mathematiklehrern (FG Nürnberg, Urt. v. 25.1.1978 – EFG 1978 S. 267).

Telefonanschluss in der Wohnung eines Arbeitnehmers ist ein Arbeitsmittel, wenn die Art der beruflichen Tätigkeit die regelmäßige Nutzung des Telefonanschlusses in der Wohnung erfordert (FG Nürnberg, Urt. v. 22.11.1979 – EFG 1980 S. 176, ferner BFH v. 21.11.1980 – BStBl 1981 II S. 131).

Tennisausrüstung ist Arbeitsmittel bei einem Polizisten, der damit Dienstsport ausübt (FG Saarland v. 19.3.1991 – 1 K 55/91).

Tonbandgerät ist Arbeitsmittel bei einem hauptberuflich tätigen Musiker (BFH-Urt. v. 29.1.1971 – BStBl 1971 II S. 459), auch bei Musiklehrern, wenn sie das Gerät im Unterricht verwenden (BFH-Urt. v. 24.8.1962 – HFR 1963 S.57), gleicher Ansicht später EFG 1965 S.491 auch bei Musik-, Religions-, Gewerbe- und Hochschullehrern. Weiteres unter ➤ Rz 374.

Turnschuhe sind Arbeitsmittel bei Sportlehrern (BFH-Urt. v. 21.11.1986 – BStBl 1987 II S.262).

Zeichengerät ist Arbeitsmittel bei einem Soldaten, wenn er die Bundeswehrfachhochschule besucht (BFH-Urt. v. 28.9.1984 – BStBl 1985 II S.89).

Zeitschrift: *GEO* ist kein Arbeitsmittel, auch nicht bei einem Erdkundelehrer (FG Münster, Urt. v. 8.4.1986 – EFG 1986 S.491). Die *Flug Revue, Aero* oder *Flight* sind auch bei einem Piloten keine Fachliteratur (FG Niedersachsen, EFG 1993 S.375).

Zeitungen können Arbeitsmittel sein, wenn Sie daraus berufliche Informationen beziehen und wenigstens eine weitere für private Zwecke halten (FG Köln v. 7.7.1993 – EFG 1994 S.199).

Denken Sie daran, dass grundsätzlich jeder Gegenstand ein berufliches Arbeitsmittel sein kann, sofern Sie ihn zu mehr als 90 % beruflich verwenden. Dies kann auch nach jahrelangem privatem Gebrauch geschehen. In diesem Fall setzen Sie den Restwert als Werbungskosten ab. Fertigen Sie dafür einen Eigenbeleg.

10. Welche Telefongebühren sind absetzbar?

380 Halb acht Uhr abends im Büro, Ihr Chef sitzt mit zerfurchter Stirn über ein paar Angeboten. Plötzlich klingelt das Telefon. Am anderen Ende der Strippe sind Sie. Der Alte hört: »… wollte ich Ihnen nur sagen, dass Sie bei dem Angebot für Meier & Co. ruhig noch 10 % draufschlagen können. Ich habe mich eben mit meinem Bekannten von der Konkurrenz unterhalten. Der meint, dass wir bei den Materialkosten viel zu niedrig liegen.« Meinen Sie nicht, das freut den Chef? »Wie komme ich denn dazu, mich kurz vor der Tagesschau noch mit den Angelegenheiten meiner Firma zu beschäftigen?«, maulen Sie. Weil Sie weiterkommen wollen! Wenn Sie darauf pfeifen, dann tun Sie es wenigstens, um etwas bei der Steuer herauszuholen. Denn wenn Sie angeben können, mit wem Sie von Ihrem privaten Telefon beruflich telefonieren, erkennt der Fiskus einen Teil Ihrer Telefongebühren als Werbungskosten an. Sie haben dabei die Wahl, den abzugsfähigen, beruflichen Teil Ihrer Kosten anhand repräsentativer Aufzeichnungen für drei Monate, z.B. per Einzelverbindungsnachweis, zu ermitteln oder eine Pauschale anzusetzen (R 9.1 Abs. 5 LStR).

381 Mit dem Einzelnachweis können Sie einen höheren beruflichen Anteil herausschlagen. Aufzuzeichnen sind Tag, Gesprächsteilnehmer, Dauer des Gesprächs sowie die Gesprächsgebühren. Einfacher geht das mit einem Einzelverbindungsnachweis, den Sie für geringes Entgelt bei der Telekom anfordern können

und der Ihnen zusammen mit der Monatsrechnung zugeschickt wird. Den über drei Monate so ermittelten prozentualen Anteil an beruflichen Telefonkosten können Sie dann ohne weiteren Nachweis auch bei Ihren Telefonrechnungen der übrigen neun Monate des jeweiligen Jahres absetzen. Im nächsten Jahr müssen Sie aber wieder für drei Monate den Nachweisgriffel schwingen.

TRICK

Nehmen Sie pauschal 240 € im Jahr ohne Nachweistheater!

Einfacher ist es, wenn Sie sich mit der beruflichen Telefonkostenpauschale be- 382
gnügen. Sie beträgt schlicht und ergreifend 20 % Ihrer sämtlichen Telefonkosten, höchstens aber 20 €/Monat. Damit kommen Sie zwar auf höchstens 240 € Werbungskosten im Jahr, dafür fragt Sie aber keiner, ob Sie in die Kategorie der beruflichen Vieltelefonierer fallen oder Ihren Apparat nur gelegentlich mal für berufliche Zwecke nutzen.

TIPP

zum Telefonkostennachweis

Seien Sie so schlau und achten Sie darauf, Ihren Dreimonatsnachweis nicht ge- 383
rade in Zeiten zu führen, in denen Sie besonders viel privat telefonieren, z. B. an Weihnachten und Neujahr.

TIPP

Vergessen Sie nicht, die Kosten Ihres Handys abzusetzen!

Das Handy ist als Zweittelefon grundsätzlich ein Arbeitsmittel und sollte des- 384
halb zu 100 % absetzbar sein, einschließlich der laufenden Kosten. Nun meint der Fiskus nicht zu Unrecht, Sie würden auch Privatgespräche mit dem Handy führen, und kürzt Ihnen deshalb die Kosten. Schützenhilfe leistet das FG Rheinland-Pfalz mit seinem Urteil vom 28.11.1997 (4 K 1694/86), das 75 % der Kosten steuerlich anerkennt, und selbst dies nur dann, wenn Sie eine Bescheinigung des Arbeitgebers vorlegen können, dass Sie Ihr Handy zu 100 % beruflich nutzen. »Nur 75 % trotz 100 %iger beruflicher Nutzung? Und was ist mit den restlichen 25 %?«, fragen Sie verwundert.

Man könnte es wohl Sicherheitsabschlag nennen. Bestehen Sie auf vollem Kostenabzug, müssen Sie mittels Einzelverbindungsnachweis die ausschließlich berufliche Nutzung belegen. Was Sie aber sicher nicht tun möchten …

In Wirklichkeit ist der Staat nichts als eine Maschine zur Unterdrückung einer Klasse durch die andere.

(Becher)

385 Mit einer Bescheinigung von Ihrem Chef, dass Sie ein Handy beruflich brauchen, können Sie alternativ auch 20 € pro Monat angeben, ohne die Einzelkosten nachweisen zu müssen.

386 Ist es Ihnen nicht auch schon oft so ergangen: Sie wollen ein berufliches Telefongespräch führen, aber Ihr Töchterlein telefoniert mal wieder stundenlang mit ihrem Liebsten? Diesem Ärger gehen Sie aus dem Weg, indem Sie sich für Ihre vielen beruflichen Telefonate einen Zweitanschluss zulegen oder einen ISDN-Anschluss mit drei Nummern und den Einzelverbindungsnachweis der Telekom nutzen. Mit dem Dreimonatsnachweis belegen Sie dem Finanzamt, dass Sie den Zweitanschluss bzw. eine der drei Nummern des ISDN-Anschlusses zu 95 % beruflich nutzen, und setzen für den Rest des Jahres ebenfalls 95 % der Gebühren ab. Niemanden interessiert übrigens, ob und wie viel Ihre Tochter in diesen restlichen neun Monaten das Telefon mit Beschlag belegt.

SUPER TRICK

»Telefon ist Telefon«,

387 sagen Sie sich zu Recht. Was für mein Telefon zu Hause oder mein Handy gilt, muss umso mehr für mein teures Autotelefon gelten. Schließlich haben Sie es sich ja nur zugelegt, weil Sie so viel für Ihre Firma unterwegs sind und als wichtiger Mitarbeiter ständig erreichbar sein müssen. Sie beziehen natürlich alle Kosten mit in Ihren Einzelnachweis ein. Vergessen Sie die Abschreibung nicht! Liegt der Kaufpreis für Ihr Autotelefon unter 488 €, ist eine Vollabsetzung im ersten Jahr gerechtfertigt. Liegt der Preis höher, müssen Sie sich mit jährlich 20 % (Nutzungsdauer fünf Jahre) begnügen (BFH v. 14.10.1993 – BStBl 1993 I S. 908). Dasselbe gilt natürlich für Ihr Handy.

11. Umzugskosten – Was gibt das Finanzamt dazu?

Oft fallen aus beruflichen Gründen Umzugskosten an, die das Finanzamt aber **388**
bei weitem nicht jedem anerkennt. Auf den Ämtern spukt oft genug noch der alte Begriff von der »Notwendigkeit der Werbungskosten« herum. Damit haben Sie nichts zu schaffen! Sie müssen sich aber fragen lassen, ob der Umzug privat mitveranlasst war. Ist das der Fall, müssen Sie mit Schwierigkeiten rechnen.

Was Sie allerdings im Interesse Ihres Berufs tun, können Sie selbst entscheiden. Dienen die Kosten der Sicherung oder dem Erwerb beruflicher Einkünfte, sind sie abzugsfähig. Die Sache ist ganz klar, wenn

- man Ihnen gekündigt hat oder Sie selbst gekündigt haben oder der Betrieb geschlossen wurde und Sie an einem anderen Ort neue Arbeit gefunden haben,
- Sie nach Ihrer Pensionierung aus einer Dienst- oder Werkswohnung ausziehen müssen,
- der Betrieb an einen anderen Ort verlegt wurde,
- sich durch den Umzug die Fahrzeit zum Betrieb um eine Stunde verkürzt (BFH v. 23.3.2001 – BStBl 2001 II S. 585, BFH – BStBl 1987 II S. 81). Wenn Sie in Zusammenhang mit Ihrer Heirat mit Ihrer besseren Hälfte in eine gemeinsame Wohnung ziehen und sich daraus eine Fahrzeitersparnis von einer Stunde ergibt, können Sie die Umzugskosten ebenfalls als Werbungskosten absetzen.
- Sie in der Hierarchie aufgestiegen sind und sich dadurch Ihre Lebensstellung wesentlich verändert hat (BFH – BStBl 1975 II S. 327),
- Sie auf Veranlassung Ihres Arbeitgebers umziehen, damit Sie schneller einsatzbereit sind (BFH v. 28.4.1988 – BStBl 1988 II S. 777),
- Sie nach dem Umzug Ihren Arbeitsplatz z. B. in zehn Minuten zu Fuß erreichen können und deswegen nicht mehr auf ein Verkehrsmittel angewiesen sind (FG Baden-Württemberg v. 6.4.1990 – EFG 1990 S. 627),
- Sie am Ende einer doppelten Haushaltsführung umziehen und damit gleichzeitig eine neue doppelte Haushaltsführung begründen (R 9.11 Abs. 5 und Abs. 9 LStR).

Ein restriktives Urteil aus Köln: Bei Versetzung auf eigenen Wunsch aus priva- **389**
ten Gründen, also ohne eine berufliche Verbesserung, gibt es keinen Abzug der Umzugskosten (FG Köln v. 19.4.1988 – EFG 1988 S. 467)! Großzügiger sind die Richter in der anderen Rheinmetropole, die haben nämlich geurteilt: Umzugskosten sind selbst dann beruflich veranlasst und damit abzugsfähig, wenn Sie sich z. B. als Beamter auf eigenen Wunsch versetzen lassen (FG Düsseldorf v. 26.11.1987 – EFG 1988 S. 114). Auch wenn Sie sich von Ihrem Ehegespons tren-

nen und sich zu Ihrem weit entfernten Arbeitsort verkrümeln, können Ihre Umzugskosten als Werbungskosten anerkannt werden. Dass Sie sich gleichzeitig aus Ihrer Beziehungskiste verabschieden, schlägt nicht als privater Grund durch (FG Rheinland-Pfalz v. 23.9.1997 – 2 K 1033/97).

Die eigentlichen Gründe für einen Umzug sind meistens vielschichtig und dem Einzelnen oft gar nicht so richtig bewusst. So lernte ein junger Bankangestellter aus Dortmund ein Mädchen aus München kennen und erfuhr bei Besuchen in München, dass die dortige Filiale der Großbank wesentlich höhere Gehälter zahlt als diejenige in Dortmund. Auch gab es bessere Aufstiegsmöglichkeiten. Also nichts wie hin nach München und sofort geheiratet. Die Umzugskosten muss das Finanzamt als beruflich veranlasst anerkennen, auch wenn private Gründe den Arbeitsplatzwechsel mitveranlasst haben (FG Rheinl.-Pf. v. 29.8.1986 – EFG 1989 S. 18).

390 Noch etwas: Das FG des Saarlands erkannte auch Umzugskosten anlässlich der Beendigung eines Arbeitsverhältnisses an. Der Steuerzahler hatte am neuen Wohnort keine neue Tätigkeit aufgenommen (Urt. v. 25.2.1987 - EFG 1987 S. 347). Deutlich kleinlicher zeigte sich dagegen der BFH; der stellte nämlich die gewagte These auf, ein Rückumzug sei nicht ausreichend beruflich veranlasst, wenn er im Zusammenhang mit dem Ausscheiden des Steuerzahlers aus dem aktiven Berufsleben steht (BFH-Urt. v. 22.7.1999 – BFH/NV 2000 S. 37).

391 **Wenn Sie einen befristeten Arbeitsvertrag abgeschlossen haben und in die Nähe Ihrer Arbeitsstelle gezogen sind, können Sie Ihre Kosten für den Rückumzug nach Beendigung des Arbeitsverhältnisses absetzen.**

392 Wenn Sie in dem Ort, an den Sie Ihre Firma versetzen will, eine Wohnung gesucht, vielleicht schon gemietet haben und Ihr Brötchengeber dann Ihre Versetzung plötzlich abbläst, machen Sie »vergebliche Umzugskosten« geltend und helfen dem Finanzamt im Zweifel mit dem BFH-Urteil vom 24.5.2000 (BStBl 2000 II S. 584) auf die Sprünge.

393 Wenn Sie wegen einer täglichen Fahrzeitersparnis von einer Stunde umziehen, sind diese Kosten beruflich bedingt und abzugsfähig – selbst wenn Sie dabei von einer Miet- in eine Eigentumswohnung umziehen. Ist nach den Gesamtumständen anzunehmen, dass Sie in dieselbe oder eine ähnliche Wohnung auch dann eingezogen wären, wenn Sie sie nicht als Eigentum erworben hätten, ist das ein Anzeichen für die berufliche Veranlassung des Umzugs (BFH – BStBl 1987 II S. 81).

WICHTIGER HINWEIS

Ungemach droht Ehepaaren beim Umzug in das neugebaute Eigenheim. Waren Sie beide in der Nähe Ihres bisherigen Wohnorts berufstätig, nutzt es auch nichts, wenn einer von Ihnen nach dem Umzug am neuen Wohnort einen Job annimmt. Nach Meinung der BFH-Richter schlägt hier der private Anlass – der Bau des Hauses – durch, und die Umzugskosten sind nicht abziehbar (BFH v. 21.2.2006 – BFH/NV 2006 S. 1273).

TIPP

zur Fahrzeitersparnis

Seien Sie nicht zu pingelig beim Berechnen Ihrer Fahrzeitersparnis, denn unter 394
einer Stunde machen Ihnen die Fiskalritter Schwierigkeiten beim Anerkennen Ihrer Umzugskosten. Führen Sie vielleicht ins Feld, dass Sie ein besonders vorsichtiger Fahrer sind. Und dass Sie übliche Fahrzeiten durch Stau und zähfließenden Verkehr so nicht einhalten können. Eine Fahrzeitverkürzung von nur 20 bis 30 Minuten genügt auch dann nicht, wenn Sie sich in Ihrer neuen Wohnung erstmals das dringend benötigte Arbeitszimmer einrichten konnten (BFH-Urt. v. 16.10.1992 – BStBl 1993 II S. 610). Die erforderliche Stunde können Sie sich leider auch nicht dadurch zusammenrechnen, dass Sie und Ihre bessere Hälfte jeweils eine halbe Stunde einsparen (BFH v. 27.7.1995 – BStBl 1995 S. 728).

Zum Glück ist der BFH hier konsequent! Fahrzeitveränderungen bei Ehepartnern werden nicht zusammengerechnet, das gilt aber genauso für das Saldieren der Veränderungen, wenn also zwar für einen Partner mindestens eine Stunde weniger Fahrzeit herausspringt, der andere aber sogar einen längeren Weg zur Arbeit hat. Sie sind also schlau und setzen die Umzugskosten bei dem von Ihnen beiden an, bei dem der Arbeitsweg kürzer wird (BFH v. 21.2.2006 – BStBl II 2006 S. 598). Wer bezahlt hat, spielt keine Rolle. Der Ehepartner mit der Fahrzeitersparnis von mindestens einer Stunde kann sie bei sich auch dann als Werbungskosten absetzen, wenn sie von der besseren Hälfte gezahlt wurden. Lassen Sie sich in so einem Fall vom Finanzamt nicht mit angeblichem Drittaufwand abwimmeln (BFH v. 23.5.2006 – BFH/NV 2006 S. 1650).

Eine Stunde Fahrzeitersparnis ist zwar ganz schön, aber nicht der Weisheit letz- 395
ter Schluss. Gute Argumente hatte z. B. ein Pärchen, bei dem sie nach einer beruflichen Pause in ihren alten Beruf zurückstrebte. Die beiden haben ihre Umzugskosten durchgeboxt, obwohl sich die tägliche Fahrzeit für ihn verlängert

und sich ihre Fahrzeit nicht um eine ganze Stunde verkürzt hat. Die beiden haben argumentiert, dass sie durch den Umzug jederzeit für die Bereitschaftsdienste zur Verfügung steht und der Umzug damit zu einer allgemeinen Verbesserung der Arbeitsbedingungen führt. Sie hatten mit diesen Argumenten zumindest die Finanzrichter im »Ländle« auf ihrer Seite (FG Baden-Württemberg v. 2.4.2004, EFG 2004 S. 1204).

TRICK

Mit täglichen Zusatzfahrten reißen Sie die Hürde bei der Fahrzeitersparnis!

396 Kommen Sie nach Ihrem Umzug auf eine Fahrzeitersparnis von weniger als einer Stunde pro Arbeitstag, wird es schwierig, den Umzug als beruflich und damit die Umzugskosten als Werbungskosten anerkannt zu bekommen. Kontern Sie in einem solchen Fall die Streichgelüste des Fiskus mit einem einfachen Kniff: Wer sagt denn, dass die Fahrzeitersparnis nur für eine Fahrt pro Tag gerechnet werden darf? Wenn Sie als Lehrer, Schauspieler, Musiker etc. eine geteilte Arbeitszeit haben und mehr als einmal pro Tag zur Arbeit fahren, können Sie zwar nur für eine Fahrt pro Tag die Entfernungspauschale absetzen, gleichwohl sollten Sie die Ersparnis an Fahrzeit für alle Fahrten pro Tag zusammenrechnen. Dabei müssen Sie sich unbedingt geschickter anstellen als der Steuerzahler im BFH-Urteil vom 12.11.2008 (BFH/NV 2009 S. 171). Dem hatten die Richter zwar dem Grunde nach recht gegeben und die zusätzlichen täglichen Fahrten in die Berechnung der Fahrzeitersparnis einbezogen. Gescheitert war sein Antrag aber daran, dass seine Aufstellung der Arbeitstage und Zusatzfahrten in sich widersprüchlich war.
Für Sie als Lehrer könnte die Rechnung nach einem Umzug z. B. so aussehen: Sie sind von Ihrem bisherigen Wohnort, der 30 km von der Schule entfernt lag, in unmittelbare Nähe ihres Arbeitsplatzes umgezogen. Bisher hatten Sie eine Fahrzeit pro Weg von 30 Minuten, nach dem Umzug nur noch einen von zehn Minuten. Die tägliche Fahrzeitersparnis von 2 × 20 Minuten = 40 Minuten reicht dem Finanzamt noch nicht. Wenn Sie allerdings zusätzlich zu Ihren 200 Arbeitstagen an 100 Tagen wegen Konferenzen, Elternsprechtagen, Nachmittagsunterricht, Leitung von Arbeitsgemeinschaften etc. zur Schule fahren, ergibt sich folgende Rechnung:

Fahrten zur Schule	Fahrzeitersparnis Hin-/Rückfahrt	Fahrzeitersparnis insgesamt
Reguläre Arbeitstage: 200	40 Minuten	8 000 Minuten
Zusätzliche Fahrten: 100	40 Minuten	4 000 Minuten
Gesamtfahrzeitersparnis		12 000 Minuten

Rechnen Sie nun die Gesamtfahrzeitersparnis von 12 000 Minuten auf Ihre 200 Arbeitstage um, ergibt sich pro Tag eine Fahrzeitersparnis von 60 Minuten. Damit steht der Anerkennung der beruflichen Veranlassung nichts mehr im Weg, da Sie ja nun im Durchschnitt auf pro Tag eine Stunde geringere Wegezeiten kommen.

Was sind alles abzugsfähige Umzugskosten? Beförderungskosten durch den Spediteur; Miete für Leih-Lkw; Lohn für Umzugshelfer (dazu gehört auch das Abendessen mit Freunden, die Ihnen unentgeltlich geholfen haben); Reisekosten, die im Zusammenhang mit Wohnungsbesichtigungen und dem Umzug angefallen sind (Fahrtkosten mit je 0,30 € je km, Verpflegungsmehraufwendungen, Übernachtungs- und Nebenkosten, vgl. ➤ Rz 189); die Übernachtungskosten von Ihnen und Ihrer Familie in einem Hotel, falls die neue Wohnung noch nicht eingeräumt war; doppelte Mietzahlungen bis zum Ablauf der Kündigungsfrist; Maklergebühren; Aufwendungen für Nachhilfeunterricht für die Kinder (➤ Rz 410) und *sonstige Umzugskosten.* 397

Wenn auf etwas Verlass ist, dann darauf, dass bei den Steuern auf nichts Verlass ist. Da haben doch die Richter beim BFH zunächst zugunsten aller aus beruflichen Gründen in ein eigenes Haus umgezogenen Steuerzahler entschieden, dass zumindest der Anteil der *Maklerkosten* als Umzugskosten abzugsfähig ist, der auch bei der Vermittlung einer Mietwohnung angefallen wäre (BFH v. 15.11.1991 – BStBl 1992 S.492). Aber dann beschlossen besagte Richter, sich wie Konrad Adenauer nicht an ihr Geschwätz von gestern zu erinnern. Plötzlich ist ihnen doch eingefallen, die Maklerkosten seien Anschaffungskosten für das Haus und gehörten schon deshalb nicht in Ihre Umzugskostenaufstellung (BFH v. 24.8.1995 – BStBl 1995 II S.895). Damit nicht genug: Kosten für den umzugsbedingten Verkauf Ihres Hauses – für Makler, Finanzierung etc. – sollen ebenso wie ein eventueller Wertverlust keine Umzugskosten sein (BFH v. 24.5.2000 – BStBl 2000 II S.476). 398

Besondere Vorsicht ist geboten, wenn Sie an Ihrem neuen Wohnort zunächst nicht in Ihre endgültige Wohnung einziehen können und deshalb erst einmal ein behelfsmäßiges Quartier beziehen und Ihre Möbel einlagern. Mit dem Bezug Ihres Notquartiers haben Sie steuerlich Ihr Umzugspulver verschossen. Weder die Kosten für das Einlagern Ihrer Möbel noch für den endgültigen Umzug werden vom Fiskus anerkannt (BFH v. 21.9.2000 – BStBl 2001 II S.70). 399

Für die *sonstigen Umzugskosten* können Sie wählen, ob Sie sie *einzeln nachweisen* oder *Pauschbeträge* ansetzen. Zu den sonstigen Umzugskosten gehören kleinere Ausgaben, z. B. für Inserate, Telefonate und öffentliche Gebühren, aber auch Ausgaben für Schönheitsreparaturen in der neuen und der alten Wohnung, wenn sie laut Mietvertrag fällig waren; Trinkgelder für das Umzugspersonal; Kosten für Abbau, Anschluss, Abnahme und Befestigungen von Öfen, Herden 400 und anderen Heizgeräten; Ausgaben für die Erweiterung, Änderung von Elektro-, Gas- oder Wasserleitungen, um vorhandene Geräte weiterbenutzen zu können; Ausgaben für das Abnehmen, Ändern und Anbringen von Vorhängen, Vorhangstangen, Rollos usw. Setzen Sie also alles an: die Nägel für die Bilder, den dafür benötigten Hammer, Schulbücher für die Kinder, das Taxi zum Bahnhof, Installations- und Ummeldekosten, Umbaukosten für eine neue Antenne, Lack und Pinsel, mit denen Sie die Schrammen an Ihren Möbeln vertuschen. Die Neuanschaffung von Möbeln, Lampen, Gardinen und anderen Einrichtungsgegenständen können Sie leider nicht absetzen, so jedenfalls der BFH am 17.12.2002 – BStBl II 2003 S.314. Geht Ihnen allerdings beim Umzug ein Teil Ihres Hausrats verloren oder wird er zerstört, können Sie trotzdem versuchen, seinen Wert als Werbungskosten abzusetzen (FG Düsseldorf v. 5.4.1978, EFG 1978 S.539).

401 Die Anschaffung von »Sonderbekleidung« wird Ihnen steuerlich nicht anerkannt, auch wenn sie wegen des mit dem Umzug verbundenen Klimawechsels erforderlich ist (H 9.9 LStH »Höhe der Umzugskosten«). Siehe aber ➤ Rz 300.

402 Da man die dicken Ausgabenbrocken für die Neuanschaffungen von Möbeln, Vorhängen und Elektrogeräten nicht anerkennt, können Sie sich die Mühe mit dem Nachweis Ihrer sonstigen Umzugsauslagen sparen. Stattdessen greifen Sie auf die gar nicht so mickrigen Pauschbeträge zurück.

Berufen Sie sich auf das Bundesumzugskostengesetz und auf R 9.9 LStR. Es gelten die Pauschbeträge, die Sie aus der folgenden Tabelle ablesen können.

403 Auf der Basis der Gehaltserhöhungen zum 1.1.2009 und 1.7.2009 für Bundesbeamte und § 10 Abs. 1 BUKG ergeben sich folgende Pauschbeträge für sonstige Umzugsauslagen, die Sie als Werbungskosten abziehen können (BMF v. 16.12.2008 – IV C 5 – S 2353/08/10007):

Jahr	Ledige	Verheiratete
1.1. – 30.6.2009	602 €	1204 €
Seit 1.7.2009	628 €	1256 €

Einen Zuschlag von 265 € (1.1. bis 30.6.2009) bzw. 277 € (seit 1.7.2009) zu den o.g. Beträgen erhalten Sie für jede Person, die in Ihrem Haushalt mit Ihnen zusammenwohnt, z.B. Eltern, Kinder, Großeltern oder andere Verwandte.

Beispiel
Sie sind mit Ihrem Ehepartner und zwei Kindern am 10.10.2010 aus beruflichen Gründen umgezogen. Das ergibt einen Pauschbetrag von 1265 € + 277 € + 277 € = **1819 €**.

Die höhere Pauschale für Verheiratete steht Ihnen auch als Alleinstehendem zu, wenn Sie verwitwet oder geschieden sind. Auch wenn Sie als Lediger aus gesundheitlichen Gründen auf ständige Betreuung angewiesen sind und deshalb jemand in Ihrer Wohnung lebt oder wenn in Ihrer Wohnung nahe Verwandte leben, die Sie auf Ihre Kosten unterhalten, werden Sie bei einem Umzug den Verheirateten gleichgestellt. 404

TRICK

Kassieren Sie als Berufsanfänger die volle Pauschale!

Wenn Sie sich z.B. als Azubi oder nach dem Ende Ihrer Ausbildung von zu Hause abnabeln und in eine eigene Wohnung ziehen, heißt es für Sie: Vorsicht, Falle! Führen Sie für Ihren Umzug berufliche Gründe ins Feld, werden Ihnen zwar Werbungskosten anerkannt, aber bei der Pauschale für sonstige Umzugsauslagen zeigt sich der Fiskus einmal mehr von seiner geizigen Seite. Hatten Sie nämlich vor Ihrem Umzug keine eigene Wohnung, streicht man Ihnen die Pauschale rigoros auf 20 % zusammen, wenn Sie ledig sind, und auf 30 %, wenn Sie verheiratet sind. Dieser Kürzung entgehen Sie, wenn Sie behaupten können: »Ich habe zwar bisher im Haus meiner Eltern gewohnt, aber dort hatte ich eine eigene abgeschlossene Wohnung. Sie war mit eigenen Möbeln ausgestattet, und ich habe schon seit langem selbständig gewirtschaftet.« Das Ganze lassen Sie sich von Ihren Eltern schriftlich bestätigen, und schon kommen Sie zu einem Beleg, den der kritische Fiskalknecht in seinen Akten abheften kann. 405

TRICK

Gönnen Sie sich ein Zusatzgeschäft mit der Pauschale für sonstige Umzugsauslagen!

Sind Sie innerhalb der letzten fünf Jahre bereits einmal beruflich bedingt umgezogen, sollten Sie jetzt einen Zuschlag von pauschal 50 % der *Pauschvergütung* ansetzen. Bei einem Vier-Personen-Haushalt sind das immerhin ca. 910 € (seit 1.7.2009). Bei einem Steuersatz von angenommen nur 30 % honoriert Ihnen das Finanzamt die Zusatzarbeit mit 273 €. Wetten, dass Sie in Ihrer Firma für das gleiche Geld wesentlich länger arbeiten müssen? 406

Einem kritischen Finanzbeamten halten Sie dazu § 10 Abs. 6 Bundesumzugskostengesetz unter die Nase, der diesen sog. *Häufigkeitszuschlag* eindeutig regelt.

Einen Strich durch diese Rechnung kann Ihnen der Fiskus allenfalls machen, wenn Sie zunächst jahrelang zu Ihrer Arbeitsstelle gefahren und erst umgezogen sind, nachdem Sie von der ewigen Fahrerei und den damit verbundenen Kosten die Nase voll hatten (Hessisches FG v. 19.8.1997 – 11 K 4490/96). Ziehen Sie dagegen unmittelbar im Zusammenhang mit dem Wechsel Ihres Arbeitsplatzes um, steht dieses kleinliche Urteil der Anerkennung des Häufigkeitszuschlags nicht im Weg.

407 Wenn die Kinder am neuen Wohnort wegen des Schulwechsels nicht richtig mitkommen und Nachhilfeunterricht brauchen, packen Sie die Aufwendungen dafür in die Umzugskosten! Neben den unmittelbaren Umzugskosten und der Pauschale für sonstige Umzugsauslagen ist ein Abzug eventueller Kosten für Nachhilfeunterricht Ihrer Kinder bis zu folgenden Beträgen möglich. Und zwar die ersten 50 % des Ausgangsbetrags in voller Höhe und vom übersteigenden Betrag 75 % (Quelle: § 9 BUKG und R 9.9 LStR):

Jahr	Ausgangsbetrag	Werbungskosten
1. 1. – 30.6.2009	1514 €	1325 €
Seit 1.7.2009	1584 €	1386 €

408 Leider gehören Instandsetzungskosten in der alten Wohnung nicht zu den abzugsfähigen Werbungskosten, wenn sie ohnehin fällig waren. Das FG Rheinland-Pfalz hat ihren Abzug in seinem Urteil v. 6.9.1972 (EFG 1973 S. 110) abgelehnt.

409 Wenn Sie Ihre Arbeitnehmertätigkeit einmal aufgeben sollten, um an einem anderen Ort eine gleichartige selbständige Tätigkeit aufzunehmen, sind die Kosten der Verlegung Ihrer Familienwohnung an den anderen Ort (Umzugskosten) in der Regel steuerlich abzugsfähige Betriebsausgaben (BFH v. 1.3.1972 – BStBl 1972 II S. 458).

GUTER RAT

410 Schon eine alte Bauernregel sagt: Dreimal umgezogen ist wie einmal abgebrannt.

Damit Sie nicht etwa einige Möglichkeiten übersehen, um sich vom Finanzamt wenigstens einige Brandlöcher in Ihrem Portemonnaie stopfen zu lassen, geben Ihnen die folgenden Übersichten eine Hilfe.

Vergessen Sie nicht, auch Ihre Fahrtkosten mit anzusetzen. Sobald Sie sich ins Auto setzen, um z. B. bei der Gemeinde den Personalausweis ändern zu lassen, oder zur Zeitung fahren, um ein Inserat für eine Wohnung aufzugeben und die

Angebote abzuholen, können Sie dem Finanzamt 0,30 € je km auf die Rechnung setzen!

Berechnung der Umzugskosten	**Betrag** €
1. Beförderungsauslagen 1.1 Beförderungsauslagen (Spediteur, Leih-Lkw, Entgelt für Umzugshelfer) Transportversicher. (lt. Versicherungsschein)	
2. Reisekosten 2.1 Besichtigungsreisen zum Suchen einer Wohnung …… € 2.2 Fahrtkosten für die Reisen zur Vorbereitung und Durchführung des Umzuges …… € 2.3 Umzugsreise …… €	
3. Doppelte Mietzahlungen für die alte Wohnung ohne Beschränkung bis zum Ablauf der Kündigungsfrist (BFH v. 1.12.1993 – BStBl 1994 II S. 323)	
4. Maklergebühren für Mietwohnungen	
5. Auslagen für zusätzlichen Unterricht (vgl. ➤ Rz 407)	
6. Pauschvergütung für sonstige Umzugsauslagen (vgl. ➤ Rz 403)	
7. oder nachgewiesene sonst. Umzugsauslagen (lt. ➤ Rz 388)	
8. Häufigkeitszuschlag zur Pauschvergütung 50 % von Nr. 6 (bei erneutem Umzug innerhalb von 5 Jahren)	

Art der sonstigen Umzugsauslagen	**Beleg** Nr.	**Betrag** €
1. Außertarifliche Zuwendungen an das Umzugspersonal Trinkgelder …… € andere Zuwendungen …… € insgesamt …… €		
2. Auslagen für Abbau, Anschließen, Abnehmen und Anbringen a) von …… Herd(en) …… Öfen …… anderen Heizgeräten b) von folgenden in der bisherigen Wohnung verwendeten hauswirtschaftlichen Geräten: Waschmaschine, Trockner, Geschirrspüler, Kühlschrank, Gefrierschrank, -truhe, Abzugshaube usw. c) von Beleuchtungskörpern und anderen Einrichtungsgegenständen		
3. Auslagen für das Ändern und Erweitern von Elektro-, Gas- und Wasserleitungen, um in der bisherigen Wohnung benutzte Geräte in der neuen Wohnung anschließen zu können		
4. Auslagen für das Ändern von folgenden in der bisherigen Wohnung verwendeten elektrischen Geräten, weil das Leitungsnetz in der neuen Wohnung eine andere Spannung oder Stromart hat		
5. Auslagen für das Umbauen von Gasgeräten		
6. Auslagen für das Anbringen von Anschlüssen an folgenden elektrischen Geräten einschl. der hierfür notwendigen Stecker und Verbindungsschnüre, um die in der bisherigen Wohnung benutzten Gegenstände verwenden zu können		
7. Auslagen für den Einbau eines Wasserenthärters für Geschirrspülmaschinen		

Art der sonstigen Umzugsauslagen	Beleg Nr.	Betrag €
8. Auslagen für das Umschreiben von Personalausweisen und Personenkraftfahrzeug(en) a) für Personalausweis b) für Pkw/Wohnwagenanhänger c) Anschaffen und Anbringen von amtlichen Kennzeichen an Pkw/Wohnwagenanhänger		
9. Auslagen für den Erwerb eines ausländischen Führerscheins für Pkw bei Tätigkeiten im Grenzverkehr		
10. Auslagen wegen Schulwechsels der Kinder a) Schulbücher b) Umschulungsgebühren		
11. Auslagen für Anzeigen und amtliche Gebühren zum Zwecke der Wohnungsbeschaffung a) Anzeigen b) Gebühren c) amtliche Gebühren		

GUTER RAT

411 Doppelte Mietzahlungen, die Ihnen dadurch entstehen, dass Sie für eine gewisse Zeit sowohl für Ihre neue als auch für Ihre alte Wohnung Miete zahlen müssen, sind abzugsfähige Umzugskosten. Miete für Ihre leerstehende alte Wohnung können Sie bis zu sechs Monate als Umzugskosten deklarieren (§8 Abs.1 BUKG). Aber auch die Miete für die neue Wohnung packen Sie in die Umzugskosten, wenn Sie sie schon vor dem Umzug angemietet haben. Diese Miete können Sie allerdings nur bis zu drei Monate lang als Umzugskosten beim Finanzamt abrechnen (§8 Abs.2 BUKG; FG Hamburg v. 4.10.1999 – II 237/99).

Auch wenn Sie bei Ihrem Umzug eine Eigentumswohnung zurücklassen, können Sie fiktiv doppelte Mietzahlungen absetzen. Wenn Ihnen Ihr Finanzamt hier mit der Maximalfrist von sechs Monaten lt. Bundesumzugskostengesetz kommt, lassen Sie sich davon nicht beeindrucken. Machen Sie ihm klar, dass Sie sich redlich bemüht haben, die Eigentumswohnung abzustoßen, zu einem vertretbaren Preis aber keinen Käufer gefunden haben. Schützenhilfe bekommen Sie durch das Urteil des FG Rheinland-Pfalz vom 16.4.1996 (EFG 1996 S.975), nach dem Sie nicht an die beamtenrechtliche Frist von sechs Monaten gebunden sind.

SUPER TRICK

Schlagen Sie Profit aus Ihren Pleiten bei der Wohnungssuche!

Gehören Sie zu denen, die jeden Tag 80 oder 90 km zur Arbeit fahren müssen? 412
Für eine gewisse Zeit geht das ja vielleicht noch. Auf die Dauer nerven Sie die lange Fahrerei und die damit verlorene Zeit aber doch ganz schön. Also sehen Sie sich nach einer Wohnung oder einem Eigenheim in der Nähe Ihres Arbeitsplatzes um.
Ich hoffe stark, dass Sie dem Finanzamt die Kosten für Ihre erfolglose Wohnungssuche auf die Rechnung setzen. Jedes Mal wenn Sie ein Wohnungsangebot prüfen, aber nicht für gut befinden, sind für Sie nämlich Werbungskosten angefallen. Da läppert sich ganz schön was zusammen, z. B.:

Telefon, Portokosten, Papier, Briefumschläge	5 €
1 Flasche Wein für den potenziellen Vermieter A.	10 €
1 Blumenstrauß oder 1 Schachtel Pralinen, um die potenzielle Vermieterin B. günstig zu stimmen	15 €
Fahrtkosten zur Wohnungsbesichtigung z. B. 2 × 70 km × 0,30 €	42 €
Verpflegungspauschale, wenn es länger als 6 Stunden gedauert hat	6 €
Kosten für die Prüfung eines Wohnungsangebotes ca.	78 €

Übers Jahr gesehen kommen Sie so locker auf 300 bis 500 € an Werbungskosten für vergebliche Wohnungssuche. Damit der Fiskalritter ein paar Zettelchen zum Abhaken hat, sammeln Sie fleißig die von Ihnen näher geprüften Inserate und legen ein paar schriftliche Absagen – von Ihnen und/oder Vermietern – bei. Wichtig ist nur, dass sich für Sie eine tägliche Fahrzeitersparnis von mindestens einer Stunde ergeben hätte, wenn es mit der Wohnung geklappt hätte (FG Düsseldorf – EFG 1994 S. 652).

TIPP

für Auslandsumzüge

Haarig kann es für Sie werden, wenn Sie ins Ausland umgezogen sind. Die Fis- 413
kalritter sind auf einen neuen Dreh verfallen, um Ihnen die rechtmäßig zustehende Steuerermäßigung für Umzugskosten streitig zu machen. Trotz Abschnittsbesteuerung, nach der es auf die Verhältnisse im jeweiligen Jahr ankommt, argumentieren sie, die Umzugskosten hingen mit Ihren künftigen

steuerfreien Auslandseinkünften zusammen, und verweigern Ihnen unter Hinweis auf §3 c EStG den Abzug als Werbungskosten oder Betriebsausgaben. Auch das Argument, Ihr Auslandsaufenthalt fördere Ihre spätere Karriere im Inland und ermögliche Ihnen Beförderungen und höhere Einkünfte, wollen sie nicht gelten lassen. Der unmittelbare Zusammenhang der Umzugskosten und des anstehenden Auslandsaufenthalts gehe dem allenfalls mittelbaren und zudem vagen Zusammenhang mit späteren Einkünften im Inland vor (BFH v. 20.9.2006 – BStBl 2007 II S.756).

Aber halt: Werfen Sie nicht gleich die Flinte ins Korn!
Wenn Sie Ihre Umzugskosten auch nicht direkt als Werbungskosten absetzen können, muss das Finanzamt sie doch bei der Berechnung des Steuersatzes *(Progressionsvorbehalt)* für Ihre restlichen steuerpflichtigen inländischen Einkünfte berücksichtigen. Mit diesem *negativen Progressionsvorbehalt* holen Sie vor allem bei teuren Auslandsumzügen, bei denen Sie selbst die Kosten getragen haben, eine ganz anständige Steuerermäßigung heraus. Besonders vorteilhaft fällt die ganze Sache für Sie aus, wenn Sie zum Ende des Jahres umgezogen sind und somit Ihre Umzugskosten nicht teilweise schon durch im Ausland erzielte steuerfreie Einkünfte aufgezehrt werden.
Angenommen, Sie übernehmen zum 1.1.2011 für mehrere Jahre eine sehr gut dotierte leitende Position bei einer amerikanischen Firma. 2010 haben Sie ein Gehalt von 80000 € bezogen. Der Umzug mit Ihrer Familie im Dezember 2010 hat Sie rund 25000 € gekostet. Ohne Umzugskosten liegt Ihre Einkommensteuer bei ca. 15378 €. Durch Abzug der Umzugskosten bei der Steuersatzberechnung für 2010 ergibt sich ein deutlich geringerer Progressionssteuersatz für Ihre Einkünfte. Die Ersparnis allein an Einkommensteuer daraus beträgt ca. 3941 €; inkl. Kirchensteuer und Solidaritätszuschlag sparen Sie sogar mehr als 4512 €.
Ziehen Sie erst im Januar um, verpufft die Steuerersparnis, weil Sie 2011 ja nur steuerfreie Auslandseinkünfte haben und in Deutschland keine Steuern zahlen. Damit können Sie auch nicht von den Segnungen des *negativen Progressionsvorbehalts* profitieren. Sie werden sich also geschickt verhalten und unter Ausnutzung des Zufluss-/Abflussprinzips (§11 EStG) Ihre Umzugskosten nach Möglichkeit in das Jahr 2010 vorverlagern. Für den größten Brocken Ihrer Aufwendungen ist das relativ einfach. Sie werden für die Transport- und Speditionskosten Vorkasse leisten und die Rechnung des beauftragten Unternehmens schon Ende Dezember 2010 bezahlen oder zumindest einen saftigen Abschlag überweisen.

12. Doppelte Haushaltsführung und was alles dazugehört

414 Steuerlich abzugsfähige Kosten für eine doppelte Haushaltsführung haben Sie immer dann, wenn Sie aus beruflichen Gründen neben Ihrer eigentlichen Wohnung eine Zweitwohnung in der Nähe Ihrer Arbeitsstelle unterhalten. Die Kos-

ten für diesen beruflich bedingten Zweithaushalt können Sie ohne zeitliche Einschränkungen absetzen. Allerdings achtet der Fiskus peinlich genau darauf, dass Sie tatsächlich **zwei** Haushalte Ihr Eigen nennen.

Der Pferdefuß ist, dass Sie als Alleinstehender ohne eigenen Hausstand in die Röhre schauen, wenn Sie z. B. als Auszubildender, Berufs- oder Zeitsoldat, aber auch als fertig ausgebildeter junger Arbeitnehmer noch bei Ihren Eltern wohnen. Sie sind nämlich von Anfang an von der Möglichkeit abgeschnitten, Ihre Miete und Verpflegungsmehraufwendungen von der Steuer abzusetzen. Besonders hart trifft das natürlich all diejenigen, die während der Ausbildung, wenn das Geld ohnehin knapp ist, am Arbeitsort ein Zimmer oder eine Wohnung anmieten müssen. 415

TRICK

Deklarieren Sie Heimfahrten als Fahrten zwischen Wohnung und Arbeitsstätte!

Zumindest bei Ihren Fahrtkosten können Sie den Schaden in Grenzen halten. 416 Wohnung ist nun einmal Wohnung. Wenn Sie also als Lediger ohne eigenen Hausstand nach Hause zu Ihren Eltern fahren, sind das keine privaten Besuchsfahrten, sondern Fahrten zwischen Wohnung und Arbeitsstätte. Dazu genügt es, wenn Sie dem Finanzamt klarmachen, dass der »Mittelpunkt Ihrer Lebensinteressen« – was für ein schreckliches Amtsdeutsch – im Wohnort Ihrer Eltern liegt. Wenn das ein Fiskalritter anzweifelt, werden Sie ihm blumig schildern, dass Ihre Freundin dort wohnt, Sie im örtlichen Sport- und Schützenverein stark engagiert sind und Ihre Eltern sowie Ihre sämtlichen anderen Verwandten, Freunde und Bekannten dort leben.

Für jede Fahrt in Ihren Heimatort setzen Sie die Entfernungspauschale von 0,30 € je Entfernungskilometer ab. Zum Ausgleich dafür, dass Ihnen die Miete steuerlich durch die Lappen geht, können Sie natürlich nicht nur die Fahrt am Wochenende ansetzen, sondern selbstverständlich auch die zusätzlichen Fahrten unter der Woche. Ob es Sie zwischendurch vor Sehnsucht zu Ihrem Schatz zieht, Sie an einem wichtigen Meisterschaftsspiel Ihrer Sportmannschaft teilnehmen wollen oder Tante Ernas Geburtstag zu feiern ist, spielt dabei keine Rolle. Schließlich machen Sie ja keine Familienheimfahrten, von denen nur eine pro Woche anerkannt wird, sondern Fahrten zwischen Wohnung und Arbeitsstätte.

Und so könnte die Rechnung für Sie aussehen:

	mit doppelter Haushaltsführung	**ohne** doppelte Haushaltsführung
Monatsmiete für Ihr Zimmer 12 × 150 €	1800 €	–
Heimfahrten pro Woche		
46 Wochen à 200 km × 0,30 €	2760 €	–
46 Fahrten à 200 km × 0,30 €		2760 €
60 zusätzliche Fahrten à 200 km × 0,30 €		3600 €
Werbungskosten insgesamt	4560 €	6360 €

Wie Sie sehen, können Sie durch die in höherer Zahl absetzbaren Fahrten zwischen Wohnung und Arbeitsplatz den Nachteil, keine doppelte Haushaltsführung ansetzen zu können, zumindest teilweise wieder wettmachen.

417 Doppelte Haushaltsführung machen Sie geltend, wenn Sie an Ihrem Wohnort einen eigenen Hausstand und zusätzlich am Beschäftigungsort eine irgendwie geartete Behausung unterhalten. Dabei spielt es keine Rolle, ob Sie verheiratet sind, in einer nichtehelichen Lebensgemeinschaft oder allein leben. In Ihrer Wohnung am Wohnort muss nämlich während Ihrer Abwesenheit nicht unbedingt hauswirtschaftliches Leben herrschen. Es kommt vielmehr darauf an, dass Ihr Aufenthalt in dem Haushalt im Wesentlichen nur durch Ihre arbeitsbedingte Abwesenheit und eventuelle Urlaubsfahrten unterbrochen wird (R 9.11 LStR und BFH v. 14.6.2007 – BFH/NV 2007 S. 1976).
Bei einem nichtverheirateten Arbeitnehmer wird eine doppelte Haushaltsführung demnach anerkannt, wenn die Wohnung am Wohnort ihm selbst gehört oder von ihm gemietet ist und wenn sie nach seinen persönlichen Bedürfnissen eingerichtet ist. Sind Sie dagegen in einen fremden Haushalt, z. B. in den der Eltern, eingegliedert oder dort als Gast, akzeptiert der Fiskus keine doppelte Haushaltsführung. Doch auch, wenn Sie nicht selbst Mieter oder Eigentümer sind, sondern bei Ihrem Lebenspartner wohnen und sich an den Kosten des Haushalts beteiligen, muss Ihr Fiskalvertreter die doppelte Haushaltsführung anerkennen (BFH v. 12.9.2000 – BStBl 2001 II S. 29). Nutzen Sie die Wohnung, weil Ihnen ein Wohnrecht oder Nießbrauchsrecht daran zusteht, reicht auch das aus.
Sie müssen aber praktisch Ihre gesamte Restfreizeit – Wochenenden, Urlaub etc. – in Ihrer Hauptwohnung sein. Das Vorhalten einer Wohnung für gelegentliche Besuche oder für Ferienaufenthalte soll nicht ausreichen, damit diese als eigener Hausstand durchgeht. Die Wohnung muss also von Anfang an Ihr Lebensmittelpunkt sein und das auch auf Dauer bleiben. Das gilt übrigens auch für Ehegatten, die eine andere Wohnung als die am Arbeitsort zum eigenen Hausstand und Lebensmittelpunkt erklären wollen.

Mit der Anerkennung dieses Lebensmittelpunktes gibt es ganz schnell Probleme, wenn Sie nur gelegentliche Familienheimfahrten durchführen. So reichten den Finanzgerichten 20 Heimfahrten im Jahr (FG München v. 20.9.2007 – 9 V 1692/07) oder elf Heimfahrten in einem Zeitraum von neun Monaten (FG Hamburg v. 6.11.2007 – 8 K 44/07) nicht aus. In beiden Fällen haben die Finanzgerichte unterstellt, dass die Wohnung am Arbeitsort zum Lebensmittelpunkt geworden ist.

Bei doppelter Haushaltsführung entstehen dadurch Mehrkosten, dass Sie neben Ihrem Hausstand am Wohnort eine Unterkunft am Arbeitsort unterhalten, ferner durch Heimfahrten und höhere Verpflegungskosten. **418**
Diese Mehrkosten sind als Werbungskosten abzugsfähig, weil sie beruflich bedingt sind. Listen Sie daher neben den anderen Werbungskosten alle Mehraufwendungen für die doppelte Haushaltsführung wie folgt auf:

```
1. Ich führe seit . . . . . . einen doppelten Haushalt,
   weil . . . . . . . . . . . . . . .
2. Durch die doppelte Haushaltsführung habe ich
   die folgenden Mehraufwendungen:
a) Miete am Beschäftigungsort                      . . . . €
b) Ausgaben für die Einrichtung (Möbel,
   Bettwäsche, Herd usw.)                          . . . . €
c) Licht und Heizung am Beschäftigungsort          . . . . €
d) Mehrausgaben für Verpflegung (3 Monate)         . . . . €
e) Kosten wöchentlicher Familienheimfahrten        . . . . €
f) Sonstige Mehrausgaben (Putzkosten,
   Telefongebühren statt Familienheimfahrt)        . . . . €
   Summe:                                          . . . . €
3. Als Entschädigung für doppelte Haushaltsführung
   erhalte ich von meinem
   Arbeitgeber . . . . . . monatlich               . . . . €
4. Diese Entschädigung unterwirft mein Arbeitgeber
   (nicht) dem Steuerabzug vom Arbeitslohn.
Ich versichere, dass ich die Angaben nach bestem Wissen und Gewissen
gemacht habe.

. . . . . . . . . . . . . . . .    . . . . . . . . . . . . . . . . . . .
(Ort und Datum)                    (Unterschrift des Antragstellers)

Die zu Ziffer 2, 3 und 4 gemachten Angaben werden von mir bestätigt.

. . . . . . . . . . . . . . . . . . .    . . . . . . . . . . . . . . . .
(Ort und Datum)                       (Unterschrift des Arbeitgebers)
```

Die zu Ziffer 2 a) bis c) gemachten Angaben müssen Sie durch Quittungen und glaubhafte Unterlagen belegen.

Es kommt nicht darauf an, ob Ihnen ein Umzug an den Arbeitsort oder die tägliche Rückkehr an den Wohnort zugemutet werden kann. Das Finanzamt muss eine doppelte Haushaltsführung auch anerkennen, wenn Sie aus persönlichen Gründen Ihre Wohnung nicht aufgeben. Die Heimfahrten zu Ihrer Hauptwohnung sind grundsätzlich Werbungskosten.

419 Das Finanzamt muss anerkennen:

- Die tatsächlichen Fahrtkosten für die erste Fahrt zum Beschäftigungsort und für die letzte Fahrt vom Beschäftigungsort zum Ort des eigenen Hausstands. Wird für diese Fahrten ein eigener Pkw benutzt, sind hierfür wie bei Dienstreisen 0,30 € je tatsächlich gefahrenen Kilometer anzusetzen.
- Die Fahrtkosten für eine Heimfahrt zur Hauptwohnung wöchentlich (Familienheimfahrt). Bei Benutzung eines eigenen Pkws ist die Entfernungspauschale mit 0,30 € je Entfernungskilometer anzusetzen. Anders als bei Fahrten zwischen Wohnung und Arbeitsstätte ist die Entfernungspauschale hier nicht auf 4500 € im Jahr begrenzt, wenn Sie kein eigenes oder zur Nutzung überlassenes Auto benutzen. Mit Ausnahme von Flugkosten können Sie keine tatsächlichen Aufwendungen für Ihre Heimfahrten absetzen. Dass gilt neben den Kosten für öffentliche Verkehrsmittel vor allem auch für Unfallkosten, wenn Sie auf einer Familienheimfahrt einen Crash mit Ihrem Auto hatten.
- Körperbehinderte, deren Minderung der Erwerbsfähigkeit mindestens 70 % beträgt, können die tatsächlich entstandenen Fahrtkosten, ersatzweise 0,60 € je Entfernungskilometer pauschal, ansetzen. Entsprechendes gilt für Körperbehinderte mit mindestens 50 % und Merkzeichen »G« (erheblich gehbehindert). Die oben beschriebenen Einschränkungen beim Abzug tatsächlicher Aufwendungen gelten bei entsprechend Körperbehinderten nicht.

420
- Anstelle der Fahrtkosten für eine Heimfahrt wöchentlich können Telefongebühren für Gespräche mit den Angehörigen bis zu einer Dauer von 15 Minuten berücksichtigt werden. Anerkannt werden aber nur die Gebühren nach dem günstigsten Tarif. Mehr dazu vgl. ➤ Rz 429.

421
- Die notwendigen Mehraufwendungen für Verpflegung, und zwar für längstens drei Monate mit 24 € täglich. Für Reisetage, an denen Sie nicht 24 Stunden von Ihrer Hauptwohnung abwesend waren, werden Ihnen die Pauschalen je nach Abwesenheit auf 10 € (mind. 14 Stunden) bzw. 6 € (mind. acht Stunden) gekürzt.

Resultiert Ihre doppelte Haushaltsführung aus einer vorangegangenen Dienstreise, wird deren Zeit auf die Dreimonatsfrist für Verpflegungsmehraufwendungen angerechnet.

Beispiel
Sie werden von Ihrer Firma zunächst befristet in eine Filiale beordert, um dort auszuhelfen. Nach vier Monaten stellt sich heraus, dass aus dem befristeten Einsatz eine dauerhafte Versetzung wird. Sie hatten sich für die ursprünglich geplante Dauer der Abordnung in der Nähe der Filiale ein möbliertes Zimmer gemietet, das Sie nun behalten. Die ersten vier Monate deklarieren Sie als Dienstreise und rechnen alle Kosten als Reisekosten ab. Danach gilt die Zweigstelle als Ihre regelmäßige Arbeitsstätte. Das hat zur Folge, dass Sie ab dem vierten Monat Ihre Kosten nur noch nach den Grundsätzen der doppelten Haushaltsführung absetzen können. Da aber die vorangegangenen Dienstreisemonate bei Ihren Verpflegungskosten angerechnet werden, ist der Dreimonatszeitraum bereits überschritten, und Sie können keine Verpflegungspauschalen mehr absetzen.

Werbungskostenabzug nur für Wohnungen am Beschäftigungsort 422
Eine doppelte Haushaltsführung liegt nur vor, wenn der Arbeitnehmer aus beruflichen Gründen **am Beschäftigungsort** wohnt. Sie müssen dazu nicht unbedingt in derselben politischen Gemeinde wohnen, in der sich Ihre Arbeitsstätte befindet. Es reicht aus, wenn Sie im Einzugsgebiet der politischen Gemeinde wohnen. Allerdings sollten Sie darauf achten, dass die Entfernung zwischen Ihrer beruflichen Zweitwohnung und dem Beschäftigungsort nicht allzu weit ist. So erkannte der BFH in einer seiner Entscheidungen Kosten für eine doppelte Haushaltsführung nicht an, weil ihm die 62km, die die Zweitwohnung vom Beschäftigungsort entfernt war, auch bei großzügiger Auslegung zu groß erschien. Er vermutete vielmehr, dass die Wohnung aus privaten Gründen gewählt worden war (BFH v. 2.10.2008 – VI B 33/08).

TRICK

Stimmt das mit den zwei Wohnorten?

Mit einem Arbeitsplatz fern der Heimat sind Wochenendheimfahrten, Mietkosten und für die ersten drei Monate Verpflegungspauschalen absetzbar. Das animiert viele Steuerzahler, gegenüber dem Finanzamt zwei Wohnorte zu deklarieren – obwohl die Zelte in der alten Heimat längst abgebrochen wurden. Die meisten Arbeitnehmer mit Zweithaushalt werden daher kritisch unter die Lupe genommen. Sie müssen zunächst einmal nachweisen, dass sie tatsächlich eine zweite Wohnung unterhalten, und zudem glaubhaft machen, dass alte Verbindungen zu Freunden und Bekannten nicht gekappt sind. Vor allem bei Alleinstehenden, die am Beschäftigungsort wohnen und an einem anderen Ort einen eigenen Hausstand geltend machen, sieht der Fiskus mit zunehmender Dauer

immer stärkeren Anlass zu prüfen, wo sich der Lebensmittelpunkt befindet (BFH v. 9.8.2007 – BStBl 2007 II S. 820).
Erschwerend kommt hinzu, dass Sie dort Ihre Freizeit praktisch komplett verbringen müssen. Natürlich haben Sie wie jeder andere Arbeitnehmer das Recht, Ihren Urlaub außerhalb der heimischen Gefilde zu verbringen, für die restlichen Urlaubszeiten, alle Wochenenden, längere Feiertagspausen etc. ist aber Rückkehr in Ihre *Hauptwohnung* angesagt. Wer Stress mit der Behörde vermeiden will, sollte sich also nicht darauf beschränken, den Austritt aus dem Heimatverein oder dem Kirchenchor hinauszuschieben. Sie sollten unbedingt Fahrkarten, Benzinquittungen und andere Belege sammeln, die beweisen, dass Sie sich regelmäßig und in ausreichendem Maß in Ihrer Hauptwohnung aufgehalten haben. Eine ganz neue Masche der Finanzämter und der Finanzgerichte ist es, ihre Kontoauszüge und Kreditkartenabrechnungen daraufhin durchzusehen, wo Sie entsprechende Zahlungen und Geldabhebungen vorgenommen haben. Um Missverständnissse zu vermeiden, sollten Sie Ihre Einkäufe für das Wochenende nicht noch schnell am letzten Arbeitstag an Ihrem Arbeitsort erledigen oder sich dort am Geldautomaten mit dem nötigen Bargeld versorgen, sondern das tunlichst erst am Wochenende zu Hause erledigen.
Die Beamten achten außerdem darauf, dass die Wohnung am Hauptwohnort die nötigen Kriterien erfüllt, vgl. ➤ Rz 417.
Ganz schlechte Karten haben Sie, wenn Ihr Ehepartner mit Kind in Ihre Wohnung am Arbeitsort zieht und das Kind dort in den Kindergarten oder zur Schule geht. Auch wenn Sie die Wohnung am bisherigen Familienwohnort beibehalten und gelegentlich aufsuchen, soll das nicht ausreichen (BFH v. 9.7.2008 – BFH/NV 2008 S. 2000; FG München v. 25.4.2007 – 1 K 1239/05; FG Hamburg v. 17.8.2007 – 5 K 160/06). Unschädlich ist allerdings, wenn Ehepartner und Kinder nur von Zeit zu Zeit zu Besuch an Ihren Arbeitsort kommen.

TRICK

Saubere Mietverträge nehmen dem Fiskus den Wind aus den Segeln!

424 Wie wäre es denn, wenn Sie z. B. von Ihren Eltern die kleine Einliegerwohnung unter dem Dach oder im Souterrain mieteten? Präsentieren Sie dem Finanzamt Ihren Mietvertrag, und schon können Sie wunderbar Ihren eigenen Hausstand begründen. Denn: Doppelte Haushaltsführung eines Alleinstehenden und unentgeltliche Nutzung der »Hauptwohnung« ist eine Kombination, auf die der Fiskus mit heftigen Streichgelüsten reagiert. Zwar sagt der BFH, dass bei der Prüfung, ob ein alleinstehender Arbeitnehmer einen eigenen Hausstand unterhält oder in einem fremden Haushalt eingegliedert ist, immer alle Umstände heranzuziehen sind. Trotzdem hält er es auch von erheblicher Bedeutung, ob

der Arbeitnehmer die Wohnung entgeltlich oder unentgeltlich nutzt (BFH v. 14.6.2007 – BStBl 2007 II S. 890). Um von vornherein keine Angriffsflächen zu bieten, werden Sie für die Wohnung mit Ihren Eltern einen erstklassigen, schriftlichen Mietvertrag abschließen und auch brav Monat für Monat die Miete samt Nebenkosten überweisen.

Damit Ihre »Hauptwohnung« bei den Eltern als eigener Hausstand durchgeht, müssen Sie nicht unbedingt eine astrein abgeschlossene, komplett ausgestattete Wohnung haben. Wichtig ist nur, dass Sie dort allein wirtschaften und nicht mehr die Füße im Hotel Mama unter den Tisch stellen. Wenn Sie sich also das Bad oder die Küche z. B. mit Ihrem Bruder oder Ihrer Schwester teilen müssen, spricht das noch nicht gegen einen eigenen Hausstand. Machen Sie es so wie die Geschwister im BFH-Urteil vom 14.10.2004 (BStBl II 2005 S. 98). Die haben sich auf dem Hof der Eltern ein älteres Haus geteilt. Der Bruder wohnte im Obergeschoss auf zwei Zimmern mit Kochnische, die Schwester im Erdgeschoss, zwei Zimmer mit Küche. Bad und Toilette nutzten die beiden gemeinsam. Mit einem astreinen Mietvertrag für das Haus und regelmäßigen Mietzahlungen haben sich die Steuerrichter überzeugen lassen. Dass der Hausstand keine Wohnung im steuertechnischen Sinn war, hat sie dabei nicht interessiert.

Die Überlassung von ein paar Kellerräumen, die keine abgeschlossene Wohnung darstellen und für die darüber hinaus kein Mietvertrag vorliegt, gehen vor den strengen Augen des Fiskus allerdings nicht als eigener Hausstand durch (BFH v. 5.7.2007 – BFH/NV 2007 S. 1878).

Die Wohnung im Haus der Eltern sollte auch auf keinen Fall zu winzig sein. Haben Sie z. B. bei den Eltern ein 25 qm-Appartement und am Arbeitsort eine 60 qm-Wohnung, könnte das schon ausreichen, um Ihrem eigenen Hausstand im Haus der Eltern und damit Ihrer doppelten Haushaltsführung den Garaus zu machen (FG Hamburg v. 7.11.2007 – 5 K 253/05 für einen Ledigen, dessen Wohnung am Arbeitsort doppelt so groß war wie die Wohnung zu Hause).

Es ist ein albern Schaf, das dem Wolf beichtet.
(Australisches Sprichwort)

SUPER TRICK

Sorgen Sie treu für Ihre Eltern und lassen Sie sie bei Ihnen wohnen!

Ihr Leben lang haben Sie bei Vater und Mutter gewohnt und sich von ihnen umsorgen lassen. Deshalb ist es höchste Zeit, sich zu revanchieren: Sie übernehmen die elterliche Wohnung und schließen als neuer Großverdiener der Familie **425**

den Mietvertrag mit dem Hauswirt ab. Selbstverständlich verlangt niemand, dass Sie Ihre Altvorderen vor die Tür setzen. Als dankbare(r) Sohn/Tochter lassen Sie sie in Ihrem Haushalt leben. Dass sie Ihnen dafür einen Zuschuss zu Ihren Miet- und Haushaltskosten zahlen, ist ja wohl selbstverständlich – schließlich haben Sie von Ihrem Verdienst früher ja auch ein monatliches Kostgeld abgedrückt.
Jetzt leben Sie also nicht mehr im Haushalt Ihrer Eltern, sondern Ihre Eltern leben in Ihrem Haushalt! So können Sie guten Gewissens sagen: »Ich unterhalte in einer von mir angemieteten Wohnung einen eigenen Hausstand. Zu diesem Hausstand gehören außer mir noch zwei Angehörige, die sich lediglich im Rahmen ihrer Möglichkeiten an den Miet- und Haushaltskosten beteiligen.«

Anmerkung: Wenn Ihnen Ihre Eltern zum Geburtstag oder zu Weihnachten großzügig ein paar Scheine als Geschenk zukommen lassen, brauchen Sie das natürlich nicht mit zur Kostenbeteiligung zu zählen.

TIPP zum Möbelkauf

426 Durch den gesetzgeberischen Formulierungstrick, dass im Rahmen der doppelten Haushaltsführung nur notwendige Kosten abzugsfähig sind, soll erreicht werden, dass die steuerlichen Abzüge nicht unangemessen hoch ausfallen. Die Wohnung darf nach Meinung des Fiskus also insbesondere nicht Repräsentationsbedürfnisse befriedigen. Vielmehr muss sie hinsichtlich Einrichtung und Hausrat auf das zum Leben Notwendige beschränkt bleiben (BFH v. 3.12.1982 – BStBl 1983 II S. 467). Gleichwohl bedeutet das nicht, dass Sie sich kein gutes Mobiliar anschaffen dürfen – für Ihre Zweitwohnung am Beschäftigungsort natürlich. Unter doppelter Haushaltsführung absetzen können Sie preisgünstige Schlaf-, Sitz- sowie Aufbewahrungsmöbel, Ess- und Schreibtisch, eine funktionelle Kücheneinrichtung mit Herd, Kühlschrank und Geschirr. Nicht zu vergessen Gardinen und Lampen, Sie können ja schließlich kaum bei ständig herabgelassenen Rollos im Finstern leben. Auch ein Zweitradio ist abzugsfähig (FG Köln v. 5.2.1992 – EFG 1993 S. 144). Bei einem Ferneher zieht der Fiskus allerdings die rote Karte und weist die Kosten der privaten Lebensführung zu (FG des Saarlandes v. 29.8.2001 – EFG 2001 S. 1491).
Am besten verfahren Sie nach dem Motto: klein und fein, aber nicht protzig. Sonst geraten Sie in die Notwendigkeitsfalle. Das bedeutet: Haben Sie nach der Devise »Man gönnt sich ja sonst nichts« exklusive Designerlampen, Orientteppiche, alte Stiche und eine teure Stereoanlage gekauft, können Ihnen nach dem Urteil des FG Köln (EFG 1993 S. 145), auf das sich die Fiskalritter mit Sicherheit stürzen werden, die Ausgaben gekürzt werden. In dasselbe Horn bliesen die

Richter beim FG Rheinland-Pfalz (Urt. v. 19.2.1998 – 4 K 2213/96; NWB Eil 98 S. 285), die nur die Abschreibung auf solche Einrichtungsgegenstände anerkannten, die dem Grunde und der Höhe nach angemessen sind. Lassen Sie es sich aber auf keinen Fall gefallen, wenn man Ihnen mit diesem Argument Ihre Kosten komplett streicht. Schließlich sagt das Finanzgericht Köln in seinem Urteil, dass notwendige Kosten anerkannt werden müssen und »notwendig« nicht der billigste Kram sein muss. Bestehen Sie also darauf, dass man Ihnen für den Orientteppich zum Preis von 5000 € zumindest den Preis eines normalen Teppichs von ca. 1000 € anerkennt.
Um zu vermeiden, dass Ihnen nach Ende der doppelten Haushaltsführung die nicht verbrauchte Abschreibung durch die Lappen geht, stellen Sie sich besonders geschickt an und achten darauf, dass der Preis der einzelnen Einrichtungsgegenstände möglichst nicht über 488 € (= 410 € + 19 % MwSt) liegt. Dann setzen Sie nämlich die gesamten Kosten als geringwertige Wirtschaftsgüter **gleich im ersten Jahr in voller Höhe** ab. Lieben Sie es dagegen etwas gediegener und exklusiver, müssen Sie die Anschaffungskosten auf bis zu 13 Jahre verteilen und sich mit einer jährlichen Abschreibung von ca. 7,7 % begnügen.

Bei *Auslandsbeschäftigung* werden für die ersten drei Monate die Mehraufwen- **427**
dungen für Verpflegung bis zum niedrigsten Auslandstagegeld anerkannt, das für das jeweilige Land maßgebend ist und auch bei Auslandsdienstreisen gilt. Die Kosten für Ihre Unterkunft müssen Sie dagegen ab 2008 auch bei Auslandsaufenthalten durch Belege wie Hotelquittungen oder Mietverträge nachweisen. Erstattet der Arbeitgeber die Kosten, sind die Beträge steuerfrei. In diesem Fall kann der Arbeitgeber auch weiterhin auf einen Nachweis der Unterkunftskosten verzichten und die Auslandsübernachtungspauschalen steuerfrei zahlen.

Als Zweitunterkunft reicht – wie Sie schon gesehen haben – jede Unterkunft **428**
aus, es muss auf keinen Fall eine komplette Wohnung sein. Vom Hotelzimmer über Gemeinschaftsunterkünfte bis zum Wohnwagen geht alles als beruflicher Zweithaushalt durch. Übernachten Sie dagegen in Ihrem Wohnmobil, mit dem Sie auch Ihre Familienheimfahrten durchführen, sollen Sie nach dem Willen der Richter am Hessischen Finanzgericht Ihre Kosten, insbesondere die für das Wohnmobil, nicht absetzen können (Urteil v. 14.4.1988 – EFG 1988 S. 517).

TIPP

Vergessen Sie nicht, dass bei doppelter Haushaltsführung mehr telefoniert wird!

Liegen Ihre Hauptwohnung und Ihre berufliche Zweitwohnung sehr weit von- **429**
einander entfernt, Letztere vielleicht sogar im Ausland, werden Sie sich nicht jede Woche zu einer Familienheimfahrt aufmachen können. Es spricht aber

nichts dafür, dass die Kommunikation innerhalb der Familie auf die Familienheimfahrten beschränkt sein muss. Dieser Meinung waren auch die Richter beim BFH. Sie haben entschieden, dass immer dann, wenn keine Familienheimfahrt durchgeführt wird, ein Telefonat mit der Familie abgesetzt werden kann (BFH v. 18.3.1988 – BStBl 1988 S. 988). Aber wie üblich haben sie dabei dem Steuerzahler nicht die ganze Hand, sondern wieder nur den kleinen Finger gereicht. Abziehen können Sie nämlich nur die Kosten für ein höchstens 15-minütiges Gespräch. Achten Sie deshalb darauf, Telefonate dieser Länge in den Wochen zu führen, in denen Sie nicht nach Hause fahren.

15 Minuten Telefonat pro Woche kann nun wirklich nicht der Weisheit letzter Schluss sein. Wenn Sie notwendigerweise mehr telefonieren müssen, scheuen Sie sich nicht, auch mehr anzusetzen. Rückendeckung bekommen Sie durch das Urteil des Niedersächsischen FG vom 22.2.1996 (EFG 1996 S. 1156).

Es kann Ihnen passieren, dass man von Ihnen im reinsten Amtsdeutsch einen Nachweis darüber verlangt, »dass zumindest die faktische Möglichkeit einer telefonischen Kontaktaufnahme mit der Familie besteht«, wenn es zu Hause keinen Telefonanschluss gibt. Dahinter steckt der Versuch, Ihnen die Telefonkosten zu streichen. Natürlich ist das blanker Unsinn. Es reicht völlig aus, wenn Sie sich darauf berufen können, dass Ihr Ehepartner die Anrufe z. B. bei einer Nachbarin oder bei Verwandten entgegennimmt und Sie deren Telefonnummer angeben. Auch das Argument, dass Anrufe zu vorher abgesprochenen Zeiten im Postamt an Ihrem Heimatort vereinbart werden, nimmt dem streichwütigen Fiskalritter den Wind aus den Segeln.

Übrigens: Berufliche Gespräche können Sie selbstverständlich zusätzlich zu den Gesprächen mit Ihrer Familie als Werbungskosten abziehen, wenn Sie sie von dem Apparat in Ihrer Zweitwohnung aus führen (vgl. ➤ Rz 380 f., Rz 385).

430 **S** Achtung, Selbständige: Hat ein Freiberufler keine feste Berufsstätte (z. B. ein **Künstler** mit ständig wechselnden kurzfristigen Auftritten), können die Kosten eines kleinen Appartements, in dem er sich nach seiner Tätigkeit immer wieder
aufhält, als doppelte Haushaltsführung steuerlich berücksichtigungsfähig sein (FG Nürnberg, Urt. v. 4.7.1984,
rechtskräftig – EFG 1984 S. 600).

431 Leben Sie mit jemandem zusammen, haben aber in dem Ort, in dem Sie arbeiten, eine Wohnung, in der Sie während der Woche wohnen, können Sie dem Finanzamt auch ohne Ehepapier folgende Rechnung aufmachen:

Miete	12 Monate à 250 € =	3 000 €
Nebenkosten	12 Monate à 80 € =	960 €
Heimfahrten	48 Fahrten à 180 km à 0,30 € =	2 592 €
Insgesamt		6 552 €

Dazu kommen in den ersten drei Monaten Verpflegungspauschalen für 60 Tage à 24 € = 1440 €.

Ihre Steuerersparnis für ein Jahr beträgt schon bei einem Steuersatz von nur 30 % inkl. Kirchensteuer und Solidaritätszuschlag ca. 2750 €.

Wenn berufstätige Ehepartner im Zusammenhang mit der Heirat eine ihrer Wohnungen als gemeinsame Wohnung beziehen und gleichzeitig einer der beiden seine Wohnung am Arbeitsort beibehält, liegt eine doppelte Haushaltsführung vor (BFH v. 13.3.1996 – BStBl 1996 II S. 315). Diese großzügige Regelung gilt nach Auffassung des Fiskus nach wie vor nicht für Lebenspartner, egal ob die Lebenspartnerschaft formell eingetragen wurde oder nicht. Zur Begründung wird immer noch der besondere Schutz von Ehe und Familie durch das Grundgesetz an den Haaren herbeigezogen. Wie man bei einer derartigen Argumentation aus der Not eine Tugend macht, hat ein Steuerzahler bewiesen, der treffsicher argumentierte: »Das Grundgesetz schützt nicht nur die Ehe, sondern auch die Familie. Meine Lebenspartnerin und ich haben ein gemeinsames Kind bekommen, wir sind also eine Familie, die den Grundgesetzschutz ebenfalls verdient.« Der BFH hat sich auf seine Seite geschlagen und entschieden, dass wenn die Lebenspartner im Zusammenhang mit der Geburt eines gemeinsamen Kindes zusammenziehen und einer seine alte Wohnung als beruflichen Zweitwohnsitz beibehält, ebenfalls eine doppelte Haushaltsführung vorliegt (BFH v. 15.3.2007 – BStBl 2007 II S. 533).

Der Ruin kann drei Ursachen haben:
Frauen, Wetten oder die Befragung von Fachleuten.
(Georges Pompidou)

GUTER RAT

Besucht Sie Ihr Ehepartner am Beschäftigungsort, weil Sie aus dienstlichen Gründen an der Heimfahrt gehindert sind, können Sie die Fahrtkosten absetzen (BFH v. 2.7.1972 – BStBl 1972 II S. 67). Ihre bessere Hälfte kann auch steuerlich absetzbar die gemeinsamen Kinder mitbringen. Faustregel: Die Kosten für den Besuch durch Ihre Familie sind in der Höhe absetzbar, wie Sie mögliche, aber nicht durchgeführte Familienheimfahrten hätten absetzen können (BFH-Urteil v. 28.1.1983 – BStBl 1983 II S. 313). 432

Andere Aufwendungen, wie z. B. Unterkunft und Verpflegung des Ehepartners – und ggf. der Kinder – am Beschäftigungsort des Arbeitnehmers, sind keine Werbungskosten.

Bei Behörden ist die Vollbeschäftigung stets garantiert. Beamte schaffen sich gegenseitig so viel Arbeit, dass sie ständig zu tun haben.

(N. Parkinson)

SUPER TRICK

Wie Sie mittels einer Tasse Kaffee zu steuerlich abzugsfähigen Familienheimfahrten kommen

Es ist schon erstaunlich, auf welche Ideen manche Fiskalvertreter kommen, um Ihnen zusätzlich ein paar Steuergroschen abzuzwacken. So haben einige ganz eifrige Steuereintreiber mit Hilfe des Finanzgerichts Saarland einen Dreh gefunden, Besuchsfahrten nicht anerkennen zu müssen. Ein leidgeplagter Familienvater, der am Wochenende überraschend für seine Firma arbeiten musste, konnte nicht wie vorgesehen nach Hause fahren, weshalb ihm sein Sohn mit dem Auto frische Hemden, Anzüge und Wäsche für die nächste Woche vorbeibrachte. Die Fahrtkosten wurden dem Vater aber mit der fadenscheinigen Begründung gestrichen, Kleidung sei privat und somit auch ihr Transport (FG Saarland v. 28.2.1992 – 1 K 397/91).

Damit Ihnen nicht etwas Ähnliches passiert, werden Sie Ihrem Filius eine Tasse Kaffee und ein Stück Kuchen anbieten und mit ihm ein Schwätzchen über die Neuigkeiten der letzten Woche halten. Und schon haben Sie aus der nicht absetzbaren Transportfahrt für Kleidung eine als Familienheimfahrt absetzbare Besuchsfahrt gezaubert!

433 **Anmerkung: Doppelte Haushaltsführung liegt auch vor, wenn nach einer Heirat beide Ehepartner ihren Hausstand beibehalten und wie bisher von dort aus ihrer Beschäftigung nachgehen. Das gilt auch dann, wenn eine gemeinsame Wohnung bereits erhebliche Zeit vor der Eheschließung bezogen wurde (FG Hessen v. 4.4.1984 – VI 212/82 – EFG 1984 S. 546 und FG Bremen v. 3.8.1983 – EFG 1983 S. 597).**

434 Wenn ein Ehepartner mit den Kindern in eine Wohnung im neuen Beschäftigungsort zieht und der andere am bisherigen Familienwohnort bleibt, muss Letzterer als auswärtiger Beschäftigungsort des zurückbleibenden Ehepartners anerkannt werden und ist hierfür doppelte Haushaltsführung anzuerkennen (BFH-Urt. v. 2.10.1987 – BStBl 1987 II S. 852).

Sie dürfen bei einem solchen Umzug auf keinen Fall die Fußangel übersehen: Entscheidend war für den Bundesfinanzhof in diesem Fall nämlich, dass die Ehefrau am neuen Wohnort eine Arbeitsstelle angenommen hatte.

TRICK

Wie Sie durch einen Gelegenheitsjob von einem von Ihnen auf Dauer vom Fiskus Geld kassieren

Das obige Urteil können Sie nutzen, wenn Sie Ihre Verhältnisse im Voraus richtig gestalten. Angenommen, Sie und Ihr Partner wollten aufs Land ziehen, die bisherige Wohnung aber behalten, weil Sie in der Stadt weiter Ihrer Arbeit nachgehen und schließlich irgendwo wohnen müssen. Auf den ersten Blick würden Sie dann einen astreinen doppelten Haushalt führen. Aber leider würden Ihnen die Fiskalritter mit ihrem verschrobenen Denken die Kosten nicht anerkennen. Rechtfertigung dafür in offiziellem Amtsdeutsch: »Die Begründung des doppelten Haushalts ist nicht beruflich bedingt, weil der Familienwohnsitz aus privaten Gründen vom Arbeitsort wegverlegt wurde.« Sie nehmen dem Fiskalvertreter den Wind aus den Segeln, wenn sich Ihre bessere Hälfte vor dem Umzug einen Job am neuen Wohnort sucht. Nun kann argumentiert werden, dass der Umzug wegen der Arbeitsstelle Ihres Ehepartners beruflich notwendig war.

SUPER TRICK

Setzen Sie die Kosten für Ihre Ferienwohnung als Werbungskosten ab!

Voraussetzung dafür ist allerdings, dass Sie kein Single sind. Mit Hilfe Ihres Partners und folgendem Fahrplan bleiben Sie beim Steuerpoker mit der Ferienwohnung der lachende Dritte und setzen deren Kosten für zwei Jahre locker von der Steuer ab.

1. Sie kaufen sich Ihre heißersehnte, schnuckelige Ferienwohnung.
2. Ihre bessere Hälfte zieht mit Hauptwohnsitz in die Ferienwohnung ein und sucht sich dort am Ort einen Job.
3. Nach der Hochzeit wird die Ferienwohnung zum gemeinsamen Familienwohnsitz erklärt, und schon fallen Sie unter das BFH-Urteil vom 4.10.1989 (BStBl 1990 II S.321).

Nach diesem Urteil entsteht bei beiderseits berufstätigen Ehegatten eine doppelte Haushaltsführung, wenn eine der Wohnungen – wie bei Ihnen die Ferienwohnung – zum Familienwohnsitz erklärt wird.

Wenn Ihr Ehepartner den Job wieder aufgibt und während der Woche bei Ihnen am Arbeitsort wohnt, ist das für die doppelte Haushaltsführung nicht schädlich. Sie müssen dem Finanzamt nur beibringen, dass in der Ferienwohnung weiter Ihr Lebensmittelpunkt ist. Verweisen Sie notfalls auf das BFH-Urteil vom 5.10.1994 (BStBl 1995 II S.180) und Tz. 5 des BMF-Schreibens vom 8.3.1995 (BStBl 1995 I S.168). Zwar können Sie nicht die Miete Ihrer Ferienwohnung absetzen, aber die Ihrer Wohnung am Arbeitsort. Bei einer großen Wohnung werden Sie jedoch in Regel mit einer Kürzung auf die für einen beruflichen Zweitwohnsitz notwendigen Kosten für ca. 60 m² leben müssen; vgl. dazu ➤ Rz 438. Trotzdem setzen Sie selbst dann noch zusammen mit den Verpflegungskosten von 24 €/Tag in den ersten drei Monaten und den wöchentlichen Fahrten zur Familien-(Ferien-)Wohnung etliche Tausender pro Jahr von der Steuer ab, die Sie sonst in den Wind schreiben müssten.

TRICK

Setzen Sie die vollen Kosten Ihrer Wohnung ab!

Angenommen, Sie sind mit Ihrer Familie an Ihren neuen Beschäftigungsort gezogen. Ihre bisherige Wohnung im Haus Ihrer Schwiegereltern haben diese nicht wieder vermietet. Sie wollten halt keine fremden Leute im Haus haben, und außerdem steht Ihnen so die Wohnung jederzeit zur Verfügung, wovon Sie auch ausgiebig Gebrauch machen. Stellen Sie sich auf den Standpunkt, die alte Wohnung sei weiter der gemeinsame Wohnort sowie Ihr eigentlicher Lebensmittelpunkt und in der neuen Wohnung am Beschäftigungsort würden Sie lediglich einen beruflich bedingten doppelten Haushalt unterhalten. Sie meinen, das klappe nicht? Falsch gedacht! Genau so einen Fall hat das Finanzgericht Thüringen abgesegnet (Urt. v. 28.1.1998, EFG 1998 S.1254). Einziger Wermutstropfen: Die Richter ließen nur die halbe Verpflegungspauschale zum Abzug zu, aber das werden Sie wohl verschmerzen, weil Sie ja schließlich die gesamte Miete Ihrer Wohnung elegant von der Steuer absetzen können.

Doppelter Vorteil daraus: Sie setzen die Fahrten zur bisherigen Wohnung als Familienheimfahrten ab, und Ihre Schwiegereltern können aufgrund des astreinen Mietvertrags, der natürlich geschlossen werden muss, selbst bei nur 56 % der ortsüblichen Miete alle Kosten für die Wohnung von der Steuer absetzen.

Schwierigkeiten macht Ihnen der Fiskus allerdings, wenn Sie Ihre Kinder am Beschäftigungsort in der Schule angemeldet haben. Dann wird die Wohnung am Beschäftigungsort regelmäßig als neuer Familienwohnort angesehen (BFH v. 9.7.2008 – BFH/NV 2008 S.2000).

WICHTIGER HINWEIS

Bombennachricht für alle, die von Ihrem Arbeitsort wegziehen!

Besonders erfreuliche Nachrichten gibt es für alle, die sich neben der Wohnung 435
am Beschäftigungsort einen zusätzlichen privaten Wohnort zulegen. Bislang griffen die Mitarbeiter des Fiskus gleich zum Rotstift und veranstalteten bei Ihren Kosten für eine doppelte Haushaltsführung wahre Streichorgien. »Es liegt kein beruflich begründeter doppelter Haushalt vor, weil die Verlagerung des Hauptwohnsitzes in die neue Wohnung privat veranlasst ist«, war die hierfür schnell gefundene Begründung. Mit dieser Kleinlichkeitskrämerei ist aber nunmehr ein für alle Mal Schluss. Unerwartete Schützenhilfe für alle Betroffenen leistet nämlich der BFH. Er änderte nämlich mal kurzerhand seine Rechtsprechung zugunsten der Steuerzahler. Warum eine andere Wohnung zusätzlich bezogen wird, soll völlig unerheblich sein. Private Gründe hin oder her, entscheidend ist, dass Sie Ihre bisherige Wohnung am Arbeitsort weiter nutzen. Dieses Beibehalten der Wohnung ist der berufliche Anlass, der die Kosten abzugsfähig macht.
Ihre doppelte Haushaltsführung wird danach problemlos anerkannt, wenn

- Sie mit Ihrer Familie umziehen, ihren Job und die alte Wohnung aber behalten
- Sie als Lediger z. B. mit Freund oder Freundin zusammenziehen, ohne Job und bisherige Wohnung aufzugeben.

Wenn das Finanzamt nicht mitspielen will, verhelfen Sie ihm mit einem Hinweis auf folgende Urteile zu einer unschlagbaren Entscheidungshilfe (BFH v. 05.03.2009 – VI R 58/06 und BFH v. 05.03.2009 – VI R 23/07).

TRICK

Mit einem Umzug zur Freundin setzen Sie Ihre kompletten Wohnungskosten ab!

So eine Wochenendbeziehung hat schon einige Nachteile. Um Ihren Schatz am Wochenende besuchen zu können, müssen Sie schon einiges investieren. Normalerweise funktionieren solche Beziehungen so, dass man sich wechselseitig am Wochenende besucht. Aus steuerlichen Gründen ist das aber nicht wirklich eine kluge Idee. Wenn Sie Ihren Partner überzeugen können, dass Sie offiziell zusammenziehen, belohnt Sie der Fiskus mit einigen tausend Euro Steuererstattung. Nach dem offiziellen Einzug werden auf einen Schlag die Miete und

Nebenkosten Ihrer Wohnung, für drei Monate Verpflegungspauschalen und wöchentliche Fahrten zwischen der Wohnung am Arbeitsort und der Wohnung Ihres Partners als Werbungskosten abzugsfähig. Aus bisher nicht steuerlich relevanten Besuchsfahrten wird nämlich nun eine astreine doppelte Haushaltführung. Also nichts wie ab zur Meldebehörde und den Hauptwohnsitz in der Wohnung des Partners anmelden. Künftig werden Sie Ihre Freizeit und die Wochenenden immer in der Wohnung Ihrer besseren Hälfte verbringen.

Der einzige kleine Wermutstropfen dabei ist, dass Sie als Wohnungskosten max. die Miete und Nebenkosten für eine 60 m² große Wohnung absetzen können. War Ihre Wohnung größer, ist die Kosten also nur anteilig abzugsfähig.

Und so könnte die Rechnung für das Finanzamt künftig aussehen, wenn Sie sagen können, dass Sie z. B. zu Ihrer Freundin gezogen sind, die 150 km weit entfernt wohnt. Sie in der Woche weiter von Ihrer bisherigen Wohnung (80 m²) die 10 km zur Arbeit zurücklegen, am Wochenende aber zu Ihrem Schatz in die nunmehr gemeinsame Wohnung fahren.

Miete	12 × 480 € = 5 760 € × 60/80	4 320 €	
Nebenkosten	12 × 160 € = 1 920 € × 60/80	1 440 €	
Nachzahlung Nebenkosten	120 € × 60/80	90 €	
Wohnungskosten		5 850 €	> 5 850 €
Verpflegungspauschalen (1. – 3. Monat)	14 Wochen à 3 × 24 € + 2 × 12 €		1 344 €
Familienheimfahrten	46 Fahrten à 150 km × 0,30 €		2 070 €
Fahrten zwischen Wohnung und Arbeitsstätte	220 Tage à 10 km × 0,30 €		660 €
Gesamtkosten der doppelten Haushaltsführung			9 924 €

Statt des Werbungskostenpauschbetrags von 920 € setzen Sie nun nahezu 10000 € von der Steuer ab. Bei einem Steuersatz von ca. 35 % macht das eine Ersparnis inkl. Kirchensteuer und Solidaritätszuschlag von etwa 3600 €. Mit diesem staatlichen Zuschuss können Sie locker einen Teil der Miete für die Wohnung Ihrer Freundin übernehmen und behalten trotzdem noch einen hübschen Batzen übrig.

TRICK

Auch nach Umzug oder Trennung ist Ihnen die doppelte Haushaltsführung sicher.

Wenn Sie bei bestehender doppelter Haushaltsführung Ihren Hausstand am 436
Hauptwohnort wechseln, wittert der Fiskus gleich Unrat und will Ihnen den doppelten Haushalt nicht mehr als berufsbedingt anerkennen.

Damit müssen Sie sich jedoch nicht abfinden, wenn Sie lediglich am bisherigen Hauptwohnort oder in dessen unmittelbarer Nähe umgezogen sind. Da Sie Ihren Lebensmittelpunkt nach wie vor unverändert dort beibehalten haben, tut der Umzug der doppelten Haushaltsführung keinen Abbruch (BFH v. 4.4.2006 – BFH/NV 2006 S. 1915). Der Grund für den Umzug spielt dabei keine Rolle. Nach Meinung des BFH ist es daher völlig gleich, ob Sie als Lediger umziehen, beide als Paar, z. B. wegen Nachwuchs in der Familie, eine größere Wohnung brauchen oder Sie umgezogen sind, weil Sie sich von Ihrem Ehepartner getrennt haben.

GUTER RAT

Sie brauchen sich nicht ein möbliertes Zimmer am Arbeitsort zu nehmen, Sie 437
können sich, falls Sie viel Geld haben, auch eine Eigentumswohnung zulegen. In diesem Fall können Sie neben der doppelten Haushaltsführung die laufenden Betriebskosten dieser Wohnung inkl. Abschreibung ansetzen und dabei noch die Wohnungseinrichtung nach ihrer Nutzungsdauer abschreiben. Sie können sich dabei auf die BFH-Urteile im BStBl 1983 II S. 476 und vom 3.12.1982 im BStBl 1983 II S. 467 berufen.

TIPP

Nur für eine angemessene Wohnung sind Mietkosten abzugsfähig!

Vorsicht, Fußangel! Wenn Sie zu den etwas besser betuchten Steuerzahlern ge- 438
hören und sich bei der Wahl Ihrer beruflichen Zweitwohnung mehr gönnen als ein mickriges Apartment, kann es passieren, dass Ihnen ein staatlich besoldeter Geizkragen einen Teil Ihrer Wohnungskosten nicht anerkennen will.

Der Bundesfinanzhof hat kurz und knapp entschieden, dass Sie als angemessene Wohnungskosten höchstens die Miete für eine 60 m² große Wohnung absetzen können. Auch bei der Höhe der Miete haben die BFH-Richter den Rotstift angesetzt. Angemessen soll nur der Mittelwert des örtlichen Mietspiegels sein (BFH v. 9.8.2007 – BStBl 2007 II S. 820). Ist Ihre Wohnung größer, können Sie in der Regel nur die anteilig auf 60 m² entfallenden Kosten absetzen. Diese Kürzung wird auch dann vorgenommen, wenn Sie im Rahmen Ihrer doppelten Haushaltsführung eine Eigentumswohnung oder ein Eigenheim nutzen (FG Hessen v. 25.8.2005 – 13 K 11/05).

Diesem Ansinnen, das fiskalischer Kleinigkeitskrämerei die Krone aufsetzt, können Sie **nicht** mehr entgegenhalten, Sie hätten trotz intensiver Suche keine kleinere Wohnung gefunden oder die Lage auf dem Markt für Kleinwohnungen sei hoffnungslos und Sie seien gezwungen gewesen, sich die teure und eigentlich auch für Ihren Geschmack zu große Wohnung zu mieten. Anders noch als das FG Köln (Urt. v. 14.5.1997 – EFG 1997 S. 1108), das solchen Argumenten zugänglich war, hat sie der BFH rundweg vom Tisch gefegt und als nicht relevant bezeichnet.

Drei Wege, sich zu ruinieren:
durch Frauen, der schönste Weg;
durch Spielen, der schnellste Weg; durch
Computer, der sicherste Weg.

TRICK

Machen Sie aus Ihrer Luxusbehausung durch ein Arbeitszimmer eine angemessene Wohnung!

439 Nützt Ihr ganzes Argumentieren nichts, weil sich der Fiskalknecht wieder einmal bornierter anstellt, als die Polizei erlaubt, greifen Sie zu einem Kniff. Haben Sie in Ihrer beruflichen Zweitwohnung ein Arbeitszimmer, das sie »als Mittelpunkt der beruflichen Tätigkeit« (➤ Rz 276) steuerlich absetzen können, oder ein Home-Office, gehört das nicht zur Wohnfläche. Ohne das 15 m² große Arbeitszimmer blieben von der 75 m² großen Drei-Zimmer-Wohnung nur zwei Zimmer mit den steuerlich erlaubten 60 m² übrig. Da kann man wohl kaum von einer unangemessenen und zu großen Wohnung sprechen. Miete und Nebenkosten für 60 m² laufen dann steuerlich über die doppelte Haushaltsführung, die für die restlichen 15 m² über den Kostenabzug für das Arbeitszimmer (BFH v. 9.8.2007 – VI R 23/05). Das Ganze nutzt Ihnen allerdings wenig, wenn Sie unter die Abzugsbeschränkungen für Arbeitszimmer ab 2007 fallen – es sei denn, Sie haben gute Argumente, um sich mit einem Einspruch gegen die Nichtanerkennung Ihrer Arbeitszimmerkosten zu wenden (➤ Rz 278).

TRICK

Statt doppelter Haushaltsführung Fahrten zwischen Wohnung und Arbeitsstätte

»Was tun«, fragen Sie, »wenn trotz harten Kampfes die doppelte Haushaltsfüh- 440
rung nicht durchzudrücken war?« Nun, dann stellen Sie sich auf den Standpunkt: Wenn ich schon aus mir unerfindlichen Gründen meine Aufwendungen für doppelte Haushaltsführung nicht absetzen kann, müssen mir alle Fahrten zu meiner Wohnung als Fahrten zwischen Wohnung und Arbeitsstätte anerkannt werden, denn mein Lebensmittelpunkt ist weiterhin dort. Auf die Entfernung kommt es dabei nicht an (BFH-Urt. v. 13.12.1985 – BStBl 1986 II S. 221).

Besonders Ledige können damit argumentieren, der Lebensmittelpunkt sei noch am alten Wohnort, weil dort all ihre Lieben, Freunde und Bekannten wohnen und die Vereine beheimatet sind. Rückendeckung gibt ihnen das Finanzgericht München (EFG 1991 S. 605). Siehe auch ➤ Rz 419.

Phantasie ist gefordert, wenn Sie nur gelegentlich Ihre Hauptwohnung aufsu- 441
chen. Die Fiskalritter werden da nämlich auf den linken Dreh verfallen, sie Ihnen als Lebensmittelpunkt abzusprechen. Bei mehr als zwei Fahrten im Monat ist alles in Butter, fahren Sie seltener, gibt es erhebliche Probleme, und bei unter sechs Fahrten im Jahr soll es mit dem Absetzen der Fahrtkosten nach dem Fiskalwillen ganz aus sein.

Diese Streichgelüste haben allerdings einen empfindlichen Dämpfer bekommen. Der BFH hat nämlich entschieden, dass die Zahl der Heimfahrten zwar ein wichtiges Indiz für den Lebensmittelpunkt sei, aber auf keinen Fall die allein selig machende Weisheit und daher einem Alleinstehenden mit nur drei Heimfahrten im Jahr diese als Fahrten zwischen Wohnung und Arbeitsstätte anerkannt (Urt. v. 10.2.2000 – VI R 60/98, DStR 2000 S. 728).

Ausschlaggebend ist, dass Sie Ihrem Finanzamt klarmachen, dass am bisherigen Wohnort Ihre persönlichen Bindungen besonders stark sind und Sie kein Interesse am Aufbau eines neuen Bekanntenkreises am Beschäftigungsort haben, weil Sie dort sowieso nur für eine begrenzte Zeit bleiben wollen; dass häufigere Fahrten zum Wohnort allein an der großen Entfernung und den damit verbundenen Kosten scheitern. Bei so wenig Fahrten müssen Sie allerdings darauf gefasst sein, dass Ihre Hauptwohnung nicht mehr als eigener Hausstand durchgeht und Ihnen nur der Abzug der Fahrtkosten, nicht dagegen der Unterkunftskosten und Familienheimfahrten bleibt.

GUTER RAT

442 Als Familienheimfahrt geht max. eine Fahrt pro Woche durch. So hat das Finanzgericht Rheinland-Pfalz einem Polizisten, der wegen seines ungünstigen Schichtdienstes auf 87 Heimfahrten kam, diese auf 48 zusammengestrichen (EFG 1991 S. 664).

TRICK

Als Vielfahrer haben Sie die Wahl.

443 Gehören Sie zu denen, die es häufiger als einmal in der Woche zu den Lieben zieht, haben Sie die Möglichkeit, statt der doppelten Haushaltsführung alle Heimfahrten als *Fahrten zwischen Wohnung und Arbeitsstätte* abzusetzen, wenn das für Sie günstiger ist (BFH-Urteil v. 9.6.1988 – BStBl 1988 II S. 990; R 9.11 Abs. 5 S. 2 LStR).

Beispiel
Der verliebte Jungvermählte fährt dreimal in der Woche von seiner Wohnung am Arbeitsort nach Hause zu seiner Angetrauten.
Kosten der doppelten Haushaltsführung:

Miete für möbliertes Zimmer 12 × 70 € =	840 €
1 Heimfahrt wöchentlich	
46 Fahrten à 150 km × 0,30 € =	2 070 €
Verpflegungskosten 60 Tage à 24 € =	1 440 €
	4 350 €
Kosten für Fahrten zwischen Wohnung und Arbeitsstätte:	
46 Wochen à 3 Fahrten à 150 km × 0,30 € = 45 €	6 210 €
Durch diesen Trick mehr abzusetzen	1 860 €

Natürlich können Sie nur die tatsächlich durchgeführten Fahrten ansetzen. Weil das Finanzamt meist Unrat wittert, wenn jemand eine Vergünstigung völlig legal für sich beansprucht, kann es Ihnen passieren, dass man von Ihnen einen Nachweis über die Fahrleistung Ihres Pkws verlangt. Ist diese geringer als das, was Sie als Werbungskosten angegeben haben, versuchen sie Ihnen in die Suppe zu spucken und übersehen dabei möglicherweise, dass Sie ja einen Teil der Fahrten mit dem Wagen Ihrer Frau unternommen haben, weil Ihre Mühle in der

Werkstatt war oder einfach nur geschont werden sollte, damit nicht beim Verkauf der Käufer wegen der hohen Fahrleistung den Kaufpreis drückt.

TRICK

Als Bau- und Montagearbeiter landen Sie den ganz großen Wurf!

Spitzennachricht für Sie, wenn Sie als Arbeitnehmer mit Einsatzwechseltätig- 444
keit an Ihrer Einsatzstelle übernachten. Der BFH hat endlich Schluss mit dem Unsinn gemacht, Sie würden dadurch eine doppelte Haushaltsführung begründen. Der Vorteil für Sie liegt klar auf der Hand. Ihre gesamten Kosten werden wie bei Dienstreisen berücksichtigt. Das gilt in der Regel ohne zeitliche Begrenzung, also nicht etwa nur für wenige Monate (BFH v. 11.5.2005 – BStBl 2005 II S. 782). Lediglich bei den Verpflegungspauschalen ist nach drei Monaten an derselben Baustelle Schluss. Vor allem bei den Fahrtkosten klingelt es gewaltig in Ihrem Geldsäckel, wenn Sie mit dem eigenen Auto fahren! Egal, ob Sie ein- oder dreimal pro Woche nach Hause fahren, Sie setzen jede Fahrt mit der Dienstreisepauschale ab.
Und so sieht die Rechnung z. B. bei einem sechsmonatigen Einsatz auf einer Baustelle aus:

Unterkunftskosten (lt. Nachweis)			
25 € pro Übernachtung × 96 Übernachtungen			2 400 €
Mehraufwand für Verpflegung 1. bis 3. Monat			
An- und Abreisetage (4 pro Woche)	12 € × 48 Tage =	576 €	
Volle Tage (1 pro Woche)	24 € × 12 Tage =	288 €	
		864 € >	864 €
Fahrtkosten			
Heimfahrten (2 pro Woche, einfache Entfernung 150 km)			
24 Wochen à 2 Fahrten =	48 × 300 km × 0,30 € =	4 320 €	
Fahrten Unterkunft-Baustelle (einfache Entfernung 5 km)			
24 Wochen à 5 Tage =	120 × 10 km × 0,30 € =	360 €	
Werbungskosten insgesamt		4 680 € >	4 680 €
			7 944 €

Da keine doppelte Haushaltsführung vorliegt, haben Sie auch ohne eigenen Hausstand keine Probleme, Ihre Unterkunftskosten und Verpflegungspauschalen als Werbungskosten abzusetzen.

SUPER TRICK

Setzen Sie zweimal Umzugskosten ab!

445 So eine doppelte Haushaltsführung ist ja für eine gewisse Zeit vielleicht ganz nett, weil Sie unter der Woche am Abend tun und lassen können, was Sie wollen. Doch irgendwann werden Sie sich Gedanken über eine Familienzusammenführung machen. Also stiefeln Sie los und suchen eine passende Wohnung. Damit die ganze Sache für Sie nicht zu teuer wird, werden Sie das Finanzamt kräftig zur Ader lassen.

Zunächst einmal werden Sie Ihre Fahrtkosten zur Wohnungssuche mit 0,30 € je Kilometer unter berufsbedingten Umzugskosten ansetzen. Dann natürlich den Umzug in die neue Wohnung, denn schließlich ziehen Sie ja mit Ihrer Familie aus Zeitersparnisgründen in die Nähe Ihrer Arbeitsstelle (vgl. ➤ Rz 394). Doch damit nicht genug. Sie mussten ja schließlich und endlich Ihre berufliche Zweitwohnung aufgeben. Auch diese Umzugskosten können Sie absetzen und darüber hinaus die Kosten für deren Renovierung (FG München – EFG 1992 S. 187 rk). Bewahren Sie unbedingt die Belege für Ihre Umzugskosten, etwa für Renovierung, Transportkosten und sonstige Auslagen ➤ Rz 410, auf. Natürlich achten Sie als ehrlicher Steuerzahler peinlichst darauf, dass Ihnen nicht etwa Rechnungen für Tapeten und Farbe zur Herrichtung Ihrer neuen Familienwohnung dazwischengeraten. Auf den Abzug von Pauschalen für sonstige Umzugsauslagen ➤ Rz 403 können Sie sich bei einem Umzug im Zusammenhang mit der Begründung oder Beendigung einer doppelten Haushaltsführung leider nicht berufen (BFH v. 14.6.2007 – BStBl 2007 II S. 890).

SUPER TRICK

Bringen Sie mit »dreifacher« Haushaltsführung das Finanzamt zur Weißglut!

446 Sind Sie beide, Sie und Ihre bessere Hälfte, an getrennten Orten auswärts tätig und haben beide dort für die Zeit unter der Woche eine Unterkunft gemietet, dann ist »dreifache« Haushaltsführung angesagt. Denn wenn beide nicht am Wohnort arbeiten, muss das Finanzamt für jeden von Ihnen doppelte Haushaltsführung anerkennen (FG Rheinland-Pfalz v. 16.10.1992 – EFG 1993 S. 300 und BFH v. 6.10.1994 – BStBl 1995 II S. 184).

Lieber Heinz, hier bei uns ist alles noch beim Alten. Du musst Dir also keine Sorgen in Deinen Ferien machen. Wenn wir die letzten Raten für das Schlafzimmer und die ersten für den neuen Geschirrspüler nicht bezahlen, dann können wir ohne weiteres die geforderte Anzahlung für den Wäschetrockner aufbringen. Liebe Grüße von Deiner Muschi

(Aus »Sehr geehrter Herr Firma!«, dtv)

IV. Der Lohnsteuerabzug

Vorab: Vorsicht ist geboten, wenn Sie bei den Gehaltsverhandlungen zu Ihrem neuen Job nach dem Motto »Wer nicht blufft, der kommt zu nichts« verfahren sind und zu Ihrem alten Gehalt ein paar tausend Euro hinzugedichtet haben. Sie müssen wissen, Ihr neuer Chef kommt Ihnen auf die Schliche, sobald Sie ihm den Ausdruck der Lohnbescheinigung von Ihrer alten Firma vorlegen, denn auf der ist der bisher erhaltene Lohn eingetragen. Allerdings ist Ihr neuer Brötchengeber auf die Lohnbescheinigung nicht mehr zwingend angewiesen, er kann die Lohnsteuer auch so berechnen. Da zudem die Lohnsteuerdaten elektronisch an das Finanzamt übermittelt werden, steht auf der Rückseite Ihrer Lohnsteuerkarte keine verfängliche Eintragung mehr. Also behalten Sie den Papierausdruck Ihrer Lohnsteuerdaten der alten Firma einfach für sich, und schon können Sie sich bei Ihrem neuen Boss nicht mehr in die Nesseln setzen.

1. Die Steuerkarte und die Steuerklassen

Das Eintreiben der Steuer für Arbeitseinkünfte hat der Fiskus bekanntlich den **447** Betrieben aufgebürdet. Sie haben für jeden ihrer Arbeitnehmer die (Lohn-) Steuer festzustellen, vom Arbeitslohn einzubehalten und an das Betriebsstättenfinanzamt abzuführen.

Die Höhe der Lohnsteuer wird – außer im Fall der Pauschalierung – aus der Lohnsteuertabelle abgelesen. Dabei werden die persönlichen Verhältnisse (Familienstand und Kinder) des Arbeitnehmers berücksichtigt, die in verschlüsselter Form, ausgedrückt durch Steuerklassen, angegeben sind.

1. In die *Steuerklasse I* gehören Arbeitnehmer, die
   a) ledig sind,
   b) verheiratet, verwitwet oder geschieden sind und bei denen die Voraussetzungen für die Steuerklasse III oder IV nicht erfüllt sind;
2. in die *Steuerklasse II* gehören die unter Nummer 1 bezeichneten Arbeitnehmer, wenn ihnen ein Kinderfreibetrag oder Kindergeld für mindestens ein Kind zusteht und ein Freibetrag für Alleinerziehende gewährt wird;

3. in die *Steuerklasse III* gehören Arbeitnehmer,
   a) die verheiratet sind, wenn beide Ehegatten unbeschränkt einkommensteuerpflichtig sind und nicht dauernd getrennt leben und
      aa) der Ehegatte des Arbeitnehmers keinen Arbeitslohn bezieht oder
      bb) der Ehegatte des Arbeitnehmers auf Antrag beider Ehegatten in die Steuerklasse V eingereiht wird,
   b) die verwitwet sind, wenn sie und ihr verstorbener Ehegatte zum Zeitpunkt seines Todes unbeschränkt einkommensteuerpflichtig waren und zu diesem Zeitpunkt nicht dauernd getrennt gelebt haben, für das Kalenderjahr, das dem Todesjahr des Ehegatten folgt,
   c) deren Ehe aufgelöst worden ist, wenn
      aa) im Kalenderjahr der Auflösung der Ehe beide Ehegatten unbeschränkt einkommensteuerpflichtig waren und nicht dauernd getrennt gelebt haben und
      bb) der andere Ehegatte wieder geheiratet hat, von seinem neuen Ehegatten nicht dauernd getrennt lebt und er und sein neuer Ehegatte unbeschränkt einkommensteuerpflichtig sind, für das Kalenderjahr, in dem die Ehe aufgelöst worden ist;
4. in die *Steuerklasse IV* gehören Arbeitnehmer, die verheiratet sind, wenn beide Ehegatten unbeschränkt einkommensteuerpflichtig sind und nicht dauernd getrennt leben und der Ehegatte des Arbeitnehmers ebenfalls Arbeitslohn bezieht;
5. in die *Steuerklasse V* gehören die unter Nummer 4 bezeichneten Arbeitnehmer, wenn der Ehegatte des Arbeitnehmers auf Antrag beider Ehegatten in die Steuerklasse III eingereiht wird;
6. die *Steuerklasse VI* gilt bei Arbeitnehmern, die nebeneinander von mehreren Arbeitgebern Arbeitslohn beziehen, für die Einbehaltung der Lohnsteuer vom Arbeitslohn aus dem zweiten und weiteren Dienstverhältnis.

Wichtig zu wissen: Das bisherige Lohnsteuerkartenverfahren wird 2012 durch ein elektronisches abgelöst. Alle Daten, die für die Ermittlung Ihrer Lohnsteuer relevant sind, kann der Arbeitgeber dann aus einer zentralen Datenbank elektronisch abrufen.

Da die Datenbank 2011 noch nicht flächendeckend nutzbar ist, die Gemeinden (Meldebehörden) aber für das Jahr 2010 letztmals Papierlohnsteuerkarten ausgestellt haben, gilt die Lohnsteuerkarte 2010 mit allen Eintragungen ausnahmsweise auch für das Jahr 2011 (also praktisch zwei Jahre lang).

Der Arbeitgeber muss die Lohnsteuerkarte 2010 deshalb nach Ablauf des Jahres 2010 aufbewahren und auch für das Jahr 2011 dem Steuerabzug zugrunde legen.

Bei einem Arbeitsplatzwechsel im Jahr 2011 erhält der Arbeitnehmer seine Lohnsteuerkarte 2010 vom bisherigen Arbeitgeber und legt sie dem neuen Arbeitgeber vor.

Allen Arbeitnehmern, die erstmals im Jahr 2011 einen Job aufnehmen, stellt das Finanzamt eine Ersatzbescheinigung über die Lohnsteuermerkmale aus. Etwas einfacher geht es für ledige Berufseinsteiger, z. B. Azubis, die 2011 eine Ausbildung beginnen. Der Arbeitgeber kann hier auf eine Ersatzbescheinigung verzichten und die Steuerklasse I unterstellen.

Für alle Änderungen und Eintragungen auf der Lohnsteuerkarte ist ab dem 1. 1. 2011 ausschließlich das Finanzamt zuständig. Das gilt vor allem auch für die Eintragung minderjähriger Kinder oder die Änderung bzw. den Wechsel der Steuerklassen.

2. Ab welchem Verdienst bin ich überhaupt steuerpflichtig?

Das zu wissen ist wichtig, wie wir bei verschiedenen Tricks gesehen haben. Am einfachsten ersieht man dies aus der Jahreslohnsteuertabelle. 448

Ich gebe hier die Mindestgrenzen an, ab denen man Lohnsteuer zu zahlen hat. Dabei ergeben sich unterschiedliche Beträge, je nachdem, ob für Sie die allgemeine oder die besondere Lohnsteuertabelle anzuwenden ist. Der Unterschied zwischen den beiden Tabellen liegt in der Höhe der als Freibetrag eingearbeiteten Vorsorgepauschale, mit der im laufenden Jahr Ihre Versicherungsbeiträge abgegolten werden. In der allgemeinen Lohnsteuertabelle, die vorrangig für sozialversicherungspflichtige Arbeitnehmer gedacht ist, ist die Vorsorgepauschale höher, weil sie eine Zusatzkomponente für die gezahlten Altersvorsorgebeiträge (Rentenversicherung) enthält. Diese Freibetragskomponente fehlt bei der besonderen Lohnsteuertabelle, die deshalb in erster Linie bei nicht sozialversicherungspflichtigen Arbeitnehmern zur Anwendung kommt, wie Beamten, Richtern, Soldaten etc., Pensionären und Rentnern, die sich ihre Rente durch einen Job aufbessern.

Beginn der Lohnsteuerpflicht		
Allgemeine Lohnsteuertabelle		
	2010	
Steuerklasse	Monatstabelle	Jahrestabelle
	€	€
I/IV	889,49	10673,99
II	1019,24	12230,99
III	1684,16	20209,99
V	95,66	1147,99
VI	0,83	9,99

Beginn der Lohnsteuerpflicht		
Besondere Lohnsteuertabelle		
	2010	
Steuerklasse	Monatstabelle	Jahrestabelle
	€	€
I/IV	849,33	10191,99
II	979,16	11677,99
III	1607,99	19295,99
V	91,33	1095,99
VI	0,83	9,99

3. Frei- und Pauschbeträge

449 Beim Lohnsteuerabzug im Jahr 2010/2011 sind folgende Frei- und Pauschbeträge eingearbeitet:

- Ein Tabellengrundfreibetrag für alle von 8004 €, der sich in Steuerklasse III auf 16008 verdoppelt. Er entfällt in den Steuerklassen V und VI.
- Ein Arbeitnehmerpauschbetrag von 920 € in den Steuerklassen I bis V. Bei Bezug von Versorgungsbezügen (Pensionen, Werksrenten etc.) beträgt der Pauschbetrag nur 102 €.
- Ein Sonderausgabenpauschbetrag von 36 €, der sich in Steuerklasse III auf 72 € verdoppelt. Er entfällt in den Steuerklassen V und VI.
- Gestaffelte Vorsorgepauschalen:
  2010: Arbeitslohn × 3,98 % Rentenversicherung + Arbeitslohn × 7,6 % Krankenversicherung + Arbeitslohn × 0,975 % Pflegeversicherung (1,225 % für Kinderlose).
  2011: Arbeitslohn × 4,378 % Rentenversicherung + Arbeitslohn × 7,6 % Krankenversicherung + Arbeitslohn × 0,975 % Pflegeversicherung (1,225 % für Kinderlose).
- Ein Entlastungsbetrag für alleinerziehende Steuerzahler mit Kind in einer Höhe von 1308 € (109 € monatlich) in der Steuerklasse II.
- Kinderfreibeträge sind nicht in die Lohnsteuertabellen eingearbeitet. Allerdings wird ein Kinderfreibetrag von monatlich 364 € (mit der Zahl 1,0) bzw. von 182 € (mit der Zahl 0,5 – Eltern sind geschieden, leben dauernd getrennt oder sind nicht verheiratet) und ein Betreuungsfreibetrag von monatlich 220 € (Zahl 1,0) bzw. 110 € (Zahl 0,5) bei der Berechnung der Kirchensteuer und des Solidaritätszuschlags berücksichtigt.

4. Wählen Sie die Steuerklasse richtig, wenn Sie und Ihr Ehepartner verdienen

Wenn Sie *und* Ihr Ehegatte in einem Arbeitsverhältnis stehen, können sich beide die Steuerklasse IV eintragen lassen oder einer die Steuerklasse III und der andere die Steuerklasse V. 450

Für welchen der beiden Fälle Sie sich entscheiden, sollten Sie möglichst vor Jahresbeginn festlegen. Lassen Sie eine eventuelle Änderung unbedingt vor dem 31. 12. vornehmen. Da Sie nach Beginn des Jahres nur einmal die Steuerklasse wechseln dürfen, halten Sie sich so die Tür für einen erneuten Wechsel offen.

Aber keine Regel ohne Ausnahme: Einen zweiten Wechsel im laufenden Jahr erlaubt der Fiskus, wenn einer von Ihnen arbeitslos wird oder aus anderen Gründen zu arbeiten aufhört. Findet der arbeitslose Ehegatte im Lauf des Jahres einen neuen Job, ist sogar noch ein drittes Mal eine Steuerklassenänderung drin. Und ein weiteres Mal, wenn Sie sich im Lauf des Kalenderjahrs trennen. Anträge auf Änderung der Lohnsteuerklasse können bei der zuständigen Gemeinde bis zum 30. November des Jahres gestellt werden, für das die Lohnsteuerkarte gilt.

Bei der Kombination III/V z. B. kann man viel Steuern sparen, wenn ein Ehegatte viel weniger verdient als der andere oder nur als Aushilfe tätig wird. Denn in Klasse V sind die geringsten, in Klasse III die höchsten Freibeträge eingearbeitet. Werden Sie beide aber nach Steuerklasse IV besteuert, so ergibt sich zumeist eine Überzahlung, die Sie durch eine Antragsverlängerung erstattet bekommen können. 451

Werden Sie nach der Steuerklasse III und Ihr Ehegatte nach der Steuerklasse V besteuert, wird Ihnen in der Regel zu viel Lohnsteuer einbehalten, wenn Ihr Ehegatte mehr als 40 % (Faustregel) zum Gesamteinkommen beiträgt. Dagegen wird zu wenig Lohnsteuer einbehalten, wenn er weniger als 40 % des Gesamteinkommens erzielt und dieses ca. 16 000 € jährlich übersteigt.

Wenn Sie später allerdings den Antrag auf Ausgleichsveranlagung stellen, wird alles wieder ausgeglichen, und ist es gleich, ob Sie Lohnsteuer nach den Klassen III und V oder nur nach der Klasse IV bezahlt haben. Denn dann werden beide Einkünfte in einen Topf geworfen und besteuert, und zwar nach der Splittingtabelle, die der Steuerklasse III entspricht.

Mit welcher Steuerklassenkombination er sich am besten stellt, muss jeder für seine persönlichen Verhältnisse selbst ausrechnen (Tabellen siehe ➤ Rz 453, Rz 454). Wer es ganz genau wissen will, kann sich die günstigste Kombination auch im Internet ausrechnen lassen (www.ofd.niedersachsen.de > Aktuelles& Service, Steuerberechnungen). Die Tabellen gehen jeweils vom Monatslohn des höherverdienenden Ehegatten aus. Dazu ist angegeben der Monatslohn des geringerverdienenden Ehegatten, der bei einer Steuerklassenkombination III/V nicht überschritten werden sollte. Der höherverdienende Ehegatte erhält dann die Steuerklasse III. Anderenfalls kommt die Steuerklassenkombination IV/IV in Betracht. Die Tabelle 2010 können Sie auch für 2011 benutzen, wenn es nicht noch zu drastischen Änderungen beim Steuersatz kommt.

Beispiel
Bei einem Arbeitnehmerehepaar – beide rentenversicherungspflichtig – ohne Kinder bezieht der höherverdienende Ehegatte 2010 einen Monatslohn (nach Abzug etwaiger Freibeträge) von 2 100 €. Wenn der Monatslohn des geringerverdienenden Ehegatten nicht mehr als 1 624 € (siehe Spalte 2 der ersten Tabelle) beträgt, führt die Steuerklassenkombination III/V zur geringsten Lohnsteuer. Übersteigt er 1 624 €, ist die Steuerklassenkombination IV/IV günstiger.

WICHTIGER HINWEIS

452 Die Leistungen des Arbeitsamts richten sich nach Leistungsgruppen, die wiederum von Ihrer Steuerklasse am 1. Januar abhängen. Wenn Sie verheiratet sind und schon vor Beginn des neuen Jahres wissen, dass Sie dann arbeitslos werden, sollten Sie unbedingt noch schnell in die Steuerklasse III wechseln, um die höheren Leistungen nach der Leistungsgruppe C zu kassieren. Ihr Ehepartner wechselt in die Steuerklasse V, auch wenn dadurch zunächst einmal zu viel Lohnsteuer gezahlt wird. Die können Sie sich aber im übernächsten Jahr durch eine Antragsveranlagung (hieß früher Jahresausgleich) vom Finanzamt zurückholen. Das fehlende Arbeitslosengeld durch falsche Steuerklassenwahl dagegen ist ein für alle Mal verloren.

Eine Änderung der Steuerklasse im Lauf des Jahres, in dem Sie arbeitslos werden oder während Sie Leistungen vom Arbeitsamt beziehen, wird von diesem mit Argusaugen auf ihre Zweckmäßigkeit hin untersucht. Im Klartext bedeutet das: Das Arbeitsamt macht den Steuerklassenwechsel nur mit, wenn dadurch insgesamt eine niedrigere Lohnsteuer herausspringt. Haben Sie eine andere Kombination der Steuerklassen gewählt, setzt es fiktiv die günstigere an. Erkundigen Sie sich also vorher beim Arbeitsamt, ob sich eine Änderung der Steuerklassen für die Berechnung von Arbeitslosengeld, Arbeitslosenhilfe, Unterhaltsgeld etc. lohnt.

A) Tabelle zur richtigen Steuerklassenwahl 2010 (bei Rentenversicherungspflicht des höherverdienenden Ehegatten) 453

Monatlicher Arbeitslohn A* in €	Monatlicher Arbeitslohn B* in € bei ... des geringer-verdienenden Ehegatten		Monatlicher Arbeitslohn A* in €	Monatlicher Arbeitslohn B* in € bei ... des geringer-verdienenden Ehegatten	
	Rentenversicherungspflicht	Rentenversicherungsfreiheit		Rentenversicherungspflicht	Rentenversicherungsfreiheit
1	2	3	4	5	6
1.250	541	517	3.300	2.359	2.221
1.300	617	589	3.350	2.395	2.253
1.350	702	670	3.400	2.431	2.284
1.400	796	760	3.450	2.464	2.312
1.450	1.040	993	3.500	2.500	2.344
1.500	1.096	1.047	3.550	2.536	2.377
1.550	1.156	1.104	3.600	2.572	2.407
1.600	1.218	1.163	3.650	2.606	2.437
1.650	1.286	1.228	3.700	2.642	2.468
1.700	1.343	1.285	3.750	2.679	2.500
1.750	1.376	1.321	3.800	2.722	2.538
1.800	1.411	1.354	3.850	2.764	2.567
1.850	1.447	1.389	3.900	2.809	2.614
1.900	1.475	1.416	3.950	2.854	2.654
1.950	1.503	1.443	4.000	2.902	2.696
2.000	1.542	1.481	4.050	2.951	2.739
2.050	1.585	1.523	4.100	3.003	2.784
2.100	1.624	1.560	4.150	3.056	2.831
2.150	1.659	1.593	4.200	3.113	2.880
2.200	1.696	1.629	4.250	3.169	2.930
2.250	1.727	1.658	4.300	3.229	2.982
2.300	1.762	1.693	4.350	3.292	3.037
2.350	1.793	1.723	4.400	3.358	3.094
2.400	1.828	1.757	4.450	3.427	3.155
2.450	1.859	1.785	4.500	3.502	3.221
2.500	1.890	1.812	4.550	3.577	3.287
2.550	1.921	1.838	4.600	3.661	3.359
2.600	1.945	1.859	4.650	3.749	3.437
2.650	1.970	1.882	4.700	3.840	3.522
2.700	1.992	1.900	4.750	3.934	3.615
2.750	2.014	1.918	4.800	4.039	3.717
2.800	2.036	1.938	4.850	4.165	3.836
2.850	2.058	1.958	4.900	4.307	3.971
2.900	2.082	1.976	4.950	4.493	4.150
2.950	2.111	2.004	5.000	4.813	4.462
3.000	2.147	2.035	5.050	-	-
3.050	2.184	2.067	5.100	-	-
3.100	2.220	2.098	5.150	-	-
3.150	2.254	2.130	5.200	-	-
3.200	2.290	2.160	5.250	-	-
3.250	2.323	2.189	5.300	-	-

*Nach Abzug etwaiger Freibeträge.

454 B) Tabelle zur richtigen Steuerklassenwahl 2010 (bei Rentenversicherungsfreiheit des höherverdienenden Ehegatten)

Monatlicher Arbeitslohn A* in €	Monatlicher Arbeitslohn B* in € bei … des geringer-verdienenden Ehegatten		Monatlicher Arbeitslohn A* in €	Monatlicher Arbeitslohn B* in € bei … des geringer-verdienenden Ehegatten	
	Rentenversicherungspflicht	Rentenversicherungsfreiheit		Rentenversicherungspflicht	Rentenversicherungsfreiheit
1	2	3	4	5	6
1.250	631	602	3.300	2.800	2.607
1.300	714	681	3.350	2.845	2.646
1.350	808	771	3.400	2.892	2.687
1.400	1.049	1.001	3.450	2.939	2.728
1.450	1.108	1.058	3.500	2.991	2.773
1.500	1.171	1.118	3.550	3.042	2.818
1.550	1.238	1.182	3.600	3.098	2.868
1.600	1.309	1.250	3.650	3.153	2.915
1.650	1.349	1.292	3.700	3.212	2.968
1.700	1.384	1.329	3.750	3.275	3.022
1.750	1.420	1.363	3.800	3.339	3.076
1.800	1.456	1.398	3.850	3.408	3.138
1.850	1.492	1.433	3.900	3.480	3.202
1.900	1.538	1.476	3.950	3.557	3.268
1.950	1.594	1.531	4.000	3.639	3.341
2.000	1.651	1.586	4.050	3.727	3.417
2.050	1.716	1.647	4.100	3.815	3.500
2.100	1.777	1.706	4.150	3.910	3.592
2.150	1.836	1.763	4.200	4.013	3.683
2.200	1.897	1.815	4.250	4.133	3.805
2.250	1.950	1.864	4.300	4.271	3.939
2.300	2.002	1.910	4.350	-	4.104
2.350	2.052	1.951	4.400	-	4.368
2.400	2.099	1.993	4.450	-	-
2.450	2.142	2.032	4.500	-	-
2.500	2.184	2.067	4.550	-	-
2.550	2.223	2.102	4.600	-	-
2.600	2.260	2.134	4.650	-	-
2.650	2.297	2.166	4.700	-	-
2.700	2.333	2.200	4.750	-	-
2.750	2.372	2.231	4.800	-	-
2.800	2.409	2.264	4.850	-	-
2.850	2.445	2.296	4.900	-	-
2.900	2.484	2.331	4.950	3.734	-
2.950	2.521	2.362	5.000	-	-
3.000	2.558	2.395	5.050	-	-
3.050	2.597	2.429	5.100	-	-
3.100	2.635	2.462	5.150	-	-
3.150	2.674	2.496	5.200	-	-
3.200	2.715	2.533	5.250	-	-
3.250	2.755	2.568	5.300	-	-

*Nach Abzug etwaiger Freibeträge.

Faktorverfahren statt Steuerklasse III/V seit 2010 455

Den Nachteil bei der Steuerklassenkombination III/V trägt vor allem der Ehepartner, der in Steuerklasse V eingereiht wird. Weil praktisch alle Frei- und Pauschbeträge für Ehegatten in der Steuerklasse III zusammengefasst sind, zahlt er überproportional viel Lohnsteuer. Wählen die Ehepartner dagegen die Steuerklasse IV/IV, zahlt der Besserverdienende erheblich höhere Steuern als eigentlich notwendig. Diesem vermeintlichen Problem will der Fiskus ab 2010 mit der Einführung des sog. **Faktorverfahrens** begegnen. Statt der Steuerklassenkombination III/V, die nach wie vorher weiterbesteht, können die Ehegatten sich vom Finanzamt jeweils »ihren« **Faktor** auf der Lohnsteuerkarte eintragen lassen. Dieser ergibt sich aus dem Verhältnis der voraussichtlichen gemeinsamen Einkommensteuer zur gemeinsamen Lohnsteuer, berechnet nach der Steuerklasse IV. Der Arbeitgeber berechnet dann mit Hilfe des Faktors den Steueranteil des Ehegatten.

Beispiel:

Bei einem Ehepaar verdient die Ehefrau 30 000 € und der Ehemann 10 000 € im Jahr. Die gemeinsame Einkommensteuer nach dem Splittingtarif beträgt ohne weitere besondere absetzbare Kosten ca. 3 668 €. An Lohnsteuer nach der Steuerklasse IV würden für sie 4 187 € anfallen, für ihn 0 €, zusammen also 4 187 €. Wie Sie sehen, würde das Ehepaar allein wegen der Steuerklassenkombination IV/IV 519 € Steuern zu viel zahlen. Hinzu kämen noch die Kirchensteuer und der Solidaritätszuschlag.

Das Finanzamt rechnet nun das Verhältnis zwischen 3 668 € Einkommensteuer und 4 187 € Lohnsteuer aus. Daraus ergibt sich der Faktor 0,876, der auf den Lohnsteuerkarten beider Ehepartner eingetragen wird.

Die Arbeitgeber der Eheleute rechnen die Lohnsteuer nun so aus:

Ehefrau: Lohn 30 000 € = Lohnsteuer IV = 4 187 € × 0,876 = 3 668 €

Ehemann: Lohn 10 000 € = Lohnsteuer IV = 0 € × 0,876 = 0 €

Damit beträgt der Lohnsteuerabzug insgesamt nur noch 3 668 € statt wie bisher 4 187 €.

TRICK

Sparen Sie mit Steuerklasse III/V weiterhin im Lauf des Jahres Steuern!

Liebe Leser, lassen Sie sich nicht auf den Arm nehmen. Das Faktorverfahren wird von Politikern gern und vor allem populistisch als Segen für teilzeitbeschäftigte Ehefrauen verkauft, die wegen der hohen Abzüge in der Steuerklasse V angeblich in Scharen in nicht rentenversicherungspflichtige Minijobs flüchten. Im Gegensatz zu den meisten Finanzpolitikern, die es sich mit Begriffen wie

geringere Nettoneuverschuldung als Jahrhundertverdienst schönreden, wenn sie in einem Jahr wieder einmal mehr, aber eben nicht ganz so viel mehr neue Schulden machen als im Jahr zuvor, können Sie sehr gut rechnen. Sie werden nicht auf das Faktorverfahren hereinfallen. Entscheidend ist schließlich, was insgesamt auf dem Familienkonto landet, und nicht, ob der eine ein wenig mehr und der andere etwas weniger Steuern zahlt. Deshalb würde ich Ihnen im obigen Beispiel raten, die Finger vom Faktorverfahren zu lassen. Hätte das Ehepaar nämlich die Steuerklasse III/V gewählt, wären an Lohnsteuer im Lauf des Jahres bei ihr (30 000 € Lohn) 1 594 € und bei ihm (10 000 € Lohn) 1 042 €, also insgesamt nur 2 636 € angefallen. Das sind fast 1 032 € weniger als beim Anteilsverfahren.
Richtig ist zwar, dass unser Musterehepaar diese 1 032 € über die Einkommensteuererklärung zurückzahlen müsste, aber immerhin hätten sie ein schönes zinsloses Steuerdarlehen.

5. Mehrere Arbeitsverhältnisse

456 Wenn Sie mit Ihrem Arbeitgeber nicht ein klares Aushilfsverhältnis vereinbaren, sind Sie grundsätzlich verpflichtet, bei Dienstbeginn eine Lohnsteuerkarte vorzulegen. Das gilt auch, wenn Sie mehrere Dienstverhältnisse begründen. Bei einem zweiten und weiteren Arbeitsverhältnis ist der Arbeitgeber verpflichtet, Lohnsteuer nach Steuerklasse VI einzubehalten. Das ist alles gut und schön, wenn Sie genügend verdienen, denn es hat sich ja mittlerweile herumgesprochen, dass für Einkommen über dem Grundfreibetrag die Steuer mindestens 14 % ausmacht.
Wenn Sie aber mit dem ersten Arbeitsverhältnis nicht steuerpflichtig sind, zahlen Sie mit einem zweiten und mit weiteren unweigerlich zu viel, weil man Ihnen ja stur nach Steuerklasse VI die Steuer einbehält. Sie sollten in einem solchen Fall unbedingt einen Antrag auf Ausgleichsveranlagung stellen, damit Ihnen die über das Jahr zu viel gezahlte Steuer erstattet wird.

457 Natürlich ist es nicht sonderlich berauschend, wenn Sie, nur weil Sie zwei Jobs haben, in denen Sie jeweils 440 € im Monat verdienen, im Lauf des Jahres Lohnsteuer abdrücken sollen, während Ihnen das bei nur einem Job mit 880 € Monatsverdienst erspart bleibt.
Ja, Sie lesen richtig. Für Ihr erstes Dienstverhältnis bekommen Sie z. B. die Steuerklasse I, für jedes weitere stellt Ihnen die Stadt eine Steuerkarte mit der Steuerklasse VI aus. Und so sieht dann der Lohnsteuerabzug aus:

	2 Jobs à 440 €	**1 Job à 880 €**
Lohnsteuer Arbeitsverhältnis 1 (StKl I)	(440 €) = 0,00 €	(880 €) 0,00 €
Lohnsteuer Arbeitsverhältnis 2 (StKl VI)	(440 €) = 51,75 €	
Lohnsteuer insgesamt (monatlich)	51,75 €	0,00 €
Lohnsteuer insgesamt (jährlich)	621,00 €	0,00 €

Berücksichtigen Sie auch die Kirchensteuer (ca. 56 €) und den Solidaritätszuschlag (0 €), zahlen Sie während des Jahres ca. 677 € an Steuern, auf deren Erstattung Sie warten müssen, bis sich das Finanzamt bequemt, Ihre Steuererklärung im Jahr darauf zu bearbeiten und einen Steuerbescheid in die Welt zu setzen.
In dieser Situation haben Sie zwei Möglichkeiten.

Variante 1 458
Sie können nach § 39 a Abs. 7 EStG den lohnsteuerfreien Betrag sozusagen beliebig zwischen der Steuerkarte mit der Steuerklasse I und der mit der Steuerklasse VI verteilen. (Die lohnsteuerfreien Beträge in den einzelnen Steuerklassen finden Sie unter ➤ Rz 448.) Verdienen Sie also z. B. 500 € in Ihrem Erstjob, haben Sie einen steuerfreien Betrag von ca. 389 € monatlich, den Sie auf die Steuerkarte VI übertragen können. Technisch wird das so gelöst, dass Ihnen der entsprechende Betrag auf der Steuerkarte VI als Freibetrag und auf der Steuerkarte I als Hinzurechnungsbetrag, also quasi als negativer Freibetrag, eingetragen wird.

TIPP

zur Lohnsteuerkarte

Wenn die zusammengerechneten Arbeitslöhne aus Ihren Arbeitsverhältnissen zusammen mit Ihren anderen Einkünften (aufs Jahr gesehen) insgesamt unter den max. steuerfreien Beträgen liegen, sollten Sie regelmäßig zu dieser Möglichkeit der Verteilung der Freibeträge greifen, weil dann schlussendlich überhaupt keine Steuern anfallen.

Variante 2 459
Haben Sie zwei Jobs und liegen Sie mit Ihrem Verdienst im einen über 400 € und im anderen bei höchstens 400 €, können Sie von der Minijobregelung profitieren. Ein Zweitjob bis 400 € bleibt nämlich sozialversicherungsfrei und kann mit dem lächerlichen Betrag von 2 % pauschal besteuert werden. Der Vorteil für Sie: Sowohl die anfallenden pauschalen Sozialversicherungsbeiträge als auch die pauschale Steuer trägt Ihr Arbeitgeber. Sie bekommen also den Lohn aus Ihrem Zweitjob ohne Abzüge ausgezahlt.

Welche der beiden Varianten günstiger ist, hängt natürlich entscheidend davon ab, wie viel Sie im Erstjob verdienen, ob Sie die Steuerklasse I haben oder die Steuerklasse III mit doppelt so hohen Freibeträgen. Außerdem müssen Sie bei Ihren Vergleichen immer beachten, dass Sie etwa 20 % Sozialversicherungsbeiträge am Hals haben, wenn Sie im Zweitjob mit Ihrem Verdienst über 400 €

liegen. Machen Sie allerdings aus Ihrem Zweitjob eine 400-€-Beschäftigung, haben Sie aus diesem Arbeitslohn später geringere Rentenansprüche als aus normalem Arbeitslohn und für diesen Teil Ihres Lohns auch keinen Anspruch auf Arbeitslosengeld, falls Sie Ihren Job verlieren.

460 Für Ihre Berechnung können Sie sich an dem folgenden Beispiel orientieren: Sie sind 40 Jahre alt und beziehen aus Ihrem Hauptjob 1 400 € und aus Ihrem Zweitjob 440 € Monatslohn. Um beim Zweitjob von der Minijobregelung zu profitieren, sollten Sie auf 40 € Lohnteil verzichten.

Gesamtnetto	Freibetrag		Gehaltsverzicht	
	Hauptjob StKl III	Aushilfe 400 € StKl VI	Hauptjob StKl III	Aushilfe 400 €
Bruttoarbeitslohn	1 400,00	440,00	1 400,00	400,00
Freibetrag 1 684 € (➤ Rz 448) – 1 400 €		–284,00		
Hinzurechnungsbetrag	284,00			
maßgebender Arbeitslohn (fiktiv)	1 684,00	154,00	1 400,00	400,00
Abzüge:				
Lohnsteuer	0,00	18,08	0,00	0,00
Kirchensteuer	0,00	1,62	0,00	0,00
Solidaritätszuschlag	0,00	0,00	0,00	0,00
Sozialversicherung (ca. 20 %)	280,00	88,00	280,00	0,00
Nettoverdienst (Bruttoarbeitslohn ./. Abzüge)	1 120,00	332,30	1 120,00	400,00
Gesamtnetto aus beiden Beschäftigungen	1 452,30		1 520,00	

Wie Sie sehen, fahren Sie trotz eines Verzichts auf 40 € Lohn in Ihrem Zweitjob wesentlich besser. Unter dem Strich haben Sie jeden Monat fast 68 € mehr im Geldsäckel. Aufs Jahr gerechnet macht das immerhin ein Plus von gut 816 €. Und der Arbeitgeber Ihres Zweitjobs spart – Ihren Gehaltsverzicht eingerechnet – durch die pauschalen Sozialversicherungsbeiträge und Steuern unter dem Strich ca. 4 € im Monat. Das sollte ihm die Sache doch wohl schmackhaft machen.

Immer wenn die Eltern die Schnauze voll haben,
müssen die Kinder hungrig zuBett.
(W. Mitsch)

Das zahllose Beamtenheer ist die wahre
Peitsche Deutschlands.
(Freiherr vom Stein)

V. Lohnsteuerermäßigung durch Freibetrag auf der Lohnsteuerkarte

Beantragen Sie beim Finanzamt, schon für das laufende Jahr einen Freibetrag **461**
auf der Lohnsteuerkarte einzutragen. Durch den Freibetrag ermäßigt sich die Lohnsteuer, die der Betrieb von Ihrem Arbeitslohn einbehalten muss. Das Finanzamt verteilt den Jahresfreibetrag gleichmäßig auf die Monate nach der Antragstellung. Der Antrag muss spätestens bis zum 30.11. gestellt werden.

TIPP

zum Freibetrag

Wenn Sie den **Antrag so spät wie möglich stellen**, z. B. erst im November, wird der Jahresfreibetrag in voller Höhe bei der Lohnsteuerberechnung für Dezember abgezogen.
Haben Sie bei der Eintragung alle Ihre Kosten durchdrücken können, weil Sie durch die späte Antragstellung alles belegen konnten, haben Sie damit gleichzeitig die Antragsveranlagung, die vom Finanzamt gemacht wird, quasi vorgezogen und als Erster Ihr Geld zurück. Der Kinderfreibetrag wird auf der Lohnsteuerkarte durch Änderung der Lohnsteuerklasse berücksichtigt. Bringen Sie dazu die Geburtsurkunde des Kindes mit.

Auf der Lohnsteuerkarte können mit Einschränkung folgende Freibeträge ein- **462**
getragen werden:

- Werbungskosten nach Abzug des Arbeitnehmerpauschbetrags von 920 €;
- beruflich bedingte Kinderbetreuungskosten (§ 4 f EStG);
- Unterhaltsleistungen an den geschiedenen Ehegatten, auf besonderen Verpflichtungsgründen beruhende Renten und dauernde Lasten, Kirchensteuern, Steuerberatungskosten (z. B. die Kosten für dieses Buch), Aufwendungen für die Berufsausbildung und für private Kinderbetreuungskosten nach Abzug des Sonderausgabenpauschbetrags von 36 €/72 €;
- außergewöhnliche Belastungen, Unterhalts- und Ausbildungsfreibeträge, Freibetrag für Haushaltshilfen, Pflegepauschbetrag, Kinderbetreuungskosten.

Ein Freibetrag wird in diesen Fällen nur eingetragen, wenn die Aufwendungen bzw. die abziehbaren Beträge insgesamt mindestens 600 € betragen. Liegen Sie unter dieser Grenze, können Sie die Steuerermäßigung erst im Rahmen einer Antragsveranlagung oder Veranlagung zur Einkommensteuer beantragen.
Ohne Einschränkung und ohne Beachtung der 600- €-Grenze können folgende Beträge eingetragen werden:

- Behindertenpauschbetrag;
- Verluste, die sich insgesamt ergeben beim Zusammenrechnen Ihrer Einkünfte aus Gewerbebetrieb, Land- und Forstwirtschaft, selbständiger Tätigkeit, Vermietung und Verpachtung und sonstigen Einkünften;
- ein in den Vorjahren noch nicht ausgeglichener Verlustabzug;
- Förderbeträge für
  - zu eigenen Wohnzwecken genutzte Baudenkmale (§ 10 f EStG),
  - schutzwürdige Kulturgüter (§ 10 g EStG),
  - selbstgenutztes Wohneigentum in Ostdeutschland (§ 7 FördG).

463 Für Vorsorgeaufwendungen wird in keinem Fall mehr ein Freibetrag eingetragen. Vorsorgeaufwendungen sind insbesondere die Arbeitnehmerbeiträge zur gesetzlichen Sozialversicherung, Beiträge zu privaten Kranken-, Unfall-, Haftpflicht-, Lebens- oder Todesfallversicherungen und zu Bausparkassen. Die Vorsorgeaufwendungen werden bei der Lohnsteuer durch eine Vorsorgepauschale berücksichtigt, die in die Lohnsteuertabellen eingearbeitet ist. Wenn Ihnen höhere Vorsorgeaufwendungen entstehen, können Sie diese bei einer etwaigen Veranlagung zur Einkommensteuer geltend machen.

Osnabrück-Schilda

Auf dem Marktplatz wurden drei megamoderne Klohäuschen aufgestellt (Musikberieselung, automatische Spülung, elektronische Türöffner) – für 180 000 €. Das teure Zeug taugte nix: Mal musste die Feuerwehr mit der Brechstange anrücken, um eine eingeklemmte Tür aufzubrechen, mal ging das Häuschen, wie von Geisterhand gesteuert, auf, und der entblößte Benutzer stand im Freien.

SUPER TRICK

Lassen Sie sich den Freibetrag auf Zuruf eintragen!

464 Die Eintragung von Freibeträgen ist einfach: Sie nehmen Ihre Steuerkarte zur Hand und beantragen, den Freibetrag wie im Vorjahr und die gleiche Kinderzahl einzutragen. Sie setzen jetzt im Antrag auf Lohnsteuerermäßigung nur noch das Kreuzchen an den magischen Satz »Die Verhältnisse haben sich nicht

wesentlich verändert« – und siehe da, der Fiskalritter wird ganz klein. Ohne einen einzigen Beleg zu Gesicht zu bekommen, muss er den gewünschten Freibetrag/Kinderzahl auf Ihrer Steuerkarte eintragen. Berufen Sie sich auf § 39 a Abs. 2 S. 5 EStG.
Aber der Fiskus wäre nicht der Fiskus, wenn er bei einer so steuerzahlerfreundlichen Regelung nicht noch einen Fallstrick ausgelegt hätte. In diesem Fall heißt die Fußangel Einkommensteuererklärungspflicht. **Wer einen Freibetrag beantragt hat, ist verpflichtet, nach Jahresablauf eine Steuererklärung abzugeben,** bei der mit Sicherheit die geltend gemachten Kosten eingehend beäugt werden. Das sollte Sie aber nicht schrecken. Selbst wenn sich im Nachhinein Ihr Freibetrag als etwas zu hoch erweist und Sie ein paar Euro von den vorher eingesparten Steuern zurückzahlen müssen, haben Sie immerhin ohne Mühen ein schönes zinsloses Darlehen kassiert.
Einzige Ausnahme von dieser Steuererklärungspflicht ist die Eintragung des Behindertenpauschbetrags auf der Steuerkarte.

Wichtiger Hinweis: Durch Eintragung eines Freibetrags auf der Lohnsteuerkarte erhalten Sie im Steuerabzugsverfahren automatisch eine niedrigere Vorsorgepauschale, als Ihnen aufgrund Ihres Lohns zusteht. Denn der Betrieb geht bei der Berechnung der Lohnsteuer von dem um den Freibetrag geminderten Arbeitslohn aus.

... Schließlich ist nicht der Einzelne für eine Behörde,
sondern die Behörde für den Einzelnen da.
Die Ämter haben sich mit dieser einfachen
demokratischen Tatsache abzufinden.
(Urteil des Finanzgerichts Düsseldorf –
leider 40 Jahre alt.
So viel Demokratiebewusstsein
und den Bürgersinn Stärkendes ist heute
nicht mehr zu erwarten.)

VI. Machen Sie in der Einkommensteuererklärung alles geltend!

1. Das Verfahren

Als Arbeitnehmer haben Sie es in der Regel mit drei verschiedenen Verfahren zu tun. Zunächst einmal unterliegt Ihr Arbeitslohn im Lauf des Jahres dem Lohnsteuerabzug, der im Wesentlichen die Einkommensteuer abgelten soll. Damit dabei gleich steuermindernde Umstände berücksichtigt werden können, können Sie sich einen Freibetrag auf der Lohnsteuerkarte eintragen lassen. Weil die Lohnsteuer aber sehr häufig von Pauschalierungen ausgeht, wird der richtige Steuerbetrag nicht immer genau getroffen. Die Fälle, in denen Sie entweder zu viel oder zu wenig Lohnsteuer gezahlt haben, werden nach Ablauf des Jahres durch die Abgabe einer Einkommensteuererklärung beim Finanzamt korrigiert. **465**

Wollen Sie sich zu viel gezahlte Steuer zurückholen, können Sie freiwillig eine Einkommensteuererklärung abgeben, eine sog. *Antragsveranlagung*. **466**
Andererseits verzichtet auch der Fiskus nicht ohne Not auf Geld. Steht zu erwarten, dass Sie zu wenig Steuern gezahlt haben, wird von Ihnen zwingend die Abgabe der Steuererklärung verlangt, eine sog. *Pflichtveranlagung*.

Was macht das Finanzamt? **467**
Auch bei der Antragsveranlagung durch das Finanzamt wird der im Kalenderjahr bezogene steuerpflichtige Arbeitslohn zugrunde gelegt. In dem Antrag werden Sie aber *alle möglichen Steuervergünstigungen* geltend machen, z. B. die Geburt eines Kindes, berufliche Kosten, Sonderausgaben und außergewöhnliche Belastungen.
Die Frist für die Antragsveranlagung beträgt vier Jahre. Den Antrag auf Veranlagung für 2010 können Sie also bis zum 31.12.2014, 24 Uhr, stellen. Maßgebend ist dabei, wann der Antrag beim Finanzamt eingeht. Es genügt also nicht, wenn Sie Ihren Antrag für 2010 an Silvester 2014 beim Postamt aufgeben, denn dann geht er mit Sicherheit zu spät ein.

GUTER RAT

468 Wenn Sie Ihren Antrag in der Nacht von 31. Dezember auf 1. Januar direkt in den Hausbriefkasten des Finanzamts werfen, so bekommt er den Eingangsstempel des letzten Werktags.

Stellen Sie allerdings am letzten Tag der Abgabefrist (31.12.) fest, dass Sie kein Antragsformular haben, genügt leider kein formloses Schreiben an das Amt (»Unterlagen werden nachgereicht«), um die Frist zu wahren. Sie müssen immer einen Antrag ausfüllen. Im Notfall können Sie sich ein Formular aus dem Internet herunterladen – Adresse: www.finanzamt.de.

469 Das Finanzamt hat einige formelle Fußangeln eingebaut, bis überhaupt ein wirksamer Antrag vorliegt. Sie müssen daher unbedingt die folgenden Regeln beachten:

- Der Antrag muss auf dem amtlichen Steuererklärungsformular gestellt werden. Ausnahmen gelten, wenn Sie die Steuererklärung am PC ausdrucken. Übermitteln Sie Ihre Steuererklärung per Internet ans Finanzamt, genügt der Ausdruck einer »Sparerklärung« auf normalem Papier, die Sie unterschreiben müssen. Ganz ohne Papier und Unterschrift geht es, wenn Sie sich vom Finanzamt haben zertifizieren lassen. Die elektronische Signatur ersetzt dann Ihre Unterschrift.
- Bei zusammen veranlagten Eheleuten muss der Antrag von beiden unterschrieben werden, es sei denn, dem stehen wichtige Gründe entgegen (z. B. wenn ein Ehegatte im Lauf des Jahres verstorben ist oder Sie eine elektronische Signatur verwenden).
- Die Lohnsteuerkarte mit der vom Arbeitgeber vollständig ausgefüllten Lohnsteuerbescheinigung muss beigefügt werden, wenn die Lohnsteuerdaten ausnahmsweise nicht elektronisch an das Finanzamt übermittelt wurden.
- Ebenso müssen Unterlagen über die Zeiten, in denen Sie nicht beschäftigt waren (z. B. Leistungsbescheid des Arbeitsamts, Bescheinigung der Krankenkasse über den Bezug von Krankengeld), eingereicht werden. Solche Bescheinigungen verlangt dass Finanzamt immer, wenn Ihr Arbeitgeber in Zeile 2 Ihrer Lohnsteuerbescheinigung Eintragungen zu Unterbrechungszeiträumen ohne Lohnanspruch vorgenommen hat.

Sie müssen diesen Formalkram unbedingt beachten! Denn ansonsten kann es Ihnen passieren, dass Ihr Antrag wegen Formfehlern als nicht gestellt gilt. Ist dann irgendwann die Zweijahresfrist abgelaufen, müssen Sie die ersehnte Steuerrückzahlung abschreiben (EFG 1985 S. 89).

Statt einer Erstattung aus der Einkommensteuerveranlagung erhalten Sie eine Nachzahlungsforderung? 470

Das kann Ihnen tatsächlich passieren. Arbeitslosengeld und -hilfe sind zwar nach wie vor steuerfrei, werden aber bei der Besteuerung Ihrer steuerpflichtigen Einkünfte berücksichtigt. Dabei wird der Steuersatz zugrunde gelegt, der sich ergeben würde, wenn Arbeitslosengeld und -hilfe steuerpflichtig wären.

So etwas nennt der Gesetzgeber »Progressionsvorbehalt« (§ 32 b EStG u. § 46 Abs. 2 Nr. 1 EStG). Haben Sie neben Arbeitseinkünften Leistungen der Agentur für Arbeit oder Krankengelder erhalten und können nur in geringem Umfang Werbungskosten, Sonderausgaben, außergewöhnliche Belastungen oder andere Steuerermäßigungen absetzen, beantwortet Ihnen ein Blick in die Steuertabelle im Anhang die Frage, ob Sie noch etwas nachzuzahlen haben.

Die Abgabe einer Steuererklärung ist allerdings keine freiwillige Sache mehr 471
für Sie, wenn Ihre dem Progressionsvorbehalt unterliegenden Leistungen im Jahr über 410 € liegen. So muss z. B. ein Arbeitsloser mit steuerpflichtigem Arbeitslohn nach § 46 EStG eine Steuererklärung abgeben, wenn er mehr als 410 € Arbeitslosengeld bezogen hat. Er wird dann veranlagt und wird meistens (Anwendung des sog. Progressionsvorbehalts nach § 32 b EStG) nachzahlen müssen. Ob kündbare und damit ebenfalls von Arbeitslosigkeit bedrohte Beamte eine solche Entscheidung getroffen hätten? Diese Ungerechtigkeit trifft Sie auch, wenn Sie mehr als 410 € aus

- Kurzarbeiter-, Saison-Kurzarbeiter-, Insolvenz-, Überbrückungs- oder Übergangsgeld,
- Kranken-, Mutterschafts- oder Verletztengeld,
- Elterngeld,
- Entschädigung nach dem Bundesseuchengesetz,
- Versorgungskrankengeld oder Aufstockungsbeträge nach dem Altersteilzeitgesetz bezogen
- oder nach einem Doppelbesteuerungsabkommen steuerfreie Einkünfte haben.

München gewährte seinem Stardirigenten
eine Gehaltserhöhung von 370 000 DM. Der Maestro der
Philharmoniker verfügt damit
über Jahreseinnahmen von 3,4 Millionen DM.
(stern)

GUTER RAT

für Arbeitnehmer im Bauhauptgewerbe

472 Als Bauarbeiter haben Sie bei witterungsbedingten Lohneinbußen Anspruch auf Saison-Kurzarbeitergeld, das dem Progressionsvorbehalt unterliegt. Daneben erhalten Sie aber unter Umständen auch noch ein sog. *Zuschusswintergeld* oder ein *Mehraufwandswintergeld*. Diese Zahlungen sind bei Ihnen ebenfalls steuerfrei (§ 3 Nr. 2 EStG, R 3.2 Abs. 3 LStR), unterliegen aber nicht dem Progressionsvorbehalt.

Zu dieser positiven Nachricht kommt eine weitere dazu: Die o. g. Leistungen müssen Sie zusammen mit Ihrem Arbeitgeber durch die sog. *Winterbeschäftigungsumlage* in Höhe von 2 % des Arbeitslohns finanzieren. Den von Ihnen gezahlten Arbeitnehmeranteil zu dieser Umlage von 0,8 % können Sie als Werbungskosten absetzen. Das Finanzamt darf Ihnen nach dem ausdrücklichen Willen des Gesetzgebers diese Steuervergünstigung nicht mit dem Argument streitig machen, die Umlage hänge mit späteren steuerfreien Einnahmen zusammen und sei daher gem. § 3 c EStG nicht abzugsfähig (vgl. BT-Drs. 16/429 Seite 12 und Vfg des Bayerisches Landesamts für Steuern v. 9. 5. 2007 – S 2354 – 10 St 32/St 33).

TIPP

Kein Progressionsvorbehalt für die ersten 300 € Elterngeld!

473 Beim Elterngeld wird in jedem Fall ein vom Einkommen unabhängiger Sockelbetrag von 300 € im Monat gezahlt. Da es insoweit nicht darauf ankommt, ob die Eltern vorher Lohn oder Einkommen bezogen haben, ist es nicht gerecht, wenn der Sockelbetrag als Lohn- oder Einkommensersatzleistung dem Progressionsvorbehalt unterworfen wird. Das sieht der Fiskus derzeit noch anders. Als betroffene Eltern sollten Sie gegen den Einkommensteuerbescheid Einspruch einlegen – berufen Sie sich dabei auf das beim BFH anhängige Verfahren AZ VI B 31/09 – und beantragen, das Einspruchverfahren bis zur endgültigen Entscheidung ruhen zu lassen.

TIPP

für schnelle Steuererstattung

Wenn Ihr Geld nach sechs Wochen noch nicht eingetrudelt sein sollte, wird es Zeit, **etwas Druck zu machen**. Seien Sie ruhig penetrant und erkundigen Sie sich mehrmals, wo Ihre heißersehnte Steuererstattung bleibt. Schließlich haben Sie auf der ersten Seite der Steuererklärung das Kästchen »Ich rechne mit einer Steuererstattung« angekreuzt. Das bedeutet für Ihr Finanzamt, dass es Ihren Fall bevorzugt bearbeiten muss. 474
Fruchten Ihre Anrufe nicht und kommt Ihnen der für Sie zuständige Staatsdiener gar mit Ausreden wie »Arbeitsüberlastung«, »Urlaubsvertretung«, »Krankheit« etc., wenden Sie gleich an den Vorsteher des Finanzamts:

```
Sehr geehrter Herr Vorsteher,
ich habe am . . . . . . meine Einkommensteuererklärung eingereicht, bis
heute aber keinen Bescheid erhalten. Eine Bearbeitungszeit von nunmehr
über . . . Wochen erscheint mir mehr als genug, zumal mir die Steuer
immer sofort abgeknöpft wird. Arbeitskollegen und Bekannte von mir
haben ihr Geld längst erstattet bekommen. Da ich dringend wegen größerer
Ausgaben auf die Steuererstattung angewiesen bin, möchte ich Sie bit-
ten, sich meiner Sache doch einmal persönlich anzunehmen. Vielleicht
können Sie den Amtsschimmel, der in einem Teil Ihres Hauses offensicht-
lich nur im Schritt geht, einmal in leichten Trab, besser allerdings in
gestreckten Galopp versetzen.

Mit freundlichen Grüßen

......................
(Datum, Unterschrift)
```

Wenn auch das nichts bringt, fahren Sie schwereres Geschütz auf. Setzen Sie dem Finanzamt eine kurze Frist und sagen ihm, nach deren Ablauf möge es Ihr Schreiben als Beschwerde ansehen und der Oberfinanzdirektion zuleiten.

Todesfall 475

Die *Erben* eines Lohnsteuerpflichtigen sind berechtigt, einen Antrag auf Ausgleichsveranlagung für den Verstorbenen zu stellen. Ist Ihr Ehepartner mitten aus dem Leben gerissen worden, können Sie per Antragsveranlagung beantragen, dass Ihnen dessen zu viel gezahlte Lohnsteuer zugutekommt. Vergessen Sie auch nicht, von der Firma des Verstorbenen eventuell nachträglich zu zahlendes Gehalt oder ausstehende Provisionen zu fordern. Weil die Beträge, die Sie nun erhalten, auf Ihren Namen versteuert werden müssen, müssen Sie sich eine Lohnsteuerkarte besorgen und diese dem Arbeitgeber des Verstorbenen übergeben. Sind Sie kein Arbeitnehmer, lassen Sie darauf die Steuerklasse III eintragen und die bisherige Steuerklasse III des verstorbenen Ehegatten im Gegenzug in V ändern. Sind Sie selbst berufstätig, bekommen Sie eine zweite Steuerkarte mit Steuerklasse VI. Wegen der Steuerklassenkombination III/V bzw. der Steuerklasse VI müssen Sie für dieses Jahr zwingend eine Steuererklärung abgeben. Das bedeutet aber nicht automatisch, dass Sie Steuern nachzahlen müssen. Häufig ergibt sich nämlich trotzdem eine Steuererstattung. Der Grund dafür liegt in den sehr hohen Abzügen in der Steuerklasse VI und dem aufgrund des Todes Ihres Ehepartners im laufenden Jahr stark schwankenden Arbeitslohn.

476 Vermögenswirksame Leistungen

Die Arbeitnehmersparzulage für Ihre vermögenswirksamen Leistungen bekommen Sie nicht mit Ihrem Steuerbescheid direkt ausgezahlt. Sie wird nur festgesetzt. Die Auszahlung erfolgt erst, wenn die Festlegungsfristen abgelaufen sind oder Sie anderweitig unschädlich über die Anlage verfügen, z. B., weil Ihr Bausparvertrag zuteilungsreif geworden ist und Sie ihn zum Bau oder Kauf eines Hauses verwenden.

Damit Ihnen die Sparzulage nicht durch die Lappen geht, brauchen Sie unbedingt eine »Bescheinigung über vermögenswirksame Leistungen« (Anlage VL) des Instituts, bei dem Ihre vermögenswirksamen Leistungen angelegt sind.

Achtung: Es gibt Finanzämter, die bei fehlender Bescheinigung zwar Ihre Steuererklärung bearbeiten und einen Einkommensteuerbescheid erlassen, den Antrag auf Festsetzung der Arbeitnehmersparzulage aber einfach ignorieren. Seien Sie also auf der Hut.

477 Wahl der günstigsten Veranlagungsart

Hier einen Überblick zu gewinnen ist nicht einfach, gilt es doch, zunächst zwischen der Einzelveranlagung und der Ehegattenveranlagung zu unterscheiden. Letztere kommt nur für Verheiratete in Betracht, die beide unbeschränkt steuerpflichtig sind und nicht dauernd getrennt leben. Folge: Sie werden zusammen veranlagt unter Anwendung der günstigen Splittingtabelle. Alle anderen werden einzeln veranlagt. Für sie kommt nur die Grundtabelle in Frage, wenn man vom Witwensplitting einmal absieht. Wer nämlich seinen Ehepartner verliert, kann im nächsten Jahr noch einmal – trotz Einzelveranlagung – den Splittingtarif erhalten.

Verheiratete können sich aber auch für die getrennte Veranlagung entscheiden oder im Jahr der Eheschließung für die besondere Veranlagung, um z. B. Verluste absetzbar zu machen oder einen günstigen Steuersatz zu erhalten.

Die besondere Veranlagung 478

Für das Jahr der Eheschließung können Verheiratete die besondere Veranlagung wählen. Dann werden sie steuerlich so gestellt, als ob sie nicht geheiratet hätten. Das kann für Steuerzahler mit Kindern günstiger sein. Oder wenn einem der Ehegatten der Splittingtarif auch ohne die Heirat zustünde, weil er seit dem Vorjahr verwitwet ist. In diesem Fall wird im Jahr der Eheschließung durch den Antrag auf besondere Veranlagung nämlich dreimal der Grundfreibetrag berücksichtigt.

Die Zusammenveranlagung 479

Diese hauptsächlichste Form der Veranlagung kommt für alle Ehegatten in Betracht, wenn sie mindestens eine Zeitlang im Jahr zusammengelebt haben. Das ist eigentlich die steuergünstigste Form (die durch Ankreuzen in der Steuererklärung gewählt werden kann) für alle Ehen, in denen nur jeweils ein Partner einen Verdienst bezieht. Warum? Weil es für Verheiratete die günstige Splittingtabelle gibt. Hier wird die Steuer so berechnet, als würde jeder Ehepartner 50 % aller gemeinsamen Einkünfte verdienen. Das heißt praktisch, dass jeder Partner den Grundfreibetrag erhält und die steuerliche Progression stark abfällt.

TRICK

Schieben Sie das Getrenntleben vor Ihrer Scheidung solange es geht hinaus!

Soll ich Ihnen mal sagen, was Sie 2010 mehr an Steuern zahlen, wenn Sie nach einer Scheidung plötzlich in Steuerklasse I statt III eingestuft werden? 480

Jahresbruttolohn	StKl. III	StKl. I	Unterschied
€	€	€	€
15 000	0	631	631
30 000	1 594	4 187	2 593

Der Vorteil, der sich aus der Zusammenveranlagung ergibt, beträgt 2010 max. 8 172 € und wird bei einem Einkommen zwischen 105 104 € und 250 730 € erreicht. Bei höheren Einkommen steigt dieser Vorteil durch die Reichensteuer zwischen 250 730 € und 501 460 € schrittweise auf max. 15 694 € an. Auch fallen – falls überhaupt noch – weniger Solidaritätszuschlag und Kirchensteuer an.

TRICK

Retten Sie mit einem gemeinsamen Wohnsitz die Vorteile des Splittingtarifs!

481 Leben Sie das ganze Jahr über von Ihrem Ehepartner getrennt, so ist der ach so günstige Splittingtarif vertan. Um diesen zu retten, reicht es aus, wenn Sie sich einmal im Jahr versöhnen. Gemeinsame Urlaubsreisen allein können den verlorenen Splittingtarif allerdings nicht wieder herbeizaubern, solange getrennte Haushalte beibehalten werden (FG Köln v. 14.10.1992 – 3 K 666/92). Also fackeln Sie nicht lange, klemmen Sie sich eine Flasche Wein unter den Arm und machen Sie Schönwetter bei Ihrem Expartner. Sie haben steuerlich das Beste erreicht, wenn er damit einverstanden ist, dass Sie Ihren ersten Wohnsitz wieder bei ihm anmelden. Dann haben Sie für den Fiskus eine gemeinsame Anschrift, und alles ist – wenigstens für die Steuer – in Butter.

Für den Splittingtarif reicht dieser ernsthafte Versöhnungsversuch, auch wenn er in die Hose gegangen ist. So jedenfalls das FG Köln im Urteil vom 21.12.1993 – 2 K 4543/92 nrk (EFG 1994 S.791). Dem haben sich inzwischen auch die Richter beim FG Münster angeschlossen. Einen den Splittingtarif rettenden Versöhnungsversuch haben sie anerkannt, obwohl die Ehegatten sich, sechs Wochen nachdem sie wieder zusammengezogen waren, erneut verkracht und getrennt hatten (Urt. v. 22.3.1996, – EFG 1996 S.921). Dein Versöhnungsversuch mit Einzug beim Ex sollte aber schon mindestens vier Wochen halten. Geht die Versöhnung über den Jahreswechsel, retten Sie so sogar den Splitting-Vorteil für zwei Jahre (FG Nürnberg v. 7.3.2005 – VI 160/2004; DStRE 2005 S.938).

Sind Sie geschieden, so sollten Sie wissen: Scheidungsakten sind für den Fiskus tabu (BFH-Urt. v. 12.6.1991 – BStBl 1991 II S.806). Haben Sie im Scheidungsprozess geschwindelt, um Ihre Ehe möglichst schnell hinter sich zu bringen, und als Beginn des Getrenntlebens einen zu frühen Termin angegeben, ist das kein Beinbruch. Dem Finanzamt sollten Sie wahrheitsgemäß sagen, dass die Trennung erst nach Jahresbeginn stattgefunden hat. Dadurch retten Sie für ein Jahr die Steuerklasse III bzw. den Splittingtarif. Denn für die Steuerklasse bzw. den Tarif sind immer die Verhältnisse zu Jahresbeginn maßgebend.

482 **Die getrennte Veranlagung**

Sie ist nur in folgenden Fällen für Sie und Ihren Ehepartner vorteilhafter als die Zusammenveranlagung:

1. Wenn Ihr Ehepartner aus einer der sieben Einkunftsarten einen Verlust erlitten hat, das gemeinsame Einkommen aber auch so schon nicht zu einer Steuer führen würde.

2. Wenn einem von Ihnen Einkünfte mit sog. Progressionsvorbehalt zugeflossen sind, z. B. steuerfreie ausländische Einnahmen oder Arbeitslosengelder. Hierbei ist aber eine Kontrollrechnung anhand der beiden Steuertabellen zu machen und zu ermitteln, was vorteilhafter ist.
3. Wenn einer der Partner Einkünfte hat, die ermäßigt zu besteuern sind. Meist wird es sich dabei um Gewinne aus der Veräußerung eines Gewerbebetriebs oder um Abfindungen aus einem Dienst- oder Arbeitsverhältnis handeln. Auch hier ist eine Rechnung zur Kontrolle nötig.
4. Wenn das Einkommen für die Eigenheimzulage und damit auch das Baukindergeld zu hoch ist. Bei der Eigenheimzulage ist der Gesamtbetrag von Erst- und Vorjahr maßgebend. Der darf 70000 €/140000 € zzgl. 30000 €/15000 € je Kind nicht übersteigen (Bauantrag/Kaufvertrag nach dem 31. 12. 2003). Dabei stellt das Gesetz aber nicht auf das zu versteuernde Einkommen ab, sondern auf die Summe der positiven Einkünfte (= ohne Abzug von Verlusten).
5. Wenn beide Partner annähernd gleich verdienen, einer selbständig und der andere Arbeitnehmer ist. In diesem Fall können Sie durch die getrennte Veranlagung ein paar tausend Euro vom Vorwegabzug für Vorsorgeaufwendungen retten.

TRICK

Lassen Sie sich vom geschiedenen Ehegatten nicht über den Tisch ziehen!

Ist Ihr Ehemaliger während der Trennung bzw. Scheidung zu Ihrem Feind ge- 483
worden? Ist er ein Quertreiber, und Sie können sich bei der Wahl der Veranlagung nicht einigen? Für die Zeit vor der tatsächlichen Trennung können beide grundsätzlich nämlich noch Zusammenveranlagung wählen. Es kann jedoch sein, dass für den einen die Zusammenveranlagung günstiger wäre, für den anderen aber die getrennte Veranlagung.

Merken Sie sich bitte: Es ist getrennt zu veranlagen, wenn einer der Ehegatten dies beantragt. Dieses Antragsrecht haben nach dem Tod des Ehegatten dessen Erben (BFH v. 21. 6. 2007 – BStBl 2007 II S. 770). Der einseitige Antrag ist jedoch unwirksam, wenn der antragstellende Ehegatte keine eigenen Einkünfte hat oder diese so gering sind, dass keine Einkommensteuer anfällt und auch kein Steuerabzug (Lohnsteuer, Kapitalertragsteuer, Zinsabschlag) vorgenommen worden ist. Dies ist der einzige Fall, in dem das Finanzamt Ihren Wunsch auf getrennte Veranlagung ignorieren kann.

Selbst wenn diese Voraussetzungen nicht vorliegen, kann der Antrag auf getrennte Veranlagung und damit die Verweigerung der Zustimmung zur Zusammenveranlagung unbillig sein. Erscheinen die Interessen des Verweigernden gegenüber den Interessen des Antragstellers geringfügig, kann Letzterer auf Zustimmung klagen. Stattdessen kann er auch Schadenersatz fordern. Der Expartner muss der Zusammenveranlagung in der Regel zuzustimmen, wenn diese zur insgesamt geringsten steuerlichen Belastung beider Ehegatten führt und der Ehegatte, der die Zusammenveranlagung verlangt, sich verpflichtet, dem zustimmenden Ehegatten den durch die Zusammenveranlagung erlittenen finanziellen Nachteil auszugleichen (BGH v. 23. 5. 2007 – XII ZR 250/04 – NJW 2007 S. 2554). Diesen Rechtsstreit können Sie aber nicht im Einspruchsverfahren vor dem Finanzamt und mit einer Klage beim Finanzgericht führen, sondern nur vor dem Zivilgericht (BFH v. 7. 2. 2005 – BFH/NV 2005 S. 1083). Trotzdem sollten Sie gegen Ihren Einkommensteuerbescheid Einspruch einlegen mit der Begründung, Sie würden die Zustimmung zur Zusammenveranlagung einklagen. Bitten Sie das Finanzamt, den Einspruch ruhen zu lassen, bis über Ihre Klage entschieden ist. So vermeiden Sie, dass es später einmal Streit wegen der nachträglichen Änderung des Steuerbescheids oder eventueller Verjährung gibt.

2. Wann müssen Sie als Lohnsteuerzahler Belege beibringen?

484 Bei der Antragsveranlagung geht es um absetzbare Ausgaben. Da glauben Sie zumeist, dass die stets durch Belege nachgewiesen werden müssten.

Aber: Sie unterliegen als Lohnsteuerzahler keinen Aufzeichnungspflichten und Aufbewahrungsfristen wie die Selbständigen. Sie müssen absetzfähige Ausgaben nur glaubhaft machen! Machen Sie allerdings ziemlich hohe Beträge geltend, so kann man schon verstehen, wenn das Finanzamt dafür Belege fordert.

SUPER TRICK

Abzug ohne Belege nach EB-FAGO

485 Die Finanzämter *sollen* – **müssen aber nicht!** – aufgrund interner Anweisungen ohne Nachprüfung und ohne Belege zu fordern Folgendes anerkennen:

EB-FAGO-Tabelle	
Fahrten zur Arbeitsstätte	
(5-Tage-Woche)	230 Arbeitstage
(6-Tage-Woche)	285 Arbeitstage

bei beruflichen Ausgaben (Werbungskosten)			
bis zu	110 €	jährlich	für Arbeitsmittel (Schreibmaschine, Aktentasche, Fachliteratur, Berufskleidung usw.)
bis zu	150 €	jährlich	für Beiträge an Berufsverbände
bis zu	16 €	jährlich	für Kontoführungsgebühren
bis zu	256 €	jährlich	für Reisekosten, wenn Sie eine Kostenaufstellung einreichen
bei Hausbesitz			
bis zu	25 500 €	jährlich	für Reparaturkosten, wenn Sie eine Einzelaufstellung über Ihre Kosten vorlegen
bei Sonderausgaben			
bis zu	2 050 €	jährlich	für Versicherungsbeiträge
bis zu	100 €	jährlich	für Spenden
bei außergewöhnlichen Belastungen			
bis zu	2 050 €	jährlich	für selbstgetragene Krankheitskosten. Einzelaufstellung ist auch bei niedrigerem Aufwand erforderlich.
unbegrenzt abzugsfähig:			Beerdigungskosten. Belege sind nur in Zweifelsfällen vorzulegen.
bis zu	900 €		für Fahrtkosten Behinderter (Grad der Behinderungen 70 % + »G« oder mehr als 80 %)
bis zu	4 500 €		bei Merkzeichen »aG« (außergewöhnliche Gehbehinderung), »H« (hilflose Person) und »Bl« (blind) oder bei Zuerkennung der Pflegestufe III

Wie gesagt, sind die Fiskalknechte nicht an die interne Anweisung gebunden. Es kann Ihnen also durchaus passieren, dass Sie an ein besonders pingeliges Exemplar geraten sind, das trotz Unterschreiten der Grenzen Nachweise verlangt. Falls Sie solche nicht haben und auch nicht mehr nachträglich besorgen können, bleibt Ihnen nur, kräftig zu jammern und auf Ihren Beweisnotstand zu verweisen, weil Sie sich auf die Behandlung in den Vorjahren verlassen und für die Bagatellbeträge keine Belege aufgehoben haben.

Bundeseinheitliche Prüfkriterien 486

Um den Steuerzahlern das Leben schwer und die Hölle heiß zu machen, hat sich der Fiskus eine besondere Foltermethode – genannt »GNOFÄ 1. 1. 1997« – einfallen lassen. Hintergrund dieses Wortungetüms ist:

Die Fiskalknechte vor Ort bekommen bestimmte Fälle vom Computer zugewiesen, die sie besonders intensiv prüfen müssen. Falls Sie das Pech haben sollten, als solcher Intensivprüfungsfall ausgewählt zu werden, müssen Sie damit rechnen, dass für jeden noch so kleinen Cent Belege verlangt werden. Und wenn die nicht vorliegen, Ihre Kosten nicht anerkannt werden.

Die Prüfung erfolgt per Zufall und wird nach Höhe der Einkünfte gestaffelt. Je niedriger Ihr Einkommen im Vorjahr war, umso geringer ist die Wahrscheinlichkeit, dass ausgerechnet Ihr Fall ausgewählt wird. Während Sie in der obersten Einkommenskategorie (= Summe der Einkünfte größer als 200 000 € bzw. Summe der Verluste größer als 100 000 €) damit rechnen müssen, fast jedes Jahr auf Herz und Nieren durchleuchtet zu werden, trifft es Sie als Mitglied der untersten Kategorie rein rechnerisch nur etwa alle 50 bis 200 Jahre.

Das Besondere an dieser Regelung ist, dass Ihr Fall bei einer Intensivprüfung generell akribisch unter die Lupe genommen wird und sich die Fiskalknechte nicht etwa nur auf unschlüssige Dinge stürzen. Daher kann es Ihnen passieren, dass auch Selbstverständlichkeiten aufs Korn genommen werden und Sie z. B. die Geburtsurkunden Ihrer Kinder vorlegen müssen.

Aber damit nicht genug! Jahr für Jahr nehmen sich die Finanzer unter der Bezeichnung Prüffelder wechselnde Teilbereiche der Steuererklärungen besonders vor. So werden sie in einem Jahr in den Arbeitszimmerkosten herumwühlen, im nächsten Jahr haben sie es dann möglicherweise auf Computer abgesehen und im übernächsten Jahr vielleicht auf Vermietungseinkünfte.

Durch diese Prüforgien werden die eigentlich recht praktischen und sowohl dem Steuerzahler als auch dem Fiskus Geld und Arbeit sparenden Nichtprüfungsgrenzen fast zur Makulatur.

Was zugunsten des Staates begonnen wird,
geht zuungunsten der Welt aus.
(Karl Kraus)

VII. Nebeneinkünfte – Veranlagung von Arbeitnehmern

1. Wann müssen Sie als Arbeitnehmer eine Steuererklärung abgeben?

Wir haben eingangs gesehen, dass die Lohnsteuer nur ein Kind der Einkommensteuer ist. Wenn das Finanzamt glaubt, dass Ihnen – der Sie ja eigentlich einkommensteuerpflichtig sind – vom Lohn zu wenig Lohnsteuer einbehalten wurde, sagt es sich: Schicken wir dem Burschen doch eine Einkommensteuererklärung zu, in der er alle seine Einkünfte genauestens spezifizieren soll. Vielleicht gibt es doch irgendwo ein Eckchen bei ihm, das wir steuerlich nicht erfassten. **487**

Die Höhe Ihres Einkommens als Arbeitnehmer allein hat keinen Einfluss darauf, ob Sie eine Einkommensteuererklärung abgeben müssen. Der Fiskus verlangt von Ihnen aber eine Steuererklärung in folgenden Fällen:

- Wenn Sie oder Ihr Ehegatte neben dem Arbeitseinkommen andere Einkünfte beziehen, die insgesamt über 410 € hinausschießen. Betroffen sind alle Einkünfte von Ihnen als Gewerbetreibender, Land- und Forstwirt, sonstig Selbständiger, Freiberufler, ferner Einkünfte aus Vermietung, Kapital, Renten oder Spekulationsgeschäften. Dabei werden positive Einkünfte mit Verlusten, z. B. aus der Vermietung eines Hauses, verrechnet.

Nebeneinkünfte bis 410 € sind also steuerfrei. Wenn sie aber über diesen Betrag hinausgehen, schlägt der Fiskus zu, zunächst behutsam, denn zwischen 410 € und 820 € gewährt er einen Freibetrag (Härteausgleich) in Höhe der Differenz zwischen den Nebeneinkünften und 820 €. **488**

Beispiel

Nebeneinkünfte		500 €
Grenzbetrag	820 €	
./. Nebeneinkünfte	– 500 €	
Freibetrag	320 €	> – 320 €
Zu versteuern		180 €

- Wenn einer aus mehreren Arbeitsverhältnissen Entlohnung oder Gehalt bezieht.

- Wenn einer steuerfreie Bezüge über 410 € hatte, die dem Progressionsvorbehalt unterliegen.
- Wenn jemand Arbeitslohn bezogen hat, von dem zu Recht keine Steuer abgezogen wurde.
- Wenn Ehegatten die Steuerklassenkombination III/V gewählt oder vom Faktorverfahren Gebrauch gemacht haben.
- Wenn Lohn nach der VI besteuert wurde.
- Wenn einer während eines Teils des Jahres rentenversicherungsfreien und während der übrigen Zeit rentenversicherungspflichtigen Arbeitslohn bezogen hat.
- Wenn jemand auf seiner Lohnsteuerkarte einen Freibetrag wegen Verlust aus Vermietung und Verpachtung oder wegen Förderung von Wohneigentum eingetragen hat.
- Wenn jemand sich einen Freibetrag für erhöhte Werbungskosten, Sonderausgaben oder außergewöhnliche Belastungen auf der Lohnsteuerkarte eintragen ließ.
- Wenn bei einem Elternpaar einer den vollen Kinderfreibetrag eingetragen bekam und der andere bisher beschränkt Steuerpflichtige im Lauf des Jahres unbeschränkt steuerpflichtig wurde.
- Wenn auf Antrag eines Elternteils der Kinderfreibetrag übertragen wurde.
- Wenn bei Scheidung einer der Geschiedenen oder bei Tod des Ehegatten der Überlebende im selben Jahr wieder heiratete.
- Wenn geschiedene oder dauernd getrennt lebende Elternpaare einen Kinderausbildungsfreibetrag oder einen Pauschbetrag für ein körperbehindertes Kind anders als hälftig aufgeteilt haben.
- Wenn Entschädigungen im laufenden Jahr nach der Fünftel-Regelung besteuert wurden.
- Wenn auf der Lohnsteuerbescheinigung der Großbuchstabe »S« eingetragen ist.
- Wenn bei der Abgeltungssteuer auf Kapitaleinkünfte keine Kirchensteuer einbehalten wurde.

Ein Steuerzahler kann auch von sich aus die Einkommensteuerveranlagung beantragen, wenn er

- ausländische Steuer angerechnet haben möchte,
- einen ermäßigten Steuersatz für außerordentliche Einkünfte beantragen will,
- Verluste aus einer anderen Einkunftsart als der nichtselbständigen angerechnet haben möchte,
- Verlustabzüge und Verlustrückträge geltend machen will,

- zu viel gezahlte Kapitalertragsteuer, Zinsabschlagsteuer (Abgeltungsteuer) von der Steuerschuld angerechnet haben möchte, weil der persönliche Steuersatz geringer ist als die Abgeltungssteuer,
- zu viel gezahlte Lohnsteuer erstattet bekommen will (Quelle: § 46 EStG),
- wenn er als Ehegatte eine getrennte oder besondere Veranlagung wünscht.

2. Abgabetermin für die Steuererklärung

Das Finanzamt verlangt für die Einkommensteuerveranlagung eine Einkommensteuererklärung auf amtlichem Vordruck oder alternativ die Erstellung mit einem EDV-Programm und anschließende elektronische Übermittlung per ELSTER-Verfahren. Die Erklärung soll bis zum 31. 5. des folgenden Jahres abgegeben werden. Wird die Erklärung von einem Steuerberater oder Lohnsteuerhilfeverein erstellt, verlängert sich die Abgabefrist bis zum 31. 12. (§ 149 AO). Wird sie nicht rechtzeitig abgegeben, kann das Finanzamt einen Verspätungszuschlag festsetzen (§ 152 AO). 489

GUTER RAT

Meist sind die Finanzämter nicht kleinlich mit der Verlängerung der Abgabefrist auch für Steuerzahler, die keinen Steuerberater engagieren. Rufen Sie am besten Ihren Sachbearbeiter beim Amt an (Durchwahl steht auf dem letzten Steuerbescheid) und vereinbaren Sie eine großzügige Fristverlängerung. Notieren Sie sich Name, Datum und Uhrzeit. 490

3. Wie verhalte ich mich geschickt bei Nebeneinkünften?

S Haben Sie neben Ihren Arbeitseinkünften andere Einkunftsquellen, die insgesamt mehr als 410 € einbringen, müssen Sie, wie schon gesagt, eine Einkommensteuererklärung abgeben (= Zwangsveranlagung). Ob dabei eine Steuernachforderung droht oder ob Sie eine Erstattung einstreichen, hängt natürlich davon ab, wie hoch Ihre Nebeneinkünfte sind und ob Sie Steuerermäßigungen geltend machen können. 491

Haben Sie neben Ihren Arbeitseinkünften *Verluste* aus einer anderen Einkunftsart, werden Sie von sich aus eine Erklärung abgeben, um die Verluste berücksichtigen zu lassen (= Antragsveranlagung).

Chaos, wohin man blickt, nichts als Chaos!

(Dr. W. Dann, ehem. Präsident der Bundessteuerberaterkammer, zum deutschen Steuerrecht)

TRICK

Arbeiten Sie nebenberuflich als selbständiger Fotograf!

Warum nicht Ihr Hobby professionell ausüben? Luftige Bilder von netten Modellen lassen sich ganz gut an Boulevardzeitungen verkaufen.
»Und was bringt mir das? Nehmen wir mal an, ich bekomme für ein Foto 150 € und kann zehn davon im Jahr absetzen, dann sind das 1 500 €, mit denen ich sicher nicht umsatzsteuerpflichtig bin«, sagen Sie, »aber ich werde damit einkommensteuerpflichtig. Wenn ich die Abschreibung für meine Fotoausrüstung, die Spesen für die Modelle und die Beiträge an die Berufsgenossenschaft rechne, bleibt vielleicht ein Tausender übrig, den ich aber noch versteuern muss.«
Richtig. Nur nicht richtig, wenn Sie Ihren Konz gelesen haben. Der rät Ihnen nämlich: Stellen Sie doch Ihren Ehepartner, Ihre Tochter oder Ihren Vater als Hilfskraft ein. Sie kann Ihnen die Ausleuchtlampen halten oder als Schreibkraft die Zeitschriftenredaktionen anschreiben und mit Ihren Bildchen bombardieren, Ihre Bücher führen, Terminvereinbarungen mit Ihren Modellen treffen …
Sie schließen mit Ihrer Hilfskraft einen Arbeitsvertrag, den das Finanzamt anerkennen muss, auch wenn Sie hauptberuflich *nicht selbständig* sind. **Vereinbaren Sie darin, dass Ihre Hilfskraft z. B. als Teilzeitkraft wöchentlich ein Entgelt von 50 € erhält.**
Der Monatslohn beträgt dann ca. 200 €, und Sie können von der Minijobregelung Gebrauch machen. Es fallen lediglich pauschale Sozialversicherungsbeiträge (15 % Rentenversicherung, 13 % Krankenversicherung, 1,08 % Umlagen) und lächerliche 2 % Pauschalsteuern an, insgesamt also 31,08 %, die Sie als Betriebsausgaben abziehen können.
Und so sieht Ihre Rechnung für das Finanzamt aus:

Einnahmen	1 500 €
./. Ausgaben für Schreibmaterial, Fotoausrüstung, Modellhonorare	– 500 €
./. Gehalt Aushilfe 12 × 200 €	– 2 400 €
./. Pauschalabgaben	– 746 €
= Verlust aus Fotografentätigkeit	– 2 146 €
Steuerersparnis bei einem durchschnittlichen Steuersatz von 30 %	644 €

Womit Sie die Abgaben auf den Aushilfsjob wieder heraushaben.
Gleichzeitig haben Sie z. B. Ihrer besseren Hälfte künftige Rentenansprüche verschafft. Die fallen übrigens deutlich attraktiver aus, wenn Sie auf den Rentenpauschalbeitrag zusätzlich 4,9 % des Lohns drauflegen.
Gehören Sie zu den Besserverdienenden, kann die Steuerersparnis sogar bis zu 45 % zzgl. Solidaritätszuschlag und Kirchensteuer, also ca. 1 106 € betragen.

Aufpassen müssen Sie allerdings, dass das Finanzamt ein solches Tätigsein nicht 492
als (steuerlich unbeachtet zu lassende) Liebhaberei auslegt. Deshalb sollten Sie nach ein paar Anlaufjahren auch mal einen kleinen Gewinn ausweisen. Außerdem sollten Sie vermeiden, dass ortsansässige Fotografen mit der Handwerksordnung winken oder Ihnen gar das Gewerbeaufsichtsamt ins Haus kommt: Denn Fotograf darf sich nur nennen, wer die entsprechende Gesellenprüfung abgelegt hat, ein selbständiger Fotograf braucht sogar die Meisterprüfung. Deshalb sollten Sie sich tunlichst nicht Fotograf, sondern z. B. »Fotodesigner« nennen und offiziell nur Reportage- und künstlerische Fotos anfertigen. Eine solche Tätigkeit ist durch die Handwerksordnung nicht geschützt.

GUTER RAT

Wenn beide Ehepartner Nebeneinkünfte von 410 € im Jahr haben, werden sie 493
nochmals extra veranlagt. Das Finanzamt fordert für die 820 € eine Steuer zwischen 140 € und 394 € nach. Dem kann man entgehen, indem man einen Antrag auf getrennte Veranlagung stellt. In diesem Fall muss das Finanzamt den Freibetrag von 410 € zweimal gewähren und somit die Versteuerung der gesamten 820 € ins Wasser fallen lassen. Zwar verliert man dann den Splittingvorteil, aber wenn beide Ehegatten ein etwa gleich hohes Einkommen beziehen, macht der kaum etwas aus.

SUPER TRICK

Drücken Sie gelegentliche Vermittlungsprovisionen unter die Steuergrenze!

S Viele Leute sind zu bange, sich nebenbei etwas zu verdienen, weil sie glau- 494
ben, Scherereien mit der Steuer zu bekommen. Das ist aber Unsinn. Das Finanzamt ist dazu da, seine Schröpfköpfe nach den gesetzlichen Bestimmungen anzusetzen, und die besagen nun mal, dass bei Arbeitnehmern Nebeneinkünfte unter 410 € im Jahr nicht steuerpflichtig sind. Liegen Sie also insgesamt unter 410 €, brauchen Sie keine Steuererklärung abzugeben. Und denken Sie daran: Verluste aus einer anderen Einkunftsart können Sie mit Ihren positiven Nebeneinkünften aufrechnen. Wenn Sie mal alle Fahrgelder, das Arbeitsmaterial, den Kleider- und Wäscheverschleiß, die Waschkosten etc. von dem abziehen, was Sie in die Hand gedrückt bekommen (und wofür Sie dem anderen eine Quittung geben, damit er es von seiner Steuer absetzen kann), mindert sich der erhaltene Betrag sicher beträchtlich!

495 Und selbst wenn die steuerfreien 410 € überstiegen werden sollten, ist bis 820 € (Milderungsregel/Härteausgleich) noch immer nicht alles steuerpflichtig, wie die folgende Tabelle zeigt:

Gesamtbetrag der Nebeneinkünfte	steuerfreier Betrag	steuerpflichtiger Rest
€	€	€
450	370	80
500	320	180
550	270	280
600	220	380
650	170	480
700	120	580
750	70	680
800	20	780
820	0	820

496 **Trick 17:** Wenn Sie im Lauf des Jahres merken, dass Sie es wahrscheinlich nicht schaffen, unter 410 € zu bleiben, geben Sie sich einen Stoß und überlassen den Auftrag/die Arbeit einem anderen. Eine Vermittlungsprovision z. B. kann genauso gut von Ihrem Vater bezogen werden. Oder von Ihrem Ehegatten. Dabei ist jedoch zu beachten, dass sich die 410- €-Grenze auf die Summe der von den Ehegatten bezogenen Einkünfte bezieht. Überlegen Sie, ob evtl. eine getrennte Veranlagung in Frage kommt (➤ Rz 494).

Ist Trick 17 nicht möglich und kriegen Sie mehr Geld auf die Hand, rate ich Ihnen, das dem Finanzamt zu melden. Besonders wenn Sie arbeitslos sind oder befürchten müssen, beim Finanzamt verpfiffen zu werden. Denn dann gilt das Steuergeheimnis nicht mehr, und das Finanzamt darf aufgrund von § 31 a AO Ihre Bezüge dem Arbeitsamt melden. Was böse für Sie enden könnte.

Bei der Berechnung Ihrer Nebeneinkünfte werden zwar grundsätzlich alle Einkünfte zusammengerechnet, bestimmte sonstige Einkünfte wie Provisiönchen oder aus Gelegenheitsgeschäften, Vermietung beweglicher Sachen und gelegentlichen Vermittlungen bleiben dabei aber von vornherein unberücksichtigt, sofern sie 256 € im Jahr nicht übersteigen. Die 256 € sind eine **Freigrenze**, kein Freibetrag, d. h., wenn die Grenze überschritten wird, ist der gesamte Betrag steuerpflichtig. Haben Sie z. B. als Arbeitnehmer geringe Vermietungseinkünfte von 350 € und aus der einmaligen Vermittlung einer Versicherung Provisionseinkünfte von 250 €,wird die Provision nicht berücksichtigt. Sie müssen deswegen also weder eine Steuererklärung abgeben noch die Nebeneinkünfte versteuern. Lagen Ihre Provisionseinkünfte dagegen bei 300 € – also über der Grenze von 256 € –, werden sie voll mitgerechnet. Zusammen mit den Mieteinkünften kommen Sie nun auf Nebeneinkünfte von 650 € und müssen eine Steuererklärung einreichen, aufgrund deren Ihre Nebeneinkünfte nachträglich besteuert werden. Da der Gesamtbetrag Ihrer Nebeneinkünfte aber unter 820 €

liegt, wird ein Härteausgleich (➤ Rz 495) von 170 € abgezogen, und Sie müssen nur 480 € tatsächlich versteuern.
»Wenn das Finanzamt überhaupt von meinen Provisionen weiß!«, lachen Sie. Warum sich in Gefahr begeben? Sie haben doch gehört, dass es Ihnen unbenommen bleibt, einen anderen einen Teil des Betrags quittieren zu lassen. Natürlich muss dieser andere das Vermittlungsgeschäft dazu auch abschließen. Ihn nur die Quittung unterschreiben zu lassen und sonst alles selbst zu machen darf natürlich nicht sein. Das wäre Steuerumgehung, und das wollen Sie ja nicht.

Der größte Feind des Rechts ist das Vorrecht.
(Ebner-Eschenbach)

TRICK

Werfen Sie mit der Wurst nach der Speckseite!

Sie freuen sich mächtig über die Provision, die Ihnen die Lebensversicherung 497
für den Vertrag zahlt, den Sie gerade vermittelt haben. Die 350 € können Sie gut brauchen, Sie müssen ja schließlich noch Ihr Häuschen abzahlen.

Selbst wenn Sie von den	350 €
Ihre Fahrtkosten abziehen,	– 50 €
bleiben Ihnen noch	300 €

Denken Sie! Denn nun kommt das Finanzamt, schlägt diese 300 € als Nebenverdienst Ihrem Einkommen zu und knöpft Ihnen so auf Umwegen zwischen 51 und 144 € ab.

»Was soll ich denn dagegen machen?«, fragen Sie.

Ganz einfach. Denken Sie doch einmal nach, wer Ihnen den Tipp mit Ihrem Versicherungskunden gegeben hat. Vielleicht der Papa oder die Freundin? Zeigen Sie sich großzügig und lassen Sie als Belohnung einen Fünfziger springen, schließlich hätten Sie ohne den Tipp das Geschäft nicht gemacht. Jetzt schauen Sie nicht so verwirrt aus der Wäsche. Nun lautet die Rechnung nämlich:

Provision	350 €
./. Fahrtkosten	– 50 €
./. Unterprovision	– 50 €
Gewinn	250 €

Der Gewinn liegt jetzt nicht mehr über der Freigrenze, und damit sparen Sie die gesamte Steuer. Das nenne ich wundersame Geldvermehrung. 50 € ausgegeben und dadurch zwischen 60 € und 166 € gespart!

TRICK

Wie Sie als Hausbesitzer oder mit Nebeneinkommen rd. 400 € Steuer im Jahr sparen

498 **S** Sie haben Einkünfte aus der Vermietung eines Hauses und aus einem Dienstverhältnis. Oder Sie sind Rentner und haben Mieteinkünfte. Alljährlich werden Sie mit Ihrem Gesamteinkommen zur Einkommensteuer veranlagt und zahlen zusätzlich Steuern.

Nehmen wir an, Sie haben im Jahr 2009 Einkünfte aus nichtselbständiger Arbeit bzw. aus einem früheren Dienstverhältnis in Höhe von 12 000 €.
Ihre Einkünfte aus dem Haus deklarieren Sie wie folgt:

Einnahmen aus Mieten		2 600 €	
Ausgaben:			
Grundsteuer	200 €		
Abschreibung	200 €		
Reparaturen	800 €		
Versicherungen, Kaminfeger	100 €		
Hypothekenzinsen	400 €		
	– 1 700 €	> – 1 700 €	
Einkünfte aus Vermietung		900 €	> 900 €
Gesamtbetrag der Einkünfte			12 900 €
Das Finanzamt setzt diese Rechnung fort, zieht Ihnen die Vorsorgepauschale von 1 884 € und den Sonderausgabenpauschbetrag von 36 € ab =			– 1 920 €
und kommt auf ein zu versteuerndes Einkommen von			10 980 €
Darauf entfällt eine Einkommensteuer von			553 €
Es zieht die bereits von Ihnen gezahlte Lohnsteuer ab			– 260 €
und fordert von Ihnen an Einkommensteuer			293 €
zzgl. z. B. 9 % Kirchensteuer			36 €
und Solidaritätszuschlag			0 €
Zusammen also einen Betrag von			329 €

S Um das zu vermeiden, hätten Sie lieber wie folgt überlegen sollen: Das Finanzamt lässt Nebeneinkünfte steuerfrei, solange diese 410 € im Jahr nicht übersteigen. Da ich mit meinen Einkünften aus Vermietung und Ver-

pachtung um diese erfreuliche Grenze herum liege, muss ich mir was einfallen lassen, um darunter zu bleiben.
Ich könnte z.B. Hypothekenzinsen am Jahresende gleich für das kommende Jahr mitzahlen, also zweimal 400 €, oder die Grundsteuer mit 200 € im Voraus abdrücken oder dem Handwerker einen Vorschuss in Höhe von 150 € auf seine Rechnung im nächsten Jahr geben. Wenn ich dann noch die Dezembermiete eines zuverlässigen Hausbewohners einen Monat später (nach dem 10. Januar, weil sie Ihnen das Finanzamt sonst noch dem alten Jahr hinzurechnet – vgl. § 11 EStG) kassiere, bleiben meine Hauseinkünfte unter 410 €.
Das Finanzamt kann nichts verlangen, und ich habe die ganze Einkommensteuer gespart. Natürlich gilt das auch für all diejenigen, die kleinere Nebeneinkünfte aus anderen Sparten als Vermietung und Verpachtung haben.
Wenn Ihr Ehepartner nebenbei Kerzen oder Haushaltswaren vertritt oder Sie selbst eine kleinere Versicherungsvertretung oder Einkünfte aus Landwirtschaft haben, dürfen Sie natürlich keine Einnahmen kürzen, denn das wäre ja Steuerhinterziehung. Aber hier können Sie ohne weiteres eine Betriebsausgabe in der Höhe machen, dass Sie unter 410 € Einkünften bleiben! (BFH v. 13.3.1964 – IV 152/63)

TRICK

Wie Handelsvertreter und andere ihre Einnahmen übertragen

S Sie sind nichtselbständiger Automobilverkäufer. Autohandel ist zwar nicht Ihre Sache, aber Sie verdienen sich gern nebenbei ein paar Hunderter mit der Vermittlung von Autos. **499**
Die Einnahmen aus diesen Nebengeschäften haben Sie bisher wie folgt versteuert: Im Durchschnitt veräußern Sie zwei Wagen zu je 4000 €. Die Wagen wurden mit je 3600 € eingekauft. Umsatzsteuer fällt keine an, denn der Umsatz liegt unter der Freigrenze von 17500 €. Aber an Einkommen-, Kirchensteuer und Solidaritätszuschlag zahlen Sie etwa 35 % vom Verdienst (800 €), das sind 280 €. Warum?
Lassen Sie doch Ihren alten Vater eines der Geschäfte mit den Wagen abwickeln! Er kann sich ja auch mal ein paar Euro nebenbei verdienen. Der Vater bezieht eine Pension und hat sonst keinerlei Einkünfte. Er kauft auf seinen Namen eines der Fahrzeuge und verkauft es mit entsprechendem Kaufvertrag, den er unterschreibt. Es stört nicht, dass er keine Gewerbeerlaubnis besitzt. Die Tätigkeit ist lediglich eine gelegentliche, und die ist in diesem Fall nicht steuerpflichtig.
Auch eine Gewerbemeldepflicht für den alten Herrn besteht nicht, weil keine Gewerbesteuer zu zahlen ist, da Letztere erst bei einem Gewerbeertrag von

24 500 € beginnt. Das Schöne aber ist, dass der Vater mit dem erzielten Verdienst auch nicht einkommensteuerpflichtig ist, da ja Nebeneinkünfte neben regulären Einkünften aus einem bestehenden oder früheren Dienstverhältnis bis zu 410 € jährlich nicht zur Einkommensteuer herangezogen werden!
Da sein Gewinn aus dem Wagen nur 400 € betragen hat, wäre er auch in den Vorjahren steuerfrei geblieben. Sie zahlen ebenfalls nicht, weil Ihre Einkünfte aus dem Autohandel jetzt ebenfalls unter 410 € liegen.
Ihre Gesamtersparnis inkl. Kirchensteuer und Solidaritätszuschlag liegt je nach Steuersatz zwischen 155 und 430 €.

In einer Untersuchung zum Thema »Bürger und Finanzamt« ließ das hessische Finanzministerium unter anderem fragen, was den Leuten an ihrem Amt denn nun am besten gefalle. Kürzeste Antwort: »Der Ausgang.«

VIII. Sonderausgaben

Von den Einkünften können zur Berechnung des Einkommens verschiedene **500**
private Ausgaben abgezogen werden, insbesondere *Sonderausgaben* und außergewöhnliche Belastungen.

1. Was sind Sonderausgaben?

Unter Sonderausgaben versteht man eine Reihe von Lebenshaltungskosten, die zumeist aus sozial- oder steuerpolitischen Gründen einkommensmindernd zum Abzug zugelassen sind. Das Gesetz unterscheidet zwischen *Vorsorgeaufwendungen* und *übrigen Sonderausgaben*.

2. Vorsorgeaufwendungen

In einem großen Rundumschlag hat der Fiskus mit dem Alterseinkünftegesetz **501**
ab 2005 sowohl die Besteuerung von Renten und Pensionen als auch die steuerliche Abzugsfähigkeit von Vorsorgeaufwendungen auf völlig neue Füße gestellt. Dadurch werden Sie langfristig Ihre Aufwendungen für die Altersvorsorge in erheblich größerem Umfang von der Steuer absetzen können als bisher. Im Gegenzug müssen Sie aber Ihre späteren Alterseinkünfte in voller Höhe versteuern, also nicht wie bisher von der Rente nur einen relativ geringen Anteil.

Das Prinzip, nach dem Sie beim Ansparen Ihrer Altersversorgung die Beiträge voll absetzen können und dafür in der Zahlungsphase alles voll versteuern, nennt die Ministerialbürokratie im schönen Fiskaldeutsch »nachgelagerte Besteuerung«.

Die Finanzakrobaten haben natürlich ganz schnell gerechnet und festgestellt, wenn sie ab sofort alle Beiträge zur Altersvorsorge steuerlich abzugsfähig machen, kostet sie das ein Heidengeld. Die Steuermehreinnahmen durch die volle Versteuerung der Renten und Pensionen fließen nämlich erst viel später, wenn die Steuerzahler nach und nach in Rente gehen. Folglich hat man die endgültige Umsetzung der nachgelagerten Besteuerung mit einer Übergangsregelung über sage und schreibe 20 Jahre gestreckt. Für Sie bedeutet das: Sie können jedes Jahr nur ein kleines Häppchen mehr von Ihren Beiträgen zur Altersvorsorge absetzen, und die neu hinzukommenden Rentner versteuern Jahr für Jahr ein wenig mehr von ihrer Rente.

Die Folge, dass wieder alles viel komplizierter wird, haben unsere lieben Volksvertreter wie immer dem Bürger zugemutet. Ich würde zu gern einmal Mäuschen spielen, wenn einige der vermeintlichen Steuerexperten im Finanzausschuss des Bundestags versuchen, die absetzbaren Sonderausgaben eines bestimmten Jahres zu berechnen. Wetten, dass keiner dieser hochbezahlten Volksvertreter auch nur einen Hauch von dem versteht, was er da mit verbrochen hat?

502 **a) Was sind Vorsorgeaufwendungen, und welche sind steuerlich interessant?**
Vorsorgeaufwendungen sind im Prinzip Beiträge zu Versicherungen, mit denen Sie für Ihre Zukunft, das bedeutet für Alter, Arbeitslosigkeit, Krankheit, Unfall, Pflegebedürftigkeit und Haftpflichtschäden, vorsorgen. Neben Zahlungen an private Versicherungen gehören dazu vor allem Ihre Beiträge zur gesetzlichen Sozialversicherung.
Unterschieden wird dabei letztlich zwischen folgenden Gruppen von Versicherungen:

503 **Aufwendungen für die Altersvorsorge (»Basisversorgung«),** die auf lange Sicht bis zu 20 000 €/40 000 € (Ledige/Verheiratete) abzugsfähig sind.
Dazu gehören Beiträge

- an die gesetzliche Rentenversicherung,
- zur landwirtschaftlichen Alterskasse,
- zur Künstlersozialkasse,
- an berufsständische Versorgungswerke, z.B. Versorgungskassen der Ärzte-, Notar-, Rechtsanwalts-, Steuerberaterkammern etc.,
- in eine kapitalgedeckte Altersversorgung (sog. Rürup-Rente), die nach dem 31.12.2004 beginnt (keine Beitragszahlung vor dem 1.1.2005).

Zusätzlich werden, wenn Sie Arbeitnehmer sind, Ihren eigenen Beiträgen der steuerfreie Arbeitgeberanteil zur Rentenversicherung oder vergleichbare steuerfreie Zuschüsse Ihres Brötchengebers zugeschlagen.

504 **Sonstige Vorsorgeaufwendungen,** die nur sehr eingeschränkt abzugsfähig sind.
Dazu rechnen die Beiträge

- zur gesetzlichen oder privaten Arbeitslosenversicherung,
- zur gesetzlichen oder privaten Krankenversicherung und Pflegeversicherung,

Ihr Steuerbescheid wird wegen des nur beschränkten Abzugs von Vorsorgeaufwendungen vorläufig erlassen. Das betrifft u. a. auch

- Rentenversicherungsbeiträge und andere Basisversorgungsbeiträge,
- Unfallversicherungen
- Erwerbs- und Berufsunfähigkeitsversicherungen, die nicht ausnahmsweise mit einer »Rürup-Renten-Versicherung« gekoppelt sind,
- reine Risikolebensversicherungen. Dabei ist egal, ob die Hinterbliebenen eine Rente oder eine Kapitalauszahlung bekommen,
- Lebensversicherungen, wenn
  - der Versicherungsvertrag bis spätestens 31.12.2004 abgeschlossen wurde **und**
  - die erste Beitragszahlung bis spätestens 31.12.2004 erfolgte.

- Haftpflichtbeiträge jeglicher Art, sofern sie keine Betriebsausgaben oder Werbungskosten sind, also die Beiträge für die allgemeine Privathaftpflicht, für die Pkw-Haftpflicht, für das Wohnmobil und das Segelboot. Auch wenn Sie Tiere Ihr Eigen nennen, für die Sie eine Hunde- oder Pferdehaftpflichtversicherung abgeschlossen haben, können Sie die Beiträge hier unterbringen.

Wenn Sie trotz des Vorläufigkeitsvermerks auf Nummer sicher gehen wollen, können Sie sich auf ein beim BFH anhängiges Musterverfahren berufen (Az. X R 6/08), Einspruch einlegen und das Ruhen des Einspruchsverfahrens bis zur endgültigen Entscheidung beantragen. In diesem Verfahren soll geklärt werden, ob es verfassungswidrig ist, dass Vorsorgeaufwendungen nach dem Alterseinkünftegesetz bei Arbeitnehmern nur mit einem bestimmten Prozentsatz (2009 = 68 %) abzugsfähig sind, aber um 100 % des Arbeitgeberanteils zur Rentenversicherung gekürzt werden und dass die übrigen Vorsorgeaufwendungen nur bis zu 1 500 € (bei Selbständigen 2 400 €) abgezogen werden können.

WICHTIGER HINWEIS

Die eingeschränkte Abzugsfähigkeit von Beiträgen zur Krankenversicherung 505
ist zumindest bis einschließlich 2009 nicht verfassungswidrig (BVerfG v. 13.2.2008 – 2 BvL 1/06 – Der Betrieb 2008 S. 789). Zugleich hat das Bundesverfassungsgericht entschieden, dass Beiträge zu privaten Kranken- und Pflegeversicherungen Teil des einkommensteuerrechtlich zu verschonenden Existenzminimums sind, und den Fiskus verpflichtet, eine Neuregelung ab 1.1.2010 zu treffen, die eine umfassendere steuerliche Berücksichtigung der Beiträge ermöglicht. Dieser Änderungsauftrag wurde inzwischen durch das *Bürgerentlastungsgesetz* umgesetzt.

Bürgerentlastungsgesetz
Der »Sonderausgabenabzug für alle sonstigen Vorsorgeaufwendungen« wird in einen »Sonderausgabenabzug für Kranken- und Pflegepflichtversicherungsbeiträge« umgestaltet und sieht deutlich höhere Abzugsmöglichkeiten als bisher vor.

Günstigerprüfung
Es wird in jedem Einzelfall geprüft, ob die bisherige oder die neue Rechtslage günstiger ist. Hätte der Steuerpflichtige nach bisherig geltender Rechtslage höhere Beiträge als Vorsorgeaufwendungen geltend machen können, kann er – zumindest bis zum Jahr 2019 – diese höheren Beträge absetzen.

Beiträge zur Krankenversicherung
Abzugsfähig als Sonderausgaben sind Beiträge zur Krankenversicherung in Höhe der sog. Basisabsicherung für

- Sie selbst,
- Ihren Ehepartner,
- Ihren eingetragenen Lebenspartner,
- Ihre Kinder, die steuerlich zu berücksichtigen sind.

Leisten Sie als Unterhaltsverpflichteter Beiträge zur Kranken- und Pflegeversicherung des getrennt lebenden oder geschiedenen Ehegatten, erhöht sich der Höchstbetrag von 13 805 € um die übernommenen Beiträge zur Basiskranken- und Pflegepflichtversicherung.

Zusätzlich wird für die Unterstützung unterhaltsberechtigter Angehöriger und diesen gleichgestellter Personen der Abzug von Beiträgen zur Basisabsicherung als außergewöhnliche Belastung geregelt. Dazu wird der Unterhaltshöchstbetrag nach § 33a Abs. 1 EStG um die zugunsten der unterhaltenen Person gezahlten Beiträge erhöht. Betroffen sind Zahlungen für folgende Personen:

- nicht mehr steuerlich zu berücksichtigende Kinder, z. B. Kinder in Berufsausbildung nach Vollendung des 25. Lebensjahres,
- Eltern,
- Großeltern,
- geschiedener oder getrennt lebender Ehegatte, wenn vom Realsplitting kein Gebrauch gemacht wird,
- Partner einer nichtehelichen Lebensgemeinschaft, wenn wegen der eheähnlichen Gemeinschaft Sozialleistungen verweigert oder gekürzt werden,
- Mutter eines unehelichen Kindes des Steuerpflichtigen.

Beiträge, die über die sog. Basisabsicherung hinausgehen, sind nur im Rahmen der Höchstbeträge für sonstige Vorsorgeaufwendungen (1 900 €/2 800 €) abzugsfähig. Das sind vor allem Beitragsanteile für Wahlleistungstarife und Zusatztarife, z. B. für Chefarztbehandlung, Ein-Bett-Zimmer-Unterbringung, Zahnzusatz, Beihilfeergänzung etc. und zwar unabhängig davon, ob die Versicherung in der gesetzlichen oder einer privaten Krankenversicherung erfolgt. Ebenso die Beitragsanteile, soweit sie zur Finanzierung des Krankengeldes dienen. Vermittelt die Krankenversicherung einen Anspruch auf Krankengeld oder vergleichbare Ansprüche, wird der jeweilige Beitrag dazu pauschal um 4 % vermindert. Unter diese Regelung dürften zudem sog. Ruhensbeiträge zu einer privaten KV fallen, die eine spätere Fortführung der KV ohne Alterszuschläge ermöglichen.

Beiträge zu Pflegepflichtversicherungen

Die Beiträge zur gesetzlichen Pflegeversicherung inkl. Zuschlag für Kinderlose sind in voller Höhe als Sonderausgaben abziehbar.

Sonstige Vorsorgeaufwendungen

Entgegen den ursprünglichen Planungen bleibt es auch ab 2010 bei der grundsätzlichen Berücksichtigung *sonstiger* Vorsorgeaufwendungen. Das heißt: Abzugsfähig sind weiterhin:

- Kranken- und Pflegeversicherungen, soweit diese generell nicht berücksichtigt werden (Mehrleistungen/Wahltarife/Krankengeld),
- Arbeitslosenversicherung,
- Erwerbs- und Berufsunfähigkeitsversicherungen,
- Unfall- und Haftpflichtversicherungen,
- Risikoversicherungen, die nur für den Todesfall eine Leistung vorsehen,
- Lebensversicherungen, die vor 2005 abgeschlossen worden sind.

Darüber hinaus sind die Beiträge zur landwirtschaftlichen Krankenkasse begünstigt.
Außerdem wurde ab 2010

1. der gemeinsame Höchstbetrag für sonstige Vorsorgeaufwendungen und andere Versicherungen von 1500/2 400 € auf 1900/2 800 € erhöht und gleichzeitig sichergestellt, dass
2. mindestens die Beiträge zur Basiskranken- und Pflegepflichtversicherung abzugsfähig sind.

Beispiel
Sie sind als Selbständiger privat krankenversichert. Ihr Krankenversicherungsbeitrag beträgt 2 400 €. Davon entfallen 10 % auf Wahlleistungen wie Chefarztbehandlung etc. Für Ihre Pflegepflichtversicherung fallen zusätzlich 200 € an. Außerdem haben Sie 800 € für Haftpflicht- und Unfallversicherungen gezahlt.

Beiträge zur Krankenversicherung		2 400 €
Beiträge zur Pflegeversicherung		200 €
Weitere Vorsorgeaufwendungen		800 €
Summe		3 400 €
Höchstbetrag		2 800 €
Mindestens Basiskrankenversicherung	2 160 €	
+ Pflegeversicherung	200 €	
	2 360 €	2 360 €
Anzusetzen sind		2 800 €

Vorsorgepauschale 506
Im Veranlagungsverfahren werden ab 2010 nur noch die tatsächlich geleisteten Beiträge berücksichtigt. Damit entfällt der Abzug einer Vorsorgepauschale. Ohne Nachweis wird im Rahmen der Einkommensteuerveranlagung künftig nur noch der Sonderausgabenpauschbetrag (36 €/72 €) geregelt.
Die Berücksichtigung der als Sonderausgaben abziehbaren Beiträge im Lohnsteuerabzugsverfahren erfolgt dagegen wie bisher pauschal durch Abzug einer Vorsorgepauschale.

Daneben bleibt es bei der sukzessiv bis 2024 Jahr für Jahr steigenden Berücksichtigung einer gesonderten Pauschale für Basisversorgungsbeiträge zur Altersvorsorge. Begünstigt sind in der Rentenversicherung Pflichtversicherte oder wegen Versicherung in einem berufsständischen Versorgungswerk von der Rentenversicherungspflicht befreite Arbeitnehmer. Damit scheidet die Berücksichtigung z. B. bei Beamten, beherrschend beteiligten Gesellschafter-Geschäftsführern und weiterbeschäftigten Rentnern aus.

Vorsorgepauschale für Krankenversicherung bei gesetzlich Krankenversicherten
Abgezogen wird in den Steuerklassen I bis VI – unabhängig davon, ob der Arbeitnehmer freiwillig oder pflichtversichert ist – ein Betrag, der dem Arbeitnehmeranteil ohne Krankengeldanspruch entspricht.
Die Berechnung der Vorsorgepauschale für die Krankenversicherung geht vom ermäßigten Beitragssatz (ohne Anspruch auf Krankengeld) aus, der für 2010 13,4 % beträgt. Daraus ergibt sich ein Arbeitnehmeranteil von 7,6 % (50 % von 13,4 + 0,9 % Zusatzanteil Arbeitnehmer). Da nur auf den ermäßigten Beitragssatz abgestellt wird, ist der Beitragsanteil für Krankengeldzahlungen von vornherein ausgeklammert.

Vorsorgepauschale für Pflegeversicherung
Bei Arbeitnehmern, die in der sozialen Pflegeversicherung versichert sind, werden die Versicherungsbeiträge in den Steuerklassen I bis VI mit 0,975 % des Bruttoarbeitslohns berücksichtigt. Eine Ausnahme gilt, wenn Sie in Sachsen leben. Hier beträgt der Arbeitnehmeranteil 1,95 %. Hinzu kommt jeweils der Zuschlag für Kinderlose von 0,25 %, macht insgesamt 1,225 % bzw. in Sachsen 2,2 % des Arbeitslohns.

Vorsorgepauschale bei privat Versicherten
Auch die Beiträge zur privaten Kranken- und Pflegepflichtversicherung werden beim Lohnsteuerabzug berücksichtigt. Zu diesem Zweck übermittelt die Versicherungsgesellschaft die Kranken- und Pflegeversicherungsbeiträge des Versicherten und ggf. von dessen Ehe- oder Lebenspartner und Kindern an das Bundeszentralamt für Steuern, das grundsätzlich die Daten im Rahmen der elektronischen Lohnsteuerkartenmerkmale zur Verfügung stellt.
In den Jahren 2010 und 2011, ggf. auch noch länger, bis die Daten der elektronischen Steuerkarte zur Verfügung stehen, müssen Sie Ihrem Arbeitgeber eine Bescheinigung Ihrer Krankenversicherung über die Höhe der abzugsfähigen Kranken- und Pflegeversicherungsbeiträge vorlegen, damit diese Beiträge beim Lohnsteuerabzug berücksichtigt werden können. Von dieser Regelung betroffen sind neben Beamten vor allem Gesellschafter-Geschäftsführer und wegen Überschreiten der Pflichtversicherungsgrenze privat versicherte Arbeitnehmer.
Statt der tatsächlichen Basisbeiträge wird beim Lohnsteuerabzug seit 2010 eine Mindestvorsorgepauchale von 12 % des Arbeitslohns, max. aber 1 900 € (StKl I, II, IV, und V) bzw. 3 000 € (StKl III) abgezogen.

Beispiel

Auf der Basis der aktuellen Beitragssätze ergibt sich für die Vorsorgepauschale eines verheirateten, familienversicherten Arbeitnehmers mit einem Kind und einem Jahresarbeitslohn von 40 000 € folgende Berechnung:

Krankenversicherungspauschale (50 % v. 13,4 % = 6,7 % + 0,9 % =) 7,6 % v. 40 000 €	3 040 €
Pflegeversicherungspauschale (50 % v. 1,95 % =) 0,975 % v. 40 000 €	390 €
Vorsorgepauschale	3 430 €

Für einen privat versicherten, ledigen und kinderlosen Arbeitnehmer mit 40 000 € Arbeitslohn ergibt sich folgende Vorsorgepauschale:

Mindestvorsorgepauschale 12 % v. 40 000 €,	4 800 €
max. aber	1 900 €
Vorsorgepauschale	1 900 €

TRICK

Melden Sie als Rentner das Auto Ihrer Kinder oder Enkel auf sich an!

Längst sind Ihre Kinder erwachsen und stehen selbst im Berufsleben. Trotzdem 507
stehen sie Ihnen natürlich zur Seite und fahren Sie, seit Sie selbst das Autofahren aufgegeben haben, so manches Mal mit ihrem Pkw. Klar stecken Sie ihnen dafür immer wieder ein paar Scheinchen zu. Sie haben es ja, und sie können es gut gebrauchen. Steuerlich können Sie das viel schlauer anstellen. Statt übers Jahr gesehen ein paar Hunderter als »Spritgeld« rüberzuschieben, ist es viel geschickter, wenn Sie das Auto Ihrer Kinder auf sich anmelden und die Versicherungsbeiträge übernehmen. Für Ihre Kinder spielt das in der Regel steuerlich keine Rolle. Die zahlen sich ja schon an der Sozialversicherung dumm und dusslig, so dass die Autoversicherung sich bei der Steuer gar nicht mehr auswirkt. Sie können dagegen jeden Euro Autohaftpflicht als Sonderausgaben absetzen, wenn Sie als Rentner Ihren Höchstbetrag von 1 500 €/3 000 € (Alleinstehende/Verheiratete) noch nicht ausgeschöpft haben. Und als Rentner stehen Sie oft vor dem Problem, dass Sie gar nicht so viele sonstige Vorsorgeaufwendungen haben, um den Höchstbetrag voll ausschöpfen zu können.

Genauso funktioniert das Spielchen, wenn Sie z. B. Ihrem Enkel ein Auto sponsern. Sie ziehen sich die Haftpflicht an Land, indem das Gefährt auf Ihren Namen angemeldet wird. Damit umgehen Sie auch gleich den happigen Anfängertarif in der Autoversicherung, denn Sie erhalten den Prämienrabatt für Fahrer mit langjähriger Fahrpraxis und damit einen Prämiensatz von nur 125 %. Dass nicht Sie selbst, sondern Ihr Enkel die Beulen in das Vehikel fährt, ist dabei ohne Belang.

Wichtig in beiden Fällen ist nur, dass Fahrzeug und Versicherung auf Ihren Namen laufen! Denn: Nach der BFH-Rechtsprechung ist zum Abzug von Versicherungsbeiträgen als Sonderausgaben grundsätzlich nur berechtigt, wer die Beiträge als Versicherungsnehmer schuldet und entrichtet (BFH-Urt. v. 8.3.1995 – BStBl 1995 II S. 637). Als Nachweis haben Sie neben dem Versicherungsschein die Überweisung der Prämie von Ihrem Konto. Zahlen Sie aber Haftpflichtbeiträge, die Ihr Enkel oder Ihre Kinder als Versicherungsnehmer schulden, sind sie weder bei Ihnen noch bei Ihren Abkömmlingen absetzbar.

TIPP

für die Haftpflicht für Ihr Wohnungseigentum

Das Wohnen im eigenen Haus ist ein schönes, aber teures Vergnügen. Und steuerlich ist nicht viel zu holen. Deshalb vergessen Sie nicht, wenigstens die Gebäudehaftpflicht anzusetzen. Für Ihre Eigentumswohnung soll Ihnen der Hausverwalter den Jahresbetrag nennen, der auf Ihre Wohnung entfällt. Dasselbe gilt natürlich auch dann, wenn Sie Ihr Häuschen oder Ihre Wohnung nicht selbst nutzen, sondern z. B. Ihre Kinder oder andere Angehörige mietfrei darin wohnen lassen. Aber: Vermieten Sie Ihr Wohneigentum, fällt die Gebäudehaftpflicht unter die Werbungskosten.

508 **Beiträge zu zertifizierten Altersvorsorgeverträgen**

Wenn Sie einen zertifizierten Riester-Vertrag abgeschlossen haben, bekommen Sie dafür normalerweise die sog. Riester-Zulage. Da bei Ledigen und kinderlosen Ehepaaren die Förderung häufig recht mager ausfällt, wurde zur Ergänzung ein zusätzlicher Sonderausgabenabzug (§ 10 a EStG) von 2 100 € für solche Beiträge eingeführt. Ist die Steuerersparnis aus dem Sonderausgabenabzug höher als die Riester-Zulage, wird Ihnen der übersteigende Betrag über Ihre Einkommensteuererklärung erstattet.

509 **b) Was können Sie von Ihren Vorsorgeaufwendungen höchstens absetzen?**

Die Höchstbeträge für den Abzug Ihrer Vorsorgeaufwendungen werden streng getrennt nach

- Altersvorsorgeaufwendungen und
- sonstigen Vorsorgeaufwendungen

berechnet.

Sie sollen allerdings mit diesen Höchstbeträgen gegenüber der bisherigen Berechnung keinen Nachteil haben. In einer langen Übergangszeit bis 2019 werden die aktuell geltenden Höchstbeträge daher mit den Vorsorgeaufwendungen verglichen, die Sie nach der Berechnungsmethode für das Jahr 2004 hätten abziehen können.

Höchstbetrag für Altersvorsorgeaufwendungen 2010: 510

	Alleinstehende	Verheiratete
Allgemeiner Höchstbetrag	20 000 €	40 000 €
./. Kürzung um 19,9 % des Arbeitslohns/ der Bezüge (max. 55 800 €) (nur bei Beamten, Soldaten, Geistlichen etc., Vorständen, Geschäftsführern mit Pensionsanspruch und Abgeordneten)	–	– ......
= (gekürzter) Höchstbetrag (Betrag 1)	......	......
Tatsächliche Beiträge für Altervorsorgeversicherungen (gesetzliche Rentenversicherung, landwirtschaftl. Alterskassen, Versorgungswerke, Rürup-Versicherungen)	......	......
Arbeitgeberanteil zur Rentenversicherung	......	......
= insgesamt gezahlte Altersvorsorgeaufwendungen (Betrag 2)	......	......
vom geringeren Betrag **(Betrag 1/Betrag 2) 70 %** (der abzugsfähige Prozentsatz erhöht sich jährlich um weitere 2 %, bis 2024 volle 100 % erreicht sind)	......	......
./. Arbeitgeberanteil zur Rentenversicherung (nur bei rentenversicherungspflichtigen Arbeitnehmern)	–	– ......
= Höchstbetrag für Altersvorsorgeaufwendungen	=	= ......

Zusätzlicher Höchstbetrag für sonstige Vorsorgeaufwendungen 2010 511

Für Ihre sonstigen Vorsorgeaufwendungen, insbesondere die Beiträge zur Kranken- und Pflegeversicherung setzen Sie folgende Beträge ab

1. je nachdem, ob Sie Zuschüsse als Arbeitnehmer oder Rentner zur Krankenversicherung erhalten oder diese wie ein Selbständiger voll aus der eigenen Tasche finanzieren müssen, 1 900 €/2 800 €,
2. mindestens aber die Beiträge zur Basiskranken- und Pflegepflichtversicherung, auch wenn sie die o. g. Höchstbeträge übersteigen.

- Für Steuerzahler, die keine unmittelbaren Zuschüsse zu ihren Krankheitskosten oder steuerfreie Zuschüsse zur Krankenversicherung erhalten (= Selbständige, nicht sozialversicherungspflichtige Vorstände und Geschäftsführer, nicht mitarbeitende Ehegatten von Beamten), beträgt der Höchstbetrag 2 800 €.

- Steuerzahlern, die unmittelbare Zuschüsse zu ihren Krankheitskosten oder steuerfreie Zuschüsse zur Krankenversicherung erhalten (= sozialversicherungspflichtige Arbeitnehmer, Beamte, Soldaten, Geistliche, Rentner, familienversicherte Ehepartner etc.), steht ein Höchstbetrag von 1 900 € zu.

512 Bei Ehegatten wird der Höchstbetrag für jeden getrennt ermittelt. So bekommt z. B. ein Ehepaar, bei dem der Ehemann selbständig und die Ehefrau als sozialversicherungspflichtige Arbeitnehmerin tätig ist, einen Höchstbetrag von zusammen (2 800 € + 1 900 € =) 4 700 €.

Ist nur ein Ehegatte erwerbstätig, verdoppelt sich in aller Regel sein Höchstbetrag. Ist also der erwerbstätige Ehegatte selbständig, liegt der gemeinsame Höchstbetrag bei 5 600 €, während er bei einem als sozialversicherungspflichtiger Arbeitnehmer erwerbstätigen Ehegatten nur 3 800 € beträgt.

Einen Höchstbetrag von 3 800 € erhalten auch Ehepaare, bei denen einer oder beide Rentner sind.

TRICK

Beamtenehegatten bringen einen Sonderzuschlag!

513 Es ist doch kaum zu glauben. Nicht genug, dass sich unsere Staatsdiener für ihre sicheren Arbeitsplätze meist noch fürstlich entlohnen lassen. So mir nichts, dir nichts haben sie auch noch ein Sonderprivileg für ihre nicht arbeitenden Ehepartner eingeführt. Statt wie beim Rest der schwer arbeitenden Bevölkerung für den das Haus hütenden Partner nur 1 900 € abzuziehen, dürfen sich die Beamtenehepartner über einen Höchstbetrag von 2 800 € freuen, also den Betrag, der an sich für Selbständige gedacht war, die sämtliche Versicherungen und Kosten für den Krankheitsfall aus der eigenen Tasche aufbringen müssen.

514 Übersicht über den Höchstbetrag für sonstige Vorsorgeaufwendungen bei Ehegatten

Ehegatte 1 / Ehegatte 2	SV-pflichtiger Arbeitnehmer	Beamter	Selbständiger	Keine Beschäftigung
SV-pflichtiger Arbeitnehmer	3 800 €	3 800 €	4 700 €	3 800 €
Beamter	3 800 €	3 800 €	4 700 €	4 700 €
Selbständiger	4 700 €	4 700 €	5 600 €	5 600 €
Keine Beschäftigung	3 800 €	4 700 €	5 600 €	5 600 €

Alternativberechnung nach der Methode 2004 515

Die Berechnung der abzugsfähigen Höchstbeträge führt für Arbeitnehmer mit kleineren Einkommen und bei Selbständigen, die für ihre Altersversorgung in erster Linie auf Kapitallebensversicherungen gesetzt haben, aber auch bei Rentnern und Pensionären in vielen Fällen zu erheblichen Nachteilen gegenüber der Rechtslage bis zur Reform der Alterseinkünftebesteuerung. Um diese Nachteile auszugleichen, wird mindestens der Betrag als Sonderausgaben abgezogen, der sich bis 2004 als Höchstbetrag ergeben hätte.

Der Vorsorgehöchstbetrag bis 2004 setzt sich aus folgenden Einzelbeträgen zusammen: 516

	Alleinstehende	Verheiratete
1. Vorwegabzug	3 068 €	6 136 €
2. Sonderhöchstbetrag für freiwillige Pflegeversicherung bei nach dem 31. 12. 1957 Geborenen	184 €	368 €
3. Grundhöchstbetrag	1 334 €	2 668 €
Summe = Vollabzug	4 586 €	9 172 €
4. Hälftiger Höchstbetrag	667 €	1 334 €
Gesamtsumme = Vorsorgehöchstbetrag	5 253 €	10 506 €

Der **Vorwegabzug** steht Ihnen als **Selbständigem** ungekürzt zu. Er soll ausgleichen, dass Sie nicht wie ein Arbeitnehmer steuerfreie Arbeitgeberzuschüsse für Ihre Alters-, Krankheits- und Arbeitslosenvorsorge bekommen und deshalb höhere eigene Beiträge leisten müssen. Bei Arbeitnehmern, Beamten sowie Vorständen mit Pensionsanspruch wird der Vorwegabzug um 16 % des Arbeitslohns gekürzt. Ab einem Lohn von 19 175 €/38 350 € (Alleinstehende/Verheiratete) entfällt der Vorwegabzug daher. 517

Auch **Pensionäre** erhalten den Vorwegabzug in der Regel in voller Höhe, da die Kürzung nur mit 16 % des Arbeitslohns aus einer aktiven Tätigkeit vorgenommen wird und nicht von Pensionen (Versorgungsbezügen). **Rentner**, die nebenbei als Arbeitnehmer schaffen, müssen ebenfalls keine Kürzung des Vorwegabzugs hinnehmen. Bei ihnen muss der Arbeitgeber nämlich keine Zukunftssicherungsleistungen mehr erbringen. Der bei der Beschäftigung von Altersrentnern ausnahmsweise zu zahlende Arbeitgeberanteil zur Rentenversicherung zählt hier nicht mit, da der Rentner daraus keine weiteren Rentenansprüche ableiten kann.

Den Sonderhöchstbetrag für eine freiwillige Pflegeversicherung bekommen Sie nur, wenn Sie nach dem 31. 12. 1957 geboren sind und Beiträge für eine zusätzliche freiwillige Pflegeversicherung zahlen. Dieser Sonderhöchstbetrag verdoppelt sich bei Verheirateten nur dann, wenn beide Ehegatten nach dem 31. 12. 1957 geboren sind.

Für alle darüber hinausgehenden Beiträge steht Ihnen der **Grundhöchstbetrag** zu.

518 **Vollabzug** bedeutet, dass sich Ihre Versicherungsbeiträge steuerlich in voller Höhe auswirken.

519 Wenn Sie höhere Aufwendungen haben, wirken sie sich über den **hälftigen Höchstbetrag** nur noch zu 50 % aus. Das bedeutet für Sie: Wollen Sie über den Vollabzug hinaus auch den hälftigen Höchstbetrag ausschöpfen, benötigen Sie nicht nur 667 €/1 334 € (Alleinstehende/Verheiratete) an zusätzlichen Beiträgen, sondern doppelt so viel, also 1 334 €/2 668 €.

TRICK

Weisen Sie als Gesellschafter-Geschäftsführer die Kürzung zurück!

520 Wenn Sie Ihre Firma z. B. aus Haftungsgründen lieber als GmbH betreiben und daher als deren Geschäftsführer fungieren, sind Sie aus steuerlicher Sicht Angestellter Ihrer eigenen Firma. Bei der Sozialversicherung dagegen behandelt man Sie wie einen Selbständigen, d. h., Sie müssen Ihre Altersversorgung komplett selbst finanzieren. Deshalb steht Ihnen für Ihre Versicherungsbeiträge ohne Wenn und Aber der volle Vorwegabzug von 3 068 €/6 136 € (Alleinstehende/Verheiratete) zu. Das gilt sowohl für die Günstigerprüfung nach dem Rechtsstand 2004 als auch für die Berechnung Ihrer Basis-Vorsorgeaufwendungen nach dem Rechtsstand seit 2005.
Haben Sie jedoch eine Pensionszusage Ihrer GmbH oder zahlt diese für Sie Beiträge in eine Direktversicherung oder einen Pensionsfonds, dann wird der Höchstbetrag für Ihre Basisversorgung von 20 000 €/40 000 € um 19,9 % Ihres Arbeitslohns (höchstens 54 600 €) gekürzt. Dennoch sollten Sie nicht gleich den Kopf hängen lassen. Diese Kürzungsregelung gilt nämlich nicht so uneingeschränkt für die Günstigerprüfung. In vielen Fällen können Sie vom alten Vorwegabzug von 3 068 €/6 136 € weiter profitieren. Völlig ohne Probleme klappt das, wenn Sie Alleingesellschafter Ihrer GmbH sind, also 100 % der Anteile Ihr Eigen nennen. In diesem Fall unterstellt der Fiskus nämlich, dass die Finanzierung Ihrer Altersversorgung komplett aus Ihrer eigenen Tasche finanziert wird. Dasselbe gilt für den Fall, dass an der Gesellschaft mehrere Gesellschafter beteiligt sind und alle eine Pensionszusage haben, die jeweils der Beteiligung an der Gesellschaft entspricht. Sind z. B. zwei Gesellschafter jeweils zu 50 % beteiligt und haben gleich hohe Pensionszusagen, bekommt jeder der beiden den ungekürzten Vorwegabzug. Hat dagegen Gesellschafter A eine Pensionszusage

von 3 000 €, während Gesellschafter B später 7 000 € Pension bekommen soll, erhält nur A den Vorwegabzug ungekürzt. Gesellschafter B muss dagegen eine Kürzung um 16 % seines Arbeitslohns hinnehmen. Mit Nachdruck sei auf das BFH-Urteil vom 16.10.2002 (BStBl II 2004 S. 546) und das BMF-Schreiben vom 22.5.2007 (IV C 8 – S 2221/07/0002) hingewiesen.
Wenn Sie als Gesellschafter/Geschäftsführer verheiratet sind und Ihre bessere Hälfte Arbeitnehmer ist, müssen Sie es sich allerdings gefallen lassen, dass der gemeinsame Vorwegabzug von 6 136 € um 16 % des Ehegattenarbeitslohns gekürzt wird. Mehr als diese Kürzung ist nicht zulässig. Ihr Geschäftsführergehalt bleibt bei der Kürzung außer Betracht (BFH-Urt. v. 3.12.2003 – BStBl II 2004 S. 709).

TRICK

Mit einer Rürup-Versicherung machen Sie steuerlich immer ein Geschäft!

Während Sie in der Vergangenheit einen Vertrag über eine als Basisversorgung steuerbegünstigte Rürup-Rente nur bei einem Versicherungsunternehmen abschließen konnten, sind inzwischen auch renditestärkere Anlageverträge über Banken oder Pensionsfonds möglich. 521
Außerdem hat der Fiskus in seinem verzweifelten Bemühen, die lahmende Idee der Rürup-Rente aufzupeppen, einen besonderen Steuervorteil geschaffen. Obwohl es Rürup-Verträge 2004 und früher noch gar nicht gab, werden die Beiträge bei der Alternativberechnung (Günstigerprüfung) durch einen gesonderten Höchstbetrag begünstigt. Bei der Berechnung Ihres Höchstbetrags für Vorsorgeaufwendungen werden zunächst einmal Ihre Beiträge zur Rürup-Rente außer Acht gelassen. Auf diesen Höchstbetrag bekommen Sie dann als gesonderten Höchstbetrag 2010 zusätzlich 70 % Ihrer Rürup-Beiträge. Der Prozentsatz, mit dem die Rürup-Beiträge abgesetzt werden kann, steigt künftig jedes Jahr um 2 %, beträgt also z. B. 2011 schon 72 %.

Beispiel für einen Selbständigen 522
Ein Jungunternehmer, der am 10.4.1960 geboren ist, zahlt Beiträge zu folgenden Versicherungen

Altersvorsorgelebensversicherung (Rürup-Rente)		
(Rentenzahlung nach 62. Geburtstag)	2 400 €	
Private Krankenversicherung		1 800 €
Freiwillige private Pflegeversicherung		150 €
Unfallversicherung		240 €

Kapitallebensversicherung (Vertragsabschluss 2001)			
5 000 €, abzugsfähig 88 %		4 400 €	
Privathaftpflichtversicherung		100 €	
Übrige Vorsorgeaufwendungen		6 690 €	
Als Vorsorgeaufwendungen abzugsfähig 2009:			
Altersvorsorgebeiträge			
Altersvorsorgelebensversicherung	2 400 €		
Höchstbetrag:	20 000 €		
./. Kürzung	–		
= gekürzter Höchstbetrag	20 000 €		
70 % vom geringeren Betrag			
= 70 % von 2 400 € =		1 680 €	
./. Arbeitgeberanteil zur Rentenversicherung		–	
Höchstbetrag 2010 für Altersvorsorge-aufwendungen		1 680 €	> 1 680 €
Übrige Vorsorgeaufwendungen			
Vorsorgeaufwendungen	6 690 €		
Höchstbetrag	2 800 €		
Mindestens Kranken- und Pflegeversicherung	1 900 €		
Abzugsfähig von den 6 690 € somit max.			2 800 €
Vorsorgeaufwendungen 2010			4 480 €
Alternativberechnung (Höchstbetrag wie 2004)			
Ausgaben für Versicherungen (ohne »Rürup-Rente«)	6 540 €		
Freiwillige Pflegeversicherung	150 €		
	6 690 €		
Vorwegabzug für Ledige	– 3 068 €		> 3 068 €
Restbetrag	3 622 €		
Sonderhöchstbetrag Pflegeversicherung max. 184 €		– 150 €	> 150 €
Restbetrag		3 472 €	
Grundhöchstbetrag für Ledige		– 1 334 €	> 1 334 €
Restbetrag		2 138 €	
davon 50 % =		1 069 €	
max. 50 % v. Grundhöchstbetrag 1 334 €		667 €	> 667 €
Vorsorgeaufwendungen ohne Rürup			5 219 €
Rürup-Renten-Beiträge 2 400 € × 70 %			1 680 €
Vorsorgehöchstbetrag insgesamt			6 899 €

Da sich durch die Alternativberechnung ein höherer Betrag ergibt, kann unser Jungunternehmer für 2010 den für ihn günstigeren Betrag von **6 899 €** abziehen.

Beispiel für einen verheirateten Arbeitnehmer 523

Angenommen, Sie sind am 10.4.1960 geboren, verheiratet und bekommen als Alleinverdiener 50 000 € brutto. Sie zahlen Beiträge zu folgenden Versicherungen:

Rentenversicherung 19,9 % von 50 000 € × 50 %	4 975 €
Gesetzliche Krankenversicherung (Arbeitnehmeranteil) 7,9 % × 45 000 € (Bemessungsgrenze)	3 555 €
Gesetzliche Pflegeversicherung (Kinderlose) (1,95 % × 50 % = 0,975 + 0,25 % =) 1,225 % × 45 000 € (Bemessungsgrenze)	551 €
Arbeitslosenversicherung (- 30.06.2010 = 2,8 %) 3,0 % von 50 000 € × 50 %	725 €
Altersvorsorgelebensversicherung (Rentenzahlung nach dem 62. Geburtstag)	2 400 €
Unfallversicherung	200 €
Kapitallebensversicherung (Vertragsabschluss 2001) 2 000 €, abzugsfähig 88 % von 2 000 €	1 760 €
Kfz- und Privathaftpflichtversicherung	600 €

Als Vorsorgeaufwendungen abzugsfähig 2010:

Altersvorsorgebeiträge			
gesetzliche Rentenversicherung	4 975 €		
steuerfreier Arbeitgeberanteil zur Rentenversicherung	4 975 €		
Altersvorsorgelebensversicherung	2 400 €		
Beiträge insgesamt	12 350 €		
Höchstbetrag Verheiratete:	40 000 €		
./. Kürzung	–		
= gekürzter Höchstbetrag	40 000 €		
70 % vom geringeren Betrag = 70 % von 12 350 € =		8 645 €	
./. Arbeitgeberanteil zur Rentenversicherung		– 4 975 €	
Höchstbetrag für Altersvorsorgeaufwendungen		3 670 €	
Abzugsfähig sind damit nur magere			3 670 €
Übrige Vorsorgeaufwendungen			
Vorsorgeaufwendungen	7 295 €		
Höchstbetrag 2 × 1 900 €	3 800 €		
Mind. Basiskranken-/Pflegeversicherung	3 971 €		
abzugsfähig von 7 295 € somit			3 971 €
Vorsorgeaufwendungen 2010			**7 641 €**

Alternativberechnung (Höchstbetrag wie 2004)

Ausgaben für Versicherungen (ohne Rürup-Renten-Versicherung)			12 270 €		
Vorwegabzug für Verheiratete	6 136 €				
./. Kürzung 16 % von 50 000 €	– 8 000 €				
Verbleibender Vorwegabzug	0 €	>	0 €	>	0 €
Restbetrag			12 270 €		
Grundhöchstbetrag für Verheiratete		–	2 668 €	>	2 668 €
Restbetrag			9 602 €		
davon 50 % =			4 801 €		
Max. 50 % v. Grundhöchstbetrag 2 668 €			1 334 €	>	1 334 €
Zwischensumme					4 002 €
Rürup-Renten-Versicherung 70 % von 2 400 €					1 680 €
Vorsorgehöchstbetrag					5 682 €

In diesem Fall ergibt sich durch die Neuregelung für 2009 ein höherer Abzug. Sie können also für 2010 **7 641 €** abziehen.

524 **Beispiel für einen Beamten**

Angenommen, Sie sind am 10.4.1954 geboren, verheiratet und bekommen als Beamter 40 000 € brutto. Ihr am 13.6.1955 geborener Ehepartner ist nicht berufstätig. Sie zahlen Beiträge zu folgenden Versicherungen:

Rürup-Rente	2 400 €
Private Krankenversicherung	2 800 €
Pflegeversicherung	360 €
Unfallversicherung	200 €
Kapitallebensversicherung (Vertragsabschluss 2001) 2 000 €, abzugsfähig zu 88 %	1 760 €
Kfz- und Privathaftpflichtversicherung	600 €

Als Vorsorgeaufwendungen abzugsfähig:

Altersvorsorgebeiträge

Altersvorsorgelebensversicherung	2 400 €		
Höchstbetrag Verheiratete:	40 000 €		
./. Kürzung 19,9 % von 40 000 €	7 960 €		
= gekürzter Höchstbetrag	32 040 €		
70 % vom geringeren Betrag = 70 % von 2 400 € =		1 680 €	
./. Arbeitgeberanteil zur Rentenversicherung		– €	
Höchstbetrag für Altersvorsorgeaufwendungen		1 680 €	
Abzugsfähig sind damit nur magere			1 680 €

Übrige Vorsorgeaufwendungen

Vorsorgeaufwendungen		5 720 €	
Höchstbetrag 1 900 € + 2 800 €		4 700 €	
Höchstbetrag mind.		3 160 €	
Abzugsfähig von 5 720 € somit max. 4 700 € =			4 700 €
Vorsorgeaufwendungen 2010			6 380 €

Alternativberechnung (Höchstbetrag wie 2004)

Ausgaben für Versicherungen (ohne Rürup-Rente)		5 720 €		
Vorwegabzug für Verheiratete	6 136 €			
./. Kürzung 16 % von 40 000 €	– 6 400 €			
Verbleibender Vorwegabzug	0 €	0 €	>	0 €
Restbetrag		5 720 €		
Grundhöchstbetrag für Verheiratete		– 2 668 €	>	2 668 €
Restbetrag		3 052 €		
davon 50 % =		1 526 €		
max. 50 % v. Grundhöchstbetrag	2 668 €	1 334 €	>	1 334 €
Zwischensumme				4 002 €
Rürup-Beiträge 70 % von 2 400 €				1 680 €
Vorsorgehöchstbetrag				5 682 €

In diesem Fall ergibt sich durch die Günstigerprüfung nach altem Recht ein höherer Abzug. Sie können also für 2010 **6 380 €** abziehen.

Beispiel für einen Pensionär 525

Angenommen, Sie sind pensionierter Beamter, verheiratet, Ihr Ehepartner hat keine eigenen Einkünfte. Sie beziehen eine Pension von 24 000 €. 2010 zahlen Sie Beiträge zu folgenden Versicherungen:

Private Krankenversicherung	3 600 €
Pflegeversicherung	360 €
Unfallversicherung	200 €
Kfz- und Privathaftpflichtversicherung	600 €

Als Vorsorgeaufwendungen abzugsfähig:

Altersvorsorgebeiträge

Altersvorsorgelebensversicherung	– €		
Höchstbetrag Verheiratete:	40 000 €		
./. Kürzung 19,9 % von ... €	– €		
= gekürzter Höchstbetrag	40 000 €		
70 % vom geringeren Betrag = 70 % von 0 € =		0 €	
./. Arbeitgeberanteil zur Rentenversicherung		– €	
Höchstbetrag für Altersvorsorgeaufwendungen		0 €	0 €

Übrige Vorsorgeaufwendungen

Vorsorgeaufwendungen	4 760 €	
Höchstbetrag 1 900 € + 2 800 €	4 700 €	
Mind. Kranken-/Pflegeversicherung	3 960 €	
Abzugsfähig von 4 760 € somit max. 4 700 € =		4 700 €
Vorsorgeaufwendungen 2010		4 700 €

Alternativberechnung (Höchstbetrag wie 2004)

Ausgaben für Versicherungen (ohne Rürup-Rente)		4 760 €		
Vorwegabzug für Verheiratete	6 136 €			
./. Kürzung 16 % von 0 €	– €			
Verbleibender Vorwegabzug	6 136 €	(6 136 €)	>	4 760 €
Restbetrag		0 €		
Grundhöchstbetrag für Verheiratete		– 2 668 €	>	+ 0 €
Restbetrag		0 €		
davon 50 % =		0 €		
max. 50 % v. Grundhöchstbetrag	2 668 €	1 334 €	>	0 €
Zwischensumme				4 760 €
Rürup-Beiträge, 70 % von 0 €				0 €
Vorsorgehöchstbetrag				4 760 €

In diesem Fall ergibt sich durch die Günstigerprüfung nach altem Recht ein höherer Abzug. Sie können also für 2010 **4 760 €** abziehen.

526 **Beispiel für einen Rentner**

Angenommen, Sie sind Rentner, verheiratet, Ihr Ehepartner bezieht ebenfalls eine Rente. 2010 zahlen Sie Beiträge zu folgenden Versicherungen:

Krankenversicherung der Rentner	3 600 €
Pflegeversicherung	360 €
Unfallversicherung	200 €
Kfz- und Privathaftpflichtversicherung	600 €

Als Vorsorgeaufwendungen abzugsfähig ab 2010:

Altersvorsorgebeiträge

Altersvorsorgebeiträge	0 €	
Höchstbetrag für Altersvorsorgeaufwendungen	0 €	0 €

Übrige Vorsorgeaufwendungen

Vorsorgeaufwendungen	4 760 €	
Höchstbetrag 2 × 1 900 €	3 800 €	
Mind. Kranken-/Pflegeversicherung	3 960 €	
Abzugsfähig von 4 760 € somit		3 960 €
Vorsorgeaufwendungen 2010		3 960 €

Alternativberechnung (Höchstbetrag wie 2004)

Ausgaben für Versicherungen (ohne Rürup-Rente)		4 760 €		
Vorwegabzug für Verheiratete	6 136 €			
./. Kürzung 16 % von 0 €	– €			
Verbleibender Vorwegabzug	6 136 €	(6 136 €)	>	4 760 €
Restbetrag		0 €		
Grundhöchstbetrag für Verheiratete		(– 2 668 €)	>	+ 0 €
Restbetrag		0 €		
Davon 50 % =	0 €			
max. 50 % v. Grundhöchstbetrag	(2 668 €)	(1 334 €)	>	0 €
Zwischensumme				4 760 €
Rürup-Beiträge, 70 % von 0 €				0 €
Vorsorgehöchstbetrag				4 760 €

In diesem Fall ergibt sich durch die Günstigerprüfung nach altem Recht ein höherer Abzug. Sie können also für 2010 **4 760 €** abziehen.

Vorsorgepauschale 527

Seit 2010 wird bei der Veranlagung zur Einkommensteuer aus Vereinfachungsgründen keine Vorsorgepauschale mehr berücksichtigt.

Was können Sie von Ihren Vorsorgeaufwendungen höchstens absetzen? 528

Nicht alle privaten Versicherungen können Sie mit Erfolg in der Steuererklärung unterbringen. Nicht zum Steuerabzug führen insbesondere Sachversicherungen wie z. B. Hausrat-, Kfz-Kasko- und Rechtsschutzversicherungen. Auch nach dem 31.2.2004 abgeschlossene Kapitallebens- und Rentenversicherungsverträge mit Kapitalwahlrecht werden nicht mehr berücksichtigt. Haben Sie einen solchen Vertrag vor 2005 abgeschlossen, werden 88 % der Beiträge den sonstigen Vorsorgeaufwendungen zugerechnet, wenn die Versicherungslaufzeit mindestens zwölf Jahre beträgt. Die restlichen 12 % Beiträge fallen unter den Tisch.

OTTO SCHILY: »Wenn die Verbeamtung winkt, dann melden sich gerne die, die im Beruf nicht sonderlich erfolgreich sind. Das muss man ganz deutlich sagen. Dann sind sie verbeamtet und können auch als Professoren so wenig erfolgreich sein, wie sie wollen, sie werden immer dort bleiben.«

(Aus einem Gespräch mit dem Rektor der Universität Witten-Herdecke in der *ZEIT* vom 12. 1. 1993)

SUPER TRICK

Teilen Sie und setzen ab!

529 Deckt Ihre Unfall- oder Rechtsschutzversicherung sowohl berufliche als auch private Risiken ab, teilen Sie einfach die Beiträge in einen beruflichen und einen privaten Anteil auf. Bei der Aufteilung Ihrer Unfallversicherung setzen Sie ohne weiteres mindestens 50 % des Beitrags als Werbungskosten an. Wenn Sie sich nicht mit der Halbierung zufriedengeben wollen, können Sie auch Ihr Versicherungsunternehmen bitten, Ihnen mitzuteilen, welcher Anteil des Beitrags nach seiner Kalkulation das berufliche Risiko abdeckt. Mit dieser Bescheinigung im Rücken teilen Sie dann möglicherweise im Verhältnis 75 % : 25 % auf (Quelle: BMF – Schreiben v. 17.7.2000 – BStBl I 2000 S. 1204).

530 Wesentlich engherziger ist der Fiskus bei der Aufteilung der Beiträge für Ihre Rechtsschutzversicherung. Hier wollen sie Ihnen partout keinen pauschalen Werbungskostenabzug von 50 % zugestehen. Somit bleibt Ihnen der Weg zu Ihrem Versicherungsvertreter nicht erspart. Nur mit einer Bescheinigung Ihrer Versicherung über den beruflichen Prämienanteil haben Sie eine Chance auf teilweise Berücksichtigung Ihrer Kosten (BMF-Schreiben v. 17.7.2000 – BStBl I 2000 S. 1204).

531 Sie müssen wissen: Es gibt Lebensversicherungen, die nur im Todesfall Geld bringen. Sie werden Risikoversicherungen genannt und sind nur rd. ein Zehntel so teuer wie Kapitalversicherungen. Letztere (Lebensversicherungen mit Sparanteil) bringen nicht nur im Todesfall Geld, sondern auch bei Ablauf der Versicherungsdauer. Denken Sie daran: Auch die Sterbegeldversicherung ist eine Lebensversicherung, ja sogar die Aussteuer- oder Ausbildungsversicherung für Ihre Tochter, die Sie nach ihrer Geburt abgeschlossen haben und die genau mit ihrem 18. Geburtstag fällig wird.
Bei Fälligkeit einer Lebensversicherung mit Sparanteil erhalten Sie zusätzlich zu der Versicherungssumme Überschüsse. Die Überschussanteile sind jedoch bei den einzelnen Versicherungsgesellschaften unterschiedlich hoch, je nachdem, ob die Gesellschaft als AG auch noch Aktionäre zu bedienen hat oder als Verein auf Gegenseitigkeit alles behalten kann.

Wer viel arbeitet, macht viele Fehler.
Wer nicht arbeitet, macht keine Fehler.
Wer keine Fehler macht, wird befördert.
(Antwort auf Prüfungsfrage an Beamtenanwärter)

TIPP

zu Ihren Kapital- und Lebensversicherungen

Alle Kapitallebensversicherungen, die Sie nach dem 1.1.2005 abgeschlossen haben, können Sie nicht mehr als Vorsorgeaufwendungen absetzen. Außerdem sind solche Lebensversicherungen nicht mehr steuerfrei. Die Erträge aus der Versicherung, also praktisch die Differenz aus der Kapitalauszahlung und Ihren über die Jahre gezahlten Beiträgen, sind zu 50 % als Kapitaleinkünfte steuerpflichtig, wenn sie Ihnen frühestens zu Ihrem 60. Geburtstag ausgezahlt werden. 532
Gut zu wissen: Da neue Kapitallebensversicherungen nicht mehr als Sonderausgaben abziehbar und generell zu 50 % steuerpflichtig sind, können Sie sie ungeniert zur Sicherheit für ein Darlehen einsetzen. Die unselig komplizierten Bestimmungen für die sog. »Policendarlehen« sind seit 2005 für neue Verträge hinfällig.

Ein Abzug als Vorsorgeaufwendungen kommt nur noch für vor 2005 abgeschlossene Versicherungen und nur noch sehr eingeschränkt im Rahmen der Höchstbeträge für sonstige Versorgungsaufwendungen in Betracht für 533

- Risikoversicherungen,
- Rentenversicherungen ohne Kapitalwahlrecht,
- Rentenversicherungen mit Kapitalwahlrecht gegen laufende Beitragsleistung mit Sparanteil bei einer Vertragsdauer von mindestens zwölf Jahren (aber max. 88 % der Beiträge) und
- Kapitalversicherungen gegen laufende Beitragsleistung mit Sparanteil bei einer Vertragsdauer von mindestens zwölf Jahren (aber max. 88 % der Beiträge).

SUPER TRICK

Kassieren Sie die Erbschaft steuerfrei!

Wenn Sie ganz clever sind, Sie und Ihre bessere Hälfte je eine eigene Lebensversicherung haben wollen und mal nicht den Gedanken an den Tod verdrängen, dann ersparen Sie ihr später die Erbschaftsteuer auf die Auszahlung der Lebensversicherung. Das geht ganz einfach: Sie schließen mit ihrer Zustimmung eine Versicherung auf ihr Leben ab, sie eine auf Ihres. Sie zahlen jeder die Prämien der Versicherung aus der eigenen Tasche. 534

In Ihrem Todesfall bekommt Ihr Ehepartner die Summe nicht als »Erwerb von Todes wegen«, sondern eben als Versicherungsnehmer steuerfrei ausbezahlt – und umgekehrt natürlich ebenso. Der Trick ist noch interessanter bei Personen, die nicht verheiratet oder nahe verwandt sind, weil die Freibeträge der Erbschaftsteuer niedriger und die Steuersätze höher sind.

Thomas Mann auf die Frage, was die Regierung in einem bestimmten Fall tun werde: »Weiß ich, was das Dümmste ist?«

3. Übrige Sonderausgaben

535 Als *übrige Sonderausgaben*, die also keine Vorsorgeaufwendungen sind, zählt das Gesetz auf:

- Unterhaltszahlungen an den geschiedenen oder dauernd getrennt lebenden Ehegatten bis 13 805 €, wenn dieser der Versteuerung der empfangenen Beträge zugestimmt hat,
- Renten und dauernde Lasten, insbesondere Altenteilslasten in der Landwirtschaft,
- Kirchensteuer,
- Aufwendungen für die eigene Berufsausbildung und Weiterbildung im *nicht* ausgeübten Beruf, Höchstbetrag jährlich 4 000 €,
- Schulgeld für den Privatschulbesuch des Kindes (30 %),
- Spendenabzug.

Ausgaben dieser Art wirken sich steuerlich erst aus, wenn sie höher sind als der dafür vorgesehene Sonderausgabenpauschbetrag von 36 €, bei Ehegatten 72 €.

a) Unterhaltsleistungen

SUPER TRICK

Der Kuhhandel mit dem Ex-Ehepartner

536 Dass Steuergesetze unverständlich sind, wissen wir schon lange. Dass die Unverständlichkeit jedoch Purzelbäume schlägt, erkennen Sie an der Bestimmung, die einem geschiedenen Ehegatten zumutet, vor dem anderen zu Kreuz zu kriechen, um einigermaßen gerecht besteuert zu werden. Natürlich sieht es jeder Unterhaltsempfänger als unverschämt an, aus Gefälligkeit dem geschiedenen Ehepartner dessen Steuer zu zahlen. Nur wenn er kein Einkommen hat und daher den Unterhaltsbetrag nicht oder nur gering versteuern muss, kann man erwarten, dass er den Wisch unterschreibt, mit dem er bestätigt, dass er den

Unterhalt versteuert. Diese Zustimmung auf dem besonderen Formular Anlage U ist bis auf Widerruf wirksam. Die Zustimmung braucht also nicht jedes Jahr erneut erklärt zu werden (BMF v. 19.9.1990 – BStBl 1990 I S. 569).
Weigert sich der Unterhaltsempfänger ohne triftigen Grund, die Anlage U zu unterschreiben, hat der zahlende Ehegatte einen gerichtlich einklagbaren Anspruch darauf, wenn er sich bindend verpflichtet, den Empfänger von allen steuerlichen Nachteilen freizustellen, die diesem aufgrund seiner Zustimmung entstehen, soweit dieser sie im Einzelfall nachweist. Der Unterhaltsempfänger kann nicht verlangen, an den Steuervorteilen beteiligt zu werden, die der zum Unterhalt Verpflichtete durch den Sonderausgabenabzug erhält. So zumindest der BGH in seinem Urteil vom 26.9.1984 (IV b ZR 30/83 – HFR 1985 S. 530).

WICHTIGER HINWEIS

Wenn Sie dem Abzug der Unterhaltszahlungen bei Ihrem Expartner ohne be- 537
tragsmäßige Beschränkung zustimmen, gilt die Zustimmung immer für den tatsächlich als Unterhalt gezahlten Betrag, höchstens 13 805 €. Eine Beschränkung auf bestimmte Teilbeträge ist nicht vorgesehen. Damit bestimmt also grundsätzlich der Unterhalt zahlende Ehegatte mit seinem Antrag auf Sonderausgabenabzug gleichzeitig, wie hoch die Einkünfte aus dem Unterhalt sind, die der Unterhaltsempfänger zu versteuern hat.
Das gilt allerdings nicht, wenn der Unterhaltsempfänger seine Zustimmung von vornherein nur für einen bestimmten Betrag der Unterhaltsleistungen erteilt hat. Auch wenn sich die Unterhaltszahlungen später erhöhen, ist ein höherer Abzug nur möglich, wenn sich Zahlender und Zahlungsempfänger über den erhöhten Abzug einig sind (BFH v. 12.12.2007 – XI R 36/05).

TIPP

zum Widerruf der Zustimmung

Fehlt allerdings eine solche Einschränkung, gilt Ihre Zustimmung als Unterhaltsempfänger damit auch dann, wenn sich dieUnterhaltsleistungen im Laufe der Zeit erhöhen. Da eine einmal erteilte Zustimmung nur mit Wirkung für die Zukunft widerrufen werden kann, sollten Sie sich denAusgleich für eventuelle Nachteile aus der Versteuerung der Unterhaltsleistungen **von vornherein schriftlich zusichern lassen**.
Der Ausgleich beim Unterhaltsempfänger aus der Versteuerung eventuell anfallender Steuern durch den Unterhalt Zahlenden ist wiederum als Unterhaltszahlung anzusehen (BFH v. 28.11.2007 – XI B 68/07).

TRICK

Die Unterhaltshöchstgrenze überschritten – was tun?

538 »Was, wenn ich mehr als 13 805 € Unterhalt bezahle?« Ihr Pech! Alles, was darüber hinausgeht, bringt Ihnen keine Steuervergünstigung. »Und da ist nichts zu machen?«, fragen Sie augenzwinkernd. Nur, wenn Sie bereit sind, Ihre Verhältnisse auf die Steuer einzurichten. Sehen Sie zu, dass Ihr Expartner Sie darum bittet, Sonderbelastungen zu übernehmen. Und zwar solche, die eine außergewöhnliche Belastung darstellen, etwa Krankheitskosten oder Kuraufwand. Dann vereinbaren Sie mit ihm, den regulären Unterhalt zu vermindern und als Ausgleich dafür diese Sonderbelastungen zu tragen – für die Sie als Zahler dann die Steuerermäßigung in Anspruch nehmen dürfen (H 33.1-33.4 EStH »Krankheitskosten für Unterhaltsberechtigte«).

TIPP

Ab 2010 holen Sie mit der Übernahme der Krankenversicherung mehr heraus!

Spätestens ab dem Jahr 2010 können Sie den Abzug Ihrer Unterhaltsleistungen über den Höchstbetrag von 13 805 € hinaus um einige tausend Euro steigern, sofern Sie als Selbständiger oder Beamter für den Ex-Partner die Beiträge zur privaten Kranken- und Pflegeversicherung zahlen. Durch das Bürgerentlastungsgesetz wird der Höchstbetrag nämlich um die Basis-Krankenversicherungsbeiträge und die Beiträge zur Pflegepflichtversicherung aufgestockt.

SUPER TRICK

Barunterhalt statt kostenloser Wohnung

539 Für den Sonderausgabenabzug Ihrer Unterhaltsleistungen ist es egal, ob Ihr Expartner von Ihnen jeden Monat Bares bekommt oder Sachleistungen. Überlassen Sie ihm z. B. unentgeltlich eine Eigentumswohnung, können Sie dafür die unmittelbar durch die Nutzung entstehenden Kosten als Unterhaltsleistungen absetzen. Was auf den ersten Blick ganz vernünftig aussieht, ist in Wirklichkeit eine böse Fallgrube. Die Fiskalritter gestehen Ihnen als Unterhaltsaufwendun-

gen nämlich nur die von Ihnen getragenen Kosten für Heizung, Strom, Wasser, Abwasser, Müllabfuhr und Grundsteuer zu. Den dicksten Batzen, wie Zinsen, Reparaturen, Abschreibung und Versicherungen für die Wohnung, lassen sie mit einem Federstrich unter den Tisch fallen. Begründung: »Keine Unterhaltsaufwendungen lt. H 86 b EStH«.

Richtig hinterhältig wird die Geschichte aber erst dadurch, dass Sie die Kosten auch nicht als Werbungskosten im Rahmen von Vermietungseinkünften absetzen können. Hier setzen die Fiskalritter den Rotstift nämlich mit dem fadenscheinigen Argument an, da die Wohnung nicht vermietet sei, hätten Sie keine Einkunftserzielungsabsicht.

Mein Rat: Legen Sie auf den monatlichen Unterhalt an Ihren Expartner von 540
750 € noch 350 Eierchen freiwillig drauf. Natürlich nur, um mit ihm gleichzeitig einen Mietvertrag für die Wohnung mit einer Warmmiete von 350 € abzuschließen. So schlagen Sie (ohne tatsächlich einen Cent mehr auszugeben) zwei Fliegen mit einer Klappe:

1. Sie treiben Ihre als Sonderausgaben absetzbaren Unterhaltsleistungen geschickt nach oben.
2. Sie verschaffen sich für die Steuer ein erstklassiges Vermietungsobjekt mit Einkunftserzielungsabsicht, bei dem Sie alle Kosten absetzen können.

Sehen Sie sich an, was das in Euro und Cent ausmacht:

Unterhaltszahlungen lt. Gericht 12 × 750 €		9 000 €		
freiwilliger monatlicher Unterhalt 12 × 350 €		4 200 €		
Unterhalt insgesamt		13 200 €	>	13 200 €
Miete 12 × 350 €		4 200 €		
./. Heizung, Strom, Wasser etc.	–	1 200 €		
./. Reparaturen	–	400 €		
./. Zinsen 7 % v. 80 000 €	–	5 600 €		
./. Abschreibung 2 % v. 80 000 €	–	1 600 €		
./. Hausversicherung	–	150 €		
Absetzbarer Vermietungsverlust	–	4 750 €	>	4 750 €
Insgesamt wirken sich für Sie so steuermindernd aus				17 950 €

Ohne Mietvertrag und erhöhten Unterhalt könnten Sie absetzen:

Gerichtlichen Unterhalt	9 000 €		
Übernommene Wohnungskosten	1 200 €		
Insgesamt	10 200 €	>	10 200 €
Ihr Steuervorteil aus der Differenz von			7 750 €

beträgt je nach Steuersatz zwischen 1 330 € und 3 727 €.

541 Damit Sie nicht nach der Scheidung Schwierigkeiten mit der Zustimmung zum Abzug der Unterhaltszahlungen bekommen, drängen Sie schon vor dem Familiengericht oder beim Unterhaltsprozess darauf, dass Ihr Expartner im Urteil verpflichtet wird, die Zustimmung zu erteilen. Die Finanzämter bestehen nämlich darauf, dass der Ehegatte ausdrücklich in der Anlage U seine Zustimmung bestätigt. Und wenn er das verweigert, brauchen die Fiskalritter mit Billigung des BFH nicht zu prüfen, ob die Weigerung rechtsmissbräuchlich ist (Urt. v. 25.7.1990 – BStBl 1990 II S.1022). Wenn es hart auf hart geht, bleibt Ihnen nichts anderes übrig, als Ihren Expartner vor den zivilen Kadi zu zerren und zur Zustimmung verurteilen zu lassen.

Will Ihr Expartner selbst dann die Anlage U nicht unterschreiben, reicht für den Abzug der Unterhaltszahlungen bei Ihrer Einkommensteuererklärung ersatzweise das o.g. Zivilgerichtsurteil aus (BFH v. 25.10.1988 – BStBl 1989 II S.192).

TIPP

bei fehlender Zustimmung

Selbst wenn Sie mit einem solch hartnäckigen Fall von Undank gestraft sind, brauchen Sie mit der Abgabe Ihrer Steuererklärung nicht zu warten. **Setzen Sie Ihre Unterhaltskosten zunächst als außergewöhnliche Belastung bis zu 8 004 € ab.** Sie können den höheren Abzug als Sonderausgaben jederzeit nachträglich beantragen, sobald Ihnen die Zustimmung oder ein entsprechendes Gerichtsurteil vorliegt. Das Finanzamt muss dann sogar schon bestandskräftige Steuerbescheide zu Ihren Gunsten ändern. Berufen Sie sich auf § 175 Abs. 1 Nr. 2 AO und das BFH-Urt. v. 12.7.1989 – BStBl 1989 II S.957).

TRICK

Nach oben korrigieren können Sie immer!

542 Auch wenn Sie sich mit Ihrem Expartner zunächst darauf geeinigt hatten, von den gezahlten 15 000 € nur einen kleinen Betrag von z.B. 5 000 € als Unterhalt abzusetzen, ist die Tür zu einem höheren Abzug nicht endgültig geschlossen. Eine nachträgliche Ausweitung des Sonderausgabenabzugs mit Zustimmung Ihres Ex ist nämlich jederzeit möglich. Haben Sie also mit viel Mühe den Unterhaltsempfänger überzeugt, dass er dem vollen Sonderausgabenabzug bei Ihnen zustimmt, beantragen Sie eine entsprechende Änderung Ihres Einkommen-

steuerbescheids. Auch wenn dieser längst bestandskräftig war, muss er nun zu Ihren Gunsten korrigiert werden. Ihr Antrag auf höheren Unterhaltsabzug stellt nämlich zusammen mit der erweiterten Zustimmung des Ex ein rückwirkendes Ereignis i. S. des § 175 Abs. 1 Satz 1 Nr. 2 AO 1977 dar, das zur Korrektur des Steuerbescheids berechtigt (BFH v. 28.6.2006 – BStBl 2007 II S. 5).

Diese Änderung ist allerdings eine Einbahnstraße. Im selben Urteil hat der BFH entschieden, dass Sie einen einmal gestellten Antrag auf Sonderausgabenabzug nicht im Nachhinein einschränken können. Möchten Sie also statt der 13 805 €, die Sie nun immer abgesetzt haben, nach Absprache mit dem Unterhaltsempfänger nur noch 5 000 € absetzen, muss der entsprechende Antrag vor Bestandskraft des Einkommensteuerbescheids gestellt werden, also bis spätestens vier Wochen nach Zustellung.

b) Renten und dauernde Lasten 543

Um zu verstehen, wann Renten und dauernde Lasten als Sonderausgaben abzugsfähig sind, müssen Sie zunächst ein wenig Steuerrecht über sich ergehen lassen:

Wiederkehrende Zahlungen können Entgelt für den Kauf von Vermögen, Unterhalts- oder Versorgungsleistungen sein. Von einem Kauf wird nur ausgegangen, wenn Ihre Gegenleistung insgesamt in etwa dem realen Wert des Vermögens entspricht. Wollen Sie z. B. die Eigenheimzulage für ein Ihnen übertragenes Haus in Anspruch nehmen, geht das nur, wenn die Vermögensübertragung als Kauf durchgeht. Sonderausgaben haben Sie dagegen nur, wenn Ihre Zahlungen als Versorgungsleistungen akzeptiert werden. Von solchen Versorgungsleistungen können Sie ausgehen, wenn Ihre wiederkehrenden Zahlungen im Zusammenhang mit der Übertragung von Vermögen stehen. Solche Vermögensübertragungen können im Rahmen einer Erbschaft vorkommen oder durch Schenkung zu Lebzeiten. Damit ein Sonderausgabenabzug überhaupt in Betracht kommt, muss die Übertragung des Vermögens an Sie entweder voll unentgeltlich geschehen oder zumindest zu einem Preis, bei dem man davon ausgehen kann, dass er nicht wie unter Fremden entsprechend dem tatsächlichen Wert des Vermögens ausgehandelt worden ist.

Den Abzug von Versorgungsleistungen hat der Fiskus ab 2008 erheblich eingeschränkt. 544

Als Sonderausgaben abzugsfähige Vorsorgeaufwendungen liegen nur noch vor, wenn im Gegenzug Betriebsvermögen in Form folgender Vermögenswerte übertragen wurde:

1. Anteile an einer Personengesellschaft (OHG, KG GbR), die eine eigenständige landwirtschaftliche, gewerbliche oder freiberufliche Tätigkeit ausübt,
2. landwirtschaftliche oder gewerbliche Einzelunternehmen oder Teilbetriebe und Freiberuflerkanzleien,

3. GmbH-Anteile von mindesens 50 %, wenn Sie nach der Übergabe als Geschäftsführer tätig sind und Ihr Vorgänger (Eltern) diese Funktion vor der Übertragung ausgeübt hat.

Für alle anderen Vermögensübertragungen, z. B. Immobilien, selbstgenutzte Wohnungen, Wertpapiere etc., kommt ein Sonderausgabenabzug nicht mehr in Betracht.

Diese Einschränkungen gelten aber erst für Übertragungsverträge, die 2008 oder später abgeschlossen wurden. Haben Sie eine Vermögensübertragung gegen Zahlung von Versorgungsleistungen schon vor 2008 vertraglich geregelt, gilt die großzügigere alte Regelung so lange weiter, wie Sie entsprechende Zahlungen erbringen.

WICHTIGER HINWEIS

Keine betragsmäßige Beschränkung bei Zahlungen zum Versorgungsausgleich!

545 Bei einer Ehescheidung werden die in der Ehe begründeten Ansprüche auf eine Altersversorgung der beiden Ehegatten ausgeglichen. Das blüht Ihnen nach einer Scheidung z. B. in Bezug auf Ihre künftigen Rentenansprüche, Ansprüche aus einer betrieblichen Altersversorgung, Ihre Pension als Beamter oder die Altersansprüche, die Sie als Freiberufler aus einem berufsständischen Versorgungswerk haben.

Der Ausgleich erfolgt in aller Regel, indem zugunsten des geschiedenen Ehegatten ein Teil der Rentenansprüche aus der gesetzlichen Rentenversicherung übertragen wird. Der geschiedene Ehepartner bekommt dann eine eigene Rente, und Ihre Rente fällt entsprechend geringer aus. Jeder der ehemaligen Ehepartner versteuert in diesem Fall seine eigenen Rentenzahlungen.

Bei Pensionsansprüchen und Ansprüchen aus der betrieblichen Altersversorgung werden die Versorgungsansprüche dagegen ausnahmsweise schuldrechtlich ausgeglichen. Der ausgleichsverpflichtete Ehegatte zahlt dazu in der Regel eine Geldrente an den geschiedenen Ehegatten und gleicht so die Differenz zwischen den Altersbezügen aus. Die Zahlungen beginnen normalerweise ab Beginn der Zahlung Ihrer Altersbezüge, also wenn Sie in Ruhestand gehen.

Ihre Zahlungen können Sie nun in voller Höhe als Sonderausgaben abziehen (Quelle: § 10 Abs. 1 Nr. 1b EStG). Anders als bei den Unterhaltsleistungen ist der Abzug nicht auf einen Höchstbetrag von 13 805 € begrenzt. Ihr geschiedener Ex-Ehepartner muss dann allerdings im Gegenzug die Zahlungen in gleicher Höhe als sonstige Einkünfte versteuern (§ 22 Nr. 1c EStG).

Aber auch bei Altverträgen vor 2008 müssen Sie noch eine wichtige Hürde nehmen. Damit Sie Ihre Versorgungsleistungen als Versorgungsrente mit dem Ertragsanteil oder in voller Höhe als dauernde Last absetzen können, muss das Vermögen, das Sie im Gegenzug bekommen haben, im Durchschnitt so viel Erträge abwerfen, dass die Versorgungsleistungen damit finanziert werden können. 546

Am folgenden Beispiel sehen Sie, wie die Erträge aus dem an Sie übertragenen Vermögen errechnet werden. Bei Miethäusern haben Sie es einfach. Die durchschnittlichen Erträge ergeben sich aus der Steuererklärung des bisherigen Eigentümers. Bekommen Sie dagegen eine Eigentumswohnung oder ein Haus übertragen, in dem Sie selbst wohnen, wirft das keine Erträge ab. In einem solchen Fall wird die für solche Objekte übliche Miete fiktiv angesetzt.

Den so ermittelten Erträgen werden die abgezogenen außerordentlichen Kosten und die Abschreibungen hinzugerechnet.

Beispiel
Sie bekommen von Ihrem Vater ein vermietetes Einfamilienhaus (Wert 200 000 €) übertragen. Die Miete liegt bei monatlich 750 €. Neben Reparaturen von 2 500 € und der Abschreibung von 3 000 € fallen Kosten in Höhe von ca. 1 000 € im Jahr an.

Die durchschnittlichen Einkünfte betragen	
9 000 € – 2 500 € – 3 000 € – 1 000 €	2 500 €
Hinzugerechnet werden:	
Reparaturkosten	2 500 €
Abschreibung	3 000 €
Durchschnittsertrag	8 000 €

Bei den seit 2008 nur noch begünstigten betrieblichen Einheiten wird eine ausreichende Ertragskraft zur Finanzierung der Versorgungsleistungen regelmäßig unterstellt.

TRICK

Machen Sie aus der Not eine Tugend!

Immobilienübertragungen von Eltern auf Kinder und die damit verbundenen regelmäßigen Zuwendungen an die Eltern wird es ja trotz geänderter Rechtslage weiterhin geben. Diese Versorgungsleistungen gelten nun nicht mehr als Sonderausgaben, sondern als Entgelt für die Vermögensübertragung. Diese 547 wird rechnerisch in ein Teilgeschäft gegen Entgelt und ein Teilgeschäft ohne Entgelt aufgeteilt. Ihre Versorgungsrente können Sie mit dem Ertragsanteil als Werbungskosten bei den Vermietungseinkünften aus den Immobilien abziehen.

Beispiel
Auf dem Grundstück Ihres 65 Jahre alten Vaters (Wert 400 000 €) lag eine Resthypothek in Höhe von 50 000 €, die Sie übernommen haben. Der sog. Barwert (er entspricht dem Kapital, das Ihr Vater anlegen müsste, um mit Zins und Zinseszins bei einer verrenteten Auszahlung eine lebenslange Rente von z. B. 1 000 € pro Monat zu kassieren) der von Ihnen monatlich zu leistenden Zahlungen beläuft sich auf 150 000 €. Insoweit liegt zu 50 % ein entgeltliches Geschäft und zu 50 % ein unentgeltliches vor.

Für Sie bedeutet dass, dass Sie neben 50 % der Abschreibungen, die Ihr Vater bisher schon geltend machen konnte, weitere 2 % von 200 000 € = 4 000 € Abschreibung absetzen können. Außerdem können Sie den Ertragsanteil von 18 % aus den laufenden monatlichen Zahlungen an Ihren Vater von z. B. 1 000 € = 18 % von 12 000 € = 2 160 € bei Ihren Vermietungseinkünften absetzen.

TRICK

Setzen Sie den Grabstein Ihrer Eltern als Sonderausgabe ab!

548 Wollen Ihnen die Eltern den Betrieb, Bauernhof oder eine mindestens 50 %-ige Beteiligung an ihrer GmbH übertragen, sollten Sie sich im Übertragungsvertrag verpflichten, nach ihrem Tod für einen anständigen Grabstein zu sorgen. Da Sie als gutes Kind diese Kosten sowieso getragen hätten, verhilft Ihnen dieser kleine Formulierungsschlenker dazu, dass Sie den Grabstein in voller Höhe als dauernde Last absetzen können (BFH v. 15.2.2006 – BStBl 2007 II S. 160).

c) Kirchensteuer

TRICK

Ersparen Sie sich die Kirchensteuer, ohne ein schlechtes Gewissen zu haben!

549 Wenn Sie sich mit der Kirche nicht mehr identifizieren können, dann helfen Sie z. B. denen, die etwas für den Erhalt der Natur und unserer Erde tun. Zahlen Sie nach Austritt – in der Kirchengemeinschaft können Sie auch als nichtzahlendes

Mitglied bleiben – die ersparte Kirchensteuer als steuermindernde Spende an Organisationen wie

- Greenpeace, Vorsetzen 53, 20459 Hamburg, Tel. 0 40/31 18 60,
- Robin Wood, Lahnstr. 65, 28199 Bremen, Tel. 04 21/50 04 05,
- World Wide Fund for Nature, Hedderichstr. 110, 60596 Frankfurt/M., Tel. 0 69/6 05 00 30,
- das örtliche Tierheim,
- oder an den »Bund für Gesundheit e. V.«, Talstr. 36, 52525 Heinsberg, Tel. 0 24 52/2 26 78, der sich der Heilung von Krebs- und chronischen Kranken allein mit Hilfe von Naturmitteln verschrieben hat (Spendenkonto: 44 39 05 503, PB Köln, BLZ 370 100 50) (➤ Rz 618).

Die Kirchensteuer ist die einzige Steuer, von der Sie sich abmelden können. **550**
Wenn Sie austreten, endet die Kirchensteuerpflicht in den Ländern

- Baden-Württemberg, Bayern, Niedersachsen, Nordrhein-Westfalen, Rheinland-Pfalz, Saarland mit Ablauf des Monats Ihres Austritts,
- Berlin, Brandenburg, Bremen, Hamburg, Hessen, Mecklenburg-Vorpommern, Sachsen, Sachsen-Anhalt, Schleswig-Holstein, Thüringen mit Ablauf des Monats nach dem Austrittsmonat.

Achten Sie in Ihrem Steuerbescheid darauf, dass Ihr Finanzamt den richtigen Endzeitpunkt berücksichtigt.

Rein technisch betrachtet ist die Kirchensteuer ein Zuschlag zur Einkommen- **551**
steuer. Für jedes Kind werden zunächst der Kinderfreibetrag von 2 640 €/4 368 € (Alleinstehende/Verheiratete) und der Betreuungsfreibetrag von 1 320 €/2 640 € (Alleinstehende/Verheiratete) abgezogen und von der sich daraus ergebenden Einkommensteuer je nach Region 8 oder 9 % berechnet.

Dies gilt auch dann, wenn Ihnen die Freibeträge oder das Kindergeld nur für einen Teil des Jahres zustanden, z. B., weil Ihr Nachwuchs die Berufsausbildung beendete oder das 18. Lebensjahr (Betreuungsfreibetrag) vollendete.

Aufgepasst: Wenn Sie aus der Kirche ausgetreten sind und Ihr Ehepartner **552**
nicht, darf man Ihnen in der Lohnabrechnung *keine* Kirchensteuer abziehen. Dasselbe gilt, wenn Sie als Verheirateter zur Einkommensteuer veranlagt werden oder eine Ausgleichsveranlagung beantragen. Hat Ihr Ehegatte keine Einkünfte, fällt somit keine Kirchensteuer an. Andernfalls ist die Kirchensteuer nach dem Verhältnis der auf ihn entfallenden Einkommen- oder Lohnsteuer festzusetzen. Oft vergisst der Bearbeiter im Finanzamt aber die entsprechende Computereingabe, und dann werden Ihnen auch als Nichtmitglied Kirchensteuern in Rechnung gestellt. Deshalb prüfen Sie den Bescheid zumindest überschlägig auf die richtige Festsetzung.

Beispiel für überschlägige Berechnung der Kirchensteuer, wenn beide Eheleute Einkünfte haben:

	Ehemann		Ehefrau
Konfession	–		ev.
Einkommen	20 000 €		10 000 €
Gemeinsame Einkommensteuer		3 706 €	
Anteilige Einkommensteuer	2 470 €		1 236 €
Kirchensteuer 9 %	0 €		111 €

Einen besonderen Dreh haben sich die Fiskalritter einfallen lassen, wenn Sie in einem Jahr mehr Kirchensteuer erstattet bekommen, als Sie zahlen mussten. Vorkommen kann das vor allem, wenn Sie einen Verlust in ein altes Jahr zurücktragen können und dadurch bereits gezahlte Steuern zurückbekommen. In einem solchen Fall muss das Finanzamt die Erstattung zunächst immer mit der im selben Jahr gezahlten Kirchensteuer bis auf 0 € verrechnen. Verbleibt ein Überhang an Kirchensteuererstattung, zieht ihn das Finanzamt von der Kirchensteuer im Jahr der ursprünglichen Zahlung ab und ändert den alten Steuerbescheid zu Ihren Ungunsten. Auf diese Weise kommt es in den alten Jahren zu einer entsprechenden Steuernachzahlung und darüber hinaus auch noch zu einer Verzinsung des Nachzahlungsbetrags (BFH v. 26.11.2008 – X R 24/08).

d) Steuerberatungskosten

553 Ihre privaten Steuerberatungskosten können Sie nicht als Sonderausgaben absetzen.

Aber auch hier gilt die alte Weisheit, dass es fast keine steuerliche Gemeinheit gibt, die man nicht zumindest teilweise kontern kann. Soweit nämlich Ihre Steuerberatungskosten unmittelbar mit Einkünften in Zusammenhang stehen, können Sie sie weiterhin als Betriebsausgaben oder als Werbungskosten bei der jeweiligen Einkunftsart abziehen. Das Abzugsverbot für Steuerberatungskosten betrifft damit vor allem Kosten im Zusammenhang mit folgenden Steuererklärungen bzw. Teilen von Steuererklärungen:

- Mantelbogen der Einkommensteuererklärung,
- Anlage Kind,
- Anlage FW,
- Anlage AV,
- Anlage VL,
- Kindergeldantrag,
- Erbschaftsteuerangelegenheiten,
- Grundsteuer und Grunderwerbsteuer für nicht vermietete Immobilien,
- Kfz-Steuer für private Fahrzeuge.

Abzugsfähig im Rahmen der jeweiligen Ermittlung der Einkünfte ist dagegen der Teil der Steuerberatungskosten, der mit der Erstellung der folgenden Unterlagen zusammenhängt:

- Anlagen L, Weinbau, GSE, EÜR, N, KAP, V, R, SO zur Einkommensteuererklärung,
- Betriebssteuererklärungen wie Umsatzsteuer-, Gewerbesteuer- und Körperschaftsteuererklärung, Umsatzsteuer- und Lohnsteuervoranmeldungen etc.,
- Jahresabschluss, Gewinnermittlung, Buchführung,
- Gestaltungsberatung, um möglichst geringe Einkünfte zu versteuern oder Gewinne zu vermeiden.

Teilen Sie also Ihre Kosten für Steuerfachliteratur, Fahrten zum Finanzamt, um Zweifelsfragen zu besprechen oder sich einen Freibetrag auf der Lohnsteuerkarte eintragen zu lassen, immer munter in einen privaten und einen betrieblichen bzw. beruflichen Teil auf. Bei Beiträgen an Lohnsteuerhilfevereine, Aufwendungen für steuerliche Fachliteratur und Software akzeptiert es der Fiskus, wenn Sie pauschal 50 % als Betriebsausgaben/Werbungskosten abziehen. Außerdem können Sie Kosten bis zu 100 € voll als Betriebsausgaben bzw. Werbungskosten absetzen (BMF v. 21.12.2007 – BStBl 2008 I S. 256).

Beispiel:
Sie haben für Fachliteratur, Software und Fahrten insgesamt 120 € Steuerberatungskosten zusammenbekommen. Davon ordnen Sie 100 € den Werbungskosten zu. Nur die verbleibenden 20 € fallen damit unter den Tisch.

TRICK

Setzen Sie Ihre Konz-Fachliteratur und -Software von der Steuer ab!

Lassen Sie sich von Ihrem Finanzamt nicht ins Bockshorn jagen, wenn es Ihnen den Abzug der Kosten für dieses Buch nicht anerkennen will. Zu über 50 % dreht es sich bei meinen Tipps und Tricks doch um die Frage, wie Sie möglichst wenig Einkünfte produzieren, also steuerrelevante Einnahmen verhindern und absetzbare Ausgaben vollständig geltend machen. 554

Mit der in ➤ Rz 553 beschriebenen Vereinfachungsregel können Sie munter 100 % des Kaufpreises z. B. bei den Werbungskosten aus Ihrer Arbeitnehmertätigkeit oder in der Anlage V bei Ihren Vermietungseinkünften unterbringen.

WICHTIGER HINWEIS

Das Abzugsverbot für Steuerberatungskosten ist noch nicht endgültig entschieden!

555 Das letzte Wort über das Abzugsverbot der privaten Steuerberatungskosten ist noch nicht gesprochen. Es sind eine Reihe von Musterverfahren beim BFH anhängig, in denen sich betroffene Steuerzahler gegen diese überzogenen Streichgelüste des Fiskus zur Wehr setzen (Az X R 40/08 und X R 29/08).

Sie werden also nach wie vor auch den Teil Ihrer Steuerberatungskosten geltend machen, der auf private Teile der Steuererklärungen entfällt ➤ Rz 553. Das Finanzamt wird Ihnen diese Kosten zwar streichen, muss aber gleichzeitig den Steuerbescheid insoweit vorläufig erlassen (BMF v. 20.6.2008 – IV A 3 – S 0338/07/10010 DB 2008 S. 1463). Sollte sich der Bundesfinanzhof oder vielleicht sogar das Bundesverfassungsgericht in seinen Entscheidungen auf die Seite der Steuerzahler schlagen, werden die Kosten, denen bislang die Anerkennung versagt blieb, automatisch berücksichtigt werden. Sie müssen dazu dann keinen Einspruch einlegen. Es sei denn, das Finanzamt vergisst, den entsprechenden Vorläufigkeitsvermerk in Ihren Einkommensteuerbescheid aufzunehmen.

e) Ausbildungskosten

556 In den letzten Jahren war der BFH auf dem besten Weg, allen Steuerzahlern mit Kosten für eine Berufsausbildung, die Fortbildung oder ein Studium ein saftiges Steuergeschenk zu bescheren, indem er die Kosten allesamt ohne Beschränkung zu abziehbaren Werbungskosten erklärte. Ob Umschulung, berufsbegleitendes Studium, erstmalige Ausbildung für einen Beruf nach langer Arbeitslosigkeit, alle Kosten fanden vor den gestrengen Augen der obersten Steuerrichter in München Gnade. Diesen Stachel im Fleisch hat der Fiskus leider nicht lange geduldet und wieder einmal die Reißleine per Gesetzesänderung gezogen. Statt den Bildungshunger der Bevölkerung in Zeiten schlechter PISA-Ergebnisse steuerlich zu unterstützen, hat er die Kosten für eine erstmalige Berufsausbildung und ein Erststudium »qua ordere Mufti« zu höchstens noch als Sonderausgaben abzugsfähig degradiert. Die entscheidenden Nachteile für Sie aus dieser Änderung:

- Ihre Ausbildungskosten werden, anders als die zu den Werbungskosten -gehörenden Fortbildungskosten, nicht unbegrenzt, sondern nur bis zu einem jährlichen Höchstbetrag anerkannt.
- Wenn Sie oder Ihre bessere Hälfte keine anderen Einkünfte erzielen, verpuffen die Ausbildungskosten wirkungslos. Anders als Fortbildungskosten können sie nicht als Verlustvortrag in späteren Jahren abgesetzt werden.

Wohl aus Angst, dass ihr die Steuergerichte oder das Bundesverfassungsgericht ihre kleinkarierte Steuergesetzgebung gleich wieder um die Ohren haut, hat die Firma »Finanzminister & Co.« bei der Höhe der absetzbaren Sonderausgaben allerdings deutlich nachbessern müssen. Sie können jetzt bis zu **4 000 €** pro Jahr absetzen.

Sind Sie verheiratet und auch Ihre bessere Hälfte steckt noch in der Ausbildung, können Sie getrennt voneinander je bis 4 000 € als Ausbildungskosten in der Steuererklärung unterbringen. Wie Sie sehen, sind das dann im günstigsten Fall sogar bis zu 8 000 € im Jahr.

WICHTIGER HINWEIS

Sie sollten trotz des vergleichbar hohen Betrags von 4 000 € absetzbaren Ausbildungskosten immer erst versuchen, Ihre Kosten als Werbungskosten durchzubringen. 557

Beste Karten dafür haben Sie, wenn Ihre Ausbildung im Rahmen eines sog. Ausbildungsdienstverhältnisses abläuft, Sie also schon in der Ausbildung Lohn oder Gehalt beziehen.

Bei Studienkosten setzt der Werbungskostenabzug voraus, dass Sie bereits auf ein abgeschlossenes Studium verweisen können. Mit den steuerlichen Beschränkungen können Ihnen die Ritter von Fiskalia nämlich nur für Ihr Erststudium kommen. Ein Zweitstudium geht dagegen problemlos als Werbungskosten durch, wenn Sie auf die besseren Chancen auf dem Arbeitsmarkt, die Aufstiegschancen etc. hinweisen. Also ran an die Steuertöpfe, wenn Sie ein Studium der Musik mit Schwerpunkt mittelalterliches Flötenspiel absolviert haben und Ihnen dann die Erkenntnis gekommen ist, dass Sie als studierter Maschinenbauingenieur oder Informatiker bessere Berufschancen haben.

Für alle anderen gilt: die Kosten zunächst einmal als vorweggenommene Werbungskosten geltend machen. Sonderausgaben können nur im Jahr der Zahlung abgesetzt werden und werden deshalb bei Studenten – mangels Einkünften – meist wirkunglos verpuffen. Den Verlust, der sich aus den vorweggenommenen Werbungskosten ergibt, können Sie dagegen als Verlustvortrag in die Jahre transportieren, in denen Sie nach Abschluss des Studiums über ein entsprechendes Einkommen verfügen. Gegen die ablehende Entscheidung Ihres Finanzamts legen Sie Einspruch ein, berufen sich auf ein in dieser Angelegenheit beim BFH anhängiges Musterverfahren (Az. VI R 79/06) und beantragen, das Einspruchsverfahren ruhen zu lassen, bis über das Musterverfahren endgültig entschieden ist.

TRICK

Wie Sie mit Ihren Kosten an die 4000-€-Grenze herankommen

558 Mit Ihren Kosten für Fachbücher, Fotokopien, Schreibblocks, Stiften etc. können Sie natürlich noch keinen allzu großen Blumentopf gewinnen. Bei 4000 € Höchstbetrag lohnen sich vor allem dicke Brocken, als da wären:

- *Fahrtkosten zur Ausbildungsstelle, Uni etc.* Für jeden Tag, den Sie zur Uni fahren, setzen Sie die Entfernungspauschale mit 0,30 € je Entfernungskilometer ab. Werden Sie außerhalb der Uni tätig, z. B. bei einem Praktikum, gibt es 0,30 € für den tatsächlich gefahrenen Kilometer.
- Den für Ausbildungszwecke gekauften *Computer* setzen Sie über drei Jahre mit je 33,3 % des Kaufpreises an.
- Ihr Arbeitszimmer können Sie seit 2007 zwar nicht mehr absetzen, die Einrichtung wie Stuhl, Regale und Schreibtisch hingegen sehr wohl.
- Nun, wie sieht es denn mit *Telefon und Internet* aus? Natürlich brauchen Sie den Internetanschluss und Ihr Telefon auch für die Uni oder Ihre sonstige Ausbildung, also werden Sie z. B. 80 % Ihrer Kosten in der Aufstellung unterbringen. (**Aufgepasst:** Auf unter 20 % der Kosten lassen Sie sich auf keinen Fall herunterhandeln. Berufen Sie sich auf die analoge Anwendung der Vereinfachungsregelung bei Werbungskosten in R 9.1 Abs. 5 LStR.)
- Dann wären da noch die *Lerngemeinschaften* und die Meetings zur Klausurvorbereitung mit Kollegen und Kommilitonen, für die Sie 0,30 € je tatsächlich gefahrenen Kilometer absetzen.
- Wenn Sie am Ausbildungsort ein Zimmer für unter der Woche gemietet haben, weil der tägliche Weg in Ihre Wohnung zu weit ist, können Sie die Kosten für *doppelte Haushaltsführung*, vor allem die Miete für das Zimmer und pauschal eine Familienheimfahrt pro Woche, absetzen. Haben Sie noch keine eigene Wohnung gehabt, bleibt Ihnen für die Heimfahrt zumindest die Entfernungspauschale für »Fahrten zwischen Wohnung und Arbeitsplatz«.
- Vergessen Sie nicht die ganzen Gebühren, den gebraucht gekauften Taschenrechner und und und …

Wie Sie sehen, läppert sich ganz schnell ein schönes Sümmchen zusammen, wenn Sie etwas kreativ sind.

GUTER RAT

Gute Karten haben Sie, wenn Sie schon einen anderen Beruf hatten und um- 559
schulen, um wieder Geld zu verdienen (BFH v. 4.12.2002 – BStBl 2003 II S. 403).

Der BFH sagt aber, dass Ausbildungskosten nur dann vorliegen, wenn sie dazu 560
dienen, einem Erwerb nachgehen zu können. Die Ausbildung für ein Hobby sollen Sie nicht absetzen können. Sind Sie z. B. Apotheker und interessieren sich fürs Fotografieren, können Sie Aufwendungen für Fotobücher oder einen Fotokurs nicht als Berufsausbildungskosten ansetzen. Das Gericht sagte: Fotograf zu sein ist mehr Hobby als Beruf.

Merken Sie sich: Aufwendungen für die Doktorprüfung (Promotion) gehören 561
ebenfalls zu den voll abziehbaren Werbungskosten (BFH v. 4.11.2003 – BStBl 2004 II S. 891). Machen Sie also Ihre Ausgaben für z. B. Bücher, Reisen, Druck der Dissertation und wenn auch nicht mehr das Arbeitszimmer, so doch für die dort stehenden Büromöbel und Arbeitsmittel wie Computer, Drucker, Schreibtischunterlage und -lampe geltend.

Wie die Doktorprüfung sieht der BFH die **Professorenprüfung (Habilitation)**. 562
Sie ist nach seiner Ansicht beruflich veranlasst, weil sie in einer konkreten Beziehung zu einem bereits ausgeübten Beruf steht. Also sind die Aufwendungen dafür Werbungskosten (BFH v. 7.8.1967 – BStBl 1967 III S. 778).

WICHTIGER HINWEIS

Ein gekaufter Doktortitel verhilft Ihnen nicht zu Werbungskosten!

Etwas übrtrieben hat es ein Steuerzahler, der seinen Doktortitel an der Uni 563
einer Bananenrepublick gegen Zahlung eines größeren fünfstelligen Betrags gekauft hat. Trotz schöner Bescheinigungen des Arbeitgebers, dass der Doktortitel erwartet werde und für die weitere Karriere förderlich sei, haben sich weder Fiskus noch Gerichte erweichen lassen. Wer es sich mit dem Erwerb des Doktors so einfach macht, streichelt in erster Linie das eigene Ego und verfolgt nicht vorrangig berufliche Ziele (BFH v. 8.6.2004 – BFH/NV 2004 S. 1406).

TIPP

für Sprachkurse im Ausland

564 Einen Sprachkurs können Sie problemlos als Ausbildungskosten absetzen, wenn Sie Dolmetscher oder Auslandskorrespondent werden wollen. Deklarieren Sie Ihren Auslandsaufenthalt einfach als »Auslandspraktikum als Fremdsprachenkorrespondentin«. Den Segen des BFH, dass ein Auslandspraktikum Teil der Ausbildung ist, haben Sie (BFH v. 14.1.2000 – BStBl 2000 II S. 199).
Das geht auch, wenn Sie vorhaben, später einmal im Ausland zu arbeiten, weil Sie sich davon ein besseres berufliches Fortkommen versprechen. Dann sind solche Sprachkurse sogar in voller Höhe als Werbungskosten abziehbar. Dazu reicht eine entsprechende Bescheinigung Ihrer Firma aus (BFH-Urt. v. 27.11. 1978 – BStBl 1979 II S. 213).
Wie Sie Sprachkurse als Werbungskosten absetzen vgl. ➤ Rz 322, Rz 335.

f) Private Spenden (§ 10 b EStG)

TRICK

Vergessen Sie die Steuerermäßigung beim Spendenabzug nach § 34 g EStG nicht!

565 Spenden können nicht nur Geldleistungen, sondern auch Sachleistungen sein. Bei Sachleistungen muss ihre Höhe aus der Spendenbescheinigung hervorgehen. Auch der Verbrauch von Gütern für begünstigte Zwecke, z. B. von Benzin, Öl usw. zur Beförderung gehbehinderter Personen im Auftrag einer gemeinnützigen Gesellschaft, ist eine Spende, wenn diese Gesellschaft Spendenquittungen ausstellen darf. Ihre eigene unbezahlte Arbeitsleistung können Sie allerdings nicht als Spende absetzen (BFH-Urt. v. 24.9.1985 – BStBl 1986 II S. 727).

566 **Das Finanzamt verlangt von Ihnen als Beleg eine Spendenbescheinigung, eine normale Quittung genügt meistens nicht.**
Wenn der Empfänger der Spende keine Körperschaft des öffentlichen Rechts ist, z. B. eine Kirche oder Universität, muss aus der Spendenbescheinigung neben der Höhe der Spende auch hervorgehen, dass der Empfänger zu den begünstigten Körperschaften gehört. Dazu genügt die Angabe des Steuerfreistellungsbescheids. Bei einigen Spenden, z. B. auf ein Sonderkonto im Katastrophenfall, das ein Spitzenverband der freien Wohlfahrtspflege eingerichtet hat, genügt der Zahlungsbeleg der Post (§ 50 Abs. 2 EStDV).

Der Abzug von Spenden ist auf einen einheitlichen Höchstbetrag von 20 % des Gesamtbetrags der Einkünfte begrenzt. Eine Unterscheidung bei der Höhe des Spendenabzugs zwischen wissenschaftlichen, mildtätigen, besonders förderungswürdigen kulturellen und anderen Zwecken wird nicht mehr gemacht. **567**

Alternativ können Sie Spenden bis zu 4 ‰ der gesamten Umsätze und Löhne und Gehälter absetzen, die Sie in Ihrem Unternehmen aufwenden.

Außerdem können Sie zusätzlich zu den 20 % vom Gesamtbetrag der Einkünfte **568** von Ihren Zahlungen in den Vermögensstock einer öffentlich-rechtlichen oder gemeinnützigen Stiftung in den ersten zehn Jahren noch einmal insgesamt bis zu 1 Mio. € als Spende absetzen. Wie Sie diesen Höchstbetrag auf die einzelnen Jahre verteilen, bleibt dabei Ihnen überlassen. Sie können die 1 Mio. € in einem Jahr voll ausschöpfen, in zehn gleichen Raten à 100 000 € nutzen oder ihn völlig anders gestückelt in Anspruch nehmen.

Zeigen Sie sich bei Spenden besonders großzügig und überschreiten Ihre Zu- **569** wendungen die Spendenhöchstgrenzen (20 % Ihrer Einkünfte oder 0,4 % der Summe aus Umsätzen, Löhnen und Gehältern), können Sie die übersteigenden Beträge ähnlich wie beim Verlustabzug nach § 10 d EStG in den nächsten Jahren absetzen.

Der verbleibende Spendenabzug, den Sie in die folgenden Jahre vortragen können, wird in einem gesonderten Verfahren förmlich festgestellt. Die Feststellung wird dann regelmäßig mit dem Einkommensteuerbescheid verbunden und Ihnen bekanntgegeben (§§ 10 b Abs 1 und 10 d Abs. 4 EStG).

Da unsere Abgeordneten und Politiker die öffentlichen Kassen bekanntlich als **570** Selbstbedienungsladen ansehen, gilt für Parteispenden und Mitgliedsbeiträge eine ganz besonders großzügige Steuerabzugsregelung. Die ist natürlich nicht dazu da, dass Sie viel Steuern sparen, sondern in erster Linie dafür, dass viele Milliönchen in die Parteikassen fließen. Schließlich kostet dieser ganze unnütze Parteienwasserkopf jedes Jahr horrende Summen.

Zwei Wege zum Absetzen von Parteispenden und Beiträgen gibt es:

1. Für die ersten 1 650 €/3 300 € (Ledige/Verheiratete) gibt es einen Steuerabzugsbetrag von 50 %, höchstens 850 €/1 650 €. Dieser Betrag wird direkt von Ihrer Steuerschuld abgezogen (§ 34 g EStG).
2. Den Rest der Spenden oder Beiträge können Sie unabhängig von der Höhe Ihres Einkommens jährlich nur noch bis zu weiteren 1 650 € oder 3 300 € (Ledige/Verheiratete) als Sonderausgaben absetzen. Soweit Spenden – das gilt auch für Mitgliedsbeiträge – an politische Parteien und Wählervereinigungen, die Kandidaten aufstellen, nach § 34 g EStG begünstigt sind, entfällt ein Spendenabzug nach § 10 b EStG.

571 Hier ein Beispiel, wie gerechnet wird:
Nehmen wir an, der Spender ist verheiratet, und sein Gesamtbetrag der Einkünfte beträgt 50 000 €. Er spendete 2010 für die Krebsforschung 8 000 €, den örtlichen Sportverein 3 000 € und zahlte Mitgliedsbeiträge und Spenden von 7 000 € an eine politische Partei.

a) *Spenden (ohne politische Parteien):*		
Spenden für Krebsforschung	8 000 €	
Spenden an Sportverein	3 000 €	
Spenden insgesamt	11 000 €	
./. Spendenhöchstbetrag 20 % von 50 000 € =	– 10 000 €	> 10 000 €
Rest Vortrag 2011	1 000 €	
b) *Mitgliedsbeiträge an politische Parteien:*		
Mitgliedsbeiträge an politische Parteien	7 000 €	
./. Abgeltung durch § 34 g EStG	– 3 300 €	
Verbleiben	3 700 €	
Abzugsfähig höchstens		> 3 300 €
Spendenabzug insgesamt		13 300 €
Zusätzlich Steuerabzugsbetrag (§ 34 g EStG)	1 650 €	

Steuerersparnis ca. 7 671 €.

GUTER RAT

572 Als alternative Spendenhöchstgrenze gilt für Landwirte, Gewerbetreibende und Freiberufler 0,4 % der Summe der Umsätze plus Löhne plus Gehälter. Haben Sie reichlich gespendet und die Grenze von 20 % Ihrer Einkünfte überschritten, prüfen Sie nach, ob die alternative Spendenhöchstgrenze für Sie günstiger ist. Auch das Finanzamt prüft in diesem Sinne. Dazu muss der Bearbeiter jedoch eine zusätzliche Kennziffer eingeben. Manchmal vergisst er das aber, und dann sind Sie als Steuerzahler der Dumme. Also prüfen Sie selbst nach.

SUPER TRICK

Schluss mit den Durchlaufspenden!

573 Der Vorteil für Sie: Jeder gemeinnützige Verein oder jede gemeinnützige Körperschaft kann Ihnen eine Spendenquittung ausstellen. Daneben ist es zwar weiterhin möglich, dass Sie Spenden über eine inländische juristische Person des öffentlichen Rechts, z. B. den Landessportverband, oder eine inländische

öffentliche Dienststelle, z. B. das Stadtsportamt, zahlen. Dieser umständliche Umweg ist allerdings nicht mehr zwingend vorgeschrieben, und man kann Ihnen den Spendenabzug bei Unterlassung dieser überflüssigen Formalie nicht mehr streitig machen.

Wenn wir eine Demokratie haben, dann muss das Widerstandsrecht jedem Bürger zugestanden werden.
(Generalstaatsanwalt Bauer)

TRICK

Setzen Sie Ihre Mitgliedsbeiträge als Spenden ab!

Sie können Ihre Mitgliedsbeiträge leider nicht in allen Fällen wie Spenden absetzen. 574
Sie sollen nämlich nur dann als Spenden durchgehen, wenn sie an Institutionen gezahlt werden, die nicht überwiegend Leistungen gegenüber ihren Mitgliedern erbringen oder in erster Linie der eigenen Freizeitgestaltung dienen. Aus diesem Grund gibt es gemeinnützige Zwecke erster Klasse (mit Mitgliedsbeitragsabzug) und zweiter Klasse (ohne Spendenabzug für Mitgliedsbeiträge). Übrigens: Dieselbe unselige Unterscheidung gilt auch für von Ihnen gezahlte Umlagen und Aufnahmegebühren.
Mitgliedsbeiträge an Institutionen, die folgende Zwecke fördern, sind daher ausdrücklich vom Spendenabzug ausgeschlossen:

- Sport,
- kulturelle Zwecke, die vorrangig der Freizeitgestaltung dienen (Gesangs- oder Musikvereine, Tanzgruppen, Laientheater und -chöre etc.),
- Heimatpflege, Pflanzenzucht, Kleingärtnerei, traditionelles Brauchtum (z. B. Schützen- und Trachtenvereine, Karnevals- bzw. Faschingsvereine), Soldaten- und Reservistenbetreuung, Amateurfunk, Modellbau/-flug und Hundesport.

Mitgliedsbeiträge können demnach wie Spenden abgezogen werden, wenn der Verein z. B. folgende Zwecke verfolgt:

- Bildung, Erziehung,
- Naturschutz,
- Landschaftspflege,
- Umweltschutz,
- Entwicklungshilfe,
- Jugendhilfe,
- Brandschutz etc.

Deshalb ist es wichtig, bei der Anerkennung der Gemeinnützigkeit des Vereins darauf zu achten, dass die richtigen Vereinszwecke zugrunde gelegt werden. Förderung der Jugendpflege ist z. B. wesentlich günstiger als Förderung des Sports auf dem Gebiet des Jugendfußballs.

Ich empfehle Ihnen, im Verein dafür zu sorgen, dass die Mitgliedsbeiträge möglichst gering sind. Besser ist es, statt 250 € Mitgliedsbeitrag und 30 € Spende im Jahr nur 30 € Mitgliedsbeitrag und dafür 250 € Spende zu zahlen. Für den Verein kommt das finanziell und steuerlich auf dasselbe heraus, aber Sie sind mit der deutlich höheren Spende der große Sieger beim Finanzamt.

575 **Hinweis**

Für den Nachweis Ihrer Spenden gibt es Spendenquittungsvordrucke. Vor allem, wenn Sie eine Spendenquittung für Ihre Mitgliedsbeiträge haben wollen oder für eine Sachspende, z. B. weil Sie Ihrem Fußballverein 20 neue Bälle gestiftet haben, muss die Art der Spende ausgewiesen werden, sonst machen die Fiskalritter Zinnober beim Spendenabzug.

Sind Sie in einem Verein Vereinskassierer, müssen Sie unbedingt beachten, dass es für Spenden besondere Aufzeichnungspflichten gibt. Folgende Angaben und Unterlagen zu den Spenden müssen Sie festhalten:

- Name und Anschrift des Spenders
- Datum der Zahlung
- Nachweis über die Verwendung der Spende
- Kopie oder Durchschrift der Spendenquittung.

576 **Warnung**

Übles hat der Fiskus mit Ihnen vor, wenn Sie als Vereinsvorstand, Kassierer oder sonst Verantwortlicher Missbrauch mit Spendenquittungen betreiben. Kommt Ihnen der Fiskus auf die Schliche, dass Sie z. B. Spendenquittungen ausgestellt haben, obwohl keine Spenden geflossen sind, oder in einem Sportverein für Mitgliedsbeiträge eine Spendenquittung ausgestellt haben, droht zumindest finanzielles Ungemach.

WICHTIGER HINWEIS

Erst muss der Verein zahlen, dann Sie!

Zunächst einmal haftet der Verein in solchen Fällen mit einer Pauschale von 30 % der zu Unrecht als Spenden quittierten Summen für den vermeintlichen Steuerausfall, und nur wenn beim Verein nichts zu holen ist, kassiert der Fiskus diese Strafpauschale von Ihnen. Soweit die Theorie.

Denn: Der Versuch, sich aus den immer klammen Vereinskassen zu bedienen, ist dem Fiskus oft zu mühselig. Da reizt es ihn, sich das Geld auf viel einfachere Weise bei Ihnen zu holen. Das müssen Sie sich aber nicht gefallen lassen. Für die Spendenhaftung gilt nach § 10 b Abs. 4 EStG ganz klar das Prinzip: Vorrang der Haftung des Vereins vor der Haftung durch die Vereinsorgane (Vorstand, Kassierer etc.). Auch wenn es Mühe macht und der Verein vielleicht nur in Raten zahlen kann: Solange beim Verein Geld zu holen ist, hat das Finanzamt nichts mit seinen Fingern in Ihrer Geldbörse zu suchen.

TRICK

Spenden Sie den Haftungsbetrag doch einfach an Ihren Verein!

Angenommen, das Kind ist bereits in den Brunnen gefallen. Das Finanazmt hat beim Verein bereits seine Forderung aus der Spendenhaftung angemeldet, der Verein kann diese aber nicht begleichen. Sie werden natürlich jetzt den Teufel tun und seelenruhig abwarten, bis auch Ihnen als Vereinsvorstand ein Haftungsbescheid ins Haus flattert. Statt an das Finanzamt zahlen Sie da doch lieber einen entsprechenden Betrag als Spende an den Verein. Der ist nun flüssig und kann die Spendenhaftung begleichen. Sie dagegen haben statt 5 000 € Zahlung an das Finanzamt, die Ihnen keinerlei Steuervorteil bringt, nun eine lupenreine Spende, die Sie wiederum von der Steuer absetzen können und die Ihnen im günstigsten Fall bis zu ca. 50 % Steuerersparnis bringt. Na, wenn das kein toller Dreh ist, dem Fiskus einfach die Hälfte seiner Strafzahlungen durch die kalte Küche wieder selbst ans Bein zu binden.

SUPER TRICK

Füllen Sie mit Sponsorengeldern die Vereinskasse!

Sicher gibt es bei Ihnen am Ort jede Menge Handwerksbetriebe, kleine Firmen, 577
Banken, Sparkassen etc. Machen Sie ihnen schmackhaft, dass sie Ihren Verein kräftig mit Geld, Kleidung, Maschinen, vielleicht sogar einem neuen Transporter oder einem Anbau an das Vereinsheim unterstützen. Wichtig: Die edlen Gönner treten nicht als Spender, sondern als Sponsoren auf. Das setzt nur voraus, dass sie und Ihr Verein deutlich darauf hinweisen, wer wen fördert (in Prospekten, Anzeigen, bei der Durchsage im Stadion etc.). Dann können die Firmen ihre Zuwendung voll als Betriebsausgabe absetzen, und weder sie noch Ihr

Verein braucht sich mit den kleinkarierten Spendenformalitäten herumzuschlagen. Schaut der Finanzritter daraufhin ungläubig, verweist ihn die edle Firma auf das BMF-Schreiben vom 18.2.1998 (BStBl I S. 212), in dem diese Möglichkeit haarklein bestätigt wird.

TRICK

Wie Sie die Fahrtkosten für den Sportverein doch noch als Spende absetzen können

578 Eine Spende kann auch vorliegen, wenn Sie im Interesse Ihres Vereins Kosten getragen haben und auf deren Erstattung verzichten. **Aber**: Ihr Verzicht gilt nur dann als Spende, wenn Sie einen offiziellen Erstattungsanspruch gegen Ihren Verein gehabt hätten. Also reden Sie mit den führenden Leuten in Ihrem Verein. Die können einem so verdienten, sich für den Verein aufopfernden Mitglied wie Ihnen ruhig entgegenkommen und Ihnen zumindest die Fahrtkosten ersetzen, wenn Sie schon Ihre ganze Freizeit opfern. Selbstverständlich wollen Sie daran nicht verdienen und spenden das so erhaltene Geld dem Verein. So erhalten Sie eine schöne Spendenquittung für das Finanzamt. Und den Verein kostet das keinen Cent, weil die Fahrtkostenerstattung als Spende zurückkommt.

TRICK

So bekommen Sie Steuervergünstigung für verschlissene oder unmoderne Anzüge.

579 Suchen Sie Kleidung und Schuhe zusammen, die Sie ohnehin nicht mehr tragen wollen – vielleicht haben Ihre Bekannten auch noch solche Stücke im Schrank –, und verschenken Sie sie! Wie das zu einer Steuerermäßigung führt? Ganz einfach: Sie müssen sich nur den richtigen Empfänger aussuchen. Nicht also irgendwann einmal bei einer Straßensammlung abgeben, sondern einer gemeinnützigen Organisation geben, die berechtigt ist, eine Spendenquittung über Ihre mildtätige Gabe auszustellen (etwa Caritas, Rotes Kreuz, Innere Mission, Arbeiterwohlfahrt, Hilfswerk Misereor). Der Bundesfinanzhof hat in seinem Urteil vom 23.5.1989 (BStBl 1989 II S. 879) festgestellt, dass auch Sachwerte (wie z. B. gebrauchte Kleidungsstücke) als Spenden abzugsfähig sind. Denn sie haben einen Marktwert, wie die zahlreichen Secondhand-Shops zeigen. Allerdings hat der BFH dem Steuerzahler die Beweislast über den Wert der Kleidungsstücke auferlegt. Also müssen Sie dafür sorgen, dass auf der Spenden-

bescheinigung nicht nur der Marktwert der Sachspende angegeben ist, sondern auch die für die Schätzung des Marktwerts maßgebenden Faktoren wie Neupreis, Zeitraum zwischen Anschaffung und Weggabe und Erhaltungszustand. Behörden brauchen dazu was Schriftliches.

Wie mir treue Leser berichtet haben, gibt es tatsächlich Organisationen, die keine Spendenquittung ausstellen wollen. Sie berufen sich auf das vorgenannte Urteil und behaupten, sie könnten keine konkreten Wertangaben zu den gespendeten Sachen machen. In diesem Fall helfen Sie ihnen mit einer detaillierten Aufstellung auf die Sprünge, z. B.:

	Erwerb in	Neupreis	Zustand	Wert
Anzug, blau	2008	ca. 400 €	neuwertig	50 €
Wintermantel, braun	2007	ca. 500 €	neuwertig	75 €
Lackschuhe usw.	2006	ca. 120 €	1-mal getragen	40 €

Wenn sich die gemeinnützige Organisation trotzdem ziert, verkaufen Sie die noch guten Sachen einfach an einen Secondhand-Shop und spenden Ihren Erlös.

SUPER TRICK

Passen Sie als Selbständiger schön auf!

S Manche Ärzte oder Selbständige glauben besonders clever zu sein, wenn 580
sie ältere medizinische oder andere noch brauchbare Gerätschaften aus humanitären Gründen einer Hilfsorganisation für die Dritte Welt überlassen, weil sie dafür eine abzugsfähige Spendenquittung bekommen. Und dann freut es sie besonders, wenn in dieser Quittung ein höherer Wert angegeben ist, als die Spende tatsächlich besitzt … Und wundern sich nicht nur, sondern ärgern sich später schwarz, wenn der Finanzamtssachbearbeiter zwar den Abzug zulässt, aber zugleich eine Nachzahlung für die Sachspende verlangt. Wie das?

Nun, befand sich das Gerät im Betriebsvermögen, ist der Spendenwert gleichzeitig der Entnahmewert. Liegt der aber über dem Buchwert, entsteht ein Gewinn. Dem entgehen Sie, indem Sie das Gerät unmittelbar nach der Entnahme spenden, denn dann kann als Entnahmewert der Buchwert angesetzt werden. Der ist dann allerdings auch für die Bewertung der Spende maßgebend (§ 6 Abs. 1 Nr. 4 S. 4 EStG).

TRICK

So verhindern Sie, dass das Finanzamt Sie beim Abzug Ihrer Spenden drankriegt.

581 Obwohl die Finanzämter nicht kleinkariert prüfen und auch bei Spenden den Aufwand der Prüfung mit dem steuerlichen Effekt vergleichen sollen, lassen sie sich immer neue Kniffe einfallen, wie sie Sie um den wohlverdienten Spendenabzug bringen können. Hier der neueste Dreh: Sie behaupten in schönstem Amtsdeutsch: »Der Spendenabzug setzt voraus, dass vermutet werden kann, dass der Spender über eine ordnungsgemäße Spendenquittung verfügt. Spenden, für die üblicherweise solche Spendenquittungen nicht ausgestellt werden (z. B. Straßensammlungen, Klingelbeutelspenden etc.), können daher nicht zum Abzug zugelassen werden.« Vermeiden Sie daher, dass solche Spenden in Ihrer Einzelaufstellung für das Finanzamt auftauchen. Natürlich dürfen Sie nicht schwindeln und statt »20 € Klingelbeutel« einfach »20 € Welthungerhilfe« schreiben. Statt zu Ostern oder Weihnachten anonym einen Zwanziger in den Klingelbeutel zu stecken, gehen Sie also direkt zum Pfarrer und drücken ihm den Schein für die Renovierung der Kirche oder für seelsorgerische Aktivitäten in die Hand. Für solche Spenden kann Ihnen die Kirchengemeinde üblicherweise eine Spendenquittung ausstellen, und das Finanzamt kann vermuten, dass Sie über eine Spendenquittung verfügen. Sie können also beruhigt »20 € für kirchliche Zwecke« in Ihre Aufstellung eintragen. Das Finanzamt hat jetzt keinen triftigen Grund mehr, diese Spende nicht anzuerkennen.

g) Schulgeld an Ersatz- oder Ergänzungsschulen (§ 10 Abs. 1 Nr. 9 EStG)

582 Besucht Ihr Kind eine Privatschule, konnten nach der bisherigen Fassung des § 10 Abs. 1 Nr. 9 EStG 30 % des Schulgeldes als Sonderausgabe nur dann abgezogen werden, wenn Ihr Kind eine staatlich genehmigte oder nach Landesrecht erlaubte Ersatzschule oder eine nach Landesrecht anerkannte allgemeinbildende Ergänzungsschule besucht.

Der EuGH (Urt. v. 11.9.2007, C-318/05, C-76/05) hat entschieden, dass diese Einschränkung gegen EU-Recht verstößt, weil im Ausland gelegene Schulen mit Ausnahme der Deutschen Schulen im Ausland und der Europäischen Schulen diese Anforderungen nicht erfüllen und ein Sonderausgabenabzug insoweit ausgeschlossen war.

Diesem Druck hat sich jetzt endlich auch der Fiskus gebeugt. Nunmehr können alle Schulgeldzahlungen an Schulen in privater Trägerschaft oder an überwiegend privat finanzierte Schulen innerhalb des EU-/EWR-Raums gleich behandelt werden. Zu den begünstigten Schulen gehören neben reinen Privatschulen auch ausländische öffentliche Schulen oder konfessionsgebundene Schulen der

Kirchen- und Religionsgemeinschaften. Es kommt nun nur noch darauf an, dass der Abschluss der ausländischen Schule in Deutschland vom Kultusministerium eines Bundeslandes, von der Kultusministerkonferenz der Länder oder einer inländischen Zeugnisanerkennungsstelle anerkannt ist.

Entgelte an Schulen außerhalb des EU-/EWR-Raums, z. B. in Amerika, Afrika etc., können Sie – wie bisher – nicht als Sonderausgaben abziehen. Eine Ausnahme bleiben die sog. **Deutschen Schulen im Ausland**. Hier greift der Sonderausgabenabzug für das Schulgeld auch dann, wenn sie außerhalb des EU/EWR-Raums gelegen sind.

TIPP

Wappnen Sie sich mit einer Zeugnisanerkennungsbescheinigung!

Besucht Ihr Kind eine inländische Schule, lassen Sie sich die Bescheinigung über die Anerkennung des Schulabschlusses an ebendieser Schule ausstellen. Geht das Kind dagegen im Ausland zur Schule, bekommen Sie die Bescheinigung bei den inländischen Schulbehörden. Im Zweifel wenden Sie sich an Ihren zuständigen Regierungspräsidenten oder die Kultusbehörde und beantragen dort die für das Finanzamt notwendige Bescheinigung.

WICHTIGER HINWEIS

Anders als früher können Sie auch Schulgeld für Privatschulen absetzen, die zu einem berufsbildenden Schul-, Jahrgangs- oder Berufsabschluss führen. Hierzu gehören auch Volkshochschulen und andere Weiterbildungseinrichtungen, die z. B. auf den Erwerb des Haupt- oder Realschulabschlusses, der Fachhochschulreife oder des Abiturs vorbereiten. Die bisher nicht begünstigten Schulen des Gesundheitswesens fallen nun ebenfalls in den Begünstigungsrahmen für den Abzug von Schulgeld. Das sind endlich einmal gute Nachrichten z. B. für Eltern, deren Kinder sich an einer solchen Schule auf die staatliche Prüfung zum Ergo- oder Physiotherapeuten vorbereiten.

Weiterhin kleinlich stellt sich der Fiskus allerdings beim Besuch von Nachhilfeeinrichtungen, Musikschulen, Sportvereinen, Ferienkursen (z. B. Feriensprachkursen) und Ähnlichem an. Die Kosten sollen wie bisher nicht als Schulgeld abgezogen werden können. Besonders ungerecht ist, dass Hochschulen, Fachhochschulen oder gleichstehende Einrichtungen nicht begünstigt werden. Damit scheidet u. a. der Abzug der Studiengebühren aus (BMF v. 9.3.2009 – BStBl 2009 I S. 487).

583 **Was kann ich als Schulgeld absetzen?**

Der steuerliche Abzug beträgt wie bisher 30 %, ist aber nunmehr auf einen Höchstbetrag von 5 000 € begrenzt. Im Ergebnis bedeutet das, dass Sie Schulgeld bis zu 16 667 € pro Kind ansetzen können. Nicht zum Schulgeld gehören die Kosten für Unterkunft und Verpflegung. Sie brauchen deshalb eine detaillierte Abrechnung der Schule, aus der sich die einzelnen Schulgeldkomponenten ergeben. Wenn Eltern sich die Kosten des Schulbesuchs teilen, z. B. weil sie nicht oder nicht mehr miteinander verheiratet sind, getrennt leben oder schlicht als Doppelverdiener beide über ein entsprechendes Einkommen verfügen, kann der Höchstbetrag insgesamt nur einmal pro Kind und Jahr abgezogen werden. Statt einer 50:50-Aufteilung können die Eltern auch ein anderes Verhältnis wählen, wenn Sie das Schulgeld in unterschiedlicher Höhe tragen.

Beispiel

Ein getrennt lebendes Ehepaar bezahlt für die Privatschule seiner Tochter insgesamt 25 000 € im Jahr. Davon leistet die Mutter 20 000 € und der Vater 5 000 €. Die Eltern können den maximalen Schulgeldabzug von 5 000 € in ⅘ = 4 000 € (Mutter) und ⅕ = 1 000 € (Vater) aufteilen.

Die Schulgeldzahlungen können Sie sich selbstverständlich schon während des Jahres als Freibetrag auf der Lohnsteuerkarte eintragen lassen.

Prinzipien sind der jämmerlichste Grund,
den es gibt, Steuerermäßigungsmöglichkeiten
nicht bis zur Grenze auszunutzen.

IX. Außergewöhnliche Belastungen

S **Das gesamte Kapitel gilt auch für Selbständige** 584

Der oberste Grundsatz der Einkommensteuer ist – höre und staune –, dass sich die Höhe der Steuer an der Leistungsfähigkeit des Steuerzahlers orientiert. Aus diesem Grund müssen besondere persönliche Umstände, die einen Steuerzahler im Vergleich zu seinen Leidensgenossen über Gebühr finanziell belasten, zu einer Verringerung der Steuerbelastung führen. Dieser an sich begrüßenswerten Forderung kommen unsere Steuerbürokraten mehr schlecht als recht nach, indem sie Ihnen unter der Bezeichnung »außergewöhnliche Belastungen« einige Steuerermäßigungen einräumen. Da Ihre persönlichen Verhältnisse und Ihr Familienstand durch Kinderfreibeträge und Splittingtarif für Ehegatten bei weitem nicht ausreichend berücksichtigt sind, ist es sozusagen Ihre heilige Pflicht, dem obersten Prinzip der Einkommensteuer Geltung zu verschaffen, indem Sie kräftig von der Möglichkeit zum Abzug außergewöhnlicher Belastungen Gebrauch machen.

Folgende zwei Kategorien außergewöhnlicher Belastungen gibt es:

- Allgemeine außergewöhnliche Belastungen, die Sie – nach Abzug eines »zumutbare Belastung« genannten Eigenanteils – in voller Höhe absetzen können (§ 33 EStG).
- Außergewöhnliche Belastungen besonderer Art, deren Abzug auf bestimmte Höchst- und Pauschbeträge beschränkt ist. Dazu gehören im Einzelnen
  - Unterhaltszahlungen an Angehörige,
  - Ausbildungsfreibeträge,
  - Kosten für eine Haushaltshilfe,
  - Pauschbeträge für Behinderte,
  - Pauschbetrag für die Betreuung pflegebedürftiger Personen (§§ 33 a–b EStG).

A. Außergewöhnliche Belastungen im Allgemeinen

1. Auch Sie sind außergewöhnlich belastet

S Was alles unter die außergewöhnlichen Belastungen allgemeiner Art fällt, 585
ist in § 33 EStG geregelt. Statt dort allerdings klar und verständlich zu sagen, welche Steuervergünstigungen Ihnen zustehen, haben die Steuergesetz-

akrobaten einen ausgesprochenen Gummiparagraphen geschaffen, der Folgendes bestimmt:

Eine außergewöhnliche Belastung liegt vor, soweit einem Steuerzahler zwangsläufig größere Aufwendungen als der überwiegenden Mehrzahl der Steuerzahler gleicher Einkommensverhältnisse, gleicher Vermögensverhältnisse und gleichen Familienstandes entstehen und diese Aufwendungen die steuerliche Leistungsfähigkeit wesentlich beeinträchtigen.

Unter diese Vorschrift fallen hauptsächlich:

- **Krankheits- und Kurkosten,**
- **Kosten im Zusammenhang mit Wiederbeschaffung von Hausrat,**
- **Kosten einer Ehescheidung,**
- **Beerdigungskosten,**
- **Pflegekosten.**

Eine umfangreiche Übersicht finden Sie unter ➤ Rz 657.

586 **S** **Soweit Ihnen von dritter Seite die Kosten ersetzt werden, sind Sie nicht belastet und können auch nichts geltend machen.**

WICHTIGER HINWEIS

Nicht jede Zahlung im Zusammenhang mit Ihren außergewöhnlichen Belastungen wird automatisch abgezogen. So können Sie Beerdigungskosten nur insoweit absetzen, als die Kosten nicht durch den Nachlass des Verblichenen gedeckt sind, und Krankheitskosten nur, wenn sie nicht durch eine Krankenversicherung erstattet werden. Hier gilt es aber wie ein Schießhund aufzupassen. Das Krankengeld, das Sie als Lohnfortzahlung von Ihrer Krankenversicherung bekommen, müssen Sie sich genauso wenig wie das Krankentagegeld aus einer privaten Zusatzversicherung auf Ihre selbstgetragenen Krankheitskosten anrechnen lassen. Beide Leistungen sind Verdienstausfallentschädigungen und nicht als Ausgleich für die unmittelbaren Krankheitskosten gedacht. Anders dagegen die Zahlungen aus einer Krankenhaustagegeldversicherung. Diese werden vor einer Berücksichtigung der Kosten für Ihren Krankenhausaufenthalt, auf denen Sie sitzengeblieben sind, abgezogen. Hat dagegen Ihre Versicherung den gesamten Krankenhausaufenthalt bezahlt, kassieren Sie die Krankenhaustagegelder und müssen Sie sich nicht etwa auf andere Krankheitskosten, z.B. für Ihre neue Brille oder eine ambulante Behandlung, anrechnen lassen (BFH v. 22. 10. 1971 – BStBl 1972 II S. 177).

HINWEIS

Das Ärgernis mit dem Gegenwert

Dummerweise ist eine außergewöhnliche Belastung nur das, was das Finanzamt 587
als eine solche ansieht, und nicht das, was Sie für eine halten, etwa die hohen Anschaffungskosten für Ihre neuen Möbel oder die Raten für den Farbfernseher.

»Warum stellen solche Ausgaben eigentlich keine Belastungen dar?«, wollen Sie wissen.

Nun, das Finanzamt sagt sich, dass Sie ja einen **Gegenwert** erhalten haben, indem Sie sich z. B. ein schönes Heim schaffen. Und außerdem ist die Anschaffung neuer Möbel oder eines neuen Fernsehers meist freiwillig, also nicht zwangsläufig.

Der Fiskus geht sogar noch weiter und nimmt immer einen Gegenwert an, wenn der angeschaffte Gegenstand eine gewisse Marktgängigkeit hat und nicht nur vom Steuerzahler selbst, sondern auch von anderen genutzt werden kann. Bei behinderungsbedingten Umbauten hat sich die Rechtsprechung des BFH um 180 Grad gedreht. Der BFH akzeptierte die Aufwendungen eines Steuerzahlers, der nach einem Schlaganfall einen Treppenlift in sein Wohnhaus eingebaut, das Schlafzimmer ebenerdig eingerichtet und das Badezimmer behindertengerecht umgebaut hatte (BFH v. 22. 10. 2009 – BStBl 2010 II S. 280). Damit sind die entgegenstehenden Urteile zum Badezimmerumbau (BFH v. 2. 6. 2005 – BFH/NV 2006 S. 36) oder Einbau eines Aufzugs an das Haus eines Rollstuhlfahrers (BFH v. 25. 1. 2007 – III R 7/06) überholt.

Ungeachtet von Erstattungen und Gegenwert, mutet man Ihnen einen Teil der 588
Belastung, z. B. durch Krankheitskosten, auch ohne Steuerermäßigung zu. Zu diesem Zweck wird Ihnen immer eine Art steuerlicher Eigenanteil, genannt **zumutbare Belastung,** von Ihren Aufwendungen abgezogen.

Die Höhe der zumutbaren Belastung ist davon abhängig, wie hoch Ihre Einkünfte sind, ob Sie verheiratet sind und wie viele Kinder Sie haben.

Mehr dazu finden Sie unter ➤ Rz 592.

Um diesen ganzen Problemen und Abzügen zu entgehen, versuchen Sie zu- 589
nächst immer die gesamten Kosten abzusetzen, indem Sie prüfen, **ob Sie Ihre Aufwendungen nicht vielleicht als Werbungskosten, Betriebsausgaben oder Sonderausgaben durchbekommen. Das bringt Ihnen eine größere Steuerersparnis, weil keine zumutbare Belastung abgezogen wird und sie sich deshalb in voller Höhe auswirken.**

Haben Sie sich also als Arzt oder Krankenschwester trotz aller Vorsicht bei einem Patienten mit Gelbsucht angesteckt oder sind als Dachdecker vom Gerüst gepurzelt, so sind Ihre selbstgetragenen Krankheitskosten Werbungskosten und nicht etwa außergewöhnliche Belastungen.

590 Sind Sie aber bei den außergewöhnlichen Belastungen angelangt, kommen die Fiskalritter mit erhobenem Zeigefinger und verlangen von Ihnen den Nachweis, dass Ihre Ausgaben *zwangsläufig* waren, weil Sie sich ihnen aus tatsächlichen, rechtlichen oder sittlichen Gründen nicht entziehen konnten. Rechtliche Gründe liegen z. B. vor, wenn Sie Unterhalt an Ihren getrennt lebenden oder geschiedenen Ehegatten oder an Ihre Kinder bzw. Ihre Eltern zahlen oder als Erbe die Beerdigungskosten des Verblichenen bestreiten. Dagegen können Sie sich auf Zwangsläufigkeit aus tatsächlichen Gründen berufen, wenn Sie ein unabwendbares Ereignis wie Unfall, Krankheit, Erpressung, Brand, Diebstahl, Vertreibung oder eine Naturkatastrophe trifft. Demgegenüber spielt die sittliche Verpflichtung meist nur eine Rolle bei der Frage, ob Sie Pflegekosten für Nichtangehörige absetzen können.
Der Fiskus achtet wie gesagt besonders darauf, ob Ihr Einkommen tatsächlich durch die Ausgabe belastet ist, also von dritter Seite, z. B. der Krankenkasse, keine Erstattung erfolgt.

WICHTIGER HINWEIS

591 Sie können Ihre außergewöhnlichen Belastungen immer im Jahr der Bezahlung absetzen. Auch wenn Sie dazu einen Kredit aufnehmen müssen, bleibt es beim vollen Abzug im Zahlungsjahr. Auf die Darlehenstilgung kommt es steuerlich nicht an (BFH-Urt. v. 10. 6. 1988 – BStBl 1988 II S. 814). Denken Sie in so einem Fall daran, während der Laufzeit des Darlehens Jahr für Jahr die Zinsen als außergewöhnliche Belastung anzusetzen (BFH-Urt. v. 6. 4. 1990 – BStBl 1990 II S. 958).
Damit eine Steuerermäßigung rausspringt, muss Ihre finanzielle Leistungsfähigkeit *wesentlich* beeinträchtigt sein. Dazu müssen zwangsläufige Aufwendungen die in der folgenden Übersicht bezeichneten Sätze des Gesamtbetrags der Einkünfte übersteigen:

Zumutbare Belastung 592

Bei einem Gesamtbetrag der Einkünfte	in Prozent bei			
	Alleinstehenden	Verheirateten u. Verwitweten bis zum 2. Todesjahr	Personen mit steuerlich zu berücksichtigenden Kindern	
			1–2 Kinder	3 oder mehr Kinder
15340 €	5	4	2	1
15340–51130 €	6	5	3	1
über 51130 €	7	6	4	2

Beispiel
Bei einem Gesamtbetrag der Einkünfte von 30000 € und zwei Kindern beträgt die zumutbare Belastung 3 % = 900 €. Eine Steuerermäßigung für außergewöhnliche Belastungen erhalten Sie also erst, wenn diese 900 € übersteigen.
Der Betrag, der nach Abzug der zumutbaren Belastung verbleibt, wird als Steuerermäßigung bei der Berechnung Ihres Einkommens abgezogen. Als Arbeitnehmer können Sie ihn sich bereits im Lauf des Jahres als Freibetrag auf der Lohnsteuerkarte eintragen lassen.
Es ist wichtig zu wissen, dass die zumutbare Belastung nur von *allgemeinen* außergewöhnlichen Belastungen abgezogen wird. Die Höchst- und Freibeträge, die bei außergewöhnlichen Belastungen *besonderer Art* angesetzt werden, bleiben von einer solchen Kürzung verschont.
Dazu mehr ab ➤ Rz 658.
Zurück zu den außergewöhnlichen Belastungen im Allgemeinen.

Berechnungsschema 593

Und so rechnet das Finanzamt die außergewöhnliche Belastung aus:
Ein Verheirateter mit einem Kind – 25000 € Gesamtbetrag der Einkünfte im Kalenderjahr – hatte in einem Jahr 6000 € Zahnarztkosten, von denen die Krankenkasse 3500 € übernommen hat.

Berechnung

Zahnarztkosten	6000 €
./. Erstattung Krankenkasse, aber ohne Krankengeld/ Krankentagegeld	– 3500 €
Belastung	2500 €
./. zumutbare Belastung (§ 33 Abs. 3 EStG) 3 % von 25000 € Gesamtbetrag der Einkünfte =	– 750 €
Außergewöhnliche Belastung	1750 €

Sie sehen: Von Ihren Belastungen bleibt nicht viel zum Abzug übrig, besonders wenn Sie als führender oder leitender Angestellter ziemlich viel verdienen.

TRICK

Unkonventionelle Unterhaltung mit einem leitenden Angestellten!

594 »Na, da bin ich aber gespannt, was Sie mir zu bieten haben«, sagen Sie, »was gibt es für einen gutverdienenden Angestellten heute noch groß bei der Steuer herauszuholen? Die Sonderausgabenhöchstbeträge habe ich voll ausgenutzt, und meine beruflichen Kosten halten sich in Grenzen. Längst habe ich mich damit abgefunden, mich an Steuern dumm und dusslig zu zahlen.«

So leicht geben Sie sonst bestimmt nicht auf!

»Schließlich bin ich kein Selbständiger, dem erheblich mehr Spielräume offenstehen. Was will ich bei der Steuererklärung schon anderes tun, als die Belege zusammenzusuchen und die vorliegenden Zahlen in die vorgedruckten Kästchen zu setzen?«, antworten Sie.

Planen. Und mit vorzeitigen Entscheidungen voraussehbare Abläufe des Geschehens beeinflussen, so wie Sie es im Beruf gewohnt sind.

Angenommen, Sie haben jedes Jahr so an die 2 000 € bis 4 000 € außergewöhnliche Belastungen. Mal ist es der Zahnersatz, mal die Kur Ihrer Ehefrau, dann die neue Brille usw. Da Sie nicht gerade zu den Ärmsten im Land gehören, zieht Ihnen der Fiskus die zumutbare Belastung von 6 % Ihres Gesamtbetrags der Einkünfte von 60 000 € = 3 600 € ab. Damit verpuffen Ihre Kosten nahezu wirkungslos. Deshalb werden Sie künftig etwas pfiffiger sein und Rechnungen, die am Ende des Jahres anfallen, möglichst erst im neuen Jahr bezahlen. So fallen in einem Jahr plötzlich ca. 6 000 € an außergewöhnlichen Belastungen an, und Sie können sich nach Abzug der zumutbaren Belastung von 3 600 € über eine Steuerersparnis von ca. 2 400 € freuen. Zudem werden Sie bei Ihrer Steuererklärung noch einmal in sich gehen, damit Sie auch ja keine Kosten vergessen, die Ihnen im Lauf des Jahres entstanden sind.

Die Fahrtkosten beider Partner zum Zahnarzt	75 €
Die Grippeschutzimpfung	90 €
Nicht zu vergessen die Akupunkturbehandlung gegen das Rauchen als Vorbeugung gegen den Sie besonders bedrohenden Herzinfarkt	150 €
Die Migränebehandlung Ihres Ehepartners beim Akupunkteur	150 €
sowie die Fahrtkosten zu diesem Heilpraktiker	50 €
Und schon sind als weitere außergewöhnliche Belastungen anzusetzen.	515 €

Auf Nummer sicher gehen Sie, wenn Sie sich die Behandlungen nicht nur einfach verordnen, sondern ihre Notwendigkeit durch einen Amtsarzt bestätigen lassen.

2. Das sind Krankheitskosten

Grundsätzlich sind alle Kosten, die durch das Kranksein (auch der Familienangehörigen) anfallen, steuerlich berücksichtigungsfähig. 595

Beruflich veranlasst? 596

Zuallererst müssen Sie überlegen, ob die Erkrankung auf Ihren Beruf zurückzuführen ist, denn dann sind die *Krankheitskosten in voller Höhe* – also ohne Abzug der zumutbaren Belastung – als Betriebsausgaben oder Werbungskosten abzugsfähig, sofern nicht im Fall einer Berufskrankheit die Berufsgenossenschaft die Kosten übernimmt.
Wichtig ist, den Zusammenhang zwischen der Erkrankung und Ihrem Beruf nachzuweisen. Das ist der Fall, wenn Sie z. B. körperliche Schäden durch einen Unfall bei Ausübung des Berufs oder auf dem Weg zur Arbeitsstätte erlitten haben (Berufsunfall). Anerkannt werden inzwischen aber auch Therapien bei beruflich verursachten Stresssituationen, wie die Teilnahme an einer Selbsthilfegruppe »Anti-Mobbing« (FG Niedersachsen v. 8. 6. 2006 – 14 K 57/03).

Typische Berufskrankheiten

Bei inneren Erkrankungen wird es schon schwieriger. Da müssen Sie nachweisen, dass die Erkrankung eine typische Berufskrankheit ist. Bisher sind u. a. von den Steuergerichten als typische Berufskrankheiten anerkannt: Pilzerkrankungen in Papierfabriken, Vergiftungserscheinungen in chemischen Fabriken, Gelbsucht bei Chirurgen und Zahnärzten, Tuberkulose beim Lungenfacharzt, Wirbelsäulenerkrankung durch Heben oder Tragen. Bei typischen Berufskrankheiten ist die berufliche Veranlassung nicht mehr zu prüfen, sondern zu unterstellen.
Als Arbeitnehmer haben Sie bei einer typischen Berufskrankheit zumeist keine unmittelbaren Kosten, weil alles nach § 9 SGB VII in Verbindung mit der geltenden Berufskrankheitsverordnung abgegolten ist und die mittelbaren Kosten mit einem Pauschbetrag für Körperbehinderung berücksichtigt werden (§ 33b EStG, R 33b EStR; ➤ Rz 684 ff.). Haben Sie indessen Kosten selbst getragen, sind diese in der Anlage N als berufliche Werbungskosten zu erklären.

Andere Krankheiten 597

Nur Kosten, die Sie tatsächlich selbst getragen und nicht von einer Krankenkasse oder Versicherung erstattet bekommen haben, können Sie als finanzielle Belastung geltend machen. Von diesen selbstgetragenen Krankheitskosten geht allerdings die zumutbare Belastung ab. Das ist hart, denn meistens bleibt dann kaum etwas übrig, was steuerlich abzusetzen ist.
Rechnen Sie deshalb Ihre zumutbare Belastungsgrenze nach der Tabelle unter ➤ Rz 592 **schnell aus** und sehen Sie zu, dass möglichst viele Krankheitskosten in ein und demselben Jahr anfallen, damit Sie so die unsinnige Grenze der zumutbaren Belastung überwinden. Oft schaffen Sie das nur, indem Sie Behand-

lungen, die Sie eigentlich jetzt machen müssten, in das nächste Jahr verschieben (oder umgekehrt).

598 **a) Kosten für Medikamente, Heil- und Hilfsmittel**

Die Anerkennung Ihrer Kosten für Medikamente, Heil- und Hilfsmittel als außergewöhnliche Belastung hängt davon ab, dass Sie deren Notwendigkeit nachweisen. Normalerweise reicht dazu eine Verordnung eines Arztes oder Heilpraktikers. Hat Ihre private Krankenkasse eine Kostenerstattung geleistet oder hat bei Ihnen als Beamter die Beihilfestelle die Kosten bezuschusst, reicht das als Nachweis in aller Regel ebenfalls aus. Nur im absoluten Ausnahmefall benötigen Sie für das Finanzamt zusätzlich eine ärztliche Bescheinigung (R 33.4 Abs. 1 EStR).

Bei Medikamenten, die Sie dauernd oder über längere Zeit einnehmen müssen, genügt zum Nachweis der Notwendigkeit, dass Sie die ärztliche Verordnung einmal vorlegen. Haben Sie, als Sie seinerzeit Ihre erste Brille verordnet bekommen haben, ein Rezept des Augenarztes vorgelegt, genügt für die neue Brille, die an die veränderte Sehstärke angepasst wurde, die Bescheinigung des Optikers über die Veränderung Ihrer Sehstärke. Wenn Ihre Krankenkasse etwas zur Brille beisteuert, reicht auch das als Nachweis aus (FinMin Schleswig-Hostein v. 10. 3. 2004 – VI 314 – S 2284 – 167).

Wollen Sie also selbstgetragene Kosten für Pillen, Salben, Säfte, Tinkturen, Brillen, Hörgeräte etc. als außergewöhnliche Belastungen unterbringen und dabei Ärger vermeiden, sollten Sie sich mit einer entsprechenden Verordnung eines Arztes oder Heilpraktikers wappnen, dass die Kosten angesichts Ihrer Krankheit zwangsläufig, notwendig und angemessen waren.

Übrigens: Erfreulich das BFH-Urteil vom 11. 8. 1991 (III R 70/88 – BFH/NV 385/1991), wonach nicht rezeptpflichtige Medikamente und allgemeine Stärkungsmittel steuerlich abziehbar sind, wenn sie – nach Gegenstand und Menge spezifiziert – ärztlich verordnet wurden und die Krankenkasse eine Erstattung der Kosten abgelehnt hat. Mit derselben Begründung können Sie auch die Zuzahlungen absetzen, die Sie leisten mussten, weil Sie lieber das erprobte teurere Markenmedikament genommen haben, statt sich mit einer unbekannten Ersatzpille zufriedenzugeben.

Etwas förmlicher geht es mit den Nachweisen allerdings zu, wenn es um Heil- und Hilfsmittel geht, die Gegenstände des täglichen Bedarfs ersetzen, z. B. Spezialbetten, orthopädische Schuhe, Stützstrümpfe, Spezialwäsche etc. Ähnliche Hürden müssen Sie nehmen, wenn bei Ihnen eine wissenschaftlich nicht anerkannte Behandlungsmethode wie Frischzellen- oder Trockenzellenbehandlung, Sauerstoff-, Chelat- oder Eigenbluttherapie angewendet wird. In diesen Fällen benötigen Sie ein vor dem Kauf des Hilfsmittels bzw. vor Beginn der Behandlung ausgestelltes Attest vom **Amtsarzt** oder vom **Medizinischen Dienst**. Sind Ihnen von Ihrer gesetzlichen Krankenkasse oder Ihrer Beihilfestelle Zuschüsse zu diesen Kosten bewilligt worden, ersetzt das die amtsärztliche Bescheinigung.

Keine Regel ohne Ausnahme: Die medizinische Erforderlichkeit bestimmter

Maßnahmen kann auch nachträglich durch den Amtsarzt bestätigt werden. So ließ der BFH z. B. die Kosten für das Fällen von Birken im Garten eines Steuerzahlers mit massiver Allergie als außergewöhnliche Belstung zu, obwohl das amtsärztliche Gutachten hierfür erst im Nachhinein eingeholt worden war (BFH v. 15. 3. 2007 III R 28/06 – BFH/NV 2007, 1841).

TIPP

zu Ihren Rezept- und Praxisgebühren

Zuzahlungen und Rezeptgebühren sind außergewöhnliche Belastungen, die Sie **599**
absetzen können. Damit Sie sich nicht mit dem Sammeln von 1000 kleinen Quittungen belasten müssen und möglicherweise die Hälfte vergessen oder verlegen, spannen Sie Ihre Apotheke mit ein. Schließlich verdient die an Ihnen übers Jahr ein erkleckliches Sümmchen. Fragen Sie doch mal nach, ob sie **Heftchen für die Selbstbeteiligung** haben. Darin wird dann bei jedem Kauf der zugezahlte Betrag eingetragen und von der Apotheke abgestempelt. Sie brauchen am Jahresende nur noch zusammenzurechnen und können dem misstrauischen Fiskalritter einen wunderbaren Nachweis Ihrer Krankheitskosten liefern. Hat Ihre Apotheke ein solches Heftchen nicht, tut's auch ein einfaches Schulheft. Wichtig ist nur, den Stempel der Apotheke reindrücken zu lassen.

Die vierteljährliche **Praxisgebühr** von 10 € ist natürlich als außergewöhnliche Belastung abziehbar (OFD Frankfurt/M v. 15. 11. 2004 – S 2284 A – 53 – St II 2/06).

Ach ja, die öffentliche Hand. Wissen Sie, wo sich diese befindet? Auf jeden Fall immer in Ihrer Tasche!

GUTER RAT

Sollten Sie einen erheblichen Verbrauch an Schmerzmitteln haben, die Sie aus **600**
eigener Tasche bezahlen müssen, weil Ihnen der Arzt nicht genügend verschreibt, dann vergessen Sie nicht, Ihre Krankenkasse schriftlich um Erstattung zu bitten. Zwar wissen Sie, dass dies erfolglos sein wird, aber Sie haben die Ablehnung dann schriftlich – und die Abweisungsfetischisten der Bürokratie haben keinen Vorwand, die Kosten einfach abzulehnen. Obwohl die ja nur bei der Kasse anzurufen bräuchten. BFH-Urteil v. 20. 9. 1991 (Az: III R 91/89).

Der Gipfel der Unverfrorenheit ist, dass Sie medizinische Fachbücher nicht absetzen können sollen. So zumindest nach Meinung des BFH vom 24. 10. 1995 (BStBl II 1996 S. 88), der einem Steuerzahler die Fachbücher, mit denen der sich auf eine Therapie vorbereiten wollte, nicht anerkannte. Offensichtlich meinen

die Herren Richter, dass Sie sich nicht zu informieren brauchen, ob Sie einem seriösen Mediziner oder einem Pfuscher mit zweifelhaften Methoden in die Hände fallen, der Sie Gesundheit und Leben kosten kann.
Abzugsfähig sind dagegen

- Kosten der Grippeschutzimpfung,
- Aufwendungen für die Frischzellentherapie, wenn sie mit amtsärztlichem Segen gegen eine Krankheit eingesetzt wird (FG Nürnberg v. 15. 3. 1978 – EFG1978 S. 273 und BFH v. 17. 7. 1981, 6 R 77 – BStBl 1981 II S. 711).

601 **b) Krankheitsbedingte Fahrtkosten**

Wer hat schon das Glück, dass der nächste Arzt um die Ecke wohnt und in drei Minuten zu Fuß zu erreichen ist? Und welcher weißbekittelte Spitzenverdiener der Nation macht sich noch die Mühe des Hausbesuchs? Sie müssen also zusehen, wie Sie in die Praxis kommen.

Wenn Sie das nicht gerade auf Schusters Rappen erledigen, entstehen Ihnen Fahrtkosten, egal, ob Sie mit Auto, Fahrrad oder öffentlichen Verkehrsmitteln fahren.

Ich möchte fast jede Wette eingehen, dass Sie bisher vergessen haben, dem Finanzamt die Fahrtkosten zu Ihren Ärzten zu präsentieren. Bei z. B. 20 Taxifahrten à 10 € oder 700 km mit dem eigenen Auto à 0,30 € läppern sich da schnell 200 € zusätzliche Krankheitskosten zusammen. Schwingt etwa ein Fiskalritter den Rotstift bei Ihren durch Quittungen oder eine Einzelaufstellung glaubhaft gemachten Taxikosten, dann erklären Sie ihm, dass es Ihnen so schlechtging, dass Sie weder mit dem Auto noch mit dem Bus fahren konnten, sondern ein Taxi rufen mussten (BFH – BStBl 1967 III S. 655).
Haben Sie Ihr eigenes Auto benutzt, rechnen Sie Ihre Fahrten wie Dienstreisen ab und beanspruchen den Kilometerpauschbetrag von 0,30 €. Mit einem Einzelnachweis Ihrer Kilometerkosten stellen sich die Fiskalritter recht zopfig an und wollen ihn grundsätzlich nicht akzeptieren (BFH – BStBl 1997 II S. 538). Sparen Sie sich also das Belegesammeln!

602 Wenn es auf der Fahrt zum Arzt oder Krankenhaus gekracht hat und Sie die Unfallkosten selbst tragen müssen, gehören sie – wie die Fahrtkosten – in Ihre Zusammenstellung der Krankheitskosten. Zu den Kosten, die Sie bei einem Unfall absetzen können, siehe ➤ Rz 250 ff. Sollte sich ein Fiskalritter querstellen, berufen Sie sich auf folgenden Grundsatz:

Ist eine Krankenfahrt zwangsläufig notwendig und angemessen, dann können auch Kosten infolge eines Unfalls auf einer solchen Fahrt nicht unberücksichtigt bleiben.
Stoßen Sie ihn mit der Nase auf die EFG 1980 S. 284 oder die BFH-Urteile BStBl 1974 II S. 104 und BStBl 1978 II S. 105, 109, mit denen als Unfallkosten z. B. die Abschlepp- und Reparaturkosten anerkannt wurden.

TIPP

für die Fahrt zur Kur

Manchmal sind die Finanzämter noch pingeliger als Ihre Krankenkasse. So 603
kann es Ihnen passieren, dass man Ihnen als Fahrtkosten für An- und Abreise zur Kur nur die Kosten öffentlicher Verkehrsmittel anerkennt. Für Kurkosten mag das der Bundesfinanzhof so entschieden haben (BFH-Urt. v. 12.6.1991 – BStBl 1991 II S.763). Der Termin für eine solche Kur steht ja auch Wochen vorher fest. Trotzdem ist das für Sie nicht der Weisheit letzter Schluss. Können Sie z.B. **besondere Gründe ins Feld führen**, wie eine Gehbehinderung, Asthma oder ein Herzleiden, das Sie hindert, schwere Koffer über Bahnsteige zu schleppen, sind auch Fahrtkosten mit dem Auto abzugsfähig (BFH – BStBl 1967 III S.655). Und wenn Sie sich mit einer dicken Backe und mordsmäßigen Zahnschmerzen quälen, kann wohl niemand verlangen, dass Sie zwei Stunden auf den nächsten Bus warten. Oder berufen Sie sich auf die schlechten Verbindungen mit öffentlichen Verkehrsmitteln.

Zuerst verbraucht man seine Gesundheit,
um zu Geld zu kommen, dann sein Geld,
um die Gesundheit zurückzuholen.
(Robert Lembke)

Wenn Sie zur Behandlung einer Krankheit zu einem auswärts wohnenden Arzt 604
oder Heilpraktiker fahren und dort bis zum Abschluss einer Behandlung im Hotel bleiben, sind auch diese Aufwendungen und die Fahrtkosten voll abzugsfähig, falls der Aufenthalt nur der Krankheitsbehandlung gedient hat, also keine Kur war (FG Rheinland-Pfalz v. 19.8.1980 – EFG 1981 S.21).

Ebenfalls zu den außergewöhnlichen Belastungen gehören die Reisekosten für 605
Besuchsfahrten zu Angehörigen, die in einem auswärtigen Krankenhaus untergebracht sind. Diese Kosten werden in der Regel anerkannt, wenn der Krankenhausaufenthalt lang dauert oder sich regelmäßig wiederholt und die Besuche entscheidend für den Gesundungsprozess sind (EFG 1977 S.427). Siehe dazu folgenden Super-Trick.
Andererseits urteilten die BFH-Richter, dass 14-tägliche Fahrten zu den über 80-jährigen und 800km weit weg wohnenden Eltern nicht als außergewöhnlich angesehen werden können (BFH-Urt. v. 22.10.1996 – BStBl 1997 II S.558). Damit ist der Abzug von Fahrtkosten auf die Fälle reduziert, in denen Sie Ihre Angehörigen besonders oft aufsuchen, weil Sie deren Pflege praktisch im Alleingang besorgen.

SUPER TRICK

Lassen Sie sich vom Arzt das richtige Papierchen für Ihre Besuchsfahrten ausstellen!

606 Sogar der misstrauischste Finanzbeamte wird gläubig, wenn Sie ihm die Bescheinigung eines Halbgottes in Weiß präsentieren. Machen Sie sich diesen Umstand zunutze und verlangen Sie von dem Arzt, der Ihr Kind oder Ihren Angehörigen behandelt, eine Bescheinigung, dass Ihre Besuche unbedingt erforderlich sind, weil sie den Heilungsprozess nachhaltig fördern. Hierdurch erfüllen Sie den Wortlaut des § 33 EStG und R 33.4 Abs. 1 EStR (BFH-Urt. v. 2. 3. 1984 – BStBl 1984 II S. 484), der einen Nachweis darüber fordert, dass Ihre Fahrtkosten zwangsläufig entstanden sind. Durch den Hinweis auf den Heilungsprozess kommen Sie nicht umhin, schon aus diesem Grund so oft wie möglich gesundheitsfördernde Besuchsfahrten zu unternehmen. Wenn der Arzt die Bescheinigung zusätzlich mit einigen der wunderschön unverständlichen lateinischen Medizinerfloskeln spickt, wird es jedem Fiskalritter vergehen, Ihnen die Fahrtkosten für die Besuchsfahrten zu streichen.

Ohne ärztliche Bescheinigung läuft da allerdings gar nichts. Sogar dem Besuch bei der im Sterben liegenden Mutter verwehrten die Steuerrichter die Anerkennung (FG Hamburg v. 12. 09. 2001 – II 296/00).

Auf eine ganz unangenehme Idee sind die Richter des FG München verfallen. Trotz ärztlicher Bestätigung, dass die Besuchsfahrten zur Mutter medizinisch notwendig waren, hat das Gericht die Anerkennung der Kosten versagt. Die Begründung war – man mag es kaum glauben –, dass die Steuerzahler ihre Mutter ernsthaft hätten auffordern müssen, die Fahrten zu bezahlen. Nur wenn die Mutter finanziell dazu nicht in der Lage gewesen wäre, wären die Fahrtkosten abzugsfähig gewesen. Wie tief will der Fiskus denn eigentlich noch sinken, wenn er nun schon verlangt, den schwerkranken Eltern auch noch die letzten paar Euro aus der Tasche zu ziehen (FG München v. 22. 9. 2008 – 7 K 4430/06)?

607 Allerdings gibt es einen kleinen Silberstreif am Horizont. Sie haben nämlich unter Umständen die Alternative, den Pflegepauschbetrag (§ 33 b Abs. 6 EStG) in Höhe von 924 € abzusetzen, wenn Sie mehr als reine Familienbesuchsfahrten zu Ihren Lieben ausführen. Nach Meinung des BFH sind dann die Anforderungen für den Pflegepauschbetrag weniger streng als für den Abzug der tatsächlichen Fahrt- und Pflegekosten. Der Pferdefuß beim Pflegepauschbetrag ist aber, dass Sie für Ihren Angehörigen eine Schwerbehinderung mit Hilflosigkeit (Ausweismerkzeichen »H«) oder zumindest die Einstufung in die Pflegestufe III nachweisen können müssen.
Zum Pflegepauschbetrag mehr unter ➤ Rz 703.

Für nicht abzugsfähig erklärt wurden Fahrten zum Ehegatten, der in Kur weilt, und Krankheitsbesuche bei der alleinstehenden Schwester (BFH – BStBl 1975 II S. 536). 608

Tatsachen schafft man nicht dadurch aus der Welt, dass man sie ignoriert.
(Aldous Huxley)

Auch als bekehrter Alkoholiker können Sie Fahrtkosten in Ihrer Steuererklärung unterbringen. Alkoholismus ist eine Krankheit, und wenn Sie zweimal pro Woche je 10 km zur Teilnahme an der Gruppentherapie bei den »Anonymen Alkoholikern« fahren, haben Sie im Jahr 52 Wochen à zwei Fahrten à 10 km = 1 040 km × 0,30 € = 312 € Fahrtkosten für Ihre Aufstellung der außergewöhnlichen Belastungen (BFH v. 13. 2. 1987, BStBl 1987 II S. 427). 609

Gute Nachricht für Behinderte! 610
Wenn Sie aufgrund Ihrer Behinderung auf fremde Hilfe angewiesen sind, können Sie die Kosten für eine Begleitperson in Höhe von bis zu ca. 767 € als außergewöhnliche Belastung ansetzen. Dieser Betrag ist jedoch ein Jahresbetrag und nicht auf jede einzelne Reise bezogen.
Wichtig: Die Kosten für den **Reisebegleiter** gehören nicht zu den laufenden und typischen, mit der Körperbehinderung zusammenhängenden Kosten und sind deshalb neben dem Behindertenpauschbetrag gem. § 33 b Abs. 3 EStG abziehbar (FG Nürnberg v. 6. 10. 1998, EFG 1999 S. 70; BFH v. 4. 7. 2002 – BStBl 2002 II S. 765). Zu behinderungsbedingten Fahrtkosten vgl. ➤ Rz 690.

c) Kosten für Vorsorgemaßnahmen 611
Will Ihnen Ihr Finanzamt die Vorbeugekosten streichen, weisen Sie darauf hin, dass *Vorsorgekuren* zu den vorbeugenden gesundheitlichen Maßnahmen gehören und nach der Rechtsprechung als Krankheitskosten anerkannt werden müssen, wenn mit ihrer Hilfe eine konkrete Erkrankung abgewendet werden soll. Das A und O ist, dass Sie sich die medizinische Notwendigkeit der Kur vor Antritt durch den Amtsarzt oder einen Vertrauensarzt Ihrer Krankenversicherung hochoffiziell bestätigen lassen. Der BFH hat dies in seinen Urteilen wiederholt bestätigt. Kosten für die Kneippkur eines gesunden Bundeswehrpiloten etwa, die als vorbeugende Maßnahme dazu aufgewendet werden, seinen allgemeinen Gesundheitszustand (»vollständige Fitness«) zu erhalten, sind weder als außergewöhnliche Belastung noch als Werbungskosten abzugsfähig (Urt. v. 17. 12. 1997 – III R 32/97).

Ebenfalls als *Vorbeugekosten* anzuerkennen sind Aufwendungen für die Ausübung eines Sports unter ärztlicher oder krankengymnastischer Anleitung (Aufwendungen für den Reitsport bei hämorrhoidalen Leiden – BFH v. 612

15.10.1971 – VI R 80/68, BStBl 1972 II S.14), für Besuche von Warmwasser- und Solebädern bei Wirbelsäulenschäden (FG v. Niedersachsen 22.12.1975 – EFG 1976 S.184) und für Vorsorgeuntersuchungen in Diagnosezentren, wenn sie nicht unangemessen im Preis sind. Die Vorbeugekosten dürfen nur nicht den Eindruck machen, sie dienten nur ganz allgemein der Gesundheit.

Beim Sport müssen Sie nicht nur darauf achten, dass er unter Verantwortung eines Arztes, Heilpraktikers oder einer sonst zur Ausübung der Heilkunde zugelassenen Person, z.B. einer Krankengymnastin, und gemäß einer genauen Einzelverordnung betrieben wird, sondern auch durch eine *zuvor* ausgestellte amts- oder vertrauensärztliche Bescheinigung den Nachweis erbringen, dass der Sport für die Heilung oder Linderung einer Krankheit erforderlich ist (BFH-Urt. v. 14.8.1997 – III R 67/96, BStBl 1997 II S.732).

613 Wenn der Staat es so haben will, dann gehen Sie den bürokratischen Weg! Merken Sie sich, Alkoholiker: Alle Kosten, auch die einer versuchten Heilung von Ihrer Sucht, sind abzugsfähig! (FG Düsseldorf v. 28.10.1977 – EFG 1978 S.125, bestätigt durch BFH-Urt. v. 14.8.1984 – VI R 34/78)

614 Die Kurkosten für eine Begleitperson sind ebenfalls steuerlich absetzbar! Damit können Sie sowohl Unterbringungs- als auch Verpflegungs- und Fahrtkosten für eine Begleitperson absetzen, vgl. ➤ Rz 643.

615 Ganz besonders wichtig, wenn Sie in psychotherapeutischer Behandlung sind: Lassen Sie sich vom Therapeuten bestätigen, dass Sie bereits eine ausgewachsene psychische Störung haben, und schon können Sie sich steuerlich subventioniert auf die Ledercouch legen (FG Münster v. 12.1.2005 – EFG 2005 S.608). Die Therapie stellt dann nämlich keine Vorbeugemaßnahme, sondern eine akute Krankheitsbehandlung dar. Obwohl das Finanzgericht hier ausnahmsweise auf ein amtsärztliches Attest vor Behandlungsbeginn verzichtet hat, können Sie sich nicht darauf verlassen, dass der Abzug von außergewöhnlichen Belastungen immer ohne ein solches läuft. Im Zweifel wenden Sie sich also mit dem Behandlungswunsch vorher an den Amtsarzt.

Das gilt umso mehr, als Sie eine vorsorgliche Therapie besuchen wollen, um es erst gar nicht zum psychischen Knacks kommen zu lassen. Hier läuft ohne Amtsarzt oder Medizinischen Dienst steuerlich gar nichts.

616 Auch wenn Sie Aufwendungen für alternative Behandlungsmethoden steuerlich geltend machen wollen, benötigen Sie vor Behandlungsbeginn ein amtsärztliches Attest über die medizinische Notwendigkeit. Nur der Amtsarzt besitzt laut Bundesfinanzhof (Urteil v. 1.2.2000 – BStBl 2001 II S.543) Sachkunde und Neutralität, um dies zu beurteilen. Damit stoßen die BFH-Richter in dasselbe Horn wie der Fiskus in R 33.4 EStR.

SUPER TRICK

Fitnesstraining auf Krankenschein

Sind Sie guter Kunde in einer krankengymnastischen Massage- und Bäderpraxis, weil Sie oft Kreuz- und Gliederschmerzen plagen? 617
Was Sie eigentlich brauchen, meinen Sie zu wissen: nämlich tüchtige Eigenbewegung, kräftigere Muskeln und Sehnen, damit Sie weniger anfällig sind. Jetzt passen Sie auf: In den meisten krankengymnastischen Massage- und Bäderpraxen befindet sich ein größerer Gymnastikraum, der mit den verschiedensten technischen Geräten ausgestattet ist, die sich kaum von denen in einem gewerblichen Fitnesscenter unterscheiden. Fragen Sie doch den Inhaber, ob Sie zwei- bis dreimal in der Woche im Gymnastikraum trainieren können. Wenn Sie guter Fango- und Massagekunde sind, hat er bestimmt nichts dagegen.

Der Arzt ist schlimmer als die Krankheit.
(Alter Spruch)

DER GROSSE GEHEIMTIPP

für alle Kranken, sich wieder gesund zu machen, und für alle Gesunden, nie krank zu werden

d) So heilen Sie für immer Ihre Krankheiten 618

Das hört sich unwahrscheinlich an. Aber: Der gemeinnützige BUND FÜR GESUNDHEIT e. V., Talstr. 36, in 52525 Heinsberg, befasst sich mit naturgemäßen Lebens- und Heilweisen und sendet neueingetretenen Mitgliedern als Mitgliedsleistung ohne zusätzliche Berechnung u. a. folgendes Werk gleich nach Eintritt zu: »**Wildkräuter – UR-MEDIZIN gegen Krebs, Rheuma, chronische Leiden und Fettsucht**« (Für immer fit, schlank und gesund).
Das ist das große Buch der sanften Klassischen Naturheilkunde. 1474 Sei-

ten Großformat mit unzähligen farbigen Abbildungen und einem Sonderteil über die komplikationslose Naturgeburt mit allen erforderlichen Bildern und Anweisungen. Sie werden nur noch staunen! Ein Werk, das für Noch-Gesunde zur wirksamen Krankheitsverhütung noch wertvoller ist!

Dieses große Werk der Klassischen Naturheilkunde zu besitzen sollten Ihnen Ihr Leben und Ihre Gesundheit wert sein! (Es ist steuerlich absetzbar!)

Dieses Werk begründet erstmals für Kranke und Gesunde
eine Ganzheitsbehandlung von Körper, Geist und Seele:
die hippokratischer Denkweise verbundene
KLASSISCHE NATURHEILKUNDE

Sie basiert in Form der UrTherapie, evolutionsgeschichtlich fundiert, auf vier Säulen:

GEIST

Im Hinführen zu einer gefestigten, in sich selbst ruhenden, autarken Persönlichkeit, die sich im Krankheitsfall von allen chemischen Medikamenten der erstarrten Schulmedizin und deren Ärzten befreit.

INNERER LEIB

Im Zusichnehmen wertvollster Lebens- und Immunkräftestoffe aus frischen Urheilkräutern: der »UrMedizin«.

ÄUSSERER KÖRPER

Im Wiederaufnehmen von Urbewegungsarten, welche Urzeitmenschen zum Bewältigen ihres Lebens ausübten. Und die damit den Körper über die Blut- und Lymphbahnen ständig entgifteten und ihm im Gegensatz zu manchen Sportarten sofort das Wohlfühlhormon Serotonin zuführten. Was ihnen ein Höchstmaß an Gesundheit und Krankheitswiderstand verschaffte – wie es auch Ihnen nunmehr verschafft werden wird!

SEELE

Im Rückführen seelischer Fehlhaltungen zu Urgefühlen, die, zufolge ihrer genetischen Programmierung, ein natürliches Wohlbefinden auslösen und psychische Leiden wie Depressionen, Frustrationen, Ängste usw. auslöschen. Eine Gesamttherapie ist damit von einzigartiger Wirkung!

Weil die meisten – wegen der vom Finanzamt abgezogenen zumutbaren Belastung – keinerlei Krankheitskosten steuerermäßigend mehr geltend machen können, will ich Ihnen hier einen Ausgleich schaffen und zeigen, wie Sie Auslagen für Krankheiten ganz vermeiden. Damit Sie es nicht mehr nötig haben, zu Ärzten zu gehen und in Krankenhäusern zu liegen, wo bereits an die 50 % aller Patienten wegen der ihnen verabreichten, nur schwere Nebenschäden und frühen Tod und Krebs verursachenden Radioaktivbestrahlungen und chemischen

Medikamentengifte oder wegen einer vorausgegangenen Hospitaleinweisung behandelt werden. Da dem Verein die Werbung für dieses Buch verboten und ihm eine nähere, ins Einzelne gehende Aufklärung über die Wirkungsweise der URMEDIZIN untersagt wurde – wenn Sie die mächtige Lobby der Schulmedizin kennen, wissen Sie, warum! –, kann er Ihnen leider nicht wie bisher näheres Informationsmaterial darüber zukommen lassen.
Aus diesem Grund übernehme ich hier als Verfasser für ihn das Wort und frage: Wie blind sind Sie eigentlich? Würden Sie einen Klempner, der Ihnen bereits vor Beginn seiner Tätigkeit erklärt, einen Rohrbruch nicht flicken zu können, bei sich herumwerkeln lassen? Und ihn auch noch fürstlich für sein Nichtkönnen bezahlen, wenn er das Loch im Rohr am Ende nur vergrößert hat?

»Niemals«, sagen Sie.

Soso: Nach Meinung der Mediziner sind z. B. Krebs, Rheuma, multiple Sklerose, Asthma, Arthrose, Diabetes und chronische Leiden nicht heilbar. **Und dennoch lassen vielleicht gerade Sie sich als chronisch oder unheilbar Leidender von den Medizinern dieserhalb behandeln. Obgleich die ihre Unfähigkeit dazu vorher öffentlich erklärt haben. Oder nach ihren neuesten Veröffentlichungen heute immer mehr eine angebliche Heilungsmöglichkeit den Kranken vortäuschen, wenn man sich nur frühzeitig operieren, atombestrahlen oder kaputt chemotherapieren lässt. Während die Krebssterberaten des Statistischen Bundesamts genau das Gegenteil beweisen und immer mehr Menschen durch Krebs sterben.**

Und obschon Sie das genau wissen, lassen Sie sich von deren Stahl den Krebs in den Körper ausstreuen, von deren Strahl zusätzlich unbefallenes Gewebe zerstören und von deren Chemotherapie auch noch die gesunden Körperteile nebst Immunsystem vergiften. Ja, ist es denn nicht ein Widersinn sondergleichen, sich als Kranker von Menschen behandeln zu lassen, die genau wissen, und es Ihnen auf Befragen sogar eingestehen, dass sie nicht helfen können? Die weder Herzleiden, Arthritis, Verstopfung – ja nicht einmal einen einfachen Schnupfen zu heilen vermögen … Wie das Bayer-Chemie-Medikament Lipobay und das Schmerzmittel Vioxx zuletzt zeigten, sind durch Chemie früher Tod und neue Krankheiten die Folge.

Alle Schulmediziner und Heilpraktiker arbeiten nach der gleichen Methode: Hilfe für den ersten Augenschein, scheinbare Besserung durch kurzfristige Symptombeseitigung, dann wieder das alte, später noch schlimmere Leiden. Natürlich haben die Ärzte auch ihr Gutes – wenn sie z. B. Unfallopfer zusammenflicken, Löcher in den Zähnen und Totenscheine ausfüllen –, aber bei Krankheiten, und besonders bei chronischen und unheilbaren, versagen ihre Methoden. Und wenn Ihnen Ihr Arzt auch noch so sympathisch ist – warum kann die bisherige Behandlung durch die Schulmedizin nicht helfen?

- **Weil die Schulmediziner einzelne Krankheiten und einzelne Organe therapieren und nicht den ganzen Menschen. Und sich nur darauf beschränken, bloße Krankheits*wirkungen* zu bekämpfen, nicht jedoch die echten Ursachen des Leidens. Die aufzustöbern, dafür nehmen sie sich nicht die Zeit.**

- **Weil die Behandlungsformen der Schulmedizin vorsehen, Krankheiten zu bekämpfen. Mit Strahl und Stahl. Oder mit körperfremden, stets giftigen Stoffen: den chemischen Medikamenten. Da die Krankheit im Körper sitzt, wird dadurch der eigene Körper bekämpft und zusätzlich vergiftet!**
- **Weil die Ärzte, wie die meisten anderen Menschen auch, auf Profit bedacht und kaum daran interessiert sind, dass sich die Kranken selbst helfen. Diese Denkweise und dieses Handeln der Mediziner ist nur zu menschlich.**

»Rettung durch neue Technik bei Herzinfarkt!« – »Brustkrebs ist bald zu heilen!« – »Multiple Sklerose in Kürze heilbar!« – so lauten die Schlagzeilen. Nur zu gern wird der Eindruck erweckt, Gesundheit sei durch die Gifte der Chemie zu erwerben.

Hoffnungen zu machen, das verkauft sich nun einmal gut. Und obwohl wir es vom eigenen Leib her besser wissen, beeindrucken uns diese Töne derart stark, dass wir uns von übertriebenen Erwartungen leiten lassen und glauben, schon morgen könnten solche Wunder geschehen und übermorgen seien Kunstherzen über den Versandhandel bestellbar. So werden wir allmählich blind gegenüber der harten Wirklichkeit. Die aber sieht so aus: Immer mehr Menschen leiden an chronischen Krankheiten, immer mehr sterben frühzeitig an Krebs (heute schon jeder Dritte!), Herz- und Kreislaufleiden (jeder Zweite); mehr und mehr jüngere Leute werden von Asthma, Rheuma, Heuschnupfen, Allergien und und und befallen.

96 % aller Menschen bei uns begeben sich ständig in ärztliche, 99 % in zahnärztliche Behandlung. Es wird endlich Zeit, dass Sie sich als Kranker sagen: Je mehr die Ärzte an mir rummachen, desto kränker werde ich. Die stopfen mich nur voll mit Chemie! Die säbeln nur an mir herum – Narbenschmerzen und Verwachsungen folgen:

Erkennen Sie nicht, wie die Chemie langsam, aber sicher unsere ganze Erde vernichtet und Sie mit? Wie können Sie nur glauben, diese Schulmedizin sei gut für Sie, wo es doch noch eine zweite Form der Heilbehandlung gibt: die Naturheilkunde! Sapere aude. Denke endlich selbst!

- **Wie lange wollen Sie sich noch mit nicht heilenden, sondern nur schädigenden Medikamenten behandeln lassen?**
- **Wie lange wollen Sie sich noch mit Chemiespritzen vollpumpen lassen?**
- **Wie lange wollen Sie sich noch von gewebezerstörenden, radioaktiven Bestrahlungen kaputtmachen lassen?**

Wann ziehen Sie endlich mal die Natur und deren sanfte Heilweisen in Ihr Kalkül? Den Weg zu ihr macht Ihnen die Zeitschrift »Natürlich Leben« leichter, die Sie als weitere Leistung des Vereins regelmäßig kostenfrei zugesandt erhalten. Und an deren Redaktion Sie alle Fragen zur Gesundheit richten können. Sie werden Ihnen so eindeutig beantwortet, dass Sie zukünftig Krankheiten vergessen können. Allerdings: Die UrTherapie ist hart, die URMEDIZIN anfangs widerlich und schwer einzunehmen – nichts also für Leute, die ihr Kranksein hätscheln oder an Geistheiler, Chemiedreck und Wunder glauben oder an die zwar laufend als heilend angekündigten, aber stets bodenlos enttäuschenden neuen Heilmittel der Schulmedizin, die darüber hinaus höchste Todesrisiken und Nebenschäden bewirken. Zudem müssen Sie sich die URMEDIZIN jeden Tag frisch aufbereiten, damit die Wirkstoffe ihre volle Lebenskraft in Ihnen entfalten können! Sie haben davon nur deshalb noch nichts gehört, weil diese Behandlungsart totgeschwiegen wird – würde sie doch zu vielen das große Geschäft mit der Krankheit verderben. Der Verein nimmt für die URMEDIZIN nämlich keinen Cent!

Aber: Sie bekommen durch die URMEDIZIN einen so unheimlichen Schub an Immunstärke in Ihren Körper, Ihre Abwehrkräfte werden derart stimuliert und auf Höchststand gebracht, dass Sie plötzlich nie gekannte, völlig neue Lebensgeister in sich entdecken!

Und zum Zahnarzt müssen Sie auch nicht mehr! Vor allem werden Ihnen in diesem Werk Hunderte Quellenangaben und Nachweise preisgegeben, welche die Schulmedizin bislang ängstlich vor der Öffentlichkeit geheim hielt. Die zeigen, welche schrecklichen Schäden die Mediziner mit ihren Medikamenten und Operationen anrichten. Damit können Sie jederzeit überprüfen, ob es für Sie gut ist, was ein Arzt bei Ihnen vorhat.

Ich selbst habe mich von meinem schweren Krebsleiden ohne Medikamente, ohne Ärzte und ohne Operation mit Hilfe der Grundsätze dieses Buches vor 50 Jahren selbst völlig gesund gemacht und bin heute mit über 80 Jahren dank der URMEDIZIN topfit und frei von allen Beschwerden, Krankheiten oder Altersleiden, wie Prostatakrebs, Rückenschmerzen oder steif werdenden Gliedern. Im Alter von 75 Jahren wurde ich noch Vater eines kräftigen Sohnes. Mit 79 Jahren habe ich eine 34-jährige Lehrerin geheiratet, die in jeder Weise mit mir glücklich ist. All dies verdanke ich den Kräften der Urmedizin. Zögern Sie deshalb nicht länger. Jeder Tag ist wichtig für Sie! Das alles geht ohne lange Formalitäten, Aufnahmeanträge. Gesonderte Bestellschreiben sind nicht nötig. Laut gemeinnütziger Satzung gilt die Einzahlung des einmaligen Aufnahmebeitrags von 30 € und des 1. Jahresmitgliedsbeitrags von 39 € (zusammen 69 €) als Eintritt. Mit dieser Einzahlung sind Sie Vereinsmitglied und erhalten als erste Leistung die Zusendung des Buches. Zahlen Sie nur auf das Postbankkonto Dortmund 827300464 (BLZ 44010046) des BUNDES FÜR GESUNDHEIT e.V. durch Natur, Talstr. 36–39, 52525 Heinsberg. Wenn Sie später die Vereinsziele nicht mehr vertreten wollen, hält Sie keiner, und Sie können ohne Angabe von Gründen kündigen. Achten Sie bei Ihrer Überweisung dringend auf die Angabe Ihrer vollständigen Adresse! Denken Sie daran, Ihre Straße anzugeben!

5 % vergessen sie, wie soll der Verein da liefern können? Schreiben Sie sie nur in Blockbuchstaben und nur in das Feld »Verwendungszweck«, sonst wird sie von der Postbank nicht mitgeteilt. (In der Spalte »Auftraggeber« genügt der Name.) E-Mails ohne Adressen- und Telefonangaben beantwortet der Verein nicht!

Kündigen Sie Ihre Zahlung nicht schriftlich an, sonst dauert es länger. Fragen richten Sie immer nur und ausschließlich schriftlich an den Verein, nicht an den Droemer Knaur Verlag, der kann Ihnen nicht weiterhelfen. Das Buch bekommen Sie nicht per NN oder Rechnung, weil der Verein keine Geschäfte macht und ohne Gewinnabsicht tätig ist. Als Mitglied des BUNDES FÜR GESUNDHEIT e. V. erhalten Sie es ohne Zuzahlung sofort gegen Portoersatz von zzt. 4 € als Paket zugesandt (bei starkem Andrang kann es bis zu zwei Wochen dauern). Was sind aber schon 69 €, wenn sie Sie von einem schweren Leiden befreien, Ihnen die Sicherheit verschaffen, nie mehr krank zu werden, und Ihnen viele, viele Lebensjahre mehr schenken! Ebenfalls kostenlos sendet man Ihnen regelmäßig das stark bebilderte, einzigartige Magazin »Natürlich Leben« (mit Autoren wie Dr. Frank Alt, Prof. Dr. Probst u. a.) zu, an das Sie alle Fragen zu Ihrer Gesundheit und Ihrem (bald vorübergehenden) Kranksein stellen können. So sind Sie stets sicher, auf dem richtigen Weg zu sein. Und Sie sind außerdem berechtigt, an allen Seminaren und Kongressen des Vereins teilzunehmen, wo Sie kluge Menschen finden, die sich bereits mit der URMEDIZIN gesund gemacht haben und die Sie motivieren. Für dringende Fälle sind für die Mitglieder drei Beratungstelefone eingerichtet. Sollten Sie nach 15 Wochen 100 %iger Durchführung der UrTherapie nachweislich versichern, dass Sie durch sie nicht gesund geworden sind, zahlt Ihnen der Verein den Aufnahmebeitrag zurück. Und nun fragen Sie mal einen Arzt in Deutschland, ob der Ihnen bei Misserfolg auch sein Honorar zurückzahlt…

GUTER RAT

zur Heilerde

Statt Chemie, Spritzen und Operation: reine Natur! Diesen unbezahlbaren Tipp kriegen Sie vorab: Mit zur URMEDIZIN gehört die Heilerde, von der die meisten Kranken noch nie etwas gehört haben. Sie leistet wahre Wunder! Vor allem entgiftet sie Ihren Körper – eine Voraussetzung auch für Sie, bevor Sie mit der URMEDIZIN beginnen. So brauchen Sie in vielen Fällen schon mal nicht die Medikamentengifte zu schlucken, die Sie kaputtmachen. LUVOS-Heilerde bekommen Sie in jeder Apotheke (nehmen Sie die feine ULTRA).
Besonders hilft sie bei Zahnschmerz, Morbus Crohn, Colitis ulcerosa, Strahlungscolitis, Blähsucht, Akne, Allergien, Amalgam- und Quecksilbervergiftung (durch Zahnfüllungen usw.), Dermatitis, Eisenmangel, Gallerückfluss, Gastritis, Mundgeruch, Magengeschwüren, Zwölffingerdarmgeschwüren, nässenden Wunden, Sonnenbrand, Verdauungsbeschwerden, Sodbrennen, Verstopfung, Entzündungen aller Art im Körper. Wie Sie sie ansetzen, dass sie gut runterrutscht und bestens heilkräftig wirkt, steht in der Grünen Bibel des BUNDES

FÜR GESUNDHEIT e.V. durch Natur, der man auch nach der Heilung die Treue halten sollte.

Weil die meisten Leser meines »GROSSEN GESUNDHEITSKONZ« Wehwehchen oder gar chronische Leiden haben, macht der sich allein durch diesen Rat dicke bezahlt. Denn Gesundheit ist nicht alles, aber alles ist nichts ohne Gesundheit, wie wir wissen.

So urteilt die Presse über dieses Buch:

- Keiner nimmt sich so beseelt des Lesers an. DIE ZEIT
- Spannender als ein Krimi – jeder Heilpraktiker kann nur daraus lernen. NATURHEILPRAXIS
- Das zu wissen sollten einem Gesundheit und Leben wert sein. raum & zeit
- Das Größte, was je in der Medizin geschrieben wurde. NATURHEILKUNDE Zeitschrift der Heilpraktiker
- Bewundern Ihr Werk… DER SPIEGEL

So urteilen Naturärzte über dieses Buch:

- Gebührt der Nobelpreis, Prof. Dr. med. habil Dr. Dr. Karl Probst, 87724 Ottobeuren, Mozartstr. 20
- … schreibt aus aufrichtigem Engagement, hat klare Vorstellungen, setzt viel in Bewegung, ist praxisbezogen. Wer dies liest, wird angeregt, wenn nicht durchgerüttelt. Prof. Dr. med. Michael Lukas Moeller (†), Ordinarius für medizinische Psychologie, Universität Frankfurt, Sandhofstr. 74
- Der Zeit um Jahrzehnte voraus – die wahre Gesundheitsreform! Dr. med. Hannes Buggle, 31547 Rehburg, Düsselburger Str. 58
- Die Spitze allen Heilwissens! Dr. med univers. Leonhard Hochenegg, A-5060 Hall in Tirol, Eugenstr. 1
- Ich habe durch dieses Werk mehr gelernt als während des Universitätsstudiums und meiner praktischen Zeit. Dr. med. Petra Bracht, 60489 Frankfurt, Am Hopfengarten 15

So urteilen die Leser:

- Das Buch hat mir das Leben gerettet! Fritz Draing, 64347 Griesheim, Flughafenstr. 1 c
- Das mit Abstand Beste und Sinnvollste, was je auf die Menschheit und unsere Erde losgelassen wurde. Ulrike & Martin Wiedemann, 70771 Leinfelden-Echterdingen, Im Riedenberg 11
- Für die Ärzte war es unfassbar, wie mich durch die UrMedizin mein Brustkrebs verließ. Mana Namyslo, 45529 Hattingen, Munscheidstr. 52
- Mit UrMedizin auskuriert: Rheuma, Parodontose, Allergie. Isolde Jähnig, Viertelsweg 8, 07022 Leipzig

Durch Ärzte kommen mehr Menschen um,
als mit ihrer Hilfe geheilt werden.
(Casanova)

TRICK

Heilen Sie z. B. Ihre Arthrose und Ihre Arthritis selbst und beteiligen Sie das Finanzamt an den Kosten!

»Ich soll diese Hitzegefühle, diese wahnsinnigen Schmerzen in den Gelenken, die immer da sind und stärker werden, wenn ich die betroffenen Gelenke bewege, und die einfach unerträglich sind, wenn ich etwas tragen muss, tatsächlich mal loswerden?«, fragen Sie. Ja! Es gibt zwar viele Formen von Arthritis, doch kann man in der Hauptsache die Knochen- und die rheumatische Arthritis unterscheiden. Beide Arten bringt die URMEDIZIN in kürzester Zeit weg! Wie auch Allergie oder Verfettung. Für immer!
Setzen Sie Ihre Kosten dafür dem Finanzamt als außergewöhnliche Belastungen auf die Rechnung. Die URMEDIZIN nehmen Sie ja schließlich zur Heilung Ihrer Leiden zu sich. Sie ist nichts anderes als ein natürliches Medikament. Und das ist, wie ja nun jeder weiß, steuerlich absetzbar.
Die Mitgliedsbeiträge können Sie zudem als Spende absetzen.

619 Schade: Aufwendungen für die Anschaffung neuer Kleidung infolge einer Abmagerungskur sind nach dem BFH-Urteil vom 17.7.1981 (VI R 105/78 – HFR 1981 S. 518) keine außergewöhnliche Belastung. Entsprechendes gelte für Änderungskosten (FG Hessen v. 2.3.1978 – EFG 1978 S. 432). Übergewicht sei ebenso wenig wie Übergröße zwangsläufig.
Allerdings war das FG Düsseldorf am 13.1.1981 (IX 457/77 E, nicht veröffentlicht) so einsichtig, die Kosten für den notwendigen Mindestbestand an Bekleidung nach einer krankhaft bedingten Abmagerung (von mehr als 30 kg) als außergewöhnlich anzuerkennen. Und weil die Dicken in der Überzahl sind, hier noch ein besonderer Tipp für sie:

620 **e) Erweiterte Krankheitskosten**

Der Bundesfinanzhof berücksichtigt grundsätzlich nur Aufwendungen, die unmittelbar zum Zweck der Heilung, Linderung oder zur Erträglichmachung einer Krankheit aufgewendet werden. Wie die vorstehenden Ausführungen zur Krankheitsvorbeugung zeigen, fallen unter § 33 EStG aber auch mittelbar durch die Krankheit entstandene Aufwendungen, wenn sie in einem engen Zusammenhang mit ihr stehen. Hierzu rechnen insbesondere die sog. erweiterten Krankheitskosten. Entfernte mittelbare Kosten sind außer Betracht zu lassen, da sie die allgemeine Lebensführung betreffen.

Als erweiterte Krankheitskosten hat die Rechtsprechung u. a. anerkannt:

- eine Mietabfindung, die ein Steuerpflichtiger zur Erlangung einer geeigneten Wohnung an den Vormieter zahlte, weil der Wohnungswechsel wegen des völlig gelähmten Sohnes notwendig war (BFH-Urt. v. 14.12.1965 – BStBl 1966 III S.113),
- Aufwendungen für bauliche Veränderungen am eigenen Einfamilienhaus eines gehunfähigen Schwerbeschädigten zur Benutzung eines fahrbaren Hebeapparats (FG Hamburg, EFG S.557) ebenso wie die Kosten für einen Treppenschräglift (FG Berlin, EFG 1995 S.264; FG Sachsen v. 12.10.2006 – 2 K 1859/04); Schwierigkeiten gibt es allerdings, wenn die Gehbehinderung nicht durch einen Schwerbehindertenausweis oder ein ärztliches Gutachten bestätigt wird (FG Nürnberg v. 4.12.2003 – VI 361/2002), oder
- Umbaumaßnahmen wegen Querschnittslähmung eines Kindes (FG Hessen – EFG 1977 S.373, und FG Rheinland-Pfalz – EFG 1979 S.231).
- Aufwendungen für den Einbau einer Spezialbadewanne (Sitzbadewanne mit Wannentür) sind außergewöhnliche Belastungen, wenn vorher ein amts- oder vertrauensärztliches Attest eingeholt wurde (FG Rheinland-Pfalz v. 23.10.2001 – 2 K 2105/01).
- Die Annahme erweiterter Krankheitskosten hatte der BFH abgelehnt bei Einbau eines Fahrstuhls in das eigene Einfamilienhaus eines gelähmten Steuerpflichtigen (BFH v. 10.10.1996 – BStBl 1997 II S.491; BFH v. 25.1.2007 – III R 7/06).
- Die folgenden Aufwendungen sah das Niedersächsische Finanzgericht (EFG 1969 S.491) neben dem Pauschbetrag als abzugsfähig bei *Conterganki ndern* an:
  - für Fahrten zu einer auswärtigen Spezialklinik, um der Tochter die notwendige Wäsche zu bringen,
  - die Eigenbeteiligung an den Kosten einer Armprothese,
  - für Fahrten zur Prothesenversorgung als mittelbare Kosten der Anschaffung der Prothese und
  - für Spezialmöbel zur Schreibhilfe.

Dass der Einbau von Schwimm- oder Bewegungsbädern wegen des gleichzeitig entstehenden Gegenwerts nicht unter erweiterte Krankheitskosten fällt, dürfte spätestens nach der Entscheidung des BFH zum Einbau eines Fahrstuhls bei Behinderten und dem letzten Urteil des FG Rheinland-Pfalz zum Schwimmbadbau wegen Behinderung zuungunsten der betroffenen Steuerzahler geklärt sein (FG Rheinland-Pfalz v. 11.10.2006 – 6 K 2169/05).

Trinkgelder an das Krankenhauspersonal gehören nicht zu den unmittelbaren Krankheitskosten. Entgegen seinem früheren, den Abzug bejahenden Urteil (BFH v. 22.10.1996 – BStBl 1997 II S.346) vollzog der BFH hier eine 180-Grad-Wende (BFH v. 30.10.2003 – BStBl 2004 II S.270).

621 Aufwendungen für den Privatschulbesuch Ihres Kindes können ebenfalls zu außergewöhnlichen Belastungen führen, wenn Sie die Krankheit in den Vordergrund stellen und den Schulbesuch quasi nebenbei laufen lassen. Schulgeldzahlungen für den medizinisch indizierten Besuch einer Privatschule durch ein geistig und körperlich behindertes Kind sind von der Rechtsprechung als außergewöhnliche Belastung berücksichtigt worden (FG Köln, Urt. v. 23. 7. 1997 – EFG 1998 S. 318). Anerkannt wurden auch z. B. die Aufwendungen für die Unterbringung eines an Asthma erkrankten Kindes in einem »Oberschulinternat«, wenn der Aufenthalt aus klimatischen Gründen zur Heilung oder Linderung der Krankheit nachweislich unabdingbar notwendig ist und der Schulbesuch nur anlässlich dieser Heilbehandlung gleichsam nebenbei und nachrangig erfolgt (BFH-Urt. v. 26. 6. 1992, III R 83/91, BStBl 1993 II S. 212).

Entsprechendes gilt für die Unterbringung eines legasthenischen Kindes, wenn die Lese- und Rechtschreibschwäche Krankheitswert hat (BFH-Urt. v. 26. 6. 1992, III R 8/91, BStBl 1993 II S. 278). Wappnen Sie sich in diesem Fall unbedingt mit einem amtsärztlichen Nachweis. Eine Bescheinigung des Schulaufsichtsamts oder eines einschlägig tätigen Professors reicht nicht aus (BFH v. 7. 6. 2000 – BStBl 2001 II S. 94).

Abziehbar sind auch die Aufwendungen für den Besuch besonderer Behindertenschulen, wie z. B. von Blinden- und Taubstummenschulen. Nicht berücksichtigt wurde jedoch die Unterbringung eines hochbegabten Kindes in einem Internat mit Hochbegabtenförderung oder die Unterbringung eines schwer erziehbaren Kindes in einer geeigneten Schuleinrichtung (BFH-Urt. v. 26. 6. 1992 – BStBl 1993 II S. 278).

Es sei denn, der Aufenthalt war amtsärztlich bestätigt auf eine Krankheit zurückzuführen (BFH v. 22. 9. 2005 – BFH/NV 2006 S. 281).

TRICK

Tun Sie etwas für Ihre Schönheit – und setzen Sie es von der Steuer ab!

622 Die Kosten einer Schönheitsoperation oder einer Haartransplantation werden im Allgemeinen nicht als zwangsläufig anzusehen sein. Lasssen Sie sich von Ihrem Arzt z. B. physische und psychische Gründe für eine Schönheitsoperation (besser: kosmetischen Eingriff) bestätigen und bitten Sie so das Finanzamt mit zur Kasse.

Nur in Ausnahmefällen können Aufwendungen für ein Toupet zu den außergewöhnlichen Belastungen gerechnet werden (FG Baden-Württemberg, Urt. v.

12. 9. 1978, III 152/77, EFG 1979 S. 125, FG Düsseldorf, Urte. v. 18. 1. 1983, XI 298/82 E, EFG 1983 S. 500, rechtskräftig). Der *kreisförmige Haarausfall*, der zu fleckenhaften »Löchern« im Haarwuchs führt, stellt eine Krankheit dar. Erwerben Sie ein *Toupet*, so hat es die Funktion einer Prothese. Die Anschaffungskosten können deshalb als außergewöhnliche Belastung abgesetzt werden. Selbst Aufwendungen in Höhe von 1625 € sind noch angemessen. *Haartransplantationskosten* sind als außergewöhnliche Belastung abzugsfähig, wenn z. B. ein fach- oder amtsärztliches Gutachten überwiegend medizinische Gründe für die Operation nennt. Besorgen Sie sich ein solches amtsärztliches Attest *vor* der Herstellung Ihrer neuen Haarpracht, sonst sinken Ihre Chancen auf Anerkennung der Kosten als außergewöhnliche Belastung rapide (FG Niedersachsen v. 2. 2. 2000 – EFG 2000 S. 496). Anders dagegen, wenn Sie als Mann unter normalem (erblich bedingtem) Haarausfall leiden; in diesem Fall sollen die Kosten für ein Toupet nicht abzugsfähig sein (FG Rheinland-Pfalz, Urt. v. 12. 11. 2008 – 2 K 1928/0).

Transsexualität ist eine einer Krankheit vergleichbare Disposition. Im Zusammenhang mit der Behandlung entstandene Aufwendungen können daher als außergewöhnliche Belastungen abgesetzt werden. Das gilt allerdings nicht für die Anschaffung neuer Bekleidung nach der Geschlechtsumwandlung. Die Aufwendungen für eine »weibliche« Perücke können nur ausnahmsweise als außergewöhnliche Belastungen berücksichtigt werden, z. B. wenn das natürliche Haupthaar durch eine Teilglatze einen für eine Frau entstellenden Charakter hat und dies durch ein vorab erstelltes amts- oder vertrauensärztliches medizinisches Gutachten nachgewiesen wird (BFH v. 25. 10. 2007 – III R 63/06).

TRICK

Erben Sie durch nachträgliche Feststellung einer Behinderung eine Steuerermäßigung!

Vielleicht war einer Ihrer Eltern vor dem Tod lange krank, einen Antrag auf 623
Körperbehinderung zu stellen ist aber keinem in den Sinn gekommen. Sie als ihr Erbe können das Versäumnis nachholen. Die Versorgungsämter sind nämlich angewiesen, auch für bereits Verstorbene Feststellungen über eine Körperbehinderung zu treffen, soweit dies nach den vorhandenen Unterlagen möglich ist.

Die nachträgliche Feststellung der Behinderung beantragen Sie beim Finanzamt, wenn Sie die Steuererklärung z. B. Ihres Vaters abgeben. Das Finanzamt holt dann eine Stellungnahme des Versorgungsamts ein und muss ggf. den Pauschbetrag für Behinderte berücksichtigen. Für die Steuererstattung können Sie als Erbe Ihr Konto angeben (Quelle: § 65 Abs. 4 EStDV).

TRICK

So finanziert Ihnen das Finanzamt ein neues Bioschlafzimmer.

624 Sie (oder Ihre Familie) leiden nachweislich unter dem giftigen Lack und dem Formaldehyd, das aus Ritzen und Kanten Ihres Schlafzimmers quillt, haben ständig Kopfschmerzen, Schwindel, Unwohlgefühl, Schwächeanfälle, Allergien etc.? Und das besonders stark, weil Sie etwa mit Bronchialasthma geplagt sind? Dann lassen Sie sich das tunlichst vom Amtsarzt bestätigen – und ihn gleich noch die hohe Giftbelastung durch Ihre Möbel nachweisen. Die Bestätigung einer Uniklinik, so haben die Richter beim FG Rheinland-Pfalz am 29. 3. 1999 (5 K 2932/96 DStR E 2000 S. 740) entschieden, reiche ebenso. Oder das Gutachten einer amtlichen technischen Stelle wie TÜV, Umweltamt etc. (FG Nürnberg v. 31. 1. 2003 – VII 370/1999).

Dieses Mal wollen Sie sich giftfreie Biomöbel anschaffen?

Dann passen Sie gut auf!

625 Aufwendungen für Renovierungsmaßnahmen einer Wohnung können ausnahmsweise eine außergewöhnliche Belastung i. S. des § 33 EStG darstellen, wenn sich infolge der Erkrankung die Notwendigkeit ergibt, noch neue Gegenstände auszuwechseln (BFH-Urt. v. 29. 11. 1991 – BStBl 1992 II S. 290). Auch Aufwendungen für Sanierungsmaßnahmen bei Gesundheitsgefährdung durch Asbest, Formaldehyd und Holzschutzmittel sind, soweit nicht Werbungskosten oder Betriebsausgaben vorliegen, nach Auffassung der Finanzverwaltung abziehbar; Entsprechendes gilt für die vollständige Entsorgung nicht sanierungsfähiger Wirtschaftsgüter (OFD Hannover, Verfügung v. 8. 11. 1996, S 2284 – 98 – StO 213b, FR 1997 S. 192, vgl. auch OFD Saarbrücken, Verfügung v. 18. 7. 1997, S 2284 – 22 St 222) und für eventuelle Gutachtenkosten, sofern das Gutachten Ihre Meinung stützt, dass eine Sanierung erforderlich war (Erlass des Finanzsenators Bremen v. 24. 2. 2000 – S. 2284 – 181, Der Betrieb 2000, S. 799).

Allerdings müssen Sie dem Finanzamt durch ein amtsärztliches Gutachten klarmachen, wie verseucht Ihr Haus und wie dringend erforderlich die Renovierung aus Krankheitsgründen war (BFH v. 9. 8. 2002 – BStBl 2002 II S. 240)!

Auf die Kleidung musst du besonders schauen. Zu gut, und sie sind sich zu gut für die Arbeit; zu zerrissen, und sie haben einen schlechten Charakter.

(Brecht, Herr Puntila)

f) Pflegekosten 626

Trotz Pflegeversicherung sind Sie finanziell nicht aus dem Schneider, wenn es Sie oder einen Angehörigen wirklich einmal so hart trifft. Wollen Sie eine einigermaßen anständige Betreuung, müssen Sie in die eigene Tasche greifen. Die gute Nachricht: Ihre Aufwendungen für die Unterbringung in einem Pflegeheim, Altenpflegeheim oder auf der Pflegestation eines Altenheims können Sie – abzgl. der zumutbaren Belastung – wie die Kosten für einen Krankenhausaufenthalt als allgemeine außergewöhnliche Belastung von der Steuer absetzen. Ihre Pflegekosten werden nicht um eine Haushaltsersparnis gekürzt, wenn Sie Ihren Haushalt trotz Pflegeheimaufenthalt nicht aufgegeben haben (BFH-Urt. v. 22. 8. 1980 – BStBl 1981 II S. 25; R 33.3 Abs. 2 EStR).

Damit Ihnen der Fiskus Ihre Pflegebedürftigkeit abnimmt, benötigen Sie entweder einen Behindertenausweis, in dem das Merkzeichen »H« für hilflos eingetragen ist, einen entsprechenden Bescheid Ihres Versorgungsamts oder einen Bescheid der Pflegeversicherung, dass Sie mindestens in die Pflegestufe I eingestuft sind. Stellen Sie ggf. schleunigst einen Antrag beim Versorgungsamt oder bei der Pflegeversicherung, damit Ihnen nicht wegen des hier wieder einmal bis zum Exzess getriebenen Formalbürokratismus die saftige Steuerersparnis durch die Lappen geht. Ohne amtliches Behinderungsfeststellungspapier können Sie bei Ihrem Finanzamt buchstäblich mit dem Kopf unter dem Arm auftauchen, man wird Ihnen trotzdem die »Hilflosigkeit« nicht anerkennen.

Wichtig: Für den Pflegepauschbetrag ist Pflegestufe III oder »H« erforderlich (siehe auch ➤ Rz 703 ff.).

Mit der amtlich bescheinigten Hilflosigkeit haben Sie nun die Wahl:

- **Pausch- und Freibetrag** Sie können den Behindertenpauschbetrag für »Hilflose« in Höhe von 3700 € beantragen (§ 33b Abs. 3 EStG). Damit sind alle pflegebedingten Kosten abgegolten. Zusätzlich können Sie für die vom Pflegeheim berechneten Kosten für haushaltsnahe Dienstleistungen die Steuerermäßigung nach § 35a Abs. 2 EStG in Anspruch nehmen.
- **Pflegeheimkosten** Wenn Sie in einem Pflegeheim leben, kommen Sie mit dem Pauschbetrag nicht aus. Dann müssen Sie die tatsächlichen Kosten geltend machen. 627

Vorab: Besonders pfennigfuchserisch stellen sich die Fiskalritter an, wenn Sie nach der Heimunterbringung Ihre Wohnung aufgelöst haben. Wegen angeblicher Haushaltsersparnis kürzen sie Ihnen nach R 33.3 Abs. 2 EStR Ihre Kosten zusätzlich zur zumutbaren Belastung um

21,33 €	pro Tag
640,00 €	pro Monat
7680,00 €	im Jahr

Bei einem Gesamtbetrag der Einkünfte von 25 000 € und von Ihnen selbst gezahlten monatlichen Pflegeheimkosten von 2 000 € ergibt sich für Sie folgende Rechnung:

Pflegekosten im Jahr 2 000 € monatlich × 12 =	24 000 €
./. Haushaltsersparnis pauschal	7 680 €
Verbleiben	15 396 €
./. zumutbare Belastung (➤ Rz 592) 6 % von 25 000 € =	1 500 €
Abziehbare außergewöhnliche Belastungen nach § 33 EStG	13 896 €

WICHTIGER HINWEIS

628 Einen genauso dicken Batzen an Steuern können Sie sparen, wenn Sie die Kosten für die Unterbringung von Angehörigen in einem Pflegeheim oder auf einer Pflegestation tragen. Bezahlen Sie z. B. Ihrer Mutter einen Teil der Heimkosten, sind das für Sie allgemeine außergewöhnliche Belastungen (§ 33 EStG). Ganz ohne Kürzungen begnügen sich die Fiskalritter aber auch hier nicht. Den Abzug der zumutbaren Belastung müssen Sie sich gefallen lassen. Siehe dazu die obige Berechnung.

Wenn das Einkommen Ihrer Mutter zur Bestreitung der Pflegekosten nicht langt, sind Sie als ihr Kind schließlich verpflichtet, ihr finanziell beizustehen. Das gilt umso mehr, wenn Sie das Sozialamt für die Pflegekosten eines Angehörigen zur Kasse bittet (Vfg. der OFD Münster v. 4. 4. 1989 – S 2284 – 30 – St 16 – 31).

TRICK

Pauschbeträge bekommen Sie auch für Ihr Kind im Pflegeheim!

629 Ist Ihr erwachsenes Kind wegen seiner Behinderung in einem Heim untergebracht, stehen Ihnen trotzdem die Kinderfreibeträge zu, da Ihr Kind ja wohl kaum in der Lage ist, seinen Unterhalt aus eigenen Einkünften und Bezügen zu bestreiten.

Mit dem Kinderfreibetrag ist zugleich die Tür zu größeren Steuerermäßigungen aufgestoßen: Sie übertragen den Behindertenpauschbetrag Ihres Kindes von 3 700 € auf sich und setzen gleichzeitig den Pflegepauschbetrag mit 924 € ab. Insgesamt können Sie also ohne großen Aufwand – Behindertenausweis oder

Pflegestufenbescheid reichen aus – Jahr für Jahr über 4600 € von der Steuer absetzen. Dass Ihr Kind bis auf die Besuche zu Hause überwiegend im Heim untergebracht ist, hat darauf keinen Einfluss. Wenn Ihnen ein Fiskalritter mit dieser fadenscheinigen und zudem noch völlig unsensiblen Begründung die Pauschbeträge streichen will, klopfen Sie ihm kräftig mit dem BMF-Schreiben vom 14. 4. 2003 (BStBl 2003 I S. 360) auf die Finger.

Natürlich können Sie auch auf den Behindertenpauschbetrag Ihres Kindes verzichten und stattdessen die außergewöhnlichen Belastungen einzeln nachweisen. Das lohnt sich aber nur, wenn Sie neben Ihren Besuchs- und Abholfahrten sowie eventuell damit verbundenen Übernachtungskosten weitere Aufwendungen ins Spiel bringen können, wie z. B. die behindertengerechte Ausstattung Ihrer Wohnung, von Ihnen bezahlte Pflegedienste und eventuell die Kosten für eine Begleitperson im Urlaub, sofern Ihr Kind auf ständige Begleitung angewiesen ist.

SUPER TRICK

Verdienen Sie mit Großmutters Möbeln im Souterrain 2400 €!

Nehmen wir an, Sie als Krösus im Geschwisterkreis sind der Einzige, der es sich 630
leisten kann, die Kosten für Großmutters Pflegeheimunterbringung zu bezahlen. Natürlich lassen Sie sich nicht lumpen, schließlich war sie es, die Ihnen früher die schönen Märchen erzählt hat, immer ein paar leckere Sachen für Sie hatte und Ihnen bei Ihrem Studium von ihrer kleinen Rente so manches zugesteckt hat.

Als zwangsläufige Aufwendungen, denken Sie, gibt es kein Problem mit dem Absetzen als außergewöhnliche Belastung. Im Prinzip haben Sie ja auch recht, aber die Fiskalritter haben sich natürlich einen Dreh ausgedacht, um Ihnen möglichst viel von Ihren Kosten abzuknapsen. Weil Ihre liebe Großmama angeblich ihren Haushalt aufgelöst hat, spare sie im Jahr 7680 € ein, und diese Kosten will man Ihnen von den außergewöhnlichen Belastungen abziehen (R 33.3 Abs. 2 EStR). Aber da haben die Fiskalritter die Rechnung ohne Sie gemacht. Sie haben Ihre Verhältnisse entsprechend gestaltet und können sagen: »Meiner Großmutter steht weiterhin die mit ihren Möbeln eingerichtete $1^1/_2$-Zimmer-Wohnung im Souterrain meines Hauses zur Verfügung. Eine Haushaltsauflösung hat nicht stattgefunden.« Für das Finanzamt ist es Essig mit der Kürzung um die Haushaltsersparnis. Sie setzen also 7680 € mehr als außergewöhnliche Belastung ab und sparen bei einem Steuersatz von 30 % ca. 2638 € (inkl. Kirchensteuer und Solidaritätszuschlag).

SUPER TRICK

Schlagen Sie selbst aus Kürzungen durch das Finanzamt noch Kapital!

631 Mit der Steuer ist es wie beim Pokern: Sieger bleibt, wer ein Ass mehr im Ärmel hat. Mag sich der Fiskalritter ruhig selbstgefällig die Hände reiben, wenn er Ihnen durch Abzug der Haushaltsersparnis einen dicken Batzen der Pflegekosten für Ihre Großmutter gestrichen hat, weil deren Haushalt irgendwann aufgelöst wurde. Ihr Trickgeber Franz Konz verteilt die Karten und hält für Sie noch einen Trumpf bereit. Sie wenden das Blatt, indem Sie sagen: »Halt! Ein Teil der Haushaltsersparnis wird durch die Rente meiner Oma gedeckt, und der Rest, der mir angerechnet wird, stellt typischen Unterhalt dar. Ich beanspruche dafür den Unterhaltsfreibetrag nach § 33a Abs. 1 EStG.« Zähneknirschend muss der Steuerknecht dann so rechnen:

Pflegekosten		12 000 €
Haushaltsersparnis	7 680 €	
Durch Omas kleine Rente gedeckt	– 2 400 €	
Bei Ihnen anzurechnen	5 280 € >	– 5 280 €
als außergewöhnliche Belastung anzurechnende Pflegekosten		6 720 €

Unterhaltsleistungen			5 280 €
Höchstbetrag		7 680 €	
Omas Rente	2 400 €		
./. Werbungskosten	– 102 €		
./. Unkostenpauschale	– 180 €		
Anzurechnende Einkünfte	2 118 €		
./. anrechnungsfreier Betrag	– 624 €		
Anrechnung auf den Unterhalt	1 494 € >	– 1 494 €	
Höchstbetrag		6 186 €	

Neben den Pflegekosten setzen Sie also zusätzlich als Unterhaltsfreibetrag die 5 280 € ab, die Ihnen als Haushaltsersparnis abgezogen wurden. Ihre Ersparnis daraus beträgt je nach Steuersatz zwischen 906 € und 2 720 €.

GUTER RAT

632 **Für die häusliche Pflege durch Angehörige besteht ein Anspruch auf Leistungen aus der Pflegeversicherung. Pflegen Sie z. B. Ihre Eltern, können diese dafür Pflegegeld beantragen.** Man glaubt es kaum, auf welch abwegige Ideen

manche Fiskalritter kommen, um ihre Schröpfgelüste auszuleben. Da gab es tatsächlich ein paar dieser Kameraden, die Ihnen steuerpflichtige Einkünfte anhängen wollten, wenn Ihre Eltern Ihnen für Ihre Mühen und Kosten einen Teil des Pflegegelds zukommen lassen.
Zum Glück war das sogar den Ministerialbürokraten in Bonn des Schlechten zu viel. Mit dem BMF-Schreiben vom 28.4.1995 (BStBl 1995 I S.251) haben sie ihre allzu vorwitzigen Kollegen zurückgepfiffen. Wenn Sie sich darauf berufen können, dass Sie sich zur Übernahme der Pflege sittlich und moralisch verpflichtet fühlen, bleibt das an Sie weitergeleitete Pflegegeld auch dann steuerfrei, wenn Sie nicht Ihre Eltern, sondern z.B. Tante Amalie, Onkel Kuno oder Nichte Claudia pflegen (§3 Nr.36 EStG).

3. Wann ist die Beschaffung von Hausrat und Bekleidung steuerlich abzugsfähig?

Viele Jungverheiratete finden es unbegreiflich, dass die Beschaffung von Hausrat nicht abzugsfähig sein soll. Wie recht haben sie! Leider ist dieses aus dem Herzen kommende Gedankengut nicht gerichtsfest, sondern vom Bundesfinanzhof eiskalt abserviert worden. **633**
Haben Sie aber durch Kriegseinwirkung, Terror im Ausland, Vertreibung, Ungezieferbefall, Brand, Diebstahl oder Einbruch, Unwetter, Wohnsitzaufgabe aus zwangsläufigen Gründen oder wegen Spätaussiedlung aus den Ostblockstaaten Hausrat und Bekleidung ganz oder zum Teil verloren, ist für die Wiederbeschaffung eine erhebliche Steuervergünstigung möglich (Quelle: R 33.2 EStR)! Die Beschaffungen müssen allerdings notwendig sein. Aufwendungen für eine Wiederinstandsetzung sind dabei ebenso zu behandeln wie Aufwendungen für Wiederbeschaffung.
Die Anerkennung als Asylberechtigter allein reicht den Richtern des Bundesfinanzhofs nicht aus, Ihre Verfolgung im Heimatland und die Übersiedlung nach Deutschland als unabwendbares Ereignis anzusehen. Wiederbeschaffungskosten für Hausrat und Kleidung wollen sie deshalb nur dann berücksichtigen, wenn Ihr Verbleiben im Heimatland mit Gefahr für Leib und Leben oder Ihre persönliche Freiheit verbunden gewesen wäre (BFH, Urteil v. 26.4.1991, III R 69/87, BStBl 1991 II S.755).
Auch die Beseitigung kriegsbedingter Schäden an Ihrem Haus im Heimatland wird nicht berücksichtigt (FG München v. 4.12.2003 – 1 K 2561/03)

WICHTIGER HINWEIS

Außergewöhnliche Belastungen liegen immer dann nicht vor, wenn Sie zumutbare Schutzmaßnahmen und allgemein zugängliche und übliche Versicherungsmöglichkeiten nicht genutzt haben (BFH v. 26.6.2003 – BStBl 2004 II S.47; **634**

R 33.2 Nr. 7 EStR). Stellt sich z.B. heraus, dass der Einbrecher, der Ihnen die Wohnung ausgeräumt hat, leichtes Spiel hatte, weil Sie vergessen hatten abzusperren, sieht es mit einem Abzug der Kosten für die Wiederbeschaffung der gestohlenen Gegenstände ganz schlecht aus. Dasselbe Ungemach droht, wenn Sie keine Hausratversicherung abgeschlossen haben. Der Fiskus geht sogar so weit, Ihnen bei Unterversicherung nicht ausreichendes Ausschöpfen einer zumutbaren und üblichen Versicherung zu unterstellen. Bei Schäden am Hausrat durch Brand, Diebstahl oder Wasserschaden, die grundsätzlich durch die Hausratversicherung abgedeckt werden, sind Sie also immer zweiter Sieger. Haben Sie eine Versicherung, zahlt die Hausratversicherung, und Sie sind nicht belastet. Sind Sie dagegen gar nicht oder nicht in ausreichender Höhe versichert, bleiben Sie auch steuerlich auf den Wiederbeschaffungskosten sitzen (BFH-Urt. v. 20. 11. 2003 – III R 2/02).

Werden Ihnen z.B. beim Campingurlaub oder der Urlaubsfahrt mit Ihrem Wohnmobil die Koffer mit Kleidung und der Hausrat gestohlen, können Sie die Wiederbeschaffung nur absetzen, wenn Sie eine Reisegepäckversicherung abgeschlossen hatten und diese nicht die vollen Kosten erstattet. So wurden einem Ehepaar, dem im Italienurlaub das Wohnmobil mitsamt Einrichtung und Kleidung gestohlen worden war, mangels einer solchen Versicherung die Wiederbeschaffungskosten verwehrt (FG Baden-Württemberg v. 7. 11. 2007 – EFG 2008 S. 379).

Sind die Schäden dagegen durch Naturkatastrophen wie Überschwemmung, Orkan etc. entstanden, zahlen die normalen Hausrat- und Gebäudeversicherungen häufig nicht. Ersatz bekommen Sie da in der Regel nur, wenn Sie eine sog. *Elementarschadenversicherung* abgeschlossen hatten. Die wird aber von so wenigen Steuerzahlern genutzt, dass Sie sich beruhigt auf den Standpunkt stellen können, eine Elementarschadenversicherung sei nicht üblich, so dass Ihnen ihr Fehlen nicht zum Nachteil angerechnet werden dürfe. Das sieht auch der Fiskus so. Verweisen Sie Ihr Finanzamt im Zweifel auf das entsprechende BMF-Schreiben zu Hochwasserschäden (v. 6. 9. 2005 – IV C 4 – S 2223 – 175/05).

635 Zum notwendigen Hausrat gehören die Gegenstände, die nach allgemeiner Anschauung zur bescheidenen Einrichtung einer Wohnung und zur Führung eines bescheidenen Haushalts erforderlich sind, z.B.: die Einrichtung für Küche (Wohnküche), Schlafzimmer, Wohnzimmer (bei größerer Familie) sowie Fußbodenbelag und Rundfunkgerät; sämtliche Gegenstände in einfacher Ausführung. Aber: Auch *Polstermöbel, Teppiche* und sogar *Markenporzellan* zählen zum notwendigen Hausrat (Vfg. OFD Koblenz v. 12. 5. 1956 S. 2220 A-St. 222). Und ein Klavier (EFG 1960 S. 418). In welcher Höhe das Finanzamt *Wiederbeschaffung von Hausrat* steuerlich anerkennt, kann der Verfügung der OFD Münster v. 3. 5. 1993 S. 2285-27 – St 12-31 entnommen werden. Danach sind Aufwendungen in Höhe von ca. 10 740 €/17 900 € (Ledige/Verheiratete) zzgl. 2 965 € für jedes Kind angemessen. Mit diesen Sätzen muss aber noch nicht Schluss sein. Zur notwendigen Kleidung gehört, was nach allgemeiner Anschauung als unentbehrlich anzusehen sind.

Der Umstand, dass man früher Gegenstände aller Art besessen hat, begründet nicht deren Notwendigkeit. Andererseits ist es nicht nötig, wieder die *gleichen* Gegenstände zu erwerben.

TIPP

zum Kauf von Hausrat

Sehen Sie zu, dass Sie die **Wiederbeschaffung Ihres Hausrats innerhalb von drei Jahren** erledigen. Lassen Sie sich nämlich länger Zeit, unterstellen Ihnen die Fiskalritter, dass Sie nicht Verlorenes wiederbeschaffen, sondern nur ergänzen, was Sie vorher besessen haben. Bevor Ihnen die Steuerersparnis für ein paar Tausender durch die Lappen geht, zahlen Sie besser die Zinsen für einen kurzfristigen Kredit und kaufen rechtzeitig ein. Wenn Sie für die Wiederbeschaffung ein Darlehen aufnehmen müssen, sind die Zinsen insoweit abzugsfähig, als dadurch die Sätze in der o. a. Verfügung der OFD Münster überschritten werden.

TRICK

Besser spät als nie!

Wenn Sie erst Jahre nach dem Schaden einen Antrag auf Ermäßigung stellen, **636**
geben Sie vorsorglich an, weshalb Sie so lange mit den Anschaffungen gewartet haben (vgl. BFH v. 23. 9. 1960, VI 90/60 S, BStBl III S. 488). Allerdings sollten Sie, wie schon gesagt, mit der Anschaffung höchstens drei Jahre warten (R 33.2 Nr. 8 EStR). Mussten Sie Schäden an Ihrem Haus beseitigen, genügt es, wenn Sie innerhalb der Frist von drei Jahren mit den Reparaturen begonnen haben.

Dreimal umgezogen ist wie einmal abgebrannt.
(Spruch)

TRICK

Klug sein: Vorher die Beweise für eine Steuerermäßigung zusammentragen!

Vier Millionen Bundesdeutsche ziehen jährlich um. Allen entstehen saftige **637**
Umzugskosten, angefangen von den Trinkgeldern für die Möbelpacker bis zu

den neuen Gardinen für die größeren Fenster, aber die wenigsten holen eine entsprechende Steuererstattung heraus. Haben keine beruflichen Gründe den Umzug veranlasst, ist ein Abzug als außergewöhnliche Belastung in aller Regel nicht möglich. Eine Ausnahme gibt es nur, wenn Sie mit einem glasklaren Attest vom Amtsarzt begründen können, dass der Umzug krankheitsbedingt notwendig ist (BFH v. 14. 12. 1965, BStBl 1966 II S. 113 und FG Düsseldorf v. 26. 11. 1999, DStRE 2000, S. 243).

Mit entsprechendem Nachweis können z. B. Umzugskosten für den krankheitsbedingten Umzug in ein Altenheim außergewöhnliche Belastungen sein (Hessisches FG v. 23. 5. 2005 – 13 K 1676/04; FG München v. 27. 6. 2006 – 2 K 859/03). Aber auch bei einem krankheitsbedingten Umzug liegen außergewöhnliche Belastungen nur insoweit vor, als Sie keine Gegenwerte erhalten haben (FG Nürnberg v. 9. 1. 1985 – EFG 1985 S. 349). Also können Sie z. B. neu angeschaffte Möbel oder Vorhänge nicht absetzen. Neben den Transportkosten stehen Ihnen aber die allgemeinen Umzugspauschalen zu (➤ Rz 403) (FG Rheinland-Pfalz v. 10. 11. 2003 – 5 K 1429/02). Wenn Sie zusätzlich eine Mietabfindung für Ihre alte Wohnung berappen mussten, können Sie diese sogar mit oberstem Richtersegen als außergewöhnliche Belastung absetzen (BFH – BStBl 1966 III S. 113).

Besonders kleinkariert ist ein steuerzahlerfeindliches Urteil, das besagt, dass die Kosten für einen aus gesundheitlichen Gründen vorgenommenen Umzug nicht als außergewöhnliche Belastung abziehbar seien, insbesondere dann nicht, wenn Sie Gegenwerte erhalten haben.

Das FG Münster (Urt. v. 31. 3. 1971 – II 1239/69 E – EFG S. 436) sagt aber: Machen außergewöhnliche Umstände (im Urteilsfall Streitigkeiten mit dem Vermieter und dadurch bedingte Krankheit der Ehefrau) einen Wohnungswechsel dringend erforderlich, können Umzugskosten eine außergewöhnliche Belastung darstellen. Nicht anerkannt wurden dagegen Umzugskosten, weil sich der Steuerzahler wegen Schimmelbefall in einzelnen Räumen eine neue Wohnung zulegte, um eine Erkrankung gar nicht erst aufkommen zu lassen (BFH v. 8. 10. 2008 – VI B 66/08).

Lässt man sich wegen schlechten Betriebsklimas in einer Firma oder Schule an einen anderen Ort versetzen und bekommt vom Amtsarzt bescheinigt, dass man andernfalls arbeitsunfähig würde, sind Umzugskosten wegen außergewöhnlicher Belastung abzugsfähig (FG Rheinland-Pfalz v. 12. 4. 1972 – EFG 1972 S. 425).

Nichts zu machen ist (d. h., es ist nicht zwangsläufig für Sie), wenn Ihnen Ihr Vermieter wegen Eigenbedarf kündigte oder weil das Gebäude in Kürze abgebrochen werden muss; das sei nicht ungewöhnlich, meinte in unerschütterlicher Gesinnung der BFH in seinen Urteilen vom 28. 2. 1975 (BStBl 1975 II S. 482) und vom 23. 6. 1978 (BStBl 1978 II S. 526).

TRICK

Privater Umzug als haushaltsnahe Dienstleistung

Will das Finanzamt Ihnen die Kosten für Ihren krankheitsbedingten Umzug nicht als außergewöhnlcihe Belastung anerkennen, kassieren Sie dafür zumindest eine Steuerermäßigung von 20 % der (Lohn-)Kosten bis zu 20000 €, also 4000 € unter der Überschrift haushaltsnahe Dienstleistungen (§ 35 a Abs. 2 EStG). Voraussetzung ist hier aber, dass Sie über die Umzugskosten eine ordentliche Rechnung mit Ausweis der Lohnkosten vorweisen können und die Umzugskosten unbar per Überweisung, Verrechnungsscheck, Kreditkarte oder E-Cash bezahlt haben.

Wenn Männer Kinder bekämen, wäre die Abtreibung längst ein Sakrament der Kirche.
(Lore Lorentz)

4. Ein freudiges Ereignis? Jedenfalls für die Steuervergünstigung!

Tausende von Kindern kommen täglich in der Bundesrepublik zur Welt, doch **638**
die Anträge, die Entbindungsaufwand geltend machen, kann man an fünf Fingern abzählen. Oft genug meinen die Leute, dass es ihre Sache sei, die Kosten für Hebamme, Arzt, Krankenhaus und Medikamente, die nicht von der Krankenkasse erstattet werden, zu tragen. Von wegen! Diese Kosten sind – wie Krankheitskosten – als außergewöhnliche Belastung anzusetzen (BFH – BStBl 1964 III S. 302).

Bei der Geburt von Drillingen hat der Fiskus ein Einsehen und lässt die vollen **639**
Kosten für eine Haushaltshilfe – abzgl. der zumutbaren Belastung – zum Abzug zu (FG Baden-Württemberg v. 12. 11. 1990 rk – EFG 1991 S. 326).

5. Wann bekomme ich eine Steuervergünstigung wegen Kurkosten?

Viele verwenden heute ihren Urlaub für eine kleine Kur zur Aufmöbelung ihrer **640**
Gesundheit. Und die meisten haben es auch verdammt nötig! Nur – der eine macht um seine gesundheitliche Verfassung etwas mehr, der andere etwas weniger Getue! Warum soll aber nur der einen Vorteil haben, der es versteht, den Ärzten viel vorzustöhnen, und der andere, dem dies lächerlich erscheint oder der sich mehr in der Gewalt hat, durch die Röhre sehen? Das Finanzamt streicht in den meisten Fällen die Kurkosten nur deshalb, weil nicht verstanden wurde,

diese *richtig* geltend zu machen. Grundsätzlich glaubt das Finanzamt schon einmal Ihrem Arzt nicht, wenn er Ihnen bestätigt, dass eine Kur für Sie dringend nötig ist – sofern Sie nicht gerade von den Toten auferstanden sind, eine schwere Operation oder Krankheit hinter Ihnen liegt oder Sie (als Mutter) einen Haufen Kinder großgezogen haben.

Ohne amtliche Feststellung Ihrer Kurbedürftigkeit beißen Sie bei den Fiskalrittern auf Granit. Sie benötigen daher

- eine Bescheinigung über Ihre Kurbedürftigkeit, die Ihnen der Amtsarzt vor Antritt der Kur ausgestellt hat. Nachträglich ausgestellte Atteste reichen in der Regel nicht (BFH v. 2.4.1998 – BStBl 1998 II S.613). Ein amtsärztliches Gutachten brauchen Sie ausnahmsweise nicht, wenn Ihre **Krankenkasse** Ihnen einen Zuschuss zu den Unterkunfts- und Verpflegungskosten gezahlt hat oder sich aus der Prüfung im Zusammenhang mit der Gewährung von Beihilfen im öffentlichen Dienst Ihre **Kurbedürftigkeit** ergibt (BFH – BStBl 1995 II S.614);
- eine Bescheinigung Ihrer Versicherungsanstalt (Deutsche Rentenversicherung, Knappschaft), dass Sie eine Kur bitter nötig haben oder dass Zuschüsse oder Beihilfen gewährt werden.

Aber Vorsicht, dennoch wird hier immer wieder der Rotstift angesetzt. So wurden einem Thüringer Steuerzahler die Kurkosten mit der Begründung gestrichen, aus den Unterlagen der Krankenkasse sei nicht ersichtlich, dass diese die Kurbedürftigkeit tatsächlich geprüft habe. Da ein vor der Kur ausgestelltes Attest vom Amtsarzt fehlte, war es mit der Steuerersparnis Essig (FG Thüringen v. 1.11.1999, EFG 2000 S.211).

TIPP

zum Kurantrag

Auf keinen Fall sollten Sie versäumen, während der Kur dem Kurarzt den einen oder anderen Besuch abzustatten – selbst wenn Sie sich überhaupt nicht krank fühlen. Dann können Sie dem Finanzamt mit dem dezenten Hinweis: »Während der gesamten Kur stand ich unter ärztlicher Aufsicht!«, seine Rotstiftgelüste austreiben.

Wenn auch die Aufwendungen für einen Kurarzt, für Bäder und Medikamente als außergewöhnliche Belastung gelten, so sind die anderen Kurkosten nicht außergewöhnlich, wenn die Kur an die Stelle einer sonst üblichen Ferienreise tritt (Badekur). Sie sehen, es ist gar nicht so leicht, eine Steuerermäßigung zu bekommen, wenn Sie den Urlaub mit einer Kur verbinden. Das Finanzamt nimmt keine Rücksicht darauf, dass Sie als Arbeitnehmer nicht so einfach über

Ihre Zeit verfügen und nicht wie jeder gutsituierte Selbständige zur Kur fahren können, wenn Sie das möchten.

Es kann in unserer Welt nicht nur Erfolgreiche geben.
Wir brauchen auch Menschen, die arbeiten.
(W. Mitsch)

TIPP
zur Vermeidung des Abzugs der zumutbaren Belastung

Versuchen Sie, es hinzukriegen, dass der Arzt auf die Kurbestätigung ausdrück- 641
lich schreibt: »Die Kur ist notwendig zur Abwehr einer drohenden Berufskrankheit, nämlich …« (möglichst in lateinischer Sprache, weil das auf den Fiskalritter mehr Eindruck macht).
In diesem Fall setzen Sie Ihre Kurkosten ohne den leidigen Abzug der zumutbaren Belastung als Werbungskosten ab (BFH-Urt. v. 17. 7. 1992 – BFH/NV 1993 S. 19). Im anderen Fall denken Sie immer an die Feststellung Ihres schlechten Gesundheitszustands, damit Ihnen mindestens der Abzug als außergewöhnliche Belastung bleibt.

Wenn Sie nach Aussage und entsprechender Bescheinigung des Amtsarztes 642
kurbedürftig sind, fahren Sie los. Wohin, ist Ihre Sache. Ob Sie sich nach Bad Neuenahr begeben, um mehr am Spieltisch zu sitzen, als im Kurgarten wandelnd Ihr Heilwasser zu trinken, oder nach Bad Wörishofen und sich nur mal eben pro forma beim Kurarzt für eine Kneippkur vorstellen, um sich Diät, Güsse und Wassertreten verordnen zu lassen, stört komischerweise keinen Richter.

Den Kurkosten können Sie auch die Kosten für eine Begleitperson zuschlagen. 643
Beim Abzug von Kosten für eine Begleitperson kommen Sie natürlich genausowenig ohne den leidigen Bürokratismus aus. Wenn Sie bei der Anerkennung Ihrer Begleitungskosten keine böse Überraschung erleben und Ärger mit dem Finanzamt vermeiden wollen, müssen Sie vor der Kur zum Amtsarzt. Nur mit hochoffiziellen amtsärztlichen Notwendigkeitsbescheinigungen sollen Ihre Kosten anerkannt werden. So jedenfalls die Meinung der Richter des BFH in ihrem Urteil vom 17. 12. 1997 (BStBl 1998 II S. 298).
Haben Sie es verbummelt, sich die amtsärztliche Absolution erteilen zu lassen? Nun, eine kleine Chance, die Kosten der Begleitperson dennoch durchzubekommen, haben Sie, wenn die Begleitung offenkundig notwendig ist. Dies ist etwa bei einer hilflosen Person (Merkmal H), aber auch bei einem Kind der Fall (vgl. FG Münster, Urt. v. 24. 5. 1996, 13 K 4024/94 E, EFG 1996 S. 926 für ein neunjähriges Kind).

GUTER RAT

Wenn Sie für Ihr Kind einen Kurantrag stellen, stellen Sie gleich für sich einen mit. Dadurch haben Sie einen doppelten Vorteil: Sie tun etwas für Ihre Gesundheit und entgehen dem Theater mit dem Amtsarzt, der eine Begleitperson für Ihr Kind befürworten muss und dies womöglich ablehnt.

Die Fiskalbürokraten haben hier mit höchstrichterlicher Rückendeckung einen neuen Fallstrick eingebaut. Sie verlangen, dass Ihr Kind während der Kur in einem Kinderheim untergebracht ist. Diesem Schwachsinn können Sie begegnen, wenn der Amtsarzt bestätigt, dass der Kurerfolg auch ohne Heimaufenthalt gewährleistet ist (BFH-Urt. v. 12. 6. 1991 – BStBl 1991 II S. 763; BFH-Urt. v. 2. 4. 1998 – BStBl 1998 II S. 613). Überzeugen Sie ihn, dass es für Ihr Kind viel besser ist, während der Kur von einem Elternteil betreut und umsorgt zu werden, als in einem Kinderverwahrheim mit völlig überlastetem Pflegepersonal zu sein. Wird die Kur in einem typischen Erholungsort oder nicht unter ständiger ärztlicher Aufsicht durchgeführt, soll sie nicht anerkannt werden. Als Nachweis für die Anerkennung sind Rechnungen des Kurarztes vorzulegen (BFH v. 14. 2. 1980 – BStBl II S. 295).

644 Reichen Sie dem Finanzamt eine Aufstellung der Kurkosten und das Attest des Arztes in folgender Form ein:

Außergewöhnliche Belastung durch Kuraufwand

Fahrtkosten für Hin- und Rückfahrt			148 €

Hier erkennt man Ihnen regelmäßig nur die Kosten der öffentlichen Verkehrsmittel an, es sei denn, Sie weisen nach, dass Sie Ihren Pkw zwangsläufig benutzen mussten (BFH v. 30. 6. 1967 – BStBl III S. 655). Wenn Sie alt oder hilfsbedürftig sind, vergessen Sie nicht, die Kosten Ihrer Begleitperson mit aufzuführen.

Verpflegungskosten am Kurort, 20 Tage à 24 €			480 €
Übernachtungskosten für 20 Tage			488 €
Kosten des Kurarztes	720 €		
./. Erstattung der Krankenkasse	– 70 €		
	650 €	>	650 €
Aufwendungen für Bäder, Massagen, Packungen usw. lt. ärztlicher Verordnung			635 €
Sonstige Kosten während der Kur (Taxis usw.)			30 €
			2 431 €

Sie müssen wissen: Nachkur und Vorsorgekur sind ebenfalls abzugsfähig (Erl. Fin Min Nordrhein-Westfalen v. 25. 5. 1972, S. 2371-8-V B 3).

Damit das Finanzamt Ihnen die Kosten für eine Nachkur in einem typischen Erholungsort anerkennt, müssen Sie sich nach dem Willen des Bundesfinanzhofs auch dann in ein Krankenhaus oder Sanatorium unter ständige ärztliche Aufsicht begeben, wenn Ihnen die Nachkur ärztlich verordnet wurde (BFH v. 4. 10. 1968 – BStBl 1969 II S. 179; H 188 EStH). Ohne amtsärztliches Attest sieht es schlecht aus; es sei denn, Sie machen eine Reha-Nachkur.

GUTER RAT

Bei reinen Klima- oder Badekuren werden besonders hohe Ansprüche gestellt. 645
Da entschied der allmächtige BFH, die Kur nur dann anzuerkennen, wenn sie amtsärztlich befürwortet ist und unter ärztlicher Kontrolle stattfindet. Denkbare Ausnahmen von dieser Regel gelten bei schweren Leiden wie Neurodermitis oder Psoriasis (Schuppenflechte). Hier können Sie sich wenigstens während der Kur den Gang zu den Halbgöttern in Weiß sparen (H 186-189 EStH »Kur«; BFH v. 12. 6. 1991 – BStBl 1991 II S. 763).
Für den Nachweis verlangt die Finanzverwaltung, dass der Amtsarzt auch den aus medizinischen Gründen gebotenen Kurort ausdrücklich nennt. Wird die Klimakur während des Jahresurlaubs durchgeführt, ist außerdem erforderlich, dass der Erholungszweck gegenüber der medizinischen Zielsetzung, also der Behandlung der Krankheit, »deutlich in den Hintergrund tritt«. Für einen steuerschädlichen Aufenthalt spricht, wenn die kurbedürftige Person nicht in einem Sanatorium, sondern in einem Hotel oder Privatquartier untergebracht ist, von Familienangehörigen begleitet wird, den Pkw zur Anreise benutzt, sich selbst verköstigt oder die Reise vom Reisebüro allgemein für Erholungszwecke veranstaltet wird. Hier müssen Sie also mit Hilfe des Amtsarztes vorbeugen und Zeitpunkt, Ort und Aufenthaltsstätte genau im Attest festlegen und ggf. die Notwendigkeit der Familienbegleitung darlegen lassen. Denn wie wollen Sie ohne Ihre Lieben genesen!
Wenn Sie merken, dass Sie die Kurkosten nicht auf das Finanzamt abwälzen können …

TRICK

Machen Sie Urlaub auf Kosten der Krankenkasse!

Herz- und Kreislaufkrankheiten nehmen heutzutage ständig zu. Auch Erschöp- 646
fungszustände körperlicher und seelischer Art treten immer häufiger auf. Grund genug, über Ihren Hausarzt eine Vorsorgekur zu beantragen. Wenn

Ihnen jetzt eine Kur verschrieben würde, könnten spätere ernstere Gesundheitsstörungen möglicherweise verhindert werden… Oder vielleicht waren Sie gerade im Krankenhaus. Der dortige behandelnde Arzt kann ebenfalls einen entsprechenden Antrag zur »Genesungsverschickung« einreichen.

TRICK

Versuchen Sie doch einmal eine Campingkur!

Ja, Sie lesen richtig. Wenn Sie es geschickt anstellen, können Sie auf Staatskosten mit Ihrem Reisemobil oder Campingwagen in Kur fahren und sich statt in einem sterilen Sanatorium auf dem benachbarten Campingplatz einmieten. Das Zauberwort in diesem Fall ist »ambulante Kur«. Bei einer ambulanten Kur werden Sie nicht in ein Sanatorium oder Krankenhaus eingeliefert, sondern erhalten nur die entsprechenden Anwendungen. Die Kosten für Unterkunft und Verpflegung im Wohnwagen und, da Sie ihn ja schließlich zum Kurort bringen mussten, die Fahrtkosten sind als außergewöhnliche Belastung abzugsfähig, wenn wegen Ihrer Krankheit ein Erholungscharakter Ihres Campingaufenthalts ausgeschlossen ist (FG Baden-Württemberg, EFG 1997 S. 882).

GUTER RAT

Wenn Sie unbedingt nach Mallorca wollen, versuchen Sie dort ein Sanatorium zu finden, das Ihnen bestätigt, dass Sie da kuren. Aber vor dem Kurantritt zum Amtsarzt und zur Krankenkasse, Beamte zur Beihilfestelle! Denn wenn sich weder Krankenkasse noch Arbeitgeber an den Kosten beteiligen, besteht der Charakter einer Erholungsreise, so sagte der BFH in seinem Urteil vom 10. 3. 1972 (BStBl II S. 534) zu einem, der wegen seines Heuschnupfens auf Mallorca war. Nur im Ausnahmefall eines schweren Lungenleidens wurde bisher eine Behandlung unter südlicher Sonne anerkannt, und zwar mit Urteil vom 29. 7. 1960 (IV 249/58 – HFR 1962 S. 76).
Sie müssen also die richtige Krankheit haben, um von diesem Rat zu profitieren. Wie wäre es denn, wenn Sie sich bei Ihrer Krankenkasse oder in einem großen Medizinerwerk (etwa dem Pschyrembel) erkundigen, welche Art von Leiden Sie sich zulegen müssen, damit man Ihnen einen Aufenthalt in einem Sanatorium z. B. in Spanien finanziert. Und siehe da, stellen Sie die Symptome nicht schon seit längerer Zeit bei sich fest? Jetzt muss Sie nur noch Ihr Arzt mit den passenden Befunden ausstatten, die Ihnen helfen, den Sachbearbeiter und den Vertrauensarzt der Krankenkasse entsprechend zu überzeugen, wie sehr und wie dringend Sie doch Mallorca nötig haben…

Aber Vorsicht:
Die Notwendigkeit der Kur kann sich auch aus einer Bescheinigung der Versicherungsanstalt ergeben. Wenn der Medizinische Dienst einer gesetzlichen Krankenkasse eine solche Notwendigkeit bescheinigt, dürfen Sie Ihre Kur nicht einfach in Griechenland statt wie bewilligt in Deutschland machen – sonst geht der ganze steuerliche Abzug zum Teufel (FG Baden-Württemberg, Urt. v. 5.9.1996, 6 K 54/95, EFG 1997 S.172 rkr).

6. So bringen Sie Prozess- und Anwaltskosten bei der Steuer unter

Mit der Anerkennung von Gerichts- und Anwaltskosten für Zivilprozesse als **647**
außergewöhnliche Belastung tun sich die Finanzämter schwer. Hat ihnen der Bundesfinanzhof doch in ihr steuerliches Gebetbuch – Einkommensteuerhandbuch genannt – geschrieben, solche Kosten entstünden mit Ausnahme von Scheidungsprozessen regelmäßig nicht zwangsläufig, egal ob Sie nun als Kläger oder als Beklagter vor den Kadi ziehen (BFH-Urt. v. 18.7.1986 – BStBl 1986 II S.745; H 186 EStH).
Trotzdem müssen Sie diese Kosten nicht immer in den Kamin schreiben. Streiten Sie sich z.B. um Arztkosten, den Grad Ihrer Behinderung oder Schmerzensgeld, sollten Sie Ihre Gerichts- und Anwaltskosten unter Berufung auf FG Baden-Württ. v. 9.9.1982 (EFG 1983 S.290) als erweiterte Krankheitskosten geltend machen. Auch die Kosten einer Klage, mit der Sie versuchen, Ihre Unterhaltsverpflichtung gerichtlich herabsetzen zu lassen, können Sie mit Billigung des FG Köln (EFG 1989 S.233) bei den außergewöhnlichen Belastungen unterbringen. Desgleichen, wenn Sie wegen der Rückgabe Ihres Eigentums im Clinch mit den Gerichten liegen (FG Nürnberg v. 24.10.1967 – EFG 1968 S.65) oder wenn es Ihnen gelingt, den Fiskalritter davon zu überzeugen, dass es in dem Prozess um eine für Ihre Existenz besonders wichtige Frage ging (BFH – BStBl 1996 II S.596).

TRICK

Wie Prozesskosten trotzdem abzugsfähig sein können

Denken Sie mal nach! Wenn Sie selbst die Kosten nicht abziehen können, kann's vielleicht ein anderer! Passen Sie Ihre Verhältnisse den Steuern an!
Sie bitten Ihre noch lohnsteuerpflichtigen Eltern oder Ihre Kinder, die Kosten eines Sie betreffenden Strafverfahrens zu tragen. Und überlassen es ihnen, Ihnen später etwas von der Steuerrückerstattung zukommen zu lassen, die sie dafür erhalten. Denn: Übernehmen Eltern die Kosten eines Wahlverteidigers für ihren eines Kapitalverbrechens angeklagten Sohn, können sie diese Aufwendungen

nach dem Urteil des BFH vom 23.5.1990 (BStBl 1990 II S.895) als außergewöhnliche Belastung geltend machen, soweit sich die Honorare innerhalb der Gebührenordnung für Anwälte bewegen. Es handle sich dabei nämlich um Aufwendungen, die den Eltern aufgrund sittlicher Verpflichtung erwachsen seien, besonders dann, wenn das Kind als Heranwachsender noch nicht innerlich gefestigt ist (BFH v. 30.10.2003 – III R 23/02). Das gilt auch, wenn das Kind nicht freigesprochen wird. Aufwendungen für den Besuch des Kindes in der Haftanstalt sind nach demselben Urteil allerdings allein von den Eltern zu tragen. Nicht abzugsfähig sollen dagegen Kosten für einen Strafprozess sein, die Sie für Ihren angeklagten Bruder oder Ihre Schwester übernehmen. Angeblich fehlt es da an der sittlichen Verpflichtung zur Kostenübernahme (FG Berlin v. 26.8.2004, EFG 2005 S.44). Die Richter in Berlin scheinen alle Einzelkinder zu sein.
Was Sie selbst betrifft, so können Sie bei Ihrer Steuer absetzen:

- Kosten für einen Strafprozess (bei Freispruch, auch bei teilweisem. Siehe BStBl 1961 III S.18 und BStBl 1964 III S.337),
- Kosten für einen Schadenersatzprozess (wegen eines Unfalls, den Sie nicht vorsätzlich oder grob fahrlässig verursacht haben), vgl. BStBl 1982 II S.749,
- Kosten für einen Scheidungsprozess und das anschließende Sorgerechtsverfahren,
- Kosten eines Vaterschaftsfeststellungsprozesses (BFH v. 18.3.2004 – III R 24/03).

Kosten bei Einstellung eines Strafverfahrens, z.B. wegen geringer Schuld, fehlendem öffentlichem Interesse an der Strafverfolgung oder weil eine Auflage an eine gemeinnützige Institution gezahlt wurde, sind nicht als außergewöhnliche Belastung abzugsfähig (BFH v. 19.12.1995 – BStBl 1996 II S.197).
Bei einem erfolgreichen Prozessausgang gehen die Anwalts- und Gerichtskosten zu Lasten der Staatskasse. Insoweit sind Sie nicht finanziell belastet. Haben Sie allerdings mit Ihrem Anwalt eine höhere Honorarvereinbarung getroffen, bleiben Sie steuerlich auf dem selbst getragenen Teil sitzen, weil dieser nach Ansicht der obersten Steuerrichter nicht zwangsläufig anfällt und damit eine der wichtigen Voraussetzungen für den Abzug außergewöhnlicher Belastungen nicht erfüllt (BFH v. 18.10.2007 – BStBl 2008 II S.223).
Wiederum abzugsfähig sind die Anwalts- und Gerichtskosten eines Beamten, die ihm in einem Dienstverfahren entstehen. Erstaunlich, oder auch wieder nicht, dieses Urteil des Bundesfinanzhofs (BStBl 1961 III S.482).

GUTER RAT

Sind Sie Opfer einer Straftat geworden und haben dadurch einen Vermögensschaden erlitten, kann das zu einer außergewöhnlichen Belastung nach § 33 EStG führen. Voraussetzung ist allerdings, dass es zum einen keine Möglichkeit gab, sich den Kosten zu entziehen, und Sie zum anderen keine zumutbare Versicherungsmöglichkeit z. B. durch eine Hausratversicherung hatten. Machen Sie also Vermögensschäden, die Ihnen durch Erpressung, Kidnapping oder dergleichen entstanden sind, als außergewöhnliche Belastung geltend. Auf finanziellen Beistand des Fiskus werden Sie aber verzichten müssen, wenn Sie Erpressungsgelder gezahlt haben, damit Ihre bessere Hälfte nicht erfährt, dass Sie fremdgegangen sind (BFH-Urt. v. 18. 3. 2004 – III R 31/02).

7. Steuervergünstigung beim Tod eines Angehörigen

Fast alle Kosten, die beim Todesfall eines Angehörigen entstehen und den Wert 648
des Nachlasses übersteigen, sind außergewöhnliche Belastungen – außer z. B. für die Trauerkleidung. Denn für deren Kosten hätten Sie ja einen Gegenwert erhalten und könnten sie, so der BFH, auch anderweitig nutzen, z. B. bei einer festlichen Gelegenheit. Sie vermögen die Gegenwerttheorie nur dann mit Erfolg zu entkräften, wenn Sie bereits ein hohes Alter erreicht haben (HFR 1963 S. 208). Neben dem reinen Nachlass des Verstorbenen werden Lebensversicherungen, die anlässlich des Todes des Angehörigen an Sie ausgezahlt werden, auf die Beerdigungskosten angerechnet. Unabhängig davon, ob es sich um eine spezielle Sterbegeld- oder eine ganz normale Lebensversicherung handelt, zieht der Fiskus die Versicherungszahlung von den Bestattungskosten ab (BFH v. 22. 2. 1996 – BStBl 1996 II S. 413), und Sie können nur den Rest als außergewöhnliche Aufwendungen absetzen.

TIPP

Sterbegeld vorrangig bei der Trauerfeier verrechnen!

Die Sterbegeld- und auch die Lebensversicherung soll alle Beerdigungskosten abdecken, also auch solche, die nicht als außergewöhnliche Belastung anerkannt werden, wie z. B. die Trauerkleidung oder das Traueressen. Sie werden deshalb die Versicherungserstattungen vorrangig für diese Kosten verwenden und nur einen evtl. vorhandenen Rest für die als außergewöhnliche Belastung anzuerkennenden übrigen Beerdigungskosten.

Als außergewöhnliche Belastung bekommen Sie ohne Probleme die Bestat- 649
tungskosten im engeren Sinn durch. Dazu gehören

- Sarg,
- Blumen, Kränze,
- Traueranzeigen, Trauerkarten, Porto,
- Grabstätte, Grabstein,
- Gebühren, Beerdigungskosten,

- Reisekosten, z.B. zu Beerdigungsunternehmer, Druckerei, Zeitung, Post, Friedhofsamt, Kirche etc.,
- Zinsen für einen Kredit zur Finanzierung der Beerdigungskosten (FG München v. 28. 6. 2006 – 10 K 4343/04).

Wenn Ihnen Ihr Finanzamt mit angeblich unangemessen hohen Kosten kommt und den Rotstift ansetzen will, kontern Sie mit der Verfügung der OFD Berlin vom 27. 11. 2003 (S 2284 – 1/90; NWB Eil Nr. 301/2004). Danach sind vor Abzug von Versicherungsleistungen zumindest ca. 7 500 € angemessen. Nicht absetzen können Sie die Kosten für Grabpflege (BFH v. 23. 11. 1967 – BStBl 1968 II S. 259), Grabmalerneuerung, Umbettung und die Bewirtung der Trauergäste (BFH v. 17. 9. 1987 – BStBl 1988 II S. 130). Nicht als außergewöhnliche Belastung anerkannt hat der BFH die Kosten einer Reise zur Beerdigung eines nahen Angehörigen (BFH-Urt. v. 17. 6. 1994 – BStBl 1994 II S. 754). Mit dieser absurden Entscheidung sollten Sie sich nicht abfinden. Wenn schon die Reise zur Beisetzung Ihrer Eltern, Ihres Bruders oder Ihres Großvaters nicht zwangsläufig ist, dann frage ich mich ernsthaft, was überhaupt noch zwangsläufig sein soll. Deshalb stellen Sie in jedem Fall einen Antrag auf Abzug.

650 Überführungskosten, um einen vor Jahen verstorbenen nahen Angehörigen in der Nähe Ihres Wohnorts bestatten zu lassen, entstehen aufgrund sittlicher Verpflichtung zwangsläufig und können daher als außergewöhnliche Belastungen abgezogen werden. Das gilt vor allem, wenn mit dem Tod des Angehörigen die persönlichen Verbindungen zu dessen Wohnort beendet wurden und dort auch keine weiteren Verwandten des Verstorbenen leben (FG Düsselsorf v. 13. 5. 1998 – 9 K 3046/96 E).

Wer den Tod fürchtet, hat das Leben verloren.
(Seume)

GUTER RAT

651 Es dauert oft lange, unter Umständen bis ins neue Jahr, bis der bestellte Grabstein endlich geliefert wird. Das Finanzamt setzt die Kosten aber nicht im Jahr der Bestellung, sondern im Jahr der Bezahlung an. Um einen zweimaligen Abzug der zumutbaren Belastung zu vermeiden, sollten Sie also darauf achten, dass alle Zahlungen für eine Beerdigung in ein und demselben Jahr geleistet werden! Zahlen Sie dem Steinmetz notfalls einen Abschlag auf die Rechnung. Und Quittung nicht vergessen.

Als Erben müssen Sie sich die Beerdigungskosten teilen. Das bedeutet aber auch: mehrfacher Abzug der zumutbaren Belastung. Wenn Sie nun alle Rechnungen auf einen Namen schreiben lassen, ist das zwar ganz pfiffig, bringt Ihnen aber nur dann einen Vorteil, wenn Ihr Finanzamt das Urteil des FG Hessen vom 13. 12. 2005

(3 K 3562/03) nicht kennt: Wer Beerdigungskosten über seine Erbquote hinaus übernimmt, kann keine außergewöhnliche Belastung geltend machen.

GUTER RAT

Wenn kein nennenswerter Nachlass vorhanden war, entgehen Sie dieser Falle, indem alle anderen Erben formell die Erbschaft ausschlagen. Prompt müssen Sie als Alleinerbe 100 % der Kosten tragen.

8. Wann und wie sind Scheidungskosten abzugsfähig?

Bei einer Ehescheidung sind sämtliche dabei entstandenen Gerichts- und Beratungskosten – abzgl. der zumutbaren Belastung (➤ Rz 592) – als außergewöhnliche Belastung absetzbar. Das gilt ebenso für die Kosten eines Gutachtens und die Anwalts- und Gerichtskosten für einen Prozess, den Sie gegen Ihren Exgatten führen, um Ihre Unterhaltsverpflichtung zu verringern, weil Sie nach Ihrer Pensionierung nur noch über ein viel geringeres Einkommen verfügen (FG Köln v. 23. 1. 1989 – EFG 1989 S. 233). 652

TIPP

zu Detektivkosten

Kosten für einen Detektiv können Sie nur dann als außergewöhnliche Belastung absetzen, wenn Sie von Ihrem Ehegatten getrennt leben, dieser mit einem neuen Partner auf Ihre Kosten in Saus und Braus lebt und Sie befürchten müssen, dass er das beim Unterhaltsprozess bestreiten wird, um Sie finanziell über den Tisch zu ziehen (BFH-Urt. v. 21. 2. 1992 – BStBl 1992 II S. 795).

Kosten, um eine Scheidung zu verhindern, z. B. mit Hilfe einer Eheberatung oder sog. Familienmediationen, sind keine außergewöhnlichen Belastungen (BFH-Urteile v. 30. 6. 2005, BStBl 2006 II S. 491 und BStBl 2006 II S. 492). 653

SUPER TRICK

Trotz höherer Unterhaltskosten mehr im Portemonnaie behalten!

Wenn Sie nach der Scheidung kräftig für den Unterhalt Ihres Expartners zur Kasse gebeten werden, haben Sie zwei Möglichkeiten. Sie können Ihre Unter- 654 haltszahlungen entweder als außergewöhnliche Belastung absetzen. Dazu sind Sie nicht auf die Mitwirkung Ihres Ex angewiesen, allerdings fällt alles, was Sie über den jährlichen Höchstbetrag von 8 004 € hinaus an Unterhalt zahlen, gnadenlos unter den Tisch. Oder Sie ziehen sie bis zu 13 805 € im Jahr als Sonderausgaben ab. Dabei muss aber Ihr Expartner mitspielen: Er muss die Unterhaltszahlungen als sonstige Einkünfte versteuern (Realsplitting) und seine Unterschrift auf Ihre Anlage »U« setzen. Will Ihr Exgatte von dieser Lösung nichts wissen, lohnt sich meist ein Kuhhandel: Im Gegenzug zu seiner Unterschrift übernehmen Sie die Steuern, die er auf die Unterhaltszahlungen zu leisten hätte. Trotz Zähneknirschens machen Sie damit in aller Regel ein gutes Geschäft. Gut zu wissen: Wenn Ihr geschiedener Gatte keine eigenen steuerpflichtigen Einkünfte hat, dann muss er, weil ihm keine Nachteile daraus erwachsen, seine Zustimmung zur Versteuerung Ihrer Unterhaltszahlungen erteilen. Und hat er eigene Einkünfte, kann er auch nichts gegen eine Versteuerung einwenden, wenn Sie sich bereit erklären, ihm alle evtl. entstehenden Steuern zu erstatten (OLG Bamberg, Az: 2 UF 248/81).

Beispiel
Sie zahlen bei einem Einkommen von 35 000 € an Ihr früheres Ehegespons, das sonst keine Einkünfte hat, 12 500 € Unterhalt.

Ohne Unterschrift des Exgatten zahlen Sie

Einkommen	35 000 €		
./. Unterhaltshöchstbetrag	– 8 004 €		
Zu versteuerndes Einkommen	26 996 €		
Steuer nach der Grundtabelle			4 698 €

Ihre Belastung mit Realsplitting sieht dagegen so aus:

Einkommen	35 000 €		
./. Unterhalt	– 12 500 €		
Zu versteuerndes Einkommen	22 500 €		
Steuer nach der Grundtabelle		3 389 €	

Steuerübernahme für den Ex-Ehegatten:

Sonstige Einkünfte	12 500 €		
./. Werbungskostenpauschbetrag	– 102 €		
./. Sonderausgaben (Versicher.) ca.	– 500 €		
Zu versteuerndes Einkommen	11 898 €		
Steuer nach der Grundtabelle		683 €	
Insgesamt		4 072 €	> – 4 072 €
Die Ersparnis für Sie somit			626 €

TIPP

für (frisch) Geschiedene

- Wenn Sie an Ihren geschiedenen Partner Unterhalt für Kinder zahlen und er das Kindergeld erhält, dann haben Sie Anspruch darauf, dass dies bei Ihren Unterhaltszahlungen berücksichtigt wird.
- Zu den abzugsfähigen Kosten einer Ehescheidung gehören auch die der 655 Scheidungsfolgeregelungen wie elterliche Sorge für gemeinschaftliche Kinder oder Unterhaltspflicht. Leider nicht die Umzugskosten (Vfg. der OFD Frankfurt v. 23. 10. 1997 – S 2284 A – 24 – St II 21).
- Abzugsfähig sind ebenso die Kosten, um sich vor Gericht das Recht zu erstreiten, Ihre Kinder zu sehen (BFH v. 4. 12. 2001 – BStBl 2002 II S. 382).
- Nicht abziehen können Sie Kosten für die Aufteilung des Vermögens (BFH v. 30. 6. 2005 – BStBl 2006 II S. 491) und die Auseinandersetzung einer Gütergemeinschaft (BFH v. 30. 6. 2005 – BStBl 2006 II S. 492).

TIPP

für Beamte

Beamte oder andere potenzielle Pensionsempfänger, die an ihren geschiedenen Ehepartner eine Abfindung zahlen, damit dieser auf die spätere Beteiligung an der Pension (Versorgungsausgleich) verzichtet, sind nicht auf außergewöhnliche Belastungen angewiesen. Die Abfindung ist in voller Höhe als Werbungskosten abzugsfähig (BFH v. 8. 3. 2006 – BStBl 2006 II S. 446). Damit entfällt vor allem die vorherige Kürzung um die zumutbare Belastung.

TRICK

Antrag vergessen? Kein Problem!

Beim bundesdeutschen Steuerrecht wird vermutlich selbst die einzige allwis- 656
sende Macht zwischen Himmel und Erde die Segel streichen müssen. Wer kann es Ihnen da verübeln, wenn Sie gerade erst beim Lesen der letzten Zeilen darauf gekommen sind, dass Sie die Kosten Ihrer Scheidung vor zwei Jahren als außergewöhnliche Belastung hätten absetzen können? Da Sie von dieser Mög-

lichkeit nicht wissen mussten und die amtlichen Hinweise dazu recht dürftig sind, können Sie eine nachträgliche Änderung Ihres Steuerbescheids wegen »neuer Tatsachen« beantragen (FG Baden-Württemberg v. 19. 5. 2004 – NW Eil Nr. 86/2005).

9. Abc-Übersicht zu außergewöhnlichen Belastungen

657 **Abfindungen**

- Abzugsfähig sind Zahlungen an den Vormieter bei krankheitsbedingtem Wohnungswechsel (BFH, BStBl 1966 III S. 113).
- Nicht abzugsfähig für Unterhaltsverpflichtungen (BFH v. 19. 06. 2008 – III R 57/05).

Abflussprinzip

- Abzugsfähig sind die Aufwendungen im Jahr der Zahlung, auch wenn sie über einen Kredit finanziert werden, dessen Tilgung erst in einem späteren Jahr erfolgt (BFH v. 10. 6. 1988 – BStBl 1988 II S. 814). Siehe auch Schuldentilgung.

Abmagerungskur

- Nicht abzugsfähig (BFH v. 17. 7. 1981 – HFR 1981 S. 518).

Abwehrkosten

- Abzugsfähig gegen Strafverfolgung oder ehrenrührige Angriffe (BFH v. 9. 11. 1957 – BStBl 1958 III S. 105).
- Abzugsfähig gegen anonyme Bedrohung (einer Ärztin: Hess. FG v. 22. 5. 1989 – EFG 1989 S. 576).

Adoptionskosten

- In der Regel nicht abzugsfähig (BFH v. 13. 3. 1987, BStBl II 1987 S. 495); abzugsfähig können ausnahmsweise Fahrtkosten (Flugkosten) für Familienzusammenführung sein (EFG 1977 S. 129).

Alkoholsucht

- Abzugsfähig sind Heilungs- und Therapiekosten wegen Alkohol- oder Drogenmissbrauchs (BFH, BStBl 1967 III S. 459). Auch der Besuch der Anonymen Alkoholiker, wenn er durch ein vor Therapiebeginn ausgestelltes amtsärztliches Zeugnis verordnet wurde (BFH, BStBl 1987 II S. 427).

Altenheim

- Abzugsfähig, soweit die Unterbringung durch Krankheit bedingt ist (Pflegeheim). Bei lediglich altersbedingter Unterbringung sind die Kosten als typische Unterhaltsaufwendungen nur nach § 33 a Abs. 1 abzugsfähig, wenn sie von nahen Angehörigen getragen werden (BFH v. 12. 1. 1973 – BStBl 1973 II S. 442).

Arzneimittel

- Abzugsfähig sind Kosten für Medikamente, Stärkungsmittel etc., wenn sie krankheitsbedingt und ärztlich verordnet sind (BFH, BStBl 1990 II S. 958). Entsprechendes gilt für Verordnungen durch Heilpraktiker.

Asbestsanierung

- Abzugsfähig, wenn ein Gutachten die Asbestbelastung bescheinigt (Erlass Bremer Senat für Finanzen v. 24. 2. 2000 – Der Betrieb 2000 S. 799, BFH v. 9. 8. 2001 – BStBl 2002 II S. 240).

Augenoperationen

- Laserbehandlung ist als anerkannte Heilmethode abzugsfähig (OFD Hannover v. 22. 9. 2006 – DStR 2006 S. 1984).

Ausbildungskosten

- Abzugsfähig als erweiterte Krankheitskosten bei Umschulung aus Krankheitsgründen (BFH, BStBl 1967 III S. 596).

Bandscheibenmatratze

- Abzugsfähig mit Attest vom Amts- oder Vertrauensarzt (FG Rheinland-Pfalz v. 25. 5. 2004 – 1 K 2625/03); dasselbe gilt für Lattoflex-Rahmen.

Beerdigungskosten

- Dem Grunde nach abzugsfähig sind, soweit sie den **Nachlass** und etwaige Versicherungsleistungen übersteigen:
  - Trauerdrucksachen,
  - Blumenschmuck,
  - Sarg,
  - Erwerb der Grabstätte,
  - Überführung.
- Nicht abzugsfähig:
  - Bewirtung der Trauergäste (BFH v. 17. 9. 1987 – BStBl 1988 II S. 130),
  - Grabpflegekosten (BFH v. 23. 11. 1967 – BStBl III S. 259),
  - Graberneuerung (FG Nürnberg v. 18. 7. 1979 – EFG 1979 S. 600 rk),
  - Trauerkleidung (BFH v. 12. 8. 1966 – BStBl 1967 III S. 364),

- Reisekosten (BFH v. 17. 6. 1994 – BStBl 1994 II S. 754); auch in die USA – Überführung einer Urne (BFH v. 11. 5. 1979 – BStBl 1979 II S. 558).

Begleitperson

- Abzugsfähig bei Kuraufenthalt, siehe Kurkosten.
- Ebenfalls abzugsfähig im Urlaub, wenn eine ständige Begleitung nachgewiesenermaßen erforderlich ist. Die Höhe der Aufwendungen orientiert sich an dem Betrag, den ein Bundesbürger durchschnittlich im Jahr für Urlaubsreisen ausgibt (BFH v. 4. 7. 2002 – BStBl 2002 II S. 765). Im Streitjahr 1994 hielt das Gericht einen jährlichen Betrag von 767,00 € für angemessen und berücksichtigungsfähig.

Behinderte

- Abzugsfähig sind Privatfahrten, wenn Sie »außergewöhnlich gehbehindert« sind (mit »aG« im Ausweis: 15 000 km mit je 0,30 €; mit mindestens 70 % Behinderung plus Merkzeichen »G« oder 80 % Behinderung: 3 000 km mit je 0,30 €). Gehbehinderten Ehegatten (beide gehbehindert) stehen die Ermäßigungen doppelt zu, nach Abzug der zumutbaren Belastung. Mehr unter ➤ Rz 610. Zu Fahrtkosten Behinderter vgl. ➤ Rz 690 ff.

Brille

- Siehe Krankheitskosten (Hilfsmittel).

Delphintherapie

- Abziehbar mit amtsärztlichem Attest bei Autisten (FG Düsseldorf v. 8. 11. 2005 – 1 K 4334/03 E).

Detektivkosten

- Abzugsfähig lt. BFH vom 21. 2. 1992 (BStBl 1992 II S. 795).

Diätverpflegung

- Nicht abzugsfähig lt. Gesetz (§ 33 Abs. 2 Satz 3 EStG), auch wenn ärztlich verordnet.

Ehescheidung

- Abzugsfähig sind:
  - Detektivkosten, wenn konkrete Beweise notwendig sind, seinen Standpunkt durchzusetzen (BFH v. 21. 2. 1992 – BStBl 1992 II S. 795),
  - Prozesskosten für Anwalt, Gericht, Fahrten,
  - Prozesskosten für das Umgangsrecht mit seinen Kindern (BFH v. 4. 12. 2001, BStBl 2002 II S. 382).

- Nicht abzugsfähig sind:
  - Mediationskosten (FM Niedersachsen v. 15. 9. 2000 – S 2284 – 264 – 35),
  - Umzug,
  - Unterhalt, ggf. aber als Sonderausgaben oder nach § 33a EStG,
  - Vermögensauseinandersetzung (BFH v. 30. 6. 2005 – BStBl 2006 II S. 491).

Erpressungsgelder
- wegen außerehelicher Beziehung sind mangels Zwangsläufigkeit nicht abzugsfähig (BFH v. 18. 3. 2004 – III R 31/02).

Fachbücher mit medizinischem Inhalt
- Nicht abzugsfähig (BStBl 1996 II S. 88).

Fahrtkosten
- siehe Behinderte.

Fahrstuhl
- siehe Umbauten.

Fettabsaugung
- siehe Krankheitskosten.

Formaldehydsanierung
- siehe Asbestsanierung.

Frischzellenbehandlung
- siehe Krankheitskosten.

Führerscheinkosten
- Abzugsfähig
  - bei schwerbehindertem Kind (BFH v. 26. 3. 1993 – BStBl 1994 II S. 749),
  - für Schwerbehinderte mit Merkzeichen »aG«.

Geburtskosten
- Abzugsfähig wie Krankheitskosten.
- Nicht abzugsfähig:
  - Erstlingsausstattung (BFH v. 28. 2. 1964 – BStBl 1964 III S. 302), auch nicht für Zwillinge (BFH v. 19. 12. 1969 – BStBl 1970 II S. 242),
  - Umstandskleidung.

Geldstrafe

- Abzugsfähig, wenn sie z. B. im Ausland unrechtmäßig verhängt wurde (FG Bremen, EFG 1980 S. 183).

Haartransplantationsaufwand

- Abzugsfähig unter besonderen Voraussetzungen.

Haushaltshilfe

- Abzugsfähig nach Geburt von Drillingen (EFG 1991 S. 326).

Hausrat und Kleidung

- Abzugsfähig als Wiederbeschaffung nach Verlust durch Feuer, Vertreibung, Flucht (FG Niedersachsen v. 22. 10. 1985 – EFG 1986 S. 239). Mehr dazu unter ➤ Rz 633.

Hebeapparat

- siehe Umbauten.

Heimdialyse

- siehe Krankheitskosten.

Holzschutzmittelsanierung

- Abzugsfähig wie Asbestsanierung, siehe dort.

Hörgerät

- siehe Krankheitskosten (Hilfsmittel).

Kautionszahlungen für Inhaftierte

- Abzugsfähig nur in besonderen Fällen (FG Düsseldorf v. 27. 9. 1977 – III 119/77 und EFG 1965 S. 15).

Kontaktpflege

- Nicht abzugsfähig sind die Kosten zur Pflege des Eltern-Kind-Verhältnisses (BFH – BStBl 1997 II S. 54).

Kosmetische Operation

- siehe Krankheitskosten.

Kraftfahrzeugkosten

- siehe Behinderte.

Krankheitskosten

- Abzugsfähig sind
  - medizinisches **Bestrahlungsgerät** (FG Rheinland-Pfalz v. 2. 9. 1988 – EFG 1989 S. 60 rk),
  - **Fettabsaugung** unter besonderen Voraussetzungen (FG Rheinland-Pfalz v. 28. 2. 1996 – 1 K 2779/95),
  - **Frischzellenbehandlung** nach amtsärztlichem Attest (BFH v. 17. 7. 1981 – BStBl 1981 II S. 711),
  - **Haartransplantation** unter besonderen Voraussetzungen (FG Baden-Württemberg v. 12. 9. 1978 – EFG 1979 S. 125 rk),
  - **Heimdialyse** anstelle des Behindertenpauschbetrags nach § 33b EStG (OFD Frankfurt/M. v. 17. 9. 1996 – A – 16 – St II 20),
  - **Hilfsmittel** (Brille, Rollstuhl, Hörgerät etc.) (BFH v. 1. 12. 1978 – BStBl 1979 II S. 78); Spezialbett nach Vorlage eines qualifizierten Attests (FG Baden-Württemberg v. 5. 9. 1996 – EFG 1997 S. 172 rk),
  - **kosmetische Operationen** nach amtsärztlicher Anordnung,
  - Eigenanteile an **Krankenhauskosten**. Krankentagegelder einer Versicherungsgesellschaft sind nicht auf die Krankenhauskosten anzurechnen, wohl aber Krankenhaustagegelder (BFH v. 22. 10. 1972 – BStBl 1972 II S. 177). Von der Anrechnung einer Haushaltsersparnis muss abgesehen werden (BFH v. 22. 6. 1979 – BStBl 1979 II S. 646),
  - **Medikamente** (Arzneimittel) nach ärztlicher Verordnung, auch nicht rezeptpflichtige Medikamente; bei Behandlung einer längeren Erkrankung mit denselben Medikamenten reicht einmalige ärztliche Verordnung,
  - **Pflegeheim**. Dem Aufenthalt in einem Pflegeheim steht die Unterbringung in einem Krankenhaus gleich, wenn der Aufenthalt krankheitsbedingt ist (BFH v. 22. 8. 1980 – BStBl 1981 II S. 23). Zu Pflegekosten mehr unter ➤ Rz 632,
  - **Psychotherapie**, wenn ärztlich verordnet (FG Köln v. 16. 3. 1994 – EFG 1995 S. 121 rk; FG Berlin v. 1. 3. 1995 – EFG 1995 S. 717 rk),
  - **Suchtkrankheiten** (FG Niedersachsen v. 7. 6. 1995 – EFG 1997 S. 1026 betr. Spielsucht nrk; Alkoholismus FG Düsseldorf v. 28. 10. 1977 – EFG 1978 S. 125 betr. Sanatoriumskosten, Medikamente).
- Nicht abzugsfähig sind
  - **Gasthausessen** während des Krankenhausaufenthalts der Ehefrau (FG Düsseldorf v. 9. 7. 1976 – EFG 1977 S. 17, rk),
  - Anschaffung von Gegenständen bei **Hausstauballergie** (BFH v. 29. 11. 1991 – BStBl 1992 II S. 290),
  - **Schönheitsoperation** (Brustvergrößerung) (FG Köln v. 20. 9. 1996 EFG 1997 S. 16 rk). Anders bei amtsärztlich bescheinigter Notwendigkeit (FG Hamburg v. 27. 4. 2005 – II 76/03),

– **Sterilisation** oder Rückgängigmachung derselben, FG Köln v. 1. 12. 1994 – EFG 1995 S. 718 rk.

Künstliche Befruchtung

- Abzugsfähig bei In-vitro-Fertilisation (BFH – BFH/NV – BFH/R 1997 S. 346)
- Abzugsfähig auch bei lediger Frau in stabiler Partnerschaft (BFH v. 21. 2. 2008 – III R 30/07)
- Nicht abzugsfähig bei Unfruchtbarkeit des Ehemannes (BFH v. 18. 5. 1999 – BStBl 1999 II S. 761) oder vorhergehender Sterilisation (BFH v. 3. 3. 2005 – III R 68/03).

Kulturgüter

- Abzugsfähig sind Aufwendungen zu deren Unterhaltung (FinMin Hessen, Erlass v. 31. 10. 1972, StEK EStG § 33 Nr. 45).

Kur-Camping

- siehe Kurkosten.

Kurkosten

- Abzugsfähig bei Kurbedürftigkeit nach amtsärztlichem Attest oder Bescheinigung der Versicherungsanstalt (BFH v. 30. 6. 1995 – BStBl 1995 II S. 614) – ggf. genügt das Zeugnis eines frei praktizierenden Arztes (bei Schwerbehinderten oder Genesenden) – sind Behandlungs-, Unterbringungs- und Fahrtkosten sowie Verpflegungsaufwendungen nach Abzug einer Haushaltsersparnis von 20 %,
- **Kur-Camping** – Unterbringung und Verpflegung im eigenen Wohnwagen – ist abzugsfähig (FG Baden-Württemberg v. 9. 4. 1997 – EFG 1997 S. 883, rk),
- **Begleitperson** ist abzugsfähig, wenn amtsärztlich oder entsprechend bescheinigt (BFH v. 17. 12. 1997 – BStBl 1998 II S. 298); bei hilflosen Personen kann auf die Bescheinigung verzichtet werden (BFH v. 13. 3. 1964 – BStBl 1964 III S. 331),
- **Besuchsfahrten** bei Heilkur des Ehegatten sind nicht abzugsfähig (BFH v. 16. 5. 1975 – BStBl 1975 II S. 536), wohl aber bei medizinisch veranlassten Besuchsfahrten lt. Bescheinigung des behandelnden Krankenhausarztes (BFH v. 2. 3. 1984 – BStBl 1984 II S. 484 mit Einschränkungen; FG Baden-Württemberg v. 28. 4. 1977 – EFG 1977 S. 427 rk; FG Nürnberg v. 11. 8. 1978 – EFG 1979 S. 126, rk).

Lärmschutz

- Nicht abzugsfähig sind Aufwendungen, da Gegenwert lärmfreies Wohnen (BFH, BStBl 1976 II S. 194).

- Anders bei Gesundheitsgefährdung wegen Überschreiten von Lärmgrenzwerten (FG Nürnberg v. 26. 1. 2006 – VI 237/2005).

Legasthenie (Lese-Rechtschreib-Schwäche)

- Abzugsfähig sind Mehrkosten für den Besuch einer Privatschule für ein hinreichend begabtes legasthenisches Kind; allerdings nur mit amtsärztlichem Attest (BFH v. 7. 6. 2000 – BStBl 2001 II S. 94 und BFH v. 3. 3. 2005 – BFH/NV 2005 S. 1286).

Logopädische Behandlung

- Abzugsfähig, wenn zuvor amtsärztliches Attest eingeholt wird (BFH v. 30. 6. 1998 – BFH/NV 1998 S. 1480).

Lösegeldzahlungen

- Abzugsfähig nach Lage des Falles (EFG 1962 S. 259).

Mietabfindungskosten

- Abzugsfähig, wenn wegen Krankheit eines – gelähmten – Kindes notwendig.

Nachhilfeunterricht

- Nicht abzugsfähig.

Pflegeheim

- siehe Krankheitskosten.

Psychotherapie

- siehe Krankheitskosten.

Reisebegleitung

- siehe Begleitperson.

Rollstuhl

- siehe Krankheitskosten (Hilfsmittel).

Rollstuhlrampe

- siehe Umbauten.

Rückzahlung von Unterstützungsleistungen

- Abzugsfähig nach »Der Betrieb« 1961, S. 220.

Schadenersatz

- Abzugsfähig, wenn nicht vorsätzlich oder leichtfertig gehandelt wurde (BStBl 1982 II S. 749). Bei Hundehaltung nur, wenn sie zwangsläufig ist: einzeln stehendes Haus, Landwirtschaft, Blindenhund.

Schuldentilgung/-übernahme

- Abzugsfähig, soweit die Schuldenaufnahme durch Aufwendungen veranlasst war, die ihrerseits eine außergewöhnliche Belastung darstellen, wie z. B. Krankheitskosten, und für die eine Steuerermäßigung noch nicht gewährt werden konnte (BFH v. 9. 5. 1996 – BStBl 1996 II S. 596 und BFH v. 29. 7. 1997 – BStBl 1997 II S. 772). Siehe dazu aber **Abflussprinzip.** Die Schuldentilgung muss allerdings zwangsläufig erfolgen, etwa zur **Abwendung des Konkurses** des Vaters (FG Münster v. 20. 4. 1978 – EFG 1978 S. 592 rk).
- Nicht abzugsfähig sind, da nicht zwangsläufig:
  - Schuldübernahme für **Bekannte** (BFH v. 30. 9. 1954 – BStBl 1954 III S. 357),
  - Begleichung von **Nachlassschulden** und Finanzierung von Spekulationsgeschäften (BFH v. 27. 3. 1958 – BStBl 1958 III S. 290),
  - Tilgung eines **Studiendarlehens** (BFH v. 6. 3. 1964 – BStBl 1964 III S. 330),
  - Tilgung einer durch **Betrug** entstandenen Schuld (FG Rheinland-Pfalz v. 18. 6. 1985 – EFG 1985 S. 552 rk),
  - Tilgung wegen **Bürgschaft (Kreditsicherung)** für Angehörige (FG Nürnberg v. 20. 7. 1992 – EFG 1992 S. 731 rk).

Schuldzinsen

- Abzugsfähig, wenn mit dem Darlehen außergewöhnliche Belastungen bestritten werden (BFH v. 6. 4. 1990 – BStBl 1990 II S. 998).

Schulfahrten

- Abzugsfähig, wenn behindertes Kind zur Schule gebracht wird.

Schulgeld

- Für Kinder im Ausland nicht abzugsfähig (FG München v. 22. 3. 2005 – 12 K 826/04).

Schwangerschaftsabbruch

- Abzugsfähig sind selbstgetragene Kosten, wenn medizinische oder soziale Indikation gegeben war.

Schwimmbad

- siehe Umbauten.

Sterilisation

- siehe Krankheitskosten.

Studiengebühren

- für den Besuch einer Hochschule sind nicht als außergewöhnliche Belastung abziehbar (BFH v. 17. 12. 2009 – BStBl 2010 II S. 341).

Treppenschräglift

- siehe Umbauten.

Trinkgelder

- Nicht abzugsfähig sind Trinkgelder an Kur- und Krankenhauspersonal (BFH v. 30. 10. 2003 – BStBl 2004 I S. 527).

Umbauten in Gebäuden

- Abzugsfähig sind
  - **Hebeapparat** (FG Hamburg v. 1. 6. 1976 – EFG 1976 S. 557, rk) und
  - **Treppenschräglift** (FG Berlin v. 1. 11. 1994 – EFG 1995 S. 264, rk).
  - **Behinderungsbedingter Umbau von Badezimmer und Schlafzimmer** (BFH v. 22. 10. 2009 – BStBl 2010 II S. 280)
- Nicht abzugsfähig, da Herstellungskosten des Gebäudes bzw. Gegenwert:
  - **Schwimmbad** – Abschreibung und Betriebskosten – (FG Niedersachsen v. 22. 12. 1975 – EFG 1976 S. 184, rk),
  - **Whirlpool** (FG Hamburg v. 1. 2. 1994 – EFG 1994 S. 793, rk).

Umzugskosten

- Abzugsfähig, wenn der Umzug krankheitsbedingt war (FG München – EFG 1991 S. 26). Dies kann auch gegeben sein, wenn ein Familienmitglied behindert ist. Umzug in eine Erdgeschosswohnung (BFH v. 14. 12. 1965 – BStBl 1966 III S. 113). Ein Umzug in eine größere Wohnung kann auch bei Familienzusammenführung zwangsläufig sein.

Wasserschaden

- Abzugsfähig sind nicht erstattete Kosten (BFH v. 6. 5. 1994 – BStBl 1995 II S. 104).

Whirlpool

- siehe Umbauten.

Wohngruppe

- Abzugsfähig sind die Unterbringungskosten für einen verhaltensgestörten Jugendlichen, wenn ein amtsärztliches Attest vorliegt (BFH v. 21.4.2005 – BFH/NV 2005 S.1427).

B. Außergewöhnliche Belastungen in besonderen Fällen

1. Was man wissen muss, wenn man jemanden unterstützt

658 Begünstigt ist die Unterstützung Angehöriger, soweit es sich um unterhaltsberechtigte handelt. Darunter fallen insbesondere Eltern, Großeltern und geschiedene Ehegatten. Auch die Unterstützung eigener Kinder ist begünstigt, wenn niemand für sie Kindergeld oder einen Kinderfreibetrag erhält. Diese Voraussetzung erfüllen Kinder über 25 Jahre und Kinder über 18, wenn sie nicht mehr in der Berufsausbildung sind. Da Sie auch für Ihre Kinder im Ausland Anspruch auf einen Kinderfreibetrag haben (Auslandskinderfreibetrag), gelten für sie dieselben Einschränkungen. Auch für Unterhaltskosten an den geschiedenen oder getrennt lebenden Ehepartner steht außergewöhnliche Belastung zu. Abziehbar sind alle typischen Unterhaltskosten, insbesondere für Ernährung, Kleidung und Wohnung. Der Unterhalt kann also darin bestehen, dem Unterhaltsbedürftigen eine Wohnung oder Sachwerte wie z.B. einen Wintermantel zu überlassen (BFH-Urt. v. 17.12.1990 – II B 209/90 – BFH/NV 1991 S.306).

Der Unterhaltshöchstbetrag liegt seit 2010 bei jährlich 8 004 € und gilt unabhängig vom Alter für alle unterstützten Personen. Wer allerdings weniger zahlt, kann nur ansetzen, was er leistet. Unterstützen Sie den anderen außer mit Bargeld noch mit Sachwerten, so vergessen Sie nicht, das anzugeben.

TIPP

für unterstützte Personen im eigenen Haushalt

Lebt die unterstützte Person in Ihrem Haushalt, können Sie ohne besonderen Nachweis den gesetzlichen Höchstbetrag von 8 004 € ansetzen (R 33a.1 Abs.1 S.5 EStR).

Hat die unterstützte Person Einkünfte oder Bezüge, vermindert sich der Unterhaltshöchstbetrag um ebendie Einkünfte und Bezüge, die den anrechnungsfreien Betrag von 624 € übersteigen. BAföG (nur Zuschüsse, nicht Darlehen) und andere öffentliche Ausbildungshilfen werden dabei in voller Höhe, also ohne anrechnungsfreien Betrag, abgezogen.

Zu den Einkünften gehört z. B. der steuerpflichtige Teil der Rente oder Arbeitslohn. Natürlich müssen davon vor Anrechnung die Werbungskosten, ggf. Pauschbeträge, abgezogen werden, außerdem die von der unterstützten Person gezahlten Pflichtbeiträge zur Sozialversicherung (BMF-Schreiben v. 18. 11. 2005 – BStBl 2005 I S. 1027). Bei der Berechnung der Bezüge – das sind nicht steuerpflichtige Einnahmen – wird ein Unkostenpauschbetrag von 180 € abgezogen.
Nach der Einkommensteuerrichtlinie 33a.1 Abs. 2 muss der Zahlungsempfänger zunächst seine Arbeitskraft und sein eigenes Vermögen, sofern es nicht geringfügig ist, einsetzen und verwerten. Als »geringfügig« wird dabei ein gemeiner Wert (Verkehrswert) von 15 500 € (bei Ehepaaren 31 000 €) angesehen (BFH v. 14. 8. 1997 – BStBl II 1998 S. 241). 25 600 € sind in jedem Fall zu hoch, so in ihrem unendlichen Ratschluss ebenfalls die Münchner Obersteuerrichter (BFH v. 19. 5. 1999 – BFH/NV 2000 S. 22).
Trotz einer restriktiven Entscheidung des BFH vom 12. 12. 2002 (III R 41/01), nach der Unterstützungsleistungen von Kindern an ihre Mutter nicht abzugsfähig sein sollten, weil diese ein kleines selbst bewohntes Häuschen ihr Eigen nannte, **hatte der Fiskus ein Einsehen. Ein Einfamilienhaus oder eine Eigentumswohnung, die der Unterstützte selbst bewohnt, bleibt als Vermögen außer Betracht (R 33a.1 Abs. 2 EStR). Dasselbe gilt für Vermögenswerte mit besonderem Erinnerungswert oder wenn der Verkauf offensichlich eine Verschleuderung bedeuten würde.**
Auch bei behinderten Kindern muss nicht sämtliches Vermögen zunächst für den Unterhalt eingesetzt werden, wenn es für die spätere Altersversorgung des Kindes gedacht ist. Unterhaltsaufwendungen von Eltern an ihr behindertes Kind ließ der BFH zum Abzug zu (BFH Urt. v. 11. 2. 2010 – VI R 61/08). Das Mehrfamilienhaus des Kindes muss diesem unangestastet verbleiben, weil ja ungewiss sei, ob das Kind stets durch seine Eltern unterhalten werden kann. Das Mehrfamilienhaus sei gerade als Altersversorgung für die Zeit gedacht, wenn die Eltern keinen Unterhalt mehr leisten können.

Mit dem Abzug von Unterstützungsleistungen schauen Sie allerdings wohl **659**
immer dann in die Röhre, wenn der unterstützte Angehörige zuvor sein Vermögen auf Sie oder andere Angehörige übertragen hat. In so einem Fall verneint der BFH die Zwangsläufigkeit Ihrer Unterhaltszahlungen (BFH-Urt. v. 1. 12. 2009 – VI B 146/08).

Was hat es mit der »Opfergrenze« bei Unterhaltsleistungen auf sich? **660**

Grundsätzlich sind Sie zivilrechtlich nur insoweit zu Unterhaltsleistungen verpflichtet, als Ihnen noch genügend Mittel zur Bestreitung des eigenen Lebensbedarfs und des Ihrer Familie verbleiben. Sie müssen Ihren Verwandten also nur bis zu Ihrer persönlichen Opfergrenze unterstützen. Von dieser Beschränkung ausgenommen waren immer schon Zahlungen an den Ehepartner. Neuerdings gilt die Opfergrenze auch nicht mehr für den in einer Haushaltsgemein-

schaft mit Ihnen lebenden mittellosen Lebenspartner (BFH v. 29. 5. 2008 – III R 23/07). Aber: Nur bis zu dieser fiktiven Grenze werden Ihre Unterhaltsleistungen steuerlich überhaupt berücksichtigt.
Die Opfergrenze beträgt 1 % je volle 500 € des Nettoeinkommens, insgesamt jedoch höchstens 50 %. Dieser Prozentsatz ist um je fünf Prozentpunkte für den Ehegatten und jedes Kind zu kürzen, höchstens um 25 Prozentpunkte. Zur Ermittlung des Nettoeinkommens sind neben steuerpflichtigen Einkünften steuerfreie Einnahmen (z. B. Kindergeld, Arbeitslosen- und Kurzarbeitergeld), welche die Leistungsfähigkeit erhöhen, zu berücksichtigen. Abzuziehen sind Werbungskosten und andere Ausgaben, die die Leistungsfähigkeit vermindern. Nur in einigen Monaten erzieltes Einkommen ist zum Vorteil des Unterhaltszahlers in ein fiktives Jahreseinkommen hochzurechnen (BFH v. 25. 9. 1996 – BFH/NV 1997 S. 221).

Beispiel
Sohn S unterstützt seine mittellose Mutter M monatlich mit 490 €. S ist verheiratet und hat zwei Kinder. M hat eigene Einkünfte und Bezüge in Höhe von 2000 € pro Jahr. Nach Abzug des anrechnungsfreien Betrags von 624 € verbleiben 1376 €, um die der Unterhaltshöchstbetrag von 8004 € gekürzt wird. Abzugsfähig wären für S mithin 6628 €. Das Finanzamt prüft aber, ob der Sohn finanziell in der Lage ist, die Mutter zu unterstützen.

Bruttolohn zzgl. Steuererstattung und Kindergeld	30696 €
./. Steuerabzüge	– 3810 €
./. Beiträge zur Sozialversicherung	– 5400 €
./. Werbungskosten wegen doppelter Haushaltsführung	– 4200 €
Nettoeinkommen	17286 €

Opfergrenze = 1 % je volle 500 € des Nettoeinkommens = 34 % abzgl. 15 Prozentpunkte (je fünf für Ehefrau und Kinder). Die Opfergrenze beträgt somit 19 % von 17286 €. Statt 6628 € lässt das Finanzamt nur 3284 € zum Abzug zu.

SUPER TRICK

Hebeln Sie bei der Unterstützung Angehöriger die Sätze des Finanzamts aus!

661 Wenn Sie sich mit dem zufriedengeben, was Ihnen das Finanzamt ansetzt, wird selten viel herauskommen. Nun ist es doch so: Wer jemanden unterstützt, tut dies sicher nicht, um dessen Faulheit zu stärken. Meistens ist der Unterstützte krank und nicht mehr erwerbsfähig. Vielleicht, weil er ein chronisches Leiden hat. Und chronische Leiden bedingen einen besonderen Aufwand, wenn man sie in einigermaßen erträglichen Grenzen halten will. Wer aber will behaupten,

dass der Unterhaltshöchstbetrag von 8004 €, den das Finanzamt für *Unterhalt* anrechnet, auch für besondere *zusätzliche* Kosten angemessen sei? Genieren Sie sich nicht, *neben* dem Unterhalt andere Kosten anzugeben (BFH v. 11.7.1990 – BStBl 1991 II S.62, BFH in HFR 1963 S.395 und FG Düsseldorf – EFG 1978 S.544). In Betracht kommen

- für die unterstütze Person getragene Krankheitskosten,
- Operations- oder Krankenhauskosten bei Nichtversicherten.

Ab 2010 können Sie den Unterhaltshöchstbetrag von 8004 € generell um die zugunsten der unterhaltenen Person übernommenen Beiträge zur Basiskranken- und Pflegepflichtversicherung aufstocken.
Übrigens, Sie unterstützen nur, weil der Bedürftige von seinem bisschen Rente nicht leben kann. Raten Sie ihm doch mal, einen Antrag auf Mietbeihilfe oder Wohngeld zu stellen.

Zur Bestätigung der Unterstützungsleistungen fügen Sie dem Antrag eine Bescheinigung der unterstützten Person bei: 662

Bescheinigung

Ich werde von .... seit ...... mit monatlich
€ .... und Sachwerten von ca. .... monatlich unterstützt.
Ich habe eigene Einkünfte von monatlich € .... und kein wesentliches Vermögen.

....
(Unterschrift)

Werden zwei bedürftige Personen unterstützt, so ist der abziehbare Betrag für jede unterstützte Person getrennt zu berechnen. Eine Ausnahme gilt nur bei Ehegatten, die in Haushaltsgemeinschaft leben. Bei ihnen verdoppeln sich alle Beträge.
Der einheitliche Unterhaltshöchstbetrag gilt unabhängig davon, ob der Unterhaltsempfänger minderjährig oder volljährig ist. Dadurch ergibt sich von neuem das Problem, wie Unterhaltszahlungen z.B. an Ihren Exgatten und an Ihr Kind aufzuteilen sind. Der Fiskus macht sich die Sache recht einfach. Er teilt streng nach Köpfen auf, wenn die Unterhaltenen in einem gemeinsamen Haushalt leben.
Das passiert auch, wenn nicht begünstigte Personen in dem Haushalt leben. Hier nun aufgemerkt, wer A sagt, muss auch B sagen. Lebt z.B. Ihre alte Mutter mit zwei Ihrer Geschwister im selben Haushalt, dann gilt der Aufteilungsgrundsatz auch für die eigenen Einkünfte Ihrer Mutter. Davon wird nämlich nun nur $^1/_3$ als schädlich angerechnet, der Rest entfällt auf die nicht geförderten Haushaltsmitglieder (BFH v. 19.6.2002 – BStBl II 2002 S.753).

TIPP zu Altenheim, Gefängnis, ausländischem Ehepartner

663 Die Kosten der Unterbringung eines Familienangehörigen in einem Altenheim sind als außergewöhnliche Belastung berücksichtigungsfähig, wenn die Unterbringung wegen außergewöhnlicher Umstände (etwa Pflegebedürftigkeit wegen Alters oder Unfalls) erforderlich wird (BFH v. 11. 2. 1965 – BStBl III S. 407). In diesem Fall gilt die Begrenzung auf den Höchstbetrag von 8 004 € nicht. Vgl. dazu ➤ Rz 627 ff.

Wenn Sie Ihren Sohn, der wegen einer Dummheit im Gefängnis sitzt, mit Geld und kleinen Geschenken unterstützen, um ihm den Aufenthalt hinter Gittern etwas zu erleichtern, können Sie das als Unterstützungsleistungen absetzen. Die steuerliche Anerkennung ist nämlich nicht generell dadurch ausgeschlossen, dass ein Strafgefangener Unterkunft, Kost und Bekleidung von der Haftanstalt bekommt (BFH v. 11. 11. 1988 – BStBl 1989 II S. 233).

Das Folgende betrifft nur Gastarbeiter oder Deutsche mit ausländischen Ehepartnern:

664 Der Unterhaltshöchstbetrag ist bei Zahlungen ins Ausland zu ermäßigen, und zwar um

- 1/4 für z. B. Afghanistan, Ägypten, Algerien, Bolivien und Bulgarien,
- 1/2 für z. B. Argentinien, Brasilien, Chile, Estland, Kroatien, Lettland, Saudi-Arabien, die Türkei oder Weißrussland,
- 1/4 z. B. für die Bahamas, Barbados, Korea, Neuseeland und Zypern.

Vergleiche dazu im Einzelnen das BMF-Schreiben vom 9. 2. 2006 (BStBl 2006 I Seite 217). Müssen Sie erhaltene Unterstützungsleistungen zurückzahlen, kann das eine außergewöhnliche Belastung für Sie sein! (Näheres siehe in DB 1961 S. 220.)

665 **Das Problem mit der Erwerbsobliegenheit**

Niemand ist verpflichtet, einen Angehörigen auf Dauer zu unterstützen, wenn der sich nicht selbst auf die Hinterbeine stellt und versucht für seinen Lebensunterhalt zu sorgen. Gegenüber arbeitsscheuen Drückebergern und Faulpelzen besteht keine gesetzliche Unterhaltspflicht. Dementsprechend machte der Fiskus den Abzug der Unterhaltsleistungen bei der Unterstützung von Erwachsenen im erwerbsfähigen Alter bisher davon abhängig, dass diese objektiv an einer Erwerbstätigkeit gehindert waren.

Diese Einschränkung wurde inzwischen aufgegeben für alle Unterhaltsempfänger, die im Inland oder in einem Staat der EU/EWR leben. Ein besonderer Nachweis, ob die betreffende Person Ihrer sog. Erwerbsobliegenheit nachkommt, ist nicht mehr erforderlich (BFH v. 18. 5. 2006 – BStBl 2007 II S. 108).

Allerdings ist der Fiskus bei Unterhaltsleistungen ins Ausland weiterhin auf dem alten Trip (BMF v. 9. 2. 2006 – BStBl 2006 I S. 217). Er lässt für erwachsene Unterstützungsempfänger im Ausland den Abzug nur zu, wenn diese aus triftigen Gründen keiner Erwerbstätigkeit nachgehen können. Als Gründe kommen dabei insbesondere in Betracht:

- Alter,
- Behinderung,
- schlechter Gesundheitszustand,
- Erziehung oder Betreuung von Kindern unter sechs Jahren,
- Pflege behinderter Angehöriger,
- ernsthaftes Studium,
- Berufsausbildung.

Mit einer Bescheinigung aus dem Heimatland, dass der Unterhaltsempfänger arbeitslos war und deshalb keiner Erwerbstätigkeit nachgehen konnte, tun sich die Finanzämter oft schwer. Solche Bescheinigungen würden ja häufig aus Gefälligkeit ausgestellt, und man könne ja auch nicht sagen, ob der Unterhaltsempfänger im Heimatland nicht schwarz arbeite, führt das Bayerische Landesamt für Steuern in seiner nun wohl doch ein wenig über das Ziel hinausschießenden Verfügung vom 17. 11. 2008 (S 2285.1.1-5 St 32/St 33) an. Dass man behördliche Bescheinigungen aus dem Ausland nicht schlicht mit einem solchen Generalverdacht verwerfen kann, hat der BFH klargestellt. Ihm genügte eine Bescheinigung über Arbeitslosigkeit als Unterstützungsgrund (BFH v. 11. 2. 2009 – VI B 145/08).

Bei einer im Ausland lebenden Mutter, die sich um ihre beiden 13 und 18 Jahre alten Kinder kümmert, ist die Erwerbsobliegenheit mit dem Hausfrauendasein allein aber wohl nicht erfüllt (FG Berlin-Brandenburg v. 6. 11. 2008 13 K 13009/08).

Zu der Frage, ob die Erwerbsobliegenheit bei Auslandsfällen überhaupt zu prüfen ist, ist ein Musterverfahren beim BFH anhängig (Az BFH – VI R 5/09). Wenn Sie also wegen dieser Rechtsfrage Probleme mit der Anerkennung Ihrer Unterhaltsleistungen ins Ausland haben, sollten Sie Einspruch einlegen und das Ruhen des Einspruchsverfahrens bis zur endgültigen Entscheidung durch den BFH beantragen.

TRICK

Raffinierte Masche für alle, die keine Steuervergünstigung für Unterhaltszahlungen bekommen

Darüber ärgern Sie sich schwarz: Sie unterstützen Ihre Mutter finanziell und 666
kriegen doch keine Steuerermäßigung, weil ihre Rente über den Hungersätzen

des Finanzamts liegt. Seien Sie anpassungsfähig! Unterstützen Sie Ihre Mutter auf eine Weise, bei der keine unsozialen Höchstgrenzen bestehen. Etwa durch eine Nachzahlung zur Rentenversicherung. Wenn Ihre Mutter weder durch Vermögen noch durch Unterhaltsleistungen ihres früheren Mannes ihren Lebensabend sicherstellen kann, ist das abzugsfähig!
Tragen Sie also die Kosten von sagen wir mal 2500 € für die Rentennachzahlung, weil die Ersparnisse Ihrer Mutter nur zu einer geringfügigen Aufstockung der Rente führen, und kann nunmehr Ihre Mutter mit dieser Rentennachzahlung ihr Existenzminimum decken, dann findet solches Tun steuerlich Anerkennung, sagt das FG Hamburg (EFG 1976, S. 234), allerdings nach Abzug der zumutbaren Belastung.

667 **Unterhalt an den Lebenspartner**
Sie können Ihre finanzielle Hilfe an gesetzlich unterhaltsberechtigte Angehörige wie Kinder, Eltern, getrennt lebende oder geschiedene Ehegatten als außergewöhnliche Belastungen steuerlich absetzen. Werden alle Voraussetzungen erfüllt, sind max. 8004 € möglich.
Bei Lebenspartnern müssen Sie unterscheiden zwischen einer *eingetragenen Lebenspartnerschaft* und einer *nichtehelichen Lebensgemeinschaft*. Eingetragene Lebenspartner sind gegenseitig gesetzlich unterhaltsverpflichtet (§ 5 LPartG), der Unterhalt stellt somit außergewöhnliche Belastungen dar.
Etwas anderes gilt für die Unterstützung des Partners einer *nichtehelichen Lebensgemeinschaft* oder eines Angehörigen, der nicht mit Ihnen im ersten Grad verwandt ist. Voraussetzung für den Abzug Ihrer Unterhaltsleistungen ist hier, dass Sie einen gemeinsamen Haushalt führen, in dem einer von Ihnen (Sie) Einkünfte hat und der andere nicht berufstätig ist, weil er den Haushalt führt und daher auf Ihre Unterstützung angewiesen ist. Zusätzlich müssen dem unterstützten Lebenspartner bzw. Angehörigen Sozialleistungen (z. B. Hartz IV) wegen der Lebensgemeinschaft gekürzt werden. Dabei genügt die Kürzung als solche, auf die Höhe der Kürzung kommt es nicht an.

TIPP

zu Unterstützungsleistungen

Zur Anerkennung von Unterstützungszahlungen ist es nicht in jedem Fall erforderlich, dass Ihr Lebenspartner einen Antrag auf Sozial- oder Arbeitslosenhilfe gestellt hat und dieser abgelehnt wurde. Der Fiskus geht davon aus, dass bei nichtehelichen Lebensgemeinschaften der Partner ohne Einkommen und Vermögen generell zum begünstigten Personenkreis gehört, bei dem im Antragsfall die Sozialleistungen wegen der Partnerschaft gekürzt würden. Es reicht, wenn er schriftlich versichert, dass er für den jeweiligen Veranlagungszeitraum keine zum Unterhalt bestimmten Mittel aus inländischen öffentlichen Kassen erhalten und auch keinen Antrag gestellt hat, dass eine nichteheliche Lebensgemeinschaft besteht oder er mit Ihnen verwandt ist und eine Haushaltsgemeinschaft bildet. Zudem muss er angeben, über welche anderen zum Unterhalt bestimmten Einkünfte und Bezüge er verfügt sowie über welches Vermögen (BMF-Schreiben v. 28. 3. 2003 – BStBl 2003 I S. 243).

Frohe Nachricht für Partnerschaften mit kleinem Einkommen!
Bei nichtehelichen Lebenspartnern mit kleinem Einkommen ergab sich früher oft das Problem, dass wegen der Opfergrenze (➤ Rz 660) kein oder nur ein geringer Abzug für den Unterhalt des Lebenspartners in Betracht kam. Damit ist nun Schluss. Wie bei Ehepartnern und eingetragenen Lebenspartnern gilt die Opfergrenze auch bei einer nichtehelichen Lebensgemeinschaft nicht mehr (BFH v. 29. 5. 2008 – III R 23/07). Da Sie mit Ihrem Partner in einer Haushaltsgemeinschaft wohnen, muss das Finanzamt Unterhaltsleistungen von 7 680 € im Jahr unterstellen und darf diese nicht mehr wegen Ihres geringen Einkommens kürzen. Auf die 7 680 € müssen Sie sich also allenfalls eigene Einkünfte und Bezüge des Lebenspartners anrechnen lassen.
Ein Abzug als außergewöhnliche Belastung entfällt, wenn der unterhaltsberechtigte Lebenspartner oder Angehörige über nennenswertes eigenes Vermögen verfügt und dies nicht zur Bestreitung seines Unterhalts einsetzt und verwertet. Vgl. dazu ➤ Rz 658.

TRICK

Schaffen Sie sich höhere Steuererleichterungen bei einer Lebenspartnerschaft!

S Leider, leider geht das fast nur, wenn einer der Partner selbständig tätig ist. 668
Dann haben Sie freie Hand, das Finanzamt auszutricksen. Denn: Verträge z. B. können Sie schließen, mit wem Sie wollen, und darin vereinbaren, was Sie wollen. Und es ist allein Ihre Sache, wenn Sie Ihren Lebenspartner in Ihrem Geschäft oder Betrieb mit anfassen sehen wollen.
Aber: Um Steuern zu sparen, müssen Sie schon einen Arbeitsvertrag mit ihm aufs Papier bringen. Dabei müssen Sie aber bei der Gehaltsvereinbarung aufpassen. Das Geld muss nämlich auf ein Konto des helfenden Partners überwiesen werden. Allerdings spielt es dann keine Rolle, wenn nun die bisherigen Zahlungen für Haushaltskosten und Taschengeld entfallen. Und schließlich darf das Gehalt nicht viel höher sein als das eines in gleicher Weise tätigen familienfremden Mitarbeiters. Wenn Sie Ihren Partner allerdings mit einer führenden Position in einem größeren Betrieb betrauen, kann das Gehalt natürlich recht hoch sein.

TRICK

Was Ahmed recht ist, ist Paul billig.

669 Jeder Finanzbeamte muss nach seinem heiligen Amtseid Steuern gleichmäßig festsetzen. Gleichmäßig festsetzen heißt aber auch: gleiche Nachweisschikanen für alle Steuerzahler. In einem Spezialerlass für Gastarbeiter, die ihre Familien im Ausland unterstützen, sagte der Bundesfinanzminister: »Aus Vereinfachungsgründen kann davon ausgegangen werden, dass die letzte Unterhaltsrate den Unterhalt bis zum Jahresende deckt.« (BMF v. 9.2.2006 – BStBl 2006 I S.217) Normalerweise ist es so: Wird nicht regelmäßig, sprich jeden Monat, gezahlt, greift die Zwölftelvorschrift, wonach für jeden fehlenden Monat der Höchstbetrag um $^{1}/_{12}$ gekürzt wird (§ 33a Abs. 4 EStG).
Angenommen, Sie haben folgende Zahlungen geleistet

Mai	1500 €
Juni	1300 €
September	1300 €
Dezember	4000 €
insgesamt	8100 €

Abzugsfähig sind in diesem Fall aber nur $^{8}/_{12}$ von 8004 € = 5336 €
Pochen Sie auf den Gleichheitsgrundsatz und verlangen Sie, dass man Sie nicht schlechter stellt als Ihre ausländischen Mitbürger. Bekommt z.B. Ihre von Ihnen unterstützte Mutter nicht regelmäßig jeden Monat Geld, müssen Sie es so deichseln, dass die erste Zahlung möglichst im Januar erfolgt.
Da der Bundesfinanzminister nichts von gleichmäßigen Raten gesagt hat, können Sie Ihrer Mutter zu Beginn des Jahres kleinere Beträge überweisen und ihr im Dezember, nachdem Sie Ihre Weihnachtsgratifikation kassiert haben und richtig flüssig sind, einen größeren Batzen zukommen lassen. Mal angenommen, Sie zahlen ihr im

Januar	1500 €
Juni	1300 €
September	1300 €
Dezember	4000 €
insgesamt	8100 €

dann steht Ihnen der volle Höchstbetrag von 8004 € für Ihre Unterstützung zu.

Aber: Halten Sie Ihre Mutter zu Jahresanfang nicht allzu knapp. Bei Beträgen von 50 € im Quartal sind schon einige Finanzämter auf den dummen Gedanken verfallen, solche Mickerbeträge seien keine Unterhaltskosten. Also greifen Sie sicherheitshalber etwas tiefer ins Portemonnaie.

2. Unterhaltsleistungen an Wehrpflichtige, denen kein Kinderfreibetrag mehr zusteht

Wenn Ihr Sohn bei der Bundeswehr oder als Zivildienstleistender mit seinen Bezügen nicht auskommt und Sie ihm etwas zuschießen, können Sie diese Beträge als Unterhalt absetzen. Denken Sie daran: Nicht nur Bargeld ist abzugsfähig. Wenn der Sprössling also samstags/sonntags zu Hause Ihre Zigaretten qualmt und Ihren Kühlschrank leert, dann sind das Sachwerte, die Sie zu den Barbeträgen hinzurechnen dürfen. Selbstverständlich auch die beiden Kuchen, die er für sich und seine Kameraden mitnimmt... Absetzbar sind bis zu 8004 € im Jahr abzgl. eigener Bezüge des Wehrpflichtigen, soweit sie über 624 € liegen. Bezüge sind: Wehrsold, Weihnachtsgeld und Unterhalt wie Verpflegung, dies jedoch nur nach den niedrigen Werten der Sachbezugsverordnung. Was Sie bei Ihrem Vaterlandsverteidiger als eigene Bezüge ansetzen müssen: 670

Jahr	Sachbezugswert
1. Sachbezug für Verpflegung	
2010	215,00 €
2. Sachbezug für Unterkunft	
2010	51,00 €

Hinzu kommt der Wehrsold, auf den Ihr Filius täglich (abhängig vom Rang) Anspruch hat. Das Entlassungsgeld wird nur auf den Unterhalt angerechnet, der nach der Entlassung gezahlt wird (H 32.10 EStH; BFH v. 14. 5. 2002 – BStBl 2002 II S. 746).

3. Wehrsold		
Dienstgrad	Tagessatz	Umgerechneter Monatsbetrag
Grenadier Gefreiter Obergefreiter	9,41 € 10,18 € 10,95 €	282,30 € 305,40 € 328,50 €
Weihnachtsgeld	172,56 €	
Entlassungsgeld	690,24 €	

Die Summe wird um den Unkostenpauschbetrag von 180 € gekürzt. Meistens sind die tatsächlichen Kosten wegen der wöchentlichen Heimfahrten und der Ausgaben bei Manövern – besonders wenn diese im Winter stattfinden – höher. Nachdem die Kürzung der Bezüge um die Kosten für Heimfahrten jahrelang glatt anerkannt wurde, hat der Finanzminister die Ämter angewiesen, höchstens pauschal 180 € zuzulassen (R 32.10 Abs. 3 EStR).

Beispiel 2010

Ihr lediger Sohn wurde als Grundwehrdienstpflichtiger zum 1. 1. 2010 einberufen. Der Wert Ihrer Unterstützungsleistungen betrug monatlich mindestens 667 €. Als Sold vom 1. 1. bis zum 30. 9. erhielt Ihr Sohn 2748,60 €.

So berechnen Sie den Ermäßigungsbetrag nach § 33a Abs. 1 EStG:

Höchstbetrag 8 004 €, für 9 Monate = $^{9}/_{12}$ =		6 003,00 €
Sold für 9 Monate (305,40 € × 9)	2 748,60 €	
Entlassungsgeld	0,00 €	
Unterkunft 51,00 € × 9 Monate	459,00 €	
Verpflegung 215,00 € × 9 Monate	1 935,00 €	
Summe	5 142,60 €	
./. Unkosten, mindestens Pauschbetrag	– 180,00 €	
Bezüge des Unterhaltsempfängers	4 962,60 €	
./. anrechnungsfreier Betrag 624 €, davon $^{9}/_{12}$ =	– 468,00 €	
Schädliche Einkünfte	4 494,60 €	> – 4 494,60 €
Absetzbarer Freibetrag		1 508,40 €

487 Sozialhilfefälle hat das Rechnungsprüfungsamt des Landkreises Hannover überprüft. 262 davon waren zu beanstanden. Das sind 53,8 Prozent, also mehr als die Hälfte. Die dabei ermittelte Schadenssumme belief sich auf rund 107 000 €, das sind ca. 410 € pro Schadensfall. Bezogen auf die Bundesrepublik ergäbe sich ein Schaden, der in die Milliarden geht.

3. Ausbildungsfreibetrag für Kinder (§ 33a Abs. 2 EStG)

671 Seit einigen Jahren doktern die Fiskalbürokraten an den Steuervergünstigungen für Kinder herum, nachdem ihnen das Bundesverfassungsgericht mehrmals kräftig auf die Füße getreten ist und verlangt hat, dass endlich mehr für Familien mit Kindern getan werden muss. Das Problem dabei ist, dass die Politiker lieber zig Milliarden in neue Kampfflugzeuge und anderes Kriegsspielzeug investieren als einmal einen wirklich größeren Batzen Geld in die Zukunft, also die Kinder. Was letztlich herauskommt, kann man allenfalls als halbherzig, wenn nicht gar herzlos bezeichnen. Mit den Minibeträgen aus der Kindergelderhöhung werden die Steuerzahler für dumm verkauft, denn an allen anderen Stellen bleiben wirklich spürbare Verbesserungen auf der Strecke.

Ein Paradebeispiel ist der Ausbildungsfreibetrag: Die mickrigen 924 € gibt es nur für volljährige Kinder, wenn sie zur Ausbildung auswärts untergebracht sind und Sie noch Kindergeld oder einen Kinderfreibetrag für ein solches Kind bekommen. Eigene Einkünfte und Bezüge, auch öffentliche Ausbildungshilfen wie BAföG, werden davon abgezogen, soweit sie einen Betrag von 1 848 € im Jahr übersteigen.

Das heißt, weder für über 18-jährige Kinder, die während ihrer Schulausbildung, Lehre oder ihres Studiums zu Hause wohnen, noch für unter 18-jährige Kinder, die auswärts untergebracht sind, gibt es einen Ausbildungsfreibetrag.

TIPP

zum Ausbildungsfreibetrag

Vergessen Sie auf keinen Fall, vom BAföG die **Kostenpauschale von 180 €** abziehen, bevor es auf den Ausbildungsfreibetrag angerechnet wird (R 32.10 Abs. 3 EStR). 672

Berechnungsschema für den Ausbildungsfreibetrag

Und so rechnet das Finanzamt:

Ausbildungsfreibetrag für ein Kind über 18 Jahre, das auswärts studiert			924 €
./. eigene Einkünfte und Bezüge			
Bruttolohn aus Arbeit in den Semesterferien		3 000 €	
./. Arbeitnehmerpauschbetrag		– 920 €	
Einkünfte des Kindes		2 080 €	
Davon ab anrechnungsfrei		– 1 848 €	
Verbleiben		232 €	> – 232 €
Zuschuss nach dem BAföG z. B.	300 €		
./. Kostenpauschale	– 180 €		
Verbleiben	120 €		> – 120 €
Verminderter Ausbildungsfreibetrag			572 €

Sie sehen, wie wenig als Abzugsbetrag bleibt, wenn das Kind dazuverdient. Allerdings werden von den Einkünften noch die Sozialversicherungsbeiträge abgezogen (R 32.10 Abs. 1 S. 2 EStR; BMF v. 18. 11. 2005 – BStBl 2005 I S. 1027). Für ca. 290 € Monatslohn kann also Ihr Kind auf Lohnsteuerkarte Steuerklasse I steuer- und sozialversicherungsfrei arbeiten, ohne dass der Ausbildungsfreibetrag gekürzt wird.

Berechnung:

Jahresarbeitslohn 288 € × 12 =	3 456 €
./. Sozialversicherung ca. 20 %	– 690 €
./. Arbeitnehmerpauschbetrag	– 920 €
Einkünfte (anrechnungsfrei)	1 846 €

Lassen Sie sich von den BAföG-Leistungen nicht auch den Darlehensanteil abziehen. Es dürfen nur die echten Zuschüsse abgezogen werden.

TRICK

Die Steuer tut was dazu, wenn das Kind zu seiner Tante will!

673 Mit der auswärtigen Unterbringung von Kindern stellen sich die Fiskalvertreter recht zopfig an. Sie verlangen, dass diese von gewisser Dauer ist und entweder während der gesamten Ausbildung oder zumindest während einzelner Ausbildungsabschnitte vorliegt und das Kind während dieser Zeit räumlich selbständig ist.

Eine Klassenfahrt oder ein mehrwöchiger Sprachkurs im Ausland sollen dafür nicht reichen (BFH – BStBl II 1990, S. 898). Klar ist die Sache, wenn Ihr Nachwuchs z. B. während eines Praktikums, das länger als sechs Wochen dauert (BFH v. 20. 5. 1994 – BStBl 1994 II S. 699), während eines Semesters oder eines mehrmonatigen Lehrgangs am auswärtigen Unterrichtsort wohnt.

Aber warum in die Ferne schweifen, wenn das Gute so nah liegt? Denn: Auswärtig untergebracht ist Ihr Kind, wenn es hauswirtschaftlich nicht mehr in Ihren Haushalt eingegliedert ist. Auf gut Deutsch: wenn es nicht mehr seine Beine unter Ihren Tisch stellt. Ein kleines möbliertes Zimmer oder ein eigenes Appartement reicht dazu völlig aus. Diese Unterkunft kann ohne weiteres bei Verwandten sein. Und da Sie zu Hause ohnehin recht beengt leben, mieten Sie einfach in der Wohnung Ihrer ein paar Straßen weiter lebenden Schwester ein Zimmer für Ihr Kind. Und schon gibt's den Ausbildungsfreibetrag.

TRICK

Ein Überbrückungsjob führt zu Einkünften und Bezügen!

674 Nicht immer klappt es nahtlos mit dem Übergang zwischen Schule und Studium. Wenn der Unterbrechungszeitraum nicht länger als vier Monate ist, bekommen Sie weiter Kindergeld oder Kinderfreibetrag. Sie müssen also nicht betrübt sein, wenn Ihr Nachwuchs die Unterbrechung nutzt und fleißig ein paar tausend Euro zur Finanzierung des Studiums verdient.

Ein Ausbildungsfreibetrag steht Ihnen für diese Zeit nur zu, wenn Ihr Kind schon auswärtig untergebracht ist. Dann werden allerdings auch dessen Einkünfte darauf angerechnet. Lebt Ihr Kind in dieser Zeit noch zu Hause, gefährden seine Einkünfte und Bezüge den Kinderfreibetrag oder das Kindergeld – wenn sie aufs Jahr gesehen 8 004 € übersteigen.

Dasselbe gilt übrigens, wenn Ihr Sohn nach der Bundeswehr nicht sofort mit seinem Studium beginnen kann und seine Kasse mit einem Job aufbessert.

Einen Kinderfreibetrag bekommen Sie für Ihr studierendes Kind, egal ob es im Inland oder im Ausland lebt, nur, solange es das 25. Lebensjahr noch nicht vollendet hat. 675
Bei Söhnen aber, die vor Beendigung ihres Studiums oder ihrer Ausbildung Wehr- oder Zivildienst leisten, legt Vater Staat aus Gründen der Gleichberechtigung den Kinder- und damit auch den Ausbildungsfreibetrag für den Zeitraum, den Ihr Filius gedient hat, also z.B. für neun Monate, auf die o.g. Altersgrenze drauf.

GUTER RAT

Wenn der Kinderfreibetrag wegfällt, weil Ihr Nachwuchs die Altersgrenze überschritten hat, Ihnen aber immer noch auf der Tasche liegt, dann denken Sie daran, dass Sie den Unterhaltsfreibetrag geltend machen!

4. Haushaltshilfen, haushaltsnahe Beschäftigung und Dienstleistung

Für Ihre Kosten für eine Hilfe in Haus und Garten können Sie folgende Steuerermäßigungen beanspruchen: 676

Haushaltshilfe, Hausgehilfin 677
Wenn Sie für Arbeiten in und um Ihren Haushalt jemanden als Angestellten beschäftigen oder ein Unternehmen mit derartigen Arbeiten betrauen, können Sie eine Steuerermäßigung nach § 35a EStG in Anspruch nehmen. Diese wird unmittelbar von der tariflichen Einkommensteuer abgezogen. Egal ob Sie also ein hohes oder niedriges Einkommen haben, verringert sich die von Ihnen zu zahlende Einkommensteuer um denselben Betrag. Letztlich können Sie von vier verschiedenen Fördervarianten profitieren:

- geringfügige Beschäftigung im Haushalt,
- sozialversicherungspflichtige Beschäftigung im Haushalt,
- haushaltsnahe Dienstleistungen sowie Pflege- und Betreuungsleistungen für pflegebedürftige Personen,
- Handwerkerleistungen für Renovierungs-, Erhaltungs- und Modernisierungsmaßnahmen.

Steuerermäßigung, wenn Sie selbst Arbeitgeber von Hausangestellten sind 678
Haben Sie jemanden als 400- €-Arbeitskraft (geringfügige Beschäftigung) angestellt, der Ihnen bei den Arbeiten im Haushalt und im Garten zur Hand geht,

können Sie für dieses **haushaltsnahe Beschäftigungsverhältnis** eine Steuerermäßigung von 20 % der Kosten, max. jedoch 510 € beanspruchen. In die abzugsfähigen Kosten einbezogen werden der Arbeitslohn, die pauschalen Sozialversicherungsbeiträge von 10 % (je 5 % Kranken- und Rentenversicherung), die Umlagen von 2,27 % und die pauschale Steuer von 2 %, insgesamt also 14,27 %. Steuerlich gefördert werden somit Ihre Aufwendungen bis zu 2550 € im Jahr (2550 € × 20 % = 510 €). Den Nachweis der Kosten können Sie durch die Bescheinigung der Minijobzentrale der Knappschaft führen, bei der Sie Ihre Hausangestellte anmelden müssen und an die Sie im sog. Haushaltsscheckverfahren Ihre Abgaben zahlen.
Durch die Ausdehnung der Förderung von Beschäftigungen im Privathaushalt nach § 35 a Abs. 2 EStG entfällt seit 2009 die Begünstigung von sozialversicherungspflichtigen Bechäftigungen über § 35 a Abs. 1 EStG (vgl. ➤ Rz 679 ff.).

TIPP

Haushaltsnahe Minijobs sind steuerbegünstigt.

Haushaltsnahe Minijobs sind mit 14,27 % Abgaben somit deutlich billiger als eine reguläre geringfügige Beschäftigung, die Pauschalabgaben von 31,08 % auslöst. Begünstigt sind u. a. folgende Tätigkeiten:

- Zubereitung von Mahlzeiten,
- Reinigung der Wohnung,
- Gartenarbeiten,
- Waschen, Bügeln etc.,
- Kinderbetreuung,
- Betreuung und Pflege alter und kranker Haushaltsmitglieder,
- Einkäufe und Botengänge, Begleitung auch außerhalb des Hauses.

Nicht begünstigt sind dagegen:

- Erteilung von Unterricht jeglicher Art, wie Nachhilfe, Musik-, Reit-, Ballettunterricht etc.,
- Vermittlung besonderer Fähigkeiten,
- Sport,
- Freizeitaktivitäten,
- Betreuung außer Haus, Kindergarten, Tagesmutter, die die Betreuung in ihrer eigenen Wohnung durchführt.

Übernimmt Ihre Hausangestellte sowohl begünstigte als auch nicht begünstigte Arbeiten, müssen Sie die Gesamtkosten aufteilen.

WICHTIGER HINWEIS

Da nach Auffassung des Fiskus familienrechtliche Verpflichtungen nicht Gegenstand eines Vertrags über eine haushaltsnahe Beschäftigung sein können, beißen Sie beim Finanzamt auf Granit, wenn Sie eine mit Ihnen in einem Haushalt zusammenlebende nahestehende Person beschäftigen möchten. Das Finanzamt gesteht Ihnen die Steuerermäßigung in der Regel nicht zu bei Verträgen mit

- Ehegatten (§§ 1360, 1356 Abs. 1 BGB),
- in Ihrem Haushalt lebenden Kindern (§ 1619 BGB),
- Partnern einer eingetragenen Lebenspartnerschaft,
- Partnern einer nicht ehelichen Lebensgemeinschaft.

Völlig anders sieht aber auch hier die Sache aus, wenn Sie Angehörige beschäftigen, die nicht (mehr) in Ihrem Haushalt leben. Deshalb können haushaltsnahe Beschäftigungsverhältnisse z. B. mit Kindern oder Eltern, die in einem eigenen Haushalt leben, steuerlich anerkannt werden. Wie immer bei der Beschäftigung von Angehörigen, dürfen Sie sich aber auch hier keine formalen Blößen geben. Sie werden also einen schriftlichen Vertrag schließen. Nehmen Sie doch einfach den Mustervertrag, den die Bundesknappschaft (www.minijob-zentrale.de) dafür anbietet, dann haben Sie gleich auch sichergestellt, dass man Ihnen nicht wegen unüblicher Vertragsinhalte steuerlich ein Bein stellt. Das Beschäftigungsverhältnis melden Sie bei der Minijob-Zentrale der Bundesknappschaft an. Und nicht vergessen: Schon aus Nachweisgründen sollten Sie den Lohn überweisen und auf Barzahlungen verzichten.

TRICK

Holen Sie mehr Steuerermäßigung heraus, als Sie an Pauschalabgaben zahlen!

Besonders lukrativ wird ein haushaltsnaher Minijob für Sie, wenn Ihre Hausangestellte die Ehefrau oder Tochter eines Beamten, Soldaten oder eines anderen nicht gesetzlich Krankenversicherungspflichtigen ist. Bei einer Angestellten aus diesem illustren Personenkreis entfällt für Sie die pauschale Krankenversicherungszahlung von 5 %, Sie zahlen statt 14,27 % also nur noch 9,27 % an die Minijobzentrale. Und so sieht Ihre Rechnung steuerlich aus, wenn Ihre Perle 400 € im Monat erhält:

Pauschale Abgaben 4 800 € × 9,27 %		445 €
Lohnkosten	4 800 €	
Abgaben	445 €	
Aufwendungen insgesamt	5 245 €	
Steuerermäßigung darauf 5 245 € × 20 % = 1 049,00 €, max.		510 €
Vorteil für Sie		65 €

Wie Sie sehen, bringt Ihnen Ihre Putzfrau sogar noch ein kleines Plus im Geldsäckel, wenn Sie sie hochoffiziell anmelden. Und selbst wenn Sie die vollen 14,27 % Abgaben zahlen müssen, weil Sie sich nicht um die Krankenversicherungspauschale drücken konnten, kosten Sie Ihre Steuerehrlichkeit und Ihr ruhiges Gewissen im Monat nur rd. 15 €.

679 **Steuerermäßigung für Dienstleistungen im Haushalt**

Wenn Sie

- eine Hausangestellte sozialversicherungspflichtig beschäftigen,
- ein selbständiges Unternehmen mit der Erledigung typischer Leistungen im Haushalt beauftragen
- oder Leistungen für die eigene Pflege bzw. die von pflegebedürftigen Angehörigen in Anspruch nehmen,

winkt eine Steuerermäßigung von **20 % der Kosten, max. 4 000 €**.

Begünstigt sind vor allem solche Arbeiten, die gewöhnlich durch Mitglieder des Haushalts erledigt werden, in erster Linie Kochen, Putzen, Waschen, Einkaufen, Gartenpflege oder Kinderbetreuung. Nicht zuletzt fallen aber auch die Leistungen eines Umzugsunternehmens, das Ihren privaten Umzug durchführt, und eben Pflege- oder Betreuungsleistungen für pflegebedürftige Angehörige darunter.

WICHTIGER HINWEIS

Seit 2009 ist es völlig unerheblich, ob die Kosten für eine Hausangestellte, für Dienst- oder Pflegeleistungen anfallen. Alle Kostenarten sind gleichberechtigt mit bis zu 20 000 € begünstigt. Sehen Sie sich dazu einfach die folgenden Beispiele an.

Reinigungsunternehmen	5 000 €		
Pflegekosten	12 000 €		
Gesamtkosten	17 000 €		
Steuerermäßigung darauf	20 % = 3 400 €	max. 4 000 €	= 3 400 €

Kosten für den Umzug	12 000 €		
Gartenpflege	3 600 €		
Lohn und Abgaben für die Köchin	9 600 €		
Gesamtkosten	25 200 €		
Steuerermäßigung darauf	20 % = 5 400 €	max. 4 000 €	= 4 000 €

Voraussetzung für den Abzug der Pflegekosten ist, dass die gepflegte Person zumindest in die Pflegestufe I eingeordnet ist bzw. Leistungen aus der Pflegeversicherung bekommt. In letzterem Fall wird vor der Steuerermäßigung das Pflegegeld von Ihren Kosten abgezogen.

TIPP

Steuerermäßigung, auch wenn die gepflegte Person nicht bei Ihnen wohnt!

Es ist für Ihre Steuerermäßigung egal, ob die gepflegte Person in Ihrem Haushalt lebt oder in ihrem eigenen. Wichtig ist nur, dass Sie die Kosten übernehmen. Kommt also z. B. der Pflegedienst zu Ihrer Mutter, die in ihrer eigenen Wohnung lebt, können Sie die Steuerermäßigung für die von Ihnen getragenen Kosten abzgl. Pflegegeld beanspruchen.

TRICK

Verzichten Sie auf 400 € und kassieren dafür 4 000 €!

Wie so oft gilt auch hier, dass weniger manchmal mehr ist. Die Steuerermäßi- 680
gung von bis zu 4 000 € für Pflegeleistungen steht Ihnen nach dem unendlichen Ratschluss des Gesetzgebers nur zu, wenn die Kosten bei Ihnen nicht als außergewöhnliche Belastungen auftauchen, sprich, wenn Sie für die Pflege Ihres Angehörigen nicht den Pflegepauschbetrag von 924 € (§ 33 b Abs. 6 EStG) in Anspruch nehmen.

Verzichten Sie also lieber auf den Pflegepauschbetrag, der selbst bei einem absoluten Spitzenverdiener max. ca. 470 € Steuermäßigung bringt, und profitieren stattdessen von der viel höheren Steuerermäßigung für haushaltsnahe Pflegeleistungen.

Da der Pflegepauschbetrag zu den antragsabhängigen Steuervergünstigungen gehört, stellen Sie einfach keinen entsprechenden Antrag.

681 3. Bei Handwerkerleistungen 20 % der Kosten, max. jedoch 1200 €. Steuerlich gefördert werden Ihre Kosten für Modernisierung und Instandhaltung bis zu 6000 € im Jahr, egal ob Sie sie als Eigentümer oder als Mieter in Auftrag geben. Hat sich der Fiskus früher noch mit Händen und Füßen gewehrt, Ihnen die Kosten für den Fliesenleger oder den Parkettverlegebetrieb anzuerkennen, hat er sich sozusagen um 180 Grad gedreht. Mit dem Ziel, die Schwarzarbeit einzudämmen, führen private Handwerkerkosten seit 2006 zu einer Steuerermäßigung.

Aufgemerkt: Sobald ein Handwerker Ihre Wohnung betritt, klingelt bei Ihnen die Kasse.

Sie können die Kosten u. a. für folgende Handwerkerleistungen in der Steuererklärung unterbringen:

- Arbeiten an Innen- und Außenwänden,
- Arbeiten am Dach, an der Fassade, an Garagen o. Ä.,
- Einziehen von Zwischenwänden,
- Reparatur oder Austausch von Fenstern und Türen,
- Streichen/Lackieren von Türen, Fenstern (innen und außen), Wandschränken, Heizkörpern und -rohren,
- Reparatur oder Austausch von Bodenbelägen (z. B. Teppichboden, Parkett, Fliesen),
- Reparatur, Wartung oder Austausch von Heizungsanlagen, Elektro-, Gas- und Wasserinstallationen,
- Modernisierung oder Austausch der Einbauküche,
- Modernisierung des Badezimmers,
- Reparatur und Wartung von Gegenständen (z. B. Waschmaschine, Geschirrspüler, Herd, Fernseher, Personalcomputer),
- Maßnahmen der Gartengestaltung,
- Pflasterarbeiten auf dem Wohngrundstück,
- Maler- und Tapezierarbeiten, Fassadenanstrich,
- Schornsteinfegerarbeiten,
- Kontrolle von Blitzschutzanlagen,
- Verlegen von Kabeln für Strom, Telefon oder Fernsehen,
- Anschluss des neuen Fernsehers,
- Montage einer Satellitenschüssel.

Begünstigt sind allerdings nur die reinen Lohn-, nicht jedoch die Materialkosten. Außerdem berücksichtigt der Fiskus nur Kosten, die auf Ihrem Grundstück anfallen, deshalb will man Ihnen z. B. für öffentliche Gebühren für Straßenreinigung und Müllabfuhr die Steuerermäßigung nicht zugestehen.

TRICK

Die richtige Aufteilung bringt den Steuersegen

Wenn Ihr Handwerker das Material mitliefert, bitten Sie ihn, die Rechnung entsprechend aufzuteilen und die Lohnkosten getrennt auszuweisen. Wenn er so nett ist und Ihnen das Material zum Einkaufspreis liefert und dafür bei den Arbeitslöhnen etwas mehr verlangt, soll Ihnen das nur recht sein.

Nachweishürden 682

Damit Ihnen die schöne Steuerermäßigung für haushaltsnahe Dienstleistungen und Handwerkerleistungen nicht durch die Lappen geht, muss alles schön offiziell und mit Nachweisen laufen.

- Sie persönlich müssen der Auftraggeber sein! Als Mieter oder Inhaber einer Eigentumswohnung lesen Sie hier nach ➤ Rz 683.
- Sie brauchen eine astreine und offizielle Rechnung von Ihrem Dienstleister oder Handwerker!
- Sie müssen Ihre Zahlungen durch einen Beleg Ihrer Bank oder Sparkasse nachweisen. Also zahlen Sie auf gar keinen Fall bar! Bei Barzahlung bekommen Sie keine Steuerermäßigung. Auch Abschläge dürfen Sie immer nur unbar zahlen. Lässt sich Ihr Handwerker darauf nicht ein und besteht auf Barzahlung, suchen Sie sich einen anderen, oder ziehen Sie ihm die verlorengegangene Steuerermäßigung schlicht und ergreifend von der Rechnung ab.

Aber:
Sie müssen nicht mehr zwingend Ihre Rechnungen und Überweisungsbelege mit der Steuererklärung zusammen einreichen. Das Finanzamt kann Ihre haushaltsnahen Dienstleistungen auch ohne die Vorlage von Belegen anerkennen. Allerdings haben Sie keinen Anspruch darauf. Im Zweifel kann das Finanzamt die Belege nachfordern. Sie müssen also auf jeden Fall mit formellen Nachweispapierchen gewappnet sein.

WICHTIGER HINWEIS

Die Steuerermäßigung für Handwerkerleistungen können Sie zusätzlich zu der für übrige haushaltsnahe oder Pflegedienstleistungen absetzen. Haben Sie also im laufenden Jahr ein Reinigungsunternehmen und/oder einen Pflegedienst beauftragt und zusätzlich einen Handwerker in Ihrer Wohnung werkeln lassen, beträgt Ihre Steuerermäßigung im günstigsten Fall bis zu 5 200 €.

TRICK

Setzen Sie die zumutbare Belastung von der Steuer ab!

Neben den formalen Hürden – ordentliche Rechnung, unbare Zahlung – hat der Fiskus eine weitere Spaßbremse bei der Steuerermäßigung eingebaut. Egal ob beim haushaltsnahen Beschäftigungsverhältnis oder bei Dienst- und Handwerkerleistungen: Der Abzug von Werbungskosten, Sonderausgaben und außergewöhnlichen Belastungen hat Vorrang vor der Steuerermäßigung. Sind Ihre Renovierungskosten z. B. Werbungskosten bei den Vermietungseinkünften oder können Sie die Betreuungskosten für Ihre Kinder als Werbungskosten oder Sonderausgaben absetzen, tut Ihnen das nicht sonderlich weh. Auf eine Steuerermäßigung von 20 % kommen Sie nämlich schon bei einem Einkommen von ca. 11000 €/22000 € (Grundtabelle/Splittingtabelle). Übel wird die Geschichte allerdings z. B. bei den Pflegekosten. Können Sie die nämlich als außergewöhnliche Belastungen absetzen, wird Ihnen zunächst die zumutbare Belastung abgezogen. Dieser Betrag geht also steuerlich ins Leere – so der Wunsch des Fiskus. Aber der hat die Rechnung wieder einmal ohne den Wirt gemacht. In Höhe der zumutbaren Belastung konnten Ihre Kosten ja gerade nicht als außergewöhnliche Belastung berücksichtigt bzw. abgezogen werden. Also werden Sie für jeden Cent zumutbarer Eigenbelastung, der von Ihren Kosten für haushaltsnahe Beschäftigungen und Dienstleistungen abgezogen wurde, die Steuerermäßigung mit 20 % beantragen.

So ist das nun einmal im Leben! Wenn Sie auf jemanden treffen, der meint, er wäre ganz besonders schlau und könne Sie über den Tisch ziehen, müssen Sie halt versuchen, immer noch ein bisschen schlauer zu sein.

TRICK

Durchforsten Sie als Mieter und Besitzer einer Eigentumswohnung Ihre Nebenkostenabrechnung

683 Gute Zeiten für Sie als Mieter oder als Besitzer einer selbst bewohnten Eigentumswohnung. Alle Kosten, die dem Grunde nach haushaltsnahe Dienstleistungen oder Handwerkerleistungen sind und Ihnen über die Nebenkostenabrechnung des Vermieters oder des Hausverwalters in Rechnung gestellt werden, können Sie genauso absetzen, als hätten Sie selbst den Auftrag erteilt. Angefangen von den Schornsteinfegergebühren über die Heizungswartung, die Pflege

von Garten und Anlagen bis zur Reparatur des Daches an der Eigentumswohnanlage: Sie kassieren die Steuerermäßigung. Bestehen Sie also darauf, dass die entsprechenden Kosten aufgeteilt nach den Kategorien

- haushaltsnahe Beschäftigung,
- haushaltsnahe Dienstleistungen,
- Handwerkerleistungen

in Ihrer Nebenkostenabrechnung ausgewiesen werden, die dann als Nachweis für das Finanzamt genügt. Sie müssen nicht zusätzlich eine Kopie der Rechnung oder der Überweisung des Rechnungsbetrags vorlegen.

SUPER TRICK

Höhere Steuervergünstigung für Mieter und Eigentumswohnungsbesitzer

Beschäftigt Ihr Vermieter oder Hausverwalter einen Gärtner oder Reinigungskräfte auf 400- €-Basis, ergibt sich zunächst einmal ein formelles Problem. Sozialversicherungsrechtlich werden diese Minijobs als reguläre geringfügige Beschäftigungsverhältnisse behandelt – das bedeutet Pauschalabgaben von 31,08 % – und nicht als haushaltsnahe Beschäftigung. Da aber nur haushaltsnahe Beschäftigungen für eine Steuerermäßigung in Betracht kommen, würden Sie eigentlich insoweit leer ausgehen. Hier zeigt sich der Fiskus ausnahmsweise einmal von der großzügigen Seite. Er gestattet Ihnen, diese Kosten fiktiv als haushaltsnahe **Dienstleistungen** abzuziehen. Und das bedeutet, dass Ihre Steuerermäßigung nun 20 % der Kosten, max. aber 4000 €, beträgt.

5. Pauschbeträge für Behinderte

Pauschbeträge werden ohne jeden Abzug auf der Lohnsteuerkarte eingetragen **684**
oder bei der Ermittlung des Einkommens berücksichtigt, sind also unabhängig vom Vorliegen besonderer Ausgaben und von der Höhe des Einkommens (§ 33b EStG). Wenn Ihr Grad der Behinderung mehr als 50 % beträgt, haben Sie einen Schwerbehindertenausweis, den Sie beim Finanzamt vorlegen können (Fotokopie genügt).

Bei einem Grad der Behinderung unter 50 % brauchen Sie eine Bescheinigung des Versorgungsamts oder einen Rentenbescheid. Darin muss gleichzeitig bescheinigt sein, dass die Behinderung auf einer typischen Berufskrankheit beruht oder Sie in Ihrer Beweglichkeit beeinträchtigt.

TIPP

für Leser mit einer äußerlich nicht erkennbaren Behinderung

Sie können die Steuerermäßigung z. B. auch dann bekommen, wenn Ihre Beweglichkeit durch Asthma, ein Blasenleiden oder eine Herzkrankheit eingeschränkt ist. Achten Sie in diesen Fällen ebenfalls unbedingt darauf, dass Ihnen Ihre Bewegungsbeeinträchtigung vom Versorgungsamt ausdrücklich bescheinigt wird.

Behinderte – dazu gehören auch Personen mit geistigen Gebrechen – erhalten einen jährlichen Freibetrag bei folgender Behinderung:

685

Grad der Behinderung (GdB) in Prozent	€
25–30	310
35–40	430
45–50	570
55–60	720
65–70	890
75–80	1 060
85–90	1 230
95–100	1 420
Hilflos/blind	3 700
Hinterbliebenen-PB	370

Dass die Behindertenpauschbeträge schon seit Ewigkeiten nicht mehr angepasst wurden, ist nach Auffassung des Bundesverfassungsgerichts vom 17. 1. 2007 (2 BvR 1059/03) nicht bedenklich. Es hat mit dieser Entscheidung die Hoffnung vieler behinderter Steuerzahler, dass die viel zu niedrigen Pauschbeträge nach oben angepasst werden, enttäuscht.

686 Übrigens: Weder die Gewährung des Pauschbetrags für Blinde (§ 33b EStG) noch das Verbot der Aufteilung von Aufwendungen in einen beruflich und in einen privat veranlassten Teil stehen der Anerkennung der Ausgaben eines blinden Arbeitnehmers für seinen Blindenhund, mit dem er arbeitstäglich den Weg von seiner Wohnung zur Arbeitsstätte und zurück zu Fuß zurücklegt, als Werbungskosten entgegen (FG München, rk Urt. v. 16. 11. 1984 – V 8/83 E).

TRICK

Bäumchen, Bäumchen, wechsle dich

Der Pauschbetrag für Behinderte gilt zunächst alle typischen Mehraufwendungen ab, die durch die Behinderung entstehen, z. B. also Arzt- und Medikamentenkosten, Unterbringungskosten in Heil- oder Pflegeheim, Aufwendungen für die Betreuung des Behinderten usw. Und nun spitzen Sie Ihre Ohren: Leben Sie in einem Pflegeheim, ist es meistens günstiger, anstelle des Pauschbetrags von 3 700 € die tatsächlichen Kosten anzusetzen. 687

Lassen Sie uns mal sehen, was herauskommt, wenn Ihr Anteil an den Pflegeheimkosten monatlich 1 300 € beträgt.

Gesamtkosten im Pflegeheim	15 600 €
./. Haushaltsersparnis	– 7 680 €
Verbleiben als allgemeine Pflegekosten	7 920 €
./. zumutbare Belastung, angenommen 6 % von z. B. 25 000 € (Gesamtbetrag der Einkünfte)	– 1 500 €
Abziehbar als allgemeine außergewöhnliche Belastung	6 420 €

Wie Sie sehen, können Sie locker auf den Pauschbetrag von 3 700 € verzichten und holen dafür 6 420 € rein. Also stellen Sie den Aufwand zusammen und beantragen (nach Abzug der zumutbaren Belastung) Berücksichtigung aufgrund der tatsächlichen Kosten.

Denken Sie immer steuerlich mit! Sie können sich in einem Jahr den Freibetrag geben lassen und im anderen den Einzelnachweis führen.

Wenn Sie weniger Kosten haben, wählen Sie den Pauschbetrag. Dann kriegen Sie was vom Finanzamt geschenkt. Für Einzelnachweis entscheiden Sie sich, wenn Sie sich etwa eine neue oder besonders gute Prothese beschaffen oder einen Rollstuhl, zu dem Sie zuzahlen müssen.

GUTER RAT

Ohne Nachweis der besonderen Pflegebedürftigkeit läuft beim Finanzamt gar nichts. Den erhöhten Behindertenpauschbetrag von 3 700 € bekommen Sie, wenn Sie entweder einen Behindertenausweis mit den Eintragungen »H« für hilflos oder »Bl« für blind oder einen Bescheid des Versorgungsamts mit den entsprechenden Feststellungen vorweisen können oder von der Pflegeversicherung in die Pflegestufe III eingestuft worden sind. Fehlt Ihnen ein solcher Nach- 688 weis, müssen Sie einen Antrag beim Versorgungsamt oder bei der Pflegeversicherung stellen.

689 Mehraufwendungen an Krankenversicherungsbeiträgen, die ein Behinderter wegen einer chronischen Dauererkrankung zahlen muss, weil er trotz Beihilfeberechtigung keine angemessene Krankenversicherung findet und deshalb notgedrungen in die gesetzliche eintritt, können u. U. aus Billigkeitsgründen als außergewöhnliche Belastung berücksichtigt werden. Voraussetzung ist allerdings, dass die Beiträge zur gesetzlichen Krankenversicherung die sonst üblichen Kosten unter Berücksichtigung eines Risikozuschlags, der auch bei einer privaten Krankenversicherung anfiele, erheblich übersteigen (BFH – BStBl 1992 II S. 293).

690 Vergessen Sie nicht, Ihre Fahrtkosten geltend zu machen! Bei Behinderten, die einen Behinderungsgrad von mindestens 70 % und darüber hinaus eine Geh- und Stehbehinderung oder die einen Behinderungsgrad von 80 % haben, können Kfz-Kosten, soweit sie nicht Betriebsausgaben oder Werbungskosten sind, in angemessenem Rahmen als außergewöhnliche Belastung nach § 33 EStG *zusätzlich zum Behindertenpauschbetrag* berücksichtigt werden, also nach Abzug der zumutbaren Belastung (siehe ➤ Rz 610).

Als angemessen kann im Allgemeinen ein nachgewiesener oder glaubhaft gemachter Aufwand für Privatfahrten von insgesamt 3 000 km jährlich angesetzt werden; dabei kann höchstens ein Kilometersatz von 0,30 € zugrunde gelegt werden. Bei 3 000 km ergibt das im Jahr 900 € (Quelle: H 33.1-33.4 EStH »Fahrtkosten behinderter Menschen«). Das gilt auch bei Überlassung eines firmeneigenen Kraftfahrzeugs.

Befindet sich in Ihrem Behindertenausweis das Merkzeichen »aG«, »Bl« oder »H«, können Sie zusätzlich zu Ihrem Behindertenpauschbetrag dem Finanzamt sämtliche Fahrten, die nicht Werbungskosten oder Betriebsausgaben sind, als außergewöhnliche Belastung aufs Auge drücken. Rechnen Sie so:

Kilometerstand des Autos am 31. 12. 2010	38 500
./. Stand am 1. 1. 2010	– 22 000
Im Jahr gefahrene km	16 500
Davon schon als Werbungskosten abgezogen	– 2 500
Rest	14 000
Macht an außergewöhnlichen Belastungen 14 000 km à 0,30 € =	4 200 €

691 Hat es unterwegs gekracht, z. B. während einer Urlaubsreise, so vergessen Sie nicht, die Unfallkosten mit anzusetzen (BFH-Urt. v. 15. 11. 1991 – BStBl 1992 II S. 179).

Man hält es kaum für möglich, aber die Streichwut der Fiskalritter macht auch vor Ihren Fahrtkosten als erheblich Gehbehinderter nicht halt. »**15 000 km im Jahr** für Privatfahrten sind genug«, urteilte der BFH. Alles, was darüber hinausgeht, soll nicht angemessen und damit nicht abzugsfähig sein (BFH-Urt. v. 2.10.1992 – BStBl 1993 II S.286).

Als wäre die kleinliche Herumknapserei an den Kilometern nicht schon genug, 692
haben die Robenträger vom BFH noch ein Urteil gegen Behinderte draufgesetzt, das dem Fass den Boden ausschlägt: Als Kilometerkosten können Sie höchstens die Pauschale von 0,30 € je Kilometer ansetzen. Das soll selbst dann gelten, wenn Ihr Auto eine ungewöhnlich niedrige Gesamtfahrleistung – und damit zwangsläufig recht hohe Kilometerkosten – hat (BFH v. 18.12.2003 – BStBl 2004 II S.453) oder neben den Privatfahrten notwendige Fahrten zu Ärzten oder Kliniken anfallen (BFH v. 19.5.2004 – BStBl 2005 II S.23).

Inzwischen sieht der BFH die Sache allerdings etwas großzügiger und akzeptiert zumindest die Abschreibung einer behinderungsbedingten Zusatzausstattung (BFH v. 21.2.2008 – EStB 2008 S.241). Haben Sie z.B. als Rollstuhlfahrer eine Hubvorrichtung oder eine Sondervorrichtung für Handgas und -bremse in Ihr Auto einbauen lassen, können Sie für die dafür angefallenen Kosten von angenommen 4200 € pro Jahr $1/6$ = 700 € absetzen – und zwar zusätzlich zu den Kilometerkosten von max. 4500 € (15000 km × 0,30 €) –, in diesem Beispiel also insgesamt 5200 €.

Sehen Sie daher zu, dass Sie im Jahr auf mindestens 15000 km kommen, um dem Fiskus nicht unnötig Geld in den Rachen zu werfen. Außerdem sollten Sie Ihre Kosten dadurch drücken, dass Sie z.B. einen Zuschuss der Hauptfürsorgestelle des Landschaftsverbands beantragen.

TIPP

für gehbehinderte Ehegatten

Sind Sie beide gehbehindert (Grad der Behinderung 70 % und »G« oder mindestens 80 %) oder außergewöhnlich gehbehindert, hilflos oder blind (»aG«, »H«, »Bl« im Behindertenausweis), stehen Ihnen die Pauschalen für Fahrtkosten von mindestens 3000 bzw. 15000 km im Jahr zweimal zu – selbst wenn Sie zusammenleben und ein Auto gemeinsam benutzen. Macht ihnen ein Finanzer Schwierigkeiten, helfen Sie ihm mit dem Urteil des Finanzgerichts Niedersachsen vom 9.3.1993 auf die Sprünge (EFG 1994 S.251). 693

Sie können auch Fahrtkosten absetzen, wenn Sie den Behindertenpauschbetrag 694
Ihres Kindes in Anspruch nehmen und dieses die Voraussetzungen für den Kfz-Kostenabzug erfüllt. Dabei können Sie allerdings nur Fahrten ansetzen, an denen Ihr behindertes Kind teilnimmt (H 188 EStH »Fahrtkosten Behinderter«).

Ändert sich der Grad der Behinderung, stellen Sie den Antrag immer nach dem höchsten Grad, der im Jahr festgestellt war.

TRICK

Drücken Sie als Behinderter die Kosten für Ihren Führerschein!

695 Wer heute keinen Führerschein besitzt, ist fast aufgeschmissen. Vor allem als Behinderter haben Sie mit erheblichen Schwierigkeiten zu kämpfen. Hohe Einstiege, zu enge Türen, unzureichend ausgestattete Abteile usw. sind nur ein kleiner Teil der Dinge, die Ihnen die Benutzung öffentlicher Verkehrsmittel fast unmöglich machen. Also muss ein Auto her.

Argumentieren Sie so: »Bei erheblicher Geh- und Stehbehinderung sind laufende Pkw- und außergewöhnliche Kosten abzugsfähig. Solche außergewöhnlichen Kosten sind auch meine einmaligen Kosten für den Führerschein. Weil sie nicht laufend anfallen, sind sie nicht typischerweise mit meinem Behindertenpauschbetrag abgegolten.« Das Finanzamt möge nachlesen im BFH-Urteil v. 26. 3. 1993 (BStBl 1993 II S. 749). Durch die Steuerersparnis drücken Sie Ihre Führerscheinkosten locker um 25 %.

Was sagt der Wunderheiler von Tirol: »Wer das Buch über die URMEDIZIN gelesen hat, braucht nie mehr ein anderes, um gesund zu werden und zu bleiben. Es ist die absolute Spitze allen Wissens.«

(Dr. Hochenegg, Hall in Tirol)

TRICK

Ziehen Sie Kosten für eine Heilkur zusätzlich ab!

696 Gern kommt das Finanzamt mit der Behauptung, die Kosten für eine Heilkur seien mit dem Pauschbetrag für Behinderte abgegolten. Wehren Sie sich dagegen, indem Sie Einspruch einlegen und das Finanzamt auf das BFH-Urteil vom 11. 12. 1987 (BStBl 1988 II S. 275) hinweisen.

Auch als Behinderter besorgen Sie sich *vor Antritt der Kur* ein amtsärztliches oder vertrauensärztliches Zeugnis über die Notwendigkeit der Kur!

TRICK

So erlangt man auch bei kleinen Behinderungen einen Freibetrag auf Jahre hinaus

Liegt Ihr Behinderungsgrad unter 50 %, muss Ihre Behinderung entweder auf 697
einer Berufskrankheit beruhen oder zu einer Bewegungsbeeinträchtigung führen. Wenn Sie z. B. einen Herzschrittmacher eingepflanzt bekommen oder eine Nierenoperation hinter sich haben, führt dies im Normalfall zu einer Beeinträchtigung Ihrer Beweglichkeit und steht Ihnen nach dem Gesetzestext ein Freibetrag zu. Wie sich die Behörden bei diesen nicht alltäglichen Fällen anstellen, weiß man aber nie. Lassen Sie nicht locker, verweisen Sie auf § 65 Abs. 1 Satz 2 der EStDV.

Alle Freibeträge sind Jahresbeträge. Wer also z. B. am 30. Dezember als Körper- 698
behinderter anerkannt wurde, erhält für dieses Jahr den vollen maßgebenden Freibetrag. Bei rückwirkender Erhöhung des Körperbehinderungsgrades wird der Steuerfreibetrag ebenfalls rückwirkend gewährt. Der Grad der Behinderung wird nach der allgemeinen körperlichen Lage beurteilt – nicht nach Ihren Fähigkeiten, einen Beruf auszuüben.

GUTER RAT

Nimmt Ihr Kind wegen fehlender oder geringer Einkünfte den Pauschbetrag 699
nicht selbst in Anspruch, können Sie ihn in Ihrer Steuererklärung ansetzen. Sie haben also die Wahl, den Pauschbetrag dort anzusetzen, wo er sich am günstigsten auswirkt. Auch Groß- und Stiefeltern können den Behindertenpauschbetrag für das Kind in Anspruch nehmen, wenn das Kindergeld bzw. der Kinderfreibetrag auf sie übertragen worden ist.

TRICK

Schieben Sie den Behindertenpauschbetrag Ihren Eltern zu!

Wenn Sie ein behindertes Kind haben und noch im Haus Ihrer Eltern leben, sollten Sie überlegen, ob es nicht lukrativer ist, Ihre Eltern die Steuervergünstigungen geltend machen zu lassen. Angenommen, Sie sind nicht erwerbstätig oder gehen nur einer Teilzeitbeschäftigung nach, um Ihr Kind besser betreuen zu können, dann hält sich wegen Ihres geringen Einkommens die Steuerersparnis aus dem Behindertenpauschbetrag und den übrigen behinderungsbedingten Aufwendungen ziemlich in Grenzen. Viel mehr Steuern würden dagegen Ihre voll berufstätigen Eltern sparen.

Beispiel

Eines Ihrer beiden Kinder ist behindert, und Ihr Einkommen liegt ohne Behinderungsabzüge bei 12 000 €, das Ihrer doppelverdienenden Eltern bei 80 000 €. So sähe die Sache für Sie aus:

Einkommensteuer auf	12 000 €	816 €
./. Behindertenpauschbetrag	– 1 420 €	
./. Fahrtkosten 3 000 km × 0,30 € = 900 €,		
./. zumutbare Belastung	– 620 €	
Steuer auf das korrigierte Einkommen	9 960 €	– 390 €
Ersparnis für Sie		426 €

Und so sähe es für Ihre Eltern aus:

Einkommensteuer auf	80 000 €	18 446 €
./. Behindertenpauschbetrag	– 1 420 €	
./. Fahrtkosten 3 000 km × 0,30 € = 900 €,		
./. zumutbare Belastung	0 €	
Steuer auf das korrigierte Einkommen	78 580 €	– 17 930 €
Ersparnis		516 €

Nur durch den formalen Federstrich, mit dem Sie den Kinderfreibetrag und die übrigen Kindervergünstigungen übertragen haben, springen als Steuerermäßigung inkl. Kirchensteuer und Solidaritätszuschlag über 100 € mehr heraus.

700 Die Bescheinigung des Versorgungsamts gilt für das Besteuerungsverfahren als Grundlagenbescheid. Wird die Körperbehinderung für zurückliegende Jahre bescheinigt, muss die Steuervergünstigung nachträglich gewährt werden. Dies geschieht durch Berichtigung der für die zurückliegenden Jahre ergangenen Steuerbescheide. Daraus können sich beträchtliche Erstattungsbeträge ergeben.

Dazu ein Hinweis: Bei Kindern werden Behinderungen häufig erst sehr spät erkannt. In diesem Fall ist es besonders wichtig, dass das Versorgungsamt bescheinigt, ab wann die Behinderung vorgelegen hat, z. B. ab Geburt.

701 Ist ein Behinderter verstorben und Sie können die Unterlagen über seine Behinderung nicht vorlegen, genügt zum Nachweis eine gutachterliche Stellungnahme von Seiten der für die Durchführung des Bundesversorgungsgesetzes zuständigen Behörde. Und hier können Sie das Finanzamt für sich arbeiten lassen: Diese Stellungnahme hat die Finanzbehörde einzuholen!

GUTER RAT

Schwerbehinderte mit dem Ausweismerkzeichen »G« und Gehörlose (auch ohne »G«) können wählen zwischen Freifahrten im öffentlichen Personennahverkehr und einer Kraftfahrzeugsteuerermäßigung von 50 %. Für Hilflose, Blinde und außergewöhnlich Gehbehinderte (Merkzeichen »H«, »Bl«, »aG«) beträgt die Steuerbefreiung 100 %. 702

Voraussetzung ist, dass das Auto auf den Namen des Behinderten zugelassen ist und es nur von ihm selbst oder von anderen nur in seinem Beisein benutzt wird. Ausnahmen gelten für Fahrten im Zusammenhang mit dem Transport des Behinderten (z. B. Abholfahrten, Leerfahrt, wenn der Behinderte zur Arbeit gebracht wird usw.) oder mit seiner Haushaltsführung (Fahrten zum Arzt, Einkauf, Apotheke usw.).

Auf einige Erleichterungen, die Behinderte mit außergewöhnlicher Gehbehinderung (Zusatzzeichen »aG«) in Anspruch nehmen können, will ich Sie noch hinweisen: Parkerlaubnis für Parkplätze mit dem Rollstuhlfahrerzeichen, Parkerlaubnis bis zu drei Stunden im eingeschränkten Halteverbot, kostenloses Parken an allen Parkuhren ohne Zeitbegrenzung; zusätzlich zur Kfz-Steuerbefreiung Freifahrten im öffentlichen Nahverkehr. Man braucht sich also nicht wie bei Merkzeichen »G« entweder für Freifahrten oder für die Steuerermäßigung zu entscheiden.

6. Pflegepauschbetrag

Wegen der außergewöhnlichen Belastungen, die durch die Pflege einer hilflosen Person entstehen, können Sie statt der tatsächlichen Kosten einen Pflegepauschbetrag von 924 € jährlich absetzen. Voraussetzung ist, dass die Pflege entweder in Ihrer Wohnung oder in der Wohnung der gepflegten Person erfolgt. Wenn weitere Personen zur Pflege beitragen, wird der Pauschbetrag zwischen Ihnen geteilt (§ 33 b Abs. 6 EStG). Ob aufgeteilt wird, richtet sich danach, wie viele Personen sich die Pflege teilen, nicht danach, wer die Pflege in seiner Steuererklärung geltend macht (BFH v. 14. 10. 1997 – III R 102/96). Die Aufteilung lässt sich also nicht dadurch vermeiden, dass nur einer der Beteiligten in seiner Steuererklärung den Antrag stellt. Damit hat der BFH das anderslautende Urteil des FG Köln (EFG 1996 S. 1226) kassiert. 703

Die Hilflosigkeit muss entweder durch einen Schwerbehindertenausweis mit Merkzeichen »H«, einen Bescheid der Pflegeversicherung über Pflegestufe III oder durch eine Bescheinigung des Versorgungsamts nachgewiesen werden. Auf den Grad der Behinderung kommt es nicht an. Hilflos in diesem Sinn ist jemand auch, wenn er z. B. wegen eines Unfalls vorübergehend für eine längere Zeit auf fremde Hilfe angewiesen ist, mit einer Minderung oder dem Wegfall der Hilflosigkeit aber gerechnet werden kann (BFH v. 28. 9. 1984 – BStBl 1985

II S. 129). Der Pflegepauschbetrag steht Ihnen auch zu, wenn Sie die Pflege nicht persönlich durchführen, sondern sich zeitweise einer Hilfskraft bedienen. Auch wenn Sie sich aus sittlichen Gründen verpflichtet fühlen, im Wege der Nachbarschaftshilfe einen hilflosen Nachbarn zu betreuen, können Sie die 924 € beanspruchen.

TIPP

zum Pflegepauschbetrag

704 Da der Pflegepauschbetrag ein Jahresbetrag ist, bekommen Sie ihn auch dann in ungekürzter Höhe, wenn Sie Ihren Angehörigen nicht während des gesamten Jahres gepflegt haben. Den Pauschbetrag werden Sie deshalb auch beantragen, wenn Ihr Angehöriger während der Woche in einem Heim lebt und nur am Wochenende nach Hause kommt. Diese steuerzahlerfreundliche Entscheidung hat zumindest das Finanzgericht München getroffen (EFG 1995 S. 722).

WICHTIGER HINWEIS

705 Sehen Sie zu, ob Sie nicht zusätzlich zu der mickrigen Steuerersparnis auf den Pflegepauschbetrag von 924 € für Ihre Bemühungen bei Vater Staat die Hand aufhalten können. Mit der Pflegeversicherung besteht die Möglichkeit, für die häusliche Pflege erheblich Pflegebedürftiger Pflegegeld von monatlich zwischen 205 € und 665 € zu kassieren. Pflegen Sie z. B. Ihren Vater, so hat dieser, weil er seine Betreuung selbst organisiert, Anspruch auf Pflegegeld. Dieses kann er steuerfrei an Sie weiterleiten. Den Antrag auf Pflegegeld stellen Sie bei der Pflegekasse, die bei der zuständigen Krankenkasse eingerichtet ist. Sie müssen dazu wissen, dass es drei Pflegestufen gibt:
Das Pflegegeld ist nach den Pflegestufen gestaffelt. Es beträgt pro Monat:

Pflegestufe	seit 1. 1. 2010	ab 1. 1. 2012
I	225,00 €	235,00 €
II	430,00 €	440,00 €
III	685,00 €	700,00 €

Pflegestufe I
Anspruch haben erheblich Pflegebedürftige, die einmal täglich bei wenigstens zwei Verrichtungen aus den Bereichen Körperpflege, Ernährung oder Mobilität und zusätzlich mehrfach in der Woche Hilfe bei der hauswirtschaftlichen Versorgung benötigen. Ihr Pflegeaufwand muss durchschnittlich ca. 1,5 Stunden pro Tag betragen.

Pflegestufe II
Betroffen sind Schwerpflegebedürftige, die dreimal täglich zu verschiedenen Zeiten für Verrichtungen aus den Bereichen Körperpflege, Ernährung oder Mobilität und zusätzlich mehrfach in der Woche Hilfe bei der hauswirtschaftlichen Versorgung benötigen. Ihr Pflegeaufwand muss hier durchschnittlich mindestens drei Stunden pro Tag betragen.

Pflegestufe III
Diese Pflegestufe betrifft Schwerstpflegebedürftige, die rund um die Uhr bei der Körperpflege, der Ernährung oder der Mobilität und zusätzlich mehrfach in der Woche Hilfe bei der hauswirtschaftlichen Versorgung benötigen. Ihr Pflegeaufwand muss hier durchschnittlich mindestens fünf Stunden betragen, wobei der konkrete Hilfebedarf jederzeit Tag und Nacht anfallen kann.

Der Amoklauf einiger Finanzer, die Steuerzahlern mit behinderten Kindern 706
den Abzug des Pflegepauschbetrags verwehrten, wenn sich diese den Behindertenpauschbetrag ihres Kindes übertragen ließen, ist zum Glück gestoppt. Sollte Ihnen ein Vertreter des Finanzamts mit solchen Streichgelüsten kommen, weisen Sie ihn auf das Urteil des FG Nürnberg vom 26. 5. 1994 (EFG 1994 S. 933) hin, das klipp und klar sagt, dass beide Pauschbeträge von den Eltern nebeneinander geltend gemacht werden können. Auch wenn Sie für Ihr Kind Pflegegeld kassieren, muss Ihnen das Finanzamt ohne weitere Nachweise zu dessen Verwendung den Pflegepauschbetrag anerkennen. Das wurde in § 33 b Abs. 3 EStG mittlerweile ausdrücklich geregelt.

TIPP

Lassen Sie sich bei Pflegekosten nicht austricksen!

Oft versuchen Finanzbeamte, Ihnen den Pflegepauschbetrag von 924 € zu ver- 707
sagen, wenn in irgendeiner Form Zahlungen dafür erfolgen. **Wichtig für Sie** zu wissen: Die steuerliche Geltendmachung als außergewöhnliche Belastung bleibt Ihnen als pflegender Person auch dann erhalten, wenn die Pflegeversicherung dafür Rentenversicherungsbeiträge übernimmt (wenn neben der Pflegetätigkeit nicht mehr als 30 Stunden pro Woche gearbeitet werden kann). Das ist der Grund: Nach § 33b EStG geht der Anspruch auf den Pauschbetrag verloren, wenn für die Pflege »Einnahmen« erzielt werden. Dass die Finanzer diesen Begriff nicht überstrapazieren dürfen, beweist ein Urteil des Finanzgerichts Berlin (Az: 6 K 6175/00). Danach handelt es sich bei übernommenen Rentenbeiträgen **nicht** um Einkünfte im steuerlichen Sinn:

»Die Steuerzahlerin erbringt die Pflegeleistungen erkennbar nicht um des Entgelts willen, sondern allein, weil sie sich sittlich und moralisch dazu verpflichtet fühlt.«

Wenn Sie z. B. einen Elternteil pflegen, der Pflegegeld kassiert, ist das noch lange kein Grund, ihnen den Pflegepauschbetrag abzuerkennen, wenn Sie das Geld nicht von den Eltern bekommen. Ihre Pflege ist unentgeltlich und trotzdem ausreichend zwangsläufig. Was Ihre Eltern mit dem Pflegegeld letztlich angestellt haben, geht das Finanzamt einen feuchten Kehricht an (FG Bremen v. 24. 11. 2004 – EFG 2005 S. 365).

Denken, das heißt nein sagen.
(Alain)

X. Steuervergünstigungen für Kinder

1. Kindergeld – Kinderfreibetrag

a) Überblick zum Familienleistungsausgleich

Bevor ich ins Detail gehe, will ich Ihnen im Kurzüberblick zeigen, was beim Kindergeld und beim Kinderfreibetrag wichtig ist. **708**

- Die Voraussetzungen für den Erhalt von Kindergeld und den Abzug von Kinderfreibeträgen sind nahezu gleich. Kindergeld und Kinderfreibetrag führen nicht kumulativ zu Steuervergünstigungen. Der Kinderfreibetrag wirkt sich auf die Einkommensteuer nur insoweit aus, als die Steuerersparnis größer ist als der Anspruch auf Kindergeld. Neben dem Kinderfreibetrag erhalten Sie für jedes Kind einen Betreuungsfreibetrag.
- Im Lauf des Jahres wird Ihnen zunächst nur Kindergeld ausgezahlt. Der Kinder- und der Betreuungsfreibetrag spielen erst bei der Einkommensteuererstattung eine Rolle. Ist der Freibetrag für Sie günstiger, wird Ihnen die Differenz zwischen Einkommensteuerersparnis und schon ausgezahltem Kindergeld automatisch vom Finanzamt erstattet.
- Bei der Berechnung der Lohnsteuer im Lauf des Jahres werden Kinder- und Betreuungsfreibeträge nicht berücksichtigt. Allerdings haben sie Einfluss auf die Höhe der sog. Annexsteuern, nämlich Kirchensteuer und Solidaritätszuschlag. Die werden so berechnet, als wäre der Kinder- und der Betreuungsfreibetrag bei der Lohnsteuer berücksichtigt worden.

Wie das Kindergeld werden auch der Kinder- und der Betreuungsfreibetrag monatsweise gewährt. Liegen also die Voraussetzungen für die Berücksichtigung eines Kindes in einzelnen Monaten nicht vor, erfolgt eine entsprechende Kürzung. Kinder- und Betreuungsfreibetrag sowie Kindergeld werden in folgender Höhe gewährt: **709**

Kalenderjahr	Kinder-/ Betreuungsfreibetrag		monatliches Kindergeld			Einkünfte- und Bezügegrenze
	monatlich	jährlich	1. und 2. Kind	3. Kind	ab 4. Kind	
	€	€	€	€	€	€
ab 2010	584/292	7 008/3 504	184	190	215	8 004

- Das Kindergeld wird einheitlich nur von der Familienkasse gezahlt.
- Kindergeld und -freibetrag gibt es ohne besondere Voraussetzungen für

Kinder unter 18 Jahren. Bei Kindern über 18, die z. B. in der Berufsausbildung stehen, gibt es Kindergeld oder -freibetrag nur noch, wenn das Kind nicht mehr als 8 004 € (ab 2010) Einkünfte oder Bezüge hat.

b) Kinder

710 Als Kinder werden sowohl für das Kindergeld als auch den -freibetrag berücksichtigt:

- leibliche Kinder (sofern das Verwandtschaftsverhältnis zu den Eltern nicht durch eine Adoption erloschen ist),
- Adoptivkinder,
- Pflegekinder (dazu gehören nicht *Kostkinder*, die aus finanziellen Gründen aufgenommen werden),
- Stiefkinder und Enkelkinder, wenn sie im Haushalt der Stiefeltern oder der Großeltern leben und diesen von den Eltern der Kinderfreibetrag ausdrücklich übertragen wird.

Der BFH hat auch Eltern mit behinderten Kindern, die vollstationär untergebracht sind, den Kinderfreibetrag zuerkannt. Sie bekommen also neben dem Kinder- und dem Betreuungsfreibetrag (BFH v. 15. 10. 1999, BStB 2000 II S. 75) alle anderen Kindervergünstigungen wie Baukindergeld, Ausbildungsfreibetrag oder die Übertragung des Behindertenpauschbetrags.
Für Kinder, die im Ausland leben, steht Ihnen ebenfalls ein Kinderfreibetrag zu. Dieser Auslandskinderfreibetrag wird allerdings je nach Lebensstandard im jeweiligen Land auf $^3/_4$, $^1/_2$ oder $^1/_4$ gekürzt.

711 Kindergeld und Kinderfreibetrag gibt es nicht doppelt: Wird ein Kind adoptiert, ohne dass das Kindschaftsverhältnis zu den leiblichen Eltern erloschen ist, stehen der Kinderfreibetrag und das Kindergeld vorrangig den Adoptiveltern zu. Denselben Vorrang genießen Pflegeeltern gegenüber leiblichen Eltern.

712 Für Kinder bis zum 18. Lebensjahr bekommen Sie ohne weitere Voraussetzungen Kindergeld oder Kinderfreibeträge bis einschließlich des Monats, in dem der 18. Geburtstag liegt. Ältere Kinder werden nur unter folgenden Voraussetzungen berücksichtigt:

- **Kinder zwischen 18 und 21 Jahren**, wenn sie arbeitslos sind und der Arbeitsvermittlung des Arbeitsamts, das sich jetzt Agentur für Arbeit nennt, im Inland zur Verfügung stehen. Es ist also absolut notwendig, dass sich das Kind arbeitslos und arbeitsuchend meldet. **Achtung:** Als arbeitsuchend geht Ihr Kind nur durch, wenn es die Meldung spätestens alle drei Monate wiederholt (BFH v. 19. 6. 2008 – BStBl 2009 II S. 1008). Tut es das nicht, gehen Kindergeld, Kinderfreibetrag und alle anderen vom Kind abhängigen Steuervergünstigungen verloren. Als Nachweis können Sie z. B. die Besucherkarte der Agentur für Arbeit vorlegen.

713 • **Kinder zwischen 18 und 25 Jahren, wenn sie am 2. 1. 1983 oder später geboren sind.** Seit 2009 werden Kinder bis auf wenige Ausnahmen (behinderte Kinder, Kinder, die Wehr- oder Zivildienst geleistet haben) längstens bis zum Monat des 25. Geburtstags berücksichtigt.

Zusätzliche Voraussetzung dafür ist, dass sie

1. ein freiwilliges ökologisches oder soziales Jahr oder »Freiwilligendienst aller Generationen« ableisten
2. oder in der Berufsausbildung stehen; dazu gehört neben einer Lehre jede Schulausbildung oder z. B. ein Studium,
3. oder sich in der Übergangszeit zwischen zwei Ausbildungsabschnitten – z. B. zwischen Abitur und Beginn des Studiums oder einer anderen Berufsausbildung – befinden und diese Übergangszeit nicht länger als vier Monate dauert (➤ Rz 714),
4. oder mangels Ausbildungsplatz eine Berufsausbildung nicht beginnen oder fortsetzen können, weil sie z. B. trotz intensiver Bemühungen keine Lehrstelle finden oder auf einen Studienplatz in einem Numerus-clausus-Fach warten.

WICHTIGER HINWEIS

Regelmäßige Meldung bei der Arbeitsagentur rettet Kindergeld und -freibetrag!

Hat Ihr Kind noch keinen Ausbildungsplatz gefunden, sollte es sich unbedingt bei der Ausbildungsvermittlung der Agentur für Arbeit melden. Diese Meldung dient als Nachweis dafür, dass sich Ihr Nachwuchs ernsthaft um einen Ausbildungsplatz bemüht. Sie wirkt jedoch nur drei Monate fort. Hat es mit der Lehrstelle oder einem anderen Ausbildungsplatz bis dahin nicht geklappt, muss sich das Kind unbedingt erneut als **Ausbildung Suchender** melden, da sonst der Kindergeldanspruch entfällt (BFH v. 19. 6. 2008 – BStBl 2009 II S. 1005).

TIPP

zum Kindergeld bei unterbrochener Ausbildung

Sichern Sie sich in jedem Fall das Kindergeld oder den Kinderfreibetrag, wenn 714
Ihr Kind seine Ausbildung nicht fortsetzen kann. Für solche Unterbrechungszeiten in der Ausbildung, z. B. zwischen Schulabschluss und Beginn der Lehre oder des Studiums, behalten Sie Ihre **Kindervergütungsansprüche, wenn die Unterbrechung nicht länger als vier Monate dauert**. Dazu müssen Sie Folgendes wissen:

- Bei der Kinderberücksichtigung gilt immer das Prinzip, dass für angefangene Monate, in denen nur zeitweise die Anspruchsvoraussetzungen erfüllt sind, Kindergeld und -freibetrag voll gewährt werden. Im Prinzip genügt jeweils ein Tag zur Erfüllung der Anspruchsvoraussetzungen.
- Es reicht völlig, wenn Ihr Kind seine Ausbildung in dem auf den vierten vollen Unterbrechungsmonat folgenden Monat beginnt.

Beispiel
Die Schulentlassung Ihres Kindes mit Übergabe des Zeugnisses und Bekanntgabe der Noten findet am 5. Juli statt.
Der max. Unterbrechungszeitraum (vier volle Kalendermonate) läuft nun von August bis November. Spätestens zum 31. Dezember muss Ihr Kind mit seiner weiteren Ausbildung begonnen haben. Nimmt es die Ausbildung erst am 2. Januar auf, entfällt der Kindergeld- bzw. Kinderfreibetragsanspruch für die Zeit von August bis Dezember und lebt erst ab Januar mit Weiterführen der Ausbildung wieder auf.

715 Absolviert Ihr Kind zwischen Schule und Beginn der Berufsausbildung oder des Studiums z. B. Grundwehrdienst, Zivildienst, ein freiwilliges soziales Jahr oder freiwilligen Wehrdienst bis zu drei Jahren, gilt sowohl für die Zeit zwischen Schule und Dienstbeginn als auch zwischen Dienstende und Beginn der Ausbildung bzw. des Studiums jeweils ein eigener Viermonatszeitraum.

Beispiel
Ihr Sohn beendet die Schule mit dem Abitur am 13. 6. 2010. Seinen neunmonatigen Wehrdienst tritt er am 1. 10. 2010 an. Nach dessen Ende am 30. 6. 2011 beginnt er am 1. 10. 2011 ein Studium. Für die Zeit des Wehrdiensts von Oktober 2010 bis Juni 2011 bekommen Sie weder Kindergeld noch -freibetrag. Da die Zeiten von Schulende bis Wehrdienstbeginn und von Wehrdienstende bis Studienbeginn aber jeweils max. vier Monate betragen, erhalten Sie in den Jahren 2010 und 2011 für folgende Zeiten Kindergeld/-freibetrag: Januar bis September 2010 und Juli bis Dezember 2011. Und das, obwohl Ihr Filius in der Zeit zwischen Schule und Studienbeginn zusammen insgesamt 6,5 Monate weder in der Ausbildung noch bei der Bundeswehr war.

TIPP

Kassieren Sie immer Kindergeld für die Zeit zwischen Ausbildungsende und Wehrdienst!

716 Wenn Sie für die Zeit zwischen Ausbildungsende und Wehrdienst Kindergeld oder -freibetrag für Ihren Filius kassieren wollen, müssen Sie sich keine blumi-

gen Begründungen mehr dafür einfallen lassen, dass Ihr Sohn nach Ende der Dienstzeit die Ausbildung fortsetzen will. Auch wenn die Ausbildung vor der Bundeswehr oder dem Zivildienst endgültig abgeschlossen war, bekommen Sie bis zum Dienstbeginn die Kindervergünstigungen, wenn dazwischen max. vier Monate liegen. Was Ihr Sohn nach dem Zivildienst macht oder machen will, spielt dabei überhaupt keine Rolle (BFH v. 25.1.2007 – BFH/NV 2007 S.1229).

- **Kinder ohne Altersbeschränkung,** die sich wegen einer körperlichen, geistigen oder seelischen Behinderung nicht selbst unterhalten können. Entscheidend ist, ob das Kind über eigene Einkünfte und Bezüge oder Vermögen verfügt, aus dem es seinen Unterhalt selbst bestreiten könnte. Kann es das nicht, wird es weiterhin bei Ihnen berücksichtigt. Dazu muss das Finanzamt mindestens 8004 € (ab 2010) an Einkünften und Bezügen zulassen. Diese Obergrenze erhöht sich um den Behindertenpauschbetrag des Kindes. Ist es z.B. blind oder hilflos, liegt die Obergrenze ab 2010 bei 11704 € (8004 € + 3700 €). **717**

Je nach Behinderungsgrad darf das Kind also eigene Einkünfte und Bezüge in folgender Höhe haben:

Grad der Behinderung	Behinderten-pauschbetrag	Grenzbetrag für eigene Einkünfte und Bezüge 2010
45 – 50 %	570 €	8574 €
55 – 60 %	720 €	8724 €
65 – 70 %	890 €	8894 €
75 – 80 %	1060 €	9064 €
85 – 90 %	1230 €	9234 €
95 – 100 %	1420 €	9424 €
»H«/»Bl« Pflegestufe III	3700 €	11704 €

Zweckgebundene Zuschüsse wie zur Beschaffung von Hilfsmitteln bleiben dabei von vornherein unberücksichtigt (BFH v. 22.7.1988 – BStBl II 1988 S.939). Liegen die Einkünfte und Bezüge über dieser Grenze, ist noch nicht aller Tage Abend. Legen Sie dem Finanzamt dar, dass Ihr Kind behinderungsbedingt einen erheblich höheren Aufwand hat und daher mit seinen Einkünften und Bezügen auf keinen Fall seinen Lebensunterhalt selbst bestreiten kann. **718**

Das **Blindengeld** eines behinderten Kindes rechnet zu den Einkünften und Bezügen. Liegt es über dem Behindertenpauschbetrag von 3700 €, können Sie statt des Pauschbetrags das tatsächlich gezahlte Blindengeld als behinderungsbedingten Mehrbedarf auf den Grenzbetrag für eigene Einkünfte und Bezüge Ihres Kindes aufschlagen (BFH v. 31.8.2006 – BFH/NV 2006 S.2347).

TIPP

bei drogenabhängigen oder magersüchtigen Kindern

719 Als Behinderung kommen auch Suchtkrankheiten in Betracht. Wer ein drogenabhängiges Kind hat, das sich deswegen nicht selbst unterhalten kann, sollte Kindergeld beantragen und das Kind in der Steuererklärung geltend machen. Selbst wenn kein Schwerbehindertenausweis vorgelegt werden kann! Denn nach dem BFH-Urteil vom 16.4.2002 (BStBl 2002 II S.738) ist der zu erbringende Nachweis der Behinderung im Gesetz nicht geregelt und kann auch auf andere Art als durch einen Schwerbehindertenausweis erbracht werden. Den Nachweis können Sie z.B. durch ein ärztliches Gutachten oder durch Zeugnis der behandelnden Ärzte oder durch ein Gutachten eines arbeitsmedizinisch-internistischen Sachverständigen führen (FG Hamburg v. 5.8.2008 – 3 K 117/07). Wichtig ist, dass aus den Bescheinigungen Beginn, Grad und Folgen der Drogensucht (sprich Behinderung), wie körperliche und psychische Beeinträchtigungen, hervorgehen.

720 Hat ein Kind vor Vollendung des 21. oder 25. Lebensjahrs

- gesetzlichen Grundwehrdienst oder Zivildienst geleistet (egal, ob im In- oder Ausland)
- oder sich für höchstens drei Jahre freiwillig zum Wehrdienst oder Polizeivollzugsdienst verpflichtet
- oder eine vom Wehrdienst oder Zivildienst befreiende Tätigkeit als Entwicklungshelfer ausgeübt,

gibt es zwar während der Dienstzeit kein Kindergeld/keinen Kinderfreibetrag, aber die Dienstzeit wird auf das 21. bzw. 25. Lebensjahr aufgeschlagen. Ihr Sohn, der nach seinem neunmonatigen Grundwehrdienst arbeitslos ist, kann somit über seinen 21. Geburtstag hinaus weitere neun Monate berücksichtigt werden. Wenn er über das 25. Lebensjahr hinaus z.B. wegen eines Studiums in der Berufsausbildung steht, bekommen Sie den Kinderfreibetrag bzw. das Kindergeld ebenfalls neun Monate länger.

721 Hat er seinen Wehr- oder Zivildienst im Ausland abgeleistet, wird nur die vergleichbare inländische Dienstzeit angerechnet. Ausgenommen von dieser Beschränkung ist **Wehrdienst in einem EU-Staat**, der mit der tatsächlichen Dienstzeit angerechnet wird (Quelle: § 32 Abs. 5 S. 3 EStG).

722 **Anrechnung eigener Einkünfte und Bezüge des Kindes**

Wenn Ihr über 18 Jahre altes Kind eigene Einkünfte und Bezüge hat, mit denen es die Kosten für seinen Unterhalt oder seine Berufsausbildung bestreiten kann, entfällt nicht nur das Kindergeld, sondern ist auch der Kinderfreibetrag zum Teufel. Die schädliche Grenze liegt seit 2010 bei 8 004 €. Sie gilt nicht für Kinder unter 18 Jahren und nur eingeschränkt für behinderte Kinder (➤ Rz 717).

Einkünfte Ihres Kindes sind Beträge, die im Rahmen der sieben Einkunftsarten 723
der Besteuerung unterliegen, also z. B. Arbeitslohn nach Abzug der Werbungskosten. Werden keine Werbungskosten nachgewiesen, können die entsprechenden Werbungskostenpauschbeträge abgezogen werden, z. B. von den Ausbildungsvergütungen Ihres Kindes 920 €. Abziehen können Sie aber z. B. auch vorweggenommene Werbungskosten aus einer Fortbildungsmaßnahme des Kindes (BFH v. 20. 7. 2000 – BStBl 2001 II S. 107).

Bezüge sind alle Vermögenszuflüsse, aus denen Ihr Kind seinen Lebensunter- 724
halt selbst bestreiten könnte. Das sind in erster Linie Zahlungen, die nicht der Einkommensteuer unterliegen, z. B. Unterhaltsleistungen Dritter, steuerfreie Renten, der nicht steuerpflichtige Teil von Renten, andere steuerfreie Beträge, wenn sie nicht, wie z. B. Reisekosten oder der Übungsleiterfreibetrag, den Charakter von Aufwendungsersatz oder Aufwandsentschädigungen haben. Als Bezüge rechnen die Finanzer Ihrem Kind z. B. auch den Versorgungsfreibetrag, den Freibetrag für Land- und Forstwirte, steuerfreie Veräußerungsgewinne und die Differenz zwischen normalen Abschreibungen und Sonderabschreibungen zu. Durch die Einführung der Abgeltungsteuer im Jahr 2009 und die dadurch bedingte Zusammenfassung von Werbungskostenpauschbetrag und Sparerfreibetrag in einem einheitlichen Sparerpauschbetrag entfiel die Zurechnung des Sparerfreibetrags. Aufgrund des Sparerpauschbetrags steuerfreie Zinsen (max. 801 €) stellen somit keine Bezüge dar.
Zahlungen, die lediglich einen erhöhten Lebensbedarf, z. B. bei Behinderten, abdecken, sind ebenfalls keine Bezüge.

SUPER TRICK

Rechnen Sie Ihr Kind arm!

Der Grenzbetrag für eigene Einkünfte und Bezüge Ihres Kindes ist ein ständi- 725
ges Ärgernis, weil er viel zu niedrig ist. Und: Liegt Ihr Kind nur um eine Winzigkeit über dem Betrag von 8 004 €, führt das zu einem finanziellen Fiasko. Neben Kindergeld und -freibetrag verlieren Sie nämlich haufenweise andere Kindervergünstigungen von der Kinderzulage bei der Eigenheimförderung bis zur Ermäßigung der zumutbaren Belastung.

Sehr treffend spricht man hier von der sog. **Fallbeilwirkung**.
Leider hat das Bundesverfassungsgericht eine in dieser Sache anhängige Verfassungsbeschwerde gar nicht erst angenommen (BVerfG v. 6.4.2009 – 2 BvR 1874/08, BFH/NV 2009 S.1067). Gleichwohl sollten Sie sich als Betroffener nicht mit dem Verlust von Kindergeld oder Kinderfreibetrag abfinden. Wehren Sie sich, wenn die Einkünfte und Bezüge Ihres Kindes nur geringfügig über der Grenze liegen. Das Finanzamt und auch die Kindergeldkasse müssen die Entscheidung über Ihren Einspruch so lange aussetzen, bis das wegen dieser Sache beim BFH anhängige Verfahren (Az. III R 73/08) abgeschlossen ist.
Eine für alle Eltern grandiose Entscheidung hat das Bundesverfassungsgericht gegen alle hartnäckigen Widerstände des Fiskus getroffen (Beschluss v. 11.1. 2005 – 2 BvR 167/02): Sozialversicherungsbeiträge, die Ihr Nachwuchs als Azubi oder bei seinem Ferienjob gezahlt hat, sind keine Einkünfte und Bezüge und müssen deshalb genauso wie Werbungskosten herausgerechnet werden. Damit haben Sie als Vater oder Mutter alle Chancen, selbst dann noch Kindergeld oder -freibeträge zu kassieren, wenn Ihr hoffnungsvoller Nachwuchs im zweiten und dritten Lehrjahr schon recht hohe Ausbildungsvergütungen bezieht oder fast keine Werbungskosten hat, mit denen die Einkünfte gedrückt werden könnten.
Und so sieht die Rechnung aus für den Lohn, den Ihr Kind max. im Jahr beziehen darf.

Freigrenze 2010	8 004,00 €
Arbeitnehmerpauschbetrag (oder nachgewiesene höhere Werbungskosten)	920,00 €
Zwischensumme	8 924,00 €
Sozialversicherung (2010 20,475 %) (8 924 × 100 ÷ 79,525) × 20,475 %	2 297,62 €
Mindestens unschädliche Bruttoausbildungsvergütung	11 221,62 €

Hat Ihr Nachwuchs durch Fahrtkosten und andere berufsbedingte Aufwendungen höhere Werbungskosten als 920 €, steigt der unschädliche Betrag noch deutlich an.

WICHTIGER HINWEIS

Kürzung auch für private Krankenversicherungen

Aufatmen können alle Eltern, deren Kind z.B. als Beamtenanwärter nicht der Sozialversicherung unterliegt. Genauso wie bei anderen Kindern die Sozialversicherungsbeiträge, können die Kosten für eine private Kranken- und Pflegeversicherung oder freiwillige Beiträge in die gesetzliche Kranken- und Pflegeversicherung von den Einkünften und Bezügen des Kindes abgezogen werden. Schließlich stehen sie genauso wenig zur Bestreitung des Lebensunterhalts zur Verfügung wie der gesetzliche Arbeitnehmeranteil zur Sozialversicherung (BFH v. 28. 11. 2006 – BFH/NV 2007 S. 338 und BFH v. 16. 11. 2006 – BFH/NV 2007 S. 559).

Nicht zugestimmt hat der BFH dagegen einer Minderung der Einkünfte des Kindes um die Lohn- und Kirchensteuer sowie die Beiträge zu einer privaten Zusatzkrankenversicherung, einer privaten Rentenversicherung und einer Kfz-Haftpflichtversicherung (BFH v. 26. 9. 2007 – BFH/NV 2008 S. 434).

Genauso wie mit Sozialversicherungsbeiträgen können Sie Ihre Chancen auf **726**
Kindergeld und -freibetrag mit besonderen Ausbildungskosten verbessern. Vor allem, wenn sich Ihr Nachwuchs das Studium durch einen Job selbst finanziert oder andere Einkünfte und Bezüge, wie z. B. eine Waisenrente, BAföG oder ein Stipendium, bezieht, kann es notwendig sein, den Betrag unter die Grenze von 8 004 € zu drücken. Insbesondere folgende Aufwendungen können besondere Ausbildungskosten sein:

- Fahrten zwischen Wohnung und Ausbildungsstätte in Höhe der Entfernungspauschale (BFH v. 25. 7. 2001 – BStBl II 2002 S. 12),
- Bücher, die für die Ausbildung benötigt werden,
- Arbeitsmittel für die Ausbildung,
- Studiengebühren, auch wenn sie wegen Überschreitung einer bestimmten Studiendauer oder für ein Zweitstudium anfallen.

Keine besonderen Ausbildungskosten sind Aufwendungen für Unterkunft und Verpflegung, da diese bereits im Grenzbetrag berücksichtigt sind; das gilt auch für die entsprechenden Aufwendungen bei einer doppelten Haushaltsführung (BFH v. 22. 5. 2002 – BStBl II 2002 S. 695) sowie die üblichen Semester- oder Rückmeldegebühren.

Anders sieht es aber aus für die wöchentliche Fahrt nach Hause; setzen Sie diese genau wie die Fahrten zur Uni mit der Entfernungspauschale an.

Und so rechnen Sie Ihr Kind unter die Grenze von 8 004 €:

Bezüge aus Renten, BAföG etc.		12 000,00 €
./. Kostenpauschale		– 180,00 €
./. besondere Ausbildungskosten:		
Tägliche Fahrten zur Ausbildungsstätte		
200 Tage × 10 km = 2 000 km × 0,30 € =	600,00 €	
Heimfahrten am Wochenende		
44 × 180 km × 0,30 € =	2 376,00 €	
Bücher, Literatur lt. Belegen	400,00 €	

Arbeitsmittel (Computer, Büromöbel, Papier, Verbrauchsmaterial)	600,00 €	
Studiengebühren	1 000,00 €	
	4 967,00 €	> – 4 967,00 €
Schädliche Bezüge		6 853,00 €

Wie Sie sehen, ist die Grenze von 8 004 € (2010) nicht überschritten, und Ihnen stehen weiterhin Kindergeld und -freibeträge zu.

GUTER RAT

Bezüge Ihres Kindes, die für besondere Ausbildungszwecke bestimmt sind, werden bei der Berechnung der schädlichen Einkünfte und Bezüge nicht mitgerechnet. Dazu gehören z. B. das Büchergeld bei der Begabtenförderung, aber auch Studiengebühren, Reisekosten und Wechselkurszuschläge bei einem Auslandsstudium. Die damit abgegoltenen Kosten können Sie daher nicht als außerordentliche Ausbildungskosten von den übrigen Bezügen abziehen.

Wenn Ihr Kind solche Zuschläge nicht bekommt, sondern die erhöhten Aufwendungen für seine Berufsausbildung selbst getragen hat, sollten Sie dem Finanzamt eine Aufstellung der außergewöhnlichen Ausbildungskosten einreichen. Dieser Teil der Einkünfte Ihres Kindes fällt aus der Berechnung der Einkünfte und Bezüge heraus.

727 Sie fragen: »Wie wird das Urlaubsgeld oder das 13. Monatsgehalt berücksichtigt, wenn mein Kind, das sich in der Ausbildung befindet, während des Jahres volljährig wird?«

Denn das Urlaubsgeld fließt vielleicht zur Jahresmitte, das 13. Monatsgehalt aber erst am Jahresende, ebenso das Weihnachtsgeld.

Antwort: Diese sog. Sonderzuwendungen werden gezwölftelt und jedem Monat zugerechnet. Bei einem Mädchen, das im Juni volljährig wurde, wollte das Finanzamt das 13. Monatsgehalt dem Dezember zuschanzen mit der Folge, dass die Einkunftsgrenze überschritten war. »So nicht!«, rief schon das Finanzgericht, später auch der BFH: Man verteilt das Geld auf die zwölf Monate – und die Tochter kommt dann (eventuell) unter die Einkunftsgrenze.

Das müssen Sie mit spitzem Stift bei sich genau durchrechnen. Wenn das Finanzamt Ihnen dann komisch kommt und das nicht anerkennt, dann verweisen Sie es auf den BFH-Beschluss vom 10. 1. 2003 (BFH/NV 2003 S. 752). Hier reagierte das Gericht sauer und sagte, dass es solche Sachen doch schon längst entschieden habe und sie nun klar wären.

WICHTIGER HINWEIS

Keine Angst wegen der Einkommensgrenze, wenn Ihr Kind z. B. im Lauf des Jahres seine Ausbildung beendet und danach einen Job mit 5 000 € Monatsgehalt angenommen hat. Für jeden vollen Kalendermonat, in dem die Voraussetzungen für einen Kinderfreibetrag auch ohne die Einkünfteprüfung nicht vorgelegen haben, reduziert sich die Einkünfte- und Bezügegrenze um $^1/_{12}$, also um 667 € (ab 2010). Liegen die Einkünfte und Bezüge des Kindes während des ersten Teils des Jahres – bis zum Ende der Ausbildung – unter der so gekürzten Einkommensgrenze, behalten Sie Kindergeld oder -freibetrag. **728**

c) Kinderfreibetrag und Betreuungsfreibetrag

Als Alternative zum Kindergeld können Sie – allerdings erst in Ihrer Einkommensteuererklärung – Kinderfreibeträge abziehen. Auf den Steuervorteil, der sich daraus für Sie ergibt, wird das schon ausgezahlte Kindergeld angerechnet. Das Finanzamt zahlt Ihnen also nur eine mögliche Differenz zwischen Steuerersparnis durch die Freibeträge und Kindergeld aus. **729**

Der Gesamtfreibetrag von 7 008 € für ein Kind setzt sich aus zwei Komponenten zusammen: dem eigentlichen Kinderfreibetrag von 2 184 €/4 368 € und dem Freibetrag für Betreuungs- und Erziehungsaufwand von 1 320 €/2 640 € (Alleinstehende/Verheiratete). Die beiden Freibeträge werden grundsätzlich nach denselben Kriterien jeweils gemeinsam bei den Eltern abgezogen. Unterschiede ergeben sich nur, wenn die einem Elternteil zustehenden Freibeträge beim anderen Elternteil abgezogen werden sollen. Während beim Kinderfreibetrag die Übertragung grundsätzlich nur in Betracht kommt, wenn der andere Elternteil nicht genügend Unterhalt zahlt, kann der Betreuungsfreibetrag bei minderjährigen Kindern unabhängig von den Unterhaltszahlungen komplett auf den Elternteil übertragen werden, bei dem das Kind gemeldet ist.

WICHTIGER HINWEIS

Wie beim Kindergeld gilt das Monatsprinzip, d. h., Sie erhalten nur für die Monate, in denen bei Ihnen ein Kind nach den steuerlichen Regeln berücksichtigt werden kann, jeweils $^1/_{12}$ des Jahresbetrags. **730**

Beispiel

Hat Ihr 25-jähriger Sohn seine Ausbildung im Januar beendet, bekommen Sie nur noch für Januar einen Kinder-/Betreuungsfreibetrag, also $^1/_{12}$ von 7 008 € = 584 € (Monatsbetrag für zusammenveranlagte Ehegatten) bzw. $^1/_{12}$ von 3 504 € = 292 € (Monatsbetrag für z. B. getrennt lebende Elternteile).

731 Mit einer Eintragung Ihres Kindes auf der Lohnsteuerkarte sparen Sie nur Kirchensteuer und Solidaritätszuschlag. Wegen des Vorrangs der Kindergeldzahlung werden die Kinderfreibeträge nicht mehr wie früher in die normalen Lohnsteuertabellen eingearbeitet. Sie werden beim Steuerabzug vom Arbeitslohn im Lauf des Jahres nur noch gebraucht, um die fiktive Lohnsteuer zu berechnen, die sich beim Abzug von Kinderfreibeträgen ergeben würde. Auf dieser fiktiven Lohnsteuer basiert aber die Berechnung von Kirchensteuer und Solidaritätszuschlag. Und da Kleinvieh bekanntlich auch Mist macht und Sie schließlich nichts zu verschenken haben, sollten Sie sich also auf jeden Fall Ihre Kinder eintragen lassen.

d) Auslandskinderfreibetrag

732 Für Auslandskinder wird bei der Einkommensteuerveranlagung unter den gleichen Bedingungen wie für Inlandskinder ein Kinderfreibetrag berücksichtigt. Für Kinder bis zu 18 Jahren also ohne besondere Voraussetzungen. Für Kinder über 18 Jahren, wenn sie sich in Berufsausbildung etc.
befinden. Ganz ohne Pferdefuß geht es aber offensichtlich nicht. Leben die Kinder in Ländern mit niedrigerem Lebensstandard als dem der Bundesrepublik, werden die Kinderfreibeträge inkl. Freibetrag für Betreuungs- und Erziehungsaufwand um $^{1}/_{4}$, $^{1}/_{2}$ oder sogar um $^{3}/_{4}$ auf 5 256 €/3 504 €/1 752 € zusammengestrichen. Maßgebend ist dafür die Einteilung aller Länder in Ländergruppen (BMF-Schreiben v. 9. 1. 2005 – BStBl 2005 I S. 369).
Gekürzt wird nicht nur der Kinderfreibetrag, sondern auch die Einkünfte- und Bezügegrenze von 8 004 €. Je nach Land beträgt sie $^{3}/_{4}$ = 6 003 €, $^{1}/_{2}$ = 4 002 € oder $^{1}/_{4}$ = 2 001 € (2010).

TIPP

für ausländische Kinder

733 Auch für Auslandskinder gilt im laufenden Jahr der Vorrang Kindergeld vor Kinderfreibetrag. Daher wird ein Kinderfreibetrag für die Berechnung der Lohnsteuer zunächst nicht eingetragen. Soweit Ihnen für Ihr Auslandskind Kindergeld in Ihrem Heimatland zusteht, bleibt es bei diesem Grundsatz. Bekommen Sie dagegen keine vergleichbaren Leistungen, können Sie sich ausnahmsweise den Kinderfreibetrag als Lohnsteuerfreibetrag auf der Lohnsteuerkarte eintragen lassen, damit Ihr Kind im laufenden Jahr überhaupt irgendwie berücksichtigt werden kann.

e) Übertragung von Kinder-/Betreuungsfreibeträgen

734 Nicht miteinander verheiratete oder getrennt lebende Eltern erhalten jeweils den halben Kinder- und Betreuungsfreibetrag (= 2 184 € bzw. 1 320 €).

Auf besonderen Antrag kann ein Elternteil die Freibeträge des anderen zwangsweise auf sich übergehen lassen, wenn er seine Unterhaltspflicht gegenüber dem Kind im Wesentlichen (d. h. zu mindestens 75 %) erfüllt, der andere Elternteil hingegen seiner Unterhaltsverpflichtung nicht nachkommt. Profitieren können davon vor allem Elternteile, in deren Haushalt die Kinder leben.

Beim Betreuungs-, nicht aber beim Kinderfreibetrag ist auch unabhängig davon, ob der andere Elternteil seiner Unterhaltsverpflichtung nachkommt, eine Übertragung auf denjenigen Elternteil möglich, bei dem das Kind gemeldet ist.

Die Freibeträge können einvernehmlich auch auf Stief- oder Großeltern übertragen werden, wenn das Kind in deren Haushalt lebt. In diesem besonderen Fall können die leiblichen Eltern also auf den Betreuungs- **und** den Kinderfreibetrag verzichten.

Mit der Übertragung gehen dem übertragenden Elternteil alle kindbedingten Vorteile verloren, als da sind: Haushalts- und Ausbildungsfreibetrag, Minderung der zumutbaren Belastung und der Kirchensteuer, Übertragung des Behindertenpauschbetrags, der dem Kind zusteht, evtl. noch zustehendes Baukindergeld.

Kindesunterhalt laut Düsseldorfer Tabelle (Stand 1. 1. 2010) 735

	Nettoeinkommen des Barunterhaltspflichtigen	Altersstufe in Jahren			
		0–5	6–11	12–17	ab 18
	€	€	€	€	€
1.	bis 1 500	317	364	426	488
2.	1 501-1 900	333	383	448	513
3.	1 901-2 300	349	401	469	537
4.	2 301-2 700	365	419	490	562
5.	2 701-3 100	381	437	512	586
6.	3 101-3 500	406	466	546	625
7.	3 501-3 900	432	496	580	664
8.	3 901-4 300	457	525	614	703
9.	4 301-4 700	482	554	648	742
10.	4 701-5 100	508	583	682	781
	über 5 101	nach den Umständen des Falles			

Meistens ist der Elternteil, der nicht das Sorgerecht für das Kind hat, verpflichtet, Barunterhalt zu leisten. Um einer Übertragung des Kinderfreibetrags auf den anderen Elternteil entgegenzuwirken, ist es wichtig, dass der Unterhaltspflichtige wenigstens 75 % des Barunterhalts für das Kalenderjahr tatsächlich leistet. Wird die Höhe des Unterhalts nicht in einem Gerichtsurteil, einem Vergleich oder einer anderen Vereinbarung festgelegt, können die Unterhaltsbeiträge lt. Düsseldorfer Tabelle angesetzt werden.

Wichtig für Sie: Wenn ein Elternteil finanziell so schlecht gestellt ist, dass er nicht oder nur minimal unterhaltspflichtig ist, wird er so behandelt, als käme er einer Unterhaltsverpflichtung nach. Der Kinderfreibetrag kann dann nicht auf den anderen Elternteil übertragen werden.

WICHTIGER HINWEIS

736 Wenn Sie als getrennt Lebender oder Geschiedener Unterhalt für die Kinder zahlen, die bei Ihrem Expartner leben, haben Sie Anspruch auf einen Teil der steuerlichen Entlastung durch die Kinder. Da es den sog. Halbteilungsgrundsatz beim Kindergeld aber nicht gibt, wird das Kindergeld immer in voller Höhe an denjenigen ausgezahlt, bei dem die Kinder leben. Sie als unterhaltsverpflichteter Elternteil bekommen das Ihnen zustehende halbe Kindergeld auf einem Umweg. In Höhe von 50 % des Kindergelds verringert sich nämlich Ihre Unterhaltsverpflichtung. Achten Sie also beim Aushandeln des Unterhalts für den Expartner und die Kinder darauf, dass diese Gegenrechnung für Sie nicht unter den Tisch fällt.

Bei Ihrer Steuererklärung tut das Finanzamt allerdings immer so, als hätten Sie das halbe Kindergeld erhalten. Das Argument, das Kindergeld könne nicht gegengerechnet werden, weil Sie vergessen haben, es bei der Unterhaltsverpflichtung zu berücksichtigen, zieht nicht, weil es nur auf den Anspruch auf Kindergeld, nicht dagegen auf dessen tatsächliche Zahlung ankommt.

Nun mal ganz ehrlich, diesen Juristenquatsch muss man nicht wirklich verstehen! Einmal mehr bewahrheitet sich hier aber die alte Weisheit: »Auf See und vor Gericht ist man in Gottes Hand!«

f) Entlastungsbetrag für Alleinerziehende

737 »Echte« Alleinerziehende können einen zusätzlichen Freibetrag von 1 308 € im Jahr absetzen, wenn

- sie mit mindestens einem Kind (auch über 18 Jahre), für das sie einen Kinderfreibetrag oder Kindergeld bekommen, in einem eigenen gemeinsamen Haushalt leben;
- das Kind mit Wohnsitz bei Ihnen gemeldet ist.

Der Pferdefuß bei der ganzen Geschichte ist »Echte«. Hier haben sich die Fiskalakrobaten einige üble Fallstricke einfallen lassen. So sollen Sie nämlich nur dann als Alleinerziehender Gnade vor den Augen des Fiskus finden, wenn

- Sie nicht die Ehegattenveranlagung beanspruchen können, d.h. weder die Zusammen- noch die getrennte Veranlagung oder die besondere Veranlagung im Jahr der Eheschließung für Sie in Betracht kommt,
- Sie komplett allein mit Ihren Kindern in Ihrem Haushalt leben. Es darf also keine andere Person in Ihrem Haushalt leben, weder Lebenspartner noch Ihre Eltern, Geschwister oder andere Verwandte. Sogar ein erwachsenes Kind, das nicht mehr in der Berufsausbildung steht, aber noch bei Ihnen wohnt, macht Ihnen den Freibetrag für seine jüngeren Geschwister kaputt. Also werden Sie dafür sorgen, dass Ihr erwachsenes Kind nicht bei Ihnen gemeldet ist, sondern beim anderen Elternteil oder bei den Großeltern unterkommt und dort gemeldet wird.

Auch beim Entlastungsbetrag für Alleinerziehende gilt im Übrigen das Monatsprinzip. Wenn also z.B. Ihre Tochter am 10. 6. des Jahres ihr Studium beendet, bekommen Sie nur einen Entlastungsbetrag von 6/12 von 1 308 € = 654 €.
Mit den o.g. Voraussetzungen sind alle nichtehelichen Lebensgemeinschaften vom Entlastungsbetrag für Alleinerziehende abgekoppelt. Vor allem, wenn der Lebenspartner in Ihrer Wohnung gemeldet ist – ob mit Haupt- oder Nebenwohnsitz, spielt keine Rolle –, wird eine Haushaltsgemeinschaft vom Gesetz einfach unterstellt. Aber selbst ohne Wohnsitzmeldung ist der Entlastungsbetrag futsch, wenn ein gemeinsamer Haushalt geführt wird.

TRICK

Retten Sie mit einem Mietvertrag den Freibetrag!

Wie schnell ist eine neue Liebe dahin, wenn man sich Tag für Tag auf der Pelle 738
sitzt. Ein wenig Distanz wirkt da manchmal Wunder und hält die Beziehung frisch. Und nicht nur die, nebenbei erhält sie Ihnen auch den Entlastungsbetrag für Alleinerziehende.
Warum schließen Sie also nicht einfach mit Ihrem Partner einen Mietvertrag für die kleine Dachgeschosswohnung. So haben Sie erst einmal jeder einen eigenen Haushalt und keine Haushaltsgemeinschaft. Natürlich hat jeder seinen eigenen Kühlschrank und wirtschaftet für sich, sonst wäre das Ganze ja eine Umgehung und damit Schmu, den Sie natürlich nicht begehen werden. Gut ist außerdem, wenn Sie getrennte Telefonanschlüsse und Türklingeln aufweisen können, sonst wittern die Fiskalritter gleich Unrat. Dass Sie sich, wie das gute Nachbarn und Freunde tun, gelegentlich besuchen, gegenseitig zum Essen einladen und auch mal beim anderen übernachten, macht aus Ihnen noch längst keine Haushaltsgemeinschaft. Also können Sie sich nach wie vor über Ihren Entlastungsbetrag freuen, und vielleicht springt bei dem Mietverhältnis ja noch ein kleiner Verlust heraus, den Sie zusätzlich von der Steuer absetzen können.

Das Land Niedersachsen kaufte das ehemalige Verwaltungsgebäude der Firma Kali + Salz. In das Gebäude sollte die Verwaltung der Tierärztlichen Hochschule einziehen. Die Landesverwaltung »verschätzte« sich bei den Kosten für die Herrichtung und Sanierung um sage und schreibe 2068 %.

SUPER TRICK

Kassieren Sie den Entlastungsbetrag doppelt!

739 Getrennt lebende oder geschiedene Eltern mit mindestens zwei Kindern können den Entlastungsbetrag doppelt kassieren. Seien Sie flexibel und gestalten Sie Ihre Verhältnisse geschickt: Jeder von Ihnen nimmt eines der Kinder auf und meldet es bei sich mit Hauptwohnsitz an. Da Sie nun beide alleinerziehend sind, erfüllen Sie beide die Voraussetzungen für den Entlastungsbetrag.

g) Kindergeld

740 Kindergeld gibt es unabhängig von der Höhe des Einkommens. Es beträgt 2010 monatlich je 184 € für das erste und zweite Kind, 190 € für das dritte Kind und je 215 € ab dem vierten Kind.

Kindergeldtabelle

Jahr	Familie			
	1 Kind	2 Kinder	3 Kinder	4 Kinder
2009	164 €	328 €	498 €	693 €
seit 2010	184 €	368 €	558 €	733 €

Kindergeld bekommen Sie ohne besondere Voraussetzung für Ihr Kind, solange es nicht älter als 18 Jahre ist. Ist es über 18 Jahre, gibt es das Kindergeld nur, wenn das Kind sich noch in der Berufsausbildung befindet etc. und im Jahr nicht mehr als 8 004 € (ab 2010) eigene Einkünfte und Bezüge hat (➤ Rz 712 ff.).

TRICK

372 € zusätzliches Kindergeld ergattern!

741 Wie beim Kinderfreibetrag können Sie beim Kindergeld die Ansprüche auf die Großeltern übertragen, wenn das Kind in deren Haushalt lebt.

Vor allem, wenn Ihr Nachwuchs, der noch die Füße unter Ihren Tisch stellt, nichts Besseres zu tun hatte, als Sie frühzeitig zum Großpapa oder zur Großmama zu machen, müssen Sie auf Draht sein. Zwar bekommt auch Ihre Tochter oder Ihr Filius für den Nachwuchs Kindergeld, aber eben nur 164 € im Monat. Haben Sie selbst noch drei Kinder, die minderjährig sind oder in der Berufsausbildung stehen, sollten Sie sich den Kindergeldanspruch für Ihr Enkelkind übertragen lassen. Bei Ihnen wird der Enkel nämlich automatisch zum vierten Kind, und Sie bekommen dafür 195 €. Und so sieht die Rechnung aus:

		Ohne Übertragung		Mit Übertragung	
Ihr Kindergeldanspruch		Kindergeldanspruch Ihres Kindes		Ihr Kindergeld-anspruch	
1. Kind	184 €	1. Kind	184 €	1. Kind	184 €
2. Kind	184 €			2. Kind	184 €
3. Kind	190 €			3. Kind	190 €
Summe	558 €	Summe	184 €	4. (Enkel-)Kind	215 €
Insgesamt (558 € + 184 €) = 742 €				Summe	773 €

Wie Sie sehen, kassieren Sie Monat für Monat 31 € mehr an Kindergeld. Im Jahr beträgt der Gewinn satte 372 €. Und das mit einem lächerlichen kleinen Federstrich.

Denselben Kniff können Sie übrigens anwenden, wenn Sie sich von Ihrem Ehepartner getrennt haben und mit Ihren drei Kindern wieder zu Ihren Eltern gezogen sind, die noch Kindergeld für Ihren studierenden kleinen Bruder beziehen. In solch einem Fall werden Sie flugs die Kindergeldansprüche für Ihre drei Kinder auf Ihre Eltern übertragen, die somit Kindergeld für vier Kinder bekommen. Das macht ebenfalls wieder 372 € mehr als bei getrennter Kasse.

Wie kommen Sie an Ihr Kindergeld? 742

Das Kindergeld bekommen Sie von der sog. Familienkasse ausgezahlt. Die Familienkassen hat man zwar offiziell zu Behörden des Fiskus erklärt, in Wahrheit verbirgt sich dahinter aber nichts anderes als die alte Kindergeldkasse des Arbeitsamts. Sicherlich werden Ihre Anträge dort von denselben Gesichtern in denselben verstaubten Büros bearbeitet. Das einzig Neue ist also der »Firmenname«.

Die Familienkasse sitzt bei der für Sie zuständigen Agentur für Arbeit. Stellen Sie also dort einen Kindergeldantrag. Sind Sie im öffentlichen Dienst beschäftigt, übernimmt die gehaltszahlende Stelle die Funktion der Familienkasse. Wenden Sie sich mit Ihrem Antrag auf Kindergeld in dem Fall an Ihre Personalabteilung.

GUTER RAT

743 Lassen Sie sich bei Kindern über 18 Jahre nicht davon ins Bockshorn jagen, dass deren Einkünfte und Bezüge im laufenden Jahr möglicherweise über 8 004 € (2010) liegen. Stellen Sie in jedem Fall erst einmal einen Antrag auf Auszahlung des Kindergelds. Sollte sich nach Ablauf des Jahres herausstellen, dass der Nachwuchs zu viel verdient hat, müssen Sie zwar zurückzahlen, hatten aber ein hübsches zinsloses Darlehen.

WICHTIGER HINWEIS

744 Kindergeldansprüche verjähren genauso wie Steueransprüche grundsätzlich erst nach vier Jahren! Haben Sie also Ihren Kindergeldantrag in einem Jahr verschwitzt, können Sie ihn noch drei Jahre später stellen. Mit dieser Regelung bekommen Sie das volle Kindergeld nachgezahlt, wenn Ihr Nachwuchs einmal völlig überraschend mit seinen eigenen Einkünften und Bezügen unter die Einkünftegrenze rutscht. Denkbar ist z.B., dass er während der Ausbildung eigentlich zu viel verdient, aber z.B. durch einen beruflichen Autounfall zum Ende des Jahres plötzlich so hohe Werbungskosten anfallen, dass seine Einkünfte unter der Grenze liegen.

TIPP

für arme Familienväter

745

Das Wahlrecht zwischen Kinder-/Betreuungsfreibetrag und Kindergeld können Sie zwar erst im Rahmen Ihrer Einkommensteuererklärung ausüben, allzu große Gedanken müssen Sie sich deswegen aber nicht machen. Die Finanzämter müssen nämlich bei jedem Steuerzahler mit Kindern von sich aus prüfen, ob der Kinder- und Betreuungsfreibetrag mehr bringt als das Kindergeld. Ist der Kinderfreibetrag für Sie günstiger, bekommen Sie die Differenz vom Finanzamt mit Ihrer Steuererstattung zusammen ausgezahlt.

Wenn Sie nicht gerade zu den Großverdienern gehören, ist für Sie sowieso das **Kindergeld die günstigere Alternative**. Denn Sie müssen als Familienvater mit einem Kind schon auf einen Steuersatz von ca. 34 % kommen, damit Sie mit dem Kinderfreibetrag ein Geschäft machen können.

Kinderfreibetrag	3 648 €		
Betreuungsfreibetrag	2 160 €		
	= 5 808 €	× 34 %	= 1 975 €
Kindergeld 164 € × 12			= 1 968 €

Das Bruttoeinkommen Ihrer Ein-Kind-Familie müsste dazu grob gerechnet bei ca. 61 500 € im Jahr liegen.
Haben Sie mehr als drei Kinder, lohnt sich der Kinderfreibetrag erst bei noch höherem Einkommen.
Allerdings können Sie mit dem Kinderfreibetrag wenigstens einen Teil der Steuervergünstigungen für Kinder retten, wenn Sie keinen Anspruch auf Kindergeld hatten. Bei der Vergleichsrechnung in Ihrem Steuerbescheid rechnet das Finanzamt nämlich nur Kindergeld gegen, wenn Ihnen dieses dem Grunde nach zusteht. Haben Sie allerdings schlicht vergessen, einen Kindergeldantrag zu stellen, und können Sie diesen nicht mehr nachholen, wird trotzdem der fiktive Kindergeldanspruch gegengerechnet.

2. Was steht Ihnen außerdem noch zu?

S Seien Sie nicht so dumm, sich mit Kindergeld oder -freibetrag zufriedenzu- 746
geben. Es gibt weitere Möglichkeiten, durch Kinder Vergünstigungen herauszuholen, aber meistens leider nur für Eltern, die gut betucht sind.

TIPP

Kinder helfen Steuern sparen.

Ihre Möglichkeiten bestehen in der Hauptsache darin, **Ihrem Kind eigene Einkünfte zu verschaffen**. Diese sind aufgrund der Frei- und Pauschbeträge beim Kind steuerfrei, mindern aber Ihr Einkommen! Eine zusätzliche Entlastung erfahren Sie dadurch, dass das Kind die eigenen Einkünfte zu seinem Unterhalt und seiner Berufsausbildung verwendet. Dies kann Ihnen das Finanzamt nicht als Steuerumgehung ankreiden, weil es ein ganz normaler Vorgang ist (so NWB in Fach 3 Seite 5902; BFH v. 29. 11. 1983 – BStBl 1984 II S. 366). Die folgenden Steuersparmöglichkeiten sollten Sie mal für sich ausloten:

a) Kapital übertragen

Übertragen Sie Ihrem Kind Kapital, fließen die Kapitalerträge nicht Ihnen, son- 747
dern Ihrem Kind zu. Ihr Kind hat so lange nichts zu versteuern, wie die Zinseinnahmen 8 841 € (2010) jährlich nicht übersteigen. Sie müssen für Ihr Kind lediglich eine sog. Nichtveranlagungsbescheinigung beantragen und dem Anlageinstitut vorlegen, damit keine Abgeltungsteuer einbehalten wird.

Grundfreibetrag	8 004,00 €
Sparerpauschbetrag	801,00 €
Sonderausgabenpauschbetrag	36,00 €
Steuerfrei bleibender Mindestbetrag	8 841,00 €

TRICK

Weniger ist mehr und rettet das Kindergeld.

Mit 8 841 € (2010) liegt Ihr Kind allerdings über der Einkünfte- und Bezügegrenze für das Kindergeld bei über 18 Jahre alten Kindern. Übertragen Sie also etwas weniger Einkünfte auf Ihre Kinder und behalten Sie den Kindergeldanspruch. Mehr dazu finden Sie unter ➤ Rz 748.

Aufpassen müssen Sie auch wegen der Krankenversicherung Ihres Kindes. Sind dessen Einküfte zu hoch, fällt es aus der Familienversicherung und muss sich unter Umständen selbst versichern. Die dafür fälligen Beiträge schmälern natürlich die Steuerersparnis aus der Übertragung von Einkommensteilen auf das Kind (➤ Rz 750).

Wegen der Erbschaft- oder Schenkungsteuer ist nichts zu befürchten, weil sie erst ab 400 000 € anfällt.

Die jährliche Steuerersparnis an Abgeltungsteuer beträgt bei Eltern ca 28 % inkl. Solidaritätszuschlag und Kirchensteuer, das sind immerhin etwa 2 475 € (2010). Bei Wiederanlage der Zinsen hat sich das Anfangskapital nach 20 Jahren mehr als verdoppelt.

Die Zusage Ihrem Kind gegenüber, ihm Geldvermögen zu übertragen, bedarf eigentlich der notariellen Beurkundung (§ 518 Abs. 1 BGB). Wird diese Form nicht eingehalten, weil die Zusage gewöhnlich mündlich erfolgt, wird der Formmangel durch den späteren Vollzug, die Übereignung des Geldvermögens, wieder geheilt (§ 518 Abs. 2 BGB). Die Übertragung muss aber eindeutig sein. Angenommen, Sie wollen Wertpapiere in Form von Aktien, Anleihen, Pfandbriefen übertragen, so wird dies durch Übergabe vollzogen (§§ 929 ff. BGB): Befinden sich die Wertpapiere jedoch im Depot einer Bank, erfolgt die Übertragung durch die mündliche Einigung und die anschließende Abtretung des Herausgabeanspruchs gegen die Bank als Verwahrer (§§ 929, 931 BB).

Die Abtretung des Herausgabeanspruchs halten Sie als Beweis gegenüber dem Fiskus so fest:

```
Abtretungserklärung

Ich bin der Eigentümer folgender Wertpapiere:

Bezeichnung          Stückzahl             Nennwert            Kurswert
. . . . .            . . . . .             . . . . .           . . . . .
. . . . .            . . . . .             . . . . .           . . . . .
. . . . .            . . . . .             . . . . .           . . . . .
. . . . .            . . . . .             . . . . .           . . . . .
. . . . .            . . . . .             . . . . .           . . . . .
. . . . .            . . . . .             . . . . .           . . . . .
. . . . .            . . . . .             . . . . .           . . . . .

die in meinem Depot bei der . . . . . . . . . . . . . . . . . . . . . . .
Nr. . . . . . . . . . . . . liegen. (Name der Bank/Sparkasse)

Hiermit trete ich den Herausgabeanspruch gegen die
. . . . . . . . . . . . . . . . . . . . . . . . . . . . . . . . . . . . . .
hinsichtlich der oben genannten Wertpapiere ab an:
Herrn/Frau . . . . . . . . . . . . . . . . . . . . . . . . . . . . . . . .
geb. am . . . . . . . . . . . .
geb. in . . . . . . . . . . . .
Wohnhaft in . . . . . . . . . . . . . . . . . . . . . . . . . . . . . . . .
. . . . . . . . . . . . . . . . . . . . . . . . . . . . . . . . . . . . .

    . . . . . . . . . . . .                  . . . . . . . . . . . .
        (Ort, Datum)                              (Unterschrift)
```

Mit dieser Abtretungserklärung gehen Sie zu Ihrer Bank oder Sparkasse und bitten um Übertragung der Wertpapiere auf das neu einzurichtende oder bereits bestehende Depot Ihres Kindes. Hierfür hat die Bank eigene Formulare.

Lassen Sie sich eine Kopie aushändigen, die Sie auf Anfrage dem Finanzamt präsentieren.

WICHTIGER HINWEIS

748 Damit Sie bei der Übertragung von Einkünften und Vermögen auf Ihre Kinder keine Nachteile erleiden, beachten Sie folgende Auswirkungen, wenn Ihr Kind plötzlich über eigenes Einkommen verfügt:

Kindergeld und Kinderfreibetrag erhalten Sie für Kinder über 18 Jahre, die z. B. noch in der Berufsausbildung stehen, nur, wenn deren Einkünfte und Bezüge nicht über 8 004 € (ab 2010) liegen.

Auch andere Vergünstigungen wie Ausbildungs-, Haushaltsfreibetrag, Kinderbetreuungskosten, Übertragung des Behindertenpauschbetrags gibt es dann nicht mehr. Wie sich das in etwa auswirkt, können Sie der folgenden Gegenüberstellung entnehmen. Dabei habe ich einen Spitzensteuersatz von 35 % unterstellt, das entspricht einem zu versteuernden Einkommen von ca. 75 000 €.

Steuervergünstigungen ohne Einkünfteübertragung	
Kindergeld, umgerechnet 2208 × 100 ÷ 35	6 309 €
Ausbildungsfreibetrag (auswärtige Unterbringung):	924 €
Einkommensminderung	7 233 €
Einkommensteuerersparnis ca. 35 %	2 532 €
Übertragung von 6 000 € Zinseinnahmen	
Kindergeld, umgerechnet 2208 × 100 ÷ 35	6 309 €
Ausbildungsfreibetrag	0 €
Einkommensminderung	6 309 €
Einkommensteuerersparnis ca. 35 %	2 208 €
Ersparnis Abgeltungsteuer 25 % von 6 000 €	1 500 €
Steuerersparnis insgesamt	3 708 €
Übertragung von 12 000 € Zinseinnahmen	
Kindergeld	0 €
Ausbildungsfreibetrag	0 €
Einkommensminderung	0 €
Einkommensteuerersparnis ca. 35 %	0 €
Ersparnis Abgeltungsteuer 25 % von 12 000 €	3 000 €
Einkommensteuer des Kindes auf (12 000 € – 801 € – 36 €) = 11 163	– 533 €
Steuerersparnis insgesamt	2 467 €

Also aufgepasst! Sie fahren 2010 in der Regel am günstigsten, wenn Sie Ihrem Kind durch die Übertragung von Kapital zu nicht mehr als (8 004 € + 801 € =) 8 805 € Zinsen verhelfen und sich so neben der Einkommensminderung auch noch das Kindergeld sichern. Dies ist umso wichtiger, wenn Sie für Ihr Kind z. B. noch Anspruch auf einen Entlastungsbetrag für Alleinerziehende haben oder seinen Behindertenpauschbetrag in Anspruch nehmen können.

Hinweis: Der Sparerpauschbetrag von 801 €, der bei Ihrem Kind abgezogen wird, stellt keine Einkünfte und Bezüge dar.

TRICK

Schenken Sie und nehmen Sie zurück!

So geht's: Sie schenken Ihrem Kind z. B. 50 000 € in bar. Keine Angst vor der Schenkungsteuer, Ihr Kind hat einen Freibetrag von 400 000 €. Das Geld nehmen Sie aus Ihrem Betrieb. Dann vereinbaren Sie mit Ihrem Kind in einem notariellen Vertrag, dass es Ihnen ein Darlehen zu banküblichen Zinsen von z. B. 7 % gewährt. Doch Finanzamt und BFH haben vor der Steuerersparnis einige Fallstricke gezogen, über die Sie nicht stolpern dürfen: 749

1. Ist Ihr Kind minderjährig, muss beim Darlehensvertrag unbedingt ein Ergänzungspfleger bestellt werden.
2. Packen Sie die Geldschenkung und die anschließende Darlehensgewährung auf keinen Fall in einen einzigen notariellen Vertrag.
3. In der Schenkungsurkunde darf keine Auflage auftauchen, aus der hervorgeht, dass Ihr Kind verpflichtet ist, Ihnen das Geld als Darlehen wieder zur Verfügung zu stellen.
4. Lassen Sie zwischen Schenkung und Darlehensvereinbarung ein paar Monate verstreichen, damit Sie sagen können, beides sei sachlich und zeitlich völlig unabhängig voneinander erfolgt. In der Zwischenzeit sollten Sie natürlich das Geld für Ihr Kind zinsbringend anlegen. Außerdem sollten Sie Ihrem Kind etwas mehr schenken als den Darlehensbetrag.
5. Die Konditionen des Darlehens müssen wie zwischen Fremden geregelt sein. Dazu gehört vor allem, dass Sie die Laufzeit festlegen, die Höhe und die Fälligkeit der Zinsen sowie Art und Zeitpunkt der Rückzahlung. Außerdem müssen Sie Ihrem Kind für den Kredit ausreichende Sicherheiten bieten, z. B. Teile Ihres Betriebsinventars, eine Sicherungshypothek an einem Grundstück oder eine Bankbürgschaft.
6. Achten Sie darauf, dass die Zinsen pünktlich auf das Konto Ihres Kindes überwiesen werden.

Die Zinsen von 3 500 € jährlich für das Darlehen setzen Sie als Betriebsausgaben ab, und Ihr Kind hat nichts zu versteuern, weil die Freibeträge höher sind als die Zinsen. Wenn Sie es so machen, wie ich es beschrieben habe, haben Sie alle Steine, die Ihnen die H 4.8 EStR, das BMF-Schreiben vom (25. 5. 1993 BStBl I 1993 S. 410) und die BFH-Urteile vom 4. 6. 1991 und 12. 2. 1992 (BStBl II 1991 S. 838 und 1992 S. 468) gegen eine Anerkennung Ihrer Steuerersparnis in den Weg zu legen versuchten, geschickt aus dem Weg geräumt.

TRICK

Umgehen Sie das Fangeisen der Krankenversicherung!

750 Wenn Ihr Kind ein Gesamteinkommen hat, das 1/7 der monatlichen Bezugsgröße überschreitet – das sind für 2010 365 €/Monat –, kann sein Anspruch auf Leistungen aus der gesetzlichen Familienkrankenversicherung verlorengehen. Statt beitragsfrei bei Ihnen mitversichert zu sein, muss das Kind dann eigene Beiträge zur Krankenversicherung zahlen.

Dazu müssen Sie wissen: Einkommen im Sinn der Sozialversicherung ist die Summe der Einkünfte nach dem Einkommensteuerrecht (§ 16 SGB IV), allerdings ohne Berücksichtigung von Steuervergünstigungen wie Sonderausgaben, Freibeträge, Sonderabschreibungen. Werbungskosten und Werbungskostenpauschbeträge können dagegen abgezogen werden.

Hat Ihr Kind z. B. Kapitaleinkünfte, wird davon zunächst der Sparerpauschbetrag in Höhe von 801 € abgezogen.

Wenn Sie Ihrem Kind 2010 also nicht mehr als 5 181 € (12 × 365 € + Sparerpauschbetrag 801 €) an eigenen Zinseinnahmen haben zukommen lassen, muss die Krankenversicherung Leistungen für Ihr Kind erbringen und kann es nicht aus der Familienversicherung ausschließen.

WICHTIGER HINWEIS

Familienversicherung für Ehegatten und Lebenspartner!

Für Ehegatten und (eingetragene) Lebenspartner gelten übrigens vergleichbare Regelungen. Sie sind auch nur dann bei ihrem Ehegatten bzw. Lebenspartner als Familienangehörige mitversichert, wenn ihr Gesamteinkommen (bei Kapitaleinkünften nach Abzug des Sparerpauschbetrags) 2010 monatlich 365 € oder jährlich 4 380 € nicht überschreitet.

751 »Was passiert bei der Krankenversicherung, wenn die Kindeseinkünfte über dem Betrag von 365 € monatlich liegen?«, möchten Sie wissen. Meistens gar nichts. Wenn sich aber mal eine teure Behandlung für Ihr Kind ankündigen sollte – z. B. bei Einweisung in ein Krankenhaus –, schickt die Krankenkasse gern einen Fragebogen, in dem sie sich nach den Einkünften des Kindes erkundigt. Liegen die dann über 365 € monatlich, sind fortan für das Kind extra Versicherungsbeiträge fällig. Was bis dahin im Rahmen der Familienkrankenversi-

cherung geleistet wurde, kann die Krankenkasse aber nicht zurückfordern. Dazu gibt es entsprechende Urteile.

Bezieht Ihr Kind sein Einkommen aus einer geringfügigen Beschäftigung (400-€-Job), bleibt es in der Familienversicherung mitversichert, obwohl die 365-€-Grenze überschritten ist.

b) Entgeltliche Mitarbeit des Kindes mit Steuerklasse I

Größere Kinder können im Betrieb der Eltern mithelfen, z.B. regelmäßig die Ablage, Botengänge, Handlanger-, Lager-, Reinigungsarbeiten oder Ähnliches erledigen. Bei Vorlage einer Lohnsteuerkarte können sie dafür bis zu 400 €/ Monat erhalten, ohne dass Lohnsteuer zu entrichten ist. Allerdings fallen pauschale Beiträge von 28 % zur Renten- und Krankenversicherung sowie 1,08 % Umlagen an. Ist das Kind privat krankenversichert, entfallen die pauschalen Krankenversicherungsbeiträge, und es müssen nur 15 % Rentenversicherungspauschale gezahlt werden. **752**

Das Arbeitsentgelt und die pauschalen Renten-/Krankenversicherungsbeiträge sind bei den Eltern Betriebsausgaben oder Werbungskosten. Die jährliche Steuerersparnis kann bei den Eltern Jahr für Jahr ca. 2 450 € (Steuerersparnis inkl. Gewerbesteuer ca. 3 846 € abzgl. pauschale Sozialversicherung 1 396 €) betragen, wenn ihr Spitzensteuersatz bei 42 % und der Gewerbesteuerhebesatz der Gemeinde bei 400 % liegt. Fällt wegen privater Krankenversicherung des Kindes für den 400-€-Job nur die Rentenversicherungspauschale von 15 % zzgl. 1,08 % Umlagen an, liegt die Ersparnis bei ca. 2 694 € (Steuerersparnis inkl. Gewerbesteuer ca. 3 466 € abzgl. pauschale Sozialversicherung 772 €).

Damit es mit dem Fiskus keine Schwierigkeiten bei der Anerkennung des Arbeitsverhältnisses mit Ihrem Nachwuchs gibt, sollten Sie sich auf einige Mindestanforderungen einstellen, die die Fiskalritter in R 4.8 Abs. 3 EStR fordern, und noch das ein oder andere beachten:

1. Für den wirksamen Abschluss eines Arbeitsverhältnisses müssen Sie nicht unbedingt einen Ergänzungspfleger bestellen lassen. **753**
2. Das Kind sollte mindestens 15 Jahre alt sein. Arbeitsverhältnisse mit jüngeren Kindern verstoßen nämlich gegen das Jugendschutzgesetz und werden deshalb von den Finanzämtern regelmäßig als nichtig angesehen und steuerlich nicht anerkannt (R 4.8 Abs. 3 EStR). **754**
3. Haben Sie für ein über 18-jähriges Kind z.B. wegen seiner Berufsausbildung noch Anspruch auf Kindergeld, sollten die Einkünfte und Bezüge Ihres Kindes möglichst unter 8 004 € (ab 2010) im Jahr bleiben, sonst ist der Kindergeldanspruch futsch. **755**
4. Die Arbeit des Kindes muss schon über gelegentliche kleine Hilfeleistungen hinausgehen (BFH v. 19.12.1993 – BStBl II 1994 S. 298). Ärger mit dem Finanzamt ist in jedem Fall vorprogrammiert, wenn schon im Arbeitsvertrag mit Ihrem Kind nur von »gelegentlichen Hilfeleistungen« die Rede ist. Denn **756**

diese fallen unter die übliche familiäre Mitarbeitspflicht des Kindes nach §1619 BGB und müssen grundsätzlich unentgeltlich erfolgen, wenn das Kind noch dem elterlichen Hausstand angehört. Das sporadische Annehmen von Telefonaten oder gelegentliche Fahrten zur Bank oder zur Post reichen für ein ernsthaftes Arbeitsverhältnis nicht aus. Zahlen Eltern in einem solchen Fall etwas für die Mithilfe, ist das kein Arbeitslohn, sondern nicht abzugsfähiger Unterhalt. Etwas anderes gilt da schon, wenn die Kinder dieselben Arbeiten ausführen, die auch andere Aushilfen im Betrieb erledigen. Für Sie bedeutet das: Sie müssen im Arbeitsvertrag mit Ihrem Kind feste Aufgaben vereinbaren, und die Entlohnung muss diesen Aufgaben entsprechen, d. h., das Arbeitsverhältnis muss so gestaltet und abgewickelt werden, wie es auch zwischen Fremden üblich ist. Ein stichhaltiges Argument für einen Arbeitsvertrag mit Kindern ist, wenn das Kind eine fremde Arbeitskraft, die bisher für die Eltern gearbeitet hat, zu denselben Konditionen ersetzt.

757 5. Auch wenn Barzahlungen gegen Quittung rein formal ausreichen, sollten Sie kein Risiko eingehen. Besser, Sie überweisen das Geld auf ein Konto Ihres Kindes. Da fast jedes Kreditinstitut heute Taschengeldkonten anbietet, über die die Kinder in einem von den Eltern festgelegten Rahmen verfügen können, stellt das also keine Hürde mehr dar. Sie schlagen sogar zwei Fliegen mit einer Klappe: Einen besseren Nachweis über die tatsächliche Lohnzahlung können Sie gar nicht bekommen, und außerdem gewöhnt sich Ihr Nachwuchs schon mal an den Umgang mit eigenem Geld auf der Bank.

Es ist im Übrigen durchaus zulässig, dass Sie von Ihrem Kind verlangen, dass es einen Teil dieses Geldes als anteiliges Haushaltsgeld zurückgibt (BFH-Urt. v. 29.11.1983 – BStBl 1984 II S.366).

3. Kinderbetreuungskosten

758 Gleich durch drei verschiedene gesetzliche Varianten müssen Sie sich wühlen, bis Sie wissen, ob sich Ihre Kinderbetreuungskosten steuerlich auswirken.

- **Erwerbsbedingte Kinderbetreuungskosten** Erwerbstätige Alleinerziehende und Paare, bei denen beide Partner erwerbstätig sind, können für Kinder bis zum 14. Lebensjahr und ältere Kinder, die sich wegen Behinderung nicht selbst unterhalten können, zwei Drittel aller Kosten, max. aber 4 000 € pro Jahr und Kind, als **Werbungskosten** oder **Betriebsausgaben** absetzen.
- **Kinderbetreuungskosten bei Ausbildung, Behinderung oder Krankheit** Alleinerziehende und Paare, die nicht erwerbstätig sind, sich aber in der Ausbildung befinden, behindert oder mindestens drei Monate nachweislich krank sind, und Paare, bei denen (nur) ein Elternteil erwerbstätig ist und der andere

sich in der Ausbildung befindet, behindert oder mindestens drei Monate nachweislich krank ist, können zwei Drittel aller Kosten, ebenfalls max. 4 000 € pro Jahr und Kind, als **Sonderausgaben** absetzen. Begünstigt ist auch hier die Betreuung von Kindern bis zum 14. Lebensjahr und älteren Kindern, die sich wegen Behinderung nicht selbst unterhalten können.

- **Kinder zwischen drei und sechs Jahren (Kindergartenkinder)** Wenn Sie Ihre Betreuungskosten nicht bereits nach den ersten beiden Alternativen absetzen können, können Sie zumindest für Ihre Kinder im Kindergartenalter zwei Drittel der Kosten, bis zu max. 4 000 Euro pro Jahr und Kind, als Sonderausgaben steuerlich absetzen. Dies gilt z. B. für Alleinerziehende, die weder erwerbstätig noch behindert, krank oder in der Ausbildung sind, und für Elternpaare, bei denen nur ein Elternteil erwerbstätig ist und der andere nicht behindert, krank oder in der Ausbildung ist.

a) Erwerbsbedingte Kinderbetreuungskosten

Unter Erwerbstätigkeit versteht der Fiskus eine Beschäftigung als Selbständiger oder Arbeitnehmer, die Ihren Lebensunterhalt und den Ihrer Familie sicherstellen soll. Gemeint sind damit aktive Tätigkeiten. Die bloße Verwaltung von Geld- und Immobilienbesitz oder der Bezug von Renten und Versorgungsbezügen soll dagegen keine Erwerbstätigkeit darstellen. 759

Als Erwerbstätigkeiten gehen daher in aller Regel folgende Beschäftigungen zur Erzielung von Einkünften durch:

- Land- und Forstwirtschaft,
- Gewerbebetrieb,
- selbständige Arbeit (Freiberufler und sonstige Selbständige),
- Arbeitnehmer,
- Minijobs,
- nicht sozialversicherungspflichtige Tätigkeit, z. B. stundenweise ausgeübte Aushilfstätigkeiten (kurzfristige Beschäftigung),
- Berufsausbildung in einem Ausbildungsdienstverhältnis (Azubi, Beamtenanwärter und andere, die bereits in der Ausbildung Lohn oder Gehalt beziehen).

Wie umfangreich Ihre Erwerbstätigkeit ist, spielt dem Grunde nach keine Rolle. Ganz sporadische Beschäftigungen von nur wenigen Stunden reichen allerdings nicht aus. Jedoch unterstellt der Fiskus immer erwerbsbedingte Kinderbetreuungskosten, wenn die wöchentliche Arbeitszeit mindestens zehn Stunden beträgt (BMF-Schreiben v. 19. 1. 2007, RZ. 23).

Leben beide Elternteile als Ehepaar, Lebenspartner oder nichteheliche Lebensgemeinschaft zusammen, müssen beide in diesem Sinn **erwerbstätig** sein.

TRICK

Stocken Sie einen Minijob um ein paar Stunden auf!

Wenn Sie oder Ihr Ehepartner als Erwerbstätigkeit nur einen Minijob vorzuweisen hat, bekommen Sie Schwierigkeiten mit der Anerkennung erwerbsbedingter Kinderbetreuungskosten. Sind Sie nur ein paar Stunden pro Woche tätig, will Ihnen der Fiskus nur die Kinderbetreuungskosten anerkennen, die genau auf die Zeiten entfallen, in denen Sie in Ihrem Minijob tätig waren. Den Babysitter für den Theaterbesuch am Wochenende oder die Tagesmutter, die auf den Nachwuchs achtet, während Sie Tennis spielen, sollen Sie also nicht absetzen können. Richten Sie sich darauf ein und stocken Sie die Arbeitszeit im Minijob auf mindestens zehn Stunden pro Woche auf. Sofort entfallen alle kleinlichen Prüfungen, und es kommt nicht mehr darauf an, ob die Betreuung stattgefunden hat, während Sie in der Arbeit waren oder während Sie sich zur Entspannung von Job und Kindern eigenen Freizeitaktivitäten gewidmet haben.

TIPP

Kurze Krankheit und Arbeitslosigkeit schadet nicht.

Wird Ihre Erwerbstätigkeit unterbrochen, gehen Ihnen nicht automatisch die Kinderbetreuungskosten verloren. Urlaub, Arbeitslosigkeit oder Krankheit zählen nämlich bei Ihrer Erwerbstätigkeit mit, sofern sie nicht länger als vier Monate am Stück dauern.

TRICK

Kassieren Sie Pauschbeträge extra!

760 Normalerweise gilt der Grundsatz, dass Sie entweder den Pauschbetrag oder die tatsächlichen Kosten abziehen können – nicht so bei den erwerbsbedingten Kinderbetreuungskosten. Hier machen Sie nämlich ein doppeltes Geschäft. Zusätzlich zu Ihren Kinderbetreuungskosten setzen Sie nämlich mindestens noch den Arbeitnehmerpauschbetrag von 920 € ab. Was Arbeitnehmern recht ist, ist

auch für Selbständige nicht mehr als billig. Zusätzlich zu den Kinderbetreuungskosten setzen Sie als hauptberuflicher selbständiger Schriftsteller oder Journalist wie bisher Ihre übrigen Betriebsausgaben ohne Nachweis mit 30 % der Einnahmen, max. 2 455 €, ab. Dasselbe gilt für die Pauschale von 25 % der Einnahmen, max. 614 €, wenn Sie nebenberuflich einer selbständigen schriftstellerischen, journalistischen, künstlerischen oder Vortrags- und Lehrtätigkeit für nicht gemeinnützige Auftraggeber nachgehen (H 18.2 EStH »Betriebsausgabenpauschale«).

Beispiel
Angenommen, Sie sind als alleinerziehende Mutter eines achtjährigen Sohnes vollzeitbeschäftigt und haben während des ganzen Jahres 2010 zur Betreuung Ihres Kindes am Nachmittag eine Kinderfrau für insgesamt 7 200 € beschäftigt. Außer den Fahrtkosten zu Ihrer 5 km entfernten Arbeitsstelle haben Sie keine nennenswerten beruflichen Kosten. Und so sieht die Berechnung Ihrer Werbungskosten für 2010 aus:

Entfernungspauschale für 5 km	330 €	
Arbeitsmittel	110 €	
Kontoführungsgebühren	16 €	
Insgesamt	456 €	
Mindestens Arbeitnehmerpauschbetrag		920 €
Kinderbetreuungskosten 7 200 € × $^2/_3$ = 4 800 €, max.		4 000 €
Werbungskosten 2010 insgesamt		4 920 €

TRICK

Setzen Sie die Kinderbetreuungskosten da ab, wo es für Sie am günstigsten ist!

Zwar gilt bei den Kinderbetreuungskosten der Grundsatz, dass sie bei der Er- 761
werbstätigkeit abgezogen werden müssen, durch die sie verursacht wurden. Der Fiskus hat diese Regel aber selbst zur Ausnahme degradiert. Haben Sie nämlich mehrere Erwerbstätigkeiten, z. B. als Arbeitnehmer und als Gewerbetreibender, können Sie frei bestimmen, wo die Kinderbetreuungskosten abgezogen werden sollen (BMF-Schreiben v. 19. 1. 2007 – BStBl I 2007 S. 184 Rz 28). Um neben Einkommensteuer auch noch Gewerbesteuer zu sparen, werden Sie die Kinderbetreuungskosten daher als Betriebsausgaben in Ihrem Gewerbebetrieb abziehen.
Dasselbe machen Sie, wenn Sie verheiratet sind und Sie beide erwerbstätig sind. Um allen Anfechtungen durch den Fiskus zu entgehen, können Sie die Zuordnung der Kinderbetreuungskosten noch dadurch wasserdicht machen, dass der-

jenige von Ihnen die Kosten von seinem Konto überweist, bei dessen Einkünften der Abzug erfolgen soll.

Ein böser Fallstrick lauert, wenn einer von Ihnen nur mit einem 400-€-Job erwerbstätig ist. Durch die obligatorische Pauschalierung der Steuer für den Minijob entfällt für den Minijobber jede Möglichkeit, Werbungskosten abzusetzen, wodurch die ganze Steuerermäßigung zum Teufel zu gehen droht. Also zahlt derjenige von Ihnen die Betreuungskosten, der vollbeschäftigt ist.

b) Kinderbetreuungskosten bei Ausbildung, Behinderung oder Krankheit

762 Kinderbetreuungskosten können als Sonderausgaben abgezogen werden, wenn der alleinerziehende Elternteil – nicht das Kind – sich in Ausbildung befindet, behindert oder krank ist. Bei zusammenlebenden Eltern müssen entweder beide Elternteile diese Voraussetzung erfüllen oder einer von ihnen, während der andere erwerbstätig ist. Als **Ausbildung** geht hier jede Form der Berufsausbildung, ein Studium, aber auch der Besuch weiterführender Schulen durch. Als in Ausbildung befindlich gelten Sie auch, wenn Ihre Ausbildung für längstens vier Monate unterbrochen wird. Deshalb zählt in diesem Rahmen z. B. die Zeit zwischen Abitur und Beginn des Studiums oder zwischen zwei aufeinander aufbauenden Studiengängen zur Ausbildung, ebenso die Zeit zwischen Ende der Berufsausbildung und Aufnahme einer Erwerbstätigkeit.
Um über die Variante **Krankheit** zu abzugsfähigen Kinderbetreuungskosten zu kommen, müssen Sie während eines zusammenhängenden Zeitraums von mindestens **drei Monaten** krank gewesen sein. Eine 14-tägige Erkältung reicht nicht aus. Als Nachweis genügt ein ärztliches Attest z. B. Ihres Hausarztes. Ein amtsärztliches Attest ist nicht notwendig.
Als für den Abzug von Kinderbetreuungskosten ausreichend **behindert** gelten Sie, wenn Sie Anspruch auf einen Behindertenpauschbetrag haben. Das ist in der Regel der Fall, wenn Sie einen Behinderungsgrad von mindestens 50 oder einen von mindestens 25 mit behinderungsbedingtem Rentenanspruch, Berufskrankheit oder Beweglichkeitseinbuße vorweisen können. Zum Nachweis benutzen Sie den Behindertenausweis, den Rentenbescheid oder die Bescheinigung des Versorgungsamts, mit der Sie sowieso im Rahmen der Steuererklärung Ihren Behindertenpauschbetrag beantragen.

TRICK

Freie Wahl bei der Kostenzuordnung

Bei verheirateten Elternteilen, die zusammen veranlagt werden, ist völlig einerlei, welcher Elternteil die Kinderbetreuungskosten geleistet hat. Die Kinderbetreuungskosten werden eh bei der gemeinsamen Einkommensteuererklärung abgezogen. In Fällen der getrennten Veranlagung (§26 a EStG) müssen die Kinderbetreuungskosten den jeweiligen Elternteilen zugeordnet werden. Die Zuordnung erfolgt zunächst danach, welcher Elternteil die Kosten getragen hat. Aus Vereinfachungsgründen werden die Aufwendungen den Ehegatten jeweils zur Hälfte zugerechnet. Auf gemeinsamen Antrag ist auch eine andere Aufteilung möglich.

Bei **nicht verheirateten Eltern** und im Fall der **getrennten Veranlagung** (§26 a EStG) kann zunächst nur der Elternteil Kinderbetreuungskosten abziehen, der sie tatsächlich getragen hat und zu dessen Haushalt das Kind gehört. Trifft das für beide Elternteile zu, weil Sie sich die Kosten teilen, kann jeder Elternteil 2/3 seiner Aufwendungen bis zu 2 000 € (Hälfte des Höchstbetrags von 4 000 €) abziehen.

Die Eltern können aber auch einvernehmlich eine beliebige andere Aufteilung wählen. Sie werden also die Kinderbetreuungskosten bei dem von Ihnen beiden abziehen, der das höhere Einkommen und damit den höheren Steuervorteil hat.

c) Kinderbetreuungskosten für Kindergartenkinder

Liegen weder die Voraussetzungen für erwerbsbedingte Kinderbetreuungskos- 763
ten noch die Voraussetzungen für einen Abzug als Sonderausgaben wegen Ausbildung, Krankheit oder Behinderung vor, können Sie zumindest für Ihre Kinder im Alter von drei bis sechs Jahren (»Kindergartenkinder«) Kinderbetreuungskosten absetzen. Außer dass tatsächlich Betreuungskosten angefallen sind, müssen keine weiteren Voraussetzungen erfüllt werden. Damit können Sie in jedem Fall Ihre **Kindergartenbeiträge** absetzen. Von der Regelung für Kindergartenkinder profitieren vor allem sog. Alleinverdienerpaare, nicht erwerbstätige alleinerziehende Elternteile (Unterhaltsempfänger) oder Eltern, deren Erwerbsquelle als bloße Vermögensverwaltung nicht als Erwerbstätigkeit zählt. Zur Aufteilung der Kosten bei nicht verheirateten oder getrennt veranlagten Eltern vgl. ➤ Rz 762.

TIPP

zu Kinderbetreuungskosten

Wenn keine dieser Varianten auf Sie zutrifft, können Sie Ihre Kinderbetreu- 764
ungskosten immer noch über die Steuerermäßigung für haushaltsnahe Beschäftigungen bzw. Dienstleistungen absetzen (vgl. ➤ Rz 677 ff.). Darunter fallen Sie vor allem

- mit den Betreuungskosten für Kinder über 14, die nicht ausnahmsweise schwerbehindert sind,

- als Alleinerziehende, wenn Sie weder erwerbstätig noch krank, behindert oder in Berufsausbildung sind, für Ihre Kinder unter drei und über sechs Jahren,
- als Elternpaar, wenn keiner von Ihnen erwerbstätig, krank, behindert oder in Berufsausbildung ist, für Ihre Kinder unter drei und über sechs Jahren,
- als Alleinverdiener, wenn der andere Elternteil weder krank, behindert noch in Berufsausbildung ist, für Ihre Kinder unter drei und über sechs Jahren.

Damit Sie sehen, wie Ihre Kinderbetreuungskosten berechnet werden, hier zwei Beispiele:
Sie haben als berufstätige Alleinerziehende für die Betreuung Ihrer fünfjährigen Zwillinge eine Tagesmutter engagiert. Die Kosten betragen 7 200 €, außerdem haben Sie 1 800 € Kindergartenkosten. Von Ihren insgesamt 9 000 € Kinderbetreuungskosten setzen Sie $^2/_3$ = 6 000 € (max. 4 000 € je Kind = 8 000 €) als Werbungskosten ab. Haben Sie sonst keine Werbungskosten, bekommen Sie außerdem den vollen Arbeitnehmerpauschbetrag von 920 €.
Sie sind verheiratet und berufstätig, Ihre bessere Hälfte ist Hausfrau und betreut Ihre beiden Töchter. Die ältere ist acht Jahre und geht zur Schule, die jüngere ist vier Jahre und besucht den Kindergarten. Die Kosten für den Kindergarten belaufen sich auf 125 €/Monat. Von Ihren insgesamt 1 500 € Kindergartenkosten im Jahr können Sie als Sonderausgaben $^2/_3$ = 1 000 € (max. 4 000 €) absetzen.

d) Welche Kosten können Sie absetzen?

765 Zur Kinderbetreuung im Rahmen dieser Regelungen gehören die Kosten für die

- Unterbringung des Kindes in Kindergärten, -horten, -tagesstätten, -heimen und -krippen, bei Tagesmüttern, Wochenmüttern sowie in Ganztagspflegestellen,
- Beschäftigung von Kinderpflegerinnen, Erzieherinnen und Kinderschwestern,
- Beschäftigung von Haushaltshilfen, soweit sie ein Kind betreuen,
- Beaufsichtigung der häuslichen Schulaufgaben, dazu gehört auch die Beantwortung auftretender Fragen, solange kein systematischer Nachhilfeunterricht erteilt wird,
- Ganztagsbetreuung in der Schule, bis auf die anteilig enthaltenen Kosten für die folgenden Leistungen.

Nicht zu den Aufwendungen für Kinderbetreuung gehören

- Transport des Kindes zur Betreuungsperson,
- Reduzierung Ihres Gehalts, weil Sie zur Betreuung des Kindes nur noch Teilzeit arbeiten,
- Unterricht jeglicher Art, z. B. Schulgeld, Nachhilfe, Fremdsprachenunterricht,
- Vermittlung besonderer Fähigkeiten, wie Ballett- oder Musikunterricht, Computerkurse,

- sportliche oder andere Freizeitbeschäftigungen, z. B. Mitgliedsbeiträge für Sport- oder andere Vereine, Aufwendungen für Sportunterricht, wie Tennis- oder Reitunterricht,
- Verpflegung des Kindes, z. B. der Verpflegungszuschuss bei der Betreuung über Mittag.

Lassen Sie sich von der Schule eine aufgeschlüsselte Rechnung für die Ganztagsbetreuung ausstellen, in der die begünstigten und nicht begünstigen Kostenanteile getrennt ausgewiesen sind. Im Zweifelsfall hilft auch eine großzügige Schätzung.

e) Nachweis der Kinderbetreuungskosten

Für den Nachweis Ihrer Kinderbetreuungskosten hat der Fiskus besonders **766**
hohe Hürden aufgebaut. Im Prinzip gelten ähnlich formale Bedingungen wie für hauswirtschaftliche Beschäftigungsverhältnisse und Dienstleistungen. Sie müssen also dem Finanzamt

- eine Rechnung über die Kosten und
- einen Bankbeleg über die Zahlung

vorlegen. Lassen Sie sich daher von Ihrer selbständigen Tagesmutter auf jeden Fall eine Rechnung ausstellen und überweisen Sie das Geld auf ihr Konto, zahlen Sie auf keinen Fall bar. Statt einer Überweisung können Sie ausnahmsweise auf einen Verrechnungsscheck zurückgreifen. Rein theoretisch könnten Sie auch per Kreditkarte oder Electronic Cash bezahlen, aber welche Tagesmutter oder welcher Kindergarten nimmt schon an solchen Verfahren teil?
Nicht immer bekommen Sie eine formelle Rechnung, deshalb genügen auch andere Belege, aus denen sich die Kosten zweifelsfrei ergeben, z. B.

- Arbeitsvertrag bei einer angestellten Tagesmutter oder Haushaltshilfe,
- Gebührenbescheid über den Beitrag für den Kindergarten oder -hort,
- Abrechnung der Schule über die Ganztagsbetreuung,
- Dienstleistungsvertrag über die Kinderbetreuungkosten,
- Au-pair-Vertrag.

TRICK

Großmutter als Tagesmutter

Das Gesetz schreibt an keiner Stelle vor, wer die Kinderbetreuung durchführen **767**
darf. Also müssen Sie nicht unbedingt eine fremde Person engagieren. Bezahlen Sie etwa die Großeltern der Kinder oder Ihren älteren Neffen für die Beauf-

sichtigung und die Betreuung Ihrer Kinder, gibt es dagegen aus steuerlicher Sicht zunächst einmal nichts einzuwenden.
Wie bei Verträgen mit Angehörigen auch sonst üblich, schaut der Fiskus allerdings mit Argusaugen darauf, dass alles zwischen Ihnen genauso geregelt und abgewickelt wird wie zwischen Fremden. Also schließen Sie auf jeden Fall einen schriftlichen Vertrag, und sorgen Sie für regelmäßige vertragsgemäße Zahlungen. In folgenden Fällen bleibt der Fiskus aber auch mit den schönsten Verträgen und Zahlungsnachweisen unerbittlich und erkennt Kinderbetreuungskosten nicht an:

- Beschäftigung Ihrer Lebenspartnerin und Mutter des Kindes, die zusammen mit Ihnen und dem gemeinsamen Kind lebt;
- Beschäftigung des Partners einer eheähnlichen Lebensgemeinschaft oder einer Lebenspartnerschaft, auch wenn er kein Elternteil des Kindes ist;
- Beschäftigung einer Person, die für das betreute Kind Anspruch auf Kindergeld, einen Kinder- oder Betreuungsfreibetrag hat.

Achtung: Gegen Großmutter als Kinderbetreuerin ist also nichts einzuwenden. Aber: Um den Höchstbetrag für Ihr Kind abzusetzen ($^2/_3$ der Kosten, max. 4 000 €), müssen Sie mindestens 6 000 € im Jahr zahlen. Bei zwei Kindern reden wir schon von bis zu 12 000 € Betreuungskosten. Denken Sie daran, dass die Zahlungen bei Ihrer Mutter oder Schwiegermutter zu steuerpflichtigen Einkünften führen und eventuell Steuern auslösen können, selbst wenn sie nur eine kleine Rente hat. Dass sollten Sie unbedingt bedenken, nicht dass der Haussegen schiefhängt, wenn der Großmutter dann ein Steuerbescheid ins Haus flattert.

TRICK

Setzen Sie die Kosten für ein Au-pair-Mädchen ab!

768 Haben Sie zur Kinderbetreuung ein Au-pair-Mädchen beschäftigt, benötigen Sie ebenfalls die formellen Nachweise. Reichen Sie unbedingt den schriftlichen Au-pair-Vertrag ein. Neben den Verpflegungs- und Unterkunftskosten, die Sie mit den Sachbezugswerten ansetzen, fällt für ein Au-pair in der Regel auch Taschengeld an. Richten Sie der guten Seele unbedingt ein Bankkonto ein und überweisen Sie ihr das Taschengeld monatlich. So erhalten Sie den Nachweis über die bargeldlose Zahlung und können das Taschengeld als Kinderbetreuungskosten mit aufführen.

Da ein Au-pair neben der Kinderbetreuung oft noch andere Hausarbeiten erledigen muss, sind die Kosten nicht voll abzugsfähig. Dem können Sie entgehen, wenn Sie im Vertrag genau regeln, welche Aufgaben anfallen. Wenn von vertraglich festgelegten 20 Stunden in der Woche 18 Stunden auf Kinderbetreuung entfallen, sind 90 % der Kosten Kinderbetreuungskosten.
Haben Sie keinen so detaillierten Vertrag, können Sie auf jeden Fall 50 % der Geld- und Sachzuwendungen in die Kinderbetreuungskosten packen (BMF-Schreiben v. 19. 1. 2007 – BStBl I 2007 S. 184 Rz 5).

S

XI. Steuerersparnisse durch Hausbesitz und Bauen

1. Allgemeines

Aus Hausbesitz können Sie – wie aus jedem anderen Vermögen – steuerpflichtige Einkünfte haben, die Sie eine Menge Geld kosten können. Sie haben aber auch viele Möglichkeiten, Steuern zu sparen. Dazu müssen Sie Ihre Verhältnisse entsprechend gestalten und – wie es im Amtsdeutsch heißt – den steuergünstigen Tatbestand des Gesetzes erfüllen. Auch bei Hausbesitz und Bauen gilt, dass es schwer ist, den richtigen Weg durch den Steuerdschungel zu finden. Damit Sie schnell klarsehen, lesen Sie zunächst nur das, was für Sie in Frage kommt. Dabei unterscheiden Sie: 769

Sie nutzen Ihr Haus selbst		Sie vermieten
Private Nutzung	Berufliche Nutzung	
Erwerb/Baubeginn vor 2006: Wohnraumförderung möglich durch Eigenheimzulage für selbstgenutzte und an Angehörige überlassene Wohnungen	Abzug der Grundstücksaufwendungen (ggf. anteilig) als Werbungskosten oder Betriebsausgaben	Hieraus ergeben sich Einkünfte aus Vermietung und Verpachtung durch Überschuss oder Verlust
Ab 2008: Wohnraumförderung möglich durch Riester-Zulage nach dem Eigenheimrentengesetz für selbstgenutzte Immobilien		

Eigenheimzulage 770

Die Begünstigung durch Eigenheimzulage wurde gundsätzlich ab 2006 abgeschafft. Sie können diese Wohnraumförderung allerdings noch beanspruchen, wenn Sie Ihre Wohnimmobilie

- gekauft haben und der notarielle Kaufvertrag vor dem 1. 1. 2006 abgeschlossen wurde,
- neu errichtet haben und den Bauantrag bzw. die Bauunterlagen vor dem 1. 1. 2006 beim Bauamt eingereicht haben.

In diesen Fällen profitieren Sie insgesamt acht Jahre – gerechnet ab dem Jahr des Erwerbs bzw. der Fertigstellung – von einer Zulage in Höhe von 1 % (max. 1 250 € im Jahr) der Anschaffungs- bzw. Herstellungskosten, zzgl. Baukindergeld von 800 € pro Kind und Jahr.

Einkunftsgrenzen 771

Die Eigenheimzulage ist nichts für Sie, wenn Sie ein Krösus sind. Ihre Gewährung hängt nämlich von einer Einkunftsgrenze ab: Übersteigen die zusammengerechneten positiven Einkünfte aus dem ersten Jahr der Förderung und dem vorangegangenen Jahr 70 000 € bzw. 140 000 € (Alleinstehende/Verheiratete), geht Ihnen die Eigenheimzulage durch die Lappen.

Für Steuerzahler mit Kindern erhöhen sich die Einkommensgrenzen für jedes Kind um 15 000 € bzw. 30 000 €.

TIPP

zur Einkommensgrenze

Wenn Sie die Einkunftsgrenze zu Beginn des achtjährigen Förderzeitraums überschritten haben, sollten Sie die Flinte noch nicht ins Korn werfen. Sobald Sie nämlich später auch nur einmal darunterrutschen, bekommen Sie die Eigenheimzulage bis zum Ende des Förderzeitraums. Und zwar auch dann, wenn Ihre Einkünfte in einem späteren Jahr wieder über der Grenze liegen.

2. Wohnraumförderung durch Riester-Zulagen (Eigenheimrentengesetz)

2.1 Begünstigte Investitionen

772 Um die Schaffung selbstgenutzen Wohneigentums nach Wegfall der Eigenheimzulage zu fördern, wurde mit dem »Eigenheimrentengesetz« die Riester-Förderung auf den Kauf oder den Bau einer Wohnung oder eines ausschließlich selbstbewohnten Hauses ausgedehnt.

Begünstigt ist die Investition der geförderten Beträge in den

- Kauf einer selbstgenutzten Wohnung bzw. eines Einfamilienhauses,
- Bau einer selbstgenutzten Wohnung bzw. eines Einfamilienhauses,
- Erwerb von Genossenschaftsanteilen an Wohnungsgenossenschaften, wenn später eine Wohnung dieser Genossenschaft bezogen wird,
- Erwerb von Dauerwohnrechten, etwa in einem Seniorenheim,
- Darlehensverträge für die Anschaffung und den Bau von selbstgenutzten Wohnimmobilien,
- Bausparverträge, die zum Erwerb begünstigter Immobilien genutzt werden,
- Tilgung von Hypotheken und Krediten aus dem Kauf einer Immobilie.

Darüber hinaus können Steuerzahler, die schon länger einen Riestervertrag abgeschlossen hatten, das gesparte Kapital inkl. Zulagen aus dem Vertrag entnehmen und zur Finanzierung des Baus oder Erwerbs einer selbstgenutzten Immobilie einsetzen. Anders als früher muss das entnommene Kapital nicht innerhalb bestimmter Fristen wieder in den Vertrag zurückgezahlt werden.

Begünstigt ist allerdings nur der Einsatz des Kapitals zum Kauf oder Bau einer Immobilie, eines Genossenschaftsanteils oder Dauerwohnrechts, nicht dagegen die Renovierung oder Reparatur von Immobilien, die Ihnen bereits gehören.

Selbstnutzung 773

Wie bei der Eigenheimzulage ist auch bei der Förderung durch Riester-Zulagen im Rahmen des Eigenheimrentengesetzes Voraussetzung, dass Sie die geförderte Immobilie selbst bewohnen. Darüber hinaus muss sie Ihren Hauptwohnsitz darstellen. Damit sollen nach Auffassung des Fiskus Ferien- und Wochenendhäuser von der Eigenheimrentenförderung ausgeschlossen sein.

2.2 Förderung und Besteuerung nach dem Eigenheimrentengesetz

Wie hoch ist die Förderung? 774

Für entsprechende Beiträge gibt es die »Riester-Zulage«, und zwar pro Jahr

- für jeden rentenversicherungspflichtigen Erwachsenen 154 €,
- für jedes Kind, das vor 2008 geboren ist, 185 €,
- für jedes Kind, das ab 2008 geboren wurde bzw. wird, sogar 300 €.

Alternativ können die Beiträge bis zu 2 100 € auch als Sonderausgaben abgezogen werden. Dabei werden auf die Einkommensteuerersparnis darauf allerdings die Zulagen angerechnet.

Besteuerung nach Eintritt in den Ruhestand

Sie wissen, dass bei einem normalen Riester-Altersvorsorgevertrag in der Ansparphase die Beiträge gefördert werden und erst bei Eintritt in den Ruhestand, wenn die Auszahlungen aus dem Vertrag fließen, die sog. nachgelagerte Besteuerung greift. Das bedeutet, dass die später gezahlten Renten und eventuelle Kapitalauszahlungen in voller Höhe als sonstige Einkünfte der Besteuerung unterliegen.

Dieses Prinzip der nachgelagerten Besteuerung greift auch beim Eigenheimrentengesetz. Da allerdings das Geld bereits vorher ausgezahlt wurde und daher im Ruhestand keine Rentenzahlungen fließen, die man besteuern könnte, tritt an deren Stelle die Miete, die Sie nun im Alter einsparen, weil Sie über ein steuerlich gefördertes Eigenheim verfügen.

Natürlich wäre es viel zu kompliziert, auszurechnen, wie hoch die eingesparte Miete im Einzelfall tatsächlich ist. Deshalb werden die zu besteuernden Beträge auf der Basis des geförderten Kapitals pauschal ermittelt.

Dazu werden die geförderten Beträge aus Eigenleistung und Zulagen auf einem sog. »Wohnförderkonto« erfasst. Hinzu kommt eine jährliche fiktive Verzinsung von 2 %. Mit dieser Verzinsung wird zu Ihren Lasten ausgeglichen, dass Sie das Kapital ja schon vor Eintritt in den Ruhestand ausgezahlt bekommen hatten. Auf den daraus resultierenden Betrag zahlen Sie nach Eintritt in den Ruhestand Steuern. Für die Besteuerung gibt es zwei Alternativen, zwischen denen Sie wählen können.

1. **Sofortversteuerung**
   In diesem Fall versteuern Sie bei Eintritt in den Ruhestand 70 % des auf dem Wohnförderkonto erfassten Betrags mit Ihrem persönlichen Steuersatz ohne weitere Steuerermäßigung. Im Gegenzug bekommen Sie einen Nachlass von 30 % auf den Gesamtbetrag.
2. **Verrentung**
   Entscheiden Sie sich gegen die Sofortversteuerung, wird der Betrag aus dem Wohnförderkonto gleichmäßig auf den Zeitraum zwischen Eintritt in den Ruhestand und Vollendung des 85. Lebensjahres, max. aber 25 Jahre, verteilt. In jedem Jahr wird dann ein entsprechender Teilbetrag vom Wohnförderkonto abgezogen und als sonstige Einkünfte im Rahmen Ihrer Einkommensteuerveranlagung versteuert. Ob sich daraus eine Steuer ergibt und wie hoch diese letztlich sein wird, hängt von Ihrem individuellen Steuersatz im Ruhestand ab.

Beispiel
Auf Ihrem Wohnförderkonto ist insgesamt ein Betrag von 54 000 € erfasst. Sie gehen mit 67 Jahren in Rente und wählen die laufende Besteuerung.
Bis zur Vollendung Ihres 85. Lebensjahres vergehen 18 Jahre. Der jährlich zu versteuernde Betrag beläuft sich damit auf 54 000 € ÷ 18 Jahre = 3 000 €.

Was geschieht, wenn ich mein Eigenheim verkaufe?
Wer sein Haus verkauft, bevor der Betrag lt. Wohnförderkonto vollständig versteuert ist, muss den Restbetrag grundsätzlich voll versteuern. Dies können Sie aber vermeiden, indem Sie den entsprechenden Betrag in einen Riester-Vertrag überführen oder rechtzeitig in eine neue selbstgenutzte Immobilie investieren.

Tod des Steuerzahlers
Verstirbt der Anspruchsberechtigte, kann grundsätzlich der Ehegatte die Wohnung unschädlich weiternutzen und muss dann auch die Versteuerung fortführen. In allen anderen Fällen gilt der Restbetrag des Wohnförderkontos mit dem Tod als schädlich verwendet. Die Erben müssen diesen Betrag in der letzten Einkommensteuererklärung für den Verstorbenen in voller Höhe nachgelagert versteuern.

775 **Was Sie über Immobilien als Geldanlage wissen sollten**
Nach wie vor gilt den Deutschen eine Immobilie als solide und wertbeständige Geldanlage. Besonders vermögende Bundesbürger haben einen Großteil ihrer Mittel Immobilien gesteckt. Nach einer Untersuchung einer deutschen Großbank machen bei größeren Vermögen vermietete Immobilien ca. 60 % aus. Dies haben besonders die staatlichen Anreize nach dem Zweiten Weltkrieg bewirkt. Hinzu kam die nach dem Fall der Mauer prämierte gigantische Fehlleitung von Kapital in Ostimmobilien, die heute zu erheblichem Teil leer stehen.
Die Rendite aus vermieteten Immobilien ist indes erbärmlich. Sie beträgt nach Steuern nicht viel mehr als 2 %. *Steuerersparnisse* aus vermietetem Hausbesitz haben Sie erst, wenn die Hauskosten höher sind als die Mieteinnahmen. Dann

erklären Sie dem Finanzamt Verluste, die sich steuermindernd auf Ihr Einkommen auswirken. Aber wie kommen Sie an hohe Hauskosten, ohne sich finanziell arg zu strapazieren? Das ist die Frage überhaupt! Nun, einige Möglichkeiten kennen Sie schon:

- Abschreibungen
- Schuldzinsenabzug
- Erhaltungsaufwand für vermietete Häuser nach R 21.1 EStR: Austausch von Fenstern, Türen; Umstellung oder Erneuerung der Zentralheizung; Dacheindeckung; Außen- und Treppenhausanstrich; Gartenrenovierung
- nachträgliche Herstellungskosten pro Jahr und Baumaßnahme von nicht mehr als 4 000 € (Rechnungsbetrag ohne Umsatzsteuer).

TIPP

zur gemischten Nutzung

Kosten, die auf das gesamte Haus entfallen, wie Grundsteuer oder Versicherungen, sind prozentual nach dem Verhältnis der Wohnflächen Vermietung/Eigennutzung aufzuteilen. Das gilt ebenso für Reparaturen oder Erhaltungsaufwand, die das ganze Haus betreffen (etwa Dachreparatur oder Fassadenanstrich). Reparaturen, die dagegen nur den vermieteten Teil betreffen (z. B. neue Fenster für den Mieter Meier), können Sie zu 100 % als Werbungskosten abziehen. Im Umkehrschluss ist natürlich das neue Badezimmer in Ihrer eigenen Wohnung nicht berücksichtigungsfähig. 776

Ordnen Sie Kosten also so weit wie möglich Ihren Mietwohnungen zu, um 100 % abziehen zu können und Ihre Steuerlast entscheidend zu mindern.
Was Sie unbedingt vermeiden sollten:

- eine niedrige Gebäudeabschreibung, z. B. die lineare statt der degressiven,
- umfangreiche Renovierungsarbeiten in den ersten drei Jahren nach Erwerb der Immobilie, die zu den Herstellungskosten gerechnet werden und deshalb nicht gleich abzugsfähig sind (anschaffungsnahe Aufwendungen ➤ Rz 806).

Schema zur Berechnung der Einkünfte aus vermietetem Hausbesitz 777

Mieteinnahmen im Kalenderjahr

• Kaltmieten	..... €		
• Umlagen	..... €		
• Vermietung von Garagen, Werbeflächen usw.	..... €		
• Mietvorauszahlungen	..... €		
• Summe der Mieteinnahmen	..... €	>	..... €

Werbungskosten im Kalenderjahr (Aufwendungen zur Erwerbung, Sicherung und Erhaltung der Einnahmen)			
1. Schuldzinsen (ohne Tilgungsbeträge) einschließlich Disagio	..... €		
2. Geldbeschaffungskosten (z. B. Notarkosten wegen Grundstücksbelastung)	..... €		
3. Grundsteuer, Müllabfuhr, Entwässerung, Wasserversorgung, Hausbeleuchtung usw.	..... €		
4. Schornsteinfeger, Hausversicherungen, Heizung, Treppenreinigung usw.	..... €		
5. Absetzung für Abnutzung (»Abschreibung des Gebäudes«; berechnet in % der Anschaffungskosten ohne Grundstücksanteil)	..... €		
Summe der Werbungskosten	..... €	>	..... €
Einkünfte			
Summe der Mieteinnahmen			..... €
./. Summe der Werbungskosten			– ..... €
Einkünfte aus Vermietung und Verpachtung			..... €

3. Einkünfte aus vermietetem Hausbesitz

3.1 Gebäudeabschreibung

778 Ist Ihr Miethaus oder Ihre Eigentumswohnung ein Selbstläufer, d. h., halten sich Einnahmen und Ausgaben die Waage, bringt Ihnen die Abschreibung (AfA) den gewünschten steuerlichen Verlust und damit eine Steuerersparnis.

Beispiel

Mieteinnahmen einschl. Umlagen	8 000 €
./. Werbungskosten	
Schuldzinsen, Versicherungen, Steuern und Gebühren, Reparaturen usw.	– 7 000 €
Bleiben	1 000 €
Abschreibung z. B. 2 % (§ 7 Abs. 4 EStG) von 310 000 € Anschaffungskosten für das Gebäude	6 200 €
Verlust aus Vermietung und Verpachtung	5 200 €
Steuerersparnis bei 30 % inkl. KiSt und Soli ca.	1 790 €

Durch die Abschreibung verteilen Sie die Anschaffungskosten für das Gebäude auf dessen Nutzungsdauer. Das ist die Zeit, in der das Gebäude Miete abwerfen wird. Für die Steuer wird aber nicht die tatsächliche Nutzungsdauer von meistens 100 Jahren zugrunde gelegt, sondern eine wesentlich kürzere fiktive Nutzungsdauer von höchstens 50 Jahren. Unterscheiden müssen Sie zwischen der linearen Abschreibung mit einem immer gleichbleibenden Prozentsatz (Nr. 1 der folgenden Übersicht) und der degressiven Abschreibung (Nr. 2 und 3). Hier sind die Prozentsätze anfangs höher und verringern sich in Stufen. Außerdem gibt es die erhöhte Abschreibung als besondere Möglichkeit, steuerlich Verluste zu machen (Nr. 4 bis 7). **779**

Gebäude	ND	AfA-Satz	Quelle (EStG)
1. Lineare AfA Baujahr nach dem 31. 12. 1924 Baujahr vor dem 1. 1. 1925	 50 J. 40 J.	 2 % 2,50 %	 § 7 Abs. 4 § 7 Abs. 4
2. Degressive AfA für Geschäftsgebäude; Gebäude selbst gebaut: Bauantrag bis 31. 12. 1993, Kaufvertrag bis 31. 12. 1994	50 J.	8 J. 5,00 % 6 J. 2,50 % 36 J. 1,25 %	§ 7 Abs. 5 EStG
3. Degressive AfA für Wohngebäude; Gebäude selbst gebaut Bauantrag/Kaufvertrag zwischen 28. 2. 1989 und 31. 12. 1995 Bauantrag/Kaufvertrag zwischen 1. 1. 1996 und 31. 12. 2003 Bauantrag/Kaufvertrag zwischen 1. 1. 2004 und 31. 12. 2005	40 J. 50 J. 50 J.	4 J. 7,00 % 6 J. 5,00 % 6 J. 2,00 % 24 J. 1,25 % 8 J. 5 % 6 J. 2,5 % 36 J. 1,25 % 10 J. 4 % 8 J. 2,5 % 32 J. 1,25 %	§ 7 Abs. 5 Nr. 3 a EStG § 7 Abs. 5 Nr. 3 b EStG § 7 Abs. 5 Nr. 3 c EStG
4. Erhöhte AfA für Sanierung in städtebaulichen Entwicklungsbereichen – Bauantrag/Einreichung von Bauunterlagen nach dem 31. 12. 2003	10 J. 12 J.	10 J. 10 % 8 J. 9 % 4 J. 7 %	§ 7 h EStG
5. Erhöhte AfA für Sanierung bei Baudenkmälern – Bauantrag/Einreichung von Bauunterlagen nach dem 31. 12. 2003	10 J. 12 J.	10 J. 10 % 8 J. 9 % 4 J. 7 %	§ 7 i EStG
6. Degressive AfA für Neubauten, Bauantrag nach dem 28. 2. 1989, fertig bis 31. 12. 1995, keine öffentl. Mittel, Vermietung an Sozialmieter gegen Höchstmiete, die je nach Bundesland nach Miete-VO, Mindestgröße der Wohnung 25 m^2	50 J.	5 J. 10 % 5 J. 7 % 30 J. 3,5 % vom Restwert	§ 7 k EStG

Ein Beispiel zur linearen Abschreibung nach Nr. 1: Sie haben im Juli 2009 ein Miethaus, Bj. 1955, für 400 000 € gekauft. Die Abschreibung beträgt:

Anschaffungskosten	400 000 €
./. Anteil Grund und Boden 20 %	– 80 000 €
Gebäudeanteil	320 000 €
Jahresabschreibung 2 %	6 400 €
Abschreibung für 2010 $^6/_{12}$	3 200 €

Haben Sie von Ihren Eltern ein Haus geerbt, schreiben Sie weiterhin so ab, wie Ihre Eltern abgeschrieben haben.

780 **Abschreibung bei Übertragung einer Immobilie**

Ein wenig komplizierter wird es mit der Berechnung der Abschreibung, wenn z. B. Eltern eine Immobilie auf Ihre Kinder übertragen. Hier wird danach unterschieden, ob die Kinder die Immobilie komplett unentgeltlich und schuldenfrei übernehmen oder einen Kaufpreis zahlen müssen bzw. Schulden für die Immobilie mit übernehmen.

Bei einer unentgeltlichen Übernahme ergeben sich dieselben Rechtsfolgen wie bei einer Erbschaft. Man spricht in solchen Fällen auch von der ***Fußstapfentheorie***. Die Kinder schreiben die Immobilie schlichtweg genauso weiter ab wie zuvor ihre Eltern.

Zahlen sie eine Gegenleistung in Form eines Kaufpreises und/oder evtl. übernommener Schulden, werden zwei Fälle unterschieden:

1. Die Gegenleistung entspricht dem tatsächlichen Wert der Immobilie (*Verkehrswert*): Dann wird die Abschreibung auf Basis der tatsächlichen Gegenleistung (Kaufpreis und übernommene Schulden abzgl. Anteil für Grund und Boden) berechnet.
2. Die Gegenleistung ist geringer als der tatsächliche Wert der Immobilie (*Verkehrswert*): Hier spricht man von einem teilentgeltlichen Geschäft. Der Erwerb wird aufgeteilt in einen unentgeltlichen Teil, für den die Fußstapfentheorie gilt, und einen entgeltlichen Teil, der wie ein normaler Kauf behandelt wird.

Beispiel zur Berechnung der Abschreibung bei einem teilentgeltlichen Immobilienerwerb: Ihre Eltern haben Ihnen im Juli 2010 ein Miethaus (Bj. 1985, Verkehrswert 400 000 €) übertragen. Sie haben im Gegenzug die Resthypothek von 100 000 € übernommen. Ihre Eltern hatten seinerzeit für das Haus umgerechnet 200 000 € bezahlt. Die Übertragung ist damit zu 25 % entgeltlich und zu 75 % unentgeltlich erfolgt.

Anschaffungskosten für den entgeltlichen Teil	100 000 €
./. Anteil Grund und Boden 20 %	– 20 000 €
Gebäudeanteil	80 000 €

Jahresabschreibung 2 %		1 600 €
Anschaffungskosten für den unentgeltlichen Teil 75 % v. 200 000 €	150 000 €	
./. Anteil Grund und Boden 20 %	– 30 000 €	
Gebäudeanteil	120 000 €	
Jahresabschreibung 2 %		2 400 €
Summe der Abschreibungen		4 000 €
Abschreibung für 2010 $^{6}/_{12}$		2 000 €

3.2 Herstellungskosten – Anschaffungskosten – laufende Hauskosten

Wie sieht es mit der Abzugsfähigkeit aus? Grundsätzlich vorab: 781

- Die Anschaffungskosten für Grund und Boden sind nicht abzugsfähig.
- Die Herstellungs- und Anschaffungskosten für das Gebäude sind nur über die Abschreibung abzugsfähig.
- Die laufenden Hauskosten sind im Jahr der Bezahlung voll abzugsfähig.

Anschaffungskosten von Grund und Boden sind alle Aufwendungen, um das Eigentum an Grund und Boden zu erwerben. Dazu gehören auch die Nebenerwerbskosten wie Grunderwerbsteuer, Notariats-, Makler- und Grundbuchkosten, desgleichen Abbruchkosten und Straßenanliegerbeiträge.

Zu den Herstellungskosten des Gebäudes gehören alle Aufwendungen, die erforderlich waren, um das Gebäude zu errichten und nutzbar zu machen, also alle Handwerkerrechnungen, das Architektenhonorar, öffentliche Gebühren für Baugenehmigung usw. Dazu zählen auch Ihre persönlichen Ausgaben wie Fahrtkosten, Verpflegungsmehraufwand und die Kosten fürs Richtfest. 782

Zu den Anschaffungskosten des Gebäudes gehören alle Aufwendungen, die erforderlich waren, um das Eigentum an dem Gebäude zu erlangen. Dazu gehören auch die Nebenerwerbskosten wie Grunderwerbsteuer, Notariats-, Makler- und Grundbuchkosten. 783
Sind in den Anschaffungskosten auch welche für Grund und Boden enthalten, muss aufgeteilt werden, und zwar ausgehend von den gesamten Anschaffungskosten. Nur der Gebäudeanteil kann abgeschrieben werden, alle anderen Aufwendungen gehören zu den laufenden Hauskosten, die sofort und in voller Höhe abzugsfähig sind.

Doch aufgepasst: Das Finanzamt geht mehr und mehr dazu über, Grund und Boden nach qm-Preisen laut Bodenrichtwert anzusetzen. Diese Restwertmethode kann bei großen Grundstücken dazu führen, dass mehr als die Hälfte des Kaufpreises auf Grund und Boden entfällt und somit nicht der Abschreibung unterliegt.

GUTER RAT

Machen Sie dem Finanzamt klar, dass der Grund-und-Boden-Preis lt. Richtwertkarte nicht bindend ist; tatsächlich ist Ihr Häuschen aufgrund Größe und Ausstattung wesentlich mehr wert als nach dieser unlogischen Rechenoperation. Zudem verliert der Boden durch Bebauung und Übergröße an Wert. Eigentlich zutreffend ist die Aufteilung im Verhältnis der Verkehrswerte von Grundstück und Gebäude. Einen Hinweis auf Ihre Ausführung kann bereits eine entsprechende Angabe im Kaufvertrag geben, wenn Sie und der Käufer die Aufteilung des Kaufpreises genau beziffern.

784 **Zu den laufenden Hauskosten gehören alle Aufwendungen, die nicht Anschaffungs- oder Herstellungskosten sind und mit dem Grundstück in wirtschaftlichem Zusammenhang stehen.** Dazu gehören etwa die Finanzierungskosten. Sie sind natürlich in voller Höhe abzugsfähig, und zwar im Jahr der Bezahlung. Zu den Finanzierungskosten wiederum gehören die Geldbeschaffungskosten. Wenn Sie die Wörter irritieren, merken Sie sich einfach Folgendes: Zu den Finanzierungskosten gehören alle Kosten, die nur deshalb angefallen sind, weil Sie nicht über ein so hohes Bankkonto verfügen, dass Sie alle Anschaffungs- und Herstellungskosten aus Eigenmitteln bezahlen können.

785 **Merken Sie sich zum Disagio (Unterschied zwischen dem Nennbetrag eines Hausdarlehens und dem Auszahlungsbetrag): Das Disagio ist im Jahr der Auszahlung des Darlehens abzugsfähig. Wird das Darlehen – nach Baufortschritt – in Raten ausbezahlt, entsteht das Disagio anteilig und ist entsprechend anteilig im Jahr der Ratenauszahlung abzugsfähig.**

GUTER RAT

786 Maklergebühren sind ja bekanntlich Teil der Anschaffungskosten und deshalb nicht sofort abzugsfähig. Wenn der Makler allerdings bei der Finanzierung des Grundstückserwerbs behilflich war, kann er seine Rechnung in reine Maklergebühren und in Gebühren für Finanzierungsberatung aufteilen. Einigen Sie sich vorher mit ihm, dass Sie z. B. 2 % für die Vermittlung des Grundstücks und 1 % für die Finanzierungsberatung zahlen. So muss es im Auftrag und auch im Kaufvertrag stehen. Die Gebühren für die Finanzierungsberatung sind dann als Geldbeschaffungskosten im Jahr der Zahlung in voller Höhe als Werbungskosten abzugsfähig.
Ihre Grunderwerbsteuer mindert sich, wenn Sie mit dem Grundstück Einrichtungsgegenstände erwerben, z. B. eine Kücheneinrichtung oder Einbaumöbel.

Ziehen Sie vom Kaufpreis dafür 30 000 € ab, und Sie sparen 600 € Grunderwerbsteuer. Auch hier sollten die Gegenstände im Kaufvertrag aufgeführt werden – natürlich nur, wenn es zutrifft.

TRICK

Wie man die Herstellungskosten höher als gewöhnlich ansetzt

Sie sitzen über der Aufstellung Ihrer Herstellungskosten, die Sie dem Finanz- 787
amt als Grundlage für die Berechnung der Abschreibung einreichen wollen, und wundern sich über die niedrige Summe. Dann fällt Ihnen ein, dass Sie Ihren Freunden, die beim Bau mitgeholfen haben, ein paar Scheine in die Hand gedrückt haben. Außerdem haben Sie etliche Kästen Bier und viele kleine Fläschchen Whisky spendiert, damit der Bau etwas schneller vorwärtsging… Und Ihrem Vater, der tüchtig mitgeholfen hat, haben Sie als Dankeschön einen neuen Fernseher gekauft. Außer über den Kauf des Fernsehers haben Sie allerdings keine Belege!
Kein Grund, dem Finanzamt all die Steuerersparnis zu schenken. Gehen Sie zu Ihren Freunden und lassen Sie sich nachträglich Quittungen ausstellen (Freundes- oder Nachbarschaftshilfe hat nichts mit Schwarzarbeit zu tun!).

Freunde, die Ihnen in der Not geholfen haben, erhielten	1 200 €
Der Fernseher für Ihren Vater kostete	870 €
Auf die	2 070 €

entfallen für die ersten Jahre an die 250 € Steuerersparnis.

Und den Aufwand für die Getränke, mit denen Sie die Arbeiter bei Laune gehalten haben, packen Sie hinzu.

Bauen ist süßes Armmachen.
(Alter Spruch)

TIPP

für Helfer am Bau

Bei den meisten Rentnern dürfte sich selbst eine höhere Nebeneinnahme nicht negativ auswirken, da sie in der Regel mit ihrem zu versteuernden Einkommen unter dem Grundfreibetrag liegen. Bei Freunden und Verwandten, die lediglich Arbeitnehmereinkünfte haben, ergibt sich aufgrund des sog. Härteausgleichs keine Steuerzahlung, da hier bis zu 410 € steuerfrei bleiben. **Das allerdings nur, wenn sie nicht selbst Verluste, z. B. aus der Vermietung einer Immobilie, abziehen wollen.**

TRICK

Wie Sie dem Finanzamt in die Parade fahren, wenn es Geld von Ihnen verlangt

788 Sie haben gebaut, treu und brav die Baukosten dem Finanzamt eingereicht und erhalten wie aus unbewölktem Himmel einen Bescheid, in dem es heißt: … die von Ihnen geltend gemachten Baukosten konnten nicht in voller Höhe anerkannt erden und wurden gekürzt um

1.	die Vergütungen an Ihre Bekannten, die als Nichtunternehmer handwerkliche Arbeiten geleistet haben	2 000 €
2.	den Betrag, der für drei Schränke in den Schreinerarbeiten des Handwerksmeisters enthalten ist, mit	1 600 €
3.	Kosten der Getränke für die Bauarbeiter zum Aufrechterhalten ihrer Arbeitslust	250 €
4.	den Betrag für die Einfriedung (Zaun)	820 €
5.	Kosten einer Einbauküche	2 750 €
6.	Aufwand für Teppichböden	2 900 €
		10 320 €

Sie werden dem Finanzamt Folgendes schreiben:

789 **Zu 1. Arbeitnehmertätigkeit**

»… kann ich leider Ihre Kürzungen nicht akzeptieren. Die bei mir beschäftigten Personen waren völlig selbständig und keineswegs meinen Weisungen unterworfen. Wie wäre mir dies auch möglich, da ich vom Handwerk nichts verstehe. Die Zeit ihrer Arbeit bestimmten sie ebenfalls völlig von sich aus bzw. arbeiteten je nachdem, wie es ihre Zeit erlaubte. Als dafür dienen die von ihnen ausgestellten Quittungen, denen zu entnehmen ist, dass sie eine pauschale Tätigkeitsvergütung und keinen Lohn erhalten haben. Der BFH sagt im Übrigen dazu: ›Gegen die Unselbständigkeit spricht es, wenn jemand die übernommene Arbeit auch durch eine andere Person, z. B. einen Familienangehörigen, leisten lassen kann; denn ein Arbeitnehmer muss in der Regel persönlich tätig werden‹ (Urteile des Bundesfinanzhofs V 86/55 U v. 12. 1. 1956, BStBl 1956 III S. 119, Slg. Bd. 62, S. 322, VI 72/58 v. 3. 7. 1959, VI 186/58 U v. 11. 3. 1960, BStBl 1960 III S. 215, Slg. Bd. 70, S. 578, BFH v. 24. 11. 1961 – VI 183/59 S – (BStBl 1962 III 37)!

Das ist durch die Vielzahl meiner kurzfristigen Helfer eindeutig bestätigt. Und selbst wenn die Zeiteinteilung mit mir abgesprochen war – ich konnte meine Helfer nie zwingen, zu diesen Zeiten tatsächlich zu erscheinen. Auch hatten sie, wie es bei Arbeitnehmern üblich wäre, keinen bezahlten Urlaubsanspruch.«

Weisen Sie das Finanzamt darüber hinaus darauf hin, dass es sich um keine be- 790
rufliche Tätigkeit Ihrer Freunde und Verwandten handelte, sondern um einen reinen Freundschaftsdienst, so dass weder das Kriterium der Schwarzarbeit noch das der Scheinselbständigkeit erfüllt ist und weder Steuer- noch Sozialversicherungszahlungen zu leisten sind.
Seit Jahrzehnten ist es verschiedenen Finanzern ein Dorn im Auge, dass sie hier klein beigeben müssen. Immer wieder haben sie diese Sache an die Gerichte getrieben, hoffend, endlich grünes Licht zur Besteuerung der sich ein Zubrot Verdienenden zu bekommen. Die Tendenz scheint dahin zu gehen, dass Gesellen oder Poliere des Bau- und Baunebengewerbes nicht, Hilfsarbeiter dagegen sehr wohl als Arbeitnehmer des Bauherrn angesehen werden. Beschäftige also vorsorglich nur Facharbeiter, die dann wie Selbständige behandelt werden können.

Zu 2. Gebäudebestandteile 791

»Auch zu Punkt 2 muss ich Ihnen widersprechen. Wenn es sich bei den Einbauschränken auch nicht um direkten Bauaufwand handelt, so sind sie mit dem Gebäude doch fest verbunden und deshalb als zugehörig zu betrachten. Für fest mit wesentlichen Gebäudeteilen zusammenhängende Schränke, die nicht mehr aus dem Zimmer herauszunehmen sind, ohne dabei die Wände zu beschädigen, ist allein deshalb schon Abschreibungsfreiheit gegeben, weil sie zu Gebäudeteilen geworden sind wie die Holzlatten am Dachstuhl. Beachten Sie bitte diesbezüglich H 6.4 EStH. Nicht absetzbar wäre etwa eine Schranktrennwand, die mehr die Funktion einer Wohnungseinrichtung erfüllt.«

Zu 3. Getränke 792

»Was den fehlenden Nachweis über die Getränke betrifft, die ich im Lauf der Bauzeit für die Bauarbeiter ausgeben musste, ist Folgendes zu sagen: Nach der allgemeinen Lebenserfahrung (ein Begriff, den Sie ja selbst so gern und oft anführen, wenn es darum geht, etwas abzulehnen) ist ein Betrag von 250 € eher zu niedrig als zu hoch für das Trinkvermögen von Bauarbeitern zu erachten.«

Zu 4. Einfriedung 793

»Auch die Aufwendungen für die Einfriedung gehören im Zweifelsfall zu den Herstellungskosten (H 6.4 EStH).«

Zu 5. Einbauküche 794

»Der Bundesfinanzhof hat entschieden, dass die Kosten einer Einbauküche zum Gebäude gehören, soweit sie auf Spüle und Herd entfallen (Urt. v.

13. 3. 1990 – BStBl 1990 II S. 574). Das gelte auch für eingebaute Schrankwände, wenn diese Küche und Esszimmer voneinander trennten …«

795 **Zu 6. Bodenbelag**

»Hinsichtlich des Teppichbodens weise ich darauf hin, dass er auf Estrich verlegt und zudem mit dem Untergrund fest verbunden wurde.«

796 Und nicht vergessen: Prozesskosten, die Ihnen entstehen, weil Sie den Bauunternehmer wegen Baumängel verklagen, gehören genauso wie die Kosten zur Mängelbeseitigung zu den Herstellungskosten (BFH-Urt. v. 1. 12. 1987 – BStBl 1988 II S. 431).

Ebenfalls zu den über die Abschreibung zu erfassenden Kosten rechnen Ihre Aufwendungen für einen Rechtsanwalt, Gerichtskosten etc., um einen Konkurrenten, der Einwände gegen Ihren Kauf der Immobilie hatte, aus dem Feld zu schlagen. Die Kosten sind als nachträgliche Anschaffungskosten zu erfassen (BFH v. 17. 4. 2007 – BStBl 2007 II S. 956). Dasselbe gilt, wenn Sie eine Immobilie ganz oder teilweise unentgeltlich von Ihren Eltern erworben haben und nun Kosten haben, um eine Zwangsvollstreckung in die Immobilie für Schulden Ihrer Eltern zu vermeiden (FG Düsseldorf v. 22. 11. 2006 – 7 K 1350/05 E). Außerdem setzen Sie an: geschenkte Baumaterialien zum Marktpreis und die Anschaffungskosten für Geräte und Maschinen, die Sie für den Bau benötigt haben: Mischer, Bohrmaschine, Stichsäge, Flex, kleinere Werkzeuge. Wenn der Bau steht, wandert alles, was noch brauchbar ist, ganz legal in Ihren Hobbykeller.

TRICK

Machen Sie die Kosten für einen nicht zustande gekommenen Hauskauf oder Hausbau geltend!

797 Es kommt doch immer wieder vor, gerade wenn Sie mit unseren Baubehinderungsbehörden zu tun haben: Pläne oder Voranfragen wurden nicht genehmigt. Sie haben Bodenproben machen, Vermessungspläne erstellen lassen. Eine Anzahlung ist verloren, weil der Empfänger Konkurs gemacht hat, oder es sind mehrfach Kosten für die Bauplanung angefallen. Diese Planungskosten sind sofort abzugsfähige Werbungskosten, da die Planung nicht ausgeführt wurde (BFH-Urt. v. 4. 6. 1991 – BStBl 1991 II S. 761). Aber: Längst nicht alle Planungskosten gehören zu den später anfallenden Herstellungskosten des Hauses. Sieht das Haus nachher wesentlich anders aus als ursprünglich gedacht und konnten nicht einmal Teile der ersten Planung für die zweite genutzt werden, sind derartige Kosten keine Herstellungskosten, die später nur kleckerweise auf lange

Zeit verteilt als Abschreibung abzusetzen sind, sondern sofort absetzbare Werbungskosten (FG Niedersachsen v. 14. 1. 1982 – EFG 1982 S. 460).

TRICK

Setzen Sie Abrisskosten von der Steuer ab!

Haben Sie ein Grundstück mit Haus gekauft oder einem Erbbauberechtigten 798
für sein Erbbaurecht eine Abstandszahlung geleistet, sind die Abstandszahlung und die Abrisskosten Herstellungskosten des neuen Gebäudes, das Sie bauen (BFH v. 13. 12. 2005 – BStBl 2006 II S. 461).

3.3 Sonstiges zu den Werbungskosten

Bei den Vermietungseinkünften verlangt der Fiskus genau wie bei anderen Ein- 799
kunftsarten, dass Sie die Vermietung mit *Einkunftserzielungsabsicht* betreiben, d. h. langfristig gesehen ein Plus machen wollen. Das ganze Nachweistheater können Sie sich hier sparen, wenn Sie eine ganz normale, auf Dauer angelegte Vermietung betreiben. In diesem Fall muss das Finanzamt nämlich – Verluste hin oder her – Ihre Einkunftserzielungsabsicht schlichtweg unterstellen (BFH v. 10. 5. 2007 – BStBl 2007 II S. 873; BMF v. 8. 10. 2004 – BStBl 2004 I S. 933). Wie so oft müssen Sie aber auch hier die berühmten Ausnahmen kennen, die die Regel bestätigen.

WICHTIGER HINWEIS

Wenn Sie Wohnungen verbilligt an Angehörige vermieten, achten Sie unbedingt darauf, dass die vereinbarte Warmmiete, also inkl. Nebenkosten, mindestens 56 % der ortsüblichen Warmmiete beträgt. Liegen Sie unter dieser Grenze, kürzen Ihnen die Fiskalritter gnadenlos Ihre Werbungskosten.

Beispiel
Sie haben eine 80-qm-Wohnung an Ihren Bruder vermietet. Da er finanziell nicht gerade auf Rosen gebettet ist, zahlt er gerade mal 200 € Warmmiete im Monat. Auf dem freien Markt würde die Wohnung 500 € kosten. Da die Wohnung also lediglich zu 40 % entgeltlich vermietet ist, sind auch Werbungskosten nur zu 40 % abzugsfähig (§ 21 Abs. 2 EStG).

Kürzung Ihrer Werbungskosten:
Angenommene Kosten: 200 € mtl. × 12 Monate = 2 400 €, davon abzugsfähig 40 % = 960 €. 1 440 € fallen unter den Tisch.

Selbst wenn die Miete über 56 %, aber unter 75 % angesetzt ist, kann es heikel werden, denn der Fiskus will Ihnen mit Unterstützung des BFH (Urt. v. 5. 11. 2002 – BStBl 2003 II S. 646) die Werbungskosten immer dann kürzen, wenn aus Ihrer Vermietung auf Dauer kein Gewinn zu erwarten ist. Machen Sie dem Finanzamt also klar, dass Sie wegen günstiger Finanzierung, geringer Reparaturen usw. unter dem Strich trotz billiger Vermietung ein Plus machen werden. Reichen Sie dem Finanzamt dazu eine auf die nächsten 30 Jahre hochgerechnete Überschussprognose ein. Fällt diese positiv aus, unterbleibt die Kürzung der Werbungskosten. Vgl. ➤ Rz 849.

Eine Überschussprognose müssen Sie ausnahmsweise auch in folgenden Fällen erstellen:

- Sie lassen ohne besonderes Konzept die laufenden Schuldzinsen immer weiter auflaufen und tilgen die Darlehen für das Vermietungsobjekt nicht (BFH v. 10. 5. 2007 – BStBl 2007 II S. 873).
- Sie vermieten Ihre Ferienwohnung, vgl. ➤ Rz 828.
- Die Vermietung ist von vornherein befristet, weil Sie die Immobilie danach selbst nutzen oder verkaufen wollen (BFH v. 9. 7. 2002 – BStBl 2003 II S. 695; BFH v. 29. 3. 2007 – BFH/NV 2007 S. 1847). Kurzfristige Selbstnutzungs- oder Verkaufsabsicht unterstellt der Fiskus regelmäßig, wenn Verkauf/Selbstnutzung innerhalb von fünf Jahren nach Anschaffung erfolgen.
- Sie vermieten eine besonders aufwendige Immobilie (Luxusobjekt) (BFH v. 6. 10. 2004 – BStBl 2005 II S. 386).
- Sie erzielen die Einkünfte aus einem Bauherren- oder Mietkaufmodell mit Rückkaufgarantie (BFH v. 30. 9. 1997 – BStBl 1998 II S. 771).
- Sie vermieten oder verpachten langfristig unbebaute Grundstücke (BFH v. 28. 11. 2007 – IX R9/06, Der Betrieb 2008 S. 556).

TRICK

Beanspruchen Sie als Vergleichsmiete immer das für Sie günstigste Ergebnis!

800 Bei der Frage, ob die Grenze von 56 % oder 75 % der ortsüblichen Miete unterschritten ist, greift der Fiskus gern auf die Mietspiegel für die betreffende Gemeinde zurück. Lassen Sie sich bei den Vergleichen mit dem Mietspiegel nicht ihr steuerliches Ergebnis schlechtrechnen. Die Mietspiegel weisen als Ver-

gleichsgröße eine Spanne als übliche Miete aus, z. B. »Neubauwohnungen bis 100 m² 5,50 €–7,10 €«. Die Vertreter des Fiskus gehen nun natürlich gern her und vergleichen Ihre tatsächliche Miete mit dem Mittelwert des Mietspiegels, in unserem Beispiel also 6,30 €. Das lassen Sie auf keinen Fall durchgehen! Wenn der Mietspiegel als untersten Wert 5,50 € ausweist, ist das eine zulässige Vergleichsmiete. Die Berechnung, ob und in welchem Umfang eine verbilligte Vermietung vorliegt, hat sich deshalb gefälligst an diesem – für Sie günstigeren Wert – zu orientieren. Was dem BFH für die Berechnung von Vorteilen aus der verbilligten Vermietung an Arbeitnehmer recht war (BFH v. 17. 8. 2005 – BStBl 2006 II S. 71), muss ja wohl auch für Sie gelten. Rückendeckung gibt es dabei von der Finanzverwaltung in Nordrhein-Westfalen (OFD Rheinland v. 17. 12. 2007 – Kurzinfo ESt 82/2007).

SUPER TRICK

Keine Kürzung bei leerstehenden Wohnungen

Steht eine Ihrer Mietwohnungen leer? Seien Sie auf der Hut, denn schon spitzt 801
der Finanzbeamte seinen Rotstift und will Ihren Werbungskosten ans Leder, weil er argwöhnt, Sie wollten die Wohnung nicht mehr vermieten, sondern verkaufen. Aber Sie wissen sich zu wehren. Treiben Sie ihm die Streichgelüste aus, indem Sie wie folgt argumentieren: »Von einem Leerstand der Wohnung kann keine Rede sein. Die Wohnung ist lediglich infolge eines überraschenden Mieterwechsels vorübergehend nicht vermietet. Die Absicht, mit der Wohnung weiterhin Mieteinkünfte zu erzielen, besteht nach wie vor. Sehen Sie dazu die beigefügten Anzeigen im Immobilienteil der *Hintertupfinger Rundschau.*«
Bei einem solchermaßen begründeten Leerstand behalten Sie den ungekürzten Werbungskostenabzug.
Bei längerem Leerstand müssen Sie allerdings mehr tun, als gelegentlich eine Anzeige zu schalten. Mit nur ein oder zwei Pro-forma-Anzeigen im Jahr sind Ihre Chancen, die Vermietungsverluste steuerlich abzusetzen, nicht sehr groß. Investieren Sie also lieber ein paar Euro mehr und inserieren Ihre Wohnung pro Jahr mehrfach in verschiedenen Zeitungen oder im Internet. Bei einem mehrjährigen Leerstand sollten Sie vielleicht auch zwischendurch einen Makler bauftragen. So nehmen Sie dem Finanzamt den Wind aus den Segeln, wenn es Ihnen mit dem Argument kommt, Ihre Vermietungsbemühungen seien nicht ernsthaft und nachhaltig gewesen. Da auch Ihre Anzeigen- und Maklerkosten als Werbungskosten gelten, trägt der Fiskus durch die daraus resultierende Steuerersparnis sowieso einen Teil Ihrer Aufwendungen (BFH v. 28. 10. 2008, IX R 1/07; BFH/NV 2009 S. 68).

802 **Was Sie grundsätzlich absetzen können**

- sämtliche Schuldzinsen, Disagio etc.,
- Erbbauzinsen,
- Abschreibungen,
- erhöhte Abschreibungen,
- Sonderabschreibungen, z. B. nach dem Fördergebietsgesetz,
- Geldbeschaffungskosten, Schätzgebühren, Notar- und Gerichtskosten,
- Ertragsanteil von Renten,
- Reparaturkosten,
- Instandhaltungs-, Modernisierungskosten,
- Strom, Gas, Wasser,
- Heizkosten,
- Grundbesitzabgaben wie Müllabfuhr- und Abwassergebühren,
- Hausversicherungen,
- Hausverwaltung etc.

Viele Finanzämter setzen sich neuerdings Veranlagungsschwerpunkte, d. h. auf gut Deutsch, bestimmte Bereiche in Ihrer Steuererklärung werden besonders kleinlich geprüft. Womöglich ausgerechnet Ihre Vermietungseinkünfte. Dann hacken die Finanzbehörden auf den Umlagen herum, wollen genau wissen, was der Mieter gezahlt hat und ob diese Beträge mit Ihren Kosten übereinstimmen. Damit ist das bisher allseits praktizierte Nettoverfahren – nämlich einerseits die Umlagen nicht als Einnahme anzusetzen und im Gegenzug dafür die umlagefähigen Kosten nicht abzusetzen – hinfällig. Und so etwas wird einem dann auch noch hochtrabend als Steuervereinfachung verkauft. Da kann ich doch wirklich nur noch müde lächeln.

Insbesondere wird das Auge des Fiskus auf Ihrer Finanzierung und den zugehörigen Schuldzinsen ruhen. Achten Sie also darauf, dass sich bei nachträglichen Darlehen der konkrete Zusammenhang mit der Modernisierung oder Renovierung herstellen lässt.

zu Schuldzinsen

803 **Zu der Abzugsfähigkeit von Schuldzinsen hat der BFH sich endlich positiv im Sinn des Steuerzahlers geäußert:**

Wenn Sie und Ihr Ehegatte aus einem Topf wirtschaften und einer von Ihnen ein Haus kauft, Sie das Darlehen auf Wunsch der Bank aber gemeinsam aufnehmen, sind die Schuldzinsen in vollem Umfang als Werbungskosten bei den Einkünften aus Vermietung und Verpachtung des Eigentümerehegatten abziehbar.

Vorsicht:
Der Eigentümer muss zumindest an dem Darlehen beteiligt sein! Denn der BFH sagt auch: Nimmt ein Ehegatte allein ein Darlehen zur Finanzierung eines vermieteten Gebäudes auf, das dem anderen Ehegatten gehört, sind die Schuldzinsen nicht abziehbar.

Doch ich weiß einen Ausweg für Sie:
Zeigen Sie dem Finanzamt, dass der Eigentümerehegatte die Schuldzinsen aus eigenen Mitteln bezahlt hat, dann muss es den Werbungskostenabzug zulassen (Anschluss an die Beschlüsse des Großen Senats des BFH v. 23. 8. 1999 GrS 1/97, BFHE 189, 151, BStBl II 1999, 778, und v. 23. 8. 1999 GrS 2/97, BFHE 189, 160, BStBl II 1999,782).

3.4 Was Sie als Vermieter unbedingt über die Hausmodernisierung wissen müssen

Führen Sie als Vermieter bauliche Änderungen durch, können Sie unter bestimmten Umständen eine höhere Miete fordern. Zwar können Sie nach der allgemeinen Regelung nach Modernisierungsmaßnahmen ohnehin eine Erhöhung bis zur Vergleichsmiete fordern, weil der Wohnwert höher geworden ist. Ein solche Miet-erhöhung reicht aber nicht immer aus, die Modernisierungskosten zu decken. Deshalb wurde eine besondere Regelung getroffen, die zu höheren Mieten als der ortsüblichen Vergleichsmiete führen kann. Voraussetzung ist, dass die baulichen Änderungen den Gebrauchswert der Wohnung nachhaltig erhöhen oder die allgemeinen Wohnverhältnisse auf Dauer verbessern, so z. B. durch Umstellung auf Erdgas oder durch Wärmedämmungsmaßnahmen wie den Einbau von Doppelglasfenstern. Für die Durchführung einer derartigen Umbau- bzw. Sanierungsmaßnahme hat der Gesetzgeber im Interesse von Mieter und Vermieter Vorschriften erlassen, die bestimmte Regelungen vorsehen, so die §§ 541 a und b BGB, § 3 MiethöheG. Danach hat der Vermieter dem Mieter zwei Monate vor Beginn der Maßnahme deren Art, Umfang, Beginn und voraussichtliche Dauer sowie die zu erwartende Erhöhung des Mietzinses mitzuteilen. Die Mieterhöhung darf jährlich bis zu 11 % der angefallenen Kosten betragen, die indessen um die Reparaturersparnis zu mindern sind. Diese wird mit ca. 10 bis 20 % der Kosten für die Sanierung anzusetzen sein. Da es schwierig ist, bei mehreren Wohnungen die Baukosten angemessen aufzuteilen, sollten gleich bei Auftragserteilung getrennte Rechnungen für jede Wohnung verlangt werden. Nach Abschluss der Baumaßnahme haben Sie als Vermieter eine entsprechende Erklärung über die Mieterhöhung abzugeben. 804

Die Erklärung hat die Wirkung, dass vom Ersten des auf die Erklärung folgenden Monats an die erhöhte Miete an die Stelle der bisherigen tritt.

SUPER TRICK

Seien Sie gescheit und machen Sie Ihr Haus wertvoller!

805 Ihnen ist es möglich, 11 % der »reinen Modernisierungskosten« jährlich als Mieterhöhung auf den Mieter abzuwälzen. Das heißt, dass Sie in neun Jahren Ihre Auslagen hereinholen. Zudem sind die Aufwendungen bei Häusern, die nicht selbst zu Wohnzwecken genutzt werden, allgemein als Erhaltungsaufwand sofort steuerlich absetzbar. Der BFH entschied da zum Glück endlich großzügig. Zum Erhaltungsaufwand gehören die Aufwendungen für die laufende Instandhaltung und Instandsetzung. Diese Aufwendungen werden im Allgemeinen durch die gewöhnliche Nutzung des Grundstücks veranlasst. Als Beispiele seien genannt Dachreparaturen, Treppenhausrenovierung, Außenanstrich, Reparatur der Heizungsanlage. Auch Aufwendungen für die Erneuerung von bereits in den Herstellungskosten des Gebäudes enthaltenen Teilen oder Anlagen sind regelmäßig abzugsfähiger Erhaltungsaufwand, z. B. Austausch von Fenstern (Holz- gegen Aluminiumrahmen, Einfach- gegen Doppelglas), Ersatz von mit Kohle beheizten Einzelöfen durch Elektrospeicheröfen, Einbau einer Zentral- anstelle einer Einzelofenheizung, Anschluss einer Zentralheizung an eine Fernwärmeversorgung, Einbau messtechnischer Anlagen zur verbrauchsabhängigen Abrechnung von Heiz- und Warmwasserkosten, Umdeckung des Daches. Herstellungsaufwand kann sich nur über die Abschreibung steuerlich auswirken. Der Abschreibungssatz beträgt bekanntlich im Allgemeinen 2 % jährlich. Beträgt der Herstellungsaufwand pro Baumaßnahme im Kalenderjahr nicht mehr als 4 000 € (Rechnungsbetrag ohne Umsatzsteuer), kann er sofort als Erhaltungsaufwand abgeschrieben werden (R 21.1 Abs. 1 S. 2 EStR).

TRICK

für die Modernisierung

806 **Achten Sie darauf, dass Ihr Reparaturaufwand in den ersten drei Jahren seit Hauserwerb nicht zu hoch wird.** Übersteigen Ihre Reparatur- und Modernisierungskosten ohne Mehrwertsteuer 15 % des Gebäudekaufpreises, können Sie die Kosten nicht mehr sofort als Werbungskosten in voller Höhe bei Ihren Vermietungseinkünften absetzen. Als Gebäudekaufpreis wird der Kaufpreis der

Immobilie ohne Grundstücksanteil und, soweit sie als Vorsteuer abziehbar ist, ohne Mehrwertsteuer zu Grunde gelegt. Der Fiskus bezeichnet Ihre Kosten dann vielmehr als *anschaffungsnahen Herstellungsaufwand*, der auf die gesamte Lebensdauer des Gebäudes (meist 50 Jahre) verteilt wird und nur mit 2 % pro Jahr abgeschrieben werden darf. Dabei springt natürlich nur eine erheblich geringere Steuerermäßigung heraus. Diese fiskalischen Anweisungen enthält § 6 Abs. 1 a EStG. Verteilen Sie daher die Kosten geschickt, indem Sie mit einem Teil der Renovierung warten, bis der Dreijahreszeitraum abgelaufen ist. Die danach anfallenden Kosten werden nämlich zum einen nicht in die 15-%-Grenze eingerechnet und sind zum anderen auf jeden Fall sofort in voller Höhe als Werbungskosten abzugsfähig.

GUTER RAT

Haben Sie größere Ausgaben, können Sie die in einem Jahr angefallenen Erhaltungs- und Reparaturkosten gleichmäßig auf zwei bis fünf Jahre verteilt abziehen (§ 82 b EStG). So haben Sie auch in den kommenden Jahren noch etwas von der Steuerermäßigung. Von der Verteilung sollten Sie vor allem dann Gebrauch machen, wenn Ihr Einkommen im Reparaturjahr niedrig ist und Sie in Zukunft mit einem höheren Einkommen rechnen, z. B. weil Ihr Ehepartner wieder zu arbeiten anfängt, Sie eine besser dotierte Stelle bekommen oder Sie in den nächsten Jahren schlicht weniger von der Steuer werden absetzen können.

Also: Schluss mit dem Geklecker an Reparaturaufwand! Überlegen Sie, ob Sie stattdessen nicht bald fällige Instandsetzungsarbeiten als Modernisierung bezeichnen können (Kombination von Mieterhöhung und Steuerersparnis). Machen Sie sich mal Gedanken, was da so alles an Kosten anfällt, z. B:

TRICK

Seien Sie als Hausbesitzer auch in Kleinigkeiten wachsam!

Die meisten Besitzer eines Mietshauses machen nur deshalb nicht alles an 807
Hauskosten geltend, weil es im Formular des Finanzamts (Einkünfte aus Vermietung) einfach keine Ausfüllspalten gibt bzw. entsprechende Hinweise fehlen.

Lassen Sie sich daher auf die Sprünge helfen, wie Sie schnell an die 200 € verdienen, indem Sie, etwa unter der Aufstellung für die Reparaturen, Folgendes angeben:

Fahrten mit dem eigenen Kfz:	
12 × zwecks Hauskontrolle à 10 km =	120 km
6 × zwecks Besprechung im Zusammenhang mit dem Haus à 10 km =	60 km
6 Fahrten zu schlecht zahlenden Mietern zum Abholen der Miete à 10 km =	60 km
20 Fahrten mit Interessenten zum Besichtigen der Wohnungen à 10 km =	200 km
2 Fahrten bei Auszug von Altmietern zur Abnahme der Wohnung à 10 km =	20 km
Es sind 460 km mit 0,30 € Fahrtkosten abzurechnen, das ergibt einen Betrag von	138 €
Hinzu kommen: Kosten für Bohrmaschine und Werkzeug zur Eigenausführung von Reparaturen in den Mieträumen, da ich auf Handwerker zu lange warten muss	350 €
Telefonkosten, anteilig 10 % der Gesamtkosten von 720 €	72 €
Porto für ca. 50 Briefe	30 €
Schreibmaterial	15 €
Präsente an Müllfahrer	25 €
Trinkgelder an Handwerker bzw. Angestellte	25 €
Streusalz im Winter, Schneeschaufel	30 €
Gesamtkosten	685 €

Steuerersparnis bei 30 % Belastung: ca. 206 €.

Was die Reisekosten zwecks *Anschaffung* eines Hauses betrifft, so stellen Fahrten zu nicht erworbenen Gebäuden sofort abziehbare Kosten bei den Vermietungseinkünften dar. Fahrtkosten zum erworbenen Gebäude zählen zu den Anschaffungskosten.

Immer aber gilt: Ohne Beweise läuft gar nichts! Also: Alle Nachweise (Tankquittungen, Bewirtungsbelege, Zeitungsinserat über das Haus etc.) penibel aufbewahren – es ist bares Geld wert! Daran kommt kein Beamter vorbei. Ohne Nachweis aber verlieren Sie Ihr Recht.

TRICK

Drücken Sie mit einem Vorschuss die Steuerlast!

808 Zum Jahresende überlegen viele, wie sie noch schnell die Steuerlast für das laufende Jahr mindern können. Als Mietshausbesitzer haben Sie die Möglichkeit,

noch schnell größere Aufwendungen für Reparaturen zum Erhalt Ihres Hauses auszugeben, etwa das Dach zu erneuern oder eine bessere Zentralheizung einbauen zu lassen. Schwierig ist aber, einen Handwerker zu finden, der eine größere Erhaltungsmaßnahme noch bis zum Jahresende ausführen kann. Wie wär's, wenn Sie dem Handwerker zumindest den Auftrag für die Reparatur erteilen und ihm vor Jahresende einen Vorschuss von 10 000 € zahlen? Wenn Sie ihn nicht so gut kennen, sollten Sie aber vorher Referenzen einholen. Der Vorschuss drückt Ihre Steuerlast für das laufende Jahr von angenommen 40 % um 4 000 €. Kommt das Finanzamt später mit dem Paragraphen für Missbrauch angetanzt (§ 42 AO), können Sie sagen: Sie hätten sich nur der Technik des § 11 EStG bedient. Der sieht diese Möglichkeit ganz legal vor.

GUTER RAT

Ist Ihr Grundbesitz umfangreich, werden Sie ihn nicht ohne eigenes Büro ordnungsgemäß verwalten können. Die Kosten dafür sind aber nur noch unter engen Voraussetzungen als Werbungskosten absetzbar. Befindet sich das Büro in Ihrem eigenen Haus, gelten die allgemeinen Grundsätze für »häusliche Arbeitszimmer«. Dazu mehr unter ➤ Rz 267 ff. 809

Wenn Sie also z. B. nur von Ihrem vermieteten Grundbesitz leben und Ihre gesamten Arbeiten rund um die Immobilien im Büro (Arbeitszimmer) erledigen, ist dieses der Mittelpunkt Ihrer Erwerbstätigkeiten, und Sie setzen die gesamten Bürokosten als Werbungskosten bei den Vermietungseinkünften ab.

Schaff dir ein Mehrfamilienhaus an – und du hängst dein Lebensglück an den Nagel.
(Chinesisches Sprichwort)

TRICK

Drücken Sie vorbeugende Gesundheitskosten dem Finanzamt aufs Auge!

Die Kosten einer Asbestsanierung des Dachs in Ihrem Einfamilienhaus können 810
Sie als außergewöhnliche Belastung absetzen. Die Gefährlichkeit des Asbests ist bekannt. Sie als Familienoberhaupt können sich dieser potenziellen Gefahrenquelle gegenüber nicht blind stellen. Sie sind nicht verpflichtet abzuwarten, bis eine konkrete Lebensgefährdung eingetreten und nachgewiesen ist. Also: Lassen Sie den Dreck rausreißen und das Finanzamt mitzahlen! Gleiches gilt für Holz in Innenräumen, das z. B. mit Formaldehyd imprägniert ist!

TRICK

Für alle, die eine vermietete Immobilie ihr Eigen nennen

811 Besitzen Sie eine Mietimmobilie, gehört dazu sicher auch ein Garten, der gepflegt, oder eine Rasenfläche, die gemäht sein will. Beauftragen Sie in Zukunft Ihre Kinder damit und zahlen Sie ihnen 4 € die Stunde. Jede Woche zehn Stunden Arbeit, das macht 40 €, für die Zeit von Mai bis Oktober: 26 Wochen à 40 € = 1 040 €, die Sie unter die Werbungskosten aus Vermietung einreihen. Steuerersparnis ca. 300 €. Wie?

Natürlich müssen Sie alles richtig eingefädelt haben, vgl. dazu ➤ Rz 752 ff.

Wenn sich das Finanzamt mit dem Hinweis sperrt, die Mithilfe des Kindes erfolge auf familienrechtlicher Basis und sei deshalb steuerlich nicht als Arbeitsverhältnis anzuerkennen, helfen Sie mit einem kleinen Hinweis auf das Urteil des FG Köln vom 19. 3. 1981 (EFG 1982 S. 124) nach.

Für das Finanzgericht war ausschlaggebend, dass im Urteilsfall das Kind schon die Anlagen des vom Steuerzahler selbst genutzten Einfamilienhauses unentgeltlich in Ordnung hielt. Damit war nach Meinung der Kölner Richter die Mitarbeitspflicht des Kindes auf familienrechtlicher Basis ausreichend erfüllt. Dass sich der Sohn auch um das in Rede stehende weitere Grundstück der Eltern kümmerte, das zudem am anderen Ende der Stadt lag, ging deutlich über den Rahmen der Mithilfe im Haushalt der Eltern hinaus. Hinzu kam, dass das Grundstück recht groß war und daher erheblicher Wartung und Pflege bedurfte. Sicher hat dem Steuerzahler bei seiner Argumentation auch geholfen, dass er vor seinem Sohn eine fremde Hilfskraft zu denselben Konditionen für die Arbeiten beschäftigt hatte.

Wenn Ihr Kind den Garten in einem Haus pflegt, in dem neben anderen Mietern auch Sie selbst wohnen, wird das sicher nicht immer so reibungslos vonstattengehen. Einen Versuch ist das Ganze aber auf jeden Fall wert.

WICHTIGER HINWEIS

Doch aufgepasst: Sofern Sie Ihre Kinder nicht lediglich als Aushilfe (d. h. weniger als 50 Arbeitstage oder zwei Monate) beschäftigen, fallen für Sie in der Regel zusätzlich 28 % Sozialversicherung an. Die müssen Sie an die Krankenkasse abführen. Schwacher Trost: Selbstverständlich sind das für Sie Werbungskosten Vermietung. Erkennt der Fiskus in einem solchen Fall das Arbeitsverhältnis mit dem Kind wegen familienrechtlicher Mithilfe nicht an, fordern Sie im Gegenzug eventuell gezahlte Sozialversicherungsbeiträge zurück!

3.5 Mit Reparaturen eine höhere Steuerersparnis erlangen

Schlimm genug, wenn ein neues Haus schwere Mängel aufweist. Etwas schadlos 812
halten können Sie sich – gleich, ob das Gebäude bereits fertig oder noch im Bau ist –, wenn Sie eine Abschreibung für außergewöhnliche Wertminderung vornehmen (FG Bremen v. 20. 2. 1980 – EFG 1980 S. 222). Einige Finanzämter wollen Wertminderungen allerdings nur dann als abzugsfähig anerkennen, wenn Gebäude zum gewerblichen Betriebsvermögen gehören. Sind bei der Herstellung durch Fehlplanung oder fehlerhafte Ausführung Mehraufwendungen entstanden, gehören diese nicht zu den Herstellungs-, sondern den Werbungskosten.
Doch auch da machen einige Finanzämter Schwierigkeiten, denn sie rechnen unter Hinweis auf den BFH (BStBl 1988 II S. 431) Aufwendungen für Baumängelbeseitigung einschließlich Prozesskosten zu den Herstellungskosten, die nur langsam abgeschrieben werden.

Seien Sie clever: Sofort abgeschrieben werden können Reparaturaufwendungen für Schäden, die nach Fertigstellung aufgetreten sind. Eine Stellungnahme des Architekten hilft, den schnellen Abzug beim Finanzamt durchzusetzen.
Das Hessische Finanzgericht hat zusätzliche Kosten zur Abstützung des Fundaments als sofort abzugsfähig anerkannt. Im Urteilsfall drohte Einsturzgefahr infolge Grundwassersenkung (EFG 1984 S. 401).

Manchmal stellt sich erst nach dem Hauskauf heraus, dass umfangreiche Män- 813
gel vorliegen, die behoben werden müssen. Das Finanzamt rechnet entsprechende Kosten gern zu den nicht sofort abzugsfähigen Herstellungskosten. Weisen Sie es darauf hin, dass es dazu nur berechtigt ist, wenn die Reparaturen (ohne Mehrwertsteuer) innerhalb der ersten drei Jahre nach dem Kauf des Hauses mehr als 15 % der Anschaffungskosten des Gebäudes (ohne Grundstücksanteil und eventuell als Vorsteuer abzugsfähiger Mehrwertsteuer) verursachen. Nur dann spricht man von sog. anschaffungsnahen Herstellungskosten (§ 6 Abs. 1 a EStG). Dazu mehr unter ➤ Rz 806.

SUPER TRICK

Bitten Sie den Fiskus in zwei Schritten zur Kasse!

So richtig langen Sie in die Sahne, wenn Sie ein älteres Haus erwerben und es 814
zunächst vermieten, bevor Sie nach frühestens fünf Jahren selbst einziehen, obwohl das mietrechtlich nicht einfach ist. Als Vermieter können Sie sämtliche

Finanzierungskosten in der Steuererklärung unterbringen. Die Zinsen bürden Sie also zum Teil dem Fiskus auf. Wenn Sie später einziehen, können Sie den Fiskus noch einmal zur Kasse bitten, indem Sie das Haus gründlich aufmöbeln. Denn sämtliche Renovierungskosten vor Einzug sind als Werbungskosten absetzbar. Die Höhe der Renovierungskosten spielt keine Rolle mehr. Auch wenn sie über 15 % der Anschaffungskosten für das Gebäude hinausgehen, können Sie sie voll als Werbungskosten abziehen, weil Sie ja aus dem bedenklichen Dreijahreszeitraum nach der Anschaffung heraus sind.

815 Lassen Sie sich unbedingt ein paar Jahre Zeit mit dem eigenen Einzug. Der BFH hat Ihnen in seinen Urteilen vom 9. 7. 2002 (IX R 47/99 und 57/00 – BStBl 2003 II S. 580, 695) nämlich ein paar Steine in den Weg gelegt. Bei einer nur kurzfristigen Vermietung mit anschließendem Verkauf der Immobilie oder anschließender Selbstnutzung darf das Finanzamt dies als gewichtiges Anzeichen dafür nehmen, dass Ihnen die ernsthafte Absicht fehlte, mit der Vermietung auf Dauer Einkünfte zu erzielen. Der BFH geht in seinen Urteilen bei einer Vermietung von bis zu fünf Jahren von einer nur kurzfristigen Vermietung aus. Allerdings gibt es für diese ungünstige Rechtsprechung eine Übergangsregelung (BMF-Schreiben v. 15. 8. 2003 – BStBl 2003 I S. 427). Wenn Sie Ihr Haus vor 2004 gekauft und vermietet hatten, ist Ihnen die Steuerermäßigung für Ihre Renovierung sicher. Haben Sie es erst nach dem 31. 12. 2003 erworben oder einen Mietvertrag abgeschlossen, müssen Sie sich mindestens fünf, besser noch ein bis zwei Jahre mehr gedulden, bevor Sie Ihren Mieter an die frische Luft setzen und mit der Renovierung beginnen.

TIPP

für kurzfristige Mietverträge

Nicht bei jedem Mietvertrag mit zeitlich beschränkter Laufzeit darf das Finanzamt Ihnen Veräußerungs- oder Selbstnutzungsabsicht unterstellen und Ihnen Verluste streichen. Vor allem, wenn Ihr Mietvertrag sich ohne Kündigung stillschweigend verlängert oder Sie ihn auch ohne eine solche Verlängerungsoption verlängert haben, darf das Finanzamt Ihre Einkunftserzielungsabsicht nicht in Frage stellen (BFH v. 14. 12. 2004 – BStBl 2005 II S. 211).

TRICK

Retten Sie durch einen Mietvertrag mit Ihren Kindern die Renovierungskosten!

Sie wollen ein bisher vermietetes Haus oder eine Eigentumswohnung künftig 816
selbst nutzen, die Immobilie ist aber, seit Sie sie gekauft haben, weniger als fünf Jahre vermietet. Bevor Sie nun mit Ihren Renovierungskosten eine steuerliche Bauchlandung erleben, bringen Sie Ihre Kinder ins Spiel. Nachdem Sie Ihren Mieter an die Luft gesetzt haben, vermieten Sie die Immobilie zunächst an Ihre Kinder und füllen so die fehlenden Jahre der Vermietung auf. Als zusätzlicher Vorteil kommt hinzu, dass Ihre Kinder sicher nicht ständig Ärger machen, wenn Sie schon einmal anfangen, das Haus oder die Wohnung Stück für Stück zu renovieren.

GUTER RAT

Besitzen Eltern mit geringem Einkommen ein dringend renovierungsbedürfti- 817
ges Mietshaus, sollten sie es ihren besser verdienenden Kindern vorzeitig vererben. So führen die Renovierungskosten zu höheren Steuerentlastungen.

TRICK

So leimen Sie das Finanzamt bei geplanter Eigennutzung.

Wer nach jahrelanger Vermietung seines Hauses oder seiner Eigentumswoh- 818
nung das Mietverhältnis wegen geplanter Eigennutzung kündigt und nach Auszug des Mieters die durch die Vermietung entstandenen Schäden beseitigt, dem sollte eigentlich das Recht zustehen, die Kosten dafür als nachträgliche Werbungskosten absetzen zu können. Doch weit gefehlt. Flugs kommt der Fiskalbürokrat mit der Begründung: Keine Absicht mehr auf Erzielung von Einkünften, also kein Abzug von Werbungskosten, und wedelt mit den restriktiven Urteilen des Hessischen Finanzgerichts vom 1.3.1991 (EFG 1991 S.471) und des Saarländischen FG vom 11.12.1997 (2 K 29 197). Daher rate ich Ihnen, bei geplanter Eigennutzung noch vor Beendigung des Mietverhältnisses zumindest all das zu renovieren, was richtig ins Geld geht: Badezimmer, Fenster, Türen, Heizung, Gasthermen, Bodenbeläge. Denn solange der Mietvertrag besteht, kann unter-

stellt werden, dass Ihre Renovierung wegen der laufenden Vermietung erfolgt (BFH v. 11.3.2003 – BFH/NV 2003 S.1043). Als weitere Argumentationshilfe können sie dem Finanzamt unter die Nase reiben, dass der BFH dies als festen Grundsatz sieht (BFH v. 10.10.2000 – BStBl 2001 II S.787) und auch das Bundesministerium für Finanzen dieser Argumentation folgt (BMF v. 26.11.2001 – BStBl 2001 I S.868).

Wenn alle Stricke reißen, hilft evtl. der Trick in ➤ Rz 816 weiter.

Darauf sollten Sie noch achten: Legen Sie dem Finanzamt dar, dass es sich um zwingend notwendige und aus Ihrer Verpflichtung als Vermieter resultierende Reparaturen handelte; ansonsten kann Ihnen daraus ein Strick gedreht werden (siehe BFH v. 20.2.2001, II R 49/98 BFH/NV 2001 S.1022). Hierbei können Ihnen die vertragliche Gestaltung mit dem Mieter, aber auch die Handwerkerrechnungen helfen, die bestätigen, dass es sich um unbedingt erforderliche Reparaturen handelte.

819 Auch ohne bestehende Mängel sind größere Umbaumaßnahmen in aller Regel als Erhaltungsaufwendungen sofort als Werbungskosten abziehbar. Haben Sie z.B. in Ihrer vermieteten Immobilie nur den Zuschnitt der Räume verändert, indem Sie Wände versetzt oder neue Leichtbauwände eingebaut haben, sind die Kosten sofort abzugsfähig. So etwa, wenn Sie ein Großraumbüro in Einzelbüros umgebaut haben (BFH v. 16.1.2007 – BStBl 2007 II S.922).

TRICK

Drittaufwand: Ihre Eltern zahlen, Sie setzen die Kosten ab!

Auch wenn Sie die Renovierungskosten, Reparaturen etc. an Ihrer Immobilie nicht selbst bezahlt haben, können Sie die Kosten von der Steuer absetzen. »Drittaufwand« und »abgekürzter Zahlungs- und Vertragsweg« sind hier die magischen Schlagworte. Angenommen, Sie können sich aus beruflichen Gründen nicht ständig um Ihre vermieteten Immobilien kümmern und haben deshalb z.B. Ihre Elern oder einen anderen Angehörigen gebeten, sich der Angelegenheit anzunehmen. Sie müssen sich keine Gedanken machen, wenn Ihre Eltern eine notwendige Reparatur in Auftrag geben und evtl. auch noch das Geld für die Rechnung auslegen. Da die ganze Geschichte in Ihrem Namen und für Ihre Immobilie gelaufen ist, können Sie auch die Kosten absetzen. Dem Fiskus, der insbesondere wegen der Auftragserteilung durch die Eltern die Kosten unter Hinweis auf den sog. abgekürzten Vertragsweg nicht anerkennen wollte, hat der BFH zum wiederholten Mal kräftig auf die Finger geklopft und den Kostenabzug auch in diesem Fall für zulässig erklärt (BFH v. 15.1.2008 – BStBl 2008 II S.572). Folglich musste das BMF bei aller Hartnäckigkeit einlenken und dies endlich auch akzeptieren (BMF-Schreiben v. 7.7.2008 – DStR 2008 S.1382).

Lassen Sie sich also von Ihrem Finanzamt nicht mit angeblichen Nichtanwendungsschreiben ins Bockshorn jagen – die sind längst überholt.

3.6 Die Kosten vor dem Bau oder Kauf eines Hauses

Was damit gemeint ist? Denken Sie doch mal an all die Fahrten zur Besichti- **820**
gung der vielen Grundstücke oder Häuser, bis Sie sich für eines entschieden haben! Und wie viele haben sich Pläne entwerfen lassen, die später nicht realisiert wurden. Und haben sie teuer bezahlt! Denn die Architekten und alle, die mit dem Bau zu tun haben, wissen, wie man schnell das große Geld macht. Da sind Ihnen doch gewiss Fahrtkosten entstanden. Und wenn Sie weiter wegfuhren, dann mussten Sie unterwegs mal essen. Das Essen in der Gaststätte ist immer teurer als zu Hause. Also entstanden Ihnen dadurch Mehrkosten, nicht wahr?
»Ich bin aber nicht einkommensteuerpflichtig – ich zahle nur Lohnsteuer und gebe deswegen keine Einkommensteuererklärung ab«, wenden Sie ein.

Wenn Sie als Arbeitnehmer Verluste aus Vermietung und Verpachtung geltend machen, können Sie einen Antrag auf Einkommensteuerveranlagung stellen, um die Steuererstattung für Ihre Verluste zu kassieren. Allerdings gilt eine Frist von nur vier Jahren, d. h., Sie müssen Ihre Einkommensteuererklärung z. B. für 2010 bis spätestens 31. 12. 2014 beim Finanzamt einreichen, sonst geht Ihnen die Steuererstattung durch die Lappen.
Fertigen Sie also eine Aufstellung über vorbereitende Aufwendungen des Hauskaufs an und reichen Sie sie schnellstens dem Finanzamt ein. Sogar der BFH gibt seinen Segen dazu (Urt. v. 10. 3. 1981 – BStBl 1981 II S. 470).

1. Fahrten zwecks Besichtigung verschiedener Häuser an Ort und Stelle:

Fahrt nach	A = 36 km		
	B = 24 km		
	C = 18 km		
usw. bis	Y = insg.	710 km	
Fahrten zum Makler		70 km	
Fahrten zu Hausmietern zwecks Verhandlungen		50 km	
Fahrten zum Notar zu Kaufvertragsvorbereitungen		40 km	
		870 km	
870 km × 0,30 € für Pauschalfahrtkosten			261 €
2. Einnahme von Mittagessen wegen Abwesenheit über 8 Stunden, pauschal 12 × 6 €			72 €
			333 €

Haben Sie die Anzahlung für das neue Haus durch Konkurs des Bauunterneh- **821**
mers verloren, können Sie den Verlust als Werbungskosten geltend machen. Gleiches gilt für Architektenkosten, wenn das Haus nicht errichtet wird (BFH v. 8. 9. 1998 – BStBl 1999 II S. 20).

Die Finanzierungskosten für Bauerwartungsland, das Sie auf Pump gekauft haben, können Sie ebenfalls als Werbungskosten in der Anlage V unterbringen, wenn Sie bereits beim Kauf konkrete Pläne für die Bebauung der Fläche hatten (BFH-Urt. v. 4. 6. 1991 – BStBl 1991 II S. 761).

822 **Finanzierungskosten sind Werbungskosten!**

Nicht nur die laufenden Zinsen, sondern auch die Kosten zur Beschaffung des Darlehens können Sie voll von der Steuer absetzen. Dazu gehören

- Disagio,
- Damnum,
- Maklerkosten zur Finanzierungsvermittlung,
- Kosten der Finanzierungsberatung,
- Gebühren für die Eintragung von Hypotheken im Grundbuch,
- Notarkosten für die Bestellung der Grundschuld,
- Fahrtkosten zur Bank, zum Notar oder Finanzierungsmakler mit 0,30 € je gefahrenen Kilometer.

Finanzieren Sie Ihren Immobilienerwerb mit einer Lebensversicherung, mit deren Kapital die Rückzahlung des Darlehens sichergestellt wird, lassen Sie sich vom Versicherungsmakler unbedingt eine getrennte Rechnung für die Beratung und Vermittlung geben. Der Teil der Provision, der darauf entfällt, stellt ebenfalls Werbungskosten bei Ihren Vermietungseinkünften dar.

Selbst wenn Sie die Versicherungsbeiträge zunächst vorfinanzieren müssen, sind zwar nicht die Beiträge selbst, aber sehr wohl die Zinsen zu deren Vorfinanzierung als Werbungskosten bei den Einkünften aus Vermietung und Verpachtung abziehbar (BFH v. 25. 2. 2009 – - BStBl 2009 II S. 459).

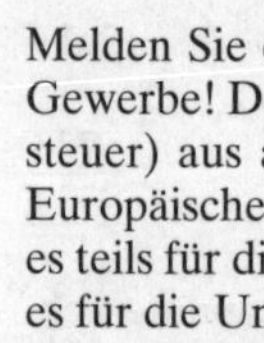

TRICK

Machen Sie sich selbständig!

823 Melden Sie ein Gewerbe an. Sagen Sie, Sie nutzen das Haus teilweise für Ihr Gewerbe! Dann muss das Finanzamt Ihnen als Investor die Umsatzsteuer (Vorsteuer) aus allen Bau- oder Handwerkerrechnungen erstatten. So hat es der Europäische Gerichtshof (EuGH) entschieden. Wenn Sie ein Haus bauen und es teils für die Firma (mindestens zehn Prozent), teils privat nutzen, können Sie es für die Umsatzsteuer dem sog. Unternehmensvermögen zuordnen. Dazu genügt ein Einfamilienhaus mit Büroraum. Was aber ist mit Ihnen als Bauherr, wenn Sie vor dem EuGH-Urteil investiert haben, davon also nichts wissen konnten? Sie haben – wie damals üblich – die Vorsteuer nur für den Teil des

Hauses geltend gemacht, den Sie geschäftlich selbst nutzen oder vermieten. Sie können nachträglich die restlichen Vorsteuerbeträge zurückverlangen! So entschied das Finanzgericht München (Urt. v. 14. 7. 2004 – 14 K 55/04 – EFG 2004 S. 1722). Das funktioniert meistens. Denn die Umsatzsteuerbescheide sind ja meist noch nicht bestandskräftig, weil sie als Steueranmeldung kraft Gesetzes unter dem Vorbehalt der Nachprüfung (§ 164 AO) stehen. Aber passen Sie auf: Im Gegenzug sind für die private Nutzung der Wohnung 19 % Umsatzsteuer fällig. Es handelt sich dabei um den sog. Eigenverbrauch. Bemessungsgrundlage dafür sind seit Januar 2005 pro Jahr 10 % der Baukosten, die auf die Privatwohnung entfallen. Das bedeutet eine kräftige Steuererhöhung. Berlin verstößt damit allerdings sehenden Auges gegen EU-Recht, denn der Europäische Gerichtshof hat entschieden, dass jährlich nur 2 % der Baukosten zugrunde gelegt werden müssten. Mit ein bisschen Glück wird der EuGH den deutschen Gesetzgeber deswegen erneut zurückpfeifen.

3.7 Reparaturkosten bei der selbstgenutzten Immobilie

Renovierungskosten, Reparaturen etc. durch Handwerker in der eigenen Wohnung können Sie logischerweise nicht als Werbungskosten bei Vermietungseinkünften absetzen. **Aber:** Eine Steuerermäßigung von 20 % der Aufwendung bis zu 6 000 €, also bis zu 1 200 €, ist unter der Überschrift »Steuerermäßigung für Handwerkerleistungen und haushaltsnahe Dienstleistungen« möglich. Begünstigt sind allerdings nur die Lohnkosten, nicht die in der Rechnung enthaltenen Materialkosten. Außerdem brauchen Sie eine offizielle Rechnung, die Sie unbedingt bargeldlos bezahlen müssen. Vgl. dazu ➤ Rz 681. **824**

3.8 Vermietung möblierter Zimmer

Ist das Vermieten eines möblierten Zimmers überhaupt steuerpflichtig? Aber ja. Nichts ist vor der Erfassungswut eines deutschen Finanzamts sicher. Doch zum Glück nehmen es die Ämter hier nicht so genau. **825**

Wenn Sie als einfacher Angestellter ein Einfamilienhaus haben und ein Zimmer für 180 € vermieten, das 15 % der gesamten Wohnfläche ausmacht, müssten Sie wie folgt rechnen (holen Sie sich einen Untermieter in die Mietwohnung, ziehen Sie statt Zinsen und Abschreibung von Ihren Einnahmen die anteilige Miete ab, die Sie selbst bezahlen):

Mieteinnahmen			2 160 €
./. Abschreibung (Herstellkosten angenommen 160 000 €, davon 15 % =) 24 000 € × 2 % =	480 €		
Schuldzinsen 6 000 €, davon 15 %	900 €		
Übrige Werbungskosten 15 % von angenommen 1 000 €	150 €		
	1 530 €	>	– 1 530 €
Überschuss aus Vermietung und Verpachtung			630 €

Rein theoretisch müssten Sie also für 630 € Steuer abdrücken. Doch diesen Überschuss voll zu versteuern erscheint selbst dem Fiskus unbillig, weshalb er eine Härteregelung ersonnen hat (§ 46 Abs. 5 EStG, § 70 EStDV): Als Arbeitnehmer versteuern Sie nur 440 €.

Härteausgleich

Einkünfte			630 €
./. Freibetrag			
Grenze	820 €		
./. Einkünfte	– 630 €		
Freibetrag	190 €	>	– 190 €
Zu versteuern			440 €

Ist Ihnen auch das noch zu viel, bringen Sie mich mit Ihrem Wunsch nach mehr Steuerersparnis in Verlegenheit.

TRICK

So können Einnahmen steuerfrei bleiben

826 Sie gehen zu Ihrer Frau und sagen: »Hör mal, du hast mit unserem möblierten Herrn eine Menge Arbeit. Ich meine, dass du dafür eine kleine finanzielle Anerkennung bekommen solltest. Rückwirkend ab … vereinbaren wir Folgendes: Ich vermiete an unseren möblierten Herrn nur noch Wäsche und Leerzimmer, und zwar für einen Betrag von monatlich 152 €, du vermietest ihm die beweglichen Gegenstände – Bett, Schrank, Kommode – für monatlich 28 €.

Am Mietpreis von	180 € × 12 =	2 160 €
ändert sich nichts, aber für dich sind im Jahr die	28 € × 12 =	– 336 €
bestimmt. So bleiben von den obigen Einnahmen nur noch		1 824 €
Unserer Tochter haben wir, weil sie das möblierte Zimmer so schön in Ordnung hält, ja immer so um die 50 € im Monat an Sachwerten oder in bar gegeben.		
50 € × 12 sind		– 600 €
Für Wäscheverschleiß und Waschen der Bettwäsche geben wir ihr	15 € × 12	
Für Reinigungs- und Putzmittel verbraucht sie	5 € × 12	– 240 €
So verbleiben für mich genau		984 €
Abzgl. der anteiligen Werbungskosten aus dem Haus von (480 + 900 + 150 €) =		– 1 530 €
ergibt sich jetzt ein Verlust von		546 €

der zu einer Steuererstattung führt.«

»Haha«, rufen Sie, »aber meine Frau hat jetzt 336 € Einkünfte! Und da sie mit mir zusammen veranlagt wird, muss ich doch blechen.«

Nein, müssen Sie nicht, denn das »Vermieten beweglicher Gegenstände« bleibt steuerfrei, wenn es jährlich unter 256 € liegt (§ 22 Nr. 3 EStG). Und 336 € – 85 € anteilige Abschreibung für die Möbel ergeben 251 € Einkünfte, womit Sie aus dem Schneider sind.

Denken Sie aber daran, dass für die Tochter 28 % Sozialversicherung fällig werden. Das sind immerhin 168 €, von denen die Familienkasse nichts hat. Besser also, Sie beschäftigen Ihre Tochter nur zweimal im Jahr einige Tage als Aushilfe (z. B. fürs Großreinemachen) und zahlen ihr statt monatlich 50 € für die jeweilige Großreinemachaktion je 300 €. Da die Beschäftigungszeit Ihrer Tochter weniger als 50 Tage beträgt, liegt eine sog. *kurzfristige Beschäftigung* vor, für die keine Sozialversicherungsbeiträge anfallen.

TRICK

Sparen Sie mit alten privaten Möbeln Steuern!

Wenigstens hatten Sie bei der Einrichtung des vermieteten Zimmers keine grö- 827
ßeren Ausgaben, weil auf dem Dachboden genügend guterhaltene Möbel herumstanden. Vergessen Sie aber nicht, jährlich 10 % Abschreibung vom Wert dieser Möbel als Werbungskosten abzusetzen. Schließlich verwenden Sie Ihr Privatvermögen zur Erzielung steuerpflichtiger Einkünfte. Als Abschreibungsgrundlage nehmen Sie den tatsächlichen Gebrauchswert der Möbel. Dieser Wert ist meistens hoch zu veranschlagen, selbst wenn die Möbel alt sind, denn das Alter beeinträchtigt ihren Gebrauchswert nur wenig. Seien Sie also nicht allzu pingelig, wenn Sie den tatsächlichen Gebrauchswert der Möbel schätzen.

Neuerdings kommt in solchen Fällen der Fiskalritter manchmal mit der Behauptung daher, die Zeit der privaten Nutzung der Möbel sei auf die Gesamtnutzungsdauer anzurechnen (fiktive AfA) und wenn die Gesamtnutzungsdauer abgelaufen sei, sei keine Abschreibung bei den Einkünften mehr möglich. Sagen Sie dem Fiskalritter, die Gesamtnutzungsdauer sei noch nicht abgelaufen, was ja mit der Nutzung durch den Mieter bewiesen sei. Also setzen Sie eine Restnutzungsdauer von mindestens fünf Jahren an und verteilen den Wert der Möbel auf diese Zeit. Das geht aber nur insoweit, als Sie bisher für diese Möbel keine Abschreibung berücksichtigt haben.

3.9 Vermietung von Ferienwohnungen

TRICK

Setzen Sie Ihre Ferienwohnung richtig ab!

828 Wenn Sie Ihre Ferienwohnung nicht nur vermieten, sondern auch selbst bewohnen, können Sie nur die Kosten absetzen, die anteilig mit der Vermietung zusammenhängen. Das Dumme dabei ist, dass nicht nur die Kosten den Bach hinuntergehen, die auf die Zeiten der tatsächlichen Eigennutzung entfallen (Selbstnutzung durch Sie oder kostenlose Überlassung). Der Fiskus bindet Ihnen auch die Zeiten, in denen die Wohnung leer steht, als Eigennutzung ans Bein. Aus diesem Dilemma kommen Sie nur heraus, wenn Sie dem Finanzamt klarmachen können, dass Sie die Wohnung während der Leerstandszeiten nicht ohne weiteres hätten selbst nutzen können. Das geht z. B. dadurch, dass Sie sich wie verfolgt einrichten:

- Sie haben die Vermietung der Ferienwohnung einem unabhängigen Vermittler, z. B. einem überregionalen Reiseveranstalter, der örtlichen Kurverwaltung oder einem gewerblichen Vermittlungsdienst, übertragen und in dem Vertrag eine Eigennutzung durch Sie von vornherein vertraglich für das ganze Jahr ausgeschlossen.
- Die Ferienwohnung befindet sich in Ihrem ansonsten selbstgenutzten Zwei- oder Mehrfamilienhaus oder in unmittelbarer Nähe zu Ihrer eigenen Wohnung. Wenn Ihre eigene Wohnung dann noch auf Ihre individuellen Wohnbedürfnisse abgestimmt ist, darf das Finanzamt ihnen nicht mit gelegentlicher Selbstnutzung kommen.
- Sie haben an demselben Ort mehr als eine Ferienwohnung und nutzen nur eine davon für sich oder überlassen sie gelegentlich unentgeltlich an Freunde oder Verwandte. Indem Sie also praktisch eine Wohnung opfern, die Sie nach Ihren persönlichen Vorstellungen ausstatten, retten Sie die Werbungskosten auch für die Leerstandszeiten der übrigen Wohnungen.
- Die Dauer der Vermietung der Ferienwohnung entspricht zumindest dem Durchschnitt der Vermietungen in der am Ferienort üblichen Saison.

Wenn Sie es also so hingedeichselt haben, dass Sie die Ferienwohnung nicht selbst nutzen, sondern ausschließlich an wechselnde Feriengäste vermieten und in der übrigen Zeit hierfür bereithalten, können Sie auch dann alle Kosten absetzen, wenn sich jahrelang rote Zahlen ergeben (BFH-Urt. v. 21. 11. 2000 – BStBl 2001 II S. 705 – und v. 5. 11. 2002 – BStBl 2003 II S. 914).

Wird hingegen die Ferienwohnung teils selbst genutzt und teils an wechselnde Feriengäste vermietet, soll das Finanzamt prüfen, ob der Steuerzahler die Absicht hat, einen Überschuss zu erzielen. Dazu reichen ein paar hundert Euro. Hierzu müssen Sie eine Prognose erstellen, ob dies in einem **Zeitraum von 30 Jahren** gelingen kann. Kann es das nicht, ist die Ferienwohnung Liebhaberei und steuerlich ohne Belang. In dem Fall darf das Finanzamt die steuersparenden Verluste sogar rückwirkend streichen. Diese Prüfung droht Ihnen ausnahmsweise auch dann, wenn Sie die o. g. Formalien einhalten, Ihre Ferienwohnung also eigentlich nur zur Vermietung an Fremde bereitsteht, Sie aber mit Ihrer Vermietungsquote mehr als 25 % unter der ortsüblichen Vermietungsquote für Ferienwohnungen liegen (BFH v. 26. 10. 2004 – BStBl 2005 II S. 388). Also seien Sie nicht ganz so wählerisch bei der Auswahl Ihrer Vermietungsgäste. Ob Ihre Vermietungsquote ausreichend hoch ist, müssen allerdings Sie belegen (BFH-Urt. v. 19. 8. 2008 – BStBl 2009 II S. 138). Wappnen Sie sich also mit einer Bescheinigung der örtlichen Zimmer- und Wohnungsvermittlung oder der Gemeinde, in der Ihre Ferienwohnung liegt.

Eine Überschussprognose muss auch dann her, wenn die Ferienwohnung durch einen Makler/Hausverwalter vermietet wird und Sie sich Zeiten der Selbstnutzung vorbehalten, die Wohnung aber nicht tatsächlich selbst genutzt haben.

Bei einer Überschussprognose müssen Sie wie gesagt dem Finanzamt belegen, **829**
dass Sie innerhalb von 30 Jahren mit Ihrer Ferienwohnung unter Berücksichtigung aller voraussichtlich anfallenden Kosten unter dem Strich schwarze Zahlen schreiben. Die Höhe des Überschusses spielt dabei keine Rolle, rein theoretisch reicht in der Summe ein Plus von 1 €.

- Die Prognose beginnt grundsätzlich mit dem Jahr, in dem Sie sich Ihre Ferienwohnung zugelegt haben.
- Zur Ermittlung des Gesamtüberschusses können Sie die Ergebnisse aus der Vermietung Ihrer Ferienwohnung der letzten fünf Jahre auf 30 Jahre hochrechnen.
- Haben Sie mehrere Ferienwohnungen, muss die Prognose grundsätzlich für jede Wohnung getrennt vorgenommen werden.
- Zu Ihren Gunsten können Sie die lineare Gebäudeabschreibung von nur 2 % als Kosten ansetzen, auch wenn Sie tatsächlich Sonderabschreibungen, erhöhte Absetzungen oder die degressive AfA in Anspruch nehmen.
- Statt der tatsächlichen Renovierungs- und Instandhaltungskosten können Sie den voraussichtlich anfallenden Betrag mit den Werten lt. § 28 der Zweiten Berechnungsverordnung vom 12. 10. 1990 ansetzen. Die Sätze betragen inkl. laufender Schönheitsreparaturen zwischen 15,60 € (Wohnung jünger als 22 Jahre) und 20,00 € (Wohnung über 32 Jahre alt).
- Wegen der Unsicherheit, die eine Prognose über einen so langen Zeitraum von 30 Jahren mit sich bringt, machen Sie mit fiskalischem Segen folgende

Sicherheitsabschläge: Die Gesamtsumme der von Ihnen hochgerechneten Einnahmen erhöhen Sie pauschal um 10 %, während Sie von den insgesamt ermittelten Werbungskosten einen Abschlag von 10 % vornehmen.

830 **Muster für eine Überschussprognose**

Jahr	Einnahmen	Werbungskosten
2010	5 000 €	5 200 €
2009	3 500 €	4 700 €
2008	4 600 €	4 800 €
2007	3 800 €	5 000 €
2006	3 700 €	5 200 €
Summe	20 700 €	24 900 €
Jahresdurchschnitt	4 140 €	4 980 €
Hochrechnung auf 30 Jahre	124 200 €	149 400 €
Sicherheitszuschlag Einnahmen 10 %	12 420 €	
Sicherheitsabschlag Werbungskosten 10 %		– 14 940 €
Gesamtsummen	136 620 €	134 460 €
Gesamtüberschuss		2 160 €

Da im vorliegenden Fall der Gesamtüberschuss für 30 Jahre mit 2 160 € positiv ist, können die in der Zwischenzeit aus der Vermietung der Ferienwohnung anfallenden Verluste abgezogen werden.

831 Diese Prognose darf das Finanzamt aber nur von Ihnen verlangen, wenn nicht feststeht, dass die Ferienwohnung ausschließlich für die Vermietung an fremde Feriengäste zur Verfügung steht und Sie die Wohnung ebenfalls nutzen. Allein wegen **hohen Verlusts** darf das Finanzamt Ihre Einkunftserzielungsabsicht nicht in Frage stellen (BFH-Urt. v. 24. 8. 2006 – BFH/NV 2007 S. 540).

3.10 Woran Sie als Vermieter sonst noch denken sollten

832 Ab 64 Jahren gibt es einen Altersentlastungsbetrag (§ 24 a EStG). Sind Sie vor 2005 64 Jahre alt geworden, beträgt er 40 % der Einkünfte, höchstens 1 900 €. Für Jüngere verringert er sich von Jahr zu Jahr. Hatten Sie z. B. erst 2009 Ihren 64. Geburtstag, liegt der Altersentlastungsbetrag für Sie ab 2010 bei 32 % bzw. max. 1 520 €.

Nun nehmen Sie mal an, Sie und Ihr Ehepartner haben beide den 64. Geburtstag schon vor 2005 gefeiert. Ihre bessere Hälfte hat keinerlei eigene Einkünfte, Sie beziehen welche aus zwei Mietshäusern. Das Finanzamt setzt von Ihren Einkünften bis zu 1 900 € ab. Das ist zwar ganz schön, aber Sie verschenken dabei Geld. Denn der Altersentlastungsbetrag steht *jedem* zu, der das 64. Lebensjahr vollendet hat. Also: Verschaffen Sie Ihrem Ehegatten schnellstens Einkünfte. Teilen Sie die Mietshäuser auf, eins auf Ihren, das andere auf seinen Namen, oder stellen Sie ihn als Hausverwalter mit einer Jahresvergütung von 4 750 € ein. Warum ausgerechnet 4 750 €? Nun, weil 40 % von 4 750 € exakt 1 900 € ergeben, also die Höchstgrenze des Altersentlastungsbetrags Ihres Ehepartners. Natürlich können Sie auch mehr vereinbaren. Denn die Hausverwaltungskosten können Sie als Werbungskosten von den Mieteinkünften absetzen. Auch wenn Ihr Ehepartner seinen 64. Geburtstag später hatte, bleibt es bei max. begünstigten Einkünften von 4 750 €. Zum Beispiel beim 64. Geburtstag im Jahr 2009 entspricht der Altersentlastungsbetrag 32 % von 4 750 € = 1 520 €, also genau dem Höchstbetrag.

Aber Vorsicht: Denken Sie an die sozialversicherungsrechtliche Seite; denn wenn Ihr Ehegatte nur für Sie tätig ist, können aufgrund des Arbeitsverhältnisses oder weil der Tatbestand der Scheinselbständigkeit erfüllt ist, Beiträge an die Krankenkasse und die Pflegeversicherung sowie wegen Rentnerbeschäftigung Arbeitgeberbeiträge zur Rentenversicherung anfallen!

TIPP

Wenn Sie und Ihr Ehepartner privat versichert sind …

… und Ihre bessere Hälfte nicht mehr als 400 € verdient, müssen Sie lediglich 15 % Rentenversicherung für sie abführen (statt regulär 28 %). 833
Durch zusätzliche Pauschalsteuern von 2 % können Sie erreichen, dass der Lohn Ihres Ehegatten praktisch steuerfrei ist.
Trotzdem können Sie ihn absetzen. Kleiner Wermutstropfen: Er erhält keinen Altersentlastungsbetrag. Trotzdem ergibt sich eine
Ersparnis:

Arbeitslohn	mit 2 % Pauschalsteuer in €	steuerpflichtig in €
400 € × 12 =	0	4 800
Werbungskostenpauschbetrag	– 0	– 920
Summe	0	3 880
Altersentlastungsbetrag	0	1 900
Einkünfte	0	1 980
./. Werbungskosten		
Arbeitslohn	4 800	4 800
Sozialversicherung und Pauschalsteuer	816	720
Summe gesamt	5 616	5 520
Steuerersparnis ca. 30 % zzgl. KiSt und Soli	1 929	1 896
Sozialversicherungsmehrbelastung und Pauschalsteuer/ESt des angestellten Ehepartners	– 816	– 1 400
Gesamte Ersparnis im Jahr	1 113	496

TRICK

Verkaufen Sie Ihr Mietshaus der Steuer wegen!

834 Wenn Sie nur noch geringe Abschreibungen für Ihr Haus geltend machen können, verkaufen Sie es an Ihren Ehepartner. Unter Eheleuten unterliegt der Verkauf nicht der Grunderwerbsteuer!

Und die Notariats- und Gerichtskosten machen sich wie folgt bezahlt: Angenommen, Sie können eine Abschreibung von jährlich 1 000 € ansetzen und verkaufen Ihr Haus für 300 000 €, dann ist vom reinen Gebäudewert (250 000 €) die AfA mit 2 % anzusetzen = 5 000 €. Steuerersparnis zwischen 796 € und 2 220 € jedes Jahr! Nur: Der Partner muss den Kaufpreis auch tatsächlich zahlen!

Wenn er das nicht kann, könnten Sie den Kaufpreis z. B. in ein normal verzinstes Darlehen umwandeln. Ihr Ehepartner kann die Zinsen wiederum als Werbungskosten unter Vermietung und Verpachtung von seinen Einkünften abziehen. Sie müssen für die Zinsen, die ja bei Ihnen Kapitaleinkünfte sind, zwar Abgeltungsteuer zahlen, die beträgt allerdings nur 25 %, und zudem können Sie dafür den Sparerpauschbetrag von 1 602 € in Anspruch nehmen, so dass Sie unter Umständen auch daran noch Steuern sparen!

Wie viele Tricks, geht auch dieser am besten durch, wenn Sie auf dem Teppich bleiben. Denn allzu schnell kommt der Fiskalritter mit »Gestaltungsmissbrauch« angetanzt, und Sie müssen sich mit ihm rumärgern. Also werden Sie im Kaufvertrag beachtliche – nichtsteuerliche – Gründe für den Verkauf nennen, z.B. mögliche Trennung usw. Außerdem muss der Darlehensvertrag einem »Fremdvergleich« standhalten. Es muss also ein Vertrag sein, wie er auch unter Fremden möglich wäre (schriftliche Vereinbarungen über Sicherheiten, Laufzeit, Rückzahlung und Zinsen).

GUTER RAT

835 Statt 15 000 € für ein neues Auto teuer zu finanzieren, nehmen Sie lieber den Kredit auf Ihr Mehrfamilienhaus für die stets anfallenden Reparaturen!

Dann nämlich mindern die Zinsen die steuerpflichtigen Einkünfte! Kreditzinsen fürs Auto können Sie nirgendwo absetzen. Steuerersparnis ca. 40 % von 1 800 € = 720 € jährlich!

TRICK

Machen Sie nicht alles allein!

Sie müssen nicht selbst in Ihrem Mietshaus nach dem Rechten sehen. Vielleicht 836
haben Sie in der Nähe einen geeigneten Verwandten, den Sie als Hausverwalter einsetzen können. Auch die Aufzeichnungen über die Mieteinnahmen können Sie an einen anderen übertragen. Das sollen die freiberuflich tun. Dann bleiben diese Nebeneinkünfte bis zu 510 € (minus 100 € für anfallende Kosten für Fahrten zum Haus u. a.) steuerfrei, falls die Betreffenden sonst noch in einem Gehaltsverhältnis stehen.

SUPER TRICK

Lassen Sie sich vom Finanzamt Ihren privaten Umzug bezahlen!

Spielen Sie manchmal mit dem Gedanken, aus Ihrem Haus in eine kleinere 837
Wohnung umzuziehen, weil die Kinder ausgezogen sind und das Haus nun viel zu groß für Sie und Ihren Ehegatten ist oder weil Ihre Liebe sich aus dem Staub gemacht hat und Sie die Belastung für das Haus allein nicht tragen können? Ziehen Sie in eine kleine Wohnung und vermieten Ihr Eigenheim, dann vergessen Sie nicht, beim Finanzamt einen kräftigen Zuschuss zu Ihren Umzugskosten einzufordern. Schließlich gilt auch bei den Vermietungseinkünften für den Abzug von Kosten das *Veranlassungsprinzip*. Und Ihr Umzug hatte ja nun einmal – zumindest offiziell – nur den Zweck, Ihr Haus einkünfteerzielend zu vermieten. Geraten Sie an einen Fiskalritter, dem das nicht einleuchtet, weisen Sie ihn mit der Entscheidung des FG Saarland vom 25. 2. 1993 (2 K 151/90, NWB 1994 Fach 1 S. 33) in seine Schranken.

TIPP

Sparen Sie mit dem Haus der Eltern richtig Steuern!

Wer ein Mietshaus erbt oder geschenkt bekommt, hat zwei Möglichkeiten. Er 838
kann auf eigene Rechnung weitervermieten. Die Steuerersparnis ist dabei null, da es keine Abschreibungen oder Darlehenszinsen zum Absetzen gibt. Die

zweite Variante – abgesegnet vom Finanzgericht des Saarlands (Aktenzeichen 1 K 200/01) – ist weitaus lukrativer: Er verkauft die Immobilie an den Ehepartner, der den Deal per Bankdarlehen finanziert – und das Sparmodell ist fertig. Denn der Ehepartner kann jetzt hohe Abschreibungsbeträge und Darlehenszinsen von den Mieteinnahmen abziehen. Das beschert der Familie für die Steuererklärung kräftige Verluste, die sie mit anderen Einkünften verrechnet. Allerdings ist die Spekulationsfrist zu beachten. Zwischen dem Kauf des Hauses durch die Eltern und dem Verkauf müssen mindestens zehn Jahre liegen, damit der Verkaufsgewinn steuerfrei bleibt.

Beispiel:
Ein Unternehmer versteuert 102 000 € Gewinn und 18 000 € Miete. Das Haus hat er geerbt. Wenn er es für 300 000 € (ohne Grundstück) an seine Frau verkauft, sieht die Rechnung wie folgt aus:

Vermieter	Ehemann:	Ehefrau:
Firmengewinn	102 000	102 000
Miete	18 000	18 000
Zinsen	–	– 24 000
Abschreibung	–	– 6 000
Zu versteuern	120 000	90 000
Steuer	38 307	24 349

SUPER TRICK

Verlagern Sie Einkommens- und Vermögensteile auf Ihr Kind und sparen Sie Tausende an Steuern!

839 In einer so engen Lebensgemeinschaft wie der Familie ziehen meist alle an einem Strang und stellt man das Gesamtwohl über kleinliche Vorteile der Einzelmitglieder. Wenn das alle so vernünftig sehen, ist der Weg frei, Vermögen oder Einkünfte offiziell auf ein Familienmitglied zu übertragen, das dafür eine geringere oder gar keine Steuer zu zahlen hat. Das ist selten der Ehepartner, der meist mit dem Ehegatten zusammen veranlagt wird, sondern das Kind. Oder die Kinder.

Eine offizielle Übertragung erfordert entsprechende Verträge – bei volljährigen Kindern kein Problem. Bei Verträgen, insbesondere Grundstücksverträgen, mit minderjährigen Kindern muss beim Vormundschaftsgericht ein Ergänzungspfleger bestellt werden. Dem Kind stehen wie jedem Steuerzahler Freibeträge in folgender Höhe zu:

Grundfreibetrag 2010	8 004 €
Sonderausgabenpauschbetrag	36 €
Summe	8 040 €

»Ich könnte meinem Kind also 2010 auch 8 040 € zukommen lassen«, höre ich Sie sagen.

Das ist zunächst richtig. Darin steckt aber ein gewaltiger Pferdefuß: Übersteigen die Einkünfte Ihres volljährigen Kindes 2010 8 004 €, verlieren Sie den Kindergeldanspruch. Doch Einnahmen sind keine Einkünfte. Rechnen Sie also ganz genau, wie hoch die Einkünfte sind, und dann, was für Sie günstiger ist: Steuerersparnis oder Kindergeld. Bei einem minderjährigen Kind haben Sie diese Probleme nicht, da Kindergeld und -freibetrag dann nicht einkünfteabhängig sind.
Angenommen, Sie übertragen von Ihrem Einkommen von 150 000 € pro Jahr durchschnittlich 10 000 € an Vermietungseinkünften auf Ihr minderjähriges Kind. Wenn das Kind nach z. B. 15 Jahren volljährig ist, beläuft sich Ihre Steuerersparnis auf ca. 66 000 € – ohne Zins und Zinseszins!

TRICK

Kindesnießbrauch an einem Grundstück

Wollen Sie Ihr Haus behalten, gibt es noch die Möglichkeit, Ihrem Kind durch 840
Nießbrauch am Haus Einkünfte zuzuschustern. Den Nießbrauch können Sie übrigens auch nur für einige Jahre übertragen.
Nießbrauch zwischen Eltern und Kindern bezeichnen die Fiskalbürokraten als »Zuwendungsnießbrauch«. Dieses Wortungetüm dient ihnen als Eselsbrücke, weil die Eltern den Kindern das Nießbrauchsrecht – ohne Gegenleistung – »zuwenden«. Der Zuwendungsnießbrauch wird steuerlich nur anerkannt, wenn er im Grundbuch eingetragen ist. Bei Bestellung zugunsten minderjähriger Kinder will das Vormundschaftsgericht aber ein Wörtchen mitreden. Denn ein Nießbrauchsrecht bringt nach BGB Verpflichtungen mit sich. Außerdem muss der Nießbrauch tatsächlich durchgeführt werden, d. h., die Mietverträge müssen auf den Nießbraucher umgestellt und die Mieten an ihn gezahlt werden (BFH-Urt. v. 19. 9. 1978 – BStBl 1979 II S. 42).
Steuerliche Folge: Die Mieten sind dem Kind zuzurechnen. Es kann die von ihm getragenen Hausaufwendungen absetzen, soweit es sie nach den Vereinbarungen und nach dem Gesetz zu tragen hat. Dazu gehört nicht die Gebäudeabschreibung, da es nicht Eigentümer ist. Die Gebäudeabschreibung fällt aber auch bei Ihnen als Eigentümer weg, da Sie durch Einräumung des Nießbrauchs

die Absicht aufgegeben hast, aus dem Haus Einkünfte zu erzielen (Nießbraucherlass des BMF v. 15. 11. 1984 – BStBl 1984 I S. 561). Also werden Sie sich nur dann für den »Zuwendungsnießbrauch« zugunsten Ihres Kindes entscheiden, wenn keine hohe Gebäudeabschreibung auf dem Spiel steht. Das kann z. B. bei älteren Gebäuden, die durch Erbfolge erworben wurden, der Fall sein (§§ 11 c und d EStDV).

WICHTIGER HINWEIS

841 Ganz abgesehen davon, dass Sie als Privatmann für ein sog. privates Veräußerungsgeschäft zur Kasse gebeten werden, solange zwischen An- und Verkauf der Immobilie nicht mehr als zehn Jahre lagen. Ausgenommen von dieser Besteuerung waren aber z. B. ständig zu eigenen Wohnzwecken genutzte Immobilien.

Der Fiskus hat aber noch eine andere Methode, mit der er Ihnen bei Immobilienverkäufen ans Geld geht: »Sie haben mehr als drei Objekte veräußert, das sehen wir als nachhaltige gewerbliche Tätigkeit an und versteuern Ihre Gewinne, auch den aus dem Verkauf ihres selbst genutzten Hauses.« Schützen Sie sich dagegen! Lassen Sie bei mehr als drei Objekten Ihre Familienangehörigen die Geschäfte machen. Es gilt als starkes Anzeichen für ein gewerbliches Grundstücksgeschäft, wenn zwischen An- und Verkauf nicht mehr als fünf Jahre gelegen haben (obiges BFH-Urt. v. 23. 10. 1987). Mit einem Getränkehändler aus dem Münsterland hatte der BFH in seinem Urteil vom 28. 9. 1987 (BStBl 1988 II S. 65) ein Einsehen. Für die Finanzrichter zählte, dass der Steuerzahler nicht mit dem Grundstücksmarkt verbunden war, etwa als Bauunternehmer, Architekt oder Makler. Der Getränkehändler hatte ein vor Jahren erworbenes Mehrfamilienhaus in Eigentumswohnungen umgewandelt und sieben Wohnungen nach und nach verkauft. Das Finanzamt unterstellte gewerblichen Grundstückshandel, wurde aber vom BFH belehrt: Der Mann wollte das Haus nicht von vornherein verkaufen, sondern vermieten, deshalb liege kein Gewerbe vor. Deshalb gelten für Sie bei Grundstücksgeschäften künftig folgende Faustregeln:

- Verkaufen Sie höchstens drei Objekte.
- Lassen Sie zwischen An- und Verkauf mindestens zehn Jahre verstreichen, dann droht weder gewerblicher Grundstückshandel noch ein privates Veräußerungsgeschäft.
- Vermieten Sie die Objekte zunächst – und verkaufen Sie sie erst dann.

842 **Schalten Sie um, wenn Ihnen die Geschäfte nichts als Verluste eingebracht haben, und beantragen Sie beim Finanzamt eine Betriebsprüfung. Bei dieser rücken Sie damit heraus, Sie hätten einen heimlichen Gewerbebetrieb gehabt und man möge die Verluste daraus von Ihren Einkünften absetzen… (BFH-Urt. dazu: BStBl 1972 II S. 279, 291 u. 1973 II S. 661).**

TIPP

für Grundstücksverkäufe

Bei der Drei-Objekte-Grenze zählt jedes Haus, jede Wohnung, sogar ein unbe- 843
bautes Grundstück. Tragen Sie sich also mit der Absicht, Ihr Mietshaus zu verkaufen, vermeiden Sie eine vorherige Aufteilung in Eigentumswohnungen, sonst hängen Ihnen die Finanzamtsbürokraten Ihren Verkaufsgewinn als gewerbliche Einkünfte ans Bein.
Völlig aus dem Schneider sind Sie, wenn sich die von Ihnen verkauften Häuser oder Eigentumswohnungen mindestens zehn Jahre in Ihrem Besitz befunden haben. Denn dann ist die Spekulationsfrist abgelaufen, und Sie können Ihren Veräußerungsgewinn steuerfrei einstreichen – auch ungefährdet vom gewerblichen Grundstückshandel!

Wichtig: Maßgebend sind die Daten der Kaufverträge. Wenn Sie den Kaufvertrag zum Erwerb am 10. 1. 2001 geschlossen haben, dürfen Sie den Veräußerungsvertrag nicht vor dem 11. 1. 2011 schließen.
Lassen Sie es sich nicht gefallen, wenn das Finanzamt Ihnen den Verkauf doch als gewerblich ankreiden möchte. Denn: Beim BFH stapeln sich dutzendfach Klagen, dass die Finanzämter diese Regeln völlig willkürlich auslegen – natürlich zugunsten des Bundesfinanzministers und seiner Länderkollegen.

TIPP

zum gewerblichen Grundstückshandel

Wie ein Höllenhund müssen Sie aufpassen, dass Sie sich nicht den kleinsten Fehler leisten. Also keine Aufteilung vornehmen (siehe oben), Garagen nicht gesondert abrechnen, darauf achten, dass keine gewerbliche Nutzung der Gebäude vorliegt, etc. Denn ansonsten unterstellt das Finanzamt schnell Gewerblichkeit statt der steuerlich unbeachtlichen Vermögensverwaltung.

TRICK

Wecken Sie keinen schlafenden Hund!

Dumme Fragen ans Finanzamt wie etwa: »Ich habe zwei Doppelhaushälften 844
erstellt. Muss ich den Gewinn versteuern, wenn ich sie veräußere?«, wecken

beim Fiskalretter sofort den Verdacht, dass Sie das Objekt nur gebaut haben, um daraus Profit zu schlagen. Für ihn sind Sie damit kein einfacher Bauherr mehr, sondern ein gewerblich Tätiger – wie ein Immobilienfritze. Folge: Die bei einem normalen Hausverkauf übliche Steuerfreiheit geht in die Binsen. Er kann sich dabei auf ein Urteil des Finanzgerichts München (v. 6. 11. 2002 – EFG 2003 S. 616) berufen.

GUTER RAT

Vermeiden Sie auf alle Fälle, dass dem Finanzamt allzu früh Ihre Verkaufspläne bekannt werden. Eine verbindliche Auskunft einzuholen ist nur sinnvoll, wenn Ihnen die Objekte bereits mehrere Jahre gehören und Zweifelsfragen geklärt werden sollen. Noch besser ist es natürlich, die Spekulationsfrist von zehn Jahren zwischen Errichtung bzw. Kauf und Veräußerung einzuhalten. Dann können Sie im Normalfall beliebig viele Immobilien steuerfrei verkaufen.

TRICK

Haben Sie ein Haus geerbt und Miterben abgefunden? Steuervorteile winken!

845 Nehmen wir mal an, Ihr Vater hat Ihnen und Ihrer Schwester ein schmuckes Einfamilienhaus im Wert von rd. 150 000 € hinterlassen und Sie haben Ihre Schwester mit 75 000 € abgefunden. Dafür haben Sie einen Bankkredit aufnehmen müssen, der noch nicht getilgt ist und für den Sie 7 500 € Zinsen gezahlt haben. Die steuerlichen Wirkungen sind unterschiedlich, je nachdem, ob Sie selbst in die Hütte einziehen oder sie vermieten. Lassen Sie sich zeigen, was steuerlich für Sie herausspringt, wenn Sie vermieten: Keine Frage, die Mieten müssen Sie versteuern, können aber davon die Hausaufwendungen einschließlich Abschreibung abziehen. Soweit Sie entgeltlich erworben haben, können Sie die Abschreibung von Ihren Anschaffungskosten von 75 000 € (abzgl. des anteiligen Grund und Bodens) vornehmen. Für den ererbten Teil können Sie die Abschreibung Ihres Vaters fortführen. Mal angenommen, die Baukosten Ihres Vaters lagen damals für die von Ihnen geerbte Hälfte bei 50 000 €.

Die Abschreibung nach § 7 Abs. 4 EStG beträgt:

Vom ererbten Teil 2 % von 50 000 € =		1 000 €
Vom erworbenen Teil		
Anschaffungskosten	75 000 €	
./. Anteil Grund und Boden 20 %	– 15 000 €	

Verbleiben	60 000 €	
Davon Abschreibung 2 %	1 200 €	> 1 200 €
Abschreibung insgesamt		2 200 €

Doch Vorsicht: War Ihr Vater noch nicht zehn Jahre lang Eigentümer des Hauses, droht Ihrer Schwester die Versteuerung eines Spekulationsgewinns (Ihres Vaters und Ihrer Schwester gesamte Besitzzeit ist maßgebend), wenn sie ihren Anteil veräußert, ohne ihn vorher zu eigenen Wohnzwecken genutzt zu haben!

TRICK

Vermieten Sie einem Freund Ihre Eigentumswohnung – und mieten Sie seine!

Da bei einer selbstgenutzten Wohnung keine Schuldzinsen abgezogen werden können, können Sie mit einem derartigen Wohnungstausch eine Menge Steuern sparen. Denn auf diese Weise treten Sie nun als Vermieter auf. Sie geben eine Einkommensteuererklärung ab und weisen darin folgenden Verlust aus Vermietung aus: 846

Mieteinnahmen		4 800 €
./. Werbungskosten		
Verwaltungsgebühren usw.	300 €	
Schuldzinsen	7 000 €	
Gesamt	7 300 €	> – 7 300 €
Verlust		2 500 €

Steuerersparnis zwischen 429 und 1 202 € jährlich. Natürlich werden Sie nicht so dumm sein und das mit einem Freund praktizieren, der im selben Finanzamtsbezirk wohnt wie Sie. Sonst käme das Finanzamt schnell hinter Ihren Trick und könnte sagen: Der will eigentlich gar nicht in einer anderen Wohnung wohnen. Denn die er von seinem Freund gemietet hat, ist völlig gleichgeartet und hat zudem eine gleiche Wohnlage.

3.11 Wenn nahe Angehörige in Ihrem Haus wohnen

Wohnt Ihr Kind in Ihrem Haus und nehmen Sie dafür keine Miete, sind die Kosten für die Wohnung nicht als Werbungskosten abzugsfähig. 847

WICHTIGER HINWEIS

Das A und O bei allen Vermietungen an Angehörige sind klare, nachprüfbare, möglichst schriftliche Vereinbarungen und Verträge. Und Sie müssen unbedingt darauf achten, dass alle Beteiligten sich an die Vertragsvereinbarungen halten. Dazu gehört vor allem die pünktliche Zahlung der Miete und der Nebenkosten in vereinbarter Höhe. Zwar ist keine bestimmte Zahlungsform vorgeschrieben, doch Überweisungen stimmen das Finanzamt meistens anerkennungswilliger, als wenn Sie Quittungen über bar eingenommene Mieten präsentieren. Geradezu selbstmörderisch ist es, eine Überweisung zu vereinbaren, die Miete dann aber doch bar zu kassieren. Vorsicht mit Mietstundungen oder schwankenden Zahlungen. Selbst wenn z. B. Ihr Sohn, an den Sie die Wohnung vermietet haben, plötzlich arbeitslos wird, ist das in den Augen des Fiskus kein Grund, ohne weiteres niedrigere Mietzahlungen zu akzeptieren. Sie können sich bzw. Ihrem Sohn aus der Patsche helfen, indem Sie schriftlich und offiziell den Mietvertrag ändern und eine geringere Miete vereinbaren. Achten Sie darauf, dass erst danach die geringere Miete überwiesen wird. Lassen Sie sich auf keinen Fall zu Manipulationen hinreißen und versuchen Sie nicht, dem Fiskus weiszumachen, Mieten seien teilweise bar und teilweise unbar gezahlt worden. Die klare und glatte Lösung ist hier die erfolgversprechendere. Argumentieren Sie mit dem BFH-Urteil vom 20. 10. 1997 (BStBl 1998 S. 106), das besagt: Wenn eine klare Vereinbarung besteht, welche Mietsache zu welchem Preis überlassen wird, und diese bisher durchgeführt wurde, können solche Vereinbarungen mit Wirkung für die Zukunft geändert werden. Setzen Sie also vor der Reduzierung der Mietzahlungen einfach ein Schreiben auf mit etwa folgendem Inhalt:

Vereinbarung über die Stundung von Mietzahlungen

Herr/Frau ..... (Vermieter) und Herr/Frau ..... (Mieter) treffen mit Wirkung ab .... (Datum) wegen der durch die momentane Arbeitslosigkeit des Mieters verursachten finanziellen Schwierigkeiten folgende Zusatzvereinbarung zum Mietvertrag vom ..... (Datum).

Von der monatlichen Miete von bisher ...... € werden jeweils ...... € monatlich gestundet.

Die Stundung wird für die Zeit der Arbeitslosigkeit gewährt, längstens jedoch zwölf Monate. Nach Beseitigung der finanziellen Probleme, z. B. durch Aufnahme einer Beschäftigung, verpflichtet sich der Mieter, die gestundeten Beträge in monatlichen Raten von ...... € neben der Normalmiete lt. Mietvertrag vom .... (Datum) zurückzuzahlen.

X-Stadt, den ......

....	....
Vermieter	Mieter

Mit dieser Vereinbarung im Rücken kann Ihnen das Finanzamt die Anerkennung Ihres Mietverhältnisses nicht mit der Begründung ablehnen, es sei nicht ernsthaft durchgeführt worden.

WICHTIGER HINWEIS

Kleine Macken im Mietvertrag führen nicht zwangsläufig dazu, dass Ihr Mietverhältnis mit Angehörigen nicht anerkannt wird. Zwar ist es immer besser, sich an die Gepflogenheiten zu halten, die auch zwischen Fremden üblich sind, wozu z. B. die Vereinbarung der Zahlung von Nebenkosten für die vermietete Wohnung gehört. Haben Sie aber aus irgendeinem Grund die Nebenkosten in dem Mietvertrag mit einem Ihrer Lieben zu erwähnen vergessen, ist noch nicht aller Tage Abend. Auch in solchen Fällen kommt es nicht auf eine fehlende Vereinbarung an, sondern auf die Gesamtumstände des Mietverhältnisses. Will heißen: Wenn sonst alles blitzsauber vereinbart und nachweislich tatsächlich durchgeführt ist, sollen Ihnen die Fiskalritter keinen Strick aus einem kleinen Versäumnis drehen (BFH-Urt. v. 17. 2. 1998 – IX R 30/96 – DStR 1998 S. 761).

Wenn Ihre Mietverträge mit Fremden auch noch dieselben Macken aufweisen wie die Verträge mit Angehörigen, spielen die Mängel praktisch keine Rolle (BFH v. 28. 6. 2002 – BStBl 2002 II S. 699).

TRICK

Nehmen Sie wenig, aber mindestens 56 % der normalen Miete!

Wenn die Kosten für die Wohnung höher sind als die Mieteinnahmen, haben Sie 848
einen Verlust aus Vermietung und Verpachtung, der mit Ihren anderen Einkünften verrechnet wird. Und schließlich kann Sie ja niemand zwingen, als Rabenvater Ihr Kind zu rupfen. Mindestens müssen Sie aber 56 % der ortsüblichen Miete verlangen, sonst kürzt der Fiskus die auf die vermietete Wohnung entfallenden Hausaufwendungen (§ 21 Abs. 2 EStG).

Beispiel

Ortsübliche Jahresmiete einschl. Umlagen: 3 600 €		
Vereinnahmte Miete 56 %		2 016 €
./. Werbungskosten		
Zinsen	3 000 €	
Grundsteuer, Versicherung, Heizung, Abwasser, Müllabfuhr, Reparaturen usw.	900 €	
Abschreibung	1 250 €	
	5 150 €	> – 5 150 €
Verlust aus Vermietung und Verpachtung		3 134 €

Der Verlust ist um rund 1 600 € höher als üblich, weil Sie nicht die volle Miete nehmen. Daraus ergibt sich eine Steuerersparnis zwischen 275 und 770 €. Beträgt die Miete indessen weniger als 56 % der ortsüblichen Miete, z. B. nur 40 %, können Sie auch nur 40 % der Kosten für die Wohnung als Werbungskosten absetzen.

TIPP für den Mietvertrag

Geben Sie sich beim Abfassen des Mietvertrags viel Mühe. Nehmen Sie auf keinen Fall die allgemein gebräuchlichen Vertragsformulare. Unbedingt aufnehmen sollten Sie eine Klausel über die Zahlung der Nebenkosten, damit es Ihnen besser geht als einem Steuerzahler aus Hessen. Der hatte nämlich eine Wohnung an eine -Angehörige vermietet und im Mietvertrag nichts zur Übernahme von Wasserkosten, Müllabfuhr, Straßenreinigung etc. festgelegt. Prompt hat ihm das -Finanzamt das Mietverhältnis nicht anerkannt und mit dieser Meinung bei einigen profiskalisch eingestellten Richtern des FG Hessen recht bekommen (EFG 1996 S. 1162). Sie werden natürlich nicht in eine solche Falle tappen. Da bei der Prüfung der 56-%-Grenze die Miete inkl. Umlagen mit der ortsüblichen Miete verglichen wird, gehen Sie einfach bei der Grundmiete etwas weiter herunter und rechnen dafür die Nebenkosten mit Ihrem Angehörigen spitz ab.

849 **Achtung, Fangeisen!**

Der Fiskus kürzt die Hauskosten eventuell auch, wenn die gezahlte Miete weniger beträgt als 75 % der ortsüblichen Miete. Liegt sie zwischen 56 und 75 % der üblichen Miete, droht die Kürzung aber nur, wenn Sie auf 30 Jahre gerechnet kein Plus mit der Vermietung machen. Das Finanzamt verlangt zum Nachweis eine Überschussprognose von Ihnen. Vgl. dazu ➤ Rz 829 f.

Vor allem, wenn Sie einen hohen Kredit zur Finanzierung aufgenommen haben, wird es schwer, für 30 Jahre auf dem Papier ein Gesamtplus zusammenzurechnen. Gelingt Ihnen das nicht, rate ich ihnen: Nehmen Sie mindestens 75 % der üblichen Miete. Vgl. ➤ Rz 799.

850 **Gute Nachricht für alle Eltern und Kinder!**

Früher verlangte das Finanzamt von Ihnen, dass Ihre Kinder eigene Einkünfte haben, aus denen die Miete gezahlt werden kann. Der BFH hat jedoch zugunsten der Steuerpflichtigen entschieden, dass kein Gestaltungsmissbrauch (§ 42 AO) bei einem Mietvertrag mit einem unterhaltsberechtigten Kind vorliegt, das die Miete aus dem Barunterhalt oder durch Verrechnung mit diesem zahlt (BFH-Urt. v. 19. 10. 1999 – BStBl 2000 II S. 223 und 224). Für Sie heißt das, dass

Sie zwei Möglichkeiten haben, mit Ihrem Kind, das noch kein eigenes Einkommen hat, ein steuerlich astreines Mietverhältnis zu begründen.

1. Sie vermieten die Wohnung an Ihr Kind und überweisen diesem jeden Monat Geld, damit es seinen Lebensunterhalt bestreiten kann. Das Kind wiederum überweist Ihnen brav jeden Monat die Miete und die Nebenkosten für die Wohnung auf Ihr Konto.
2. Wollen Sie sich dieses Hin-und-her-Schieben von Geld sparen, können Sie auch Folgendes machen. Sie treffen eine schriftliche Vereinbarung, dass Ihr Kind von Ihnen monatlich einen Unterhaltsbetrag von z. B. 800 € bekommt, mit dem es seinen Unterhalt selbst bestreiten muss. Dann schließen Sie wiederum einen astreinen Mietvertrag ab. In den Zahlungsmodalitäten des Mietvertrags oder in einer schriftlichen Zusatzvereinbarung wird geregelt, dass die Miete von 300 € und die Nebenkostenvorauszahlung für die Wohnung von 100 € unmittelbar mit der Unterhaltszahlung verrechnet wird und Sie nur noch den Restbetrag an Ihr Kind überweisen.

Wohnen Sie mit Ihren Eltern zusammen unter einem Dach, dann nutzen Sie die **851**
folgenden Steuervorteile: Die anteiligen Miet- und Nebenkosten für Räume, die Sie einem Elternteil in den eigenen vier Wänden zur Verfügung stellen, sind als Sonderausgaben steuerlich abzugsfähig! So urteilte das Finanzgericht in Baden-Württemberg (Az 14 K 173/97).
Im zugrundeliegenden Fall hatte eine Mutter ihr Zweifamilienhaus auf ihren Sohn übertragen, sich dabei aber das Wohnrecht in einzelnen Räumen vorbehalten. Zugleich hatte sich der Sohn verpflichtet, seine Mutter zu betreuen. Als er mit seiner Familie berufsbedingt umziehen musste, was zum Zeitpunkt des Abschlusses des Übergabevertrags mit der Mutter nicht absehbar gewesen war, stellte er ihr in dem neuen Haus dem bisherigen Wohnstandard entsprechende Räume unentgeltlich zur Verfügung. Das von seiner Mutter übernommene Zweifamilienhaus vermietete er. Der Mietwert der Räume der Mutter in dem neuen Haus entsprach in etwa dem Mietwert der von ihr im alten Haus bewohnten Räume. Die anteiligen Miet- und Nebenkosten konnte der Sohn nach Auffassung des Gerichts nun unter Sonderausgaben, als sog. dauernde Last, abziehen.

TRICK

Schlagen Sie bei einer Hausübertragung durch die Eltern zwei Fliegen mit einer Klappe!

Ein ewiges Ärgernis bei der Übertragung von Immobilien zwischen Eltern und **852**
Kindern war, dass man selten die Interessen beider Parteien unter einen Hut

bekam. Haben Sie einen Nießbrauch für die Eltern vereinbart, waren die zwar abgesichert, Sie konnten aber keine Vermietungsverluste absetzen. Haben Sie dagegen auf den Nießbrauch verzichtet, war den Eltern ständig mulmig zumute, weil sie nie sicher sein konnten, ob sie nicht plötzlich die Wohnung würden verlassen müssen. Heutzutage können Sie endlich die Interessen beider wahren, ohne dass steuerliche Nachteile entstehen.

Zunächst verkaufen Ihre Eltern ihre Eigentumswohnung an Sie. Über den Kaufpreis schließen Sie einen Darlehensvertrag ab, in dem bei einem Zins von z. B. 4,5 % ein zehn Jahre unkündbares Darlehen vereinbart wird.

Im Kaufvertrag regeln Sie gleichzeitig, dass lediglich zur Sicherung eines noch abzuschließenden lebenslangen Mietvertrags Ihren Eltern ein Nießbrauchsrecht eingeräumt wird. Nach dem Kauf kommt der Abschluss des Mietvertrags. Das Nießbrauchsrecht wird dann zunächst nicht ausgeübt.

Auch wenn diese Konstruktion gefährlich rotstiftgefährdet erscheint, brauchen Sie sich keine Gedanken zu machen. Mit offizieller Absicherung der obersten Finanzrichter (BFH v. 3. 2. 1998 – BStBl 1998 II S. 539) wurde diese Vertragsgestaltung anerkannt. Es liegt kein Gestaltungsmissbrauch vor. Der Sohn in diesem Fall hat Jahr für Jahr einen dicken Verlust aus dem Mietverhältnis von der Steuer abgesetzt, und mit den Eltern gab es ebenfalls keinen Stress, weil die wegen des *Sicherungsnießbrauchs* nicht befürchten mussten, irgendwann plötzlich auf der Straße zu stehen.

TRICK

Mietvertrag statt Unterhalt

853 Eine Scheidung ist ein teures Spiel. Wenn es Sie erwischt, gibt es eigentlich nur eine Devise: Schadensbegrenzung betreiben. Angenommen, Sie haben bislang mit Ihrem Expartner in den eigenen vier Wänden gewohnt und sind nach der Trennung ausgezogen. Wenig lukrativ ist es, geringeren Unterhalt zu vereinbaren und dafür Ihre Immobilie Ihrem Expartner zu überlassen, damit er dort als Mieter mit Kind, Kegel und Hund mietfrei wohnt.

Lesen Sie unter ➤ Rz 540 nach, wie Sie aus der Kombination höhere Unterhaltszahlungen und gleichzeitiger kostenpflichtiger Vermietung an Ihren Expartner ein gutes Geschäft machen, ohne dass einer von beiden dadurch finanzielle Einbußen hat.

GUTER RAT

Gehört das Haus Ihnen und Ihrem Ex gemeinsam, lassen Sie es sich zuvor, z. B. 854
gegen Übernahme der Schulden, übertragen. Damit Ihr Ex jetzt keine kalten Füße bekommt und argwöhnt, Sie würden ihn über kurz oder lang an die frische Luft setzen, können Sie einen längerfristigen Mietvertrag, z. B. über fünf Jahre, schließen und vereinbaren, dass Sie das Haus nur mit Zustimmung Ihres Expartners verkaufen dürfen.

Geld verdient man durch Köpfchen –
nicht durch Arbeit.
(Spruch)

TRICK

Der Fiskus muss Ihre Überkreuzvermietungen schlucken.

Seit Jahren wohnen Sie im Haus Ihrer Eltern, die Ihnen aus steuerlichen Grün- 855
den eine Wohnung vermietet haben. Daraus machen sie jedes Jahr einen hübschen steuerlich absetzbaren Verlust. Da die Wohnraumförderung durch Eigenheimzulage schon seit 2006 abgeschafft ist, würde es Ihnen herzlich wenig bringen, die von Ihnen genutzte Wohnung zu kaufen. Sie finden einen Ausweg, indem Sie sich die Wohnung übertragen lassen, in der Ihre Eltern wohnen, und sie ihnen anschließend sofort vermieten. Dabei müssen Sie nur darauf achten, mit der vereinbarten Miete nicht unter 56 % der ortsüblichen Miete zu geraten. Jetzt sind Sie in der hübschen Situation, dass Sie jeweils über eine vermietete Wohnung in dem Haus verfügen, in dem Sie selbst wohnen. Obwohl hier eine Überkreuzvermietung vorliegt, muss der Fiskus in den sauren Apfel beißen und die Mietverträge anerkennen. Einem Abzug der Verluste steht nichts entgegen. Natürlich werden sich Heerscharen eifriger Fiskalritter darauf stürzen und Ihnen mit blumigen Worten und alten BFH-Urteilen beizubringen versuchen, dass die Konstruktion wegen Gestaltungsmissbrauchs nicht anerkannt werden könne. Sie verweisen sie dann ganz locker auf das BFH-Urteil vom 12. 9. 1995 (BStBl II 1996 S. 158), in dem der BFH in einem wie oben gestrickten Fall ausdrücklich keinen Gestaltungsmissbrauch sah und die Vermietungsverluste bei beiden Parteien anerkannt hat.

TRICK

So begründen Sie, dass kein Gestaltungsmissbrauch vorliegt.

856 Genauso gut könnten Sie ein von Ihnen gebautes Haus an Ihre Eltern vermieten, den zwangsläufig entstehenden Vermietungsverlust absetzen und selbst in einer Wohnung oder einem Haus wohnen, das Ihnen Ihre Eltern unentgeltlich zur Nutzung überlassen. Wenn das Finanzamt den Verlust aus der Vermietung nicht anerkennen will, da in seinen Augen ein Gestaltungsmissbrauch vorliegt, wird es das wie folgt begründen: Ein verständiger Eigentümer hätte sein Haus nicht – wie es hier die Eltern mit dem Sohn vereinbarten – mit dem eines anderen getauscht, um dort Miete zu zahlen und selbst zugleich auf Mieteinnahmen zu verzichten.

Streichwütigen Finanzbeamten reiben Sie das BFH-Urteil vom 14. 1. 2003 (BStBl 2003 II S. 509) unter die Nase.

Für die Frage des Missbrauchs kommt es nicht auf das Verhalten der Eltern bei der unentgeltlichen Überlassung ihres Hauses an den Sohn an. Entscheidend ist allein, ob die Überlassung des vom Sohn gekauften Hauses an die Eltern anders als durch entgeltlichen Mietvertrag hätte gestaltet werden müssen. Da der Sohn nicht verpflichtet war, es den nicht unterhaltsbedürftigen Eltern kostenlos zu überlassen, gab es keine steuerlich angemessenere Form.

Auch unter dem Blickwinkel sog. Überkreuzvermietungen ist in diesem klug gedeichselten Fall kein Rechtsmissbrauch zu erkennen. Die gegenseitige Überlassung ziele nicht darauf ab, Verluste bei den Einkünften aus Vermietung wechselseitig abzuziehen, denn für das vom Sohn bewohnte Haus der Eltern wurden keine Werbungskosten geltend gemacht.

Ein Bürger, der nur resigniert, muss dulden,
dass man ihm diktiert.
(Spruch)

TRICK

Schaffen Sie neuen Wohnraum für die Großfamilie!

857 Haben Sie ein hübsches kleines Häuschen, das für Sie und Ihren Ehepartner gerade groß genug ist? Da Sie aber Kinder und Enkelkinder näher bei sich haben wollen, überlegen Sie doch einmal, ob Sie nicht aufstocken oder anbauen

können. Was, kein Geld? Dann lesen Sie mal, welche Steuerersparnis so etwas bringt!
Sie schaffen durch Aufstockung des bisherigen Gebäudes oder durch einen Anbau eine zusätzliche abgeschlossene Wohnung und vermieten sie an die Kinder. Sie nehmen nur etwa 56 % der ortsüblichen Miete, können aber die vollen Werbungskosten absetzen! Die Sie steuerlich durch die Abschreibung (Altsubstanz bei den Herstellungskosten nicht vergessen!) und durch Schuldzinsen bei Fremdfinanzierung des Anbaus erheblich aufstocken können! Sie können sich das Geld auch von Ihrem Sohn leihen, dann bleiben seine Zinseinnahmen bis zum Sparerfreibetrag steuerfrei.

Aber Vorsicht! Liegt Ihre Miete unter 75 % der üblichen Miete, verlangt der Fiskus von Ihnen eine Überschussprognose zum Nachweis, dass Sie auf einen Zeitraum von 30 Jahren gerechnet mit der Vermietung in die schwarzen Zahlen kommen. Gelingt Ihnen das nicht, wird wiederum ein Teil Ihrer Werbungskosten gekürzt. Dem entgehen Sie, wenn Sie von vornherein ein 75 %-Mietverhältnis abschließen.

Beispiel
Sie bauen Ihr älteres, selbstgenutztes Einfamilienhaus durch Aufstockung in ein Zweifamilienhaus um. Die Herstellungskosten betragen 120 000 €. Zur Finanzierung nehmen Sie am 1. 7. ein Bankdarlehen von 50 000 € auf (Zinssatz: 4,5 %) und vereinbaren ein Disagio von 2 500 €. Außerdem gibt Ihnen Ihr Sohn ein Darlehen von 50 000 € (Zinssatz 4 %). Die neuerrichtete Wohnung (90 m²) vermieten Sie nach Fertigstellung ab 1. 12. an Ihren Sohn. Die monatliche Miete beträgt inkl. Nebenkosten 375 €; bei Fremdvermietung könnten Sie 500 € erzielen. Sie müssen mtl. 375 € als Einnahme versteuern. An Werbungskosten fallen an:

	1. Jahr	**2. Jahr**
Abschreibung 2 % von 120 000 € (1. Jahr nur 1 Monat)	200 €	2 400 €
Schuldzinsen	2 125 €	4 250 €
Disagio	2 500 €	–
Sonstige Kosten (angenommen)	2 800 €	2 800 €
Werbungskosten insgesamt	7 625 €	9 450 €
./. Einnahmen (375 €/Monat, 1. Jahr 1 Monat)	– 375 €	– 4 500 €
Verlust	7 250 €	4 950 €

3.12 Sie haben Ihr Haus verkauft?

Passen Sie gut auf: Wer sein Haus *verkaufen* will und es deshalb *leer stehen* lässt, 858
kann *keine* Werbungskosten geltend machen. Nach Meinung des Niedersächsischen Finanzgerichts betrachtet der Verkäufer sein Haus nur noch *als Gegenstand des Vermögens* und *nicht* (mehr) als *Gegenstand der Einnahmenerzielung*.

Aufwendungen zur Erwerbung, Sicherung und Erhaltung von Einnahmen, also Werbungskosten, könnten daher *nicht* mehr entstehen (FG Niedersachsen v. 16. 1. 1981, XI 105/77). Und: Denken Sie immer an die Spekulationsfrist von zehn Jahren.

Andererseits hat der BFH inzwischen entschieden, dass Sie auch nach dem Verkauf Ihrer Immobilie bestimmte Schuldzinsen weiter als nachträgliche Werbungskosten absetzen können (BFH-Urt. v. 12. 10. 2005 – BStBl 2006 II S. 407; BMF-Schreiben v. 3. 5. 2006 – BStBl 2006 I S. 363).

Dabei müssen Sie zwei Fälle unterscheiden.

1. Schuldzinsen für Darlehen, die Sie zur Finanzierung des Kaufs oder des Baus einer Immobilie aufgenommen haben, sind nach dem Verkauf nicht mehr abzugsfähig. Dabei spielt es keine Rolle, ob der Erlös aus dem Verkauf ausgereicht hat, die Darlehen abzulösen.
2. Haben Sie mit den Krediten dagegen laufende Kosten wie für Reparaturen, Modernisierungsmaßnahmen oder laufende Grundstückskosten finanziert, bleibt der durch die tatsächliche Verwendung des Kredits geschaffene wirtschaftliche Zusammenhang mit der Einkunftsart Vermietung und Verpachtung auch nach Veräußerung des Hauses bestehen, d. h., Sie können diese Schuldzinsen bis zur endgültigen Ablösung des Kredits als Werbungskosten bei Ihren Vermietungseinkünften absetzen, obwohl Sie keinen roten Heller Mieteinnahmen mehr haben. Was Sie mit dem Erlös aus dem Verkauf gemacht haben, spielt keine Rolle. Der Fiskus verlangt also nicht, dass Sie den Verkaufserlös vorrangig zur Kredittilgung einsetzen.

Also achten Sie darauf, die Verwendung von Fremdgeldern entsprechend zu dokumentieren!

4. Finanzierungsfragen – Besonderheiten zum Abzug von Zinsen

TRICK

Auch beim Einfamilienhaus mit dem Bäumchen-wechsel-dich-Spiel gestalten

859 Immer wieder habe ich dargestellt, dass Sie, falls Sie auf normalem Weg keine Steuerermäßigung bekommen, es anders versuchen sollen. Wird Ihnen also der Unterhalt für Ihre Mutter nicht angerechnet, können Sie die Zahlungen für Ihre Mutter vielleicht in einer Form erbringen, dass man sie Ihnen anerkennen muss, etwa durch Kauf eines Autos, wenn sie schlecht laufen kann.

Schuldzinsen für das selbstbewohnte Haus können Sie nicht absetzen, das ist klar. Versuchen Sie deshalb, sich anderweitig zu helfen. Ärgerlich ist, dass die Hypothekenzinsen aus versteuertem Einkommen aufgebracht werden müssen. Ich rate Ihnen deshalb, die Resthypotheken für Ihr Einfamilienhäuschen bis auf den letzten Euro abzulösen, wenn Sie die entsprechenden Mittel dazu haben. Denn das ist die beste Kapitalanlage.

Dazu folgendes Berechnungsbeispiel: Ihr selbstgenutztes Einfamilienhaus ist noch mit einem Restdarlehen (Zinssatz 6 %) von 75 000 € belastet. Die Jahreszinsen betragen 4 500 € und müssen aus versteuertem Einkommen bezahlt werden. Sie haben aber ein Kapitalvermögen von 150 000 €, das einen Bruttoertrag von 6 750 € abwirft, und daraus folgende liquide Mittel:

Bruttoertrag	6 750 €
./. Freibeträge	– 1 602 €
Steuerpflichtige Einkünfte	5 148 €
Einkommensteuer z. B. 35 % Spitzensatz inkl. KiSt und Soli	2 240 €

Wenn Sie das Restdarlehen von 75 000 € ablösen, sind Sie für die Zukunft zinsfrei und haben noch ein Restkapital von 75 000 € übrig, dessen Zinsen (3 750 €) wegen des Freibetrags nur eine Steuer von ca. 770 € auslösen.

Unter dem Strich haben Sie dadurch eine ganze Menge mehr an Geld zur Verfügung:

Wegfall Zinsbelastung	4 500 €
./. Halbierung der Kapitalerträge	– 3 375 €
Geringere Einkommensteuer	1 470 €
Mehr an zur Verfügung stehenden Mitteln	2 595 €

TRICK

Beim Kauf von Eigentumswohnungen die Kredite richtig zuordnen!

Angenommen, Sie kaufen ein Zweifamilienhaus. Oder ein Einfamilienhaus mit 860
einer Einliegerwohnung. Sie nehmen einen Kredit von 150 000 € zu 6 % Zinsen auf und vereinbaren mit dem Verkäufer, dass er das Gebäude vorher in zwei Eigentumswohnungen aufteilt. Die 80-qm-Wohnung vermieten Sie, die 120-qm-Wohnung beziehen Sie selbst. Mit der Bank schließen Sie den Darlehensvertrag nur über die vermietete Wohnung ab.

Dem Notar überweisen Sie zwei getrennte Beträge: den Kaufpreis für die vermietete Eigentumswohnung in voller Höhe vom Darlehenskonto, den Betrag für die andere Wohnung vom Darlehenskonto und aus Eigenmitteln. An Zinsen zahlen Sie jährlich 9 000 €, die Sie jetzt von den Mieteinnahmen absetzen können. Das macht bei einer Steuerbelastung von 45 % eine Steuerersparnis von 4 100 €.

TRICK

Baukosten, Kredite und Rechnungsbezahlung richtig zuordnen!

861 Mit der Aufteilung eines Hauses in Eigentumswohnungen lassen sich beim Kauf die Zinsen natürlich besonders einfach in den steuerwirksamen Bereich verlagern. Aber auch wenn Sie selbst bauen oder der Vorbesitzer nicht bereit ist, vor dem Verkauf Eigentumswohnungen aus seinem Zweifamilienhaus zu machen, geht diese Steuersparmöglichkeit nicht an Ihnen vorbei.

Sie müssen nach Möglichkeit dafür sorgen, dass die von Ihnen vermieteten Immobilien so weit wie möglich aus den Darlehnsmitteln finanziert werden und Sie für die Finanzierung Ihrer eigenen Wohnung – für die es ja keine Steuervorteile aus den Zinsen gibt – möglichst Ihre Eigenmittel einsetzen. Ohne ein wenig Mühe und Trickserei geht das aber nicht so ohne weiteres. Der Fiskus macht sich nämlich im ersten Ansatz die Sache recht einfach.

Bauen Sie z. B. ein Einfamilienhaus mit vermieteter Einliegerwohnung, bei der Ihre Wohnung 100 m² und die vermietete Wohnung 50 m² groß ist, rechnet das Finanzamt die Kredite und die Eigenmittel im Verhältnis der Wohn- bzw. Nutzflächen den einzelnen Wohnungen zu. Im Ergebnis bedeutet das für Sie, dass steuerlich die Mietwohnung mit einem Drittel Ihrer Eigenmittel finanziert wird. Den entsprechenden Teil des Darlehnes rechnet der Fiskus Ihrer eigenen Wohnung zu, bei der die Zinsen wirkungslos verpuffen.

Wie Sie das steuerlich viel geschickter gestalten können, zeige ich Ihnen im Folgenden.

862 **Zinszuordnung bei Herstellung eines Gebäudes**

Um Ihre Zinsen später voll bei der vermieteten Wohnung ansetzen zu können, müssen Sie dafür sorgen, dass deren Herstellung ausschließlich aus Darlehensmitteln finanziert wird. Dazu gehen Sie wie folgt vor:

- Sie richten zunächst zwei Baukonten bei Ihrer Bank ein. Auf Konto 1 kommen nur die Auszahlungen aus Ihren Baudarlehen und Hypotheken, auf Konto 2 überweisen Sie Ihre für den Bau gedachten Eigenmittel.
- Von den Handwerkern lassen Sie sich für alle Arbeiten, die ausschließlich eine bestimmte Wohnung betreffen, getrennte Rechnungen schreiben (z. B. für Türen, Bodenbeläge, Decken, Badezimmer, Elektroinstallationen, Malerarbeiten). Wo Sie keine gesonderte Rechnung haben, können Sie die Auftei-

lung durch eine eigene Aufstellung ergänzen, in der Sie die einzelnen Rechnungspositionen der jeweiligen Wohnung zuordnen.

- Herstellungskosten, die das gesamte Gebäude betreffen, werden im Verhältnis der Wohnflächen aufgeteilt (z. B. der Kaufpreis für das Grundstück, die Kosten für Bodenaushub, Dach, Treppenhaus, Gemeinschaftsräume, Heizungsanlage, Anschluss, Entwässerung etc.).

So haben Sie nun grundsätzlich für jede Rechnung zwei Teilbeträge. Bei der Bezahlung gehen Sie wie folgt vor:

1. Rechnungsteilbeträge, die auf Ihre später selbst genutzte Wohnung entfallen, überweisen Sie von dem Baukonto mit Eigenmitteln. Bei der Überweisung machen Sie das deutlich, indem Sie als Verwendungszweck neben der Rechnungsnummer z. B. ergänzen: *»Teilbetrag für Wohnung Erdgeschoss«*.
2. Rechnungsteilbeträge, die auf die später vermietete Wohnung entfallen, überweisen Sie nur von dem Baukonto, auf dem die Baudarlehen gelandet sind. Auch hier machen Sie bei der Überweisung die Zuordnung deutlich, z. B.: *»Teilbetrag für Einliegerwohnung 1. OG«*.

Und so könnte die Rechnung für Sie aussehen:
Angenommen, Sie bauen ein Einfamilienhaus mit Einliegerwohnung. Die eigene Wohnung im Erdgeschoss wird 120 m², die Einliegerwohnung 60 m² groß. Die gesamten Baukosten inkl. Grund und Boden belaufen sich auf 360 000 €. Sie haben Eigenmittel in Höhe von 160 000 €. Der Rest wird durch eine Hypothek (Zinssatz 5 %) finanziert.

Aus Ihren nach dem oben beschriebenen Muster vorgenommenen Aufteilungen und der Begleichung der Rechnungen ergibt sich ein Anteil von 60 % an den Gesamtkosten für die eigene Wohnung und von 40 % für die Einliegerwohnung.

Da Sie sämtliche Rechnungsbeträge für die Einliegerwohnung vom Darlehens-Baukonto überwiesen haben, wurden somit die gesamten Kosten für die Einliegerwohnung von 144 000 € fremdfinanziert.

Von den Hypothekenzinsen entfallen folglich pro Jahr 5 % von 144 000 € = 7 200 € auf die Vermietungseinkünfte und nur 5 % von 56 000 € = 2 800 € auf die selbstgenutzte Wohnung.

Ohne Aufteilung der Rechnungen und getrennte Bezahlung wären für die Einliegerwohnung von den gesamten Zinsen von 5 % von 200 000 € = 10 000 € nur $^1/_3$ = 3 333 € als Werbungskosten abzugsfähig gewesen. Wie Sie sehen, hat sich in diesem Fall mit ein bisschen Arbeit der steuerwirksame Zinsabzug mehr als verdoppelt. Und das Jahr für Jahr!

WICHTIGER HINWEIS

Genauso wie die laufenden Zinsen können Sie ein Damnum oder Disagio, die Bearbeitungsgebühren und die Eintragung der Hypothek im Grundbuch aufteilen. Im obigen Beispiel wären von einem Damnum oder Disagio 144 000/ 200 000 als Werbungskosten abzugsfähig gewesen.

TRICK

Die Zinszuordnung klappt auch beim Kauf eines Gebäudes.

863 Auch beim Kauf eines Hauses sind Sie nicht darauf angewiesen, dass vorher in Eigentumswohnungen aufgeteilt wird. Sie können im Prinzip dasselbe Strickmuster anwenden wie bei der Herstellung eines Gebäudes. Und so gehen Sie vor:

- Sie richten wieder zwei Konten ein, eines für Ihre Eigenmittel und eines, auf dem die Kredite für den Erwerb eingezahlt werden.
- Bereits im Notarvertrag wird der insgesamt vereinbarte Kaufpreis rechnerisch auf die selbstgenutzte Wohnung und den vermieteten Teil der Immobilie aufgeteilt. Wenn dabei nicht gerade völlig unrealistische Maßstäbe angelegt werden, wird das Finanzamt dieser Aufteilung folgen.
- Die Bezahlung erfolgt dann wieder in zwei Teilbeträgen: Den Kaufpreisanteil für die vermietete Wohnung überweisen Sie mit dem Verwendungszweck »*Teilkaufpreis Wohnung I. OG*« von Ihrem Darlehenskonto auf das Notaranderkonto. – Den Kaufpreisanteil für die selbstgenutzte Wohnung überweisen Sie von Ihrem Eigenmittelkonto und einen evtl. Restbetrag vom Darlehenskonto – jeweils mit dem Verwendungszweck »*Teilkaufpreis Wohnung Erdgeschoss*«.

Dass der Notar später dem Verkäufer den gesamten Kaufpreis von seinem Notaranderkonto in einer Summe überweist, ist für Ihre Zuordnung nicht schädlich.

Sie müssen sich bei diesen Tricks auch keine Gedanken machen, dass der Fiskus Ihnen mit Umgehung oder Gestaltungsmissbrauch kommt. Nach einigem Zögern haben Sie nämlich den obersten fiskalischen Segen erhalten (BMF-Schreiben v. 16. 4. 2004 – BStBl 2004 I S. 464).

Herrenmenschen sind in der Regel
weder Herren noch Menschen.
(W. Mitsch)

XII. Sonstige Einkünfte (Renten, Unterhalt, Spekulationsgewinne)

1. Einkünfte aus wiederkehrenden Bezügen (Renten)

Ab welchem Betrag sind Rentner und Pensionäre steuerpflichtig?
Mit den sonstigen Einkünften sind wir bei der letzten, der siebten Einkunftsart **864** angelangt (§ 22 EStG). Die hier aufgeführten Einkünfte gehören aber nur dann in diese Einkunftsart, wenn sie nicht in eine der vorangehenden einzureihen sind.

Sonstige Einkünfte sind:

- Einkünfte aus wiederkehrenden Bezügen (§ 22 Nr. 1 EStG), insbesondere Renten und Vorteile, bei denen der zur Zahlung Verpflichtete den Ertragsanteil (Renten) oder die gesamten Zahlungen (dauernde Lasten) als Sonderausgaben abziehen kann (➤ Rz 543 ff.);
- Einkünfte aus Unterhaltsleistungen (§ 22 Nr. 1 a EStG), soweit sie beim Geber als Sonderausgaben abziehbar sind (➤ Rz 536 ff.);
- Einkünfte aus Spekulationsgeschäften (§ 22 Nr. 2 EStG);
- Einkünfte aus Leistungen (§ 22 Nr. 3 EStG), soweit sie mindestens 256 € im Kalenderjahr betragen. Hierunter fallen insbesondere Liebeslohn, Bestechungsgelder, Schmiergelder, aber auch die Mitnahmegebühr für die Fahrt zur Arbeit und Einnahmen aus der Vermietung beweglicher Gegenstände;
- Abgeordnetenbezüge (§ 22 Nr. 4 EStG);
- Leistungen aus Altersvorsorgeverträgen (§ 22 Nr. 5 EStG).

1.1 Altersversorgung durch Rente

Die Steuer aus Renteneinkünften ist für die meisten Rentner schwer zu berechnen, wie aus vielen Schreiben meiner Leser hervorgeht. **865**
Längst sind nicht alle Renten steuerfrei, wie man immer hören kann. Steuerfrei sind nur bestimmte, vor allem

- Renten aus der gesetzlichen Unfallversicherung, z. B. aus der Berufsgenossenschaft,

- Kriegs- und Schwerbeschädigtenrenten und
- Wiedergutmachungsrenten.

Die meisten Renten sind steuerpflichtig, vor allem
- Renten wegen Alters oder verminderter Erwerbsfähigkeit,
- Renten wegen Todes, die an Witwen und Waisen gezahlt werden,
- Renten aus einer betrieblichen Zusatzversicherung (Direktversicherung),
- Renten aus Lebensversicherungen.

866 Mit dem Alterseinkünftegesetz wurde die Besteuerung von Renten und Pensionen komplett neu geregelt. Kern dieser Neuregelung ist der schrittweise Übergang zur »nachgelagerten Besteuerung«. Auf der einen Seite werden die *Beiträge* zur gesetzlichen Rentenversicherung, zu berufsständischen Versorgungswerken und an private kapitalgedeckte Rentenversicherungen in der Endstufe bis zu 20 000 € (Ehegatten: 40 000 €) im Jahr abzugsfähig sein. Auf der anderen Seite werden diese Renten in voller Höhe besteuert. Die Altersvorsorgebeiträge sind seit 2005 abzugsfähig. Beginnend mit 60 % im Jahr 2005, steigt der Prozentsatz in einer Übergangszeit bis 2025 Jahr für Jahr um 2 %, bis 2025 schließlich 100 % abzugsfähig sind. In 2008 beträgt er somit 66 %, in 2009 68 % usw.

Renten aus solchen Basisaltersversorgungssystemen wie z. B. der
- gesetzlichen Rentenversicherung,
- berufsständischen Versorgungswerken,
- der landwirtschaftlichen Alterskasse und
- nach dem 31. 12. 2004 abgeschlossenen privaten kapitalgedeckten Leibrentenversicherungen (Rürup-Rente)

unterliegen seit 2005 einheitlich mit einem Prozentsatz von mindestens 50 % der Besteuerung. Der steuerfreie restliche Rentenanteil bleibt während der gesamten Laufzeit der Rente unverändert. Für Renten, die erstmalig ab 2006 oder später gezahlt werden, steigt der Prozentsatz bis 2020 Jahr für Jahr um jeweils 2 % und danach bis 2040 um je 1 %.

Das bedeutet, eine Rente mit Zahlungsbeginn in 2006 wird zu 52 %, mit Zahlungsbeginn in 2010 mit 60 % besteuert. Beginnt die Rentenzahlung in 2011, gilt ein steuerpflichtiger Rentenanteil von 62 %. Wie Sie sehen, hängt für jeden in der Zeit von 2006 bis 2040 hinzukommenden Rentnerjahrgang die Höhe des steuerpflichtigen Anteils davon ab, wann er in Rente geht.

Wenn Ihnen in diesem Zusammenhang der Begriff »Kohorte« unterkommt, sind Sie nicht etwa bei Asterix und Obelix gelandet. Mit Kohorte bezeichnen die Fiskalritter die einzelnen Rentnerjahrgänge. Gehen Sie 2010 in Rente, gehören Sie zur »Kohorte 60«. Der Rentner, dessen Rente in 2011 zu laufen beginnt, gehört zur »Kohorte 62«.

Ganz besonders böse betroffen von der Anhebung der Besteuerungsanteile sind **Renten wegen Erwerbsunfähigkeit**, siehe dazu ➤ Rz 875.

Gut zu wissen 867

Wie Sie sehen, bleibt für Sie, wenn Sie schon Rentner sind oder es in Kürze werden, ein großer Teil der Rente von vornherein steuerfrei. Der seit 2005 gegenüber früher höhere steuerpflichtige Anteil führt aber nicht zwangsläufig dazu, dass Sie als Rentner ohne Wenn und Aber wieder Zwangsmitglied im Club der Steuerzahler sind oder werden. Eine Steuer ergibt sich nur, wenn – wie bisher – Ihr Einkommen nach Hinzurechnung eventueller anderer Einkünfte, z.B. aus der Vermietung von Immobilien oder aus Kapitalanlagen, und nach Abzug aller Steuervergünstigungen und Abzüge, z.B. Sonderausgaben für Ihre Versicherungsbeiträge oder außergewöhnliche Belastungen, über dem jeweiligen Grundfreibetrag liegt.

Leider haben sich die Fiskalritter bei der Berechnung des Teils Ihrer Rente, der steuerfrei bleibt, eine ganz hinterlistige Gemeinheit ausgedacht. Steuerfrei bleibt in Wahrheit nämlich gar nicht ein bestimmter Prozentsatz, sondern ein fester Betrag, der sog. **Rentenfreibetrag**, den das Finanzamt im ersten vollen Rentenjahr auf der Basis Ihres Kohortenprozentsatzes berechnet.

Angenommen, Sie beziehen schon seit Jahren Ihre Rente von der BfA. Als sog. 868
Bestandsrentner gehören Sie also zur »Kohorte 50 %«. Ausgangspunkt für die Berechnung Ihres steuerfreien Rentenbetrags, nennen wir ihn einfach **Rentenfreibetrag**, waren die Rentenzahlungen im Jahr 2005. Der Rentenfreibetrag wurde danach festgeschrieben und gilt nun auch in den folgenden Jahren. Ja, Sie sehen das richtig: Selbst im Jahr 2010, 2015 oder 2020 wird immer nur der für das Jahr 2005 festgestellte Rentenfreibetrag abgezogen. Dabei stört sich der Fiskus nicht daran, dass in der Zwischenzeit Ihre Rente regelmäßig angepasst wird. Na, haben Sie den unverschämten Griff des Finanzministers in Ihr Geldsäckel bemerkt? Genau, durch diesen fiskalischen Hütchenspielertrick werden nämlich künftige Rentenerhöhungen samt und sonders zu 100 % in die Besteuerung einbezogen.

Beispiel

Sie haben in den Jahren 2006 bis 2010 folgende Renten bezogen
(Beginn der Rentenzahlungen 2005):

2006	18 000 €		
2007	18 049 €		
2008	18 197 €		
2009 (West)	18 517 €		
2010 (West)	18 736 €		
Rentenbezug 2006		18 000 €	
./. Rentenfreibetrag		– 9 000 €	
Steuerpflichtiger Teil der Rente 50 % von 18 000 €		9 000 €	> 9 000 €

Rentenbezug 2007	18 049 €	
./. Rentenfreibetrag	– 9 000 €	
Steuerpflichtiger Teil der Rente	9 049 €	> 9 049 €
Rentenbezug 2008	18 197 €	
./. Rentenfreibetrag	– 9 000 €	
Steuerpflichtiger Teil der Rente	9 197 €	> 9 197 €
Rentenbezug 2009	18 517 €	
./. Rentenfreibetrag	– 9 000 €	
Steuerpflichtiger Teil der Rente	9 517 €	> 9 517 €
Rentenbezug 2010	18 736 €	
./. Rentenfreibetrag	– 9 000 €	
Steuerpflichtiger Teil der Rente	9 736 €	> 9 736 €

Wie Sie sehen, werden Rentenanpassungen – in diesem Beispiel die zum 1. 7. 2007 um 0,54 % = ca. 49 €, die zum 1. 7. 2008 um weitere 1,1 % = ca. 148 € und die zum 1. 7. 2009 um 2,41 %/3,38 % = ca. 320 €/409 € (West/Ost) – in voller Höhe und nicht etwa nur mit 50 % – oder je nach Kohorte auch mehr – der Besteuerung unterworfen.

WICHTIGER HINWEIS

Bei Ihren regelmäßigen Rentenanpassungen wird der Rentenfreibetrag zwar nicht neu berechnet, geht Ihre Rente aber unplanmäßig nach oben oder unten, sieht die Sache anders aus. Dann nämlich muss das Finanzamt Ihren Freibetrag neu berechnen. Das passiert z. B., wenn Ihre Rente wegen der Anrechnung anderer Einkünfte nach oben geht. Bestehen Sie in einem solchen Fall darauf, dass die Anpassung nicht als regelmäßige anzusehen ist und Ihnen deshalb ein entsprechend höherer Rentenfreibetrag zusteht.

SUPER TRICK

Konservieren Sie für einen Teil Ihrer Rente den günstiger besteuerten Ertragsanteil!

869 50 % und mehr Ihrer Rente versteuern zu müssen ist an sich schon recht unerfreulich. Wenn Sie als Selbständiger, Freiberufler oder Mitglied in einem berufsständischen Versorgungswerk Beiträge in die Versorgungskasse oder über eine Höherversicherung in die gesetzliche Rentenversicherung eingezahlt haben, die deutlich höher waren als die Höchstbeiträge zur gesetzlichen Rentenversicherung, ist das noch viel ärgerlicher. Ihnen stand regelmäßig keine Entlastung durch einen steuerfreien Arbeitgeberanteil zur Rentenversicherung zu, und der

Abzug Ihrer Beiträge als Sonderausgaben war häufig nicht sehr ergiebig. Was kommt also bei dem ganzen Spaß heraus? In der Ansparphase konnten Sie kaum etwas absetzen, aber jetzt, wo Sie kassieren, sollen Sie einen Riesenbatzen Ihrer Altersbezüge versteuern. Natürlich werden Sie das nicht so ohne weiteres hinnehmen. Dafür haben Sie schließlich mein Buch gekauft.

»Öffnungsklausel« heißt die magische Formel, mit der Sie die Besteuerung Ihrer Rente auf ein erträgliches Maß zurechtstutzen können. Und so funktioniert das:

Der Teil Ihrer Rente, der auf Beiträgen beruht, die Sie über den Höchstbeitrag der gesetzlichen Rentenversicherung hinaus gezahlt haben, wird mit den niedrigen Ertragsanteilen lt. ➤ Rz 872 besteuert. Nur der Rest fällt unter die Kohortenbesteuerung. Voraussetzung ist, dass Sie bis zum 31. 12. 2004 in mindestens zehn Jahren Beiträge über dem Höchstbeitrag zur gesetzlichen Rentenversicherung gezahlt haben. Die Jahre müssen übrigens nicht zusammenhängen.

Trifft das auf Sie zu, stellen Sie im ersten Jahr, in dem Sie Rente beziehen, beim Finanzamt den Antrag auf gesplittete Versteuerung Ihrer Rente durch Anwendung der Öffnungsklausel in § 22 Nr. 1 S. 3 EStG. Zum Nachweis, dass Sie die Voraussetzungen erfüllen, bitten Sie Ihre Rentenzahlstelle um eine Bestätigung der Beitragsjahre mit Beiträgen über dem jeweiligen gesetzlichen Höchstbeitrag. Angenommen, von Ihrer Rente in Höhe von 2 400 €, die Sie seit dem 1. 1. 2008 erhalten, beruhen 25 % auf dem erhöhten Beitrag. Dann ergibt sich folgendes Bild:

Rententeil 1 (Kohortenbesteuerung)	
2 400 €, davon 75 % = 1 800 € × 12 Monate × 56 %	
Steuerpflichtiger Teil =	12 096 €
Rentenanteil 2 (Ertragsanteil)	
2 400 €, davon 25 % = 600 € × 12 Monate × 18 %	
Steuerpflichtiger Teil =	1 296 €
Insgesamt steuerpflichtig	13 392 €
Ohne Antrag steuerpflichtig 2 400 € × 12 × 56 %	16 128 €
Differenz	2 736 €

Je nach Steuersatz macht das eine jährliche Ersparnis von 445 € bis 1 335 €, und das Jahr für Jahr bis zu Ihrem Lebensende.

WICHTIGER HINWEIS

Kontrollsystem des Fiskus für alle Rentner

Der Überwachungsstaat wird immer weiter ausgebaut. Nicht nur dass der Fis- 870
kus künftig alle Ihre im Inland geführten Konten mit erzwungener Hilfe durch

die Banken in einer Datenbank speichert, ihm fast alle EU-Staaten seit dem 1. 7. 2005 Ihre im Ausland kassierten Zinsen mitteilen: Spätestens ab Ende 2009 bekommt das Finanzamt von Ihrem Rentenversicherungsträger Jahr für Jahr eine **Rentenbezugsmitteilung**, in der haarklein jeder Cent aufgeführt ist, den Sie als Rente bekommen. Bevor Sie sich über die vermeintliche Chance freuen, für die Jahre bis 2008 ungeschoren davonzukommen, muss ich Sie enttäuschen: Zugleich mit den ersten Rentenbezugsmitteilungen bekommt der Fiskus die Renteninformationen für die zurückliegenden Jahre von 2005 bis 2008. Experten gehen davon aus, dass ca. 25 Mio. Rentenbezugsmitteilungen auf den Fiskus niederregnen. Diese Riesenmenge will erst einmal abgearbeitet werden. Bis die ersten Rentner aufgrund dieser Kontrollmitteilungen mit Post von Ihrem Finanzamt rechnen müssen, wird es daher wohl bis ins Jahr 2010 hinein dauern. Dank der Rentenbezugsmitteilungen kommt selbst der faulste und dümmste Fiskalritter dahinter, dass Sie mit Ihren Einkünften steuerpflichtig sind und möglicherweise in der Vergangenheit schon waren. Da Sie ja kein Steuerexperte sind und bisher nur deshalb keine Steuererklärung eingereicht haben, weil Sie der festen Meinung waren, Sie müssten als Rentner keine Steuern zahlen, darf Sie das Finanzamt nicht der Steuerhinterziehung bezichtigen. Stellen Sie sich im Zweifel ruhig dümmer, als die Polizei erlaubt. Wenn Sie auf diese Weise Ihre Steuerhinterziehung geschickt weggeredet haben, darf das Finanzamt nämlich für nicht mehr als sieben Jahre – statt wie sonst für bis zu 13 – Steuern nachfordern.

Wenn Sie davon ausgehen müssen, dass Sie wegen der höheren Besteuerung der Renten seit 2005 doch zur Abgabe einer Steuererklärung verpflichtet waren bzw. sind, sollten Sie nicht warten, bis Sie vom Finanzamt dazu aufgefordert werden. Besser ist die Flucht nach vorn. Reichen Sie Ihre Steuererklärungen für die zurückliegenden Jahre nach. So gehen Sie wegen dieser Nachmeldung auf jeden Fall straffrei aus.

Die steuerpflichtigen Teile der Rente (Besteuerungsanteil) können Sie folgender Tabelle entnehmen.

871 **Besteuerungsanteiltabelle für Leibrenten**

Jahr des Rentenbeginns	Besteuerungsanteil in v. H.
bis 2005	50
2006	52
2007	54
2008	56
2009	58
2010	60
2011	62

Diese hohen Ertragsanteile gelten allerdings nur für Renten aus

- der gesetzlichen Rentenversicherung, auch für Erwerbs- und Berufsunfähigkeitsrenten,

- der landwirtschaftlichen Alterskasse,
- berufsständischen Versorgungswerken, z. B. der Rechtsanwalts-, Ärztekammern etc.,
- privaten kapitalgedeckten Rentenversicherungen, die ab dem 60. Lebensjahr eine Rente zahlen und deren Beiträge als Altersvorsorgeaufwendungen bei den Sonderausgaben abgezogen werden können und die nach dem 31. 12. 2004 abgeschlossen wurden.

Bei Renten, die nicht in die o. g. Kategorien fallen, gelten folgende günstigere Ertragsanteile. Diese können ebenfalls angewendet werden, soweit eine Rente auf Beiträgen beruht, die unter die Öffnungsklausel fallen (➤ Rz 869). **872**

Ertragsanteiltabelle

Bei Beginn der Rente vollendetes Lebensjahr des Rentenberechtigten	Ertrags-anteil in v. H.	Bei Beginn der Rente vollendetes Lebensjahr des Rentenberechtigten	Ertrags-anteil in v. H.
0 bis 1	59	51 bis 52	29
2 bis 3	58	53	28
4 bis 5	57	54	27
6 bis 8	56	55 bis 56	26
9 bis 10	55	57	25
11 bis 12	54	58	24
13 bis 14	53	59	23
15 bis 16	52	60 bis 61	22
17 bis 18	51	62	21
19 bis 20	50	63	20
21 bis 22	49	64	19
23 bis 24	48	65 bis 66	18
25 bis 26	47	67	17
27	46	68	16
28 bis 29	45	69 bis 70	15
30 bis 31	44	71	14
32	43	72 bis 73	13
33 bis 34	42	74	12
35	41	75	11
36 bis 37	40	76 bis 77	10
38	39	78 bis 79	9
39 bis 40	38	80	8
41	37	81 bis 82	7
42	36	83 bis 84	6
43 bis 44	35	85 bis 87	5
45	34	88 bis 91	4
46 bis 47	33	92 bis 93	3
48	32	94 bis 96	2
49	31	ab 97	1
50	30		

Diese günstigen Besteuerungsanteile gelten unter anderem für folgende Renten:

- Renten aus privaten Leibrentenversicherungen (Lebensversicherungen), die vor 2005 abgeschlossen wurden,
- Kaufpreisrenten, z. B. aus dem Verkauf eines Hauses oder Betriebs auf Rentenbasis,
- Versorgungsrenten, die z. B. Ihre Kinder an Sie zahlen, nachdem Sie ihnen Ihr Vermögen vermacht haben,
- Renten aus pauschal besteuerten Direktversicherungen,
- Renten aus öffentlichen Zusatzversorgungskassen (z. B. der VBL, ZVK etc.).

TRICK

Erklären Sie Rentennachzahlungen richtig!

873 Eine Wohltat kommt selten allein, so sagt man. Haben Sie es geschafft, die Rente durchzukriegen, werden Sie auch noch mit einer dicken Nachzahlung überrascht. Obendrein zeigt sich der Fiskus vernünftig, indem er die Nachzahlung nach der »Fünftel-Regelung« besteuert. Das bedeutet: Die Nachzahlung wird mit einem Fünftel angesetzt und die Steuer, die auf dieses Fünftel entfällt, dann mit fünf vervielfacht (§ 34 Abs. 1 EStG). Auf diese Weise wird der Steuerprogression die Spitze genommen. Damit es zu der ermäßigten Besteuerung kommt, müssen Sie das Formular Anlage R richtig ausfüllen.

Den Eigenanteil zur Kranken- und Pflegeversicherung tragen Sie im in der Anlage Vorsorgeaufwand ein. Das sind 2010 9,6 %/9,85 % (erhöhter Satz für Kinderlose).

Doch nun spitzen Sie die Ohren: Haben Sie in den Vorjahren Kranken- oder Arbeitslosengeld bezogen, wurde dieses vielleicht mit der Rentennachzahlung verrechnet. Die Nachzahlung müssen Sie indessen mit dem vollen Betrag, also ungekürzt, eintragen. Dies führt dazu, dass die Steuerbescheide der Vorjahre berichtigt werden müssen, da sich das Kranken- und Arbeitslosengeld nachteilig auf die Höhe Ihrer Steuer ausgewirkt hat (Progressionsvorbehalt; § 32 b EStG). Was es damit auf sich hat, dazu mehr unter ➤ Rz 470.

Den Berichtigungsantrag für die Vorjahre stellen Sie unter Hinweis auf § 175 Abs. 1 Nr. 2 AO – Berichtigung wegen eines rückwirkenden Ereignisses.

874 Der Ertragsanteil von in der Laufzeit beschränkten privaten Renten, z. B. aus dem Kauf von Immobilien, ergibt sich aus folgender Tabelle:

Beschränkung der Laufzeit der Rente auf … Jahre ab Beginn des Rentenbezugs	Der Ertragsanteil beträgt vorbehaltlich der Spalte 3 … v. H.	Es ist der Ertragsanteil der Tabelle in ➤ Rz 872 maßgebend, wenn der Rentner zu Beginn des Rentenbezugs das …te Lebensjahr vollendet hatte
1	2	3
1	0	entfällt
2	1	entfällt
3	2	97
4	4	92
5	5	88
6	7	83
7	8	81
8	9	80
9	10	78
10	12	75
11	13	74
12	14	72
13	15	71
14–15	16	69
16–17	18	67
18	19	65
19	20	64
20	21	63
21	22	62
22	23	60
23	24	59
24	25	58
25	26	57
26	27	55
27	28	54
28	29	53
29–30	30	51
31	31	50
32	32	49
33	33	48
34	34	46
35–36	35	45
37	36	43
38	37	42
39	38	41
40–41	39	39
42	40	38
43–44	41	36
45	42	35
46–47	43	33
48	44	32
49–50	45	30
51–52	46	28
53	47	27
54–55	48	25

Beschränkung der Laufzeit der Rente auf … Jahre ab Beginn des Rentenbezugs	Der Ertragsanteil beträgt vorbehaltlich der Spalte 3 … v. H.	Es ist der Ertragsanteil der Tabelle in ➤ Rz 872 maßgebend, wenn der Rentner zu Beginn des Rentenbezugs das …te Lebensjahr vollendet hatte
1	2	3
56–57	49	23
58–59	50	21
60–61	51	19
62–63	52	17
64–65	53	15
66–67	54	13
68–69	55	11
70–71	56	9
72–74	57	6
75–76	58	4
77–79	59	2
ab 80	Der Ertragsanteil ergibt sich immer aus der Tabelle in ➤ Rz 869	

875 Erwerbs- und Berufsunfähigkeitsrenten aus der gesetzlichen Rentenversicherung unterliegen seit 2005 ebenfalls der Besteuerung nach dem Kohortenprinzip, während vor 2005 nur ein Minianteil – häufig unter 10 % – steuerpflichtig war. Ihr Besteuerungsanteil ergibt sich also ebenfalls aus der Tabelle in ➤ Rz 871.

Diese recht hohe Besteuerung greift aber nur für Erwerbs- bzw. Berufsunfähigkeitsrenten, die aus einem der Basisversorgungssysteme kommen, z. B. der gesetzlichen Rentenversicherung, den landwirtschaftlichen Alterskassen, berufsständischen Versorgungswerken oder einer Rürup-Rente. Entsprechende Renten aus privaten Versicherungen, z. B. reine Erwerbsunfähigkeitsversicherungen oder Rentenlebensversicherungen, die vor dem 1. 1. 2005 mit Erwerbsunfähigkeitszuschlag abgeschlossen wurden, werden dagegen mit den geringeren Ertragsanteilen lt. ➤ Rz 874 besteuert.

876 **Rentenbezüge, bis zu denen keine Einkommensteuer anfällt** (bei einem Eigenanteil zur Krankenversicherung von 8,2 %/7,9 % (bis 30. 6. 2009/ab 1. 7. 2009; Pflegeversicherung 1,95 %). Unter Berücksichtigung der Grundfreibeträge (bis 2008: 7664, 2009: 7 834 €, 2010: 8 004 €) und der als Sonderausgaben abzugsfähigen Beiträge zur Kranken- und Pflegeversicherung für Rentner ergeben sich folgende steuerfreie Rentenbeträge im Jahr.

Jahr des Rentenbeginns	**2005**	**2006**	**2007**	**2008**	**2009**	**2010**
	€	**€**	**€**	**€**	**€**	**€**
Ledige	19 930	18 981	17 118	17 330	16 608	16 235
Verheiratete	39 605	37 719	36 005	34 439	33 004	32 267

Wenn weitere abzugsfähige Sonderausgaben wie Haftpflichtversicherungen, Kirchensteuern, Spenden etc. anfallen, erhöht sich der steuerfreie Rentenbetrag. Liegen dagegen noch andere Einkünfte, etwa aus der Vermietung von Immobilien oder aus Zinsen, vor, verringert sich der steuerfreie Rentenbetrag.

Beziehen Sie eine private Rente, z. B. weil Sie Ihr Haus gegen Rente verkauft haben, ist sie ebenfalls nur mit dem Ertragsanteil (s. Tabelle ➤ Rz 872) zu versteuern. Bei einer Veräußerungsrente aus dem Verkauf Ihrer Firma haben Sie ein Wahlrecht: Entweder Sie versteuern nur den Ertragsanteil, den aber von Beginn an, oder Sie versteuern die Renteneinnahmen komplett, dies allerdings erst, wenn sie die Höhe des Kapitalkontos der Firma erreicht haben.

SUPER TRICK

Machen Sie aus 750 € steuerpflichtiger Rente 1 800 € abzugsfähige Ausgaben!

Als Rentner zahlen Sie jede Menge Versicherungsbeiträge, z. B. Haftpflicht- und 877
Unfallversicherung. Einen ganz dicken Batzen machen die Beiträge zur Kranken- und Pflegeversicherung aus. Zum Teil erhalten Sie zu Ihren Krankenversicherungsbeiträgen zwar einen steuerfreien Zuschuss des Rentenversicherungsträgers, den Rest zahlen Sie aber aus Ihren versteuerten Rentenzahlungen. Zum Glück.

»Ja, um Gottes willen, ist der gute Konz jetzt von allen guten Geistern verlassen? Der spricht vom Steuernzahlen wie vom größten Glück auf Erden!«, höre ich Sie sagen. Keine Bange, ich bin wie immer voll auf der Höhe. Es ist wirklich Ihr großer Vorteil, dass der Rententeil, aus dem Sie Ihre Krankenversicherung zahlen, steuerpflichtig ist. Wäre er es nicht, würden Ihre Versicherungsbeiträge nämlich komplett aus unversteuertem Einkommen finanziert und könnten nicht als Vorsorgeaufwendungen abgezogen werden. So aber versteuern Sie von diesem Teil der Rente nur den Ertragsanteil von z. B. 58 % und können ihn in voller Höhe bei Ihren Vorsorgeaufwendungen unterbringen.

Beispiel
Bei einer Monatsrente von ca. 1 500 € belaufen sich Ihre Kranken- und Pflegeversicherungsbeiträge auf etwa 3 060 € im Jahr. Dafür bekommen Sie einen Zuschuss von etwa 1 260 €. Aus der eigenen Tasche bezahlen Sie also 1 800 €.

Als Vorsorgeaufwendungen abzugsfähige	
eigene Krankenversicherungsbeiträge	1 800 €
Steuerpflichtiger Ertragsanteil auf 1 800 € × 58 %	1 044 €
Zusätzlicher Vorteil aus den nicht versteuerten Restbeiträgen	756 €

Wie Sie sehen, haben Sie in diesem Fall buchstäblich mit der Wurst nach der Speckseite geworfen. Für jeden Euro Rente, der zur Zahlung Ihrer Krankenversicherung verwendet wird und den Sie versteuern, setzen Sie im Gegenzug fast den doppelten Betrag als Sonderausgaben ab.

1.2 Altersversorgung aus Pensionen

878 Stammt Ihre Altersversorgung nicht aus einer gesetzlichen Sozial- oder einer betrieblichen Zusatzversicherung, sondern von Ihrem früheren Arbeitgeber (Staats-, Dienstpension), müssen Sie sie als nachträglichen Arbeitslohn versteuern. Deshalb müssen Sie bei Ihrem früheren Arbeitgeber eine Lohnsteuerkarte abgeben und wird von der Pension Lohnsteuer einbehalten. Bei solchen Pensionen bleibt nur ein Versorgungsfreibetrag steuerfrei. Dasselbe gilt für Arbeitnehmer, die vorzeitig aus dem Erwerbsleben ausscheiden und hierfür von ihrem Betrieb für eine Übergangszeit Vorruhestandsgeld erhalten. Den Versorgungsfreibetrag gibt es in diesem Fall aber erst nach Vollendung des 63. Lebensjahres.

Wenn Sie erst im laufenden Jahr 63 Jahre alt geworden sind oder Ihre Versorgungsbezüge nur einige Monate gezahlt wurden, ist Ihnen beim Lohnsteuerabzug ein Teil des Versorgungsfreibetrags entgangen. Während der Versorgungsfreibetrag bis einschließlich 2004 noch 40 % Ihrer Versorgungsbezüge, max. 3 072 €, im Jahr betrug, ergibt sich durch die neugeregelte Besteuerung der Alterseinkünfte eine wesentliche Änderung. Der Versorgungsfreibetrag wird in den Jahren 2005 bis 2040 stufenweise abgebaut, so dass ab 2040 Renten und Pensionen im Endeffekt in gleicher Weise voll besteuert werden.

In der Übergangszeit wird neben dem Grundversorgungsfreibetrag ein Zuschlag abgezogen. Im Gegenzug können Sie aber, obwohl Ihre Versorgungsbezüge nach wie vor Arbeitslohn sind, als Arbeitnehmerpauschbetrag nicht wie andere aktive Arbeitnehmer 920 € im Jahr, sondern wie ein Rentner nur noch 102 € absetzen.

WICHTIGER HINWEIS

Zweimal kassieren Sie im ersten Jahr Ihrer Pensionierung. Für die aktive Zeit steht Ihnen der Arbeitnehmerpauschbetrag mit 920 € voll zu, und für die Pension wird Ihnen zusätzlich der Pauschbetrag von 102 € abgezogen.

Der Prozentsatz, nach dem Ihr Versorgungsfreibetrag berechnet wird, der Höchstbetrag und der Zuschlag zum Versorgungsfreibetrag ergeben sich aus der folgenden Tabelle:

Versorgungsfreibetrag 879

Jahr des Versorgungsbeginns	Versorgungsfreibetrag in v. H. der Versorgungsbezüge	Höchstbetrag in Euro	Zuschlag zum Versorgungsfreibetrag
bis 2005	40,0	3000	900
ab 2006	38,4	2880	864
2007	36,8	2760	828
2008	35,2	2640	792
2009	33,6	2520	756
2010	32,0	2400	720
2011	30,4	2280	684

Die Berechnung des Versorgungsfreibetrags erfolgt während der gesamten Laufzeit bis 2040 unverändert auf folgender Basis:

- Versorgungsbeginn vor 2005 = Versorgungsbezug für Januar 2005 × 12 + Weihnachtsgeld und andere Sonderzahlungen mit Rechtsanspruch.
- Versorgungsbeginn ab 2005 = Versorgungsbezug für den ersten vollen Zahlungsmonat × 12 + Weihnachtsgeld und andere Sonderzahlungen mit Rechtsanspruch.

Bis 2040 eintretende normale Steigerungen Ihrer Versorgungsbezüge bleiben bei der Berechnung unberücksichtigt.

GUTER RAT

Wenn sich Ihre Versorgungsbezüge dagegen außergewöhnlich ändern, weil bestimmte Regelungen zur Anrechnung anderer Einkommensteile, zur Berücksichtigung von Ruhezeiten oder andere außerordentliche Kürzungen oder Erhöhungen zum Tragen kommen, wird eine Neuberechnung Ihrer maßgebenden Versorgungsbezüge durchgeführt.

1.3 Noch steuerbegünstigte Alterseinkünfte

Neben dem Versorgungsfreibetrag können Sie während einer Übergangszeit 880 einen **Altersentlastungsbetrag** in Anspruch nehmen. Das ist ein bestimmter Prozentsatz der Summe aus Ihrem aktiven Arbeitslohn (ohne Versorgungsbezüge) zzgl. der positiven Summe Ihrer anderen Einkünfte ohne Renten und Abgeordnetenbezüge. Voraussetzung für seinen Abzug ist aber, dass Sie vor Beginn des Kalenderjahres Ihr 64. Lebensjahr vollendet haben. Das ist der Fall, wenn Sie spätestens am 1. 1. des jeweiligen Jahres Ihren 64. Geburtstag feiern. Für 2010 können also alle Steuerzahler den Altersentlastungbetrag beanspruchen, die am 1. 1. 1946 oder früher geboren sind.

Wie der Versorgungsfreibetrag wird der Altersentlastungsbetrag zwischen 2005 und 2040 nach und nach abgebaut. Die für seine Berechnung maßgebenden Werte ergeben sich aus der folgenden Tabelle:

Altersentlastungsbetrag

Das auf die Vollendung des 64. Lebensjahres folgende Kalenderjahr	in v. H. der Einkünfte	Höchstbetrag in Euro
2005	40,0	1 900
2006	38,4	1 824
2007	36,8	1 748
2008	35,2	1 672
2009	33,6	1 596
2010	32,0	1 520
2011	30,4	1 444

Beispiel für Renten- und Pensionsbezüge 2010

Geboren 1. 7. 1939. Rente von der Bundesversicherungsanstalt 7 287 € (inkl. Rentenerhöhung zum 1. 7. 2007 um 0,54 %, zum 1. 7. 2008 um 1,1 % und zum 1. 7. 2009 um 2,41 % /3,38 Ost-Renten)). Staatspension jährlich 16 750 €. Unfallrente jährlich 1 440 €. Kriegsbeschädigtenrente monatlich 240 €. Einkünfte aus gelegentlicher Vermittlungsprovision 175 €. Zinsen für Festverzinsliche 2 100 €. Zinsen vom Sparbuch des Ehepartners 35 €. Dividenden aus Aktienbesitz 50 €. Gewinn aus Aktienverkauf 450 €. Einkünfte aus Hausbesitz 1 260 €.

Unfallrente (bleibt völlig steuerfrei)		0 €
Kriegsbeschädigtenrente (ebenfalls steuerfrei)		0 €
Pension	16 750 €	
./. Versorgungsfreibetrag 40 %, max.	– 3 900 €	
./. Arbeitnehmerpauschbetrag für Versorgungsbezüge	– 102 €	
Verbleiben	12 748 €	> 12 748 €
Zinsen insgesamt	2 135 €	
Dividende	50 €	
Summe	2 185 €	> 2 185 €
./. Sparerpauschbetrag	– 1 602 €	
Verbleiben	583 €	> 583 €
Einkünfte aus Vermietung		1 260 €
Rente 2010 (Rentenbeginn vor 2005)	7 287 €	
./. Rentenfreibetrag (50 % von 7 000 €)	– 3 500 €	
./. Werbungskostenpauschbetrag	– 102 €	
Verbleiben	3 685 €	> 3 685 €
Einkünfte aus gelegentlicher Vermittlung	175 €	
./. Freigrenze	– 256 €	
Verbleiben	0 €	> 0 €

Spekulationsgewinn	450 €		
./. Freigrenze	– 511 €		
Verbleiben	0 €	>	0 €
Zwischensumme			18 277 €
./. *Altersentlastungsbetrag*, 40 % der Einkünfte aus Vermietung und Kapital, max. 1 900 €		–	727 €
Gesamtbetrag der Einkünfte			17 550 €
./. Sonderausgaben, Vorsorgeaufwendungen	3 000 €		
Sonderausgabenpauschbetrag	72 €		
Summe	3 072 €	>–	3 072 €
Zu versteuerndes Einkommen			14 478 €
Steuer darauf			0 €
Anrechnung der Abgeltungsteuer			146 €
Steuererstattung			146 €

TRICK

Verdienen Sie sich als 65-Jähriger schnell 600 €!

Schneidern Sie Ihre persönlichen Verhältnisse auf die steuerlichen Bestimmun- 881
gen zu, und zwar auf den *Altersentlastungsbetrag*, der allen über 64 Jahre alten Personen zugestanden wird.

Nehmen wir an, Sie sind 70 Jahre alt und beziehen eine Pension von jährlich	17 000 €
Haben daneben Vermietungseinkünfte von	10 000 €
Einkünfte aus Wertpapieren	5 000 €
dann wird der Altersentlastungsbetrag 2010 wie folgt berechnet: 40 % von 15 000 € = 6 000 €, max.:	1 900 €

Wenn Sie nun hingehen und Ihrem ebenfalls 70-jährigen Ehepartner die Verwaltung Ihres Grundvermögens für jährlich 5 000 € übertragen und ihm Wertpapiere schenken, die einen Ertrag von jährlich 2 500 € erbringen, muss das Finanzamt so rechnen:

Altersentlastungsbetrag für Sie: 40 % der Einkünfte von 7 500 € = 3 000 €, max.	1 900 €
Altersentlastungsbetrag für Ihren Ehepartner:	1 900 €

Durch diese wundersame Verdopplung des Altersentlastungsbetrags sparen Sie rund 600 €.

Sind Sie erst nach 2005 64 Jahre alt geworden, verringert sich der Prozentsatz von 40 % in dem Beispiel geringfügig, der Steuervorteil ist aber nach wie vor erstklassig.

TIPP

für alle, die kurz vor der Rente oder Pensionierung stehen

882 … vor allem für höherverdienende Angestellte. Erwerben Sie Banksparbriefe oder Bundesschätzchen Typ B, deren Zinszuwachs erst im Jahr der Einlösung versteuert werden muss, obwohl rechnerisch ein jährlicher Zinszuwachs anfällt. Wenn Sie diese Sparbriefe oder Bundesschätzchen erst nach der Pensionierung einlösen, fällt ab 2009 für den Zinszuwachs max. die Abgeltungsteuer von 25 % dafür an. Da die Renteneinkünfte nur z. T. steuerpflichtig sind, könnte es sogar sein, dass ihr individueller Steuersatz noch unter 25 % liegt. In diesem Fall bekämen Sie einen Teil der Abgeltungsteuer erstattet, und die Steuerbelastung läge noch niedriger.

Die beste Regierung ist die, welche gar nicht regiert.

(Thorau)

1.4 Wie viel Sie als Rentner nebenbei verdienen dürfen, ohne Ihre Rente zu gefährden

883 Vielen reicht die Rente nicht aus, ein angemessenes Leben zu führen. Sie als Rentenempfänger suchen sie deshalb durch einen Zusatzverdienst aufzubessern. Doch Sie sträuben sich dagegen, ein reguläres Arbeitsverhältnis einzugehen, weil Sie – zu Recht – befürchten, dass Ihre Rente gekürzt werden könnte.

Meldung macht frei, sagt die Obrigkeit

Was den Rekruten bei Strafandrohung eingebläut wird, nämlich Meldung zu machen, wenn ihnen etwas Ungewöhnliches auffällt, gilt in spezieller Form für alle diejenigen, die Arbeitnehmer beschäftigen. Sie haben nach den Vorschriften der Sozialgesetze und nach der Datenerfassungs- und Übermittlungsverordnung (DEÜV) bestimmte Meldepflichten zu erfüllen. Auch praktizieren die Behörden untereinander ein gut funktionierendes Meldesystem. Dies gilt trotz Steuergeheimnis auch für die Finanzämter (§ 31 a AO). Deshalb ist es gut zu wissen, ob und unter welchen Umständen Ihre Rente gefährdet ist, wenn Sie nebenbei noch etwas arbeiten.

Ungeschoren kommen Sie davon, wenn Ihr Zubrot bestimmte Hinzuverdienstgrenzen nicht überschreitet. Neben den allgemeinen Hinzuverdienstgrenzen gibt es individuelle. Diese sind abhängig vom versicherten Entgelt in den letzten drei Kalenderjahren, insbesondere bei Erwerbsunfähigkeit.

Ab dem 65. Lebensjahr bestehen keinerlei Hinzuverdienstgrenzen. Eine Kürzung Ihrer Rente brauchen Sie nicht zu befürchten.

Anders hingegen alle, die **vor dem 65. Lebensjahr** eine Rente beziehen. Für sie gelten unterschiedliche Hinzuverdienstgrenzen je nachdem, um welche Rente es sich handelt.

a) Vollrente wegen Alters ab 60 bzw. 63
Hinsichtlich des Hinzuverdienstes gilt die Grenze für geringfügig Beschäftigte.

Hinzuverdienstgrenze 2010

Vollrente wegen Alters	Lebensalter	Hinzuverdienstgrenze 2010
• als langjährig Versicherter	ab 63	400 € monatlich
• als Schwerbehinderter	ab 63	
• nach Arbeitslosigkeit oder nach Altersteilzeitarbeit	ab 60	

b) Teilrente wegen Alters ab 60 bzw. 63
Es kann eine Rente von $^2/_3$, $^1/_2$ oder $^1/_3$ der Vollrente beantragt werden, wobei dieselben Altersgrenzen gelten wie unter a). Der Antrag auf Teilrente, also der Verzicht auf einen Teil der Vollrente, kann sinnvoll sein, weil Teilrentenbezieher der gesetzlichen Rentenversicherung unterliegen und die während des Teilrentenbezugs erworbenen Beitragszeiten später bei der Vollrente zusätzlich angerechnet werden. Zudem gelten höhere Hinzuverdienstgrenzen.

Rentenabschläge
Vorzeitig in Rente gehen und dann hinzuverdienen? Keine schlechte Idee, doch passen Sie auf, dass Sie die Rechnung nicht ohne den Wirt, d. h. die Rentenkasse, machen. In den letzten Jahren wurden die Altersgrenzen immer weiter angehoben, auch für Frauen. Inzwischen beträgt sie für alle Renten 65 Jahre. Unter bestimmten Voraussetzungen können die Altersrenten zwar nach wie vor grundsätzlich vor dem 65. in Anspruch genommen werden, jedoch mit einem Abschlag, wie es so schön heißt, genauer gesagt unter Hinnahme einer Kürzung. Grundsätzlich gilt: Für jeden Monat der Inanspruchnahme einer Altersrente vor der Regelaltersgrenze wird die Rente um 0,3 % gekürzt. Wer z. B. als Arbeitsloser oder nach Altersteilzeitarbeit mit Geburtsjahrgang 1946 mit 60 Jahren vorzeitig in Rente ging, muss eine Kürzung von 60 Monaten x 0,3 % = 18 % hinnehmen.
Durch die Anhebung der Regelaltersgrenze für die Rente auf 67 Jahre ergeben sich in Zukunft höhere Abschläge. Erstmalig betroffen sind Rentner der Geburtsjahrgänge 1947 und jünger. So beträgt z. B. die Regelaltersgrenze für Personen des Geburtsjahrgangs 1953 65 Jahre und 7 Monate. Geht eine Arbeitnehmerin des Geburtsjahres 1953 im Jahr 2013, also im Alter von 60, in Rente, muss sie bereits 67 Monate à 0,3 % = 20,1 % als Rentenabschlag hinnehmen. Diese Kürzung soll aber für Personen unterbleiben, die mindestens 45 Beitragsjahre aufweisen können.

1.5 Wann bin ich bei einer Nebenarbeit von der Sozialversicherung befreit?

884 Wenn Sie als Rentner weiterhin arbeiten, ist es wichtig für Sie zu wissen, wann für Ihre Beschäftigung Sozialversicherungsbeiträge anfallen. Nach dem Motto »Gelobt sei, was kompliziert ist« hängt Ihre Sozialversicherungspflicht davon ab, welche Art von Rente Sie beziehen. Im Einzelnen gilt dabei Folgendes:

Berufsunfähigkeitsrente
Beziehen Sie eine Berufsunfähigkeitsrente, sind Sie zunächst wie jeder normale Arbeitnehmer sozialversicherungspflichtig. Allerdings entfällt für Sie die Arbeitslosenversicherung, wenn das Arbeitsamt festgestellt hat, dass Sie der Arbeitsvermittlung nicht mehr zur Verfügung stehen, weil Ihre Leistungsfähigkeit vermindert ist (§ 169 c Nr. 3 AFG).

Erwerbsunfähigkeitsrente
Als Bezieher einer Erwerbsunfähigkeitsrente sind Sie – mit Ausnahme der Arbeitslosenversicherung (§ 169 c Nr. 2 AFG) – grundsätzlich sozialversicherungspflichtig. Da Sie aber nur im Rahmen der Grenzen für sozialversicherungsfreie Geringverdiener hinzuverdienen können, ist die Frage der Sozialversicherungspflicht für Sie eher akademischer Natur. Liegt Ihr Arbeitsentgelt unter der Grenze von 400 €, gilt für Sie die Regelung für geringfügig Beschäftigte. Liegen Sie dagegen darüber, ist Ihre Erwerbsunfähigkeitsrente zum Teufel (§ 44 Abs. 2 SGB VI).

Altersruhegeld
Als weiterbeschäftigter Vollrentner sind Sie wie andere Arbeitnehmer kranken- und pflegeversicherungspflichtig. Mit der Rentenversicherung haben Sie jedoch nichts mehr am Hut, da Alters- oder Vollrentner stets rentenversicherungsfrei sind (§ 5 Abs. 4 SGB VI). Trotzdem muss Ihr Arbeitgeber seinen Beitragsanteil zur Rentenversicherung zahlen. Arbeitslosenversicherung fällt für Sie nicht mehr an, wenn Sie bereits 65 Jahre alt sind. Gleichwohl muss auch in diesem Fall Ihr Arbeitgeber in den sauren Apfel beißen und wie bei der Rentenversicherung den Arbeitgeberanteil leisten.

Solange Sie nur eine geringfügige Beschäftigung ausüben, zahlt Ihr Arbeitgeber für Sie 28 % Sozialversicherung. Allerdings müssen Sie als Rentner oder Pensionär Ihren Arbeitslohn versteuern (sofern Einkommensteuer anfällt). Was heißt geringfügig? Dazu lassen sich ausführlich und in bestem Amtsdeutsch die »Geringfügigkeits-Richtlinien« zu § 8 Sozialgesetzbuch aus.

Eine Beschäftigung ist demnach geringfügig, wenn sie entweder geringfügig entlohnt wird oder nur kurzfristig ist.

Eine geringfügig entlohnte Beschäftigung liegt vor, wenn der regelmäßige Arbeitslohn 400 € pro Monat nicht übersteigt.

Eine kurzfristige Beschäftigung wird ausgeübt, wenn die Beschäftigung auf längstens zwei Monate oder 50 Arbeitstage begrenzt ist.

Wichtig: Mehrere geringfügige Beschäftigungen sind zusammenzurechnen und müssen bei der Sozialversicherung angemeldet werden. Dazu einige Beispiele:

1. Sie sind Rentner und arbeiten 14 Stunden in der Woche für monatlich 250 €: Sie sind geringfügig beschäftigt, weil der Lohn 400 € pro Monat nicht übersteigt.

2. Sie beziehen als Rentner (ab 65 Jahre) ein Altersruhegeld von 1 000 € im Monat und sind 14 Stunden wöchentlich für 300 € beschäftigt:

Zahlbetrag der Rente	1 000 €
Arbeitsentgelt	300 €
Zusammen	1 300 €

Aufgrund der Minijobregelungen muss Ihr Arbeitgeber für Sie 28 % an die Bundesknappschaft entrichten, und Sie müssen – sofern Ihr Arbeitgeber nicht zusätzlich 2 % Pauschalsteuer abdrückt – den Hinzuverdienst ganz regulär versteuern. Es ergibt sich folgende Berechnung:

Arbeitslohn 12 × 300 =	3 600 €		
./. Arbeitnehmerpauschbetrag	– 920 €		
Verbleiben	2 680 €	>	2 680 €
Rente mit Ertragsanteil 12 × 1 000 × 50 % =	6 000 €		
./. Werbungskostenpauschbetrag	– 102 €		
Verbleiben	5 898 €	>	5 898 €
Summe der Einkünfte			8 578 €
./. Altersentlastungsbetrag 40 % von 3 600 €			– 1 440 €
./. Sonderausgabenpauschbetrag			– 36 €
Zu versteuerndes Einkommen			7 102 €
Einkommensteuer			0 €

Wenn Sie Ihrem Arbeitgeber Ihre Steuerkarte vorlegen, wird bei Steuerklasse I keine Belastung für Sie entstehen, und Ihr Arbeitgeber spart sich die 2 % Pauschalsteuer.

3. Sie arbeiten bei zwei Arbeitgebern:

Sie arbeiten	Fall A	Fall B
bei Arbeitgeber 1	für 110 €	für 200 €
bei Arbeitgeber 2	für 100 €	für 250 €
Summe	210 €	450 €

Im Fall A sind Sie in beiden Beschäftigungen geringfügig beschäftigt, weil Ihr monatlicher Lohn 400 € nicht übersteigt. Im Fall B fallen in beiden Beschäftigungen Kranken- und Rentenversicherungsbeiträge an, weil die Lohngrenze von 400 € überschritten ist.

4. Sie arbeiten 14 Stunden in der Woche für einen Lohn von 380 € monatlich. Außerdem erhalten Sie ein Weihnachtsgeld von 360 €: Es fallen Kranken- und Rentenversicherungsbeiträge an, weil Ihr durchschnittlicher Monatslohn 400 € übersteigt (380 € x 12 = 4 560 € + Weihnachtsgeld 360 € = 4 920 €, davon $^{1}/_{12}$ = 410 €).

5. Sie arbeiten zusätzlich neben einer Hauptbeschäftigung regelmäßig als Aushilfe: Ihr Aushilfsjob bleibt geringfügig, wenn der Verdienst nicht über 400 €/ Monat liegt. Sind Sie privat versichert, entfällt die Krankenversicherungspauschale von 13 %.

6. Sie nehmen am 1. 5. eine Beschäftigung als Urlaubsvertretung an, die am 15. 6. beendet ist: Der Lohn beträgt monatlich 1 000 €. Die Beschäftigung ist kurzfristig und damit geringfügig, denn sie dauert nicht länger als zwei Monate. Somit besteht keine Sozialversicherungspflicht.

885 **Beitrags- und Entgeltgrenzen für die Sozialversicherung**

	West		Ost	
	2009	2010	2009	2010
Beitrag vom Arbeitsentgelt	%	%	%	%
Rentenversicherung	19,9	19,9	19,9	19,9
Arbeitslosenversicherung	2,8	2,8	2,8	2,8
Krankenversicherung (Absenkung ab 1. 7. 2009)	14,6/14,0	14,0	14,6/14,0	14,0
Sonderbeitrag zur Krankenversicherung[1]	0,9	0,9	0,9	0,9
Pflegeversicherung (Erhöhung ab 1. 7. 2008)	1,95	1,95	1,95	1,95
Beitragsbemessungsgrenzen monatlich	€	€	€	€
Rentenversicherung	5 400,00	5 500,00	4 550,00	4 650,00
Arbeitslosenversicherung	5 400,00	5 500,00	4 550,00	4 650,00
Krankenversicherung	3 675,00	3 750,00	3 675,00	3 750,00
Pflegeversicherung	3 675,00	3 750,00	3 675,00	3 750,00
Versicherungspflichtgrenzen monatlich	€	€	€	€
am 31. 12. 2002 nicht Pflichtversicherte	3 675,00	3 750,00	3 675,00	3 750,00
Krankenversicherung	4 050,00	4 162,50	4 050,00	4 162,50
Entgeltgrenzen monatlich	€	€	€	€
Geringfügigkeit	400,00	400,00	400,00	400,00
Alleinige Beitragspflicht d. Arbeitgebers	325,00	325,00	325,00	325,00

[1] Sonderbeitrag geht voll zu Lasten des Arbeitnehmers.

2. Einkünfte aus Unterhaltsleistungen

Hoffentlich war Ihnen, als Sie die Anlage U Ihres Ex unterschrieben haben, klar, dass die Unterhaltsleistungen von Ihnen versteuert werden müssen (➤ Rz 536), soweit sie von Ihrem Ex als Sonderausgaben nach § 10 Abs. 1 Nr. 1 EStG abgezogen werden können (§ 22 Nr. 1 a EStG). **886**
Dies bedeutet für Sie:

1. Weil der Abzug als Sonderausgaben bei Ihrem Ex auf 13 805 € begrenzt ist, brauchen übersteigende Beträge von Ihnen nicht versteuert zu werden.
2. Ein Abzug als Sonderausgaben steht nur Steuerzahlern mit Wohnsitz oder gewöhnlichem Aufenthalt im Inland zu, also nur unbeschränkt steuerpflichtigen Personen. Lebt Ihr Ex im Ausland, brauchen Sie die Unterhaltsleistungen trotz unterschriebener Anlage U nicht zu versteuern.

GUTER RAT

Die beiden Beträge korrespondieren. Wenn Ihr Ex Ihnen seine Wohnung zur Nutzung überlassen hat und der Mietwert auf den Unterhalt angerechnet wird, brauchen Sie nicht den ganzen Mietwert zu versteuern. Denn steuerlich werden bei Ihrem Ex nur die von ihm getragenen verbrauchsabhängigen Kosten anerkannt (H 86 b EStH; BFH-Urt. v. 12. 4. 2000 – XI R 127/96; BFH/NV 2000 S. 1286). Das sind die Grundsteuern und die Gebühren für Heizung, Strom, Wasser, Müllabfuhr etc., nicht aber die Zinsen, die Abschreibung und die Versicherungskosten.

Berechnung der Einkünfte aus Unterhaltsleistungen

Von den Unterhaltsleistungen geht lediglich ein Pauschbetrag für Werbungskosten in Höhe von 102 € runter, den das Finanzamt automatisch abzieht (§ 9 a EStG). Es sei denn, Sie sind mit Ihrem Ex wegen der Unterhaltsleistungen im Streit und hatten Kosten für Rechtsberatung, Mahn- und Gerichtsverfahren. Sofern sie den Pauschbetrag übersteigen, können Sie sie absetzen.

WICHTIGER HINWEIS

Die Zustimmung zur Anlage U gilt auf jeden Fall bis auf Widerruf. Ein solcher Widerruf wirkt sich aber erst ab dem Folgejahr aus (BFH v. 8. 2. 2007 – XI B 124/06). Sind Sie betroffen, müssen Sie dem Unterhaltszahler den Widerruf also rechtzeitig vor dem Jahreswechsel bekanntgeben. Sicherheitshalber sollten Sie auch dem Finanzamt rechtzeitig eine Durchschrift schicken. **887**

Beachten sollten Sie außerdem, dass Sie dem Finanzamt gegenüber die Zustimmung nicht auf einen bestimmten Betrag beschränken können. Versteuern müssen Sie immer den Betrag, den der Zahlende als Sonderausgaben beantragt, natürlich max. 13 805 €. Wollen Sie weniger versteuern, gelingt das nur, wenn Sie das mit dem Ex schon in der Unterhaltsvereinbarung entsprechend festgelegt haben. Richtet sich der nicht danach, müssen Sie zivilrechtlich dagegen vorgehen. Das Finanzamt hängt sich in diesen Streit nicht hinein. Ganz im Gegenteil: Ihr Ex könnte rein theoretisch den Antrag auf Abzug von Unterhaltsleistungen sogar nachträglich erhöhen (BFH v. 28. 6. 2006 – BStBl 2007 II S. 5).
Aufgepasst: Versteuern müssen Sie den Unterhalt nur, wenn er beim Ex abgezogen wurde, das bedeutet, sich dort steuerlich auswirkt. Ist das einmal nicht der Fall, z. B. weil dessen Einkünfte so gering sind, müssen Sie auch keine Versteuerung hinnehmen (FG Köln v. 7. 11. 2007 – EFG 2008 S. 444).

3. Einkünfte aus privaten Veräußerungsgeschäften (§ 23 EStG)

888 Der Fiskus ist fest entschlossen, selbst für kleinste Vermögensvorteile den Steuersäckel aufzuhalten, so auch für Vorteile aus privaten Veräußerungsgeschäften, wenn sie mit dem Makel der **Spekulation** behaftet sind. Das ist der Fall, wenn der Zeitraum zwischen An- und Verkauf eine bestimmte **Frist** unterschreitet und der Gewinn im Kalenderjahr insgesamt über **512 €** beträgt.

Spekulationsfristen

Grundstücke, grundstücksgleiche Rechte (z. B. Erbbaurechte)	10 Jahre
Andere Wirtschaftsgüter (Wertpapiere, Anteile, Termingeschäfte, Autos)	1 Jahr

WICHTIGER HINWEIS

Mit Einführung der Abgeltungsteuer ab 2009 fällt die Spekulationsfrist für Wertpapiere von einem Jahr. Ab 2009 sind Wertpapierveräußerungen auch dann steuerpflichtig, wenn die Papiere länger als ein Jahr im Depot waren. Für Immobilienspekulationen bleibt es dagegen unverändert dabei, dass nach Ablauf von zehn Jahren keine Einkünfte aus der Veräußerung versteuert werden müssen.

3.1 Spekulationssteuer bei Immobilienverkauf

889 Eine Ausnahme von der Spekulationssteuer macht der Fiskus, wenn ein bislang *eigengenutztes* Haus verkauft wird. Viele Häuslebauer, die ihre Ersparnisse in einer *vermieteten* Immobilie angelegt haben und diese verkaufen wollen, fallen

aus allen Wolken, wenn sie hören, dass Spekulationssteuer anfallen könnte. Dabei ist Schummeln zwecklos, weil der Notar dem Finanzamt den Kaufvertrag zusendet.

TIPP

Zwei Varianten, die Sie vor Spekulationseinkünften verschonen!

Auch wenn Sie eine Immobilie innerhalb von zehn Jahren kaufen und verkaufen, müssen Sie nicht in jedem Fall die Versteuerung des Gewinns daraus hinnehmen. Der Gesetzgeber kennt zwei Besteuerungsausnahmen:

1. Sie haben seit dem Kauf oder der Fertigstellung ununterbrochen selbst in der Immobilie gewohnt,
2. Sie haben zumindest im Jahr des Verkaufs und den beiden Vorjahren selbst darin gelebt.

Beispiel
Sie haben Ihr Einfamilienhaus am 15. 10. 2004 gekauft und zunächst vermietet. Am 20. 12. 2008 sind Sie dann selbst eingezogen. Am 10. 2. 2010 haben Sie das Haus verkauft, weil Sie aus beruflichen Gründen umziehen mussten. Da Sie im Jahr des Verkaufs (2010) und in den beiden Vorjahren (2009 und 2008) selbst in dem Haus gewohnt haben, ist ein Gewinn aus dem Verkauf nicht steuerpflichtig.

3.2 Spekulationssteuer bei Aktiengeschäften

Mit dem Unternehmenssteuerreformgesetz wurde die Besteuerung von Kapi- 890
tal- und Spekulationseinkünften aus Wertpapieren vollkommen neu geregelt. Seit 2009 fallen Spekulationsgewinne aus Wertpapieren nicht mehr unter die Spekulations-, sondern unter die Kapitaleinkünfte (§ 20 Abs. 2 EStG) und unterliegen generell der pauschalen Abgeltungsteuer von 25 % zzgl. Kirchensteuer und Solidaritätszuschlag.

Und: Gewinne sind nun grundsätzlich steuerpflichtig, unabhängig davon, ob Sie die Wertpapiere vier Wochen oder vier Jahre nach der Anschaffung verkaufen. Die einjährige Spekulationsfrist gibt es nicht mehr.

Allerdings gilt auch hier: Keine Regel ohne Ausnahme. Aus Vertrauensschutzgründen gilt der Wegfall der Spekulationsfrist nicht für Wertpapiere, die Sie vor dem 1. 1. 2009 erworben haben. Aufgrund dieser Übergangsregelung können Sie also mit Ihren *Altpapieren* auch noch im Jahr 2015 oder 2020 steuerfreie Spekulationsgewinne erzielen.

891 **Berücksichtigung von Altverlusten**

Trotz der Verlagerung der Wertpapierveräußerungsgeschäfte in den Bereich der Einkünfte aus Kapitalvermögen lässt der Gesetzgeber für Altverluste aus privaten Veräußerungsgeschäften, die in der Zeit bis zum 31. 12. 2008 angefallen sind, eine Verrechnung mit Gewinnen aus Wertpapierverkäufen bis zum Jahr 2013 zu.

Im Rahmen der Finanzkrise ist es zu erheblichen Kurseinbrüchen an den nationalen und den internationalen Börsen gekommen. Wenn auch Sie in diesem Zusammenhang im Jahr 2008 Verluste aus privaten Veräußerungsgeschäften hatten, sollten Sie die unbedingt angeben, um sich für spätere Jahre den Steuervorteil aus der Verlustverrechnung zu sichern.

Achtung: Hatten Sie gezielt Aktien veräußert, um die entstandenen Verluste steuerlich geltend machen zu können, und die Aktien am gleichen bzw. am darauffolgenden Tag wieder erworben, darf der Fiskus das nicht als Gestaltungsmissbrauch ansehen und Ihnen den Abzug der Verluste nicht verwehren. Der Bundesfinanzhof hat nämlich Verluste aus Wertpapierveräußerungen auch dann akzeptiert, wenn Wertpapiere am selben Tag veräußert und in gleicher Stückzahl zu einem anderen Kurs wieder gekauft wurden (BFH v. 25. 8. 2009 – BStBl 2009 II S. 999).

3.3 Spekulationssteuer bei anderen Sachwerten

892 Nicht nur beim Verkauf von Immobilien oder von Wertpapieren kann Spekulationssteuer anfallen, auch der Verkauf anderer Sachwerte kann zu Spekulationseinkünften führen. Anders als das Finanzgericht und der Fiskus war der BFH nämlich der Auffassung, dass private Veräußerungsgeschäfte alle Wirtschaftsgüter im Privatvermögen, wie Bilder, Sammlungen, Kunstgegenstände und ganz speziell auch Gegenstände des täglichen Bedarfs, erfassen.

TRICK

Sichern Sie sich den Veräußerungsverlust, wenn Sie Ihr Auto verkaufen!

Angenommen Sie haben 2009 Ihr BMW-Cabrio vor Ablauf eines Jahres nach der Anschaffung verkauft. Natürlich bekamen Sie für den Jahreswagen weniger, als Sie seinerzeit für den Neuwagen bezahlt haben. Rechnerisch ergibt sich also ein Verlust, den Sie mit Veräußerungsgewinnen im selben Jahr oder in den folgenden Jahren verrechnen können(BFH v. 22. 4. 2008 – BStBl 2009 II S. 296). Und so könnte Ihre Rechnung für das Finanzamt aussehen:

Kaufpreis für den Pkw (1. 2. 2009)	50 000 €
Verkaufspreis (1. 11. 2009)	41 000 €
Verlust aus privaten Veräußerungsgeschäften	9 000 €

Die so erzeugten Verluste können Sie allerdings nur mit privaten Veräußerungsgewinnen verrechnen.
Was für Ihren Pkw gilt, klappt auch mit Möbeln, einem Fernseher, einer Stereoanlage oder der Spül- oder Waschmaschine. Wichtig ist nur, dass der Verkauf innerhalb eines Jahres nach dem Erwerb erfolgt.

WICHTIGER HINWEIS

Keine Spekulationsverluste aus Gebrauchsgütern mehr!

Durch das Jahressteuergesetz 2010 hat der Gesetzgeber den oben beschriebenen Kniff einkassiert. Die Veräußerung von Gegenständen des täglichen Gebrauchs innerhalb der Haltefrist von einem Jahr ist ab Inkrafttreten des Jahressteuergesetzes 2010 kein Spekulationsgeschäft mehr. Konsequenz: Weder Gewinne noch Verluste werden in die Besteuerung einbezogen.

Was sagt der Universitätsprofessor? Dieses: »Die Versteuerung von Zinsen ist eine Sache von Dummen und Skrupelhaften.«
(Prof. K. Tipke, Universität Köln)

XIII. Kapitaleinkünfte

1. Versteuerung von Kapitaleinkünften (Abgeltungsteuer)

Die **Abgeltungsteuer** seit 2009 strebt eine möglichst einheitliche Besteuerung **893**
von Zinsen, Dividenden, Investmenterträgen, Zertifikatserträgen und Gewinnen aus der Veräußerung privater Kapitalanlagen an.

Die Besteuerung erfolgt unmittelbar an der Quelle mit einem einheitlichen Quellensteuersatz von 25 % zzgl. Solidaritätszuschlag und Kirchensteuer. Unmittelbar an der Quelle heißt, dass die Abgeltungsteuer direkt von den Banken, bei denen die Kapitalanlagen gehalten werden, einbehalten und an das Finanzamt abgeführt wird. Für die Kapitalerträge gilt also ein ähnliches Verfahren wie bei der Lohnsteuer. Wie schon der Name sagt, wird durch diese Quellensteuer die Steuer auf die entsprechenden Erträge abgegolten. Sie werden daher – von wenigen Ausnahmen abgesehen – nicht mehr im Rahmen der Einkommensteuerveranlagung miterklärt.

Um die Kapitalerträge möglichst umfangreich besteuern zu können, hat der Fiskus die Anlagen, die zu Einkünften aus Kapitalvermögen führen, deutlich ausgedehnt. Im Rahmen der Abgeltungsteuer werden folgende Anlagen erfasst.

- Dividenden **894**
  Dividenden und ähnliche Gewinnausschüttungen für Anlagen im Privatvermögen unterliegen zu 100 % der Besteuerung. Das Halbeinkünfteverfahren, nach dem Dividenden bis 2009 nur zu 50 % besteuert wurden, während die andere Hälfte steuerfrei war (§ 3 Nr. 40 EStG), gilt nicht mehr.
- Partiarische Darlehen und stille Beteiligungen
- Zinsen
  Dazu gehören auch Erträge aus Risikoanleihen und sog. Finanzinnovationen. Die Besteuerung erfasst somit auch alle laufenden Erträge aus reinen Spekulationsanlagen. Das gilt insbesondere für Erträge aus Zertifikaten, selbst wenn ein Ertrag oder die Rückzahlung der Anlage garantiert wird.
- Stillhalterprämien (Erträge aus Optionsgeschäften)
- Erträge aus Kapitallebensversicherungen
- Veräußerungen von Lebensversicherungen
- Veräußerungsgewinne mit Anteilen an Kapitalgesellschaften
  Versteuert wird der Gewinn aus Veräußerungen von allen Anteilen, die nach dem 31. 12. 2008 erworben wurden, unabhängig von der Zeit zwischen Kauf und Verkauf.

- Gewinne aus der Rückgabe oder Veräußerung von Investmentanteilen
- Veräußerung und Abtretung von Dividenden- und Zinsansprüchen
  Der isolierte Verkauf von Dividendenscheinen ohne das Wertpapier selbst sowie die Veräußerung von Zinsscheinen oder Zinsforderungen bei festverzinslichen Wertpapieren ist steuerpflichtig.
- Termingeschäfte
  Dazu zählen vor allem Optionsgeschäfte, Swaps, Devisentermingeschäfte, Forwards, Futures etc.

895 **Ausnahmen von der Abgeltungsteuer**

Manche Kapitalerträge müssen Sie trotz Abgeltungsteuer in der Einkommensteuererklärung angeben. Dabei sind zwei Gruppen zu unterscheiden.

Gruppe I: Erfassung in der Einkommensteuererklärung und Besteuerung mit einem pauschalen Steuersatz von 25 %

Wenn Ihr Kapital nicht bei einem im Inland ansässigen institutionellen Anlageinstitut angelegt ist, kann kein Quellensteuerabzug vorgenommen werden. Die Kapitalerträge müssen Sie dann wie bisher in Ihrer Einkommensteuererklärung angeben. Dort werden Sie allerdings nicht mit dem übrigen Einkommen zusammen versteuert, sondern unterliegen nur einer Einkommensteuer in Höhe des Abgeltungsteuersatzes von 25 %. Ist Ihr persönlicher Steuersatz niedriger, wird nur dieser angewendet.

Zu den so zu besteuernden Anlagen gehören vor allem:

- Erträge aus Anlagen, die nicht in einem inländischen Depot liegen. Zinsen, Dividenden etc. aus Ihren Geldanlagen in Österreich, der Schweiz oder Luxemburg werden erst mit der Einkommensteuererklärung der deutschen Steuer unterworfen,
- Zinsen aus Privatdarlehen, wenn Sie z. B. einem Bekannten oder einem Angehörigen Geld geliehen haben,
- Erträge aus ausländischen thesaurierenden Investmentfonds.

Gruppe II: Erfassung in der Einkommensteuererklärung und Besteuerung zusammen mit den übrigen Einkünften

Außerdem gibt es Kapitaleinkünfte, die nach wie vor nicht der Abgeltungsteuer unterliegen, sondern zusammen mit den übrigen Einkünften des Steuerzahlers in der Einkommensteuerklärung erfasst werden müssen und dann dem jeweils persönlichen Steuersatz unterworfen werden.

Dazu zählen:

- Erträge aus nach dem 31. 12. 2004 abgeschlossenen Kapitallebensversicherungen, wenn die Erträge nur zur Hälfte bei der Steuer angesetzt werden.

- Kapitalerträge, bei denen die Anlage zum Betriebsvermögen eines landwirtschaftlichen Betriebs, eines Gewerbebetriebs oder einer selbständigen Tätigkeit rechnet. Ein ganz typischer Fall sind z. B. die Zinsen auf ein betriebliches Kontokorrentkonto oder Dividenden auf Aktien oder GmbH-Anteile im Betriebsvermögen. In diesem Fall werden dann auch 40 % der Erträge freigestellt (Teileinkünfteverfahren; tritt an die Stelle des bisherigen Halbeinkünfteverfahrens).
- Veräußerungsgewinne aus mindestens 1 %igen Beteiligungen an Kapitalgesellschaften.
- Erträge aus sog. Back-to-back-Finanzierungen, also aus einer Anlage, die Sie als Sicherheit für ein Betriebsdarlehen verpfändet haben.
- Laufende Erträge wie Zinsen und Dividenden, die an Anteilseigner von Kapitalgesellschaften mit mindestens 10 % Beteiligung gezahlt werden.

Für Dividenden und Veräußerungsgewinne aus Aktien und Anteilen, die Sie im Beriebsvermögen halten, gilt die Abgeltungsteuer nicht. Im Gegenzug dafür unterliegen diese Erträge dem »Teileinkünfteverfahren«. Dabei handelt es sich um eine Modifikation des Halbeinkünfteverfahrens, mit der Besonderheit, dass statt 50 % nur 40 % der Erträge steuerfrei sind. Im Gegenzug dafür können Sie allerdings auch nur 40 % der Kosten als Betriebsausgabe abziehen. Aus dem Halbeinkünfteverfahren ist somit ein 60-%-Verfahren geworden. **896**

2. Sparerpauschbetrag

Mit der Abgeltungsteuer wurden der Werbungskostenpauschbetrag und der Sparerfreibetrag zu einem einheitlichen »Sparerpauschbetrag« in Höhe von ebenfalls 801 €/1 602 € (Alleinstehende/Verheiratete) zusammengefasst, bis zu dem Ihre Kapitaleinkünfte steuerfrei bleiben. **897**
Für Ehegatten gut zu wissen: Der Sparerpauschbetrag verdoppelt sich auch dann, wenn nur einer der Ehegatten Kapitalerträge bezogen hat.

Beispiel 2009

	Ehemann		Ehefrau
Dividenden 5 000 €	5 000 €		–
Zinsen	–		200 €
Summe	5 000 €		200 €
Insgesamt (5 000 € + 200 € =)		5 200 €	
./. Sparerpauschbetrag		– 1 602 €	
Einkünfte, die der Abgeltungsteuer unterliegen		3 598 €	

Nicht ausgeschöpfte Freibeträge fallen übrigens sang- und klanglos unter den Tisch.

TRICK

Schöpfen Sie die Freibeträge der Kinder aus!

898 Die steuerlichen Freibeträge machen es Ihnen schmackhafter, Ihren Kindern einen Teil Ihres Vermögens zu übertragen. Die erben ja sowieso später einmal alles, und Sie schlagen damit zwei Fliegen mit einer Klappe:

- Die zukünftige Erbschaftsteuer wird gespart. Sie können auf jedes Kind bis zu 400 000 € schenkungsteuerfrei übertragen.
- Die Erträge aus dem übertragenen Vermögen brauchen Sie nicht mehr zu versteuern. Sie sind den Kindern zuzurechnen. Diese müssen aber nur dann eine Steuererklärung abgeben, wenn ihre Einkünfte die gesetzlichen Freibeträge übersteigen.

Bezogen auf Einkünfte aus Kapitalvermögen bedeutet dies, jedes Kind könnte im Jahr Zinsen in folgender Höhe steuerfrei beziehen:

Sparerpauschbetrag	801 €
Sonderausgabenpauschbetrag	36 €
Grundfreibetrag	8 004 €
Summe	8 886 €

Bei einer Verzinsung von 2,5 % könnten Sie rund 355 000 € auf jedes Kind übertragen, ohne dass für die Zinsen Einkommensteuern erhoben würden. Um in jedem Fall die Schenkungssteuer zu vermeiden, sollte Ihr Kind jedoch nicht mehr als 400 000 € erhalten.

899 **Aufgepasst: Es gibt noch zwei Haken bei der Sache**

Für Kinder über 18 Jahre, die sich in der Berufsausbildung befinden, ist das Kindergeld in Gefahr, wenn seine eigenen Einkünfte 8 004 € (ab 2010) übersteigen.

Der Bundesfinanzhof hat mit Urteil vom 24. 4. 1990 (BStBl II, S. 539) bestätigt, dass ein minderjähriges Kind nur dann eigene Einkünfte aus einem geschenkten Sparguthaben bezieht, wenn die Guthabenforderung endgültig in sein Vermögen übergegangen, es also nicht nur Kontoinhaber, sondern gleichzeitig Gläubiger der Spareinlage geworden ist. Der Bundesfinanzhof in seiner Urteilsbegründung:

»Richten die Eltern zwar ein Sparkonto auf den Namen des Kindes ein, verwalten dieses Vermögen aber nicht entsprechend den bürgerlich-rechtlichen Vorschriften über die elterliche Vermögenssorge, sondern wie eigenes Vermögen, so sind die Zinsen den Eltern zuzurechnen. Auf den Besitz des Sparbuchs soll es nicht ankommen, da die Eltern bei minderjährigen Kindern aufgrund ihrer Verpflichtung zur elterlichen Sorge zum Besitz des Sparbuchs berechtigt sind.«

Dazu ein Kundenberater einer Sparkasse: »Auf unseren Kontoeröffnungsvordrucken ist extra eine Angabe vorgesehen, wer Gläubiger der Spareinlage sein soll. Ich weise regelmäßig darauf hin, dass hier der Kontoinhaber – also das minderjährige Kind – vermerkt wird. Daraus ergibt sich dann eindeutig, dass die Eltern nur in ihrer Eigenschaft als gesetzliche Vertreter verfügungsberechtigt sind.«

Aufgepasst: Fallen Kapitalerträge und Zinseinkünfte der Eltern im Vergleich zum Vorjahr drastisch, fragt das Finanzamt oft nach. Dann müssen Sie belegen können, dass Sie nicht an die Gelder der Kinder rankommen, weil keine Kontovollmacht besteht. Ansonsten müssen Sie damit rechnen, dass Gestaltungsmissbrauch angenommen wird.

3. Berechnung der Abgeltungsteuer (Kapitalertragsteuer)

Die Abgeltungsteuer beträgt 25 % des Kapitalertrags. Bemessungsgrundlage 900
sind bei laufenden Kapitalerträgen die Bruttokapitalerträge.

Bei Veräußerungserlösen aus Wertpapieren ist es die Differenz zwischen Verkaufserlös und Anschaffungskosten sowie Veräußerungsnebenkosten. Wenn Sie Ihr Depot zu einer anderen Bank übertragen, hat die bisherige Bank der neuen Bank die Anschaffungskosten mitzuteilen. Sind diese nicht nachgewiesen, kommt die Ersatzbemessungsgrundlage zum Tragen. Sie beträgt 30 % der Einnahmen aus der Veräußerung oder Einlösung der Wertpapiere (§ 43a Abs. 2 Satz 7 EStG).

Dem Steuerabzug unterliegen die vollen Kapitalerträge ohne jeden Abzug (§ 43a Abs. 2 Satz 1 EStG). Im Kapitalertragsteuerabzugsverfahren werden allerdings folgende Sachverhalte berücksichtigt:

- Im Fall einer Kirchensteuerpflicht mindert sich die Kapitalertragsteuer um 25 % der auf die Kapitalerträge entfallenden Kirchensteuer. Die Kirchensteuer zur Kapitalertragsteuer ist gem. § 10 Abs. Nr. 4 EStG dann aber nicht als Sonderausgabe abziehbar.
- Anrechenbare ausländische Steuern.

TRICK

Kassieren Sie durch ein Baudarlehen an Ihre Kinder Zinseinnahmen ohne Abschlagsteuer!

Keiner hindert Sie daran, Ihr Geld in eigener Regie zu verwalten und zu verlei- 901
hen. Gehören Sie aber zu den Schlawinern, die Zinsen in der Steuererklärung nicht angeben, gehen Sie ein hohes Risiko ein, beim Finanzamt als privater Geldgeber aufzufallen. Denn: Meistens werden Ihre Kunden die Zinsen als Werbungskosten bei Vermietung und Verpachtung oder als gewerbliche Zins-

ausgaben absetzen. Und bei privater Geldvergabe schreiben die Finanzämter gern Kontrollmitteilungen. Dann sind Sie dran.
Benötigen aber Ihre Kinder Baugeld für ein Einfamilienhaus oder für eine Eigentumswohnung, sieht die Sache anders aus. Durch ein Baudarlehen an Ihre Kinder bringen Sie Ihr Geld lukrativ unter, und es fällt keine Zinsabschlagsteuer an. Auch Ihren Kindern ist geholfen, denn sie erhalten die Geldmittel zu günstigen Konditionen und ohne große Formalitäten und Nebenkosten.

Aber: Taucht die Immobilie in der Steuererklärung Ihrer Kinder auf, interessiert sich das Finanzamt so nebenbei für die Finanzierung, und wenn diese nicht plausibel belegt werden kann, wird das Finanzamt Fragen zur Herkunft der Geldmittel stellen. Darauf müssen Ihre Kinder vorbereitet sein.

TRICK

Finanzieren Sie wasserdicht durch ein vorgeschaltetes Hypothekendarlehen!

Die Finanzierung des Häuschens Ihrer Kinder nimmt das Finanzamt nur einmal kritisch unter die Lupe: im Jahr des Kaufs oder der Fertigstellung. Unangenehmen Fragen gehen Ihre Sprösslinge aus dem Weg, wenn sie eine Hypothek zur Finanzierung vorweisen können. Dass Sie ihnen ein oder zwei Jahre später zur Umfinanzierung ein günstiges Privatdarlehen geben, interessiert das Finanzamt normalerweise nicht.

4. Freistellungsauftrag

902 Soll die Bank bei der Auszahlung von Zinsen oder Dividenden auf die KapESt verzichten, müssen Sie ihr einen Freistellungsauftrag erteilen. Er gilt zeitlich unbefristet bis zu seinem Widerruf. Entsprechende Formulare hält jede Bank bereit. Bis zur Höhe von 801 €/1 602 € (Alleinstehende/Ehegatten) bleiben Sie dann von der Abgeltungsteuer verschont (§ 44 b Abs. 1 EStG).

Steuerfalle bei mehr als einem Auftrag!
Haben Sie Konten bei mehreren Banken, können Sie Ihren Freibetrag nach Belieben aufteilen. Aber Achtung: Die Banken sind verpflichtet, dem Bundesamt für Finanzen die tatsächliche Höhe der Zinsen und Dividenden mitzuteilen, wodurch der Sachbearbeiter auf Anhieb erkennt, wenn eines seiner Schäfchen den Freibetrag überzogen hat.
Haben Sie keine Freistellung beantragt, ist nichts verloren. Denn die Zinsen und Dividenden werden zusammen mit den Abzugsteuern in der Steuererklärung angegeben und die Abzugsteuern auf die Steuerschuld angerechnet, ggf. also voll erstattet.

Anrechnung bzw. Erstattung der Kapitalertragsteuer

Es sind also nur die Zinsen oberhalb der Freibeträge steuerpflichtig. Beträgt der persönliche Steuersatz bis 25 %, entsteht für die Zinsen kein Erstattungsanspruch, denn die Abgeltungsteuer beträgt ebenfalls 25 %. Liegt Ihr persönlicher Steuersatz unter 25 %, können Sie einen Teil der Abgeltungsteuer zurückerhalten, wenn Sie beantragen, die Einkünfte in die Veranlagung einzubeziehen.

Ausländer

Ein Steuerabzug ist auch vorzunehmen, wenn der Gläubiger der Kapitalerträge seinen Wohnsitz im Ausland hat. Hier greifen aber meistens Doppelbesteuerungsabkommen, die vorsehen, dass Einkünfte aus Kapitalvermögen vom Wohnsitzstaat zu versteuern sind, was zur Erstattung der KapESt führen muss. Steuerausländer können ihre Erstattungsansprüche beim Bundesfinanzminister geltend machen (§ 50 d EStG).

TIPP

zur richtigen Aufteilung der Freibeträge

Haben Sie Zinserträge oder Dividenden aus mehr als einer Bankverbindung, **903**
werden Sie den Freibetrag aufteilen müssen, sofern Sie ihn nicht bei einer Bank voll verbrauchen.

Schätzen Sie daher überschlägig ab, wie viel Sie bei den verschiedenen Banken an Zinsen oder Dividenden erwarten können. Haben Sie sich mal verkalkuliert, können Sie den Freistellungsauftrag jederzeit widerrufen oder ändern.

Damit Sie den Überblick behalten, machen Sie eine Aufstellung

Geldanlageform	Geschätzte Zinsen und Dividenden bei der	
	Bank A	Bank B
Sparbuch		
Festgeld		
Anleihen		
Bundesschatzbriefe		
Aktien		
Fondsanteile		
Summe		

Auch als Bausparer oder als Sparer nach dem Vermögensbildungsgesetz brauchen Sie weiterhin einen Freistellungsauftrag.

Beispiel

Saldo per 31. 12.: 19 000 €	
Zinsen	540 €
Abgeltungsteuer auf 540 €	– 135 €
SolZ darauf ca.	– 7 €
Zinsgutschrift ca.	398 €

Die Erstattung der einbehaltenen Steuer in Höhe von 142 € können Sie mit Hilfe Ihrer Einkommensteuererklärung beantragen. Die Steuern werden Ihnen ganz oder zum Teil erstattet, wenn Ihr persönlicher Steuersatz 0 % oder unter 25 % beträgt.

904 **Achtung! Ihren Freistellungsauftrag müssen Sie wie ein wichtiges Dokument aufbewahren. Denn wenn Sie später einen weiteren erteilen und haben den ersten vergessen, haben Sie bald darauf Theater mit dem Finanzamt.**

Als Ehegatten steht Ihnen ein gemeinsames Freistellungsvolumen von 1 602 € zu, das Sie nach Belieben verbraten können – egal, welcher Ehegatte die Zinsen erzielt, ob das Konto auf den Ehemann, die Ehefrau oder beider Namen läuft.

Jeder Schäfer schert seine Schafe nur einmal im Jahr.
Der Finanzminister aber mehrmals
und nimmt das Fell auch noch mit …
(Aus dem Stundungsantrag eines Landwirts)

5. Nichtveranlagungsbescheinigung

905 Was der Freistellungsauftrag bewirken kann, kann die Nichtveranlagungsbescheinigung noch viel besser. Legen Sie eine solche Bescheinigung Ihrer Bank vor, sind alle Ihre Kapitalerträge in voller Höhe steuerfrei. Das Finanzamt stellt Ihnen auf Antrag eine solche Bescheinigung aus, wenn Sie nicht zur Einkommensteuer veranlagt werden, weil z. B. Ihr Einkommen den Eingangsbetrag der Steuertabelle (7 834 €/15 668 € Alleinstehende/Verheiratete) nicht erreicht (§ 44 Abs. 1 Nr. 2 EStG).

Dies trifft vielfach für Rentner zu, aber auch für andere Steuerzahler mit hohen Freibeträgen. Die Finanzämter erteilen die Nichtveranlagungsbescheinigung unter Vorbehalt des Widerrufs und für eine Zeitdauer von höchstens drei Jahren. Danach werden die Einkommensverhältnisse des Antragstellers neu durchleuchtet.

Und so wird gerechnet, wenn Sie z. B. 2007 in Rente gegangen sind:

Rentenbezüge 12 000 €, davon 54 %	6 480 €		
./. Werbungskostenpauschbetrag	– 102 €		
	6 378 €	>	6 378 €
Zinsen	5 000 €		
./. Sparerpauschbetrag	– 801 €		
Einkünfte aus Kapitalvermögen	4 199 €	>	4 199 €
Summe der Einkünfte			10 577 €
./. Altersentlastungsbetrag			
= 36,8 % der Zinseinkünfte, max. 1 748 €			– 1 545 €
Gesamtbetrag der Einkünfte			9 032 €
./. Vorsorgeaufwendungen Versicherungen			– 1 500 €
./. Sonderausgabenpauschbetrag			– 36 €
zu versteuerndes Einkommen			7 496 €
Steuer darauf			0 €

Ihr Einkommen liegt im Beispielfall deutlich unter dem Grundfreibetrag. Der Ausstellung einer Nichtveranlagungsbescheinigung für die nächsten drei Jahre steht also nichts im Weg.

Für Ehepaare liegen die Einkünftegrenzen deutlich höher, da sie den doppelten Sparerpauschbetrag und Sonderausgabenpauschbetrag erhalten, Vorsorgeaufwendungen mit deutlich höheren Beträgen abgezogen werden können und nicht zuletzt der Grundfreibetrag doppelt so hoch ist wie bei einem Alleinstehenden.

GUTER RAT

Haben Sie Ihr Geld bei verschiedenen Banken angelegt, benötigen Sie für jede eine Originalbescheinigung. Beantragen Sie deshalb beim Finanzamt gleich genügend Exemplare.

Kleiner Trost, wenn Ihr Ehepartner überraschend verstirbt: Im ersten Jahr nach seinem Tod haben Sie weiterhin den Verheiratetentarif. Als Sparerfreibetrag stehen Ihnen aber nur die 801 € für Alleinstehende zu. Bis zum nächsten Jahr sollten Sie dann Ihre Sparguthaben auf Kinder oder Enkelkinder verteilt haben, damit auch deren Freibeträge genutzt werden.

6. Zinsen und ähnliche Erträge

Gehören Sie zu denen, die ihre Zinsen pflichtgemäß erklären, so wie das Gesetz es verlangt? Dann müssen Sie sich einiges Grundsätzliches anhören.

906 **a) Zufluss der Zinsen**

Zinseinnahmen sind in dem Kalenderjahr zu versteuern, in dem sie zugeflossen sind (§ 11 EStG).

Zinsen aus Sparbüchern und Festgeldern, die zum Jahresende fällig werden, sind noch im alten Jahr zu versteuern, obwohl sie erst im neuen Jahr auf dem Konto erscheinen (§ 11 EStG; BMF-Schreiben v. 26. 10. 1992 – BStBl 1992 Teil I S. 693).

Zinsen aus abgezinsten Wertpapieren wie Bundesschatzbriefen Typ B oder ähnlichen Sparbriefen und Nullkuponanleihen ergeben sich aus dem Unterschied zwischen Erwerbspreis und Verkaufs- bzw. Einlösungspreis bei Fälligkeit. Sie sind erst im Zeitpunkt des Verkaufs bzw. der Einlösung zu versteuern (BFH v. 8. 10. 1991 – BStBl 1992 II S. 174; FG Hamburg v. 21. 7. 1992 – EFG 1992 S. 740).

GUTER RAT

907 Wer sich bald zur Ruhe setzen will und dann weniger zu versteuern hat, sollte sein Geld in Bundesschatzbriefen Typ B, abgezinsten Sparbriefen oder sog. Nullcoupons, Zero-Bonds etc. anlegen. Die Zinsen daraus sind erst bei Fälligkeit in einigen Jahren oder bei vorzeitiger Rückgabe zu versteuern, weil sie steuerlich gesehen erst dann als zugeflossen gelten. Da Sie dann weniger Einkünfte haben, muss sich der Fiskus mit weniger Steuern auf die Zinsen zufriedengeben, wenn er nicht sogar völlig in die Röhre schaut.

TRICK

Lieber Bundesschätzchen

908 *Bundesschatzbriefe* sind bei Sparern beliebt, weil die Verzinsung besser ist als bei einem Sparbuch, der Erwerb kostenfrei und das Ersparte schon nach Ablauf von zwölf Monaten (Sperrfrist) wieder zu Bargeld gemacht werden kann.

Bei Bundesschatzbriefen Typ A werden die Zinsen jährlich, beim Typ B am Ende der Laufzeit oder bei vorzeitiger Einlösung ausbezahlt.

Lassen Sie sich von der Bank nicht unnötig Depotgebühren abknöpfen. Wenn 909
Sie nicht schon zur Verwahrung anderer Papiere ein Wertpapierdepot benötigen, brauchen Sie sich für Ihre Bundesschätzchen keines zuzulegen. Teilen Sie Ihrer Bank mit, dass Sie eine Eintragung auf Ihren Namen im Bundesschuldenbuch (Bundesschuldenverwaltung in Bad Homburg) wünschen. Es fallen dann weder Spesen noch Provisionen oder Depotgebühren an.

TRICK

Mixen Sie die Bundesschätzchen richtig!

Haben Sie als Sparvermögen *nur* Bundesschätzchen Typ B oder Sparbriefe, 910
gehen Ihnen bis zur Fälligkeit der Zinsen in späteren Jahren Jahr für Jahr hohe Freibeträge durch die Lappen. Sorgen Sie also dafür, dass Sie jährlich mindestens Zinsen in Höhe der Freibeträge erklären können, indem Sie Bundesschätzchen Typ A in Ihren Bestand aufnehmen.

b) Stückzinsen 911

Viele Steuerzahler merken gar nicht, dass ihnen beim Kauf eines festverzinslichen Wertpapiers Stückzinsen in Rechnung gestellt bzw. beim Verkauf vergütet werden. Was hat es damit auf sich?

Werden festverzinsliche Wertpapiere gekauft, hat der Erwerber dem Verkäufer die bis dahin aufgelaufenen Zinsen, eben die Stückzinsen, zu vergüten. Hier spricht der Fiskus von negativen Einnahmen. Diese können im Kalenderjahr der Zahlung abgesetzt (H 20.2 EStH), d.h. mit – positiven – Zinseinnahmen oder Dividenden oder ggf. anderen Einkünften dieses Jahres oder späterer Jahre ausgeglichen werden (Stückzinstopf). Der Verkäufer muss die erhaltenen Stückzinsen versteuern. Die Bank behält Abgeltungssteuer ein.

Gut zu wissen: In Höhe der gezahlten Stückzinsen werden Zinseinnahmen von der Abgeltungssteuer freigestellt. Ihre Bank bildet dafür in Ihrem Depot eine Art Merkposten, den sog. »Stückzinstopf«. Wenn Ihnen dann Ihre Bank Zinsen auszahlt, rechnet sie diesen Merkposten zunächst so lange gegen, bis er rechnerisch verbraucht ist. Soweit die Zinsen mit dem Stückzinstopf verrechnet werden können, muss die Bank keinen Abschlag für die Zinsen einbehalten. Das gilt übrigens auch, wenn Sie Ihr Freistellungsvolumen schon bei anderen Geldanlagen verbraucht haben. Wie die Bank rechnet, zeigt das folgende

Beispiel
Ein Steuerzahler hat sein Freistellungsvolumen bereits voll ausgeschöpft und folgende Ausgaben und Einnahmen

		Topfinhalt	Zinsabschlag von Beträgen	Gutschrift
am 15. 3. gezahlte Stückzinsen	3 000 €	3 000 €		
am 15. 5. vereinnahmte Zinsen	2 000 €	1 000 €	0 €	2 000 €
am 15. 7. vereinnahmte Zinsen	1 500 €	0 €	125 €	1 375 €

Dies zeigt: Der Steuerzahler hat am 15. 3. festverzinsliche Wertpapiere während des Zinslaufs gekauft und für die bis dahin bei dem Wertpapier aufgelaufenen Zinsen 3 000 € Stückzinsen gezahlt. In Höhe von 3 000 € bildet die Bank den Merkposten »Stückzinstopf« im Depot. Von den am 15. 5. vereinnahmten Zinsen aus einem im Depot befindlichen Wertpapier in Höhe von 2 000 € ist keine Abgeltungsteuer einzubehalten, da die Bank die Zinsen zunächst mit den am 15. 3. gezahlten Stückzinsen laut »Stückzinstopf« verrechnet. Es verbleiben nach dieser Zinszahlung noch nicht verrechnete Stückzinsen von 1 000 € im »Stückzinstopf«. Diese 1 000 € wiederum werden mit den am 15. 7. vereinnahmten Zinsen von 1 500 € verrechnet. Aus dieser Zinszahlung bleiben daher noch 500 € übrig, die nicht mit früher gezahlten Stückzinsen verrechnet werden können. Dieser Betrag unterliegt nun der Abgeltungsteuer von 25 %.

912 **c) Wechselkursgewinne**

Alles, was dem Anleger irgendwie zum Vorteil gereicht, wird erbarmungslos besteuert. Dazu gehören auch sonstige Vorteile aus der Überlassung von Kapital (§ 20 Abs. 1 Nr. 7 EStG), wie z. B. gewisse Finanzinnovationen. Wechselkursgewinne hat der Fiskus ebenfalls mehrfach ins Visier genommen, doch dabei vom BFH eine Abfuhr erhalten (Urteil v. 24. 10. 2000 – BStBl 2001 II S. 97). Ein Wechselkursgewinn, der bei Zeichnung einer Auslandsanleihe erzielt wird, ist nicht steuerpflichtig, so der BFH. Sonst müssten ja auch Wechselkursverluste absetzbar sein. Im Urteilsfall hatte ein Sparer eine australische Dollaranleihe mit Euro gekauft und bei Verkauf wesentlich mehr Euro erhalten, als er gezahlt hatte, weil der Kurs des australischen Dollar stark gestiegen war.

913 **d) Zinsen aus Lebensversicherungen**

Zusätzlich zur Versicherungssumme fließen dem Versicherten Zinsen aus Sparanteilen zu. Das ist zunächst der garantierte Sparanteil von 2,75 %, im Einzelfall weitere außerrechnungsmäßige Zinsen.

Zinsen aus Kapitallebensversicherungen, die vor dem 1. 1. 2005 abgeschlossen wurden, steuerlich als Sonderausgaben (Vorsorgeaufwendungen) förderungswürdig sind und eine Laufzeit von mindestens zwölf Jahren (§ 20 Abs. 1 Nr. 6 EStG) haben, sind steuerfrei.

Kapitallebensversicherungen, die ab 2005 abgeschlossen wurden oder werden, sind dagegen nicht mehr steuerfrei. Die Erträge aus der Versicherung (= Differenz aus Versicherungssumme und eingezahlten Beiträgen) sind grundsätzlich in voller Höhe steuerpflichtig. Die Steuerpflicht wird ausnahmsweise auf 50 % der Erträge reduziert, wenn die Versicherungssumme eine Mindestlaufzeit von zwölf Jahren hat und im Erlebensfall nicht vor Vollendung des 60. Lebensjahrs ausgezahlt wird. In diesem Fall werden die Erträge ab 2009 weiterhin im Rahmen der Einkommensteuerveranlagung mit dem individuellen Steuersatz besteuert.

e) EU-Zinsrichtlinie oder europaweite Zinsschnüffelei 914

George Orwell und der alles überwachende Große Bruder lassen schön grüßen. Mit der Zinsrichtlinie der Europäischen Union findet die Schnüffelei des Fiskus in Ihren Konten und Geldanlagen ihren vorläufigen Höhepunkt. Neben den EU-Staaten machen bei dieser Steuerzahlerhatz aber auch frühere Steueroasen mit, z. B. die Schweiz, Liechtenstein, Andorra, Monaco, San Marino, die Kanalinseln, die Niederländischen Antillen, die Virgin Islands und die bisher als Steuerfluchtburg schlechthin bekannten Cayman Islands.
Die Zinsrichtlinie soll eine effektive Besteuerung von Zinserträgen bei der Einkommensteuer sicherstellen: Banken in der EU und einigen anderen Staaten müssen dem deutschen Fiskus entweder sämtliche Zinszahlungen mitteilen, die ein deutscher Bürger auf Konten im Ausland kassiert, oder dem Anleger eine Quellensteuer von derzeit 15 % auf die Zinsen abknöpfen, die dann zwischen dem Staat, in dem die Bank sitzt, und Deutschland aufgeteilt wird.

Wen trifft die EU-Zinsrichtlinie?

Betroffen sind ausschließlich Privatpersonen mit ihren privaten Zinsen. Läuft die Geldanlage über eine Kapitalgesellschaft, z. B. eine GmbH oder eine Aktiengesellschaft, werden weder Informationen weitergegeben noch Quellensteuer abgezogen. Dasselbe gilt, wenn der Kontoinhaber eine Gesellschaft ist, die in Deutschland der Unternehmensbesteuerung unterliegt. Das sind vor allem die offene Handelsgesellschaft, Kommanditgesellschaft, GmbH & Co. KG oder die Gesellschaft bürgerlichen Rechts. Der Pferdefuß dabei: Eine Gesellschaft, die der Unternehmensbesteuerung unterliegt, braucht für die ausländische Bank eine ausdrückliche Bescheinigung ihres Finanzamts über die Besteuerung als Unternehmen. Indem sie diese Bescheinigung beantragt, teilt sie ihrem Finanzamt natürlich gleichzeitig mit, dass sie Konten im Ausland hat.

Bankgeheimnis, aber Quellensteuer 915

Für eine Übergangszeit hat ein Teil der Staaten sein Bankgeheimnis gerettet und verhindert die Weitergabe von Informationen an den deutschen Fiskus, indem bei der Zinszahlung eine Quellensteuer eingezogen wird. Diese für Steuerflüchtlinge etwas günstigere Variante praktizieren derzeit vor allem Österreich, Belgien, Lu-

xemburg sowie die Schweiz, Liechtenstein, Andorra, Monaco, San Marino, die Kanalinseln, die Virgin Islands und die Niederländischen Antillen.
Die Quellensteuer, die Ihnen von den Zinsen aus diesen Staaten abgezogen wird, beträgt

- seit 1. 7. 2008 20 v. H.
- ab 1. 7. 2011 35 v. H.

Wichtiger Hinweis
Als ehrliche Haut, die schon seit Jahren brav die Zinsen aus Luxemburg oder Österreich in der Steuererklärung angegeben hat, dürfen Sie nicht vergessen, sich von Ihrer ausländischen Bank eine Steuerbescheinigung für die Quellensteuer zu besorgen. Die EU-Quellensteuer auf Zinsen muss Ihnen nämlich das Finanzamt genauso wie die deutsche Zinsabschlagsteuer auf die Einkommensteuer anrechnen, d. h., liegen Sie mit Ihren Zinsen unter den Freibeträgen, bekommen Sie die EU-Quellensteuer über den Einkommensteuerbescheid erstattet.

TRICK

Vermeiden Sie mit den richtigen Papieren die Quellensteuer!

Falls Sie sich von Ihrem Finanzamt eine Nichtveranlagungsbescheinigung ausstellen lassen (➤ Rz 905), beantragen Sie dort gleich noch eine »Bescheinigung zur Abstandnahme vom Quellensteuerabzug nach Artikel 13 der EU-Zinsrichtlinie«. In dem entsprechenden Antrag teilen Sie dem Finanzamt lediglich die Auslandskonten mit, auf denen Ihr Geld parkt. Mit der ebenfalls bis zu drei Jahre gültigen Bescheinigung haben Sie sozusagen eine amtliche Bestätigung Ihrer Steuerehrlichkeit. Sie schicken die Bescheinigung dann nur noch Ihrer ausländischen Bank, und die zieht postwendend keine Quellensteuer mehr ab, sondern schreibt Ihnen den vollen Zinsbetrag gut.

TRICK

Vermeiden Sie mit der richtigen Anlageart einen Quellensteuerabzug!

916 Von der EU-Quellensteuer bzw. den Schnüffelinformationen an Ihr Finanzamt sind Sie ja nur betroffen, wenn das Geld auf Ihren Namen angelegt ist, während Kapitalgesellschaften oder Vereine nicht der EU-Zinsrichtlinie unterliegen. Achtung: Wenn Sie nicht gerade über ein Riesenvermögen verfügen, sollten Sie

schnell das Weite suchen, wenn Ihnen jemand mit dem glorreichen Tipp kommt, eine GmbH oder AG zu gründen und Ihr Geld über diese im Ausland anzulegen. Die Kosten dafür sind unter dem Strich wahrscheinlich um ein Vielfaches höher als die eingesparte Quellensteuer. Aber Sie gehören ja ohnehin nicht zu den bösen Buben und Mädeln, die diesen Umweg der Geldanlage nur wählen, um die Auslandskonten vor dem Fiskus zu verstecken.

Für Sie als ehrliche Haut gibt es viel bessere Möglichkeiten, der Quellensteuer zu entgehen. Sie nutzen einfach den Umstand, dass die Quellensteuer nur von Zinsen, nicht aber von anderen Kapitalerträgen abgezogen wird. Also werden Sie einfach Geldanlagen wählen, die keine Zinsen abwerfen. Die banalste Möglichkeit ist, in Aktien oder Aktienfonds zu investieren, die Ihnen statt Zinsen Dividenden bescheren. Weitere Alternativen sind Lebensversicherungspolicen, deren Erträge Sie quellensteuer- und meldefrei kassieren können, oder Papiere, bei denen Sie Ihre Zinsen nicht unmittelbar, sondern auf Umwegen über Kursgewinne kassieren, wie z. B. beim Rex-Zertifikat der DZ Bank, das der *Focus* in seiner Ausgabe 26/2005 empfohlen hat.

Durch Gewinnmitnahmen ist noch keiner arm geworden.
(Alte Börsenweisheit)

7. Dividenden und Wertpapierveräußerungen

a) Dividenden 917

Seit Einführung der Abgeltungsteuer unterliegen Dividenden aus Aktien und Anteilen im Privatvermögen nicht mehr dem Halbeinkünfteverfahren. Die Abgeltungsteuer wird vielmehr auf den vollen Dividendenbetrag erhoben.

b) Veräußerungsgewinne 918

Veräußerungsgewinne unterliegen der Abgeltungsteuer – und zwar unabhängig davon, wie viel Zeit zwischen An- und Verkauf vergangen ist. Dies gilt für alle Wertpapiere, die Sie nach dem 1. 1. 2009 gekauft haben bzw. noch kaufen. Veräußerungsgewinne aus Wertpapieren, die Sie vor dem 1. 1. 2009 gekauft haben, unterliegen nur dann der Abgeltungsteuer, wenn Sie die Wertpapiere innerhalb eines Jahres verkauften.

Die Bemessungsgrundlage für die Abgeltungsteuer auf Veräußerungsgewinne ist der Unterschiedsbetrag zwischen den Einnahmen aus der Veräußerung nach Abzug der Aufwendungen, die in unmittelbarem sachlichen Zusammenhang mit dem Veräußerungsgeschäft stehen, und den Anschaffungskosten. Hierbei kann sich auch ein Verlust ergeben.

Hatten Sie Ihre Wertpapiere in einem Depot mit sog. Girosammelverwahrung, so findet die Methode »first in, first out« weiterhin Anwendung. Das bedeutet, bei einem Verkauf wird unterstellt, dass Sie diejenigen Wertpapiere verkauft

haben, die Sie zuerst erworben hatten. Hatten Sie in Ihrem Depot z.B. 1 000 Aktien von Siemens, die Sie zu verschiedenen Zeitpunkten gekauft hatten, und verkauften davon 200 Stück, gelten die 200 Aktien mit dem ältesten Kaufdatum als verkauft.
Zu berücksichtigen sind darüber hinaus Aufwendungen, die zu Anschaffungsnebenkosten führen, wie beispielsweise

- Ausgabeaufschläge bei Investmentfonds,
- Provisionen,
- Maklergebühren.

Zu den Aufwendungen, die in unmittelbarem sachlichen Zusammenhang mit dem Veräußerungsgeschäft stehen, zählen insbesondere Veräußerungskosten.

Ermittlungsschema:
Einnahmen aus der Veräußerung
./. Veräußerungsnebenkosten
./. Anschaffungskosten (inkl. Anschaffungsnebenkosten)
= Bemessungsgrundlage für die Abgeltungsteuer

8. Werbungskosten bei Kapitalvermögen – Was können Sie dem Fiskus unterjubeln?

919 Seit 2009 ist die Rechtslage in Bezug auf Werbungskosten bei Kapitaleinkünften genauso einfach wie unbefriedigend. Außer dem Sparerpauschbetrag von 801 €/1 602 (Ledige/Verheiratete) können Sie als Privatanleger keinerlei Werbungskosten zur Minderung der Abgeltungsteuer abziehen.

Nicht Nachrichten machen Kurse,
sondern Kurse machen Nachrichten.
(Börsenguru Kostolany)

9. Wie komme ich im Alter gut über die Runden?

920 Die Spatzen pfeifen es seit langem von den Dächern: Die gesetzliche Altersrente wird schon in wenigen Jahren nicht mehr für eine ausreichende Altersversorgung genügen, weshalb sich jeder künftig eine zusätzliche Altersversorgung schaffen muss, d.h. zusätzliches Vermögen.
Aktien scheinen auf lange Sicht die beste Kapitalanlage. Warum das so ist, liegt auf der Hand: Die Wirtschaft entwickelte sich bisher stetig weiter, was sich in steigenden Kursen der großen Unternehmen niederschlägt. Der Konkurrenzkampf unter den Staaten, so die Analysten, finde in großen Kriegen als Wettbe-

werb auf wirtschaftlichem Gebiet statt, und das führe zu Wohlstand und steigenden Einkünften weltweit. Auch in Zukunft werde es Weltkriege wie früher nicht mehr geben. Die Produktivkräfte könnten sich nunmehr ohne Vernichtung von Vermögen durch Kriege frei entfalten. Ob das zutrifft oder ob uns nicht doch eine größere Wirtschaftskrise erreicht – wer weiß das schon? Und was in den Ländern passiert, wo unkluge Politiker ihre Bürger durch ständig höhere Abgaben immer ärmer machen, ist nicht abzusehen.

TRICK

Planmäßig blank, wenn Sie das Zeitliche segnen

Im Alter ganz bescheiden von den Zinsen zu leben, aber den Kindern ein Vermögen zu hinterlassen, kann nicht in Ihrem Interesse sein. Sie haben ihnen eine gute Ausbildung zukommen lassen und somit Ihre Pflicht getan. Im Übrigen sind sie inzwischen erwachsen und aller Wahrscheinlichkeit nach nicht auf ein Erbe angewiesen. Also sollte Ihre Vermögensplanung so aussehen, dass nach dem Tod des letztversterbenden Partners das Vermögen weitgehend aufgezehrt ist.

Entnahmetabelle

Wie lange reicht aber das Vermögen, wenn ich einen bestimmten Betrag entnehme? Die Antwort gibt die folgende Tabelle von John Hancock Insurance aus »Trachsler, Big Money«. Dabei kann der jährliche Entnahmebetrag zum Inflationsausgleich um 3 % erhöht werden. Die Entnahmedauer wird erheblich von der Anlagerendite beeinflusst.

Anlagerendite	3 %	4 %	**5 %**	6 %	7 %
Jahresbezug (in % des Kapitals)	Entnahmedauer				
12	8 Jahre	8 Jahre	8 Jahre	9 Jahre	9 Jahre
11	9 Jahre	9 Jahre	9 Jahre	10 Jahre	10 Jahre
10	10 Jahre	10 Jahre	10 Jahre	11 Jahre	12 Jahre
9	11 Jahre	11 Jahre	12 Jahre	13 Jahre	14 Jahre
8	12 Jahre	13 Jahre	14 Jahre	15 Jahre	16 Jahre
7	14 Jahre	15 Jahre	16 Jahre	18 Jahre	20 Jahre
6	16 Jahre	18 Jahre	**19 Jahre**	22 Jahre	25 Jahre
5	20 Jahre	22 Jahre	24 Jahre	29 Jahre	36 Jahre
4	25 Jahre	28 Jahre	33 Jahre	42 Jahre	

Die Tabelle zeigt mit den fettgedruckten Werten: Haben Sie **200 000 €** zu **5 %** angelegt und möchten jährlich 12 000 € entnehmen, also **6 %**, ist das Kapital nach **19 Jahren** aufgebraucht. Insgesamt haben Sie dann 228 000 € (= 12 000 € x 19 Jahre) zzgl. 3 % für Inflationsausgleich zur Verfügung gehabt.

921 **Das garantiert Ihnen eine Schweizer Lebensversicherung**
Währungssicherheit, Schwarzgeldschnittsicherheit, Bonitätssicherheit, Schnüffelsicherheit, Pfändungssicherheit, Nachlasssicherheit, Strafzinsensicherheit.

Das ist über eine deutsche Lebensversicherung zu sagen
Um ganz sichergehen zu können, hantieren deutsche Versicherer mit Todesstatistiken und kalkulieren viel mehr Todesfälle ein, als nach allen Erfahrungen zu erwarten sind.

»Sodann decken die Versicherer alle nur denkbaren Kosten und nutzen alle Möglichkeiten, Gewinne zu verlagern. Was dann von den Prämien- und Zinseinnahmen übrig bleibt, wird als Überschuss ausgewiesen. Und nur davon müssen die Firmen mindestens 90 % an ihre Kunden ausschütten.

(Der Spiegel)

»Nur ein Viertel der (deutschen) Verbraucher ist bei leistungsstarken Unternehmen versichert… Manfred Poweleit von der Stiftung Warentest: »Die Deutschen haben die Versicherungen, die sie verdienen.«

(Stern)

»Der Abschluss einer Schweizer Lebensversicherung nach eidgenössischem Recht kommt vornehmlich für diejenigen Anleger in Frage, die entweder eine besonders diskrete Form der Kapitalanlage machen oder aber der politischen und wirtschaftlichen Stabilität in Deutschland weniger trauen als dem System des benachbarten Landes.«

(Süddeutsche Zeitung)

Logischer Schluss: Wenn überhaupt Lebensversicherung, dann auf keinen Fall in Deutschland – sondern in der Schweiz. Noch einmal: Während seit 1948 weltweit über 130 Staaten ihren Bürgern mit Währungsreformen ihr Geld und ihre Versicherungen für wertlos erklärten, haben die Lebensversicherungskunden Helvetiens noch nie Geld wegen Währungs- oder Schwarzgeldschnitt verloren. Vor allem profitieren Bewerber von der traditionellen Diskretion Schweizer Geldverwalter. In der alten Heimat erfährt niemand über Ihre Prämienzahlungen, Guthaben oder Fälligkeiten von Versicherungssummen. Guthaben aus Schweizer Lebensversicherungen sind nach Schweizer Recht im Konkursfall unpfändbar, sofern als Begünstigte Ehegatten und Abkömmlinge eingetragen wurden und man die Police nicht selber freiwillig als Pfand hergegeben hat. Vor allem unterliegen Schweizer Lebensversicherungserträge nicht der sonst für Frankengewinne üblichen lästigen 35 %igen Schweizer Quellensteuer.

Wenn Sie in den letzten 20 Jahren alljährlich 10 000 US-$ in eine Schweizer-Franken-Lebensversicherung investiert hätten, wären daraus bis heute ca. 590 000 US-$ geworden.
Das ergibt knapp 300 % auf Ihre Einlagen. Wer hätte das von einem langweiligen Lebensversicherungsinvestment gedacht.

TRICK

Die Schweizer-Franken-Rente wird Ihre Rettung sein!

Unversteuert, unbekannt bleibend, scheidungssicher. Damit sind Sie im Alter bestens bedient. Sie wird gezahlt bis zum Tod. Auch viele deutsche Lebensversicherungen bieten Leibrentenverträge. Sie geben allerdings keinen Schutz vor Inflation und Besteuerung. Deshalb rate ich Ihnen zu einer Schweizer Rentenversicherung in harten Schweizer Franken.
In der Schweiz herrscht politische Vernunft, vereint mit wirtschaftlicher Stabilität, und noch nie hat die Schweiz jemanden daran gehindert, sein Kapital wieder aus der Schweiz abzuziehen. Und es gibt dort auch kaum Arbeitslosigkeit – weil Gewerkschaften und Arbeitgebern der Arbeitsfrieden über allem steht. Die Schweiz hat immer noch die qualitativ beste Währung der Welt. Nach der Bilanz der Nationalbank ist der Franken zu 170 % mit Gold und Devisen »überdeckt«. Das Land steht immer noch an der Spitze in der Rangliste aller Wohlstandsnationen. Wer also für die Seinen oder für sich selbst mit absoluter Sicherheit vorsorgen will, wer weiterdenkt und nicht die Gefahr eingehen will, im Alter unversorgt dazustehen, der liegt hier richtig.
»Auch wenn die finanziellen Vorteile nicht so attraktiv sind?«, fragen Sie.
Dafür ist die Anlage auch so gut wie risikolos! Oder ist es Ihnen lieber, dass man Ihnen hohe Zinsen auf Ihr Kapital verspricht, und am Ende büßen Sie das meiste davon ein?
Richtig ist: Wegen des sehr niedrigen Zinsniveaus in der Schweiz lohnen sich die Lebens- und Rentenversicherungen dort nicht so sehr wie bei uns. Aber: Bei uns werden Renteneinkünfte besteuert, und das gilt seit 2005 nicht nur für die Renten aus einer Versicherung, sondern auch für die Kapitalgewinne, die im günstigsten Fall zu 50 % steuerpflichtig sind.

Wieso ist die Schweizer-Franken-Kapitalversicherung so risikolos?
Weil die Versicherungsnehmer vom eidgenössischen Versicherungsamt streng darin überwacht werden, dass sie nur Schweizer-Franken-Anlagen vornehmen. Im Durchschnitt teilen sich die Vermögenswerte der schweizerischen Versicherungsgesellschaften wie folgt auf: 30 % in Hypotheken auf Grund und Boden, 20 % in festen Schweizer Liegenschaften, 40 % in Wertschriften und Policendar-

lehen und 10 % in Darlehen an Schweizer Körperschaften. Was die Rendite betrifft, so ergeben genaue Vergleiche über einen Zeitraum von zehn Jahren zwischen Kapitalversicherungsanlagen mit einer Anlage auf einem Schweizer Bankkonto und einer Anlage in Wertpapieren für die Versicherungsanlage die bessere Rentabilität.

Nur wenn die Obligationenkurse am Vergleichsende sehr hoch stehen (wenn also die Zinsen sehr tief gefallen sind), könnte sich bei einer Anlage in Wertpapieren eine geringfügig bessere Rendite ergeben. Ob man beim Verkauf von Obligationen aber ausgerechnet diesen Zeitpunkt erwischt, das ist sehr fraglich.

Allgemein kann man sagen, dass die Kapitalversicherung eine größere Beweglichkeit besitzt, wenn der geplante Rentenzahlungsbeginn mehr als fünf Jahre in der Zukunft liegt. Man weiß ja nie, was einmal kommt. Vielleicht sind Sie ja einmal dringend auf eine größere Summe Geld angewiesen – dann können Sie eine Kapitalversicherung mit geringeren Verlusten auflösen als eine Rentenversicherung. Und wenn Sie eine Kapitalversicherung direkt bei der Gesellschaft beleihen, kommen Sie auch mit günstigeren Zinssätzen davon, als wenn Sie sich bei einer Bank das Geld beschaffen.

Zudem: Dass Sie eine Kapital- oder Rentenversicherung abgeschlossen haben, muss die schweizerische Lebensversicherungsgesellschaft nur dann dem Steueramt melden, wenn es sich um einen Bürger handelt, der einen festen schweizerischen Wohnsitz besitzt. Als Ausländer sind Sie hier also gegenüber den Schweizern bevorzugt, denn selbstverständlich darf die Schweizer Versicherungsgesellschaft dem deutschen Finanzamt keine Meldung über deren Abschluss machen. Fällige Beträge werden von der Gesellschaft ohne jeden Steuerabzug auf jedes von Ihnen angegebene Konto oder in bar in alle Welt ausgezahlt. Und auch von sich aus fühlen sich die Schweizer nicht verpflichtet, irgendeinem Fiskus Zuträgerdienste zu leisten.

Da das alles aber feinstens ausgeklügelt und auf Sie maßgerecht zugeschnitten sein will, wenden Sie sich bei Interesse an meinen Schweizer Vertrauensmann, der mit höchster Diskretion Ihr Anliegen behandelt: Schweizer Interessengemeinschaft Archimoda, Via Surpont 41 in 7500 St. Moritz, Schweiz.

Vor allem: Die spätere Rente oder Zahlung aus einer Kapital- oder Lebensversicherung, auf ein ausländisches Konto ausgezahlt, verhindert die Steuern darauf! Wie schön auch für gierige Erben, wenn die liebe Freundin nach Ihrem Tod darüber verfügen kann …

Die Börse ist eine Mischung aus Gier und Angst.
(Ein Spekulant)

GUTER RAT

Angenommen, Sie haben ein Konto in der Schweiz. Da interessiert Sie die Frage, ob der deutsche Fiskus in solchen Fällen im Weg der Rechtshilfe über die schweizerischen Behörden nähere Auskünfte einholen und so das schweizerische Bankgeheimnis knacken kann. Die Antwort lautet noch immer: Nein.

Das europäische Rechtshilfeübereinkommen über die Rechtshilfe in Strafsachen (EuRhÜbK) findet im Verhältnis zur Schweiz keine Anwendung. Maßgebend ist das schweizerische Bundesgesetz über internationale Rechtshilfe in Strafsachen vom 30. 8. 1981 (IRSG). Nach diesem IRSG ist die Rechtshilfe bei einem einfachen Fiskaldelikt ausgeschlossen. Rechtshilfe wird nur dann gewährt, wenn ein qualifizierter »Abgabebetrug« nach Artikel 14 Abs. 2 Bundesgesetz über das Verwaltungsstrafrecht (VStR) vorliegt. Das setzt regelmäßig Täuschung der Steuerbehörden mit zusätzlichen betrügerischen Mitteln voraus. Die bloße Nichtangabe von Zinserträgen, die auf einem Schweizer Konto erzielt wurden, erfüllt nicht den Tatbestand des Abgabenbetrugs nach Schweizer Recht. Folglich leistet die Schweiz in solchen Fällen auch keine Rechtshilfe. Das schweizerische Bankgeheimnis bleibt in diesem Fall unangetastet.

Zum DBA Deutschland/Schweiz: Richtig ist, dass Art. 27 DBA Schweiz eine Bestimmung enthält, die den Informationsaustausch auch für die Durchsetzung innerstaatlichen Rechts bei Betrugsdelikten ermöglichen soll. Auch beim Art. 27 soll es bei der grundsätzlichen Regelung verbleiben, wonach lediglich Vorwürfe des Abgabebetrugs rechtshilfefähig sind. Damit stünden zwei Rechtsquellen zur Verfügung, die eine Rechtshilfe ermöglichen können. Das schweizerische IRSG und Artikel 27 DBA Deutschland/Schweiz. Einziger Unterschied: Bei Artikel 27 DBA handelt es sich um eine beiderseits verpflichtende Rechtsgrundlage, anders als nach der bisherigen Regelung nach dem IRSG. Fazit: Die Änderung des DBA erweitert grundsätzlich nicht die Möglichkeiten für den deutschen Fiskus, im Weg der Rechtshilfe Informationen über Schweizer Bankkonten zu erhalten.

10. Veranlagung trotz Abgeltungsteuer?

Die Abgeltungsteuer erfasst zwar eine große Zahl von Kapitaleinkünftefällen, **922**
trotzdem gibt es weiterhin Konstellationen, in denen die Kapitaleinkünfte im Rahmen der Einkommensteuererklärung erfasst und besteuert werden. Im Einzelnen wird unterschieden zwischen

- Pflichtveranlagung hinsichtlich der Einkünfte aus Kapitalvermögen,
- Wahlveranlagung hinsichtlich der Einkünfte aus Kapitalvermögen,

- einem gesonderten Tarif für Einkünfte aus Kapitalvermögen und die Anrechnung der ausländischen Steuern sowie
- der Besteuerung von Kapitalerträgen mit der normalen Tarifsteuer.

Pflichtveranlagung
Eine Pflichtveranlagung unter Einbeziehung Ihrer Kapitaleinkünfte erfolgt immer dann, wenn Sie Kapitalerträge erzielen, die nicht der Kapitalertragsteuer unterlegen haben. Zum Beispiel aus der Veräußerung von GmbH-Anteilen bei Beteiligungen unter 1 % oder ausländischen Zinseinkünften.
Sie müssen diese Einkünfte dann in Ihrer Einkommensteuererklärung angeben. Die Einkommensteuer auf diese Kapitaleinkünfte wird unabhängig von Ihren übrigen Einkünften mit dem pauschalen Abgeltungsteuersatz ermittelt und erhöht die Tarifsteuer auf Ihre übrigen Einkünfte.
Und so wird die Steuer auf die Einkünfte aus Kapitalvermögen berechnet:
Sie beträgt grundsätzlich 25 %. Allerdings werden bei der Berechnung auch eventuelle ausländische Quellensteuern und die Kirchensteuer berücksichtigt. Dafür gilt folgende Formel:

$$\text{Einkommensteuer auf Kapitaleinkünfte} = \frac{\text{Einkünfte} - 4 \times \text{anrechenbare ausländische Steuer}}{4 + {}^{1}/_{100} \text{ des Kirchensteuersatzes}}$$

Beispiel
Sie erzielten 2010 Einkünfte aus Kapitalvermögen aus einem Luxemburger Depot in Höhe von 10 000 €, die anrechenbare ausländische Quellensteuer beträgt 500 €.
Die Einkommensteuer auf Ihre Kapitaleinkünfte beläuft sich demnach auf (10 000 € – 4 × 500 €) ÷ (4 + 0,09) = 8 000 € ÷ 4,09 = 1 955 €
Die Kirchensteuer beträgt 1 955 € × 9 % = 175,95 €.

Wahlveranlagung
Für Kapitalerträge, die der Abgeltungsteuer unterlegen haben, haben Sie ein Wahlrecht. Sie können es bei der Abgeltungsteuer belassen oder die Einkünfte freiwillig im Rahmen Ihrer Veranlagung zur Einkommensteuer angeben. Damit können Sie für Sie günstige Umstände, die bei der Abgeltungsteuer nicht berücksichtigt werden, geltend machen. Eine solche Wahlveranlagung lohnt sich für Sie z. B. in folgenden Fällen:

- Sie haben bei der Abgeltungsteuer den Sparerpauschbetrag nicht ausgeschöpft.
- Abzugsfähige Verluste aus Kapitaleinkünften wurden bei der Abgeltungsteuer noch nicht berücksichtigt.

- Sie haben noch einen Verlustvortrag, der aus Kapitalanlagen herrührt.
- Ausländische Steuern sind noch nicht berücksichtigt worden.
- Sie haben als Rentner, Schüler oder Azubi ein so geringes Einkommen, dass die reguläre Einkommensteuer niedriger ist als die Abgeltungsteuer.

Wenn Sie eine Wahlveranlagung beantragen, führt das Finanzamt automatisch eine Günstigerprüfung zwischen Abgeltungsteuer und regulärer Einkommensteuer durch und rechnet die Abgeltungsteuer auf die Einkommensteuer an. Falls die reguläre Steuer für Sie günstiger ist, bekommen Sie die zu viel abgezogene Abgeltungsteuer erstattet.

Tarifliche Einkommensteuer für Einkünfte aus Kapitalvermögen
Bei folgenden Kapitalerträgen wird ohne Wenn und Aber immer die reguläre Einkommensteuer im Rahmen einer Einkommensteuerveranlagung festgesetzt und nicht die evtl. günstigere Abgeltungsteuer. Das bedeutet, dass sich Ihre Steuerbelastung auf die Kapitalerträge ggf. auf bis zu 45 % und nicht lediglich auf den Abgeltungsteuersatz von 25 % beläuft.

- Erträge aus stillen Gesellschaften,
- Erträge aus verbundenen Unternehmen, bei denen Sie wegen Ihres Einflusses als »nahestehende Person« gelten,
- Erträge aus Kapitalgesellschaften, wenn Sie oder ein Angehöriger zu mehr als 10 % beteiligt sind,
- Erträge aus sog. Back-to-back-Finanzierungen,
- Einnahmen aus neuen Kapitallebensversicherungen.

Das Leben ist das, was uns die Epoche,
der Staat und die Ehepartner davon übrig lassen.
(Gabriel Laub)

XIV. Gewerbliche und freiberufliche Einkünfte

1. Überschussrechnung oder Bilanzierung?

Sind Sie Kaufmann nach Handelsrecht, müssen Sie für jedes Wirtschaftsjahr anhand einer doppelten Buchführung eine Bilanz mit Verlust-und-Gewinn-Rechnung aufstellen (§ 238 HGB). **923**

Sind Sie kein »Kaufmann«, kann Sie als Gewerbetreibender trotzdem die Buchführungspflicht treffen, und zwar nach dem Steuerrecht – §§ 140, 141 AO –, wenn

- Ihr Jahresumsatz mehr als 500 000 € oder
- Ihr Jahresgewinn mehr als 50 000 € betragen hat.

Das Finanzamt muss Sie allerdings ausdrücklich zur Bilanzierung auffordern, also fangen Sie ruhig erst einmal mit einer Überschussrechnung an – so nennt das Finanzamt ein einfaches Aufzeichnen der Einnahmen und Ausgaben.

Freiberufler brauchen nicht zu bilanzieren, wenn sie nicht wollen (H 18.2 EStH); eine Überschussrechnung genügt auch dann, wenn sie die o. g. Grenzen überschreiten. Allerdings können Freiberufler freiwillig Bilanzen aufstellen. Das kann sich in bestimmten Fällen rentieren, etwa um sich die Möglichkeit zu eröffnen, einen Investitionsabzugsbetrag in Anspruch zu nehmen oder von der Thesaurierungsbesteuerung für nicht entnommene Gewinne mit einem Steuersatz von nur 28,25 % zu profitieren.

Mit der Überschussrechnung können Sie die Höhe des Gewinns beeinflussen, indem Sie Einnahmen in das nächste Jahr verlagern – Rechnungen später schreiben – und Ausgaben in das gegenwärtige Jahr vorziehen, z. B. durch Vorauszahlungen. Ziel muss es dabei immer sein, große Schwankungen beim Gewinn zu vermeiden, sonst werden Sie Opfer der Einkommensteuerprogression. Sie sollten auch keine zu hohen Verluste ausweisen. Zwar können Sie Verluste, die nicht mit positiven Einkünften ausgeglichen worden sind, in einem anderen Jahr abziehen, jedoch bestehen dabei erhebliche Einschränkungen: **924**

1. Ein Rücktrag ist nur in das Vorjahr möglich, und zwar zu max. 511 500 €/ 1 023 000 € (Ledige/Verheiratete).
2. Durch den Rücktrag nicht ausgeglichener Verluste können Sie im Folgejahr bis zu 1 Mio. €/2 Mio. € (Ledige/Verheiratete) unbeschränkt abziehen. Sind Ihre Verluste größer, können Sie noch einmal bis zu 60 % des den Verlustvortrag von 1 Mio. €/2 Mio. € übersteigenden Teils des Gesamtbetrags der Einkünfte wegputzen. Und so geht das in den kommenden Jahren weiter, bis Ihre Verluste verrechnet sind.

Was Finanzämter wieder akzeptieren müssen:
Anlaufverluste bei Investitionen
Ein Unternehmer hat kräftig in seinen Betrieb investiert. Daraus resultieren Verluste durch Abschreibungen und Finanzierungskosten. Diese sind voll verrechenbar mit anderen Einkünften, etwa Überschüssen aus Vermietung, Gehalt des Ehepartners.
Verluste durch Insolvenz
Die Firma macht weniger Umsatz. Außerdem geraten einige Kunden in die Pleite. Rechnungen bleiben offen. Dadurch schreibt der Betrieb rote Zahlen. Die darf der Inhaber in vollem Umfang saldieren – etwa mit Zinsen, Mieten, Pachten, Gewinnen aus Beteiligungen. Und natürlich auch mit den Einkünften des Ehepartners.
Modernisierungsverluste
Der Besitzer eines Mietshauses hat viel Geld in die Modernisierung und Renovierung des Gebäudes gesteckt. Daher schreibt er vorübergehend rote Zahlen. Die sparen kräftig Steuern – per Verlustausgleich mit Überschüssen aus anderen Tätigkeiten.
Verluste bei Kapitalanlagen
Sofern es sich nicht um Spekulationsverluste handelt, können Sie Verluste aus Kapitalanlagen bis 2008 mit Einkünften aus anderen Einkunftsarten verrechnen, seit 2009 **nur noch mit Einkünften aus Kapitalanlagen.**
Vermietungsverluste
Ein Kapitalanleger hat Mietwohnungen auf Kredit gekauft. Das Investment bringt aber nicht die erwarteten Mieten. Die Einnahmen reichen nicht, um die Kapitalkosten zu decken – ein Verlustgeschäft. Die Miesen sind voll abziehbar vom Einkommen.
Verluste bei Praxisgründung
Eine Ärztin richtet ihre Praxis ein, zahlt Miete und stellt Mitarbeiter ein. Gewinn liegt noch in weiter Ferne. Startverluste sind voll mit anderen Einkünften – auch des Gatten – verrechenbar. Dies gilt für jeden Gründer, ob Freiberufler oder Gewerbetreibender, und in jeder Branche.

Kaum drehst du den Höflingen (den damaligen Bürokraten) den Rücken, reißen sie dir die Kleider herunter.
(Richard Wagner an Franz Liszt)

2. Einnahmenüberschussrechnung – die Buchführung für alle, die in kleinem Rahmen selbständig arbeiten

925 **S** Als Freiberufler haben Sie die freie Wahl, entweder Aufzeichnungen zu machen oder nach Soll und Haben zu buchen, und werden sich deshalb für Aufzeichnungen entscheiden. Freiberuflich ist z. B. die selbständige Tätigkeit als Lehrer, Krankenschwester, Krankengymnast, Hebamme, Übersetzer und Dolmetscher, Journalist, Schriftsteller, Künstler. Als Gewerbetreibender, der kei-

nen handelsrechtlichen Betrieb hat – das trifft in der Regel auf Anlageberater, Berater für Datenverarbeitung, Berufssportler, Bühnenvermittler, Buchführungshelfer, Detektive, Fotomodelle, Handelsvertreter, Immobilienmakler oder Künstleragenten zu –, sind Sie ebenfalls von der Bilanzierung befreit, wenn Sie nicht in einem Jahr über 50 000 € Gewinn erklärt haben. Dann nämlich wird Sie das Finanzamt zu einer Soll/Haben-Buchführung verdonnern.

a) Das Zu- und Abflussprinzip

Bei der Überschussrechnung sind die Betriebseinnahmen in dem Kalenderjahr anzusetzen, in dem sie zugeflossen sind, und die Betriebsausgaben in dem Kalenderjahr abzusetzen, in dem sie geleistet worden sind; das gilt auch für Vorschüsse, Teil- und Abschlagszahlungen. Diese Regelung gilt prinzipiell und wird deshalb als »Zu- und Abflussprinzip« bezeichnet.

b) Abschreibungen 926

Anlagegüter mit einer Nutzungsdauer von mehr als einem Jahr, wie Fahrzeuge, Einrichtungsgegenstände und Maschinen, können Sie nicht sofort voll absetzen. Vielmehr sind deren Anschaffungskosten auf die Zeit der Nutzung zu verteilen: Absetzung für Abnutzung (AfA), auch Abschreibung genannt. Die Nutzungsdauer ist stets zu schätzen, wobei die Art des Anlageguts und die Art der Nutzung zu berücksichtigen sind.

Für Anschaffungen zwischen dem 1. 1. 2008 und 31. 12. 2008 können Sie nur die lineare Abschreibung in Anspruch nehmen. Linear bedeutet: gleichmäßige Abschreibung mit einem festen Prozentsatz auf die Erwerbskosten (z. B. PC mit Monitor, Nutzungsdauer drei Jahre, Abschreibung jährlich 33,3 %). Wenn Sie betriebliche Wirtschaftsgüter vor 2008 gekauft und dafür die früher geltende degressive Abschreibung in Anspruch genommen haben, lesen Sie unbedingt den Trick unter ➤ Rz 998, damit Sie wissen, wann es Zeit wird, zur linearen Abschreibung zu wechseln. Weil es das Finanzamt von jedem Selbständigen verlangt und damit Sie bei der Abschreibung den Überblick behalten, listen Sie die Anlagegüter in einem *Abschreibungsverzeichnis* (vgl. ➤ Rz 929) auf.

Um die Wirtschaft nach der Finanzkrise ein wenig anzukurbeln, hat der Fiskus für nach dem 31. 12. 2008 angeschaffte bewegliche Wirtschaftsgüter die degressive Abschreibung wieder eingeführt. Sie können hierfür die Abschreibung mit dem 2,5-Fachen der linearen Abschreibung, max. jedoch 25 % absetzen.

Eine Ausnahme von der AfA bilden Anlagegüter mit Anschaffungskosten bis 150 € (ohne USt.). Diese *geringwertigen Wirtschaftsgüter* können Sie im Jahr der Anschaffung in voller Höhe als Betriebsausgaben absetzen. Mehr zu den *geringwertigen Wirtschaftsgütern* finden Sie unter ➤ Rz 1000.

Sobald Sie selbständig sind, unterliegen Sie der *Umsatzsteuer*: Von z. B. 1 000 € 927
Einnahmen zzgl. 19 % Umsatzsteuer = insgesamt 1 190 € gehen 190 € an das Finanzamt. Die Ihnen in Rechnung gestellten Umsatzsteuerbeträge, z. B. 114 € (= 19 % von 600 €) aus Wareneinkäufen, sind als Vorsteuer von der vereinnahmten Umsatzsteuer abziehbar. An das Finanzamt geht also nur eine Mehrwertsteuer (Zahllast von 190 € Umsatzsteuer – 114 € Vorsteuer = 76 € Mehrwert-

steuer). Vorsteuererstattung. Aber: Wenn der Vorjahresumsatz 17 500 € und der diesjährige Umsatz voraussichtlich 50 000 € nicht übersteigt, sind Sie Kleinunternehmer und werden wie ein nichtsteuerpflichtiger Privatmann behandelt, d. h., die Betriebseinnahmen unterliegen nicht der Umsatzsteuer. Folge: Sie haben auch keinen Anspruch auf Vorsteuererstattung. (Quelle: § 19 UStG)

928 Steuerpflichtiger Gewinn ist der Überschuss der Betriebseinnahmen über die Betriebsausgaben. Den Gewinn berechnen Sie durch einen *Jahresabschluss*. Sind die Ausgaben höher als die Einnahmen, entsteht beim Abschluss ein Verlust. Den Gewinn oder den Verlust erklären Sie dem Finanzamt in der Anlage GSE zur Einkommensteuererklärung und fügen eine Abschlussrechnung bei.
Für Ihre Gewinnermittlung müssen Sie die amtliche Einnahmenüberschussrechnung verwenden, d. h. in der »Anlage EÜR« Ihre laufenden Aufzeichnungen zusammenfassen.
Dieses Formular zeigt Ihnen: Die **Betriebseinnahmen** teilen Sie auf in solche aus den regulären Geschäften und solche aus Hilfsgeschäften wie dem Verkauf von Anlagegütern und den Entnahmen und Privatnutzungen, jeweils ohne Umsatzsteuer. Die vereinnahmte Umsatzsteuer geben Sie getrennt an. Nur so kann der Fiskalritter die für ihn obligatorische Gewinnverprobung und die Umsatzsteuerverprobung durchführen.
Bei den **Betriebsausgaben** weisen Sie die von Ihnen an Lieferanten und Dienstleister gezahlte Vorsteuer gesondert aus, um dem Fiskalritter nochmals wegen der Umsatzsteuerverprobung gut zu sein. Auch bei den gemischten Kosten wie Kfz-, Telefon- und Raumkosten kommen Sie dem Finanzamt entgegen, indem Sie den von Ihnen angesetzten Privatanteil extra ausweisen. Denken Sie daran, Umsatzsteuer auf den Eigenverbrauch oder unentgeltliche Leistungen an Sie umsatzsteuerlich zu erfassen bzw. den Vorsteuerabzug zu kürzen.
Für die laufenden Aufzeichnungen besorgen Sie sich eine Spaltenkladde, auch Journal oder Geschäftsbuch genannt. Für kleines Geld gibt es inzwischen auch ganz passable EDV-Programme für Ihre Einnahmenüberschussrechnung.

GUTER RAT

929 Bei der Einnahmenüberschussrechnung ist nur die Anlage EÜR vorgeschrieben. Ansonsten unterliegt Ihre Gewinnermittlung keinen Formvorschriften. Allerdings müssen Sie ein Anlagenverzeichnis erstellen für die Dinge, die Sie in Ihrem Betrieb längere Zeit benutzen und deshalb über ihre Nutzungsdauer abschreiben müssen.

930 **Buchführungsunterlagen**
Sind Sie als Gewerbetreibender zur Buchführung verpflichtet, müssen steuerliche Belege je nach der Art der Unterlagen mindestens sechs oder sogar zehn Jahre lang gebunkert werden.

Name / Gesellschaft / Gemeinschaft / Körperschaft

Vorname

Anlage EÜR

Bitte für jeden Betrieb eine gesonderte Anlage EÜR einreichen!

1 **Steuernummer**

1a Identifikations-Nr.

Nr. des Betriebs (lfd. Nr.)

77 07

99 15

Einnahmenüberschussrechnung

(Gewinnermittlung nach § 4 Abs. 3 EStG) für das **Kalenderjahr 2007** bzw. **Wirtschaftsjahr 2007 / 2008**

Art des Betriebs — Zuordnung zu Einkunftsart (siehe Anleitung)

1b 100 … 105

Entnahme oder Veräußerung von Grundstücken / grundstücksgleichen Rechten

1c Im Kalenderjahr / Wirtschaftsjahr wurden Grundstücke / grundstücksgleiche Rechte entnommen oder veräußert — 120 — Ja = 1 oder Nein = 2

1. Gewinnermittlung

99 20

Zeile	**Betriebseinnahmen**	Kz	EUR	Ct
2	Betriebseinnahmen als umsatzsteuerlicher **Kleinunternehmer**	111		
3	**Davon** aus Umsätzen, die in § 19 Abs. 3 Nr. 1 und Nr. 2 UStG bezeichnet sind — 119 — *(weiter ab Zeile 8)*			
4	Betriebseinnahmen als **Land- und Forstwirt,** soweit die Durchschnittssatzbesteuerung nach § 24 UStG angewandt wird	104		
5	**Umsatzsteuerpflichtige Betriebseinnahmen**	112		
6	Umsatzsteuerfreie, nicht umsatzsteuerbare Betriebseinnahmen sowie Betriebseinnahmen, für die der Leistungsempfänger die Umsatzsteuer nach § 13 b UStG schuldet	103		
7	Vereinnahmte Umsatzsteuer sowie Umsatzsteuer auf unentgeltliche Wertabgaben	140		
8	Vom Finanzamt erstattete und ggf. verrechnete Umsatzsteuer	141		
9	Veräußerung oder Entnahme von Anlagevermögen	102		
10	Private Kfz-Nutzung	106		
11	Sonstige Sach-, Nutzungs- und Leistungsentnahmen (z. B. private Telefonnutzung)	108		
12	Auflösung von Rücklagen, Ansparabschreibungen und / oder Ausgleichsposten (Übertrag von Zeile 55)			
13	**Summe Betriebseinnahmen**	159		

99 25

Zeile	**Betriebsausgaben**	Kz	EUR	Ct
14	Betriebsausgabenpauschale **für bestimmte Berufsgruppen** bzw. Freibetrag nach § 3 Nr. 26 EStG *(weiter ab Zeile 46)*	190		
15	Sachliche Bebauungskostenpauschale (für Weinbaubetriebe) / Betriebsausgabenpauschale für **Forstwirte**	191		
16	**Waren, Rohstoffe und Hilfsstoffe einschl. der Nebenkosten**	100		
17	Bezogene Leistungen (z. B. Fremdleistungen)	110		
18	Ausgaben für eigenes Personal (z. B. Gehälter, Löhne und Versicherungsbeiträge)	120		
	Absetzung für Abnutzung (AfA) (Übertrag aus Zeilen 4, 10, 14 des Anlagenverzeichnisses)			
19	Absetzungen für Abnutzung (AfA) auf unbewegliche Wirtschaftsgüter (ohne AfA für das häusliche Arbeitszimmer)	136		
20	AfA auf unbewegliche Wirtschaftsgüter (ohne AfA für das häusliche Arbeitszimmer)	131		
21	AfA auf bewegliche Wirtschaftsgüter (z. B. Maschinen, Kfz)	130		
	Übertrag (Summe Zeilen 14 bis 21)			

2007AnlEÜR301 – Juli 2007 – **2007AnlEÜR301**

Steuernummer / IdNr.

Zeile		Kennz.	EUR Ct
	Übertrag (Summe Zeilen 14 bis 21)		,
22	Sonderabschreibungen nach § 7 g Abs. 1 und 2 EStG	134	,
23	Aufwendungen für geringwertige Wirtschaftsgüter	132	,
24	Restbuchwert der im Kalenderjahr / Wirtschaftsjahr ausgeschiedenen Anlagegüter	135	,

Kraftfahrzeugkosten und andere Fahrtkosten

Zeile		Kennz.	EUR Ct	Kennz.	EUR Ct
25	Laufende und feste Kosten (ohne AfA und Zinsen)	140	,		
26	Enthaltene Kosten aus Zeilen 21, 25 und 32 für Wege zwischen Wohnung und Betriebsstätte	142 –	,		
27	**Verbleibender Betrag**		,	143	,
28 frei	Entfernungspauschale: Eintrag in Zeile 48a				

Raumkosten und sonstige Grundstücksaufwendungen

Zeile		Kennz.	EUR Ct
29	Abziehbare Aufwendungen für ein häusliches Arbeitszimmer (einschl. AfA und Schuldzinsen)	172	,
30	Miete / Pacht für Geschäftsräume und betrieblich genutzte Grundstücke	150	,
31	Sonstige Aufwendungen für betrieblich genutzte Grundstücke (ohne Schuldzinsen und AfA)	151	,

Zeile		nicht abziehbar EUR Ct	abziehbar EUR Ct	EUR Ct
	Schuldzinsen (§ 4 Abs. 4 a EStG)			
32	Finanzierung von Anschaffungs- / Herstellungskosten von Wirtschaftsgütern des Anlagevermögens		178 ,	
33	Übrige Schuldzinsen	167 ,	179 ,	
	Übrige beschränkt abziehbare Betriebsausgaben (§ 4 Abs. 5 EStG)			
34	Geschenke	164 ,	174 ,	
35	Bewirtung	165 ,	175 ,	
36	Reisekosten, Aufwendungen für doppelte Haushaltsführung		173 ,	
37	Sonstige (z. B. Geldbußen)	168 ,	177 ,	
38	**Summe Zeilen 32 bis 37 (abziehbar)**		,	▶ ,

Zeile		Kennz.	EUR Ct
	Sonstige unbeschränkt abziehbare Betriebsausgaben		
39	Porto, Telefon, Büromaterial	192	,
40	Fortbildung und Fachliteratur	193	,
41	Rechts- und Steuerberatung, Buchführung	194	,
42	Übrige Betriebsausgaben	183	,
43	Gezahlte Vorsteuerbeträge	185	,
44	An das Finanzamt gezahlte und ggf. verrechnete Umsatzsteuer	186	,
45	Bildung von Rücklagen, Ansparabschreibungen und / oder Ausgleichsposten (Übertrag von Zeile 55)		,
46	**Summe Betriebsausgaben**	199	,

2007AnlEÜR302 **2007AnlEÜR302**

Steuernummer / IdNr.

Ermittlung des Gewinns

			EUR	Ct
47	Summe der Betriebseinnahmen (Übertrag aus Zeile 13)			
48	abzüglich Summe der Betriebsausgaben (Übertrag aus Zeile 46)	–		
	abzüglich **wie** Betriebsausgaben abziehbare Aufwendungen			
48a	– Entfernungspauschale	176 –		
48b	– erwerbsbedingte Kinderbetreuungskosten	184 –		
49	**Gewinn / Verlust**	119		

2. Ergänzende Angaben

99 27

Rücklagen und Ansparabschreibungen

			Bildung EUR	Ct		Auflösung EUR	Ct
50	Rücklagen nach § 6c i. V. m. § 6b EStG, R 6.6 EStR	187			120		
51	Ansparabschreibungen nach § 7g Abs. 3 bis 6 EStG	188			121		
52	Ansparabschreibungen für Existenzgründer nach § 7g Abs. 7 und 8 EStG	189			122		
53	Gewinnzuschlag nach § 6c i. V. m. § 6b Abs. 7 und 10, § 7g Abs. 5 und 6 EStG				123		
54	Ausgleichsposten nach § 4g EStG	191			125		
55	Gesamtsumme	190	Übertrag in Zeile 45		124	Übertrag in Zeile 12	

99 29

Entnahmen und Einlagen

			EUR	Ct
56	Entnahmen einschl. Sach-, Leistungs- und Nutzungsentnahmen	122		
57	Einlagen einschl. Sach-, Leistungs- und Nutzungseinlagen	123		

2007AnlEÜR303

2007AnlEÜR303

Name / Gesellschaft / Gemeinschaft / Körperschaft

Vorname

Nr. des Betriebs (lfd. Nr.)

77 07

99 40

1 **Steuernummer**

1a Identifikations-Nr.

3. Anlageverzeichnis / Ausweis des Umlaufvermögens

Die Summe der AfA-Beträge ist in die Zeilen 19 bis 22 der Anlage EÜR zu übertragen.

	Gruppe / Bezeichnung des Wirtschaftsguts	Anschaffungs- / Herstellungskosten / Teilwert der am 01.01. des Jahres vorhandenen Wirtschaftsgüter	Buchwert zu Beginn des Gewinnermittlungszeitraums
58		EUR | Ct	EUR | Ct
	Grundstücke und grundstücksgleiche Rechte		
59	Grund und Boden	100	101
60	Gebäude	110	111
61	Andere (z. B. grundstücksgleiche Rechte)	120	121
62			
	Häusliches Arbeitszimmer		
63	Anteil Grund und Boden	200	201
64	Gebäudeteil	210	211
65			
	Immaterielle Wirtschaftsgüter		
66	Firmen- / Geschäfts- / Praxiswert	300	301
67	Andere	310	311
68			
	Bewegliche Wirtschaftsgüter		
69	Kraftfahrzeuge	400	401
70	Büroeinrichtung	410	411
71	Andere	420	421
72			
	Finanzanlagen		
73	Anteile an Unternehmen 2)	500	501
74	steuerlich zu berücksichtigen 3)		
75	Andere	510	511
76	**Umlaufvermögen** (zusammengefasst) 1)	600	

Fußnoten siehe Seite 2 oben.

Steuernummer / IdNr.

Fußnoten:
1) Nur Umlaufvermögen i. S. d. § 4 Abs. 3 Satz 4 EStG (z. B. Wertpapiere, Grund und Boden sowie Gebäude).
2) Für deren Erträge das Halbeinkünfteverfahren gilt.
3) Siehe § 3c Abs. 2 EStG i. V. m. § 3 Nr. 40 EStG oder § 8b KStG.

	Gruppe / Bezeichnung des Wirtschaftsguts	Zugänge EUR, Ct	Sonder-AfA nach § 7g EStG EUR, Ct
	Grundstücke und grundstücksgleiche Rechte		
59	Grund und Boden	102	
60	Gebäude	112	
61	Andere (z. B. grundstücksgleiche Rechte)	122	
62	Summe		
	Häusliches Arbeitszimmer		
63	Anteil Grund und Boden	202	
64	Gebäudeteil	212	
65	Summe		
	Immaterielle Wirtschaftsgüter		
66	Firmen- / Geschäfts- / Praxiswert	302	
67	Andere	312	
68	Summe		
	Bewegliche Wirtschaftsgüter		
69	Kraftfahrzeuge	402	403
70	Büroeinrichtung	412	413
71	Andere	422	423
72	Summe		480 (Übertrag in Zeile 22 Anlage EÜR)
	Finanzanlagen		
73	Anteile an Unternehmen 2)	502	
74	steuerlich zu berücksichtigen 3)		
75	Andere	512	
76	**Umlaufvermögen** (zusammengefasst) 1)	602	

2007AnlVerzEÜR305

Buchführungsunterlagen, die 2011 vernichtet werden können

Art der Unterlagen	Bücher und Aufzeichnungen	Inventare, Eröffnungs-bilanzen, Jahresab-schlüsse, Lageberichte	Arbeitsanwei-sungen, Organisations-unterlagen, Buchungsbelege	Handels-Geschäftsbriefe, sonstige Unter-lagen wie Lohnabrech-nungen, Preisverzeich-nisse, Kalkulations-unterlagen
Aus dem Jahr	letzte Eintragung 2000 oder früher	Aufstellung 2000 oder früher	2000 oder früher	2004 oder früher
Ausnahme	Unterlagen sind für Steuern von Bedeutung, für die die Festsetzungsfrist noch nicht abgelaufen ist. Das ist z. B. der Fall bei einer begonnenen und noch nicht abgeschlossenen Außenprüfung, bei vorläufigen Steuerfestsetzungen, anhängigen Ermittlungen, schwebenden Rechtsbehelfsverfahren und noch zu bearbeitenden Anträgen. In diesen Fällen besteht eine Aufbewahrungspflicht.			

TRICK

So kassieren Sie Vorsteuer bei einem häuslichen Arbeitszimmer

931 Wenn Sie in der glücklichen Lage sind, Ihr Arbeitszimmer absetzen zu können, weil es entweder

- der Mittelpunkt Ihrer gesamten Tätigkeit ist,
- nicht büromäßig eingerichtet ist und als Lagerraum, Werkstatt etc. von vornherein nicht der Abzugsbeschränkung für Arbeitszimmer unterliegt
- oder nicht in Ihrem häuslichen Bereich liegt,

bekommen Sie Vorsteuern für Ihre Arbeitszimmerkosten. Zu den Lieferanten gehören unter anderem die Stadtwerke mit der Lieferung von Elektrizität, Gas und Wasser. Einmal im Jahr kommt die Jahresabrechnung, in der z. B. steht:

	Netto	Umsatzsteuer 19 %	Brutto
Gesamtkosten	654 €	124 €	778 €
Anteil Arbeitsz. z. B. 21 %	137 €	26 €	163 €

Also werden Sie 137 € als Betriebsausgaben absetzen und sich 26 € Vorsteuer vom Finanzamt erstatten lassen. Wichtig: Denken Sie daran, dass die Rechnung auf Sie als Unternehmer lauten muss, damit Sie in den Vorsteuergenuss kommen.

TIPP

für Steuerberatungskosten

Ihre Steuerberatungskosten können Sie als Betriebsausgaben absetzen, wenn sie für Betriebskosten, Buchhaltung etc. anfallen. Der Vorteil liegt auf der Hand: Sie können die Vorsteuer aus dem Rechnungsbetrag geltend machen und als Gewerbetreibender zudem Gewerbesteuer sparen. **932**

Schuldzinsen als Betriebsausgaben **933**

Schuldzinsen können Sie immer dann als Betriebsausgaben abziehen, wenn sie durch betriebliche Vorgänge veranlasst sind. Das ist vor allem dann der Fall, wenn Sie mit den Krediten betriebliche Investitionen bezahlt haben oder laufende Betriebsausgaben, wie Löhne, Lieferantenrechnungen oder Betriebssteuern. Dabei ist unerheblich, ob es sich um langfristige Kredite handelt oder um kurzfristige wie Kontokorrente.

Der Betriebsausgabenabzug für Zinsen ist auch möglich, wenn Sie z. B. teure Kredite, wie etwa Kontokorrentkredite, durch zinsgünstigere langfristige Kredite ablösen.

Sie müssen nur immer peinlich darauf achten, dass Sie betriebliche Konten nicht durch private Ausgaben ins Minus bringen oder ein schon bestehendes Minus weiter erhöhen. Ihre Entnahmen, die Sie vom betrieblichen Konto tätigen, um Ihren Lebensunterhalt zu bestreiten oder andere private Ausgaben zu bezahlen, sollten Sie immer nur vom Betriebskonto abheben, wenn dieses im Plus ist.

Wollen Sie eine größere private Investition tätigen und benötigen dafür auch Geld aus dem Betrieb, hilft Ihnen zunächst einmal der Kniff mit dem sog. *Zwei-Konten-Modell*. Das läuft ganz einfach. Sie richten für den Betrieb zwei separate Kontokorrentkonten ein. Auf ein Konto laufen eine Weile lang alle Einnahmen und bleiben dort stehen. Von dem anderen Konto werden nur Betriebsausgaben beglichen. Ist auf dem Einnahmenkonto genug Geld, können Sie es entnehmen. Im nächsten Schritt finanzieren Sie nur das Ausgabenkonto um, z. B. durch einen langfristigen Kredit. Auf diese Weise haben Sie den an sich im Privatbereich benötigten Kredit völlig legal in den Betrieb verlagert. Die daraus resultierenden Schuldzinsen hängen ja formal mit Betriebsausgaben zusammen und können gewinnmindernd abgezogen werden.

Allerdings hat der Fiskus zwei Fallstricke ausgelegt, mit denen er Ihnen den Betriebsausgabenabzug für die Schuldzinsen streitig machen will:

- die Überentnahmen und
- die Zinsschranke.

934 **Überentnahmen**

Für eine sog. Überentnahme – das ist eine Entnahme, deren Betrag die Summe aus Gewinn und Einlagen des Wirtschaftsjahrs übersteigt – werden fiktive Schuldzinsen von 6 % als Hinzurechnung zum Gewinn angesetzt (§4 Abs. 4a EStG). Dabei bleiben Entnahmen und Einlagen, die in den letzten drei Monaten eines Wirtschaftsjahrs getätigt wurden, unberücksichtigt, soweit sie in der Summe in den ersten drei Monaten des Folgejahrs rückgängig gemacht werden (§4 Abs. 4a Sätze 2 und 3 EStG). Die Überentnahme, auch die der Vorjahre, gekürzt um die Beträge, die in den Vorjahren als Gewinn und Einlagen über die Entnahmen hinausgingen (sog. Unterentnahmen), werden wegen einer unterstellten privaten Verursachung mit 6 % als nicht abziehbare Schuldzinsen angesetzt.

Wichtig:

Der Hinzurechnungsbetrag an fiktiven Schuldzinsen darf höchstens die im Wirtschaftsjahr tatsächlich angefallenen Schuldzinsen abzgl. 2 050 € ausmachen. Dabei bleiben Schuldzinsen für Darlehen zur Finanzierung von Anschaffungs- oder Herstellungskosten von Wirtschaftsgütern des Anlagevermögens außer Ansatz. Damit Sie verstehen, welche Tücken der Fiskus hier für uns bereithält, gebe ich Ihnen ein Beispiel: Der Einzelunternehmer A hat in 2009 Entnahmen in Höhe von 150 000 € und Einlagen in Höhe von 50 000 € getätigt. Für das Wirtschaftsjahr 2010 ist ein Gewinn in Höhe von 50 000 € angefallen. Aus der Buchführung ergibt sich, dass die Schuldzinsen, die nicht auf Anschaffungs- oder Herstellungskosten von Wirtschaftsgütern des Anlagevermögens entfallen, 3 000 € betragen haben.

Für 2010 ergibt sich eine Überentnahme von

Einlagen in 2010	50 000 €
Gewinn 2010	50 000 €
Zwischensumme	100 000 €
Entnahmen in 2010	– 150 000 €
Überentnahme	50 000 €
Fiktive Schuldzinsen auf die Überentnahme (6 % v. 50 000 €)	3 000 €
Tatsächliche Schuldzinsen ohne Berücksichtigung der Zinsen für Anschaffungs- oder Herstellungskredite im Anlagebereich	3 000 €
Unschädlicher Betrag	– 2 050 €
Höchstbetrag für den Ansatz nicht abziehbarer Betriebsausgaben	950 €

Die fiktiven Schuldzinsen aufgrund der Überentnahme sind mit dem Höchstbetrag von 950 € dem Gewinn des Jahres 2010 außerhalb der Steuerbilanz hinzuzurechnen. Ermitteln Sie Ihren Gewinn durch Einnahmeüberschussrechnung, gelten die Regelungen entsprechend (§4 Abs. 4a Satz 7 EStG). Dafür sind Entnahmen und Einlagen gesondert aufzuzeichnen und in der Anlage EÜR auszuweisen. Für private Einkünfte, insbesondere für Vermietungseinkünfte, sind die Grundsätze des §4 Abs. 4a EStG nicht anzuwenden (vgl. §9 Abs. 5 EStG, der im Gegensatz zu früher keinen Querverweis mehr auf § 4 Abs. 4a EStG enthält). Mieteinnahmen müssen demnach nicht mehr vorrangig für die Tilgung von Schulden eingesetzt werden, sondern können bei entsprechender kontenmäßiger Trennung für private Zwecke verwendet werden.

Sie können sich also wieder Ihre Segeljacht finanzieren, indem Sie zwei separate Konten für Einnahmen und Ausgaben führen!!

Allerdings hat der Staat auch den ernsthaften Willen zum Sparen verloren. Man könnte in allen Bereichen sparen, besonders im Verwaltungsbereich. Die Staatsverwaltung könnte halbiert werden…

(Der Präsident des Landesrechnungshofs Sachsen-Anhalt)

Zinsschranke 935

Mit der Zinsschranke verbietet der Fiskus grundsätzlich den Abzug von Finanzierungskosten, wie z. B. Zinsen, als Betriebsausgaben. Von diesem Abzugsverbot gibt es alledings eine Vielzahl von Ausnahmen. Das Abzugsverbot greift in jedem Fall erst, wenn die Zinsen im laufenden Jahr höher sind als 3 Mio €.
Sie sehen, als Otto Normalunternehmer können Sie die Zinsschranke ruhig vergessen.

TRICK

Mindern Sie Ihren Gewinn durch Vorauszahlungen!

Als Freiberufler mit Einnahmeüberschussrechnung können Sie den Gewinn für das ablaufende Jahr mindern, indem Sie z. B. die Praxismiete für einige Monate des nächsten Jahres im Voraus zahlen. So könnten Sie die Miete für die Monate Januar bis Juni des nächsten Jahres von angenommen 6 × 2 500 € = 15 000 € am 28. 12. bezahlen. Folge: Die Miete für Februar bis Juni mindert den Gewinn des ablaufenden Jahres um 12 500 €. Lediglich die Miete für Januar rechnet nach einer Sonderregelung in § 11 EStG zum neuen Jahr. Die Mietvorauszahlung ist kein Missbrauch nach § 42 AO, weil Sie nur die technischen Möglichkeiten des § 11 EStG ausnutzen. Und das ist ganz legal! 936

TIPP

für Ihre Buchhaltung

Besonders für Jungunternehmer und in Finanznöten zitternde kleine Geschäftsleute, die sich keinen Steuerberater leisten können, ist nicht so sehr das 937 fachliche Wissen das Problem als vielmehr die lästige Buchführung. Leider zwingt uns das Finanzamt dazu, wenn wir unseren Gewinn nicht gnadenlos von ihm geschätzt haben wollen.

Da trifft es sich gut, dass Sie heute Profihilfe in Form kaufmännischer Computerprogramme in Anspruch nehmen können, die passgenau auf Selbständige sowie kleinere und mittlere Unternehmen zugeschnitten sind. So ein Programm erleichtert Ihnen das Rechnungswesen spürbar. Und schützt vor unnötigen Verlusten: Mangelhafte Buchführung und ein entsprechend schlechtes Mahnwesen führen dazu, dass jedes vierte Unternehmen mehr als ein Prozent seines Jahresumsatzes verliert.

TRICK

Machen Sie mal eine Steuerpause!

938 Wenn Sie als Gewerbetreibender auf den 31. 12. bilanzieren und außerdem im Handelsregister eingetragen sind, wählen Sie einfach ein vom Kalenderjahr abweichendes Wirtschaftsjahr, und schon können Sie eine Steuerpause einlegen. Das funktioniert so: Der Bilanzgewinn wird immer in dem Kalenderjahr versteuert, in dem das Wirtschaftsjahr endet, also der Gewinn aus der Bilanz 31. 12. 2010 im Jahr 2010. Wenn Sie ein abweichendes Wirtschaftsjahr wählen, z. B. vom 1. 4. zum 31. 3., müssen Sie nach dem 31. 12. ein Rumpfwirtschaftsjahr einschieben – in diesem Fall vom 1. 1. bis zum 31. 3. Also versteuern Sie in dem einen Jahr nur den Gewinn von drei Monaten. Das bewirkt ein Hinausschieben der Steuerzahlung. Die Umstellung kann zwar nur im Einvernehmen mit dem Finanzamt vorgenommen werden, aber dieses muss seine Zustimmung erteilen, wenn Sie triftige betriebliche Gründe vorbringen, z. B. Inventurschwierigkeiten am Jahresende durch Hochsaison in Ihrer Branche oder einfach witterungsbedingte Schwierigkeiten.

Übrigens: Vor 100 Jahren noch waren die Steuern so niedrig, dass viele höhere Einkünfte angaben, als sie hatten – nur um wegen der höheren Zahlung von ihren Mitbürgern besser angesehen zu sein. Mein Gott, waren das Zeiten!

»Was ist das? Drei in einem Raum, aber nur einer arbeitet?
Ganz klar: zwei Beamte und ein Ventilator.«
Solche Witze kommen nicht von ungefähr: Nach dem Urteil von Wirtschaftsexperten beträgt die Produktivität der Behörden nur 20 % gegenüber der der Wirtschaft.

3. Reisekosten 939

a) Inlandsreisen

Wenn Sie sich aus betrieblichen Gründen außerhalb Ihres Betriebs aufhalten, befinden Sie sich steuerlich gesehen auf einer *Geschäftsreise* – die frühere Unterscheidung in Geschäftsreise und Geschäftsgang ist entfallen. Verpflegungsmehraufwendungen können nur mit Pauschalen berücksichtigt werden.

Tagespauschsätze für Verpflegungsmehraufwand bei Geschäftsreisen im Inland

Abwesenheit: mindestens	Pauschale
8 Stunden	6 €
14 Stunden	12 €
24 Stunden	24 €

TRICK

für selbständig tätige Handwerker

Sind Sie als selbständiger Maler-, Elektro- oder Maurermeister auf Baustellen außerhalb Ihres Betriebs tätig, können Sie ohne Einschränkung den Verpflegungsmehraufwand nach den für Geschäftsreisen geltenden Grundsätzen als Betriebsausgaben abziehen – auch wenn die Rückkehr stets am selben Tag erfolgt (BFH-Urt. v. 13. 11. 1987 – BStBl 1988 II S. 428). Wie weit die Baustelle von Ihrer Wohnung oder Ihrem Betrieb entfernt liegt, spielt bei Ihnen als Unternehmer ebenso wenig eine Rolle wie bei einem Arbeitnehmer. 940

Die Dreimonatsfrist

Reisen Sie mehr als drei Monate lang zur selben auswärtigen Tätigkeitsstätte, ist ab dem vierten Monat ein Abzug von Verpflegungskosten als Betriebsausgaben nicht mehr möglich. Dabei müssen Sie berücksichtigen, dass Unterbrechungen der Tätigkeit, ob wegen Urlaubs oder Krankheit, nicht zum Neubeginn der Dreimonatsfrist führen. Auch Unterbrechungen wegen anderweitiger geschäftlicher Verpflichtungen setzen erst dann eine neue Dreimonatsfrist in Gang, wenn sie mindestens vier Wochen dauern.

Ist die Dreimonatsfrist abgelaufen, können Sie allerdings weiterhin die Fahrt-, Übernachtungs- und etwaige Reisenebenkosten absetzen.

TRICK

Nehmen Sie für betriebliche Fahrten den Privat-Pkw Ihres Ehepartners!

941 Für betriebliche Fahrten mit privatem Pkw können Sie nämlich 0,30 € je gefahrenen Kilometer absetzen.

942 **b) Auslandsreisen**

Führt Sie Ihre Reise ins Ausland, können Sie je nach Reiseland und Reisedauer gestaffelte Pauschbeträge für Verpflegungsmehraufwendungen beanspruchen. Die Möglichkeit, die tatsächlichen Verpflegungskosten abzusetzen, gibt es leider nicht.

Die Auslandspauschbeträge für Verpflegung gelten ohne Nachweis sowohl für Dienstreisen ins Ausland als auch für den Fall, dass Sie dort aus beruflichen Gründen einen doppelten Haushalt führen.

Damit Sie bei der Anwendung der Auslandspauschale auf keinen Fall Geld verschenken, müssen Sie Folgendes wissen:

- Führt Sie Ihre Reise vom Inland ins Ausland, sind die Verpflegungspauschalen des Ortes maßgebend, den Sie vor Mitternacht zuletzt erreicht haben.
- Für eintägige Auslandsreisen beanspruchen Sie immer die Pauschale für Ihr ausländisches Reiseziel, egal, wie lange Sie sich dort aufhalten. Angenommen, Sie fahren von Kassel nach Amsterdam zu einem Kunden. Fünf Stunden Hinfahrt, eine Stunde Aufenthalt und fünf Stunden Rückfahrt läppern sich zu immerhin elf Stunden zusammen. Obwohl Sie den größten Teil Ihrer Dienstreise im Inland verbracht haben, kassieren Sie statt der mageren Inlandspauschale von 6 € die mehr als doppelt so hohe Auslandspauschale für die Niederlande von 14 € (Abwesenheit zwischen 8 und 14 Stunden).
- Für den Rückreisetag aus dem Ausland steht Ihnen immer die Pauschale Ihres letzten ausländischen Tätigkeitsorts zu. Das gilt selbst dann, wenn Sie den Rückreisetag komplett im Inland verbringen. Angenommen, Sie fahren von einer mehrtägigen Dienstreise nach Spanien mit dem Auto zurück nach Berlin. Am vorletzten Reisetag übernachten Sie in einem Hotel in Trier und kommen am nächsten Tag um 18.00 Uhr zu Hause an. Obwohl Sie den gesamten letzten Reisetag im Inland verbracht haben, beanspruchen Sie die Pauschale für Spanien in Höhe von 24 € (Abwesenheit zwischen 14 und 24 Stunden) und damit immerhin fast doppelt so viel wie die Inlandspauschale von 12 €.

Achtung: Seit 2008 gibt es keine Übernachtungspauschalen bei Auslandsreisen mehr. **Sie müssen also unbedingt Belege für Ihre Übernachtungskosten im Ausland sammeln.** Von dieser Neuregelung nicht betroffen ist die Erstattung von

Übernachtungskosten durch den Arbeitgeber. Der kann nach wie vor die zum Teil sehr hohen Beträge ohne Nachweis pauschal steuerfrei erstatten.

Land	Pauschbeträge 2010 für Verpflegungsmehraufwendungen bei einer Abwesenheitsdauer je Kalendertag von			Pauschbetrag 2010 für Übernachtungskosten
	mindestens 24 Stunden	weniger als 24, aber mind. 14 Stunden	weniger als 14, aber mind. 8 Stunden	
	€	€	€	€
Afghanistan	30	20	10	95
Ägypten	30	20	10	50
Äthiopien	30	20	10	175
Albanien	23	16	8	110
Algerien	48	32	16	80
Andorra	32	21	11	82
Angola	71	48	24	190
Antigua und Barbuda	42	28	14	85
Argentinien	36	24	12	125
Armenien	24	16	8	90
Aserbaidschan	36	24	12	135
Australien				
– Melbourne	42	28	14	105
– Sydney	42	28	14	115
– im Übrigen	42	28	14	100
Bahrain	36	24	12	70
Bangladesch	30	20	10	75
Barbados	42	28	14	110
Belgien	42	28	14	100
Benin	33	22	11	75
Bolivien	24	16	8	65
Bosnien und Herzegowina	24	16	8	70
Botsuana	33	22	11	105
Brasilien				
– Brasilia	38	25	13	130
– Rio de Janeiro	41	28	14	140
– São Paulo	38	25	13	95
– im Übrigen	36	24	12	100
Brunei	36	24	12	85
Bulgarien	22	15	8	72
Burkina Faso	30	20	10	70

Burundi	35	24	12	75
Chile	38	25	13	80
China				
– Chengdu	32	21	11	85
– Hongkong	72	48	24	150
– Peking	39	26	13	115
– Shanghai	42	28	14	140
– im Übrigen	33	22	11	80
Costa Rica	32	21	11	60
Côte d'Ivoire	36	24	12	90
Dänemark				
– Kopenhagen	42	28	14	140
– im Übrigen	42	28	14	70
Dominica	36	24	12	80
Dominikanische Republik	30	20	10	100
Dschibuti	39	26	13	120
Ecuador	39	26	13	70
El Salvador	36	24	12	65
Eritrea	30	20	10	110
Estland	27	18	9	85
Fidschi	32	21	11	57
Finnland	45	30	15	150
Frankreich				
– Paris[1)]	48	32	16	100
– Straßburg	39	26	13	75
– im Übrigen	39	26	13	100
Gabun	48	32	16	100
Gambia	18	12	6	70
Georgien	30	20	10	140
Ghana	30	20	10	105
Grenada	36	24	12	105
Griechenland				
– Athen	42	28	14	135
– im Übrigen	36	24	12	120
Guatemala	33	22	11	90
Guinea	36	24	12	70
Guinea-Bissau	30	20	10	60
Guyana	36	24	12	90

1) sowie die Departements 92 (Haute-de-Seine), 93 (Seine-Saint-Denis) und 94 (Val-de-Marne)

Haiti	48	32	16	105
Honduras	30	20	10	100
Indien				
– Chennai	30	20	10	135
– Kalkutta	33	22	11	120
– Mumbai	35	24	12	150
– Neu-Delhi	35	24	12	130
– im Übrigen	30	20	10	120
Indonesien	39	26	13	110
Iran	30	20	10	120
Irland	42	28	14	130
Island	77	52	26	165
Israel				
– Tel Aviv	45	30	15	110
– im Übrigen	33	22	11	75
Italien				
– Mailand	36	24	12	140
– Rom	36	24	12	108
– im Übrigen	36	24	12	100
Jamaika	48	32	16	110
Japan				
– Tokio	51	34	17	130
– im Übrigen	51	34	17	90
Jemen	24	16	8	95
Jordanien	36	24	12	85
Kambodscha	36	24	12	85
Kamerun				
– Jaunde	41	28	14	115
– im Übrigen	41	28	14	90
Kanada				
– Ottawa	36	24	12	105
– Toronto	41	28	14	135
– Vancouver	36	24	12	125
– im Übrigen	36	24	12	100
Kap Verde	30	20	10	55
Kasachstan	30	20	10	110
Katar	45	30	15	100
Kenia	36	24	12	120
Kirgisistan	18	12	6	70

Kolumbien	24	16	8	55
Kongo, Republik	57	38	19	113
Kongo, Demokratische Republik	60	40	20	1550
Korea, Demokratische Volksrepublik	42	28	14	90
Korea, Republik	66	44	22	180
Kroatien	29	20	10	57
Kuba	42	28	14	80
Kuwait	42	28	14	130
Laos	27	18	9	60
Lesotho	24	16	8	70
Lettland	18	12	6	80
Libanon	40	27	14	80
Libyen	45	30	15	100
Liechtenstein	47	32	16	82
Litauen	27	18	9	100
Luxemburg	39	26	13	87
Madagaskar	35	24	12	120
Malawi				
– Blantyre	30	20	10	100
– im Übrigen	30	20	10	80
Malaysia	27	18	9	55
Malediven	38	25	13	93
Mali	39	26	13	80
Malta	30	20	10	90
Marokko	42	28	14	90
Mauretanien	36	24	12	85
Mauritius	48	32	16	140
Mazedonien	24	16	8	95
Mexiko	36	24	12	110
Moldau, Republik	18	12	6	90
Monaco	41	28	14	52
Mongolei	27	18	9	55
Montenegro	29	20	10	95
Mosambik	30	20	10	80
Myanmar	39	26	13	75
Namibia	29	20	10	85
Nepal	32	21	11	72
Neuseeland	36	24	12	95
Nicaragua	30	20	10	100

Niederlande	39	26	13	100
Niger	30	20	10	55
Nigeria				
– Lagos	42	28	14	180
– im Übrigen	42	28	14	100
Norwegen	72	48	24	170
Österreich				
– Wien	36	24	12	93
– im Übrigen	36	24	12	70
Oman	48	32	16	120
Pakistan				
– Islamabad	24	16	8	150
– im Übrigen	24	16	8	70
Panama	45	30	15	110
Papua-Neuguinea	36	24	12	90
Paraguay	24	16	8	50
Peru	36	24	12	90
Philippinen	30	20	10	90
Polen				
– Warschau, Krakau	30	20	10	90
– im Übrigen	24	16	8	70
Portugal				
– Lissabon	36	24	12	95
– im Übrigen	33	22	11	95
Ruanda	27	18	9	70
Rumänien				
– Bukarest	26	17	9	100
– im Übrigen	27	18	9	80
Russische Föderation				
– Moskau	48	32	16	135
– St. Petersburg	36	24	12	110
– im Übrigen	36	24	12	80
Sambia	36	24	12	95
Samoa	29	20	10	57
São Tomé – Príncipe	42	28	14	75
San Marino	41	28	14	77
Saudi-Arabien				
– Djidda	48	32	16	80
– Riad	48	32	16	95

– im Übrigen	47	32	16	80
Schweden	60	40	20	160
Schweiz				
– Bern	42	28	14	115
– Genf	51	34	17	110
– im Übrigen	42	28	14	110
Senegal	42	28	14	90
Serbien	30	20	10	90
Sierra Leone	36	24	12	90
Simbabwe	24	16	8	130
Singapur	48	32	16	120
Slowakische Republik	24	16	8	130
Slowenien	30	20	10	95
Spanien				
– Barcelona, Madrid	36	24	12	150
– Kanarische Inseln	36	24	12	90
– Palma de Mallorca	36	24	12	125
– im Übrigen	36	24	12	105
Sri Lanka	24	16	8	60
St. Kitts und Nevis	36	24	12	100
St. Lucia	45	30	15	105
St. Vincent und die Grenadinen	36	24	12	110
Sudan	32	21	11	120
Südafrika				
– Kapstadt	30	20	10	90
– im Übrigen	30	20	10	80
Suriname	30	20	10	75
Syrien	27	18	9	100
Tadschikistan	24	16	8	50
Taiwan	39	28	14	120
Tansania	33	26	13	110
Thailand	32	21	11	120
Togo	33	22	11	80
Tonga	32	21	11	36
Trinidad und Tobago	36	24	12	100
Tschad	48	32	16	140
Tschechische Republik	24	16	8	97
Türkei				
– Izmir, Istanbul	41	28	14	100

– im Übrigen	42	28	14	70
Tunesien	33	22	11	70
Turkmenistan	28	19	10	60
Uganda	33	22	11	130
Ukraine	36	24	12	85
Ungarn	30	20	10	75
Uruguay	36	24	12	70
Usbekistan	30	20	10	60
Vatikanstaat	36	24	12	108
Venezuela	46	31	16	150
Vereinigte Arabische Emirate	42	28	14	145
Vereinigte Staaten von Amerika				
– San Francisco	36	24	12	120
– Boston, Washington	54	36	18	120
– Houston, Miami	48	32	16	110
– New York Staat, Los Angeles	48	32	16	150
– im Übrigen	36	24	12	110
Vereinigtes Königreich von Großbritannien und Nordirland				
– Edinburgh	42	28	14	170
– London	60	40	20	152
– im Übrigen	42	28	14	110
Vietnam	36	24	12	125
Weißrussland	24	16	8	100
Zentralafrikanische Republik	29	20	10	52
Zypern	36	24	12	110

TIPP

Übernachtung im Ausland nur noch mit Beleg!

Wie für Arbeitnehmer gilt auch für Selbständige seit 2008, dass Übernachtungs- **943**
kosten bei Auslandsgeschäftsreisen nur noch bei Vorlage entsprechender Belege als Betriebsausgaben abgezogen werden können. Lassen Sie sich daher unbedingt eine Rechnung über Ihre Hotelkosten bzw. über die Miete für Ihre Bleibe ausstellen.

Beachten Sie, dass Ihnen der Fiskus von den Hotelkosten in der Regel 20 % Verpflegungspauschale für das Frühstück abzieht. Da in vielen ausländischen Hotels das Frühstück extra berechnet wird, erfolgt keine Kürzung, wenn Sie belegen können, dass die Hotelrechnung kein Frühstück beinhaltet. Wenn sich das nicht schon unmittelbar aus der Rechnung ergibt, akzeptieren viele Finanzämter inzwischen auch, wenn Sie selbst einen handschriftlichen Vermerk, z.B. »Übernachtung ohne Frühstück«, anbringen.

944 **Aufgepasst bei Gruppenreisen und Reisen zu Kongressen!** Hatten Sie für Ihre Reisen ins Ausland jeweils einen unmittelbaren betrieblichen Anlass, seien es Besprechungen mit Geschäftsfreunden, Wareneinkäufe o.Ä., gehen sie beim Fiskus anstandslos durch. Anders hingegen allgemeine Informationsreisen, für die nur ein mittelbarer betrieblicher Anlass vorliegt. Hier setzt der Fiskalritter sofort seinen Rotstift an, wenn er feststellt, dass Sie dabei auch privaten Interessen nachgegangen sind. Sie benötigen also Unterlagen, mit denen Sie nachweisen können, dass bei der Reise eindeutig berufliche Aspekte im Vordergrund standen und evtl. private Aspekte von untergeordneter Bedeutung waren. Der BFH lässt aber inzwischen eine Aufteilung in berufliche und private Kosten zu (BFH v. 21.9.2009 – GrS 1/06, BFH/NV 2010 S.285). Sie müssen es also nicht mehr hinnehmen, dass man Ihnen wegen einiger privater Kosten bei der Reise die gesamten Aufwendungen streicht. Legen Sie ggf. Einspruch ein und weisen das Finanzamt auf die für Sie günstige Entscheidung sowie die inzwischen ergangenen weiteren Urteile in der Sache hin, mit denen der BFH zur Jagd auf die Streichgelüste des Fiskus geblasen hat (BFH v. 21.4.2010 – VI R 5/07, DB 2010 S.12 und VI R 66/04, DB 2010 S.1328).

Wichtig zu wissen: Bei Tagungen und Fachkongressen sollten Sie sich vom Tagungsleiter per Stempel und Unterschrift an jedem Tag Ihre Teilnahme testieren lassen. Wenn Sie keine Testate erhalten haben, heben Sie Ihre Aufzeichnungen aus den Veranstaltungen als Nachweis Ihrer Anwesenheit auf (FG des Saarlandes v. 14.7.1992 – EFG 1992 S.727; auch BFH-Urt. v. 13.2.1980 – BStBl 1980 II S.386). Lassen Sie sich vom Veranstalter außerdem eine schriftliche Garantie geben, dass die Reisekosten steuerlich absetzbar sind.

GUTER RAT

945 Abrechnungen über Geschäftsreisen müssen tipptopp sein. Führen Sie selbst kleinere Beträge auf, denn Kleinvieh macht auch Mist. Längere Geschäftsreisen sollten Sie einzeln und ggf. monatlich abrechnen. Kleben Sie der Übersichtlichkeit halber kleine Belege auf größere und heften Sie, wenn Kopiergerät zur Hand, die entsprechende Seite aus dem Fahrtenbuch gleich als Kopie mit an. Wenn Sie so vorgehen, kann der Prüfer ruhig kommen: Das Thema Reisekosten können Sie als schon erledigt abhaken.

946 Wenn Sie häufig aus betrieblichen Gründen im Ausland sind, sollten Sie sich unbedingt die dort gezahlte Umsatzsteuer zurückholen. Hierfür benötigen Sie

eine Bescheinigung des deutschen Finanzamts, dass Sie umsatzsteuerlich erfasst sind, und die Rechnungen. (Der Europäische Gerichtshof hat entschieden, dass Kopien für eine Vorsteuererstattung ausreichen müssen, wenn die Originalrechnungen nicht mehr vorliegen – EuGH, Urteil v. 11. 6. 1996, C-361/96.) Reichen Sie den Antrag beim ausländischen Fiskus ein und beachten Sie dabei die engen Fristen. Weitere Informationen bekommen Sie beim Bundeszentralamt für Steuern in Bonn.

Wichtig: 947
Der Vorsteuerabzug aus Reisekosten wurde zum 1. 4. 1999 ersatzlos gestrichen. Da hat uns die EU-Harmonisierung einmal mehr bares Geld gekostet! Allerdings hat der Bundesfinanzhof später umgesteuert: Sie können Vorsteuern aus Fahrtkosten mit öffentlichen Verkehrsmitteln sowie aus Übernachtungs- und Verpflegungskosten ziehen, sofern Sie ordnungsgemäße Rechnungen vorlegen können. Aus den Pauschalen für Verpflegung ist jedoch kein Vorsteuerabzug zulässig (vgl. dazu BFH v. 23. 11. 2000 – BStBl 2001 II S. 266, und BMF v. 28. 3. 2001 – BStBl 2001 I S. 251).

4. Bewirtungskosten

Lassen Sie sich bei der nächsten Betriebsprüfung nicht in Verlegenheit bringen, 948
wenn Ihre Bewirtungskosten geprüft werden.
Kosten zur Bewirtung von Geschäftsfreunden in Ihrer Wohnung brauchen Sie erst gar nicht aufzuführen, die sind nämlich nicht abzugsfähig – es sei denn, Sie können nachweisen, dass gesundheitliche Gründe oder Gründe der Geheimhaltung die Besprechung und Bewirtung in Ihrer Wohnung erforderlich gemacht haben (weshalb Sie Krankheitsnachweise immer gut aufheben sollten!).
Zwar müssen Sie Bewirtungskosten nicht mehr auf amtlich vorgeschriebenem Vordruck nachweisen (§ 4 Abs. 5 Nr. 2 EStG), da selbst die Finanzbürokraten im Lauf der Jahre gemerkt haben, dass sich die wichtigsten Daten schon aus der Rechnung der Gaststätte ergeben, dafür wollen sie sie Ihnen nur noch anerkennen, wenn Sie eine ihnen genehme Rechnung vorlegen können (BMF-Schreiben v. 21. 11. 1994 – BStBl 1994 I S. 895). Damit Sie ihnen nicht in die Nachweisfalle tappen und Ihnen der Betriebsausgabenabzug für Ihre Kundenbewirtung durch die Lappen geht, müssen Sie darauf achten, dass die Gaststättenrechnung folgende Angaben enthält:

- Namen und Adresse der Gaststätte,
- Ihren Namen und Adresse, außer bei Rechnungen bis 100 €,
- eine haarkleine Aufschlüsselung aller verzehrten Speisen und Getränke mit den jeweiligen Preisen. Die Angabe »Speisen und Getränke« allein reicht nicht aus, möglich sind aber Bezeichnungen wie »Menü 3«, »Tagesgericht« oder »Lunch-Buffet«,

- Ort und Zeitpunkt der Bewirtung,
- Name und Adresse aller bewirteten Personen einschließlich Ihnen,
- den Gesamtrechnungsbetrag,
- die gesondert ausgewiesene Umsatzsteuer.
- Trinkgelder müssen ebenfalls gesondert nachgewiesen werden. Zahlen Sie mit Plastikgeld, reicht es aus, wenn Sie die entsprechende Trinkgeldzeile auf dem Zahlungsbeleg ausfüllen. Ansonsten muss das Trinkgeld handschriftlich nachgetragen und vom Kellner durch seine Unterschrift bestätigt werden!

Zudem sollen nur noch Quittungen aus einer maschinellen oder elektronischen Registrierkasse anerkannt werden.

Wenn Gaststättenbelege mal nicht so optimal oder abhanden gekommen sind, müssen Sie die Flinte nicht ins Korn werfen. Erstellen Sie einen Eigenbeleg mit Angaben über Ort, Tag, Teilnehmer und Höhe der Aufwendungen. Zusammen mit einer Kreditkartenabrechnung über die Bewirtung reicht das zumindest dem Finanzgericht Düsseldorf als ausreichender Nachweis Ihrer Bewirtungskosten (FG Düsseldorf v. 7.12.2009 – 11 K 1093/07 E, EFG 2010 S. 633).

Findet die Bewirtung nicht in einer Gaststätte statt, sondern z. B. bei Ihnen im Betrieb, müssen Sie einen Eigenbeleg anfertigen.

949 **Jetzt kommt der Hammer: Aufwendungen für die Bewirtung von Personen aus *geschäftlichem* Anlass dürfen nur zu 70 % den Gewinn mindern (§ 4 Abs. 5 Nr. 2 EStG), sind also nur zu 70 % abzugsfähig.**
In diese Abzugsfalle tappen Sie auch, wenn Sie als Unternehmen Schulungsveranstaltungen z. B. für Reisende oder Handelsvertreter durchführen und diese während der Schulung bewirten. Schon zieht Ihnen der Fiskus mit gierigem Federstrich 30 % der Betriebsausgaben ab (BFH v. 18. 9. 2007 – 2008 II S. 116). Mit diesen Kürzungsgelüsten ist aber sofort Schluss, wenn die Teinehmer für die Schulung etwas bezahlen müssen. In diesem Fall gehört die Bewirtung genauso zum Leistungsangebot wie die Vorträge. Ergo sind die Bewirtungskosten voll abzugsfähig!

Nach wie vor in voller Höhe, also zu 100 %, sind jedoch Bewirtungskosten aus *betrieblichem* Anlass abziehbar, also z. B. die Bewirtung von Arbeitnehmern im Rahmen eines Betriebsfests oder eines Arbeitsessens.

Es gibt Leute, die halten den Unternehmer
für einen räudigen Wolf, den man totschlagen müsse.
Andere meinen, der Unternehmer sei eine Kuh,
die man ununterbrochen melken könne.
Nur wenige sehen in ihm ein Pferd, das den Karren zieht.
(Winston Churchill)

TIPP

für Ihre Geburtstagsfeier

Die Kosten hierfür als Betriebsausgaben abzusetzen hat der Bundesfinanzhof für unzulässig erklärt, denn der Geburtstag des Betriebsinhabers oder des Geschäftsführers ist kein betrieblicher Anlass, auch wenn ganz überwiegend Geschäftsfreunde geladen werden (BFH-Urt. v. 28. 11. 1991 – BStBl 1992 II S. 359). Das FG Hessen hat in jüngerer Zeit in das gleiche Horn geblasen (v. 5. 9. 2006 – 11 K 4347/04). Seien Sie also clever und feiern Sie Ihren Geburtstag zunächst privat und ohne Abzug von Betriebsausgaben. Wenn Sie dann einen Monat später zur Kontaktpflege Ihre Geschäftsfreunde einladen, wird kein Prüfer einen Zusammenhang mit Ihrem Geburtstag annehmen und sind die Kosten für die Einladung Betriebsausgaben, zumindest in Höhe von 70 %. 950
Ähnlich funktioniert es bei einem Empfang zum 60. Geburtstag eines verdienten Angestellten. Wenn Sie das nicht zu einem Privatfest für ihn machen, sondern als Feier des Betriebs zu seinen Ehren deklarieren, sind die Kosten Betriebsausgaben. Und für den Arbeitnehmer keine Sachzuwendungen (BFH-Urt. v. 28. 1. 2003 – BStBl 2003 II S. 724)!

Das weiß ich nicht! Der Polizei gebe ich nie Auskünfte,
man erspart ihr nur die Mühe.
(Graham Greene)

TRICK

Halten Sie sich durch Mietkosten schadlos!

Splitten Sie die Bewirtungskosten in Mietkosten und in Kosten für Speisen und Getränke auf. Das lohnt sich bei größeren Anlässen. Vereinbaren Sie mit dem Wirt, dass er ihnen für Speisen und Getränke Sonderkonditionen einräumt und dafür für den Besprechungsraum Mietkosten in Rechnung stellt. Die Mietkosten setzen Sie nämlich nicht zu läppischen 70 %, sondern zu 100 % ab. 951

5. Vertragsverhältnisse zwischen nahen Angehörigen

Inzwischen hat es sich herumgesprochen: Verträge zwischen nahen Angehörigen werden steuerlich anerkannt, denn sie sind grundsätzlich nicht anders zu beurteilen als Vertragsverhältnisse zwischen Fremden. Folge: Zahlungen, die auf solchen Vertragsverhältnissen beruhen, sind Betriebsausgaben, sofern sie 952 betrieblich veranlasst sind. Wegen der engen persönlichen Beziehung, in der nahe Angehörige normalerweise zueinander stehen, nimmt das Finanzamt diese Vertragsverhältnisse allerdings besonders scharf unter die Lupe. Daher müssen die Vereinbarungen klar und eindeutig und auch tatsächlich vollzogen sein.

a) Arbeitsvertrag mit dem Ehepartner

Bei selbständig Tätigen ist es gang und gäbe, dass der Ehepartner zumindest stundenweise Arbeiten übernimmt. Diese sollten auf jeden Fall über den Betrieb entlohnt und nicht mit einem Dankeschön abgetan werden. Auch fördert es die häusliche Stimmung, wenn die bessere Hälfte finanzielle Anerkennung findet. Um der Steuerpflicht und der regulären Sozialversicherungspflicht auszuweichen, schließen Sie mit Ihrem Ehegatten einen Arbeitsvertrag als Geringverdiener (Teilzeitkraft), wobei die monatliche Entlohnung 400 € nicht übersteigen darf. Wenn Ihr Ehepartner keine weiteren Einkünfte hat, ist die Versteuerung mit einer Minipauschale von 2 % abgegolten, d. h., den Pauschallohn brauchen Sie nicht in der gemeinsamen Einkommensteuererklärung anzugeben. Und so wird gerechnet:

Gehalt als Pauschalkraft monatlich	400 €		
Pauschalsteuer 2 %	8 €		
Pauschale Sozialversicherung 29,08 %	116,32 €		
Summe	524,32 €	× 12 Monate	6 292 €
Steuerersparnis bei 42 % inkl. KiSt und Soli			3 025 €
./. Aufwand pauschale Sozialversicherung + Steuer			– 1 492 €
Überschuss an Liquidität in der Familie			1 533 €

Ist Ihr Ehegatte privat krankenversichert, fällt sogar nur der pauschale Rentenversicherungsbeitrag in Höhe von 15 % an. Bei Gewerbetreibenden kommt zur Ersparnis an Einkommen-, Kirchensteuer und Soli auch noch die Einsparung an Gewerbesteuer hinzu.

TIPP

Achten Sie auf die Formalitäten!

Bei einem Arbeitsverhältnis zwischen Ehegatten sucht der Betriebsprüfer mit Akribie nach Schwachpunkten. So prüft er, ob es wie ein Arbeitsverhältnis zwischen Fremden ausgestaltet ist, d. h., ob eine Lohnsteuerkarte vorgelegen hat (pauschale Versteuerung/Freistellung ausgenommen), ob Lohnsteuer und Sozialversicherung in richtiger Höhe einbehalten und abgeführt wurden, ob der Ehepartner wirklich über das Gehalt verfügen konnte (R 19 EStR). Die Aus-

zahlung des Gehalts kann in bar – gegen Quittung – vorgenommen werden oder durch Überweisung auf ein Konto.
Zum Konto hat der BFH mit Urteil vom 5.2.1997 (X R 145/94) entschieden: Mitverfügungsrecht ist ausreichend. Der Arbeitnehmerehegatte muss also nicht allein verfügungsberechtigt sein. Das Arbeitsverhältnis wird auch anerkannt, wenn das Gehalt des Arbeitnehmerehepartners zur Tilgung eines Bankdarlehens des Arbeitgeberehepartners verwendet (FG Rheinland-Pfalz v. 26.5.1987 – EFG 1987 S. 609) oder als Darlehen dem Betrieb zur Verfügung gestellt wird (BFH-Urt. v. 25.7.1991 – BStBl 1991 II S. 842). Dazu verlangt der Fiskus aber, dass ein ordentlicher Darlehensvertrag abgeschlossen wird.

TRICK

Mit Riester-Förderung noch mehr aus dem Ehegattenarbeitsverhältnis herausholen

Die gängigsten Formen der betrieblichen Altersversorgung (Direktversiche- 953
rungen, Pensionskasse oder -fonds) bleiben steuerfrei. Wenn Teile des Gehalts in eine ab 2005 abgeschlossene Direktversicherung gezahlt werden, können davon 1 800 € + 4 % der Beitragsbemessungsgrenze zur Rentenversicherung steuerfrei bleiben (§ 3 Nr. 63 EStG). Allerdings muss die Direktversicherung, genau wie die anderen Anlageformen, die Riester-Voraussetzungen erfüllen. Unter dieser Bedingung können auch für schon vor dem 1.1.2005 laufende Altersvorsorgeverträge immerhin die 4 % der Rentenversicherungsbemessungsgrundlage steuerfrei bleiben, das sind 2010 auch schon 2 640 €.

Aber: Die Leistungen aus der Direktversicherung etc. dürfen zusammen mit den Rentenansprüchen des Ehepartners nicht zu einer Überversorgung führen. Dazu sollte die Gesamtversorgung später nicht mehr als 75 % der letzten Bezüge des Ehepartners betragen, und es muss auch den anderen Arbeitnehmern eine entsprechende Versicherung angeboten worden sein (BMF v. 3.11.2004 – BStBl 2004 I S. 1045). Das gilt allerdings nicht, wenn der mitarbeitende Ehepartner selbst bestimmt hat, dass Teile seines Arbeitslohns für die Direktversicherung, die Pensionskasse oder den Pensionsfonds verwendet werden sollen, die Beiträge also vom Betrieb nicht zusätzlich zum Gehalt aufgewendet werden (BFH v. 10.6.2008 – BStBl 2008 II S. 973).

Seit 2005 werden Direktversicherungen, aus denen später eine Rente fließt, und Pensionskassen gleich behandelt. Sie können sich also den bis dahin fälligen Betrag von 20 % Pauschalsteuer sparen. Dazu müssen Sie aber wissen, dass die gezahlten Renten später zu 100 % der Steuer unterliegen und nicht mehr nur mit einem geringen Ertragsanteil von z. B. 18 % bei Rentenbeginn mit 65 Jahren.

954 Das Ehegattengehalt wird anerkannt, wenn es angemessen ist. Am besten zahlen Sie also nach Tarif, denn Tarifzahlungen sind immer angemessen. Sonderzahlungen erkennt der Prüfer nur an, wenn auch die übrigen Beschäftigten sie erhalten haben (BFH-Urt. v. 26. 2. 1988 – BStBl 1988 II S. 606).
Achten Sie darauf, dass Ihr Ehegatte nicht an unternehmerischen Entscheidungen beteiligt ist. Das Finanzamt sieht darin nämlich eine »mitunternehmerische« Tätigkeit und besteuert das Gehalt als vorweggenommenen Gewinn. (Es ist schon ein Wahnsinn, welch abstruse Gedankenkombinationen das Steuerrecht verkomplizieren. Und niemand ist da, der den gordischen Knoten zerschlägt.) Dadurch gehen Freibeträge und die Vorteile bei der Gewerbesteuer verloren. Deshalb muss im Anstellungsvertrag das Aufgabengebiet genau beschrieben sein.
Haben Sie es versäumt, einen schriftlichen Arbeitsvertrag abzuschließen, werden Sie bei der Prüfung auf die mündliche Vereinbarung und Ihr schlüssiges Verhalten verweisen. Ein schlüssiges Verhalten liegt vor, wenn das Gehalt tatsächlich ausgezahlt und Steuer- und Sozialabgaben regelmäßig angemeldet und abgeführt wurden. Aber: Die Betriebsprüfer werden immer kleinlicher und verwerfen das Arbeitsverhältnis beim kleinsten Mangel. Etwa wenn es wirtschaftlich keinen Sinn macht, dem Ehegatten kein Arbeitsgebiet zugewiesen oder keine auf seine Kenntnisse zugeschnittene Arbeitsplatzbeschreibung gegeben wurde. Begegnen Sie solchen finanzamtlichen Erbsenzählern, indem Sie diese Einzelheiten in den Arbeitsvertrag aufnehmen. Klar – die wollen vor allen Dingen wissen, ob Ihr Ehepartner überhaupt im Betrieb arbeitet …

SUPER TRICK

Mit einem Lebenspartner haben Sie weniger Stress als mit dem Ehepartner.

955 Mit der Devise »Verliebe dich oft! Verlobe dich selten! Heirate nie!« fahren Sie zumindest in Bezug auf die steuerliche Anerkennung eines Arbeitsverhältnisses mit einem Lebensabschnittspartner gut. Wenn Sie Ihren Lebenspartner in Ihrem Betrieb einstellen, kann Ihnen der Fiskus nicht damit kommen, es sei ein Fremdvergleich notwendig. Der Arbeitslohn ist in aller Regel als Betriebsausgabe abzugsfähig. Das gilt auch dann, wenn er z. B. etwas höher ist als das Gehalt der meisten anderen Mitarbeiter. So jedenfalls sahen es die Richter beim FG Niedersachsen am 12. 11. 1996 (EFG 1997 S. 334).

956 **Fassen wir die besonderen Risiken noch einmal zusammen:**
Voraussetzung für die steuerrechtliche Anerkennung eines Ehegattenarbeitsverhältnisses ist, dass

1. eine klare und ernsthafte Vereinbarung vorliegt,
2. das Arbeitsverhältnis auch tatsächlich durchgeführt wird,
3. das Arbeitsverhältnis vergleichbar auch mit einem fremden Dritten durchgeführt werden könnte (Fremdvergleich).

Der Aufgabenbereich des Arbeitnehmerehegatten ist möglichst genau anzugeben, weil nur dadurch die Angemessenheit der Bezüge dargestellt werden kann.

TIPP

zum Ehegattenarbeitsverhältnis

Am besten legen Sie das Aufgabengebiet Ihres Ehegatten in einer gesonderten Stellenbeschreibung dar. Hierauf richtet sich das Argusauge der Finanzbeamten besonders:

- Höhe der vereinbarten Vergütung,
- tatsächlicher Geldfluss,
- Angemessenheit der vereinbarten Vergütung.

Nach einer Entscheidung des Bundesverfassungsgerichts (BVerfG, Beschluss v. 7.11.1995 – 2 BvR 802/90) ist es nicht zulässig, ein Ehegattenarbeitsverhältnis einkommensteuerlich allein deshalb nicht anzuerkennen, weil das Gehalt auf ein Konto des Arbeitgeberehegatten überwiesen wird, über das der Arbeitnehmerehegatte auch allein verfügen kann. Entscheidend komme es vielmehr darauf an, ob

- ein Arbeitsverhältnis ernstlich vereinbart,
- tatsächlich erfüllt und
- angemessen entgolten worden ist.

Die Art der Kontoführung ist für die Beurteilung der Frage, ob ein Arbeitsverhältnis besteht, nur eines von mehreren Kriterien. Stehen die tatsächlich geleistete Arbeit und die Angemessenheit ihrer Entlohnung außer Frage, kann Ihnen das Finanzamt aus der Art der Kontoführung keinen Strick drehen.

Und aus welchen anderen Gründen sollten Sie unbedingt einen Arbeitsvertrag 957
abschließen? Um darin eine Vereinbarung über die Art und Höhe der Vergütung, vor allem aber über den Umfang der geleisteten Mitarbeit zu treffen, denn bei nur gelegentlicher und unbedeutender Hilfeleistung ist in der Regel von einer Unentgeltlichkeit auszugehen. Und damit entfällt die Steuerersparnis! Der Vergütungsanspruch richtet sich nach den finanziellen Verhältnissen der Ehegatten und den (soweit vorhanden) branchenüblichen Gepflogenheiten (etwa für eine Aushilfskraft in der Gaststätte). Der Arbeitnehmerehegatte ist nach den allgemeinen Vorschriften lohnsteuerpflichtig. Eine Versicherungs-

pflicht in der Kranken-, Renten- und Arbeitslosenversicherung besteht in folgenden Fällen:

- Ihr Ehegatte ist tatsächlich in Ihren Betrieb eingegliedert,
- Sie zahlen ein angemessenes Entgelt,
- das Entgelt wird als Betriebsausgabe verbucht und wie steuerpflichtiger Arbeitslohn behandelt.

Im Übrigen müssen Sie die allgemeinen Entgelt- und zeitlichen Grenzen (geringfügige Beschäftigung) beachten. Sie setzen das Gehalt am besten aus einem Teil zu versteuernder und einem Teil steuerbegünstigter Bezüge zusammen.
Wenn Sie Ihren Ehepartner als Aushilfe deklarieren, muss die Wochenarbeitszeit nicht im Einzelnen geregelt sein. So entschied der BFH am 25. 11. 1999 (Az IV R 44/99). Dass der Ehepartner den Job während der Woche zu unterschiedlichen Zeiten mache, gehe in Ordnung, wenn die Arbeit unregelmäßig anfalle. Ansonsten müsse alles wie unter Fremden geregelt sein: Arbeitsaufgaben, Gehalt, Urlaub, Extras, Kündigungsfristen.

GUTER RAT

Wer als Selbständiger viel auf Reisen ist, hat jeden Grund, seinen Ehepartner bei sich einzustellen.

958 **b) Verträge mit eigenen Kindern**

Hilft Ihr Kind in Ihrem Betrieb mit, lassen Sie sich natürlich seine Lohnsteuerkarte geben. Ein Gehalt bis zu den Grenzen für Teilzeitkräfte von 400 € monatlich ist nämlich auch in Steuerklasse I lohnsteuerfrei, und es erscheint nicht in Ihrer Steuererklärung, denn eine Zusammenveranlagung mit Kindern gibt es bei der Einkommensteuer nicht. Bei Aushilfsarbeiten geht es sogar ohne schriftlichen Arbeitsvertrag. So hat das FG Rheinland-Pfalz (Urt. v. 28. 8. 1986 – EFG 1987 S. 234) Aushilfslöhne an noch in Berufsausbildung befindliche und minderjährige Kinder als Betriebsausgaben anerkannt, da bei Aushilfsarbeiten der Abschluss schriftlicher Verträge auch zwischen Fremden nicht üblich sei.

Anmerkung: Arbeitsverhältnisse zwischen Eltern und minderjährigen Kindern sind auch ohne Mitwirkung eines Ergänzungspflegers steuerlich wirksam. Arbeitsverträge werden aber nur anerkannt, wenn das Kind mindestens 15 Jahre alt ist (vgl. R 4.8 Abs. 3 EStR).

Der Bund gewährte 1995 der Deutschen Bahn AG Personalkosten in Höhe von 5,5 Milliarden Mark jährlich wegen des angeblichen zusätzlichen Personalbedarfs. Tatsächlich bestand jedoch nach Prüfungen des Rechnungshofs für mindestens 20 000 Leute gar kein Erstattungsanspruch. Ausgaben dafür: 1,3 Milliarden im Jahr.

(Bericht des Bundesrechnungshofs)

TIPP

zum Einstellen auf die richterliche Denkweise

Nicht anzuerkennen sind »Arbeitsleistungen, die wegen ihrer Geringfügigkeit 959
oder Eigenart üblicherweise nicht auf arbeitsvertraglicher Grundlage erbracht werden« (R 4.8 Abs. 3 EStR). Die Abgrenzung kann schwierig sein und ist in der Praxis immer wieder streitig. Deshalb gebe ich Ihnen zwei Beispiele an die Hand:

Beispiel 1

A, praktischer Arzt, hat mit seiner 15-jährigen Tochter folgenden Arbeitsvertrag abgeschlossen: Für eine monatliche Vergütung von rund 200 € übernimmt sie zu bestimmten Zeiten, vor allem während der Wochenendbereitschaft, in der Familienwohnung den Telefondienst und wäscht und bügelt samstags für zwei Stunden die Praxiswäsche.

Der Bundesfinanzhof hat den »Arbeitsvertrag« nicht anerkannt, weil insbesondere der Telefondienst im Rahmen der normalen Lebensführung miterledigt werden kann (Urt. v. 9. 12. 1993, BStBl II 1994 S. 298).

Beispiel 2

B, Lebensmittelhändler, hat mit seinen beiden volljährigen Töchtern Arbeitsverträge geschlossen und die eine als Verkaufshilfe, die andere als Buchhalterin beschäftigt.

Der Bundesfinanzhof hat die Arbeitsverträge anerkannt, weil die Kinder Arbeiten übernommen haben, die häufig von Schülern, Studenten oder Hausfrauen gegen entsprechende Bezahlung ausgeführt werden (Urt. v. 25. 1. 1989, BStBl II S. 453).

GUTER RAT

Richten Sie sich darauf ein und sorgen Sie dafür, dass Ihre Kinder nicht nur geringfügige Dienstleistungen erbringen. Vereinbaren Sie zusätzlich zum Telefondienst Botengänge, Reinigungs- und Schreibarbeiten etc.

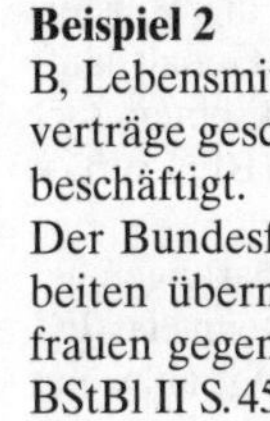

TRICK

Kombinieren Sie Pauschallohn mit vermögenswirksamen Leistungen!

Die Kombination abgabefreier Gehaltsbezüge (das gilt auch für Pauschallohn) 960
mit vermögenswirksamen Leistungen ist besonders attraktiv. Bestimmt das

Kind, dass Teile seines Lohns von z.B. monatlich 400 € vermögenswirksam angelegt werden, etwa in einen Bausparvertrag, bei dem monatlich bis zu 39 € begünstigt sind, kann es eine Arbeitnehmersparzulage von 9 % beanspruchen.

So wird gerechnet:

Monatliches Gehalt brutto =	400 €
./. vermögenswirksame Leistung	– 40 €
Auszahlungsbetrag	360 €

Die Arbeitnehmersparzulage in Höhe von 42,30 € (9 % von 470 €) wird auf Antrag jährlich vom Finanzamt festgesetzt und nach Ablauf der Sperrfrist von sieben Jahren ausbezahlt.

TRICK

Hören Sie her, Meisterväter und Meistermütter!

961 Ist doch klar, bevor Ihr Kind den Betrieb übernimmt, besucht es die Meisterschule. Die Ausbildung finanziert natürlich der Betrieb, und das Gehalt läuft während der Ausbildung weiter. Und der Meisterschüler setzt von seinem Gehalt die Spesen während des Lehrgangs als Werbungskosten ab (BFH-Urt. v. 14. 12. 1990 – BStBl 1991 II S. 305).

Damit das klappt, muss ein handfester Vertrag her, in dem Vereinbarungen getroffen werden, wie sie auch zwischen Fremden üblich wären. Denn das FG Niedersachsen sah eine Meisterprüfung nicht als betrieblich bedingt an, wenn der Sohn den Betrieb übernehmen soll (2. 12. 1998 – XII 542/96).

Ausbildungsdienstvertrag

Zwischen der Firma Herbert Quast, Malerbetrieb in Stuttgart, und Egon Quast, Malergeselle, wohnhaft ebendort, wird folgender Ausbildungsdienstvertrag geschlossen:

Egon Quast ist bereit, alsbald die Prüfung als Malermeister abzulegen und sodann als solcher in der Firma Herbert Quast tätig zu sein.

Die Firma ist auf eine jüngere Meisterfachkraft angewiesen und deshalb bereit, die Lehrgangsgebühren zu übernehmen. Außerdem wird das Gehalt bis zum Ablauf der Regelausbildungsdauer von 14 Monaten weitergezahlt.

Egon Quast besucht ab 1. 2. 20.. die Badische Malerfachschule. Das bereits bestehende Dienstverhältnis wird ab 1. 2. 20.. in ein Ausbildungsdienstverhältnis umgewandelt. Egon Quast verpflichtet sich, nach Ablegung der Meisterprüfung als Meister in der Firma Herbert Quast tätig zu sein.

Kündigt Egon Quast vor Ablauf von zehn Jahren, sind die von der Firma getragenen Lehrgangsgebühren und die während des Lehrgangs gezahlten Gehälter für jedes ausstehende Jahr in Höhe von einem Zehntel zurückzuzahlen.

Stuttgart, den ....

....
Unterschrift Herbert Quast Unterschrift Egon Quast

Damit drücken Sie Ihren Gewinn um:

Gezahltes Gehalt 1 500 € × 14 Monate	21 000 €
ca. 20 % Arbeitgeberanteil zur Sozialversicherung	4 200 €
Lehrgangsgebühren	2 900 €
Insgesamt	28 100 €
Steuerersparnis durch Einkommen-, Kirchen- und Gewerbesteuer bei ca. 60 % =	16 860 €

Egon muss sein Gehalt versteuern, kann aber seine Aufwendungen für die Ausbildung als Werbungskosten absetzen. Zudem tut er bereits jetzt etwas für seine Altersversorgung, da er in die Rentenkasse einzahlt. Und wenn er ausgelernt hat, machen Sie eine vernünftige Absicherung.

TRICK

Ihr Kind als stiller Teilhaber

»Stille Teilhaber habe ich genug, mehr brauche ich nicht«, sagen Sie sogleich 962
und denken dabei ans Finanzamt und an die Hypothekenbank.
Doch was halten Sie davon, die stille Teilhaberschaft des Finanzamts deftig zu beschneiden und stattdessen Ihr Kind als stillen Gesellschafter in Ihre Firma aufzunehmen? Die Gewinnbeteiligung des Kindes wird zum größten Teil zu dessen Unterhalt verwendet, insoweit werden Sie also finanziell entlastet. Der Rest wird gewinnbringend angelegt, z. B. in eine nach zwölf Jahren (Mindestlaufzeit) fällige Lebensversicherung des Kindes.
Die Vorteile liegen auf der Hand: Die stille Beteiligung des Kindes mindert Ihre gewerblichen Einkünfte, wodurch Sie Steuern sparen. Das Kind selbst zahlt keine Steuern, weil es seine Freibeträge (801 € für Kapitaleinkünfte und 8 004 € Grundfreibetrag) ausschöpfen kann und die Beiträge in die Lebensversicherung als Sonderausgaben angesetzt werden. Der Gewinn aus der Lebensversicherung ist bei Fälligkeit nach einem Ablauf von zwölf Jahren zu mindestens 50 % steuerfrei. Die Vergünstigungen summieren sich innerhalb von zwölf Jahren auf steuerfreie Vorteile in hübscher Höhe.

Beispiel

1. Sie schenken Ihrem Kind 50 000 €. Die Schenkung wird notariell beurkundet, und es wird ein Ergänzungspfleger eingeschaltet, da Ihr Kind minderjährig ist. Die Schenkung ist steuerfrei, weil Ihrem Kind ein Schenkungsfreibetrag von 400 000 € zusteht.
2. In einem weiteren notariellen Vertrag räumen Sie Ihrem Kind eine stille Beteiligung nach §§ 230 ff. HGB an Ihrer Firma mit einer Vermögenseinlage von 50 000 € ein. Damit Ihnen die Fiskalritter keinen Strich durch die Rechnung machen, wird das Kind auch an einem eventuellen Verlust angemessen beteiligt. Die Gewinnbeteiligung darf aber 15 % (ohne Verlustbeteiligung 12 %) der Vermögenseinlage nicht übersteigen, sonst geraten Sie mit dem Finanzamt in Konflikt (H 138 a Abs. 5 EStH).
3. Ihr Kind erhält also jährlich 15 % v. 50 000 € = 7 500 €.
4. Jährliche Steuerersparnis bei Ihnen 42 % von 7 500 € = 3 150 €.
5. Bei der Lebensversicherung ergibt sich bei einer Jahresprämie von ca. 2 500 € nach Ablauf der zwölf Jahre eine Versicherungssumme von ca. 46 000 €, von denen nach Abzug der gezahlten Prämien (12 × 2 500 € = 30 000 €) die Hälfte (46 000 € – 30 000 €) ÷ 2 = 8 000 € steuerfrei sind. Mit diesem Geld kann Ihr Kind die stille Beteiligung an Ihrer Firma auf fast 100 000 € aufstocken.

Aber aufgepasst: Bei volljährigen Kindern entfällt der Kindergeldanspruch, wenn die Einkünfte des Kindes über 8 004 € (ab 2010) ggf. zzgl. Sparerpauschbetrag (801 €) liegen.

TRICK

So bauen Sie als kluger Mann einer Pleite vor.

963 Vielleicht sind Sie schon einmal in die Verlegenheit geraten, dass Sie Ihrem Nachwuchs oder einem Freund beim Sprung in die Selbständigkeit finanziell unter die Arme greifen mussten. Nehmen wir mal an, Sie steckten 20 000 € in so ein Geschäft. Ein Darlehen darüber haben Sie vereinbart. Nun, das ist so lange schön und gut, wie der Ausflug in die Selbständigkeit gutgeht und Profite abwirft. Aber was, wenn er in die Hose geht und Sie Ihre Kröten in den Schornstein schreiben müssen? In diesem Fall schauen Sie auch noch steuerlich belämmert aus, weil ihnen die Fiskalritter mit dem leider zutreffenden Hinweis, Darlehensverluste seien ein nicht berücksichtigungsfähiger Verlust auf Vermögensebene, jegliche steuerliche Berücksichtigung der verlorenen 20 000 € verweigern.

Das lässt sich vermeiden, indem Sie für Ihren Obolus eine stille Beteiligung verlangen und gleichzeitig eine Verlustbeteiligung vereinbaren. Wirft das neu gegründete Unternehmen Gewinne ab, fahren Sie mit den Erträgen aus stiller Beteiligung genauso gut wie mit einem herkömmlichen Darlehen. Erleidet Ihr Sprössling oder Ihr Freund dagegen Schiffbruch, geht zwar immer noch Ihre Beteiligung den Bach hinunter, aber Sie können wenigstens den Verlust der stillen Beteiligung in voller Höhe steuerlich absetzen.

Die Bundeswehr wollte für 200 Millionen Mark Prüfautomaten anschaffen. Tatsächlicher Preis: 1,3 Milliarden. Weil das Heer 40 000 Lastwagen mit rostanfälligen Bremsanlagen kaufte, sind inzwischen Instandsetzungskosten von 100 Millionen Mark nötig. Die Umrüstung der Bremsanlagen kostet 400 Millionen.

(Bericht des Bundesrechnungshofs)

c) Verträge mit anderen Familienangehörigen 964

SUPER TRICK

Zahlen Sie wegen der Güterstandsvereinbarung nicht unnötig Steuer!

Viele Selbständige lassen sich auf Drängen ihres Partners verleiten, die Gütertrennung aufzugeben. Gütergemeinschaft kann aber dazu führen, dass Sie Ihr bisheriges Einzelunternehmen steuerlich nun in Mitunternehmerschaft mit Ihrem Ehepartner betreiben. Es ist für die Annahme einer Mitunternehmerschaft nämlich nicht ausschlaggebend, ob eine Person Gesellschafter im zivilrechtlichen Sinn ist oder nicht. Voraussetzung ist vielmehr, dass beide Ehegatten gemeinschaftlich eine selbständige, nachhaltige Tätigkeit ausüben, die mit Gewinnabsicht unternommen wird. Bei vereinbarter Gütergemeinschaft gehört das Betriebskapital beiden Ehegatten. Deshalb erfüllen auch beide durch den Einsatz dieses Kapitals in einem Gewerbebetrieb die Voraussetzungen für eine Mitunternehmerschaft.

Folgende steuerlich unangenehmen Folgen haben Sie dann in Kauf zu nehmen:

- Hat Ihr Ehepartner bisher im Ehegattenarbeitsverhältnis mitgearbeitet und Gehalt bezogen und wird nun als Mitunternehmer angesehen, sind die Gehaltszahlungen nicht mehr abzugsfähige Betriebsausgaben, sondern nichtabzugsfähige Gewinnvorableistungen. Mit der Folge, dass sich Gewerbe- und Einkommensteuer beträchtlich erhöhen.
- Direktversicherungsbeiträge sind keine abzugsfähigen Betriebsausgaben mehr.
- Sie können für Ihren Ehepartner als Mitunternehmer keine gewinnmindernden Pensionsrückstellungen mehr bilden.

- Betriebsgebäude, die bisher Ihrer besseren Hälfte gehörten und an Sie vermietet wurden, stellen mit einem Mal Betriebsvermögen dar. Die Folge:
  - die Mietzahlungen sind keine abzugsfähigen Betriebsausgaben mehr,
  - ein bei einem Verkauf entstehender Gewinn fällt voll unter die Einkommen- und Gewerbesteuer, während eine Veräußerung aus dem Privatvermögen steuerfrei geblieben wäre.

Seien Sie vorsichtig bei der Finanzierung Ihrer Betriebsausgaben!!
Wenn Ihr Ehepartner für Sie ein Darlehen aufnimmt und die entsprechenden Schuldzinsen zahlt, können Sie diese auch dann nicht absetzen, wenn Sie das Geld für die Anschaffung betrieblicher Dinge verwendet haben! (BFH v. 24. 2. 2000 – BStBl 2000 II S. 314)

TRICK

Opa macht sich durch Teilzeitarbeit nützlich.

965 Es gibt nichts Schöneres, als wenn Großeltern, Eltern und Kinder sich gegenseitig helfen … und das Finanzamt noch etwas dazulegt.
Ihr Vater hilft Ihnen im Betrieb. Sie bedienen sich seiner langjährigen Erfahrungen, er erledigt Arbeiten verschiedenster Art, die insgesamt gesehen über den Rahmen der familiären Mithilfe hinausgehen. Er macht das schon seit Jahren und völlig unentgeltlich, auch deshalb, um die Kosten für eine teure Arbeitskraft zu sparen. Er könnte aber noch viel mehr für Sie tun: Er könnte Ihnen helfen, eine Menge Steuern zu sparen. Voraussetzung ist, dass Sie mit ihm einen Arbeitsvertrag schließen, in dem alles genau geregelt ist, sonst macht das Finanzamt nicht mit. Dann gibt es verschiedene Möglichkeiten.
Eine besteht darin, dass Ihr *Vater als kurzfristig beschäftigte Aushilfskraft* – nicht regelmäßig und für längstens 50 Tage im Jahr, aber zusammenhängend nicht mehr als 18 Tage – beschäftigt wird. Eine derartige Beschäftigung wäre sozialversicherungsfrei. Die Abgaben darauf könnten von Ihnen mit 25 % Lohnsteuer zzgl. 7 % Kirchensteuer und 5,5 % Solidaritätszuschlag, insgesamt also mit 28,12 % pauschal übernommen werden und wären bei Ihnen als Betriebsausgaben absetzbar. Ihr Vater hätte nichts zu versteuern.
Für die »klassischen« geringfügig Tätigen gilt allerdings etwas anderes. Bei einer auf Dauer angelegten geringfügigen Beschäftigung fallen in jedem Fall pauschale Sozialversicherungsbeiträge von 28 % an. Unter bestimmten Voraussetzungen können Sie den Lohn steuerfrei zahlen, nämlich wenn Ihnen eine Steuerkarte mit der Steuerklasse I bis IV vorliegt oder Sie 2 % pauschale Steuer in Kauf nehmen und an die Bundesknappschaft in Cottbus abführen.

Minijobs 966

Können Sie trotz aller Überlegungen nicht auf Ihre Teilzeitkräfte verzichten, wollen sich aber auch keine zusätzliche Pauschalsteuer (2 %) ans Bein binden, machen Sie ihnen klar, dass in vielen Fällen trotzdem keine Steuerbelastung entsteht:

So sind 2010 beispielsweise mindestens steuerfrei

- 400 € Arbeitslohn zzgl. monatlich 692 €/2 008 € Altersrente (Alleinstehender/Verheiratete);
- 400 € Arbeitslohn zzgl. monatlich 673 €/1 407 € Pension (Alleinstehender/Verheiratete);
- 400 € Arbeitslohn einer alleinerziehenden Mutter mit einem Kind, die von ihrem Ex monatlich 520 € Unterhalt bekommt und diesen im Rahmen des Realsplittings versteuert.

TRICK

Sie zahlen Opa ein Beraterhonorar.

Warum sollen Sie für ein Gutachten oder eine Beratung nicht auch mal Geld lockermachen? Es müssen ja nicht gleich Millionen sein, wie sie Politiker und Ministerien für ihre Begünstigten von unserem Geld als Steuerzahler verun…, nein, toleranter möchte ich sagen: vergeuden. 967

Schließen Sie mit Ihrem Vater nach seinem 65. Geburtstag einen Beratervertrag gegen Honorar ab und verpflichten ihn, Ihnen bei schwierigen betrieblichen Entscheidungen beratend zur Seite zu stehen, z. B. bei Investitionen, Expansionsplänen oder der Einstellung von Mitarbeitern. Ist Ihr Vater Frührentner, darf er erst ab 65 Jahren unbegrenzt hinzuverdienen, ohne dass ihm seine Rente gekürzt wird. Auch selbständige Erwerbstätigkeit ist vor dem 65. nicht erlaubt.

Die Honorarrechnung Ihres Vaters könnte so lauten:

Honorarrechnung

Für Beratertätigkeit an 50 Tagen mit insgesamt 500 Stunden (Stundensatz 30 €) erlaube ich mir, absprachegemäß folgende Kostennote zu erstellen:

Beraterhonorar	15 000 €
+ Mehrwertsteuer 19 %	2 850 €
Rechnungsbetrag	17 850 €

Eine Spezifikation über meine Tätigkeit an den einzelnen Tagen ist beigefügt.

Was zahlen Sie beide zusammen 2009 an Steuern – **ohne** Beraterhonorar?

Ihr Einkommen (bei einem Gewinn von 110 000 €)		100 000 €	
Einkommensteuer darauf (Splittingtabelle)			14 529 €
Gewerbesteuer bei Hebesatz 400 %			11 970 €
Opas Einkommen	21 000 €		
Einkommensteuer darauf (Grundtabelle)			3 032 €
Steuer insgesamt			29 531 €

Was zahlen Sie beide zusammen an Steuern – **mit** Beraterhonorar?

Ihr Einkommen wie oben		100 000 €	
./. Beraterhonorar		– 15 000 €	
verbleiben		85 000 €	
Einkommensteuer darauf (Splittingtabelle)			10 656 €
Gewerbesteuer bei Hebesatz 400 %			9 870 €
Opas Einkommen wie oben	21 000 €		
Beraterhonorar	15 000 €		
Summe	36 000 €		
Einkommensteuer darauf (Grundtabelle)			7 682 €
Steuer insgesamt			28 208 €
Steuerersparnis pro Jahr			1 323 €

Inklusive Kirchensteuer und Soildaritätszuschlag beläuft sich die Ersparnis auf immerhin ca. 1 500 €.

Ein erheblicher Teil der Steuerersparnis kommt aus der Gewerbesteuer, denn Ihr Gewerbeertrag wird durch das Beraterhonorar gekürzt, wohingegen Opa gewerbesteuerfrei bleibt, weil sein Gewerbeertrag unter dem Freibetrag von 24 500 € liegt. Die lange Nase zeigen Sie aber auch dem Finanzamt, wenn Opa sein Beraterhonorar am Jahresende in Rechnung stellt, der Betrag ihm jedoch erst im neuen Jahr zufließt. Dadurch können Sie das Honorar schon in der Bilanz des alten Jahres ausweisen und als Betriebsausgaben abziehen. Opa braucht es aber erst im neuen Jahr zu versteuern, weil er eine Einnahmenüberschussrechnung macht. Passen Sie nur auf, dass Opa nicht in die Scheinselbständigkeitsfalle tappt. Am besten berät er auch Ihren Bruder, Ihre Cousine usw. So gehen Sie auf Nummer sicher, und alles bleibt in der Familie.

TRICK

Wie Sie ohne höhere Abgaben Ihrerseits einer Teilzeitkraft mehr zahlen können

968 Lohnsteuer und Sozialversicherung setzen der Bezahlung einer Teilzeitkraft enge Grenzen. Was beide Seiten meist anstreben: Pauschalsteuer von 2 % und

pauschale Sozialversicherung und Umlagen von bis zu 29,08 %. Dazu darf der monatliche Arbeitslohn 400 € nicht übersteigen. Die Teilzeitkraft ist dann geringfügig beschäftigt.
»Was mache ich aber, wenn ich meine Teilzeitkraft in den Monaten Juni und Juli zusätzlich als Urlaubsvertretung brauche und sie in diesen beiden Monaten jeweils 1 500 € brutto erhält?«, fragen Sie. In diesen beiden Monaten besteht keine Sozialversicherungspflicht, denn die Beschäftigung ist nur kurzfristig – d.h. längstens zwei Monate oder 50 Arbeitstage. Steuerlich können Sie die Lohnsteuer mit 2 % pauschal berechnen. Oft erkennt man dann, dass eine Lohnsteuer gar nicht anfällt (siehe ➤ Rz 448). Hat die Teilzeitkraft keine Lohnsteuerkarte abgegeben, muss die Lohnsteuer entweder pauschal oder nach Steuerklasse VI erhoben werden, was sehr teuer wird.
»Und was mache ich, wenn ich der Teilzeitkraft im Dezember zusätzlich zu ihrem Pauschallohn 300 € Weihnachtsgeld zahle?«, fragen Sie weiter. Das Weihnachtsgeld wird als Einmalzahlung rechnerisch auf das ganze Jahr verteilt, d.h., jedem Monat werden rechnerisch 25 € zugeschlagen. Falls der Arbeitslohn dabei unter 400 € bleibt, bleibt es bei der pauschalen Sozialversicherungsbeitragspflicht. Wird die 400-€-Grenze durch das Weihnachtsgeld überschritten, besteht reguläre Sozialversicherungspflicht.

Die billigsten Teilzeitjobber **969**

Die Hitliste (kurzfristige Beschäftigungen einmal außen vor gelassen) wird ganz deutlich von den Studenten angeführt, und zwar von denjenigen, die nicht als »Geringfügige« eingestellt werden. So muss beispielsweise für einen Studenten (Verdienst 400 €), der keine weiteren Einkünfte hat und gesetzlich krankenversichert ist, lediglich der Beitrag zur Rentenversicherung gezahlt werden. Dieser beträgt – da der Student ja geringfügig beschäftigt ist – 15 %. Das sind genau 60 €. Die steuerliche Belastung beläuft sich in Steuerklasse I auf 0 €. Es bleibt also bei den 60 € Rentenversicherung, die neben dem Entgelt zu zahlen sind.
Nummer 2 auf der Hitliste der billigsten Arbeitskräfte für Aushilfsjobs sind Beamtenehegatten (oder andere Ehegatten, die über den Partner privat krankenversichert sind). Haben sie keine weiteren Einkünfte, wird neben dem Rentenversicherungsbeitrag nur 2 % Pauschalsteuer fällig. Im Unterschied zum Studenten sind das 17 % (68 €). Der Unterschied ist klein, kann sich aber bei mehreren Aushilfskräften bemerkbar machen.
Um die Notwendigkeit, vor der Einstellung zum Taschenrechner zu greifen, noch deutlicher herauszustellen: Teuer wird's, wenn ein Arbeitnehmer eingestellt wird, der keinen Hauptjob, aber eigenes anderes Einkommen hat und für 400 € arbeitet: Hier werden 13 % Krankenversicherung (52 €), 15 % Rentenversicherung (60 €) und, wenn die Lohnsteuer pauschaliert wird, 2 % Lohnsteuer inkl. Kirchensteuer und Solidaritätszuschlag (8 €) fällig. Das sind zusammen 120 € – im Vergleich zu 60 €.

6. Angenehmer arbeiten und dabei Steuern sparen

970 Die Finanzbürokraten versuchen zwar immer noch gern, so manche Betriebsausgaben zu streichen, indem sie von »Repräsentationsausgaben« reden und auf den §4 Abs.5 EStG verweisen, der u. a. besagt: Aufwendungen, die die Lebensführung berühren, dürfen den Gewinn nicht mindern, soweit sie nach der allgemeinen Verkehrsauffassung als unangemessen anzusehen sind. Mit dieser schwammigen Vorschrift stempeln sie dann im Handumdrehen betriebliche Ausgaben zu privaten Kosten ab, weil sie mutmaßen, der gehobene Lebensstil im betrieblichen Bereich sei Privatvergnügen. Der Bundesfinanzhof und die Finanzgerichte sehen das aber inzwischen anders und verlangen vom Fiskus Großzügigkeit. So darf das Finanzamt grundsätzlich nicht nachprüfen, ob Ausgaben für den Betrieb notwendig waren oder nicht. Über die Notwendigkeit entscheidet allein der Unternehmer. Auch sind Ausgaben abzugsfähig, die für den Betrieb eigentlich nicht notwendig, aber zweckmäßig waren oder üblich sind (BFH, zuletzt im Urt. v. 8.10.1987 – BStBl 1988 II S.853). Es stellt sich nämlich meistens erst später heraus, ob eine Ausgabe sich rentiert hat oder nicht. Es geht nicht an, die Risikobereitschaft des Unternehmers dadurch einzuengen, dass der Fiskus seine Investitionen im Nachhinein auf ihre Nützlichkeit hin überprüft. Das gilt auch für Maßnahmen, mit denen der Unternehmer die Firma bei Kunden und Geschäftspartnern angemessen vertritt (Chefzimmer, Auto) oder mit denen er wichtige Geschäfte anknüpft, abschließt oder auch nur pflegt (Geschäftsessen). Lassen Sie sich also nicht durch übereifrige Finanzbürokraten bremsen, denn das sollten Sie wissen:

971 **Arbeitszimmer**

Auch als Selbständiger können Sie das Arbeitszimmer und die Aufwendungen dafür nur dann absetzen, wenn es der Mittelpunkt Ihrer gesamten beruflichen und betrieblichen Tätigkeit ist, Sie also z. B. als Schriftsteller fast ausschließlich dort arbeiten. Mehr zum Arbeitszimmer finden Sie unter ➤ Rz 267ff. Das dort zu Arbeitnehmern Gesagte trifft auch auf Selbständige zu.

SUPER TRICK

Setzen Sie Ihren PC ab, wenn er zumindest teilweise privat genutzt wird!

Da mittlerweile der Fiskus von seinen kleinlichen Streichgelüsten abgerückt ist, wenn Sie Ihren PC gelegentlich auch einmal privat nutzen, genügt es, wenn Sie den beruflichen oder betrieblichen Nutzungsumfang von z. B. 60 % bis 80 % glaubhaft machen, um die Kosten rund um den Computer absetzen zu können.

SUPER TRICK

Mieten Sie doch den Büroraum von der Ehefrau!

Die Abzugsbeschränkungen sind für Sie vollkommen passé, wenn Sie es schaf- 972
fen, kein »häusliches Arbeitszimmer«, sondern ein Büro zu haben. Als Geschäftsführer einer GmbH haben Sie es da besonders leicht. Ihre Firma mietet den bisher als Arbeitszimmer genutzten Raum von Ihrem Ehepartner und stellt ihn Ihnen als Büro zur Verfügung. Die Mietkosten stecken in Ihrer Firma als Betriebsausgaben, und Ihre bessere Hälfte macht einen schönen Verlust aus Vermietung und Verpachtung geltend, indem sie sämtliche auf das Zimmer entfallenden Kosten mit der Miete verrechnet. Unter dem Strich haben Sie so also weiterhin den Vollabzug aller Arbeitszimmerkosten erreicht. Achten Sie jedoch auf die Angemessenheit der Miete, sonst versucht der Fiskus, Ihnen eine verdeckte Gewinnausschüttung anzuhängen.

Geschäftswagen 973

Sie brauchen sich vom Finanzamt nicht sagen zu lassen, Ihr Geschäftswagen sei zu teuer, wenn Sie häufig betriebliche Fahrten über größere Strecken unternehmen müssen. Dafür brauchen Sie nämlich ein schnelles und sicheres Fahrzeug, und das hat seinen Preis. Sie können sich sogar auf Betriebskosten einen Sportwagen kaufen, wenn Sie entsprechende Umsätze und Gewinne machen (BFH v. 8.10.1987 – BStBl 1987 II S.853 zur betrieblichen Nutzung eines Porsche für 75 000 Mark durch eine Werbeagentur mit einem Umsatz von 1 Mio €.). Einer Marketingagentur hat das FG Hamburg am 15.6.1987 (Az. II 90/85) sogar die Anschaffung eines italienischen Sportwagens für einen sechsstelligen Betrag als betrieblich veranlasst bescheinigt. Auch ein Mercedes 500 SEL ging bei einem Bestattungsunternehmen anstandslos als Geschäftswagen durch (BFH v. 26.1.1988 – BStBl 1988 II S.629).

Auch für Sie als Selbständigen gilt die 1 %-Regelung wie bei Kfz-Überlassung 974
an Arbeitnehmer. Der Entnahmewert der privaten Pkw-Nutzung durch Sie beträgt somit monatlich 1 % des inländischen Listenpreises Ihres Autos zum Zeitpunkt der Erstzulassung zzgl. Kosten für Sonderausstattung und USt (§6 Abs.1 Nr.4 Satz 2 EStG).

Die 1-%-Regelung können Sie aber nur für Fahrzeuge des **notwendigen Betriebsvermögens** anwenden. Das bedeutet, dass Sie den fahrbaren Untersatz zu mehr als 50 % betrieblich nutzen müssen. Zur betrieblichen Nutzung gehören neben den echten Geschäftsfahrten auch die Fahrten zwischen Wohnung und Betrieb, und zwar ohne Kappung der ersten 20km. Auch eine Mittagsheimfahrt, um zu Hause zu essen, können Sie beruhigt der betrieblichen Nutzung zurechnen.

Für Kraftfahrzeuge im sog. gewillkürten Betriebsvermögen, also bei einer betrieblichen Nutzung von 10 bis 50 %, müssen Sie den Wert Ihrer privaten Nutzung mit den anteilig auf die privaten Kilometer entfallenden Kosten ermitteln. Dass Sie Ihr Auto zu mehr als 50 % betrieblich nutzen, müssen Sie dem Finanzamt belegen. Dazu wird man Ihnen zwar kein Fahrtenbuch abverlangen können, aber den Kilometerstand zu Beginn und zum Ende des Jahres müssen Sie nachprüfbar festhalten. Außerdem müssen Sie zumindest die von Ihnen durchgeführten betrieblichen Fahrten samt Kilometer aufschreiben.

WICHTIGER HINWEIS

Liegt Ihre betriebliche Nutzung voraussichtlich unter 50 %, sollten Sie sich zu einem Fahrtenbuch durchringen. Nur so können Sie verhindern, dass Ihnen die Fiskalritter einen viel zu hohen privaten Kostenanteil zurechnen.

Die Änderungen betreffen nur Einzelunternehmer, Mitunternehmer von Personengesellschaften, Land- und Forstwirte sowie Freiberufler und andere selbständig Tätige. Für Arbeitnehmer und für Gesellschafter-Geschäftsführer von Kapitalgesellschaften bleibt es weiterhin bei der Anwendung der 1-%-Regelung, wenn die private Nutzung 50 % oder mehr beträgt.

975 Der Listenneupreis wird auch bei Gebrauchtwagen angesetzt und bei Autos, die Sie mit erheblichem Rabatt gekauft haben. Er gilt also z. B. auch bei einem reimportierten Kfz.

Wenn Sie im Betrieb mehr als einen Pkw haben, wird es unter Umständen haarig. Die Fiskalritter wollen Ihnen möglichst viel Privatnutzung ans Bein binden, indem sie die 1-%-Regelung für jedes auch von Ihrem Ehe- oder Lebenspartner oder Ihren Kindern genützte Auto ansetzen. Halbwegs aus dem Schneider sind Sie, wenn Ihre Lieben die Firmenautos nicht nutzen. In diesem Fall bleibt es bei einmal 1 % pro Monat. Allerdings müssen Sie sich in diesem Fall wohl gefallen lassen, dass die Fiskalritter das Auto mit dem höchsten Listenpreis zugrunde legen, es sei denn, Sie führen ein Fahrtenbuch (BMF-Schreiben v. 21. 1. 2002 – BStBl 2002 I S. 148, Tz 9).

TRICK

Fahren Sie einen Monat im Jahr mal kein Auto!

976 Nutzen auch Ihre Lieben (Frau/Mann/Kinder) die Firmenfahrzeuge privat, dann setzen Sie die 1-%-Regelung für den einen oder anderen Monat im Jahr aus. Das geht so: Die pauschale Nutzungswertermittlung wird monatsweise durchgeführt. Wird also in einem Monat ein Auto nicht privat genutzt, entfällt die Nutzungsbesteuerung. Als Unternehmer werden Sie eher selten vier Wochen Urlaub machen – der Rest der Familie aber vielleicht doch. **Aber Vorsicht:** Nur einmal im Monat genutzt – schon sind Sie mit von der Steuerpartie. Fragt sich nur, wie das Finanzamt das nachweisen will.

Kostendeckelung 977

Glücklicherweise hat alles seine Grenzen, sogar, wenn es um die Besteuerung geht – man möchte es ja nicht glauben. Jedem ist klar: Die teure 1 %-Regelung wächst sich zum absoluten Ärgernis aus, wenn das Auto schon abgeschrieben ist. Denn die tatsächlichen Kosten interessieren bei der Anwendung der 1-%-Regelung nicht, und Wertansatz ist ja der Listenpreis des Fahrzeugs bei der Erstzulassung. Ist das Auto aber schon abgeschrieben, dann kann es sein, dass die pauschal ermittelten Kosten für die Privatnutzung höher sind als die tatsächlich entstandenen Kosten. Ist das bei Ihnen der Fall, dann können Sie den Wert der Privatnutzung auf die Höhe der tatsächlich entstandenen Kosten begrenzen – und Sie müssen sich nicht einmal auf ein BFH-Urteil berufen, denn es gibt dazu sogar eine finanzinterne Anweisung (BMF-Schreiben v. 21. 1. 2002 – BStBl 2002 I S. 148, Rz 14), der das Finanzamt folgen wird. Voraussetzung: Sie weisen die tatsächlich entstandenen Aufwendungen nach.

TIPP

zur Pkw-Nutzung

Entweder wenden Sie die private Nutzungswertbesteuerung auf die betroffenen Kfz zusammen an oder nur auf einzelne, für die das günstig ist. 978

Übrigens: Die 1-%-Regelung gilt sogar für Geländewagen. Das hat der BFH so entschieden (Urt. v. 12. 2. 2002 – BStBl 2003 II S. 472).

Wichtig: Die 1-%-Regelung gilt nur für Pkw. Wenn Sie in Ihrem Betrieb also nur schmucke, kleine Kastenwagen oder Kleintransporter haben, die als Lkw zugelassen sind, sind Sie aus dem Schneider. Weil solche Fahrzeuge grundsätzlich nicht für eine Privatnutzung geeignet sind, kann Ihnen der Fiskus hier keine 1-%-Regelung ans Bein binden. Nicht Sie müssen beweisen, dass Sie die Autos nicht privat nutzen, sondern das Finanzamt muss Ihnen die private Nutzung nachweisen (BFH v. 18. 12. 2008 – BStBl 2009 II S. 381). Selbst wenn ihm das gelingt, greift nicht die 1-%-Regelung, sondern die Versteuerung der anteiligen Kosten für die privaten Kilometer zzgl. eines angemessenen Gewinnaufschlags.

SUPER TRICK

Setzen Sie für die Umsatzsteuer nur die tatsächlichen Kosten an!

979 Zwar hat der BFH entschieden, dass die 1-%-Regel verfassungsgemäß sein soll, doch hat er Ihnen gleichzeitig die Möglichkeit eingeräumt, für die Umsatzsteuer nur die tatsächlichen Kosten anzusetzen. Das heißt für Sie, dass Sie nur Umsatzsteuer auf die mit Vorsteuer belasteten Kosten zahlen müssen und den Anteil sogar schätzen können!

Beispiel

Kfz-Kosten (netto) in €	Ansatz	kein Ansatz
Benzin	2 000 €	
Versicherung		800 €
Reparaturen	500 €	
Steuer		600 €
AfA	4 000 €	
Summe	6 500 €	1 400 €
Davon 35 %	1 950 €	
USt 19 %	370 €	

Zum Vergleich: Bei Ansatz des Listenpreises müssten Sie 23 200 € × **1 %** × 12 Monate = 2 784 €, davon 80 %, also 2 227,20 € × 16 % = 423,17 € zahlen. Ersparnis 53,17 €! Lachen Sie jetzt nicht. Haben und nicht haben!

SUPER TRICK

Drücken Sie die Kosten für Ihren Oldtimer in den Betrieb!

980 Nennen Sie etwa einen wunderschönen alten, aber leider auch extrem teuren Oldtimer Ihr Eigen? Setzen Sie locker monatlich 1 % des Listenneupreises zum Zeitpunkt der Erstzulassung als Privatanteil an. Sie haben für Ihr Goldstück zwar umgerechnet 130 000 € berappt, 1958 aber, als es erstmalig zugelassen wurde, lag der Listenpreis bei schlappen 35 000 DM, umgerechnet also ca. 17 900 €. Macht für Sie pro Monat 179 €, im Jahr 2 148 € Privatanteil. Allein die Abschreibung – ohne die ganzen übrigen Kosten – beträgt dagegen schon rund 22 000 € im Jahr, und die steckt jetzt voll in den Betriebsausgaben.

Frauen sind wie Katzen: Beide kann man nur zwingen,
das zu tun, was sie selbst mögen.
(Colette)

TRICK

Führen Sie bei gebraucht gekaufter Luxuskarosse ein Fahrtenbuch!

Nicht jeder freut sich über die 1-%-Regelung. Sie kann auch ins Gegenteil schlagen. Weil Sie es gern bequem haben, haben Sie sich als Betriebs-Pkw einen acht Jahre alten Mercedes 560 SEL zugelegt, der noch ganz gut in Schuss ist und nur 8 000 € gekostet hat. Reparaturen und laufende Kosten halten sich in Grenzen, weil Sie nicht viel fahren. Inklusive Abschreibung kostet Sie das Auto so nur etwa 6 000 € im Jahr. Leider hat die Mühle zu ihren Glanzzeiten als Neuwagen umgerechnet 62 000 € nach Liste gekostet. Ihr Privatanteil beträgt somit: 62 000 € × 1 % = 620 € × 12 = 7 440 €. Wie Sie sehen, ein überaus schlechtes Geschäft: Theoretisch müsten Sie sogar mehr versteuern, als Sie überhaupt an Kosten hatten. In der Praxis wird zwar die Versteuerung auf die Höhe der tatsächlichen Kosten begrenzt (BMF-Schreiben v. 12. 5. 1997 – BStBl 1997 S. 562, Tz 13), trotzdem gibt es für Sie nur eine Alternative: Führen Sie ein Fahrtenbuch, und schon können Sie belegen, dass das Auto zu 80 % betrieblich genutzt wird, womit wieder 4 800 € von 6 000 € Ihrer Gesamtkosten abzugsfähige Betriebsausgaben sind!
Zum Fahrtenbuch siehe unbedingt ➤ Rz 124 ff.

TIPP

Sie hatten einen Unfall mit dem Firmen-Pkw?

Wenn Sie mit Ihrem Firmenwagen einen Unfall auf einer Privatfahrt haben, 981
droht gewaltiges Ungemach. Der Wertverlust bzw. die Reparaturkosten werden als private Kosten behandelt und sind nicht als Betriebsausgaben abzugsfähig. Dass die private Nutzung mit dem Ansatz von 1 % Eigenanteil pro Monat besteuert wird, spielt insoweit keine Rolle. Die Unfallkosten sind durch die 1-%-Regelung nicht abgegolten. Dasselbe gilt übrigens auch, wenn Sie sich den fahrbaren Untersatz bei einer privaten Fahrt stehlen lassen (BFH v. 18. 4. 2007 – BStBl 2007 II S. 762).
Das bedeutet für Sie: Entweder Sie fahren auf Ihren Privatfahrten besonders vorsichtig, oder Sie haben immer noch einen beruflichen Anlass für die Fahrt in der Hinterhand.

982 **Barbesuch und Gartenparty**

Die Kosten für solche Vergnügungen sind als Betriebsausgaben abzugsfähig, wenn sie dazu beitragen können, ein Geschäft erfolgreich zum Abschluss zu bringen. Halten Sie aber die Kosten etwas in Grenzen. Bei mehr als 100 € pro Gast und Abend kann das Finanzamt seine Streichgelüste an Ihnen auslassen (FG Düsseldorf v. 14. 11. 1985, VII/V 84/79 E). Die Kosten für ein größeres Firmenfest mit Kunden, Geschäftspartnern und Mitarbeitern sind ebenfalls abzugsfähig. Während bei kleinen Veranstaltungen die Namen aller Gäste aufgeführt werden müssen, genügt es bei größeren Festen, wenn die Zahl der bewirteten Personen und die Personengruppe generell erwähnt werden (BFH v. 30. 1. 1986 – BStBl 1986 II S. 488). Findet die betriebliche Gartenparty zufällig zum 65. Geburtstag des Firmeninhabers statt, kann es mit dem Finanzamt Ärger geben (BFH v. 15. 5. 1986 – IV R 184/83). Allerdings hat sich der BFH bei einem Geschäftsführer großzügig gezeigt, der nur Mitarbeiter eingeladen und seine eigentliche Geburtstagsparty mit Freunden und Bekannten schon vorher pompös gefeiert hatte (BFH v. 1. 2. 2007 – BStBl 2007 II S. 459).

7. Passen Sie auf, dass man Ihnen keine Liebhaberei anhängt!

983 **Gewerbebetrieb**

Der Bundesfinanzhof hat die Annahme einer Liebhaberei in Einzelfällen erst nach Ablauf eines Zeitraums von etwa acht Jahren, in denen ausschließlich Verluste erwirtschaftet wurden, für gerechtfertigt gehalten. Selbst in diesen Fällen kann aber dem Finanzamt noch glaubhaft dargetan werden, dass besondere Umstände die andauernden Verluste verursacht haben und der Betrieb nach Wegfall dieser Umstände nachhaltig Gewinne erzielen kann. In der Praxis, so die OFD Köln, bereite diese in die Zukunft gerichtete Beurteilung einer Tätigkeit wegen der ungewissen Entwicklung erhebliche Schwierigkeiten. Es bestünden deshalb keine Bedenken, in Fällen, in denen die Art der Tätigkeit verstärkt auf Liebhaberei hindeute, die Steuerfestsetzung vorläufig nach § 165 AO durchzuführen (OFD Köln v. 29. 10. 1984 – S. 2240 – 32 – St. 113). Die OFD Nürnberg versteigt sich sogar zu der Anweisung an ihre Finanzämter, die Verluste im Rahmen der vorläufigen Steuerfestsetzung zunächst nicht zu berücksichtigen, es sei denn, erhebliche Anhaltspunkte sprächen für einen steuerlich anzuerkennenden Anfangsverlust (Vfg. OFD Nürnberg v. 28. 4. 1986 – S. 2113; NWB DokSt F. 3 §§ 2, 20 – EStG A2/87). Das ist wohl der Gipfel einer restriktiven Gesetzesauslegung.

Steuerlich unbeachtliche Einkünfte aus selbständiger Tätigkeit liegen jedenfalls dann vor, wenn absehbar auf Dauer geringfügige Einnahmen gleichbleibender Höhe Ausgaben gegenüberstehen, die sie in wachsender Tendenz um ein Vielfaches übersteigen, so dass bei den übrigen freiberuflichen Einkünften nachhaltig mit überdurchschnittlichen Steuerminderungen gerechnet werden kann (Urteilstenor des FG Saar v. 20. 6. 1984 – EFG 1985 S. 19).
Diese beiden Tricks gelten auch für Nichtselbständige:

TRICK

Ein Hobby zum Geschäft ausweiten und viel Steuern sparen

Nehmen wir an, Sie sind ein richtiger Autonarr. Sie wohnen in einem Einfamili- 984
enhaus und haben sich nebenan eine große Garage gebaut, in der mehr als genug Platz ist, Ihrem Hobby, Motoren zu frisieren, nachzugehen. Im Lauf der Jahre haben Sie sich sogar eine Inspektionsgrube gebaut und tolles Werkzeug beschafft. Zudem haben Sie einen Flaschenzug installiert, um Motoren und Maschinenteile bequem aus- und einbauen zu können. Kurz und gut: Sie haben eine richtige kleine Werkstatt für sich. Liegt es da nicht nahe, sich nebenbei Geld zu verdienen, indem Sie sie anderen Leuten zur Verfügung stellen und dafür Miete verlangen?

»Nein – das liegt gar nicht nahe«, sagen Sie. »Ab und zu überlasse ich sie einem Freund, aber mich mit Fremden rumschlagen? Dafür habe ich weder Zeit noch Geduld.« Da haben Sie sich ja schon halb strafbar gemacht, wenn Sie Ihre Freunde dort arbeiten ließen, ohne eine Gewerbegenehmigung in der Tasche zu haben. Und was Sie dafür gezahlt bekamen, haben Sie sicher schwarz eingesteckt. Auch das ist strafbar.

Bleiben Sie lieber auf dem Weg des Gesetzes, holen Sie sich eine Gewerbeerlaubnis für ein paar Euro bei der Gemeinde und geben Sie dem Finanzamt ordnungsgemäß an, was Sie einnehmen. Ich rechne Ihnen vor, was das bringen kann:

Einnahmen aus Automietwerkstatt, die Sie zwecks Schonung Ihrer Nerven nur guten Freunden zur Verfügung stellen, die (was Sie dem Finanzamt nicht gerade erklären müssen) aus dem Gegenwert von jährlich 8 Kästen Bier bestehen, also	80 €
Ausgaben	
Baukosten der Garage 12 000 €, AfA 7 %	840 €
Baukosten der Grube 3 500 €, AfA 10 %	350 €
Werkzeug 2 500 €, AfA 10 %	250 €
Maschinen 5 000 €, AfA 20 %	1 000 €
Anteilige Kosten Grundsteuer, Strom, Heizung, Wasser	150 €
Anteilige Telefonkosten	20 €
Teilzeitkraft Ehepartner, Tochter etc. (zur Annahme von Gesprächen, Buchführung usw.) monatlich 50 €	600 €
Spesen, Büromaterial	150 €
Diesem Aufwand von	3 360 €
stehen 80 € Einnahmen gegenüber, macht einen *Verlust* von	3 280 €

Übertreiben Sie es aber nicht und bewahren Sie alle Belege sorgfältig auf.
Anmerkung: Gewinne aus einem Gewerbebetrieb gibt es in den Anfangsjahren bei einem neu eröffneten Geschäft kaum. Das Finanzamt kennt das aus langer Erfahrung. Steuererstattung darauf: zwischen 553 € und 1 542 €.

985 Angenommen, Sie entdecken den Künstler in sich und richten sich ein teures Atelier ein. Soweit es rechtlich vertretbar erscheint, berücksichtigt das Finanzamt in diesem Fall den Umstand, dass bis zur Erzielung ausreichender Einkünfte eine längere Zeit als bei manch anderer Berufsgruppe vergehen kann: »Ebenso wird zu berücksichtigen sein, dass bei Künstlern auf Jahre mit Gewinnen auch längere Perioden mit Verlusten folgen können. Letztlich können jedoch Verluste von Kunstschaffenden bei der ESt-Veranlagung steuermindernd nur berücksichtigt werden, wenn es sich um Verluste aus einer Tätigkeit handelt, die auf die Erzielung von positiven Einkünften gerichtet ist.« (OFD Köln v. 5. 9. 1984 S. 2246 – 3 St – 113) Sie müssen also nur darauf achten, dass keiner sagen kann, es sei Liebhaberei!

TIPP

für Hobbyschriftsteller

Hegen Sie schriftstellerische Ambitionen? Leider werden von den Verlagen von etwa 1 000 eingereichten Manuskripten 999 mit ein paar höflichen Floskeln zurückgeschickt. Was liegt da näher, als Ihre Geschichte selbst drucken zu lassen und im Eigenverlag herauszugeben? In einschlägigen Zeitschriften können Sie Ihr Buch dann in Anzeigen anpreisen. Auf diese Weise können Sie Ihren Stolz befriedigen, sich einmal gedruckt zu sehen und außerdem das Finanzamt um einen guten Anteil Steuern gedrückt zu haben …

SUPER TRICK

Machen Sie Ihre persönlichen Vorlieben zur Goldgrube!

986 Wenn persönliches Interesse und Geschäftssinn in dieselbe Richtung gehen, steht am Ende oft der große Erfolg, so sagt man. Und da jedes Unternehmen mit einem gewissen Risiko verbunden ist, sollten Sie finanziell gut abgesichert sein, um mögliche Verluste zu verkraften – am besten durch hohe Einkünfte aus anderen Quellen. »Die dann durch Verrechnung mit den Verlusten geschmälert werden. Das wollen Sie doch sagen«, so schließen Sie. Richtig, so erging es

- der Ehefrau eines gut verdienenden Arztes mit ihrer Töpferei (10 000 € Verlust in sechs Jahren),
- einem Diakon mit einer Mineralien- und Fossilienhandlung (55 000 € in acht Jahren),
- einem Studienrat a. D. und einem Lehrer als Schriftsteller über das Eisenbahnwesen (24 000 € in vier Jahren) bzw. Wappenkunde (72 000 € in 14 Jahren),
- einem Angestellten mit einer Papageienzucht (14 000 € in fünf Jahren),
- einem anderen Angestellten mit einer VIP-Autovermietung Mercedes 600 (30 000 € nach zwei Jahren),
- einem Prokuristen und seiner Frau, die zusammen eine Heilpraxis ausübten (90 000 € in sieben Jahren),
- einem Angestellten als Kunstmaler, der durch Studienreisen hohe Verluste hatte (15 000 € in drei Jahren),
- einem Werklehrer als Bildhauer (über 100 000 € in 18 Jahren),
- einem Rechtsanwalt, der über 20 Jahre einen Verlust von 500 000 € abschrieb.

»Und das Finanzamt hat denen die Verluste nicht wegen Liebhaberei gestrichen und musste damit diesen Leuten die bereits bezahlten Steuern für die normalen Einkünfte wieder rausrücken?«, fragen Sie ungläubig. Ja, alles durchgegangen! Einer hat sogar seine Kosten als Liebhaber abgesetzt (Verlust in sieben Jahren 90 000 €).

Nicht voll durchgegangen sind vielleicht ebenso viele Unternehmen. Bevor Sie Ihr Hobby zu einem der folgenden Geschäfte machen, schlagen Sie lieber die entsprechenden Entscheidungen nach, damit Sie keine Fehler begehen: 987

- Rallyesportunternehmen eines Fahrlehrers, sechs Jahre Verluste: Liebhaberei, FG Niedersachsen EFG 1992, S. 97,
- Secondhandshop infolge fehlender Deckung der fixen Kosten: Liebhaberei, FG Hessen EFG 1986, S. 271,
- Kunstgaleriefirma eines Arztes: Liebhaberei, FG Düsseldorf EFG 1992, S. 522,
- Vercharterung einer Segelyacht: Liebhaberei, FG Düsseldorf EFG 1992, S. 328,
- Getränkegroßhandel: nach allerdings erst 19 Verlustjahren als Liebhaberei deklariert, BFH vom 19. 11. 1985 – BStBl 1986 II S. 289, kaum glaubhaftes Urteil!
- Vollblutgestüt mit Rennstall: schon 1926 als Liebhaberei angesehen: RFH vom 24. 3. 1926 – RStBl 1926, S. 194. Vgl. aber ➤ Rz 358,
- Springreitsport war nicht professionell genug: als Liebhaberei erklärt vom FG Rheinland-Pfalz vom 22. 4. 1982 – EFG 1983, S. 10. Vgl. aber ➤ Rz 358,

- Brieftaubenzucht: Liebhaberei, FG Münster vom 12.12.1962 – EFG 1963, S.291,
- Architekt (dessen Ehefrau gut verdient) mit einem Gesamtverlust von über 120 000 € im Zeitraum von elf Jahren: Liebhaberei – nicht zu fassen!
- Pensionierter Richter, der über die Beschäftigung mit der Wappenkunde in 14 Jahren 72 000 € Verlust erklärte: Liebhaberei.

Lesen Sie zu Ausnahmen und Gestaltungen in den übrigen Rz nach.

TIPP

zur Liebhaberei

988 Der BFH verlangt vom Fiskus, dass der sich ganz genau mit dem Fall befasst. So geschehen bei einem Künstler, der selbständig und gleichzeitig angestellt war und aus seiner Kunst insgesamt positive Einkünfte erzielte. Dennoch bestritt das Finanzamt seine Gewinnerzielungsabsicht. Der BFH gab dem Finanzamt eins auf die Finger: Man möge bitte viel genauer arbeiten (Urt. v. 6.3.2003 – BStBl 2003 II S.602). Wappnen Sie sich also mit Argumenten, dann haben Sie gute Chancen.

Argumentieren Sie so, wie der Bundesfinanzhof die Sache sieht. Der meint nämlich: »Wenn dauernde Verluste auf das Fehlen einer Gewinnerzielungsabsicht hindeuten, kann dies allein noch nicht entscheidend sein. Aus weiteren Beweisanzeichen muss vielmehr die Feststellung abgeleitet werden können, dass der Steuerpflichtige die verlustbringende Tätigkeit nur aus im Bereich seiner Lebensführung liegenden persönlichen Gründen oder Neigungen ausübt. Der Steuerpflichtige kann sich also darauf berufen, dass er die Gewinnaussichten und die betrieblichen Erfordernisse verkannt und Fehlmaßnahmen getroffen habe. Damit dies glaubhaft wird, muss er allerdings korrigierend tätig werden, etwa die Art der Bewirtschaftung umstellen.« Der Bundesfinanzhof stellt besonders auf einen »Totalgewinn« ab. Und meint, wenn die Gewinnerzielungsabsicht nicht zu prüfen sei, müsse auf das Ergebnis von der Gründung bis zur Veräußerung des Geschäfts geschaut werden. Dabei wären auch evtl. geschaffene stille Reserven einzubeziehen. Würden also nach außen nur Verluste ausgewiesen, könnte möglicherweise doch ein indirekter Gewinn dabei rumgekommen sein.

Darin sehe ich eine Chance für Sie. Bereiten Sie eine genaue Darstellung vor, wenn Ihnen das eben erwähnte Schreiben des Amtes auf den Schreibtisch flattert. Führen Sie an, was in Ihrem Laden bislang nicht geklappt hat und warum ständig Verluste angefallen sind. Und dass Sie ein neues Konzept erarbeiten und Umstrukturierungen vornehmen werden. Und dass Sie erst mal Erfahrungen zu sammeln hatten, um konkurrenzmäßig mithalten zu können. Das Allerwichtigste, das Sie nie vergessen dürfen:

Ihr Nebenjob muss kurz vor Ablauf der sog. Liebhabereifrist von zehn Jahren einen bleibenden Überschuss bringen. Ansonsten werden die Steuervorteile vom Finanzamt rückwirkend gestrichen! Mein Rat: Ist Ihnen das nicht möglich, dann melden Sie den Betrieb einfach ab – haben aber die Steuerermäßigungen für zehn Jahre sicher im Sack. 989

Sie sind skeptisch? Überlegen Sie doch: Wie könnten Sie Ihre streng kaufmännische Denkweise und Ihr Streben nach einem Gesamtgewinn besser dokumentieren als dadurch, dass Sie Ihren Betrieb einstellen, weil sich Ihr Engagement als nicht lohnend herausgestellt hat. Gerade damit nehmen Sie streichwütigen Fiskalrittern den Wind aus den Segeln, denn die Schließung des Betriebs ist die wohl wirksamste und daher auch vom Bundesfinanzhof anerkannte Umstrukturierungsmaßnahme, um von dauernden Verlusten herunterzukommen (BFH-Urt. v. 15. 11. 1984 – BStBl 1985 II S. 205).

Typische Gewerbebetriebe sind keine Liebhaberei 990

Liebhaberei bedeutet immer, dass Ihr Betrieb langfristig Verluste abwirft **und zusätzlich** private Motive für seine Führung vorliegen. Fehlen solche privaten Gründe, kann Ihnen das Finanzamt nur noch in absoluten Ausnahmefällen mit Liebhaberei kommen. So gehört z. B. das Aufstellen von Automaten nicht zu den Tätigkeiten, die typischerweise der Befriedigung privater Neigungen dienen. Im Vorrang steht hier normalerweise das Ziel, Gewinne zu erwirtschaften. Werden trotzdem nachhaltig Verluste erzielt, kann Liebhaberei nur angenommen werden, wenn konkrete Anhaltspunkte dafür vorliegen, dass Sie die Verluste aus persönlichen Gründen hingenommen haben. Und das muss Ihnen gefälligst das Finanzamt nachweisen (BFH v. 19. 3. 2009 – IV R 40/06).
Insbesondere bei Betrieben, bei denen es unwahrscheinlich ist, dass Sie damit nur Ihrem Hobby frönen, kann Ihnen das Finanzamt nur dann mit Liebhaberei kommen, wenn Sie über die Gründungsphase von ca. fünf Jahren hinaus sind und danach keine Maßnahmen ergriffen haben, die Verluste zu verringern. Allein die Steuerersparnis sieht der BFH als nicht ausreichend an, es sei denn, Sie legen es darauf an, gezielt die Verluste von der Steuer abzusetzen, spätere Gewinne dagegen möglichst steuerfrei zu kassieren (BFH v. 23. 5. 2007 – BStBl 2007 II S. 874).

Vorgründungskosten 991

Lassen Sie sich von den Fiskalrittern nicht die Vorgründungskosten für eine neue Existenz aberkennen! Die sagen gleich mal: Sie mussten doch vorher wissen, dass es Ihnen nie gelingen würde, ein neues Geschäft aufzumachen. Und wenn Sie für eine aussichtslose Sache Geld ausgeben, müssen Sie die Folgen dieser Fehlentscheidung schon selbst tragen und können sie nicht dem Finanzamt anlasten. Sorgen Sie also vor, dass es nicht zu einer solchen Argumentation kommen kann. Nehmen wir mal an, Sie wollen sich mit einer McDonald's-Filiale im Franchising-System eine neue Existenz aufbauen. Dazu besuchen Sie teure Managerseminare, machen Lehrgänge in kaufmännischer Schulung, Englisch und Buchführung, fliegen zur Information in die Staaten

und haben dafür schon bald	10 000 €
ausgegeben. Dazu haben Sie Fahrtkosten von	2 500 €
Zusammen:	12 500 €
Diese Ausgaben möchten Sie von Ihrem Einkommen	
als gutbezahlter Konstrukteur bei VW in Höhe von	50 000 €
absetzen,	–12 500 €
so dass auf die verbleibenden	37 500 €
statt 12 847 € nur 8 119 € Steuer anfallen.	

Ihr Pech ist nun, dass McDonald's Ihnen die bereits in Aussicht gestellte Filiale nicht übergibt. Sie fragen nach, warum, und man sagt Ihnen, dass man durch eine Schufa-Auskunft erfahren habe, dass Sie in früheren Jahren einmal einen Offenbarungseid hatten ablegen müssen. Das Finanzamt meint: Sie hätten wissen müssen, dass damit Ihre Chancen auf eine Filiale und somit auf Selbständigkeit gering waren. Aus also für die Steuerrückzahlung. Da frage ich mich, wie konnte das Amt überhaupt so was erfahren? Man muss den Finanzern doch nicht alles auf die Nase binden … Aber wenn es nun mal passiert ist, dann seien Sie froh, dass Sie als ordentlicher Mensch alle Unterlagen aufbewahren. Und aus denen geht hervor, dass Sie damals als selbständiger Plattenhersteller nur deshalb den Betrieb einstellen mussten, weil Sie der Pleitier Dr. Schneider mit in den Abgrund zog – Sie also unschuldig bankrottgegangen sind.

Resultat:
Die Finanzer müssen klein beigeben. 4 728 € gerettet.

Pro Minute muss der Bund für Zinszahlungen mehr als 80 000 € ausgeben, in der Stunde fast fünf Millionen Euro. In den kommenden Jahren wird's noch mehr.
(Der frühere Finanzminister Hans Eichel)

GUTER RAT

992 Umsatzsteuerlich kommt es nicht auf Gewinn-, sondern auf Einnahmeerzielungsabsicht an. Da das Umsatzsteuerrecht keine Liebhaberei kennt, können auch in einem solchen Fall die Regelungen des Vorsteuerabzugs anwendbar sein. So ist z. B. Karnevals- und Faschingsprinzen der Vorsteuerabzug nicht zu versagen (BFH v. 27. 10. 1993).

Vergessen Sie nicht: Eine private Nutzung müssen Sie bei der Umsatzsteuer als Eigenverbrauch erklären. Auch hier gelten als Bemessungsgrundlage zunächst einmal 1 % des Listenpreises pro Monat, allerdings abzgl. eines pauschalen Abschlags von 20 %. Damit wird bei der Pauschalregelung ausgeglichen, dass bei

einem Pkw ein großer Teil Kosten entsteht, auf die keine Vorsteuern in Rechnung gestellt werden können, wie Kfz-Versicherung, Kfz-Steuer etc.

Sie sollten aber wissen: Bei Jahresumsätzen bis zu 17 500 € einschließlich Eigenverbrauch sind Sie Kleinunternehmer, d. h., von Ihnen wird keine Umsatzsteuer erhoben. Das bedeutet aber auch, dass keine Vorsteuer angerechnet und erstattet werden kann (§ 19 UStG). Damit Sie, wie geplant, die 6 650 € Vorsteuer aus der Wohnmobilrechnung erstattet bekommen, müssen Sie dem Finanzamt erklären, dass Sie *die Regelbesteuerung* wählen. An diese sind Sie dann fünf Jahre gebunden. Sie müssen dann Ihre Umsätze versteuern, auch wenn sie weiter unter der Grenze von 17 500 € liegen, können im Gegenzug aber aus den laufenden Kosten die Vorsteuern abziehen. **993**

8. Abschreibungen

Abschreibung für GWG **994**

Dieses unverständliche Steuerchinesisch der Finanzbürokraten bezeichnet einen ganz simplen Vorgang: GWG bedeutet »Geringwertiges Wirtschaftsgut«. Um die Buchführung zu entlasten, brauchen die Anschaffungskosten für ein GWG nicht auf die normale Nutzungsdauer verteilt zu werden.
Für die Abschreibung von GWG gelten seit 2010 folgende Regeln:

Vollabschreibung im Bereich private Einkünfte
Für die Vollabschreibung von Gegenständen im Bereich privater Einkünfte, z. B. als Arbeitnehmer oder Vermieter, gilt ein Grenzbetrag von 410 € (ohne Mehrwertsteuer). Das entspricht einem Kaufpreis von ca. 488 €.

Abschreibung im betrieblichen Bereich
Kategorie 1 (Vollabschreibung)
Für betrieblich genutzte Gegenstände haben Sie zwei Möglichkeiten:

1. für Gegenstände bis 410 € Netto (Kaufpreis ca. 488 €) setzen Sie die vollen Anschaffungskosten im Jahr des Erwerbs ab. Gegenstände mit höheren Anschaffungskosten müssen dann über die betriebliche Nutzungsdauer abgeschrieben werden.
2. Sie setzen nur Gegenstände mit Anschaffungskosten bis 150 € (Kaufpreis rd. 178 €) voll ab und sind im Übrigen an die Behandlung lt. **Kategorie 2** gebunden.

Kategorie 2 (Sammelposten mit fünfjähriger Abschreibung im Betrieb)
Für geringwertige Wirtschaftsgüter mit Anschaffungskosten (ohne abziehbare Vorsteuer) zwischen 150 € und 1 000 € gilt eine Besonderheit. Alle Anschaffungen in dieser Preiskategorie eines Jahres werden in einem Sammelposten zusammengefasst (»GWG-Pool«) und unabhängig von Ihrer tatsächlichen Nut-

zungsdauer einheitlich auf fünf Jahre abgeschrieben. Werden im Lauf dieser fünf Jahre einzelne Wirtschaftsgüter aus dem GWG-Pool vekauft, werden zwar die Verkaufserlöse als Betriebseinnahme erfasst, der Abgang des entsprechenden Gegenstandes wird aber nicht gesondert erfasst. Obwohl es also nicht mehr im Betrieb ist, wird das Wirtschaftsgut im GWG-Pool bis zum Ablauf des Fünfjahreszeitraums weiter abgeschrieben.

Die Vollabschreibung ist auch für solche Wirtschaftsgüter zulässig, die zunächst privat genutzt und später dem Betrieb zugeführt (umgewidmet) wurden. (Sind die Gegenstände bis zu drei Jahre alt, müssen Sie die Abschreibung abziehen und den Restwert ansetzen. Sind sie älter, dürfen Sie sie mit dem Teilwert ansetzen. Nichtselbständige müssen immer die Vorabschreibungen berücksichtigen!) Diese Regelung machen Sie sich zunutze und legen dem Steuerberater zwecks Einlagenbuchung und anschließender Vollabschreibung z. B. folgende Abrechnung vor:

4 Besucherstühle à 200 € aus vierjährigem Privatbesitz	800 €
1 Perserbrücke aus fünfjährigem Privatbesitz	400 €
2 Ölgemälde aus vierjährigem Privatbesitz (300 € + 250 €)	550 €
Summe (mit Teilwert = Wiederbeschaffungskosten bewertet)	1 750 €
Steuerersparnis durch Abschreibung 20 % = ca.	350 €

Filz? Verschwendung auf jeden Fall: Das Arbeitsministerium ist Mitglied eines Dampfkesselvereins (Dampfkessel gibt's längst nicht mehr!), dem es für diese Ehre jährlich gut 45 000 € Beiträge zahlt. Welcher Ministerialbeamte mag wohl Vorstand dieses Vereins sein? Wann melden Sie einen ähnlichen an?

Die Kosten für Wirtschaftsgüter, die Sie zur Erzielung von Einkünften verwenden, können Sie steuermindernd als Betriebsausgaben abziehen. Wirtschaftsgüter, die länger als ein Jahr genutzt werden, können Sie allerdings nur im Weg der Abschreibung absetzen, wobei die Anschaffungskosten auf die voraussichtliche Nutzungsdauer verteilt werden. Abschreiben können Sie letztlich alle betrieblich genutzten Wirtschaftsgüter, die einem technischen oder wirtschaftlichen Wertverzehr unterliegen.

Bei Grundstücken und Gemälden anerkannter Künstler (BFH-Urt. v. 2. 12. 1977 – BStBl 1978 II S. 164) und historischen Sammlungs- und Schaustücken (BFH-Urt. v. 9. 8. 1989 – BStBl 1990 II S. 50) erkennt der Fiskus einen Wertverzehr normalerweise nicht an. Sie begegnen dem aber ganz einfach mit dem Hinweis, dass z. B. Ihre antiken Möbel im Büro durch die tatsächliche Nutzung einer technischen Abnutzung unterliegen und deshalb abgeschrieben werden können, obwohl sie wegen ihres historischen Wertes von Jahr zu Jahr wertvoller werden. Weisen Sie ungläubige Fiskalvertreter auf das BFH-Urteil vom 31. 1. 1986 (BStBl 1986 II, S. 355) hin.

Die Nutzungsdauer ist nicht die tatsächliche Lebensdauer, sondern die Zeit, in der Sie den Gegenstand gewöhnlich in Ihrem Unternehmen einsetzen. Die Nutzungsdauer müssen Sie im Einzelfall schätzen, wobei Sie natürlich eher ein Jährchen zu wenig als zu viel schätzen sollten, denn je kürzer die Nutzungsdauer, umso höher Ihre Abschreibung.

Die Stuttgarter Regierung hat die Handschriftensammlung eines reichen Fürsten zum Rekordpreis von umgerechnet 24 Millionen € aufgekauft.

SUPER TRICK

Schreiben Sie auch ab, was Ihrem Ehepartner gehört!

Eine Abschreibung können Sie zunächst nur vornehmen, wenn Ihnen das Wirt- **995**
schaftsgut zivilrechtlich gehört. Oder es Ihnen wegen besonderer Umstände zumindest steuerlich als wirtschaftliches Eigentum zugerechnet wird. Gehört ein Gegenstand oder ein Gebäude, das Sie für Ihren Betrieb oder Ihren Beruf nutzen, ganz oder zum Teil Ihrem Ehegatten, haben Sie zwei Möglichkeiten. Einfach ist die Sache, wenn er zwar Miteigentümer ist, jedoch keine nennenswerten eigenen Einkünfte hat.
Haben Sie deshalb sowieso die gesamten Kosten getragen, z.B. die Baukosten für Ihr Haus, in dem sich auch Ihre Praxis befindet, können Sie die Abschreibung in voller Höhe als Betriebsausgaben absetzen. Den Anteil, der rechnerisch auf Ihren Ehepartner entfällt, setzen Sie unter der schönen Bezeichnung Drittaufwand ab. Hat Ihre bessere Hälfte dagegen ihren Anteil am Kaufpreis oder den Herstellungskosten selbst bezahlt, hilft ein einfacher Mietvertrag, mit dem Sie ihren ideellen Anteil an den von Ihnen betrieblich genutzten Räumen mieten.
Sie bzw. er hat dadurch zwar Einkünfte aus Vermietung, kann andererseits aber auch die Abschreibung absetzen. Da Sie die Miete als Betriebsausgaben absetzen können, bleibt es per saldo dabei, dass Sie in Ihrer gemeinsamen Steuererklärung die Abschreibung in voller Höhe absetzen.

TIPP

für gebrauchte Gegenstände

Auch für Sachen, die Ihnen schon jahrelang gehören und die Sie neuerdings für Ihr Unternehmen einsetzen, können Sie Abschreibung geltend machen. Der Vorteil für Land- und Forstwirte, Gewerbetreibende bzw. selbständig Tätige ist, dass die Abschreibungen nicht von den ursprünglich gezahlten Anschaffungskosten berechnet werden müssen. Die Einlage eines privaten Gegenstands in den Betrieb können Sie vielmehr mit dem Teilwert ansetzen, das ist der aktuelle Wert zum Zeitpunkt der erstmaligen betrieblichen Verwendung. Die Abschreibung ergibt sich aus diesem im Zweifel geschätzten Teilwert und der angenommenen Restnutzungsdauer des Gegenstands. Allerdings gilt dies nur, wenn Sie für diesen Gegenstand bisher noch keinerlei Abschreibung einkommensmindernd geltend gemacht haben. Im anderen Fall wäre nur der verminderte Betrag abzuschreiben. Die Abschreibung beginnt zunächst immer mit der Anschaffung, d.h. wenn das Wirtschaftsgut geliefert wird, bzw. mit dem Zeitpunkt der Fertigstellung. Für bewegliche Gegenstände bei Anschaffung bzw. Herstellung im Lauf des Kalenderjahres können Sie von Ihrer Abschreibung für jeden angefangenen Monat $^{1}/_{12}$ der vollen Jahresabschreibung ansetzen. Eine Ausnahme bildet dabei die degressive Gebäudeabschreibung. Hier wird im ersten und letzten Jahr des Abschreibungszeitraums immer der volle Jahresbetrag angesetzt.

Beispiel
Sie kaufen am 15.4. für 36000 € einen neuen Wagen, dessen Nutzungsdauer sechs Jahre beträgt. Die volle Jahresabschreibung beträgt also 6000 €. Ihre Abschreibung im ersten Jahr beträgt $^{9}/_{12}$ von 6000 € = 4500 €
Das Einkommensteuergesetz sieht in §7 EStG für Gegenstände, die betrieblich oder freiberuflich genutzt werden, unterschiedliche Abschreibungsmethoden vor. Nehmen wir an, Sie legen einen PC in Ihr Betriebsvermögen ein, den Sie 2009 als Arbeitnehmer beruflich genutzt und abgeschrieben haben und seit Oktober 2010 betrieblich nutzen.

Ursprüngliche Anschaffungskosten 4/2009	2700 €
./. Abschreibung 4/2009 bis 10/2010 = $^{18}/_{12}$ von 900 €	– 1350 €
Einlage am 1.10.2010	1350 €
./. Abschreibung 2010 im Betrieb: $^{3}/_{12}$ von 900 €	– 225 €
(Restnutzungsdauer 1,5 Jahre)	
Wert 31.12.2010	1125 €
AfA für 2011: 900 €.	

996 • **Lineare Abschreibung nach §7 Abs.1 S.1 u. 2 EStG**

Die Abschreibung wird entsprechend der Nutzungsdauer des Gegenstands in gleichbleibenden Jahresbeträgen berücksichtigt. Im Jahr der Anschaffung wird die Abschreibung für jeden Monat, in denen Ihnen das Wirtschaftsgut noch nicht gehört hat, um 1/12 gekürzt (zeitanteilige Berücksichtigung der Abschreibung).

997 • **Degressive Abschreibung, §7 Abs.2 EStG**

Außer bei Gebäuden können Sie auch bei betrieblich genutzten beweglichen Wirtschaftsgütern die Abschreibung degressiv vornehmen – sofern Sie sie in der Zeit zwischen dem 1.1.2006 und dem 31.12.2007 oder nach dem 31.12.2008 angeschafft haben.

Für Wirtschaftsgüter, die im Jahr 2008 erworben wurden, kann nur die lineare Abschreibung (➤ Rz 996) beansprucht werden.
Der Vorteil der degressiven Abschreibung liegt vor allem darin, dass sie in den ersten Jahren der Nutzungsdauer wesentlich höher ist als die lineare Abschreibung, während sie zum Ende hin niedriger ist. Die degressive Abschreibung lohnt sich allerdings allenfalls bei einer Nutzungsdauer über fünf Jahre. Mit ihrer Hilfe können Sie z.B. eine Maschine mit einer zehnjährigen Nutzungsdauer bereits in den ersten beiden Jahren zu 40 % abschreiben.
Anders als bei der linearen Abschreibung, bei der der Abschreibungssatz jeweils auf die Anschaffungs-/Herstellungskosten angewendet wird, wird er bei der degressiven Abschreibung nach dem Restwert zum Schluss des vergangenen Jahres berechnet. Die Anschaffungs- oder Herstellungskosten sind nur Ausgangswert für die Berechnung im ersten Jahr.
Der Prozentsatz der degressiven Abschreibung darf bei Anschaffung bzw. Herstellung nach dem 31. 12. 2005 höchstens dreimal so hoch sein wie der lineare Abschreibungssatz und höchstens 30 % betragen. Bei Anschaffungen nach dem 31. 12. 2008 liegen die Höchstbeträge beim 2,5-Fachen der linearen Abschreibung und max. 25 %. Die jeweils zulässigen Abschreibungssätze ergeben sich aus der folgenden Tabelle:

Betriebsgewöhnliche Nutzungsdauer	Abschreibung linear	Abschreibung degressiv (Kauf bis 2007)	Abschreibung degressiv (Kauf ab 2009)
Jahre	%	%	%
5 – 10	20 – 10	30,00	25,00
11	9,09	27,27	22,73
12	8,33	25,00	20,83
13	7,69	23,07	19,23
14	7,14	21,42	17,85
15	6,66	20,00	16,65
16	6,25	18,75	15,63
17	5,88	17,64	14,70
18	5,55	16,65	13,88
19	5,26	15,78	13,15
20	5,00	15,00	12,25
21	4,76	14,28	11,90
22	4,54	13,62	11,35
23	4,34	13,02	10,85
24	4,16	12,48	10,40
25	4,00	12,00	10,00
30	3,33	10,00	8,33
40	2,50	7,50	6,25

SUPER TRICK

Wechseln Sie rechtzeitig die Abschreibungsmethode!

998 Wie Sie gelesen haben, ist die degressive Abschreibung nur in den ersten Jahren günstiger. Ich rate Ihnen daher, nach ein paar Jahren schleunigst zur linearen zu wechseln, wenn sich herausstellt, dass Sie damit besser fahren. Gegen einen Wechsel von der degressiven zur linearen Abschreibung können die Fiskalvertreter übrigens nichts machen, denn er ist nach § 7 Abs. 3 S. 1 EStG jederzeit möglich. Ein Wechsel von der linearen zur degressiven Abschreibung ist allerdings nicht zulässig. Wenn Sie den Wechsel vollzogen haben, wird der verbliebene Restbuchwert gleichmäßig auf die restliche Nutzungsdauer verteilt.

999 **Beispiel:**
Die Anschaffungskosten Ihrer Büromöbel betrugen im Januar des Anschaffungsjahrs 20 000 €; Nutzungsdauer 13 Jahre.

Buch-/Restwert	Jahr	degressiv $^2/_{13}$ (20,07 %)	linear $^1/_{13}$	Differenz
Anschaffungskosten		20 000	20 000	
Abschreibung	1	4 014	1 538	2 476
Restbuchwert		15 986	18 462	
Abschreibung	2	3 208	1 538	1 670
Restbuchwert		12 778	16 923	
Abschreibung	3	2 565	1 538	1027
Restbuchwert		10 213	15 385	
Abschreibung	4	2 050	1 538	512
Restbuchwert		8 163	13 846	
Abschreibung	5	1 638	1 538	100
Restbuchwert		6 525	12 308	
Abschreibung	6	1 310	1 538	– 228
Restbuchwert		5 215	10 769	
Abschreibung	7	1 047	1 538	– 491
Restbuchwert		4 168	9 231	
Abschreibung	8	836	1 538	– 702
Restbuchwert		3 332	7 692	
Abschreibung	9	669	1 538	– 869
Restbuchwert		2 663	6 154	
Abschreibung	10	534	1 538	– 1 004

Buch-/Restwert	Jahr	degressiv $^{2}/_{13}$ (20,07 %)	linear $^{1}/_{13}$	Differenz
Restbuchwert		2129	4615	
Abschreibung	11	428	1538	– 1110
Restbuchwert		1701	3077	
Abschreibung	12	341	1538	– 1197
Restbuchwert		1360	1539	
Abschreibung	13	273	1538	– 1265
Restbuchwert		1087	1	

Sie sollten in diesem Fall nach dem neunten Jahr zur linearen AfA wechseln. Die Abschreibung beträgt dann für die Jahre 10 bis 13 jeweils $^{1}/_{4}$ von 2663 € = 666 €.

- **außerordentliche Abschreibung** 1000

TIPP

bei Beschädigung oder technischem Fortschritt

Sie müssen sich nicht immer mit der regulären Abschreibung zufriedengeben. Wenn es z. B. bei einem Unfall mit dem Betriebs-Pkw gekracht hat oder ein unachtsamer Lehrling eine Maschine in Flammen aufgehen lässt, können Sie den Schaden in Form einer außerordentlichen Abschreibung zusätzlich absetzen. Auch wenn Ihnen die technische Entwicklung davongelaufen ist, können Sie von der außerordentlichen Abschreibung profitieren. Ist Ihr Büro noch etwas vorsintflutlich mit veralteten Computern ausgestattet, können Sie deren Restwert auf einen Schlag abschreiben, wenn Sie auf moderne Rechner umstellen.

9. Investitionsabzugsbetrag für kleinere und mittlere Betriebe sowie für Freiberufler – Die Abschreibung auf Zuruf

Mit Hilfe des *Investitionsabzugsbetrags* (§ 7 g Abs. 1 EStG) können Sie wie eine 1001
Art vorweggenommene Abschreibung eine Gewinnminderung schon in Jahren absetzen, in denen Sie den betreffenden Gegenstand noch gar nicht gekauft haben. Das funktioniert, indem Sie außerhalb Ihrer Bilanz in Höhe von bis zu 40 % der voraussichtlichen Anschaffungskosten einen gewinnmindernden Investitionsabzugsbetrag ausweisen.

Voraussetzung für die Inanspruchnahme dieses Investitionsabzugsbetrags ist, dass es sich bei Ihrem Unternehmen um einen kleinen bzw. mittleren Betrieb handelt.

Als kleiner oder mittlerer Betrieb geht ein Unternehmen bis 2010 durch, wenn bei

- Gewerbetreibenden oder Freiberuflern, die Bilanzen aufstellen, das Betriebsvermögen max. 335 000 € beträgt;
- Gewerbetreibenden oder Freiberuflern, die eine Einnahmenüberschussrechnung erstellen, der Gewinn bei max. 200 000 € liegt;
- Land- und Forstwirten der Wirtschaftswert max. 125 000 € beträgt.

Die Wirtschaftsgüter, für die Sie einen Investitionsabzugsbetrag in Anspruch nehmen wollen, müssen zudem

- voraussichtlich innerhalb der nächsten drei Jahre erworben werden,
- beweglich sein,
- zum Anlagevermögen Ihres Betriebs gehören.

In den Genuss eines Investitionsabzugsbetrags kommen Sie auch mit **gebrauchten** Wirtschaftsgütern.
Damit Sie von dem Investitionsabzugsbetrag endgültig profitieren, muss das später erworbene Wirtschaftsgut mindestens bis zum Ende des Jahres nach der Anschaffung im Betrieb bleiben und dort ausschließlich oder zumindest fast ausschließlich (> 90 %) betrieblich genutzt werden. Angenommen, Sie wollen 2013 eine neue Maschine oder einen neuen Lkw kaufen. Die betriebliche Nutzung liegt wie schon bei den Vorgängermodellen bei nahezu 100 %. Für den Kauf können Sie schon 2010 eine Gewinnminderung durch einen Investitionsabzugsbetrag erreichen.

Sie können Ihren Gewinn max. um 40 % der voraussichtlichen Anschaffungs-/Herstellungskosten kürzen. Zugleich beträgt der Höchstbetrag für Ihre Investitionsabzugsbeträge 200 000 €. Sie können also die Abschreibung für geplante Investitionen bis zu einer Höhe von max. 500 000 € um bis zu drei Jahre vorziehen.

SUPER TRICK

Gewinnminderung auf Zuruf

1002 Bestimmte Nachweise oder gar einen detaillierten Investitionsplan müssen Sie dem Finanzamt für einen Abzug des Investitionsabzugsbetrages nicht liefern. Es reicht völlig aus, wenn Sie als Anlage zu Ihrer Gewinnermittlung auf einem – möglichst geduldigen – Stück Papier Angaben zu

- Art,
- Zeitpunkt,

- Höhe und
- Ort

der geplanten Investition machen. Bei der Art der Investition reicht aber z.B. eine Gattungsbezeichnung. Statt Lkw werden Sie also den Begriff »Transportfahrzeug« und statt Schreibtisch »Büroausstattung« verwenden. Wenn es dann nämlich statt des Lkw ein Sattelanhänger wird oder statt des Schreibtischs eine Regalwand, müssen Sie nicht befürchten, dass Ihnen der Fiskus im Nachhinein die Gewinnminderung wegen nicht erfolgter (zutreffender) Investition streicht. Platzt die Investition oder wird sie nicht in der geplanten Höhe getätigt, wird die Gewinnminderung aus dem Investitionsabzugsbetrag rückwirkend ganz bzw. teilweise gestrichen. Dazu wird der ursprüngliche Einkommensteuerbescheid geändert und eine entsprechende Steurnachzahlung festgesetzt. Hinzu kommt, dass die Fiskalritter auf die Nachzahlung für jeden Monat zwischen dem 1.4. des zweiten Jahres nach dem Veranlagungsjahr und der Begleichung der Nachzahlung 0,5 % Zinsen kassieren.

Beispiel
Sie führen seit Jahren einen Gewerbebetrieb. Zum 31.12.2010 haben Sie einen Investitionsabzugsbetrag von 20 000 € abgezogen mit dem Hinweis, dass Sie sich 2013 für 50 000 € einen neuen Transporter kaufen wollen. Die Steuerersparnis daraus hat 2010 6 000 € betragen. 2013 platzt der Kauf des neuen Autos jedoch. Der Investitionsabzugsbetrag wird Ihnen nach Bearbeitung Ihrer Steuererklärung 2013 nachträglich für 2010 entzogen. Der Steuerbescheid 2010 wird geändert und eine Nachzahlung von 6 000 € Einkommensteuer festgesetzt, die Sie bei Fälligkeit, z.B. am 10.10.2014, begleichen. Neben der Nachzahlung an Einkommensteuer müssen Sie aber noch für die Zeit vom 1.4.2012 bis 30.9.2014, also für 30 Monate, Zinsen von 0,5 % pro Monat zahlen. Sie zahlen also nicht 6 000 € zurück, sondern 6 900 €.

Alternatives Beispiel
Nehmen Sie an, Sie hätten im Jahr 2010 als Inhaber einer Werbeagentur die höchstmögliche Ansparrücklage in Höhe von 30 000 € (= 40 % der Anschaffungskosten) für eine in 2013 anzuschaffende EDV-Anlage (Kaufpreis 75 000 €) abgesetzt. Die Anlage wurde im ersten Halbjahr 2013 geliefert, kostete aber nur 60 000 €. Die Steuererklärung 2013 haben Sie im Oktober 2014 abgegeben, das Finanzamt hat den Steuerbescheid am 10.11.2014 erlassen.
Mit dem Steuerbescheid für 2013 korrigiert das Finanzamt gleichzeitig den Steuerbescheid 2010. Dort wird nun die Gewinnminderung aus dem Investitionsabzugsbetrag von 30 000 € auf 40 % von 60 000 € = 24 000 € reduziert und der Gewinn um 6 000 € erhöht. Daraus ergibt sich eine Einkommensteuernachzahlung von 2 100 € (Steuersatz ca. 35 %). Der korrigierte Steuerbescheid 2010 wird zusammen mit dem Steuerbescheid 2013 erlassen. Die Rückzahlung von 2 100 € wird zum 13.12.2014 fällig. In diesem Fall wird der Betrag von 2 100 € für den

Zeitraum vom 1.4.2012 bis 30.11.2014 (= 32 Monate) verzinst. Die Nachzahlungszinsen betragen 336 €.

SUPER TRICK

Zusätzlicher Gewinnabzug und Sonderabschreibung im Jahr der Anschaffung

1003 Nach der alten Regelung des § 7 g EStG wurde die Steuersparwirkung aus dem Investitionsabzugsbetrag im Jahr der Anschaffung praktisch komplett rückgängig gemacht, weil die gebildete Rücklage gewinnerhöhend aufgelöst werden musste. Um diese Gewinnerhöhung zu kompensieren, blieben früher nur die Sonderabschreibung von 20 % und die normale Abschreibung.

Mit der Einführung des Investitionsabzugsbetrags sind gleich zwei gute Nachrichten verbunden.

1. Die Sonderabschreibung von 20 % der Anschaffungskosten ist geblieben. Die Voraussetzungen für ihren Abzug sind dieselben wie für die Inanspruchnahme des Investitionsabzugsbetrags.
2. Zusätzlich wurde ein weiterer Sonderabzug zu Lasten des Gewinns von bis zu 40 % der Anschaffungskosten (max. in Höhe des beanspruchten Investitionsabzugsbetrags) eingeführt. Mit der Gewinnminderung aus diesem Sonderabzug können Sie die Gewinnerhöhung aus der Auflösung des Investitionsabzugsbetrags im Jahr der Investition kompensieren. Einziger kleiner Pferdefuß: Die Abschreibungen werden nach den Anschaffungskosten, gekürzt um den Sonderabzug, berechnet.

Beispiel

Angenommen, Sie haben im Jahr 2010 einen Investitionsabzugsbetrag von 40 000 € gebildet für die voraussichtliche Anschaffung einer Maschine (Nutzungsdauer zehn Jahre) im Wert von 100 000 € im Jahr 2013. Die Maschine wird am 1.10.2013 geliefert.

Jahr	Abschreibungen/Korrekturen	Gewinnauswirkung
2010		
Investitionsabzugsbetrag	40 % v. 100 000 €	+ 40 000 €
2013		
Anschaffung der Maschine zum 1. 10.	100 000 €	
gewinnerhöhende Auflösung des Investitionsabzugsbetrags	40 % v. 100 000 €	40 000 €
Sonderabzug	40 % v. 100 000 €	– 40 000 €

Jahr	Abschreibungen/Korrekturen	Gewinnauswirkung
Sonderabschreibung (Berechnungsgröße = 100 000 € – 40 000 €)	60 000 € × 20 %	– 12 000 €
reguläre Abschreibung (10 %) für 3 Monate	60 000 € 10 % × $^{3}/_{12}$	– 1 500 €
Gewinnminderung bis 31. 12. 2013		53 500 €

Wie Sie sehen, können Sie auf diese Weise bis zum Ende des ersten Jahres, in dem Sie die Maschine gekauft haben, unter dem Strich über 53 % abschreiben.

10. Vermasseln Sie dem Fiskus gänzlich die Tour

Der Fiskus belastet Sie mit Arbeiten, Formalitäten, Abgaben und Gebühren bis an die Grenzen Ihrer Leistungsfähigkeit. Längst haben Sie die Hoffnung auf niedrige Steuersätze und gerechte Steuergesetze aufgegeben. Zeigen doch die vielen Urteile unseres höchsten Verfassungsgerichts, dass der Staat sich nicht scheut, verfassungswidrige Gesetze in Kraft zu setzen und sie auch noch anzuwenden, selbst wenn das Verfassungsgericht konkret festgestellt hat, dass sie verfassungswidrig sind. Aber der Staat sperrt sich gegen eine gerechte Besteuerung mit der lapidaren Begründung, dazu fehle das nötige Geld. Schöpfen Sie daher alle Möglichkeiten aus, den zu versteuernden Gewinn zu drücken.

TRICK

Geschenk oder Provision, das ist die Frage.

Geschenke, auch in Form von Geld, an Geschäftsfreunde dürfen Sie nur als 1004
Betriebsausgaben absetzen, wenn die Aufwendungen dafür im Jahr je Empfänger 35 € nicht übersteigen (§ 4 Abs. 5 EStG). Schmiergeldzahlungen sind nicht abzugsfähig, wenn ihre Zahlung rechtswidrig ist (§ 4 Abs. 5 Nr. 10 EStG).

Achtung: Das Finanzamt teilt der Staatsanwaltschaft gnadenlos Ihre Schmiergeldzahlungen mit. Da nutzt es Ihnen in der Regel auch nicht viel, wenn Sie sie als Provisionen bezeichnen. Sie entgehen einer Bestrafung nur durch einen vorher geschickt von einem Anwalt verfassten Vertrag.

TRICK

Die Betriebsveräußerung um eine Sekunde verschieben und reich werden

1005 Wenn Sie sich aus Ihrem Geschäft oder Ihrer Praxis zurückziehen wollen, kommt es meist nicht auf ein Jahr mehr oder weniger an. Lassen Sie daher die Zeit für sich spielen, wenn es durch eine Steuerreform zu einer niedrigeren oder höheren Steuerbelastung als im Vorjahr kommt.

Da Betriebsveräußerungen und Praxisverkäufe vorwiegend zum Jahreswechsel abgewickelt werden, sollten Sie prüfen, ob eine Veräußerung, die zum 31. 12. des Jahres geplant ist, nicht auch am 2. 1. des darauffolgenden Jahres erfolgen kann. Rein rechtlich sind der 31. 12. 24.00 Uhr und der 1. 1. 0.00 Uhr – bedingt durch die sog. juristische Sekunde – zwei verschiedene Zeitpunkte. Es wird davon ausgegangen, dass die Praxistätigkeit zum 31. 12. eingestellt wird, im folgenden Jahr also keine Praxiseinkünfte mehr erzielt werden. Durch die Verlagerung der Gewinne in unterschiedliche Veranlagungszeiträume sinkt die Steuerbelastung noch einmal zusätzlich.

Finanzverwaltung und Rechtsprechung haben Kriterien dafür aufgestellt, wann eine steuerlich wirksame und begünstigte Praxisveräußerung vorliegt. Dazu muss die Praxis gegen Entgelt veräußert werden, und die wesentlichen Grundlagen der Praxis müssen so veräußert werden, dass der Käufer den Betrieb als solchen fortführen kann. Nur so besteht ein grundsätzlicher Anspruch auf den Freibetrag in Höhe von 45 000 €.

Ein Betriebs- oder Praxisverkauf will gut überlegt sein!

TRICK

Wechseln Sie vor dem Verkauf Ihre Buchführung!

1006 Gehen Sie im Jahr vor der Betriebs- oder Praxisabgabe von der Einnahmenüberschussrechnung über zur Bilanzierung. Warum? Nun, bei der gewöhnlichen Gewinnermittlung werden Einnahmen und Ausgaben so erfasst, wie sie anfallen. Das heißt, eine Rechnung, die Sie im Dezember 2010 stellen und die im Januar 2011 beglichen wird, steigert Ihren Umsatz im Jahr 2011. Wenn es aber um die Vorüberlegung geht, im Jahr des Praxis-/Betriebsverkaufs, in diesem Fall 2011, möglichst wenig laufende Gewinne zu produzieren, ist es in Ihrem Interesse, dass die Privatliquidation noch in das alte Jahr gebucht wird, wo sie laut

Rechnungsstellung auch hingehört. Das ist möglich, wenn Sie eine Bilanz aufstellen. Rechtlich und technisch stellt das kein Problem dar, nur muss Ihr Steuerberater Bescheid wissen.
Investitionen in den letzten Monaten der Tätigkeit können sich ebenfalls lohnen. Diese sollten mit dem Käufer abgesprochen werden. Der könnte durchaus ein Interesse daran haben, dass ihm z. B. ein moderner PC zur Verfügung steht. Den Wert des Betriebs und damit den erzielbaren Kaufpreis erhöht solch eine Investition allemal. Steuerrechtlich gibt es gute Gründe dafür, dass der Verkäufer noch sinnvoll investiert: Denn die Investition wirkt sich über die laufende Abschreibung zum vollen Steuersatz steuermindernd aus. Der höhere Gewinn aus dem Verkauf wird aber nur mit dem halben Steuersatz versteuert.

SUPER TRICK

Gestalten Sie die Bilanz 2010 so, dass Sie für mehrere Jahre gut fahren!

Abschreibungen 1007

1. Erzielen Sie die höchstmögliche Abschreibung, indem Sie die betriebliche Nutzungsdauer für Maschinen und Anlagen so kurz wie möglich ansetzen.
2. Nutzen Sie grundsätzlich alle Abschreibungsmöglichkeiten, um Ihre Kosten in die Bilanz 2010 hineinzudrücken, falls der Gewinn hoch ausfällt.
3. Wenn Sie Ihre Gewinnsituation nicht weiter verschärfen wollen, schreiben Sie in gleichbleibenden Jahresraten (linear) ab.
4. Verschieben Sie bei kleinem Gewinn die Kosten durch niedrige Abschreibung 2010 in die nächste Bilanz.

410-€-Grenze für kleine Anschaffungen

1. Ziehen Sie alle Kosten für geringwertige Wirtschaftsgüter bis 410 € sofort als betrieblichen Aufwand ab.
2. Prüfen Sie bei Investitionen in Büroausstattung oder EDV, ob einzelne Teile, Regale oder Drucker, sofort absetzbar sind.

Investitionsabzugsbetrag und Sonderabschreibung

1. Bilden Sie für künftige Investitionen den max. Investitionsabzugsbetrag von 40 %, wenn das Betriebsvermögen bis 335 000 € beträgt.
2. Nutzen Sie den Investitionsabzugsbetrag aber nur, wenn Sie sicher sind, dass Sie die geplanten Investitionen auch vornehmen werden.
3. Nehmen Sie die Sonderabschreibung für kleine Betriebe von 20 % der Anschaffungskosten von betrieblichen Wirtschaftsgütern voll in Anspruch.

Außenstände

1. Kürzen Sie Ihre Forderungen grundsätzlich um 1 % als zweifelhaft. Droht einem Ihrer Kunden die Pleite, werten Sie die offenen Rechnungen kräftig ab.
2. Ziehen Sie 3 % vom Nennwert der Forderungen steuermindernd ab, wenn die Kunden überwiegend mit Skonto zahlen.
3. Früher abgeschriebene Forderungen können Sie höher bewerten, wenn der Kunde wieder zu Geld gekommen ist.
4. Ihre Forderungen sollten Sie pauschal stets mit 1 bis 3 % wertberichtigen.

Rückstellungen

1. Bei zu hohem Jahresgewinn rein in die Bilanz, damit irgendwas geht: für Resturlaub, Garantie- und Kulanzleistungen, Jahresabschluss etc.
2. Nutzen Sie alle Möglichkeiten für Rückstellungen, vergessen Sie dabei als GmbH-Chef die eigenen Benefits nicht.

»Big Brother is watching you.«
(George Orwell)

TIPP

für Veräußerungsgewinne

1008 Für Veräußerungsgewinne ermäßigt sich Ihr Steuersatz auf Antrag auf nur 56 % des regulären Steuersatzes. Allerdings nur einmal im Leben und auch nur dann, wenn Sie mindestens 55 Jahre alt oder berufsunfähig waren, als Sie Ihren Betrieb verkauft haben. Außerdem beträgt der Mindeststeuersatz – Ermäßigung hin oder her – 14,0 %.

Beispiel

Unternehmer X (66 Jahre alt, ledig) hat seinen Betrieb am 15. 3. 2010 für 370 000 € veräußert. Der Wert des Betriebsvermögens betrug zu diesem Stichtag lt. Steuerbilanz 200 000 €.

Verkaufspreis	370 000 €
./. Wert des Betriebsvermögens	– 200 000 €
Veräußerungsgewinn	170 000 €

Freibetrag		45 000 €	
./. schädlicher Betrag	136 000 €		
	– 170 000 €		
	– 34 000 € >	– 34 000 €	
Verbleiben		11 000 € >	– 11 000 €
Zu versteuernder Gewinn			159 000 €
Vermietungseinkünfte			50 000 €
./. Sonderausgaben etc.			– 20 000 €
Zu versteuerndes Einkommen			189 000 €
ESt/regulär 2010			71 208 €
ESt/ohne Veräußerungsgewinn			5 625 €
Durchschnittl. Steuersatz 71 208/189 000 = 37,676 %,			
davon 56 % = 21,0896 % v. 159 000 €			33 532 €
ESt ohne Veräußerungsgewinn			5 625 €
Einkommensteuer 2010			39 157 €
Ersparnis			32 051 €

In Sangerhausen (Sachsen-Anhalt) steht eine Brücke einsam in der Landschaft. Die Straße, die darüberführen sollte, wurde anderswo gebaut. Kosten: 2,5 Millionen Euro.

TRICK

Lassen Sie den Fiskus leer ausgehen, wenn Sie sich zur Ruhe setzen!

Eine ganz böse Steuerfalle lauert auf Sie, wenn Sie es eigentlich am wenigsten 1009
erwarten. Nachdem Sie sich jahrzehntelang abgerackert haben, um sich ein gutgehendes Geschäft aufzubauen, wollen Sie die Früchte Ihrer Arbeit genießen. Geben Sie Ihr Unternehmen an Ihre Kinder weiter, können Sie z. B. von den Tricks unter ➤ Rz 1005 ff. profitieren. Wenn Sie Ihren Laden für gutes Geld verkaufen können, machen Ihnen Freibetrag und Fünftelregelung den Zugriff des Fiskus auf die über Jahre angesammelten stillen Reserven (Differenz zwischen Buchwert und tatsächlichem Wert) zumindest etwas erträglicher.

Fatal wird es aber oft, wenn Sie gezwungen sind, den Betrieb aufzugeben und z. B. Ihre Geschäftsräume anderweitig zu vermieten oder zu verpachten, um Ihren Lebensunterhalt für die Zukunft zu sichern. Auch hier greift der Fiskus gnadenlos zu und verlangt von Ihnen die Versteuerung sämtlicher stiller Reserven. Natürlich fällt es Ihnen in diesem Fall besonders schwer, die Steuern aufzubringen. In Ihrer Kasse hat ja kein Cent geklingelt, schließlich steht der Gewinn aus der Aufgabe Ihres Betriebs nur auf dem Papier.

Damit Sie die Steuerlast nicht zu sehr drückt, müssen Sie wissen, dass Sie ein Wahlrecht haben, wenn Sie Ihren Laden verpachten. Es steht Ihnen frei, die Betriebsaufgabe zu erklären. Der fiktive Veräußerungsgewinn, der dann angesetzt wird, unterliegt nach Abzug des Freibetrags für Betriebsveräußerungen der Fünftelregelung. Die andere Alternative ist, dass Ihren verpachteten Betrieb als ruhenden Gewerbebetrieb fortführen. Die Pachterträge stellen dann weiterhin gewerbliche Einkünfte dar – allerdings ohne Gewerbesteuerpflicht. Die sofortige Versteuerung eines Aufgabegewinns entfällt. Sie können sie auf diese Weise bis zum Sankt-Nimmerleins-Tag hinausschieben. Einzige Voraussetzung: Sie müssen Ihren Betrieb im Ganzen verpachten, und der Pächter muss ein gleichartiges Unternehmen führen.

Vorsicht ist daher geboten, wenn ein Pächterwechsel ansteht und der Neue nicht wie Sie früher eine Apotheke, sondern z.B. ein Schuhgeschäft betreibt. Der Fiskus hängt Ihnen dann nämlich eine zwangsweise Betriebsaufgabe mit Aufdeckung aller stillen Reserven und Versteuerung entsprechender Gewinne an.

TIPP

für verpachtete Betriebe

1010 **Gründen Sie eine GmbH & Co. KG, in die Sie Ihren Verpachtungsbetrieb zu Buchwerten – also ohne Steuerbelastung – einbringen.** Dann können Sie trotz Pächterwechsels den Betriebsaufgabegewinn leise vor sich hin schlummern lassen und Ihr Geld dem allzu gierigen Zugriff des Fiskus entziehen.

Die GmbH & Co. KG gilt gesetzlich fiktiv als sog. gewerblich geprägte Personengesellschaft (§15 Abs.3 EStG), die Einkünfte aus Gewerbebetrieb erzielt. Ihr Vorteil: Sie können vermieten oder verpachten, an wen Sie wollen. Egal, ob sich in Ihrem Geschäft eine Kneipe oder eine Spielhalle einmietet, das Finanzamt kann Ihnen auf keinen Fall mehr mit einer zwangsweisen Betriebsaufgabe kommen. Und Sie bestimmen selbst, wann es Ihnen genehm erscheint, Ihren Betrieb einzustellen und eventuelle daraus entstehende Gewinne zu versteuern.

GUTER RAT

1011 **Unterlassen Sie es, Ihren betrieblichen Kredit zu tilgen, weil Sie beispielsweise statt der dafür erforderlichen Veräußerung des Betriebsgrundstücks lieber Einkünfte aus dessen Vermietung erzielen wollen, sind die bisher betrieblich bedingten Schuldzinsen nunmehr als Werbungskosten aus Vermietung abzugsfähig (BFH v. 19.8.1998 – BStBl 1999 II S.353).**

11. Die steuerliche Betriebsprüfung

Die steuerliche Betriebsprüfung ist für den Fiskus ein lohnendes Geschäft, 1012
denn in 95 % aller Prüfungen ergeben sich Nachzahlungen. Wappnen Sie sich also, wenn das Finanzamt eine Prüfung ankündigt, denn es wäre schon ein kleines Wunder, wenn Sie ungeschoren davonkämen. Sie können sich denken, dass sie ihre wertvollen Leute dort einsetzen, wo die Chancen am größten sind, hohe Nachzahlungen einzuheimsen. Also vermeiden Sie, in dieser Hinsicht aufzufallen. Ins Visier geraten Sie, wenn sich aus Ihrem Jahresabschluss ergibt,

- dass Ihre privaten Entnahmen aus dem Geschäft ziemlich niedrig liegen und keine anderen Einkünfte angegeben sind, die das Defizit decken,
- dass Ihr Lohn- und Materialaufwand plötzlich stark angestiegen ist, während Sie mit dem Bau einer Privatvilla beschäftigt sind,
- dass Ihr Personalaufwand und Ihre Investitionen stark gestiegen sind, Ihr Umsatz aber nicht mitgewachsen ist,
- dass Ihr Roh- und Reingewinn von den amtlichen Richtsätzen ziemlich stark abweicht,
- dass Sie Darlehen von Angehörigen oder Verwandten bekommen haben oder hohe Einlagen in den Betrieb machten,
- dass Ihr Roh- und Reingewinn gegenüber den Vorjahren stark schwankte oder vom Anlagevermögen oder vom Warenbestand hohe Sonderabschreibungen gemacht wurden,
- dass außerordentlich hohe Reparaturaufwendungen erfolgten, die möglicherweise aktivierungspflichtig sein könnten,
- dass ein Vergleich Ihrer Vermögen zu Beginn der selbständigen Tätigkeit (bzw. vom letzten Prüfungsjahr an) mit dem letzten Beobachtungsjahr einen ungeklärten Vermögenszuwachs ergibt, der vielleicht aus Ohne-Rechnung-Geschäften stammen könnte,
- dass trotz hoher Kundenzahlungen keine oder nur geringe halbfertige Arbeiten aktiviert wurden,
- dass hohe Rückstellungen für Wechselobligo oder Delkredere erscheinen und für Garantieverpflichtungen, die nicht erklärbar sind.

SUPER TRICK

Wie Sie vielleicht eine Betriebsprüfung verhindern können

Enthalten Ihre Steuerbescheide den Zusatz »Vorbehalt der Nachprüfung nach 1013
§ 164 AO«, sind Sie steuerlich aufgefallen, und es droht eine Betriebsprüfung

(BP). Meistens wartet das Finanzamt aber ab, bis drei Jahre unter »Vorbehalt der Nachprüfung« veranlagt sind, und ordnet erst dann eine Betriebsprüfung an, denn der normale Prüfungszeitraum umfasst drei Jahre.
Schon nach dem ersten solchen Bescheid sollten Sie herausfinden, was dem Finanzamt missfallen hat. Dann geben Sie bei der nächsten Steuererklärung dazu eine Begründung ab, z. B., warum Ihr Rohgewinn so niedrig ist oder warum Sie ein Wohnmobil in Ihrem Fahrzeugpark haben. Wenn alles einleuchtend ist, sagt sich die Betriebsprüfungsstelle vielleicht »Nichts zu holen« und streicht Sie vom Prüfungsplan.
Ob Ihre Bemühungen gefruchtet haben, zeigt der nächste Bescheid. Enthalten er und auch der darauffolgende wieder den Zusatz »Vorbehalt der Nachprüfung«, sind Sie bald reif. Ein Jahr können Sie prüfungsfrei retten, wenn Sie ganz schnell die Steuererklärung für das vierte Jahr abgeben. Dann wird nämlich dieses vierte Jahr mitgeprüft und fällt das erste »Vorbehaltsjahr« aus der Prüfung raus.

1014 Besonders fies: Die Finanzverwaltung darf im Rahmen ihrer Betriebsprüfung auf Ihre elektronische Buchführung zugreifen. Verweigern Sie den Zugriff, wird geschätzt. Und jeder weiß: Wenn das Finanzamt schätzt, dann immer zugunsten des Fiskus – auch wenn das ungesetzlich ist. Damit sollen Sie zur Mitarbeit gezwungen werden. Sie sehen: Mitwirkung ist angeraten. Dann hat man noch am meisten Einfluss auf das Ergebnis.
Bereiten Sie sich auf diese Situation sorgfältig vor und halten Sie alle Daten der Finanz-, Anlagen- und Lohnbuchhaltung bereit. Ansonsten müssen Sie den Prüfern nur steuerlich relevante Unterlagen überlassen.

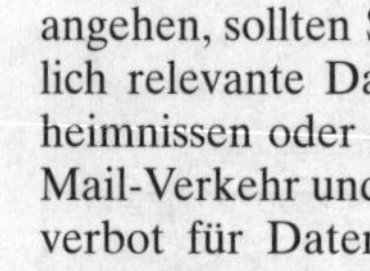

TIPP

zur Betriebsprüfung

Um zu verhindern, dass der Prüfer seine Nase in Dinge steckt, die ihn nichts angehen, sollten Sie schon während des alltäglichen Geschäftsbetriebs steuerlich relevante Daten immer strikt von Personalangelegenheiten, Betriebsgeheimnissen oder gar privaten Dingen trennen – das geht bis hinein in den E-Mail-Verkehr und die Korrespondenz. Denn: Der Prüfer hat kein Verwertungsverbot für Daten, die ihm versehentlich unterkommen, aber nicht für ihn bestimmt sind.
Flattert Ihnen eine »Prüfungsanordnung« ins Haus, ist vor Prüfungsbeginn – die Frist beträgt meistens nur 14 Tage – noch allerhand zu tun:

- Schwachstellen der Prüfungsjahre erkunden, Antworten und Argumente vordenken;

- Unterlagen sichten und bereitlegen; private Unterlagen aussortieren;
- ruhigen Raum bereitstellen, denn Vorsicht: Unbefugte hören gern mit.

TIPP

zur Einsicht in EDV-Programme

Da hilft nur, den Prüfer (von ihm unbemerkt) an die kurze Leine zu nehmen, indem Sie ihm einen kundigen Mitarbeiter zur Seite stellen, der die EDV bedient und genügend Kenntnis hat, um zu verhindern, dass der Prüfer zu viel erfährt. Notfalls müssen Sie die Sache selbst übernehmen.

TRICK

Kein freier Raum für den Außenprüfer

Wenn ein Prüfer kein eigenes Zimmer haben kann und etwa gar mit Ihnen an 1015
einem Schreibtisch sitzen muss, wird er sauer. Da Sie nun aber einmal keinen freien Raum für ihn haben, was Ihnen natürlich fürchterlich leidtut, lassen Sie dem Finanzamt folgendes Brieflein oder Fax zuflattern:

An das Finanzamt Helmut Unverzagt
Hochstein Steuer-Nr. .....
000/0000

Sehr geehrte Damen und Herren,

ich habe das Ankündigungsschreiben zur Betriebsprüfung erhalten und muss Ihnen leider sagen, dass ich wegen beengter räumlicher Verhältnisse nicht in der Lage bin, Ihrem Prüfer einen Raum zur Verfügung zu stellen.
Ich bitte Sie daher, die Prüfung an Ihrer Amtsstelle durchzuführen. Alle dazu erforderlichen Unterlagen bitte ich am x. x. xx bei mir abzuholen.

Mit freundlichen Grüßen

Helmut Unverzagt

Dadurch haben Sie folgende Vorteile: Der Prüfer, stets ein Störfaktor in Ihrem Betrieb, ist nun weitab vom Schuss. Er kann nicht jeden Augenblick mit Fragen bei Ihnen aufkreuzen. Ihre Mitarbeiter bleiben von ihm verschont, Sie müssen sich keine Sorgen mehr machen, ob er auch stets heißen Kaffee in seiner Kanne hat. Falls er was zu meckern hat, vergeht viel Zeit, und Sie können besser darauf reagieren.

Sie haben vergessen, dass er während der vorigen Prüfung in Ihrem großen Empfangszimmer saß und daher weiß, dass Platz zur Verfügung steht? Seien Sie nicht so schwerfällig. Wollten Sie in diesem Raum nicht just in der Prüfungszeit eine Großrenovierung machen lassen?

Während der Prüfung:

- Dauer erfragen;
- Bücher und Belege nur jahrgangsweise vorlegen, nicht »en bloc«; nur geben, was der Prüfer gerade braucht; keine Selbstbedienung zulassen;
- auf Fragen verhalten antworten: »Weiß ich nicht genau, muss ich erst Mitarbeiter fragen …«;
- keine Selbstbedienung beim Kopierer; alles, was kopiert wird, notieren; ggf. den betreffenden Geschäftspartner informieren, damit er rechtzeitig Selbstanzeige machen kann;
- nur Fragen an die dem Prüfer benannte Auskunftsperson zulassen, keine Fragen an andere Mitarbeiter oder den Ehepartner;
- für gutes Klima sorgen: Verständnis und Kompromissbereitschaft zeigen; Kaffee und kleinen Imbiss anbieten;
- Versehen ggf. eingestehen, aber niemals krumme Sachen …

Haben Sie wirklich mal ein krummes Ding gedreht und müssen befürchten, dass Ihnen der Prüfer auf die Schliche kommt, dann erstatten Sie *vor* der Prüfung Selbstanzeige. So gehen Sie wenigstens straffrei aus (Näheres dazu siehe Konz: »Wenn der Betriebsprüfer kommt«, ISBN 3-548-355-9511).

TRICK

Lassen Sie sich keine »gewerbsmäßige Steuerhinterziehung« anhängen!

1016 Dem denkwürdigen Jahr 2002 blieb es vorbehalten, eine neue Schlinge im Dornengestrüpp steuerlicher Strafbestimmungen auszulegen: den mehr als gemeinen Tatbestand der »gewerbsmäßigen Steuerhinterziehung«. Da Steuerhinterziehung naturgemäß durch unrichtige oder nicht abgegebene Steuererklärungen begangen wird, muss dieser Tatbestand auch den Bereich der Umsatzsteuervoranmeldungen und die Lohnsteueranmeldungen betreffen. Bei über mehrere Jahre hinweg falschen oder nicht abgegebenen Steuererklärungen kann man leicht nachweisen, dass der Betreffende sich dadurch eine Zusatzeinnahmequelle verschaffen wollte. Was das mit einem Gewerbe zu tun hat, weiß der Himmel. Dabei taucht die Frage auf, ob für die Prüfung vor dem 28. 12. 2001 begangene Taten mit heranzuziehen sind. Zwar kann steuertheoretisch schon aus einer Tat die Gewerbsmäßigkeit abzuleiten sein, jedoch wird die Absicht, sich eine Einnahmequelle aus Steuerhinterziehung zu verschaffen, bei einer falschen Steuererklärung kaum zu beweisen sein. Handlungen vor dem Stichtag 28. 12. 2001 können somit zum Glück nicht herangezogen werden, da ansonsten der Anwendungsbereich des § 370 a AO mittelbar auf die Zeit vor dem 28. 12. 2001 zurückverlagert würde.

Voraussetzung für den Vorwurf der »gewerbsmäßigen Steuerhinterziehung« ist, dass man dem Steuerzahler anlasten kann, sich eine **Einnahmequelle von einigem Umfang** verschafft zu haben. Hierbei müssen die Ermittlungsbehörden beachten, dass § 370 a AO ein **Verbrechen** darstellt; es muss sich also um **erhebliche** Beträge handeln, die der Täter **gezielt** verkürzen will **(gewerbsmäßige Absicht)**. Im Einzelfall ist jedoch eine Abgrenzung zur **einfachen** Steuerhinterziehung (§ 370 AO) erforderlich. In der Praxis werden Sie also alles tun, eine bei Ihnen entdeckte Verkürzung als einfache Hinterziehung darzustellen. Lassen Sie sich von sog. Scharfmachern unter den Betriebsprüfern und Steuerfahndern um Himmels willen nichts anhängen. Sobald die komische Vorwürfe und Andeutungen machen, sagen Sie kein einziges Wort mehr! Sonst sind Sie schnell hereingelegt. Warum und wieso?

Haben Sie nur zweimal Ihre Umsatzsteuervoranmeldung nicht oder zu spät abgegeben oder die Steuern nicht pünktlich bezahlt, sind Sie den Beamten schon auf Gedeih und Verderb ausgeliefert. Und § 370 a AO sieht zu allem Überfluss für solche Fälle zwingend Knaststrafen vor, und zwar ziemlich hohe.

Ja, wer will denn unter diesen Umständen selbständig sein oder werden? Da kann man es den Fleißigen und Aktiven doch gar nicht verdenken, wenn sie sich lieber in die Arbeitslosigkeit verkriechen und ihr Geld fürs Nixtun kassieren. Sehen Sie, das ist einer der heimlichen Gründe, weshalb die Arbeitslosenquote nicht sinkt.

»Wehe dem Staat, der seinen Bürgern die Lust zum Arbeiten nimmt!«, kann ich hier nur noch mal den Kölner Wirtschaftsprofessor Spitaler wiederholen.

Manche Bürger übertreiben es mit dem Steuersparen und geben dem Finanz- **1017**
amt gerade so viel an, dass man sich fragen muss, wovon die eigentlich leben. Zumindest die Rohgewinnsätze müssen im Rahmen vergleichbarer Betriebe liegen. Das ist wohl klar. Man sollte die Kirche schon im Dorf lassen, sonst kann man schnell und gewaltig auf die Nase fallen.

Wenn Sie sich haben erwischen lassen, drohen Ihnen folgende Geldbußen:

Oberfinanz-direktion	Zahl der Tagessätze bei einer Steuerschuld von … €						
	1 000	2 500	5 000	10 000	25 000	50 000	100 000
Berlin	8–12	20–30	40–60	120	300	360	360
Bremen	15	25–30	45–50	70–80	130–140	210–220	360
Chemnitz	10	10–30	30	60	180	360	360
Cottbus	10	10–80	10–80	80	150	230	320
Düsseldorf	5–20	20	40	80	200	360	360
Aachen, Essen, Köln	5–20	20	40	80	140	240	340
Wuppertal	5–25	5–25	25	50	125	250	360
Erfurt	5–20	20	40	80	140	240	340
Frankfurt	8	20	40	80	200	360	360
Hamburg	16–20	40–50	80–100	140	250	360	360
Hannover	8	20	40	60–80	200	180–240	360
Karlsruhe	5–10	10	30	60–80	120	180–240	360
Magdeburg	8	20	40	80	200	340	360
München	5–90	5–90	5–90	5–90	180	360	360
Münster	5–20	20	40	80–100	140	240	340
Nürnberg	5–20	20	40	60–90	130–180	200–280	360
Rostock	5–12	12–40	40	80	160	240	360
Stuttgart	5–10	10	30	60-90	120	180–240	360

GUTER RAT

1018 Wollen Sie Ihr Ferienhaus oder Ihre Motor- oder Segelyacht verkaufen, dann wappnen Sie sich gegen die Steuerfahnder, denn ehe Sie sich versehen, haben Sie sie am Hals. Sie holen sich von der Zeitung, in der Sie annonciert haben – trotz Chiffre – Ihren Namen und fahnden bei Ihnen nach Schwarzgeld. Auch der Schiffsmakler muss Ihren Namen nennen, wenn er Ihre Yacht zum Verkauf anbietet (BFH-Urt. v. 17. 3. 1992 – BFH/NV 1992 S. 789). Zwar darf der Steuerfahnder nur bei hinreichendem Anlass Dritte um solche Auskünfte angehen, insbesondere sind Ermittlungen »ins Blaue hinein« nicht zulässig, doch es gehört zu den Aufgaben der Steuerfahndung, auch unbekannte Steuerfälle aufzudecken (§ 208 Abs. 1 Nr. 3 AO). Und bei Verkauf von Privatgrundstücken oder teuren Yachten hört die fiskalische Farbenlehre auf. Da sehen die Fiskalritter nur noch Schwarzgeld fließen und hoffen, ein hohes Mehrergebnis einzuheimsen.

TRICK

Wie Sie bei Steuerhinterziehung ohne Strafe davonkommen

Wenn Sie so im stillen Kämmerlein Ihre Sünden überdenken und zu dem Schluss kommen, dass ein Staatsanwalt eine Steuerhinterziehung entdecken könnte, dann müssen Sie wissen: Wenn Sie die Tat rechtzeitig anzeigen, bleiben Sie straffrei – vorausgesetzt, Sie zahlen die hinterzogenen Steuern nach. 1019

Das ist ein Unikum im deutschen Strafrecht. Denn wenn Sie einen gewöhnlichen Betrug begehen (die Steuerhinterziehung kann man sehr wohl als einen Sonderfall verstehen), gelingt es Ihnen allenfalls, durch einen dramatisch-reuigen Auftritt im Gerichtssaal eine Strafminderung zu erreichen – wohlgemerkt, eine Strafminderung.

Anders bei Steuerstraftaten: Da kann jemand über Jahre Millionenbeträge an Steuern hinterzogen und sich und sein Geschäft saniert haben – liefert er *beizeiten* eine Selbstanzeige ab, bleibt er straflos. Beizeiten bedeutet, solange die Steuerbehörden noch nichts von der Tat wissen. Zwar wird er die Steuer nachzahlen müssen, aber doch nicht aus dem Stand! Das Finanzamt wird ihm eine Zahlungsfrist einräumen.

Was Sie bedenken sollten: Wenn Ihnen die Beamten der Steuerfahndung erst mal gegenübersitzen und Sie offiziell wegen Steuerhinterziehung befragen, nützt auch ein dramatisches Geständnis nichts mehr. In dieser Situation kann man sich allenfalls noch helfen, indem man Gründe findet, die Tat nicht als (vollendete) Steuerhinterziehung darzustellen, oder indem man versucht, auf der subjektiven Seite eine andere Wertung durchzusetzen: etwa, dass die Tat nicht gewollt gewesen sei oder Ähnliches.

Das Gesetz sagt: Die Selbstanzeige ist ausgeschlossen, wenn der Außenprüfer »erschienen« ist (§ 371 AO). Also muss er körperlich in Ihrem Haus/Ihrer Wohnung über die Schwelle treten. Und er muss tatsächlich zum Zweck der Prüfung erscheinen. Kommt er nur zu einem Vorgespräch, z. B., um einen Prüfungstermin mit Ihnen abzusprechen, haben Sie noch ein Chance. Kommen Sie aber nicht auf die Idee, den Zeitpunkt für die rechtzeitige Selbstanzeige dadurch hinauszuzögern, dass Sie den Prüfer zu einem vereinbarten Termin einfach nicht hereinlassen (was im Übrigen rechtswidrig wäre).

Andererseits: Der Prüfer muss sich an die üblichen Geschäftszeiten halten – und die sind bekanntlich bei einer Nachtbar anders als bei einem Zahnarzt. Oder er muss einen allen Seiten genehmen Zeitpunkt finden.

Fazit: Eine Selbstanzeige mit strafbefreiender Wirkung ist nicht mehr möglich, wenn der Prüfer in Prüfungsabsicht Ihre Geschäftsräume betritt – und wenn dies zu einer vereinbarten Zeit oder während des gewöhnlichen Geschäftsbetriebs geschieht.

Aber es gibt eine (häufige) Ausnahme von dieser Regel: Haben Sie nur eine leichtfertige Steuerverkürzung begangen, können Sie jederzeit die Selbstanzeige machen, auch wenn der Prüfer schon bei Ihnen auf der Matte steht. Eine schriftliche Form ist dann nicht nötig. Das ist allerdings nicht ganz unstrittig (Bayerisches Oberstes Landesgericht v. 30. 3. 1978 – 3 Ob OWI 11/78).

Es gibt noch eine andere Situation, in der Sie an Selbstanzeige denken müssen: wenn Ihr Geschäftspartner, Kunde oder Lieferant die Außenprüfung im Haus hat und Sie befürchten müssen, dass bei dieser Gelegenheit Ihre Steuersünden zutage treten. Bedenken Sie, dass schon bei der Prüfung Ihrer Steuererklärung Kontrollmitteilungen verfasst werden. Bei der Bearbeitung der steuerlichen Verhältnisse Ihres Geschäftspartners kann es sein, dass das Finanzamt auch über Sie Erkenntnisse gewinnt und Ihrem Sachbearbeiter im Finanzamt Mitteilung macht.

Wenn Sie durch Kontrollmitteilungen gefährdet sein könnten, ist die strafbefreiende Selbstanzeige nur noch möglich, wenn

- die Tat noch nicht entdeckt wurde bzw.
- der Täter nicht mit einer Entdeckung rechnen musste.

Die Entdeckung durch das Finanzamt liegt frühestens vor, wenn es bei der Überprüfung Ihrer Steuerakte feststellt, dass die steuerlich bedeutsamen Vorgänge, die in der Kontrollmitteilung enthalten sind, von Ihnen nicht erklärt wurden.

Die Selbstanzeige ist strafbefreiend nur bei folgenden Steuerstraftaten möglich:

- Steuerhinterziehung in einfacher und schwerer Form, auch Versuch (§ 370 AO),
- Monopolhinterziehung nach dem Branntweinmonopolgesetz,
- Hinterziehung von Abgaben von Marktordnungswaren, die keine Zölle, Abschöpfungen, Ausfuhrabgaben oder Produktionsregelabgaben sind,
- Hinterziehung von Abwasserabgaben,
- Erschleichung von Spar-, Wohnungsbau- und Bergmannsprämien sowie Arbeitnehmersparzulagen.

Nicht strafbefreiend können Sie anzeigen:

- Steuerhehlerei (§ 374 AO),
- schweren Schmuggel (§ 373 AO),
- Subventionsbetrug (§ 264 StGB).

Was Sie tun müssen, solange es noch geht:

- die ausstehende Steuererklärung nachholen oder die alte, falsche Steuererklärung berichtigen,
- die zu wenig gezahlten Steuern nachzahlen, und zwar am besten gleich, spätestens innerhalb der vom Finanzamt gesetzten Frist.

Sie sehen: Allein in einer korrigierten Steuererklärung kann eine Selbstanzeige liegen. Das Schöne bei dieser Methode ist: Das Wort »Selbstanzeige« taucht gar nicht auf. Das heißt: Man sollte dem Finanzamt nicht unbedingt unter die Nase reiben, dass (vielleicht) eine Steuerstraftat vorliegt. Verfassen Sie also ein neutrales Schreiben, oder geben Sie eine berichtigte Steuererklärung an. Ihr Sachbearbeiter wird dann schon sehen, was er daraus macht.
Vorsicht: Wenn Sie wissen, dass Sie die Steuern auf keinen Fall werden nachzahlen können, können Sie sich den ganzen Zauber sparen, denn ohne Nachzahlung gibt es keinen Straferlass. Dann ist es besser, Sie lassen es drauf ankommen und warten, ob man Ihnen auf die Schliche kommt.

GUTER RAT

Eine Selbstanzeige ist eine sehr komplizierte Angelegenheit, bei der vieles bedacht werden muss. Machen Sie nie eine Selbstanzeige, ohne sich mit einem Fachmann beraten zu haben!

TRICK

Lassen Sie sich nicht maßlos schätzen!

100 000 € in bar waren einem Steuerberater zugeflossen. Geld, das ihm von 1020
einem Freund, den er nicht nennen wolle, als betriebliches Darlehen zinsfrei überwiesen worden sei. Da sich das Finanzamt mit dieser Erklärung nicht zufriedengab, deklarierte es das Geld zu nicht versteuerten Einnahmen und erließ neue Einkommensteuerbescheide. **Das Finanzgericht Düsseldorf (17 K 7587/99) stutzte die Beamten zurecht und erklärte die Hinzuschätzung für rechtswidrig.** Aber: Es war nicht die Schätzung an sich unzulässig, sondern nur deren Höhe. *»Ziel einer jeden Schätzung muss es sein, dass sie der Wirklichkeit möglichst nahe kommt. Sie muss demzufolge in sich schlüssig und zudem wirtschaftlich vernünftig sowie möglich sein«*, so das Finanzgericht. Möglich waren hier nur 9 % Zinsen aus den 100 000 € zzgl. eines Sicherheitszuschlags von 15 %.

GUTER RAT

1021 Ist das Finanzamt unrealistisch, sind die Chancen eines Prozesses immer gut. Achten Sie aber auf Ihre Mitwirkungspflicht. Im betrieblichen Bereich ist diese sehr viel höher (Pflicht zur Buchführung, Aufbewahrung von Belegen) als bei privaten Einkünften. Private Einnahmen brauchen in der Regel nur plausibel erläutert und nicht nachgewiesen zu werden.

In Frankfurt/Main wurde die »Leuna-Brücke« gebaut.
Dem Bauwerk fehlt der Straßenanschluss.
In den Sand gesetzte Kosten: 33 Millionen €.

XV. Die anderen Steuern

1. Die Gewerbesteuer

Die Gewerbesteuer ist eine Gemeindesteuer. Sozusagen im Auftrag der Gemeinde stellt das Finanzamt zunächst anhand des erklärten Gewinns den sog. Messbetrag fest. Auf der Grundlage dieses Gewerbesteuermessbetrags erhebt sie sodann nach ihrem Hebesatz die Gewerbesteuer. 1022
Und so wird die Gewerbesteuer berechnet:

Festsetzung des einheitlichen Steuermessbetrags durch das Finanzamt

Steuermessbetrag nach dem Gewerbeertrag		Zeile
Gewinn aus Gewerbebetrieb (nach dem EStG)	.... €	1
Hinzu: 25 % des betrieblichen Finanzierungsaufwands	.... €	2
	.... €	3
Kürzung: 1,2 % v. EW des betriebl. Grundbesitzes		
140 %	.... €	4
	.... €	5
Gewerbeertrag nach Abrundung (auf volle 100 €)	.... €	6
./. Freibetrag 24 500 €, max. Betrag Zeile 6	.... €	7
Bemessungsgrundlage	.... €	8
Steuermessbetrag = 3,5 % des Gewerbeertrags	.... €	9

Festsetzung der Gewerbesteuer durch die Gemeinde

Einheitlicher Gewerbesteuermessbetrag (Zeile 9)	.... €	10
Davon ... % (Hebesatz) = GewSt für das Kj =	.... €	11

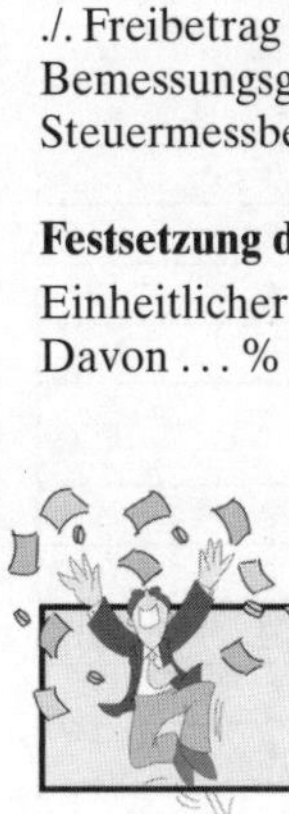

SUPER TRICK

So bringen Sie den Gemeindesäckel um den Profit!

Bis zu einem Gewerbeertrag von 24 500 € für jeden einzelnen Betrieb fällt keine Gewerbesteuer an. Jetzt können Sie sich denken, dass Sie sich besserstellen, wenn Sie diesen Freibetrag zweimal statt nur einmal in Anspruch nehmen können. Wie? Indem Sie Ihren Betrieb trennen, so dass beide nicht wesensverwandt sind, z. B. in eine Schreinerei und ein Bestattungsinstitut (bzw. einen anderen hinzunnehmen).

Beispiel

Beträgt Ihr Gewinn aus dem Gesamtbetrieb etwa 50 000 €, zahlen Sie eine Gewerbesteuer von etwa 1 620 €. Teilen Sie das Unternehmen, und jeder Betriebsteil erwirtschaftet etwa 25 000 €, haben Sie nur 40 € zu zahlen. Ein ganz schöner Unterschied jedes Jahr, was?

Geschickt kann es insoweit sein, wenn Sie eine Betriebsabteilung aus Ihrem Unternehmen ausgliedern und z. B. mit Ihrem Sohn als GmbH & Co. KG betreiben. So können Sie z. B. als Autohändler den reinen Handel als Einzelfirma, die Werkstatt als GmbH u. Co. KG betreiben.

Bei gleichartigen Betrieben werden zwei Gewerbebetriebe angenommen, wenn z. B. eine getrennte Personalpolitik, getrennte Warenbestellung und insbesondere getrennte Buchführung erfolgt. Erforderlich ist auch eine räumliche Trennung.

1023 Zur Ermittlung des Gewerbeertrags werden 25 % der Finanzierungskosten hinzugerechnet. Dazu gehören insbesondere **alle** Zinsen (ohne Skonti und Boni), egal ob für langfristige oder kurzfristige Kredite, daneben aber auch noch andere Ausgaben, die nach Meinung des Fiskus im weitesten Sinn Finanzierungscharakter haben. Im Einzelnen werden die Finanzierungskosten wie folgt ermittelt.

Ermittlungsschema für die betrieblichen Finanzierungskosten:

Art der Finanzierungskosten	Anteil	
Zinsen für Kredite	100 %	.... €
Renten und dauernde Lasten	100 %	.... €
Gewinnanteil stiller Gesellschafter	100 %	.... €
Miet-/Pachtzinsen/Leasingraten für bewegliche Wirtschaftsgüter	20 %	.... €
Miet-/Pachtzinsen/Leasingraten für Immobilien	50 %	.... €
Lizenzgebühren, Urheberrechtskosten etc.	25 %	.... €
Summe der Finanzierungskosten		.... €
./. Freibetrag		– 100 000 €
Bemessungsgrundlage für Hinzurechnung		.... €
davon 25 %		.... €

TRICK

Lassen Sie sich nicht doppelt abkassieren!

Was Sie bei der Berechnung der Finanzierungskosten unbedingt beachten müssen: Schuldzinsen müssen nur dann als Finanzierungskosten hinzugerechnet werden, wenn sie den Gewinn auch tatsächlich gemindert haben. Angenommen, Sie konnten Ihre Zinsen wegen Überentnahmen oder wegen der Zinsschranke ganz oder teilweise nicht als Betriebsausgaben abziehen. Dann müssen sie – oder der entsprechende Teil – selbstverständlich auch nicht als Finanzierungskosten berücksichtigt werden. Lassen Sie sich also nicht zweimal zur Kasse bitten! 1024

Gewerbesteuer zahlen Sie nur, wenn Sie kein Freiberufler oder Land- und Forstwirt sind. Legen Sie dem Finanzamt also überzeugend dar, dass Ihre Tätigkeit diesen Bereichen zuzuordnen ist. Die Finanzgerichte und der BFH haben dies z. B. für Hebammen, Heilmasseure, Kfz-Sachverständige, deren Gutachtertätigkeit mathematisch-technische Kenntnisse voraussetzt, wie sie üblicherweise nur durch Berufsausbildung als Ingenieur erlangt werden können, und Patentberichterstatter mit wertender Tätigkeit bestätigt.

SUPER TRICK

Ermäßigen Sie mit Ihrer Gewerbesteuer Ihre Einkommensteuer!

Die Gewerbesteuer stellt kraft gesetzlicher Fiktion **keine Betriebsausgabe** dar. Sie mindert also nicht den steuerlichen Gewinn. Das gilt aber nur für die Gewerbesteuer, die für die Jahre seit 2008 erhoben wird. Nachzahlungen für frühere Zeiträume können somit als Betriebsausgaben gebucht werden, selbst wenn Sie sie erst 2008 geleistet haben oder später leisten.

Sofern Sie ein Einzelunternehmen haben oder an einer Personengesellschaft beteiligt sind, bekommen Sie eine Ermäßigung bei der Einkommensteuer, um die Doppelbelastung des Gewinns mit Einkommensteuer und Gewerbesteuer auszugleichen. Dazu wird Ihnen pauschal das 3,8-Fache des Gewerbesteuermessbetrags auf den Teil Ihrer Einkommensteuer angerechnet, der auf gewerbliche Einkünfte entfällt.

2. Die Umsatzsteuer (Mehrwertsteuer)

1025 Die Umsatzsteuer besteuert Lieferungen und Leistungen eines Unternehmens sowie die Einfuhr von Gegenständen. Entnahmen werden seit 1.4.1999 einer fiktiven Lieferung oder sonstigen Leistungen gleichgestellt.

Einem Steuersatz von 7 % unterliegen z.B. Rundfunk, Fernsehen und Presse, Personennahverkehrsunternehmen, Hotelübernachtungen, Lebensmittel (nicht in Hotels und Gaststätten), Verlage, Buchhandlungen, Schriftsteller und Hilfsmittel für Körperbehinderte, Urheberrechte. Fast alles Übrige wird mit 19 % belegt.

Die gezahlte Vorsteuer – das ist die Umsatzsteuer, die der Unternehmer, also jeder Selbständige, selbst für seine betrieblichen Ausgaben und Investitionen zahlt – ist abzugsfähig. Praktisch wird damit nur der Mehrerlös versteuert. Steuerfrei sind Theater, Museen, Archive, Büchereien, Ärzte, Heilpraktiker, Versicherungsmakler und Umsätze, die der Grunderwerbsteuer unterliegen.

1026 Auch als **Kleinunternehmer** müssen Sie keine Umsatzsteuer zahlen. Theoretisch ist jeder Unternehmer, der ein paar Mal in Folge Sachen verkauft oder Dienstleistungen erbringt. Kinder, die auf dem Flohmarkt ihre alten Comics oder Computerspiele verhökern, würden damit automatisch zum Unternehmer und müssten Umsatzsteuer zahlen. Die Steuerbefreiung für Kleinunternehmer ist also weniger eine Wohltat für Sie als Steuerzahler als vielmehr für den Staat, der für ein paar Euro Umsatzsteuer einen riesigen Verwaltungsaufwand betreiben müsste, der die Einnahmen bei weitem übertreffen würde.

Kleinunternehmer sind Sie, wenn Ihre Umsätze im Vorjahr unter 17 500 € lagen und im laufenden Jahr die Marke von 50 000 € voraussichtlich nicht knacken werden. Aufgepasst: Eine Dauerfreistellung erreichen Sie aber nur, wenn Ihre Umsätze in jedem Jahr unter 17 500 € liegen.

Fallen Sie unter diese Steuerbefreiung, müssen Sie einige Faustregeln beachten:

1. Sie dürfen in Ihren Rechnungen keine Umsatzsteuer gesondert berechnen. Verstoßen Sie dagegen, knöpft Ihnen das Finanzamt die zu Unrecht ausgewiesene Umsatzsteuer als Strafsteuer ab. Wenn Sie allerdings einfach den Preis um 7 % bzw. 19 % höher kalkulieren, ohne das Wort Mehrwertsteuer zu erwähnen, haben Sie die Mehrwertsteuer im Sack, ohne teurer als die Konkurrenz zu sein und ohne dass es Theater mit dem Fiskus gibt. (Das gilt aber nur, wenn Ihre Kunden in erster Linie Privatleute sind!)
2. Umsatzsteuer, die Sie an Ihre Lieferanten zahlen, können Sie nicht als Vorsteuer abziehen.

In Plön (Schleswig-Holstein) wurden Schranke und Ampel installiert, um vier Mietparteien des einzigen Wohnhauses an dieser Ecke vor einem Bus zu schützen, der dort vorbeifährt. Kosten: 15 000 €.

TRICK

Verzichten Sie auf Umsatzsteuerbefreiung – und zahlen Sie trotzdem weniger Steuern!

»Wie soll denn so was möglich sein?«, fragen Sie erstaunt. Haben Sie's noch nicht gemerkt? Bei der Steuer ist das Unmögliche möglich. Nehmen wir mal an, Sie haben Ihr Hobby zu einem regelrechten Nebengewerbe ausgebaut (den Begriff »Hobby« sollten Sie dann fürderhin nicht mehr in den Mund nehmen, wenigstens nicht gegenüber dem Finanzamt). Sowohl im Vorjahr als auch im laufenden Jahr bleiben Sie mit Ihren Umsätzen unter der jeweiligen Höchstgrenze von 17 500 € bzw. 50 000 €, werden daher für das laufende Jahr von der Umsatzsteuer freigestellt. Statt nun die Steuerbefreiung in Anspruch zu nehmen, verpflichten Sie sich dazu, freiwillig fünf Jahre lang Umsatzsteuer zu zahlen. Das Fiskaldeutsch spricht dann von »Option zur Regelbesteuerung«. »Verrückt!« O nein. Denn jetzt können Sie Ihren Kunden Mehrwertsteuer draufschlagen und im Gegenzug die Ihnen von Lieferanten in Rechnung gestellte Mehrwertsteuer als sog. Vorsteuer abziehen. Abführen müssen Sie nur den Differenzbetrag aus diesen beiden Steuerbeträgen. 1027

Damit Sie als Kleinunternehmer mit dem Trick was anzufangen wissen, hier ein Beispiel: Nehmen Sie an, ich kassiere im Jahr 9 000 € an Autorenhonoraren und wähle die Versteuerung (Regelversteuerung). Dem Verlag würde ich dann zusätzlich 7 % bzw. 630 € in Rechnung stellen. Da ich längerfristig schriftstellerisch tätig sein möchte, richte ich mir ein Arbeitszimmer ein. Für Schreibtisch, Regale, Schreibtischlampe, Schreibtischstuhl und PC zahle ich 10 000 €, in denen 19 % Vorsteuer, also 1 597 € (15,97 % von 10 000 €) enthalten sind. Außerdem schaffe ich mir einen Pkw für 22 000 € an (darin enthaltene Vorsteuer: 15,97 % von 22 000 € = 3 513 €). In den Benzin- und Inspektionskosten stecken Vorsteuern von 280 €.

Meine Umsatzsteuererklärung gegenüber dem Finanzamt sieht demnach folgendermaßen aus:
Ich habe dem Verlag in Rechnung gestellt:

Honorare (Umsatz)	9 000 €	
Mehrwertsteuer 7 %	630 €	
Rechnungsbetrag	9 630 €	
Ich habe an USt zu zahlen:		
Mehrwertsteuer 7 % von 9 000 €		630 €
./. Vorsteuer (1 597 € + 3 513 € + 280 €)		– 5 390 €
Erstattung		4 760 €

Neben der Erstattung des Finanzamts in Höhe von 4 760 € habe ich vom Verlag 630 € an Mehrwertsteuer erhalten. Also hat mir die Wahl der Regelbesteuerung zusätzliche Einnahmen in Höhe von 5 390 € gebracht.

TIPP

zum Firmenwagen

1028 Der Fiskus bindet Ihnen nicht nur die Umsatzsteuer für Ihre Verkaufserlöse oder Honorare ans Bein. Auch für Ihre privaten Entnahmen aus dem Betrieb verlangt er Umsatzsteuer. So z. B. wenn Sie mit einem Firmenwagen privat fahren. Im Gegenzug bekommen Sie aber die volle Vorsteuer für Ihren Firmenwagen.

Um den Eigenverbrauch zu berechnen, haben Sie zwei Möglichkeiten:

1. Die 1-%-Regelung, die Sie von der Dienstwagenbesteuerung bei Arbeitnehmern kennen. Für jeden Monat, in dem Sie Ihren Firmenwagen privat nutzen, werden Ihnen 1 % seines Bruttolistenpreises (inkl. Umsatzsteuer) zum Zeitpunkt der Erstzulassung, aufs Jahr gerechnet also 12 %, zugerechnet. Ein ganz übler Pferdefuß ist dabei, dass eben immer der Neuwagenpreis als Berechnungsgrundlage genommen wird – auch wenn Sie sich einen mehrere Jahre alten Gebrauchtwagen zulegen! Weil in den Autokosten immer ein Teil enthalten ist, aus dem Sie keine Vorsteuer kassieren können, z. B. Steuern und Versicherung, wird ein pauschaler Abschlag von 20 % vorgenommen. Damit soll mehr schlecht als recht berücksichtigt werden, dass der Fiskus gemäß Europäischem Gerichtshof beim Eigenverbrauch nur noch vorsteuerbelastete Kosten in die Berechnung einbeziehen darf.
2. Als Alternative zur 1-%-Regelung können Sie ein Fahrtenbuch führen und einzeln die tatsächlichen Autokosten nachweisen. Als Eigenverbrauch wird dann nur der Anteil abgesetzt, der sich nach der per Fahrtenbuch ermittelten privaten Nutzungsquote ergibt. Achten Sie unbedingt darauf, dass bei der Berechnung diejenigen Kosten außen vor bleiben, aus denen Sie keine Vorsteuer kassieren. Neben der umsatzsteuerfreien Autoversicherung, der Kfz-Steuer und Gebühren kann das die gesamte Abschreibung sein. Haben Sie z. B. Ihr Auto von einem Privatmann oder von einem Kleinunternehmer gekauft, oder hat Ihnen Ihr Autohändler einen Gebrauchtwagen verkauft, den vorher ein Privatmann gefahren hat, bekommen Sie keine müde Mark Vorsteuer. Dementsprechend hat die Abschreibung für Ihr Gefährt bei der Berechnung des umsatzsteuerlichen Eigenverbrauchs nichts zu suchen. Das gilt übrigens auch, wenn Sie Ihren fahrbaren Untersatz zu einem Zeitpunkt gekauft haben, als Sie selbst noch als Kleinunternehmer besteuert wurden.

Damit Ihnen bei so viel misslungener Steuervereinfachung der Kopf nicht zu sehr schwirrt, zeige ich Ihnen, wie die Rechnung aussehen könnte, wenn Sie von einem Privatmann für 20 000 € einen Gebrauchtwagen gekauft haben, der bei seiner Erstzulassung einen Listenpreis von 30 000 € (inkl. Umsatzsteuer) hatte. Nach Ihrem Fahrtenbuch beträgt Ihre Privatnutzung 15 %.

1-%-Regelung:

Listenpreis 30 000 € × 12 %	3 600 €
./. Abschlag für nicht vorsteuerbelastete Kosten 20 %	– 720 €
Bemessungsgrundlage für den Eigenverbrauch	2 880 €
Umsatzsteuer darauf 19 %	547 €

Fahrtenbuch:	**mit** Vorsteuerabzug	**ohne** Vorsteuerabzug
Abschreibung 20 % v. 20 000 €		4 000 €
Kfz-Steuer		350 €
Versicherung		900 €
Reparaturen, Wartung etc.	1 900 €	
Betriebskosten, Benzin, Öl etc.	2 100 €	
	4 000 €	5 250 €
Eigenverbrauch 15 %	600 €	788 €
Umsatzsteuer 19 % v. 600 €	114 €	

Ihr Eigenverbrauch für die Berechnung der Umsatzsteuer beträgt also nur 600 €. Bei der Einkommensteuer kommen allerdings noch die 19 % der nicht vorsteuerbelasteten Autokosten dazu: 600 € + 114 € + 788 € = 1 502 €. Wie Sie sehen, fahren Sie mit dem Fahrtenbuch wesentlich besser. Allein bei der Umsatzsteuer bringt Ihnen das jährlich 433 € ein. Dazu kommt noch die Ersparnis durch die geringere Einkommensteuer. Welche Methode für Sie die günstigere ist, kann ich Ihnen nicht sagen, denn dabei kommt es immer auf Ihre persönlichen Verhältnisse an. Doch in folgenden Fällen sollten Sie sich genau durchrechnen, ob sich nicht ein Fahrtenbuch für Sie lohnt:

- Autokauf ohne Vorsteuerabzug, z. B. von einem Privatmann, Kleinunternehmer,
- Kauf eines älteren Gebrauchtwagens,
- geringe private Fahrleistung.

Was Ihnen blüht, wenn Sie einen neuen Pkw Ihrem Betrieb zuordnen und nicht ausschließlich (d. h. zu 100 %!) betrieblich nutzen:

- 100 % Vorsteuerabzug aus dem Autokauf,
- 100 % Vorsteuerabzug aus den laufenden Kosten,
- Versteuern der privaten Nutzung.

TRICK

Kassieren Sie Vorsteuern aus Reise- und Bewirtungskosten!

1029 Als Unternehmer können Sie aus Rechnungen für Übernachtungen bei eigenen Geschäftsreisen oder den Dienstreisen Ihrer Arbeitnehmer die Vorsteuer abziehen. Sie müssen lediglich dafür sorgen, dass die Rechnung auf Ihren bzw. den Namen Ihrer Firma ausgestellt ist.

Bei der Vorsteuer aus Verpflegungskosten wird es ein wenig komplizierter. Solange es um Ihre eigenen Verpflegungskosten bei Geschäftsreisen geht, ist der Vorsteuerabzug kein Problem, wenn Sie eine ordentliche Rechnung des Restaurants oder Hotels vorlegen können. Erstatten Sie dagegen Ihren Arbeitnehmern ihre anlässlich von Dienstreisen entstandenen Verpflegungsaufwendungen, sollen Sie daraus keine Vorsteuern abziehen dürfen, weil angeblich keine Leistung für Ihr Unternehmen vorliegt. Da nutzt es Ihnen auch nichts, wenn Ihnen Ihr Arbeitnehmer die Restaurantrechnung mitbringt. Anders liegt die Sache, wenn Sie für Ihre Angestellten das Restaurant ausgesucht, einen Platz reserviert und die Rechnung bezahlt haben (Quelle: StÄndG 2003 v. 15. 12. 2003, BGBl 2003 I S. 2645; BMF-Schreiben v. 28. 3. 2001, BStBl 2001 I S. 251).

Auch bei Ihren Bewirtungskosten hat der Fiskus kräftig eins auf die Finger bekommen und musste den Ausschluss des Vorsteuerabzugs aus diesen Kosten zurücknehmen (BMF-Schreiben v. 23. 6. 2005 – BStBl 2005 I S. 816). Mit seinem unternehmerfreundlichen Urteil vom 10. 2. 2005 (BStBl 2005 II S. 509) hat der BFH nämlich entschieden, dass Ihnen die Vorsteuern aus der Bewirtung von Geschäftspartnern und Kunden zu 100 % zustehen. Auch hier müssen Sie nur dafür sorgen, dass Sie eine **ordentliche Rechnung** bekommen.

TRICK

Machen Sie Durchschnittssätze geltend!

1030 **Gehören Sie als Unternehmer zu einer der Berufsgruppen in der folgenden Übersicht und müssen zudem keine Bücher führen oder aufgrund jährlicher Bestandsaufnahmen Abschlüsse machen, können Sie die Vorsteuern nach festgelegten Durchschnittssätzen geltend machen. Allerdings darf Ihr Umsatz im Vorjahr 61 356 € nicht übersteigen (§ 23 UStG).**

Zusätzlich zu den Durchschnittssätzen können Sie bei einer teilweisen Durchschnittssatzermittlung noch Vorsteuern abziehen für

- Wareneinkäufe, Rohstoffe, Halberzeugnisse, Hilfsstoffe und Zutaten,
- die Anschaffung von Betriebsgebäuden, Grundstücken und Grundstücksteilen sowie Aus-, Ein- und Umbauten oder Instandsetzungen,
- Grundstücks-, Gebäude- oder Raummieten.

Übersicht Vorsteuerdurchschnittssätze (Durchschnittssätze für die Berechnung sämtlicher Vorsteuerbeträge in Prozent des Umsatzes)

I. Handwerk

1. Bäckerei: 5,4
2. Bau- und Möbeltischlerei: 9,0
3. Beschlag-, Kunst- und Reparaturschmiede: 7,5
4. Buchbinderei: 5,2
5. Druckerei: 6,4
6. Elektroinstallation: 9,1
7. Fliesen- und Plattenlegerei, sonstige Fußbodenlegerei und -kleberei: 8,6
8. Friseure: 4,5
9. Gewerbliche Gärtnerei: 5,8
10. Glasergewerbe: 9,2
11. Hoch- und Ingenieurhochbau: 6,3
12. Klempnerei, Gas- und Wasserinstallation: 8,4
13. Maler- und Lackierergewerbe, Tapezierer: 3,7
14. Polsterei- und Dekorateurgewerbe: 9,5
15. Putzmacherei: 12,2
16. Reparatur von Kraftfahrzeugen: 9,1
17. Schlosserei und Schweißerei: 7,9
18. Schneiderei: 6,0
19. Schuhmacherei: 6,5
20. Steinbildhauerei und Steinmetzerei: 8,4
21. Stuckateurgewerbe: 4,4
22. Winder und Scherer: 2,0
23. Zimmerei: 8,1

II. Einzelhandel

1. Blumen und Pflanzen: 5,7
2. Brennstoffe: 12,5
3. Drogerien: 10,9
4. Elektrotechnische Erzeugnisse, Leuchten, Rundfunk-, Fernseh- und Phonogeräte: 11,7
5. Fahrräder und Mopeds: 12,2

6. Fische und Fischerzeugnisse: 6,6
7. Kartoffeln, Gemüse, Obst und Südfrüchte: 6,4
8. Lacke, Farben und sonstiger Anstrichbedarf: 11,2
9. Milch, Milcherzeugnisse, Fettwaren und Eier: 6,4
10. Nahrungs- und Genussmittel: 8,3
11. Oberbekleidung: 12,3
12. Reformwaren: 8,5
13. Schuhe und Schuhwaren: 11,8
14. Süßwaren: 6,6
15. Textilwaren verschiedener Art: 12,3
16. Tiere und zoologischer Bedarf: 8,8
17. Unterhaltungszeitschriften und Zeitungen: 6,3
18. Wild und Geflügel: 6,4

III. Sonstige Gewerbebetriebe

1. Eisdielen: 5,8
2. Fremdenheime und Pensionen: 6,7
3. Gast- und Speisewirtschaften: 8,7
4. Gebäude- und Fensterreinigung: 1,6
5. Personenbeförderung mit Personenkraftwagen: 6,0
6. Wäschereien: 6,5

IV. Freie Berufe

1. a) Bildhauer: 7,0
   b) Grafiker (nicht Gebrauchsgrafiker): 5,2
   c) Kunstmaler: 5,2
2. Selbständige Mitarbeiter bei Bühne, Film, Funk, Fernsehen und Schallplattenproduzenten: 3,6
3. Hochschullehrer: 2,9
4. Journalisten: 4,8
5. Schriftsteller: 2,6

Durchschnittssätze für die Berechnung eines Teils der Vorsteuerbeträge

1. Architekten: 1,9
2. Hausbandweber: 3,2
3. Patentanwälte: 1,7
4. Rechtsanwälte und Notare: 1,5
5. Schornsteinfeger: 1,6
6. Wirtschaftliche Unternehmensberatung, Wirtschaftsprüfung: 1,7

TRICK

Zahlen Sie mit der Differenzbesteuerung nur einen Bruchteil der Umsatzsteuer!

Aufgemerkt, alle Händler von Gebrauchtwaren, Besitzer von Secondhandlä- 1031
den, Floh- und Trödelmarktprofis! Jedes Mal die volle Umsatzsteuer abzudrücken, wenn Sie ein Geschäft gemacht haben, ist vor allem dann ärgerlich, wenn Sie die Vorsteuer der Einkäufe nicht gegenrechnen können, weil der Lieferant eine Privatperson war oder aus anderen Gründen keine Umsatzsteuer in Rechnung stellen konnte, z. B. weil er Kleinunternehmer ist. Die Zauberformel, mit der Sie künftig die Umsatzsteuerzahlung an das Finanzamt auf einen Bruchteil der bisherigen Höhe stutzen können, heißt »Differenzbesteuerung« oder »Margenbesteuerung«. Sie finden sie in § 25 a UStG, der anfangs nur als Sondervorschrift für den Handel mit gebrauchten Autos gedacht war, aber inzwischen für alle gilt, die bewegliche Sachen kaufen und weiterverkaufen. An sich ist die Sache ganz einfach. Bei der Differenzbesteuerung zahlen Sie die Umsatzsteuer nicht vom vollen Verkaufspreis, sondern von der Differenz zwischen Ihrem Einkauf und dem Verkaufserlös.

Beispiel

Angenommen, Sie handeln mit alten Möbeln. Von einem Privatmann haben Sie eine besonders schöne Truhe für 5 000 € erstanden. Verkaufen wollen Sie sie für 8 300 €.

Bislang haben Sie Ihre Umsatzsteuer so berechnet:

Verkaufspreis netto (Bemessungsgrundlage)	7 000 €		
19 % Umsatzsteuer	1 330 €	>	1 330 €
Bruttoverkaufspreis	8 330 €		

Mit Differenzbesteuerung sieht die Rechnung jetzt so aus:

Bruttoverkaufspreis	8 330 €		
./. Einkaufspreis	– 5 000 €		
Differenz (Marge) brutto	3 330 €		
Darin enthaltene Umsatzsteuer 19 % ca.	532 €	>	– 532 €
Nettodifferenz (Bemessungsgrundlage)	2 798 €		
Steuerersparnis für Sie			798 €

Wie Sie sehen, erhöht sich in diesem Fall Ihr Verdienst bei gleichem Verkaufspreis um etwa ein Drittel von 2 000 € auf 2 798 €, ohne dass Sie dafür einen Handschlag tun mussten. Für den richtigen Durchblick bei der Differenzbesteuerung sollten Sie Folgendes wissen:

- Sie können nur als sog. Wiederverkäufer von der Differenzbesteuerung profitieren. Das bedeutet aber nur, dass Sie Waren kaufen und wiederverkaufen müssen.
- Begünstigt ist nur der An- und Verkauf beweglicher körperlicher Gegenstände, mit Ausnahme von Edelmetallen und Edelsteinen. Nicht unter die Differenzbesteuerung fällt ferner der Verkauf gebraucht gekaufter Sachen, die Sie in Ihrem Betrieb genutzt haben, z. B. Firmenwagen oder Büroeinrichtung.
- Sie müssen die Sachen ohne Umsatzsteuer eingekauft haben, z. B. von
  - einer Privatperson,
  - einem Unternehmer, bei dem die Lieferung steuerbefreit ist (z. B. wenn Sie von einem Arzt Teile der Praxiseinrichtung kaufen),
  - einem Kleinunternehmer,
  - einem Wiederverkäufer, der selbst die Differenzbesteuerung anwendet.
- Machen Sie von der Differenzbesteuerung Gebrauch, gilt immer der Steuersatz von 19 %. Allerdings können Sie sich bei jedem Geschäft entscheiden, ob Sie die Normal- oder die Differenzbesteuerung wählen.

TIPP

zur Differenzbesteuerung

1032 Auf die Differenzbesteuerung sollten Sie verzichten, wenn Ihre Umsätze dem ermäßigten Umsatzsteuersatz von 7 % unterliegen und Ihre Gewinnaufschläge 100 % oder mehr betragen. In diesem Fall fahren Sie mit der Regelbesteuerung besser.

- In den Rechnungen für Ihre Verkäufe mit Differenzbesteuerung dürfen Sie keine Umsatzsteuer offen ausweisen.
- Wenn Sie neben der Differenzbesteuerung auch Umsätze mit Regelbesteuerung machen, müssen Sie für beide Sparten getrennte Aufzeichnungen führen. Richten Sie in Ihrer Buchführung möglichst getrennte Konten für die Einkäufe und die Verkäufe ein.

1033 **Neues Auto billig aus Dänemark?**

Wie preiswert neue Autos sein können, zeigen die Preislisten in manchen EU-Ländern. Holen Sie sich aber so ein neues Auto, müssen Sie – anders als beim Kauf eines alten Autos oder anderer Waren im Ausland – bei uns die Umsatzsteuer bezahlen. Dies gilt auch für Privatpersonen. Wichtig: Innerhalb von zehn Tagen nach dem Kauf müssen Sie eine Umsatzsteuererklärung beim Finanzamt einreichen und die Umsatzsteuer bezahlen. Sie zahlen 19 % vom Nettopreis des

Autos. Tun Sie das nicht, bekommen Sie Ärger, denn die Zulassungsstelle schickt dem Finanzamt eine Kontrollmitteilung, und dann erscheint der Steuerprüfer. Und der hat auch Vordrucke parat, auf denen er Ihnen die Eröffnung eines Bußgeldverfahrens mitteilen kann (Quelle: § 18 Abs. 5 a UStG; BMF-Schreiben v. 26. 11. 1992 – BStBl 1992 I S. 761).

Ein Minister, egal ob vom Regierungschef gekündigt oder ob er das Handtuch schmeißt (wie Lafontaine), erhält mindestens ein Übergangsgeld von 55 000 €. Dafür genügt im Extremfall ein einziger Tag im Amt. (Bund der Steuerzahler, 5/99)

3. Die Grundsteuer

Die Grundsteuer besteuert den Grund und Boden einschließlich Gebäude. Auf 1034
die Steuermesszahl schlägt die Gemeinde den Hebesatz (z. B. 300 %) auf, der jedem Grundsteuerbescheid zu entnehmen ist.
Die Steuermesszahl beträgt bezogen auf den Einheitswert für

• land- und forstwirtschaftliche Betriebe	6,0 ‰
• Einfamilienhäuser für die ersten 38 346,89 €	2,6 ‰
• den übersteigenden Rest	3,5 ‰
• Zweifamilienhäuser	3,1 ‰
• Eigentumswohnungen	3,5 ‰
• alle übrigen (z. B. Mietswohnhäuser, unbebaute Grundstücke)	3,5 ‰

Die Grundsteuer ist dem Grunde nach nicht verfassungswidrig, so hat das Bundesverfassungsgericht im Verfahren 1 BvR 1644/05 entschieden. Nichtsdestotrotz werden Sie als Inhaber einer *selbstgenutzen Immobilie* Ihren Grundsteuerbescheid anfechten. Vor dem Bundesverfassungsgericht ist nämlich ein neues Verfahren anhängig, in dem geklärt wird, ob Sie in diesem Fall nicht doch um die Grundsteuer herumkommen (BVerfG – 1 BvR 1334/07).

TRICK

So senken Sie die Grundsteuer!

Anders als bei der Erbschaftsteuer, bei der ein besonderer Bedarfswert für das Grundstück berechnet wird, gelten für die Grundsteuer Einheitswerte. Es lohnt sich, diesen Einheitswert anzugreifen, wann immer dies erfolgversprechend erscheint. Wie? Die Einspruchsfrist von vier Wochen ist verstrichen? Nun – das

macht hier nichts, denn das Finanzamt ist verpflichtet, den Einheitswert zu überprüfen, wann immer es darauf aufmerksam gemacht wird, dass er überhöht ist. Wenn der neue Einheitswert vom bisherigen um mehr als 10 %, aber mindestens 250 € nach unten bzw. mindestens 2 500 € nach oben oder unabhängig von der prozentualen Abweichung um 2 500 € nach unten bzw. mehr als 50 000 € nach oben abweicht, muss fortgeschrieben, d. h. berichtigt werden.
Vielleicht können Sie einen der folgenden Gründe angeben, um Ihrem Angriff auf den Einheitswert zum Erfolg zu verhelfen:

- Neben dem Haus wurde ein Schießplatz bzw. ein Truppenübungsgelände errichtet (bis 4 km Nähe).
- Eine Flugschneise führt plötzlich über das zuvor ruhige Grundstück.
- Ein Industriebetrieb in der Nähe des Hauses entwickelt starken Lärm oder stinkende Rauch- oder Abgasschwaden.
- Bauerwartungsland wurde zur Grünzone erklärt.
- Ein Grundstück, das nur für frei stehende Häuser geplant war, wird für Reihenhäuser vorgesehen.
- Baumängel und Bauschäden sind plötzlich aufgetreten.
- Feuchtigkeitsschäden sind am Haus aufgetreten.
- Der Bau einer Schnellstraße durch die bisher ruhige Wohngegend rechtfertigt eine Minderung des Rohmietenansatzes.
- Die Mieten sind im Jahr der Bezugsfertigkeit nicht so hoch wie in den folgenden Jahren.
- Eine Ertragsminderung ist infolge leerstehender oder niedriger vermieteter Wohnung eingetreten.
- Es ist ein Brandschaden eingetreten. Fordern Sie hier unbedingt Grundsteuererlass und für den kommenden 1. 1. des Jahres eine Wertfortschreibung des Einheitswerts.

SUPER TRICK

Weniger Grundsteuer für Reihenhausbesitzer

Reihenhäuser stehen oft auf kleinen Grundstücken. Steht Ihr Haus auf einem Grundstück mit weniger als 250 m², sollten Sie sich unbedingt vergewissern, ob das Finanzamt bei der Einheitsbewertung einen Abschlag wegen kleiner Grundstücksfläche vorgenommen hat.
Lassen Sie sich in der Bewertungsstelle des Finanzamts den örtlichen Mietspiegel zeigen, der für die Bewertung Ihres Reihenhauses maßgebend ist.

Hat die Bewertungsstelle für Ihr Reihenhaus eine Quadratmetermiete (übliche Miete) angesetzt, die für normal große Grundstücke gilt, beantragen Sie sofort Berichtigung des Einheitswertbescheids und verlangen Sie einen Abschlag von mindestens 20 %. Das hat zugleich die Berichtigung des Grundsteuermessbescheids zur Folge.

Sagen Sie dem Bearbeiter in der Bewertungsstelle: Wenn das Finanzamt bei übergroßer Grundstücksfläche einen Zuschlag macht, weil das Gesetz es so vorschreibt, muss es bei kleiner Grundstücksfläche einen Abschlag machen. Alles andere ist ungerecht. Einfamilienhäuser mit großer Grundstücksfläche erhalten einen Wertzuschlag, wenn und soweit die Grundstücksfläche größer als 1 500 m^2 ist. Der Wertabschlag für Einfamilienhäuser mit kleiner Grundstücksfläche wird im Allgemeinen dadurch vorgenommen, dass die »übliche Miete« herabgesetzt wird.

Die Herabsetzung wirkt sich entsprechend auf die Höhe des Einheitswerts aus. Rechtsquellen: §§ 79 und 82 BewG, ferner Komm. Gürsching/Stenger § 82 Rd-Nr. 9.5; Rössler/Troll § 82 Anm. 51 und Grundbesitz-Kartei OFD München § 82 Abs. 1 Karte 1.

TRICK

Zahlen Sie für ein altes Haus weniger Grundsteuer!

Auch an Häusern nagt der Zahn der Zeit. Sie sollten deshalb Überlegungen anstellen, ob Ihre Häuser noch den heutigen Anforderungen genügen. Wenn sich die Maßstäbe hinsichtlich Belüftung, Belichtung, Zimmeranordnung, Treppenhausgestaltung, Dachkonstruktion etc. stark verschoben haben oder Sie erkennen, dass die Häuser längere Zeit vor Ablauf der angenommenen Nutzungsdauer wirtschaftlich nicht mehr zu nutzen sind, ist ein Abschlag vom bisherigen Einheitswert drin, und zwar wegen wirtschaftlicher Überalterung (BFH v. 11. 10. 1974 – BStBl 1975 II S. 54). Suchen Sie sich einen guten Sachverständigen, der das feststellt, und richten Sie an das Finanzamt einen Antrag auf Herabsetzung des Einheitswerts.

Für die Elektrifizierung einer Bahnstrecke fehlten an einer Brücke 5 cm Durchfahrhöhe. Die Bahn wollte die Brücke abreißen und eine höhere bauen. Der Rechnungshof regte eine Tieferlegung der Gleise um 5 cm an. Einsparung: 4 Millionen €.

(Bericht des Bundesrechnungshofs)

4. Die Grunderwerbsteuer

1035 Die Grunderwerbsteuer besteuert den Grundstückswechsel. Sie beträgt 3,5 % des Kaufpreises. Keine Grunderwerbsteuer fällt jedoch an, wenn

- Sie ein Grundstück ohne Gegenleistung geschenkt erhalten;
- Sie es von jemandem erwerben, mit dem Sie in gerader Linie verwandt sind (Eltern – Kinder, Großeltern – Enkelkinder); begünstigt ist auch der Erwerb von Stiefkindern/-eltern, Schwiegerkindern und -eltern;
- Sie als Gegenleistung nicht mehr als 2 500 € zahlen;
- Sie es erben;
- es aus einem Nachlass stammt, der mit Miterben geteilt wird;
- durch Umwandlung von Flächen- in Gemeinschaftseigentum und umgekehrt ein Grundstück erworben wird;
- es vom Ehegatten oder durch den früheren Ehegatten im Rahmen der Vermögensteilung nach einer Scheidung erworben wird.

GUTER RAT

Mit der Besteuerung von Grunderwerb hängt sich der Fiskus an das elementare Bedürfnis des Menschen nach den eigenen vier Wänden, ohne selbst etwas Nützliches zum Erwerbsvorgang beizutragen, geschweige denn zur Wertsteigerung des Grundstücks. Besonders schlimm ist, dass der Fiskus schon kassiert, bevor der Grunderwerb überhaupt vollzogen ist. »Das Verpflichtungsgeschäft – sprich Abschluss des notariellen Kaufvertrages – begründet den Anspruch auf die Grunderwerbsteuer«, so der Originalton des GrEStG. Wollen Sie vom Finanzamt Ihr Geld zurück, weil das Verpflichtungsgeschäft nicht zustande gekommen ist, weil z. B. der Verkäufer nicht liefern kann, müssen Sie schweres Geschütz auffahren und sogar aufpassen, dass man Sie verfahrensmäßig nicht auf den Holzweg führt.

SUPER TRICK

So sparen Sie beim Hausbau über 5 000 € Grunderwerbsteuer.

1036 Wenn Sie sich mit Bauabsichten tragen, wollen Sie Ihren sowieso schon engen Finanzierungsspielraum sicher nicht mit unnötiger Grunderwerbsteuer strapazieren. Vorsicht ist immer dann geboten, wenn Sie Grundstück und Haus sozusagen aus einer Hand kaufen, Sie sich z. B. für ein vom Bauunternehmen schlüsselfertig angebotenes Eigenheim entscheiden. In diesem Fall knöpft Ihnen der Fiskus nämlich Grunderwerbsteuer nicht nur vom Kaufpreis für das Grundstück, sondern auch von den Baukosten für das Haus ab. Bei einem Grundstückspreis von 25 000 € und 150 000 € Baukosten sind das immerhin 6 125 €, die Sie in den Schornstein schreiben können.

Sie sollten sich gegen die Grunderwerbsteuer zumindest dann zur Wehr setzen, wenn Sie zum einen für die gesamten Baukosten Umsatzsteuer zahlen müssen und zum anderen auch noch mit Grunderwerbsteuer zur Kasse gebeten werden. Das ist nämlich nicht im Sinne des Erfinders. Die Grunderwerbsteuer bekommt dadurch den Charakter einer zusätzlichen *Sonderumsatzsteuer,* und eine solche wäre nach EU-Recht unzulässig. Dieser Meinung waren jedenfalls die Richter beim FG Niedersachsen (Beschluss v. 2. 4. 2008 – 7 K 333/06), die dieses Problem zur Klärung an den Europäischen Gerichtshof herangetragen haben (Az Rs. C-156/08). Als Betroffener legen Sie gegen den Grunderwerbsteuerbescheid mit der obigen Begründung Einspruch ein und beantragen das Ruhen des Verfahrens, bis der EuGH entschieden hat.

Geht die Baufirma vor Fertigstellung des Hauses in Konkurs, haben Sie zwei Möglichkeiten zur Erstattung der Grunderwerbsteuer: vom Konkursverwalter den Rückerwerb des Grundstücks erwirken oder, wenn Sie in eigener Regie weiterbauen wollen, nachträgliche Herabsetzung des Kaufpreises auf die Höhe der tatsächlichen Leistung. Weisen Sie sodann das Finanzamt auf § 16 Abs. 2 und 3 GrEStG hin, dann klappt der Laden. Das muss aber innerhalb von zwei Jahren seit Entstehung der Steuer geschehen.

Wesentlich besser fahren Sie, wenn Sie von vornherein zunächst das Grundstück kaufen und sich dann selbst um ein Bauunternehmen und die Handwerker kümmern. Sie haben damit zwar ein wenig mehr Lauferei am Hals, die wird Ihnen aber dadurch versüßt, dass Sie auf die Baukosten von 150 000 € keinen Cent Grunderwerbsteuer zahlen. Ihre Ersparnis beläuft sich auf satte 5 250 €. Zusätzlich haben Sie den Vorteil, dass Sie sich aus mehreren Angeboten von Baufirmen das günstigste aussuchen können.

5. Die Kirchensteuer

Die Kirchensteuer wird nach der Einkommen- oder Lohnsteuer erhoben. Die **1037**
Kirchensteuersätze sind regional unterschiedlich und betragen 8 oder 9 %, bei pauschalierter Lohnsteuer 4,5 bis 9 % der Pauschsteuer. Ist ein Ehegatte aus der Kirche ausgetreten, fällt für ihn keine Kirchensteuer an. Bei der Zusammenveranlagung zur Einkommensteuer ist die Steuerbemessungsgrundlage für den kirchensteuerpflichtigen Ehegatten gesondert – nach der Höhe seiner Einkünfte – festzustellen. Ist z. B. der Ehemann aus der Kirche ausgetreten und hat die Ehefrau, die noch in der Kirche ist, keine Einkünfte, kann bei der Zusammenveranlagung keine Kirchensteuer festgesetzt werden. Wer austreten will,

muss je nach Bundesland eine entsprechende Erklärung beim Standesamt, beim Generalvikariat oder beim Amtsgericht einreichen. Erkundigen Sie sich beim Finanzamt, welche Institution in Ihrem Bundesland für die Entgegennahme der Kirchenaustrittserklärung zuständig ist. Die Steuer darf dann nur noch bis zum Ende des Monats erhoben werden, der auf den Austrittsmonat folgt. Wer also am 15. März seinen Austritt erklärt, zahlt ab 1. Mai keine Kirchensteuer mehr. Für Kinder unter 14 Jahren können die Eltern den Austritt erklären.

Wenn Sie aus der Kirche ausgetreten sind, lassen Sie Ihre Steuerkarte ändern. Ansonsten muss Ihr Arbeitgeber weiterhin für Sie Kirchenlohnsteuer an das Finanzamt abführen.

TRICK

Sparen Sie Kirchensteuer!

1038 Dazu müssen Sie nicht aus der Kirche austreten! Stellen Sie an die Diözese oder die Landeskirche einen Antrag auf »Kappung« der Kirchensteuer. Ganz mechanisch berechnet nämlich das Finanzamt 8 oder 9 % Ihrer Einkommensteuer für Kirchensteuer. Ihre Kinder mindern die Kirchensteuerbelastung lediglich ein wenig, da für sie bei der Berechnung der Einkommensteuer als Bemessungsgrundlage für die Kirchensteuer ein Kinderfreibetrag in Höhe von 4 368 € sowie ein Betreuungsfreibetrag von 2 640 €, insgesamt also 7 008 € angesetzt werden – auch, wenn Sie Kindergeld kassiert haben. Bitten Sie in Ihrem Antrag darum, diese Abgabe auf höchstens 3 bis 4 % Ihres *zu versteuernden Einkommens* zu begrenzen.

Hier eine Übersicht der Möglichkeiten:

Land	Hebesatz in % der Einkommensteuer	Kappungsmöglichkeit in % des steuerpfl. Eink.	
		ev. Kirchen	kath. Diözesen
Baden-Württemberg	8	3,5	3,5
Bayern	8	keine	keine
Berlin	9	3	3
Brandenburg	9	3	3
Bremen	8	3	3
Hamburg	8	3	3
Hessen	9	4	4
Mecklenburg-Vorpommern	9	keine[1]	keine

Land	Hebesatz in % der Einkommensteuer	Kappungsmöglichkeit in % des steuerpfl. Eink.	
		ev. Kirchen	kath. Diözesen
Niedersachsen	9	3,5	3,5
Nordrhein-Westfalen	9	4	4
Rheinland-Pfalz	9	4	4[2]
Saarland	9	3,5	3,5
Sachsen	9	3,5	3,5
Sachsen-Anhalt	9	3,5	3,5
Schleswig-Holstein	9	3,5	3,5
Thüringen	9	4	4

[1] Außer Pommersche ev. Kirche 3,5 %.
[2] Nur Diözese Speyer.

Die Kirchensteuer zu kappen gelingt leider erst bei einem sehr hohen zu versteuernden Einkommen. Es sei denn, Sie verhandeln an höchster Stelle und lassen bei einem ablehnenden Verhalten im Gespräch einfließen, dass Sie sich bei mangelndem Entgegenkommen die Kirchensteuer auch gänzlich sparen könnten …

Berechnungsbeispiel

Zu versteuerndes Einkommen		800 000 €
Darauf Einkommensteuer lt. Splittingtabelle		378 132 €
Kirchensteuer 9 % von 378 132 € =		34 032 €
Kappung der Kirchensteuer auf 4 % von 800 000 € =	32 000 € >	– 32 000 €
Ersparnis an Kirchensteuer		2 032 €

Als Arbeitnehmer können Sie versuchen, aus Billigkeitsgründen einen Teil-erlass der Kirchensteuer zu erhalten, wenn die Kirchensteuer am Ort der gehaltszahlenden Stelle niedriger ist als am Wohnort. Das ist z. B. der Fall, wenn Sie in Hamburg (Hebesatz 8 %) arbeiten und in Schleswig-Holstein (Hebesatz 9 %) wohnen. Bei der Veranlagung zur Einkommensteuer knöpft Ihnen Ihr Finanzamt in Schleswig-Holstein zu Recht 9 % Kirchensteuer ab, an Lohnkirchensteuer werden Ihnen aber nur 8 % angerechnet, weil nicht mehr einbehalten wird. Sie müssen also regelmäßig nachzahlen, wenn Sie mit Ihrem Antrag auf Erlass von 1 % keinen Erfolg haben. Zuständig für Erlassanträge sind die Kirchenbehörden, nicht die Finanzämter. 1039

Hinweis:
Der Erlass ist eine sog. Billigkeitsmaßnahme. Sie sind also auf den guten Willen der Kirche angewiesen. Wie mir ein treuer Leser berichtet hat, hatte er mit sei-

nem Antrag keinen Erfolg. Wie kurzsichtig diese Entscheidung der Kirche war, sehen Sie an der Konsequenz, die er aus so viel Hartleibigkeit gezogen hat: Er ist aus der Kirche ausgetreten.

1040 Ein *Kirchenangehöriger*, dessen Leistungsfähigkeit sich durch die Eheschließung mit einem gut verdienenden, aber keiner Kirche angehörenden Ehegatten erhöht hat, braucht, wenn er nicht *selbst einkommensteuerpflichtig* ist, keine Kirchensteuer zu bezahlen (siehe auch ➤ Rz 1026).
In solchen Fällen soll nach den Ausführungen des BVerfG in seinen Entscheidungen v. 14. 12. 1965, a. a. O., eine Besteuerung »etwa an dem Lebensführungsaufwand des kirchensteuerpflichtigen Ehegatten anknüpfen« können. In einigen neueren Kirchensteuerrahmengesetzen ist deshalb eine Besteuerung des in *glaubensverschiedener* Ehe lebenden Ehegatten in der Form eines »besonderen Kirchgelds« vorgesehen und dessen Erhebung den Kirchen anheimgestellt. Von dieser Ermächtigung wird nicht immer Gebrauch gemacht. Soweit doch, erfolgt die Erhebung durch die Finanzämter nach einer *Kirchgeldtabelle* für Gemeindemitglieder in glaubensverschiedener Ehe.

Lassen Sie sich die Kirchgeldtabelle im Zweifel von der für Sie zuständigen Kirchenkörperschaft, z. B. dem Generalvikariat, zuschicken.

1041 **Wenn Ehepaare verschiedenen Religionen angehören**
Ist z. B. der berufstätige Ehemann römisch-katholisch und die nicht berufstätige Ehefrau evangelisch, wird auf der Lohnsteuerkarte des Ehemannes eingetragen: Kirchensteuerabzug Arbeitnehmer: rk, Ehegatte: ev. In diesem Fall erscheint die Kirchensteuer in > Zeile 7 der Lohnsteuerkarte. Die evangelische Kirche freut sich, denn sie profitiert in Höhe von 50 % von der Kirchensteuer des – katholischen – Arbeitnehmers (unfaire Halbteilung). Gehört der Ehemann keiner Kirche an, steht auf der Lohnsteuerkarte »vd« oder »-«. In diesem Fall darf ihm keine Kirchensteuer abgezogen werden.
Haben beide Ehepartner Einkünfte, aber nur z. B. der Mann gehört einer Kirche an, wird die Kirchensteuer nach dem Verhältnis der auf ihn entfallenden Einkommen- oder Lohnsteuer gesondert festgesetzt.
Zur Berechnung der Bemessungsgrundlage wird in den einzelnen Bundesländern die Einkommensteuer nach unterschiedlichen Maßstäben aufgeteilt.
In Baden-Württemberg, Bremen, Hamburg, Hessen, Niedersachsen, Nordrhein-Westfalen und Rheinland-Pfalz wird die gemeinsame Einkommensteuer im Verhältnis der Steuerbeträge aufgeteilt, die sich bei Anwendung der Grundtabelle auf die jeweilige Summe der Einkünfte der Ehegatten ergibt.
In Berlin und den neuen Bundesländern wird eine fiktive getrennte Veranlagung durchgeführt.
In Bayern, Saarland und Schleswig-Holstein wird die Einkommensteuer beider Ehegatten im Verhältnis der Steuerbeträge aufgeteilt, die sich bezogen auf den Gesamtbetrag der Einkünfte eines jeden Ehegatten ergeben.

Immer wieder kommt es vor, dass die Finanzämter die volle Kirchensteuer von 8 oder 9 % festsetzen, obwohl nur ein Ehepartner kirchensteuerpflichtig ist. Werfen Sie daher ein scharfes Auge auf die Kirchensteuer!

6. Der Solidaritätszuschlag

Der Solidaritätszuschlag hält sich nach wie vor hartnäckig, und angesichts leerer Kassen ist nicht damit zu rechnen, dass ihm die Politkaste in Berlin den Garaus macht. 1042

Berechnungsgrundlage für den Soli ist

- bei der Einkommensteuer die Einkommensteuerschuld abzgl. der anrechenbaren Körperschaftsteuer.

Aber bereits im laufenden Jahr wird Ihnen der Solidaritätszuschlag einbehalten, z. B. zusammen mit

- den Einkommensteuervorauszahlungen,
- der Kapitalertrag- und der Zinsabschlagsteuer.

Als Arbeitnehmer wird Ihnen der Solidaritätszuschlag bei jeder Lohnzahlung mit 5,5 % der Lohnsteuer abgezogen. Diese vorweg einbehaltenen Beträge werden Ihnen bei einer Veranlagung zur Einkommensteuer genau wie die Lohnsteuer auf den endgültigen Solidaritätszuschlag angerechnet.

Kleinverdiener mit einer Einkommensteuer von nicht mehr als 972 €/1 944 € bleiben vom Solidaritätszuschlag verschont, d. h., er wird nur erhoben, wenn er höher als 53 €/107 € (Ledige/Verheiratete) ist.

GUTER RAT

Liegen Sie mit Ihrer Einkommensteuer knapp über diesen Freibeträgen, fallen Sie unter eine Härteregelung. Bei einer Einkommensteuerschuld zwischen 972 € und 1 302 € (Ledige) bzw. 1 944 € und 2 604 € (Verheiratete) werden nur 20 % der Differenz zwischen Einkommensteuerschuld und 972 €/1 944 € als Solidaritätszuschlag erhoben. 1043

Zu versteuerndes Einkommen 2009	27 000 €
Einkommensteuer lt. Splittingtabelle 2009	2 186 €
Solidaritätszuschlag 5,5 %	120,23 €
Höchstens 2 186 € – 1 944 € = 242 € × 20 %	48,40 €

Die Freibeträge und die Härteregelung gelten auch beim Lohnsteuerabzug. Bei der monatlichen Lohnzahlung fällt daher kein Solidaritätszuschlag an, wenn folgende Beträge nicht überschritten werden:

Steuerklasse	Lohnsteuer, bis zu der kein SolZ anfällt
I	81 €
II	81 €
III	162 €
IV	81 €
V	81 €
VI	81 €

1044 **Solidaritätszuschlag ist verfassungswidrig**

Zwar hat das Bundesverfassungsgericht mit Beschluss vom 11. 2. 2008 eine Verfassungsbeschwerde gegen den Solidaritätszuschlag nicht zur Entscheidung angenommen (Az. 2 BvR 1708/06), doch es ist ein erneutes Musterverfahren anhängig (Az. 7 K 143/08), in dem es um die Abschaffung des Solidaritätszuschlags wegen dessen Verfassungswidrigkeit geht. Da die Finanzämter die Steuerbescheide insoweit vorläufig erlassen, müssen Sie keinen Einspruch einlegen (BMF v. 15. 2. 2010 – BStBl 2010 I S. 74).

Wenn Sie auf Ihre Kapitaleinkünfte Solidaritätszuschlag gezahlt haben, müssen Sie nicht nur deswegen die Einbeziehung der Kapitaleinkünfte in die Veranlagung zur Einkommensteuer beantragen. Die Vorläufigkeit gilt nämlich auch für den Solidaritätszuschlag zur Abgeltungsteuer.

Wenn der Pöbel aller Sorten
tanzt um die goldenen Kälber:
Denke, du hast vom Leben
doch am Ende nur dich selber.
(Goethe)

XVI. Der Umgang mit dem Finanzamt

1. Das Finanzamt stellt Steueransprüche. Was ist zu tun?

Jedem Steueranspruch liegt ein Steuerbescheid zugrunde. Der Steuerbescheid enthält Angaben über Art und Höhe der Steuer, wer die Steuer schuldet und wann sie fällig ist. Außerdem werden die Besteuerungsgrundlagen (d.h. Ihre Einkünfte) angegeben und eine Einspruchsfrist erteilt. 1045
Sind Sie nicht sicher, ob alles rechtens ist, dann legen Sie Einspruch gegen den Bescheid ein.

```
An Finanzamt Nimmstadt                        Ort, Datum.........

Betrifft: Einkommensteuerbescheid für ........... vom ..........
Steuernummer ...........................

Gegen den obigen Bescheid lege ich Einspruch ein.
Begründung folgt.

      ...............................
      Unterschrift
```

Der Einspruch muss innerhalb der Einspruchsfrist von vier Wochen eingelegt werden, denn danach ist der Bescheid rechtskräftig und somit nicht mehr änderbar. Die Rechtsmittelfrist beginnt bei Zustellung des Steuerbescheids mit einfachem Brief – das ist der Normalfall – drei volle Tage nach Aufgabe zur Post durch das Finanzamt.

Beispiel
Poststempel Freitag, 20. 11.; Beginn der Rechtsmittelfrist Dienstag, 25. 11., 0 Uhr; Ende der Rechtsmittelfrist Heiligabend, 24. 12., 24 Uhr.
Es genügt, wenn das Einspruchsschreiben am letzten Tag der Frist in den Hausbriefkasten des Finanzamts geworfen wird. Durch den Einspruch haben Sie nun Zeit gewonnen, um in Ruhe den Bescheid zu überprüfen. Sie können im Einspruchsverfahren auch noch vergessene Abzüge geltend machen.

Trotz Einspruch müssen Sie zunächst die geforderte Steuer zahlen. Andernfalls 1046
entstehen Säumniszuschläge, die der Höhe nach unverschämt sind: 1 % pro

Monat (§ 240 AO). Die Säumniszuschläge entstehen sogar dann und werden auch nicht zurückgezahlt, wenn sich herausstellt, dass die Steuer zu hoch festgesetzt war. Eine weitere unverständliche Unverschämtheit!

Wollen Sie nicht zahlen und Säumniszuschläge vermeiden, kann Ihnen nur ein Aussetzungsantrag helfen, in dem Sie darlegen, dass *ernstliche Zweifel an der Richtigkeit* des Steuerbescheids bestehen (§ 361 AO). Es ist üblich und zweckmäßig, den Aussetzungsantrag mit dem Einspruch zu kombinieren.

```
An Finanzamt Greifswald                         Ort, Datum.........

Betrifft: Einkommensteuerbescheid für ........... vom ..........
Steuernummer ...........................
hier: Einspruch und Aussetzung der Vollziehung

Gegen den obigen Bescheid lege ich Einspruch ein.
Begründung: Die festgesetzte Steuer ist zu hoch, weil ............

Gleichzeitig beantrage ich Aussetzung der Vollziehung des angefochtenen
Bescheids, weil ernstliche Zweifel an dessen Rechtmäßigkeit bestehen,
wie obige Begründung des Einspruchs zeigt.

      ..............................
      Unterschrift
```

Anmerkung: Dem Finanzamt dürfen Sie nicht blind vertrauen. Jeder zweite Steuerbescheid ist falsch, in Ostdeutschland sogar mehr als die Hälfte.

Wenn das Finanzamt den Aussetzungsantrag ablehnt, legen Sie dagegen wieder Einspruch ein und stellen zusätzlich einen Stundungsantrag. Sie haben gute Aussichten, dass das Finanzamt nunmehr Ihrem Aussetzungsantrag entspricht und damit dem Einspruch abhilft, denn mit einer erneuten Ablehnung ist ein erheblicher Arbeitsaufwand verbunden. Was erreichen Sie damit? Dass Sie bis zur endgültigen Klärung die strittigen Steuerbeträge nicht zu zahlen brauchen! Solange das Aussetzungsverfahren läuft, müssen Sie auch nicht damit rechnen, dass Ihnen der Vollziehungsbeamte auf die Pelle rückt.

Seien Sie nicht zimperlich mit Einspruch und Aussetzungsantrag, nehmen Sie alle Verfahrensrechte in Anspruch. Kosten entstehen Ihnen dadurch nicht, abgesehen von Schreib- und Portokosten.

2. Einspruchsfrist verpasst! Was ist zu tun?

1047 **S** Beantragen Sie »Wiedereinsetzung in den vorigen Stand«, weil es Ihnen nicht möglich gewesen sei, rechtzeitig Einspruch einzulegen (§ 110 AO).

```
An Finanzamt Nimmstadt                    Ort, Datum.........

Betrifft: Einkommensteuerbescheid für ........... vom .........

Steuernummer .................................
Gegen den obigen Bescheid lege ich hiermit Einspruch ein. Begründung
folgt. Gleichzeitig beantrage ich Wiedereinsetzung in den vorigen
Stand, weil es mir infolge einer fünfwöchigen Abwesenheit von meiner
Wohnung nicht möglich war, rechtzeitig Einspruch einzulegen. Ich habe
den Steuerbescheid erst vorgestern vorgefunden.

    ........................
    Unterschrift
```

Beachten Sie: Der Antrag ist innerhalb eines Monats nach Wegfall des Hindernisses zu stellen. Die Wiedereinsetzung in den vorigen Stand ist meistens ein Ermessensfall, d. h., das Finanzamt beurteilt die Schwere des Hindernisses, das Sie davon abhielt, rechtzeitig Einspruch einzulegen. In den folgenden Fällen aber haben Sie einen *Rechtsanspruch auf Wiedereinsetzung:*

- Vorübergehende Abwesenheit von der Wohnung bis zu sechs Wochen. Bei längerer Abwesenheit müssen Sie Vorsorge treffen, dass Ihnen die Post nachgeschickt wird, oder einen Dritten bevollmächtigen, Ihre Steuerangelegenheit wahrzunehmen. Natürlich haben Sie keinen wirklich zuverlässigen Menschen dafür. Und natürlich dauert die Post ins Ausland viel länger und geht schneller verloren, der Campingplatz musste wegen Überflutung verlassen werden, das Hotelzimmer war unzumutbar, Kakerlaken, Vogelspinnen, Moskitos und andere Quälgeister fanden sich darin, weshalb Sie umziehen mussten in eine Unterkunft jwd (janz weit draußen) …
- Behinderung durch hohes Alter (älter als 75 Jahre).
- Schwere plötzliche Erkrankung (Herzinfarkt, Diabetesschock).
- Schwerer Unfall.
- Jeder Fall von höherer Gewalt, Ehegatte ist weggelaufen, Ihr Haus hatte einen Wasserrohrbruch und und und.

Weist das Finanzamt Ihren Einspruch durch Einspruchsentscheidung zurück, können Sie dagegen klagen. Dann kommt das Verfahren vor dem Finanzgericht in Gang. Geht es beim Finanzamt schon recht formell zu, steigert sich das noch, wenn Sie vor den Finanzkadi ziehen. Ein paar Tipps zu den häufigsten Fragen sollen Ihnen helfen, die größten Fallstricke zu vermeiden, wenn Sie sich die Kosten für einen Steuerberater oder Rechtsanwalt sparen wollen: 1048

Muss ich die vom Finanzamt geforderte Steuer trotz Einspruchs oder Klage bezahlen, oder kann ich mir bis zur Entscheidung durch das Finanzgericht Zeit lassen? Grundsätzlich verlangt der Fiskus von Ihnen, dass Sie spätestens vier Wochen nach Zustellung des Steuerbescheids in die Tasche greifen. Daran ändert formal auch ein Einspruch oder eine Klage zunächst einmal nichts. Stellen Sie deshalb auf jeden Fall beim Finanzamt den Antrag, »die Vollziehung des Steuerbescheids auszusetzen« (➤ Rz 1032). Folgt das Finanzamt Ihrem Antrag, brauchen Sie vorläufig nicht zu zahlen. Aber selbst wenn das Finanzamt sich starrsinnig zeigt, was leider allzu oft vorkommt, ist noch nicht alles verloren. Stellen Sie in diesem Fall Ihren Antrag auf »Aussetzung der Vollziehung« direkt beim Finanzgericht. Berufen Sie sich dazu auf § 69 der Finanzgerichtsordnung. Wie die Erfahrung lehrt, sind die Finanzgerichte häufig sehr viel großzügiger bei der Beurteilung der Frage, ob ernstliche Zweifel an der Rechtmäßigkeit des von Ihnen angegriffenen Steuerbescheids bestehen. Wenn Sie knapp bei Kasse sind, können Sie sich zudem darauf berufen, dass die Bezahlung der Steuern für Sie eine unbillige Härte zur Folge hätte.

1049 **Brauche ich vor Gericht nicht doch einen professionellen Rechtsverdreher oder Steuerberater?** Nein, vor dem Finanzgericht dürfen Sie sich locker selbst vertreten. Dabei bleibt es Ihnen unbenommen, sich von einem guten Freund oder Bekannten helfen zu lassen. Ansonsten genügt manchmal schon die kostengünstige Hilfe durch einen Lohnsteuerhilfeverein. Oder fragen Sie doch einmal, ob nicht Ihre Gewerkschaft bereit ist, Ihnen beizustehen. Vielleicht übernimmt sie sogar einen Teil Ihrer Prozesskosten, wenn sie an Ihrem Fall interessiert ist. Deutlich anders sieht die Angelegenheit allerdings aus, wenn Ihr Prozess bis vor den Bundesfinanzhof geht. Dort gilt sog. Vertretungszwang. Das heißt, Sie *müssen* sich durch einen Steuerberater, Wirtschaftsprüfer oder Rechtsanwalt vertreten lassen. Um aber überhaupt dorthin zu gelangen, muss das Finanzgericht die Revision zulassen. Tut es das nicht, weil es Ihr Problem nicht als Grundsatzfrage ansieht, bleibt Ihnen nur der Weg, die Revision durch eine Nichtzulassungsbeschwerde zu erstreiten.

Was kostet mich ein Prozess vor dem Finanzgericht?
Zunächst einmal die positive Nachricht: Beim Finanzgericht wird Ihnen trotz Klage kein Kostenvorschuss abverlangt. Gewinnen Sie Ihren Prozess, muss das Finanzamt in der Regel die Kosten des Verfahrens tragen. Verlieren Sie, gehen Ihre Gerichtskosten wie Gebühren und Auslagen zu Ihren Lasten. Für die Kosten des Finanzamts müssen Sie jedoch nicht aufkommen. Sind Sie so klamm, dass Sie sich die Kosten einer Klage eigentlich nicht leisten können, werfen Sie die Flinte nicht ins Korn, sondern stellen Sie beim Finanzgericht einen Antrag auf Prozesskostenhilfe. Das Finanzgericht wird Ihnen diese vor allem dann zugestehen, wenn es Ihrer Klage Erfolgschancen beimisst. Erläuterungen und Antragsformulare für die Prozesskostenhilfe bekommen Sie beim Finanzgericht. Sie finden all das und entsprechende Berechnungsprogramme aber auch im In-

ternet, z. B. unter (http://www.praetor.onlinehome.de/pkhdown.htm). Die Gerichtsgebühren richten sich nach dem sog. Streitwert. Das ist in aller Regel der Steuerbetrag, über den Sie mit dem Finanzamt streiten.

Streitwert bis … Euro	Gerichtskosten in €		
	für das Verfahren	für das Urteil	insgesamt
300	25,00	62,50	87,50
600	35,00	87,50	122,50
900	45,00	112,50	157,50
1 200	55,00	137,50	192,50
1 500	65,00	162,50	227,50
2 000	73,00	182,50	255,50
2 500	81,00	202,50	283,50
3 000	89,00	222,50	311,50
3 500	97,00	242,50	339,50
4 000	105,00	262,50	367,50
4 500	113,00	282,50	395,50
5 000	121,00	302,50	423,50

Für Kläger mit Wohnsitz in den neuen Bundesländern sind die Gebühren in der Regel niedriger.

TIPP

zum Finanzgerichtsprozess

Kommt Ihnen im Lauf Ihres Finanzgerichtsverfahrens die Erkenntnis, dass Sie verlieren werden, können Sie den größten Teil Ihrer Gerichtskosten vermeiden, wenn Sie die Klage zurückziehen. Entscheiden Sie sich zu diesem Schritt, bevor das Gericht einen Beweisbeschluss oder einen Gerichtsbescheid unterschrieben hat und zudem mehr als eine Woche vor dem Termin für eine mündliche Verhandlung, entfallen die Gerichtsgebühren komplett. Es könnte allenfalls sein, dass Sie ein paar Auslagen wie Kopien etc. bezahlen müssen. Die Gewinnaussichten auszuloten dürfte in der Regel nicht schwierig sein, da die Richter, die sich vorab mit Ihrem Fall beschäftigen dürfen (sie werden Berichterstatter genannt), Ihnen z. B. auf Nachfrage oder bei einem vor der eigentlichen Verhandlung anberaumten Erörterungstermin durchaus sagen, ob sie Ihnen eine Chance geben oder sich auf die Seite des Fiskus schlagen wollen. Dann ist es immer noch früh genug, um mit einer Klagerücknahme die Reißleine zu ziehen. Bei einem gewonnenen Steuerprozess verlangen Sie Erstattung aller, wirklich aller entstandenen Kosten – auch Ihres Zeitaufwands – und klagen Sie bei Ablehnung durch alle Instanzen. Halten Sie die Bären so am Tanzen, dass sie nicht 1050 mehr zur Besinnung kommen. Und selbst die Ministerialbürokrauts anschreien, ihr verrücktes Treiben einzustellen.

TRICK

Wenn das Finanzamt Ihren Einspruch angeblich nicht erhalten hat

1051 **S** Es lehnt deshalb alles ab, was Sie in der späteren Begründung vortragen! Sie fluchen auf Teufel komm raus, stecken aber schließlich doch auf, weil Sie keine Einschreibequittung in der Hand haben. Was der Verfasser dazu meint? Natürlich werden Sie gegen den ablehnenden Bescheid angehen! Denn Sie haben den Einspruch schließlich selbst in den Briefkasten gesteckt – haben Sie doch, nicht wahr? Vielleicht treiben Sie sogar noch einen Zeugen auf. Also soll das Finanzamt gefälligst nach Ihrem Schreiben suchen!

Will das Finanzamt trotzdem nicht klein beigeben, dann weisen Sie es darauf hin, wie sich das sehr vernünftige Urteil des Finanzgerichts Köln (3 K 3432/92) dazu geäußert hat: »Die Postdienste können in der alten Bundesrepublik Deutschland als außergewöhnlich zuverlässig gelten. Hierauf kann und muss sich ein Steuerpflichtiger verlassen. Es wäre zu viel verlangt, wenn alle wichtigen Briefe als Einschreiben versandt werden müssten und nur dann mit an Sicherheit grenzender Wahrscheinlichkeit beim Empfänger ankämen, sonst aber nicht. (…) Hingegen kommt es – wenn auch nicht häufig, so doch auch nicht selten – vor, dass beim Finanzamt eingegangene Schreiben in eine falsche Akte gelangen und dort mangels wirksamer Kontrollen auch bleiben. Posteingangsbücher werden nämlich beim Finanzamt nicht geführt. Nach allem geht das Gericht hier davon aus, dass das Einspruchsschreiben nicht bei der Post, sondern innerhalb der Finanzverwaltung abhandengekommen ist.«

3. Haben Sie vergessen, Ausgaben abzusetzen?

1052 **S** Das ist kein Beinbruch, auch wenn die Einspruchsfrist schon lange abgelaufen ist. Sie können die Ausgaben nachträglich geltend machen, indem Sie sagen: Ich habe nicht gewusst, dass ich auch diese Kosten absetzen kann. Wenn dem so ist, trifft Sie nämlich kein »grobes Verschulden« dafür, dass Sie dem Finanzamt nachträglich Arbeit machen. Daraufhin ändert das Finanzamt den Steuerbescheid zu Ihren Gunsten ab (Quelle: 173 AO). So konnte ein Kraftfahrzeugsachverständiger den Bundesfinanzhof davon überzeugen, er habe erst lange Zeit nach Erhalt des Steuerbescheids erfahren, dass Kosten für ein häusliches Arbeitszimmer absetzbar seien (BFH-Urt. v. 22. 5. 1992 – BStBl 1993 II S. 80). Allerdings gilt dies grundsätzlich nicht für Kosten, nach denen in der Steuererklärung ausdrücklich gefragt wird oder die in der amtlichen Anleitung zur Steuererklärung erläutert sind. Können Sie Ähnliches vorbringen? Überlegen Sie und sichten Sie noch mal alles. Vor Ablauf der Einspruchsfrist und bei einem Einspruch können Sie aus Ihrer Einkommensteuererklärung eine Nachtragserklärung machen.

SUPER TRICK

Reichen Sie auch ohne Belege einen Nachtrag ein!

S Sie haben Ihre Steuererklärung bereits abgegeben, aus den »Steuertricks« aber dann einen dicken Fisch ziehen können, z. B., dass die Anschaffung eines neuen Anzugs eigentlich absetzbar gewesen wäre, weil Sie den alten im Dienst durch einen Ausrutscher auf der Bürotreppe beschädigt haben. (Als Selbständiger können Sie übrigens solche Ausgaben ebenfalls absetzen!)
Die meisten resignieren und sagen: »Ach was! Ich habe ja doch keine Belege, und überdies habe ich die Steuererklärung ja bereits abgegeben!«

Merke: Es ist nicht zu spät! Bis zur Rechtskraft können Sie Anträge nachschieben! Belege brauchen Sie nicht. Sie brauchen nur zwei Dinge:

- Mut, die Ausgaben dem Finanzamt unbelegt zu präsentieren,
- Geduld, möglichen Abwimmelungseskapaden zu widerstehen.

Jetzt also schnell den Eigenbeleg geschrieben und abgegeben. Sie müssen nicht persönlich in die Höhle des Löwen gehen, Sie können auch schreiben:

> Betrifft: St.-Nr. .... Einkommensteuererklärung ....
>
> Sehr geehrte Herren!
>
> Beigeschlossen reiche ich Ihnen einen Nachtrag zu meinen Betriebsausgaben/Werbungskosten für das Jahr ..... in Höhe von 1080 € über vergessenen Bauaufwand (Bezahlung und Verköstigung von mithelfenden Bekannten und Hilfskräften) ein, die ich zusätzlich von meinem Einkommen abzusetzen bitte (Einzelaufstellung anbei).
> Leider bin ich mir der Möglichkeit, diesen Posten steuerlich zu verwerten, erst heute bewusst geworden. Ich bitte um Entschuldigung für die Ihnen zugemutete Mühe – das nächste Mal werde ich besser aufpassen.
>
> .... Unterschrift

Das wäre schon mal geschafft. Um das bisschen Geduld ist uns jetzt nicht mehr bange!

4. Das Finanzamt mahnt Steuerbeträge an – aber Sie haben keinen Steuerbescheid erhalten

1053 Bestreiten Sie, überhaupt einen Steuerbescheid erhalten zu haben, und verlaufen evtl. diesbezügliche Ermittlungen des Finanzamts bei der Post ergebnislos, muss das Finanzamt einen neuen Steuerbescheid ausfertigen und Ihnen zustellen. In diesem neuen Bescheid muss Ihnen das Finanzamt eine neue Zahlungs- und Einspruchsfrist setzen. Rechnen Sie aber damit, künftige Bescheide vom Finanzamt nur noch mit Postzustellungsurkunde zu erhalten. Es soll Sie nicht stören, wenn sich das Finanzamt Mehrarbeit machen will – wir wollen es aus bekannten Gründen nicht davon abhalten.

SUPER TRICK

Frist versäumt – was tun?

Die Frist ist längst versäumt, und Sie ärgern sich schwarz, denn Sie haben hohe Ausgabeposten im alten Jahr nicht geltend gemacht. Und ins neue Jahr können Sie sie nicht reinpacken, das würde das Finanzamt an den Belegen merken… Fatal, fatal! Die Steuern sind eh hoch genug, was sag' ich, unverschämt sind sie! Und nun sollen Sie noch zusätzlich büßen? Gemach, gemach. Vielleicht ist es Ihnen so ergangen wie mir vor zwei Jahren. Als ich vor lauter Arbeit nicht mehr wusste, ob ich Männchen oder Weibchen war. Durchs Schreibtischfenster kam kaum noch Licht, so zugestellt war es mit Akten, Papieren, Literatur. Junge, war ich im Stress! Halt! Arbeitsstress, das ist das Stichwort! Vielleicht ging es Ihnen ebenso: Da macht man schnell mal einen Fehler. Das ist nur zu menschlich. Das müssten doch gerade die Finanzrichter verstehen, bei denen sich schließlich auch Akten und Arbeit türmen, weil sich der Steuerstreik von uns mehr und mehr ausdehnt. Ein BFH-Urteil vom 28. 8. 1992 hilft Ihnen bei der Argumentation (VI R 93/89, BFH/NV 1993 S. 147).

SUPER TRICK

Erwirken Sie einen Zahlungsaufschub!

1054 Beantragen Sie Stundung! Stets und immer! Wozu gibt es denn die Stundungsvorschriften in der Abgabenordnung? »Das bringt bei mir nichts«, sagen Sie. »Ich habe das früher schon mal versucht. Das Finanzamt meinte damals, ich hätte noch genug Kreditmöglichkeiten, und diese müsste ich erst ausschöpfen.« Jetzt passen Sie gut auf: Wenn Sie Ihren Stundungsantrag erst *kurz vor* dem Zahlungstermin für Ihre Steuern stellen, ist das Finanzamt rein zeitlich nicht mehr in der Lage, ihn rechtzeitig abzulehnen, und muss Ihnen kulanterweise einen neuen Zahlungstermin geben. Dieser muss *mindestens eine Woche nach Zugang des ablehnenden Stundungsbescheids liegen*. Da wir alle wissen, wie langsam behördliche Mühlen mahlen, können Wochen verstreichen, bis Sie die Ablehnung Ihres Stundungsantrags in Ihrem Briefkasten finden. Gesetzt den Fall, Sie haben einen sehr ausführlichen Stundungsantrag gestellt, wird sich das Finanzamt damit auch entsprechend länger beschäftigen müssen. Da können gut und gern bis zu zwei Monate verstreichen, bis Sie letztendlich zahlen müssen. Damit ist Ihnen doch echt geholfen, oder? Sie müssen aber damit rechnen, dass Ihnen der Computer des Finanzamts – ganz automatisch – erst einmal Säumniszuschläge berechnet, weil er zum ersten Fälligkeitstermin Ihre Steuerzahlung vermisst und von Ihrem Stundungsantrag ja noch nichts weiß. Stellen Sie dann sofort einen Antrag auf Erlass der Säumniszuschläge. Dem Antrag wird das Finanzamt ohne weiteres entsprechen, weil Säumniszuschläge nicht zu erheben sind, wenn »ein Stundungsantrag vor Fälligkeit gestellt und nach Fälligkeit abgelehnt wurde und der Steuerzahler die neue Zahlungsfrist eingehalten hat«. Für NRW Erlass FinMin vom 2. 1. 1984 (S 0480 – I VA 1).

Der zweite positive Effekt des Zahlungsaufschubs, der sich durch Ihren Stundungsantrag ergibt, ist die Zinsersparnis, denn für die Zeit des Hinhaltens berechnet Ihnen die Bank für die Steuern, mit denen Sie Ihr strapaziertes Bankkonto belasten müssten, keine Schuldzinsen. Bei einer Steuernachzahlung von angenommen 15 000 €, die Sie durch Ihren Stundungsantrag um zwei Monate verzögern, sparen Sie bei Sollzinsen von 10 % allein 250 € Zinsen.

TRICK

Schulden bis zum Stehkragen? Beantragen Sie Erlass der Säumniszuschläge!

S Ist es Ihnen einmal eine Zeitlang finanziell sehr schlecht ergangen und sind 1055
dabei Steuerrückstände entstanden, dann beantragen Sie Erlass der Säumniszuschläge. Das Finanzamt muss sie erlassen, »wenn dem Schuldner die Zahlung der Steuern wegen Zahlungsunfähigkeit und Überschuldung unmöglich war« (BFH – BStBl 1984 II S. 415). Das gilt auch, wenn vergessen wurde, einen Stundungsantrag zu stellen, obwohl eine »Stundungssituation« bestanden hat (BFH – BStBl 1985 II S. 489).

TRICK

Nutzen Sie die Schonfrist!

1056 **S** Wenn Steuern fällig werden, weil z.B. eine Abschluss- oder eine Vorauszahlung zu leisten ist, denken Sie daran, dass Ihnen nach § 240 Abgabenordnung eine Schonfrist zusteht. Wenn Sie innerhalb von drei Tagen nach Fälligkeit zahlen, entstehen keine Säumniszuschläge. Entscheidend ist aber, wann das Geld beim Finanzamt auf dem Konto gutgeschrieben wird, nicht, wann Sie die Überweisung getätigt haben. Der Pferdefuß dabei: Zahlen Sie per Banküberweisung, müssen Sie zwei bis drei Tage für den Zahlungsweg einkalkulieren.

Achtung: Bei Zahlung per Scheck gilt die Schonfrist nicht, der Scheck muss also spätestens bei Fälligkeit der Steuer im Finanzamt sein. Allerdings haben Sie den Vorteil, dass mit Übergabe des Schecks an das Finanzamt die Zahlung erfolgt ist, Ihr Konto aber erst Tage später mit dem Betrag belastet wird.
Zahlen Sie also z.B. Ihre Umsatzsteuer per Verrechnungsscheck, müssen Sie diesen in der Regel schon am 8. des Monats bei der Post aufgeben, damit er pünktlich am Fälligkeitstag (in der Regel der 10. des Monats) beim Finanzamt ist.

5. So setzen Sie sich beim Finanzamt durch

1057 **S** Wenn Sie nun den einen oder anderen Teil des Buches für sich verwerten konnten, gilt es jetzt, ihn durchzusetzen. Das ist bei der fiskalischen Denkweise der Finanzbeamten nicht immer einfach. Verständlich, denn: Wes Brot ich ess', des Lied ich sing'. Neuerdings bürgert es sich immer mehr ein, dass die Finanzämter in arroganter Manier für den Steuerzahler günstige Urteile einfach negieren. Die meisten Streichgelegenheiten bieten sich den Fiskalrittern, wo eine besondere Vergünstigung beansprucht wird. Um die brauchen Sie aber nicht zu betteln, sondern können fordern, dass Ihren berechtigten Ansprüchen nachgekommen wird. Sie werden deshalb den Steuerbescheid immer daraufhin prüfen, ob das Finanzamt in *allen* Punkten Ihren Angaben in der Steuererklärung entsprochen hat. Obwohl das Finanzamt verpflichtet ist, Streichungen zu begründen, spart es sich oft eine Erläuterung oder schreibt etwa: »Steuerermäßigung konnte aufgrund der gesetzlichen Bestimmungen nicht gewährt werden.«

So etwas machen Sie nicht mehr mit!
Im Übrigen haben Sie Anspruch auf rechtliches Gehör (§ 91 AO). Bevor das Finanzamt einfach Ausgaben streicht, soll es Sie vorher dazu hören, zumindest aber Streichungen ausführlich begründen.

TRICK

Wenn das Finanzamt nach der Herkunft von Geldern auf privaten Sparkonten fragt

S Zwar müssen Sie dem Finanzamt bei der Aufklärung von Steuersachver- 1058
halten behilflich sein, aber Sie brauchen keinen in sich geschlossenen Nachweis über die Herkunft Ihres Privatvermögens führen (BFH v. 28. 5. 1986 – BStBl 1986 II S. 732). Denn eine Verpflichtung, für private Sparkonten eine Buchführung einzurichten, besteht nicht. So kann man Ihnen nichts anhaben, wenn Sie sagen müssen: »Weiß ich nicht, ist schon zu lange her.«

Wenn das Finanzamt Ihnen die Beweislast über die Herkunft der Gelder auf Ihren privaten Sparkonten zuschieben will, muss es zuvor den Nachweis erbringen, dass bei Ihnen ein ungeklärter Vermögenszuwachs oder Ausgabenüberschuss vorliegt. Beidem, sowohl der Vermögenszuwachs- als auch der Ausgabenüberschussrechnung – Letztere wird auch Geldverkehrsrechnung genannt –, liegt zwar der einfache Gedanke zugrunde, dass niemand mehr Geld anlegen oder ausgeben kann, als er aus seinen steuerpflichtigen und sonstigen Quellen zur Verfügung hat, aber in der Praxis sind diese Berechnungen ziemlich kompliziert und leicht zu entkräften.

Sie selbst können zur Not dem Finanzamt schnell beweisen, dass Ihr Privatvermögen aus den ungebundenen Entnahmen und aus Mitteln stammt, die zu Beginn der Vermögenszuwachs- und Geldverkehrsrechnung bereits vorhanden waren.

Sagen Sie bloß nicht – auch wenn es stimmt –, das Geld stamme von den Rentenersparnissen Ihrer Eltern oder von einem entfernten Verwandten in den USA. So etwas wirkt auf Finanzbeamte wie der Stich in ein Wespennest.

Auch die Geschichte über Spielbankgewinne hört das Finanzamt nicht zum ersten Mal, und selbst die Überweisung eines größeren Betrags von der Spielbank auf Ihr Privatkonto verfängt so ohne weiteres nicht, denn Sie könnten ja die Jetons, die Sie eingelöst und überweisen lassen haben, vorher mit Schwarzgeld gekauft haben. Kenntnisse der örtlichen Gegebenheiten in der Spielbank, exakte Kenntnisse über Spielregeln und die Benennung Ihnen bekannter Croupiers überzeugen da schon mehr. Diese Kenntnisse weisen Sie nämlich als Stammgast aus.

TRICK

Verlangen Sie vom Finanzamt Auskunft und Beratung!

1059 **S** Nach dem Willen des Gesetzes (§ 89 AO) soll der Finanzbeamte Helfer des Steuerzahlers sein, soll Auskünfte erteilen und sogar von sich aus zu steuersparenden Anträgen anregen, wenn Sie sie aus Versehen oder aus Unkenntnis nicht gestellt haben. Hahahahaha!

Sie werden meist nur auf Finanzbeamte treffen, die sich die Arbeit zu leicht machen und Sie abzuwimmeln versuchen: »Leider sind wir nicht zur Steuerberatung befugt, das ist den steuerberatenden Berufen vorbehalten«, so die Ausflüchte. Oder man hört: »Die Finanzämter entscheiden über den Steueranspruch eines Kalenderjahrs grundsätzlich erst dann, wenn das Jahr abgelaufen ist. Vorherige Auskünfte und Zusagen sind dem Steuerrecht wesensfremd.«

Damit geben Sie sich in Zukunft nicht mehr zufrieden; besonders nachdem der BFH die Finanzämter zur verbindlichen Auskunft verdonnert hat (BFH v. 19. 3. 1981 – BStBl 1981 II S. 538 und v. 16. 3. 1983 – BStBl 1983 II S. 459).

1060 Sie fordern jetzt Kundendienst und nicht obrigkeitliches Agieren. Das Finanzamt ist nämlich gesetzlich verpflichtet, Ihnen auf Verlangen eine verbindliche Auskunft zu erteilen (§ 89 Abs. 2 AO), wenn Sie Ihrerseits:

- ein besonderes Interesse an der Auskunft darlegen können,
- den geplanten Sachverhalt umfassend und in sich geschlossen darstellen,
- Ihr Rechtsproblem darlegen und dazu konkrete Rechtsfragen stellen und auch
- erklären, dass Sie bisher noch bei keiner anderen Finanzbehörde zu dem Sachverhalt eine verbindliche Auskunft beantragt haben und
- als Letztes noch bestätigen, dass all Ihre Angaben der Wahrheit entsprechen.

Allerdings hat der Fiskus hier eine ganz üble Hürde eingebaut. Für verbindliche Auskünfte gibt es eine allgemeine Gebührenpflicht (§ 89 Abs. 3 bis 5 AO). Das geht sogar so weit, dass das Finanzamt entscheiden kann, ob es die Gebühren nach der Auskunft erhebt oder ob es erst nach Vorkasse für Sie tätig wird. Sie müssen aber spätestens einen Monat nach Bekanntgabe der Gebührenfestsetzung zahlen. Die Gebühr richtet sich nach dem sog. **Gegenstandswert** (Streitwert). Das ist der Wert, den die verbindliche Auskunft für Sie hat. Im Endeffekt kommt es auf die Höhe der bei der Auskunft zur Debatte stehenden Steuern an. Die Höhe der Gebühr können Sie in folgender Tabelle ablesen:

Streitwert bis … €	Gebühr … €	Streitwert bis … €	Gebühr … €
300	25	40 000	398
600	35	45 000	427
900	45	50 000	456
1 200	55	65 000	565
1 500	65	80 000	656
2 000	73	95 000	756
2 500	81	110 000	856
3 000	89	125 000	956
3 500	97	140 000	1 056
4 000	105	155 000	1 156
4 500	113	170 000	1 256
5 000	121	185 000	1 356
6 000	136	200 000	1 456
7 000	151	230 000	1 606
8 000	166	260 000	1 756
9 000	181	290 000	1906
10 000	196	320 000	2 056
13 000	219	350 000	2 206
16 000	242	380 000	2 356
19 000	256	410 000	2 506
22 000	288	440 000	2 656
25 000	311	470 000	2 956
30 000	340	500 000	2 956
35 000	369		

Lässt sich der Gegenstandswert (Streitwert) beim besten Willen nicht ermitteln, rechnet das Finanzamt nach Stundensätzen ab. Der Stundensatz beläuft sich auf 50 € je angefangene halbe Stunde Bearbeitungszeit, mindestens jedoch 100 €.

WICHTIGER HINWEIS

Nach § 89 Abs. 3 Satz 1 AO wird die Gebühr »für die Bearbeitung von Anträgen auf verbindliche Auskunft erhoben«. Dies hat u. E. zur Folge, dass die **Gebühr auch bei Ablehnung der Erteilung einer verbindlichen Auskunft** anfällt.

TRICK

Prüfen Sie faule und unklare Angaben nach!

Da gibt es einen besonderen Weg, den die wenigsten kennen: Sie können nach § 42 e EStG als Arbeitnehmer oder als Arbeitgeber das Finanzamt in Lohnsteuerfragen um Auskunft bitten. Ist Ihnen also z. B. nicht klar, ob bestimmte Ein- 1061

nahmen aus dem Arbeitsverhältnis steuerfrei oder steuerpflichtig sind, fordern Sie eine Auskunft der Lohnsteuerstelle des Finanzamts an.
Auch haken Sie nach, wenn Ihnen in einem Steuerbescheid irgendetwas unklar ist. Allerdings sind Sie nicht so vertrauensselig, sich die Auskunft telefonisch geben zu lassen. Mündliche Auskünfte sind für das Finanzamt nicht im Geringsten bindend. Schwarz auf weiß aber muss das Finanzamt zu seinem Wort stehen. Schreiben wie »Die Steuerermäßigung musste abgelehnt werden, weil die entsprechenden Unterlagen nicht vorgelegt werden konnten« oder Abwimmelungsversuche wie »Die Entscheidung wurde von einem Gericht getroffen, die aber für uns nicht bindend ist; hierfür haben wir unsere genauen Bestimmungen« nötigen Ihnen ein Lächeln ab, denn Sie wisen: Das Finanzamt ist gesetzlich verpflichtet, auch zu Ihren Gunsten eine Steuerermäßigung zu prüfen (Schön wär's, wenn's immer gemacht würde – hm?). Sie verlangen also als Arbeitnehmer eine genaue und lückenlose Aufklärung einschließlich aller einschlägigen Urteile und vor allem Kommentarauszüge und beschweren sich unter Umständen bei der Oberfinanzdirektion so lange, bis Sie eine solche zu Ihrer vollen Zufriedenheit erhalten haben!
Stellt sich einer dumm, kontern Sie: »Natürlich sind Sie dazu da, die zu beschaffen, denn Sie müssen auch meine Vorteile prüfen. Ich glaube, das steht in § 88 AO Absatz zwo.«
Und wenn Ihre Unterlagen nicht vollständig sind, hat das Amt Ihnen die Vorlage anderer Nachweise vorzuschlagen, aber nur, wenn Ihnen deren Beschaffung zuzumuten ist. Vielfach verlangt man von Ihnen, alle möglichen Belege beizubringen, und weiß ganz genau, dass Ihnen dies nicht möglich ist. Wie sollen Sie für jedes gewaschene Hemd den Nachweis führen, wie viel Waschpulver dafür gebraucht wurde? Für so etwas gibt es Erfahrungssätze, und die soll Ihnen das Finanzamt ansetzen. Die Ämter sind ausdrücklich angewiesen, von kleinlichen Einzelermittlungen abzusehen, und dürfen Ihnen keinesfalls etwas streichen, nur weil Sie nicht in der Lage sind, einen Nachweis zu erbringen.
Auf diesem Standpunkt stehen auch die Urteile des BFH vom 8.11.1956 – BStBl 1957 III S. 149, vom 21.7.1961 – BStBl 1961 III S. 437 und vom 26.6.1962 – HFR 1962 S. 265. Zur Not können Sie dem Amt eine eidesstattliche Erklärung anbieten, dass Ihnen die angesetzten Aufwendungen entstanden sind. Dann ist es Sache des Finanzamts zu beweisen, dass Sie sie nicht gehabt haben, und Sie haben ihm den Schwarzen Peter zugeschoben.
Ohne genau durchrechnen zu müssen – was Sie aufgrund der vorhergegangenen Ausführungen ja eigentlich aus dem Effeff können sollten –, können Sie überschlagen, ob das Finanzamt Ihnen von den beantragten Ermäßigungen etwas abgezwackt hat. Nämlich so: Sie rechnen alle Ermäßigungsbeträge zusammen, ziehen davon die Pauschbeträge für Werbungskosten und Sonderausgaben sowie die zumutbare Belastungsgrenze ab. Vom dann übrigen Betrag muss Ihnen das Amt mindestens 15 % Lohn- und 1,35 % Kirchensteuer erstatten, klar? Noch genauer können Sie den Prozentsatz aus der Steuerersparnistabelle bestimmen!

Tschuang-tse sagte vor über 2000 Jahren:
Der Ruf zu den Waffen ist die niedrigste Form
der Erziehung. Verordnungen und Gesetze
sind die niedrigste Form des Regierens.

6. Decken Sie das Finanzamt mit Belegen ein!

GUTER RAT

Wenn Sie den Abgabetermin für die Steuererklärung inkl. Erinnerungen verpasst haben, müssen Sie mit unangenehmer Post rechnen. Das Finanzamt schätzt nämlich dann Ihr Einkommen, und zwar meist großzügig. Es reicht dann allerdings aus, wenn Sie innerhalb von vier Wochen Ihre Erklärung nachreichen. Die Ämter können laut Bundesfinanzhof in so einem Fall keine förmlichen Einsprüche verlangen (V R 87/01): Sie müssen den Bescheid korrigieren und dürfen auch keine vorläufigen Zahlungen fordern, wenn Sie Aussetzung der Vollziehung beantragen. 1062

Weht der Wind ein Blatt Papier in ein Amt,
sind nach einiger Zeit zwei Ochsen nötig,
den angewachsenen Aktenmist wegzuschaffen.
(Sprichwort aus China)

Sind Lügen vor dem Finanzamt erlaubt? 1063

Wenn es echte Notlügen sind, die zu keiner Steuerhinterziehung führen, kann man ausnahmsweise einmal ja sagen. Sie wissen, dass Finanzämter mit den Erstattungen meist recht langsam sind. Oft liegt es an der Arbeitsüberlastung bei den Einkommensteuerstellen, oft an der Computererledigung – immer jedoch an der Kompliziertheit des Steuerrechts. Wenn Sie also mal besonders dringend auf die Penunzen angewiesen sein sollten, die Ihnen Vater Staat schon so lange im Voraus abgenommen hat, sei es, dass Ihr Ehepartner krank ist oder ein Kindchen unterwegs oder eine andere Notlage vorherrscht, dann, ja dann dürfen Sie es auch mal dem deutschen Bundeskanzler Konrad Adenauer – Gott hab ihn selig! – nachmachen, der bekanntlich im Umgang mit der Wahrheit »nit so pingelig« war.

Deutsche Mädchenhändler und Drogenverbrecher,
die in asiatischen Gefängnissen einsitzen,
erhalten so viel Sozialhilfe aus Deutschland,
dass sie sich dort einen Koch, einen Diener und
die feinsten Speisen aus Gourmetlokalen leisten können.
Dafür blechen Sie und rackern sich ab,
Sie dummes Schaf von Steuerzahler.

TRICK

Decken Sie den Beamten mit Belegen ein!

1064 Sie sollten Ihrer Steuererklärung alle unverfänglichen Belege, die Sie klugerweise im Lauf des Jahres gesammelt haben, beifügen und damit Ihren Fiskalritter ordentlich zupflastern. Auf ihn macht das den Eindruck, es sei bei Ihnen alles in Ordnung. Notfalls müssen Eigenbelege herhalten, so z. B. für Trinkgelder, Parkgebühren, Telefonkosten oder Zahlungen an Handwerker, die keine Quittung ausschreiben wollen. Hatten Sie dagegen Ausgaben, die Sie nicht belegen können, machen Sie nur Beträge bis zu den EB-FAGO-Grenzen geltend (siehe ➤ Rz 485). Heikle Ausgaben machen Sie ebenfalls bis zu diesen Grenzen geltend – ohne Belege!

Anmerkung: Der Bearbeiter beim Finanzamt nimmt sich im Normalfall für jede Steuererklärung eine bestimmte Menge Zeit. Findet er keine Belege, fieselt er unruhig in den Formularen herum und fordert womöglich für einige heikle -Sachen welche an. So etwas sollten Sie nicht unnötig provozieren.

Besteht Ihr Fiskalritter hartnäckig auf Belegen für alle Ausgaben, antworten Sie ihm höflich: »Leider habe ich die Belege im letzten Jahr nicht alle aufbewahrt und kann sie auch nicht nachträglich herbeischaffen. Aber ich bin gern bereit, ab sofort für alle Posten die Unterlagen zu sammeln. In der Ihnen vorliegenden Steuererklärung habe ich aber durch meine Unterschrift versichert, dass alle Angaben vollständig und richtig sind. Ich bitte Sie daher, die Veranlagung erklärungsgemäß durchzuführen.« Und schon klappt der Laden.

Drei Arten von Menschen soll man nicht herausfordern:
Beamte, Kunden und Witwen.
(Sprichwort aus Amerika)

1065 **Seien Sie auch mal dem Finanzamt gut!**

Sosehr wir dem Finanzamt auf die Finger sehen wollen, so sehr wollen wir uns aber auch bemühen, dass es sich mit unseren Anträgen nicht über Gebühr aufhalten muss. Die meisten jüngeren Beamten sind aufgeschlossene, friedliche Menschen. Das wird mir immer wieder bestätigt. Und sie sind nicht wie etwa Betriebsprüfer oder gar Steuerfahnder scharfgemacht und suchen Sie nicht mit allen Mitteln zur Ader zu lassen. Helfen wir ihnen also und bleiben ihnen gegenüber nett und freundlich. Sie sind schließlich nicht schuld an dem, was ihnen die Politiker und Ministerialbürokraten ständig zumuten. Wir ordnen also alle Belege und fertigen – falls wir sie in größerer Anzahl vorlegen – eine Aufstellung wie folgt:

Nr.	Datum	Gegenstand	bezahlt am	Betrag

TIPP

zur Aufbewahrungspflicht

S **Als Arbeitnehmer können Sie dem Finanzamt eingereichte und zurückerhaltene Belege wegwerfen – für Sie besteht keine Aufbewahrungspflicht. Selbständigen dagegen ist das nicht anzuraten.** Versuchen Sie aber nicht, das Finanzamt zu verschaukeln. Dort weiß man aus Tausenden von Anträgen, dass man z.B. als Beamter einen Zuschuss zu seinen Krankheitskosten bekommt oder gewisse Reisespesen vom Arbeitgeber ersetzt werden. Natürlich, möglich ist es schon, dass sie danach zu fragen vergessen, denn die Einkommensteuerstellen sind ja weiß Gott mit Arbeit gesegnet. Aber wenn Sie so etwas nachträglich beichten müssen, erschüttert das Ihre Glaubwürdigkeit, und das sollten Sie vermeiden! 1066

TIPP

Setzen Sie höhere Pauschalbeträge ein!

In einigen Bundesländern haben die Fiskalbürokraten die Teuerungsraten berücksichtigt und akzeptieren für Arbeitsmittel wie Fachliteratur, Kleidung, Werkzeug etc. statt 100 € auch 150 €. Versuchen Sie es also erst einmal mit dem höheren Betrag. Denken Sie aber daran: Das Finanzamt *kann* vom Belegnachweis absehen, muss es jedoch nicht. Ihr Pech, wenn das Finanzamt gerade bei Ihnen den Belegnachweis fordert und Sie die Belege inzwischen weggeworfen oder verschludert haben. 1067

7. Darf das Finanzamt Sie vorladen?

Grundsätzlich ja. Aber es sollte Sie nicht mit einem Hund vergleichen, dem man nur pfeifen muss, damit er schnellstens angerannt kommt. Zum Glück haben wir den Finanzämtern mit unserem Steuerstreik jetzt so viel Wust an den Hals gehängt, dass sie weitgehend davon absehen, sich noch zusätzlich mit Vorsprachen zu belasten. Das gilt jedoch nur für den Normalfall! Will das Amt eine selbstherrlich vorgenommene Handlung oder einen peinlichen Vorfall ausbügeln oder elegant aus der Welt schaffen, lädt es Sie gern vor, um Sie weichzuklopfen. Sie können jedoch die Verpflichtung, an der Amtsstelle zu erscheinen, ganz gut unterlaufen. Dass etwas faul ist, merken Sie daran, dass auf dem Vorladungsschreiben keine *genauen* Gründe und speziellen Fragen angeführt sind, über die Sie sich äußern sollen. Sie werden also schreiben: »Bevor ich auf Ihrem 1068

Amt erscheine, bitte ich, mich eingehend über die einzelnen Punkte aufzuklären, über die ich gehört werden soll.« Oder: »Ich möchte mir Verdienstausfall ersparen und bitte um schriftliche Erledigung…« Dann schickt Ihnen der Fiskalritter meist gleich die Fragen zur schriftlichen Erledigung, die er von Ihnen beantwortet wissen möchte, bzw. die Ausreden, die er sich für Ihren Fall parat gelegt hat.

Denn er weiß: Eine persönliche Vorladung kommt nur dann in Betracht, wenn ein schriftliches Verfahren unter Umständen nicht zum Ziel führt. Und Sie müssen Gelegenheit haben, sich auf seine Fragen vorzubereiten. Völlig unzulässig wäre eine Vorladung, wenn Sie weit entfernt wohnen und eine schriftliche Auskunft genügen würde. (Urt. des FG Düsseldorf v. 29.3.1951 – Betriebsberater 1951, S.326)
Sie werden auch die Beantwortung und die Erledigung telefonischer Anfragen ablehnen, selbst wenn Dinge belangloser Art aus der Welt geschafft werden sollen. Je mehr Arbeit wir dem Finanzamt machen, desto eher könnte der Steuermurks aufhören, das Steuerchaos beendet werden. Wehren Sie sich durch unseren Steuerstreik gegen die Verschleuderung unserer sauer und rechtmäßig verdienten Gelder!

8. Darf das Finanzamt Ihnen die Beweislast übertragen?

1069 Das Finanzamt kehrt den Fall um, wenn es Ihnen die Beweislast aufbürdet. Selbst Finanzgerichte sehen da manchmal nicht völlig klar. Nun muss man dem Bundesfinanzhof – über dessen fiskusbevorzugende Entscheidungen in sachlicher Hinsicht man ja manchmal den Kopf schütteln kann und der alles andere tut, als dem kleinen Steuerzahler den Rücken zu stärken – eines lassen: Was die verfahrensrechtliche Stellung des Steuerzahlers betrifft, ist seine Rechtsprechung hier wirklich als vorbildlich zu bezeichnen. In seinem Urteil vom 7. Dezember 1955 (BStBl 1956 III S.75), das als Grundsatzentscheidung gekennzeichnet ist, sagte er nämlich Folgendes: »Der Steuerprozess kennt grundsätzlich keine Beweislast und keine Beweisregeln wie der Zivilprozess. Die Amtspflicht zur Sachaufklärung und die gesetzliche Mitwirkungspflicht des Steuerpflichtigen bei der amtlichen Sachaufklärung, insbesondere seine Erklärungs-, Darlegungs- und Nachweispflichten gehen bis zur Grenze des Zumutbaren. Wo die Grenzen des Zumutbaren bei der Amtspflicht zur Sachaufklärung wie bei der Mitwirkungspflicht des Steuerpflichtigen im Einzelfall liegen, ist nach den Grundsätzen von Treu und Glauben unter Beachtung aller Umstände des einzelnen Falles zu entscheiden.« Einen wirksamen Rechtsschutz gewähren, insbesondere dadurch, dass es die Grenzen für die Ermittlungs- und Aufklärungspflicht der Finanzbehörden und der Steuergerichte denkbar weit spannt, will ebenfalls das Urteil vom 18.8.1960 (BStBl 1960 III S.451). Es ist deshalb von besonderer Bedeutung, weil es die Pflicht der Finanzbehörden und der Steuergerichte zur vollständigen Ermittlung des Sachverhalts auch für den Fall feststellt, in dem die Rechtsstellung des Steuerzahlers von vornherein schwächer ist.

Wie im Rechtsspruch dieses Urteils gesagt ist, sind z. B. Finanzgerichte (selbstredend auch das Finanzamt und alle sonstigen beteiligten Behörden und Gerichte) gemäß § 162 Abs. 2 AO verpflichtet, im Rahmen der Schätzung alle vom Pflichtigen in substanziierter Weise vorgetragenen und als Schätzungsgrundlage in Frage kommenden Tatsachenbehauptungen zu berücksichtigen – dies selbst dann, wenn deren Richtigkeit erst durch Beweiserhebung geklärt werden muss und zur Anerkennung eines Verlusts führen würde.

Nun aber wieder von den höchst seltenen freundlichen Worten der hohen Gerichte zurück ins Kampfgetümmel der Steuerzahler mit den Finanzämtern: **1070**

- **Das Finanzamt muss grundsätzlich beweisen, aufgrund welcher Einkünfte es Steuern von Ihnen haben will. Dabei legt das Finanzamt hinsichtlich der Einnahmen Ihre eigenen Angaben zugrunde. Sind diese unrichtig, können Sie sich strafbar gemacht haben.**
- **Sie als Steuerzahler müssen grundsätzlich alles beweisen, was zu einer Steuerminderung führt. Dabei gilt für nicht beweisbare Vorgänge der sog. Beweis des ersten Anscheins. So gilt das Halten eines Pkw als »Beweis des ersten Anscheins« für berufliche Kosten durch Fahrten zwischen Wohnung und Arbeitsstätte. Sie müssen daher nicht beweisen, dass Sie tatsächlich mit dem Auto arbeitstäglich zur Arbeitsstätte gefahren sind.**

Lassen Sie sich also nicht vom Finanzamt in Beweisnot bringen, berufen Sie sich auf Ihre Erklärung und den Beweis des ersten Anscheins. Eine Zusammenfassung der Beweislastregeln enthält übrigens das BFH-Urteil vom 7. 7. 1983 (BStBl 1983 II S. 760). Wenn Sie allerdings auf einen verbissenen Federfuchser treffen, müssen Sie wohl zu einer Oberfinanzdirektion wandern, in deren Bücherei Sie ziemlich alles zur Steuer finden. Oder schreiben Sie gleich die vornehmen Herren bei den Oberfinanzdirektionen an. Sie sind sehr auskunftsfreudig.

Doch denken Sie nicht, dass Sie immer erfahren, was und wie in den meisten Fällen von den Gerichten entschieden wird. Von den in einem Vorjahr gefällten 2 279 Entscheidungen z. B. wurden 386 (17 %) zur Veröffentlichung freigegeben! Vielleicht ist vieles darunter, was dem Finanzamt nicht passen könnte … Ich unterstelle den Richtern hier beileibe keine Absichten oder gar eine gewisse politische Steuerung – aber gut finde ich das nicht. Der Bundesfinanzhof teilt Ihnen auf Anfrage – sofern Sie ein begründetes Interesse nachweisen können – mit, ob bei ihm zu der Sie interessierenden Rechtsfrage ein Verfahren anhängig ist. Falls dem so ist, können Sie beim Finanzamt beantragen, Ihren Streitfall bis zur Entscheidung ruhen zu lassen.

Fragen Sie den Verfasser bitte nicht nach zusätzlichen Urteilen und Hilfen für einen speziellen, Sie besonders interessierenden Fall. Alles, was er herausklamüsert hat, steht in diesem Buch. Deshalb sehen Sie ihm auch nach, wenn er Ihre Anfragen nicht beantwortet. Außerdem darf er das nach dem bestehenden Rechtsberatungsgesetz ohnehin nicht.

Lobend gleichzustellen ist diese deine Steuerreform, o Scaeferius,
allen Steuerreformen, die da waren, sind oder kommen werden.
Sie ist modern, gerecht, erleichternd und kunstvoll.
Modern, weil jede der alten Steuern einen neuen Namen trägt,
gerecht, weil sie alle Bürger des Römischen Reiches gleich benachteiligt,
erleichternd, weil sie keinem Steuerzahler mehr einen vollen Beutel lässt,
und kunstvoll, weil du in vielen Worten ihren kurzen Sinn verstecktest:
dem Kaiser zu geben, was des Kaisers ist, und dem Bürger zu nehmen,
was des Bürgers ist.

Wehruf eines römischen Bürgers
über die Steuerreform anno 282 n. Chr.

»Das Steuerrecht ist an sich verfassungswidrig,
weil es der normale Steuerbürger gar nicht begreifen kann.«
(Der ehemalige Präsident des Bundesverfassungsgerichts Benda)

Einkommensteuer- und Splittingtabellen für 2010 und die Vorauszahlungen

- Die Einkommensteuer, die ab 2010 auf Ihr zu versteuerndes Einkommen erhoben wird, können Sie in der folgenden Tabelle ablesen.
- Ziehen Sie von diesem Betrag die von Ihnen voraussichtlich zu zahlende Lohn-, Kapitalertrags-, Zinsabschlag-, anrechenbare Körperschaftsteuer und die Einkommensteuervorauszahlungen ab.

Das Ergebnis ist der Betrag, den Sie erstattet bekommen oder – ich wünsche es Ihnen nicht – noch nachzahlen müssen.

zu versteuerndes Einkommen €	Einkommensteuer Grundtabelle €	Einkommensteuer Splittingtabelle €	zu versteuerndes Einkommen €	Einkommensteuer Grundtabelle €	Einkommensteuer Splittingtabelle €	zu versteuerndes Einkommen €	Einkommensteuer Grundtabelle €	Einkommensteuer Splittingtabelle €
7.400	0	0	8.650	94	0	9.900	298	0
7.425	0	0	8.675	98	0	9.925	302	0
7.450	0	0	8.700	101	0	9.950	306	0
7.475	0	0	8.725	105	0	9.975	311	0
7.500	0	0	8.750	109	0	10.000	315	0
7.525	0	0	8.775	113	0	10.025	320	0
7.550	0	0	8.800	117	0	10.050	324	0
7.575	0	0	8.825	121	0	10.075	329	0
7.600	0	0	8.850	124	0	10.100	333	0
7.625	0	0	8.875	128	0	10.125	337	0
7.650	0	0	8.900	132	0	10.150	342	0
7.675	0	0	8.925	136	0	10.175	346	0
7.700	0	0	8.950	140	0	10.200	351	0
7.725	0	0	8.975	144	0	10.225	355	0
7.750	0	0	9.000	148	0	10.250	360	0
7.775	0	0	9.025	152	0	10.275	364	0
7.800	0	0	9.050	156	0	10.300	369	0
7.825	0	0	9.075	160	0	10.325	374	0
7.850	0	0	9.100	164	0	10.350	378	0
7.875	0	0	9.125	168	0	10.375	383	0
7.900	0	0	9.150	172	0	10.400	387	0
7.925	0	0	9.175	176	0	10.425	392	0
7.950	0	0	9.200	180	0	10.450	397	0
7.975	0	0	9.225	184	0	10.475	401	0
8.000	0	0	9.250	188	0	10.500	406	0
8.025	2	0	9.275	192	0	10.525	410	0
8.050	6	0	9.300	196	0	10.550	415	0
8.075	9	0	9.325	200	0	10.575	420	0
8.100	13	0	9.350	204	0	10.600	424	0
8.125	17	0	9.375	209	0	10.625	429	0
8.150	20	0	9.400	213	0	10.650	434	0
8.175	24	0	9.425	217	0	10.675	439	0
8.200	27	0	9.450	221	0	10.700	443	0
8.225	31	0	9.475	225	0	10.725	448	0
8.250	34	0	9.500	229	0	10.750	453	0
8.275	38	0	9.525	234	0	10.775	457	0
8.300	42	0	9.550	238	0	10.800	462	0
8.325	45	0	9.575	242	0	10.825	467	0
8.350	49	0	9.600	246	0	10.850	472	0
8.375	53	0	9.625	250	0	10.875	477	0
8.400	56	0	9.650	255	0	10.900	481	0
8.425	60	0	9.675	259	0	10.925	486	0
8.450	64	0	9.700	263	0	10.950	491	0
8.475	67	0	9.725	267	0	10.975	496	0
8.500	71	0	9.750	272	0	11.000	501	0
8.525	75	0	9.775	276	0	11.025	506	0
8.550	79	0	9.800	280	0	11.050	511	0
8.575	82	0	9.825	285	0	11.075	515	0
8.600	86	0	9.850	289	0	11.100	520	0
8.625	90	0	9.875	293	0	11.125	525	0

zu versteuerndes Einkommen €	Einkommensteuer Grundtabelle €	Einkommensteuer Splittingtabelle €	zu versteuerndes Einkommen €	Einkommensteuer Grundtabelle €	Einkommensteuer Splittingtabelle €	zu versteuerndes Einkommen €	Einkommensteuer Grundtabelle €	Einkommensteuer Splittingtabelle €
11.150	530	0	12.400	791	0	13.650	1.081	0
11.175	535	0	12.425	797	0	13.675	1.087	0
11.200	540	0	12.450	802	0	13.700	1.093	0
11.225	545	0	12.475	808	0	13.725	1.099	0
11.250	550	0	12.500	813	0	13.750	1.105	0
11.275	555	0	12.525	819	0	13.775	1.111	0
11.300	560	0	12.550	824	0	13.800	1.117	0
11.325	565	0	12.575	830	0	13.825	1.123	0
11.350	570	0	12.600	836	0	13.850	1.129	0
11.375	575	0	12.625	841	0	13.875	1.135	0
11.400	580	0	12.650	847	0	13.900	1.141	0
11.425	585	0	12.675	852	0	13.925	1.147	0
11.450	590	0	12.700	858	0	13.950	1.153	0
11.475	595	0	12.725	864	0	13.975	1.159	0
11.500	600	0	12.750	869	0	14.000	1.165	0
11.525	606	0	12.775	875	0	14.025	1.171	0
11.550	611	0	12.800	881	0	14.050	1.178	0
11.575	616	0	12.825	886	0	14.075	1.184	0
11.600	621	0	12.850	892	0	14.100	1.190	0
11.625	626	0	12.875	898	0	14.125	1.196	0
11.650	631	0	12.900	904	0	14.150	1.202	0
11.675	636	0	12.925	909	0	14.175	1.208	0
11.700	642	0	12.950	915	0	14.200	1.214	0
11.725	647	0	12.975	921	0	14.225	1.220	0
11.750	652	0	13.000	927	0	14.250	1.226	0
11.775	657	0	13.025	932	0	14.275	1.232	0
11.800	662	0	13.050	938	0	14.300	1.238	0
11.825	668	0	13.075	944	0	14.325	1.244	0
11.850	673	0	13.100	950	0	14.350	1.250	0
11.875	678	0	13.125	956	0	14.375	1.257	0
11.900	683	0	13.150	961	0	14.400	1.263	0
11.925	689	0	13.175	967	0	14.425	1.269	0
11.950	694	0	13.200	973	0	14.450	1.275	0
11.975	699	0	13.225	979	0	14.475	1.281	0
12.000	705	0	13.250	985	0	14.500	1.287	0
12.025	710	0	13.275	991	0	14.525	1.293	0
12.050	715	0	13.300	997	0	14.550	1.299	0
12.075	721	0	13.325	1.003	0	14.575	1.305	0
12.100	726	0	13.350	1.009	0	14.600	1.312	0
12.125	731	0	13.375	1.015	0	14.625	1.318	0
12.150	737	0	13.400	1.021	0	14.650	1.324	0
12.175	742	0	13.425	1.027	0	14.675	1.330	0
12.200	748	0	13.450	1.032	0	14.700	1.336	0
12.225	753	0	13.475	1.039	0	14.725	1.342	0
12.250	758	0	13.500	1.045	0	14.750	1.348	0
12.275	764	0	13.525	1.051	0	14.775	1.354	0
12.300	769	0	13.550	1.057	0	14.800	1.361	0
12.325	775	0	13.575	1.063	0	14.825	1.367	0
12.350	780	0	13.600	1.069	0	14.850	1.373	0
12.375	786	0	13.625	1.075	0	14.875	1.379	0

zu versteuerndes Einkommen €	Einkommensteuer Grundtabelle €	Einkommensteuer Splittingtabelle €	zu versteuerndes Einkommen €	Einkommensteuer Grundtabelle €	Einkommensteuer Splittingtabelle €	zu versteuerndes Einkommen €	Einkommensteuer Grundtabelle €	Einkommensteuer Splittingtabelle €
14.900	1.385	0	16.150	1.697	18	17.400	2.015	202
14.925	1.391	0	16.175	1.703	22	17.425	2.022	206
14.950	1.398	0	16.200	1.709	26	17.450	2.028	210
14.975	1.404	0	16.225	1.715	30	17.475	2.034	214
15.000	1.410	0	16.250	1.722	34	17.500	2.041	218
15.025	1.416	0	16.275	1.728	36	17.525	2.047	222
15.050	1.422	0	16.300	1.734	40	17.550	2.054	226
15.075	1.428	0	16.325	1.741	44	17.575	2.060	230
15.100	1.435	0	16.350	1.747	48	17.600	2.067	234
15.125	1.441	0	16.375	1.753	50	17.625	2.073	238
15.150	1.447	0	16.400	1.760	54	17.650	2.080	242
15.175	1.453	0	16.425	1.766	58	17.675	2.086	244
15.200	1.459	0	16.450	1.772	62	17.700	2.093	248
15.225	1.465	0	16.475	1.779	66	17.725	2.099	252
15.250	1.472	0	16.500	1.785	68	17.750	2.106	256
15.275	1.478	0	16.525	1.791	72	17.775	2.112	260
15.300	1.484	0	16.550	1.798	76	17.800	2.119	264
15.325	1.490	0	16.575	1.804	80	17.825	2.125	268
15.350	1.496	0	16.600	1.810	84	17.850	2.132	272
15.375	1.503	0	16.625	1.817	86	17.875	2.138	276
15.400	1.509	0	16.650	1.823	90	17.900	2.145	280
15.425	1.515	0	16.675	1.829	94	17.925	2.151	284
15.450	1.521	0	16.700	1.836	98	17.950	2.158	288
15.475	1.528	0	16.725	1.842	102	17.975	2.164	292
15.500	1.534	0	16.750	1.849	106	18.000	2.171	296
15.525	1.540	0	16.775	1.855	108	18.025	2.177	300
15.550	1.546	0	16.800	1.861	112	18.050	2.184	304
15.575	1.552	0	16.825	1.868	116	18.075	2.190	308
15.600	1.559	0	16.850	1.874	120	18.100	2.197	312
15.625	1.565	0	16.875	1.880	124	18.125	2.203	316
15.650	1.571	0	16.900	1.887	128	18.150	2.210	320
15.675	1.577	0	16.925	1.893	132	18.175	2.216	324
15.700	1.584	0	16.950	1.900	134	18.200	2.223	328
15.725	1.590	0	16.975	1.906	138	18.225	2.229	332
15.750	1.596	0	17.000	1.912	142	18.250	2.236	336
15.775	1.602	0	17.025	1.919	146	18.275	2.242	340
15.800	1.609	0	17.050	1.925	150	18.300	2.249	344
15.825	1.615	0	17.075	1.932	154	18.325	2.255	348
15.850	1.621	0	17.100	1.938	158	18.350	2.262	352
15.875	1.627	0	17.125	1.944	160	18.375	2.269	356
15.900	1.634	0	17.150	1.951	164	18.400	2.275	360
15.925	1.640	0	17.175	1.957	168	18.425	2.282	364
15.950	1.646	0	17.200	1.964	172	18.450	2.288	368
15.975	1.653	0	17.225	1.970	176	18.475	2.295	372
16.000	1.659	0	17.250	1.977	180	18.500	2.301	376
16.025	1.665	2	17.275	1.983	184	18.525	2.308	380
16.050	1.671	4	17.300	1.989	188	18.550	2.314	384
16.075	1.678	8	17.325	1.996	192	18.575	2.321	388
16.100	1.684	12	17.350	2.002	196	18.600	2.328	392
16.125	1.690	16	17.375	2.009	198	18.625	2.334	396

zu versteuerndes Einkommen €	Einkommensteuer Grundtabelle €	Einkommensteuer Splittingtabelle €	zu versteuerndes Einkommen €	Einkommensteuer Grundtabelle €	Einkommensteuer Splittingtabelle €	zu versteuerndes Einkommen €	Einkommensteuer Grundtabelle €	Einkommensteuer Splittingtabelle €
18.650	2.341	400	19.900	2.674	612	21.150	3.014	840
18.675	2.347	404	19.925	2.680	618	21.175	3.020	844
18.700	2.354	408	19.950	2.687	622	21.200	3.027	848
18.725	2.361	412	19.975	2.694	626	21.225	3.034	854
18.750	2.367	418	20.000	2.701	630	21.250	3.041	858
18.775	2.374	422	20.025	2.707	634	21.275	3.048	862
18.800	2.380	426	20.050	2.714	640	21.300	3.055	868
18.825	2.387	430	20.075	2.721	644	21.325	3.062	872
18.850	2.394	434	20.100	2.728	648	21.350	3.069	878
18.875	2.400	438	20.125	2.734	652	21.375	3.076	882
18.900	2.407	442	20.150	2.741	658	21.400	3.082	886
18.925	2.413	446	20.175	2.748	662	21.425	3.089	892
18.950	2.420	450	20.200	2.755	666	21.450	3.096	896
18.975	2.427	454	20.225	2.761	670	21.475	3.103	900
19.000	2.433	458	20.250	2.768	674	21.500	3.110	906
19.025	2.440	462	20.275	2.775	680	21.525	3.117	910
19.050	2.447	468	20.300	2.782	684	21.550	3.124	914
19.075	2.453	472	20.325	2.788	688	21.575	3.131	920
19.100	2.460	476	20.350	2.795	692	21.600	3.138	924
19.125	2.466	480	20.375	2.802	698	21.625	3.145	930
19.150	2.473	484	20.400	2.809	702	21.650	3.152	934
19.175	2.480	488	20.425	2.816	706	21.675	3.159	938
19.200	2.486	492	20.450	2.822	710	21.700	3.165	944
19.225	2.493	496	20.475	2.829	716	21.725	3.172	948
19.250	2.500	500	20.500	2.836	720	21.750	3.179	954
19.275	2.506	504	20.525	2.843	724	21.775	3.186	958
19.300	2.513	510	20.550	2.850	728	21.800	3.193	962
19.325	2.520	514	20.575	2.856	734	21.825	3.200	968
19.350	2.526	518	20.600	2.863	738	21.850	3.207	972
19.375	2.533	522	20.625	2.870	742	21.875	3.214	978
19.400	2.540	526	20.650	2.877	748	21.900	3.221	982
19.425	2.546	530	20.675	2.884	752	21.925	3.228	986
19.450	2.553	534	20.700	2.890	756	21.950	3.235	992
19.475	2.560	540	20.725	2.897	760	21.975	3.242	996
19.500	2.566	544	20.750	2.904	766	22.000	3.249	1.002
19.525	2.573	548	20.775	2.911	770	22.025	3.256	1.006
19.550	2.580	552	20.800	2.918	774	22.050	3.263	1.012
19.575	2.586	556	20.825	2.925	780	22.075	3.270	1.016
19.600	2.593	560	20.850	2.931	784	22.100	3.277	1.022
19.625	2.600	564	20.875	2.938	788	22.125	3.284	1.026
19.650	2.606	570	20.900	2.945	794	22.150	3.291	1.030
19.675	2.613	574	20.925	2.952	798	22.175	3.298	1.036
19.700	2.620	578	20.950	2.959	802	22.200	3.305	1.040
19.725	2.627	582	20.975	2.966	806	22.225	3.312	1.046
19.750	2.633	586	21.000	2.972	812	22.250	3.319	1.050
19.775	2.640	590	21.025	2.979	816	22.275	3.326	1.056
19.800	2.647	596	21.050	2.986	820	22.300	3.333	1.060
19.825	2.653	600	21.075	2.993	826	22.325	3.340	1.066
19.850	2.660	604	21.100	3.000	830	22.350	3.347	1.070
19.875	2.667	608	21.125	3.007	834	22.375	3.354	1.076

zu versteuerndes Einkommen €	Einkommensteuer Grundtabelle €	Einkommensteuer Splittingtabelle €	zu versteuerndes Einkommen €	Einkommensteuer Grundtabelle €	Einkommensteuer Splittingtabelle €	zu versteuerndes Einkommen €	Einkommensteuer Grundtabelle €	Einkommensteuer Splittingtabelle €
22.400	3.361	1.080	23.650	3.715	1.336	24.900	4.076	1.604
22.425	3.368	1.084	23.675	3.722	1.340	24.925	4.084	1.610
22.450	3.375	1.090	23.700	3.729	1.346	24.950	4.091	1.616
22.475	3.382	1.094	23.725	3.736	1.350	24.975	4.098	1.620
22.500	3.389	1.100	23.750	3.744	1.356	25.000	4.106	1.626
22.525	3.396	1.104	23.775	3.751	1.362	25.025	4.113	1.632
22.550	3.403	1.110	23.800	3.758	1.366	25.050	4.120	1.638
22.575	3.410	1.114	23.825	3.765	1.372	25.075	4.128	1.644
22.600	3.417	1.120	23.850	3.772	1.378	25.100	4.135	1.648
22.625	3.424	1.124	23.875	3.780	1.382	25.125	4.142	1.654
22.650	3.431	1.130	23.900	3.787	1.388	25.150	4.150	1.660
22.675	3.438	1.134	23.925	3.794	1.394	25.175	4.157	1.666
22.700	3.445	1.140	23.950	3.801	1.398	25.200	4.164	1.672
22.725	3.452	1.144	23.975	3.808	1.404	25.225	4.172	1.676
22.750	3.459	1.150	24.000	3.815	1.410	25.250	4.179	1.682
22.775	3.466	1.156	24.025	3.823	1.414	25.275	4.186	1.688
22.800	3.473	1.160	24.050	3.830	1.420	25.300	4.194	1.694
22.825	3.480	1.166	24.075	3.837	1.424	25.325	4.201	1.700
22.850	3.487	1.170	24.100	3.844	1.430	25.350	4.208	1.704
22.875	3.494	1.176	24.125	3.851	1.436	25.375	4.216	1.710
22.900	3.502	1.180	24.150	3.859	1.442	25.400	4.223	1.716
22.925	3.509	1.186	24.175	3.866	1.446	25.425	4.230	1.722
22.950	3.516	1.190	24.200	3.873	1.452	25.450	4.238	1.728
22.975	3.523	1.196	24.225	3.880	1.458	25.475	4.245	1.732
23.000	3.530	1.200	24.250	3.888	1.462	25.500	4.252	1.738
23.025	3.537	1.206	24.275	3.895	1.468	25.525	4.260	1.744
23.050	3.544	1.212	24.300	3.902	1.474	25.550	4.267	1.750
23.075	3.551	1.216	24.325	3.909	1.478	25.575	4.275	1.756
23.100	3.558	1.222	24.350	3.916	1.484	25.600	4.282	1.762
23.125	3.565	1.226	24.375	3.924	1.490	25.625	4.289	1.766
23.150	3.572	1.232	24.400	3.931	1.496	25.650	4.297	1.772
23.175	3.580	1.236	24.425	3.938	1.500	25.675	4.304	1.778
23.200	3.587	1.242	24.450	3.945	1.506	25.700	4.311	1.784
23.225	3.594	1.246	24.475	3.953	1.512	25.725	4.319	1.790
23.250	3.601	1.252	24.500	3.960	1.516	25.750	4.326	1.796
23.275	3.608	1.258	24.525	3.967	1.522	25.775	4.334	1.802
23.300	3.615	1.262	24.550	3.974	1.528	25.800	4.341	1.808
23.325	3.622	1.268	24.575	3.982	1.532	25.825	4.348	1.812
23.350	3.629	1.272	24.600	3.989	1.538	25.850	4.356	1.818
23.375	3.636	1.278	24.625	3.996	1.544	25.875	4.363	1.824
23.400	3.644	1.284	24.650	4.004	1.550	25.900	4.371	1.830
23.425	3.651	1.288	24.675	4.011	1.554	25.925	4.378	1.836
23.450	3.658	1.294	24.700	4.018	1.560	25.950	4.386	1.842
23.475	3.665	1.298	24.725	4.025	1.566	25.975	4.393	1.848
23.500	3.672	1.304	24.750	4.033	1.572	26.000	4.400	1.854
23.525	3.679	1.308	24.775	4.040	1.576	26.025	4.408	1.858
23.550	3.686	1.314	24.800	4.047	1.582	26.050	4.415	1.864
23.575	3.694	1.320	24.825	4.055	1.588	26.075	4.423	1.870
23.600	3.701	1.324	24.850	4.062	1.594	26.100	4.430	1.876
23.625	3.708	1.330	24.875	4.069	1.598	26.125	4.438	1.882

zu versteuerndes Einkommen €	Einkommensteuer Grundtabelle €	Einkommensteuer Splittingtabelle €	zu versteuerndes Einkommen €	Einkommensteuer Grundtabelle €	Einkommensteuer Splittingtabelle €	zu versteuerndes Einkommen €	Einkommensteuer Grundtabelle €	Einkommensteuer Splittingtabelle €
26.150	4.445	1.888	27.400	4.821	2.186	28.650	5.204	2.488
26.175	4.452	1.894	27.425	4.828	2.192	28.675	5.211	2.494
26.200	4.460	1.900	27.450	4.836	2.198	28.700	5.219	2.500
26.225	4.467	1.906	27.475	4.843	2.204	28.725	5.227	2.506
26.250	4.475	1.912	27.500	4.851	2.210	28.750	5.234	2.514
26.275	4.482	1.916	27.525	4.859	2.216	28.775	5.242	2.518
26.300	4.490	1.922	27.550	4.866	2.222	28.800	5.250	2.526
26.325	4.497	1.928	27.575	4.874	2.228	28.825	5.258	2.532
26.350	4.505	1.934	27.600	4.881	2.234	28.850	5.265	2.538
26.375	4.512	1.940	27.625	4.889	2.240	28.875	5.273	2.544
26.400	4.520	1.946	27.650	4.897	2.246	28.900	5.281	2.550
26.425	4.527	1.952	27.675	4.904	2.252	28.925	5.289	2.556
26.450	4.534	1.958	27.700	4.912	2.258	28.950	5.296	2.562
26.475	4.542	1.964	27.725	4.920	2.264	28.975	5.304	2.568
26.500	4.549	1.970	27.750	4.927	2.270	29.000	5.312	2.574
26.525	4.557	1.976	27.775	4.935	2.276	29.025	5.320	2.580
26.550	4.564	1.982	27.800	4.942	2.282	29.050	5.328	2.586
26.575	4.572	1.988	27.825	4.950	2.288	29.075	5.335	2.592
26.600	4.579	1.994	27.850	4.958	2.294	29.100	5.343	2.598
26.625	4.587	2.000	27.875	4.965	2.300	29.125	5.351	2.604
26.650	4.594	2.006	27.900	4.973	2.306	29.150	5.359	2.610
26.675	4.602	2.012	27.925	4.981	2.312	29.175	5.366	2.616
26.700	4.609	2.018	27.950	4.988	2.318	29.200	5.374	2.624
26.725	4.617	2.022	27.975	4.996	2.324	29.225	5.382	2.628
26.750	4.624	2.030	28.000	5.004	2.330	29.250	5.390	2.636
26.775	4.632	2.034	28.025	5.011	2.336	29.275	5.398	2.642
26.800	4.639	2.042	28.050	5.019	2.342	29.300	5.405	2.648
26.825	4.647	2.046	28.075	5.027	2.348	29.325	5.413	2.654
26.850	4.654	2.054	28.100	5.034	2.356	29.350	5.421	2.660
26.875	4.662	2.058	28.125	5.042	2.360	29.375	5.429	2.666
26.900	4.670	2.064	28.150	5.050	2.368	29.400	5.437	2.672
26.925	4.677	2.070	28.175	5.057	2.374	29.425	5.445	2.678
26.950	4.685	2.078	28.200	5.065	2.380	29.450	5.452	2.684
26.975	4.692	2.084	28.225	5.073	2.386	29.475	5.460	2.690
27.000	4.700	2.090	28.250	5.080	2.392	29.500	5.468	2.696
27.025	4.707	2.096	28.275	5.088	2.398	29.525	5.476	2.702
27.050	4.715	2.102	28.300	5.096	2.404	29.550	5.484	2.708
27.075	4.722	2.108	28.325	5.103	2.410	29.575	5.491	2.714
27.100	4.730	2.114	28.350	5.111	2.416	29.600	5.499	2.722
27.125	4.737	2.120	28.375	5.119	2.422	29.625	5.507	2.728
27.150	4.745	2.126	28.400	5.126	2.428	29.650	5.515	2.734
27.175	4.753	2.132	28.425	5.134	2.434	29.675	5.523	2.740
27.200	4.760	2.138	28.450	5.142	2.440	29.700	5.531	2.746
27.225	4.768	2.144	28.475	5.150	2.446	29.725	5.539	2.752
27.250	4.775	2.150	28.500	5.157	2.452	29.750	5.546	2.758
27.275	4.783	2.156	28.525	5.165	2.458	29.775	5.554	2.764
27.300	4.790	2.162	28.550	5.173	2.464	29.800	5.562	2.770
27.325	4.798	2.168	28.575	5.180	2.470	29.825	5.570	2.776
27.350	4.806	2.174	28.600	5.188	2.476	29.850	5.578	2.782
27.375	4.813	2.180	28.625	5.196	2.482	29.875	5.586	2.788

zu versteuerndes Einkommen €	Einkommensteuer Grundtabelle €	Einkommensteuer Splittingtabelle €	zu versteuerndes Einkommen €	Einkommensteuer Grundtabelle €	Einkommensteuer Splittingtabelle €	zu versteuerndes Einkommen €	Einkommensteuer Grundtabelle €	Einkommensteuer Splittingtabelle €
29.900	5.594	2.796	31.150	5.991	3.104	32.400	6.395	3.418
29.925	5.601	2.800	31.175	5.999	3.110	32.425	6.403	3.424
29.950	5.609	2.808	31.200	6.007	3.118	32.450	6.411	3.430
29.975	5.617	2.814	31.225	6.015	3.124	32.475	6.420	3.438
30.000	5.625	2.820	31.250	6.023	3.130	32.500	6.428	3.444
30.025	5.633	2.826	31.275	6.031	3.136	32.525	6.436	3.450
30.050	5.641	2.832	31.300	6.039	3.142	32.550	6.444	3.456
30.075	5.649	2.838	31.325	6.047	3.148	32.575	6.452	3.462
30.100	5.657	2.844	31.350	6.055	3.154	32.600	6.460	3.468
30.125	5.665	2.850	31.375	6.063	3.160	32.625	6.469	3.474
30.150	5.672	2.856	31.400	6.071	3.168	32.650	6.477	3.482
30.175	5.680	2.862	31.425	6.079	3.174	32.675	6.485	3.488
30.200	5.688	2.870	31.450	6.087	3.180	32.700	6.493	3.494
30.225	5.696	2.876	31.475	6.095	3.186	32.725	6.501	3.500
30.250	5.704	2.882	31.500	6.103	3.192	32.750	6.510	3.506
30.275	5.712	2.888	31.525	6.111	3.198	32.775	6.518	3.512
30.300	5.720	2.894	31.550	6.119	3.204	32.800	6.526	3.520
30.325	5.728	2.900	31.575	6.127	3.210	32.825	6.534	3.526
30.350	5.736	2.906	31.600	6.135	3.218	32.850	6.542	3.532
30.375	5.744	2.912	31.625	6.144	3.224	32.875	6.551	3.538
30.400	5.752	2.918	31.650	6.152	3.230	32.900	6.559	3.544
30.425	5.759	2.924	31.675	6.160	3.236	32.925	6.567	3.550
30.450	5.767	2.930	31.700	6.168	3.242	32.950	6.575	3.558
30.475	5.775	2.936	31.725	6.176	3.248	32.975	6.583	3.564
30.500	5.783	2.944	31.750	6.184	3.254	33.000	6.592	3.570
30.525	5.791	2.950	31.775	6.192	3.260	33.025	6.600	3.576
30.550	5.799	2.956	31.800	6.200	3.268	33.050	6.608	3.582
30.575	5.807	2.962	31.825	6.208	3.274	33.075	6.616	3.588
30.600	5.815	2.968	31.850	6.216	3.280	33.100	6.625	3.596
30.625	5.823	2.974	31.875	6.224	3.286	33.125	6.633	3.602
30.650	5.831	2.980	31.900	6.232	3.292	33.150	6.641	3.608
30.675	5.839	2.986	31.925	6.241	3.298	33.175	6.649	3.614
30.700	5.847	2.992	31.950	6.249	3.306	33.200	6.658	3.620
30.725	5.855	2.998	31.975	6.257	3.312	33.225	6.666	3.626
30.750	5.863	3.006	32.000	6.265	3.318	33.250	6.674	3.634
30.775	5.871	3.012	32.025	6.273	3.324	33.275	6.682	3.640
30.800	5.879	3.018	32.050	6.281	3.330	33.300	6.691	3.646
30.825	5.887	3.024	32.075	6.289	3.336	33.325	6.699	3.652
30.850	5.895	3.030	32.100	6.297	3.342	33.350	6.707	3.658
30.875	5.903	3.036	32.125	6.305	3.348	33.375	6.715	3.666
30.900	5.911	3.042	32.150	6.314	3.356	33.400	6.724	3.672
30.925	5.919	3.048	32.175	6.322	3.362	33.425	6.732	3.678
30.950	5.927	3.056	32.200	6.330	3.368	33.450	6.740	3.684
30.975	5.935	3.062	32.225	6.338	3.374	33.475	6.748	3.690
31.000	5.943	3.068	32.250	6.346	3.380	33.500	6.757	3.698
31.025	5.951	3.074	32.275	6.354	3.386	33.525	6.765	3.704
31.050	5.959	3.080	32.300	6.362	3.394	33.550	6.773	3.710
31.075	5.967	3.086	32.325	6.371	3.400	33.575	6.782	3.716
31.100	5.975	3.092	32.350	6.379	3.406	33.600	6.790	3.722
31.125	5.983	3.098	32.375	6.387	3.412	33.625	6.798	3.728

zu versteuerndes Einkommen €	Einkommensteuer Grundtabelle €	Einkommensteuer Splittingtabelle €	zu versteuerndes Einkommen €	Einkommensteuer Grundtabelle €	Einkommensteuer Splittingtabelle €	zu versteuerndes Einkommen €	Einkommensteuer Grundtabelle €	Einkommensteuer Splittingtabelle €
33.650	6.806	3.736	34.900	7.225	4.056	36.150	7.651	4.380
33.675	6.815	3.742	34.925	7.234	4.062	36.175	7.659	4.386
33.700	6.823	3.748	34.950	7.242	4.068	36.200	7.668	4.394
33.725	6.831	3.754	34.975	7.250	4.076	36.225	7.677	4.400
33.750	6.840	3.760	35.000	7.259	4.082	36.250	7.685	4.406
33.775	6.848	3.768	35.025	7.267	4.088	36.275	7.694	4.412
33.800	6.856	3.774	35.050	7.276	4.094	36.300	7.702	4.420
33.825	6.865	3.780	35.075	7.284	4.100	36.325	7.711	4.426
33.850	6.873	3.786	35.100	7.293	4.108	36.350	7.720	4.432
33.875	6.881	3.792	35.125	7.301	4.114	36.375	7.728	4.438
33.900	6.890	3.800	35.150	7.310	4.120	36.400	7.737	4.446
33.925	6.898	3.806	35.175	7.318	4.126	36.425	7.745	4.452
33.950	6.906	3.812	35.200	7.327	4.134	36.450	7.754	4.458
33.975	6.915	3.818	35.225	7.335	4.140	36.475	7.763	4.464
34.000	6.923	3.824	35.250	7.344	4.146	36.500	7.771	4.472
34.025	6.931	3.830	35.275	7.352	4.152	36.525	7.780	4.478
34.050	6.940	3.838	35.300	7.361	4.160	36.550	7.789	4.484
34.075	6.948	3.844	35.325	7.369	4.166	36.575	7.797	4.490
34.100	6.956	3.850	35.350	7.378	4.172	36.600	7.806	4.498
34.125	6.965	3.856	35.375	7.386	4.178	36.625	7.814	4.504
34.150	6.973	3.864	35.400	7.395	4.186	36.650	7.823	4.510
34.175	6.981	3.870	35.425	7.403	4.192	36.675	7.832	4.518
34.200	6.990	3.876	35.450	7.412	4.198	36.700	7.840	4.524
34.225	6.998	3.882	35.475	7.420	4.204	36.725	7.849	4.530
34.250	7.007	3.888	35.500	7.429	4.212	36.750	7.858	4.538
34.275	7.015	3.894	35.525	7.437	4.218	36.775	7.866	4.544
34.300	7.023	3.902	35.550	7.446	4.224	36.800	7.875	4.550
34.325	7.032	3.908	35.575	7.454	4.230	36.825	7.884	4.556
34.350	7.040	3.914	35.600	7.463	4.238	36.850	7.892	4.564
34.375	7.048	3.920	35.625	7.471	4.244	36.875	7.901	4.570
34.400	7.057	3.928	35.650	7.480	4.250	36.900	7.910	4.576
34.425	7.065	3.934	35.675	7.488	4.256	36.925	7.918	4.582
34.450	7.074	3.940	35.700	7.497	4.264	36.950	7.927	4.590
34.475	7.082	3.946	35.725	7.505	4.270	36.975	7.936	4.596
34.500	7.090	3.954	35.750	7.514	4.276	37.000	7.944	4.602
34.525	7.099	3.960	35.775	7.522	4.282	37.025	7.953	4.608
34.550	7.107	3.966	35.800	7.531	4.290	37.050	7.962	4.616
34.575	7.116	3.972	35.825	7.539	4.296	37.075	7.970	4.622
34.600	7.124	3.978	35.850	7.548	4.302	37.100	7.979	4.628
34.625	7.132	3.984	35.875	7.557	4.308	37.125	7.988	4.636
34.650	7.141	3.992	35.900	7.565	4.316	37.150	7.997	4.642
34.675	7.149	3.998	35.925	7.574	4.322	37.175	8.005	4.648
34.700	7.158	4.004	35.950	7.582	4.328	37.200	8.014	4.656
34.725	7.166	4.010	35.975	7.591	4.334	37.225	8.023	4.662
34.750	7.174	4.018	36.000	7.599	4.342	37.250	8.031	4.668
34.775	7.183	4.024	36.025	7.608	4.348	37.275	8.040	4.674
34.800	7.191	4.030	36.050	7.617	4.354	37.300	8.049	4.682
34.825	7.200	4.036	36.075	7.625	4.360	37.325	8.058	4.688
34.850	7.208	4.044	36.100	7.634	4.368	37.350	8.066	4.694
34.875	7.217	4.050	36.125	7.642	4.374	37.375	8.075	4.702

zu versteuerndes Einkommen	Einkommensteuer		zu versteuerndes Einkommen	Einkommensteuer		zu versteuerndes Einkommen	Einkommensteuer	
	Grundtabelle	Splittingtabelle		Grundtabelle	Splittingtabelle		Grundtabelle	Splittingtabelle
€	€	€	€	€	€	€	€	€
37.400	8.084	4.708	38.650	8.524	5.040	39.900	8.971	5.374
37.425	8.092	4.714	38.675	8.533	5.046	39.925	8.980	5.380
37.450	8.101	4.722	38.700	8.542	5.052	39.950	8.989	5.388
37.475	8.110	4.728	38.725	8.550	5.058	39.975	8.998	5.394
37.500	8.119	4.734	38.750	8.559	5.066	40.000	9.007	5.402
37.525	8.127	4.740	38.775	8.568	5.072	40.025	9.016	5.408
37.550	8.136	4.748	38.800	8.577	5.080	40.050	9.025	5.414
37.575	8.145	4.754	38.825	8.586	5.086	40.075	9.034	5.422
37.600	8.154	4.760	38.850	8.595	5.092	40.100	9.043	5.428
37.625	8.162	4.768	38.875	8.604	5.098	40.125	9.052	5.434
37.650	8.171	4.774	38.900	8.613	5.106	40.150	9.061	5.442
37.675	8.180	4.780	38.925	8.622	5.112	40.175	9.070	5.448
37.700	8.189	4.788	38.950	8.630	5.120	40.200	9.079	5.456
37.725	8.197	4.794	38.975	8.639	5.126	40.225	9.088	5.462
37.750	8.206	4.800	39.000	8.648	5.132	40.250	9.097	5.468
37.775	8.215	4.806	39.025	8.657	5.140	40.275	9.107	5.476
37.800	8.224	4.814	39.050	8.666	5.146	40.300	9.116	5.482
37.825	8.233	4.820	39.075	8.675	5.152	40.325	9.125	5.488
37.850	8.241	4.826	39.100	8.684	5.160	40.350	9.134	5.496
37.875	8.250	4.834	39.125	8.693	5.166	40.375	9.143	5.502
37.900	8.259	4.840	39.150	8.702	5.172	40.400	9.152	5.510
37.925	8.268	4.846	39.175	8.711	5.180	40.425	9.161	5.516
37.950	8.276	4.854	39.200	8.720	5.186	40.450	9.170	5.522
37.975	8.285	4.860	39.225	8.729	5.192	40.475	9.179	5.530
38.000	8.294	4.866	39.250	8.738	5.200	40.500	9.188	5.536
38.025	8.303	4.872	39.275	8.746	5.206	40.525	9.197	5.542
38.050	8.312	4.880	39.300	8.755	5.212	40.550	9.206	5.550
38.075	8.320	4.886	39.325	8.764	5.220	40.575	9.215	5.556
38.100	8.329	4.894	39.350	8.773	5.226	40.600	9.225	5.564
38.125	8.338	4.900	39.375	8.782	5.232	40.625	9.234	5.570
38.150	8.347	4.906	39.400	8.791	5.240	40.650	9.243	5.576
38.175	8.356	4.912	39.425	8.800	5.246	40.675	9.252	5.584
38.200	8.365	4.920	39.450	8.809	5.254	40.700	9.261	5.590
38.225	8.373	4.926	39.475	8.818	5.260	40.725	9.270	5.596
38.250	8.382	4.932	39.500	8.827	5.266	40.750	9.279	5.604
38.275	8.391	4.940	39.525	8.836	5.274	40.775	9.288	5.610
38.300	8.400	4.946	39.550	8.845	5.280	40.800	9.297	5.618
38.325	8.409	4.952	39.575	8.854	5.286	40.825	9.307	5.624
38.350	8.418	4.960	39.600	8.863	5.294	40.850	9.316	5.632
38.375	8.426	4.966	39.625	8.872	5.300	40.875	9.325	5.638
38.400	8.435	4.972	39.650	8.881	5.306	40.900	9.334	5.644
38.425	8.444	4.980	39.675	8.890	5.314	40.925	9.343	5.652
38.450	8.453	4.986	39.700	8.899	5.320	40.950	9.352	5.658
38.475	8.462	4.992	39.725	8.908	5.326	40.975	9.361	5.664
38.500	8.471	5.000	39.750	8.917	5.334	41.000	9.370	5.672
38.525	8.479	5.006	39.775	8.926	5.340	41.025	9.380	5.678
38.550	8.488	5.012	39.800	8.935	5.348	41.050	9.389	5.686
38.575	8.497	5.020	39.825	8.944	5.354	41.075	9.398	5.692
38.600	8.506	5.026	39.850	8.953	5.360	41.100	9.407	5.700
38.625	8.515	5.032	39.875	8.962	5.368	41.125	9.416	5.706

zu versteuerndes Einkommen €	Einkommensteuer Grundtabelle €	Einkommensteuer Splittingtabelle €	zu versteuerndes Einkommen €	Einkommensteuer Grundtabelle €	Einkommensteuer Splittingtabelle €	zu versteuerndes Einkommen €	Einkommensteuer Grundtabelle €	Einkommensteuer Splittingtabelle €
41.150	9.425	5.712	42.400	9.887	6.054	43.650	10.355	6.400
41.175	9.434	5.720	42.425	9.896	6.062	43.675	10.365	6.406
41.200	9.444	5.726	42.450	9.905	6.068	43.700	10.374	6.414
41.225	9.453	5.732	42.475	9.915	6.076	43.725	10.384	6.420
41.250	9.462	5.740	42.500	9.924	6.082	43.750	10.393	6.428
41.275	9.471	5.746	42.525	9.933	6.088	43.775	10.403	6.434
41.300	9.480	5.754	42.550	9.943	6.096	43.800	10.412	6.442
41.325	9.490	5.760	42.575	9.952	6.102	43.825	10.422	6.448
41.350	9.499	5.768	42.600	9.961	6.110	43.850	10.431	6.456
41.375	9.508	5.774	42.625	9.971	6.116	43.875	10.441	6.462
41.400	9.517	5.780	42.650	9.980	6.124	43.900	10.450	6.470
41.425	9.526	5.788	42.675	9.989	6.130	43.925	10.460	6.476
41.450	9.535	5.794	42.700	9.999	6.138	43.950	10.469	6.484
41.475	9.545	5.800	42.725	10.008	6.144	43.975	10.478	6.490
41.500	9.554	5.808	42.750	10.017	6.152	44.000	10.488	6.498
41.525	9.563	5.814	42.775	10.027	6.158	44.025	10.497	6.504
41.550	9.572	5.822	42.800	10.036	6.164	44.050	10.507	6.512
41.575	9.581	5.828	42.825	10.045	6.172	44.075	10.516	6.518
41.600	9.591	5.836	42.850	10.055	6.178	44.100	10.526	6.526
41.625	9.600	5.842	42.875	10.064	6.186	44.125	10.535	6.532
41.650	9.609	5.850	42.900	10.073	6.192	44.150	10.545	6.540
41.675	9.618	5.856	42.925	10.083	6.200	44.175	10.554	6.546
41.700	9.628	5.862	42.950	10.092	6.206	44.200	10.564	6.554
41.725	9.637	5.870	42.975	10.102	6.212	44.225	10.573	6.560
41.750	9.646	5.876	43.000	10.111	6.220	44.250	10.583	6.568
41.775	9.655	5.882	43.025	10.120	6.226	44.275	10.592	6.574
41.800	9.664	5.890	43.050	10.130	6.234	44.300	10.602	6.582
41.825	9.674	5.896	43.075	10.139	6.240	44.325	10.612	6.588
41.850	9.683	5.904	43.100	10.148	6.248	44.350	10.621	6.596
41.875	9.692	5.910	43.125	10.158	6.254	44.375	10.631	6.602
41.900	9.701	5.918	43.150	10.167	6.262	44.400	10.640	6.610
41.925	9.711	5.924	43.175	10.177	6.268	44.425	10.650	6.616
41.950	9.720	5.932	43.200	10.186	6.276	44.450	10.659	6.624
41.975	9.729	5.938	43.225	10.195	6.282	44.475	10.669	6.630
42.000	9.738	5.944	43.250	10.205	6.290	44.500	10.678	6.638
42.025	9.748	5.952	43.275	10.214	6.296	44.525	10.688	6.644
42.050	9.757	5.958	43.300	10.224	6.304	44.550	10.697	6.652
42.075	9.766	5.966	43.325	10.233	6.310	44.575	10.707	6.658
42.100	9.775	5.972	43.350	10.242	6.318	44.600	10.716	6.666
42.125	9.785	5.978	43.375	10.252	6.324	44.625	10.726	6.672
42.150	9.794	5.986	43.400	10.261	6.330	44.650	10.736	6.680
42.175	9.803	5.992	43.425	10.271	6.338	44.675	10.745	6.686
42.200	9.813	6.000	43.450	10.280	6.344	44.700	10.755	6.694
42.225	9.822	6.006	43.475	10.289	6.352	44.725	10.764	6.700
42.250	9.831	6.014	43.500	10.299	6.358	44.750	10.774	6.708
42.275	9.840	6.020	43.525	10.308	6.366	44.775	10.783	6.714
42.300	9.850	6.028	43.550	10.318	6.372	44.800	10.793	6.722
42.325	9.859	6.034	43.575	10.327	6.380	44.825	10.803	6.728
42.350	9.868	6.040	43.600	10.337	6.386	44.850	10.812	6.736
42.375	9.878	6.048	43.625	10.346	6.394	44.875	10.822	6.742

zu versteuerndes Einkommen €	Einkommensteuer Grundtabelle €	Einkommensteuer Splittingtabelle €	zu versteuerndes Einkommen €	Einkommensteuer Grundtabelle €	Einkommensteuer Splittingtabelle €	zu versteuerndes Einkommen €	Einkommensteuer Grundtabelle €	Einkommensteuer Splittingtabelle €
44.900	10.831	6.750	46.150	11.314	7.102	47.400	11.804	7.458
44.925	10.841	6.756	46.175	11.324	7.110	47.425	11.814	7.466
44.950	10.850	6.764	46.200	11.334	7.116	47.450	11.824	7.472
44.975	10.860	6.770	46.225	11.343	7.124	47.475	11.834	7.480
45.000	10.870	6.778	46.250	11.353	7.130	47.500	11.844	7.488
45.025	10.879	6.784	46.275	11.363	7.138	47.525	11.854	7.494
45.050	10.889	6.792	46.300	11.373	7.144	47.550	11.864	7.502
45.075	10.898	6.798	46.325	11.382	7.152	47.575	11.873	7.508
45.100	10.908	6.806	46.350	11.392	7.160	47.600	11.883	7.516
45.125	10.918	6.812	46.375	11.402	7.166	47.625	11.893	7.522
45.150	10.927	6.820	46.400	11.412	7.174	47.650	11.903	7.530
45.175	10.937	6.826	46.425	11.421	7.180	47.675	11.913	7.538
45.200	10.947	6.834	46.450	11.431	7.188	47.700	11.923	7.544
45.225	10.956	6.840	46.475	11.441	7.194	47.725	11.933	7.552
45.250	10.966	6.848	46.500	11.451	7.202	47.750	11.943	7.560
45.275	10.975	6.854	46.525	11.460	7.208	47.775	11.953	7.566
45.300	10.985	6.862	46.550	11.470	7.216	47.800	11.963	7.574
45.325	10.995	6.868	46.575	11.480	7.222	47.825	11.973	7.580
45.350	11.004	6.876	46.600	11.490	7.230	47.850	11.982	7.588
45.375	11.014	6.882	46.625	11.500	7.236	47.875	11.992	7.594
45.400	11.024	6.890	46.650	11.509	7.244	47.900	12.002	7.602
45.425	11.033	6.896	46.675	11.519	7.252	47.925	12.012	7.610
45.450	11.043	6.904	46.700	11.529	7.258	47.950	12.022	7.616
45.475	11.053	6.912	46.725	11.539	7.266	47.975	12.032	7.624
45.500	11.062	6.918	46.750	11.549	7.272	48.000	12.042	7.630
45.525	11.072	6.926	46.775	11.558	7.280	48.025	12.052	7.638
45.550	11.081	6.932	46.800	11.568	7.288	48.050	12.062	7.646
45.575	11.091	6.940	46.825	11.578	7.294	48.075	12.072	7.652
45.600	11.101	6.946	46.850	11.588	7.302	48.100	12.082	7.660
45.625	11.110	6.954	46.875	11.598	7.308	48.125	12.092	7.666
45.650	11.120	6.960	46.900	11.607	7.316	48.150	12.102	7.674
45.675	11.130	6.968	46.925	11.617	7.322	48.175	12.112	7.682
45.700	11.140	6.974	46.950	11.627	7.330	48.200	12.122	7.688
45.725	11.149	6.982	46.975	11.637	7.336	48.225	12.132	7.696
45.750	11.159	6.988	47.000	11.647	7.344	48.250	12.142	7.702
45.775	11.169	6.996	47.025	11.656	7.352	48.275	12.152	7.710
45.800	11.178	7.004	47.050	11.666	7.358	48.300	12.162	7.718
45.825	11.188	7.010	47.075	11.676	7.366	48.325	12.172	7.724
45.850	11.198	7.018	47.100	11.686	7.372	48.350	12.182	7.732
45.875	11.207	7.024	47.125	11.696	7.380	48.375	12.192	7.738
45.900	11.217	7.032	47.150	11.706	7.388	48.400	12.201	7.746
45.925	11.227	7.038	47.175	11.716	7.394	48.425	12.211	7.754
45.950	11.236	7.046	47.200	11.725	7.402	48.450	12.221	7.760
45.975	11.246	7.052	47.225	11.735	7.408	48.475	12.231	7.768
46.000	11.256	7.060	47.250	11.745	7.416	48.500	12.241	7.776
46.025	11.266	7.066	47.275	11.755	7.422	48.525	12.251	7.782
46.050	11.275	7.074	47.300	11.765	7.430	48.550	12.261	7.790
46.075	11.285	7.080	47.325	11.775	7.436	48.575	12.271	7.796
46.100	11.295	7.088	47.350	11.785	7.444	48.600	12.281	7.804
46.125	11.304	7.094	47.375	11.794	7.452	48.625	12.291	7.810

zu versteuerndes Einkommen €	Einkommensteuer Grundtabelle €	Einkommensteuer Splittingtabelle €	zu versteuerndes Einkommen €	Einkommensteuer Grundtabelle €	Einkommensteuer Splittingtabelle €	zu versteuerndes Einkommen €	Einkommensteuer Grundtabelle €	Einkommensteuer Splittingtabelle €
48.650	12.302	7.818	49.900	12.806	8.182	51.150	13.317	8.550
48.675	12.312	7.826	49.925	12.816	8.190	51.175	13.328	8.556
48.700	12.322	7.832	49.950	12.826	8.196	51.200	13.338	8.564
48.725	12.332	7.840	49.975	12.836	8.204	51.225	13.348	8.570
48.750	12.342	7.848	50.000	12.847	8.212	51.250	13.359	8.578
48.775	12.352	7.854	50.025	12.857	8.218	51.275	13.369	8.586
48.800	12.362	7.862	50.050	12.867	8.226	51.300	13.379	8.594
48.825	12.372	7.868	50.075	12.877	8.232	51.325	13.390	8.600
48.850	12.382	7.876	50.100	12.887	8.240	51.350	13.400	8.608
48.875	12.392	7.884	50.125	12.897	8.248	51.375	13.410	8.616
48.900	12.402	7.890	50.150	12.908	8.256	51.400	13.421	8.622
48.925	12.412	7.898	50.175	12.918	8.262	51.425	13.431	8.630
48.950	12.422	7.906	50.200	12.928	8.270	51.450	13.441	8.638
48.975	12.432	7.912	50.225	12.938	8.276	51.475	13.452	8.644
49.000	12.442	7.920	50.250	12.948	8.284	51.500	13.462	8.652
49.025	12.452	7.926	50.275	12.959	8.292	51.525	13.472	8.660
49.050	12.462	7.934	50.300	12.969	8.300	51.550	13.483	8.668
49.075	12.472	7.942	50.325	12.979	8.306	51.575	13.493	8.674
49.100	12.482	7.948	50.350	12.989	8.314	51.600	13.503	8.682
49.125	12.492	7.956	50.375	12.999	8.320	51.625	13.514	8.690
49.150	12.502	7.964	50.400	13.010	8.328	51.650	13.524	8.696
49.175	12.512	7.970	50.425	13.020	8.336	51.675	13.534	8.704
49.200	12.523	7.978	50.450	13.030	8.344	51.700	13.545	8.712
49.225	12.533	7.984	50.475	13.040	8.350	51.725	13.555	8.718
49.250	12.543	7.992	50.500	13.051	8.358	51.750	13.565	8.726
49.275	12.553	8.000	50.525	13.061	8.364	51.775	13.576	8.734
49.300	12.563	8.008	50.550	13.071	8.372	51.800	13.586	8.742
49.325	12.573	8.014	50.575	13.081	8.380	51.825	13.597	8.748
49.350	12.583	8.022	50.600	13.091	8.388	51.850	13.607	8.756
49.375	12.593	8.028	50.625	13.102	8.394	51.875	13.617	8.764
49.400	12.603	8.036	50.650	13.112	8.402	51.900	13.628	8.772
49.425	12.613	8.044	50.675	13.122	8.408	51.925	13.638	8.778
49.450	12.623	8.050	50.700	13.132	8.416	51.950	13.649	8.786
49.475	12.634	8.058	50.725	13.143	8.424	51.975	13.659	8.794
49.500	12.644	8.066	50.750	13.153	8.432	52.000	13.669	8.800
49.525	12.654	8.072	50.775	13.163	8.438	52.025	13.680	8.808
49.550	12.664	8.080	50.800	13.173	8.446	52.050	13.690	8.816
49.575	12.674	8.086	50.825	13.184	8.454	52.075	13.701	8.822
49.600	12.684	8.094	50.850	13.194	8.460	52.100	13.711	8.830
49.625	12.694	8.102	50.875	13.204	8.468	52.125	13.721	8.838
49.650	12.704	8.110	50.900	13.215	8.476	52.150	13.732	8.846
49.675	12.715	8.116	50.925	13.225	8.482	52.175	13.742	8.852
49.700	12.725	8.124	50.950	13.235	8.490	52.200	13.753	8.860
49.725	12.735	8.130	50.975	13.245	8.498	52.225	13.763	8.868
49.750	12.745	8.138	51.000	13.256	8.504	52.250	13.773	8.876
49.775	12.755	8.146	51.025	13.266	8.512	52.275	13.784	8.882
49.800	12.765	8.152	51.050	13.276	8.520	52.300	13.794	8.890
49.825	12.775	8.160	51.075	13.287	8.526	52.325	13.805	8.898
49.850	12.786	8.168	51.100	13.297	8.534	52.350	13.815	8.904
49.875	12.796	8.174	51.125	13.307	8.542	52.375	13.826	8.912

zu versteuerndes Einkommen €	Einkommensteuer Grundtabelle €	Einkommensteuer Splittingtabelle €	zu versteuerndes Einkommen €	Einkommensteuer Grundtabelle €	Einkommensteuer Splittingtabelle €	zu versteuerndes Einkommen €	Einkommensteuer Grundtabelle €	Einkommensteuer Splittingtabelle €
52.400	13.836	8.920	53.650	14.361	9.294	54.900	14.886	9.672
52.425	13.847	8.926	53.675	14.371	9.302	54.925	14.896	9.680
52.450	13.857	8.934	53.700	14.382	9.308	54.950	14.907	9.686
52.475	13.867	8.942	53.725	14.392	9.316	54.975	14.917	9.694
52.500	13.878	8.950	53.750	14.403	9.324	55.000	14.928	9.702
52.525	13.888	8.956	53.775	14.413	9.332	55.025	14.938	9.710
52.550	13.899	8.964	53.800	14.424	9.340	55.050	14.949	9.718
52.575	13.909	8.972	53.825	14.434	9.346	55.075	14.959	9.724
52.600	13.920	8.980	53.850	14.445	9.354	55.100	14.970	9.732
52.625	13.930	8.986	53.875	14.455	9.362	55.125	14.980	9.740
52.650	13.941	8.994	53.900	14.466	9.370	55.150	14.991	9.748
52.675	13.951	9.002	53.925	14.476	9.376	55.175	15.001	9.756
52.700	13.962	9.010	53.950	14.487	9.384	55.200	15.012	9.762
52.725	13.972	9.016	53.975	14.497	9.392	55.225	15.022	9.770
52.750	13.983	9.024	54.000	14.508	9.400	55.250	15.033	9.778
52.775	13.993	9.032	54.025	14.518	9.406	55.275	15.043	9.786
52.800	14.004	9.040	54.050	14.529	9.414	55.300	15.054	9.794
52.825	14.014	9.046	54.075	14.539	9.422	55.325	15.064	9.800
52.850	14.025	9.054	54.100	14.550	9.430	55.350	15.075	9.808
52.875	14.035	9.062	54.125	14.560	9.436	55.375	15.085	9.816
52.900	14.046	9.068	54.150	14.571	9.444	55.400	15.096	9.824
52.925	14.056	9.076	54.175	14.581	9.452	55.425	15.106	9.832
52.950	14.067	9.084	54.200	14.592	9.460	55.450	15.117	9.840
52.975	14.077	9.092	54.225	14.602	9.466	55.475	15.127	9.846
53.000	14.088	9.098	54.250	14.613	9.474	55.500	15.138	9.854
53.025	14.098	9.106	54.275	14.623	9.482	55.525	15.148	9.862
53.050	14.109	9.114	54.300	14.634	9.490	55.550	15.159	9.870
53.075	14.119	9.122	54.325	14.644	9.498	55.575	15.169	9.876
53.100	14.130	9.128	54.350	14.655	9.506	55.600	15.180	9.884
53.125	14.140	9.136	54.375	14.665	9.512	55.625	15.190	9.892
53.150	14.151	9.144	54.400	14.676	9.520	55.650	15.201	9.900
53.175	14.161	9.152	54.425	14.686	9.528	55.675	15.211	9.908
53.200	14.172	9.158	54.450	14.697	9.536	55.700	15.222	9.916
53.225	14.182	9.166	54.475	14.707	9.542	55.725	15.232	9.922
53.250	14.193	9.174	54.500	14.718	9.550	55.750	15.243	9.930
53.275	14.203	9.180	54.525	14.728	9.558	55.775	15.253	9.938
53.300	14.214	9.188	54.550	14.739	9.566	55.800	15.264	9.946
53.325	14.224	9.196	54.575	14.749	9.572	55.825	15.274	9.954
53.350	14.235	9.204	54.600	14.760	9.580	55.850	15.285	9.962
53.375	14.245	9.210	54.625	14.770	9.588	55.875	15.295	9.968
53.400	14.256	9.218	54.650	14.781	9.596	55.900	15.306	9.976
53.425	14.266	9.226	54.675	14.791	9.604	55.925	15.316	9.984
53.450	14.277	9.234	54.700	14.802	9.612	55.950	15.327	9.992
53.475	14.287	9.242	54.725	14.812	9.618	55.975	15.337	10.000
53.500	14.298	9.248	54.750	14.823	9.626	56.000	15.348	10.008
53.525	14.308	9.256	54.775	14.833	9.634	56.025	15.358	10.014
53.550	14.319	9.264	54.800	14.844	9.642	56.050	15.369	10.022
53.575	14.329	9.272	54.825	14.854	9.648	56.075	15.379	10.030
53.600	14.340	9.278	54.850	14.865	9.656	56.100	15.390	10.038
53.625	14.350	9.286	54.875	14.875	9.664	56.125	15.400	10.046

zu versteuerndes Einkommen €	Einkommensteuer Grundtabelle €	Einkommensteuer Splittingtabelle €	zu versteuerndes Einkommen €	Einkommensteuer Grundtabelle €	Einkommensteuer Splittingtabelle €	zu versteuerndes Einkommen €	Einkommensteuer Grundtabelle €	Einkommensteuer Splittingtabelle €
56.150	15.411	10.054	57.400	15.936	10.438	58.650	16.461	10.826
56.175	15.421	10.060	57.425	15.946	10.446	58.675	16.471	10.834
56.200	15.432	10.068	57.450	15.957	10.454	58.700	16.482	10.842
56.225	15.442	10.076	57.475	15.967	10.460	58.725	16.492	10.850
56.250	15.453	10.084	57.500	15.978	10.468	58.750	16.503	10.858
56.275	15.463	10.092	57.525	15.988	10.476	58.775	16.513	10.866
56.300	15.474	10.100	57.550	15.999	10.484	58.800	16.524	10.874
56.325	15.484	10.106	57.575	16.009	10.492	58.825	16.534	10.880
56.350	15.495	10.114	57.600	16.020	10.500	58.850	16.545	10.890
56.375	15.505	10.122	57.625	16.030	10.508	58.875	16.555	10.896
56.400	15.516	10.130	57.650	16.041	10.516	58.900	16.566	10.904
56.425	15.526	10.138	57.675	16.051	10.522	58.925	16.576	10.912
56.450	15.537	10.146	57.700	16.062	10.530	58.950	16.587	10.920
56.475	15.547	10.152	57.725	16.072	10.538	58.975	16.597	10.928
56.500	15.558	10.160	57.750	16.083	10.546	59.000	16.608	10.936
56.525	15.568	10.168	57.775	16.093	10.554	59.025	16.618	10.944
56.550	15.579	10.176	57.800	16.104	10.562	59.050	16.629	10.952
56.575	15.589	10.184	57.825	16.114	10.570	59.075	16.639	10.960
56.600	15.600	10.192	57.850	16.125	10.578	59.100	16.650	10.968
56.625	15.610	10.198	57.875	16.135	10.584	59.125	16.660	10.974
56.650	15.621	10.206	57.900	16.146	10.592	59.150	16.671	10.982
56.675	15.631	10.214	57.925	16.156	10.600	59.175	16.681	10.990
56.700	15.642	10.222	57.950	16.167	10.608	59.200	16.692	10.998
56.725	15.652	10.230	57.975	16.177	10.616	59.225	16.702	11.006
56.750	15.663	10.238	58.000	16.188	10.624	59.250	16.713	11.014
56.775	15.673	10.244	58.025	16.198	10.632	59.275	16.723	11.022
56.800	15.684	10.252	58.050	16.209	10.640	59.300	16.734	11.030
56.825	15.694	10.260	58.075	16.219	10.648	59.325	16.744	11.038
56.850	15.705	10.268	58.100	16.230	10.656	59.350	16.755	11.046
56.875	15.715	10.276	58.125	16.240	10.662	59.375	16.765	11.054
56.900	15.726	10.284	58.150	16.251	10.670	59.400	16.776	11.062
56.925	15.736	10.292	58.175	16.261	10.678	59.425	16.786	11.068
56.950	15.747	10.300	58.200	16.272	10.686	59.450	16.797	11.078
56.975	15.757	10.306	58.225	16.282	10.694	59.475	16.807	11.084
57.000	15.768	10.314	58.250	16.293	10.702	59.500	16.818	11.092
57.025	15.778	10.322	58.275	16.303	10.710	59.525	16.828	11.100
57.050	15.789	10.330	58.300	16.314	10.718	59.550	16.839	11.108
57.075	15.799	10.338	58.325	16.324	10.724	59.575	16.849	11.116
57.100	15.810	10.346	58.350	16.335	10.732	59.600	16.860	11.124
57.125	15.820	10.352	58.375	16.345	10.740	59.625	16.870	11.132
57.150	15.831	10.360	58.400	16.356	10.748	59.650	16.881	11.140
57.175	15.841	10.368	58.425	16.366	10.756	59.675	16.891	11.148
57.200	15.852	10.376	58.450	16.377	10.764	59.700	16.902	11.156
57.225	15.862	10.384	58.475	16.387	10.772	59.725	16.912	11.164
57.250	15.873	10.392	58.500	16.398	10.780	59.750	16.923	11.172
57.275	15.883	10.400	58.525	16.408	10.788	59.775	16.933	11.178
57.300	15.894	10.408	58.550	16.419	10.796	59.800	16.944	11.188
57.325	15.904	10.414	58.575	16.429	10.802	59.825	16.954	11.194
57.350	15.915	10.422	58.600	16.440	10.810	59.850	16.965	11.202
57.375	15.925	10.430	58.625	16.450	10.818	59.875	16.975	11.210

zu versteuerndes Einkommen	Einkommensteuer		zu versteuerndes Einkommen	Einkommensteuer		zu versteuerndes Einkommen	Einkommensteuer	
	Grundtabelle	Splittingtabelle		Grundtabelle	Splittingtabelle		Grundtabelle	Splittingtabelle
€	€	€	€	€	€	€	€	€
59.900	16.986	11.218	61.150	17.511	11.614	62.400	18.036	12.014
59.925	16.996	11.226	61.175	17.521	11.622	62.425	18.046	12.022
59.950	17.007	11.234	61.200	17.532	11.630	62.450	18.057	12.030
59.975	17.017	11.242	61.225	17.542	11.638	62.475	18.067	12.038
60.000	17.028	11.250	61.250	17.553	11.646	62.500	18.078	12.046
60.025	17.038	11.258	61.275	17.563	11.654	62.525	18.088	12.054
60.050	17.049	11.266	61.300	17.574	11.662	62.550	18.099	12.062
60.075	17.059	11.274	61.325	17.584	11.670	62.575	18.109	12.070
60.100	17.070	11.282	61.350	17.595	11.678	62.600	18.120	12.078
60.125	17.080	11.290	61.375	17.605	11.686	62.625	18.130	12.086
60.150	17.091	11.298	61.400	17.616	11.694	62.650	18.141	12.094
60.175	17.101	11.306	61.425	17.626	11.702	62.675	18.151	12.102
60.200	17.112	11.314	61.450	17.637	11.710	62.700	18.162	12.110
60.225	17.122	11.320	61.475	17.647	11.718	62.725	18.172	12.118
60.250	17.133	11.330	61.500	17.658	11.726	62.750	18.183	12.126
60.275	17.143	11.336	61.525	17.668	11.734	62.775	18.193	12.134
60.300	17.154	11.344	61.550	17.679	11.742	62.800	18.204	12.142
60.325	17.164	11.352	61.575	17.689	11.750	62.825	18.214	12.150
60.350	17.175	11.360	61.600	17.700	11.758	62.850	18.225	12.158
60.375	17.185	11.368	61.625	17.710	11.766	62.875	18.235	12.166
60.400	17.196	11.376	61.650	17.721	11.774	62.900	18.246	12.174
60.425	17.206	11.384	61.675	17.731	11.782	62.925	18.256	12.182
60.450	17.217	11.392	61.700	17.742	11.790	62.950	18.267	12.190
60.475	17.227	11.400	61.725	17.752	11.798	62.975	18.277	12.198
60.500	17.238	11.408	61.750	17.763	11.806	63.000	18.288	12.206
60.525	17.248	11.416	61.775	17.773	11.814	63.025	18.298	12.214
60.550	17.259	11.424	61.800	17.784	11.822	63.050	18.309	12.222
60.575	17.269	11.432	61.825	17.794	11.830	63.075	18.319	12.230
60.600	17.280	11.440	61.850	17.805	11.838	63.100	18.330	12.238
60.625	17.290	11.448	61.875	17.815	11.846	63.125	18.340	12.246
60.650	17.301	11.456	61.900	17.826	11.854	63.150	18.351	12.254
60.675	17.311	11.464	61.925	17.836	11.862	63.175	18.361	12.262
60.700	17.322	11.472	61.950	17.847	11.870	63.200	18.372	12.270
60.725	17.332	11.480	61.975	17.857	11.878	63.225	18.382	12.278
60.750	17.343	11.488	62.000	17.868	11.886	63.250	18.393	12.288
60.775	17.353	11.494	62.025	17.878	11.894	63.275	18.403	12.294
60.800	17.364	11.504	62.050	17.889	11.902	63.300	18.414	12.304
60.825	17.374	11.510	62.075	17.899	11.910	63.325	18.424	12.310
60.850	17.385	11.518	62.100	17.910	11.918	63.350	18.435	12.320
60.875	17.395	11.526	62.125	17.920	11.926	63.375	18.445	12.328
60.900	17.406	11.534	62.150	17.931	11.934	63.400	18.456	12.336
60.925	17.416	11.542	62.175	17.941	11.942	63.425	18.466	12.344
60.950	17.427	11.550	62.200	17.952	11.950	63.450	18.477	12.352
60.975	17.437	11.558	62.225	17.962	11.958	63.475	18.487	12.360
61.000	17.448	11.566	62.250	17.973	11.966	63.500	18.498	12.368
61.025	17.458	11.574	62.275	17.983	11.974	63.525	18.508	12.376
61.050	17.469	11.582	62.300	17.994	11.982	63.550	18.519	12.384
61.075	17.479	11.590	62.325	18.004	11.990	63.575	18.529	12.392
61.100	17.490	11.598	62.350	18.015	11.998	63.600	18.540	12.400
61.125	17.500	11.606	62.375	18.025	12.006	63.625	18.550	12.408

zu versteuerndes Einkommen €	Einkommensteuer Grundtabelle €	Einkommensteuer Splittingtabelle €	zu versteuerndes Einkommen €	Einkommensteuer Grundtabelle €	Einkommensteuer Splittingtabelle €	zu versteuerndes Einkommen €	Einkommensteuer Grundtabelle €	Einkommensteuer Splittingtabelle €
63.650	18.561	12.416	64.900	19.086	12.822	66.150	19.611	13.232
63.675	18.571	12.424	64.925	19.096	12.830	66.175	19.621	13.240
63.700	18.582	12.432	64.950	19.107	12.840	66.200	19.632	13.250
63.725	18.592	12.440	64.975	19.117	12.846	66.225	19.642	13.258
63.750	18.603	12.448	65.000	19.128	12.856	66.250	19.653	13.266
63.775	18.613	12.456	65.025	19.138	12.864	66.275	19.663	13.274
63.800	18.624	12.464	65.050	19.149	12.872	66.300	19.674	13.282
63.825	18.634	12.472	65.075	19.159	12.880	66.325	19.684	13.290
63.850	18.645	12.482	65.100	19.170	12.888	66.350	19.695	13.298
63.875	18.655	12.488	65.125	19.180	12.896	66.375	19.705	13.306
63.900	18.666	12.498	65.150	19.191	12.904	66.400	19.716	13.316
63.925	18.676	12.506	65.175	19.201	12.912	66.425	19.726	13.322
63.950	18.687	12.514	65.200	19.212	12.920	66.450	19.737	13.332
63.975	18.697	12.522	65.225	19.222	12.928	66.475	19.747	13.340
64.000	18.708	12.530	65.250	19.233	12.938	66.500	19.758	13.348
64.025	18.718	12.538	65.275	19.243	12.944	66.525	19.768	13.356
64.050	18.729	12.546	65.300	19.254	12.954	66.550	19.779	13.364
64.075	18.739	12.554	65.325	19.264	12.962	66.575	19.789	13.372
64.100	18.750	12.562	65.350	19.275	12.970	66.600	19.800	13.382
64.125	18.760	12.570	65.375	19.285	12.978	66.625	19.810	13.390
64.150	18.771	12.578	65.400	19.296	12.986	66.650	19.821	13.398
64.175	18.781	12.586	65.425	19.306	12.994	66.675	19.831	13.406
64.200	18.792	12.594	65.450	19.317	13.002	66.700	19.842	13.414
64.225	18.802	12.602	65.475	19.327	13.010	66.725	19.852	13.422
64.250	18.813	12.610	65.500	19.338	13.020	66.750	19.863	13.430
64.275	18.823	12.618	65.525	19.348	13.026	66.775	19.873	13.438
64.300	18.834	12.628	65.550	19.359	13.036	66.800	19.884	13.448
64.325	18.844	12.634	65.575	19.369	13.044	66.825	19.894	13.456
64.350	18.855	12.644	65.600	19.380	13.052	66.850	19.905	13.464
64.375	18.865	12.652	65.625	19.390	13.060	66.875	19.915	13.472
64.400	18.876	12.660	65.650	19.401	13.068	66.900	19.926	13.480
64.425	18.886	12.668	65.675	19.411	13.076	66.925	19.936	13.488
64.450	18.897	12.676	65.700	19.422	13.084	66.950	19.947	13.496
64.475	18.907	12.684	65.725	19.432	13.092	66.975	19.957	13.504
64.500	18.918	12.692	65.750	19.443	13.102	67.000	19.968	13.514
64.525	18.928	12.700	65.775	19.453	13.108	67.025	19.978	13.522
64.550	18.939	12.708	65.800	19.464	13.118	67.050	19.989	13.530
64.575	18.949	12.716	65.825	19.474	13.126	67.075	19.999	13.538
64.600	18.960	12.724	65.850	19.485	13.134	67.100	20.010	13.546
64.625	18.970	12.732	65.875	19.495	13.142	67.125	20.020	13.554
64.650	18.981	12.742	65.900	19.506	13.150	67.150	20.031	13.564
64.675	18.991	12.748	65.925	19.516	13.158	67.175	20.041	13.572
64.700	19.002	12.758	65.950	19.527	13.166	67.200	20.052	13.580
64.725	19.012	12.766	65.975	19.537	13.174	67.225	20.062	13.588
64.750	19.023	12.774	66.000	19.548	13.184	67.250	20.073	13.596
64.775	19.033	12.782	66.025	19.558	13.192	67.275	20.083	13.604
64.800	19.044	12.790	66.050	19.569	13.200	67.300	20.094	13.612
64.825	19.054	12.798	66.075	19.579	13.208	67.325	20.104	13.620
64.850	19.065	12.806	66.100	19.590	13.216	67.350	20.115	13.630
64.875	19.075	12.814	66.125	19.600	13.224	67.375	20.125	13.638

zu versteuerndes Einkommen	Einkommensteuer		zu versteuerndes Einkommen	Einkommensteuer		zu versteuerndes Einkommen	Einkommensteuer	
	Grundtabelle	Splittingtabelle		Grundtabelle	Splittingtabelle		Grundtabelle	Splittingtabelle
€	€	€	€	€	€	€	€	€
67.400	20.136	13.646	68.650	20.661	14.064	69.900	21.186	14.484
67.425	20.146	13.654	68.675	20.671	14.072	69.925	21.196	14.492
67.450	20.157	13.662	68.700	20.682	14.080	69.950	21.207	14.500
67.475	20.167	13.670	68.725	20.692	14.088	69.975	21.217	14.508
67.500	20.178	13.680	68.750	20.703	14.096	70.000	21.228	14.518
67.525	20.188	13.688	68.775	20.713	14.104	70.025	21.238	14.526
67.550	20.199	13.696	68.800	20.724	14.114	70.050	21.249	14.534
67.575	20.209	13.704	68.825	20.734	14.122	70.075	21.259	14.542
67.600	20.220	13.712	68.850	20.745	14.130	70.100	21.270	14.552
67.625	20.230	13.720	68.875	20.755	14.138	70.125	21.280	14.560
67.650	20.241	13.730	68.900	20.766	14.148	70.150	21.291	14.568
67.675	20.251	13.738	68.925	20.776	14.156	70.175	21.301	14.576
67.700	20.262	13.746	68.950	20.787	14.164	70.200	21.312	14.586
67.725	20.272	13.754	68.975	20.797	14.172	70.225	21.322	14.594
67.750	20.283	13.762	69.000	20.808	14.180	70.250	21.333	14.602
67.775	20.293	13.770	69.025	20.818	14.188	70.275	21.343	14.610
67.800	20.304	13.780	69.050	20.829	14.198	70.300	21.354	14.620
67.825	20.314	13.788	69.075	20.839	14.206	70.325	21.364	14.628
67.850	20.325	13.796	69.100	20.850	14.214	70.350	21.375	14.636
67.875	20.335	13.804	69.125	20.860	14.222	70.375	21.385	14.644
67.900	20.346	13.812	69.150	20.871	14.232	70.400	21.396	14.654
67.925	20.356	13.820	69.175	20.881	14.240	70.425	21.406	14.662
67.950	20.367	13.830	69.200	20.892	14.248	70.450	21.417	14.670
67.975	20.377	13.838	69.225	20.902	14.256	70.475	21.427	14.678
68.000	20.388	13.846	69.250	20.913	14.264	70.500	21.438	14.688
68.025	20.398	13.854	69.275	20.923	14.272	70.525	21.448	14.696
68.050	20.409	13.862	69.300	20.934	14.282	70.550	21.459	14.704
68.075	20.419	13.870	69.325	20.944	14.290	70.575	21.469	14.712
68.100	20.430	13.880	69.350	20.955	14.298	70.600	21.480	14.722
68.125	20.440	13.888	69.375	20.965	14.306	70.625	21.490	14.730
68.150	20.451	13.896	69.400	20.976	14.316	70.650	21.501	14.738
68.175	20.461	13.904	69.425	20.986	14.324	70.675	21.511	14.746
68.200	20.472	13.912	69.450	20.997	14.332	70.700	21.522	14.756
68.225	20.482	13.920	69.475	21.007	14.340	70.725	21.532	14.764
68.250	20.493	13.930	69.500	21.018	14.348	70.750	21.543	14.772
68.275	20.503	13.938	69.525	21.028	14.358	70.775	21.553	14.780
68.300	20.514	13.946	69.550	21.039	14.366	70.800	21.564	14.790
68.325	20.524	13.954	69.575	21.049	14.374	70.825	21.574	14.798
68.350	20.535	13.962	69.600	21.060	14.382	70.850	21.585	14.806
68.375	20.545	13.970	69.625	21.070	14.390	70.875	21.595	14.814
68.400	20.556	13.980	69.650	21.081	14.400	70.900	21.606	14.824
68.425	20.566	13.988	69.675	21.091	14.408	70.925	21.616	14.832
68.450	20.577	13.996	69.700	21.102	14.416	70.950	21.627	14.840
68.475	20.587	14.004	69.725	21.112	14.424	70.975	21.637	14.848
68.500	20.598	14.014	69.750	21.123	14.434	71.000	21.648	14.858
68.525	20.608	14.022	69.775	21.133	14.442	71.025	21.658	14.866
68.550	20.619	14.030	69.800	21.144	14.450	71.050	21.669	14.874
68.575	20.629	14.038	69.825	21.154	14.458	71.075	21.679	14.882
68.600	20.640	14.046	69.850	21.165	14.468	71.100	21.690	14.892
68.625	20.650	14.054	69.875	21.175	14.476	71.125	21.700	14.900

zu versteuerndes Einkommen €	Einkommensteuer Grundtabelle €	Einkommensteuer Splittingtabelle €	zu versteuerndes Einkommen €	Einkommensteuer Grundtabelle €	Einkommensteuer Splittingtabelle €	zu versteuerndes Einkommen €	Einkommensteuer Grundtabelle €	Einkommensteuer Splittingtabelle €
71.150	21.711	14.908	72.400	22.236	15.336	73.650	22.761	15.768
71.175	21.721	14.916	72.425	22.246	15.344	73.675	22.771	15.776
71.200	21.732	14.926	72.450	22.257	15.354	73.700	22.782	15.784
71.225	21.742	14.934	72.475	22.267	15.362	73.725	22.792	15.794
71.250	21.753	14.942	72.500	22.278	15.370	73.750	22.803	15.802
71.275	21.763	14.950	72.525	22.288	15.378	73.775	22.813	15.810
71.300	21.774	14.960	72.550	22.299	15.388	73.800	22.824	15.820
71.325	21.784	14.968	72.575	22.309	15.396	73.825	22.834	15.828
71.350	21.795	14.976	72.600	22.320	15.404	73.850	22.845	15.836
71.375	21.805	14.984	72.625	22.330	15.414	73.875	22.855	15.846
71.400	21.816	14.994	72.650	22.341	15.422	73.900	22.866	15.854
71.425	21.826	15.002	72.675	22.351	15.430	73.925	22.876	15.862
71.450	21.837	15.010	72.700	22.362	15.440	73.950	22.887	15.872
71.475	21.847	15.018	72.725	22.372	15.448	73.975	22.897	15.880
71.500	21.858	15.028	72.750	22.383	15.456	74.000	22.908	15.888
71.525	21.868	15.036	72.775	22.393	15.464	74.025	22.918	15.898
71.550	21.879	15.044	72.800	22.404	15.474	74.050	22.929	15.906
71.575	21.889	15.052	72.825	22.414	15.482	74.075	22.939	15.914
71.600	21.900	15.062	72.850	22.425	15.490	74.100	22.950	15.924
71.625	21.910	15.070	72.875	22.435	15.500	74.125	22.960	15.932
71.650	21.921	15.078	72.900	22.446	15.508	74.150	22.971	15.940
71.675	21.931	15.088	72.925	22.456	15.516	74.175	22.981	15.950
71.700	21.942	15.096	72.950	22.467	15.526	74.200	22.992	15.958
71.725	21.952	15.104	72.975	22.477	15.534	74.225	23.002	15.966
71.750	21.963	15.114	73.000	22.488	15.542	74.250	23.013	15.976
71.775	21.973	15.122	73.025	22.498	15.550	74.275	23.023	15.984
71.800	21.984	15.130	73.050	22.509	15.560	74.300	23.034	15.994
71.825	21.994	15.138	73.075	22.519	15.568	74.325	23.044	16.002
71.850	22.005	15.148	73.100	22.530	15.578	74.350	23.055	16.010
71.875	22.015	15.156	73.125	22.540	15.586	74.375	23.065	16.018
71.900	22.026	15.164	73.150	22.551	15.594	74.400	23.076	16.028
71.925	22.036	15.172	73.175	22.561	15.602	74.425	23.086	16.036
71.950	22.047	15.182	73.200	22.572	15.612	74.450	23.097	16.046
71.975	22.057	15.190	73.225	22.582	15.620	74.475	23.107	16.054
72.000	22.068	15.198	73.250	22.593	15.628	74.500	23.118	16.062
72.025	22.078	15.206	73.275	22.603	15.638	74.525	23.128	16.072
72.050	22.089	15.216	73.300	22.614	15.646	74.550	23.139	16.080
72.075	22.099	15.224	73.325	22.624	15.654	74.575	23.149	16.088
72.100	22.110	15.234	73.350	22.635	15.664	74.600	23.160	16.098
72.125	22.120	15.242	73.375	22.645	15.672	74.625	23.170	16.106
72.150	22.131	15.250	73.400	22.656	15.680	74.650	23.181	16.116
72.175	22.141	15.258	73.425	22.666	15.690	74.675	23.191	16.124
72.200	22.152	15.268	73.450	22.677	15.698	74.700	23.202	16.132
72.225	22.162	15.276	73.475	22.687	15.706	74.725	23.212	16.140
72.250	22.173	15.284	73.500	22.698	15.716	74.750	23.223	16.150
72.275	22.183	15.292	73.525	22.708	15.724	74.775	23.233	16.158
72.300	22.194	15.302	73.550	22.719	15.732	74.800	23.244	16.168
72.325	22.204	15.310	73.575	22.729	15.742	74.825	23.254	16.176
72.350	22.215	15.318	73.600	22.740	15.750	74.850	23.265	16.184
72.375	22.225	15.328	73.625	22.750	15.758	74.875	23.275	16.194

zu versteuerndes Einkommen €	Einkommensteuer Grundtabelle €	Einkommensteuer Splittingtabelle €	zu versteuerndes Einkommen €	Einkommensteuer Grundtabelle €	Einkommensteuer Splittingtabelle €	zu versteuerndes Einkommen €	Einkommensteuer Grundtabelle €	Einkommensteuer Splittingtabelle €
74.900	23.286	16.202	76.150	23.811	16.640	77.400	24.336	17.084
74.925	23.296	16.210	76.175	23.821	16.650	77.425	24.346	17.092
74.950	23.307	16.220	76.200	23.832	16.658	77.450	24.357	17.100
74.975	23.317	16.228	76.225	23.842	16.668	77.475	24.367	17.110
75.000	23.328	16.238	76.250	23.853	16.676	77.500	24.378	17.118
75.025	23.338	16.246	76.275	23.863	16.684	77.525	24.388	17.128
75.050	23.349	16.254	76.300	23.874	16.694	77.550	24.399	17.136
75.075	23.359	16.264	76.325	23.884	16.702	77.575	24.409	17.144
75.100	23.370	16.272	76.350	23.895	16.712	77.600	24.420	17.154
75.125	23.380	16.280	76.375	23.905	16.720	77.625	24.430	17.162
75.150	23.391	16.290	76.400	23.916	16.730	77.650	24.441	17.172
75.175	23.401	16.298	76.425	23.926	16.738	77.675	24.451	17.180
75.200	23.412	16.308	76.450	23.937	16.746	77.700	24.462	17.190
75.225	23.422	16.316	76.475	23.947	16.756	77.725	24.472	17.198
75.250	23.433	16.324	76.500	23.958	16.764	77.750	24.483	17.208
75.275	23.443	16.334	76.525	23.968	16.772	77.775	24.493	17.216
75.300	23.454	16.342	76.550	23.979	16.782	77.800	24.504	17.226
75.325	23.464	16.350	76.575	23.989	16.790	77.825	24.514	17.234
75.350	23.475	16.360	76.600	24.000	16.800	77.850	24.525	17.244
75.375	23.485	16.368	76.625	24.010	16.808	77.875	24.535	17.252
75.400	23.496	16.378	76.650	24.021	16.818	77.900	24.546	17.260
75.425	23.506	16.386	76.675	24.031	16.826	77.925	24.556	17.270
75.450	23.517	16.394	76.700	24.042	16.836	77.950	24.567	17.278
75.475	23.527	16.404	76.725	24.052	16.844	77.975	24.577	17.288
75.500	23.538	16.412	76.750	24.063	16.852	78.000	24.588	17.296
75.525	23.548	16.420	76.775	24.073	16.862	78.025	24.598	17.306
75.550	23.559	16.430	76.800	24.084	16.870	78.050	24.609	17.314
75.575	23.569	16.438	76.825	24.094	16.878	78.075	24.619	17.322
75.600	23.580	16.448	76.850	24.105	16.888	78.100	24.630	17.332
75.625	23.590	16.456	76.875	24.115	16.896	78.125	24.640	17.340
75.650	23.601	16.466	76.900	24.126	16.906	78.150	24.651	17.350
75.675	23.611	16.474	76.925	24.136	16.914	78.175	24.661	17.358
75.700	23.622	16.482	76.950	24.147	16.924	78.200	24.672	17.368
75.725	23.632	16.492	76.975	24.157	16.932	78.225	24.682	17.376
75.750	23.643	16.500	77.000	24.168	16.942	78.250	24.693	17.386
75.775	23.653	16.508	77.025	24.178	16.950	78.275	24.703	17.394
75.800	23.664	16.518	77.050	24.189	16.958	78.300	24.714	17.404
75.825	23.674	16.526	77.075	24.199	16.968	78.325	24.724	17.412
75.850	23.685	16.536	77.100	24.210	16.976	78.350	24.735	17.422
75.875	23.695	16.544	77.125	24.220	16.986	78.375	24.745	17.430
75.900	23.706	16.552	77.150	24.231	16.994	78.400	24.756	17.440
75.925	23.716	16.562	77.175	24.241	17.002	78.425	24.766	17.448
75.950	23.727	16.570	77.200	24.252	17.012	78.450	24.777	17.458
75.975	23.737	16.578	77.225	24.262	17.020	78.475	24.787	17.466
76.000	23.748	16.588	77.250	24.273	17.030	78.500	24.798	17.476
76.025	23.758	16.596	77.275	24.283	17.038	78.525	24.808	17.484
76.050	23.769	16.606	77.300	24.294	17.048	78.550	24.819	17.492
76.075	23.779	16.614	77.325	24.304	17.056	78.575	24.829	17.502
76.100	23.790	16.624	77.350	24.315	17.066	78.600	24.840	17.510
76.125	23.800	16.632	77.375	24.325	17.074	78.625	24.850	17.520

zu versteuerndes Einkommen	Einkommensteuer		zu versteuerndes Einkommen	Einkommensteuer		zu versteuerndes Einkommen	Einkommensteuer	
	Grundtabelle	Splittingtabelle		Grundtabelle	Splittingtabelle		Grundtabelle	Splittingtabelle
€	€	€	€	€	€	€	€	€
78.650	24.861	17.528	79.900	25.386	17.978	81.150	25.911	18.430
78.675	24.871	17.538	79.925	25.396	17.986	81.175	25.921	18.440
78.700	24.882	17.546	79.950	25.407	17.996	81.200	25.932	18.450
78.725	24.892	17.556	79.975	25.417	18.004	81.225	25.942	18.458
78.750	24.903	17.564	80.000	25.428	18.014	81.250	25.953	18.468
78.775	24.913	17.574	80.025	25.438	18.022	81.275	25.963	18.476
78.800	24.924	17.582	80.050	25.449	18.032	81.300	25.974	18.486
78.825	24.934	17.592	80.075	25.459	18.040	81.325	25.984	18.494
78.850	24.945	17.600	80.100	25.470	18.050	81.350	25.995	18.504
78.875	24.955	17.610	80.125	25.480	18.058	81.375	26.005	18.512
78.900	24.966	17.618	80.150	25.491	18.068	81.400	26.016	18.522
78.925	24.976	17.626	80.175	25.501	18.076	81.425	26.026	18.530
78.950	24.987	17.636	80.200	25.512	18.086	81.450	26.037	18.540
78.975	24.997	17.644	80.225	25.522	18.096	81.475	26.047	18.548
79.000	25.008	17.654	80.250	25.533	18.104	81.500	26.058	18.558
79.025	25.018	17.662	80.275	25.543	18.114	81.525	26.068	18.568
79.050	25.029	17.672	80.300	25.554	18.122	81.550	26.079	18.576
79.075	25.039	17.680	80.325	25.564	18.132	81.575	26.089	18.586
79.100	25.050	17.690	80.350	25.575	18.140	81.600	26.100	18.594
79.125	25.060	17.698	80.375	25.585	18.150	81.625	26.110	18.604
79.150	25.071	17.708	80.400	25.596	18.158	81.650	26.121	18.614
79.175	25.081	17.716	80.425	25.606	18.168	81.675	26.131	18.622
79.200	25.092	17.726	80.450	25.617	18.176	81.700	26.142	18.632
79.225	25.102	17.734	80.475	25.627	18.186	81.725	26.152	18.640
79.250	25.113	17.744	80.500	25.638	18.194	81.750	26.163	18.650
79.275	25.123	17.752	80.525	25.648	18.204	81.775	26.173	18.658
79.300	25.134	17.762	80.550	25.659	18.214	81.800	26.184	18.668
79.325	25.144	17.770	80.575	25.669	18.222	81.825	26.194	18.676
79.350	25.155	17.780	80.600	25.680	18.232	81.850	26.205	18.686
79.375	25.165	17.788	80.625	25.690	18.240	81.875	26.215	18.694
79.400	25.176	17.798	80.650	25.701	18.250	81.900	26.226	18.704
79.425	25.186	17.806	80.675	25.711	18.258	81.925	26.236	18.714
79.450	25.197	17.816	80.700	25.722	18.268	81.950	26.247	18.722
79.475	25.207	17.824	80.725	25.732	18.276	81.975	26.257	18.732
79.500	25.218	17.834	80.750	25.743	18.286	82.000	26.268	18.740
79.525	25.228	17.842	80.775	25.753	18.294	82.025	26.278	18.750
79.550	25.239	17.852	80.800	25.764	18.304	82.050	26.289	18.760
79.575	25.249	17.860	80.825	25.774	18.312	82.075	26.299	18.768
79.600	25.260	17.870	80.850	25.785	18.322	82.100	26.310	18.778
79.625	25.270	17.878	80.875	25.795	18.330	82.125	26.320	18.786
79.650	25.281	17.888	80.900	25.806	18.340	82.150	26.331	18.796
79.675	25.291	17.896	80.925	25.816	18.348	82.175	26.341	18.804
79.700	25.302	17.906	80.950	25.827	18.358	82.200	26.352	18.814
79.725	25.312	17.914	80.975	25.837	18.366	82.225	26.362	18.822
79.750	25.323	17.924	81.000	25.848	18.376	82.250	26.373	18.832
79.775	25.333	17.932	81.025	25.858	18.386	82.275	26.383	18.842
79.800	25.344	17.942	81.050	25.869	18.394	82.300	26.394	18.850
79.825	25.354	17.950	81.075	25.879	18.404	82.325	26.404	18.860
79.850	25.365	17.960	81.100	25.890	18.412	82.350	26.415	18.868
79.875	25.375	17.968	81.125	25.900	18.422	82.375	26.425	18.878

zu versteuerndes Einkommen	Einkommensteuer		zu versteuerndes Einkommen	Einkommensteuer		zu versteuerndes Einkommen	Einkommensteuer	
	Grundtabelle	Splittingtabelle		Grundtabelle	Splittingtabelle		Grundtabelle	Splittingtabelle
€	€	€	€	€	€	€	€	€
82.400	26.436	18.888	83.650	26.961	19.348	84.900	27.486	19.810
82.425	26.446	18.896	83.675	26.971	19.356	84.925	27.496	19.820
82.450	26.457	18.906	83.700	26.982	19.366	84.950	27.507	19.830
82.475	26.467	18.914	83.725	26.992	19.374	84.975	27.517	19.838
82.500	26.478	18.924	83.750	27.003	19.384	85.000	27.528	19.848
82.525	26.488	18.932	83.775	27.013	19.394	85.025	27.538	19.858
82.550	26.499	18.942	83.800	27.024	19.402	85.050	27.549	19.866
82.575	26.509	18.952	83.825	27.034	19.412	85.075	27.559	19.876
82.600	26.520	18.960	83.850	27.045	19.422	85.100	27.570	19.886
82.625	26.530	18.970	83.875	27.055	19.430	85.125	27.580	19.894
82.650	26.541	18.980	83.900	27.066	19.440	85.150	27.591	19.904
82.675	26.551	18.988	83.925	27.076	19.448	85.175	27.601	19.912
82.700	26.562	18.998	83.950	27.087	19.458	85.200	27.612	19.922
82.725	26.572	19.006	83.975	27.097	19.468	85.225	27.622	19.932
82.750	26.583	19.016	84.000	27.108	19.476	85.250	27.633	19.942
82.775	26.593	19.024	84.025	27.118	19.486	85.275	27.643	19.950
82.800	26.604	19.034	84.050	27.129	19.496	85.300	27.654	19.960
82.825	26.614	19.042	84.075	27.139	19.504	85.325	27.664	19.968
82.850	26.625	19.052	84.100	27.150	19.514	85.350	27.675	19.978
82.875	26.635	19.062	84.125	27.160	19.522	85.375	27.685	19.988
82.900	26.646	19.070	84.150	27.171	19.532	85.400	27.696	19.998
82.925	26.656	19.080	84.175	27.181	19.542	85.425	27.706	20.006
82.950	26.667	19.090	84.200	27.192	19.550	85.450	27.717	20.016
82.975	26.677	19.098	84.225	27.202	19.560	85.475	27.727	20.024
83.000	26.688	19.108	84.250	27.213	19.570	85.500	27.738	20.034
83.025	26.698	19.116	84.275	27.223	19.578	85.525	27.748	20.044
83.050	26.709	19.126	84.300	27.234	19.588	85.550	27.759	20.054
83.075	26.719	19.134	84.325	27.244	19.596	85.575	27.769	20.062
83.100	26.730	19.144	84.350	27.255	19.606	85.600	27.780	20.072
83.125	26.740	19.154	84.375	27.265	19.616	85.625	27.790	20.080
83.150	26.751	19.162	84.400	27.276	19.626	85.650	27.801	20.090
83.175	26.761	19.172	84.425	27.286	19.634	85.675	27.811	20.100
83.200	26.772	19.182	84.450	27.297	19.644	85.700	27.822	20.110
83.225	26.782	19.190	84.475	27.307	19.652	85.725	27.832	20.118
83.250	26.793	19.200	84.500	27.318	19.662	85.750	27.843	20.128
83.275	26.803	19.208	84.525	27.328	19.672	85.775	27.853	20.138
83.300	26.814	19.218	84.550	27.339	19.680	85.800	27.864	20.146
83.325	26.824	19.226	84.575	27.349	19.690	85.825	27.874	20.156
83.350	26.835	19.236	84.600	27.360	19.700	85.850	27.885	20.166
83.375	26.845	19.246	84.625	27.370	19.708	85.875	27.895	20.174
83.400	26.856	19.256	84.650	27.381	19.718	85.900	27.906	20.184
83.425	26.866	19.264	84.675	27.391	19.726	85.925	27.916	20.194
83.450	26.877	19.274	84.700	27.402	19.736	85.950	27.927	20.204
83.475	26.887	19.282	84.725	27.412	19.746	85.975	27.937	20.212
83.500	26.898	19.292	84.750	27.423	19.756	86.000	27.948	20.222
83.525	26.908	19.300	84.775	27.433	19.764	86.025	27.958	20.230
83.550	26.919	19.310	84.800	27.444	19.774	86.050	27.969	20.240
83.575	26.929	19.320	84.825	27.454	19.782	86.075	27.979	20.250
83.600	26.940	19.328	84.850	27.465	19.792	86.100	27.990	20.260
83.625	26.950	19.338	84.875	27.475	19.802	86.125	28.000	20.268

zu versteuerndes Einkommen €	Einkommensteuer Grundtabelle €	Einkommensteuer Splittingtabelle €	zu versteuerndes Einkommen €	Einkommensteuer Grundtabelle €	Einkommensteuer Splittingtabelle €	zu versteuerndes Einkommen €	Einkommensteuer Grundtabelle €	Einkommensteuer Splittingtabelle €
86.150	28.011	20.278	87.400	28.536	20.748	88.650	29.061	21.224
86.175	28.021	20.288	87.425	28.546	20.758	88.675	29.071	21.232
86.200	28.032	20.296	87.450	28.557	20.768	88.700	29.082	21.242
86.225	28.042	20.306	87.475	28.567	20.776	88.725	29.092	21.252
86.250	28.053	20.316	87.500	28.578	20.786	88.750	29.103	21.262
86.275	28.063	20.324	87.525	28.588	20.796	88.775	29.113	21.270
86.300	28.074	20.334	87.550	28.599	20.806	88.800	29.124	21.280
86.325	28.084	20.344	87.575	28.609	20.814	88.825	29.134	21.290
86.350	28.095	20.354	87.600	28.620	20.824	88.850	29.145	21.300
86.375	28.105	20.362	87.625	28.630	20.834	88.875	29.155	21.308
86.400	28.116	20.372	87.650	28.641	20.844	88.900	29.166	21.318
86.425	28.126	20.380	87.675	28.651	20.852	88.925	29.176	21.328
86.450	28.137	20.390	87.700	28.662	20.862	88.950	29.187	21.338
86.475	28.147	20.400	87.725	28.672	20.872	88.975	29.197	21.346
86.500	28.158	20.410	87.750	28.683	20.882	89.000	29.208	21.356
86.525	28.168	20.418	87.775	28.693	20.890	89.025	29.218	21.366
86.550	28.179	20.428	87.800	28.704	20.900	89.050	29.229	21.376
86.575	28.189	20.438	87.825	28.714	20.910	89.075	29.239	21.384
86.600	28.200	20.448	87.850	28.725	20.920	89.100	29.250	21.394
86.625	28.210	20.456	87.875	28.735	20.928	89.125	29.260	21.404
86.650	28.221	20.466	87.900	28.746	20.938	89.150	29.271	21.414
86.675	28.231	20.474	87.925	28.756	20.948	89.175	29.281	21.422
86.700	28.242	20.484	87.950	28.767	20.956	89.200	29.292	21.432
86.725	28.252	20.494	87.975	28.777	20.966	89.225	29.302	21.442
86.750	28.263	20.504	88.000	28.788	20.976	89.250	29.313	21.452
86.775	28.273	20.512	88.025	28.798	20.986	89.275	29.323	21.462
86.800	28.284	20.522	88.050	28.809	20.994	89.300	29.334	21.472
86.825	28.294	20.532	88.075	28.819	21.004	89.325	29.344	21.480
86.850	28.305	20.542	88.100	28.830	21.014	89.350	29.355	21.490
86.875	28.315	20.550	88.125	28.840	21.022	89.375	29.365	21.500
86.900	28.326	20.560	88.150	28.851	21.032	89.400	29.376	21.510
86.925	28.336	20.570	88.175	28.861	21.042	89.425	29.386	21.518
86.950	28.347	20.578	88.200	28.872	21.052	89.450	29.397	21.528
86.975	28.357	20.588	88.225	28.882	21.060	89.475	29.407	21.538
87.000	28.368	20.598	88.250	28.893	21.070	89.500	29.418	21.548
87.025	28.378	20.606	88.275	28.903	21.080	89.525	29.428	21.556
87.050	28.389	20.616	88.300	28.914	21.090	89.550	29.439	21.566
87.075	28.399	20.626	88.325	28.924	21.098	89.575	29.449	21.576
87.100	28.410	20.636	88.350	28.935	21.108	89.600	29.460	21.586
87.125	28.420	20.644	88.375	28.945	21.118	89.625	29.470	21.596
87.150	28.431	20.654	88.400	28.956	21.128	89.650	29.481	21.606
87.175	28.441	20.664	88.425	28.966	21.136	89.675	29.491	21.614
87.200	28.452	20.674	88.450	28.977	21.146	89.700	29.502	21.624
87.225	28.462	20.682	88.475	28.987	21.156	89.725	29.512	21.634
87.250	28.473	20.692	88.500	28.998	21.166	89.750	29.523	21.644
87.275	28.483	20.702	88.525	29.008	21.176	89.775	29.533	21.652
87.300	28.494	20.710	88.550	29.019	21.184	89.800	29.544	21.662
87.325	28.504	20.720	88.575	29.029	21.194	89.825	29.554	21.672
87.350	28.515	20.730	88.600	29.040	21.204	89.850	29.565	21.682
87.375	28.525	20.738	88.625	29.050	21.214	89.875	29.575	21.690

zu versteuerndes Einkommen €	Einkommensteuer Grundtabelle €	Einkommensteuer Splittingtabelle €	zu versteuerndes Einkommen €	Einkommensteuer Grundtabelle €	Einkommensteuer Splittingtabelle €	zu versteuerndes Einkommen €	Einkommensteuer Grundtabelle €	Einkommensteuer Splittingtabelle €
89.900	29.586	21.700	91.150	30.111	22.182	92.400	30.636	22.668
89.925	29.596	21.710	91.175	30.121	22.192	92.425	30.646	22.676
89.950	29.607	21.720	91.200	30.132	22.202	92.450	30.657	22.686
89.975	29.617	21.730	91.225	30.142	22.210	92.475	30.667	22.696
90.000	29.628	21.740	91.250	30.153	22.220	92.500	30.678	22.706
90.025	29.638	21.748	91.275	30.163	22.230	92.525	30.688	22.716
90.050	29.649	21.758	91.300	30.174	22.240	92.550	30.699	22.726
90.075	29.659	21.768	91.325	30.184	22.250	92.575	30.709	22.736
90.100	29.670	21.778	91.350	30.195	22.260	92.600	30.720	22.746
90.125	29.680	21.786	91.375	30.205	22.268	92.625	30.730	22.754
90.150	29.691	21.796	91.400	30.216	22.280	92.650	30.741	22.764
90.175	29.701	21.806	91.425	30.226	22.288	92.675	30.751	22.774
90.200	29.712	21.816	91.450	30.237	22.298	92.700	30.762	22.784
90.225	29.722	21.826	91.475	30.247	22.308	92.725	30.772	22.794
90.250	29.733	21.836	91.500	30.258	22.318	92.750	30.783	22.804
90.275	29.743	21.844	91.525	30.268	22.328	92.775	30.793	22.814
90.300	29.754	21.854	91.550	30.279	22.338	92.800	30.804	22.824
90.325	29.764	21.864	91.575	30.289	22.346	92.825	30.814	22.832
90.350	29.775	21.874	91.600	30.300	22.356	92.850	30.825	22.842
90.375	29.785	21.884	91.625	30.310	22.366	92.875	30.835	22.852
90.400	29.796	21.894	91.650	30.321	22.376	92.900	30.846	22.862
90.425	29.806	21.902	91.675	30.331	22.386	92.925	30.856	22.872
90.450	29.817	21.912	91.700	30.342	22.396	92.950	30.867	22.882
90.475	29.827	21.922	91.725	30.352	22.404	92.975	30.877	22.892
90.500	29.838	21.932	91.750	30.363	22.414	93.000	30.888	22.902
90.525	29.848	21.940	91.775	30.373	22.424	93.025	30.898	22.910
90.550	29.859	21.950	91.800	30.384	22.434	93.050	30.909	22.920
90.575	29.869	21.960	91.825	30.394	22.444	93.075	30.919	22.930
90.600	29.880	21.970	91.850	30.405	22.454	93.100	30.930	22.940
90.625	29.890	21.980	91.875	30.415	22.462	93.125	30.940	22.950
90.650	29.901	21.990	91.900	30.426	22.472	93.150	30.951	22.960
90.675	29.911	21.998	91.925	30.436	22.482	93.175	30.961	22.970
90.700	29.922	22.008	91.950	30.447	22.492	93.200	30.972	22.980
90.725	29.932	22.018	91.975	30.457	22.502	93.225	30.982	22.988
90.750	29.943	22.028	92.000	30.468	22.512	93.250	30.993	23.000
90.775	29.953	22.038	92.025	30.478	22.522	93.275	31.003	23.008
90.800	29.964	22.048	92.050	30.489	22.532	93.300	31.014	23.018
90.825	29.974	22.056	92.075	30.499	22.540	93.325	31.024	23.028
90.850	29.985	22.066	92.100	30.510	22.550	93.350	31.035	23.038
90.875	29.995	22.076	92.125	30.520	22.560	93.375	31.045	23.048
90.900	30.006	22.086	92.150	30.531	22.570	93.400	31.056	23.058
90.925	30.016	22.094	92.175	30.541	22.580	93.425	31.066	23.068
90.950	30.027	22.106	92.200	30.552	22.590	93.450	31.077	23.078
90.975	30.037	22.114	92.225	30.562	22.598	93.475	31.087	23.086
91.000	30.048	22.124	92.250	30.573	22.608	93.500	31.098	23.098
91.025	30.058	22.134	92.275	30.583	22.618	93.525	31.108	23.106
91.050	30.069	22.144	92.300	30.594	22.628	93.550	31.119	23.116
91.075	30.079	22.152	92.325	30.604	22.638	93.575	31.129	23.126
91.100	30.090	22.162	92.350	30.615	22.648	93.600	31.140	23.136
91.125	30.100	22.172	92.375	30.625	22.658	93.625	31.150	23.146

zu versteuerndes Einkommen €	Einkommensteuer Grundtabelle €	Einkommensteuer Splittingtabelle €	zu versteuerndes Einkommen €	Einkommensteuer Grundtabelle €	Einkommensteuer Splittingtabelle €	zu versteuerndes Einkommen €	Einkommensteuer Grundtabelle €	Einkommensteuer Splittingtabelle €
93.650	31.161	23.156	94.900	31.686	23.648	96.150	32.211	24.144
93.675	31.171	23.166	94.925	31.696	23.658	96.175	32.221	24.154
93.700	31.182	23.176	94.950	31.707	23.668	96.200	32.232	24.164
93.725	31.192	23.184	94.975	31.717	23.678	96.225	32.242	24.174
93.750	31.203	23.196	95.000	31.728	23.688	96.250	32.253	24.184
93.775	31.213	23.204	95.025	31.738	23.698	96.275	32.263	24.194
93.800	31.224	23.214	95.050	31.749	23.708	96.300	32.274	24.204
93.825	31.234	23.224	95.075	31.759	23.716	96.325	32.284	24.214
93.850	31.245	23.234	95.100	31.770	23.728	96.350	32.295	24.224
93.875	31.255	23.244	95.125	31.780	23.736	96.375	32.305	24.232
93.900	31.266	23.254	95.150	31.791	23.746	96.400	32.316	24.244
93.925	31.276	23.264	95.175	31.801	23.756	96.425	32.326	24.252
93.950	31.287	23.274	95.200	31.812	23.766	96.450	32.337	24.264
93.975	31.297	23.284	95.225	31.822	23.776	96.475	32.347	24.272
94.000	31.308	23.294	95.250	31.833	23.786	96.500	32.358	24.284
94.025	31.318	23.302	95.275	31.843	23.796	96.525	32.368	24.292
94.050	31.329	23.312	95.300	31.854	23.806	96.550	32.379	24.304
94.075	31.339	23.322	95.325	31.864	23.816	96.575	32.389	24.312
94.100	31.350	23.332	95.350	31.875	23.826	96.600	32.400	24.324
94.125	31.360	23.342	95.375	31.885	23.836	96.625	32.410	24.332
94.150	31.371	23.352	95.400	31.896	23.846	96.650	32.421	24.344
94.175	31.381	23.362	95.425	31.906	23.856	96.675	32.431	24.352
94.200	31.392	23.372	95.450	31.917	23.866	96.700	32.442	24.364
94.225	31.402	23.382	95.475	31.927	23.876	96.725	32.452	24.372
94.250	31.413	23.392	95.500	31.938	23.886	96.750	32.463	24.384
94.275	31.423	23.402	95.525	31.948	23.896	96.775	32.473	24.392
94.300	31.434	23.412	95.550	31.959	23.906	96.800	32.484	24.402
94.325	31.444	23.420	95.575	31.969	23.914	96.825	32.494	24.412
94.350	31.455	23.432	95.600	31.980	23.926	96.850	32.505	24.422
94.375	31.465	23.440	95.625	31.990	23.934	96.875	32.515	24.432
94.400	31.476	23.450	95.650	32.001	23.946	96.900	32.526	24.442
94.425	31.486	23.460	95.675	32.011	23.954	96.925	32.536	24.452
94.450	31.497	23.470	95.700	32.022	23.964	96.950	32.547	24.462
94.475	31.507	23.480	95.725	32.032	23.974	96.975	32.557	24.472
94.500	31.518	23.490	95.750	32.043	23.984	97.000	32.568	24.482
94.525	31.528	23.500	95.775	32.053	23.994	97.025	32.578	24.492
94.550	31.539	23.510	95.800	32.064	24.004	97.050	32.589	24.502
94.575	31.549	23.520	95.825	32.074	24.014	97.075	32.599	24.512
94.600	31.560	23.530	95.850	32.085	24.024	97.100	32.610	24.522
94.625	31.570	23.540	95.875	32.095	24.034	97.125	32.620	24.532
94.650	31.581	23.550	95.900	32.106	24.044	97.150	32.631	24.542
94.675	31.591	23.558	95.925	32.116	24.054	97.175	32.641	24.552
94.700	31.602	23.570	95.950	32.127	24.064	97.200	32.652	24.562
94.725	31.612	23.578	95.975	32.137	24.074	97.225	32.662	24.572
94.750	31.623	23.588	96.000	32.148	24.084	97.250	32.673	24.582
94.775	31.633	23.598	96.025	32.158	24.094	97.275	32.683	24.592
94.800	31.644	23.608	96.050	32.169	24.104	97.300	32.694	24.604
94.825	31.654	23.618	96.075	32.179	24.114	97.325	32.704	24.612
94.850	31.665	23.628	96.100	32.190	24.124	97.350	32.715	24.624
94.875	31.675	23.638	96.125	32.200	24.134	97.375	32.725	24.632

zu versteuerndes Einkommen	Einkommensteuer		zu versteuerndes Einkommen	Einkommensteuer		zu versteuerndes Einkommen	Einkommensteuer	
	Grundtabelle	Splittingtabelle		Grundtabelle	Splittingtabelle		Grundtabelle	Splittingtabelle
€	€	€	€	€	€	€	€	€
97.400	32.736	24.644	98.650	33.261	25.146	99.900	33.786	25.652
97.425	32.746	24.652	98.675	33.271	25.156	99.925	33.796	25.662
97.450	32.757	24.664	98.700	33.282	25.166	99.950	33.807	25.672
97.475	32.767	24.672	98.725	33.292	25.176	99.975	33.817	25.682
97.500	32.778	24.684	98.750	33.303	25.186	100.000	33.828	25.694
97.525	32.788	24.692	98.775	33.313	25.196	100.025	33.838	25.702
97.550	32.799	24.704	98.800	33.324	25.206	100.050	33.849	25.714
97.575	32.809	24.712	98.825	33.334	25.216	100.075	33.859	25.724
97.600	32.820	24.724	98.850	33.345	25.226	100.100	33.870	25.734
97.625	32.830	24.732	98.875	33.355	25.236	100.125	33.880	25.744
97.650	32.841	24.744	98.900	33.366	25.246	100.150	33.891	25.754
97.675	32.851	24.754	98.925	33.376	25.256	100.175	33.901	25.764
97.700	32.862	24.764	98.950	33.387	25.268	100.200	33.912	25.774
97.725	32.872	24.774	98.975	33.397	25.276	100.225	33.922	25.784
97.750	32.883	24.784	99.000	33.408	25.288	100.250	33.933	25.794
97.775	32.893	24.794	99.025	33.418	25.298	100.275	33.943	25.804
97.800	32.904	24.804	99.050	33.429	25.308	100.300	33.954	25.816
97.825	32.914	24.814	99.075	33.439	25.318	100.325	33.964	25.826
97.850	32.925	24.824	99.100	33.450	25.328	100.350	33.975	25.836
97.875	32.935	24.834	99.125	33.460	25.338	100.375	33.985	25.846
97.900	32.946	24.844	99.150	33.471	25.348	100.400	33.996	25.856
97.925	32.956	24.854	99.175	33.481	25.358	100.425	34.006	25.866
97.950	32.967	24.864	99.200	33.492	25.368	100.450	34.017	25.876
97.975	32.977	24.874	99.225	33.502	25.378	100.475	34.027	25.886
98.000	32.988	24.884	99.250	33.513	25.388	100.500	34.038	25.896
98.025	32.998	24.894	99.275	33.523	25.398	100.525	34.048	25.906
98.050	33.009	24.904	99.300	33.534	25.408	100.550	34.059	25.918
98.075	33.019	24.914	99.325	33.544	25.418	100.575	34.069	25.926
98.100	33.030	24.924	99.350	33.555	25.430	100.600	34.080	25.938
98.125	33.040	24.934	99.375	33.565	25.438	100.625	34.090	25.948
98.150	33.051	24.944	99.400	33.576	25.450	100.650	34.101	25.958
98.175	33.061	24.954	99.425	33.586	25.460	100.675	34.111	25.968
98.200	33.072	24.964	99.450	33.597	25.470	100.700	34.122	25.978
98.225	33.082	24.974	99.475	33.607	25.480	100.725	34.132	25.988
98.250	33.093	24.984	99.500	33.618	25.490	100.750	34.143	25.998
98.275	33.103	24.994	99.525	33.628	25.500	100.775	34.153	26.008
98.300	33.114	25.004	99.550	33.639	25.510	100.800	34.164	26.020
98.325	33.124	25.014	99.575	33.649	25.520	100.825	34.174	26.030
98.350	33.135	25.024	99.600	33.660	25.530	100.850	34.185	26.040
98.375	33.145	25.034	99.625	33.670	25.540	100.875	34.195	26.050
98.400	33.156	25.046	99.650	33.681	25.550	100.900	34.206	26.060
98.425	33.166	25.054	99.675	33.691	25.560	100.925	34.216	26.070
98.450	33.177	25.066	99.700	33.702	25.572	100.950	34.227	26.080
98.475	33.187	25.074	99.725	33.712	25.580	100.975	34.237	26.090
98.500	33.198	25.086	99.750	33.723	25.592	101.000	34.248	26.102
98.525	33.208	25.096	99.775	33.733	25.602	101.025	34.258	26.110
98.550	33.219	25.106	99.800	33.744	25.612	101.050	34.269	26.122
98.575	33.229	25.116	99.825	33.754	25.622	101.075	34.279	26.132
98.600	33.240	25.126	99.850	33.765	25.632	101.100	34.290	26.142
98.625	33.250	25.136	99.875	33.775	25.642	101.125	34.300	26.152

zu versteuerndes Einkommen €	Einkommensteuer Grundtabelle €	Einkommensteuer Splittingtabelle €	zu versteuerndes Einkommen €	Einkommensteuer Grundtabelle €	Einkommensteuer Splittingtabelle €	zu versteuerndes Einkommen €	Einkommensteuer Grundtabelle €	Einkommensteuer Splittingtabelle €
101.150	34.311	26.162	102.400	34.836	26.676	103.650	35.361	27.194
101.175	34.321	26.172	102.425	34.846	26.686	103.675	35.371	27.204
101.200	34.332	26.182	102.450	34.857	26.696	103.700	35.382	27.214
101.225	34.342	26.192	102.475	34.867	26.706	103.725	35.392	27.224
101.250	34.353	26.204	102.500	34.878	26.718	103.750	35.403	27.234
101.275	34.363	26.214	102.525	34.888	26.728	103.775	35.413	27.244
101.300	34.374	26.224	102.550	34.899	26.738	103.800	35.424	27.256
101.325	34.384	26.234	102.575	34.909	26.748	103.825	35.434	27.266
101.350	34.395	26.244	102.600	34.920	26.758	103.850	35.445	27.276
101.375	34.405	26.254	102.625	34.930	26.768	103.875	35.455	27.286
101.400	34.416	26.264	102.650	34.941	26.780	103.900	35.466	27.298
101.425	34.426	26.274	102.675	34.951	26.790	103.925	35.476	27.308
101.450	34.437	26.286	102.700	34.962	26.800	103.950	35.487	27.318
101.475	34.447	26.296	102.725	34.972	26.810	103.975	35.497	27.328
101.500	34.458	26.306	102.750	34.983	26.820	104.000	35.508	27.338
101.525	34.468	26.316	102.775	34.993	26.830	104.025	35.518	27.348
101.550	34.479	26.326	102.800	35.004	26.842	104.050	35.529	27.360
101.575	34.489	26.336	102.825	35.014	26.852	104.075	35.539	27.370
101.600	34.500	26.346	102.850	35.025	26.862	104.100	35.550	27.380
101.625	34.510	26.356	102.875	35.035	26.872	104.125	35.560	27.390
101.650	34.521	26.368	102.900	35.046	26.882	104.150	35.571	27.402
101.675	34.531	26.378	102.925	35.056	26.892	104.175	35.581	27.412
101.700	34.542	26.388	102.950	35.067	26.904	104.200	35.592	27.422
101.725	34.552	26.398	102.975	35.077	26.914	104.225	35.602	27.432
101.750	34.563	26.408	103.000	35.088	26.924	104.250	35.613	27.442
101.775	34.573	26.418	103.025	35.098	26.934	104.275	35.623	27.452
101.800	34.584	26.430	103.050	35.109	26.944	104.300	35.634	27.464
101.825	34.594	26.438	103.075	35.119	26.954	104.325	35.644	27.474
101.850	34.605	26.450	103.100	35.130	26.966	104.350	35.655	27.484
101.875	34.615	26.460	103.125	35.140	26.976	104.375	35.665	27.494
101.900	34.626	26.470	103.150	35.151	26.986	104.400	35.676	27.506
101.925	34.636	26.480	103.175	35.161	26.996	104.425	35.686	27.516
101.950	34.647	26.490	103.200	35.172	27.006	104.450	35.697	27.526
101.975	34.657	26.500	103.225	35.182	27.016	104.475	35.707	27.536
102.000	34.668	26.512	103.250	35.193	27.028	104.500	35.718	27.546
102.025	34.678	26.522	103.275	35.203	27.038	104.525	35.728	27.556
102.050	34.689	26.532	103.300	35.214	27.048	104.550	35.739	27.568
102.075	34.699	26.542	103.325	35.224	27.058	104.575	35.749	27.578
102.100	34.710	26.552	103.350	35.235	27.068	104.600	35.760	27.588
102.125	34.720	26.562	103.375	35.245	27.078	104.625	35.770	27.598
102.150	34.731	26.574	103.400	35.256	27.090	104.650	35.781	27.610
102.175	34.741	26.582	103.425	35.266	27.100	104.675	35.791	27.620
102.200	34.752	26.594	103.450	35.277	27.110	104.700	35.802	27.630
102.225	34.762	26.604	103.475	35.287	27.120	104.725	35.812	27.640
102.250	34.773	26.614	103.500	35.298	27.130	104.750	35.823	27.652
102.275	34.783	26.624	103.525	35.308	27.140	104.775	35.833	27.662
102.300	34.794	26.634	103.550	35.319	27.152	104.800	35.844	27.672
102.325	34.804	26.644	103.575	35.329	27.162	104.825	35.854	27.682
102.350	34.815	26.656	103.600	35.340	27.172	104.850	35.865	27.694
102.375	34.825	26.666	103.625	35.350	27.182	104.875	35.875	27.704

zu versteuerndes Einkommen €	Einkommensteuer Grundtabelle €	Einkommensteuer Splittingtabelle €	zu versteuerndes Einkommen €	Einkommensteuer Grundtabelle €	Einkommensteuer Splittingtabelle €	zu versteuerndes Einkommen €	Einkommensteuer Grundtabelle €	Einkommensteuer Splittingtabelle €
104.900	35.886	27.714	106.150	36.411	28.238	107.400	36.936	28.764
104.925	35.896	27.724	106.175	36.421	28.248	107.425	36.946	28.774
104.950	35.907	27.734	106.200	36.432	28.260	107.450	36.957	28.784
104.975	35.917	27.744	106.225	36.442	28.270	107.475	36.967	28.794
105.000	35.928	27.756	106.250	36.453	28.280	107.500	36.978	28.806
105.025	35.938	27.766	106.275	36.463	28.290	107.525	36.988	28.816
105.050	35.949	27.776	106.300	36.474	28.302	107.550	36.999	28.826
105.075	35.959	27.786	106.325	36.484	28.312	107.575	37.009	28.836
105.100	35.970	27.798	106.350	36.495	28.322	107.600	37.020	28.848
105.125	35.980	27.808	106.375	36.505	28.332	107.625	37.030	28.858
105.150	35.991	27.818	106.400	36.516	28.344	107.650	37.041	28.868
105.175	36.001	27.828	106.425	36.526	28.354	107.675	37.051	28.878
105.200	36.012	27.840	106.450	36.537	28.364	107.700	37.062	28.890
105.225	36.022	27.850	106.475	36.547	28.374	107.725	37.072	28.900
105.250	36.033	27.860	106.500	36.558	28.386	107.750	37.083	28.910
105.275	36.043	27.870	106.525	36.568	28.396	107.775	37.093	28.920
105.300	36.054	27.882	106.550	36.579	28.406	107.800	37.104	28.932
105.325	36.064	27.892	106.575	36.589	28.416	107.825	37.114	28.942
105.350	36.075	27.902	106.600	36.600	28.428	107.850	37.125	28.952
105.375	36.085	27.912	106.625	36.610	28.438	107.875	37.135	28.962
105.400	36.096	27.924	106.650	36.621	28.448	107.900	37.146	28.974
105.425	36.106	27.934	106.675	36.631	28.458	107.925	37.156	28.984
105.450	36.117	27.944	106.700	36.642	28.470	107.950	37.167	28.994
105.475	36.127	27.954	106.725	36.652	28.480	107.975	37.177	29.004
105.500	36.138	27.966	106.750	36.663	28.490	108.000	37.188	29.016
105.525	36.148	27.976	106.775	36.673	28.500	108.025	37.198	29.026
105.550	36.159	27.986	106.800	36.684	28.512	108.050	37.209	29.036
105.575	36.169	27.996	106.825	36.694	28.522	108.075	37.219	29.046
105.600	36.180	28.008	106.850	36.705	28.532	108.100	37.230	29.058
105.625	36.190	28.018	106.875	36.715	28.542	108.125	37.240	29.068
105.650	36.201	28.028	106.900	36.726	28.554	108.150	37.251	29.078
105.675	36.211	28.038	106.925	36.736	28.564	108.175	37.261	29.088
105.700	36.222	28.050	106.950	36.747	28.574	108.200	37.272	29.100
105.725	36.232	28.060	106.975	36.757	28.584	108.225	37.282	29.110
105.750	36.243	28.070	107.000	36.768	28.596	108.250	37.293	29.120
105.775	36.253	28.080	107.025	36.778	28.606	108.275	37.303	29.130
105.800	36.264	28.092	107.050	36.789	28.616	108.300	37.314	29.142
105.825	36.274	28.102	107.075	36.799	28.626	108.325	37.324	29.152
105.850	36.285	28.112	107.100	36.810	28.638	108.350	37.335	29.162
105.875	36.295	28.122	107.125	36.820	28.648	108.375	37.345	29.172
105.900	36.306	28.134	107.150	36.831	28.658	108.400	37.356	29.184
105.925	36.316	28.144	107.175	36.841	28.668	108.425	37.366	29.194
105.950	36.327	28.154	107.200	36.852	28.680	108.450	37.377	29.204
105.975	36.337	28.164	107.225	36.862	28.690	108.475	37.387	29.214
106.000	36.348	28.176	107.250	36.873	28.700	108.500	37.398	29.226
106.025	36.358	28.186	107.275	36.883	28.710	108.525	37.408	29.236
106.050	36.369	28.196	107.300	36.894	28.722	108.550	37.419	29.246
106.075	36.379	28.206	107.325	36.904	28.732	108.575	37.429	29.256
106.100	36.390	28.218	107.350	36.915	28.742	108.600	37.440	29.268
106.125	36.400	28.228	107.375	36.925	28.752	108.625	37.450	29.278

zu versteuerndes Einkommen €	Einkommensteuer Grundtabelle €	Einkommensteuer Splittingtabelle €	zu versteuerndes Einkommen €	Einkommensteuer Grundtabelle €	Einkommensteuer Splittingtabelle €	zu versteuerndes Einkommen €	Einkommensteuer Grundtabelle €	Einkommensteuer Splittingtabelle €
108.650	37.461	29.288	109.900	37.986	29.814	111.150	38.511	30.338
108.675	37.471	29.298	109.925	37.996	29.824	111.175	38.521	30.348
108.700	37.482	29.310	109.950	38.007	29.834	111.200	38.532	30.360
108.725	37.492	29.320	109.975	38.017	29.844	111.225	38.542	30.370
108.750	37.503	29.330	110.000	38.028	29.856	111.250	38.553	30.380
108.775	37.513	29.340	110.025	38.038	29.866	111.275	38.563	30.390
108.800	37.524	29.352	110.050	38.049	29.876	111.300	38.574	30.402
108.825	37.534	29.362	110.075	38.059	29.886	111.325	38.584	30.412
108.850	37.545	29.372	110.100	38.070	29.898	111.350	38.595	30.422
108.875	37.555	29.382	110.125	38.080	29.908	111.375	38.605	30.432
108.900	37.566	29.394	110.150	38.091	29.918	111.400	38.616	30.444
108.925	37.576	29.404	110.175	38.101	29.928	111.425	38.626	30.454
108.950	37.587	29.414	110.200	38.112	29.940	111.450	38.637	30.464
108.975	37.597	29.424	110.225	38.122	29.950	111.475	38.647	30.474
109.000	37.608	29.436	110.250	38.133	29.960	111.500	38.658	30.486
109.025	37.618	29.446	110.275	38.143	29.970	111.525	38.668	30.496
109.050	37.629	29.456	110.300	38.154	29.982	111.550	38.679	30.506
109.075	37.639	29.466	110.325	38.164	29.992	111.575	38.689	30.516
109.100	37.650	29.478	110.350	38.175	30.002	111.600	38.700	30.528
109.125	37.660	29.488	110.375	38.185	30.012	111.625	38.710	30.538
109.150	37.671	29.498	110.400	38.196	30.024	111.650	38.721	30.548
109.175	37.681	29.508	110.425	38.206	30.034	111.675	38.731	30.558
109.200	37.692	29.520	110.450	38.217	30.044	111.700	38.742	30.570
109.225	37.702	29.530	110.475	38.227	30.054	111.725	38.752	30.580
109.250	37.713	29.540	110.500	38.238	30.066	111.750	38.763	30.590
109.275	37.723	29.550	110.525	38.248	30.076	111.775	38.773	30.600
109.300	37.734	29.562	110.550	38.259	30.086	111.800	38.784	30.612
109.325	37.744	29.572	110.575	38.269	30.096	111.825	38.794	30.622
109.350	37.755	29.582	110.600	38.280	30.108	111.850	38.805	30.632
109.375	37.765	29.592	110.625	38.290	30.118	111.875	38.815	30.642
109.400	37.776	29.604	110.650	38.301	30.128	111.900	38.826	30.654
109.425	37.786	29.614	110.675	38.311	30.138	111.925	38.836	30.664
109.450	37.797	29.624	110.700	38.322	30.150	111.950	38.847	30.674
109.475	37.807	29.634	110.725	38.332	30.160	111.975	38.857	30.684
109.500	37.818	29.646	110.750	38.343	30.170	112.000	38.868	30.696
109.525	37.828	29.656	110.775	38.353	30.180	112.025	38.878	30.706
109.550	37.839	29.666	110.800	38.364	30.192	112.050	38.889	30.716
109.575	37.849	29.676	110.825	38.374	30.202	112.075	38.899	30.726
109.600	37.860	29.688	110.850	38.385	30.212	112.100	38.910	30.738
109.625	37.870	29.698	110.875	38.395	30.222	112.125	38.920	30.748
109.650	37.881	29.708	110.900	38.406	30.234	112.150	38.931	30.758
109.675	37.891	29.718	110.925	38.416	30.244	112.175	38.941	30.768
109.700	37.902	29.730	110.950	38.427	30.254	112.200	38.952	30.780
109.725	37.912	29.740	110.975	38.437	30.264	112.225	38.962	30.790
109.750	37.923	29.750	111.000	38.448	30.276	112.250	38.973	30.800
109.775	37.933	29.760	111.025	38.458	30.286	112.275	38.983	30.810
109.800	37.944	29.772	111.050	38.469	30.296	112.300	38.994	30.822
109.825	37.954	29.782	111.075	38.479	30.306	112.325	39.004	30.832
109.850	37.965	29.792	111.100	38.490	30.318	112.350	39.015	30.842
109.875	37.975	29.802	111.125	38.500	30.328	112.375	39.025	30.852

zu versteuerndes Einkommen €	Einkommensteuer Grundtabelle €	Einkommensteuer Splittingtabelle €	zu versteuerndes Einkommen €	Einkommensteuer Grundtabelle €	Einkommensteuer Splittingtabelle €	zu versteuerndes Einkommen €	Einkommensteuer Grundtabelle €	Einkommensteuer Splittingtabelle €
112.400	39.036	30.864	113.650	39.561	31.388	114.900	40.086	31.914
112.425	39.046	30.874	113.675	39.571	31.398	114.925	40.096	31.924
112.450	39.057	30.884	113.700	39.582	31.410	114.950	40.107	31.934
112.475	39.067	30.894	113.725	39.592	31.420	114.975	40.117	31.944
112.500	39.078	30.906	113.750	39.603	31.430	115.000	40.128	31.956
112.525	39.088	30.916	113.775	39.613	31.440	115.025	40.138	31.966
112.550	39.099	30.926	113.800	39.624	31.452	115.050	40.149	31.976
112.575	39.109	30.936	113.825	39.634	31.462	115.075	40.159	31.986
112.600	39.120	30.948	113.850	39.645	31.472	115.100	40.170	31.998
112.625	39.130	30.958	113.875	39.655	31.482	115.125	40.180	32.008
112.650	39.141	30.968	113.900	39.666	31.494	115.150	40.191	32.018
112.675	39.151	30.978	113.925	39.676	31.504	115.175	40.201	32.028
112.700	39.162	30.990	113.950	39.687	31.514	115.200	40.212	32.040
112.725	39.172	31.000	113.975	39.697	31.524	115.225	40.222	32.050
112.750	39.183	31.010	114.000	39.708	31.536	115.250	40.233	32.060
112.775	39.193	31.020	114.025	39.718	31.546	115.275	40.243	32.070
112.800	39.204	31.032	114.050	39.729	31.556	115.300	40.254	32.082
112.825	39.214	31.042	114.075	39.739	31.566	115.325	40.264	32.092
112.850	39.225	31.052	114.100	39.750	31.578	115.350	40.275	32.102
112.875	39.235	31.062	114.125	39.760	31.588	115.375	40.285	32.112
112.900	39.246	31.074	114.150	39.771	31.598	115.400	40.296	32.124
112.925	39.256	31.084	114.175	39.781	31.608	115.425	40.306	32.134
112.950	39.267	31.094	114.200	39.792	31.620	115.450	40.317	32.144
112.975	39.277	31.104	114.225	39.802	31.630	115.475	40.327	32.154
113.000	39.288	31.116	114.250	39.813	31.640	115.500	40.338	32.166
113.025	39.298	31.126	114.275	39.823	31.650	115.525	40.348	32.176
113.050	39.309	31.136	114.300	39.834	31.662	115.550	40.359	32.186
113.075	39.319	31.146	114.325	39.844	31.672	115.575	40.369	32.196
113.100	39.330	31.158	114.350	39.855	31.682	115.600	40.380	32.208
113.125	39.340	31.168	114.375	39.865	31.692	115.625	40.390	32.218
113.150	39.351	31.178	114.400	39.876	31.704	115.650	40.401	32.228
113.175	39.361	31.188	114.425	39.886	31.714	115.675	40.411	32.238
113.200	39.372	31.200	114.450	39.897	31.724	115.700	40.422	32.250
113.225	39.382	31.210	114.475	39.907	31.734	115.725	40.432	32.260
113.250	39.393	31.220	114.500	39.918	31.746	115.750	40.443	32.270
113.275	39.403	31.230	114.525	39.928	31.756	115.775	40.453	32.280
113.300	39.414	31.242	114.550	39.939	31.766	115.800	40.464	32.292
113.325	39.424	31.252	114.575	39.949	31.776	115.825	40.474	32.302
113.350	39.435	31.262	114.600	39.960	31.788	115.850	40.485	32.312
113.375	39.445	31.272	114.625	39.970	31.798	115.875	40.495	32.322
113.400	39.456	31.284	114.650	39.981	31.808	115.900	40.506	32.334
113.425	39.466	31.294	114.675	39.991	31.818	115.925	40.516	32.344
113.450	39.477	31.304	114.700	40.002	31.830	115.950	40.527	32.354
113.475	39.487	31.314	114.725	40.012	31.840	115.975	40.537	32.364
113.500	39.498	31.326	114.750	40.023	31.850	116.000	40.548	32.376
113.525	39.508	31.336	114.775	40.033	31.860	116.025	40.558	32.386
113.550	39.519	31.346	114.800	40.044	31.872	116.050	40.569	32.396
113.575	39.529	31.356	114.825	40.054	31.882	116.075	40.579	32.406
113.600	39.540	31.368	114.850	40.065	31.892	116.100	40.590	32.418
113.625	39.550	31.378	114.875	40.075	31.902	116.125	40.600	32.428

zu versteuerndes Einkommen	Einkommensteuer		zu versteuerndes Einkommen	Einkommensteuer		zu versteuerndes Einkommen	Einkommensteuer	
	Grundtabelle	Splittingtabelle		Grundtabelle	Splittingtabelle		Grundtabelle	Splittingtabelle
€	€	€	€	€	€	€	€	€
116.150	40.611	32.438	117.400	41.136	32.964	118.650	41.661	33.488
116.175	40.621	32.448	117.425	41.146	32.974	118.675	41.671	33.498
116.200	40.632	32.460	117.450	41.157	32.984	118.700	41.682	33.510
116.225	40.642	32.470	117.475	41.167	32.994	118.725	41.692	33.520
116.250	40.653	32.480	117.500	41.178	33.006	118.750	41.703	33.530
116.275	40.663	32.490	117.525	41.188	33.016	118.775	41.713	33.540
116.300	40.674	32.502	117.550	41.199	33.026	118.800	41.724	33.552
116.325	40.684	32.512	117.575	41.209	33.036	118.825	41.734	33.562
116.350	40.695	32.522	117.600	41.220	33.048	118.850	41.745	33.572
116.375	40.705	32.532	117.625	41.230	33.058	118.875	41.755	33.582
116.400	40.716	32.544	117.650	41.241	33.068	118.900	41.766	33.594
116.425	40.726	32.554	117.675	41.251	33.078	118.925	41.776	33.604
116.450	40.737	32.564	117.700	41.262	33.090	118.950	41.787	33.614
116.475	40.747	32.574	117.725	41.272	33.100	118.975	41.797	33.624
116.500	40.758	32.586	117.750	41.283	33.110	119.000	41.808	33.636
116.525	40.768	32.596	117.775	41.293	33.120	119.025	41.818	33.646
116.550	40.779	32.606	117.800	41.304	33.132	119.050	41.829	33.656
116.575	40.789	32.616	117.825	41.314	33.142	119.075	41.839	33.666
116.600	40.800	32.628	117.850	41.325	33.152	119.100	41.850	33.678
116.625	40.810	32.638	117.875	41.335	33.162	119.125	41.860	33.688
116.650	40.821	32.648	117.900	41.346	33.174	119.150	41.871	33.698
116.675	40.831	32.658	117.925	41.356	33.184	119.175	41.881	33.708
116.700	40.842	32.670	117.950	41.367	33.194	119.200	41.892	33.720
116.725	40.852	32.680	117.975	41.377	33.204	119.225	41.902	33.730
116.750	40.863	32.690	118.000	41.388	33.216	119.250	41.913	33.740
116.775	40.873	32.700	118.025	41.398	33.226	119.275	41.923	33.750
116.800	40.884	32.712	118.050	41.409	33.236	119.300	41.934	33.762
116.825	40.894	32.722	118.075	41.419	33.246	119.325	41.944	33.772
116.850	40.905	32.732	118.100	41.430	33.258	119.350	41.955	33.782
116.875	40.915	32.742	118.125	41.440	33.268	119.375	41.965	33.792
116.900	40.926	32.754	118.150	41.451	33.278	119.400	41.976	33.804
116.925	40.936	32.764	118.175	41.461	33.288	119.425	41.986	33.814
116.950	40.947	32.774	118.200	41.472	33.300	119.450	41.997	33.824
116.975	40.957	32.784	118.225	41.482	33.310	119.475	42.007	33.834
117.000	40.968	32.796	118.250	41.493	33.320	119.500	42.018	33.846
117.025	40.978	32.806	118.275	41.503	33.330	119.525	42.028	33.856
117.050	40.989	32.816	118.300	41.514	33.342	119.550	42.039	33.866
117.075	40.999	32.826	118.325	41.524	33.352	119.575	42.049	33.876
117.100	41.010	32.838	118.350	41.535	33.362	119.600	42.060	33.888
117.125	41.020	32.848	118.375	41.545	33.372	119.625	42.070	33.898
117.150	41.031	32.858	118.400	41.556	33.384	119.650	42.081	33.908
117.175	41.041	32.868	118.425	41.566	33.394	119.675	42.091	33.918
117.200	41.052	32.880	118.450	41.577	33.404	119.700	42.102	33.930
117.225	41.062	32.890	118.475	41.587	33.414	119.725	42.112	33.940
117.250	41.073	32.900	118.500	41.598	33.426	119.750	42.123	33.950
117.275	41.083	32.910	118.525	41.608	33.436	119.775	42.133	33.960
117.300	41.094	32.922	118.550	41.619	33.446	119.800	42.144	33.972
117.325	41.104	32.932	118.575	41.629	33.456	119.825	42.154	33.982
117.350	41.115	32.942	118.600	41.640	33.468	119.850	42.165	33.992
117.375	41.125	32.952	118.625	41.650	33.478	119.875	42.175	34.002

zu versteuerndes Einkommen €	Einkommensteuer Grundtabelle €	Einkommensteuer Splittingtabelle €	zu versteuerndes Einkommen €	Einkommensteuer Grundtabelle €	Einkommensteuer Splittingtabelle €	zu versteuerndes Einkommen €	Einkommensteuer Grundtabelle €	Einkommensteuer Splittingtabelle €
119.900	42.186	34.014	121.150	42.711	34.538	122.400	43.236	35.064
119.925	42.196	34.024	121.175	42.721	34.548	122.425	43.246	35.074
119.950	42.207	34.034	121.200	42.732	34.560	122.450	43.257	35.084
119.975	42.217	34.044	121.225	42.742	34.570	122.475	43.267	35.094
120.000	42.228	34.056	121.250	42.753	34.580	122.500	43.278	35.106
120.025	42.238	34.066	121.275	42.763	34.590	122.525	43.288	35.116
120.050	42.249	34.076	121.300	42.774	34.602	122.550	43.299	35.126
120.075	42.259	34.086	121.325	42.784	34.612	122.575	43.309	35.136
120.100	42.270	34.098	121.350	42.795	34.622	122.600	43.320	35.148
120.125	42.280	34.108	121.375	42.805	34.632	122.625	43.330	35.158
120.150	42.291	34.118	121.400	42.816	34.644	122.650	43.341	35.168
120.175	42.301	34.128	121.425	42.826	34.654	122.675	43.351	35.178
120.200	42.312	34.140	121.450	42.837	34.664	122.700	43.362	35.190
120.225	42.322	34.150	121.475	42.847	34.674	122.725	43.372	35.200
120.250	42.333	34.160	121.500	42.858	34.686	122.750	43.383	35.210
120.275	42.343	34.170	121.525	42.868	34.696	122.775	43.393	35.220
120.300	42.354	34.182	121.550	42.879	34.706	122.800	43.404	35.232
120.325	42.364	34.192	121.575	42.889	34.716	122.825	43.414	35.242
120.350	42.375	34.202	121.600	42.900	34.728	122.850	43.425	35.252
120.375	42.385	34.212	121.625	42.910	34.738	122.875	43.435	35.262
120.400	42.396	34.224	121.650	42.921	34.748	122.900	43.446	35.274
120.425	42.406	34.234	121.675	42.931	34.758	122.925	43.456	35.284
120.450	42.417	34.244	121.700	42.942	34.770	122.950	43.467	35.294
120.475	42.427	34.254	121.725	42.952	34.780	122.975	43.477	35.304
120.500	42.438	34.266	121.750	42.963	34.790	123.000	43.488	35.316
120.525	42.448	34.276	121.775	42.973	34.800	123.025	43.498	35.326
120.550	42.459	34.286	121.800	42.984	34.812	123.050	43.509	35.336
120.575	42.469	34.296	121.825	42.994	34.822	123.075	43.519	35.346
120.600	42.480	34.308	121.850	43.005	34.832	123.100	43.530	35.358
120.625	42.490	34.318	121.875	43.015	34.842	123.125	43.540	35.368
120.650	42.501	34.328	121.900	43.026	34.854	123.150	43.551	35.378
120.675	42.511	34.338	121.925	43.036	34.864	123.175	43.561	35.388
120.700	42.522	34.350	121.950	43.047	34.874	123.200	43.572	35.400
120.725	42.532	34.360	121.975	43.057	34.884	123.225	43.582	35.410
120.750	42.543	34.370	122.000	43.068	34.896	123.250	43.593	35.420
120.775	42.553	34.380	122.025	43.078	34.906	123.275	43.603	35.430
120.800	42.564	34.392	122.050	43.089	34.916	123.300	43.614	35.442
120.825	42.574	34.402	122.075	43.099	34.926	123.325	43.624	35.452
120.850	42.585	34.412	122.100	43.110	34.938	123.350	43.635	35.462
120.875	42.595	34.422	122.125	43.120	34.948	123.375	43.645	35.472
120.900	42.606	34.434	122.150	43.131	34.958	123.400	43.656	35.484
120.925	42.616	34.444	122.175	43.141	34.968	123.425	43.666	35.494
120.950	42.627	34.454	122.200	43.152	34.980	123.450	43.677	35.504
120.975	42.637	34.464	122.225	43.162	34.990	123.475	43.687	35.514
121.000	42.648	34.476	122.250	43.173	35.000	123.500	43.698	35.526
121.025	42.658	34.486	122.275	43.183	35.010	123.525	43.708	35.536
121.050	42.669	34.496	122.300	43.194	35.022	123.550	43.719	35.546
121.075	42.679	34.506	122.325	43.204	35.032	123.575	43.729	35.556
121.100	42.690	34.518	122.350	43.215	35.042	123.600	43.740	35.568
121.125	42.700	34.528	122.375	43.225	35.052	123.625	43.750	35.578

zu versteuerndes Einkommen €	Einkommensteuer Grundtabelle €	Splittingtabelle €	zu versteuerndes Einkommen €	Einkommensteuer Grundtabelle €	Splittingtabelle €	zu versteuerndes Einkommen €	Einkommensteuer Grundtabelle €	Splittingtabelle €
123.650	43.761	35.588	124.900	44.286	36.114	126.150	44.811	36.638
123.675	43.771	35.598	124.925	44.296	36.124	126.175	44.821	36.648
123.700	43.782	35.610	124.950	44.307	36.134	126.200	44.832	36.660
123.725	43.792	35.620	124.975	44.317	36.144	126.225	44.842	36.670
123.750	43.803	35.630	125.000	44.328	36.156	126.250	44.853	36.680
123.775	43.813	35.640	125.025	44.338	36.166	126.275	44.863	36.690
123.800	43.824	35.652	125.050	44.349	36.176	126.300	44.874	36.702
123.825	43.834	35.662	125.075	44.359	36.186	126.325	44.884	36.712
123.850	43.845	35.672	125.100	44.370	36.198	126.350	44.895	36.722
123.875	43.855	35.682	125.125	44.380	36.208	126.375	44.905	36.732
123.900	43.866	35.694	125.150	44.391	36.218	126.400	44.916	36.744
123.925	43.876	35.704	125.175	44.401	36.228	126.425	44.926	36.754
123.950	43.887	35.714	125.200	44.412	36.240	126.450	44.937	36.764
123.975	43.897	35.724	125.225	44.422	36.250	126.475	44.947	36.774
124.000	43.908	35.736	125.250	44.433	36.260	126.500	44.958	36.786
124.025	43.918	35.746	125.275	44.443	36.270	126.525	44.968	36.796
124.050	43.929	35.756	125.300	44.454	36.282	126.550	44.979	36.806
124.075	43.939	35.766	125.325	44.464	36.292	126.575	44.989	36.816
124.100	43.950	35.778	125.350	44.475	36.302	126.600	45.000	36.828
124.125	43.960	35.788	125.375	44.485	36.312	126.625	45.010	36.838
124.150	43.971	35.798	125.400	44.496	36.324	126.650	45.021	36.848
124.175	43.981	35.808	125.425	44.506	36.334	126.675	45.031	36.858
124.200	43.992	35.820	125.450	44.517	36.344	126.700	45.042	36.870
124.225	44.002	35.830	125.475	44.527	36.354	126.725	45.052	36.880
124.250	44.013	35.840	125.500	44.538	36.366	126.750	45.063	36.890
124.275	44.023	35.850	125.525	44.548	36.376	126.775	45.073	36.900
124.300	44.034	35.862	125.550	44.559	36.386	126.800	45.084	36.912
124.325	44.044	35.872	125.575	44.569	36.396	126.825	45.094	36.922
124.350	44.055	35.882	125.600	44.580	36.408	126.850	45.105	36.932
124.375	44.065	35.892	125.625	44.590	36.418	126.875	45.115	36.942
124.400	44.076	35.904	125.650	44.601	36.428	126.900	45.126	36.954
124.425	44.086	35.914	125.675	44.611	36.438	126.925	45.136	36.964
124.450	44.097	35.924	125.700	44.622	36.450	126.950	45.147	36.974
124.475	44.107	35.934	125.725	44.632	36.460	126.975	45.157	36.984
124.500	44.118	35.946	125.750	44.643	36.470	127.000	45.168	36.996
124.525	44.128	35.956	125.775	44.653	36.480	127.025	45.178	37.006
124.550	44.139	35.966	125.800	44.664	36.492	127.050	45.189	37.016
124.575	44.149	35.976	125.825	44.674	36.502	127.075	45.199	37.026
124.600	44.160	35.988	125.850	44.685	36.512	127.100	45.210	37.038
124.625	44.170	35.998	125.875	44.695	36.522	127.125	45.220	37.048
124.650	44.181	36.008	125.900	44.706	36.534	127.150	45.231	37.058
124.675	44.191	36.018	125.925	44.716	36.544	127.175	45.241	37.068
124.700	44.202	36.030	125.950	44.727	36.554	127.200	45.252	37.080
124.725	44.212	36.040	125.975	44.737	36.564	127.225	45.262	37.090
124.750	44.223	36.050	126.000	44.748	36.576	127.250	45.273	37.100
124.775	44.233	36.060	126.025	44.758	36.586	127.275	45.283	37.110
124.800	44.244	36.072	126.050	44.769	36.596	127.300	45.294	37.122
124.825	44.254	36.082	126.075	44.779	36.606	127.325	45.304	37.132
124.850	44.265	36.092	126.100	44.790	36.618	127.350	45.315	37.142
124.875	44.275	36.102	126.125	44.800	36.628	127.375	45.325	37.152

zu versteuerndes Einkommen €	Einkommensteuer Grundtabelle €	Einkommensteuer Splittingtabelle €	zu versteuerndes Einkommen €	Einkommensteuer Grundtabelle €	Einkommensteuer Splittingtabelle €	zu versteuerndes Einkommen €	Einkommensteuer Grundtabelle €	Einkommensteuer Splittingtabelle €
127.400	45.336	37.164	128.400	45.756	37.584	129.400	46.176	38.004
127.425	45.346	37.174	128.425	45.766	37.594	129.425	46.186	38.014
127.450	45.357	37.184	128.450	45.777	37.604	129.450	46.197	38.024
127.475	45.367	37.194	128.475	45.787	37.614	129.475	46.207	38.034
127.500	45.378	37.206	128.500	45.798	37.626	129.500	46.218	38.046
127.525	45.388	37.216	128.525	45.808	37.636	129.525	46.228	38.056
127.550	45.399	37.226	128.550	45.819	37.646	129.550	46.239	38.066
127.575	45.409	37.236	128.575	45.829	37.656	129.575	46.249	38.076
127.600	45.420	37.248	128.600	45.840	37.668	129.600	46.260	38.088
127.625	45.430	37.258	128.625	45.850	37.678	129.625	46.270	38.098
127.650	45.441	37.268	128.650	45.861	37.688	129.650	46.281	38.108
127.675	45.451	37.278	128.675	45.871	37.698	129.675	46.291	38.118
127.700	45.462	37.290	128.700	45.882	37.710	129.700	46.302	38.130
127.725	45.472	37.300	128.725	45.892	37.720	129.725	46.312	38.140
127.750	45.483	37.310	128.750	45.903	37.730	129.750	46.323	38.150
127.775	45.493	37.320	128.775	45.913	37.740	129.775	46.333	38.160
127.800	45.504	37.332	128.800	45.924	37.752	129.800	46.344	38.172
127.825	45.514	37.342	128.825	45.934	37.762	129.825	46.354	38.182
127.850	45.525	37.352	128.850	45.945	37.772	129.850	46.365	38.192
127.875	45.535	37.362	128.875	45.955	37.782	129.875	46.375	38.202
127.900	45.546	37.374	128.900	45.966	37.794	129.900	46.386	38.214
127.925	45.556	37.384	128.925	45.976	37.804	129.925	46.396	38.224
127.950	45.567	37.394	128.950	45.987	37.814	129.950	46.407	38.234
127.975	45.577	37.404	128.975	45.997	37.824	129.975	46.417	38.244
128.000	45.588	37.416	129.000	46.008	37.836	130.000	46.428	38.256
128.025	45.598	37.426	129.025	46.018	37.846			
128.050	45.609	37.436	129.050	46.029	37.856			
128.075	45.619	37.446	129.075	46.039	37.866			
128.100	45.630	37.458	129.100	46.050	37.878			
128.125	45.640	37.468	129.125	46.060	37.888			
128.150	45.651	37.478	129.150	46.071	37.898			
128.175	45.661	37.488	129.175	46.081	37.908			
128.200	45.672	37.500	129.200	46.092	37.920			
128.225	45.682	37.510	129.225	46.102	37.930			
128.250	45.693	37.520	129.250	46.113	37.940			
128.275	45.703	37.530	129.275	46.123	37.950			
128.300	45.714	37.542	129.300	46.134	37.962			
128.325	45.724	37.552	129.325	46.144	37.972			
128.350	45.735	37.562	129.350	46.155	37.982			
128.375	45.745	37.572	129.375	46.165	37.992			

Stichwortverzeichnis

Die Zahlen bezeichnen die Randziffern (Rz ➤). Halbfette Ziffern zeigen die Absätze an, in denen der betreffende Sachverhalt hauptsächlich dargelegt wird.

B

F

I

W

Franz Konz und Friedrich Borrosch

Das Arbeitsbuch für die Steuererklärung

2010/2011

Mit den besten Steuertipps
Der verlässliche Wegweiser durch den Formular-Dschungel. Zeile für Zeile die besten Tricks, wie jeder aus seiner Steuererklärung das Meiste herausholen kann.

Ein Bestseller im Urteil der Leser:
Endlich ein Fachbuch, das verständlich geschrieben ist.

Knaur Taschenbuch Verlag

Thomas Wieczorek

Die geplünderte Republik

Wie uns Banken, Spekulanten und Politiker in den Ruin treiben

Unfassbare Summen werden in das wankende Finanzsystem gepumpt, aberwitzige Milliardenbeträge für Wirtschaftshilfen bereitgestellt, und die Schuldigen an der Krise machen einfach weiter wie bisher – während gleichzeitig immer mehr Arbeitsplätze wegbrechen, Kommunen und Bürger in die Pleite rutschen. Selbst unsere Kinder werden noch für die Gier der Banker und Wirtschaftslenker und die Unfähigkeit willfähriger Politiker zahlen müssen.

Gewohnt scharfzüngig deckt Thomas Wieczorek auf, wer von der Krise profitiert, wie tief der Graben in unserer Gesellschaft bereits geworden ist und wie gefährlich das für uns alle noch werden kann.

Knaur Taschenbuch Verlag